Karte des von der „Flora" erfaßten Gebietes

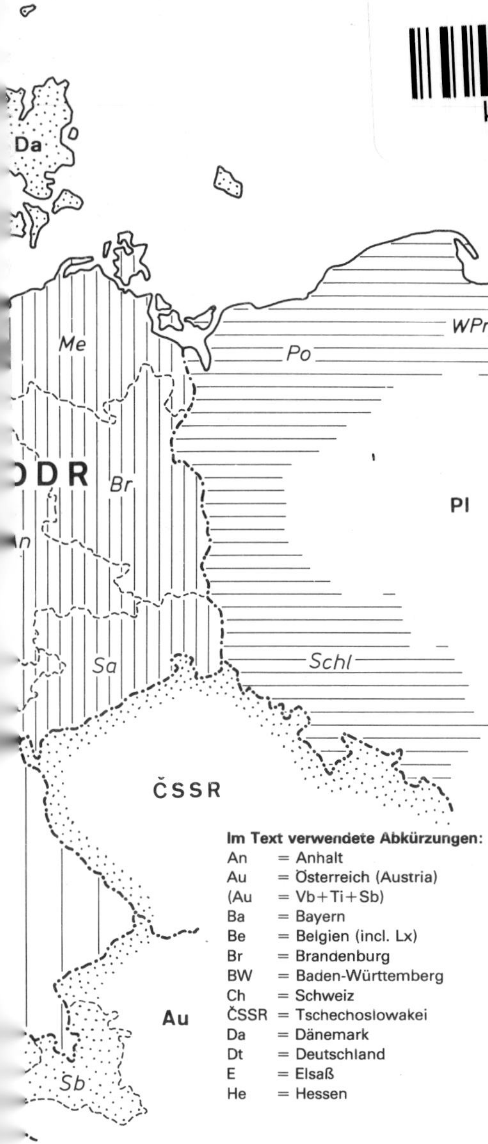

Im Text verwendete Abkürzungen:

An = Anhalt
Au = Österreich (Austria)
(Au = Vb+Ti+Sb)
Ba = Bayern
Be = Belgien (incl. Lx)
Br = Brandenburg
BW = Baden-Württemberg
Ch = Schweiz
ČSSR = Tschechoslowakei
Da = Dänemark
Dt = Deutschland
E = Elsaß
He = Hessen
Ho = Holland (Niederlande)
Lx = Luxemburg
Me = Mecklenburg
NrWe = Nordrhein-Westfalen
NS = Niedersachsen
OPr = Ostpreußen
Pf = Pfalz
Pl = Polen
Po = Pommern
RhPf = Rheinland-Pfalz (incl. Saarland)
Sa = Sachsen
SaAn = Sachsen-Anhalt
Sb = Salzburg
Schl = Schlesien
SH = Schleswig-Holstein
Th = Thüringen
Ti = Tirol
Vb = Vorarlberg
We = Westfalen
WPr = Westpreußen
Württ = Württemberg
Afr. = Afrika
Am. = Amerika
Eur. = Europa
Ob- = Ober-, z. B. Ob-Schl
M- = Mittel-, mittlere(s) ...
N = Nord(en)
O = Ost(en)
S = Süd(en)
W = West(en)

SCHMEIL · FITSCHEN

FLORA VON DEUTSCHLAND

Schmeil · Fitschen

Flora von Deutschland
und seinen angrenzenden Gebieten

Ein Buch zum Bestimmen der wildwachsenden und häufig kultivierten Gefäßpflanzen

87., völlig überarbeitete und erweiterte Auflage

von

Werner Rauh und Karlheinz Senghas

Institut für Systematische Botanik und Botanischer Garten
der Universität Heidelberg

1241 Abbildungen

Quelle & Meyer · Heidelberg

CIP-Kurztitelaufnahme der Deutschen Bibliothek

Schmeil, Otto:
Flora von Deutschland und seinen angrenzenden Gebieten : e. Buch zum Bestimmen d. wildwachsenden u. häufig kultivierten Gefäßpflanzen / Schmeil ; Fitschen. – 87., völlig überarb. u. erw. Aufl. / von Werner Rauh u. Karlheinz Senghas. – Heidelberg : Quelle und Meyer, 1982.
ISBN 3-494-00327-0
NE: Fitschen, Jost:; Rauh, Werner [Bearb.]

87., völlig überarbeitete und erweiterte Auflage

Printed in Germany. Satz und Druck: Georg Appl, Wemding.
Umschlagentwurf: Wolf-Dietrich Wyrwas, Heidelberg
Gebunden bei Großbuchbinderei Wilh. Osswald + Co., Neustadt/Weinstr.
ISBN 3-494-00327-0

Vorwort zur 87. Auflage

Seit der letzten Neubearbeitung der „Flora von Deutschland" mit einer Erweiterung auf die angrenzenden Gebiete (81. Auflage; auf der Vorspannkarte durch Schraffur gekennzeichnet) sind nunmehr 14 Jahre vergangen. Systematische Forschung und Taxonomie, viele Jahre in Deutschland vernachlässigt, haben wieder an wissenschaftlicher Bedeutung gewonnen, und mit Hilfe moderner und verfeinerter Arbeitsmethoden auf den Gebieten der Genetik, Karyologie, Palynologie, Mikromorphologie (Rasterelektronenmikroskopie), Embryologie und Biochemie wurden neue Erkenntnisse der natürlichen Verwandtschaft der Pflanzenfamilien, Ordnungen und Reihen zu- und miteinander gewonnen. Um nur ein Beispiel zu nennen: Die Gattung Paeonia, die Pfingstrose, früher bei den Ranunculaceen, den Hahnenfußgewächsen, eingeordnet, wird heute aufgrund der abweichenden Embryoentwicklung in eine eigene Familie, die Paeoniaceen, gestellt, die näher mit den Dilleniaceen als mit den Ranunculaceen verwandt ist. Somit ist es keineswegs überraschend, daß in neueren Lehrbüchern der Systematik, z. B. dem weit verbreiteten STRASBURGER'schen „Lehrbuch der Botanik", 31. Aufl., bearbeitet von E. EHRENDORFER, Fischer-Verlag, Stuttgart, 1978, eine von den bisherigen Systemen abweichende Anordnung der systematischen Einheiten zu finden ist. Aber auch die Nomenklatur vieler Taxa hat sich im Lauf der letzten Jahre geändert.

Die nunmehr vorliegende 87. Auflage trägt dieser Entwicklung Rechnung. Hinsichtlich der systematischen Gliederung schließen wir uns weitgehend jener von E. EHRENDORFER an (s. oben). Hinsichtlich der Nomenklatur versuchten wir, der mittlerweile komplett vorliegenden „Flora Europaea" Rechnung zu tragen. Wie bei einem solchen Gemeinschaftswerk nicht anders möglich, sind dort die einzelnen Pflanzengruppen qualitativ recht unterschiedlich behandelt. Deshalb konnten wir uns auch nicht entschließen, der dort verwendeten Nomenklatur konsequent zu folgen. Wie jedoch schon bei der letzten Neubearbeitung, so haben wir in der Aufführung von Synonyma die Möglichkeit geboten, jede Art sowohl mit der „Flora Europaea" wie auch mit anderen gängigen Florenwerken in Übereinstimmung zu bringen.

Seit über 10 Jahren hat sich die floristische Beschäftigung mit dem Pflanzenkleid Europas, insbesondere Mitteleuropas, stark intensiviert. Der bedeutende und aus vielerlei Gründen begrüßenswerte, von England ausgegangene Plan einer floristischen Kartierung ist inzwischen soweit gediehen, daß die erste Bearbeitungsstufe für die Bundesrepublik Deutschland unmittelbar vor dem Abschluß steht. Die Kartierungsarbeit hat aber auch deutlich werden lassen, daß den Sippen niederer Rangstufe – den sog. Klein- und Unterarten – bisher zu wenig Bedeutung beigemessen wurde und sie vielfach nicht zu bestimmen waren. Diesem Mangel haben wir überall dort abzuhelfen versucht, wo es möglich war, solche Sippen mit wenigen Merkmalspaaren trennbar zu fassen. Aber auch sonst haben wir im allgemeinen Teil neue Kapitel aufgenommen, bzw. bisherige erweitert, um das Verständnis und die Wertschätzung unserer Flora zu vertiefen. Nicht erweitert wurde die Angabe der angepflanzten Bäume und Sträucher, da im gleichen Verlag die von J. FITSCHEN begründete und in 6. Auflage vorliegende „Gehölzflora" diese Lücke schließt und als Ergänzung der „Flora von Deutschland" zu benutzen ist.

Die einleitenden Bestimmungstabellen wurden ergänzt und erweitert; die Anzahl der Abbildungen wurde vermehrt. Insgesamt hat sich dadurch der Gesamtumfang der „Flora" um 90 Seiten erhöht.

Die beiden Vorspannkarten wurden geändert, ohne daß hierdurch politische Aspekte zum Ausdruck gebracht werden sollen. Provinznamen wie Pommern, Mecklenburg, O- und W-Preußen werden allerdings beibehalten, da die polnischen Namen dem Benützer kaum geläufig sind.

Es ist uns wiederum eine angenehme Pflicht, unseren Dank abzustatten an: Dr. W. Kissling vom Verlag Quelle und Meyer, der unseren Änderungsvorschlägen stets wohlwollend gegenüberstand; dem wissenschaftlichen Zeichner F. Rückert für die Neuanfertigung vieler Zeichnungen; Frl. J. Csongrady für die Durchführung der nicht ganz einfachen Manuskript-Arbeiten; ferner Frl. stud. rer. nat. Elvira Gross, Frl. stud. rer. nat. Hannelore Roos und Herrn cand. rer. nat. Thomas Stehfest für das Lesen von Korrekturen sowie Herrn stud. rer. nat. Gunther Senghas für die Anfertigung des Registers.

Herzlicher Dank gebührt all jenen Kollegen, Freunden, begeisterten Floristen und Benutzern früherer Auflagen der „Flora", die hier ihrer großen Zahl wegen nicht namentlich genannt werden können, für Kritik, Verbesserungsvorschläge und Hinweise auf unterlaufene Fehler. Wir dürfen die Bitte aussprechen, uns auch weiterhin durch ihre Mitarbeit zu unterstützen.

Möge die Flora auch in ihrer jetzigen Form wiederum allen Benutzern und Freunden der heimischen Flora weiterhin ein guter Ratgeber und treuer Begleiter auf Exkursionen sein und dazu beitragen, zu helfen unsere heimische Pflanzenwelt vor der Vernichtung zu schützen und zu erhalten.

Heidelberg, Herbst 1981

W. Rauh
K. Senghas

Frühere Auflagen:

1. Aufl., Dez. 1903: O. Schmeil & J. Fitschen „Flora von Deutschland. Ein Hilfsbuch zum Bestimmen der in dem Gebiet wildwachsenden und angebauten Pflanzen"

9. Aufl., 1919: alleiniger Bearbeiter wird J. Fitschen

38. Aufl., 1928: gründliche Neubearbeitung und Erweiterung durch J. Fitschen.

50. Aufl., 1949: Jubiläumsausgabe, aber nur Überarbeitung (Fitschen)

64. Aufl., 1960: Neubearbeitung durch W. Rauh nach dem Tod von J. Fitschen

70. Aufl., 1960: Neubearbeitung durch W. Rauh, Bearbeitung der Compositen und Monocotylen durch K. Senghas

81. Aufl., 1967: Neubearbeitung und Gebietserweiterung („Flora von Deutschland und seinen angrenzenden Gebieten" wie in der vorliegenden Aufl.) gemeinsam durch W. Rauh & K. Senghas (516 S.)

87. Aufl., 1982: Gründliche Neubearbeitung und Erweiterung (606 S. Ohne Gebietsänderung) durch W. Rauh & K. Senghas

Die meisten Auflagen waren unveränderte Nachdrucke, einige waren „durchgesehen", z. B. 84. u. 86. Aufl.

Inhaltsverzeichnis

Einleitung

Erklärung der botanischen Fachausdrücke, dargestellt an den Grundzügen pflanzlicher Gestaltung

Die Blütenpflanzen (die **Nackt-** und **Bedecktsamigen,** d. s. die **Gymno-** und **Angiospermen**), die Hauptmasse des heutigen Pflanzenkleides, treten uns in einer unübersehbaren und verwirrenden Formenmannigfaltigkeit entgegen. Es wird bei flüchtiger Betrachtung der Anschein erweckt, daß keine Pflanze der anderen gleicht; dennoch weisen alle Blütenpflanzen einen in den Grundzügen übereinstimmenden Bauplan (Grundbauplan) auf, der durch das Vorhandensein der drei Grundorgane **Wurzel, Sproßachse** und **Blatt** gegeben ist. Wenn diese Grundorgane an der erwachsenen Pflanze auch so stark umgebildet sein können, daß ihr wahrer Charakter nicht immer unmittelbar zu erkennen ist, so sind sie – von wenigen Ausnahmen abgesehen – doch stets vorhanden und bereits am **Keimling** (Embryo, *1a,* E) nachweisbar. Dieser, zusammen mit einem besonderen, nährstoffreichen Gewebe, dem Nährgewebe (*1a,* N), das von einer meist derben Schale, der Samenschale (*1a,* S), umgeben ist, bildet den wesentlichsten Bestandteil der pflanzlichen **Samen** *(1a),* die bei den **Bedecktsamigen,** den **Angiospermen,** in einem besonderen, von den Fruchtblättern gebildeten Gehäuse, dem **Fruchtknoten,** eingeschlossen sind *(90–93),* bei den **Nacktsamigen,** den **Gymnospermen,** aber frei heranreifen *(89).*

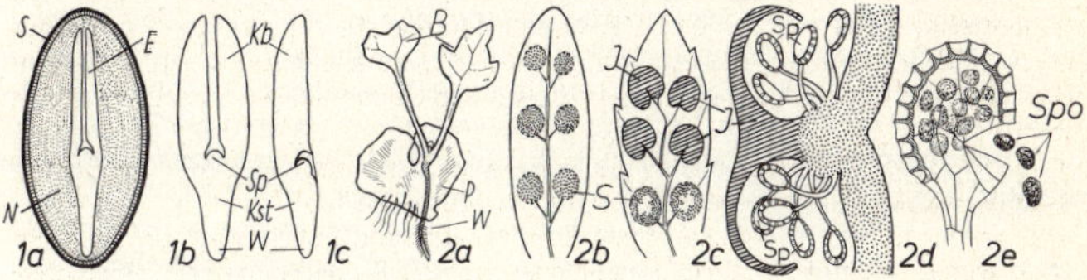

Lösen wir einen Embryo aus dem Samen heraus *(1b),* so lassen sich an ihm bereits die 3 Grundorgane, bzw. deren Anlagen erkennen. Die Blätter des Embryos werden als **Keimblätter** (*1b–c,* Kb) bezeichnet. Bei den **Zweikeimblättrigen,** den **Dikotyledonen,** sind sie in Zweizahl *(1b),* bei den **Einkeimblättrigen,** den **Monokotyledonen,** in Einzahl *(1c)* vorhanden. Gleich den normalen Laubblättern sitzen sie an einer Achse, dem **Keimstengel** (Hypokotyl; *1b–c,* Kst), dessen basales Ende die Anlage für die **Keim-** oder **Hauptwurzel** (W) bildet. Dieser gegenüber befindet sich die Anlage für die spätere **Sproßachse** (Sp). In diesem Zustand macht der Embryo eine Zeit der Ruhe, die sog. **Samenruhe,** durch, bevor er seine Weiterentwicklung aufnimmt. Sie wird durch den Prozeß der **Keimung** eingeleitet. Legen wir im Frühjahr einen Samen in feuchte Erde, so saugen sich dessen Zellen voll Wasser. Dieser Vorgang hat zur Folge, daß sich das Volumen des Samens vergrößert; er beginnt zu quellen. Die Samenschale zerreißt, und der Keimstengel mit der Wurzelanlage tritt aus dem Samen nach außen. Letztere wächst schnell zur **Haupt-** oder **Primärwurzel** aus, an der als Seitenorgane **Seiten-** oder **Nebenwurzeln** auftreten, die dem Keimling Wasser, darin gelöste anorganische Salze und Wirkstoffe zuführen. Nach kurzer Zeit beginnt auch die Sproßanlage auszutreiben und entwickelt sich zum **Primär-** oder **Hauptsproß,** der an bestimmten Stellen, den **Knoten,** die grünen Blätter als Assimilationsorgane erzeugt. In deren Achseln entstehen **Knospen,** die zu **Seitenästen** auswachsen. Nach Erreichen eines bestimmten Alters beschließen Primärsproß und Seitenäste ihr Längenwachstum oft mit der Bildung von **Blüten,** welche die Geschlechtsorgane, die **Staubblätter** mit den Pollenkörnern (s. S. 23) und die **Fruchtblätter** mit den **Samenanlagen** (s. S. 24ff.) enthalten. Durch den Vorgang der Befruchtung gehen aus den letzteren wiederum die Samen mit den Embryonen hervor.

Bei den **Pteridophyten,** die zu den **Sporenpflanzen** gehören, nimmt die Entwicklung einer Pflanze nicht von einem mehrzelligen Samen, sondern von einer einzelligen, von einer derben Wand umgebenen **Spore** (*2e,* Spo) ihren Ausgang. Ihr Inhalt keimt zunächst zu einem kurzen Keimschlauch aus, der sich dann weiter zu einem kleinen, ungegliederten, grünen (bei Farnen u. Schachtelhalmgewächsen) oder bleichen (bei Bärlappgewächsen) Gebilde, dem **Prothallium** (*2a,* P), entwickelt, an welchem in besonderen Behältern die männlichen und weiblichen Keimzellen, die Spermatozoiden und Eizellen, entstehen. Aus der Vereinigung eines Spermatozoids mit einer Eizelle entsteht die Zygote, die sich weiter zum Embryo und zur jungen Pflanze *(2a)* entwickelt, die bald die Gliederung in Wurzel (*2a,* W), Sproß und Blatt (*2a,* B) aufweist. Sobald sich die junge Pflanze selbständig ernähren kann, geht das Prothallium zugrunde. Während nun die Blütenpflanzen nach Erlangen eines bestimmten Alters zur Bildung von Blüten und damit auch von Samen schreiten, bringen die Sporenpflanzen nur Sporen hervor. Diese werden in besonderen Behältern, den **Sporangien** (*2d,* Sp), erzeugt, die bei Farnen meist zu mehreren in besonderen Sporangienhäufchen, den **Sori** (*2b–d,* S), stehen. Diese sind entweder nackt *(2b)* oder von einem Schleier, dem **Indusium** (*2c–d,* J), bedeckt, dessen Form bei der Bestimmung der einzelnen Farngattungen und -arten eine wichtige Rolle spielt.

Die Sori selbst finden sich an besonderen Blättern, den **Sporophyllen,** die in ihrer Form häufig von normalen Laubblättern abweichen *(327, 328).* Bei einigen Sporenpflanzen: *Equisetum (298, 299), Lycopodium (293, 294a), Selaginella (296a),* treten die Sporophylle mit den Sporangien zu **Sporophyllständen** zusammen. Mit Hilfe eines besonderen Mechanismus werden die Sporen (*2c,* Spo) ausgeschleudert, fallen auf den Boden und keimen zu einem neuen Prothallium aus.

Bei dem Wasserfarn *Salvinia* werden die Sporangien von einem umgebildeten Wasserblattzipfel umschlossen, so daß kugelige **Sporangienbehälter** entstehen. Sie enthalten entweder nur Mikro- oder nur Makrosporangien; bei den Marsileaceen *(Marsilea, Pilularia)* spricht man von **Sporocarpien** oder **Sporenfrüchten,** bei denen die aus einem Makrosporangium und zahlreichen Mikrosporangien bestehenden Sori von einem Blattabschnitt umschlossen werden. Bei *Marsilea* sind die Sporocarpien gestielt und von bohnenförmiger, bei *Pilularia* sind sie sitzend und von kugeliger Form. Bei beiden finden sich die Sporocarpien an der Basis der Laubblätter (*139, 140,* S).

Ausbildung und Umbildungen der einzelnen Organe

A. Die Wurzel

Während die Sprosse normalerweise grün sind und dem Licht entgegenwachsen, ist die Wurzel bleich und dringt in den Boden ein. Die für die Sproßachse charakteristischen Blätter fehlen den Wurzeln völlig. An der Blattlosigkeit sind deshalb mit Sicherheit echte Wurzeln von wurzelähnlichen, unterirdischen Sprossen, Ausläufern und Rhizomen (s.

S. 13ff.) zu unterscheiden, die zumindest bleiche Schuppenblätter tragen bzw. deren Narben erkennen lassen.

Die aus der Wurzelanlage des Embryos hervorgehende Wurzel wird als **Primär-** oder **Hauptwurzel** bezeichnet. An dieser entstehen **Seiten-** oder **Nebenwurzeln,** die selbst wieder zur Verzweigung befähigt sind. Hauptwurzel und Seitenwurzeln zusammen bilden das **Wurzelsystem.** Während bei den meisten Dikotylen und Gymnospermen die Primärwurzel mit ihren Seitenwurzeln erhalten bleibt, geht sie bei den Monokotylen frühzeitig zugrunde und wird durch Wurzeln ersetzt, die aus der Sproßachse, meist an den Knoten, hervorbrechen. Diese werden als **sproßbürtige Wurzeln** bezeichnet. Aber auch viele Dikotyle sind, insbesondere an niederliegenden Sprossen, zur Bildung sproßbürtiger Wurzeln befähigt. Bei den Pteridophyten unterbleibt von vornherein die Ausbildung einer Hauptwurzel, so daß schon die erste am Embryo auftretende Wurzel eine sproßbürtige Wurzel ist.

Einige Blütenpflanzen *(Ceratophyllum, Utricularia, Corallorhiza, Wolffia)* sind überhaupt **wurzellos.**

Umbildungen der Wurzel

Neben ihrer eigentlichen Funktion, den Sproß im Boden zu verankern und mit Wasser und mineralischen Stoffen zu versorgen, übernehmen die Wurzeln noch vielfach die Aufgabe der **Stoffspeicherung.** Sie erfahren dadurch mannigfache Umbildungen und werden vor allem dick und fleischig. Wir sprechen von einer:

Pfahlwurzel, wenn die Primärwurzel nur mäßig verdickt ist, tief in den Boden hinabsteigt und nur wenige Seitenwurzeln hervorbringt (Löwenzahn, Meerrettich usw.; *3,* I).

Rübe, wenn die Primärwurzel dick und fleischig ist. In die Rübenbildung wird auch häufig der Keimstengel einbezogen (Möhre, Futter-, Zuckerrübe; *3,* II).

Speicherwurzel, wenn sich sproßbürtige Wurzeln verdicken, aber noch deutlich ihren Wurzelcharakter erkennen lassen (Dahlie; *3,* III).

Wurzelknolle, wenn sproßbürtige Wurzeln knollenförmig anschwellen, aber keine Seitenwurzeln mehr erzeugen (Knabenkraut, Scharbockskraut; *3,* IV–V).

Die Wurzeln zahlreicher Pflanzen (Leinkraut, Zypressenwolfsmilch, Ackerwinde u. a.) sind zur Bildung von Sprossen befähigt, die man als **Wurzelsprosse** bezeichnet.

B. Die Sproßachse

Die Sproßanlage des Keimlings entwickelt sich zum **Haupt-** oder **Primärsproß,** der in den meisten Fällen lotrecht dem Licht zuwächst. Dieser ist in **Knoten** oder **Nodien** und in **Internodien** gegliedert. An den Knoten, die bei manchen Pflanzengruppen (Knöterichgewächse, Gräser) auffällig verdickt sind, stehen in bestimmter Anordnung die grünen **Blätter.** Ein mit entfalteten Blättern besetzter Sproß wird auch als **Trieb,** seine von jungen Blattanlagen umhüllte, wachsende Spitze hingegen als **Knospe** bezeichnet. In den wenigsten Fällen nur wächst die Spitze des Primärsprosses unverzweigt weiter, meistens erzeugt er Seitenäste, welche aus **Seiten-** oder **Achselknospen** hervorgehen, die in den Achseln der Laubblätter, die dann als **Tragblätter** bezeichnet werden, entstehen. Diese Seitenäste 1. Ordnung können sich wiederum verzweigen, woraus schließlich ein System von Seitenästen, ein **Sproßsystem,** resultiert.

Bei den Holzgewächsen entwickeln sich die Achselknospen erst im darauffolgenden Jahr ihrer Entstehung zu Seitenästen. Damit nun die jungen Blätter und die Anlage für den Seitensproß nicht den Winterfrösten zum Opfer fallen,

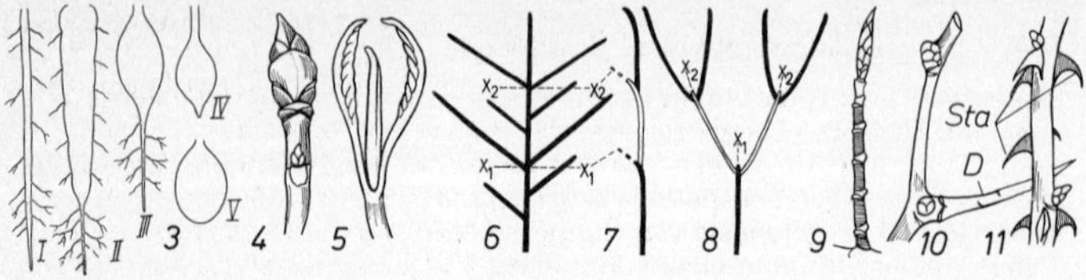

werden die Knospen von derben, verkorkten, auf der Innenseite oft filzig behaarten und Leim absondernden **Knospenschuppen** eingehüllt. Wir bezeichnen solche Knospen als **bedeckte Knospen** *(4)*. Fehlen die Knospenschuppen, so spricht man von **offenen Knospen** (Wolliger Schneeball; *5*). Als **ruhende Knospen** oder „schlafende Augen" bezeichnen wir solche, die jahrelang auf dem Knospenstadium verharren können und vielfach erst unter besonderen Bedingungen, z. B. Verletzung des Sproßsystems, austreiben. Hierauf beruhen u. a. die Stockausschläge abgeschlagener Bäume (z. B. Eiche, Pappel).

Je nach dem Verhalten der Endknospe des Primärsprosses und der Seitenäste ist zwischen **monopodialer** und **sympodialer** Verzweigung zu unterscheiden. Im ersteren Fall wächst die Endknospe zeitlebens fort. Es entsteht eine kräftige, durchgehende Hauptachse, an der in regelmäßiger Anordnung alljährlich Seitenäste stehen, wobei häufig, wie bei den Nadelhölzern (Fichte, Tanne, Kiefer), aber auch bei Laubgehölzen, eine auffallende Etagierung des Sproßsystems resultiert *(6)*. Diese kommt dadurch zustande, daß die Knospen des vorjährigen Triebes zu Seitenästen auswachsen, deren Länge und Dicke im Bereich des Jahreszuwachses spitzenwärts zunimmt. Die kräftigsten Seitenäste sind deshalb unmittelbar der Endknospe benachbart, die ihrerseits das Sproßsystem fortführt *(6)*. Wir sprechen in diesem Fall von einer akrotonen Förderung der Verzweigung. Die Wachstumsgrenzen sind in Fig. *6* mit x_1 und x_2 gekennzeichnet.

Bei sympodialer Verzweigung fehlt die durchgehende Hauptachse; die Endknospe der Triebgeneration geht alljährlich zugrunde (*7–8*, $x_1 \ldots x_3$ u. s. f.), bzw. wird an blühfähigen Pflanzen zur Bildung einer Blüte oder eines Blütenstandes aufgebraucht. Unterhalb des Triebendes gelegene Achselknospen übernehmen im darauffolgenden Jahr die Fortführung des Sproßsystems. Entwickelt sich nur **eine** Achselknospe zu einem kräftigen Seitenast, der sich dann meist in die Richtung des vorausgegangenen Triebes stellt, so sprechen wir von einem **Monochasium** (Linde, Ulme; *7*); treiben **zwei** Knospen zu gleichwertigen Seitenästen aus, so entsteht ein gabelförmiges, als **Dichasium** (Flieder; *8*) bezeichnetes Verzweigungsbild. Treiben mehrere bis viele Achselknospen unterhalb der in Verlust geratenen Endknospe zu Seitenästen aus, so entsteht ein **Pleiochasium** (= vielstrahlige Trugdolde, z. B. bei *Euphorbia,* S. 27).

Die Ausbildungsformen der Sproßachse

Man spricht von einem:

Stengel: wenn die Sproßachse krautig ist und im Herbst abstirbt.

Halm: wenn der Sproß hohl und durch Querscheidewände deutlich gegliedert ist (Gräser).

Schaft: wenn der Stengel nur aus einem einzigen Internodium besteht und mit einer Blüte oder einem Blütenstand abschließt (Löwenzahn, Primel).

Stamm: wenn der Sproß mehrere bis viele Jahre ausdauert, verholzt und dabei vielfach stark in die Dicke wächst (Bäume).

Weitere Ausbildungsformen und Umbildungen

Langtriebe: sind verholzte Sprosse mit zahlreichen, verlängerten Internodien. Sie bewirken den Längenzuwachs der Bäume und Sträucher.

Schößlinge: sind Langtriebe von Holzgewächsen, insbesondere Sträuchern, die in einer Vegetationsperiode eine Länge von mehreren Metern erreichen.

Kurztriebe: sind Seitenäste von Holzgewächsen mit stark verkürzten Internodien. Sie erreichen in einem Jahr einen Längenzuwachs von nur wenigen Millimetern *(9)*. Bei einer Reihe von Pflanzen übernehmen die Kurztriebe besondere Funktionen: so bei den Obstgehölzen die Blütenbildung, bei der Kiefer und Berberitze die Assimilation, da nur die Kurztriebe mit normalen Laubblättern ausgestattet sind, während die Langtriebe mit braunen Schuppen- (Kiefer), bzw. mit Dornblättern besetzt sind (Berberitze).

Sproßdornen: sind in eine Dornspitze auslaufende und mit Schuppenblättern besetzte Kurztriebe (Weißdorn *10,* D); **Stacheln:** hingegen sind nur Auswüchse der Sproßepidermis unter Beteiligung subepidermalen Rindengewebes (Rose, Brombeere, *11,* Sta).

Windesprosse: der Primärsproß besitzt stark verlängerte Internodien, ist aber zu schwach, um sich allein aufrecht zu halten und steigt in Schraubenwindungen an einer Stütze empor (Bohne, Hopfen, Winde).

Rankensprosse: Teile der Sproßachse sind zu Ranken umgebildet, mit deren Hilfe die Pflanze zu klettern in der Lage ist (Wein).

Rosettensprosse: an der aufrecht wachsenden Sproßachse unterbleibt die Längenentwicklung der Internodien, so daß die Blätter dicht gedrängt beieinanderstehen und als Rosette dem Boden aufliegen (Wegerich, Löwenzahn).

Zwiebeln: sind unterirdische Speichersprosse. Die Sproßachse bleibt kurz und gestaucht und ist von scheibenförmiger Ausbildung. Ihr sitzen in gedrängter Anordnung Laubblätter mit fleischig verdicktem Grund an.
Bei den **Schuppenzwiebeln** sind die schuppenförmigen Niederblätter der Zwiebelachse fleischig verdickt und stehen dachziegelig übereinander *(Lilium martagon)*; bei den **Schalenzwiebeln** ist der röhrige, allseits geschlossene Blattgrund zum Speicherorgan umgebildet. Schneidet man eine Schalenzwiebel quer, so zerfällt diese in einzelne, verdickte Ringe (Küchenzwiebel). Erst zur Blütezeit verlängert sich die Sproßachse zum Blütensproß.

Rhizome: sind ausdauernde, mit schuppenförmigen Niederblättern besetzte (s. S. 20), unterirdische, horizontal wachsende, verdickte Speichersprosse, an denen Internodienstreckung unterbleibt. Nur die über die Erde tretenden Blüten- und Laubtriebe tragen normale Laubblätter. Die Rhizome sterben von hinten her allmählich ab, wachsen an der Spitze aber ständig weiter. Die Bewurzelung ist sproßbürtig.
Bei den **Schuppenrhizomen** ist die Sproßachse selbst relativ dünn; die Stoffspeicherung wird entweder von verdickten, erhaltenbleibenden Blattbasen *(Oxalis)* oder von fleischigen Niederblättern *(Lathraea, Tozzia)* übernommen.

Ausläufer: sind horizontal, ober- oder unterirdisch wachsende, häufig schuppenförmige Niederblätter tragende Seitensprosse mit stark verlängerten Internodien und sproßbürtiger Bewurzelung. Schreiten die Ausläufer zur Blütenbildung, so erfolgt meist unter Aufrichtung der Ausläuferspitze Internodienstauchung und Rosettenbildung (Erdbeere), wobei auf die Niederblätter Laubblätter folgen. Die Ausläufer stehen im Dienste der vegetativen Vermehrung.

Sproßknollen: sind die zu Speicherorganen umgebildeten Enden von Ausläufern (= **Ausläuferknollen,** Kartoffel). In selteneren Fällen bildet sich auch die aufrecht wachsende Primärachse zu einer **aufrechten Sproßknolle** (Kohlrabi) um.

Die Sproßachse ist:
rund oder **stielrund,** wenn sie einen kreisförmigen Querschnitt aufweist *(12a);*
kantig, wenn der Querschnitt eckig ist (bei Labiaten sind die Achsen zumeist deutlich vierkantig; *12b*);
geflügelt, wenn die Sproßkanten zu längsverlaufenden, flügelartigen Leisten auswachsen *(12c);*
gefurcht oder **gerieft,** wenn die Sproßoberfläche mit längsverlaufenden Rillen versehen ist (z. B. bei vielen Umbelliferen; *12d*).

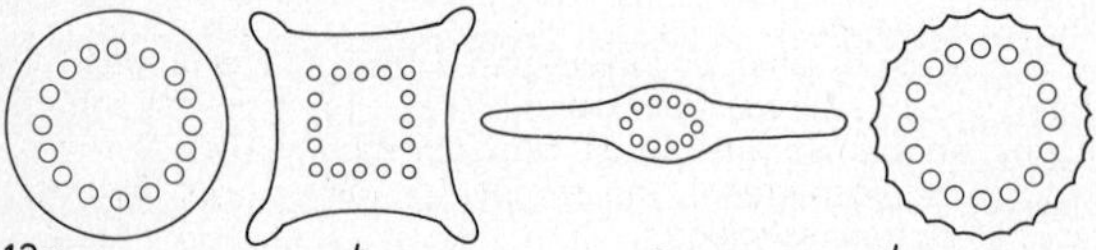

12a *b* *c* *d*

Die Lebensdauer der Pflanzen

Nach ihrer Lebensdauer ist zwischen ein-, zwei-, mehrjährigen und ausdauernden Pflanzen zu unterscheiden. Die ersteren, auch als **Hapaxanthe** oder **Kräuter** bezeichnet, gelangen innerhalb ihres Lebenszyklus **nur ein einziges Mal zur Blüte und Samenreife,** um dann abzusterben, während die **Ausdauernden** oder **Perennierenden,** zu denen die Stauden, Halbsträucher und Holzpflanzen gehören, mehrere bis viele Jahre hintereinander Blüten und Samen hervorbringen.

Kräuter: sind Pflanzen, die in allen Teilen krautig sind. Sie sind **einjährig** oder **annuell** (⨀), wenn Keimung, Blüte, Samenreife und Absterben sich innerhalb eines Jahres vollziehen. Erfolgt die Keimung im Frühjahr, die Blüte und Samenreife im Sommer, so spricht man von **Sommerannuellen;** keimen die Samen im Herbst, tritt Blüte und Samenbildung aber erst im nächsten Frühjahr ein, so spricht man von **Winterannuellen** (Wintergetreide). Annuelle werden auch als **Therophyten** bezeichnet.
Zweijährige oder **Bienne** (⨀) leben im ersten Jahr vegetativ und gelangen erst im zweiten Jahr zur Blüte und Samenreife. Bei **Mehrjährigen** tritt die Blütenbildung erst nach mehreren Jahren ein.
Perennierende (♃)

a. **Stauden**: Die Sprosse sind in allen ihren Teilen krautig. Nach der Samenreife sterben die oberirdischen Triebe ab; die Pflanzen überwintern mit unterirdischen Organen, Knollen, Zwiebeln und Rhizomen, deren Tiefenlage durch kontraktile Wurzeln (Zugwurzeln) reguliert wird. Man spricht auch von **Krypto-** oder **Geophyten** und je nach Art der Überwinterungsorgane werden Knollen-, Rhizom-, Zwiebel-, Rüben- und Wurzelgeophyten unterschieden. Die Knospen, die im nächsten Jahr das Sproßsystem fortführen, werden als Erneuerungsknospen bezeichnet. Bei den **Hemikryptophyten** liegen diese Knospen dicht am Erdboden.

b. **Halbsträucher**: Die Sprosse sterben am Ende der Vegetationsperiode bis auf die meist schwach verholzten basalen Triebabschnitte ab, aus denen die Erneuerung (Innovation) erfolgt. Diese Pflanzen werden auch als **Chamaephyten** bezeichnet. Zu diesen zählen auch die **Polsterpflanzen** der Hochalpen. Diese sind meist Stauden, versehen mit einer kräftigen Hauptwurzel und zahlreichen, gestauchten, dicht beblätterten Sprossen, die sich durch einen geringen Längenzuwachs auszeichnen und deren Spitzen in eine kompakte, flache oder halbkugelig aufgewölbte Oberfläche zu stehen kommen. Im Gegensatz zu den Stauden sterben die Triebe nicht ab, sondern wachsen ständig fort, wobei sich die Innovationsknospen von der Erdoberfläche entfernen. Polsterpflanzen sind immergrüne Gewächse.

c. **Holzpflanzen:** Die Sproßachsen sind in allen Teilen verholzt und bleiben in ihrer Gesamtheit erhalten. Hierher gehören die:

Zwergsträucher sind bis etwa 1 m hoch mit aufrechtem, von der Basis her verzweigtem Sproßsystem.

Spaliersträucher sind Zwergsträucher der hochalpinen Region. Ihr Sproßsystem ist flach dem Boden angedrückt. Zwerg- und Spaliersträucher werden auch als **Nanophyten** bezeichnet.

Sträucher sind meist höher als 2 m und zeichnen sich durch basal geförderte Verzweigung (Basitonie) aus. Kräftige und schnell heranwachsende Triebe heißen *Schößlinge.*

Bäume sind meist in einen unverzweigten Stamm und eine reich verzweigte Krone gegliedert. Sie zeichnen sich durch eine spitzenwärts geförderte Verzweigung (Akrotonie) aus. Es ist zwischen monopodial (Gymnospermen, aber auch Angiospermen) und sympodial wachsenden Bäumen (Linde, Ulme u. a.) zu unterscheiden.

Höhere Bäume und Sträucher (über 2 m) werden auch als **Phanerophyten** bezeichnet.

C. Das Blatt

1. Blattstellung

Die Blätter sind in der Regel grüne, flächig entwickelte Organe, die im Dienste der organischen Stoffversorgung der Pflanze stehen. Sie entstehen als seitliche Ausgliederungen der Sproßachse und sind an dieser in gesetzmäßiger Weise angeordnet. Man spricht demzufolge auch von einer bestimmten **Blattstellung.** Über die verschiedenen Formen der Blattstellung verschafft man sich am besten einen Überblick durch Anfertigung von „Blattstellungsdiagrammen". Man denkt sich die einzelnen, an der Pflanze aufeinanderfolgenden Knoten in eine Ebene projiziert und stellt sie als konzentrische Kreise dar, wobei der größte, äußere Kreis dem ältesten, der kleinste, innerste dem jüngsten Knoten entspricht. Trägt man nun in diese Kreise die Signaturen der Blätter ein, so erhält man die in *13a–d* und *14a–d* wiedergegebenen Grundformen der Blattstellung:

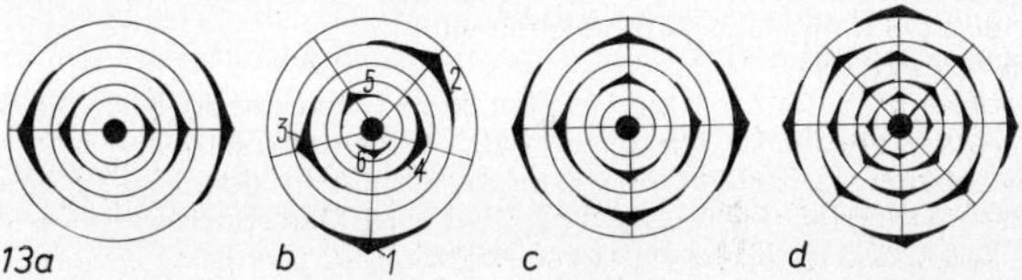

13a b c d

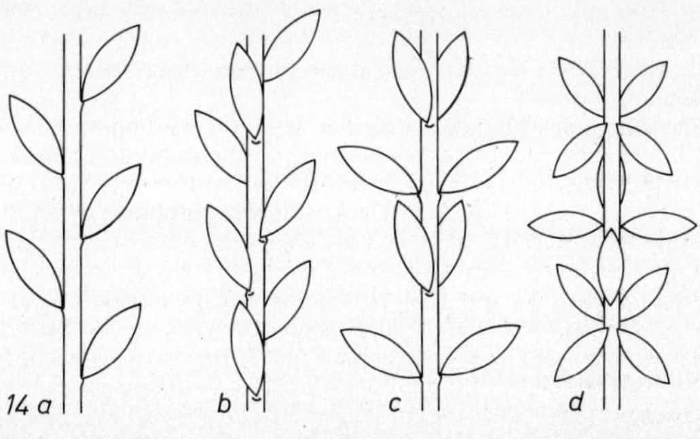

14 a b c d

a) **die zweizeilige** oder **distiche Blattstellung** *(13a, 14a):* An jedem Knoten steht nur ein Blatt, wobei die Blätter zweier aufeinanderfolgenden Knoten sich im Winkel von 180° gegenüberstehen. Die Blätter sind deshalb entlang der Sproßachse in zwei gegenüberstehenden Längszeilen angeordnet. Die zweizeilige Blattstellung ist charakteristisch für die meisten Monokotylen und für viele Fabaceen.

b) **die wechselständige, zerstreute** oder **spiralige Blattstellung** *(13b, 14b):* An jedem Knoten steht nur ein Blatt, das gegenüber dem vorausgegangenen jeweils um einen bestimmten, von 180° abweichenden Winkelbetrag verschoben ist. Die aufeinanderfolgenden Blätter kommen deshalb auf eine um die Sproßachse herumlaufende Spirallinie zu stehen (*13b* 1–6). Diese Form der Blattstellung ist typisch für die meisten Dikotylen.

c) Ein Sonderfall der **wechselständigen** Beblätterung sind die mehrgliedrigen **Scheinwirtel.**
Sie kommen dadurch zustande, daß auf ein verlängertes Stengelglied jeweils einige verkürzte (gestauchte) Internodien folgen, so daß die zu den Knoten gehörigen Blätter dicht beisammen stehen und einen mehrgliedrigen Wirtel vortäuschen; dennoch entspringen die Blätter nicht wie bei **echten Wirteln** einem einzigen Knoten. Solche Scheinwirtel sind weiterverbreitet bei Monokotylen. Sie treten entweder in Einzahl auf (*Paris quadrifolia,* S. 490) oder zu mehreren etagenförmig übereinander (*Lilium martagon,* S. 488, *Polygonatum verticillatum,* S. 490). Auch die 3 quirlig angeordneten Blattorgane am Blütensproß von *Anemone*-Arten bilden eigentlich einen Scheinwirtel (*381*).

d) **die wirtelig-gekreuzte, gegenständige** oder **dekussierte Blattstellung** *(13c, 14c):* An jedem Knoten stehen 2 Blätter und zwar so, daß jedes folgende Blattpaar sich mit dem vorausgegangenen im rechten Winkel kreuzt (Labiaten, Caryophyllaceen, Oleaceen). **Wirtelig-dekussierte** Blattstellung liegt auch bei den Rubiaceen (S. 358) vor, obwohl die Blätter in mehrzähligen, etagenförmigen Wirteln angeordnet erscheinen; doch stehen die Blätter der aufeinanderfolgenden Wirtel nicht auf Lücke, wie dies bei echten Wirteln der Fall ist (s. Punkt e), sondern übereinander (superponiert). Bei den Rubiaceen beruht nun die Bildung mehrzähliger Wirtel auf der *blattartigen* Ausbildung der für diese Familie typischen Nebenblätter. In der Gattung *Cruciata* (S. 358) kommen die 4-zähligen Wirtel dadurch zustande, daß die beiden Stipeln der gegenständigen Laubblätter zu einer sogen. interpetiolaren Stipel vereinigt sind. Bei 6-zähligen Wirteln *(Galium, Asperula)* sind die beiden Nebenblätter der gegenüberstehenden Laubblätter diesen gleichgestaltet; bei 8- und mehrzähligen Wirteln kommt es zu einer Vermehrung der blattähnlichen Stipeln. Die eigentlichen Wirtelblätter sind daran kenntlich, daß allein aus ihren Achseln heraus Verzweigung erfolgt.

e) **die wirtelige** oder **quirlige Blattstellung** *(13d, 14d):* An jedem Knoten stehen 3 bis viele Blätter, wobei jene des nächstjüngeren Knotens in die Lücken der des vorausgegangenen Knotens fallen *(Hippuris, 284).*

2. **Die Gliederung des Blattes**

Ein vollständiges Blatt läßt die folgende Gliederung erkennen: die grüne **Blattspreite** oder **Lamina** (*15,* Spr), den in der Regel verschmälerten **Blattstiel** (St) und den **Blattgrund** (G). Blattspreite und Blattstiel werden auch als **Oberblatt,** der Blattgrund als **Unterblatt** (U) bezeichnet.

a) **Der Blattgrund**: Bei vielen Dikotylen setzt sich der Blattgrund nicht scharf vom Blattstiel ab und bildet nur eine leichte Verbreiterung der Blattstielbasis *(15);* bei anderen aber tritt der Blattgrund als mächtig entwickeltes Organ in Erscheinung. So ist er bei vielen Lauch-Arten allseits röhrig geschlossen und fleischig verdickt *(16);* bei vielen Doldenblütlern und Gräsern ist er als

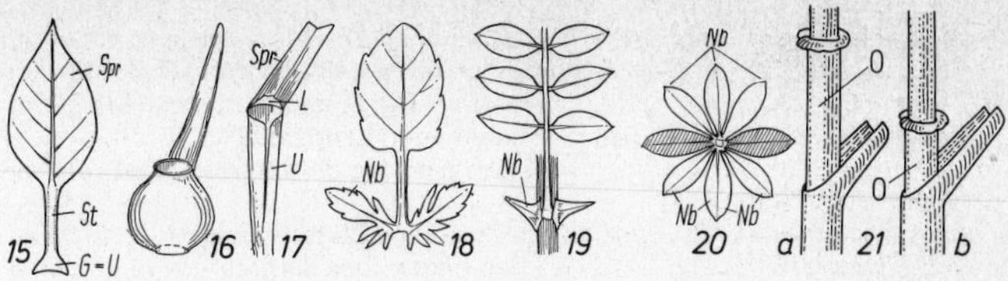

lange, offene Scheide *(17)* ausgebildet, welche bei den Gräsern als Stützorgan für den dünnen Halm fungiert. Als seitliche Auswüchse des Blattgrundes treten die **Nebenblätter** oder **Stipeln** (*18–19,* Nb) auf, die bei den Rosaceen, Fabaceen, Violaceen u. a. stark entwickelt sind und zeitlebens erhalten bleiben, bei der Linde, Hainbuche, Haselnuß, Kirsche, Pappel u. a. hingegen sehr früh abfallen. Bei den Knöterichgewächsen bildet der Blattgrund eine als **Ochrea** bezeichnete, ± weniger verlängerte Röhre oder Tüte (*21 a–b,* O), welche die Basis des folgenden Stengelgliedes umgibt, bei der Robinie sind die beiden Nebenblätter als **Dornen** ausgebildet (*19,* Nb); bei den Labkräutern aber sind sie den Laubblättern (*20,* schraffiert) völlig gleichgestaltet (*20,* Nb).

Bei manchen dicht zweizeilig beblätterten Liliifloren (z. B. der Schwertlilie und Simsenlilie) ist der Blattgrund ebenfalls scheidig entwickelt, sitzt aber der kriechenden Sproßachse an wie ein Reiter auf dem Pferd. Man spricht deshalb auch von **reitenden** Blättern.

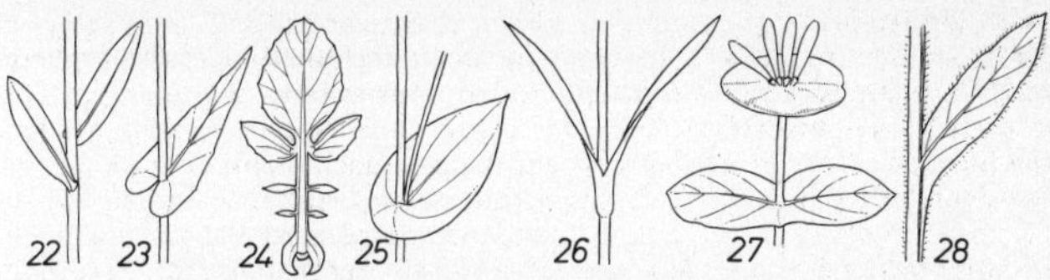

b) **Der Blattstiel** kann vielfach in seiner Entwicklung unterdrückt sein. So fehlt er den Grasblättern: der scheidig entwickelte Blattgrund (*17,* U) geht unmittelbar in die Spreite (Spr) über. An der Grenze zwischen beiden findet sich ein kleines Häutchen, das Blatthäutchen oder die **Ligula** (*17,* L). Aber auch bei vielen anderen Mono- und Dikotylen fehlt der Blattstiel. In diesen Fällen werden die Blätter, sofern der Blattgrund nicht besonders stark in Erscheinung tritt, als **sitzend** *(22)* bezeichnet; sie sind

stengelumfassend, wenn der Spreitengrund den Stengel fast oder ganz umgreift *(23);*

geöhrt, wenn der Spreitengrund am Grund mit 2 Lappen oder Anhängseln versehen ist *(24);*

durchwachsen, wenn der Spreitengrund den Stengel so umgibt, daß dieser durch die Spreite durchgewachsen erscheint (Hasenohr, *25*);

verwachsen, wenn der Spreitengrund zweier an einem Knoten gegenüberstehender Blätter miteinander vereinigt ist (Kardendistel, Nelken *26,* Jelängerjelieber, *27*);

herablaufend, wenn sich der Spreitengrund noch ein Stück an der Sproßachse herabzieht (Beinwell, *28*).

c) **Die Blattspreite:** In der Ausbildung der Blattspreite herrscht eine große Mannigfaltigkeit, und ihre Form ist ein wichtiges Merkmal beim Bestimmen der Pflanzen.

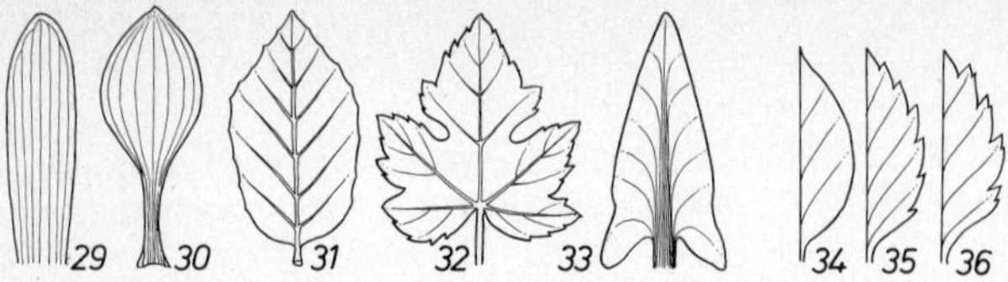

Nach dem Verlauf der **Adern** oder **Nerven,** einem weiteren, wichtigen Bestimmungsmerkmal, ist zu unterscheiden zwischen:

parallel- oder **bogennervigen** *(29–30)* und **fiedernervigen** *(31–33)* Blättern: Bei den ersteren nehmen die Nerven einen längsgerichteten, parallelen *(29)* oder bogenförmigen Verlauf *(30);* ein Mittelnerv tritt nicht auffällig hervor. Diese Form der Nervenanordnung findet sich vorwiegend bei Monokotylenblättern; bei den Dikotylen bei *Bupleurum-, Plantago-* und *Gentiana*-Arten. Bei den fiedernervigen Blättern gehen von einem hervortretenden Hauptnerv, der Mittelrippe, schwächere Seitennerven ab *(31).* Da diese durch dünne Seitennerven 2. und höherer Ordnung miteinander verbunden sind und auf diese Weise ein Netz von Nerven entsteht, spricht man auch von **netznervigen** Blättern. Sie sind typisch für die Dikotylen. Scheinbar fiedernervige Monokotylenblätter finden sich z. B. bei Araceen *(33).* Eine abgewandelte Fiedernervigkeit stellt die **hand-** oder **fingerförmige** Nervatur dar, die dadurch zustande kommt, daß mehrere kräftige Seitennerven vom Ende des Blattstieles wie die Finger an einer Hand in die Blattspreite eintreten (z. B. Ahorn, *32*).

Nach der Form der Blattspreite ist zwischen **einfachen** und **zusammengesetzten** Blättern zu unterscheiden.

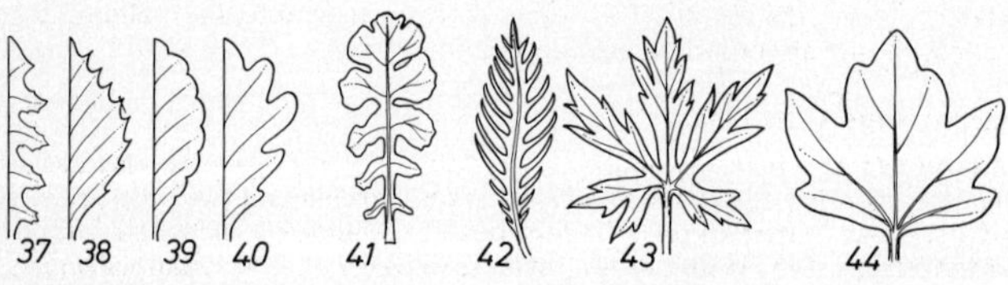

Einfache Blätter:

Die Blattspreite ist ungeteilt, kann aber ± tief eingeschnitten sein. Sie ist in ihrer Form recht mannigfaltig: **nadelförmig** (Nadelhölzer, *45*), **lineal** (Gräser, *46*), **binsenförmig,** wenn sie stielrund ist (Binsen, *47*), **lanzettlich** *(48),* **spatelförmig** *(49),* **eiförmig** *(50),* **elliptisch** *(51),* **kreisrund** *(52),* **schildförmig,** wenn der Blattstiel der Mitte des Blattes entspringt (Kapuzinerkresse, *53*), **rautenförmig** (Wassernuß, *54*), **nierenförmig** *(55),* **herzförmig** *(56),* **pfeilförmig** *(57),* **spießförmig** *(58),* **schwertförmig** (wenn die seitlich abgeflachte Spreite einem Schwert ähnelt, z. B. bei der Schwertlilie).

Nach der Beschaffenheit ihres Randes ist die Blattspreite:

ganzrandig, wenn der Rand keine Einschnitte zeigt und völlig glatt ist *(34);*

gesägt, wenn die spitzen Sägezähne im spitzen Winkel zusammenstoßen *(35);*

doppelt gesägt, wenn große Zähne mit kleinen abwechseln *(36);*

schrotsägeförmig, wenn die großen, meist rückwärts gerichteten Zähne wiederum fein gesägt sind (Löwenzahn, *37*);

gezähnt, wenn die Vorsprünge spitz und die Einschnitte abgerundet sind *(38);*

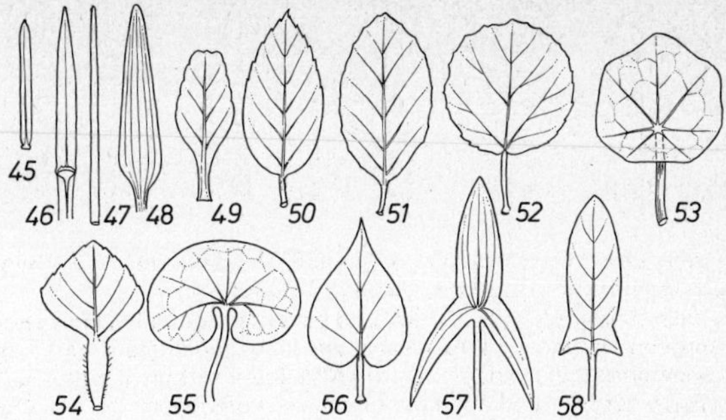

gekerbt, wenn die abgerundeten Vorsprünge im spitzen Winkel zusammenstoßen *(39)*;

gebuchtet, wenn die Vorsprünge und Einschnitte abgerundet sind *(40)*.

Sind die Einschnitte tiefer, so tritt eine Aufteilung der Blattspreite ein, die dem Verlauf der Nerven entspricht.

Ein Blatt ist **fiederspaltig** oder **leierförmig gefiedert,** wenn die nicht allzutiefen Einschnitte paarweise aufeinander zulaufen *(41)*;

fiederteilig, wenn die paarweise angeordneten Einschnitte fast bis zur Mittelrippe reichen *(42)*;

kammförmig gefiedert, wenn die Fiedern wie die Zähne eines Kammes angeordnet sind (z. B. Wasserfeder, *42*);

handförmig geteilt, wenn die mehr oder weniger tiefen Einschnitte alle nach dem Grund der Spreite zu gerichtet sind *(43)*;

gelappt, wenn die Blattfläche durch spitze Einschnitte in breitere, meist stumpfe und abgerundete Lappen geteilt ist *(44)*.

Zusammengesetzte Blätter:

Dem einfachen Blatt gegenüber steht das zusammengesetzte, das dadurch charakterisiert ist, daß die Blattfläche aus mehreren, voneinander getrennten, selbständigen **Blättchen** oder **Fiedern** besteht. Man spricht deshalb auch von **Fiederblättern.** Die Fiedern sitzen meist paarweise an der verlängerten **Blattspindel** oder **Rhachis,** welche dem Mittelnerv eines einfachen Blattes entspricht.

Das Blatt ist:

unpaarig gefiedert, wenn es mehrere Paare von Fiedern und eine Endfieder (*59*, E) besitzt. Ist außer der Endfieder nur noch ein Fiederpaar vorhanden, so spricht man von **dreizählig gefiederten** Blättern. Die Endfieder (*60*, E) ist vom Fiederpaar immer durch ein mehr oder weniger langes Rhachisstück getrennt (Steinklee, *60*);

paarig gefiedert, wenn die Endfieder in der Entwicklung zurückbleibt, verkümmert und nur als kurze Stachelspitze zwischen dem obersten Fiederpaar zu beobachten ist (*61*, E);

doppelt gefiedert, wenn die Fiedern (= Fiedern 1. Ordnung) selbst wieder gefiedert sind und solche 2. Ordnung hervorbringen *(62)*;

mehrfach gefiedert, wenn Fiedern 3. und höherer Ordnung auftreten (viele Doldenblütler);

unterbrochen gefiedert, wenn zwischen den großen Fiederpaaren kleinere stehen (viele Rosengewächse, Kartoffel, Tomate, *63*);

schildförmig gefiedert, wenn sich die Spreite eines Schildblattes aufteilt und die Basalfieder quer über den Blattstiel hinweg inseriert ist (Lupine, *67*).

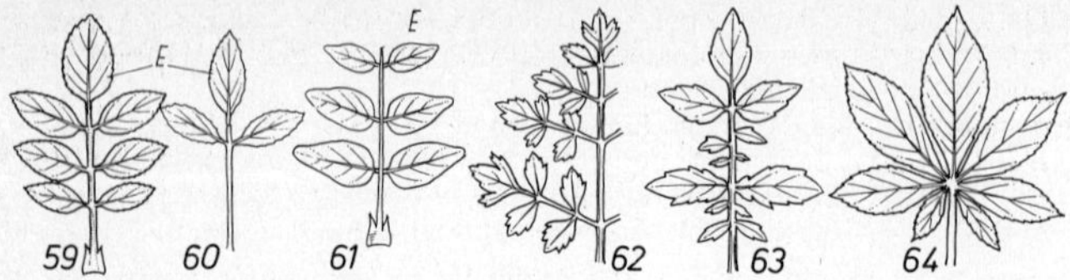

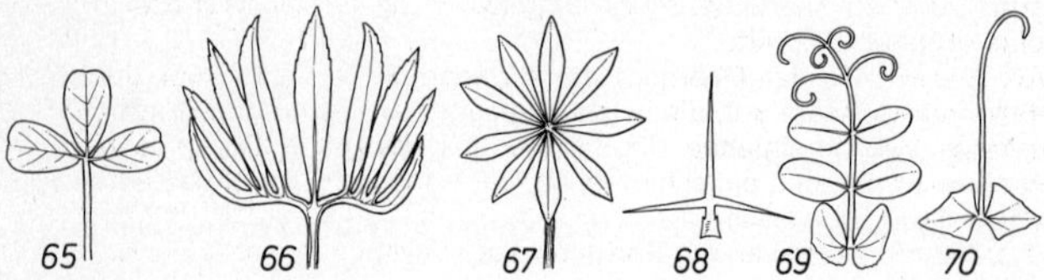

Unterbleibt die Längenentwicklung der Rhachis, so daß alle Fiedern von einem Punkt ausstrahlen, so entsteht das **fingerförmig gefiederte** Blatt *(64)*. (In den Tabellen kurz „gefingert" genannt). **Fünfzählig gefingert** sind z. B. die Blätter vieler Fingerkräuter, dreizählig gefingert die Blätter des Klees *(65)*. Ein solches Blatt unterscheidet sich von einem **dreizählig gefiederten** darin, daß End- und Seitenfiedern **nicht** durch einen kurzen Rhachisabschnitt voneinander getrennt sind *(65)*.

Entwickelt sich die Rhachis statt in die Länge quer zum Blattstiel, so entsteht das **fußförmig gefiederte** Blatt (Nieswurz, *66, 72a*).

Umbildungen des Blattes

Dornblätter: Die Ausbildung der Blattspreite ist unterdrückt. Es bleiben nur die Hauptnerven übrig, die in eine harte Dornspitze auslaufen (Berberitze, *68*).

Rankenblätter: Bei vielen Schmetterlingsblütlern unterbleibt an den obersten Paaren der Fiederblätter die Ausbildung der Spreite; die Mittelrippe tritt deshalb als eine für Berührungsreize empfindliche Ranke entgegen, mit deren Hilfe die Pflanze an Stützen emporrankt *(69)*. In seltenen Fällen, z. B. bei der Ranken-Platterbse ist das gesamte Blatt zur Ranke umgebildet; in diesem Falle sind die Nebenblätter laubig entwickelt *(70)* und dienen als Assimilationsorgane.

Niederblätter: sind einfache, schuppenförmige Blätter, die an der Basis der Sproßachse stehen (Saubohne, *71a–c*) und sich von normalen Laubblättern *(71d)* dadurch unterscheiden, daß an ihnen nur das Unterblatt zur Ausbildung gelangt. Unterirdische Sproßachsen wie Ausläufer, Rhizome und Knollen sind in der Regel mit Niederblättern besetzt. Bei den Holzgewächsen werden sie als **Knospenschuppen** bezeichnet. Sie übernehmen hier den Schutz der jungen Blatt- und Blütenanlagen des neuen Triebes gegen ungünstige Außeneinflüsse. Nach Erfüllung dieser Aufgabe fallen sie meist ab.

Hochblätter: sind gleich den Niederblättern einfach gestaltete, häufig schuppenförmige Blattorgane *(72b–e)*, die an den oberen Teilen der Sproßachse oberhalb der Laubblattregion stehen und sich nicht selten an der Bildung der Blütenhülle beteiligen. So wird bei vielen Hahnenfußgewächsen (z. B. Nieswurz, Winterling, Trollblume u. a.) der äußere Blütenhüllkreis aus Hochblättern gebildet *(72f)*. Im Bereich der Blütenstände werden die Hochblätter als **Deck-** oder **Tragblätter** bezeichnet; in ihren Achseln stehen die einzelnen Blüten; bei den Korbblütlern bilden Hochblätter den **Hüllkelch** (Involucrum); bei den Doldenblütlern die **Hülle** und das **Hüllchen**. Vielfach sind die Hochblätter blumenblattartig gefärbt und übernehmen bei kleinen, unscheinbaren Blüten Blumenblattfunktionen, so beim Schwedischen Hartriegel *(205)* und vielen Wachtelweizenarten.

Primärblätter: sind die ersten Blattorgane des Stengels, welche auf die Keimblätter folgen. Gegenüber den Folgeblättern sind sie oft von einfacher Gestalt. So sind bei der Gartenbohne die Primärblätter einfach, die Folgeblätter dreizählig gefiedert. In solchen Fällen spricht man auch von

Heterophyllie oder Verschiedenblättrigkeit. Besonders ausgeprägt ist diese bei vielen Wasserpflanzen (z. B. Wasserhahnenfuß): die Unterwasserblätter besitzen eine in haarfeine Zipfel aufgelöste, die Schwimmblätter hingegen eine ungeteilte Spreite.

Als Auswüchse der Oberhaut der Blattspreite und auch der Sproßachse treten vielfach Haare auf, die in mannigfacher Ausbildung anzutreffen sind:

Borstenhaare sind einfache, ungegliederte, steife Haare (Boraginaceen).

Brennhaare enthalten ein scharfes, auf der Haut einen Brennreiz hervorrufendes Sekret (Brennessel).

Drüsenhaare besitzen an der Spitze ein kugeliges, meist von ätherischen Ölen erfülltes Köpfchen.

Sternhaare sind sternartig verzweigte,

Wollhaare unverzweigte, aber gekräuselte Haare.

D. Die Blüte

Die Blüte ist ein Sproß begrenzten Wachstums: An einer **Blütenachse** (*73,* Ba), auch als **Blütenboden** bezeichnet, sitzen in spiraliger oder wirteliger Anordnung in mehreren Kreisen übereinander Blattorgane, die in ihrer Gestalt von normalen Laubblättern stark abweichen. Von der Basis bis zur Spitze, bzw. von außen nach innen, können wir an der Achse die folgenden Blattgebilde feststellen: die aus **Kelch** (*73,* K) und **Blumenkrone** (*73,* B) gebildete **Blütenhülle,** die **Staubblätter** (*73,* St) und den aus **Fruchtblättern** gebildeten **Fruchtknoten** (*73,* F).

Eine Blüte ist **strahlig** oder **radiär** *(74),* wenn sie durch mehr als 2 Schnittebenen in 2 spiegelbildliche Hälften zerlegt werden kann; sie ist **bilateral** oder **disymmetrisch,** wenn 2 aufeinander senkrecht stehende Schnittebenen sie in zwei spiegelbildliche Hälften zerlegen (*75,* Flammendes Herz); Blüten sind **zygomorph** oder **dorsiventral,** wenn sie sich nur durch eine Schnittebene in 2 spiegelbildliche Hälften zerlegen lassen *(76–77).* Ein Blumen-, zuw. auch ein Kelchblatt kann dabei häufig gespornt sein *(77).*

1. Die **Blütenachse** tritt in den meisten Blüten kaum in Erscheinung; sie ist kurz und leicht kegelförmig aufgewölbt *(73, 85);* bei Koniferen, der Magnolie und dem Mäuseschwänzchen *(375)* ist sie zapfenartig verlängert; bei der Kirsche und Rose krug- bis becherförmig eingetieft *(86–87)*; als **Diskus** bezeichnet man einen scheibenartigen Auswuchs der Blütenachse (Ahorn, Wein, Raute).

2. Die **Blütenhülle** (= Perianth) ist **homoiochlamydeisch,** wenn sie aus gleichartigen Hüllblättern gebildet wird. Wir sprechen auch von einem **Perigon** und die einzelnen Blütenblätter heißen **Tepalen.** Sie sind entweder alle unscheinbar grün oder alle blumenblattartig gefärbt. Das Perigon kann dabei aus 1, 2 oder mehreren Kreisen bestehen. Ist nur 1 Kreis von Blütenhüllblättern vorhanden, so ist die Blütenhülle einfach, man spricht auch von einem **haplo-** oder **monochlamydeischen Perianth** (z. B. *Urtica, Chenopodiaceae, Aristolochia, Daphne* u. a.). Sind hingegen 1 oder mehr Kreise gleichgestalteter Perigonblätter vorhanden, so spricht man von einem mehrkreisigen oder mehrfachen Perigon (z. B. Tulpe, Magnolie).

Die **heterochlamydeischen** Blüten hingegen besitzen eine **doppelte** Blütenhülle. Die äußeren Blütenorgane sind die zumeist grünen, in manchen Fällen

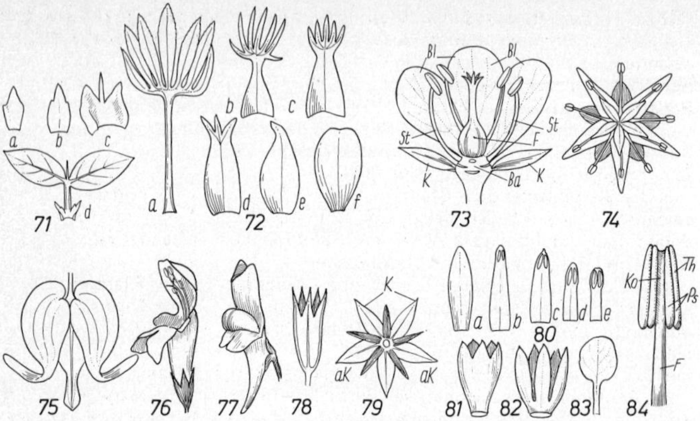

auch gefärbten **Kelchblätter (Sepalen),** während die zarteren, inneren, zumeist lebhaft gefärbten **Blütenblätter,** die **Petalen,** die Blumenkrone bilden.

Eine Blüte ist **nackt, a-** od. **apochlamydeisch** wenn die Blütenhülle fehlt (z. B. Weide, Pappel).

Die **Kelchblätter** sind in der Regel aus Hochblättern hervorgegangen, welche in den Bereich der Blütenregion einrücken. Bei vielen Pflanzen (z. B. Nieswurz, *72b–f*) läßt sich der Übergang von Hoch- zu Kelchblättern deutlich beobachten. Solange die Blüte im Knospenzustand verharrt, dienen die Kelchblätter als Schutz für die inneren Blütenorgane. Nach der Entfaltung der Blüte fallen sie gelegentlich ab (Mohngewächse), bei den meisten Pflanzen aber bleibt der Kelch erhalten, wächst zuweilen nach der Befruchtung noch stark heran und umhüllt später die reife Frucht (Bilsenkraut, *119*; Judenkirsche). Die Kelchblätter können frei oder miteinander verwachsen sein (Nelkengewächse, *78*; Schmetterlings-, Lippenblütler u. a.). Wird der Kelch am Grunde noch von einer Hülle kleinerer Hochblätter umgeben, so spricht man von einem **Außenkelch** (viele Rosaceen, *79*, aK; Malvaceen, Caryophyllaceen).

Die **Blumenblätter** sind vielfach umgebildete (verlaubte) Staubblätter. Übergänge zwischen beiden Blütenorganen sind in schöner Weise in den Blüten der Weißen Seerose *(80a–e)* und bei vielen Rosen zu beobachten. Die „Füllung" von Blüten, wie sie bei vielen Gartenblumen anzutreffen ist, beruht auf einer solchen Umwandlung von Staub- in Blumenblätter.

Die Blumenblätter sind entweder untereinander frei (= **Freiblumenblättrige** Pflanzen, **Choripetalae**) oder miteinander zu einer Röhre verwachsen (*81–82;* = **Verwachsenblumenblättrige** Pflanzen oder **Sympetalae**). An der Anzahl der freien Zipfel der Kronröhre läßt sich bei den Sympetalen die der an ihrer Bildung beteiligten Blumenblätter erkennen. Die Kronröhre kann jedoch oft so kurz und die Kronzipfel können so lang sein, daß der Eindruck einer Freikronblättrigen erweckt wird *(Anagallis, Veronica, 911).* Beim Herauszupfen löst sich jedoch die Blumenkrone der Sympetalen immer in ihrer Gesamtheit ab.

Ein Blütenblatt ist **genagelt,** wenn sich dessen auch als Platte bezeichnete Spreite scharf von einem stielartigen Gebilde (Nagel) absetzt *(83).*

Auswüchse der Blumenblätter:

Nebenkrone: Auswüchse der Blütenblätter, die sich häufig im Übergangsbereich vom Nagel zur Platte finden. Diese Auswüchse sind entweder frei (Caryophyllaceen, *783*) oder zu einer mehr oder weniger langen Röhre verwachsen

(Narzisse); bei verwachsenblättrigen Blumenkronen werden diese Auswüchse als **Schlundschuppen** [Boraginaceen (*897*, S), Gentianaceen *(864–865)*] bezeichnet.

Sonderformen der Blüten sind:
Schmetterlingsblüte der Fabaceen *(76)*,
Lippenblüte der Lamiaceen *(948–951)*,
Rachenblüte bei vielen Scrophulariaceen *(77)*,
Zungenblüte der Asteraceen *(979, 986)*,

3. Die **Staubblätter** oder **Stamina,** in ihrer Gesamtheit als **Androeceum** bezeichnet, sind gleich den Kelch- und Blütenblättern spiralig oder in Wirteln angeordnet; häufig sind 2 Wirtel von Staubblättern vorhanden, die mit den Kelch- und Blütenblättern auf Lücke stehen.

Jedes einzelne Staubblatt besitzt einen **Staubfaden** oder **Filament** (*84*, F) und die **Anthere.** Diese besteht aus 2 Hälften, den beiden **Theken** (Th), die durch ein steriles Mittelstück, das **Konnektiv** (Ko), miteinander verbunden sind. Jede Theka enthält 2 Pollensäcke (Ps), in denen die Pollenkörner gebildet werden, die meist mit Hilfe eines Längsrisses entleert werden.

Als **Staminodien** bezeichnet man unfruchtbare Staubblätter. Eine besondere Form der Staminodien sind die nektarabsondernden **Honigblätter,** die sich zwischen den Blumen- und Staubblättern finden. Bei manchen Pflanzen (Trollblume) sind sie klein und unauffällig, bei anderen (Hahnenfuß, Akelei) sind sie blumenblattartig (petaloid) und täuschen dann Blumenblätter vor *(364, 365, 384)*.

4. Die **Fruchtblätter** oder **Karpelle** (Carpelle) bilden in ihrer Gesamtheit das **Gynoeceum,** welches bei den Angiospermen zu einem Gehäuse umgestaltet ist und die Samenanlagen (Ovulae) birgt; das Gynoeceum selbst besteht in seltenen Fällen aus **1** (z. B. *Fabaceae,* S. 204), häufiger aber aus **mehreren** Fruchtblättern. In letzterem Fall sind 2 Ausbildungsformen zu unterscheiden: das apokarpe und coenokarpe Gynoeceum. **Apokarp** heißt ein aus mehreren bis zahlreichen **freien,** nicht miteinander verwachsenen Karpellen bestehendes Gynoeceum (*90, 368, 376,* z. B. Ranunculaceen, S. 151); beim **coenokarpen** sind die Fruchtblätter zu einem gemeinsamen Gehäuse verwachsen *(91, 92)*. Wird das Gynoeceum nur aus einem einzigen Fruchtblatt gebildet, so spricht man von einem monokarpischen Gynoeceum. Ein solches eignet sich besonders zur Demonstration der verschiedenen Abschnitte: An einer jungen Frucht der Erbse, beispielsweise, wie sie in *88a* dargestellt ist, sind folgende Abschnitte zu unterscheiden: Der mit B bezeichnete bauchige Abschnitt; er stellt den **fertilen** Abschnitt, das **Ovar** (Ovarium), dar und birgt die äußerlich nicht sichtbaren Samenanlagen (*88b–c,* Sa). Infolge seiner bauchigen oder knotigen Ausbildung wird er auch als **Fruchtknoten** bezeichnet. In seinem oberen Teil verlängert sich dieser in den **Griffel** (*88a*, G), der an seiner Spitze als Empfangsorgan für die Pollenkörner die **Narbe** (*88a,* N) trägt. Fruchtknoten mit Griffel und Narbe bilden insgesamt den **Stempel** oder das **Pistill.** Bei einem Vergleich mit einem normalen Laubblatt entspricht der fertile Abschnitt des Fruchtblattes der Blattspreite, die aber nicht flach ausgebreitet ist, sondern sich zu einem Gehäuse einfaltet *(88c)*, wobei ihre beiden Ränder miteinander

85

86

87

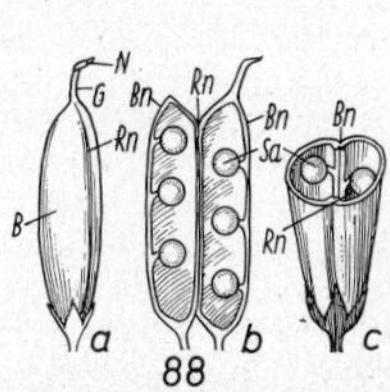

88

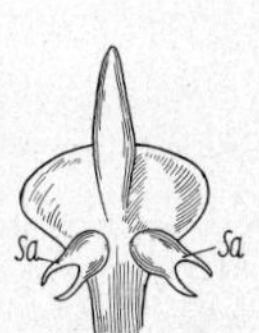

89

zur **Bauchnaht** (*88c*, Bn) verwachsen. An dieser stehen an wulstförmigen Leisten, den **Plazenten,** die **Samenanlagen** oder Samenknospen (Sa). Der Bauchnaht gegenüber liegt der Mittelnerv des Fruchtblattes, die **Rückennaht** (Rn). Die Samen sind also vom Fruchtblatt eingeschlossen oder bedeckt, worauf der Name **Bedecktsamige** oder **Angiospermae,** zu denen die Mono- und Dikotylen gehören, Bezug nimmt.

Bei den **Gymnospermen,** den **Nacktsamigen,** dagegen stehen die Samenanlagen und damit später auch die Samen frei am Fruchtblatt, das sich nicht zu einem geschlossenen Gehäuse umbildet *(89)*.

In den meisten Fällen aber besteht das Gynoeceum aus mehreren Karpellen, die, wie erwähnt, entweder **frei** (apokarp) sind [d. h. jedes Fruchtblatt bildet ein mit Ovar, Griffel und Narbe ausgestattetes Pistill *(90)*] oder die einzelnen Karpelle sind zu einem einheitlichen Gehäuse **verwachsen** (*91–92*, coenokarpes Gynoeceum). Sein häufig angeschwollener, die Samenanlagen tragender Basalteil wird wiederum als Fruchtknoten (Ovar) bezeichnet und verlängert sich spitzenwärts in einen gemeinsamen **Griffel,** der mit der Narbe endet *(91a)*. Fehlt der Griffel, so sitzt die Narbe unmittelbar dem Fruchtknoten auf (*92a*, z. B. bei vielen *Brassicaceae*). Aus der Anzahl der Narbenäste kann man auf die Anzahl der an der Bildung des Gynoeceums beteiligten Fruchtblätter schließen. An den Rändern der **Fruchtblätter,** also marginal, stehen die Samenanlagen (= **marginale Plazentation**) *(91, 92)*. Nur bei den *Nymphaeaceae* und den *Heliobiales* entspringen diese der Fläche der Spreite der Fruchtblätter. Wir sprechen in diesem Falle von **laminaler Plazentation** *(93b)*. Verwachsen die Fruchtblätter nur mit ihren Rändern, so entsteht eine einheitliche, **ungefächerte** Fruchtknotenhöhle. Die Samenanlagen scheinen in diesem Fall den Wänden des Fruchtknotens zu entspringen *(92b)*; in Wirklichkeit aber gehen sie gleichfalls aus den Fruchtblatträndern hervor. Man spricht deshalb auch von **wandständiger** oder **parietaler Plazentation** (Veilchen, Mohn). Meist besitzt der Fruchtknoten dann keinen Griffel *(92a)*; das Gynoeceum ist ungefächert oder **parakarp.** Falten sich aber die Fruchtblätter bis zur Mitte der Fruchtknotenhöhle ein, so entsteht ein **gefächerter, synkarper** Fruchtknoten *(91b)*; die miteinander verwachsenen Abschnitte der Fruchtblätter werden als **Scheidewände** oder **Septen** bezeichnet. Die Samenanlagen stehen dann in der Mitte des Fruchtknotens, und zwar in den von den Scheidewänden gebildeten Winkeln. Man spricht deshalb auch von **zentralwinkelständiger Plazentation** *(91b)*.

90 91 92 93

Außer diesen „echten" Scheidewänden gibt es auch „falsche" Scheidewände, bei denen noch nachträglich der parakarpe Fruchtknoten durch Auswüchse der Plazenten gefächert wird (z. B. *Brassicaceae, 115a;* Lein).

Daneben gibt es auch noch eine Sonderform der Parakarpie, vor allem bei den Primulaceen (s. S. 313), die durch die Bildung einer sog. **Zentralplazenta** gekennzeichnet ist. Vom Grunde des Fruchtknotens aus ragt in dessen ungefächerte Höhlung hinein ein Plazentakörper, der die Samenanlagen trägt, so daß auf Querschnitten durch das Ovar keine Verbindung mit der Wand besteht; bei den Polygonaceen (s. S. 344) steht anstelle der Zentralplazenta mit vielen Samenanlagen eine einzige basal stehende Samenanlage. Die **falsche Zentralplazenta** vieler Caryophyllaceen (s. S. 318) kommt durch eine frühzeitige Auflösung der Septen zustande. Es gibt nun eine Reihe von Blüten (z. B. Nymphaeaceen, einige Ranunculaceen), deren Gynoeceum zwar freiblättrig (apokarp) ist, aber von der Blütenachse *(93a–b)* so umwallt wird, daß das Bild eines verwachsen-blättrigen (coenokarpen) Gynoeceums entsteht *(93b)*. Man spricht hier von einem **pseudocoenokarpen** Gynoeceum.

Von großer Bedeutung für die Bestimmung von Pflanzen ist die Stellung des Gynoeceums (Fruchtknotens) in der Blüte, die wiederum in enger Beziehung zur Ausbildung der Blütenachse steht.

Der Fruchtknoten ist **oberständig,** wenn die Blütenachse kegelförmig aufgewölbt ist und Staub- und Perianthblätter unterhalb des Fruchtknotens inseriert sind *(85)*; Blüten mit oberständigem Fruchtknoten sind **hypogyn.** Der Fruchtknoten ist **unterständig,** wenn die Blütenachse becher- oder krugförmige Ausbildung zeigt und der Fruchtknoten mit dieser verwachsen ist. Die dem Becherrand inserierten Staub- und Perianthblätter stehen oberhalb des Fruchtknotens *(87)* = **epigyne** Blüte. Bei einigen Pflanzen *(Epilobium, Oenothera)* verlängert sich die Blütenachse über den Fruchtknoten hinaus *(222)*. Es wird auf diese Weise eine Kronröhre vorgetäuscht, die in Wirklichkeit ein Achsengebilde ist und als **Hypanthium** bezeichnet wird.

Ist der Fruchtknoten nicht mit der becherförmigen Achse verwachsen, so spricht man von einem **mittelständigen** Fruchtknoten (*86*, Kirsche) oder **perigynen** Blüten.

5. Unvollständige Blüten

Enthält eine Blüte sowohl Staub- als auch Fruchtblätter, so ist sie **zwittrig** (⚥) oder vollständig. Sind in einer Blüte entweder nur die Staub- oder nur die Fruchtblätter ausgebildet, so ist diese **eingeschlechtig** (unvollständig). Im ersteren Falle spricht man von **Staub-** oder **männlichen** (♂) Blüten, im letzteren von **Stempel-** oder **weiblichen** (♀) Blüten. Finden sich beide auf derselben Pflanze, so ist diese **einhäusig** oder **monözisch** (Haselnuß); sind beide auf zwei verschiedene Individuen verteilt, so spricht man von **zweihäusigen** oder **diözischen** Gewächsen (z. B. Weiden).

6. Blütendiagramme

Will man sich einen Überblick über den Bau einer Blüte und die Stellungsverhältnisse der einzelnen Organe zueinander verschaffen, so stellt man ein sogen. **Blütendiagramm** her, indem alle Blütenorgane in eine Ebene projiziert werden. Die aufeinander folgenden Blütenkreise oder -wirtel werden durch konzentrische Kreise symbolisiert, von denen der größte dem untersten, d. h. dem Kreis der Kelchblätter entspricht. In diese Kreise trägt man von außen nach innen, d. h. vom Kelch zu den Fruchtblättern fortschreitend, die einzelnen Blütenorgane und ihre Stellung zueinander ein. Auf diese Weise erhält man Diagramme, wie sie in *131* für eine Monokotylen- und in *133* für eine Dikotylenblüte dargestellt sind. Steht die Blüte in der Achsel eines Tragblattes, so werden auch die Abstammungsachse (im Diagramm oben) und das Tragblatt (unten) eingezeichnet. Die durch beide, Abstammungsachse und Tragblatt, hindurchgelegte Schnittebene ist die **Mediane** der Blüte, die senkrecht zu ihr stehende die **Transversale.** Bei dorsiventralen (zygomorphen) Blüten, z. B. den gespornten Blüten des Leinkrautes *(77)*, fällt die einzige Symmetrieebene in die Mediane, und der Sporn wird im Diagramm durch eine Aussackung des nach unten weisenden Blütenblattes gekennzeichnet.

7. Blütenstände

Nur selten beschließt ein Sproß sein Längenwachstum mit der Ausbildung einer einzigen Blüte; meist werden mehrere erzeugt, die sich in bestimmter Anordnung an besonderen, mit Hochblättern (Tragblättern oder Brakteen) besetzten Sproßachsen finden. Diese blütentragenden Sproßabschnitte, die sich ihrerseits auch verzweigen können, werden als **Blütenstände** oder **Infloreszenzen** bezeichnet. Nach dem Verhalten der Infloreszenzachse ist in Übereinstimmung mit der vegetativen Region zwischen **monopodialen** oder **razemösen** (s. S. 12) und **sympodialen** oder **zymösen** (s. S. 12) Infloreszenzen zu unterscheiden.

Razemöse Infloreszenzen

a) **einfach-razemöse Infloreszenzen:**

Die Infloreszenzachse ist unverzweigt. Hierher gehören:

Traube: in den Achseln von Tragblättern (die auch fehlen können: Brassicaceen) stehen **gestielte** Einzelblüten: Die Traube ist **geschlossen,** wenn eine Endblüte *(94)* vorhanden ist; sie ist **offen,** wenn die Endblüte fehlt *(95).*

Doldentraube: ist eine Traube, bei der die verschieden lang gestielten Blüten in eine gemeinsame Oberfläche zu stehen kommen *(96).*

Ähre: Die Blüten sitzen ungestielt in den Achseln der Brakteen (*97,* Wegerich).

Kätzchen: sind die oft hängenden, männlichen Infloreszenzen der Haselnuß, Pappel, Erle, Walnuß u. a. Es sind Trauben *(98)* oder Ähren mit unscheinbaren Blüten. Nach der Pollenentleerung fallen die ♂ Kätzchen in ihrer Gesamtheit ab.

Zapfen: sind die weiblichen Blütenstände der Erle und Nadelhölzer. Es sind Ähren, deren Achse und Tragblätter bei der Reife verholzen.

Kolben: die Ährenachse ist fleischig verdickt (*99,* Kalmus, Aronstab).

Köpfchen oder **Körbchen**: sind dem Kolben nahe verwandt, nur entwickelt sich die Infloreszenzachse nicht in die Länge, sondern mehr in die Breite; sie ist entweder schwach kegelförmig aufgewölbt *(100),* scheibenförmig verbreitert oder leicht krugförmig vertieft. An der Infloreszenzbasis ist in der Regel ein sogen. **Hüllkelch** (Involucrum; *100,* J), der aus dicht beisammen stehenden Hochblättern besteht. Beispiele: Köpfchenblütler (Asteraceen), viele Dipsacaceen.
Die der Achse aufsitzenden Tragblätter (diese können auch fehlen) werden als **Spreublätter** bezeichnet. Die randlichen (= basalen) Blüten der Köpfchenachse sind die **Rand**-, die zentralen die **Scheibenblüten.** Beide können von verschiedener Gestalt und Färbung sein. Zuweilen können auch die oberen Hüllkelchblätter blumenblattartig ausgebildet sein; sie sind dann von strohiger Beschaffenheit (z. B. *Carlina,* Wetterdistel).

Dolde: ist eine Traube, an der die Längenentwicklung der Internodien unterbleibt und die gestielten Blüten in den Achseln der rosettig angeordneten Brakteen von einem Punkt ausstrahlen (*101,* Primel, Große Sterndolde).

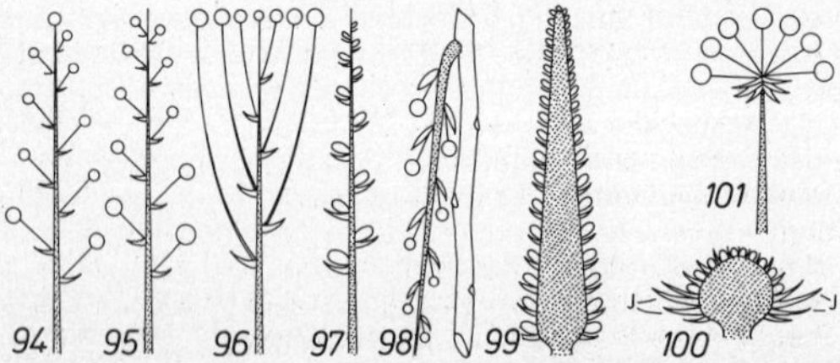

b) **zusammengesetzt-razemöse Infloreszenzen**

Die Infloreszenzachse erzeugt Seitenäste 1. und höherer Ordnung:

Rispe: ist eine mehrfach verzweigte Traube (Weinrebe, Rispengräser), deren Äste jeweils eine Endblüte besitzen *(104)*.

Doldenrispe od. **Ebenstrauß:** ist eine Rispe, bei der die Blüten der einzelnen Rispenäste in einer Ebene enden (Eberesche, *105*; =Corymbus).

Spirre oder **Trichterrispe** *(107)*: ist eine Rispe, bei der die basalen Seitenäste so stark verlängert sind, daß die Blüten in ihrer Gesamtheit trichterförmig angeordnet sind. Die Endblüten (*107*, E, E_1–E_2) finden sich jeweils am Grunde der „Trichter". Spirren finden sich bei Simsen und Mädesüß.

Doppeltraube: ist eine einfach verzweigte Traube *(102)*.

Zusammengesetzte Ähre: ist eine verzweigte Ähre. An Stelle der Einzelblüte der Ähre steht ein mehrblütiges **Ährchen** (Ährengräser: Roggen, Weizen, Gerste u. a. *103*).

Zusammengesetzte Dolde: Die Doldenstrahlen 1. Ordnung enden mit kleinen, als **Döldchen** bezeichneten Dolden 2. Ordnung. Ihre Tragblätter werden als **Hüllchen** bezeichnet (sehr viele Umbelliferen, *106*).

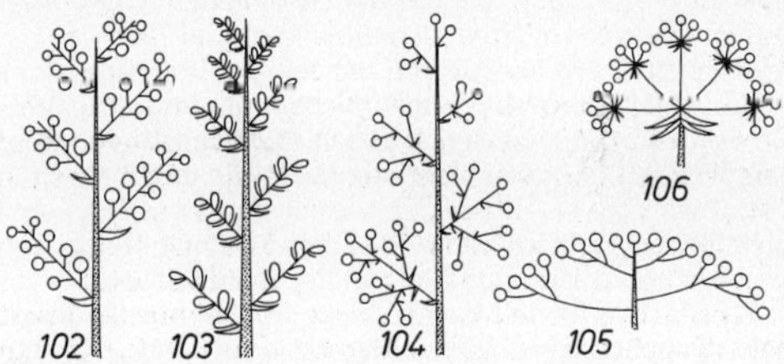

Zymöse Infloreszenzen

Die Infloreszenzachse beschließt ihr Längenwachstum mit der Ausbildung einer Blüte und wird von Seitenachsen übergipfelt, die ihr Wachstum wiederum mit der Ausbildung von Blüten beschließen. Diese Form der Verzweigung kann sich mehrmals wiederholen.

Dichasium: Unterhalb der Endblüte E *(112)* entwickeln sich in den Achseln von Tragblättern 2 Seitenäste, die ihrerseits mit den Blüten E_1 abschließen, von zwei Seitenästen fortgeführt werden u. s. f. (*112*, E_1–E_3).

Pleiochasium oder **Trugdolde:** Unterhalb der Endblüte E *(108)* des Primärsprosses entwickeln sich mehrere Seitenäste, die ihrerseits wieder mit Blüten (E_1) abschließen. Die letzten Auszweigungen eines Pleiochasiums können in Dichasien übergehen (bei vielen Euphorbien, *643*).

Wickel: Die mit der Endblüte abschließenden Hauptachsen (*109*, E) werden jeweils nur von einem Seitenast fortgeführt (Monochasium, s. S. 12), wobei die aufeinanderfolgenden Triebgenerationen abwechselnd nach rechts und links fallen. (Natternkopf; *109*, E_1–E_3).

Doppelwickel: Es entwickeln sich beide Dichasialäste mit wickeliger Blütenanordnung.

Schraubel: Unterscheidet sich von der Wickel darin, daß die Fortsetzungssprosse alle nach einer Seite fallen (*110*, E_1–E_4).

Doppelschraubel: Die beiden Dichasialäste tragen die Blüten in schraubeliger Anordnung.

Thyrsus: Blütenstand mit durchgehender monopodialer Achse, an der an Stelle von Einzelblüten zymöse Teilinfloreszenzen stehen (*111*, z. B. Dichasien, Schraubel oder Wickel).

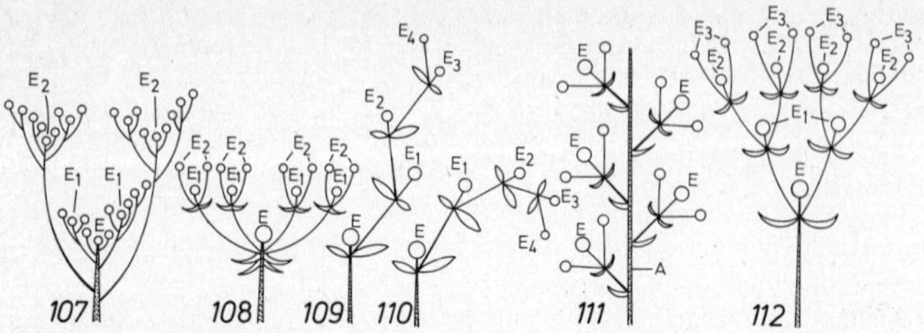

Von thyrsusartigem Aufbau sind auch die männlichen **Kätzchen** der Haselnuß, sowie die männlichen und weiblichen Kätzchen der Erle und Birke: die aufrechten (weibl.) oder hängenden (männl.) Blütenstände besitzen eine durchgehende Hauptachse; in den Achseln der Tragblätter (= Kätzchenschuppen) stehen dichasiale Teilblütenstände *(111)*.

E. Die Frucht

Als Frucht wird die Blüte im Zustand der Samenreife bezeichnet. Perianth- und Staubblätter trocknen meist ab und werden schon zu Beginn der **Postfloration,** des Verblühens, abgeworfen. Auch der Griffel geht verloren und bleibt nur an jenen Früchten erhalten, bei denen er zu deren Verbreitung dient (*Geum, Dryas,* u. a.). Erhalten bleibt in allen Fällen der Fruchtknotenbauch, der sich zur eigentlichen Frucht umbildet; aus dem Fruchtknotengewebe geht dabei die die Samen umschließende Fruchthülle, das **Perikarp,** hervor. Auch die Blütenachse kann sich in mannigfacher Weise an der Fruchtbildung beteiligen; selbst der Kelch kann in vielen Fällen erhalten bleiben *(Physalis, Hyoscyamus)*.

Nach der Ausbildung des Gynoeceums ist zwischen **Einzel-** und **Sammelfrüchten** zu unterscheiden.

I. Einzelfrüchte

Sie gehen aus einem verwachsenblättrigen (coenokarpen) Fruchtknoten hervor, bzw. aus einem solchen, der nur aus einem einzigen Fruchtblatt gebildet wird. Je nachdem, ob sich die Frucht bei der Reife öffnet und die Samen ausgestreut werden oder diese geschlossen bleibt und zusammen mit den Samen verbreitet wird, ist zwischen **Öffnungs-** (**Spring-** od. **Streu-**) und **Schließfrüchten** zu unterscheiden.

1. Öffnungsfrüchte

Das Perikarp wird bei der Reife **trockenhäutig.** Hier sind zu nennen:

Der **Balg** wird aus **einem** Fruchtblatt gebildet und öffnet sich bei der Reife an der Bauchnaht (balgfrüchtige Hahnenfußgewächse, *113a–b*).

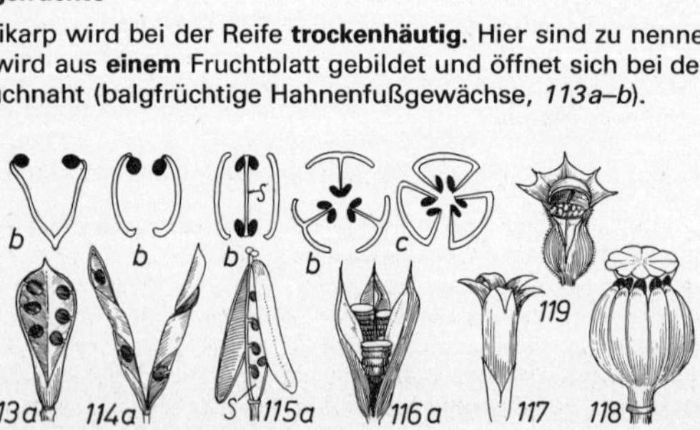

Die **Hülse** der Fabaceen wird gleich dem Balg nur aus **einem** Fruchtblatt gebildet. Sie öffnet sich bei der Reife an Bauch- und Rückennaht *(114a–b)*. Die beiden Fruchtblatthälften rollen sich bei Trockenheit spiralig zusammen.

Die **Schote** der *Brassicaceae* wird aus **2** Fruchtblättern gebildet, zwischen denen sich eine falsche Scheidewand ausbildet (*115a–b,* S). Bei der Reife lösen sich die beiden Fruchtblätter von dieser ab, und die Samen bleiben noch längere Zeit an der Scheidewand wie an einem Rahmen stehen (*115a–b,* S).

Die **Kapsel** wird aus **zwei** und **mehreren** Fruchtblättern gebildet. Nach der Öffnungsweise sind verschiedene Formen zu unterscheiden:

a) **Spaltkapsel:** Weichen die Fruchtblätter in den Scheidewänden auseinander, so ist die Kapsel wandspaltig (**septicid,** *116c; Hypericum*). Springen die Kapseln im Bereich der Mittelnerven der Fruchtblätter auf, so ist die Kapsel **loculicid** (*Iris, 116a–b*). Lösen sich die Fruchtblätter nur unvollständig ab, so öffnet sich die Kapsel am Scheitel mit Zähnen (Caryophyllaceen, *117*).

b) **Deckelkapsel:** Die Kapsel öffnet sich mit Hilfe eines Deckels (Bilsenkraut, *119*).

c) **Porenkapsel:** In der Kapselwand entstehen an scharf umrissenen Stellen Löcher, durch welche die Samen ausgestreut werden (Mohn, *118;* Glockenblume, Löwenmäulchen).

2. **Schließfrüchte**

Beere: Das Perikarp wird bei der Reife in allen seinen Teilen **fleischig** und **saftig** (*120,* punktiert: Stachel-, Heidelbeere, Gurke u. a.).

Nuß: Das Perikarp wird bei der Reife zu einem harten, dickwandigen Gehäuse, das meist nur einen Samen umschließt (Haselnuß, Buchecker, Eichel; *121,* doppelt schraffiert).

Nüßchen: Sind sehr kleine Nüsse (viele Ranunculaceen und Rosaceen).

Sonderformen der **Nußfrüchte** sind:

a) Die **Karyopse** der Gräser (Getreidefrucht): Die sehr dünne Samenschale verwächst mit dem dünnwandigen Perikarp. Die Frucht täuscht deshalb einen Samen vor.

b) Die **Achäne** der Kompositen: Frucht- und Samenschale sind fest miteinander vereinigt. Der häufig als **Pappus** ausgebildete Kelch (*123,* P) bleibt erhalten und dient als Flugorgan zur Verbreitung der Früchte.

c) Die **Spaltfrüchte:** Die einzelnen Fruchtblätter weichen bei der Reife an den Verwachsungsnähten auseinander und stellen einsamige Nüßchen (Apiaceen, *124,* Ahorn) dar, ebenso die **Klausenfrüchte** der Boraginaceen.

d) Die **Gliederhülsen:** Zwischen den Samen einer Hülse bilden sich Scheidewände aus, so daß 1-samige Glieder entstehen, die bei der Reife auseinanderbrechen (Fabaceen). Bei den Brassicaceen kommt es in gleicher Weise zur Ausbildung von **Gliederschoten** *(Raphanus, 125)*.

Steinfrüchte: Das Perikarp differenziert sich bei der Reife in einen inneren **Steinkern** (*122,* doppelt schraffiert) und einen äußeren Teil, der entweder fleischig-saftig (*122,* punktiert, Pflaume, Kirsche, Aprikose) oder ledrig-faserig wird (Walnuß, Mandel).

II. **Sammelfrüchte,** auch als **Scheinfrüchte** bezeichnet,

gehen aus Blüten mit **apokarpem** Gynoeceum hervor. Jeder einzelne Fruchtknoten (Stempel) bildet ein Früchtchen für sich. Man spricht aber nur dann von einer Sammelfrucht, wenn diese das **Aussehen einer Einzelfrucht annimmt** und die **Einzelfrüchte sich in ihrer Gesamtheit ablösen.** An der Sammelfruchtbildung kann sich in mannigfacher Weise die Blütenachse beteiligen:

1. **Sammelnußfrüchte:** Die einzelnen Teilfrüchte werden bei der Reife zu **Nüßchen.** Bei der Erdbeere entwickelt sich der Blütenboden zu einem fleischi-

gen, kegelförmigen, aufgewölbten Gebilde, dem die kleinen Nüßchen aufsitzen *(126a–b)*; bei der Hagebutte, der Rosenfrucht, sind die Nüßchen von der fleischigen, krugförmigen Blütenachse umschlossen *(127a–b)*.

2. **Sammelsteinfrüchte**: Die einzelnen Teilfrüchte entwickeln sich bei der Reife zu **Steinfrüchten**. Sie sitzen bei der Brom- und Himbeere der kegelförmigen Blütenachse auf *(128a–b)* und lösen sich bei der Reife von dieser in ihrer Gesamtheit ab.

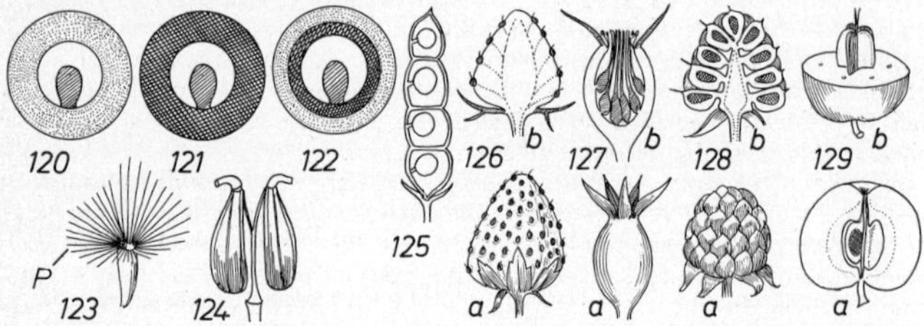

3. **Apfelfrucht**: Wie bei der Hagebutte ist die Blütenachse becherförmig vertieft; zum Unterschied von dieser verwachsen aber Fruchtblätter und Blütenachse miteinander. Bei Apfel, Birne und Quitte werden die Fruchtblätter bei der Reife pergamentartig (**Kernapfel,** *129a–b*), bei der Mispel und beim Weißdorn hingegen nußartig (**Steinapfel**).

III. **Fruchtstände**

Diese gehen aus einem ganzen **Blütenstand** hervor, nehmen bei der Reife das Aussehen einer Einzelfrucht an und lösen sich gleich den Sammelfrüchten in ihrer Gesamtheit ab. An der Fruchtbildung beteiligen sich außer dem Fruchtknoten die Blütenhülle, die Infloreszenzachse und die Brakteen (Maulbeere, Erdbeerspinat).

Die in den vorausgehenden Kapiteln erläuterten Fachausdrücke werden in den folgenden Bestimmungstabellen und Diagnosen verwendet, so daß es nötig ist, die Einleitung vor Benutzung der Tabellen zu lesen.

Einige Bemerkungen zur Gliederung des Pflanzenreiches und zur Nomenklatur der Pflanzen

Heute sind rund 250000 Arten von Blütenpflanzen bekannt; fortlaufend werden auf Reisen in wenig erforschten Ländern neue entdeckt. Um diese beschreiben und in das „System der Pflanzen" einordnen zu können, hat man das gesamte Pflanzenreich in systematische Einheiten (= Taxa; Einzahl: Taxon) unterteilt. Die Grundeinheit der Systematik ist die **Art** (species). In ihr werden alle jene Individuen, einschließlich ihrer Vorfahren und Nachkommen, zusammengefaßt, die sich untereinander in allen wesentlichen, erblich konstanten Merkmalen gleichen und sich in diesen von anderen, nächstverwandten Arten unterscheiden. Eine Art kann also nur durch den Vergleich mit einer anderen erfaßt und abgegrenzt werden. Die Art ist jedoch nicht die kleinste systematische Einheit. Sie kann je nach dem Grad ihrer Merkmalsvariabilität weiter in **Unterarten** (subspecies = ssp.), **Varietäten** (varietas = var.) und **Formen** (forma = f.) unterteilt werden. Die beiden letzteren werden in unserem Buch meist nicht aufgeführt. Unterarten finden stets Berücksichtigung, wenn sie von größerer Bedeutung und weiterer Verbreitung sind, und wenn auch der Anfänger diese mit den jeweils nur wenigen angeführten Merkmalsunterschieden mit einiger Sicherheit zu bestimmen vermag. Hingegen wurde häufig von der Möglichkeit Gebrauch gemacht, „Großarten" (Sammelarten, auch als Aggregat bezeichnet, abgekürzt agg.) in **Kleinarten** aufzugliedern. Kleinarten erfahren die gleiche nomenklatorische Behandlung wie Sammelarten. Oft liegt es allein im Ermessen des Spezialisten, ob er eine formenreiche (polymorphe) (Sammel-)Art in mehrere Klein- oder Unterarten gliedert. In jedem Fall wiederholt sich bei der den Typus der Sammelart einschließenden Klein- oder Unterart der Name der Aggregatbezeichnung (Sammelart), im ersten Fall mit dem gleichen Autornamen und dem Zusatz s. str. (= sensu stricto, im engeren Sinn), im letzteren Fall unterbleibt eine Autorenangabe.

Untereinheiten einer Art treten häufig räumlich voneinander getrennt auf oder sie wachsen an verschiedenen Standorten. Man spricht dann auch von geographischen od. ökologischen Rassen. So werden von der Alpen-Anemone *(Pulsatilla alpina)* die beiden Unterarten ssp. *alpina* und ssp. *apiifolia* unterschieden. Die erstere ist kalkliebend, die letztere kalkmeidend. Wir haben es mit ökologischen Rassen zu tun, die sich aber auch morphologisch unterscheiden lassen.

Es gibt nun eine Reihe von Arten (vor allem in den Gattungen *Rubus, Taraxacum* und *Hieracium*), die noch in lebhafter Entwicklung begriffen und deshalb außerordentlich formenreich sind. Sie werden auch als **Sammel-** oder **Kollektivarten** bezeichnet und in viele, oft sehr schwierig zu bestimmende **Kleinarten** aufgespalten. In der vorliegenden Flora werden in solchen Fällen nur die Sammelarten aufgeführt. Wer sich eingehender mit diesen beschäftigen will, muß zur Spezialliteratur greifen. Ebenso sind in unserem Buch nur wenige **Hybriden,** d. h. Kreuzungen (Bastarde, im Text mit × gekennzeichnet) zwischen zwei verschiedenen Arten aufgenommen worden; bei Gattungen aber, in denen häufig Hybridbildung erfolgt, ist am Ende der Gattungstabelle darauf hingewiesen worden.

Alle Arten, die bestimmte gemeinsame Merkmale erkennen lassen, die also näher miteinander verwandt sind, werden zur nächst höheren taxonomischen Einheit, der **Gattung,** zusammengefaßt. Mehrere Gattungen können nun ihrerseits in wesentlichen Merkmalen miteinander übereinstimmen, so daß sie zur **Familie,** dem nächsten Taxon, vereinigt werden können. Jeder Familie ist in unserem Buch eine kurze Charakteristik der typischen Merkmale ihrer mitteleuropäischen Vertreter vorangestellt. Mehrere Familien werden zu **Ordnungen** und diese zu **Abteilungen** zusammengefaßt. So werden die Abteilungen der Farnpflanzen *(Pteridophyta)* und Samenpflanzen *(Spermatophyta)* unterschieden; innerhalb der letzteren die beiden **Unterabteilungen** der Nacktsamigen *(Gymnospermae)* und Bedecktsamigen *(Angiospermae)*; die Angiospermen wiederum umfassen die beiden **Klassen** der *Mono-* und *Dicotyledoneae.*

Sämtliche systematischen Einheiten werden mit lateinischen Namen belegt, da diese international verständlich sind, die deutschen Pflanzennamen (Kursivdruck im vorliegenden Buch) hingegen von Gebiet zu Gebiet wechseln können. Carl von Linné hat 1753 die binäre Nomenklatur eingeführt. Hierbei kennzeichnet der erste (großgeschriebene) Name die Gattung, in Verbindung mit dem zweiten (kleingeschriebenen) die Art.

Als **Synonyme** bezeichnet man Namen, die neben dem in diesem Buch verwendeten zusätzlich vorhanden und gebräuchlich sind. Sie sind als solche gültige Namen, wenn durch sie nur eine andere Meinung über den Status einer Gattung oder Art ausgedrückt wird. Sie sind aber – häufiger – ungültig, z. B. dann, wenn eine Pflanze (Gattung oder Art) zwei- oder gar mehrmals beschrieben und benannt worden ist. Korrekt (legitim) ist dann jeweils nur der ältere Name (Prioritätsregel). Synonyme finden sich im vorliegenden Buch in Klammern und im Kursivdruck jeweils am Ende der Artdiagnose. Wir haben uns bemüht, alle jene Synonyme anzuführen, die einen Vergleich mit anderen, auch älteren Florenwerken ermöglichen. An den wissenschaftlichen Pflanzennamen schließen sich, meist in abgekürzter Form, noch jeweils ein oder mehrere Personennamen an. Es handelt sich um die Namen derjenigen Botaniker, welche die Art – und jede andere systematische Einheit – zuerst beschrieben haben. Die Angabe der Autorennamen ist wichtig, um Namensverwechslungen zu vermeiden. Ein Verzeichnis der Abkürzungen der Autorennamen findet sich auf S. 584.

Häufig findet sich neben dem Autorennamen noch ein weiterer davorstehend in Klammern. Hierdurch wird ausgedrückt, daß der so verwendete Name vom sog. Klammerautor geprägt worden ist, aber vom nachfolgenden Autor entweder in einen neuen Status (Kategorie) oder aber in eine andere Gattung versetzt worden ist. Der Klammerautor hat damit das sog. Basionym (den Grundnamen) begründet, der vom nachfolgenden Autor bei dessen Umkombination den internationalen Nomenklaturregeln zufolge (meist) beibehalten werden muß.

Bemerkungen zur Umgrenzung des von der „Flora“ erfaßten Gebietes

Der Titel unserer „Flora von Deutschland und seiner angrenzenden Gebiete“ bringt zum Ausdruck, daß das vorliegende Bestimmungsbuch über das Gebiet der Bundesrepublik Deutschland (BRD) hinausgreift; es beinhaltet auch das Gebiet der Deutschen Demokratischen Republik (DDR) und seiner angrenzenden östlichen, politisch heute zu Polen gehörenden Gebiete, also das ehemalige Ostpreußen, Pommern und Schlesien. Im Süden wurden die nordösterreichischen Länder Salzburg, (Nord-)Tirol und Vorarlberg einbezogen, die Randgebirge der ČSSR, im Westen das Elsaß – insbesondere die Vogesen – und die Beneluxstaaten Luxemburg, Belgien und Holland, im Norden Dänemark. Die auf dem Umschlagdeckel gezeichnete Karte umreißt das Gebiet durch verschiedene Signaturen.

Angaben zur Häufigkeit der Pflanzen

Die in der vorliegenden „Flora“ aufgeführten Pflanzenarten sind von verschiedener Häufigkeit. Sie sind entweder im gesamten Gebiet gleichmäßig verteilt, oder sie sind auf eng umgrenzte Areale (Wohngebiete) lokalisiert. Die Verbreitung einer Pflanze ist
gemein *(g)*, wenn sie im gesamten Gebiet (fast) lückenlos verbreitet ist.
Eine Pflanzenart ist
verbreitet *(v)*, wenn ihr Verbreitungsgebiet regionale Lücken aufweist.
zerstreut *(z)*, wenn ihr Verbreitungsgebiet durch größere Lücken unterbrochen ist.
selten *(s)*, wenn sie im Gebiet nur an wenigen, ökologisch oft spezialisierten Fundorten auftritt.
fehlend *(f)*, wenn sie in dem (den) genannten Gebiet(en) überhaupt nicht vorkommt.
häufig *(h)*, wenn sie in der Regel an ihren Fundplätzen in großer Individuenzahl vorkommt.

Bemerkungen zur Verbreitung der Pflanzen

1. Vertikale Verbreitung

Steigt man in Gebirgen von niederen Lagen bis in die Region des ewigen Schnees und Eises empor, so ist eine deutliche Höhenzonierung der einzelnen Pflanzen und Pflanzengesellschaften festzustellen, und es sind verschiedene, ± scharf gegeneinander abgrenzbare Stufen zu unterscheiden:

a) Die **colline** Stufe (= Hügelstufe) fällt in Gebieten mit Weinbau mit der Obergrenze des Weinanbaues (ca. 500 m) zusammen. Im Bereich der collinen Stufe finden sich auch, besonders an steilen Flußufern, Trockenhänge, die als Triften bezeichnet werden, auf denen zahlreiche wärmeliebende Pflanzen zu finden sind.

b) Die **montane** Stufe (± 500–1200 m) ist vor allem in den Mittelgebirgen ausgeprägt und entspricht der Buchenzone. Meist herrscht ein kühles, ozeanisches (feuchtes) Klima.

c) Die **subalpine Nadelwald**stufe ist vor allem in den höheren Mittelgebirgen und den Alpen ausgeprägt und erstreckt sich von 1200 bis 1800 m, also bis zur alpinen Waldgrenze.

d) Daran schließt sich in vertikaler Richtung die **Krummholz**stufe an (± 1800 bis ± 2300 m), die in den Kalkalpen von der Legföhre oder Latschenkiefer *(Pinus montana)*, in den Urgesteinsalpen von der Grünerle *(Alnus viridis)* eingenommen wird.

e) Zwischen Krummholzstufe und der alpinen Mattenstufe schiebt sich häufig noch ein Gürtel von Zwergsträuchern ein, in welchem vor allem Ericaceen *(Rhododendron-, Vaccinium-*Arten und *Calluna)* vorherrschen und der als **alpine Zwergstrauch**stufe bezeichnet wird.

f) Mit zunehmender Höhe verschwinden auch die Zwergsträucher und werden von blumenreichen Gras- und Seggenformationen abgelöst, die als die **alpinen Matten** (Wiesen) bekannt sind und sich am Fuße der steilen Hänge mit den

g) **alpinen Schutt- und Felsfluren** verzahnen.

Die vertikale Obergrenze der geschlossenen Pflanzendecke liegt, je nach Exposition und Klima, zwischen 2200 und 2800 m. Nur wenige Blütenpflanzen überschreiten in den Alpen die 3000, resp. sogar die 4000 m-Grenze.

2. Horizontale Verbreitung

Hinsichtlich der horizontalen Verbreitung ist zu unterscheiden zwischen:

a) **arktisch-nordischen** Arten: sie haben ihre Hauptverbreitung in dem arktischen Tundrengebiet jenseits der polaren Waldgrenze. Mit einigen Arten (z. B. *Dryas octopetala, Linnaea borealis* u. a.) treten sie auch in den Alpen auf und werden dann als **arktisch-alpine** Florenelemente bezeichnet (s. auch S. 35).

b) **nordischen** (borealen) Arten: sie haben ihre Hauptverbreitung in den nordischen Nadelwaldgebieten.

c) **atlantischen** Arten: sie finden sich bevorzugt nahe der atlantischen Küstenregion, strahlen z. T. aber auch weit nach Osten aus (*Hymenophyllum tunbrigense, Ulex europaeus, Teucrium scorodonia* u. a.).

d) **mediterranen** Arten: Pflanzen, die vom Mittelmeergebiet bis in die warmtrockenen Gebiete Süd- und Westdeutschlands eingewandert sind (viele Orchideen, *Tamus communis* u. a.).

e) **pontischen** Arten: Pflanzen, die in der nacheiszeitlichen Wärmezeit aus den östlichen Ländern (Südrußland, Balkan) nach Mitteleuropa (Mittel- und Westdeutschland) gelangt sind (*Stipa-, Pulsatilla-, Adonis-*Arten) und als nacheiszeitliche **Wärmereliktpflanzen** trocken-warme Gebiete besiedeln.

3. Erklärung einiger wichtiger pflanzengeographischer Ausdrücke

Reliktpflanzen sind Pflanzen, die in frühen erdgeschichtlichen Epochen der Nacheiszeit eine weitere Verbreitung hatten und sich heute nur noch an Standorten extremer klimatischer Bedingungen finden. Sie nehmen deshalb, hinsichtlich ihrer Gesamtverbreitung, zerrissene, zerstückelte, sog. **disjunkte** Areale ein. Beispielsweise finden sich **arktisch-alpine** Reliktpflanzen, die während der Eiszeit die schmale eisfreie Zone Mitteldeutschlands besiedelten, heute nur in der Arktis und in den Alpen oder an extremen Standorten (sog. Exklaven, z. B. Schwäbische Alb, Vogesen, Schwarzwald), wo sie geeignete Lebensbedingungen finden. Das gleiche gilt auch für die **pontischen** Reliktpflanzen, die in der nacheiszeitlichen Wärmezeit eine weite Verbreitung hatten, sich heute aber außer in ihren Hauptarealen nur noch in Exklaven mit heiß-trockenem Klima finden.

Den Pflanzen mit begrenzter, häufig disjunkter Verbreitung gegenüber stehen die:

Kosmopoliten, Pflanzen, deren Areal sich nahezu über die ganze Welt erstreckt (extrem trockene, heiße und kalte Gebiete ausgenommen); so z. B. Sonnentau *(Drosera)*, Rohrkolben *(Typha)* u. v. a.

Einbürgerer, Pflanzen, die in historischer Zeit aus fremden Gebieten eingeschleppt worden sind, sich eingebürgert haben und heute den Eindruck erwekken, als seien sie Bestandteile der ursprünglichen, natürlichen Vegetation, so die an Bahndämmen, Straßenböschungen etc. weit verbreitete Nachtkerze *(Oenothera)*, die aus Nordamerika stammt, ferner das ebenfalls nordamerikanische Berufkraut *(Erigeron canadensis)*, die heute die Primärvegetation der Auwälder zerstörende Virginische Goldrute *(Solidago canadensis)*, die Wasserpest *(Elodea canadensis)*, der ostasiatische Kalmus *(Acorus calamus)* u. v. a. Diese Fremdlinge der heimischen Vegetation werden als **Neophyten** bezeichnet.

Bei den **Archäophyten** handelt es sich, im Gegensatz zu den Neophyten, um Pflanzen, vorwiegend Unkräuter (z. B. *Agrostemma githago, Anagallis* u. a.), die mit dem Ackerbau bereits in vorgeschichtlicher Zeit (Stein- u. Bronzezeit) nach Mitteleuropa gelangt sind.

Adventivpflanzen sind Pflanzen, die vorwiegend aus Übersee eingeschleppt wurden, sich bevorzugt in Häfen, an Bahnhöfen oder sonstigen Warenumschlagplätzen finden; sie verschwinden häufig nach einigen Jahren wieder, da sie sich den veränderten Umwelt- und Klimabedingungen nicht anzupassen vermochten oder der Konkurrenz der heimischen Vegetation erlagen.

Ruderalpflanzen sind Gewächse, die in ihrer Verbreitung an menschliche Wohnstätten gebunden und stickstoffliebend sind (z. B. Chenopodiaceen, Urticaceen u. a.). Sie finden sich häufig in Dörfern, wo Mist oder sonstiger Dünger gelagert werden.

Damit im Zusammenhang stehen auch jene Pflanzen, die in den Alpen als **Lägerpflanzen** bezeichnet werden. Es handelt sich gleichfalls um stickstoffliebende, nitrophile Pflanzen, die sich in der Umgebung von Almen, also dort, wo sich das Vieh lagert, ansiedeln (z. B. *Rumex alpinus, Chenopodium bonus-henricus, Senecio alpinus* u. a.).

Nachfolgend sei noch auf einige besondere Pflanzenvergesellschaftungen, vor allem der Alpen und höheren Mittelgebirge, hingewiesen:

Hochstaudenfluren sind Vergesellschaftungen von großblättrigen Stauden (z. B. *Adenostyles*-Arten, *Aconitum*-Arten, *Cicerbita alpina,* u. a.), die in der unteren alpinen Stufe auf sehr nährstoffreichen und gut durchfeuchteten Böden, vor allem in Mulden und Runsen, siedeln. Wachsen diese in alten Gletscherkaren, in denen der Schnee länger liegen bleibt, so werden sie auch als **Karfluren** bezeichnet. In den höheren Mittelgebirgen (Schwarzwald, Vogesen, Riesengebirge) finden sich in den Karfluren als Reliktpflanzen auch eine Reihe subalpiner und alpiner Florenelemente.

Schneetälchen sind muldenförmige Vertiefungen der alpinen Mattenregion, in welchen der Schnee sehr lange liegen bleibt und sich hier demzufolge eine besondere Vegetation, die nur eine kurze Vegetationsperiode benötigt, ansiedelt (z. B. *Gnaphalium supinum, Sibbaldia procumbens* u. a.).

Kurze Bemerkungen zur Geschichte der Mitteleuropäischen Flora

Ein einschneidendes Ereignis für die heutige Verteilung des Pflanzenkleides im behandelten Gebiet war der Höhepunkt der **Eiszeit,** jene vor ca. 20000 Jahren sich abspielende Periode, als das Eis einerseits vom Norden südwärts und andererseits die Gletscher aus den Alpen heraus nordwärts wanderten und die Eismassen nur einen schmalen, eisfreien Streifen zwischen sich frei ließen. Wärmeliebende Pflanzen wurden nach Südwest bzw. nach Südost abgedrängt, während die kälteliebenden Pflanzen den schmalen, eisfreien Streifen besiedelten. So entstand eine Vegetation, die jener der heutigen nordischen Tundra ähnlich war, und wir finden Ablagerungen von Pflanzenresten (z. B. *Dryas octopetala* und Gletscherweiden), die man heute nur in der Subarktis und in den Alpen antrifft. Nach allmählichem Rückgang des Eises[1] – etwa vor 12000 Jahren – wanderte ein Teil der damaligen **Tundrenvegetation** nach Norden, ein anderer aber nach Süden, woraus sich die disjunkte Verbreitung der **arktisch-alpinen Florenelemente** erklären läßt. Nach weiterem Rückgang der Eisdecke und fortschreitender Erwärmung (vor etwa 10000–8000 Jahren v. Chr.) gelangten nun in das weithin eisfrei gewordene Mitteleuropa auch Gehölze, zuerst Birke und Kiefer, so daß man von der **Kiefern-Birkenzeit** spricht. Etwa um 7000 v. Chr. erreichte der Temperaturanstieg ein Maximum; die Temperaturen lagen höher als in der Jetztzeit, und aus dem Südosten (Südosteuropa) sowie aus dem Südwesten (Mediterrangebiet) wanderten wärmeliebende Pflanzen ein. Die ersteren sind als **pannonische** (aus Ungarn) resp. **pontische** (aus der Ukraine) **Florenelemente** der heimischen Vegetation bekannt; aus dem Mittelmeergebiet aber gelangten mediterrane Arten in unser Gebiet (vor allem Orchideen, *Tamus communis* u. a.) und sie werden als **mediterrane Florenelemente** bezeichnet. Bäume, wie Kiefer und Birke, wurden auf Spezialstandorte (Sand und Moore) oder nach Norden abgedrängt, während wärmeliebende Gehölze wie Haselnuß, Eiche, Ulme, Hainbuche u. a., das Vegetationsbild beherrschten. Man spricht deshalb von der **Eichen-Mischwaldzeit,** die der nacheiszeitlichen **Wärmezeit** entspricht. Etwa um 2500 v. Chr. begann sich dann das Klima erneut zu verschlechtern; es wurde kühler und feuchter. Die wärmeliebenden Pflanzen wurden auf Extremstandorte verdrängt (z. B. steile, südexponierte Felshänge von Flußtälern wie Donau, Main, Elbe, Saale, Unstrut u. a.), wo sie als **xerotherme** oder wärmezeitliche Reliktpflanzen überlebten. Der vorherrschende Waldbaum wurde in niederen Lagen die Buche (*Fagus sylvatica*), ein Baum des feuchteren, ozeanischen Klimas, und mit ihm wanderten jene Pflanzen ein, die als **atlantische Florenelemente** bekannt sind (Stechpalme, Stechginster, Roter Figerhut, *Erica*-Arten u. v. a. m.). In dieser **Nachwärmezeit,** dem Subatlantikum, befinden wir uns noch immer.

So stellt also das heutige Vegetationskleid, sofern es nicht oder nur wenig vom Menschen beeinflußt worden ist, ein Abbild der nacheiszeitlichen Entwicklung, d. h. etwa der letzten 12000 Jahre dar. Allerdings hat der Mensch

---

[1] Es sei in diesem Rahmen lediglich darauf hingewiesen, daß es mehrere Eiszeiten, d. h. Perioden des Rückzuges und des Vorstoßes der Eisdecke gab, bevor ein endgültiger Rückzug der geschlossenen Eisdecke nach Norden und Süden sich vollzog.

durch Nutzung, Ackerbau, Rodung, Forstwirtschaft und Industrialisierung in den letzten Jahren umgestaltend in die primäre Vegetation eingegriffen; es ist oft schwierig, das ursprüngliche Vegetationsbild zu rekonstruieren. Deshalb ist es zu begrüßen, daß der Gedanke des Naturschutzes und der Naturerhaltung heute von Jahr zu Jahr mehr an Bedeutung gewinnt, um die wenigen Reste intakter Vegetation zu schützen und der Nachwelt zu erhalten. Jeder Benutzer der vorliegenden „Flora" kann dazu beitragen, den Naturschutzgedanken zu verwirklichen! Deshalb die dringende Bitte an jeden Naturliebhaber: **Schützt und rettet unsere Natur!**

Naturschutz

Dieser moralische Appell, den zu befolgen Selbstverständlichkeit eines jeden Floristen, Naturfreundes und Pflanzenliebhabers sein sollte, hat auch seine rechtlichen Grundlagen. Zum Zeitpunkt der letzten Bearbeitung dieser Flora war hierzu noch das Reichsnaturschutzgesetz von 1935 in Kraft, das als Landesrecht nach 1945 weiterbestand, aber den veränderten und erweiterten Anforderungen an ein modernes Naturschutzrecht nicht mehr gewachsen war. So ist vor wenigen Jahren für die **Bundesrepublik Deutschland** am 20. 12. 1976 das Bundesnaturschutzgesetz als Rahmengesetz in Kraft getreten, das anschließend von Ländergesetzen ausgefüllt wurde. Jeder weiß heute, wie sehr der Fortbestand einer Art vom ökologischen Intaktsein seiner Umwelt abhängig ist. So ist auch – z. B. im Naturschutzgesetz von Baden-Württemberg – der Auftrag an die öffentliche Hand bemerkenswert: „Der freilebenden Tier- und Pflanzenwelt sind angemessene Lebensräume zu erhalten. Dem Aussterben einzelner Tier- und Pflanzenarten ist wirksam zu begegnen." Bei einem guten Willen zur Zusammenarbeit haben auf der Basis der gesetzlichen Grundlagen und bei einer Anhörungs- und Beteiligungspflicht der Naturschutzbehörden viele Stellen und Personen die Möglichkeit, gefährdete Arten und gefährdete Lebensräume wirksam zu schützen. Durch Beobachtungen vor Ort und einem persönlichen Engagement in der Sache vermag heute jeder einzelne, nötige Schutzmaßnahmen anzuregen oder gar in Gang zu setzen.

Ein wesentlicher Bestandteil eines umfassenden Naturschutzes ist neben dem vorrangigen **Biotopschutz** der **Artenschutz**. Ihm sind seit 10 Jahren sog. **Rote Listen** gewidmet, die auf internationaler, nationaler oder regionaler Ebene diejenigen (Tier- und) Pflanzenarten festhalten, die derzeit in ihrem Bestand gefährdet sind. Erfreulicherweise sind solche Roten Listen mittlerweile nicht auf die Blütenpflanzen beschränkt, es gibt bereits Ansätze, sie in größerem Rahmen auch für niedere Pflanzen (z. B. Moose und Pilze) anzulegen. Im August 1980 ist nach langwierigen Bemühungen endlich die Bundesartenschutzverordnung in Kraft getreten, die sogar einen Doppelcharakter hat, indem sie neben Fragen des hier vorrangig interessierenden nationalen auch Rechtsfragen des internationalen Artenschutzes behandelt. In ihren Anlagen nämlich nimmt sie nicht nur gefährdete einheimische, sondern europäische und sogar weltweit geschützte Arten (z. B. Orchideen) auf. Sie überträgt damit den internationalen Rechtsbestand des sog. Washingtoner Artenschutzabkommens von 1975 – das die Bundesrepublik am 20. Juni 1976 ratifizierte – auf unser nationales Recht und macht dieses damit besser handhabbar. Auch im Bereich des Artenschutzes gilt es rechtlich, durch Ländergesetze den Bundesrahmen auszufüllen. Dies tat z. B. Baden-Württemberg bereits im Februar 1981 und übernahm hierbei auch die Bundestendenz, den internationalen Aspekt einzubeziehen. Rechtliche Grundlage dieses so erweiterten Artenschutzes ist § 22 Abs. 1 BNatSchG. Hinzu tritt auch die Konvention des Europarates vom 19. Sept. 1979 über die Erhaltung der in Europa wildlebenden Pflanzen und Tiere, die zwar keinen bindenden, sondern nur empfehlenden Charakter hat, dennoch in nicht zu unterschätzendem Maß das öffentliche Bewußtsein über die Notwendigkeit eines Artenschutzes zum Ausdruck bringt. Die Bundesartenschutzverordnung legt bundeseinheitlich den Katalog der besonders geschützten (Tier- und) Pflanzenarten fest. Die Rechtsfolgen ergeben sich erst aus dem Landesrecht. Die Liste der nunmehr gefährdeten Pflanzen ist gegenüber den früheren Verordnungen erweitert, bleibt aber aus Gründen der rechtlichen Praktikabilität hinter dem Umfang der „Roten Listen" weit zurück. Vergehen gegen den Artenschutz sind Ordnungswidrigkeiten, die mit Bußgeld geahndet werden können. Zuständig hierfür sind die unteren Naturschutzbehörden (Landratsämter und Stadtkreise), was im übrigen auch für Ordnungswidrigkeiten auf dem Gebiet des internationalen Artenschutzes gilt. Unter den rechtlichen Artenschutz fallende Arten sind in unserer Flora grundsätzlich mit einem

Ⓖ

gekennzeichnet. Dieser Schutz gründet sich vor allem auf das Grab- und Pflückverbot (BNatSchG § 22 Abs. 2 Punkt 1). Daneben gibt es jetzt die neue Rechtskategorie der „vom Aussterben bedrohten" Arten, für die wir als Signum

Ⓖ!

gewählt haben. Für diese Arten gelten zusätzlich „Störverbote" (§ 22 Abs. 2 Punkt 3), wozu u. a. auch übermäßiges Fotografieren der Pflanzen am Naturstandort gehören kann. Jedem Kenner der Verhältnisse ist seit vielen Jahren bekannt, daß Fotografierpfade am Standort meist die Unterdrückung natürlichen Nachwuchses der entsprechenden Rarität zur Folge haben.[1]

Von den in dieser „Flora" berücksichtigten Ländern ist die Rechtsentwicklung auf dem Gebiet des Artenschutzes in der Bundesrepublik am weitesten vorangeschritten. In den Nachbarländern gibt es nur sehr wenige weitere unter einen solchen Schutz fallende Arten, von denen wiederum die meisten von ihnen im Gebiet der Bundesrepublik nicht mehr vorkommen (z. B. Alpenpflanzen). Solche Arten haben wir mit dem Zeichen

🄶

kenntlich gemacht.

Grundlage des Naturschutzes in der **Deutschen Demokratischen Republik** ist das am 13. Aug. 1954 beschlossene „Gesetz zur Erhaltung und Pflege der heimatlichen Natur", dessen Präambel die Schutznotwendigkeit der Natur gegenüber wirtschaftlicher Entwicklung und Berechtigung der Wissenschaft sowie die Erfordernisse wechselseitiger Einigung anspricht. Die Grenzen des Gesetzes waren bald erkennbar und wurden bereits 1961 durch „Grundsätze der sozialistischen Landeskultur in der DDR" abgewandelt. Durch den planmäßigen und forcierten Aufbau des Sozialismus in Verbindung mit der Entwicklung der Volkswirtschaft wurde der auch in anderen Gesellschaftssystemen beobachtbare Gegensatz zwischen Schutz und Nutzung der Natur besonders deutlich. Ein neuer Standpunkt wurde fixiert durch das am 14. Mai 1970 verabschiedete „Gesetz über die planmäßige Gestaltung der sozialistischen Landeskultur in der Deutschen Demokratischen Republik" (sog. Landeskulturgesetz als Rahmengesetz). Nicht mehr Schutz oder Nutzung als Alternative, sondern Schutz durch rationelle Nutzung ist die Quintessenz der engen Wechselwirkungen aller Teile der Umwelt, nur sie läßt danach dauerhafte Lösungen zu. Demgegenüber tritt der Artenschutz zurück, die kleine Liste der geschützten Arten enthält nur wenige in der Bundesrepublik nicht geschützte Arten („Anordnung zum Schutze von wildwachsenden Pflanzen ..." vom 6. 7. 1970).

Grundlage eines vegetationskundlichen und floristischen Naturschutzes in **Österreich** sind die entspr. Landes-Naturschutzgesetze (z. B. für Tirol aus 1974, für Salzburg aus 1977). Danach können „gefährdete" Pflanzenarten durch eine

---

[1] Liste der geschützten Pflanzenarten vgl. S. 580.

Naturschutzverordnung unter Schutz gestellt werden. Für Tirol umfaßt die entsprechende Liste (1975) beispielsweise 25 gänzlich geschützte und 20 teilweise geschützte Arten bzw. Artengruppen.

Das Naturschutzrecht entwickelte sich in den benachbarten Ländern **Dänemark, Holland** und **Belgien** einigermaßen parallel dem bundesdeutschen. Der Schutz der Natur wurde im Interessenkonflikt mit wirtschaftlichen Ansprüchen an sie überall in Naturschutzgesetzen geregelt. Zum Teil, z. B. in Holland, sind diese Gesetze bereits wieder älteren Datums (1967) und bedürfen aus heutiger Sicht rechtlicher Novellierung. In allen drei Ländern sind die aus ihnen abgeleiteten Artenschutzverordnungen (z. B. Holland, 1973) nicht umfangreich. Was gegenüber deutschen Rechtsnormen neu ist, beruht auf der Berücksichtigung von Arten, die in jenen Ländern an ihrer Verbreitungsgrenze angelangt und daher (sehr) selten sind.

Hinweise zum Sammeln und Bestimmen von Pflanzen

Der Anfänger ist zuweilen bei einem Bestimmungsversuch außerstande, eine für die sichere Bestimmung erforderliche Entscheidung zu treffen, wenn ihm ein für die Klassifizierung der betreffenden Pflanze wichtiges Organ nicht vorliegt. Diese Schwierigkeit kann durch Beachtung der folgenden Hinweise vermieden werden:

1) ***a:*** Man sammle **von jeder Pflanze nicht nur blühende, sondern auch fruchtende Triebe in verschiedenen Entwicklungsstadien!** Die Vertreter mehrerer Familien (Brassicaceen, Apiaceen, Asteraceen u. a.) lassen sich mit Sicherheit nur nach **reifen** Früchten bzw. Samen bestimmen. ***b:*** Stellt man beim Sammeln fest, daß eine Pflanze **eingeschlechtige** und **zweihäusig verteilte** Blüten besitzt, so muß das andere Geschlecht gesucht werden. ***c:*** Soweit es sich um krautige Pflanzen handelt, sind stets die **Grundblätter** (wenn überhaupt vorhanden) zu sammeln, da diese häufig von den Stengelblättern verschieden sind. ***d:*** Bei größeren Pflanzen, von denen nur kleinere Stücke mitgenommen werden können, achte man auf die **Stengelbasis** (verholzt oder krautig) und, wenn möglich, auf die Beschaffenheit der unterirdischen Organe (ob Ausläufer, Rhizome, Zwiebeln, Knollen usw.). ***e:*** Beim Sammeln von **Parasiten,** insbesondere Orobanchen (s. S. 399), sind stets die sie umgebenden **Wirtspflanzen** zu notieren, da diese für die spätere Bestimmung wichtig sind. ***f:*** Man merke sich ferner den **Charakter des Standorts,** um später mit der Standortsangabe in der Artbeschreibung zu vergleichen.

2) Bevor mit dem eigentlichen Bestimmen nach den Tabellen begonnen wird, orientiere man sich über den Bau der Pflanze: Blattstellung, Form der Blätter, Verzweigung, Art der Blütenstände und halte sich dabei an die in der Einleitung gegebenen Definitionen.

3) Um den **Bau einer Blüte** genau kennenzulernen, wird diese in ihre einzelnen Teile zerlegt. Es ist erforderlich, stets **mehrere** Blüten zu untersuchen, denn gelegentlich weisen einzelne vom Normalverhalten abweichende Zahlenverhältnisse ihrer Organkreise auf.

Um zu entscheiden, ob ein **Kelch** vorhanden ist, müssen auch die **Blütenknospen** herangezogen werden. Es gibt Pflanzen (z. B. Mohngewächse), bei denen der Kelch früh abfällt und nur an Blütenknospen nachzuweisen ist.

Zum Studium des **Feinbaues der Blüte** bediene man sich einer guten Lupe, einiger Präpariernadeln und eines kleinen Skalpells.

4) Können Pflanzen nicht an Ort und Stelle bestimmt werden, so sollen sie auf dem **Transport** vor dem Verwelken geschützt werden. Hierzu eignen sich verschließbare Blechkästen (Botanisiertrommeln), aber auch Plastik-(Polyäthylen-)Beutel.

Wer sich eine umfassende Pflanzenkenntnis aneignen und immer wieder vergleichen will, dem sei die Anlegung eines **Herbars** empfohlen. Man benutze hierzu käufliche Gitterpressen und lege die Pflanzen zwischen Zeitungen oder spezielles, besonders saugfähiges Pflanzentrockenpapier. Um ein Verschimmeln zu verhindern, wird die Presse an einem sonnigen, luftigen Ort aufgestellt und häufiger das Papier gewechselt. Sind die Pflanzen trocken, so werden sie auf weißes Papier mit Hilfe von Klebstreifen (kein Tesafilm!) aufgezogen und jedes Exemplar mit einem **Etikett,** auf welchem **Familie, Art, Fundort, Pflanzengesellschaft** und **Sammeldatum** vermerkt sein soll, versehen. Wenngleich auch sorgfältig getrocknete Pflanzen noch bestimmt werden können, so verwende man als Anfänger zunächst nur **frisches** Material.

5) **Sammeln darf man überall dort, wo ein Gebiet nicht ausdrücklich als Naturschutzgebiet gekennzeichnet oder als solches bekannt ist,** aber **geschützte** oder **gefährdete** Arten dürfen nirgendwo gesammelt werden!

Alphabetisches Verzeichnis häufiger botanischer Fachausdrücke

adventiv: eingeschleppte, im Gebiet nicht heimische Arten (s. S. 34)

Anthere: Staubbeutelpaar samt dazwischenliegendem Mittelband (Konnektiv, s. S. 23)

Androeceum: Gesamtheit der Staubblätter

apokarp: zahlreiche Fruchtknoten (Stempel) in einer Blüte, frei, nicht zu einem coenokarpen (s. dort) Gynoeceum verwachsen (s. S. 23)

ausdauernd: langlebige Pflanzen; bei Holzpflanzen bleibt das oberirdische Sproßsystem erhalten; bei krautigen Pflanzen sterben die oberirdischen Teile im Herbst ab. Für sie gilt das Zeichen ♃

Ausläufer: waagrecht, ober- oder unterirdisch wachsende, meist dünne und verlängerte Seitensprosse (S. 13)

Blattwirtel (echte): einem Stengelknoten entspringen mehr als 2 Blätter.

Braktee: Hochblatt, Deckblatt, in dessen Achsel ein Seitensproß oder eine Blüte entsteht (S. 20)

Chamaephyten: Stauden und Halbsträucher, deren Triebspitzen absterben und deren Erneuerungsknospen in einer Entfernung von 10–30 cm oberhalb der Erdoberfläche überwintern

coenokarp: verwachsenblättriges Gynoeceum: in jeder Blüte nur ein, aus mehreren Fruchtblättern gebildeter Fruchtknoten (Stempel od. Pistill)

Cyathium: Blütenstand der Gattung *Euphorbia* (s. S. 257)

dekussiert: gegenständig (S. 16)

dichasial: gabelig verzweigt (S. 12)

Dichasium: zymöser Blütenstand, der unter der Endblüte (die häufig verkümmert ist) eine gabelige Verzweigung bildet (S. 12)

Diskus: Fruchtknotenpolster, ring- oder scheibenförmiger Auswuchs der Blütenachse zwischen Fruchtknoten und Staubblättern, oft Honig absondernd (S. 21)

dorsiventral = zygomorph: Blüte, die sich nur durch eine Schnittebene in zwei annähernd spiegelbildliche Hälften zerlegen läßt (Taubnessel, Löwenmaul; S. 21)

Ebenstrauß: Doldenrispe (S. 27)

einjährig: Pflanzen, die nur einmal blühen und fruchten; sie sind **sommerannuell,** wenn sie ihren Lebenszyklus in einem Jahr durchlaufen, **winterannuell,** wenn sie im Herbst keimen, im darauffolgenden Jahr blühen, fruchten und absterben. Sie sind gekennzeichnet mit ⊙

Erneuerungsknospen: Knospen, die bei Stauden das Triebsystem fortführen

fertil: fruchtbar

Fiederblätter: die Blätter besitzen keine einheitliche, sondern eine in einzelne Abschnitte geteilte Spreite. Die einzelnen Fiedern sind kurzgestielt. *Unpaarig* gefiedert ist ein Blatt, wenn eine Endfieder vorhanden ist (*59,* E); bei *paarig* gefiedertem Blatt fehlt diese (*61*); bei *fingerförmig* gefiederten Blättern ist die Mittelrippe (Rhachis) gestaucht und alle Fiedern entspringen von einem Punkt (*64*); *fußförmig* gefiedert ist ein Blatt, wenn die Rhachis sich in die Breite (transversal) entwickelt (*66*); bei *3-zählig gefiederten* Blättern ist die Endfieder stets gestielt (*60,* E)

Filament: Staubfaden des Staubblattes (S. 23)

Fingerblätter: ähnlich den Fiederblättern, aber die Teilfiedern sind nicht gestielt. Bei 3-zählig gefingerten Blättern (z. B. Klee) ist die Endfieder sitzend (*65*)

Fruchtknoten: = Ovar (s. dort), der fertile, meist knotenartig verdickte Basalabschnitt des Stempels

Honigblätter: sind nektarabsondernde Organe im Bereich der Blüte, entsprechen umgebildeten Staubblättern (Staminodien, s. dort) und stehen zwischen den äußeren Blütenhüll- u. den fertilen Staubblättern (*363,* H); sie sind entweder klein u. unscheinbar, häufig von tüten- od. schlauchf. Gestalt (*349–350*), od. sie sind blumenblattart. u. lebhaft gefärbt (petaloid, s. dort), tragen aber an ihrer Basis eine häufig nur mit der Lupe erkennbare Honigschuppe (= *364,* viele Ranunculaceen, S. 151)

Hypanthium: die über den Fruchtknoten hinaus verlängerte Blütenachse, die dadurch eine Blumenkronröhre vortäuscht (*222,* z. B. bei Onagraceen, S. 25)

gekielt: im Bereich eines Nerven deutlich über die glatte Oberfläche vorspringendes Gewebe

geöhrt: bei sitzenden Blätt. (S. 17) ist die Blattspreite an ihrer Basis links und rechts von der Ansatzstelle des Blattes am Stengel über diesen hinaus in Form zweier „Öhrchen" vorgestreckt

geschnäbelt: → Schnabel

Geophyten: ausdauernde Gewächse, deren oberirdische Triebe im Herbst absterben und mit Hilfe von Knollen, Zwiebeln, Ausläufern oder Rhizomen in einer bestimmten Bodentiefe überwintern

Griffel: verlängerter Abschnitt des Ovars; kann sehr kurz sein od. fehlen (z. B. Brassicaceen, *679–680*)

Gynoeceum: Gesamtheit der Fruchtblätter (Karpelle); sind diese frei = apokarpes Gynoeceum (z. B. Ranunculaceen, *369*); sind diese zu einem einheitlichen Gehäuse miteinander verwachsen = coenokarpes Gynoeceum

Habitus: Tracht, Wuchs, Gesamtbild der Pflanze

Hemikryptophyten: Stauden und Halbsträucher, deren oberirdische Triebe im Herbst absterben und deren Erneuerungsknospen dicht oberhalb der Erdoberfläche überdauern

Hochblätter: in der Entwicklung gehemmte Blattorgane von einfacher Gestalt, die sich am Stengel unterhalb der Blüte, resp. Infloreszenz finden

Infloreszenz: Blütenstand

inserieren: angewachsen, angeheftet sein

Internodium: Stengelglied

Involucrum: Hüllkelch der Asteraceen, Dipsacaceen

Karpell (Carpell): Fruchtblatt; bildet zusammen mit den daransitzenden Samenanlagen das Gynoeceum (s. dort)

Knollen: meist verdickte, sproßbürtige Wurzeln (Scharbockskraut, S. 11; Dahlie, S. 11), verdickte Ausläufer (Kartoffel, S. 13) oder verdickte Sproßachsen (Kohlrabi, S. 13)

Knoten: Ansatzstelle der Blätter an der Sproßachse

Kollektivart: Sammelart

Konnektiv: Mittelband, das die beiden Theken einer Anthere miteinander verbindet (S. 23)

Kryptophyten: s. Geophyten

Ligula: Blatthäutchen (S. 17)

Makrosporen: Großsporen der Pteridophyten; sie erzeugen Vorkeime mit weiblichen Organen (Archegonien) (S. 10)

mehrjährig: Pflanzen, die erst nach mehreren Jahren zur Blüten- und Fruchtbildung schreiten, dann aber, im Gegensatz zu den ausdauernden (perennierenden) Pflanzen, absterben (S. 14)

Mikrosporen: Kleinsporen der Pteridophyten; sie erzeugen Vorkeime mit männlichen Organen (Antheridien) (S. 10)

monopodial = razemös, s. w. u.

Mycorrhiza: ist eine besondere Form der Symbiose (Zusammenleben von zwei Partnern, von Blütenpflanze und Pilz, zum gegenseitigen Nutzen). Echte Mycorrhiza-Pflanzen sind bleich und chlorophyllos [einige Erdorchideen (z. B. *Neottia, Epipogium*), sowie der Fichtenspargel (*Monotropa*); sie sind nicht mit Parasiten zu verwechseln]. In den Wurzeln dieser Pflanzen lebt ein Pilz, der jene mit organischen Nährstoffen versorgt, während die Blütenpflanzen dem Pilz Wasser und Mineralsalze liefern. Eine Mycorrhiza findet sich auch bei vielen unserer Waldbäume

Narben: Endabschnitte des Griffels od. des Ovars, die der Aufnahme der Pollenkörner dienen; die Anzahl der Narbenlappen lassen die Anzahl der an der Bildung eines coenokarpen Gynoeceums beteiligten Fruchtblätter erkennen

Nektarien: zuckerhaltige Säfte absondernde Honigdrüsen; in Blüten heißen sie florale, an vegetativen Organen extraflorale Nektarien

Niederblätter: kleine, meist schuppenförmige, selten grüne Blattorgane, die fast ausschließlich an der Sproßbasis sowie an Ausläufern und Rhizomen auftreten

Ochrea: Tüte; röhrenförmige, häutige Scheide, die den Stengel umfaßt (S. 17)

Öhrchen: s. geöhrt

Ovar: fertiler Abschnitt des Stempels, der die Samenanlagen umschließt

Papille: kegelförmige Ausstülpung (Vorwölbung) einer Oberhautzelle

Pappus: Haarkelch der Asteraceen (= Compositen) und Valerianaceen (S. 468, 364)

Parasiten: Schmarotzer, die auf anderen Pflanzen leben. Halbparasiten (z. B. die Mistel) besitzen noch grüne Blätter und können assimilieren; Ganzparasiten (z. B. *Orobanche,* Schuppenwurz, Kleeseide) sind bleich, besitzen kein Chlorophyll und entziehen dem Wirt alle von ihnen benötigten organischen und anorganischen Nährstoffe. Der Wirt kann dabei absterben

perennierend: s. ausdauernd

Perianth: Blütenhülle (doppelt: aus Kelch und Blütenblättern) oder Perigon (s. dort); einfach: nur ein Kreis entweder von Kelch- oder von Blütenblättern (S. 21)

Perigon: Blütenhülle, die aus 2 untereinander in Form, Größe und Farbe ± gleichartigen Kreisen (Wirteln) besteht (Tulpe; S. 21)

Perikarp: Wand des Fruchtknotens z. Z. der Fruchtreife (S. 28)

petaloid: blumenblattähnlich; wenn z. B. Staubblätter od. Honigblätter (bei Ranunculaceen) eine blumenblattartige Gestalt annehmen

Phanerophyten: Bäume und Sträucher, die höher als 2 m werden (S. 15)

Pistill: ein aus mehreren Fruchtblättern bestehendes coenokarpes Gynoeceum

Plazenta: Samenleiste; Gewebe an dem die Samen angeheftet sind (S. 24)

postfloral: nach der Blütezeit

radiär = strahlig: Blüte, die durch mehr als zwei Schnittebenen in zwei spiegelbildlich gleiche Hälften zerlegt werden kann (S. 21)

razemös = monopodial: Verzweigungsart. Die Pflanze besitzt eine durchgehende Hauptachse, an der Seitenäste entspringen (Tanne, *6*)

Rhachis: Mittelrippe, Blattspindel eines gefiederten Blattes (S. 19)

Rhizom: ausdauernde, unterirdisch-waagrecht wachsende und ± verdickte Speichersprosse (S. 13)

Ruderalpflanzen: oft in der Nähe menschlicher Siedlungen, häufig auf Schuttplätzen wachsend

Rübe: verdickte, unterirdische Speicherwurzel

Schaft: der blattlose Stengel von Infloreszenzen, z. B. beim Wegerich, Löwenzahn u. a.

Scheidewände (Septen): Wände, durch welche das Ovar gefächert wird

Scheinwirtel: die in einem Wirtel angeordneten Blätter entspringen nicht einem Knoten, sondern mehreren, deren Internodien extrem verkürzt sind. Bei den Rubiaceen liegt der Scheinwirtelbildung eine Verlaubung der Nebenblätter zugrunde.

Schlundschuppen: zum Blütenzentrum hin gerichtete Auswüchse der Blumenkronblätter (z. B. Boraginaceen, *897*, S. 372)

Schnabel: entspr. aussehende Verlängerung u. Verdickung des Gr.-Abschnittes an der Fr. (z. B. *681, 682, 611*)

Sekretgänge: zwischen den Gewebezellen verlaufende Gänge, die Öle, Harze, Milch usw. enthalten

Sorus der Farne: die Gesamtheit der Sporenkapseln eines Häufchens, die häufig unter einem gemeinsamen Schleier liegen

Spatha: Blütenscheide, Hochblatt unter einem Blütenstand (Aronstab, Schlangenkraut)

Spelze: Blütenhüllorgane der Grasblüten

Sporangium bei Pteridophyten: Sporenbehälter, Sporenkapsel

Sporocarpien: Sporenfrüchte bei Wasserfarnen

Sporophyll der Pteridophyten: Blatt, das Sporenkapseln trägt; diese „fruchtbaren" Blätter haben zuw. eine andere Gestalt als die unfruchtbaren (*327, 328*)

Spreublätter: Tragblätter, s. u. der Köpfchenachse

Staminodien: unfruchtbare Staubblätter, häufig von besonderer Form, s. auch Honigblätter; S. 23 (*364, 367*)

Stauden: ausdauernde Pflanzen, deren Laubtriebe im Herbst absterben

Stempel: ein aus mehreren, verwachsenen Fruchtblättern bestehendes Gynoeceum

steril: unfruchtbar

Stipel: Nebenblatt (S. 17)

submers: untergetaucht

sympodial: Verzweigungsart, bei der im Gegensatz zur razemösen Verzweigung keine durchgehende Hauptachse vorhanden ist (s. S. 12 u. 26)

Therophyten: einjährige Pflanzen, welche die ungünstige Jahreszeit im Zustand der Samenruhe verbringen

Tragblatt: Blätter der Infloreszenzachse, in deren Achseln die Blüten stehen

Vorblatt: Blattorgan unterhalb der Blüte (in 1- od. 2-Zahl)

Wedel: Blätter der Farne

zweijährig: Pflanzen, die im 1. Jahr vegetativ leben, im 2. Jahr blühen, fruchten und absterben. Sie sind mit ⊙ gekennzeichnet

Zwiebel(-sproß): sehr kurze, gedrungene Sprosse, an denen in dichter Anordnung fleischige Speicherblätter stehen (S. 13)

zygomorph = dorsiventral, s. dort

zymös = sympodial, s. dort

Anleitung zum Gebrauch der Bestimmungstabellen

Die nachfolgenden Bestimmungstabellen sind so gestaltet, daß auch der Anfänger bei sorgfältiger Beobachtung ohne große Mühe den Namen einer ihm unbekannten Pflanze auffindet. Er hat stets zwischen zwei Möglichkeiten zu wählen: Die erste ist durch eine **schräggestellte** Zahl im Fettdruck, die zweite durch einen **Strich** (—) am linken Seitenrand gekennzeichnet. Hat man sich nun für eine der beiden Möglichkeiten entschieden, so findet man am rechten Seitenrand wiederum eine fette Zahl im Schrägdruck, bei der die Bestimmung fortgeführt wird usf., bis man zu einem Familien-, Gattungs- oder Artnamen gelangt; die bei diesem stehende Zahl im **Normaldruck** verweist auf die Seite, wo nach Familien- und Gattungstabellen der Name der Gattung und schließlich der Art aufzusuchen ist. Die Bestimmung führt zum Ziel, wenn alle in den Tabellen und in der Artbeschreibung aufgeführten Merkmale mit denen der vorliegenden Pflanze übereinstimmen. Zuweilen kann der Anfänger an einen Punkt gelangen, bei dem er sich, obwohl alle zur Bestimmung einer Pflanze wichtigen Teile gesammelt worden sind, für keine der beiden Möglichkeiten entscheiden kann. In diesem Falle wird angeraten, beide Wege weiter zu verfolgen. Führt keiner zum Ziel, so kann das folgende Gründe haben:

a) Die Pflanze ist im vorliegenden Buch nicht aufgenommen, da es sich um einen Fremdling der heimischen Vegetation (z. B. Gartenzierpflanze) handelt oder die Pflanze ist in einem Gebiet gesammelt worden, das außerhalb des von der „Flora" erfaßten liegt.

b) Es liegt ein untypisches Exemplar vor. Es wird deshalb empfohlen, stets mehrere Exemplare der gleichen Art zu sammeln.

c) Man ist auf dem falschen Wege, da ein wichtiges Merkmal nicht richtig erkannt oder welches infolge oberflächlicher Beobachtung übersehen worden ist. In diesem Falle ist noch einmal von vorn mit der Bestimmung zu beginnen. Außer den Tabellen I–X können auch die Tabellen XI (S. 85ff.) bis XIV benutzt werden, nach denen die Bestimmung vorwiegend an Hand vegetativer Merkmale, wie Blattstellung und Blattform, vorgenommen wird.

Nachfolgend soll an einigen Beispielen die Handhabung der Tabellen gezeigt werden:

Iris pseudacorus, Sumpfschwertlilie

Wir beginnen auf S. 51, wo es unter der Überschrift: „Tabellen zum Bestimmen der Hauptgruppen" heißt:

1. Pfl. mit Bltn. ***3***
— Pfl. stets ohne od. nur sehr selten mit Bltn. ***2***

Da unsere Pflanze auffällige Blüten besitzt, gehen wir bei Punkt ***3*** weiter

3. Samen frei, nicht in einen Frkn. eingeschlossen . . . .
— Samen in einen Frkn. eingeschlossen
Bedecktsamige Pfl., **Angiospermae** ***4***

Ein Schnitt durch den unterständigen Fruchtknoten überzeugt uns davon, daß die Samen eingeschlossen sind, wir es also mit einer Angiospermen zu tun haben. Da es sich um eine Pflanze mit **grünen** Blättern handelt, müssen wir bei Punkt ***5*** weitergehen. Die hier aufgeführten Merkmale lassen die Zugehörigkeit zu den **Monokotyledonen** erkennen, so daß wir die Tab. IV auf S. 55 zu benutzen haben.

In dieser gelangen wir von Punkt ***1*** (Land- u. Sumpfpfl.) nach Punkt ***6;*** von Punkt ***6–*** über ***7–*** (Bltnhülle meist größer als 5 mm) nach ***8–,*** denn der Frkn. unserer Pflanze ist unterständig; Punkt ***9–*** (Bltn. radiär) führt uns zu Punkt ***10.*** Die 3 Staubblätter und die blumenblattartigen Narbenäste verweisen auf die Familie der **Iridaceae.** In den Gattungs- und Artentabellen (s. S. 491) wird ohne Schwierigkeit der Name der Art ermittelt.

Anemone nemorosa, Buschwindröschen

Die Pflanze gehört mit ihren *gefingerten* Blättern zu den *Dicotyledoneae,* so daß wir auf S. 58 verwiesen werden. Da es sich um eine mit *grünen Blättern* versehene *krautige* Staude handelt, *deren Blüten keine Sonderung in Kelch und anders gefärbte Krone* aufweisen und deren Blumenkronblätter *nicht* miteinander verwachsen sind, müssen wir die Bestimmung in der Tabelle VIII, S. 67, fortsetzen. Von Punkt ***1*** gelangen wir über ***3*** zu ***45.*** Der *quirligen* Anordnung der Stengelblätter zufolge müssen wir bei Punkt ***73*** fortfahren, wo wir bereits bei der Gattung *Anemone* angelangt sind. Die Bestimmung der Art erfolgt nach der Artentabelle auf S. 159.

Veronica chamaedrys, Gamander-Ehrenpreis

Auch diese Pflanze gehört zu den *Dicotyledoneae,* denn die *Blattspreite* ist mit *fiedriger Nervatur* versehen. Die Blüten besitzen eine *doppelte,* in *Kelch* und *Blumenkrone gegliederte Blütenhülle.* Zupfen wir die Blumenkrone ab, so stellen wir fest, daß die Blumenkronblätter zu einer, wenn auch nur *kurzen Röhre miteinander verwachsen* sind. Wir müssen demzufolge die Bestimmung nach Tabelle X, S. 78, durchführen. Von Punkt ***1*** gelangen wir zu ***5*** (Pfl. nicht windend od. rankend). Die *radiären* Blüten führen uns zu ***22,*** die *freien Staubbeutel* und *Staubfäden* zu ***23*** und ***24,*** die *gegenständige* Beblätterung zu ***25,*** der nicht 2-spaltige Kelch zu ***27.*** Da nur 2 Staubblätter vorhanden sind, müssen wir bei ***39*** fortfahren. Die *gegenständigen* Blätter verweisen uns zu ***40,*** von hier zu ***41*** (Stbblätt. 2 od. 4), weiter zu ***42*** (Bltn. nicht zu 2 auf langen Stielen), zu ***43*** (Blkr. nicht trockenhäutig), zu ***44*** (Frkn. oberst.). Von ***44***- müssen wir zurück zu Punkt ***20,*** von wo wir über Punkt ***21*** zur Familie der *Scrophulariaceae,* S. 380 gelangen. In der Gattungstabelle finden wir schnell die Gattung **Veronica** und im Artenschlüssel die Art: *V. chamaedrys.*

Die Handhabung der Tabellen XI–XIV (Bestimmung nach vegetativen Merkmalen) erfolgt in der gleichen Weise, nur hat man sich zuvor genauestens über Blattstellung und Blattform zu orientieren, wozu wiederum das Lesen der Einleitung erforderlich ist.

Wenn man sich bei Angabe der Blütenfarbe (z. B. gelbl.grün, grünl.weiß u. a.) nicht ganz im Klaren ist, sollte man beide Wege der Bestimmung gehen. In jedem Fall sind *junge* und *alte* Blüten zur Bestimmung heranzuziehen.

Abkürzungen für Verbreitungsangaben im Gebiet

(Die ausführliche Erläuterung findet sich bereits auf S. 32)

g = gemein
v = verbreitet
z = zerstreut
s = selten
f = fehlend
h = häufig

Die Länder- und Gebietsabkürzungen finden sich auf den beiden Karten der Umschlagdeckel.

Die Himmelsrichtungen sind abgekürzt mit
N = Norden
S = Süden
O = Osten
W = Westen
M = Mittel-, mittlere(s,r) (z. B. -Gebirge, M-Dt)

Erläuterung der verschiedenen Druckarten in den Tabellen

Die Bestimmungstabellen bestehen aus Zeilengruppen, von denen jeweils zwei Gruppen zusammengehören und gegensätzlich (alternative) Fragen beinhalten. Die erste Frage ist durch eine **fettgedruckte, schräg** *(kursiv)* **gestellte Zahl** (z. B. ***1,2,3,*** usf.), die Gegenfrage durch einen **Strich** (—) gekennzeichnet. Die Merkmale der zu bestimmenden Pflanze treffen stets nur auf *eine* der beiden Fragen zu. Die **fettgedruckten, kursiven** Zahlen am Ende der Zeilen verweisen auf das nächste Fragenpaar usf., bis man zu einem Familien- oder

Gattungsnamen gelangt; die hinter diesem stehende Zahl in **gerader, magerer Schrift** gibt die Seite an, auf der die Art ausführlicher besprochen wird, bzw. die Bestimmung fortzuführen ist (so bedeutet 80 = Seite 80). **Kursiv in Klammern** gesetzte Zahlen sind Hinweise für Abbildungen (so bedeuten beispielsweise *20* = Fig. 20; *200a* = Fig. 200a).

Die in den Artdiagnosen der speziellen Gattungstabellen aufgeführten **römischen Ziffern** (I–XII) geben bei Blütenpflanzen die Monate der Blütezeit, bei den Sporenpflanzen die der Sporenreife an: so besagt etwa V–VII, daß die betreffende Art von Mai bis Juli blüht, bzw. ihre Sporen zu dieser Zeit heranreifen. In **Kleindruck** gesetzt sind alle Kleinarten, alle Unterarten (= ssp.) und Varietäten (= var.), alle Zier- und Kulturpflanzen sowie alle jene Gewächse, die durch Handel und Verkehr aus fremden Ländern eingeschleppt wurden (sog. **Adventivpflanzen,** s. S. 39).

Erklärung der im Text verwendeten Abkürzungen

abw.	= abwärts
alp., Alp.	= alpin, Alpen
angepfl.	= angepflanzt
art.	= ... artig (gleichartig)
aufw.	= aufwärts
bes.	= besonders
Blattgrd.	= Blattgrund
Blattspr.	= Blattspreite
Blätt.	= Laubblätter
Blkr.	= Blumenkrone
Bltn.	= Blüten
Bltzt.	= Blütezeit
... bltg.	= ... blütig, ... ger, -e, -en etc.
bes.	= besonders
bisw.	= bisweilen
bzw.	= beziehungsweise
dk.	= dunkel ... (z. B. dunkelgrün)
Dm	= Durchmesser
eingschl.	= eingeschlechtig
em., emend.	= emendavit, verbessert bzw. erweitert
entw.	= entweder
... f.	= ...förmig (z. B. eiförmig)
Fied.	= Fiedern
Fr.	= Frucht
Frkn.	= Fruchtknoten
Frzt.	= Fruchtzeit
...geb.	= ...gebirge
gefied.	= gefiedert, ...ter
gefing.	= gefingert, ...ter
geglied.	= gegliedert, ...ter
glzd.	= glänzend, ...der
Gr.	= Griffel
Grd.	= Grund, -de
hgd.	= hängend, ...en
K.	= Kelch
Infl.	= Infloreszenz
...l.	= ...lich (z. B. länglich, grünlich)
lg.	= lang
...lgd.	= ...liegend, ...liegender (z. B. niederliegend)
od.	= oder
Ordn.	= Ordnung
Pfl.	= Pflanze
p. p.	= pro parte (zum Teil)
Reg.	= Region
s.l.	= sensu lato, im weiteren Sinn
Spr.	= Spreite
spitzenw.	= spitzenwärts
s.str.	= sensu stricto, im engeren Sinn
ssp.	= subspecies, Unterart
...st.	= ...ständig (z. B. unterständig)
Stbblätt.	= Staubblätter
stellenw.	= stellenweise
Stg.	= Stengel
...stgd.	= ...steigend (z. B. aufsteigend)
sthd.	= stehend, ...der
...sts.	= ...seits (z. B. oberseits)
teilw.	= teilweise
var.	= varietas, Varietät
verwild.	= verwildert, ...ter
vorwgd.	= vorwiegend
...w.	= wärts (z. B. einwärts)
zahlr.	= zahlreich
z.T.	= zum Teil
z.Z.	= zur Zeit
z. Bltzt.	= zur Blütezeit
z. Frreife	= zur Fruchtzeit
z. Reifezt.	= zur Reifezeit

zuw. = zuweilen
± = mehr oder weniger
⊙ = einjährige Pflanzen
⊙⊙ = zweijährige Pflanzen
♃ = ausdauernde Pflanzen
♂ = männliche Blüte
♀ = weibliche Blüte
⚥ = zwittrige Blüte

Ⓖ = in Deutschland geschützte Art
Ⓖ! = in Deutschland geschützte und vom Aussterben bedrohte Art
[G] = außerhalb Deutschlands geschützte Art

Das der „Flora“ zugrunde liegende System der Pflanzen

A. Tabelle zum Bestimmen der Hauptgruppen

1. Pfl. mit Bltn., die entw. Stbblätt. od. Frblätt. od. beide enthalten u. Samen hervorbringen *3*

— Pfl. stets ohne od. nur selten mit Bltn. u. Samen *2*

2. Pfl. nicht in Stg. u. Blätt. geglied., aus linsenf., bis 1,5 mm großen, wurzellosen *(Wolffia, 155)* od. rundl.-längl., bis 15 mm großen, auf der Wasseroberfläche schwimmenden od. submersen, wurzelnden Gliedern bestehend *(152–154)* . . . . **Lemnaceae,** 576

— Pfl. stets in Stg., Blatt u. Wurzel geglied., vorwgd. Land-, seltener Sumpf- u. Wasserpfl.; Vermehrung durch mikroskopisch kleine, einzellige Sporen, die in besonderen Behältern, den Sporangien *(2d, Sp)*, entstehen, die wiederum in Häufchen, Sori *(2b–c)*, angeordnet u. von einem Häutchen, Indusium *(2c–d, J)* bedeckt sein können
Sporen-, Farnpfl., **Pteridophyta, Tabelle I,** 52

3(1). Samen frei, nicht in einen Frkn. eingeschlossen *(89)*; Bäume u. Sträucher, mit nadelf. od. schuppenf., meist immergrünen Blätt. *(354–356)*; weibl. Bltnstände häufig als Zapfen
Nacktsamige Pfl., **Gymnospermae, Tabelle II,** 54

— Samen in einen Frkn. eingeschlossen *(88c, 90–93)*
Bedecktsamige Pfl., **Angiospermae** *4*

4. Pfl. (Kräuter u. Stauden) z. Bltzt. ohne grüne Blätt. od. Bltnstg. mit bleichen, bräunl. od. violetten Schuppenblätt. . . . . . . **Tabelle III**[1], 54

— Pfl. z. Bltzt. mit wohl entwickelten grünen Blätt. *5*

5. Blattspr. streifen-(parallel-) od. bogennervig, selten netz-[2]od. 1-nervig[3], einfach u. ungeteilt, zuw. stielrund *(Juncus)*, schwertf. od. nadelf. *(Asparagus)* ausgebildet, häufig in 2 Zeilen od. in 2- bis mehrzähligen Quirlen; Sproß stets krautig, auf dem Querschnitt mit zerstreut angeordneten Leitbündeln (Lupe! *130*); Knollen, Rhizome, Zwiebeln ohne hervortretende Hauptwurzel als ausdauernde Organe vorherrschend; Bltnorgane meist in 3-zähligen Wirteln[4]; Bltnhülle selten in Kelch u. Blkr. gegliedert *(131)*, meist 6-blättrig als Perigon; Keimling nur mit 1 Keimblatt *(1c)*.
Einkeimblättrige Pfl., **Monocotyledoneae, Tabelle IV,** 55

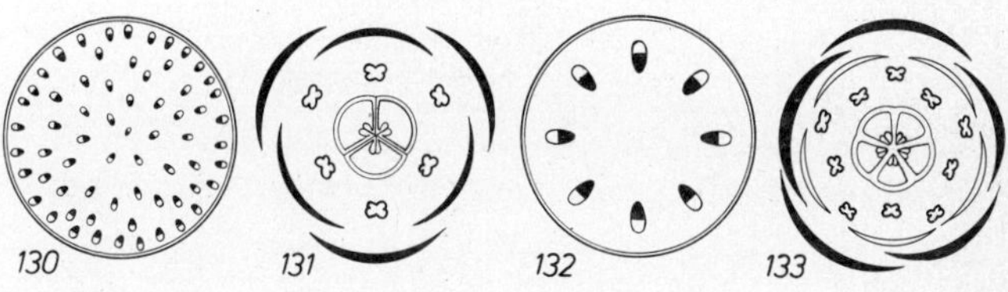

[1] Holzgewächse, Bäume u. Sträucher, die ohne Blätter blühen, sind nach **Tabelle VI** zu bestimmen!

[2] Netznervige Blätt. unter den Monokotyledonen besitzen: *Paris quadrifolia* (490) (Blätt. zu 4 in einem Quirl unterhalb der 4-zähligen Blüte); *Arum maculatum* (576) (Blätt. pfeilf.; zahlr. Bltn. in einem von einem Hochblatt umschlossenen Kolben *(163)*; *Tamus communis* (491) (Blätt. herzf.; Windepfl. mit eingeschl., 2-häusigen Bltn).

[3] Zu den Monokotylen mit 1-nervigen od. nervenlosen Blätt. gehören viele untergetaucht lebende Wasserpfl., wie *Najas* (482), *Zannichellia* (482), *Elodea* (477), viele *Potamogetonaceae* (478) mit sehr schmalen Blätt.

[4] Ausnahmen hiervon: *Potamogetonaceae* (478), *Maianthemum* (489), *Paris* (490), *Cyperaceae* (511), *Poaceae* (536), *Araceae* (576), *Orchidaceae* (493)

— Blattspr. mit fiedrig, fingerig, handf. od. netzart. miteinander verbundenen Nerven, seltener bogen-, parallel- od. 1-nervig[1] (zuw. erst nach der Blüte erscheinend), einfach, gefied., gefing., zuw. mit Ranken; Blätt. zerstreut, gekreuzt-gegenst. od. in mehrzähligen Wirteln, seltener in 2 Zeilen; Sproß krautig od. holzig, auf dem Querschnitt mit ringf. angeordneten Leitbündeln (Lupe! *132*); Bltnorgane meist in 5-zähligen Kreisen[2]; Bltnhülle häufig in K. u. Blkr. geschieden *(133);* Keimling mit 2 Keimblätt. *(1b)*

Zweikeimblättrige Pfl., **Dicotyledoneae, Tabelle V,** 58

B. Tabellen zum Bestimmen der Familien[3]

TABELLE I

Sporenpflanzen, Farnpflanzen, Pteridóphyta

1. Stg. deutl. gegliedert, leicht in ± gleichlange, ineinander geschachtelte Glieder zerreißbar, hohl, einfach *(135)* (zuw. braungelbl.) od. quirlig verzweigt *(134);* Blätt. schuppenf., zu einer gezähnten, die Knoten umgebenden Scheide verwachsen *(134–135, 298–308);* Sporangien in endst. Ähren *(135)* . . . . **Equisetaceae,** 131

— Stg. nicht deutl. geglied., nicht hohl; Blätt. nicht zu einer Scheide verwachsen ***2***

2. Im Boden wurzelnde Wasser-, Sumpf- od. Landpfl. ***4***

— Frei schwimmende Wasserpfl. ***3***

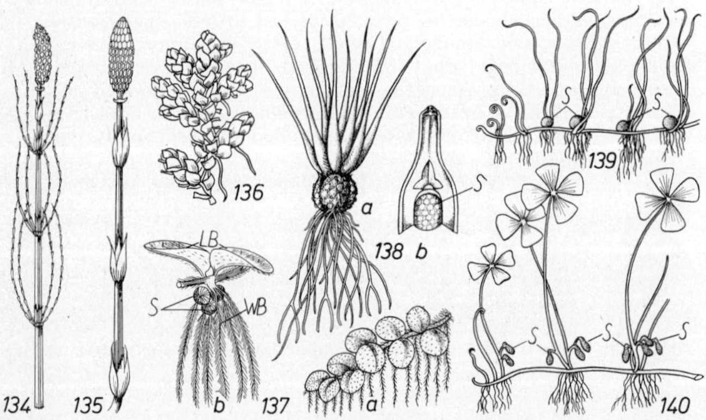

[1] Zu den Dikotylen mit bogenf., bzw. paralleler Nervatur gehören: *Lathyrus nissolia* (221), *Bupleurum-Arten,* viele *Caryophyllaceae, Rubiaceae, Gentiana-Arten, Plantago (30), Arnica montana;* Blätt. mit sehr schmaler, ungeteilter, grasart. Spreite sind meist 1-nervig.

[2] Hiervon gibt es zahlreiche Ausnahmen. Es kann sowohl eine Verringerung als auch Erhöhung der Anzahl der Bltnglieder der einzelnen Bltnkreise erfolgen. 3-zählige Bltn. innerhalb der *Dicotyledoneae* besitzen nur *Berberis, Peplis* und die *Aristolochiaceae;* auch *Pulsatilla* hat eine 6-zählige (3+3) Bltnhülle.

[3] Weitere Tabellen zum Bestimmen der Familien u. Gattungen nach einfachen, vorwgd. vegetativen Merkmalen beginnen auf S. 85.

3. Pfl. moosartig, klein; Blätt. sich dachziegelig deckend *(136)* **Azollaceae,** 146

— Pfl. nicht moosart., mit verlängerter Achse; Laubblätt. zu 2 in Quirlen, ganzrandig u. schwimmend (*137b,* LB), ein 3. Blatt untergetaucht, fein zerteilt u. wurzelähnl. (*137b,* WB) mit kugeligen Sporokarpien (S) **Salviniaceae,** 146

4(2). Vollkommen untergetauchte Wasserpfl.; Blätt. grasart., einer kleinen Knolle aufsitzend *(138a);* Sporangien in den scheidig verbreiterten Blattgrd. eingesenkt (*138b,* S) . . . . **Isoëtaceae,** 131

— Land- od. Sumpfpfl. (Blätt. über der Wasseroberfläche) ***5***

5. Blätt. binsenf. *(139)* od. einem 4-blättrigen Kleeblatt ähnl. *(140),* am Grd. mit sitzenden, kugel- od. bohnenf., gestielten Sporangienbehältern (*139–140,* S); Sumpfpfl. . . . . **Marsileaceae,** 146

— Blätt. nicht kleeblattähnl. od. binsenf. ***6***

6. Blätt. länger als 1 cm, mit flächiger, ganzrandiger od. gefiederter Spreite ***8***

— Blätt. höchstens 1 cm lg., lineal od. schuppenf., zahlr., stets ungeteilt, von der Sproßachse sparrig absthd. *(291–293)* od. sich dachziegelig deckend *(294)* ***7***

7. Pfl. zart, moosart. *(142),* mit spiralig od. 4-zeilig gestellten Blätt. *(296a),* am Grd. mit kleinem Häutchen (= Ligula); Sporangien verschieden gestaltet, mit Makro- u. Mikrosporen (Lupe!); Sporophylle in Ähren (*142,* S) . . . . **Selaginellaceae,** 131

— Pfl. kräftiger; Blätt. ohne Ligula; Sporangien nierenf. *(141b),* mit gleichgestalteten Sporen; diese entw. in den Achseln normaler Laubblätt. (*Huperzia, 291,* S. 129) od. Sporophylle in verlängerten Ähren (*141a,* Ä) . . . . **Lycopodiaceae,** 129

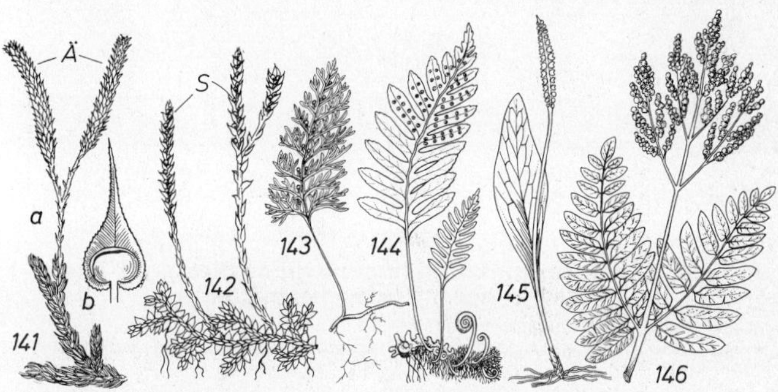

8(6). Sporangien in endst. Ähren od. Rispen *(145–146)* ***10***

— Sporangien auf der Unterseite *(2b–c)* od. am Rand der Blätt. *(143, 314),* meist zu Sori vereint ***9***

9. Pfl. zart, 3–8 cm groß, moosähnl. *(143);* Sori am Rand hautdünner Fied., von einem becherf., 2-klappigen Schleier umgeben *(314)* **Hymenophyllaceae,** 138

— Pfl. kräftiger, größer als 8 cm, nicht moosähnl. *(144);* Sori stets auf der Blattunterseite; Schleier vorhanden, verschieden gestaltet od. fehlend, bzw. Sori vom umgerollten Blattrand bedeckt *(317)* **Polypodiales,** 136

10(8). Pfl. nur bis 30 cm hoch, mit 1 ganzrandigem *(145)* od. gefied. Blatt

(309–313); Sporangien in gestielten Ähren *(145)* od. Rispen *(309–313)* . . . . **Ophioglossaceae,** 135

— Pfl. 50–180 cm hoch; Sporangien in reichverzweigter Rispe am Ende doppelt gefied. Blätt. *(146)* . . . . **Osmundaceae,** 136

TABELLE II

Nacktsamige Pflanzen, Gymnospérmae

1. Blätt. schuppenf., der Sproßachse angedrückt *(147)* . **Cupressaceae,** 149

– Blätt. nadelf., von der Sproßachse absthd. *2*

2. Nadeln meist in Quirlen zu 3 *(148a),* stechend, obersts. mit weißem Streifen; Frzapfen beerenart., mit 3-eckigem Spalt *(148b),* blauschwarz . . . . **Cupressaceae,** 149

— Nadeln nicht in Quirlen zu 3, sondern spiralig od. büschelig angeordnet; Frzapfen nicht beerenart. u. blauschwarz *3*

3. Nadelbasis als grüne Leiste am Zweig herablaufend *(149);* Nadeln untersts. hellgrün, obersts. mit hervortretenden Mittelnerven; Pfl. 2-häusig; Samen von einem fleischigen, roten Becher umgeben *(150)* . . . . **Taxaceae,** 147

— Nadeln nicht als grüne Leiste herablaufend, einzeln, zu 2, 3, 5 od. in Büscheln *(151)* an Kurztrieben; Pfl. 1-häusig; Frzapfen verholzend **Pinaceae,** 147

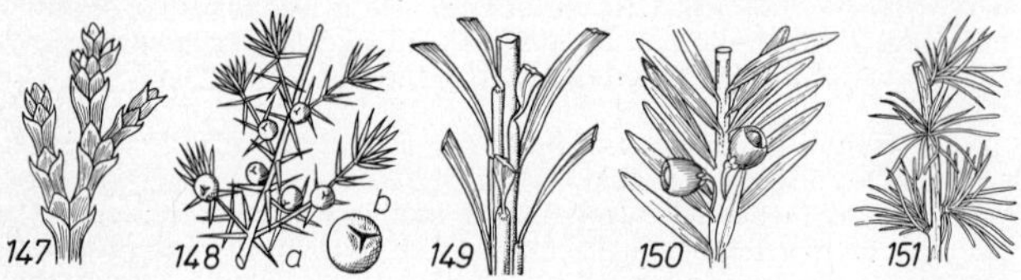

TABELLE III

Kräuter u. Stauden zur Blütezeit ohne grüne Blätter od. Blütenstengel nur mit Schuppenblättern

1. Stg. deutlich geglied., am Grd. eines jeden Gliedes eine gezähnte Scheide reduzierter Blätt.; Sporenpfl.; Sporophylle zu einer endst. Ähre vereinigt *(135);* grüne Seitenäste zuw. erst nach Ausstreuen der Sporen erscheinend . . . . **Equisetaceae,** 131

— Stgglieder an der Basis nicht von einer gezähnten Scheide umgeben; Pfl. ohne endst. Sporenähre *2*

2. Stg. dickfleischig, knotig geglied., an jedem Knoten 2 extrem reduzierte Blätt. *(800);* Bltn. sehr klein; extrem salzliebende Pfl. *(Salicornia)* **Chenopodiaceae,** 342

— Pfl. anders gestaltet, nicht an extremen Salzstandorten *3*

3. Stbblätt. 1, dieses mit dem Gr. zu einem Säulchen verwachsen *(1086);* Bltn. häufig gespornt (*158,* Sp); Frkn. unterst.; Bltnstg. weißl., bräunl., gelbl.grün od. violett, nur mit Schuppenblätt. . . . . . . **Orchidaceae,** 493

— Stbblätt. mehr als 1, nicht mit dem Gr. verwachsen; Bltn. nicht gespornt *4*

4. Pfl. z. Bltzt. (Herbst) ohne Stg. u. Blätt., diese erst im nächsten Frühjahr mit den Kapselfr. erscheinend; Bltn. groß, fleischfarbig, mit langer Röhre; Stbblätt. 6 . . . . *(Colchicum)* **Liliaceae,** 485

— Stg. z. Bltzt. entwickelt, mit Schuppenblätt.; Bltn. kleiner ***5***

5. Stg. windend, fädig-dünn, gelbl. od. rötl.; Bltn. klein, in Knäueln *(223);* Ganzparasit . . . . *(Cuscuta)* **Convolvulaceae,** 370

— Stg. nicht windend; Bltn. in Ähren, Trauben od. Köpfchen . . . ***6***

6. Bltn. in anfangs übergebogener Traube, regelmäßig, glockenf.; Stbblätt. 8–10; ganze Pfl. wachsgelb, mit dichtsthd. Schuppenblätt. **Monotropaceae,** 310

— Bltn. in aufrechter Traube, Ähre od. Köpfchen ***7***

7. Bltn. in Trauben od. Ähren; auch nach der Blüte keine Laubblätt. erscheinend ***9***

— Bltn. in Köpfchen; Laubblätt. nach der Blüte erscheinend . . . ***8***

8. Köpfchen groß, bis 1,5 cm im Dm, einzeln, endst., mit goldgelben Randbltn; Frühjahrsblüher . . . . *(Tussilago)* **Asteraceae,** 450

— Köpfchen klein, zu vielen in einem endst., traubig-rispigen Blütenstand; Bltn. weißl. od. rötl.-bräunl.; Frühjahrsblüher *(Petasites)* **Asteraceae,** 450

9(7). Bltn. in einseitswendiger Traube, rosarot; Stg. dick, fleischig; Ganzparasit . . . . *(Lathraea)* **Scrophulariaceae,** 399

— Bltn. in allseitswendigen Trauben od. Ähren, gelb, braun od. blauviolett; Ganzparasit . . . . **Orobanchaceae,** 399

TABELLE IV

Einkeimblättrige Pflanzen, Monocotyledóneae

1. Land-, Sumpf- od. auch Wasserpfl., die mit ihren Stg. u. Blätt. zum größten Teil od. ganz aus dem Wasser herausragen ***6***

— Untergetaucht lebende od. mit Schwimmblätt. versehene Wasserpfl. (nur bei der rosettenbildenden *Stratiotes* ragen die Blätt. z. Bltzt. teilw. aus dem Wasser heraus) ***2***

2. Frei schwimmende, nicht in Stg. u. Blätt. gegliederte, 1–15 mm große Wasserpfl. mit linsenf., eif. od. lanzettl., sprossenden, wurzelnden *(152–154)* od. wurzellosen *(155)* Gliedern; selten blühend **Lemnaceae,** 576

— Größere, deutl. in Stg. u. Blätt. geglied. Wasserpfl. ***3***

3. Bltn. z. Z. der Entfaltung über die Wasseroberfläche emporgehoben od. dieser auflgd. *(Zostera),* in Ähren, wenigbltg. Trugdolden od. einzeln ***5***

— Bltn. z. Z. der Entfaltung unter der Wasseroberfläche, einzeln od. zu wenigen, blattachselst. ***4***

4. Blätt. deutl. gezähnt, gegenst. *(1071);* Bltn. sitzend, eingschl.; ♂ Bltn. mit 1 Stbblatt, ♀ Bltn. mit 1 Frkn. u. 3-fädigen Narben . **Najadaceae,** 482

— Blätt. ganzrandig, schmal-lineal; Bltn. sitzend, eingschl.; ♂ mit 1 Stbblatt, ♀ mit 2–4 Frkn. u. becherf. Bltnhülle *(Zannichellia)* **Potamogetonaceae,** 482

5(3). Bltn. einzeln, lg. gestielt od. in wenigbltg. Trugdolden, die vor der Entfaltung von einer Hochblatthülle (Spatha, *157,* Spa) umschlossen werden . . . . **Hydrocharitaceae,** 477

— Bltn. in 2- bis vielbltg. Ähren, wenn einzeln, dann nicht lg. gestielt, eingschl. od. zwittrig; Bltnhülle oft fehlend . . . **Potamogetonaceae,** 478

6(1). Bltn. in kugeligen Köpfchen *(166–167),* Dolden od. keulenf. od. walzl. *(165),* zuw. fleischigen u. dann von einem Hochblatt (Spatha, *163–164,* Spa) umgebenen Kolben ***21***

— Bltn. nicht in kugeligen Köpfchen, Dolden od. Kolben (nur bei *Zea mays,* S. 575, stehen die ♀ Bltn. in Kolben) *7*

7. Bltnhüllblätt. klein, meist nicht über 5 mm lg., gelbgrünl., weiß, bräunl., oft nur in Form von schuppenf. Blätt. (Spelzen, *161*), Borsten od. Haaren vorhanden od. ganz fehlend *14*

— Bltnhüllblätt. meist größer als 5 mm und meist auffälliger, gefärbt, seltener gelbl.-grün *8*

8. Frkn. oberst. *12*

— Frkn. unterst. *9*

9. Bltn. zygomorph (unregelmäßig, *158*) *11*

— Bltn. radiär (regelmäßig, *79*) *10*

10. Stbblätt. 3; Griffeläste oft blumenblattart. . . . . **Iridaceae,** 491

— Stbblätt. 6 . . . . **Amaryllidaceae,** 490

11(9). Stbblätt. 3; Frkn. nicht gedreht; Bltn. rot, in einseitswendigen Trauben . . . . *(Gladiolus)* **Iridaceae,** 492

— Stbblatt 1 (mit 2 getrennten Pollenfächern), selten 2 *(Cypripedium, 1085),* mit der großen Narbe zu einem Säulchen *(1085)* verwachsen; Frkn. oft gedreht; das nach unten weisende innere Perigonblatt zu einer oft gespornten Lippe (*158,* L) umgebildet . . . . **Orchidaceae,** 493

12(8). Frkn. aus 3 *(131),* seltener 4 *(Paris)* miteinander verwachsenen Frblätt. besthd; Stbblätt. 6 *(131),* selten 8 *(Paris)* od. 4 *(Maianthemum);* Fr. eine Kapsel od. Beere . . . . **Liliaceae,** 482

— Frblätt. 6 bis zahlr., frei (apokarp) od. nur am Grd. miteinander verbunden; Stbblätt. 6 bis viele *13*

13. Bltnhülle deutl. in Kelch u. Blkr. geglied.; Stbblätt. 6 bis viele; Bltn. in Rispen od. Trauben, oft in Quirlen; Sumpf- u. Wasserpfl. **Alismataceae,** 476

— Alle Bltnhüllblätt. gleich gestaltet u. blumenblattart., rötl.; Stbblätt. 9; Frblätt. 6; Bltn. in Dolden; Sumpfpfl. . . . . **Butomaceae,** 477

14(7). Bltnhülle 4-blättrig **od.** in Form von Spelzen, Borsten, Haaren **od.** fehlend *19*

— Bltnhülle deutl. 6-blättrig *15*

15. Stg. windend; Blätt. lg. gestielt, herz-eif.; Bltn. eingschl., zweihäusig *(Tamus)* **Dioscoreaceae,** 491

— Stg. nicht windend; Bltn. zwittrig *16*

16. Blätt. der Langtriebe zu Schuppen umgebildet, in deren Achseln 1 blattart. abgeflachter bltntragender Kurztrieb od. ein Büschel von grünen Nadeln; Fr. rote Beeren . . . . . *(Ruscus, Asparagus)* **Liliaceae,** 489

— Blätt. normal entwickelt *17*

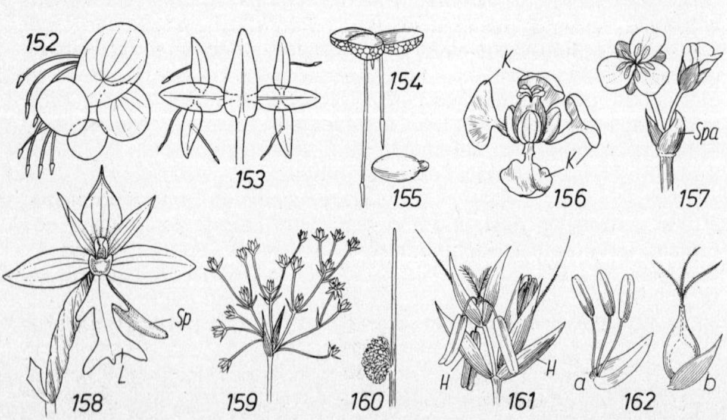

17. Blätt. flach, schwertf. u. reitend wie bei *Iris,* meist grundst.; Pfl. 10–30 cm hoch . . . . *(Tofieldia)* **Liliaceae,** 484
— Blätt. nicht schwertf. ***18***
18. Bltn. in ± dichten Knäueln *(160)* od. lockeren Spirren *(159);* Perigonblätt. weiß, gelbl. od. bräunl., lederig, trocken; Frkn. 1, Gr. 1 mit 3 Narben; Blätt. flach, grasart. od. stielrund . . . . **Juncaceae,** 505
— Bltn. in verlängerten Trauben . . . . **Scheuchzeriaceae,** 478
19(14). Bltnhülle 4-blättrig, weiß od. grünlweiß; Bltn. in Trauben; Laubblätt. meist 2, gestielt, mit herzf. Spreitengrd. *(Maianthemum)* **Liliaceae,** 489
— Bltnhülle aus grünl. od. bräunl. Spelzen besthd.; Bltn. in Ährchen *(161)* ***20***
20. Jede Blüte von 2 kahnf. Tragblätt. (Spelzen) umschlossen, zu Ährchen vereinigt; diese am Grd. mit 1–2 sterilen Hüllspelzen (*161,* H); Ährchen zu Ähren, Rispen od. Ährenrispen zusammentretend *(1182–1187);* Stg. (= Halm) knotig geglied., meist hohl, rund, selten zusammengedrückt; Blattgrd. meist als offene Scheide, mit Ligula *(17)* od. Haarreihe . . . . **Poaceae,** 536
— Jede Blüte nur von 1 Spelze umschlossen *(162a–b);* Ährchen am Grd. ohne Hüllspelzen; Bltnhülle schlauch-, borstenf. od. ganz fehlend; Stg. meist knotenlos, selten hohl (bei *Carex hirta*), oft 3-kantig; Blattscheiden meist geschlossen . . . . **Cyperaceae,** 511
21(6). Bltn. in kugeligen Köpfchen *(166–167)* od. in kugeligen, in der Jugend von einem Hüllblatt umgebenen Trugdolden ***23***
— Bltn. in walzenf. Kolben *(163–165)* ***22***
22. Kolben einzeln, von einem flach ausgebreiteten, weißen *(Calla)* od. am Grd. kesselförmigem Hochblatt umgeben (*Arum, 163,* Spa); Blätt. dann breit-herzf. od. pfeilf., Fr. scharlachrote Beeren; od. Blätt. linealschwertf.; Kolben scheinbar seitl., von der blattart., grünen Spatha überragt . . . . *(Acorus, 164)* **Araceae,** 576
— Kolben meist zu 2 übereinander; der obere mit ♂ *(165 ♂)*, der untere mit ♀ Bltn. *(165 ♀)*, schwarzbraun; Sumpfpfl. . . . . **Typhaceae,** 535
23(21). Bltn. eingschl., die ♀ zu igeligen od. morgensternf. Köpfchen vereinigt *(166 ♀)*; ♂ Bltnköpfe *(166 ♂)* kugelig, am Ende des einfachen od. ästigen Bltnstandes . . . . **Sparganiaceae,** 535
— Bltn. zwittrig ***24***
24. Einzelbltn. ± lg. gestielt, mit deutl. Bltnhülle, zu lockeren od. dichten, kugeligen od. flachen Dolden vereinigt, diese in der Jugend von einem Hüllblatt umschlossen; an Stelle der Bltn. zuw. Brutzwiebeln sthd. . . . . *(Allium)* **Liliaceae,** 486
— Einzelbltn. sitzend, mit unscheinbarer Bltnhülle, in kleinen Ährchen, die zu kugeligen u. spirrenart. angeordneten Köpfchen zusammentreten *(167)* . . . . *(Scirpus holoschoenus)* **Cyperaceae,** 514

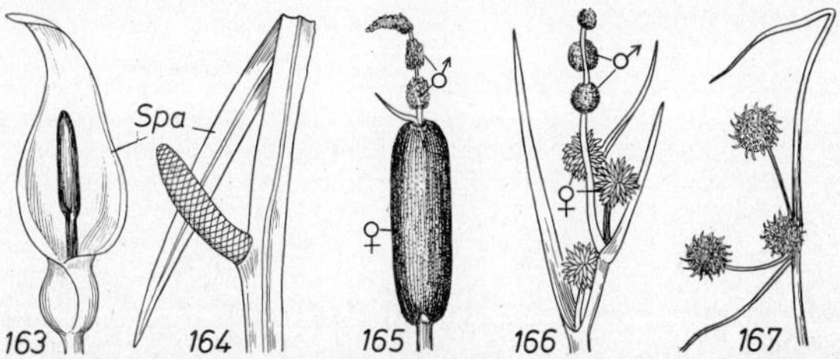

163 164 165 166 167

TABELLE V
Zweikeimblättrige Pflanzen, Dicotyledóneae[1]

1. Pfl. mit holzigem Stg. od. Stamm; Bäume u. Sträucher (bei kleinen Sträuchern ist der Stg. nur an der Basis verholzt = Halbsträucher) **Tabelle VI,** 58

— Kräuter u. Stauden, deren Stg. auch an der Basis nicht od. kaum verholzt sind *2*

2. Untergetaucht lebende od. mit Schwimmblätt. versehene Wasserpfl., die nur die Bltn. über die Wasseroberfläche erheben od. die Bltn. unter Wasser entfalten . . . . **Tabelle VII,** 64

— Land-, Sumpf- u. Wasserpfl., deren Bltnstg. u. Blätt. sich größtenteils über die Wasseroberfläche erheben *3*

3. Bltnhülle fehlend od. einfach (nur 1 Kreis von Bltnhüllblätt.) od. doppelt (2 Kreise von Bltnhüllblätt.), dann aber alle Bltnhüllblätt. gleichart., entw. unscheinbar, kelchart. od. auffällig, blumenblattart. **Tabelle VIII,** 67

— Bltnhülle doppelt, in einen meist grünen K. u. eine meist andersfarbige Blkr. geschieden. (Man beachte, daß der K. bei der Bltnentfaltung zuw. abfällt u. dann nur an Bltnknospen vorhanden ist, z. B. bei den *Papaveraceae;* selten sind 3 Perianthkreise vorhanden, z. B. bei den *Malvaceae* mit einem 3. Kreis als Außen-K.) . . *4*

4. Blkrblätt. frei, bis zum Grd. voneinander getrennt . . . . . **Tabelle IX,** 73

— Blkrblätt. miteinander verwachsen, zuw. aber tief geteilt u. nur am Grd. zu einer kurzen Röhre verbunden *(81–82);* Blkr. löst sich beim Abzupfen in ihrer Gesamtheit ab; bei den *Malvaceae* [Stbblätt. zu einer den Gr. umgebenden Röhre verwachsen *765*] sind die Blkrblätt. zwar am Grd. verwachsen, lösen sich aber beim Abzupfen einzeln ab; sie sind deshalb nach **Tabelle IX** zu bestimmen! . . . **Tabelle X,** 78

TABELLE VI
Holzpflanzen: Bäume, Sträucher und Halbsträucher

1. Stg. windend, kletternd od. rankend *75*

— Stg. nicht windend, kletternd od. rankend *2*

2. Blätt. nadel- od. schuppenf., z. T. als Dornen ausgebildet . . . *71*

— Blätt. nicht nadel- od. schuppenf., zur Bltzt. zuw. noch nicht entfaltet *3*

3. Pfl. zur Bltzt. mit entwickelten od. zumindest zusammen mit den Bltn. austreibenden Blätt. *18*

— Pfl. z. Bltzt. ohne Blätt.; diese erst nach der Blüte erscheinend od. zu Dornen umgebildet od. so früh abfallend, daß die Triebe blattlos erscheinen *4*

4. Bltn. schmetterlingsf. *(537a);* Blätt. entweder gleich den Sprossen verdornt od. Blätt. klein, früh abfallend; Sprosse rutenf. u. grün **Fabaceae,** 204

— Bltn. nicht schmetterlingsf. *5*

5. Bltn. nicht in Kätzchen *10*

— Bltn., zumindest die ♂, in Kätzchen *6*

6. Nur die ♂ Bltn. in hängenden, schon im Spätsommer des Vorjahres erscheinenden Kätzchen; Stbbeutel an der Spitze mit Haarbüschel; ♀ Bltn. in knospenf. Bltnständen, an der Spitze mit roten Narben *(169);*

---

[1] Kräuter u. Stauden, die z. Bltzt. keine grünen Blätter besitzen, können auch nach **Tabelle III,** S. 54 bestimmt werden!

Fr. eine von einer laubart., becherf., zerschlitzten Hülle umgebene Nuß *(454)* . . . . *(Corylus)* **Corylaceae,** 174
— ♂ u. ♀ Bltn. in hängenden od. aufrechten, verlängerten bzw. eif.-walzl. Kätzchen ***7***
7. Pfl. 1-häusig; ♀ Kätzchen eif. *(170),* sich z. Frzt. zu einem verholzenden, nicht abfallenden Frzapfen entwickelnd *(Alnus)* od. ♀ Kätzchen walzl., bei der Frreife zerfallend; Fr. klein, geflügelt *(456)* *(Betula)* **Betulaceae,** 172
— Pfl. 2-häusig ***8***
8. Kätzchen hgd.; Tragblätt. der ♂ Bltn. am Rand gezähnt od. zerschlitzt, lg.-zottig behaart *(168)* . . . . *(Populus)* **Salicaceae,** 291
— Kätzchen meist aufrecht od. schief-absthd., seltener hgd.; Tragblätt. der ♂ Bltn. am Rand nicht zerschlitzt ***9***
9. Stbblätt. kurz gestielt, kürzer als das Tragblatt *(171),* meist zu 4; Fr. steinfruchtart.; Samen ohne Haarschopf; Zweige glzd.-dkbraun, mit Harzpünktchen u. würzig riechend . . . . **Myricaceae,** 176
— Stbblätt. viel länger als das Tragblatt *(172)* zu 1, 2, 3 od. 5; Fr. eine 2-klappig aufspringende Kapsel; Samen mit Haarschopf; Pfl. meist nicht würzig riechend . . . . *(Salix)* **Salicaceae,** 292

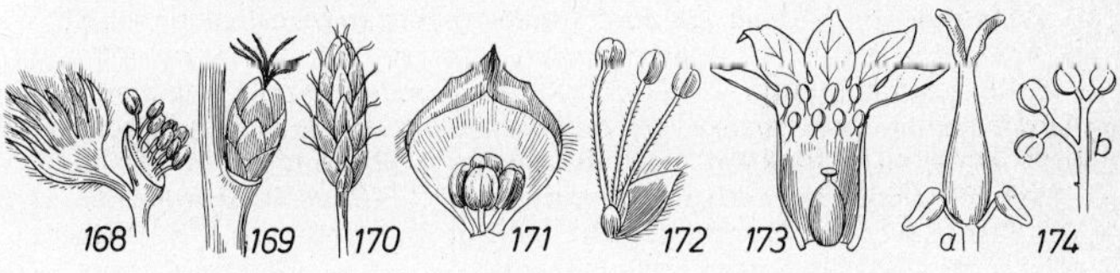

10(5). Bltnhülle einfach od. fehlend ***14***
— Bltnhülle doppelt, in K. u. Blkr. geschieden; K. zuw. sehr klein *(Cornus)* ***11***
11. Blkrblätt. weiß od. rosa; Stbblätt. 15 bis viele . . . *(Prunus)* **Rosaceae,** 202
— Blkrblätt. gelb od. grünl.gelb; Stbblätt. 2–10 . . . . ***12***
12. Blkrblätt. grünl.gelb, in aufrechten od. nickenden Doldentrauben **Aceraceae,** 229
— Blkrblätt. goldgelb ***13***
13. Stbblätt. 4; Bltn. klein, in lockeren Trugdolden, die am Grd. von 4 Hüllblätt. umgeben sind; Trockenhänge . . . . **Cornaceae,** 236
— Stbblätt. 2; Bltn. größer, glockig, 10–20 mm lg., einzeln od. an beschuppten Kurztrieben; Gartenzierpfl. . . . . . . *(Forsythia)* **Oleaceae,** 369
14(10). Bltnhülle auffällig, grüngelb, lebhaft rot, rosa, seltener weiß; Bltn. stark duftend; Stbblätt. 8 *(173)* . . . . *(Daphne)* **Thymelaeaceae,** 260
— Bltnhülle unscheinbar od. fehlend ***15***
15. Dornenbewehrter Strauch od. Baum mit lineal-lanzettl., unterstś. silbergrauen bis kupferroten Blätt., 2-häusig; ♂ Bltn. *(574)* in knospenart. Bltnständen an der Basis der Triebe desselben Jahres; Fr. orangerot . . . . *(Hippophaë)* **Elaeagnaceae,** 228
— Dornenlose Bäume od. Sträucher ***16***
16. Bltnhülle fehlend *(174a);* Bltn. in anfangs aufrechten, später überhgd. Rispen, zwittrig od. eingschl. *(174b);* Stbblätt. 2; Knospen schwarz, gegenst.; Fr. eine geflügelte Nuß . . . . *(Fraxinus)* **Oleaceae,** 369
— Bltnhülle vorhanden ***17***
17. Knospen u. Blätt. 2-zeilig; Bltn. zwittrig, in achselst. Knäueln *(Ulmus)* **Ulmaceae,** 174
— Knospen u. Blätt. gekreuzt-gegenst.; Bltn. eingschl. u. 2-häusig; ♂

Bltn. lg. gestielt, hgd. in doldig verkürzten, ♀ Bltn. in armbltgen, hgd. Trauben; geflügelte Spaltfr. . . . . *(Acer negundo)* **Aceraceae,** 229

18(3). Blattspr. ungeteilt, am Rand glatt od. gezähnt, gelappt od. gebuchtet ***29***

— Blattspr. gefied. od. gefing. ***19***

19. ♂ Bltn. in hgd. Kätzchen am vorjährigen Holz; ♀ Bltn. zu 1–3, klein, mit 2 großen, blaßgrünen Narben, am Ende diesjähriger Triebe; Blätt. beim Zerreiben aromatisch riechend . . . . **Juglandaceae,** 176

— Weder ♂ noch ♀ Bltn. in Kätzchen ***20***

20. Blätt. gegenst. ***25***

— Blätt. wechselst. (zerstreut od. 2-zeilig) ***21***

21. Blkr. schmetterlingsf. *(537a);* Stbblätt. 10 . . . . **Fabaceae,** 204

— Blkr. nicht schmetterlingsf. ***22***

22. Bltn. grünl.gelb, grünl. weiß od. purpurviolett ***24***

— Bltn. goldgelb, rot, rosafarbig od. reinweiß ***23***

23. Stbblätt. 6; Bltn. gelb, in großen Rispen; Blätt. ohne Nebenblätt., gefied., derb, ledrig, am Rand stachelig gezähnt *(Mahonia)* **Berberidaceae,** 166

— Stbblätt. zahlr.; Bltnachse kegelf. od. krugf.; Gynoeceum apokarp, z. T. aber von der Bltnachse umwachsen *(127, 129a–b);* Bltn. einzeln, zu wenigen in Trauben, Doldentrauben od. Rispen resp. Doldenrispen *(533–536);* Balg-, Nuß-(Nüßchen-, z. T. mit fedrig behaartem Gr.), Stein- od. Sammelfr. *(126–129);* Zweige z. T. verdornt od. bestachelt **Rosaceae,** 186

24(22). Blattstiel, Bltnrispen u. junge Zweige wollig-zottig; Bltn. grünl. gelb; Fr. in rötl., kolbenähnl. Frstand . . . . . *(Rhus)* **Anacardiaceae,** 228

— Blattstiel nicht wollig-zottig; Blätt. sehr groß, gefied.; Fied. am Grd. grob gezähnt; Bltn. grünl.weiß, in Rispen . . . . . . **Simaroubaceae,** 228

25(20). Blätt. 5- bis 7-zählig gefing. *(64);* Bltn. in Thyrsen; Stbblätt. frei, aus der Blüte herausragend; Frhülle stachelig . . **Hippocastanaceae,** 230

— Blätt. gefied. ***26***

26. Bltn. in hgd. Trauben od. Rispen ***28***

— Bltn. in aufrechten Rispen od. schirmf. Trugdolden ***27***

27. Bltn. in anfangs aufrechten, später überhgd. Rispen; Blkrblätt. 2 od. 4, weiß, lineal, am Grd. paarweise verbunden . . . *(Fraxinus)* **Oleaceae,** 369

— Bltn. in kegelf. od. schirmf. Trugdolden; Blkr. radf., mit 3 bis 6 Zipfeln, weiß od. grünl.gelb . . . . *(Sambucus)* **Caprifoliaceae,** 362

28(26). Bltn. grünl.gelb, lg. gestielt, eingschl., 2-häusig; Fr. bei der Reife in 2 geflügelte Nüßchen zerfallend . . . . **Aceraceae,** 229

— Bltn. weiß, in lg. gestielten Rispen; Fr. eine aufgeblasene, blaßgrüne, häutige Kapsel . . . . **Staphyleaceae,** 230

29(18). Blätt. wechselst. (zerstreut od. 2-zeilig) ***44***

— Blätt. gegenst. ***30***

30. Auf Bäumen wachsende, grüne Halbparasiten, mit gabelig (dichasial) verzweigtem Sproßsystem *(641)* . . . . **Loranthaceae,** 256

— Pfl. im Erdboden wurzelnd ***31***

31. Stbblätt. 2–10 . . . . ***33***

— Stbblätt. mehr als 10 . . . . ***32***

32. Kleine, bis 30 cm hohe Zwerg- u. Halbsträucher; Bltn. gelb od. weiß **Cistaceae,** 267

— Höhere Sträucher; Bltn. weiß; K.- u. Blkrblätt. 4–5; Frkn. 1 bis mehrere, an der Basis verwachsen . . . . . *(Philadelphus)* **Saxifragaceae,** 178

33(31). Blkr. 2-lippig *(76);* Stbblätt. 2 od. 4 . . . . **Lamiaceae,** 406

— Blkr. nicht 2-lippig; wenn 2-lippig, dann 5 Stbblätt. ***34***

34. Stg. niederlgd. od. aufstgd.; wenn nur an der Basis verholzt, dann Bltntriebe aufrecht; Blätt. ledrig ***42***

— Aufrechte Bäume u. Sträucher ***35***

35. Blätt. immergrün, ledrig, an der Spitze stumpf od. ausgerandet; Bltn. gelbl.weiß, in blattachselst. Knäueln . . . . **Buxaceae,** 257

— Blätt. sommergrün, nicht ledrig ***36***

36. Bltn. grünl. oder gelbl.grün ***40***

— Bltn. weiß, gelbl.weiß, rötl. od. violett ***37***

37. Stbblätt. 5; Blkr. verwachsenblättrig; Frkn. unterst.; Fr. des 2-bltg. Bltnstandes zuw. zu einer Doppelbeere verwachsen *(Lonicera)* **Caprifoliaceae,** 362

— Stbblätt. höchstens 4 . . . . ***38***

38. Stbblätt. 4; Frkn. unterst.; Blkrblätt. frei; Steinfr. . . . . . **Cornaceae,** 236

— Stbblätt. 2; Frkn. oberst.; Blkrblätt. 4, diese zu einer Röhre verwachsen; Beeren od. Kapselfr. ***39***

39. Blattspr. lanzettl., in der Mitte am breitesten; Bltn. weiß, in 6–8 cm langen Rispen; Beerenfr. . . . . *(Ligustrum)* **Oleaceae,** 369

— Blattspr. am Grd. herzf., nicht lanzettlich; Bltn. in großen Rispen, rötl., violett od. weiß . . . . *(Syringa)* **Oleaceae,** 369

40(36). Blattspr. 3- bis 5-lappig *(588–591)*; Stbblätt. meist 8; geflügelte Spaltfr. . . . . **Aceraceae,** 229

— Blattspr. nicht gelappt, ganzrandig od. gezähnt; Stbblätt. 4–5 . ***41***

41. Bltn. einzeln od. zu mehreren in achselst. Büscheln, unvollkommen eingschl. u. 2-häusig; Stbblätt. 4, vor den Blkrblätt. stehend; Fr. steinfruchtart., mit 2–4 Kernen; Zweigenden zuw. verdornt . **Rhamnaceae,** 254

— Bltn. in gestielten, blattachselst., dichasialen Trugdolden; Fr. eine rote, stumpf-kantige Kapsel; Zweigenden niemals verdornt; Äste jung meist 4-kantig, zuw. geflügelt . . . . **Celastraceae,** 254

42(34). Blattspr. am Rand umgerollt, 5–8 mm lg.; Bltn. zu 2–5, in endst. Doldentrauben; niederlgd. Spalierstrauch der Alp. *(Loiseleuria)* **Ericaceae,** 311

— Blattspr. am Rand nicht umgerollt, größer als 5–8 mm ***43***

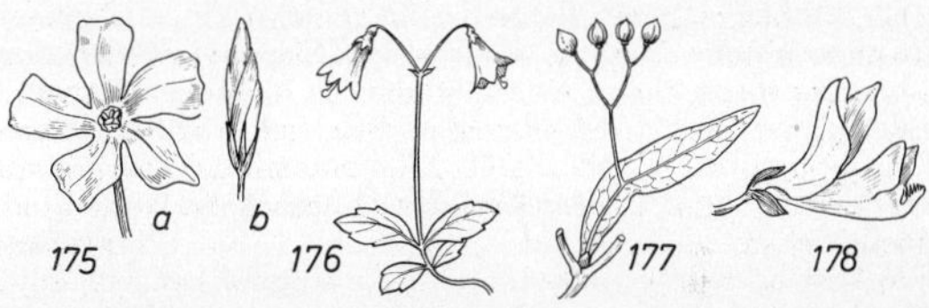

175 176 177 178

43. Bltn. blau, einzeln, lg. gestielt, blattachselst.; Blkr. radf. ausgebreitet *(175a)*, in der Knospe gedreht *(175b)*, Sproßbasis nur schwach verholzt . . . . *(Vinca)* **Apocynaceae,** 357

— Bltn. hellrosa, glockig, zu 1–2 auf langen Stielen, nickend *(176)* *(Linnaea)* **Caprifoliaceae,** 363

44(29). Bltn. klein, unscheinbar, häufig eingschl., ein- od. zweihäusig; die ♂ nicht selten in dichten od. lockeren Kätzchen od. Ähren, bzw. in lg. herabhängenden, kugeligen Büscheln od. Köpfchen ***61***

— Bltn. größer u. auffällig, nicht in Kätzchen, Büscheln od. Köpfchen ***45***

45. Stbblätt. höchstens 10 . . . . ***48***

— Stbblätt. mehr als 10, bis zu 20 und mehr ***46***

46. Bltnstand mit bleichem, bis zur Mitte angewachsenem u. als Flugorgan dienendem Blattorgan *(177)* . . . . **Tiliaceae,** 308

— Bltnstand ohne ein solches Blattorgan ***47***

47. Bltn. weiß od. rötl., mit krug- od. becherf. Bltnboden; Blätt. mit Nebenblätt., diese zuw. früh abfallend . . . . **Rosaceae,** 186
— Bltnboden nicht krug- od. becherf.; niederlgd. od. aufstgd. Zwerg- u. Halbsträucher; Bltn. gelb od. weiß . . . . *(Helianthemum)* **Cistaceae,** 267
48(45). Blkr. schmetterlingsf. *(537a);* Fr. eine Hülse *(540)* . . . **Fabaceae,** 204
— Bltn. nicht schmetterlingsf. (nur bei *Polygala,* s. Punkt ***56,*** wird eine Schmetterlingsblüte dadurch vorgetäuscht, daß 2 blumenblattart. ausgebildete Kblätt. *(178)* eine Art „Fahne" bilden) ***49***
49. Blattspr. gebuchtet u. stachelig gezähnt *(265)* od. gelappt . . . ***59***
— Blattspr. nicht gebuchtet u. gelappt; ganzrandig, gesägt od. gezähnt ***50***
50. Bltnhülle doppelt, in K. u. Blkr. geschieden; letztere zuw. sehr klein *(Rhamnus)* ***52***
— Bltnhülle einfach ***51***
51. Stbblätt. 4–5; Bltn. gelbl.; Blätt. unterstS. dicht silbrig glzd.; Fr. orangerot; z. T. dornige Sträucher . . . . . . *(Hippophaë)* **Elaeagnaceae,** 228
— Stbblätt. 8; K. blumenkronart. *(173),* grünl.gelb, rot, rosafarbig od. rot gestreift; Blätt. z. T. wintergrün . . . . . . *(Daphne)* **Thymelaeaceae,** 260
52(50). Bltn. gelb od. gelbl.weiß; einzelne Bltnblätt. zuw. rötl.-violett . ***57***
— Bltn. nicht gelb od. nicht zweifarbig ***53***
53. Stbblätt. 8–10; Blkr. verwachsen, selten fast bis zum Grd. frei (Blkr. abzupfen! *Ledum),* rosafarbig, grünl.weiß od. rot, röhrig, becher-, krugf. od. glockig; Blätt. am Rand umgerollt od. unterstS. rostfarbig, nadelf., zuw. ledrig u. wintergrün; Frkn. oberst. (Kapselfr.) od. Frkn. unterst. (Beerenfr.) . . . . **Ericaceae,** 310
— Stbblätt. 5 od. 6, dann aber verschieden lg. ***54***
54. Stbblätt. 6, 4 lange u. 2 kurze; Blkr. zygomorph; Blkrblätt. 4, die beiden äußeren vergr., weiß; Zierpfl. . . . . *(Iberis)* **Brassicaceae,** 286
— Stbblätt. 5, gleich lg. ***55***
55. Bltn. rötl. od. violett . . . . **Solanaceae,** 378
— Bltn. grünl.weiß od. grünl. ***56***
56. Bltn. in 2- bis 10-bltg., achselst. Trugdolden; Kblätt. länger als die Blkrblätt.; Stbblätt. vor den Blkrblätt. sthd.; Fr. eine schwarzviolette, 2- bis 4-samige Steinfr. . . . . **Rhamnaceae,** 254
— Bltn. in endst. Rispe, deren Äste z. Frreife mit lg. absthd. Haaren bedeckt sind . . . . **Anacardiaceae,** 228
57(52). Bltn. zygomorph; 2 seitl. Kblätt. blumenblattart. *(178),* Blüte dadurch schmetterlingsart.; niederlgd. Zwergstrauch mit wintergrünen, lederigen Blätt. . . . . **Polygalaceae,** 235
— Bltn. radiär, 6- od. 4-zählig ***58***
58. Bltn. 6-zählig., in hgd. Trauben; Blätt. derb, am Rand häufig stachelig gezähnt *(425a),* in rosettiger Anordnung in den Achseln von Dornblätt. *(425b);* bis 2 m hoher Strauch . . . . *(Berberis)* **Berberidaceae,** 166
— Bltn. 4-zählig; Stbblätt. 6, vier lange u. zwei kurze; Bltn. in aufrechten Trauben; Blätt., bes. untstS., von Sternhaaren grau; bis 40 cm hoher Halbstrauch . . . . *(Alyssum saxatile)* **Brassicaceae,** 282
59(49). Blätt. immergrün, lederig, am Rand oft stachelig gezähnt *(265);* Bltn. weiß, zu 1–3 in Blattachseln; Stbblätt. 5; 1–10 m hoher Strauch **Aquifoliaceae,** 254
— Blätt. sommergrün, gelappt od. am Rand stachelig gezähnt . . ***60***
60. Blattspr. gelappt *(278);* Bltn. einzeln, zu wenigen od. in vielbltg., hängenden Trauben, gelbgrün (bei Zierarten auch goldgelb od. tiefrot); Stbblätt. 4–5; Zweige zuw. mit Stacheln . . . . . . **Grossulariaceae,** 177
— Blattspr. längl.-eif., am Rand scharf-stachelig gesägt, rosettig an Kurztrieben *(425a);* Blätt. der Langtriebe verdornt; Bltn. in hgd. Trauben, goldgelb; Stbblätt. 6; Frkn. oberst. *(Berberis)* **Berberidaceae,** 166

61(44). Reife Fr. Brombeeren-ähnliche weiße od. dk.violette Frstände; Bltn. eingschl., in aufrechten, kurzen Ähren; Blattspr. ungeteilt od. gelappt *(264)* . . . . **Moraceae,** 175

— Reife Fr. anders gestaltet ***62***

62. Bltnhülle einfach od. fehlend ***64***

— Bltnhülle doppelt, 4- bis 5-zählig ***63***

63. Blattspr. ungeteilt, ganzrandig od. am Rand fein gesägt, meist mit kleinen Nebenblätt.; rote bis schwarze, 2- bis 4-samige Steinfr.; Bltnhülle 4- bis 5-zählig; Triebspitzen häufig verdornt **Rhamnaceae,** 254

— Blattspr. gelappt *(278);* Nebenblätt. meist fehlend; Äste, z. T. auch die vielsamigen Beerenfr. bestachelt; Frkn. unterst.; Bltnhülle 5-zählig **Grossulariaceae,** 177

64(62). Bltn. eingschl. od. ⚥; die ♂ in wenigbltg. Gruppen (Dichasien) an der Basis, die ⚥ einzeln in den Achseln der Blätt. des oberen Triebabschnittes; Bltnhülle 5- bis 7-teilig, die Abschnitte fast bis zum Grd. frei; Fr. rötl. bis violettbraune, 1-samige Steinfr. . . . . *(Celtis)* **Ulmaceae,** 175

— Bltn. stets eingschl., in Kätzchen od. lg. herabhgd., kugeligen Büscheln od. Köpfchen ***65***

65. Blattspr. gebuchtet *(40);* ♂ Bltn. in hgd. Kätzchen an der Basis, die ♀ zu 1- bis 5-kopfig genähert an der Spitze eines Jahrestriebes; Fr. mit verholztem Becher . . . . *(Quercus)* **Fagaceae,** 171

— Blattspr. ganzrandig, gesägt, gezähnt od. gelappt, aber nicht gebuchtet ***66***

66. Bltn. 2-häusig, die ♂ u. ♀ in aufrechten od. absthd., selten hängenden Kätzchen; Fr. eine 2-klappig aufspringende Kapsel; Samen mit Haarbüschel . . . . *(Salix)* **Salicaceae,** 292

— Bltn. einhäusig ***67***

67. Blätt. 10–20 cm lg., stachelspitzig gezähnt *(268);* ♂ Bltn. geknäuelt in steif aufrechter Ähre; an deren Basis ♀ Bltn.; Nußfr., die von einer 4-klappig aufspringenden, stacheligen Hülle umgeben sind *(Castanea)* **Fagaceae,** 171

— Blätt. kleiner als 10 cm, am Rand nicht stachelspitzig gezähnt; ♂ Bltn. in hängenden kugeligen Köpfchen, Büscheln od. Kätzchen . . ***68***

68. ♂ Bltn. in hgd., kugeligen Köpfchen od. Büscheln ***70***

— ♂ Bltn. in hgd., walzl. Kätzchen ***69***

69. ♀ Kätzchen verlängert, locker; Fr. z. Frzt. einseitig von einer 3-teiligen Hülle umgeben *(453)* . . . . *(Carpinus)* **Corylaceae,** 174

— ♀ Kätzchen eif. *(170),* sich z. Frzt. zu einem verholzenden, nicht abfallenden Frzapfen entwickelnd *(Alnus),* od. ♀ Kätzchen längl.-walzl., bei der Frreife zerfallend; Fr. kleine, geflügelte Nüßchen *(456b)* **Betulaceae,** 172

70(68). Blätt. ungeteilt *(271),* 2-zeilig; ♂ Bltn. in hgd. Köpfchen; ♀ Bltnstände aufrecht; Frhülle bestachelt, sich 4-klappig öffnend u. 3-kantige Nüsse entlassend . . . . *(Fagus)* **Fagaceae,** 171

— Blätt. gelappt *(44);* ♂ u. ♀ Bltn. in hgd., kugeligen Bltnständen **Platanaceae,** 171

71(2). Stark dornige Sträucher; Bltn. gelb, schmetterlingsf. . . **Fabaceae,** 204

— Nicht dornige Zwergsträucher; Bltn. nicht schmetterlingsf. . . ***72***

72. Stbblätt. 20–40; Bltn. gelb; 10–20 cm hoher, niederlgd. od. aufstgd. Zwergstrauch . . . . **Cistaceae,** 267

— Stbblätt. 3–10; Bltn. rötl. ***73***

73. Stbblätt. 3; kleiner, heideähnl. Zwergstrauch; Blätt. eingerollt, unterst. mit weißem Strich *(233, 234);* Bltn. klein, eingschl. od. ⚥; Fr. schwarze, wässrige Beeren . . . . **Empetraceae,** 312

— Stbblätt. 8–10; Bltn. ⚥, Blätt. nadelf. od. schuppenf. ***74***

74. Stbblätt. 8; Stbbeutel oft mit spitzen Anhängseln *(771);* 50–80 cm hohe Zwergsträucher mit sommergrünen od. immergrünen, häufig nadelf. Blätt. . . . . **Ericaceae,** 310

— Stbblätt. 10; Stbbeutel ohne Anhängsel; Äste rutenf. mit schuppenf. Blätt.; Flußbegleiter . . . . **Tamaricaceae,** 268

75(1). Blätt. gefied. od. gefing. ***81***

— Blätt. ungeteilt od. gelappt, zuw. 3-zählig ***76***

76. Bltn. tabakspfeifenähnl., bräunl.grün . . . . **Aristolochiaceae,** 170

— Bltn. nicht tabakspfeifenähnl. ***77***

77. Bltn. violett; Stbblätt. 5; Stbbeutel kegelf. zusammenneigend *(232)* *(Solanum)* **Solanaceae,** 379

— Bltn. grünl., gelbl.weiß, weiß od. bläul. ***78***

78. Blätt. wintergrün, derb, 5-eckig *(251a),* dann 2-zeilig od. eif. *(251b)* u. spiralig angeordnet; Bltn. grünl., in einfachen Dolden; Fr. schwarze Beeren; Sprosse mit Haftwurzeln kletternd . . . *(Hedera)* **Araliaceae,** 236

— Blätt. sommergrün ***79***

79. Blätt. gegenst.; Blattspr. ganzrandig; Bltn. kopfig-quirlig, gelbl.weiß, selten purpurn, 2-lippig; Beerenfr. . . . . . *(Lonicera)* **Caprifoliaceae,** 363

— Blätt. wechselst. od. zweizeilig ***80***

80. Pfl. mit gabelteiligen, den 2-zeilig-angeordneten, gelappten Blätt. gegenüber stehenden Sproßranken; Bltn. klein, grünl., in Rispen; Beerenfr.; Borke sich in Streifen ablösend; Kulturpfl., wild sehr selten *(Vitis)* **Vitaceae,** 255

— Bis 5 m hohe Windepfl.; Bltn. weiß, in Rispen; Nußfr.; Zierpfl. *(Fallopia aubertii)* **Polygonaceae,** 349

81(75). Blätt. unpaarig gefied.; Stiel, Rhachis u. Fiedstiele rankend; Bltn. weiß od. bläul., mit behaarten Perigonblätt.; Stbblätt. zahlr., kürzer als die Bltnhülle; Fr. zahlr. Nüßchen mit fedrig behaartem Gr. *(Clematis)* **Ranunculaceae,** 157

— Blätt. gefing.; Stg. mit Sproßranken, deren Enden zu Haftscheiben umgebildet sind *(283);* Stbblätt. 5; Fr. blaue Beeren; Zierpfl. *(Parthenocissus)* **Vitaceae,** 255

TABELLE VII
Dikotyle Wasserpflanzen

(mit untergetauchten od. schwimmenden Blättern u. sich unter od. über dem Wasser entfaltenden Blüten)[1]

1. Untergetauchte Blätt. ungeteilt od. fehlend; Schwimmblätt., wenn vorhanden, ganzrandig od. nur gezähnt ***9***

— Untergetauchte Blätt. in viele lineale, oft fadenf. Zipfel zerschlitzt *(180, 182)* od. mit langen Borsten versehen *(179);* Schwimmblätt., wenn vorhanden, gelappt od. gefied. ***2***

2. Blätt. wechselst. ***6***

— Blätt. quirlst. ***3***

3. Blattspr. rundl.-nierenf., 5–7 mm lg., ihre Hälften auf einen Reiz hin zusammenklappend; Blattstiel verbreitert, an der Spitze mit langen Borsten *(179);* Pfl. wurzellos, frei schwimmend *(Aldrovanda)* **Droseraceae,** 186

[1] Die **monokotylen** Sumpf- u. Wasserpfl. sind nach **Tabelle IV** zu bestimmen. Sie sind von den **dikotylen** leicht durch ihre schmal-bandf., grasart., bzw. bogen- od. parallelnervigen Blätt. u. den Bau ihrer Bltn. zu unterscheiden. In **Tabelle XIV** (S. 122) sind **alle** Wasserpfl. noch einmal zusammengestellt.

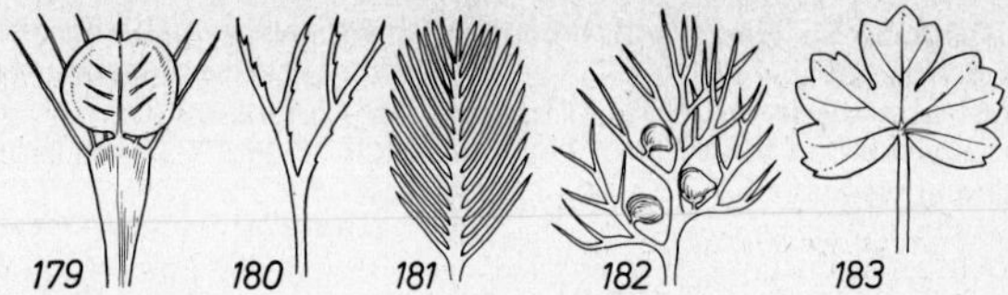

— Blattspr. nicht rundl.-nierenf. ***4***

4. Blattspr. mehrfach gabelteilig *(180);* Bltn. unscheinbar, untergetaucht, blattachselst.; Pfl. wurzellos, frei schwimmend . **Ceratophyllaceae,** 151

— Blattspr. kammf. gefied. *(181)* ***5***

5. Bltn. klein, unscheinbar, rosa, in 3–5 cm langen, aus dem Wasser ragenden Ähren . . . . *(Myriophyllum)* **Haloragaceae,** 227

— Bltn. groß, weiß bis blaßrosa, in etagenf., bis 30 cm langen, aus dem Wasser ragenden Trauben; Blätt. in Quirlen, am Ende der Sprosse. Häufig Landformen bildend . . . . *(Hottonia)* **Primulaceae,** 317

6(2). Wasserblätt. mit kleinen, tierfangenden Schläuchen *(182);* Bltn. auf langem Schaft, gelb, mit einem spornart. Anhängsel *(Utricularia)* **Lentibulariaceae,** 403

— Wasserblätt. ohne Schläuche; Bltn. weiß ***7***

7. Bltn. einzeln, den Blätt. gegenüber; Stbblätt. zahlr.; Zipfel der untergetauchten Blätt. handf. angeordnet; Schwimmblätt. rundl., mit tiefen Einschnitten *(183)* . . . . *(Ranunculus)* **Ranunculaceae,** 159

— Bltn. in Trauben od. Dolden; Stbblätt. 5; alle Blätt. gefied. ***8***

8. Bltn. bis 2 cm im Dm, in etagenf. Trauben; Blkr. verwachsenblättrig; Blätt. kammf. gefied. *(181)* . . . . *(Hottonia)* **Primulaceae,** 317

— Bltn. kleiner, in meist 5-bltg. Dolden; Blkr. freiblättrig; Wasserblätt. 2- bis 4-fach fiedteilig, mit linealen Zipfeln; Luftblätt. einfach fiedteilig *(Apium)* **Apiaceae,** 247

9(1). Stg. beblätt. ***15***

— Alle Blätt. grdst. ***10***

10. Blätt. sehr groß (10–20 cm breit), lg. gestielt, einem dicken Rhizom entspringend; Spreite am Grd. tief herzf. *(358–360),* der Wasseroberfläche auflgd.; Bltn. einzeln, lg. gestielt, weiß od. gelb **Nymphaeaceae,** 150

— Blätt. viel kleiner als 10 cm, schmal; Spreite am Grd. nicht herzf. ***11***

11. Pfl., wenn submers wachsend, meist nicht blühend u. sich nur vegetativ durch Ausläufer vermehrend *(184);* Blätt. zylindrisch, steif aufrecht, pfrieml. zugespitzt; Pfl. im Wuchs an *Isoëtes (138a)* erinnernd *(Litorella)* **Plantaginaceae,** 406

— Pfl. mit Bltn. ***12***

12. Bltn. einzeln, grundst., auf 2–5 cm langen Stielen; Blätt. lg. gestielt,

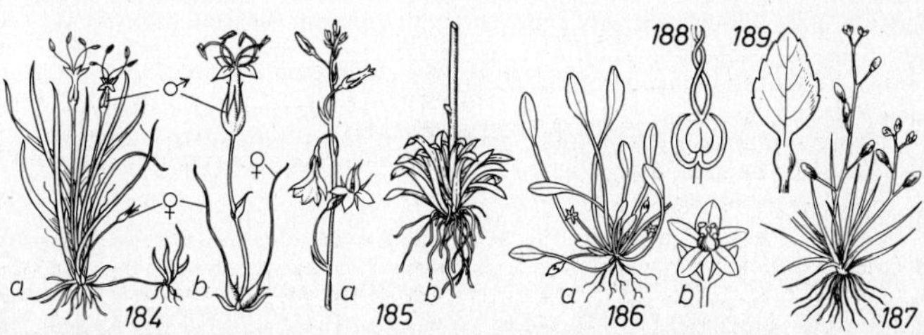

linealspatelig bis lanzettl., in ihren Achseln wurzelnde Ausläufer entspringend *(186)* . . . . *(Limosella)* **Scrophulariaceae,** 385
— Bltn. stets zu mehreren, meist in Trauben ***13***
13. Bltn. eingschl.; ♂ Blüte 1, mit 4 lg. heraushgd. Stbblätt.; an der Basis ihres langen Stieles 2–3 ♀ Bltn. *(184b);* Blätt. steif aufrecht, pfrieml. zugespitzt *(184a)* . . . . *(Litorella)* **Plantaginaceae,** 406
— Bltn. ⚥ ***14***
14. Bltn. bläul.weiß, 2-lippig *(185a),* auf 10–40 cm hohem Stg.; Blätt. in grdst., submerser Rosette *(185b),* lineal, von 2 Längshöhlen durchzogen . . . . *(Lobelia)* **Campanulaceae,** 428
— Bltn. weiß, sehr klein, nicht 2-lippig, in 2- bis 8-bltg. Traube; Blätt. grasart. *(187)* . . . . *(Subularia)* **Brassicaceae,** 288
15(9). Bltn. nicht gelb ***17***
— Bltn. goldgelb od. grünl.gelb ***16***
16. Blkr. goldgelb, tief geteilt, bis 3 cm im Dm; Blätt. wechselst.; Spreite fast kreisrund, am Grd. tief herzf., (ähnl. der von *Nymphaea,* doch viel kleiner), ohne Nebenblätt. [Unterschied zu *Hydrocharis,* s. *Tab. IV,* ***5(3)***] . . . . *(Nymphoides)* **Gentianaceae,** 351
— Bltn. grünl.gelb, 4-zählig, klein; Blkrblätt. fehlend; Blätt. gegenst., elliptisch bis eif., kurzgestielt . . . . *(Ludwigia)* **Onagraceae,** 224
17(15). Blätt. wechselst.; größere Pfl. ***23***
— Blätt. gegenst., oft in mehrblättrigen Quirlen; meist kleinere Pfl. ***18***
18. Blätt. in mehrblättrigen Quirlen ***22***
— Blätt. gegenst., d. h. in 2-blättrigen Quirlen ***19***
19. Blätt. spatelf., ihre Stiele am Grd. verbreitert; Bltn. weiß, in 2- bis 5-bltg. Wickeln; Blkrblätt. 5, am Grd. zu einer einseitig gespaltenen Röhre verwachsen; Stbblätt. 3 . . . . *(Montia)* **Portulacaceae,** 335
— Blätt. lineal-lanzettl. ***20***
20. Bltn. ohne Bltnhülle, eingschl., am Grd. häufig mit 2 sichelf. Vorblätt. *(188);* Fr. mit 4 scharfen Kanten *(965);* Pfl. mit od. ohne Schwimmblattrosetten . . . . **Callitrichaceae,** 421
— Bltn. mit Bltnhülle, am Grd. ohne sichelf. Vorblätt.; Fr. ohne scharfe Kanten ***21***
21. Fr. eine fast kugelige Kapsel *(657b, 658b);* Bltn. einzeln, blattachselst.; Kblätt. 2–4, am Grd. miteinander verwachsen; Blkrblätt. 3–4 *(655–656),* abfallend; Stg. glasig durchscheinend . . . **Elatinaceae,** 263
— Fr. aus 4, am Grd. vereinigten, sonst freien Balgfr. bestehend; Bltn. 4-zählig, einzeln, blattachselst.; Stg. reichästig
(Crassula aquatica) **Crassulaceae,** 178
22(18). Unterwasserblätt. in 8- bis 16-zähligen Quirlen, Luftblätt. in 3-zähligen Quirlen *(285);* Bltn. einzeln, blattachselst., ⚥, 4-zählig, mit 2 Stbblattkreisen . . . . **Elatinaceae,** 263
— Alle Blätt. in 6- bis 12-(16)-zähligen Quirlen *(284);* Bltn. klein, unscheinbar, einzeln, blattachselst.; Blkr. fehlend; Stbblatt 1 *(582)*
Hippuridaceae, 406
23(17). Blätt. eif. bis lanzettl., am Grd. mit röhrenf. Nebenblattscheide (Ochrea, *839–841*); Bltn. rötl., in verlängerten, oft unterbrochenen, sich über die Wasseroberfläche erhebenden Ähren
(Polygonum) **Polygonaceae,** 347
— Blätt. rautenf., an der Spitze gezähnt, in schwimmenden Rosetten; Blattstiel bauchig aufgetrieben *(189);* Bltn. einzeln, weiß, mit 4 bleibenden u. verhärtenden Kblätt. *(567)* **Trapaceae,** 223

TABELLE VIII

Kräuter u. Stauden. Blütenhülle fehlend, einfach oder doppelt, dann aber alle Blütenhüllblätter gleichgestaltet[1]

(Wasserpfl. mit untergetauchten od. schwimmenden Blättern s. Tabelle VII, 64)

1. Pfl. mit wohlentwickelten, grünen Blätt., diese zuw. erst nach der Blüte erscheinend ***3***

— Blätt. fehlend od. zu bleichen Schuppen reduziert ***2***

2. Stg. perlschnurart. geglied. *(800)*, dick, saftig, zerbrechl., oft rötl. überlaufen; nur auf salzhaltigen Böden . . *(Salicornia)* **Chenopodiaceae,** 342

— Stg. nicht perlschnurart. geglied.; Blkr. 4- bis 5-blättrig; K. durch Hochblätt. ersetzt; Stbblätt. 10; Infloreszenz anfangs bogig überhgd.; Pfl. gelbl., in Wäldern . . . . **Monotropaceae,** 310

3(1). Blätt. quirl- od. gegenst. (wenigstens die unteren) ***45***

— Blätt. grdst. od. wechselst. ***4***

4. Laubblätt. nur 2, lg. gestielt, mit nierenf. *(55)*, ledriger, wintergrüner Spreite, eine nickende, braunrote Blüte zwischen sich einschließend *(442)* . . . . *(Asarum)* **Aristolochiaceae,** 170

— Blätt. meist mehr als 2; wenn Spreite nierenf., dann nicht wintergrün; Bltn. anders angeordnet ***5***

5. Blattspr. nicht schildf. ***7***

— Blattspr. schildf. *(53)*, am Rand glatt od. gekerbt ***6***

6. Bltn. groß, einzeln, orange, gespornt; Gartenpfl. . . . **Tropaeolaceae,** 235

— Bltn. klein, weiß od. rötl., in wenigbltg., kopff. zusammengezogenen Dolden; Stg. kriechend.; Sumpfpfl. . . . . . *(Hydrocotyle)* **Apiaceae,** 242

7(5). Pfl. ohne weißen od. gelbl.roten Milchsaft ***11***

— Aus allen Pflanzenteilen bei Verletzung weißer od. gelbl.roter Milchsaft austretend ***8***

8. Milchsaft gelbl.rot; Blkrblätt. 4, gelb; Kblätt. 2, z. Bltzt. abgefallen; Blätt. gefied. . . . . *(Chelidonium)* **Papaveraceae,** 167

— Milchsaft weiß, zuw. farblos ***9***

9. Viele zungenf. Bltn. in einem auffälligen, am Grd. von grünen Hüllblätt. umgebenen Köpfchen . . . . **Asteraceae,** 428

— Bltn. nicht in Köpfchen ***10***

10. Bltn. groß, rot, rötl.-violett, weißl. od. gelb, einzeln; Kblätt. 2, z. Bltzt. abgefallen; Frucht eine keulenf., kugelige od. lg.-schotenf. Kapsel *(434–437)* . . . . **Papaveraceae,** 166

— Bltn. klein, wenig auffällig, eingschl.; zahlr., aus 1 Stbblatt bestehende ♂ Bltn. u. eine aus 1 gestielten Frkn. bestehende ♀ Blüte zu kleinen, von einer becherf. Hülle umgebenen Teilbltnständen *(644)* zusammentretend, diese wiederum in Di- od. Pleiochasien *(108, 112, 643)* **Euphorbiaceae,** 257

11(7). Stbblätt. bis zu 10 [nur bei *Phytolacca* (Punkt ***37***) zuw. bis zu 16; dann aber Bltntrauben bis 40 cm lg., den Blätt. gegenübersthd.; Fr. rotschwarz, saftig, ± 10-rippig; bei *Impatiens* Stbbeutel (5) verwachsen od. Bltn. nur mit Frkn., diese mit pinself. Narben ***14***

— Stbblätt. mehr als 10; Stbbeutel deutl. voneinander getrennt . ***12***

12. Stbblätt. kürzer als die Bltnhüllblätt.; Bltn. groß, auffällig, gelb, weiß, blau, violett, selten braun, radiär od. zygomorph (helmf. od. gespornt), häufig mit andersart. gestalteten od. blumenblattart. Honigblätt. *(364–367)* . . . . **Ranunculaceae,** 151

---

[1] In dieser Tabelle sind auch jene Pfl. aufgenommen, bei denen der K. frühzeitig abfällt od. klein u unscheinbar ist u. deshalb von Anfängern leicht übersehen wird

— Stbblätt. länger als die Bltnhüllblätt.; Bltn. klein ***13***

13. Bltn. in lg. gestielten, kugeligen bis eif. Köpfchen, grünl.-rot, ⚥ od. eingschl.; Stbblätt. 20–30; Blätt. gefied., mit Nebenblätt. *(Sanguisorba)* **Rosaceae,** 190

— Bltn. nicht in kugeligen od. eif. Köpfchen; Bltnhüllblätt. beim Aufblühen zuw. abfallend; Blätt. am Grd. dann mit nebenblattart. Bildungen *(Thalictrum);* Fr. Nüßchen, Balgfr., seltener anfangs grüne, später schwarze Beeren *(Actaea)* . . . . **Ranunculaceae,** 151

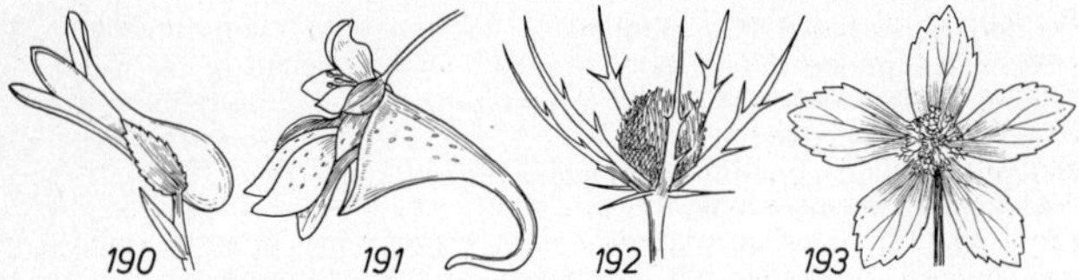

190 191 192 193

14(11). Bltn. nicht gespornt ***17***

— Bltn. mit einem längeren, spitzen *(191, 209)* od. kürzerem, sackf. *(190)* Sporn ***15***

15. Blätt. gefied. od. doppelt 3-zählig; Bltn. in Trauben; Kblätt. 2, früh abfallend; Blkrblätt. 4, das obere gespornt *(190);* Fr. eine schotenähnl. Kapsel od. kugelige Nuß *(430–431)* . . . . **Papaveraceae,** 166

— Blätt. ungeteilt; Spreite am Rand aber zuw. gesägt ***16***

16. Frkn. oberst; Bltn. gelb (wenn rot, dann Spreite am Rand drüsig gesägt u. Pfl. bis 2,5 m hoch), in wenigbltg., achselst. Trauben; die beiden seitl. Kblätt. klein, unscheinbar, das hintere groß, blumenblattart. u. gespornt *(191);* Fr. eine saftige, bei Berührung aufspringende Kapsel . . . . **Balsaminaceae,** 234

— Frkn. unterst.; Bltn. rot, seltener weiß, aufrecht, am Grd. mit langem, dünnem Sporn *(209),* in reichbltg. Bltnständen; Blätt. ganzrandig u. ohne Drüsen . . . . **Valerianaceae,** 364

17(14). Viele Bltn. zu einem Köpfchen vereinigt, das am Grd. von größeren Hüllblätt. umgeben ist u. zuw. eine Einzelblüte vortäuscht *(192–194)* ***44***

— Bltn. anders angeordnet od. in Köpfchen, die am Grd. nicht von Hüllblätt. umgeben sind ***18***

18. Wenigstens die basalen Stgblätt. gefied., gefing., fiedspaltig od. gelappt ***38***

— Alle Blätt. mit ungeteilter, höchstens gesägter, gezähnter od. gekerbter, am Grd. zuw. spieß- od. pfeilf. Spreite ***19***

19. Alle Blätt. in grdst. Rosette; Fr. zahlr., an verlängerter Bltnachse *(375)*; Blätt. linealisch . . . . *(Myosurus)* **Ranunculaceae,** 165

— Stg. beblättert (wenn basal gedrängt, dann ± nierenf.) ***20***

20. Blätt. bzw. Blattstiel am Grd. mit längerer od. kürzerer, zuw. früh aufreißender, röhriger, die Basis der Internodien umgreifender Scheide (Ochrea, *21, 839–841*); Stgknoten oft deutl. hervortretend; Stg. z. T. windend (*Fallopia,* S. 349); Bltn. weiß, rötl. od. grün, in einfachen, walzenf. od. verzweigten Scheinähren od. Rispen; Gr. 2–3; Narben häufig pinself. *(829–831)* . . . . **Polygonaceae,** 344

— Blätt. u. Blattstiele am Grd. ohne röhrig geschlossene Scheide ***21***

21. Bltnhüllblätt. gelb, braun, innen weiß, außen grünl. od. weißl. bis weißl.grün (bei *Phytolacca,* Punkt ***37*** –, sich später gleich den Bltnstielen die Bltnstandsachsen purpurn verfärbend) ***35***

— Bltnhüllblätt. grünl.gelb od. innen u. außen grün ***22***

22. Blätt. oft nur wenige mm breit, eif. längl., zuw. grasart. ***29***

— Blätt. viel breiter u. nicht grasart. ***23***

23. Bltn. 3–4 cm lg., mit röhriger, am Grd. bauchig erweiterter Blkr., in blattachselst. Büscheln; Frkn. unterst. . . . . . . **Aristolochiaceae,** 170

— Blkr. nicht röhrig u. nicht bauchig erweitert ***24***

24. Stbblätt. 8; Blattspr. rundl.; Bltn. in gestauchten, flachen Trugdolden, die von gelben Hochblätt. umgeben sind *(475a);* an feuchten, schattigen Standorten . . . . *(Chrysosplenium)* **Saxifragaceae,** 181

— Stbblätt. 1–5; Blattspr. meist nicht rundl., viel länger als breit . ***25***

25. Blattspr. längl.-elliptisch, häufig zugespitzt, stets viel länger als breit, zuw., besonders auf der Unterseite, mehlig bestäubt ***27***

— Blattspr. anders gestaltet; Blkr. fehlend; K. 4-zählig, mit Außenk. ***26***

26. Stbblätt. 1; Bltn. geknäuelt in den Achseln der handf., 3-spaltigen Stgblätt. *(518);* Pfl. ⊙, ohne Grdblattrosette . . *(Aphanes)* **Rosaceae,** 195

— Stbblätt. 4; Blattspr. rundl., am Grd. tief herzf., gelappt, am Rand gezähnt od. fingerf. gefied. *(522–524);* Bltn. klein, grünl., in endst., reich verzweigten Trugdolden; Pfl. ausdauernd, mit Grdblattrosette *(Alchemilla)* **Rosaceae,** 195

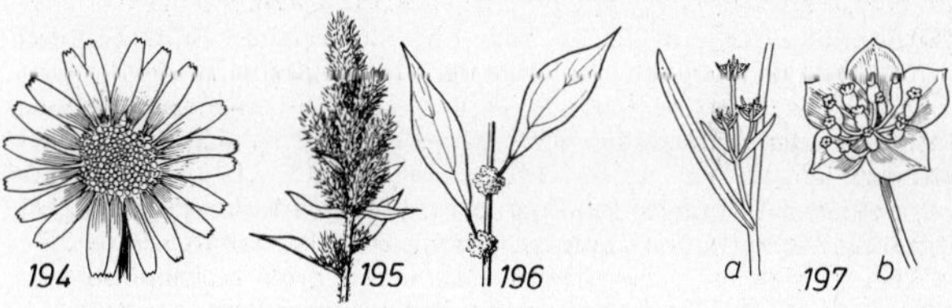

27(25). Blätt. kurzhaarig, lg. gestielt, längl. eif., ganzrandig; Bltn. in blattachselst. Knäueln *(196);* Stbblätt. 4–5; Gr. 1 *(Parietaria)* **Urticaceae,** 176

— Blätt. kahl ***28***

28. Blätt. oft, bes. auf der Unterseite, mehlig bestäubt, am Grd. zuw. spießf. *(808–815);* Bltn. meist ⚥, in knäueligen, trugdoldigen od. traubigen Bltnständen; Gr. 2–5 . . . . **Chenopodiaceae,** 335

— Blätt. nie mehlig; Bltn. eingschl., mit oft stechenden Vorblätt., zu lokkeren, oft gelappten, end- od. seitenst. Scheinähren zusammentretend *(195);* Gr. 1, ungeteilt . . . . **Amaranthaceae,** 342

29(22). Blätt. eif.-lanzettl., höchstens 4-mal so lg. wie breit, die unteren gegenst., die oberen wechselst.; Bltn. klein, in blattachselst. Knäueln *(790);* Pfl. niederlgd., dichtrasig bis polsterf. *(Herniaria)* **Caryophyllaceae,** 321

— Blätt. mehr als 4-mal so lg. wie breit, ± grasart. ***30***

30. Bltn. in kleinen Döldchen *(197a),* die am Grd. von Hüllblätt. umgeben sind, wodurch eine Einzelblüte vorgetäuscht wird *(197b);* Frkn. unterst.; Gr. 2; Blätt. zuw. in grdst. Rosette . . *(Bupleurum)* **Apiaceae,** 246

— Bltn. nicht in Dolden; Frkn. oberst. ***31***

31. Bltnhüllblätt. krautig ***34***

— Bltnhüllblätt. meist trockenhäutig ***32***

32. Stbblätt. 3, am Grd. verwachsen; Blätt. fast 3-kantig, stachelspitzig, bis 1 cm lg.; Stg. vom Grd. an ästig, bis 2 mm dick *(Polycnemum)* **Chenopodiaceae,** 336

— Stbblätt. 5 . . . . ***33***

33. Blätt. behaart, bis 2 cm lg.; Bltnhülle ± zottig, z. Frzt. mit 5 Anhängseln *(198);* Stg. ästig, zuw. rot überlaufen . . . *(Kochia)* **Chenopodiaceae,** 341

— Blätt. kahl, stachelspitzig, am Grd. verbreitert; Bltnhüllblätt. auf dem Rücken quer gekielt *(199);* Stg. vom Grd. an verzweigt, bis 1 cm dick *(Salsola)* **Chenopodiaceae,** 342

34(31). Bltn. einzeln od. zu 2–3, blattachselst. *(200a),* am Grd. mit 2 seitl. Vorblätt. *(200b, V);* Bltnhülle krugf., 4-zipflig; Stbblätt. 8 **Thymelaeaceae,** 260

— Bltn. in knäueligen od. trugdoldigen Teilbltnständen; Bltnhülle 1- bis 5-blättrig; Stbblätt. 1–5 . . . . **Chenopodiaceae,** 335

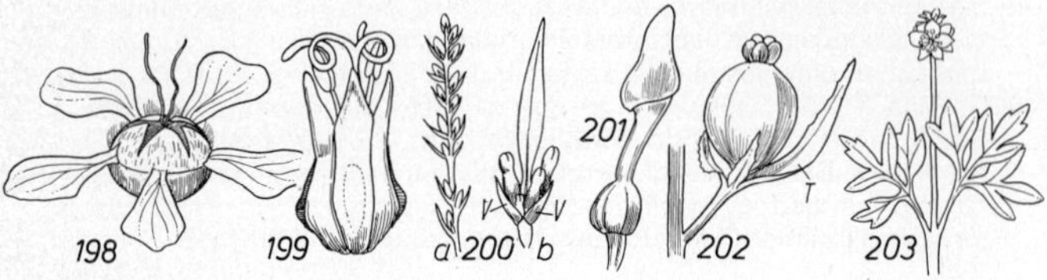

35(21). Bltnhülle gelb, röhrig, am Grd. bauchig erweitert *(201);* Stbblätt. meist 6, mit dem Gr. zu einer Säule verwachsen; Frkn. unterst. **Aristolochiaceae,** 170

— Bltnhülle anders gestaltet, nicht röhrig u. am Grd. nicht bauchig erweitert ***36***

36. Bltn. auf das Tragblatt hinaufgerückt *(202, T),* in Trauben od. Rispen; Bltnhülle trichterf.; Frkn. unterst.; Blätt. lineal, 1–3-nervig **Santalaceae,** 255

— Bltn. nicht auf das Tragblatt hinaufgerückt; Frkn. oberst. . . . ***37***

37. Bltn. stecknadelkopfgroß, kugelig, sich selten öffnend; Pfl. 1–30 cm hoch, blaugrün . . . . *(Corrigiola)* **Caryophyllaceae,** 321

— Bltn. ca. 1 cm groß; Bltnhüllblätt. flach ausgebreitet; Staubblätt. meist 10 (aber auch mehr); Frblätt. ± 10, frei, nur am Grd. etwas verwachsen; Fr. beerenart., saftig, blauschwarz; Pfl. 1–3 m hoch **Phytolaccaceae,** 334

38(18). Bltn. in längl., rundl. od. fast würfelf. Köpfchen ***42***

— Bltn. in Trauben, Rispen, Dolden, Trugdolden od. ährenf. Knäueln ***39***

39. Stbblätt. 6 (4 lange u. 2 kurze) od. 2 *(Coronopus, Lepidium, Cardamine);* Bltnhüllblätt. 4, vereinzelt fehlend; Fr. eine Schote od. Schötchen *(115a)* . . . . **Brassicaceae,** 268

— Stbblätt. 1–5; Fr. weder Schoten noch Schötchen ***40***

40. Bltn. in einfachen od. zusammengesetzten Dolden, weiß, rötl. od. gelb, selten grünl.; Stbblätt. 5; Bltnhüllblätt. 5; Fr. bei der Reife in zwei Teilfr. zerfallend *(124)* . . . . **Apiaceae,** 237

— Bltn. nicht in Dolden (zuw. aber in Trugdolden) ***41***

41. Blätt. mit Nebenblätt.; Spreite 3- bis 9-lappig od. gefing. *(520–523);* Stbblätt. 1 od. 4; Bltn. gelbl.grün . *(Aphanes, Alchemilla)* **Rosaceae,** 195

— Blätt. ohne Nebenblätt.; Stbblätt. 5; Pfl. oft mehlig bestäubt **Chenopodiaceae,** 335

42(38). Köpfchen fast würfelf., grünl.; Stbblätt. 4 oder 5, geteilt (daher scheinbar 8 od. 10); Blätt. 3-zählig od. doppelt 3-zählig gefied. *(203);* Pfl. bis 10 cm hoch, am Grd. mit Ausläufern, diese an der Spitze verdickt . . . . **Adoxaceae,** 364

— Köpfchen kugelig od. längl.; Pfl. größer als 10 cm ***43***

43. Pfl. distelart., 50–200 cm hoch; Köpfchen zusammengesetzt, kugelf., mit stahlblauen od. bläul.weißen Bltn., diese von linealen bis bor-

stenf. Hüllblätt. umgeben; Stbblätt. 5, ihre Stbbeutel miteinander vereinigt . . . . *(Echinops)* **Asteraceae,** 456
— Pfl. nicht distelart.; Blätt. einfach gefied. mit Nebenblätt.; Köpfchen einfach, rundl. od. längl.; Bltn. rötl.braun od. grünl., eingschl.; ♂ Bltn. mit 4, lg. aus der Blüte herausragenden Stbblätt. *(Sanguisorba)* **Rosaceae,** 190
44(17). Stbbeutel der 5 Stbblätt. zu einer den Gr. umgebenden Röhre vereinigt; Bltn. entw. alle zungenf. od. nur die äußeren des Köpfchens zungenf. und die inneren röhrig *(194)* od. alle Bltn. des Köpfchens röhrig; Fr. oft mit Haarkrone *(123)* . . . . **Asteraceae,** 428
— Stbbeutel der 5 Stbblätt. frei; Blkrblätt. frei; Fr. ohne Haarkrone, bei der Reife in 2 Teilfr. zerfallend *(124)* . . . . **Apiaceae,** 237
45(3). Blätt. quirlst. (mehrere Blätt. an einem Knoten) ***73***
— Blätt. gegenst. [2 Blätt. an einem Knoten; nur bei *Asarum* (s. Punkt ***4***) sind die beiden einzigen Laubblätt. scheinbar gegenst., in Wirklichkeit sind sie wechselst., 2-zeilig] ***46***
46. Bltn. in Köpfchen, am Grd. ohne Hüllblätt. od. Bltn. anders angeordnet ***48***
— Bltn. in Köpfchen, am Grd. stets mit Hüllblätt. ***47***
47. Stbblätt. 5, ihre Beutel zu einer den Gr. umgebenden Röhre vereinigt; Fr. oft mit Haarkrone *(123)* . . . . **Asteraceae,** 428
— Stbblätt. 4, mit freien Stbbeuteln; K. aus Borsten bestehend; darunter meist noch ein schüssel- od. becherf. Außenk. *(204, aK).* **Dipsacaceae,** 366
48(46). Blätt. gefied., gefing. od. 3-zählig ***70***
— Blätt. ungeteilt; Spreite am Rand zuw. buchtig od. gelappt . . ***49***
49. Bltn. mit enger, am Grd. in einen dünnen Sporn ausgezogener Röhre *(209)*; Stbblätt. 1 . . . . *(Centranthus)* **Valerianaceae,** 366
— Bltn. ohne Sporn ***50***
50. Blätt. etwa so lg. wie breit, nierenf., am Rand glatt od. schwach buchtig gekerbt ***69***
— Blätt. länger als breit, nicht rundl.-nierenf. ***51***
51. Bltn. weiß, rötl., bräunl. od. bläul. ***65***
— Bltn. grün, gelbl.grün, grünl.weiß, oft unscheinbar u. eingschl. ***52***
52. Stg. nicht windend ***54***
— Stg. windend ***53***
53. Pfl. ♃; Bltn. eingschl., 2-häusig; ♂ Bltn. in Rispen, ♀ in Ähren, die sich bei der Reife zu zapfenähnl. Frständen entwickeln; Blätt. gelappt, am Grd. mit paarweise verwachsenen Nebenblätt. *(Humulus)* **Cannabaceae,** 175
— Pfl. ⨀; Bltn. ⚥; Narbe kopfig, fast sitzend; Blätt. ganzrandig; Spreite am Grd. bisw. herzf. . . . . *(Fallopia)* **Polygonaceae,** 349
54(52). Pfl. mit Milchsaft (Bltnbau s. Nr. ***10***-) . . . . . . **Euphorbiaceae,** 257
— Pfl. ohne Milchsaft ***55***
55. Blattspr. ganzrandig ***58***
— Blattspr. am Rand gesägt, gezähnt od. gekerbt ***56***
56. Pfl. mit Brennhaaren; Bltn. eingschl., 1- od. 2-häusig, in knäueligen od. kugeligen Bltnständen *(465);* Bltnhüllblätt. 4; Stbblätt. 4 **Urticaceae,** 175
— Pfl. ohne Brennhaare ***57***
57. Bltn. eingschl., 2-häusig, in achselst., verlängerten Scheinähren; ♂ Bltn. mit 8–12 Stbblätt. *(642a),* ♀ mit 2-, seltener 3-fächrigem Frkn. *(642b),* in achselst. Büscheln od. armbltg. Trauben; Bltnhülle 3- bis 4-teilig . . . . *(Mercurialis)* **Euphorbiaceae,** 257
— Bltn. zwittrig, wenn eingschl., dann in knäueligen Teilbltnständen; Stbblätt. u. Bltnblätt. 1–5 . . . . **Chenopodiaceae,** 335
58(55). Bltn. einzeln, achselst., sitzend od. gestielt ***60***

— Bltn. zu mehreren in Knäueln ***59***

59. Pfl. oft mehlig bestäubt od. schülferig; Bltn. eingschl.; Frhülle der ♀ Bltn. 2-blättrig *(817–818)* . . . . **Chenopodiaceae,** 335

— Pfl. nicht mehlig bestäubt; Bltn. ⚥ od. eingschl.; Bltnhülle 5-zählig; Blätt. klein, eif. od. lineal . . . . **Caryophyllaceae,** 318

60(58). Bltnhülle 12-zähnig *(564);* Stbblätt. 6; Stg. rötl., niederlgd., an den Knoten wurzelnd; Blätt. gegenst., verkehrt-eif. bis spatelig *(Peplis)* **Lythraceae,** 223

— Bltnhülle weniger als 12-zähnig ***61***

61. Bltn. deutl. gestielt; K. 4–6zählig; Stbblätt. 4–10 . . **Caryophyllaceae,** 318

— Bltn. sitzend od. sehr kurz gestielt ***62***

62. Im Wasser od. auf schlammigem Boden lebende Pfl. ***64***

— Landpfl. ***63***

63. Bltn. endst., einzeln; Blkrblätt. meist fehlend; Kblätt. am Rand trockenhäutig; Polsterpfl. der Alpen . *(Minuartia sedoides)* **Caryophyllaceae,** 323

— Bltn. blattachselst., einzeln; Bltnhüllblätt. trockenhäutig; einjährige, locker-ästige Kräuter der Ebene . . *(Polycnemum)* **Chenopodiaceae,** 336

64(62). Bltn. nackt, eingschl., am Grd. häufig mit 2 sichelf. Vorblätt. *(188);* Blätt. lineal . . . . **Callitrichaceae,** 421

— Bltn. mit 4-blättrigem, grünl.gelbem K., zwittrig; Blätt. eif. *(Ludwigia)* **Onagraceae,** 224

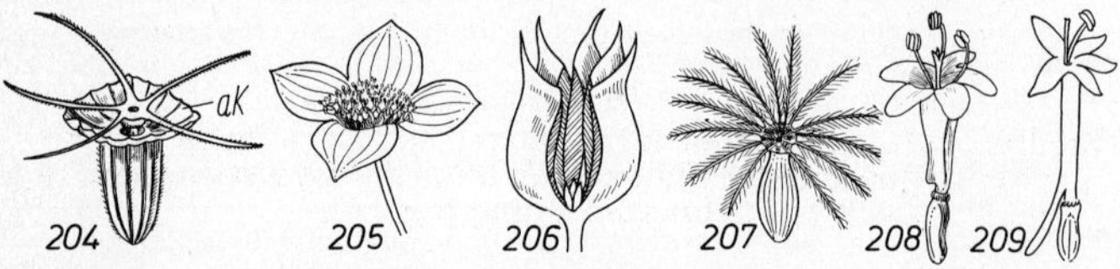

204 205 206 207 208 209

65(51). Bltn. 4-zählig, in 8- bis 25-bltg., von 4 weißen, breit-elliptischen Hochblätt. umgebenen Trugdolden *(205)* . . . . **Cornaceae,** 236

— Bltn. nicht in von Hüllblätt. umgebenen Dolden ***66***

66. Kblätt. knorpelart. verdickt, mit schnabelart. Spitze *(206);* Bltn. in 4- bis 6-bltg., achselst. Knäueln, 5-zählig, weiß; Stg. niederlgd.; Blätt. verkehrteif., 2–5 mm lg. . . . . *(Illecebrum)* **Caryophyllaceae,** 321

— Kblätt. nicht knorpelig und nicht mit schnabelart. Spitze, zuw. aber von strohiger Beschaffenheit u. dann gefärbt ***67***

67. Stbblätt. 3; Bltn. zwittrig od. eingschl., in Rispen od. Trugdolden; Blkr. am Grd. etwas ausgesackt *(208);* K. z. Frzt. oft zu fedrigen Strahlen auswachsend *(207)* . . . . **Valerianaceae,** 364

— Stbblätt. 5 od. 8 . . . . ***68***

68. Stbblätt. 5; Bltn. sitzend in den Achseln der mittleren, lanzettl. bis breitlanzettl., fleischigen Stgblätt.; Kblätt. rötl. od. weiß; Blkr. fehlend; Sprosse niederlgd. bis aufstgd.; nur an salzhaltigen Orten *(Glaux)* **Primulaceae,** 317

— Stbblätt. 8; Kblätt. 4, violett-rosa, strohig; Bltnblätt. halb so lg. wie diese; Bltn. nickend, in dichtbltg. Bltnständen; Blätt. schuppenf., 4-zeilig-dachig; Zwergstrauch . . . . *(Calluna)* **Ericaceae,** 312

69(50). Blattspr. rundl., buchtig gekerbt, gegen- od. wechselst.; Bltn. gelbl.grün, in gestauchten Trugdolden *(475a);* Stbblätt. 8 *(Chrysosplenium)* **Saxifragaceae,** 181

— Blattspr. nierenf., ledrig, wintergrün, zu 2, zwischen sich eine nickende, braunrote Blüte einschließend *(442);* unterhalb der Blätt. am kriechenden Rhizom 2–3 Niederblätt.; Pfl. zerrieben nach Pfeffer riechend . . . . *(Asarum)* **Aristolochiaceae,** 170

70(48). Bltn. grün, zu 5–10 in einem gestielten, endst., fast würfelf. Köpfchen *(203)* . . . . **Adoxaceae,** 364
— Bltn. nicht in einem endst. Köpfchen ***71***
71. Blätt. 3- bis 7-zählig gefing.; Bltn. grün, eingschl., 2-häusig **Cannabaceae,** 175
— Blätt. gefied.; Bltn. weiß od. rötl., zwittrig ***72***
72. Stbblätt. 3; Blkr. trichterf., am Grd. bauchig ausgesackt *(208);* Frkn. 1, unterst. . . . . **Valerianaceae,** 364
— Stbblätt. zahlr.; Frkn. zahlr., frei . . . . **Ranunculaceae,** 151
73(45). Stg. mit nur 1 Blattquirl *(381, 393, 395);* Blätt. gefied. od. gefing.; Bltn. groß; . . . . *(Pulsatilla* u. *Anemone)* **Ranunculaceae,** 158,159
— Stg. mit zahlr. Blattquirlen; Bltn. klein ***74***
74. Bltn. weiß, rötl. od. gelb (selten gelbgrün u. dann der Stg. stachelig-rauh), in lockeren bis kopfigen, blattachselst. od. endst. Thyrsen; Stbblätt. meist 4 . . . . **Rubiaceae,** 358
— Bltn. grün; Stg. glatt ***75***
75. Blätt. zu 6–12 in einem Quirl *(284);* Bltn. klein, einzeln, achselst.; Stbblätt. 1 *(582);* Wasserpfl. . . . . **Hippuridaceae,** 406
— Blätt. zu 4 in einem Quirl; Bltn. in reichästigen, gabeligen, trugdoldigen Bltnständen; Stbblätt. meist 3; Landpfl. *(Polycarpon)* **Caryophyllaceae,** 321

TABELLE IX

Kräuter u. Stauden. Blüten mit doppelter, deutlich in Kelch u. Blumenkrone gegliederter Blütenhülle; Blumenkronblätter getrennt, bis zum Grund frei[1]

1. Bltn. regelmäßig [radiär-symmetrisch, *74, 79*] ***15***
— Bltn. zygomorph [mit nur 1 Symmetrieebene, *76, 77*] ***2***
2. Blkr. gespornt od. ausgesackt *(77, 190–191)* ***11***
— Blkr. nicht gespornt ***3***
3. K. 2-blättrig od. scheinbar 3-blättrig ***9***
— K. 4- bis 5-blättrig, 5-zähnig od. 4- bis 8-teilig ***4***
4. Bltn. schmetterlingsf. *(573a);* Stbblätt. 10, entw. alle zu einer den Frkn. umgebenden Röhre verwachsen od. 1 Stbblatt frei *(549–550)* **Fabaceae,** 204
— Bltn. nicht schmetterlingsf. ***5***
5. Bltn. groß, auffällig, in Trauben od. Rispen ***8***
— Bltn. klein, in Dolden, Ähren od. Trauben ***6***
6. Bltn. in einfachen od. zusammengesetzten Dolden, häufig mit größeren, zygomorphen (strahlenden) Rand- und kleineren, radiären Mittelbltn. *(616);* Frkn. unterst. . . . . **Apiaceae,** 237
— Bltn. in Ähren od. Trauben ***7***
7. Frkn. u. Fr. häufig an der Spitze offen *(210b, 731);* Blkrblätt. 4 od. 6, zerschlitzt *(210a, 730);* Stbblätt. zahlr. . . . . **Resedaceae,** 290

---

[1] K. u. Blkr. sind meist von verschiedener **Farbe, Größe** u. **Gestalt.** Häufig sind die Kblätt. grün u. unscheinbar, können aber im Gegensatz zu den Blkrblätt. zu einer Röhre verwachsen sein (z. B. bei den *Caryophyllaceae*). Sind die Kblätt. gefärbt, so unterscheiden sie sich in Form u. Größe deutl. von den Blkrblätt. Man beachte, daß die Kblätt. beim Aufblühen zuw. abfallen!

In dieser Tabelle finden sich auch jene **Verwachsenblumenblättrigen,** bei denen die Blkr. fast bis zum Grd. in freie Zipfel gespalten ist!

Untergetaucht lebende od. mit Schwimmblätt. versehene **Wasserpfl.,** die nur ihre Bltn. über der Wasseroberfläche entfalten, sind nach **Tabelle VII** od. **Tabelle XIV** zu bestimmen.

— Frkn. u. Fr. an der Spitze geschlossen; Blkrblätt. 4, nicht zerschlitzt, höchstens an der Spitze ausgerandet; Stbblätt. 6 . . . . **Brassicaceae,** 268

8(5). K. klein, nicht blumenblattart., 5-zähnig; Blkrblätt. 5, rosa od. weiß, dk. geadert, die oberen 4 aufrecht, das untere herabgeschlagen *(585);* Stbblätt. 10; Blätt. unpaarig, 7- bis 9-zählig gefied.; Pfl. zitronenart. duftend . . . . *(Dictamnus)* **Rutaceae,** 228

— Kblätt. groß, blumenblattart., das obere zu einem kapuzenf. Helm umgebildet *(373, 388–391),* blau, gelb od. weißblau gescheckt; in diesen 2 lg. gestielte Honigblätt. hineinragend *(367),* Blätt. handf., 5- bis 7-spaltig *(385–386)* . . . . *(Aconitum)* **Ranunculaceae,** 156

9(3). Bltn. nicht schmetterlingsf.; Blkrblätt. 4, die beiden inneren 3-spaltig, gelb; K. 2-blättrig; Fr. lg.-schotenf.; Blätt. doppelt gefied. *(Hypecoum)* **Papaveraceae,** 170

— Blkr. schmetterlingsf.; das vordere Blkrblatt schiffchenart. *(537a–b, Sch)* ***10***

10. Die beiden seitl. Kblätt. blumenblattart. u. Flügel vortäuschend *(178),* die 3 übrigen Kblätt. klein u. grün; das schiffchenf. Blkrblatt meist mit gefranstem Anhängsel; Blätt. wechselst. . . . . **Polygalaceae,** 235

— Kblätt. nicht blumenblattart., grün od. trockenhäutig . . . . **Fabaceae,** 204

11(2). Kblätt. 5, entw. alle grün od. alle blumenblattart., zuw. etwas ungleich groß ***13***

— Kblätt. 2 od. 3 . . . . ***12***

12. Blätt. 3-zählig- od. doppelt gefied.; Kblätt. 2, früh abfallend **Papaveraceae,** 166

— Blätt. einfach, ungeteilt, gesägt; 2 seitl. Kblätt. grün, das hintere gespornt *(191)* u. blumenblattart.; Blkrblätt. 5, die seitl. u. hinteren an der Basis paarweise miteinander verwachsen . . . . . **Balsaminaceae,** 234

13(11). Blätt. schildf.; Bltn. einzeln, blattachselst., lg. gestielt, gespornt; Blkrblätt. in der Mitte gewimpert; Gartenzierpfl. . . . **Tropaeolaceae,** 235

— Blätt. nicht schildf. ***14***

14. Alle Kblätt. grün, am Grd. oft mit krautigen Anhängseln (*661,* A); Blätt. mit gefransten od. gefied. Nebenblätt. *(669–672)* . . . . . . **Violaceae,** 263

— Alle Kblätt. blumenblattart., blau (bei Gartenformen auch weiß od. rosa), das obere lg. gespornt *(372);* Blätt. finger- bis handf. geteilt; Frkn. 5–1 . . . . *(Consolida, Delphinium)* **Ranunculaceae,** 156

15(1). Stbblätt. höchstens 10 (od. nur Frkn. vorhanden) ***26***

— Stbblätt. 12 u. mehr ***16***

16. K. 2-spaltig od. 2-blättrig ***25***

— K. 3- u. mehrblättrig od. mehrzipfelig ***17***

17. Blätt. dick, saftig u. fleischig; Frkn. 4–20, frei od. nur am Grd. verwachsen . . . . **Crassulaceae,** 178

— Blätt. nicht dick, fleischig u. saftig ***18***

18. Blätt. quirl- od. gegenst. (zuw. nur die oberen) ***22***

— Blätt. grd.- od. wechselst. (bei *Ranunculus ficaria* oft scheinbar gegenst.) ***19***

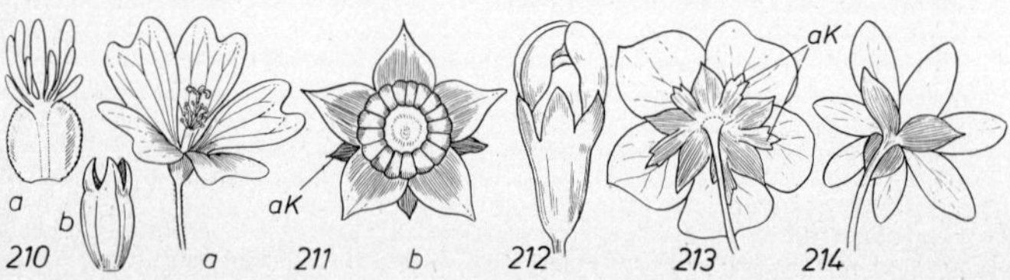

19. Stbfäden zu einer den Gr. umgebenden Röhre vereinigt *(211a);* Frkn. vielblättrig, bei der Reife in Teilfr. zerfallend; K. häufig mit Außenk. *(211b, aK)* . . . . **Malvaceae,** 307

— Stbfäden bis zum Grd. getrennt ***20***

20. K. dem Rand einer kegelf. od. krugf. vertieften Bltnachse ansitzend *(480–484),* daher im unteren Teil scheinbar verwachsen, 5-, seltener 7- bis 9-blättrig *(Dryas),* häufig mit Außenk. *(213, aK);* Stbblätt. zahlr.; Frkn. meist zahlr., selten wenige od. 1, frei; Blätt. am Grd. mit Nebenblätt. (nur bei *Aruncus* fehlend, s. S. 189) . . . . **Rosaceae,** 186

— Kblätt. (zuw. blumenblattart.) bis zum Grd. getrennt *(214);* Stbblätt. zahlr.; Frkn. 2 bis viele; Bltnachse niemals becherf.; Blätt. selten mit Nebenblätt. *(Thalictrum)* ***21***

21. Bltn. größer als 5 cm, rot, selten weiß; Frkn. 2–5, frei, groß, filzig behaart, mit auffälligen roten Narben; Balgfr. mit großen, schwarz-glzd. Samen; wild selten, oft kultiviert . . . . **Paeoniaceae,** 261

— Bltn. kleiner als 5 cm, wenn größer, dann gelb; Frkn. nicht mit roten Narben; Bltn. häufig mit blumenblattart., z. T. gespornten *(Aquilegia)* Honigblätt. *(364, 371);* Frkn. meist 3 bis viele, frei; Nüßchen od. Balgfr. . . . . **Ranunculaceae,** 151

22(18). Bltn. purpurn, in locker-zylindrischen Bltnständen; K. 4- bis 12-zähnig mit ebenso vielen Zwischenzähnen *(564)* . . . . . **Lythraceae,** 223

— Bltn. gelb od. weiß; Kblätt. 5 od. weniger, zuw. ungleich groß . ***23***

23. Kblätt. 5, gleich groß; Bltn. gelb; Stbblätt. zahlr., in 3–5 Bündeln *(652);* Gr. 3–5; Blätt. gegenst., oft durchscheinend punktiert **Hypericaceae,** 261

— Kblätt. 5, ungleich groß (2 davon kleiner) od. weniger als 5 (meist 3) ***24***

24. Kblätt. 5, ungleich groß; Frkn. verwachsenblättrig mit 1 Gr.; Bltn. in traubigen Wickeln; Blkrblätt. gelb od. weiß, zart, in der Knospe gedreht . . . . **Cistaceae,** 267

— Kblätt. 3, gleich groß; zuw. abfallend; Frkn. zahlr., frei (apokarp); Gr. deshalb zahlr.; Bltn. einzeln, endst. mit 8(–12) schmal-eif., goldgelben, fettig glzd. Blkrblätt. (= Honigblätt.), diese am Grd. mit Honigdrüse; nach der Blüte in den Achseln der Blätt. Brutknöllchen; Wurzeln meist keulig verdickt . . . . *(Ranunculus ficaria)* **Ranunculaceae,** 160

25(16). K. 2-spaltig; Blkrblätt. 5, gelb, hinfällig; Bltn. klein, sitzend; Blätt. verkehrt-eif., stumpf, fleischig; Stg. niederlgd., zuw. rot überlaufen **Portulacaceae,** 334

— K. 2-blättrig, früh abfallend; Bltn. groß, gestielt; Blkrblätt. 4; Pfl. mit weißem od. gelbl.-rotem Milchsaft . . . . **Papaveraceae,** 166

26(15). Blattspr. ungeteilt, am Rand zuw. aber gesägt, gekerbt od. gezähnt ***37***

— Blattspr. gefied., gefing. od. tief geteilt ***27***

27. Blkr. 4-blättrig ***35***

— Blkr. 5-blättrig ***28***

28. Blätt. nicht 3-zählig gefing. *(65)* od. 3-zählig gefied. *(60)* ***31***

— Blätt. 3-zählig gefing. *(65)* od. 3-zählig gefied. *(60)* ***29***

29. Stbblätt. 5; Blkrblätt. kleiner als der K., gelbgrün, hinfällig; Bltn. klein (5 mm), in armbltg. Trugdolden; Blattfied. an der Spitze 3-zähnig; niederlgd. Pfl. der Hochalp. (Schneetälchen) . . . *(Sibbaldia)* **Rosaceae,** 195

— Stbblätt. 10; Bltn. nicht gelbgrün u. größer als 5 mm ***30***

30. Bltn. weiß bis rosa (dunkel geadert) od. gelb; Blätt. 3-zählig gefing. **Oxalidaceae,** 230

— Bltn. rot, rötl., blauviolett, rotbraun bis schwarzviolett; Fr. lg. geschnäbelt, in 5 einsamige Teilfr. zerfallend; Frschnabel sich dabei aufw. biegend *(592)* . . . . *(Geranium)* **Geraniaceae,** 232

31(28). Viele kleine Bltn. zu einem walzenf. od. kugeligen Köpfchen *(192–193)* od. zu einer zusammengesetzten Dolde *(106)* vereinigt, de-

ren Randbltn. oft vergrößert u. zygomorph *(616)*; Stbblätt. 5; Frkn. unterst., 2-blättrig, bei der Reife in 2 Teilfr. *(124)* zerfallend **Apiaceae,** 237
— Bltn. weder in Köpfchen noch in zusammengesetzten Dolden . ***32***
32. Blätt. von Öldrüsen durchscheinend punktiert, doppelt gefied., graugrün, etwas fleischig; Bltn. in Trugdolden; Blkrblätt. 4–5, löffelf. *(583)*, gelb; Stbblätt. 8–10; Pfl. aromatisch duftend . . . . **Rutaceae,** 228
— Blätt. nicht durchscheinend punktiert ***33***
33. Bltn. in einfacher, von auffälligen Hochblätt. umgebener Dolde *(215)* u. eine einzelne Blüte vortäuschend . . . . **Apiaceae,** 237
— Bltn. anders geordnet ***34***
34. Fr. storchschnabelart. *(216)*, bei der Reife in 3–5 einsamige Teilfr. zerfallend *(592–593)* . . . . **Geraniaceae,** 231
— Fr. eine 2-hörnige, bei der Reife nicht zerfallende Kapsel *(473)* *(Saxifraga)* **Saxifragaceae,** 181
35(27). Bltn. rot, mit gelben, schuhf. Honigblätt. *(217)*; Kblätt. grünl.rot, hinfällig . . . . *(Epimedium)* **Berberidaceae,** 166
— Bltn. ohne schuhf. Honigblätt. ***36***
36. Stbblätt. 8–10, Bltn. 4- od. 5-zählig, gelb; Pfl. stark duftend (s. Nr. ***32***) **Rutaceae,** 228
— Stbblätt. 6 (4 lange u. 2 kurze, *218*), selten 4; K.- u. Blkrblätt. 4; Fr. eine Schote *(115)* od. ein Schötchen *(678)* . . . . **Brassicaceae,** 268

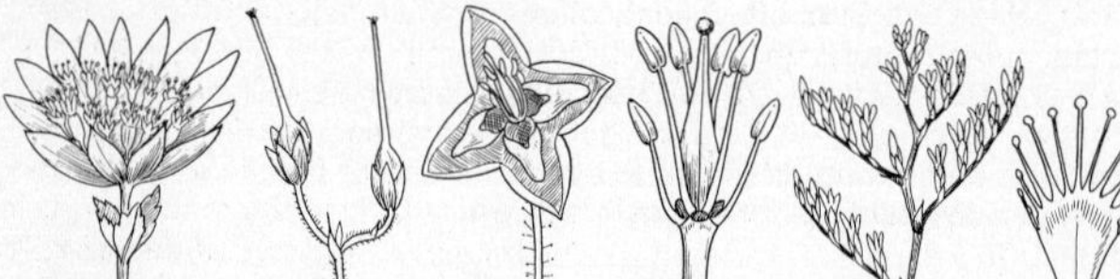

215 216 217 218 219 220

37(26). Stg. bis zur Bltnregion mit Laubblätt., zuw. nur mit 1 stgumfassendem Blatt ***41***
— Blätt. in grdst. Rosette; Bltn.- od. Inflsproß höchstens mit einigen Schuppenblätt. ***38***
38. Blätt. mit roten, ein klebriges Sekret absondernden Drüsen *(477–479)*; Bltn. weiß, in Wickeln . . . . **Droseraceae,** 186
— Blätt. ohne rote Drüsenhaare ***39***
39. K. u. Blkrblätt. 4; Stbblätt. 6 *(218)* . . . . **Brassicaceae,** 268
— K. u. Blkr. 5-zählig ***40***
40. Stbblätt. 5; Bltn. in Köpfchen od. in reichverzweigten, einseitswendigen, rispenart. Bltnständen *(219)*; K. meist trockenhäutig **Plumbaginaceae,** 350
— Stbblätt. 10; Bltn. einzeln, in Dolden od. Trauben, oft nickend; Blätt. meist wintergrün . . . . **Pyrolaceae,** 309
41(37). Blätt. gegen- od. quirlst. ***54***
— Blätt. wechselst., zuw. rosettig gehäuft od. nur 1 Stgblatt vorhanden ***42***
42. Bltn. in Köpfchen od. walzenf. Ähren, blau, violett, gelbl. od. weiß; Blkrblätt. zuw. anfangs an der Spitze verbunden, später sich fast bis zum Grd. trennend *(230)* *(Phyteuma, Jasione)* **Campanulaceae,** 426, 427
— Bltn. nicht in Köpfchen od. walzenf. Ähren ***43***
43. Bltn. stecknadelkopfgroß *(789)*, zu end- u. seitenst., gestauchten Trugdolden gehäuft; Stg. niederlgd. . . . . *(Corrigiola)* **Caryophyllaceae,** 321
— Bltn. größer ***44***
44. K. 8- bis 12-zähnig; Bltn. rot, sitzend, meist zu 2 in den Blattachseln und insgesamt zu zylindrischen Bltnständen vereinigt *(Lythrum)* **Lythraceae,** 223

— K. nicht 8- bis 12-zähnig; Bltn. anders angeordnet ***45***
45. Blkr. 4-blättrig ***52***
— Blkr. 5- u. mehrblättrig ***46***
46. Bltnstg. mit mehreren Blätt. ***48***
— Bltnstg. außer den lg.gestielten Grdblätt. nur 1 einziges stgumfassendes od. durchwachsenes Blatt tragend ***47***
47. Bltn. größer als 1 cm im Dm, einzeln; Stbblätt. abwechselnd mit 5 drüsig gefransten Staminodien *(476a–b)* . . . . **Parnassiaceae,** 185
— Bltn. nur wenige mm groß, zahlr., ohne drüsig gefranste Staminodien . . . . *(Claytonia)* **Portulacaceae,** 335
48(46). In jeder Blüte mehrere freie od. am Grd. verbundene Frkn. (od. nur 8 Stbblätt.); Blätt. dickfleischig . . . . **Crassulaceae,** 178
— In jeder Blüte nur 1, aus 2 od. mehreren, miteinander verwachsenen Frblätt. gebildeter Stempel ***49***
49. Blkr. meist 7-zählig; untere Stgblätt. klein, obere bis 5 cm lg., rosettig gehäuft *(221)* . . . . *(Trientalis)* **Primulaceae,** 317
— Blkr. 5-blättrig ***50***
50. Stbblätt. 5, wenn 10, dann Filamente an ihrer Basis verbreitert und ± hoch zu einer Röhre vereinigt; Bltn. blau, gelb od. rötl. . . . **Linaceae,** 230
— Stbblätt. 10; die Filamente am Grd. nicht verbreitert u. nicht zu einer Röhre verwachsen ***51***
51. Frkn. mit 1 Gr.; Bltn. oft nickend, einzeln, in Trauben od. Dolden; Blätt. kahl, meist wintergrün . . . . **Pyrolaceae,** 309
— Frkn. 2-griffelig *(471–472);* Bltn. aufrecht; Blätt. häufig behaart *(Saxifraga)* **Saxifragaceae,** 181
52(45). Stg. fädig dünn, verholzt, zwischen Torfmoos kriechend; Blkrblätt. rot, zurückgeschlagen; Fr. eine rote Beere *(Vaccinium oxycoccus)* **Ericaceae,** 312
— Stg. meist aufrecht; Blkrblätt. nicht zurückgeschlagen ***53***
53. Frkn. unterst., vollkommen mit der röhren- od. becherf. Bltnachse (Längsschnitt!) verwachsen *(222a–b);* K.-, Blkr.- u. Stbblätt. dem oberen Rand des oft gefärbten Achsenbechers eingefügt; Stbblätt. 8 **Onagraceae,** 224
— Frkn. oberst.; Stbblätt. 6 [4 lange u. 2 kurze *(674)*]; Fr. eine Schote od. ein Schötchen . . . . **Brassicaceae,** 268
54(41). Bltn. in einer von 4 weißen Hochblätt. umgebenen Trugdolde *(205),* klein, rotbraun . . . . **Cornaceae,** 236
— Bltn. ohne weiße Hochblätt. ***55***
55. Niedrige, kaum 10 cm hohe, z. T. polsterbildende Alpenpfl. od. auf armen, feuchteren Böden wachsende, z. T. dichasial verzweigte Pfl. mit dünnen, aufrechten od. aufstgd. Stg.; Blätt. meist 1-nervig ***71***
— Pfl. höher als 10 cm; wenn niederlgd., dann Blätt. breiter u. meist mehrnervig, seltener 1-nervig ***56***
56. Blattspr. ganzrandig, zuw. am Rand aber gewimpert ***59***
— Blattspr. gezähnt ***57***
57. Blkrblätt. 2 . . . . *(Circaea)* **Onagraceae,** 226
— Blkrblätt. 4–5 . . . . ***58***
58 (57 u. ***62).*** Blätt. saftig-fleischig, oft stielrund; Bltn. mit mehreren, freien, oberst. Frkn. . . . . **Crassulaceae,** 178
— Blätt. nicht saftig-fleischig; Frkn. unterst. . . *(Epilobium)* **Onagraceae,** 224
59(56). Bltn. nicht gelb ***61***
— Bltn. gelb ***60***
60. Blattspr. bogennervig, bis 30 cm lg.; Bltn. in 3- bis 10-bltg. Trugdolden in den Achseln schalenf. Tragblätt.; bis 140 cm hohe Bergpfl. **Gentianaceae,** 351
— Blattspr. nicht bogennervig, kleiner; Bltn. einzeln, achselst. od. zu

traubigen, rispigen, end- od. seitenst. Bltnständen vereinigt; Stg. aufrecht od. niederlgd. . . . . *(Lysimachia)* **Primulaceae,** 317

61(59). Blätt. nicht zugespitzt, verkehrt-eif.; Stg. niederlgd. bis aufstgd. ***67***

— Blattspr. zugespitzt od. kurz bespitzt, häufig schmal-lineal; Stg. aufrecht od. niederlgd. bis schlaff aufstgd. *(Cucubalus)* ***62***

62. Bltn. mit mehreren, freien, oberst. od. 1 unterst., stielf. *(222a)* Frkn. ***58***

— Bltn. mit 1 oberst. Frkn. od. nur mit Stbblätt. ***63***

63. K. 8- bis 12-zähnig; Bltn. rot . . . . **Lythraceae,** 223

— K. nicht 8- bis 12-zähnig ***64***

64. Bltn. sitzend od. kaum gestielt; K. 2- bis 4-spaltig; Blkrblätt. 3–4 *(655–656);* Stg. glasig-durchscheinend; Wasser- u. Uferpfl. **Elatinaceae,** 263

— Bltn. meist deutl. gestielt; Kblätt. 4–5(–6), frei od. zu einer 4- bis 5–(bis 6-)zähnigen Röhre verwachsen; Blkrblätt. 4–5, zuw. tief gespalten (Blkr. deshalb scheinbar 10-blättrig), häufig genagelt u. mit Nebenkrone *(783, Nk)* ***65***

65. Blkrblätt. weiß, am Grd. innen u. außen gelb, ohne Nebenkrone; Bltn. ± 5 mm im Dm; Stbblätt. 5; Stg. dünn, gabelästig . . . . . **Linaceae,** 230

— Blkrblätt. am Grd. niemals gelb; Stbblätt. 5 od. 10 od. nur Frkn. vorhanden ***66***

66. Stbblätt. 5, ihre Filamente am Grd. zu einer ± breiten Röhre verwachsen; Frkapsel mit einem Deckel aufspringend; Stg. niederlgd. *(Anagallis)* **Primulaceae,** 317

— Stbblätt. 5 od. 10, ihre Filamente bis zum Grd. frei od. nur Frkn. vorhanden; Fr. eine sich mit Zähnen öffnende Kapsel, seltener Beere; Blkr. häufig mit Nebenkrone *(783, Nk)* . . . . **Caryophyllaceae,** 318

67(61). Blätt. nur am Rand od. auf der ganzen Fläche drüsig bewimpert ***70***

— Blätt. kahl ***68***

68. K. 12-zähnig; Stg. rund, niederlgd.; Blkrblätt. klein, rosa od. weiß od. fehlend . . . . *(Peplis)* **Lythraceae,** 223

— K. 5-zipfelig od. 5-blättrig ***69***

69. Stg. 4-kantig, niederlgd. od. aufstgd.; Frkapsel sich mit einem Deckel öffnend; Blkrblätt. blau od. rot . . . . *(Anagallis)* **Primulaceae,** 317

— Stg. rundl., aufrecht od. aufstgd.; Frkapsel sich mit Zähnen öffnend **Caryophyllaceae,** 318

70(67). Blätt. nur am Rand drüsig bewimpert, klein, dickl., oft dicht geschindelt; Bltn. rosa, beim Abblühen blau; lockere Rasen od. dichte Polster bildende Alpenpfl. . . . . **Saxifragaceae,** 181

— Blätt. auf der ganzen Fläche drüsig behaart; Bltn. weiß; Pfl. lockere Rasen bildend . . . . *(Cerastium)* **Caryophyllaceae,** 327

71(55). K. 5-spaltig od. 5-zähnig; Blkrblätt. 5, weiß od. rot; niedrige, häufig polsterbildende Alpenpfl. . . . . **Caryophyllaceae,** 318

— K. 2- bis 3-spaltig od. 3- bis 4-blättrig ***72***

72. Sprosse aufrecht, sehr dünn, gabelästig; Bltnäste anfangs nickend; Frkn. 1; feuchte, moorige u. sandige Orte . . . . . *(Radiola)* **Linaceae,** 231

— Stg. niederlgd., aufstgd.; Frkn. 4; Bltn. 3- bis 4-zählig; schlammige Orte . . . . *(Crassula aquatica)* **Crassulaceae,** 178

TABELLE X

Kräuter u. Stauden. Blüten mit doppelter, in Kelch u. verwachsenblättriger Blumenkrone gegliederter Blütenhülle[1]

1. Stg. nicht windend od. rankend ***5***

— Stg. windend od. rankend ***2***

[1] s. auch Anmerkung auf S. 73; die Blkr. löst sich in ihrer Gesamtheit ab

2. Stg. mit spiralig sich einrollenden Ranken; Bltn. gelb od. gelbgrün, eingschl., 1- od. 2-häusig; Blkr. 5-, selten 6-zipfelig; Frkn. unterst. **Cucurbitaceae,** 306

— Stg. ohne Ranken, in seiner Gesamtheit windend ***3***

3. Pfl. ohne grüne Blätt.; Stg. fadenf., gelb od. rötl., auf grünen Pfl. parasitierend; Bltn. in Knäueln *(223)* . . . . . . *(Cuscuta)* **Convolvulaceae,** 370

— Pfl. mit grünen Blätt. ***4***

4. Bltn. einzeln, blattachselst.; Blkr. trichterf., mit breitem, seicht gebuchtetem Saum *(231),* weiß od. rötl. . . . . **Convolvulaceae,** 370

— Bltn. in endst., kopfigen Quirlen; Blkr. stark 2-lippig *(882–883)* *(Lonicera)* **Caprifoliaceae,** 363

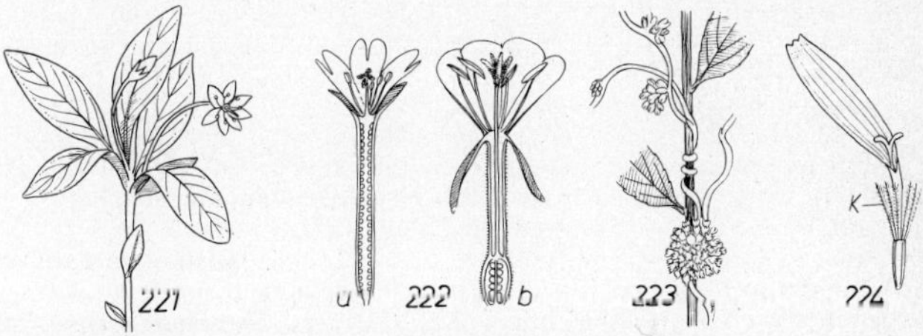

5(1). Bltn. radiär ***22***

— Bltn. zygomorph (Blkrzipfel von verschiedener Größe u. Gestalt od. Blkrröhre gekrümmt); Blkr. zuw. undeutl. zygomorph ***6***

6. Untergetauchte Wasserpfl. mit fein zerteilten Blätt. u. tierfangenden Schläuchen *(182);* Bltn. mit langem Schaft, gelb, gespornt **Lentibulariaceae,** 403

— Land- od. Sumpfpfl. ***7***

7. Stbbeutel der 5 Stbblätt., auch der geöffneten Bltn., zu einer den Gr. umschließenden Röhre vereinigt; zahlr. bis wenige Bltn. in einem von grünen Hüllblätt. umgebenen Köpfchen *(986);* Bltn. entw. alle *(986)* od. nur die randst. des Köpfchens zungenf. *(989),* und/oder die zentralen röhrenf. u. radiär; Frkn. unterst.; K. oft als Haarkrone *(224,* K) ausgebildet . . . . **Asteraceae,** 428

— Stbblätt. 5 od. 4; die Stbbeutel nicht miteinander vereinigt . . ***8***

8. Blätt. gegen- od. quirlst. ***16***

— Blätt. wechsel- od. grdst. ***9***

9. Bltn. nicht gespornt ***11***

— Bltn. gespornt ***10***

10. Blätt. in grdst. Rosette, gelbl., am Rand nach oben umgerollt; Stbblätt. 2; Bltn. violett od. weiß mit gelbem Schlund *(Pinguicula)* **Lentibulariaceae,** 403

— Blätt. auch höher am Stg.; Stbblätt. 4; Bltn. verschiedenfarbig **Scrophulariaceae,** 380

11(9). Stbblätt. 10, davon 9 zu einer den Gr. umgebenden Röhre verwachsen; Bltn. schmetterlingsf. in längl. Köpfchen; Blätt. 3-zählig *(Trifolium)* **Fabaceae,** 211

— Stbblätt. 2–5; Bltn. nicht schmetterlingsf.; Blätt. ungeteilt od. gefied. ***12***

12. Frkn. älterer Bltn. tief 4-teilig, bei der Reife in 4 Teilfr. zerfallend *(225);* Blkr. mit schief 5-lappigem Saum *(226)* od. Blkrröhre gekrümmt *(898)* . . . . **Boraginaceae,** 372

— Frkn. nicht tief 4-teilig u. nicht in 4 Teilfr. zerfallend ***13***

13. Stbblätt. 2 od. 4 . . . . ***15***

— Stbblätt. 5; Stbfäden entw. alle od. nur 3 wollig od. fein behaart **14**

14. Stg. klebrig-drüsig; Blkr. schmutziggelb, violett geadert; Fr. eine Dekkelkapsel, vom erhärteten K. umgeben *(119)* *(Hyoscyamus)* **Solanaceae,** 379

— Stg. nicht klebrig-drüsig, aber z. T. dicht wollig; Bltn. undeutl. zygomorph *(228);* Stbfäden alle od. nur 3 weiß od. violett-wollig *(Verbascum)* **Scrophulariaceae,** 382

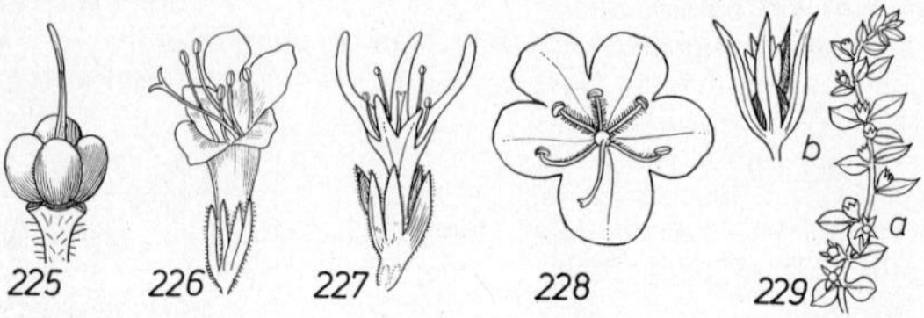

15(13). Bltn. in kugeligem, am Grd. von Hochblätt. umgebenem Köpfchen; Blkr. blau, mit 4–5 ungleichen Zipfeln *(227);* Stbblätt. 4 **Globulariaceae,** 404

— Bltn. nicht in Köpfchen; Blkr. 2-lippig, oft gespornt *(77)* od. mit 4–5 ausgebreiteten ungleichen Zipfeln *(228, 911)* . . . **Scrophulariaceae,** 380

16(8). Zarte Sumpfpfl.; K. 2-spaltig; Blkr. einseitig gespalten *(Montia)* **Portulacaceae,** 335

— Kräftigere Landpfl.; Blkr. nicht einseitig gespalten **17**

17. Stg. dünn, niederlgd., schwach holzig; Bltn. glockenf., zu zweien, lg. gestielt, nickend *(176);* Stbblätt. 4 . . . . . . *(Linnaea)* **Caprifoliaceae,** 363

— Stg. aufrecht, kräftig, wenn niederlgd., dann Bltn. nicht zu 2 auf langem Stiel **18**

18. Stbblätt. 1 od. 3 (zuw. nur Frkn. in der Blüte); K. z. Frzt. als fedrig behaarte Borsten *(207–209)* . . . . **Valerianaceae,** 364

— Stbblätt. 2 od. 4 . . . . **19**

19. Frkn. unterst.; K. borstenf. mit häutigem Außenk. *(204, aK);* Bltn. in von Hüllblätt. umgebenen Köpfchen od. walzenf. Ähren **Dipsacaceae,** 366

— Frkn. oberst. **20**

20(19 u. ***44).*** Bltn. klein, in vielbltg., rutenf. Ähren; Blkr. blaßlila, undeutl. 2-lippig; Stbblätt. 4 (2 längere u. 2 kürzere); Fr. in 4 Teilfr. zerfallend **Verbenaceae,** 406

— Bltn. auffälliger, nicht in rutenf. Ähren **21**

21. Frkn. bereits z. Bltzt. deutl. 4-teilig *(225);* Bltn. meist deutl. 2-lippig *(76),* oft zu mehreren in Scheinquirlen, in den Achseln laubiger Hochblätt.; Stg. 4-kantig . . . . **Lamiaceae,** 406

— Frkn. nicht 4-teilig; Stg. meist rund . . . . **Scrophulariaceae,** 380

22(5). Beutel der Stbblätt. zu einer Röhre, einem Kegel od. Kranz vereinigt (bei den *Campanulaceae* nur in geschlossenen Bltn. sichtbar) . **75**

— Beutel der Stbblätt. frei **23**

23. Stbfäden wenigstens bis zur Mitte ihrer Länge zu einer Röhre miteinander verwachsen **74**

— Stbfäden getrennt od. nur am Grd. miteinander vereinigt . . . **24**

24. Blätt. grd.- od. wechselst. **45**

— Blätt. gegen- od. quirlst., zuw. gegen die Triebspitze gehäuft . **25**

25. Bltn. in fast würfelf. Köpfchen, grünl.; Stbblätt. 4 od. 5, geteilt (daher 8 od. 10); Blätt. 3-zählig od. doppelt-3-zählig gefied. *(203);* Pfl. bis 10 cm hoch . . . . **Adoxaceae,** 364

— Bltn. nicht in würfelf. Köpfchen **26**

26. K. 2-spaltig; Bltn. weiß od. gelb; Wasser- od. dickblättrige Landpfl. **Portulacaceae,** 334
— K. nicht 2-spaltig ***27***
27. Stbblätt. 1–4 . . . . ***39***
— Stbblätt. 5–8 (–10) ***28***
28. Frkn. deutl. 4-teilig *(225),* in 4 einsamige Nüßchen zerfallend; Pfl. rauhhaarig . . . . *(Asperugo)* **Boraginaceae,** 373
— Frkn. nicht deutl. tief 4-teilig ***29***
29. Blattspr. gefied. od. fied.teilig ***38***
— Blattspr. ganzflächig, am Rand aber zuw. gesägt od. gekerbt . ***30***
30. Bltn. rot, rosa, rosaviolett, gelb od. blau ***33***
— Bltn. weiß-gelbl. od. weiß ***31***
31. Stbblätt. mit Anhängseln, die insgesamt ein Krönchen (Nebenkrone) bilden; Bltn. in Büscheln zwischen den Blätt. sthd.; basale u. mittlere Stgblattspr. am Grd. herzf.; Fr. einer Blüte 2 schotenf., mit einem Längsriß aufspringende Bälge; Samen mit Haarschopf **Asclepiadaceae,** 357
— Stbblätt. ohne ein Krönchen bildendes Anhängsel ***32***
32. Bltn. achselst., einzeln; Fr. eine Beere, die z. Reifezt. vom sich vergrößernden, aufgeblasenen, roten K. umgeben ist; Blätt. gleichmäßig am Stg. verteilt . . . . *(Physalis)* **Solanaceae,** 379
— Bltn. in endst. Dolden, nickend; Kapselfr.; Blätt. in jahreszeitl. Scheinquirlen; Blattspr. immergrün, derb, glzd., am Rand gekerbt *(Chimaphila)* **Pyrolaceae,** 309
33(30). Stg. krautig, auch an der Basis ***36***
— Stg. holzig, zuw. nur schwach an der Basis, häufig niederlgd. . ***34***
34. Bltn. hellblau, radf. *(175a)*; Blkrblätt. in der Knospe gedreht *(175b)*; Stbblätt. 5, mit behaarten Stbbeuteln; Stg. nur an der Basis schwach verholzt, z. T. niederlgd.; Bltntriebe aufrecht; Blätt. immergrün **Apocynaceae,** 357
— Bltn. rot, rosa od. rosa-violett; Stg. insgesamt verholzt ***35***
35. Niederlgd. Spalierstrauch der Hochalp.; Blätt. 5–7 mm lg., am Rand umgerollt, immergrün; Bltn. zu 2–5, in endst., doldentraubigen Bltnständen; K. dk.rot, halb so lg. wie die rosafarbige Blkr.; Stbblätt. 5 . . . . *(Loiseleuria)* **Ericaceae,** 311
— Aufrechte Zwergsträucher mit kleinen, dicht dachig od. quirlig angeordneten, z.T. nadelf. Blätt.; Stbblätt. 8 . . . . **Ericaceae,** 310
36(33). Gr. mit 2-spaltiger Narbe (auseinanderbiegen! Wenn Narbe kopfig erscheint, dann Bltn. intensiv blau); Stbblätt. zwischen den Blkrzipfeln sthd. . . . . **Gentianaceae,** 351
— Gr. mit kopfiger Narbe od. Gr. an der Spitze zu einem Ring verdickt, dieser auf der Unterseite mit 5 Haarbüscheln (Lupe!) ***37***
37. Gr. mit kopfiger Narbe; Stbblätt. 5, vor den Blkrzipfeln sthd. **Primulaceae,** 313
— Gr. an der Spitze zu einem Ring verdickt, dieser mit 5 herabhgd. Haarbüscheln; Stbblätt. 5, der Mitte der Blkrröhre eingefügt; Blkr. blau, stieltellerf., in der Knospe mit links gedrehten Zipfeln; Frblätt. 2; Blätt. gegenst., immergrün . . . . **Apocynaceae,** 357
38(29.) Wasserpfl., seltener Sumpfpfl.; Blätt. kammf. gefied. *(42)*; Bltn. rosa od. weiß, in etagenf. Quirlen . . . . . . *(Hottonia)* **Primulaceae,** 317
— Landpfl.; Blätt. gefied., jedoch nicht kammf.; Bltn. weiß od. grünl. gelb, in dichten schirmf. od. kegelf. Trugdolden; Fr. schwarzblau od. scharlachrot . . . . *(Sambucus)* **Caprifoliaceae,** 362
39(27). Blätt. quirlst. *(20)*; Bltn. klein, in meist reichbltg. Bltnständen; Frkn. unterst.; Fr. in 2 Teilfr. zerfallend *(874)* . . . . **Rubiaceae,** 358
— Blätt. gegenst. ***40***

40. Bltn. mit 1 od. 3 Stbblätt. (od. nur mit Frkn.); Bltnröhre am Grd. zuw. ausgesackt *(208)* od. gespornt *(209)*; Frkn. unterst.; K. z. Bltzt. undeutl., später oft zu fedrig behaarten Strahlen auswachsend *(207)* **Valerianaceae,** 364

— Stbblätt. 2 od. 4 (zuw. 5); K. z. Bltzt. immer deutl. ***41***

41. Bltn. meist zu 2, lg.gestielt, nickend, 7–10 mm lg., trichterf.-glockig *(176)*; Stg. fädig, kriechend, schwach verholzt *(Linnaea)* **Caprifoliaceae,** 363

— Bltn. anders angeordnet ***42***

42. Bltn. mit trockenhäutiger Blkr.; Stbblätt. 4, aus der Blüte heraushgd.; Bltn. in dichten, kugeligen od. längl.-walzl. Ähren; Blätt. häufig in grdst. Rosette u. dann parallel-nervig . . . . **Plantaginaceae,** 404

— Blkr. nicht trockenhäutig, weiß, gelb, rot od. blau ***43***

43. Frkn. unterst.; K. borstenf., mit schüsself., trockenhäutigem Außenk. *(204)*; Bltn. in dichten, von Hüllblätt. umgebenen Köpfchen od. walzenf. Ähren . . . . **Dipsacaceae,** 366

— Frkn. oberst.; K. ohne Außenk. ***44***

44. Blattspr. bogennervig, völlig ganzrandig; Blkr. gelb, blau, violett od. rötl., 4- bis 5-zipfelig, trichter-, teller- od. glockenf.; Stbblätt. 4–5 **Gentianaceae,** 351

— Blattspr. fiedernervig, am Rand häufig gekerbt od. gelappt bis fiederteilig; Stbblätt. 2 od. 4, seltener 5 . . . . ***20***

45(24). Stg. (zuw. kriechend) beblättert; Blätt. wechselst. ***52***

— Blätt. alle grdst., höchstens am Bltnstg. od. unterhalb des Bltnstandes einige kleine Hochblätt. ***46***

46. Blkr. 4-zipfelig; Stbblätt. 4, weit aus der Blüte herausragend; Bltn. in walzl. od. kugeligen Ähren; Blätt. bogennervig . . . **Plantaginaceae,** 404

— Blkr. 5-zipfelig od. mit zerschlitztem Saum *(779–780)* ***47***

47. Stbblätt. 4; Blätt. lg.gestielt, spatelf.; kleine, Schlamm bewohnende Pfl. *(186)* . . . . *(Limosella)* **Scrophulariaceae,** 385

— Stbblätt. 5–10 . . . . ***48***

48. Bltn. in dichten Köpfchen od. einseitswendigen, rispigen Bltnständen *(219)*, rosa od. violett; jede Blüte mit 1–2 trockenhäutigen Vorblätt. **Plumbaginaceae,** 350

— Bltn. einzeln, in Dolden od. Trauben ***49***

49. Blattspr. bogennervig, undeutl. gestielt; Bltn. einzeln, leuchtend blau . . . . **Gentianaceae,** 351

— Blattspr. fieder- od. netznervig, meist deutl. gestielt; Bltn. einzeln, in Trauben, traubigen Rispen od. Dolden, niemals leuchtend blau ***50***

50. Blkr. weiß, fransig zerschlitzt u. bärtig behaart; Sumpfpfl. **Menyanthaceae,** 351

— Blkr. nicht gleichzeitig weiß u. bärtig zerschlitzt ***51***

51. Stbblätt. 5, selten 4 *(Centunculus)* od. 7 *(Trientalis)*, wenn 10, dann davon 5 steril *(Samolus)*; Blätt. sommergrün, seltener wintergrün [dann Blätt. ledrig, rundl. nierenf. u. Bltn. rötl.-violett mit glockiger, zerschlitzter Blkr. *(Soldanella, 779–780)* od. Blätt. silbergrau gefleckt u. Bltn. mit zurückgeschlagenen Blkrblätt.; Pfl. mit verdickter Knolle *(Cyclamen)*], häufig in grdst. Rosetten, zuw. gegen die Triebspitze rosettig gehäuft *(Trientalis)*; Pfl. z.T. kompakte Polster oder Rasen bildend; Bltn. einzeln od. in ± lg.gestielten Dolden, weiß, gelb, rosa, rot, violett od. blau-violett . . . . **Primulaceae,** 313

— Stbblätt. 8–10; Blätt. stets wintergrün, in grdst. Rosette (bei *Chimaphila* nach Jahrestrieben rosettig gehäuft); Bltn. weiß, rötl., einzeln, in Trauben od. Dolden, meist nickend . . . . **Pyrolaceae,** 309

52(45). Blkr. 5-spaltig, 5-zipfelig od. 5-lappig, zuw. 6- bis 8-teilig . . ***56***

— Blkr. 4-spaltig od. 4-zipfelig ***53***

53. Stbblätt. 2 od. 4 . . . . ***55***
— Stbblätt. 8; Frkn. unterst. od. oberst. ***54***
54. Blätt. ledrig, oft wintergrün, nadelf.; kleine, bis 80 cm hohe, verholzte Zwergsträucher . . . . **Ericaceae,** 310
— Blätt. u. Stg. krautig; Frkn. unterst. . . . . **Onagraceae,** 224
55(53). Bltn. fast sitzend, einzeln, blattachselst., weiß od. rötl., sehr klein *(229)*; Stbblätt. 4; Blätt. ganzrandig . . . *(Centunculus)* **Primulaceae,** 318
— Bltn. deutl. gestielt; Stbblätt. 2 od. 4; Blätt. fast stets gekerbt od. gezähnt . . . . **Scrophulariaceae,** 380
56(52). Stbblätt. 8–10; Blätt. derb, oft immergrün; niedrige od. bis 80 cm hohe Zwergsträucher . . . . **Ericaceae,** 310
— Stbblätt. 2–5 od. Bltn. nur mit Frkn.; Blätt. krautig ***57***
57. Hochalp. Polsterpfl. mit dicht dachziegelig beblätt. Sprossen; Blätt. klein, mit Sternhaaren; Blkr. tellerf., weiß od. rosa *(Androsace)* **Primulaceae,** 315
— Pfl. nicht polsterf.; Sprosse nicht dicht dachziegelig beblättert ***58***
58. Pfl. mit Ranken; Bltn. gelb od. gelbl.grün, eingschl., 1- od. 2-häusig; Frkn. unterst. . . . . **Cucurbitaceae,** 306
— Pfl. ohne Ranken; Stg. aber zuw. windend ***59***
59. Frkn. schon z. Bltzt. deutl. 4-teilig *(225)*, in 4 Teilfr. zerfallend; Bltn. meist in Wickeln; Pfl. meist rauhhaarig (Ausnahme: *Cerinthe*) **Boraginaceae,** 372
— Frkn. nicht tief 4-teilig ***60***
60. Stbfäden alle od. nur die oberen 3 dicht weiß- od. violett-wollig behaart *(228)* . . . . *(Verbascum)* **Scrophulariaceae,** 382
— Stbfäden nicht wollig ***61***
61. Blattspr. gefied. od. 3-zählig, zuw. gebuchtet od. gelappt . . . ***70***
— Blattspr. nicht gefied. u. nicht 3-zählig ***62***
62. Wasserpfl. mit kreisrunden, am Spreitengrd. herzf., an *Nymphaea* erinnernden Schwimmblätt.; Bltn. goldgelb . . . . **Menyanthaceae,** 351
— Landpfl. ***63***
63. Zipfel der Blkr. anfangs zu einer den Gr. u. die Stbblätt. einschließenden, krallenf. gekrümmten Röhre verbunden *(230a)*, später sich fast bis zum Grd. trennend *(230b)*; Bltn. weiß, gelbl.weiß, blau od. dk.violett, in Ähren od. Köpfchen . . . . **Campanulaceae,** 423
— Zipfel der Blkr. anfangs nicht verbunden u. Knospen nicht krallenf. gekrümmt ***64***
64. Bltn. in von Hüllblätt. umgebenen Köpfchen, erst gelb, dann fleischfarben . . . . *(Collomia)* **Polemoniaceae,** 371
— Bltn. nicht in Köpfchen ***65***
65. Stg. windend od. niederlgd.; Blattspr. herz-, pfeil- od. nierenf.; Blkr. trichterf., mit schwachlippigem Saum *(231)*, weiß od. rötl. **Convolvulaceae,** 370
— Stg. nicht windend; Blattspr. eif. od. lanzettl., ganzrandig, gezähnt od. gekerbt ***66***
66. Bltn. rot, grünl.gelb, bräunl., zuw. violett geadert, schmutzigweiß od. reinweiß (dann aber Blätt. tief gezähnt), selten blau . . . **Solanaceae,** 378
— Bltn. reinweiß, blaßgelb, blau od. violett ***67***
67. Bltn. groß, blaßgelb, blau od. violett, einzeln, in Rispen od. Trauben ***69***
— Bltn. klein, weiß, in Wickeln od. Trauben ***68***
68. Bltn. in Trauben od. Rispen; Pfl. kahl . . . . *(Samolus)* **Primulaceae,** 318
— Bltn. in Wickeln, die an der Spitze eingerollt sind; Pfl. dicht angedrückt behaart . . . . *(Heliotropium)* **Boraginaceae,** 373
69(67). K. scharf 5-kantig, z.Frzt. stark aufgeblasen u. die Beerenfr. einhüllend; Blkr. hellblau, am Grd. weiß; Frkn. oberst. *(Nicandra)* **Solanaceae,** 378

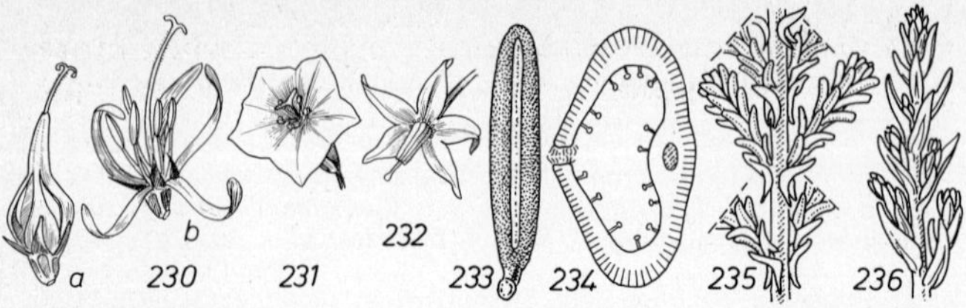

— K. nicht scharf 5-kantig, z. Frzt. nicht aufgeblasen, 5-zipfelig, zuw. mit Anhängseln *(972)*; Blkr. trichter- bis glockenf. od. radf. ausgebreitet; Frkn. unterst. . . . . *(Campanula)* **Campanulaceae,** 423

70(61). Blätt. 3-zählig; Blkrblätt. obersts. gefranst, rötl.weiß; Sumpfpfl. mit kriechendem Stg. . . . . **Menyanthaceae,** 351

— Blattspr. mehrzählig gefied., fiedschnittig od. gekerbt ***71***

71. Blattspr. fiedschnittig od. gekerbt ***73***

— Blattspr. mehrzählig gefied. ***72***

72. Wasserpfl. (zuw. auch Landformen bildend); Blätt. kammf. gefied. *(42)*; Bltn. zu 3–6 in etagenf. übereinander stehenden Quirlen, blaßrosa . . . . *(Hottonia)* **Primulaceae,** 317

— Landpfl.; Blätt. nicht kammf. gefied.; Bltn. in Rispen, himmelblau, seltener weiß, mit herabgebogenen Stbblätt.
(Polemonium) **Polemoniaceae,** 371

73(71). Bltn. in schneckenf. eingerollten Wickeln, blau od. rosa; Blätt. fiedschnittig; Pfl. borstenhaarig . . . . *(Phacelia)* **Hydrophyllaceae,** 371

— Bltn. in armbltg. Dolden od. Doldentrauben; Blätt. gekerbt, nicht borstenhaarig; Stbblätt. 4, in der Blkr. eingeschlossen
(Erinus) **Scrophulariaceae,** 386

74(23). Stbblätt. zahlr.; K. mit Außenk.; Frkn. bei der Reife in zahlr., einsamige Teilfr. zerfallend . . . . **Malvaceae,** 307

— Stbblätt. 5; K. ohne Außenk.; Frkn. bei der Reife nicht zerfallend
Primulaceae, 313

75(22). Zahlr. Bltn. in einem von Hüllblätt. umgebenen Köpfchen; die Randbltn. des Köpfchens zuw. zygomorph, ♀ od. steril ***78***

— Bltn. nicht in von Hüllblätt. umgebenen Köpfchen ***76***

76. Stbbeutel kegelf. zusammenneigend; Blkr. radf.; Beerenfr.
(Solanum) **Solanaceae,** 379

— Stbbeutel nicht kegelf. zusammenneigend (an den geöffneten Bltn. bei den *Campanulaceae* bereits geschrumpft); Kapselfr. ***77***

77. Blkr. rad-, trichter- od. glockenf.; Stbbeutel nur in jungen Bltn. vereinigt, sich nach innen öffnend und den Pollen auf Haare des Griffels entleerend . . . . **Campanulaceae,** 423

— Blkr. radf.; Stbblätt. mit dem Frkn. zu einem Säulchen vereinigt, auf dem Rücken mit kronblattart. Anhängseln . . . . . **Asclepiadaceae,** 357

78(75). Bltn. kurz gestielt, blau; Stbbeutel nur am Grd. verbunden
Campanulaceae, 423

— Bltn. völlig ungestielt; Stbbeutel zu einer Röhre verbunden
Asteraceae, 428

C. Tabellen zum Bestimmen der Familien und Gattungen der Blütenpflanzen nach vorwiegend vegetativen Merkmalen[1]

1. Holzgewächse (Stg. zuw. nur an der Basis verholzt) . . . . **Tabelle XI,** 86
— Kräuter u. Stauden; Stg. nicht od. an der Basis nur schwach verholzt u. im Herbst absterbend; bei Stauden mit Hilfe unterirdischer Organe (Knollen, Zwiebeln, Rhizomen, Ausläufern) od. in Bodennähe sich befindlichen Knospen überdauernd *2*
2. Wasserpfl. (Monocotyledonen, Dicotyledonen u. Wasserfarne) **Tabelle XIV,** 122
— Land- u. Sumpfpfl. (die mit ihren Stg. u. Blätt. größtenteils aus dem Wasser herausragen od. an feuchten Standorten wachsen) . . *3*
3. Blattspr. gelappt, gebuchtet, gefied. od. gefing. *(40–44; 59–67)* **Tabelle XII,** 98
— Blattspr. ungeteilt, mit glattem, gekerbtem, gesägtem od. gezähntem Rand; Spreitengrd. zuw. herz-, pfeil- od. spießf. *(56–58)* . **Tabelle XIII,** 104

TABELLE XI
Holzgewächse, zu bestimmen nach dem Laub[2]

1. Blätt. nadel- od. schuppenf. *(147)*, einzeln, in 3-zähligen Quirlen *(148)*, zu 2 bis 5 od. zahlr., dann gebüschelt an Kurztrieben *(151)* . . . . **XI a,** 85
— Blätt. weder nadel- noch schuppenf. *2*
2. Blätt. gekreuzt-gegenst. (fast gegenst.) od. quirlig . . . . **XI b,** 86
— Blätt. wechselst. (zerstreut od. 2-zeilig), an Triebenden od. Kurztrieben zuw. rosettig gehäuft *3*
3. Blattspr. zusammengesetzt (gefied. od. gefing.), tief gebuchtet od. gelappt . . . . **XI e,** 96
— Blattspr. ungeteilt, mit glattem, gesägtem, gezähntem od. gekerbtem Rand *4*
4. Blattrand glatt . . . . **XI c,** 88
— Blattrand gezähnt, gesägt od. gekerbt . . . . **XI d,** 91

XI a. Blätter nadel- od. schuppenförmig

1. Blätt. nadelf., im Querschnitt hohl (Lupe!; *234*), unterststs. mit einem feinen, weißen Längsstreifen *(233)*; Stg. niederlgd., aufstgd.; Bltn. sehr klein; Fr. eine schwarze, wäßrige Beere; auf Heidemooren u. in der alp. Zwergstrauchstufe . . . . **Empetrum,** 312
— Blätt. nadel- od. schuppenf., auf dem Querschnitt nicht hohl . *2*
2. Blätt. verdornt, in ihren Achseln verzweigte Dorntriebe; Bltn. gelb, schmetterlingsf.; bis 1,50 m hoher Strauch . . . . **Ulex,** 208
— Pfl. ohne Dornblätt. u. Dorntriebe *3*
3. Pfl. meist höher als 1 m *6*
— Kleinere, nur selten bis 1 m hohe Zwergsträucher *4*

---

[1] s. auch **Tabelle I–III**

[2] Die in dieser Tabelle angegebenen Blattgrößen sind Durchschnittswerte. Wasserreiser u. Schößlinge können viel größere Blätter besitzen.

4. Blätt. bis 1,5 cm lg., nadelf., mit kurzer Stachelspitze; Bltn. gelb; Stbblätt. zahlr. . . . . **Fumana,** 267
— Blätt. kürzer; Bltn. weiß od. rötl. *5*
5. Blätt. 5–7 mm lg., zu 3–4 in Scheinquirlen, kahl od. steif behaart; Bltn. in einseitswendigen Trauben od. kopfigen Dolden . . . . **Erica,** 312
— Blätt. bis 3,5 mm lg., 4-zeilig angeordnet, sich dachziegelig deckend, am Grd. mit 2 abw. gerichteten Öhrchen *(235)*; Bltn. in einseitswendigen Trauben; K. violettrosa, strohig . . . . **Calluna,** 312
6(3). Zweige rutenf., schlank, rötl.gelb; Blätt. schuppenf., bläul.grün, sich dachziegelig deckend *(236)*; Bltn. rot; 1–2 m hoher Strauch kiesiger Flußufer . . . . **Myricaria,** 268
— Zweige nicht rutenf.; Blätt. nadelf., kantig od. flach, z.T. mit stechender Spitze, einzeln, zu 2 od. 5 an Kurztrieben, in 3-zähligen Quirlen (obersts. dann mit weißem Wachsstreifen), in Büscheln an Kurztrieben *(151)* od. schuppenf. *(147)*, die Zweige dicht bedeckend; Bltn. eingschl., die ♀ Bltnstände sich bei der Reife häufig zu einem holzigen od. fleischig-beerenart. Zapfen *(148b)* umbildend; Samen nicht in einem Frkn. eingeschlossen [bei der *Eibe (150)* von einem schleimigen Becher umhüllt] . . . . **Gymnospermae,** 147

XIb. Blätter gekreuzt-gegenständig[1] od. quirlig

1. Blattspr. gefied. od. gefing. *27*
— Blattspr. einfach, ganzrandig, gelappt, gebuchtet, gekerbt, gesägt od. gezähnt *2*
2. Stg. windend; Bltn. entw. zu 2 auf gemeinsamem Stiel *(882a)* od. in kopfigen Trugdolden *(881)*; Frkn. unterst., die Frkn. zweier benachbarter Bltn. oft miteinander verwachsen *(882b)* . . . . **Lonicera,** 363
— Stg. nicht windend, zuw. aber niederlgd. *3*
3. Blattspr. ganzrandig od. am Rand mit seichten Einschnitten . . *6*
— Blattspr. gelappt od. tief geteilt *4*
4. Blattstiel am Spreitengrd. mit napff. Drüsen; Blattspr. breit-eif., 3-lappig, mit borstenf., später abfallenden Nebenblätt. *(237)* . **Viburnum,** 363
— Blattstiel ohne napff. Drüsen *5*
5. Blattspr. stets 3–5-lappig, doppelt gesägt, buchtig gezähnt od. ganzrandig *(588–591)*; Fr. in 2 einsamige, geflügelte Nüßchen zerfallende Spaltfr. *(587)*; Bäume, selten Sträucher . . . . **Acer,** 229
— Blattspr. einunddesselben Zweiges (kräftige Schößlinge) z. T. gelappt *(238)*, z. T. ganzrandig, oft rundl. *(239)*; Fr. weiße Beeren; bis 1,5 m hoher Strauch . . . . **Symphoricarpos,** 363
6(3). Blattspr. am Rand gesägt, gekerbt, gezähnt *19*
— Blattrand glatt *7*
7. Auf Bäumen parasitierende kleine Sträucher mit gabelig verzweigten, grünrindigen Sprossen *(641)* . . . . **Loranthaceae,** 256
— Im Boden wurzelnde Pfl. *8*
8. Blätt. 5–7 mm lg., bis 2 mm breit, mit nach unten eingerollten Rändern; ledrig, wintergrün; niederlgd. Spalierstrauch der Hochalpen **Loiseleuria,** 311
— Blätt. größer, am Rand kaum umgerollt; aufrechte Sträucher . *9*
9. Blätt. 2–3 cm lg., längl. elliptisch, obersts. dk.-, untersts. mattgrün, wintergrün; Bltn. eingschl. . . . . **Buxus,** 257
— Blätt. größer als 3 cm; sommergrün *10*

[1] Bei *Rhamnus pumila* (S. 255) sind die Blätt. fast gegenst. angeordnet

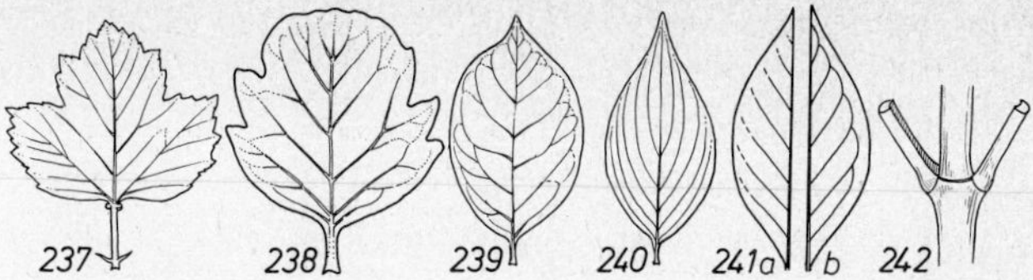

10. Blätt. in 3-zähligen Scheinquirlen, eif., längl.-stumpf; Bltn. napff., rötl., bis 1 cm breit . . . . **Kalmia,** 311
— Blätt. gegenst. ***11***
11. Pfl. höchstens bis 70 cm hoch; nichtblühende Stg. zuw. niederlgd. u. nur am Grd. verholzt; blühende Triebe aufrecht ***16***
— Pfl. meist höher als 1 m, mit aufrechten od. bogigen Ästen . . ***12***
12. Die stärksten Seitennerven bogenf. zur Spitze hinlaufend *(240)* **Cornus,** 236
— Die stärksten Seitennerven zum Blattrand hinlaufend u. allmählich aufhörend *(241a)* od. sich bogenf. mit dem nächst oberen Nerv vereinigend *(241b)* ***13***
13. Stielansatz eines Blattpaares durch eine Querlinie verbunden *(242)* ***15***
— Stielansatz nicht durch eine Querlinie verbunden ***14***
14. Blattstiel kurz (0,5 cm lg.); Spreite längl.elliptisch, mindestens 3-mal so lg. wie breit . . . . **Ligustrum,** 369
— Blattstiel länger; Spreite am Grd. herzf. *(56)*; Sprosse gabelig *(8)* verzweigt . . . . **Syringa,** 369
15(13). Blattspr. untersts. heller, an der Spitze stumpf od. abgerundet, einfach od. gelappt *(238–239)*, kahl; Fr. weiße Beeren **Symphoricarpos,** 363
— Blattspr. beidersts. gleichfarbig, ± zugespitzt, behaart od. kahl; Fr. rote od. blaubereifte Beeren (häufig Doppelbeeren) . . . . **Lonicera,** 363
16(11). Alle Blätt. kahl ***18***
— Blätt. behaart bis weißfilzig, wenigstens die basalen ***17***
17. Bltn. radiär, gelb od. weiß; Stbblätt. zahlr.; Stg. niederlgd. bis aufstgd., zuw. nur am Grd. verholzt . . . . **Helianthemum,** 267
— Bltn. zygomorph, blau bis violett, in 6- bis 10-bltg., übereinandersthd. Scheinquirlen; Stbblätt. 4; Halbstrauch mit aufstgd. od. aufrechten Trieben; Pfl. stark duftend; als Parfümpfl. angepflanzt . . **Lavandula,** 411
18(16). Blattspr. längl.-elliptisch, obersts. glzd., immergrün; Bltn. blau mit flach ausgebreiteten, gedrehten Zipfeln *(175)* . . . . **Vinca,** 357
— Blattspr. kreisrund, zuw. mit wenigen seichten Kerbzähnen, obersts. dk.-, untersts. bläul.grün; Blattstiele wimprig behaart; Bltn. einzeln od. zu 2 auf langem Stiel, nickend *(176)* . . . . **Linnaea,** 363
19(6). Blattzähne groß, weit (0,5–1,5 cm) voneinander entfernt *(248)* ***26***
— Blattzähne klein, dichtsthd. *(243–246)* ***20***
20. Pfl. stark duftend, 0,5–1 m hoch; Blattspr. lanzettl., jung weißfilzig; Bltn. blau, in 4- bis 10-bltg. Quirlen; Stg. nur an der Basis verholzt **Salvia,** 416
— Pfl. nicht stark duftend ***21***
21. Blattrand im unteren Drittel ganzrandig *(246)* ***25***
— Blattrand im unteren Drittel wenigstens mit vereinzelten Zähnen ***22***
22. Mittelnerv mit 3 Paaren kräftiger Seitennerven, die sich bogenf. nach der Blattspitze krümmen *(243)*; Zweigenden häufig in eine Dornspitze auslaufend; bei *Rhamnus pumila* (dornenloser Zwergstrauch der K-Alp.) Blätt. fast gegenst., häufiger aber wechselst. . . . . . **Rhamnus,** 255
— Mittelnerv mit mehr als 3 Paaren kräftiger Seitennerven ***23***

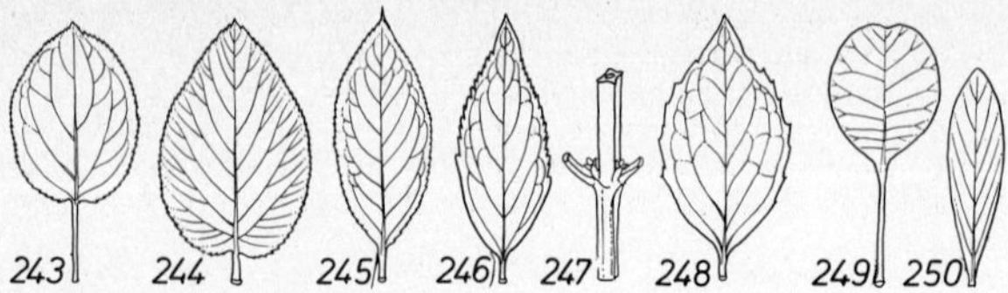

23. Blattspr. kaum zugespitzt, am Grd. ausgerandet, untersts. dicht behaart; Seitennerven stark hervortretend, sich zum Blattrand hin mehrmals gabelnd *(244)* . . . . **Viburnum,** 363

— Blattspr. deutl. zugespitzt *(245)* *24*

24. Blätt. kahl; Sprosse 4-kantig, oft schmal geflügelt; Bltn. klein, grünl. **Euonymus,** 254

— Blätt. untersts. auf den Nerven behaart; Bltn. groß, rot . . . **Weigela,** 364

25(21). Stielgrd. an der Sproßachse herablaufend *(247)*; Blätt. grob gezähnt *(246)*; Bltn. gelb, vor den Blätt. erscheinend . . . . . **Forsythia,** 369

— Stielgrd. nicht herablaufend; Blätt. lineal-lanzettl., feingesägt, untersts. blaugrün, z.T. gegen-, oft wechselst.; Bltn. in Kätzchen **Salix purpurea,** 297

26(19). Stielbasen eines Blattpaares durch eine Querlinie verbunden *(242)*; Blätt. *(248)* untersts. auf den deutl. hervortretenden Seitennerven behaart . . . . **Philadelphus,** 178

— Blattstielbasen nicht durch eine Querlinie verbunden, aber herablaufend *(247)*; Blätt. untersts. kahl . . . . **Forsythia,** 369

27(1). Blätt. 5- bis 7-zählig gefing. *(64)*; Bltn. in aufrechten Thyrsen; bis 15 m hohe Bäume . . . . **Aesculus,** 230

— Blätt. gefied. *28*

28. Fied. lg.gestielt; Rhachis u. Fiederstiele rankend . . . . . . **Clematis,** 157

— Fied. sitzend od. kurz gestielt *29*

29. Junge Zweige glatt, bläul. bereift; die meist 7 Fied. eines Blattes ungleich grob gesägt, bisw. fast ganzrandig; Bltn. eingschl., ohne Bltnhülle, meist vor den Blätt. erscheinend, 2-häusig; Fr. geflügelt **Acer negundo,** 229

— Junge Zweige nicht bläul. bereift; Fied. feiner und regelmäßiger gesägt *30*

30. Blätt. 7- bis 13-zählig gefied., ohne Nebenblätt.; junge Zweige graugrün od. braungrün; Knospenschuppen grau bis schwarz; Bltn. eingschl. od. ⚥ *(174 a–b)*, mit od. ohne Bltnhülle; Fr. geflügelt; bis 20 m hohe Bäume . . . . **Fraxinus,** 369

— Blätt. 5- bis 7-zählig gefied., mit kleinen, hinfälligen Nebenblätt., deren Narben sichtbar *31*

31. Junge Zweige glatt; Fied. sitzend, sehr fein gesägt; Bltn. in hgd. Rispen, gelbl.weiß; Fr. eine aufgeblasene Kapsel . . . . . . **Staphylea,** 230

— Junge Zweige ± warzig-höckerig; Fied. kurz gestielt, fein gesägt; Bltn. weiß od. grünl.gelb, in schirmf. Trugdolden od. kegelf. Rispen; Fr. schwarze od. rote Steinbeeren . . . . **Sambucus,** 362

XIc. Blätter wechselständig (zerstreut od. zweizeilig), mit glattem Rand

1. Blätt. untersts. rostrot *35*

— Blätt. untersts. nicht rostrot, zuw. aber beidsts. rotbraun beschuppt *2*

2. Blattspr. ohne Stiel bis 1,5 cm lg. *27*

— Blattspr. länger als 1,5 cm *3*

3. Blattspr. untersts. entw. samtart., mit weichem, abreibbarem, wolligem Filz od. weiß- bis weißgrau-schülferig ***22***
— Blattspr. beiderststs. grün, zuw. am Rand lg. absthd. behaart . . ***4***
4. Pfl. höchstens bis 40 cm hoch, selten höher *(Chamaedaphne)*, dann aber Blätt. wintergrün u. beiderststs. dicht rotbraun beschuppt . ***19***
— Pfl. meist größer als 40 cm; Blätt. selten wintergrün u. nicht rotbraun beschuppt ***5***
5. Blätt. untersts. gelb punktiert, am Rand lg. absthd. behaart; Bltn. hellrot, mit drüsiger Röhre, lg. gestielt, in endst. Dolden; bis 90 cm hoher Strauch der subalp. Zwergstrauchstufe, vorwgd. der K-Alp. **Rhododendron hirsutum,** 311
— Blätt. untersts. nicht gelb punktiert, höchstens in der Jugend am Rand behaart ***6***
6. Zweige meist überhgd., lg. u. dünn, oft mit Dornen; Bltn. rötl. **Lycium,** 378
— Zweige stets aufrecht od. windend ***7***
7. Stg. nicht windend ***9***
— Stg. windend ***8***
8. Bltn. einzeln, lg. gestielt, tabakspfeifenähnl.; Blätt. 2-zeilig, herzf., 10–25 cm breit . . . . **Aristolochia durior,** 170
— Bltn. in Rispen, weiß, klein; Blätt. wechselst., kleiner als 10 cm **Fallopia aubertii,** 349
9(7). Stg. breit geflügelt, geglied.; Blätt. 2-zeilig, rundl., behaart, hinfällig; Bltn. gelb, schmetterlingsf. . . . . **Chamaespartium,** 208
— Stg. nicht breit geflügelt u. nicht geglied. ***10***
10. Stg. fein gefurcht, zuw. mit Dornen; Bltn. gelb, schmetterlingsf. **Genista,** 208
— Stg. nicht fein gefurcht, nicht verdornt; Bltn. nicht schmetterlingsf. ***11***
11. Seitennerven kaum verzweigt u. stark hervortretend ***18***
— Seitennerven entw. deutl. verzweigt od. wenig hervortretend . ***12***
12. Blätt. lg. gestielt (2–5 cm); Spreite breit-eif., rundl., mit fast rechtwinkelig vom Mittelnerv abzweigenden, gegabelten Seitennerven *(249)*; Bltnstiele z. Frzt. fedrig behaart . . . . **Cotinus,** 228
— Blattstiel kürzer; Bltnstiele z. Frzt. nicht behaart ***13***
13. Blätt. selten breiter als 2 cm u. länger als 4 cm ***17***
— Blätt. breiter als 2 cm od. länger als 6 cm ***14***
14. Blätt. verkehrt- eif., längl., im oberen Drittel am breitesten *(250)*, winter- od. sommergrün; Bltn. gelbl.grün od. rot, selten weiß; Kblätt. blumenblattart.; Stbblätt. 8 *(173)* . . . . **Daphne,** 260
— Blattspr. in der Mitte od. am Grd. am breitesten ***15***
15. Blätt. krautig, sommergrün, eif.-lanzettl., zugespitzt, am Grd. oft herzf.; obere Stgblätt. zuw. spießf. od. 3-zählig, zerstr. behaart; Stg. nur an der Basis verholzt, kletternd od. niederlgd.; Bltn. blau; Fr. scharlachrote Beeren . . . . **Solanum dulcamara,** 379
— Blätt. wintergrün ***16***
16. Blätt. weich, die der blühenden u. nichtblühenden Triebe verschieden gestaltet, die der ersteren rautenf. *(251b)*, spiralig gestellt; die der letzteren mit herzf. Grd. 3- bis 5-lappig *(251a)*, mit handf. Nerven, 2-zeilig gestellt; Stg. mit Haftwurzeln kletternd . . . . **Hedera,** 236
— Blätt. sehr hart, mit stechender Spitze, am Rand oft stachelig gezähnt *(265)*; 3–8 m hoher Strauch . . . . **Ilex,** 254
17(13). Blattspr. verkehrt-eif., an der Spitze stumpf, untersts. blaugrün, mit stark hervortretender Nervatur, obersts. hell-mattgrün; Fr. eine blaubereifte Beere; bis 80 cm hoch . . . . . . **Vaccinium uliginosum,** 312
— Blattspr. zugespitzt, in der Mitte am breitesten, wenigstens in der Jugend behaart . . . . **Salix,** 292
18(11). Seitennerven etwas bogig, vor dem Spreitenrand deutl. nach

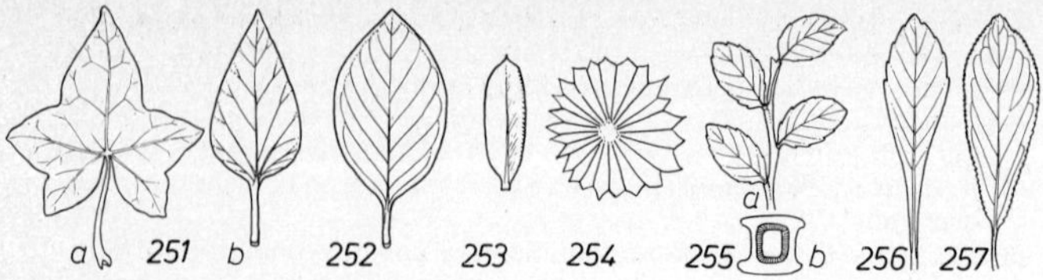

oben biegend *(252)*; Fr. eine anfangs rote, später schwarze, mehrsamige Steinfr.; Strauch . . . . **Frangula,** 255

— Seitennerven gerade, erst unmittelbar vor dem oft leicht gebuchteten Spreitenrand umbiegend *(271)*; Baum . . . . **Fagus,** 171

19(4). Blätt. entw. mit feinen bräunl. Schüppchen od. untersts. dunkel punktiert (Lupe!) ***21***

— Blätt. untersts. weder mit feinen Schüppchen noch dunkel punktiert ***20***

20. Blätt. längl.-lineal, mit aufgesetzter Stachelspitze *(253)*, fast sitzend, ledrig, immergrün; Bltn. groß, gelb od. zweifarbig gelbviolett, bzw. gelb-braun, mit 2 blumenblattart. ausgebildeten Kblätt. *(178)*; niederlgd., ausläuferbildender Halbstrauch . . **Polygala chamaebuxus,** 235

— Blätt. an der Spitze stumpf, zuw. ausgerandet, breit-verkehrt-eif., obersts. dk.grün, untersts. bläul.weiß, seidig behaart, mit hervortretendem, rotmaschigem Adernetz od. beidersts. grün, ohne rotes Adernetz; Bltn. in aufrechten Kätzchen; hochalp. Spaliersträucher **Salix,** 292

21(19). Blattspr. beidersts. braun-schülferig, wintergrün, 2–3 cm lg., eif.-lanzettl.; Blattspr. am Rand umgebogen, zuw. undeutl. gezähnt, bis 1 m hoher, meist aber niedriger (bis 40 cm hoher) Strauch mit rutenf. Ästen . . . . **Chamaedaphne,** 311

— Blattspr. nur untersts. braun punktiert, verkehrt-eif., an der Spitze stumpf, oft ausgerandet, am Rand umgebogen, wintergrün; bis 30 cm hoher Zwergstrauch mit unterirdischen Ausläufern **Vaccinium vitis-idaea,** 312

22(3). Seitennerven auch auf der Blattunterseite undeutl.; Blätt. schmal (5–7 mm breit u. 5–8 cm lg.), untersts. dicht weiß- od. grauschülferig; verdornter Strauch od. bis 6 m hoher Baum mit roten Fr. **Hippophaë,** 228

— Seitennerven auf der Blattunterseite deutl. ***23***

23. Blattspr. untersts. silberweiß von Sternhaaren *(254)*, obersts. graugrün, 4 bis 8 cm lg., 1–3 cm breit; Bltn. mit röhrig-glockigem, außen silbrigem, innen goldgelbem Achsenbecher . . . . **Elaeagnus,** 228

— Blattspr. untersts. nur mit einfachen Haaren (Lupe!) ***24***

24. Blätt. 8 bis 12 cm lg. u. 4 cm breit, in den zottig behaarten Stiel verschmälert, obersts. dk.grün, untersts. behaart; Nebenblätt. 1–2 mm groß, hinfällig; Bltn. groß, weiß bis rosa; dorniger, bis 3 m hoher Strauch . . . . **Mespilus,** 201

— Blätt. kleiner, selten bis 12 cm lg. u. dann untersts. weiß od. grauweiß ***25***

25. Blattspitze oft zurückgekrümmt; Spreite am Rand zuw. umgerollt u. dann lg. u. schmal, häufig wellig; Nebenblätt. oft früh abfallend **Salix,** 292

— Blattspr. an der Spitze abgerundet od. mit ganz kurzer, gerader Spitze, am Rand nie umgerollt od. wellig, meist nicht viel länger als breit ***26***

26. Blätt. breit-eif., bis 10 cm lg. u. 7,5 cm breit; Nebenblätt. verkehrt-eilängl., bis 12 mm lg.; Bltn. einzeln, weiß od. rosa; bis 8 m hoher Baum . . . . **Cydonia,** 199

— Blätt. kleiner; Nebenblätt. pfrieml.; Bltn. in wenigbltg. Trauben; bis 2 m hohe Sträucher . . . . **Cotoneaster,** 202

27(2). Stg. niederlgd., sich nur wenige Zentimeter über den Boden erhebend ***32***

— Stg. aufrecht, höher ***28***

28. Blattspr. am Rand deutl. umgerollt ***31***

— Blattspr. am Rand nicht umgerollt ***29***

29. Blattspr. derbledrig, wintergrün, am Rand mit weißen, borstenf. Haaren; Bltn. groß, hellrosa; Zwergstrauch der subalp. Reg. **Rhodothamnus,** 311

— Blätt. nicht wintergrün, am Rand ohne borstenf. Haare ***30***

30. Blätt. einfach od. 3-zählig gefied., klein, hinfällig; Stg. kantig, grün, rutenf.; Bltn. groß, gelb, schmetterlingsf.; 60–120 cm hoher Strauch **Sarothamnus,** 209

— Blätt. alle einfach;Bltn. gelb, schmetterlingsf.; Sträucher, selten über 60 cm hoch . . . . **Genista,** 208

31(28). Blätt. untersts. weißl., 1–3 mm breit; Bltn. kugelig-eif., hellrosa, nickend; Hochmoorpfl. . . . . **Andromeda,** 311

— Blätt. untersts. grün, mit feinen, dunklen Punkten, 5–10 mm breit, derb, wintergrün; Fr. rote Beeren . . . . **Vaccinium vitis-idaea,** 312

32(27). Stg. fadenf., kriechend; Blätt. obersts. dk.grün, untersts. blaugrün, am Rand umgerollt; Bltn. rot, 4-zählig, mit zurückgeschlagenen Blkrblätt.; Hochmoorpfl. . . . . **Vaccinium oxycoccus,** 312

— Stg. dicker, nicht fadenf. u. kriechend ***33***

33. Blätt. untersts. seidenhaarig; Bltn. gelb, schmetterlingsf., in verlängerten Trauben . . . . **Genista pilosa,** 208

— Blätt. untersts. nicht seidenhaarig ***34***

34. Blätt. bis 0,5 cm breit, mit aufgesetztem Stachelspitzchen, ledrig, oft an den Stgspitzen gehäuft; Bltn. rot od. hellrot gestreift, wohlriechend; Kblätt. blumenblattart.; Stbblätt. 8 *(173)* . . . . **Daphne,** 260

— Blätt. breiter, derb, glzd., immergrün, an der Spitze stumpf od. leicht ausgerandet; Bltn. mit K. u. weißer od. rötlicher, ei-krugf. Blkr. **Arctostaphylos uva-ursi,** 311

35(1). Blätt. lineal-lanzettl., am Rand umgerollt, wintergrün; Bltn. weiß, mit sternf. ausgebreiteter, fast bis zum Grd. geteilter Blkr. *(772)* **Ledum,** 310

— Blätt. eif., bis 1 cm breit, am Rand schwach umgerollt, wintergrün; Bltn. dk.rot, mit trichterf. Blkr. . . . . . **Rhododendron ferrugineum,** 311

XI d. Blätter wechselständig (zerstreut oder zweizeilig); Blattspreite mit gesägtem, gezähntem oder gekerbtem Rand

1. Blätt. der Langtriebe zu 3-teiligen od. einfachen Dornen *(68)* umgebildet, in ihren Achseln rosettig beblätterte Kurztriebe *(425a);* deren Blätt. derb, eif.-lanzettl., am Rand stachelig gezähnt; Bltn. gelb, in Trauben . . . . **Berberis,** 166

— Blätt. der Langtriebe nicht zu Dornen umgebildet ***2***

2. Blattspr. (ohne Stiel) länger als 4 cm ***15***

— Blattspr. (ohne Stiel) kürzer als 4 cm ***3***

3. Zweige grün, scharfkantig *(255b);* Blätt. eif. *(255a);* Bltn. krugf., rötl.; Fr. blau bereifte Beeren mit rotem Saft; bis 50 cm hoher Zwergstrauch mit unterirdischen Ausläufern . . . . **Vaccinium myrtillus,** 312

— Zweige nicht scharfkantig ***4***

4. Niederlgd. Spalierstrauch der Felsspalten der K-Alp. mit knorrigem

Zweigsystem; Blätt. wechselst., an den Triebspitzen gehäuft u. hier fast gegenst.; Blattspr. 1,5–2,5(–6) cm lg., mit kurzem Stiel **Rhamnus pumila,** 255

— Pfl. ± weniger aufrecht, wenn spalierstrauchart. wachsend, dann nicht in Felsspalten der K-Alp. ***5***

5. Blattspr. nur an der Spitze gezähnt, zur glatten Basis hin verschmälert *(256),* mit Harzdrüsen, stark duftend; Bltn. eingeschl., in kurzen Ähren; Sträucher der Heidemoore . . . . **Myrica,** 176

— Blattspr. am ganzen Rand gezähnt od. gekerbt ***6***

6. Blattspr. untersts. mit bleichgelben Drüsenschuppen; Rand schwach umgebogen, seicht gekerbt, mit langen, weißen Borstenhaaren; Bltn. rosarot; subalp. Zwergstrauch . . . . **Rhododendron hirsutum,** 311

— Blattspr. untersts. nicht gelb punktiert ***7***

7. Strauch mit Kurztriebdornen u. schwärzl. Rinde; Blattspr. zugespitzt, gegen den Grd. verschmälert *(257);* Bltn. einzeln od. zu 2; Fr. eine kugelige, blau bereifte Steinfr. . . . . **Prunus spinosa,** 203

— Zweige nicht verdornt; Rinde nicht schwärzl. ***8***

8. Blattspr. zugespitzt ***13***

— Blattspr. an der Spitze stumpf od. abgerundet ***9***

9. Höhere Sträucher mit aufrechten Ästen ***11***

— Niederlgd., z. T. mit unterirdischen Ausläufern versehene hochalp. Zwergsträucher ***10***

10. Pfl. mit unterirdischen Ausläufern; jeder Laubtrieb nur mit 2, fast kreisrunden Blätt. *(740)* . . . . **Salix herbacea,** 293

— Pfl. ohne unterirdische Ausläufer; Blätt. an jedem Laubtrieb zu mehreren, am Grd. lg. bewimpert, beidersts. netznervig; Fr. schwarzblaue Beeren . . . . **Arctostaphylos alpina,** 311

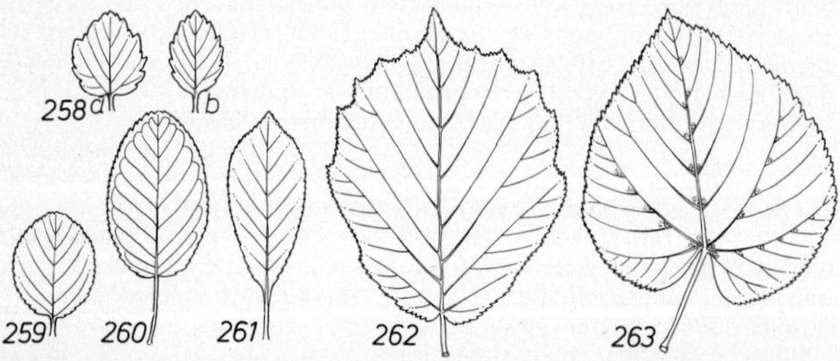

11(9). Blattstiel 1–2 cm lg.; Spreite untersts. anfangs wollfilzig behaart, später kahl, am Rand fein gekerbt, am Grd. seicht herzf. *(260);* Blkrblätt. schmal, weiß; Fr. schwarzblau; bis 3 m hoher Strauch **Amelanchier,** 202

— Blattstiel kürzer; Spreite untersts. nicht filzig ***12***

12. Blätt. rundl. *(258a)* od. eif., stumpf gekerbt od. ungleich doppelkerbig gesägt *(258b);* Seitennerven fast geradlinig in die Zähne verlaufend; Bltn. in Kätzchen; 0,5–2 m hohe Sträucher der Moore . . . . **Betula,** 172

— Blätt. verkehrt-eif. bis elliptisch, fein gesägt *(261);* Seitennerven vor dem Blattrand endend; Bltn. zu 2–5 an Kurztrieben, weiß; bis 1 m hoher, ausläuferbildender Strauch . . . . **Prunus fruticosa,** 204

13(8). Blattspr. am Grd. herzf., mit od. ohne Drüsen; Stiel 1–2 cm lg.; Bltn. weiß, zu 4–12 in Doldentrauben *(533)* . . . . **Prunus mahaleb,** 203

— Blattspr. nach dem Grd. verschmälert, untersts. mit hervortretenden Nerven ***14***

14. Blattspr. derb-ledrig, beidersts. kahl, längl.-verkehrt-eif.; Bltn. in weißfilzigen Trugdolden; 1–3 m hoher Strauch der subalp. Reg. **Sorbus chamaemespilus,** 200

— Blattspr. nicht ledrig, unterssts. meist grauweiß; Blattspitze oft zurückgekrümmt . . . . **Salix,** 292

15(2). Die ersten kräftigen Seitennerven etwas oberhalb der Spreitenbasis entspringend *(261, 265, 266, 272)* ***19***

— 2–5 kräftige (bei *Carpinus* auch schwächere) Seitennerven unmittelbar an der Spreitenbasis entspringend *(262–264)* ***16***

16. Blattstiel meist länger als 2 cm ***17***

— Blattstiel nicht länger als 2 cm ***16a***

16a. Blattspr. rundl.-verkehrt-eif., zugespitzt, Rand doppelt gesägt, häufig schwach asymmetrisch *(262)*, beidsts. behaart . . . . **Corylus,** 174

— Blattspr. längl.-lanzettl., Rand scharf gesägt; Zähne der Nervenenden größer als die übrigen, obersts. kahl, untersts. vor allem am Mittelnerv u. in den Nervenwinkeln schwach behaart; Nerven obersts. vertieft, untersts. hervortretend . . . . **Carpinus,** 174

17(16). Blattspr. untersts. in den Nervenwinkeln mit weißen od. braunen Haarbüscheln od. weißfilzig u. dann mit rundem Blattstiel; Spreite am Grd. tief herzf., ungleichhälftig (asymmetrisch, *263*) . . . . **Tilia,** 308

— Blattspr. untersts. in den Nervenwinkeln ohne Haarbüschel, wenn weißfilzig, dann Blattstiel seitl. zusammengedrückt ***18***

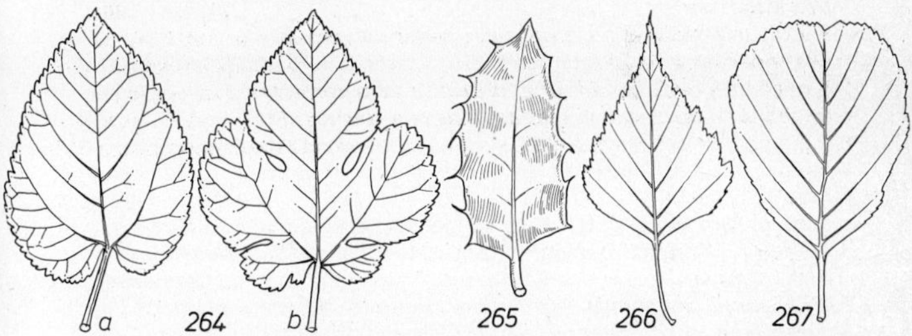

18. Blattstiel seitl. zusammengedrückt od. im Querschnitt 4-eckig; Spreite elliptisch, herzf. od. eif., zuw. untersts. weiß od. grau . . . **Populus,** 291

— Blattstiel seitl. nicht zusammengedrückt od. 4-eckig; Spreite eif.-rundl., zuw. buchtig gelappt *(264a–b)*, grob gezähnt, am Grd. herzf., beidersts. od. nur untersts. rauhhaarig . . . . **Morus,** 175

19(15). Blätt. nicht ledrig u. nicht wintergrün ***21***

— Blätt. ledrig, wintergrün ***20***

20. Blattspr. am Rand wellig u. häufig stachelig gezähnt *(265)*; Bltn. klein, weiß, in achselst. Büscheln; rote, mehrsamige Steinfr. . . . . . **Ilex,** 254

— Blattspr. am Rand nur entfernt klein gesägt; Bltn. in achselst., 10–12 cm langen Trauben . . . . **Prunus laurocerasus,** 202

21(19). Seitennerven 1. Ordnung, den Blattrand nicht erreichend, sich vorher entw. bogenf. vereinigend od. sich in dünnere Seitennerven gabelnd *(244–245)* ***33***

— Seitennerven 1. Ordnung meist geradlinig bis in die Blattzähne verlaufend ***22***

22. Blattspr. 3-eckig od. schief 4-eckig, grob gesägt, lg.gestielt *(266, 459, 460)* . . . . **Betula,** 172

— Blattspr. nicht 3- od. 4-eckig ***23***

23. Blattspr. rundl., an der Spitze oft ausgerandet, am Grd. verschmälert *(267)*, obersts. kahl . . . . **Alnus glutinosa,** 173

— Blattspr. länger als breit ***24***

24. Blattspr. 10–20 cm lg., am Rand lg.stachelspitzig gezähnt *(268);* Blätt. 2-zeilig . . . . **Castanea,** 171

— Blattspr. kürzer als 10 cm ***25***

25. Blattspr. kaum asymmetrisch (beide Spreitenhälften gleich groß) ***27***

— Blattspr. stark asymmetrisch (Spreitenhälften ungleich groß, *269*) ***26***

26. Borke des Stammes rissig; Blätt. 2-zeilig; Blattspr. am Rand doppelt gesägt *(269);* Bltn. alle zwittrig, in Büscheln am vorjährigen Holz, vor den Blätt. erscheinend; Fr. eine ringsum breit geflügelte Nuß *(463–464)* . . . . **Ulmus,** 174

— Borke des Stammes glatt; Blattspr. am Rand einfach gesägt; Bltn. männl. u. zwittrig, einzeln, zusammen mit den Blätt. am diesjährigen Holz erscheinend; Fr. eine orangefarbige bis violettbraune Steinfr. **Celtis,** 175

27(25). Blattspr. lg. u. schmal zugespitzt *(270),* an der Spitze oft 3-lappig, unterstS. behaart . . . . **Prunus triloba,** 203

— Blattspr. nicht lg. u. schmal zugespitzt ***28***

28. Blattspr. unterstS. weiß od. grau ***32***

— Blattspr. unterstS. grün ***29***

29. Kalkmeidender Strauch der Krummholzregion der Alp. u. höheren Mittelgeb.; ♂Bltn. in Kätzchen, erst nach den herb riechenden Blätt. erscheinend; Blattspr. eif.-spitz, beiderSts. grün, kahl, am Rand doppelt scharf gesägt . . . . **Alnus viridis,** 173

— Bäume u. Sträucher nicht der alp. Krummholzregion ***30***

30. Seitennerven bogig verlaufend, die unteren den Blattrand meist nicht erreichend; Blattrand bis über die Mitte grob gezähnt . . . . **Spiraea,** 189

— Seitennerven geradlinig bis zum Blattrand verlaufend ***31***

31. Blattspr. nur schwach wellig gerandet od. entfernt klein gezähnt, jederSts. mit 5–8 Seitennerven *(271);* Knospen spindelf.; Äste braungrau . . . . **Fagus,** 171

— Blattspr. am Rand scharf doppelt gesägt, jederSts. mit 10–15 Seitennerven *(272);* Blätt. 2-zeilig; Nußfr. mit 3-teiliger *(Carpinus)* od. sackf. Hülle *(Ostrya)* . . . . **Corylaceae,** 171

32(28). Blattspr. zugespitzt, am Grd. abgerundet od. schwach herzf., jederSts. mit 8–13 Seitennerven *(273),* unterstS. graufilzig, später verkahlend; Rinde glzd.-weißgrau . . . . **Alnus incana,** 173

— Blattspr. an der Spitze stumpf, am Rand ungleichmäßig doppelt gesägt *(274),* unterstS. weißfilzig; junge Triebe weißfilzig, später braunrot . . . . **Sorbus aria,** 200

33(21). Blattspr. am ganzen Rand mit Einschnitten ***37***

— Blattspr. wenigstens im unteren Drittel am Rand glatt, sonst gezähnt ***34***

34. Blattspr. bis 12 cm lg. u. 4 cm breit, unterstS. weichhaarig; Nebenblätt. meist nur 1–2 mm groß, hinfällig . . . . **Mespilus,** 201

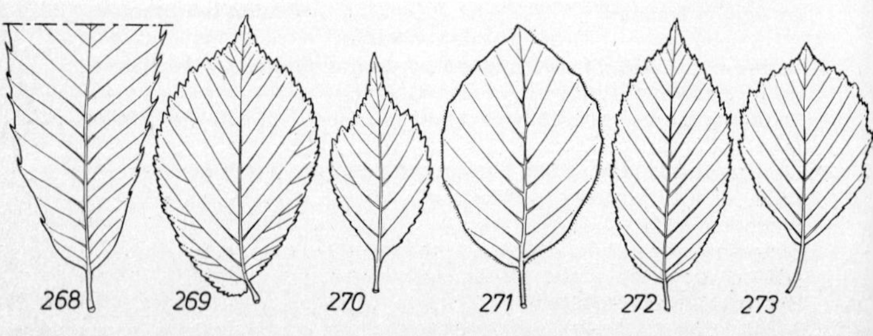

— Blattspr. schmäler u. kürzer ***35***

35. Ganze Pfl. stark duftend; Äste dk.braun; Blattspr. am Rand oberw. grob gesägt *(256)*; 2-häusiger Strauch in Flachmooren, vorwgd. im NW . . . . **Myrica,** 176

— Ganze Pfl. geruchlos ***36***

36. Bltn. zwittrig, in endst., weißfilzig behaarten Rispen; Fr. kugelig, scharlachrot; 1–3 m hoher Strauch der subalp. Reg. **Sorbus chamaemespilus,** 200

— Bltn. eingschl., in achselst. Kätzchen; Kapselfr. mit behaarten Samen; Nebenblätt. groß, oft früh abfallend . . . . **Salix,** 292

37(33). Blattstiel seitl. zusammengedrückt, sehr lg.; Blattspr. 3- bis 4-ekkig, die größeren meist über 8 cm breit . . . . **Populus,** 291

— Blattstiel seitl. nicht zusammengedrückt; Spreite selten bis 8 cm breit ***38***

38. Blattstiel kürzer als die halbe Länge der Spreite ***42***

— Blattstiel so lg. od. länger als die halbe Länge der Spreite ***39***

39. Blätt. klein (im Durchschnitt 4–5 cm lg.), am Rand fein gezähnt; Bltn. zu 4–12 in Doldentrauben . . . . **Prunus mahaleb,** 203

— Blätt. im Durchschnitt länger als 4–5 cm ***40***

40. Mittelnerv beidersts. mit zahlr. wenig hervortretenden Seitennervenpaaren; Blattstiel etwa so lg. wie die untersts. bläul.grüne Spreite **Pyrus,** 199

— Mittelnerv beidersts. mit 3–7 stärker hervortretenden Nerven; Blattstiel kürzer als die Spreite ***41***

41. Äste kahl, glzd.grün bis rot; Blattstiel 2–3 cm lg., mit mehreren großen Drüsen; Blattspr. bis 10 cm lg., rundl.-eif., plötzl. zugespitzt, kahl **Prunus armeniaca,** 203

— Äste jung zottig behaart; Blattspr. eif., kurz zugespitzt, anfangs untersts. dicht behaart; Blattstiel ohne Drüsen . . . . **Malus,** 199

42(38). Blätt. untersts. weiß od. grauweiß . . . . **Salix,** 292

— Blätt. untersts. grün ***43***

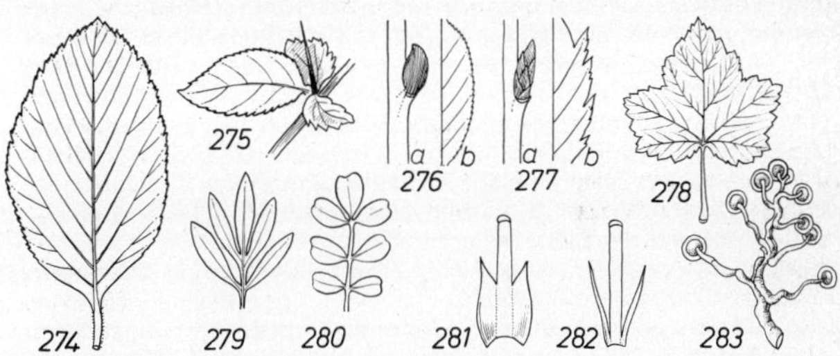

43. Sparrig verzweigter Strauch mit Kurztriebdornen; Blattspr. scharf gesägt, obersts. glzd.-dk.grün, untersts. hellgrün, mit großen, eirundl., gesägten Nebenblätt. *(275)*; Bltn. rot . . . . **Chaenomeles,** 199

— Pfl. ohne Kurztriebdornen ***44***

44. Winterknospen nur mit einer Knospenschuppe *(276a)*; Blattrand fein u. gleichmäßig gesägt *(276b)*; junge Zweige glatt, hellgrün, rot od. rotbraun . . . . **Salix,** 292

— Winterknospen mit mehreren, dachig angeordneten Schuppen *(277a)*; Blattrand meist ungleichmäßig gesägt *(277b)*; Stiel oft mit Drüsen; Pfl. zuw. mit Dornen . . . . **Prunus,** 202

XIe. Blätter wechselständig (zerstreut od. zweizeilig); Spreite ± tief gebuchtet, gelappt, gefiedert od. gefingert

1. Blattspr. zusammengesetzt (gefied. od. gefing.) *14*
— Blattspr. einfach (gelappt od. gebuchtet) *2*
2. Sprosse rankend od. kletternd *12*
— Sprosse aufrecht od. niederlgd., aber nicht rankend od. kletternd *3*
3. Pfl. mit Kurztriebdornen in den Blattachseln (*10,* D) od. Stacheln (*11,* St) *11*
— Pfl. ohne Dornen u. Stacheln *4*
4. Blattspr. groß (über 10 cm breit), lg. gestielt, 3- bis 7-lappig, am Grd. quer abgestutzt od. schwach herzf.; Borke in größeren Stücken abblätternd; Stämme dadurch grünl., gelbl. od. bräunl. gefleckt **Platanus,** 171
— Blätt. kleiner *5*
5. Seitennerven handf. angeordnet (am Spreitengrd. entspringen 2–4 kräftige Seitennerven; *278*) *7*
— Seitennerven fiedrig angeordnet (*274,* die ersten Seitennerven entspringen einige mm oberhalb des Spreitengrd.) *6*
6. Blattspr. stumpf od. spitz gebuchtet, aber am Rand glatt *(40)* [nur bei nordamerik. Arten sind die Lappen spitz u. grob gezähnt *(451–452)*]; Fr. in Bechern sitzende Nüsse (Eicheln, *446*) . . . . **Quercus,** 171
— Blattspr. am Rand spitz gelappt od. gezähnt . . . . **Sorbus,** 200
7(5). Blätt. untersts. weißfilzig . . . . **Populus alba,** 291
— Blätt. untersts. grün *8*
8. Pfl. von strauchf. Wuchs; Blattspr. gelappt *10*
— Pfl. von meist baumf. Wuchs *9*
9. Blätt. beidersts. od. nur obersts. rauhhaarig; neben Blätt. mit tief gelappter, am Rand grob gesägter Spreite auch einfache, ungeteilte Blätt. (beide zuw. an einem Ast, *264a–b*); Fr. weiße od. dk.violette, beerenart. Sammelfr. . . . . **Morus,** 175
— Blätt. beidersts. kahl od. untersts. nur in den Nervenwinkeln behaart; Spreite gebuchtet bis tief fiedspaltig, mit zugespitzten od. grob gezähnten Lappen *(451–452);* Fr. eine in einem Becher sitzende Nuß (Eichel, *446*) . . . . **Quercus,** 171
10(8). Mittellappen der Spreite länger als die seitl. . . . . **Spiraea,** 189
— Mittellappen der Spreite kaum länger als die seitl. *(278)* . . . . **Ribes,** 177
11(3). Unterhalb der Blätt. einfache od. 3-teilige, kräftige Stacheln; dünnere Stacheln zuw. über die ganzen Äste verteilt . . **Ribes uva-crispa,** 177
— In den Achseln der Blätt. (jedoch nicht in allen) einfache Kurztriebdornen *(10)* . . . . **Crataegus,** 201
12(2). Sprosse ohne Sproßranken, mit sproßbürtigen Wurzeln (Haftwurzeln) an Bäumen od. Mauern emporstgd.; Blätt. der Jugendform meist 5-lappig *(251 a),* 2-zeilig; jene der Altersform eif. *(251 b),* ganzrandig, spiralig gestellt, immergrün; Nervennetz weißl. hervortretend; Bltn. in Dolden; Fr. schwarze Beeren . . . . **Hedera,** 236
— Sprosse mit Sproßranken, diese zuw. mit Haftscheiben *13*
13. Ranken ohne Haftscheiben; Blätt. gelappt mit ungleich gezähnten Lappen; Kulturpfl. . . . . **Vitis,** 255
— Ranken mit Haftscheiben *(283);* Blätt. 3-teilig eingeschnitten od. 5- bis 7-zählig gefing.; Zierpfl. . . . . **Parthenocissus,** 255
14(1). Blätt. 3-zählig od. gefing. *27*
— Blätt. mehrzählig gefied. od. gefing. *15*
15. Fied. gesägt od. gezähnt *22*
— Fied. ganzrandig od. nur am Grd. mit wenigen Zähnen *16*

16. Blätt. paarig gefied. (zwischen dem obersten Fied.paar ist die verkümmerte Endfied. als kleine Stachelspitze sichtbar, *61*) . . . . **Caragana,** 217
— Blätt. unpaarig gefied. (mit Endfied., *280*) ***17***
17. Fied. im Durchschnitt über 8 cm lg. ***21***
— Fied. wesentl. kleiner ***18***
18. Endfied. sitzend od. kurz gestielt *(279–280)* ***20***
— Endfied. mit längerem Stiel ***19***
19. Nebenblätt. klein, bald vertrocknend; Blätt. mit 3–5 Paaren verkehrteif., kurz gestielter Fied.; Bltn. schmetterlingsf., gelb, mit rotbrauner Fahne . . . . **Colutea,** 217
— Nebenblätt. verdornend u. erhalten bleibend *(19)*; Blätt. mit 4–10 Paaren elliptischer, 1–4 mm lg. gestielter Fied.; Bltn. weiß od. rot **Robinia,** 217
20(18). Oberste Seitenfied. an der Blattrhachis herablaufend *(279)*; Fied. untersts. stark behaart . . . . **Potentilla fruticosa,** 191
— Oberstes Seitenfied.paar nicht an der Blattrhachis herablaufend *(280)*, kahl . . . . **Coronilla emerus,** 217
21(17). Fied. am Grd. mit einigen Zähnen, in 6–12 Paaren; Blätt. bis 90 cm lg. . . . . **Ailanthus,** 228
— Fied. am Grd. ohne Zähne, ganzrandig, meist in 3–9 Paaren; Blätt. kleiner, aromatisch duftend . . . . **Juglans,** 176
22(15). Fied. jedersts. mit 6–9 stacheligen Zähnen, glzd., steif, wintergrün . . . . **Mahonia,** 166
— Fied. ohne stachelige Zähne, sommergrün, krautig ***23***
23. Blätt. meist mit 5 u. mehr Paaren von Fied. ***26***
— Blätt. in der Regel mit weniger als 5 Paaren von Fied. od. mehrzählig gefing. ***24***
24. Stg. mit Ranken, deren Enden zu Haftscheiben umgebildet sind *(283)*; Blätt. 5- bis 7-zählig gefing. od. 3-teilig eingeschnitten **Parthenocissus,** 255
— Stg. ohne Ranken, aber fast stets mit Stacheln; Blätt. gefied. . ***25***
25. Nebenblätt. zumeist hoch mit dem Blattstiel verwachsen *(281)*; Blätt. gefied.; Bltnachse vertieft *(127b)* . . . . **Rosa,** 196
— Nebenblätt. frei, fädl. *(282)*; Blätt. gefied. od. gefing.; Bltnachse kegelf. aufgewölbt; schwarze od. blaubereifte Sammelfr. . . . . **Rubus,** 198
26(23). Zweige braun-zottig; Blätt. bis zu 90 cm lg. . . . . **Rhus,** 228
— Zweige zuw. behaart, aber nicht braun-zottig; Blätt. kleiner . **Sorbus,** 200
27(14). Rand der Fied. gesägt ***30***
— Rand der Fied. glatt ***28***
28. Zweige kantig, gefurcht, rutenf., grün; Blätt. 3-zählig, die oberen einfach, hinfällig; Bltn. gelb, schmetterlingsf. . . . . . . **Sarothamnus,** 209
— Zweige rund, nicht gefurcht ***29***
29. Alle Blätt. 3-zählig; Sprosse völlig verholzt; Bltn. gelb, schmetterlingsf., in langen hgd. Trauben . . . . **Laburnum,** 208
— Außer 3-zählig gefied. Blätt. auch einfache mit spießf. bis geöhrter Spreite; Stg. meist nur am Grd. verholzt, windend; Bltn. violett; Fr. glzd.-rote Beeren . . . . **Solanum dulcamara,** 379
30(27). Fied. bis 2 cm lg.; Zweige meist verdornt . . . . **Ononis,** 209
— Fied. länger als 2 cm ***31***
31. Stg. u. Blattstiele meist mit Stacheln; Nebenblätt. vorhanden *(282)* **Rubus,** 198
— Stg. u. Blattstiele stachellos; Nebenblätt. meist fehlend . . . . **Rhus,** 228

TABELLE XII

Kräuter u. Stauden mit wechsel- od. gegen-, z. T. grundständigen, gefiederten, gefingerten, gebuchteten od. gelappten Blättern

1. Stg. windend od. rankend ***83***
— Stg. weder windend noch rankend ***2***
2. Blätt., Stg. od. Bltnstand bestachelt ***81***
— Pfl. stachellos, zuw. aber borstig behaart, wenn Blätt. stachelig, dann Bltn. eingschl. u. 2-häusig ***3***
3. Blätt. gefing. *(64–65)* ***68***
— Blätt. gefied. *(59–63),* fußf. gefied. *(66),* gebuchtet *(40)* od. gelappt *(41, 44)* ***4***
4. Blätt. gegenst. *(12c)* od. quirlst. *(12d),* zuw. nur die oberen od. unteren ***53***
— Blätt. wechselst. [zerstr. *(12b),* 2-zeilig *(12a)*] od. in grdst. Rosette ***5***
5. Bltn. nicht in Dolden ***7***
— Bltn. in einfachen od. zusammengesetzten, bisweilen kopff. zusammengezogenen Dolden *(101, 106)* ***6***
6. Bltn. ziemlich klein; Randbltn. der Döldchen zuw. vergr. und zygomorph (strahlend); Stbblätt. 5; Frkn. 2-blättrig mit 2 Gr.; Fr. eine 2-teilige Spaltfr. . . . . **Apiaceae,** 237
— Bltn. groß, bis 2 cm breit, in wenigstrahligen Dolden; Blkrblätt. 4; Stbblätt. zahlr.; Fr. eine oberst., verlängerte, schotenähnl., 2-blättrige Kapsel; Pfl. mit orangefarbigem Milchsaft *(Chelidonium)* **Papaveraceae,** 167
7(5). Bltnlose (Sporen-)Pfl. mit entw. nur 1 Blatt *(Botrychium, 309–313)* od. mehreren, grdst. od. wechselst. Blätt. (Wedel); Sporangien in Sori auf der Unterseite der Blätt. od. an besonderen Blattabschnitten *(Osmunda)* . . . **Ophioglossaceae, Osmundaceae, Polypodiales,** 135, 136
— Bltnpfl. mit mehreren Blätt. ***8***
8. Bltn. ⚥, wenn eingschl., dann Pfl. 1-häusig ***10***
— Bltn. eingschl. (wenigstens teilw.); Pfl. 2-häusig ***9***
9. Bltn. in großen, mehrfach verzweigten, oft überhgd. Bltnständen; die ♀ Bltn. rein weiß, die ♂ gelbl.weiß; Blätt. unterbrochen gefied.; Pfl. der montanen Region . . . . *(Aruncus)* **Rosaceae,** 186
— Bltn. in walzl. Köpfchen, die von einem Involucrum umgeben sind *(987),* blaßviolett, selten weiß; Blätt. gelappt, am Rand stachelig gezähnt, Ackerunkraut . . . . *(Cirsium arvense)* **Asteraceae,** 428
10(8). Blätt. an der Basis des Stg. ± rosettig gehäuft, aus der Rosette zuw. rosettenbildende Ausläufer treibend; Bltn. einzeln od. Infloreszenzstg. mit einfacheren Laubblätt., bzw. mit Schuppenblätt. od. blattlos ***48***
— Blätt. an der Stg.-Basis nicht auffallend rosettig gehäuft; Infloreszenzstg. auch über dem Grd. mit Laubblätt. ***11***
11. Bltn. grünl. od. grünl.gelb, blaßgelb, aber nicht reingelb ***42***
— Bltn. andersfarbig ***12***
12. Zahlr. Bltn. in Köpfchen, walzenf. Ähren od. Dolden *(192–194),* die zuw. eine Einzelblüte vortäuschen ***38***
— Bltn. in anders gestalteten Bltnständen od. einzeln ***13***
13. Bltn. mit 1 od. mehreren Spornen ***34***
— Bltn. nicht gespornt ***14***
14. Stbblätt. zahlr. (mehr als 10) ***29***
— Stbblätt. höchstens 10 . . . . ***15***
15. Bltn. zygomorph (unregelmäßig, *76–77*) ***26***
— Bltn. radiär (regelmäßig, *74*) ***16***
16. Blkr. 4-blättrig od. 4-zipfelig (nur bei *Ruta, Punkt **24*** sind die Endbltn. eines Dichasiums 5-zählig) ***23***

— Blkr. 5-blättrig, frei od. 5-zipfelig; Blkrblätt. dann zu einer Röhre verwachsen *(81–82)* ***17***

17. Stg. fädig, schlaff, niederlgd.; Blätt. lg. gestielt; Spreite herzf.-rundl., 5-lappig, mit breit 3-eckigen, kurz bespitzten Lappen; Bltn. blau **Wahlenbergia,** 427

— Stg. aufrecht, nicht fädig dünn; Blätt. nicht 5-lappig ***18***

18. Bltn. in schneckenf. eingerollten Wickeln, blau; Blätt. gefied., mit tief eingeschnittenen Seitenfied.; Pfl. borstig behaart . . . . . **Phacelia,** 371

— Bltn. nicht in schneckenf. eingerollten Wickeln, blau od. andersfarbig; Blattspr. einfach gefied., unterbrochen gefied. *(63)* od. gelappt ***19***

19. Blattspr. einfach gefied.; Bltn. blau, fast radf., mit abw. gerichteten Stbblätt., in reichbltg. Bltnständen . . . . **Polemonium,** 371

— Blattspr. unterbrochen gefied. ***20***

20. Stbbeutel kegelf. zusammenneigend *(232)* . . . . **Solanaceae,** 378

— Stbbeutel frei, nicht kegelf. zusammenneigend ***21***

21. Bltn. weiß od. cremeweiß, klein, in reichbltg. Trichterrispen *(107)* **Filipendula,** 189

— Bltn. nicht weiß, nicht in Trichterrispen ***22***

22. Bltn. mit 6- bis 10-spaltigem, sich z. Frzt. vergrößerndem Außenk., gelb . . . . **Aremonia,** 190

— Bltn. ohne sich zur Frzeit vergrößernden Außenk., in traubigen Bltnständen; Kbecher gefurcht, am oberen Rand bestachelt *(491–492);* Bltn. teilw. mit mehr als 10 Stbblätt. . . . . . . **Agrimonia,** 190

23(16). Stbblätt. 2 . . . . **Veronica,** 386

— Stbblätt. 4, 6, 8 od. 10 . . . . ***24***

24. Bltn. in Dichasien, die Seitenbltn. 4-, die Endbltn. des Dichasiums 5-zählig; Blkrblätt. gelb (nur an Bltnknospen gelbgrün), löffelf. ausgehöhlt u. kapuzenf. eingekrümmt *(583–584),* drüsig punktiert; Stbblätt. 8 od. 10; Blätt. 2- bis 3-fach gefied., blaugrün, kahl, aromatisch riechend . . . . **Ruta,** 228

— Bltn. nicht in Dichasien; Stbblätt. 4 od. 6; Blätt. nicht aromatisch riechend ***25***

25. Stbblätt. 4; Blkrblätt. am Grd. mit 4 schuhf. Honigblätt. *(217)* **Epimedium,** 166

— Stbblätt. 6 (4 lange u. 2 kurze, *674*); Blkrblätt. ohne schuhf. Honigblätt. . . . . **Brassicaceae,** 268

26(15). Stbblätt. 2 od. 4 . . . . ***28***

— Stbblätt. 10 . . . . ***27***

27. Filamente alle frei, rotdrüsig, abw. gebogen, an den Spitzen aufgerichtet *(585);* Bltn. groß, in Trauben; Blkrblätt. weiß bis rosarot, dk. geadert; Blätt. einfach gefied.; Stg. mit Drüsenhaaren; Pfl. angenehm nach Zitrone riechend . . . . **Dictamnus,** 228

— Filamente der 10 Stbblätt. entw. alle od. nur 9 zu einer, den Gr. umgebenden Röhre vereinigt; 1 Stbblatt. dann frei; Bltn. schmetterlingsf.; Pfl. nicht nach Zitrone riechend . . . . **Fabaceae,** 204

28(26). Blkrblätt. 4, bis zum Grd. frei; 2 davon tief eingeschnitten; Bltn. gelb . . . . **Hypecoum,** 170

— Blkrblätt. 4, wenigstens am Grd. zu einer kurzen Röhre verwachsen **Scrophulariaceae,** 380

29(14). Fäden der Stbblätt. zu einer den Gr. umgebenden Röhre verwachsen, die am Grd. mit den Blkrblätt. verbunden ist *(211a)* . **Malvaceae,** 307

— Fäden der Stbblätt. frei, nicht miteinander verwachsen ***30***

30. Kblätt. dem Rand einer krugf. vertieften od. verbreiterten Bltnachse aufsitzend, daher scheinbar am Grd. miteinander verwachsen *(212–213)* . . . . **Rosaceae,** 186

— Kblätt. bis zum Grd. getrennt *(214),* zuw. früh abfallend od. fehlend ***31***

31. K. 2-blättrig (*426,* K), früh abfallend; Fr. kugelig od. schotenf. *(429–431);* Blkr. 4-blättrig; Pfl. oft mit Milchsaft . . . . **Papaveraceae,** 166
— K. 3- bis mehrblättrig od. fehlend ***32***
32. Bltnblätt. in 2 od. mehrere Zipfel zerschlitzt *(210a);* Bltn. klein; Frkn. an der Spitze häufig offen *(210b)* . . . . **Reseda,** 290
— Blkrblätt. nicht zerschlitzt; Frkn. frei, 2 bis zahlr.; Bltn. zuw. einzeln u. sehr groß ***33***
33. Bltn. bis 10 cm groß, rot (nur bei Gartenformen andersfarbig); Frkn. 3–5, groß, behaart, mit roter Narbe; Stbblätt. zahlr.; Filamente am Grd. zu einem kurzen Ring vereinigt; Honigblätt. fehlend . **Paeonia,** 261
— Bltn. kleiner als 10 cm, gelb, weiß, rot od. blau; Bltnhülle zuw. früh abfallend; Frkn. frei, meist mehr als 3, kahl; Stbblätt. bis zum Grd. frei; Honigblätt. häufig vorhanden . . . . **Ranunculaceae,** 151
34(13). Bltn. ohne grünen K. (dieser aber zuw. früh abfallend) . . . ***37***
— Bltn. mit grünem K., wenigstens an jungen Bltn. od. Bltnknospen ***35***
35. Blätt. 5-lappig, unterst s. oft violett; Pfl. niederlgd.-kriechend, meist in Mauerspalten; Bltn. hell-violett . . . . **Linaria,** 384
— Blätt. nicht 5-lappig; Stg. meist aufrecht, selten niederlgd. od. kletternd ***36***
36. Blattstiel am Grd. mit häufig sehr großen, oft zerschlitzten Nebenblätt. *(669–672);* Bltn. hell- bis dk.blau-violett, seltener weiß oder mehrfarbig . . . . **Viola,** 263
— Blattstiel am Grd. ohne zerschlitzte Nebenblätt.; Pfl. ⊙ od. ♃ u. dann an der Stgbasis mit unterirdischer Knolle; Bltn. rot, gelb od. weiß, nicht blau . . . . **Papaveraceae,** 166
37(34). Stbblätt. zahlr.; Bltn. mit 1 Sporn *(Delphinium, Consolida)* od. 5 Spornen *(Aquilegia),* blau, braunviolett (bei Gartenformen auch andersfarbig) . . . . **Ranunculaceae,** 151
— Stbblätt. 6; Bltn. rot, rosa, gelb, seltener weiß . . . . **Papaveraceae,** 166
38(12). Bltn. in kugeligen od. walzenf. Köpfchen, die am Grd. nicht von einem Hüllk. (Involucrum) umgeben sind ***41***
— Bltn. in Dolden od. Köpfchen, die am Grd. von einem auffällig gefärbten od. grünen Hüllk. umgeben sind ***39***
39. Stbbeutel der 5 Stbblätt. miteinander vereinigt; Gr. mit Haaren; Narben 2; K. fehlend od. in Form von Borsten od. fedrigen Haaren *(991–993);* Köpfchen entw. nur mit radiären Röhrenbltn. *(987)* od. zygomorphen Zungenbltn. *(986)* od. Köpfchen mit randl., meist weibl., anders gefärbten Zungenbltn. (= Randbltn.) u. unscheinbaren, radiären, zwittrigen Röhrenbltn. (= Scheibenbltn.; *989*) [bei *Carlina* (S. 456) u. *Xeranthemum* (S. 456) u. a. täuschen die inneren, petaloiden Involucralblätt. (= Hüllblätt.) Randbltn. des Köpfchens vor] . . **Asteraceae,** 428
— Stbbeutel frei, nicht miteinander verwachsen ***40***
40. Unterhalb des borstenf. K. noch ein häutiger, schüsself. Außenk. *(204);* Blätt. gegenst., selten wechselst., häufig am Grd. paarweise miteinander verwachsen . . . . **Dipsacaceae,** 366
— Fr. z. Reifezt. ohne schüsself. Außenk., Fr. in 2 Spaltfr. zerfallend; Pfl. häufig von distelart. Habitus; Blätt. wechselst. . . . . **Apiaceae,** 237
41(38). Bltn. schmetterlingsf., klein, verschiedenfarbig (weiß, rosa, gelb); Stbblätt. 10, die Filamente zu einer Röhre verwachsen; Fr. eine Hülse; Blätt. 3-zählig gefing. od. gefied. . . . . **Fabaceae,** 204
— Bltn. nicht schmetterlingsf., ⚥ u. dann mit 4 Staubblätt. od. eingschl. u. dann mit 10–30 lg. heraushgden, freien Filamenten; Nüßchenfr.; Blätt. vielzählig gefied. . . . . **Sanguisorba,** 190
42(11). Blätt. fußf. gefied. *(66);* Bltn. mindestens 1 cm breit; zwischen den zahlr. Stbblätt. u. Bltnhüllblätt. finden sich tütenf. Honigblätt. *(363, 365)* . . . . **Helleborus,** 154

— Blätt. nicht fußf. gefied. ***43***

43. Bltn. eingschl., in Köpfchen; die ♂ nickend in endst. Trauben, die ♀ in den Achseln fied.teiliger Laubblätt. *(983; Ambrosia)* od. ♂ Köpfchen knäuelig in den Achseln gelappter Blätt.; ♀ Köpfchen 2-blütig, von einer Stachelhülle umgeben *(984; Xanthium)* . . . . . . **Asteraceae,** 428

— Bltn. nicht in eingschl. Köpfchen ***44***

44. Blätt. oft weiß-mehlig; Bltn. sitzend, zu endst., unregelmäßigen Knäueln vereinigt; Bltnhülle 2- od. 5-blättrig . . . . **Chenopodiaceae,** 335

— Blätt. nicht mehlig; Bltn. nicht in endst. Knäueln ***45***

45. Bltnhülle doppelt; K. u. Blkrblätt. 4; Stbblätt. 6 (4 lange u. 2 kurze; *218*) . . . . **Brassicaceae,** 268

— Bltnhülle einfach, zuw. vor der Entfaltung abfallend ***46***

46. Bltnhülle schon beim Aufblühen abfallend; Stbblätt. zahlr., mit aufrechten od. hgd. Filamenten; Blätt. mehrfach gefied.; Blattstiel am Grd. mit nebenblattart. Bildungen . . . . **Thalictrum,** 165

— Bltnhülle nicht abfallend; Bltn. sehr klein, gelbl.grün, 4-zählig; Stbblätt. 1 od. 4; K. mit Außenk. ***47***

47. Pfl. ⊙; Blätt. handf. 3-spaltig; Bltn. mit 1 Stbblatt, in achselst. Knäueln **Aphanes,** 195

— Pfl. ♃; Blätt. gefing. od. gelappt; Bltn. in endst., rispig-knäueligen Bltnständen; Stbblätt. 4 . . . . **Alchemilla,** 195

48(10). Bltn. sitzend, in Köpfchen od. Ähren auf langem, blattlosem Schaft ***52***

— Bltn. gestielt, nicht in Köpfchen od. Ähren ***49***

49. Bltnhülle meist 4-zählig; Stbblätt. 6; 4 lange u. 2 kurze *(674)* **Brassicaceae,** 268

— Blkr. 5- u. mehrblättrig; K. 3- bzw. 5-blättrig od. fehlend; Stbblätt. 10 u. mehr ***50***

50. Stbblätt. 10; Frkn. 2, oberw. frei, nur an der Basis verwachsen, von der becherf. Bltnachse ganz od. teilw. umwachsen . . . . **Saxifraga,** 181

— Stbblätt. zahlr.; Frkn. meist zahlr., frei (apokarp); Gr. sich teilw. verlängernd und fedrig behaart od. hakig gekrümmt ***51***

51. Blätt. ohne Nebenblätt.; K. (sofern vorhanden) ohne Außenk. **Ranunculaceae,** 151

— Blätt. mit Nebenblätt.; K. mit Außenk.; Blätt. z. T. unterbrochen gefied. . . . . *(Potentilla, Geum)* **Rosaceae,** 191

52(48). Bltn. in Ähren; Stbblätt. 4, aus den Bltn. heraushängd.; Blätt. oft mit bogenf. angeordneten Nerven . . . . **Plantago,** 405

— Bltn. in Köpfchen, die am Grd. von grünen Hüllblätt. umgeben sind (s. auch Nr. ***39***) . . . . **Asteraceae,** 428

53(4). Wasserpfl., die beim Austrocknen der Gewässer auch Landformen bilden können ***66***

— Landpfl. ***54***

54. Bltn. grünl. ***64***

— Bltn. andersfarbig ***55***

55. Bltn. in Köpfchen od. Ähren, die meist von einer Hochblatthülle umgeben sind ***63***

— Bltn. einzeln od. in andersart. Bltnständen ***56***

56. Ein grüner K. vorhanden ***59***

— Ein grüner K. fehlend ***57***

57. Stbblätt. mehr als 10; Frkn. meist zahlr., frei . . . . **Ranunculaceae,** 151

— Stbblätt. 3–5 . . . . ***58***

58. Stbblätt. 3; K. z. Frreife zu fedrig behaarten Borsten auswachsend *(207)* . . . . **Valeriana,** 365

— Stbblätt. 5; K. z. Frreife nicht zu fedrig behaarten Borsten auswachsend . . . . **Sambucus,** 362

59(56). Bltn. an blattlosen, rutenf. Zweigen, klein; Blkr. 5-spaltig, mit etwas ungleichen Zipfeln . . . . **Verbena,** 406
— Bltn. anders angeordnet ***60***
60. Frkn. schon z. Bltzt. tief 4-teilig *(225);* Bltn. zygomorph, mit Ober- u. Unterlippe, erstere selten fehlend *(Teucrium, 950);* Stbblätt. 2 od. 4; Stg. meist 4-kantig . . . . **Lamiaceae,** 406
— Frkn. nicht 4-teilig, zuw. aber herzf. ausgerandet ***61***
61. Bltn. weiß od. grünl., in großen schirm- od. kegelf. Trugdolden; Stbblätt. 4; Blätt. gefied. . . . . **Sambucus,** 362
— Bltn. rot, blau od. violett, nicht in dichten Trugdolden ***62***
62. Stbblätt. 5 od. 10; Blkrblätt. frei; Frkn. schnabelart. verlängert *(216)* **Geraniaceae,** 231
— Stbblätt. 2 od. 4; Blkrblätt. wenigstens am Grd. verwachsen **Scrophulariaceae,** 380
63(55). Stbblätt. 5; Stbbeutel zu einer Röhre verklebt (s. auch Punkt ***39***); K. borstenf. od. fehlend, nicht mit häutigem Außenk. . . **Asteraceae,** 428
— Stbblätt. meist 4; Stbbeutel frei; K. borstenf., mit schüsself., häutigem Außenk. *(204)* . . . . **Dipsacaceae,** 366
64(54). Bltn. in einem endst., fast würfelf. Köpfchen; Grdblätt. doppelt 3-zählig; Stgblätt. 3-zählig, zu 2–3 in 1 Quirl *(203);* Stbblätt. 5, aber gespalten . . . . **Adoxa,** 364
— Bltn. nicht in würfelf. Köpfchen ***65***
65. Bltn. in dichten, von gelben Hochblätt. umgebenen Trugdolden *(475a);* Stbblätt. 8; Blätt. rundl., schwach buchtig gekerbt; Stg. 3-4-kantig . . . . **Chrysosplenium,** 181
— Bltn. in blattlosen Scheinähren, eingschl.; Stbblätt. 3–5, am Grd. verbunden . . . . **Atriplex,** 340
66(53). Blätt. gabelteilig *(180);* Bltn. eingschl., einzeln, sitzend, sich unter Wasser entfaltend . . . . **Ceratophyllum,** 151
— Blätt. kammf. gefied. *(181)* ***67***
67. Bltn. gestielt, in etagenf., über das Wasser ragenden Trauben; Blkr. groß, 5-zipfelig . . . . **Hottonia,** 317
— Bltn. sitzend, in Ähren; Blkr. klein, 4-blättrig, hinfällig **Myriophyllum,** 227
68(3). Fied. ganzrandig, wenigstens die der Stgblätt. ***77***
— Fied. nicht ganzrandig ***69***
69. Bltn. grünl. od. grünl. gelb ***75***
— Bltn. andersfarbig ***70***
70. Bltn. rötl., in 4- bis 6-bltg. Köpfchen, von denen zahlr. zu einer schirmf. Doldentraube zusammentreten; Blätt. gegenst., 3- bis 5-zählig **Eupatorium,** 436
— Bltn. nicht in Köpfchen ***71***
71. Stbblätt. weniger als 10 . . . . ***73***
— Stbblätt. 10 u. mehr ***72***
72. Stbblätt. frei; Bltn. gelb od. weiß, selten rot; K. mit Außenk. **Potentilla,** 191
— Stbblätt. zu einer den Gr. umgebenden Röhre vereinigt; Bltn. groß, einzeln, achselst., lebhaft rosa; Außenkblätt. eif. . . . . **Malva alcea,** 308
73(71). Bltn. in zusammengesetzten od. einfachen, von Hochblätt. umgebenen Dolden *(193, 215);* Stbblätt. 5; Frkn. unterst. . . . . **Apiaceae,** 237
— Bltnstände anders gestaltet ***74***
74. K. u. Blkr. 4-blättrig; Stbblätt. 6, 4 längere u. 2 kürzere *(218)* **Dentaria,** 279
— Blkr. 5-blättrig; Stbblätt. 5 od. 10; Frkn. schnabelart. verlängert **Geranium,** 232
75(69). Bltn. eingschl.; Pfl. zweihäusig, 30–150 cm hoch; Blätt. 5- bis 7-(bis 9-)zählig; Fied. schmal, gesägt . . . . **Cannabis,** 175
— Bltn. ⚥; Pfl. meist niedriger als 30 cm ***76***

76. Blkr. fehlend; Stbblätt. 1 od. 4; Außenk. vorhanden **Aphanes** u. **Alchemilla,** 195
— Blkr. vorhanden, aber kleiner als der K.; Stbblätt. 5; Hochalpenpfl. **Sibbaldia,** 195
77(68). Bltnlose Sumpfpfl.; Blätt. 4-zählig, einem kriechenden Rhizom entspringend, an der Basis mit bohnenf. Sporokarpien *(140)* **Marsilea,** 146
— Bltnpfl. (Sumpf- od. Landpfl.) ***78***
78. Bltn. zygomorph, schmetterlingsf.; Stbblätt. 10 . . . . . . **Fabaceae,** 204
— Bltn. radiär ***79***
79. Stbblätt. 5; Blkrblätt. obersts. behaart; Blätt. 3-zählig, mit ± 10 cm großen Fied.; Sumpfpfl. . . . . **Menyanthes,** 351
— Stbblätt. 10 od. viele ***80***
80. Stbblätt. 10; ihre Filamente am Grd. untereinander verbunden; Bltn. einzeln, dann weiß od. rosa, dunkler geadert, od. in 2- bis 6-bltg. Wickeln u. gelb; Blätt. 3-zählig . . . . **Oxalis,** 230
— Stbblätt. zahlr., kürzer als die Bltnhüllblätt.; Bltn. häufig mit blumenblattart. Honigblätt. *(364);* Fr. zahlr. Nüßchen . . . . . **Ranunculus,** 159
81(2). Blätt. gegenst., am Grd. oft becherf. miteinander verwachsen; Bltn. in walzenf. Ähren; Tragblätt. in eine Stachelspitze auslaufend; Stbblätt. 4 . . . . **Dipsacus,** 367
— Blätt. wechselst.; Bltn. in Köpfchen, die am Grd. von Hüllblätt. umgeben sind ***82***
82. Stbblätt. 5, frei . . . . **Eryngium,** 243
— Stbblätt. 5, Stbbeutel verwachsen . . . . **Asteraceae,** 428
83(1). Pfl. mit fadenf., einfachen od. verzweigten Ranken od. Blattstielranken ***86***
— Pfl. ohne Ranken; Stg. in seiner Gesamtheit windend ***84***
84. Blätt. 3-zählig gefied.; Bltn. schmetterlingsf.; Stbblätt. 10, verwachsen **Phaseolus,** 223
— Blätt. einfach, gelappt od. gebuchtet ***85***
85. Bltn. grünl., eingschl., 2-häusig; die weibl. Bltnstände zur Bltzt. sich zu gelbgrünen Frzapfen entwickelnd; Blattspr. 3- bis 5-lappig, am Grd. herzf.; Nebenblätt. der gegenst. Blätt. paarweise miteinander verwachsen . . . . **Humulus,** 175
— Bltn. violett, ⚥; Stbbeutel goldgelb, zu einer kegelf. Röhre vereinigt *(232);* Blattspr. z. T. 3-zählig gefied., die oberen häufig einfach, am Grd. spießf. od. geöhrt . . . . **Solanum dulcamara,** 379
86(83). Blätt. gelappt; Ranken einfach od. verzweigt; Bltn. eingschl.; Frkn. unterst. . . . . **Cucurbitaceae,** 306
— Blätt. gefied. ***87***
87. Fiederstiele u. Blattrhachis rankend; Stbblätt. zahlr.; Stg. schwach verholzt . . . . **Clematis,** 157
— Obere Blattfied. *(69),* seltener das ganze Blatt zu Ranken umgebildet *(70)* ***88***
88. Blätt. einfach gefied.; Stbblätt. 10; Bltn. schmetterlingsf. **Fabaceae,** 204
— Blätt. doppelt gefied.; Bltn. klein, mit kurzem Sporn **Corydalis claviculata,** 168

TABELLE XIII

Kräuter u. Stauden mit ungeteilten Blättern

(Spreite am Rand glatt, gekerbt, gesägt od. gezähnt; Spreitengrund zuw. herz-, spieß-, pfeilf. od geöhrt)

1. Blätt. gegen- od. quirlst. *(12d, 12c)* . . . . **XIIIa,** 104
2. Blätt. in grdst. Rosette (der verlängerte Bltn- od. Inflsproß ist entw. völlig blattlos od. mit kleineren Hochblätt. besetzt) . . . . **XIIIb,** 110
3. Blätt. wechselst. [zerstreut od. 2-zeilig am Stg. verteilt *(12a–b)*, bisw. außer den grdst. Blätt. nur noch 1 laubiges Stgblatt vorhanden]
a. Blattspr. ganzrandig . . . . **XIIIc,** 114
b. Blattspr. am Rand gesägt, gezähnt od. gekerbt . . . . **XIIId,** 120

XIIIa. Blätter gegen- od. quirlständig

1. Blätt. gegenst. (nur 2 Blätt. an einem Knoten, in gekreuzt-gegenst. Anordnung *(12c)*; bei Schatten- od. Kriechformen können die Blätt. der aufeinanderfolgenden Wirtel in einer Ebene ausgebreitet sein), zuw. nur 1 Blattpaar vorhanden ***23***
— Blätt. quirlst. (mehr als 2 Blätt. an einem Knoten, 12d) od. in Scheinquirlen (s. S. 16) ***2***
2. Bltnpfl. ***3***
— Sporenpfl. ***2a***
2a. Blätt. unscheinbar, am Grd. zu einer Scheide verwachsen; Sprosse einfach od. verzweigt, deutl. in Knoten u. Internodien geglied., diese zuw. braun u. chlorophyllfrei; Sporen in endst. Ähre *(134–135)*; Land- u. Sumpfpfl. . . . . **Equisetum,** 132
— Blätt. in großen, 3-zähligen Quirlen an einer dünnen, schwimmenden Achse; 2 Blätt. blattart., das 3. als wurzelähnl. Wasserblatt ausgebildet [an diesem auch die kugeligen Sporangienbehälter *(137a–b)*]; freischwimmende, wurzellose Wasserpfl. . . . . **Salvinia,** 146
3(2). Wasser- u. Sumpfpfl. ***19***
— Landpfl. ***4***
4. Blätt. fleischig u. saftig; Spreite am Rand häufig grob gezähnt; Bltn. mit 10 Stbblätt. u. mehreren freien Frkn. . . . . **Sedum,** 179
— Blätt. nicht fleischig u. saftig ***5***
5. Stg. mit mehreren, etagenf. übereinandersthd. Quirlen od. Scheinquirlen ***8***
— Stg. nur mit einem Blattquirl ***6***
6. Stg. nur mit 2, fast in der Mitte des Stg. sthden Blätt.; Bltn. in Trauben, stark zygomorph, grünl.-gelb bis rötl.-braun, mit lg., tief 2-spaltiger Lippe . . . . **Listera,** 497
— Stg. mit mehr als 2 Blätt. in einem Scheinquirl ***7***
7. Blätt. meist zu 4 in einem Scheinquirl, deutl. netznervig; Bltn. einzeln, endst., grünl., 4-zählig; Stbblätt. 8; Fr. eine schwarze Beere . . **Paris,** 490
— Blätt. zu 5–12 in einem Scheinquirl, etwas auf ungleicher Höhe sthd.; unterhalb des Blattquirles noch einige kleine, schuppenf. Stgblätt. *(221)*; Bltn. weiß, mit meist 7 Blkrblätt. u. Stbblätt. . . . . . **Trientalis,** 317
8(5). Blätt. pfrieml., kaum 1 mm breit; Bltn. klein, in Dichasien *(112)* **Spergula,** 321
— Blätt. breiter als 1 mm ***9***
9. Bltn. sehr klein, unscheinbar, mit hinfälliger, weißl. grüner Blkr., in dichtbltg. Dichasien; Blätt. meist zu 4; Pfl. vielstengelig, nicht größer als 15 cm . . . . **Polycarpon,** 321
— Bltn. größer, wenigstens 2 mm, nicht weißl. grün; Pfl. meist höher als 15 cm ***10***

10. Bltn. gespornt . . . . **Linaria,** 384

— Bltn. nicht gespornt ***11***

11. Blattspr. am Rand deutl. gesägt od. gezähnt ***16***

— Blattspr. ganzrandig od. undeutl. gezähnt ***12***

12. Frkn. 2-blättrig, unterst., bei der Reife in 2 kugelige Teilfr. zerfallend *(874);* Bltn. 2–6 mm groß, weißl. od. gelb . . . . **Rubiaceae,** 358

— Frkn. oberst., nicht in 2 kugelige Teilfr. zerfallend; Bltn. meist größer als 6 mm ***13***

13. Stbblätt. mit dem Frkn. zu einem Säulchen verwachsend; Stbbeutel auf dem Rücken mit Anhängseln, die insgesamt eine Nebenkrone bilden; Bltn. gelbl.-weiß; 2-hörnige Balgfr.; Blattspreite am Grd. herzf. **Vincetoxicum,** 357

— Stbblätt. nicht mit dem Frkn. verwachsen; ohne Nebenkrone . ***14***

14. Bltn. ohne grünen K.; Bltnhülle 6-blättrig . . . . **Liliaceae,** 482

— Bltn. mit K. u. Blkr. ***15***

15. Bltn. gelb; Stbblätt. 5 . . . . **Lysimachia,** 317

— Bltn. blutrot; Stbblätt. 12; Sumpfpfl. . . . . **Lythrum,** 223

16(11). Blkr. blau, verwachsen, 4-zipfelig; Stbblätt. 2 . . . . . **Veronica,** 386

— Blkr. gelb, rötl. od. weiß; Stbblätt. mehr als 2 . . . . ***17***

17. Stbblätt. zahlr.; Bltn. gelb; Frkn. zahlr., frei . . . . **Rosaceae,** 186

— Stbblätt. höchstens 10; Bltn. andersfarbig ***18***

18. Blkr. 4-blättrig; Stbblätt. 8; Frkn. mit der lg. becherf. Bltnachse *(222b)* verwachsen . . . . **Epilobium,** 224

— Blkr. 5-blättrig; Stbblätt. 10; Frkn. oberst.; Blätt. derb, ledrig, z. T. wintergrün . . . . **Pyrolaceae,** 309

19(3). Pfl. frei schwimmend, wurzellos; Blätt. rundl.-nierenf., am Spreitengrd. mit 4–6 langen Borsten *(179)* . . . . **Aldrovanda,** 186

— Pfl. im Schlamm festgewurzelt; Blätt. lineal ***20***

20. Blätt. ganzrandig; Bltn. sitzend, grünl. ***22***

— Blätt. gezähnt od. gesägt; Bltn. lg. gestielt, weiß ***21***

21. Blattquirle 2- bis 8-zählig; Blätt. gezähnt, stachelspitzig; Internodien 1–3(-6) cm lg. . . . . **Hydrilla,** 477

— Blätt. meist zu 3 in einem Quirl, fein gesägt (Lupe); Internodien 3–7 mm lg.; Pfl. selten blühend . . . . **Elodea,** 477

22(20). Wasser- u. Luftblätt. gleich gestaltet, 1–3 mm breit, am ganzen Stg. in 8- bis 12-zähligen Quirlen *(284)* . . . . **Hippuris,** 406

— Wasserblätt. schmal-lineal (1 mm breit), in 8- bis 12-zähligen Quirlen; Luftblätt. breiter, in 3-zähligen Quirlen *(285)* . . **Elatine alsinastrum,** 263

23(1). Blätt. gekreuzt-gegenst. ***25***

— Blätt. in senkrecht übereinander sthd., sich nicht kreuzenden Paaren *(12a);* Wasserpfl. ***24***

24. Blätt. eif.-lanzettl., 1,5–3 cm lg., an der Spitze gezähnelt; Bltn. in Ähren über der Wasseroberfläche . . . . **Potamogeton,** 479

— Blätt. lineal, am Rande gezähnt, am Grd. scheidig erweitert *(1071);* Bltn. einzeln, eingschl., unter Wasser sich entfaltend . . . . . **Najas,** 482

25(23). Blätt. der aufeinanderfolgenden Wirtel verschieden gestaltet; die Flankenblätt. längl.-eif., die der Sproßoberseite angehörenden viel kleiner, eif.-lanzettl. *(286);* Pfl. moosähnl. . . . **Selaginella helvetica,** 131

— Blätt. der aufeinanderfolgenden Wirtel gleichgestaltet, spitzenw. häufig aber an Größe abnehmend, od. nur 1 Blattwirtel vorhanden ***26***

26. Blattspr. ganzrandig ***42***

— Blattspr. am Rand gezähnt od. gekerbt ***27***

27. Bltn. in zusammengezogenen, von gelben Hochblätt. umgebenen Trugdolden *(475a),* grünl.gelb; Stg. 3-4-kantig, zerbrechl.; Pfl nicht höher als 10 cm . . . . **Chrysosplenium,** 181

— Bltn. anders angeordnet ***28***

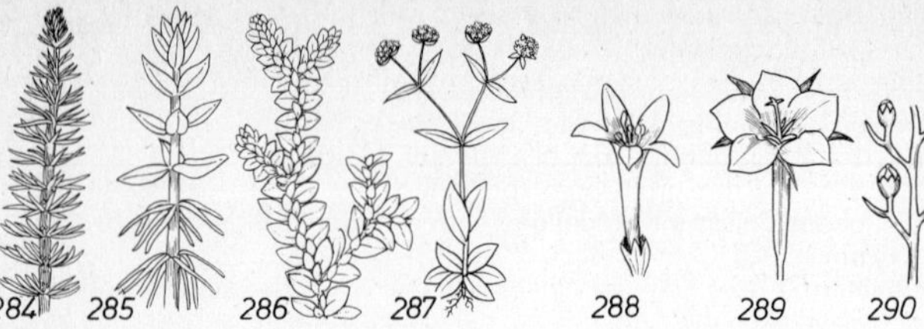

28. Stg. niederlgd., häufig wurzelnd od. nur die blühenden Triebe aufrecht **41**
— Alle Stg. aufrecht od. aus niederlgd. Basis aufrecht-aufstgd.; Pfl. zuw. mit Ausläufern an der Basis der aufrechten Bltntriebe **29**
29. Bltn. grünl. **39**
— Bltn. nicht grünl. **30**
30. Blkr. mit langem, fadenf. Sporn *(209)* . . . . **Centranthus,** 366
— Blkr. ohne Sporn, am Grd. aber zuw. ausgesackt **31**
31. Blkr. 2-lippig *(76)* od. rachenf. *(77)*; Stbblätt. 4 od. 2 . . . . **37**
— Blkr. weder lippig noch rachenf. **32**
32. Bltn. sitzend, in meist von Hüllblätt. umgebenen Ähren od. Köpfchen; Stbblätt. 4 od. 5 . . . . **38**
— Bltn. anders angeordnet **33**
33. Blkr. 2-blättrig, weiß od. rötl.; Stbblätt. 2 . . . . **Circaea,** 226
— Blkr. mehr als 2-blättrig **34**
34. Blkrblätt. miteinander verwachsen; Stbblätt. 2–4 . . . . **36**
— Blkrblätt. frei; Stbblätt. 8 bis viele **35**
35. Bltn. gelb; Blkr. 8- u. mehrblättrig; Stbblätt. u. Frkn. zahlr., frei **Ranunculus,** 159
— Bltn. rötl.; Blkr. 4-blättrig; Stbblätt. 8; Frkn. unterst., mit der lg.-becherf. Bltnachse verwachsen *(222a)* . . . . **Epilobium,** 224
36(34). Stbblätt. 3 od. nur 1 Frkn.; K. z. Frreife oft zu fedrig behaarten Borsten auswachsend *(207)*; Bltn. weiß od. rötl. . . . . **Valeriana,** 365
— Stbblätt. 2 od. 4; K. z. Bltzt. deutl. ausgebildet . . . . **Lamiaceae,** 406
37(31 u. **79).** Frkn. tief 4-teilig *(225)*, bei der Reife in 4 Teilfr. zerfallend **Lamiaceae,** 406
— Frkn. ungeteilt, zuw. herzf. ausgerandet . . . . **Scrophulariaceae,** 380
38(32 u. **41).** Stbblätt. 4, mit freien Stbbeuteln; unterhalb des borstenf. K. ein schüsself., häutiger Außenk. *(204)*; Bltn. in Köpfchen od. Ähren **Dipsacaceae,** 366
— Stbblätt. 5; Stbbeutel zu einer Röhre verklebt; K. zu einer Haarkrone auswachsend *(224)* od. fehlend . . . . **Asteraceae,** 428
39(29). Pfl. mehlig bestäubt; Fr. mit 2-klappiger, von den Vorblätt. gebildeter Frhülle *(803)* . . . . **Atriplex,** 340
— Pfl. nicht mehlig bestäubt; Bltn. eingschl., 1- od. 2-häusig . . . **40**
40. Stg. u. Blätt. mit Brennhaaren; Spreite am Rand grob gesägt *(465–467)* . . . . **Urtica,** 176
— Pfl. ohne Brennhaare; Rand der Blattspr. nur mit seichten Einschnitten **Mercurialis,** 257
41(28). Stg. dünn, schwach verholzt; Bltn. zu 2, lg. gestielt, glockenf., rosa *(176)* . . . . **Linnaea,** 363
— Stg. krautig; Bltn. anders geordnet **38**
42(26). Stg. aufrecht od. aufsteigend; Pfl. zuw. dichte Rasen od. Polster bildend **65**

— Stg. niederlgd., kriechend, häufig wurzelnd, z. T. rhizomart. od. nur an der Spitze aufgerichtet **43**
43. Bltn. rein gelb, zuw. am Grd. mit schwarzem Fleck, seltener weiß **61**
— Bltn. nicht gelb **44**
44. Stg. rhizomart., kriechend, wurzelnd; jeder Jahrestrieb mit 2–3 bräunl. grünen Niederblätt. u. 2 lg. gestielten, nierenf., dk.grün-glzd., immergrünen Laubblätt., die zwischen sich eine nickende, bräunl. Blüte einschließen; Pfl. zerrieben nach Pfeffer riechend . . . . **Asarum,** 170
— Stg. mit mehr als 2 Laubblätt.; diese kurz gestielt od. sitzend; Pfl. zerrieben nicht nach Pfeffer riechend **45**
45. Bltn. 2-lippig, hellrot, an den Zweigenden kopfig gehäuft; Stbblätt. 4; Frkn. 4-teilig . . . . **Thymus,** 418
— Bltn. nicht 2-lippig **46**
46. Stg. an der Basis schwach verholzt **59**
— Stg. in allen Teilen krautig **47**
47. Blätt. od. Stg. behaart, bzw. klebrig **56**
— Blätt. u. Stg. kahl **48**
48. Bltn. einzeln, endst. od. zu mehreren in den Blattachseln **Caryophyllaceae,** 318
— Bltn. einzeln in den Blattachseln **49**
49. Blätt. etwa 1 mm breit **105**
— Blätt. mindestens 2 mm breit (u. breiter) **50**
50. Kräftigere Land- u. Sumpfpfl. **52**
— Zarte Wasser- u. Sumpfpfl. **51**
51. Bltn. eingschl., mit 1 Stbblatt od. einem 4-kantigen, oft von 2 sichelf. Vorblätt. umgebenen Frkn. *(188)* . . . . **Callitriche,** 422
— Bltn. zwittrig, ohne sichelf. Vorblätt., 3- od. 4-zählig *(655–656),* weiß od. rosa, hinfällig; Stg. glasig durchscheinend . . . . **Elatine,** 263
52(50). Blätt. an der Spitze stumpf; K. 12-zähnig (6 große u. 6 kleine Zähne, *564*); Stg. meist rötl. **Peplis,** 223
— Blätt. zugespitzt; K. nicht 12-zähnig od. fehlend **53**
53. Bltnhülle doppelt **55**
— Bltnhülle einfach **54**
54. Bltnhülle rosa; Stg. dicht mit fleischigen Blätt. besetzt; salzliebende Pfl. . . . . **Glaux,** 317
— Bltnhülle grünl.-gelb; Stg. oft purpurrot; Wasser- u. Sumpfpfl. **Ludwigia,** 224
55(53). Blkr. verwachsen, entw. ungleich 4-zipfelig *(911)* od. 2-lippig, zuw. gespornt *(906–909);* Stbblätt. 4 od. 2 . . . . **Scrophulariaceae,** 380
— Blkr. mit 5 gleichen Zipfeln, rot od. blau; Stbblätt. 5 . . . . **Anagallis,** 317
56(47). Blätt. klein, rundl., dicht geschindelt; Bltn. rosa, beim Abblühen sich blau verfärbend; lockerrasige od. dicht polsterf. Alpenpfl. **Saxifraga,** 181
— Blätt. nicht rundl. **57**
57. Bltn. grün, weiß od. rötl. . . . . **Caryophyllaceae,** 318
— Bltn. blau **58**
58. Frkn. tief 4-teilig *(225)* . . . . **Boraginaceae,** 372
— Frkn. ungeteilt, höchstens an der Spitze etwas ausgerandet (*919*) **Scrophulariaceae,** 380
59(46). Bltn. blau, groß *(175),* an aufrechten Trieben . . . . **Vinca,** 357
— Bltn. nicht blau **60**
60. Pfl. mehlig bestäubt, 30–80 cm hoch, salzliebend; Bltn. klein, in lockerährigen Knäueln; Blätt. mindestens 2 cm breit . . . . . . **Halimione,** 339
— Pfl. nicht mehlig bestäubt, niedriger; Blätt. schmäler **Caryophyllaceae,** 318
61(43). Stbblätt. 5 . . . . **Lysimachia,** 317

— Stbblätt. mehr als 5 . . . . ***62***

62(61 u. ***94).*** K. 2-spaltig; Blätt. fleischig; Stg. oft rot überlaufen **Portulaca,** 335

— K. nicht 2-spaltig ***63***

63. Kblätt. gleich groß; Stbblätt. zu 3 od. 5 Bündeln vereinigt *(652);* Blätt. durchscheinend punktiert . . . . **Hypericum,** 261

— Kblätt. ungleich groß (3 große u. 2 kleine) ***64***

64. Pfl. ♃; Stg. am Grd. schwach verholzt; Blätt. am Stggrd. nicht rosettig gehäuft, lineal-lanzettl. bis eif., schwach behaart bis weißfilzig, die oberen meist wechselst.; Bltn. gelb od. weiß, in Wickeln **Helianthemum,** 267

— Pfl. ⊙; Blätt. breit-oval, mit 3 Längsnerven, am Stggrd. rosettig gehäuft, die oberen wechselst.; Blkrblätt. zitronengelb, am Grd. mit od. ohne schwarzen Fleck . . . . **Tuberaria,** 267

65(42). Kleine, bis 15 cm hohe, z. T. polsterbildende Pfl. der Alp. . ***98***

— Pfl. meist höher als 15 cm, wenn kleiner dann nicht in den Alp. vorkommend ***66***

66. Pfl. mit weißem Milchsaft, aufrecht, bis 1 m hoch; Blätt. deutl. in 4 Reihen od. Pfl. niederlgd., mit purpurfarbigen Blätt. . . . **Euphorbia,** 258

— Pfl. ohne Milchsaft ***67***

67. Unterhalb der doldig angeordneten Bltn. keine auffälligen Hochblätt., wenn vorhanden, dann nicht in 2- od. 4-Zahl ***69***

— Unterhalb der doldig angeordneten Bltn. 2 od. 4 auffällige Hochblätt. ***68***

68. Hochblätt. 2, zu einer trichterf. Hülle verwachsen; Grdblätt. lg. gestielt mit rhombisch-ovaler Spreite; Pfl. ⊙ . . . . . . **Claytonia perfoliata,** 335

— Hochblätt. 4, weiß bis rötl.braun, nicht miteinander verwachsen; Pfl. ♃, mit unterirdischen Ausläufern . . . . **Cornus suecica,** 236

69(67). Pfl. mehlig bestäubt; Bltn. klein, grünl., in geknäuelten Ähren **Halimione,** 339

— Pfl. nicht mehlig bestäubt ***70***

70. Bltn. in Köpfchen, die randl. zungenf. *(224),* die zentralen röhrenf. *(194)* . . . . **Asteraceae,** 428

— Bltn. eines Bltnstandes alle gleich gestaltet ***71***

71. K. 12-zähnig ***97***

— K. nicht 12-zähnig, zuw. fehlend ***72***

72. Bltn. in dichten, rundl. od. längl. Köpfchen od. Ähren; Stbblätt. 4, weit aus der Blüte herausragend ***96***

— Bltn. nicht in Köpfchen od. Ähren, zuw. aber in dichten od. lockeren Scheinquirlen in Achseln von Laubblätt. od. schalenf. Hochblätt. ***73***

73. Blkr. rein gelb, od. blaßgelb u. am Grd. dk.violett punktiert . . ***90***

— Bltn. andersfarbig ***74***

74. Bltn. sehr klein (1 mm), bläul. weiß; Stbblätt. 3; Stg. gabelig verzweigt *(287)* . . . . **Valerianella,** 364

— Bltn. größer als 1 mm ***75***

75. Blätt. etwa 1 mm breit; Bltn. grünl. od. weiß . . . . **Caryophyllaceae,** 318

— Blätt. breiter als 1 mm ***76***

76. Pfl. nur mit 1 Paar großer, elliptisch-eif. od. kleinerer, herzf.-dreieckiger Blätt.; Bltn. grünl., mit tief gespaltener Lippe; die inneren Bltnhüllblätt. u. die Lippe zuw. rötlich . . . . **Listera,** 497

— Stg. stets mit mehr als 1 Paar von Blätt. ***77***

77. K. ungleich 2-spaltig; Bltn. klein, weiß; zarte, wasserliebende Kräuter . . . . **Montia,** 335

— K. nicht ungleich 2-spaltig, wenn 2-spaltig, dann Blkr. blau . . ***78***

78. Blkr. getrenntblättrig ***87***

— Blkr. verwachsenblättrig, aber zuw. tief gespalten ***79***

79. Blkr. 2-lippig ***37***
— Blkr. 4- bis 5-zipfelig, zuw. gespornt ***80***
80. Stbblätt. 5 . . . . ***82***
— Stbblätt. 1 od. 2; Blkrzipfel etwas ungleich groß; Blkr. zuw. gespornt ***81***
81. Stbblätt. 1; Blkr. rötl. od. weiß, mit fadenf. Sporn *(209)* **Centranthus,** 366
— Stbblätt. 2; Blkr. ohne Sporn; Blkrzipfel häufig von ungleicher Größe, blau, rötlich od. weiß . . . . **Veronica,** 386
82(80). Stbblätt. mit dem Frkn. verwachsen; Stbbeutel mit Anhängseln, die insgesamt eine Nebenkr. bilden; Bltn. cremeweiß od. rötl. **Apocynaceae,** 357
— Stbblätt. nicht mit dem Frkn. verwachsen; Stbbeutel ohne Anhängsel ***83***
83. Frkn. 4-teilig; Bltn. blau . . . . **Omphalodes,** 373
— Frkn. nicht 4-teilig ***84***
84. Bltn. weiß, nickend; Fr. vom aufgeblasenen, orangeroten K. umhüllt; Blätt. lg. gestielt . . . . **Physalis,** 379
— Bltn. selten weiß, dann aber Blätt. sitzend ***85***
85. Blkr. lg. röhrig; Zipfel zuw. am Rand bewimpert (Bltn. blau) od. Blkr. im Schlund bärtig (Bltn. rötl.violett, selten weiß), 4- bis 5-zipfelig; Gr. nicht scharf vom Frkn. abgesetzt *(Gentiana, 860)* od. Gr. scharf vom Frkn. abgesetzt *(Centaurium, 859)* od. Narbe beidersts. am Frkn. herablaufend *(Lomatogonium, 858)* . . . . **Gentianaceae,** 351
— Blkr. fast bis zum Grd. geteilt ***86***
86. Grdblätt. gestielt; Bltn. graublau, selten weiß, dunkler punktiert **Swertia,** 353
— Alle Blätt. sitzend; Stbfäden zottig; Bltn. blau, rot od. rosa; Stg. niederlgd. bis aufstgd. . . . . **Anagallis,** 317
87(78). Frkn. unterst., stielf. *(222a)*; Bltn. rot, 4-blättrig; Stbblätt. 8; obere Stgblätt. wechselst. . . . . **Epilobium,** 224
— Frkn. oberst. od. Bltn. nur mit Stbblätt.; Blkr. 5-blättrig ***88***
88. In jeder Blüte mehrere, freie Frkn.; Blätt. fleischig . . . . . . **Sedum,** 179
— In jeder Blüte nur 1 Frkn. od. nur Stbblätt. ***89***
89. Stbblätt. 5, am Grd. verwachsen; Blkrblätt. weiß, am Grd. gelb; Stg. dünn, gabelästig . . . . **Linum catharticum,** 230
— Stbblätt. 10, bis zum Grd. getrennt od. fehlend; Blkrblätt. zuw. tief eingeschnitten u. Blkr. häufig im Schlund mit Auswüchsen (Paracorolle) . . . . **Caryophyllaceae,** 318
90(73). Nebenblätt. laubblattart.; Spreite zu einer einfachen Ranke umgebildet (*562;* die Laubblätt., d. h. die Ranken stehen in Wirklichkeit in 2 Zeilen; ihre großen Nebenblätt. deshalb in 2-zähligen, übereinandersthd. Wirteln); Stg. 4-kantig **Lathyrus aphaca,** 221
— Pfl. ohne Ranken ***91***
91. Bltn. röhrig, mit 2-lippigem Saum, in den Achseln oft lebhaft gefärbter Hochblätt.; Stbblätt. 4 . . . . **Melampyrum,** 398
— Bltn. nicht lippig (alle Zipfel gleich gestaltet) ***92***
92. Bltn. 2–6 mm breit, 4-zählig; Stg. fädig-dünn, 3–12 cm hoch **Cicendia,** 352
— Bltn. größer; Stbblätt. mindestens 5 . . . . ***93***
93. K. meist 8-spaltig; Stbblätt. 6–8; Bltn. gelb, in Doldentrauben **Blackstonia,** 352
— K. nicht 8-spaltig; Stbblätt. 5–6 od. viele ***94***
94. Stbblätt. 12 bis viele ***62***
— Stbblätt. 5–6 . . . . ***95***
95. K. 2-teilig, einseitig aufgeschlitzt; Blkr. röhrig, purpurn, innen gelbl. od. Blkr. fast bis zum Grd. 5- bis 6-teilig; Bltn. dann zahlr., in den Achseln schalenf. Hochblätt.; wenn K. 5- bis 7-zähnig, dann Blkr. gelbl.

grün u. dkviolett punktiert . . . . **Gentiana,** 353
— K. 5- bis 6-teilig; Bltn. reingelb . . . . **Lysimachia,** 317
96(72). Bltn. gelbl., in Ähren, am Grd. ohne Hülle . . . . **Plantago,** 405
— Bltn. blau, selten weiß, in rundl. Köpfchen, diese am Grd. mit grüner Hülle . . . . **Succisa,** 367
97(71). Stg. lgd., bis 20 cm lg., oft rötl.; Blätt. an der Spitze stumpf; Kblätt. rötl., oft fehlend . . . . **Peplis,** 223
— Stg. aufrecht, 50–125 cm lg.; Blätt. spitz; Bltn. blutrot . . . **Lythrum,** 223
98(65). Blkr. vorhanden; Bltnhülle doppelt od. K. z. Bltzt. kaum entwickelt, z. Frzt. zu behaarten Strahlen auswachsend ***101***
— Blkr. fehlend; Bltnhülle einfach ***99***
99. Salzliebende Pfl. der Küsten u. des Binnenlandes; K. rötl.; Blätt. etwas fleischig . . . . **Glaux,** 317
— Pfl. der Alp. ***100***
100. Pfl. von dicht polsterf. Wuchs; Blätt. dicht geschindelt; Bltn. einzeln, sitzend; Stbblätt. 8–10 . . . . **Minuartia,** 322
— Pfl. nicht polsterf.; Stg. locker beblätt.; Bltn. gelbl., weißl. od. lilafarbig, in gestielten, ±dichten Doldentrauben, die an der Basis von Hüllblätt. umgeben sind . . . . **Valeriana,** 365
101(98). Blkr. lg. röhrig, ihre Zipfel tellerf. ausgebreitet u. häufig gedreht, leuchtend blau, blaßblau, seltener weiß . . . . **Gentiana,** 353
— Blkr. mit kurzer Röhre, sehr tief eingeschnitten ***102***
102. K. ungleich 2-spaltig; Bltn. klein, weiß . . . . **Montia,** 335
— K. nicht 2-spaltig, mehrzähnig od. mehrzipfelig ***103***
103. Blkrblätt. am Grd. verwachsen, blau od. rot; Stbblätt. 5 . **Anagallis,** 317
— Blkrblätt. bis zum Grd. frei ***104***
104. Blkrblätt. 4, weiß, klein; Stg. dünn, gabelig verzweigt . . . **Radiola,** 231
— Blkrblätt. 5, rot, lila od. purpurn, groß; Frkn. 2; Pfl. der Hochalp., selten in den Mittelgeb. (Riesengeb.); lockere Rasen od. kompakte Polster bildend . . . . **Saxifraga,** 181
105(49). Jede Blüte mit 3–4 Frkn. u. 3–4 Blkrblätt. . . . . **Crassula,** 178
— Jede Blüte mit nur 1 Frkn. u. 4–5 Blkrblätt. . . . . . . **Caryophyllaceae,** 318

XIIIb. Blätter in grundständiger Rosette

(Blüten- od. Infloreszenzsproß völlig blattlos od. nur noch 1 od. mehrere Hochblätter tragend)

1. Blattrosetten stets mit Bltn., Infl. od. Sporen ***3***
— Blattrosetten meist erst nach der Bltzt. (Frühjahr) od. erst im nächsten Frühjahr erscheinend ***2***
2. Blattrosetten erst im nächsten Frühjahr erscheinend; Spreite breitlanzettl., die aufgeblasenen Kapseln umhüllend; Bltn. im Herbst; Perigonblätt. 6, lilafarbig; Stbblätt. 6; Pfl. mit unterirdischer Knolle **Colchicum,** 485
— Blattrosetten noch im Frühsommer des gleichen Jahres erscheinend; Blattspr. z. T. sehr groß, am Rand gebuchtet-gezähnt, z. T., vor allem untersts., wollig behaart bis weißfilzig; Inflstg. entweder 1-köpfig mit goldgelben Zungenbltn. *(Tussilago)* od. vielköpfig mit rötl. od. weißl. Röhrenbltn. *(Petasites)* . . . . **Asteraceae,** 428
3(1). Außer den lg. gestielten Rosettenblätt. nur noch in der Mitte des Bltnstg. 1 herzf., sitzendes Blatt; Bltn. einzeln; Blkrblätt. weiß, grün genervt; Stbblätt. 5, abwechselnd mit 5 handf. geteilten Staminodien, die in gelben Köpfchen enden *(476a–b)* . . . . **Parnassia,** 185
— Pfl. u. Bltn. anders gestaltet ***4***
4. Blattspr. am Rand mit lg. gestielten, roten, klebrigen Drüsenhaaren *(477–479)*; Bltn. weiß, in Wickeln . . . . **Drosera,** 186

— Blattspr. am Rand nicht mit Drüsenhaaren ***5***

5. Land-, Wasser- u. Sumpfpfl., deren Stg. u. Blätt. zum größten Teil aus dem Wasser herausragen od. Wasserpfl., die auf der Wasseroberfläche schwimmen ***11***

— Vollständig untergetaucht lebende, im Boden wurzelnde u. nur mit den Bltn. (wenn vorhanden) über die Wasseroberfläche tretende Wasserpfl. od. submerse Sporenpfl. ***6***

6. Blätt. lineal-pfrieml., zugespitzt, binsenf. ***9***

— Blätt. lineal od. bandf., grasart., nicht binsenf. ***7***

7. Bltn. eingschl. u. 2-häusig, die ♂ in kurz gestielten Knäueln, die ♀ einzeln, auf lg., dünnem, spiralig gewundenem Stiel; Blätt. bandart., flutend . . . . **Vallisneria,** 478

— Bltn. zwittrig ***8***

8. Blätt. lineal, in submerser Rosette *(185b)*; Bltnstand eine 5- bis 10-bltg., über die Wasseroberfläche ragende Traube; Bltn. weiß mit bläul. Röhre; Süßwasserpfl. . . . . **Lobelia,** 428

— Blätt. grasart., einem Rhizom ansitzend; Bltn. 2-reihig auf einer Seite einer flach gedrückten, vor der Bltzt. von einer Spatha umgebenen Achse angeordnet; Salzwasserpfl., z. T. unterseeische Wiesen bildend . . . . **Zostera,** 482

9(6). Pfl. mit rosettenbildenden Ausläufern *(184a)*, submers, selten blühend; sonst Bltn. eingschl., die ♂ lg. gestielt, einzeln, an ihrem Grd. 2–3 sitzende, ♀ Bltn.; Blätt. bis 12 cm lg., lineal-zylindrisch, am Grd. scheidig . . . . **Litorella,** 406

— Pfl. ohne Ausläufer ***10***

10. Sporenpfl.; Blätt. einem kurz-knollenf., an der Basis häufig gelappten Stamm entspringend *(138a)*; auf der Oberseite des verbreiterten Blattgrd. in eine Grube eingesenkte u. von einem Häutchen überdeckte Mikro- u. Makrosporangien *(138b)* . . . . **Isoëtes,** 131

— Bltnpfl.; Bltn. meist vorhanden, klein, in lockeren Trauben *(187)* **Subularia,** 288

11(5). Land-, Wasser- od. Sumpfpfl., deren Stg. u. Blätt. größtenteils aus dem Wasser ragen ***17***

— Auf der Wasseroberfläche od. flach unter dem Wasser schwimmende Pfl. (zumindest die Blätt. als Schwimmblätt. ausgebildet) . . . ***12***

12. Pfl. nicht in Stg. u. Blätt. geglied., aus 1–15 mm großen, linsenf. od. lanzettl., auseinandersprossenden, zuw. gestielten, wurzellosen od. wurzelnden Gliedern bestehend *(152–155)*; Bltn. selten vorhanden; Pfl. oft in geschlossenen Decken die Oberfläche nährstoffreicher, sthd. Tümpel bedeckend . . . . **Lemnaceae,** 576

— Pfl. deutl. in Stg. u. Blätt. geglied., diese größer als 15 mm; Bltn. meist vorhanden ***13***

13. Blattspr. rautenf., am Rand gezähnt, mit blasig aufgetriebenem Stiel *(189)*, zahlr. in großer Schwimmblattrosette; Bltn. einzeln, achselst.; die 4 Kblätt. nach der Blüte sich zu hakigen Dornen umbildend *(567)* **Trapa,** 223

— Blätt. anders gestaltet; Fr. nicht mit hakigen Dornen ***14***

14. Blattspr. lanzettl., am Rand stachelig gezähnt; Blätt. zahlr. in großer, trichterf., z. Bltzt. halb aus dem Wasser ragender Rosette; Bltn. weiß, eingschl., mit derber, bleibender Spatha . . . . **Stratiotes,** 478

— Blattspr. kreisf., am Grd. mit tiefem Einschnitt *(358)*, ganzrandig, der Wasseroberfläche auflgd. ***15***

15. Bltn. eingschl. u. 2-häusig; die ♂ Bltnstände gestielt, die ♀ sitzend; Blätt. etwa 5 cm groß, am Grd. mit 2 großen Nebenblätt. **Hydrocharis,** 478

— Bltn. zwittrig; Schwimmblätt. größer als 5 cm, am Grd. ohne Nebenblätt. ***16***

16. Frkn. zahlr., frei, aber von der becherf. Bltnachse umwachsen u. deshalb 1 Frkn. vortäuschend; Narben zahlr.; Bltn. einzeln, groß, lg. gestielt, mit einfacher od. doppelter Bltnhülle; Blkrblätt. zahlr., weiß od. 5, gelb, spiralig angeordnet; Pfl. mit dicken, stärkereichen Rhizomen **Nymphaeaceae,** 150

— Frkn. 2-blättrig; Narben 2; Blkrblätt. goldgelb, mit tellerf. ausgebreitetem, innen bärtigem Saum . . . . **Nymphoides,** 351

17(11). Sporenpfl.; Blätt. breit-zungenf. *(326)*, am Ende der kriechenden od. kurz aufrechten Sproßachse gehäuft, untersts. meist mit strichf. Sprorangienhäufchen . . . . **Phyllitis,** 139

— Bltnpfl. ***18***

18. Bltn. nicht in walzenf. Kolben, die am Grd. von auffälligen Hochblätt. umgeben sind ***22***

— Bltn. in walzenf., am Grd. von auffälligen Hochblätt. umgebenen Kolben mit fleischiger Achse ***19***

19. Kolben grün bis schwarzbraun, meist zu 2 übereinander; der obere mit männl. (*165* ♂), der untere mit weibl. (*165* ♀) Bltn. . . . . **Typha,** 535

— Kolben stets einzeln; Kolbenende zuw. ohne Bltn. ***20***

20. Kolben scheinbar seitenst. *(164)*, mit Zwitterbltn.; Spatha blattart. (*164*, Spa); ganze Pfl. aromatisch riechend . . . . **Acorus,** 576

— Kolben endst. ***21***

21. Hochblatt weiß, ausgebreitet, den bis zur Spitze mit Bltn. besetzten Kolben nicht umschließend; Blätt. rundl.-herzf.; Sumpfpfl. . . **Calla,** 576

— Hochblatt. grünl., an der Basis tütenf. eingerollt; Kolbenende nackt, violett od. braun *(163)*; Blätt. pfeilf.; Waldpfl. . . . . **Arum,** 576

22(18). Bltn. nicht in dichten Ähren od. Köpfchen ***28***

— Bltn. in kurzen od. verlängerten, dichten Ähren, Köpfchen od. einseitswendigen Rispen ***23***

23. Bltn. 4-zählig, in kugeligen bis zylindrischen Ähren; Stbblätt. 4, mit lg. herausragenden Filamenten; Blätt. oft bogennervig . . . . **Plantago,** 405

— Bltn. 5-zählig, in Köpfchen od. einseitswendigen Rispen . . . ***24***

24. Stbbeutel miteinander zu einer den Gr. umgebenden Röhre vereinigt; K. fehlend od. zu teilw. fedrig behaarten Borsten auswachsend; Bltn. zungenf., röhrig od. beide in einem von einer Hülle umgebenen Köpfchen; Pfl. häufig mit Milchsaft . . . . **Asteraceae,** 428

— Stbbeutel frei, nicht miteinander vereinigt ***25***

25. Bltn. zygomorph; Blkr. tief 5-spaltig, fast 2-lippig *(227)*, blau; Stbblätt. 4, paarweise ungleich lg.; Blätt. ledrig . . . . **Globularia,** 404

— Bltn. radiär, (4- bis) 5-zählig od. 3-zipfelig u. dann nickend . . . ***26***

26. Kblätt. trockenhäutig; Bltnstände ährig, kopfig od. rispig *(219)* **Plumbaginaceae,** 350

— Kblätt. krautig; Bltnhülle doppelt; Frkn. oberst.; Pfl. mit zahlr. Blätt. od. Bltnhülle einfach; Frkn. unterst.; Pfl. nur mit 2 nierenf. Blätt. ***27***

27. Bltnhülle einfach, mit 3 dk.braunen bis dk.purpurnen Zipfeln *(442)*; Blätt. nur 2, lg. gestielt, mit nierenf., immergrüner Spreite; Rhizompfl., zerrieben nach Pfeffer riechend . . . . **Asarum,** 170

— Bltnhülle doppelt; Blkr. glocken-, trichter- od. tellerf. mit ausgebreiteten Zipfeln, meist blau; der ±verlängerte Bltnstg. mit 1–2 Paaren kleinerer Stgblätt.; Blätt. gegenst., zu mehreren in grdst. Rosette; Pfl. zerrieben nicht nach Pfeffer riechend . . . . **Gentiana,** 353

28(22). Pfl. meist größer als 10 cm, wenn kleiner, dann vorwgd. in Alp., jedoch nicht an Ufern von Seen u. Tümpeln wachsend ***30***

— Pfl. meist kleiner als 10 cm, an sandigen Ufern von Seen u. Tümpeln wachsend ***29***

29. Bltn. zwittrig, klein, weiß od. blaßlila, von den lg.gestielten Blätt. weit überragt *(186a–b)* . . . . **Limosella,** 385

— Bltn. eingschl.; die ♂ Bltn. lg. gestielt, einzeln, mit 4 weit heraushängenden Stbblätt.; ♀ Bltn. zu 2–3 am Grd. des Stieles der männl. Blüte sitzend; Blätt. pfrieml.-lineal; Pfl. ausläufertreibend *(184a–b)* **Litorella,** 405

30(28). Bltnhülle in grünen K. u. andersfarbige Blkr. geglied. . . . ***40***

— Bltnhülle nicht in grünen K. u. andersfarbige Blkr. geglied. . . ***31***

31. Bltn. zygomorph; Bltnhülle 6-blättrig, das meist nach unten weisende Bltnblatt häufig abweichend gestaltet u. oft gespornt; Frkn. stielart. verlängert u. oft gedreht *(158)* . . . . **Orchidaceae,** 493

— Bltn. radiär ***32***

32. Bltn. größer als 4 mm, häufig auffällig gefärbt ***37***

— Bltn. unscheinbar, meist kleiner als 4 mm ***33***

33. Blätt. häufig 3-zeilig; Blattscheide meist geschlossen; Infl.-Stg. selten knotig geglied.; Bltn. zwittrig od. eingschl., in den Achseln trockenhäutiger Tragblätt.; diese in 1- bis mehrbltg. Ährchen, die zu Ähren, Köpfchen od. Spirren zusammentreten; Bltnhülle fehlend od. in Form von Borsten od. Haaren; Stbblätt. 3; Frkn. 1, oberst.; Pfl. meist feuchter Standorte . . . . **Cyperaceae,** 511

— Blätt. nicht 3-zeilig; Bltn. selten eingschl. ***34***

34. Blätt. 2-zeilig; Blattspreite flach ausgebreitet od. gefaltet; ihre Scheiden offen; an der Grenze von Scheide zu Spreite ein Häutchen (Ligula; *17,* L) od. Borstenkranz; Stg. meist knotig geglied.; Bltn. meist zwittrig, von Spelzen umgeben, in 1- bis mehrbltg. Ährchen; diese in Ähren, Rispen od. Ährenrispen angeordnet . . . . . . **Poaceae,** 536

— Blätt. nicht 2-zeilig; Bltn. nicht von Spelzen umgeben ***35***

35. Bltn. in einfachen od. zusammengesetzten Dolden; Döldchen häufig kelchart. von Hochblätt. umgeben; Blätt. zuw. grasart. *(Bupleurum)*
Apiaceae, 237

— Bltn. in Trauben ***36***

36. Blätt. schmal-lineal, halbzylindrisch; Bltn. in langen Trauben; Frkn. in 3 od. 6 Teilfr. zerfallend . . . . **Triglochin,** 478

— Blätt. schwertf., reitend (wie bei *Iris*); Bltn. in kurzen Trauben; Fr. eine 3-kantige Kapsel . . . . **Tofieldia,** 484

37(32). Frkn. meist 6, frei, nicht miteinander verwachsen; Stbblätt. 9; Bltnhüllblätt. 6, rötl. weiß, dunkler geadert; Sumpfpfl. . . . **Butomus,** 477

— Frkn. 1, aber aus mehreren verwachsenen Frblätt. bestehend; Stbblätt. 6 od. 3 . . . . ***38***

38. Stbblätt. 3; Frkn. unterst.; Griffeläste häufig verbreitert u. blumenblattart. . . . . **Iridaceae,** 491

— Stbblätt. 6 . . . . ***39***

39. Frkn. oberst. . . . . **Liliaceae,** 482

— Frkn. unterst. . . . . **Amaryllidaceae,** 490

40(30). Blkr. gespornt ***50***

— Blkr. nicht gespornt ***41***

41. In jeder Blüte 1 Frkn. ***46***

— In jeder Blüte mehrere, freie Frkn. ***42***

42. Bltn. weiß od. rötl.; K. u. Blkr. 3-blättrig; Stbblätt. 6 od. mehr; Frkn. 6
Alismataceae, 476

— Bltn. blau, gelb od. andersfarbig ***43***

43. Bltn. blau (selten weiß), mit 3-blättrigem, grünem K. *(374a)*; Blätt. 3-lappig *(374b)*, immergrün . . . . **Hepatica nobilis,** 159

— Bltn. gelb od. andersfarbig, mit od. ohne petaloide Honigblätt. ***44***

44. Bltn. gelb, mit petaloiden Honigblätt.; die lg. gestielte Bltnachse sich postfloral mäuseschwanzart. verlängernd *(375)*; Blätt. grasart.
Myosurus, 165

— Bltn. rot od. weiß, wenn gelbl.grün, dann Blkrblätt. nicht als Honigblätt. ausgebildet ***45***

45. Blätt. dickfleischig, in dichten Rosetten; Inflstg. beblättert; Bltn. 5- u. mehrblättrig; Stbblätt. so viele od. doppelt so viele wie Blkrblätt. (od. mehr); Frkn. meist mehrere, frei od. nur am Grd. verwachsen **Crassulaceae,** 178

— Blätt. nicht dickfleischig, einfach (z. T. nadelf.) od. gestielt, am Rand zuw. mit Kalkdrüsen; Frkn. 2, z. T. mit der becherf. Bltnachse verwachsen; Stbblätt. 5; Inflstg. blattlos od. mit wenigen Hochblätt.; Verbreitung vorwgd. Alp. . . . . **Saxifraga,** 181

46(41). Blkr. 5-blättrig, mit ±langer Röhre u. ausgebreitetem, 5-zipfeligem Saum, gelb, rot od. weiß *(Primula, Androsace)* od. glockig, hgd. mit zerschlitzten Blkrzipfeln *(Soldanella)* od. Blkrzipfel zurückgeschlagen; Pfl. dann mit Knolle u. derben, wintergrünen, silbrig gefleckten Blätt. *(Cyclamen)*; Rosetten am Grd. zuw. mit blattlosen, rosettenbildenden Ausläufern *(Androsace)*; Bltn. einzeln, in Trauben od. Dolden **Primulaceae,** 313

— Blkrblätt. 4, am Grd. zu einer kurzen Röhre verwachsen od. frei ***47***

47. Wasserpfl.; Blätt. in großer Schwimmblattrosette, mit rautenf. Spreite u. blasig aufgetriebenem Stiel *(189)*; Bltn. einzeln, achselst.; Stbblätt. 4; Kblätt. nach der Blüte zu Dornen sich umbildend *(567)* . . . **Trapa,** 223

— Landpfl.; Stbblätt. 2, 6 od. 10 . . . . ***48***

48. Stbblätt. 2; Bltn. blau, schwach zygomorph; bis 10 cm hohe Hochalp.Pfl. . . . . **Veronica aphylla,** 386

— Stbblätt. 6 od. 10 . . . . ***49***

49. Stbblätt. 6 (4 lange u. 2 kurze) . . . . **Brassicaceae,** 268

— Stbblätt. 10; Bltn. nickend; Blätt. ledrig u. wintergrün . . . . **Pyrola,** 309

50(40). Blkrblätt. frei; Blätt. mit Nebenblätt.; Bltn. blau, gelb, weiß od. mehrfarbig . . . . **Viola,** 263

— Blkrblätt. verwachsen, 2-lippig, blau od. weiß mit gelbem Schlund; Blätt. gelbl. grün, obersts. drüsig-klebrig, am Rand nach oben gerollt, ohne Nebenblätt. . . . . **Pinguicula,** 403

XIII c. Blätter wechselständig; Blattspreite ganzrandig

(Blätt. spiralig (zerstreut) od. 2-zeilig am Stengel verteilt,[1] selten 3-zeilig, zuw. nur 1 Stengelblatt am Blütenstengel vorhanden; Blattspreite zuw. stielrund)

1. Pfl. od. Bltnstg. stets mit 2 u. mehr Blätt. ***3***

— Pfl. od. Bltnstg. nur mit einem Blatt ***2***

2. Sporenpfl. mit einfacher, verlängerter, gestielter Sporangienähre *(145)* . . . . **Ophioglossum,** 135

— Bltnpfl.; unterhalb der lg. gestielten weißen Blüte nur 1 sitzendes, herzf. Blatt; Grdblätt. lg. gestielt; fertile Stbblätt. 5, abwechselnd mit 5 gelbgrünen, fingerf. verzweigten, in gelbgrünen Köpfchen endenden Honigblätt. *(476a–b);* feuchte Orte . . . . **Parnassia,** 185

3(1). Blätt. mit flächiger Spreite, zuw. mit ± langem, scheidigem od. röhrigem, oft stgumfassendem Blattgrd. ***8***

— Blätt. stielrund, stgähnl., oft röhrig-hohl ***4***

4. Sporenpfl.; Blätt. in der Jugend an der Spitze spiralig eingerollt, am Grd. mit erbsengroßen Sporokarpien *(139);* Sumpfpfl. . . **Pilularia,** 146

— Pfl. mit Bltn., diese aber oft klein u. unscheinbar ***5***

5. Bltn. in kugeligen, anfangs von einem Hüllblatt eingeschlossenen Trugdolden; Blätt. röhrig-hohl, stiel- od. halbstielrund, unterst. zuw. scharf gekielt u. mit allsts. geschlossenem Blattgrd.; Pfl. selten mit

[1] Man beachte die Ansatzstellen (Knoten) der Blätt., da die Spreiten sekundär oft aus der Zweizeiligkeit herausgedreht werden.

Rhizomen, meist mit Schalenzwiebeln; Brutzwiebeln zuw. auch in den Bltnständen . . . . **Allium,** 486

— Bltn. nicht in kugeligen, von einem Hüllblatt eingeschlossenen Trugdolden; Pfl. ohne Zwiebeln ***6***

6. Bltn. in wenigbltg. endst. Trauben; Bltnhüllblätt. 6, gelbl.-grün, hinfällig; Frkn. 3, frei; Fr. aufgeblasen; Blätt. am Grd. mit langer Scheide; Hochmoorpfl. . . . . **Scheuchzeria,** 478

— Bltn. in geknäuelten, seitenst. od. endst., reichverzweigten Spirren *(159)* ***7***

7. Bltnhülle 6-blättrig, grünl. od. braun, papierart.; Stbblätt. 6; Stg. meist knotenlos, stielrund . . . . **Juncus,** 505

— Bltnhülle borstenf. od. fehlend; Stbblätt. 3; Bltn. zu vielbltg. Ährchen vereinigt, die insgesamt eine kopfige od. verzweigte Spirre *(159–160)* bilden . . . . **Scirpus,** 514

8(3). Blätt. 3-zeilig, mit geschlossener, selten offener Scheide, häufig grdst.; Stg. meist scharf 3-kantig, selten knotig geglied.; Bltn. klein, unscheinbar, zwittrig od. eingschl., stets in den Achseln trockenhäutiger Tragblätt., in 1- bis mehrbltg. Ährchen; diese zu Ähren, Köpfchen od. Spirren vereinigt; Bltnhülle fehlend od. in Form von Borsten od. Haaren, die bei der Frreife zu langen Wollhaaren auswachsen können . . . . **Cyperaceae,** 511

— Blätt. nicht 3-zeilig ***9***

9. Blätt. spiralig (zerstreut) am Stg. verteilt ***26***

— Blätt. deutl. in 2 Zeilen[1], im Bereich der Bltnregion nicht selten zerstreut ***10***

10. Stg. windend; Blattspr. tief herzf., zugespitzt, bogennervig; Bltn. unscheinbar, grünl., in achselst. Trauben . . . . **Tamus,** 491

— Stg. nicht windend ***11***

11. Frei auf dem Wasser schwimmende Sporenpfl. von moosähnl. Habitus; Blätt. blaugrün, die Sproßachse 2-lappig umgreifend u. sich dachziegelig deckend *(136)* . . . . **Azolla,** 146

— Im Boden festgewurzelte Bltnpfl. ***11a***

11a. Bltn. auffällig, wenn unscheinbar, dann mit wohlausgebildeter Bltnhülle ***17***

— Bltn. klein, unscheinbar; Bltnhülle oft fehlend ***12***

12. Bltn. in Ähren, Rispen, Spirren od. Dolden ***14***

— Bltn. in walzenf. Kolben od. igelf. Köpfchen ***13***

13. Bltn. in 2 übereinandersthd., schwarzbraunen Kolben *(165),* der obere mit ♂ Bltn.; Sumpfpfl. . . . . **Typha,** 535

— ♀ Bltn. in gestielten, igelf., ♂ in kugeligen, sitzenden Köpfchen, oberhalb der ♀ sthd. *(166);* Bltnstg. einfach od. ästig; Sumpfpfl. **Sparganium,** 535

14(12). Untergetaucht lebende od. mit Schwimmblätt. versehene Wasserpfl.; Bltn. in Ähren, grünl.; Bltnhülle fehlend; Stbblätt. mit blumenblattart. Anhängseln *(156)* . . . . **Potamogetonaceae,** 478

— Land- od. Sumpfpfl. ***15***

15. Bltnhülle fehlend; Bltn. in zusammengesetzten Ähren *(1182),* Ährenrispen *(1185),* Rispen *(1187)* od. fingerf. Rispen *(1184)* mit häutigen Spelzen *(161);* Stg. an den Knoten verdickt, hohl (markig nur bei *Zea mays:* ♂ Bltn. in endst. Rispen, ♀ in seitenst. Kolben); Blätt. mit langer, offener, den Stg. umschließender Scheide; an der Grenze von Scheide u. Spreite ein zartes Blatthäutchen (Ligula; *17, 1188–1190, L*) od. ein Haarkranz . . . . **Poaceae,** 536

— Bltnhülle vorhanden ***16***

[1] vgl. Anmerkung S. 114

16. Bltn. in Dolden *(197a),* die am Grd. von 5 gelb gefärbten Hochblätt. umgeben sind *(197b);* Blkrblätt. 5; Stbblätt. 5; Blätt. meist bogennervig . . . . **Bupleurum,** 246
— Bltn. in Spirren *(159),* grünl. od. braun; Bltnhülle 6-zählig; Stbblätt. 6; Blätt. grasart., flach . . . . **Juncaceae,** 505
17(11a). Blätt. nicht schwertf. u. nicht reitend ***19***
— Blätt. schwertf. u. reitend ***18***
18. Frkn. unterst.; Stbblätt. 3; Bltn. groß . . . . **Iridaceae,** 491
— Frkn. oberst.; Stbblätt. 6 . . . . **Liliaceae,** 482
19(17). Bltnhülle in K. u. Blkr. geglied. ***25***
— Bltnhülle nicht in K. u. Blkr. geglied. od. einfach ***20***
20. Bltn. zygomorph ***24***
— Bltn. radiär ***21***
21. Bltnhülle 3-zipfelig; Blätt. 2, mit nierenf., immergrüner Spreite *(442)* **Asarum,** 170
— Bltnhülle 5- od. 6-blättrig, bzw. 6-zipfelig ***22***
22. Bltnhülle 5-blättrig; Stbblätt. 8–10; Frkn. 8–10, nur am Grd. frei; Fr. beerenart., schwarzviolett; Infl. groß, endst., aber durch Übergipfelung von Seitenästen der obersten Blätt. unterhalb der Infl. scheinbar seitenst. u. den Blätt. gegenübersthd. . . . . **Phytolacca,** 334
— Bltnhülle 6-blättrig od. 6-zipfelig; Stbblätt. 6, frei ***23***
23. Frkn. oberst. . . . . **Liliaceae,** 482
— Frkn. unterst. . . . . **Amaryllidaceae,** 490
24(20). Bltnhüllblätt. 6, nicht verwachsen; ein meist nach unten weisendes Bltnblatt, häufig abweichend gestaltet u. oft gespornt *(158);* Frkn. unterst., stielart. verlängert u. oft gedreht . . . . **Orchidaceae,** 493
— Bltnhüllblätt. zu einer am Grd. bauchigen, oben in eine eif. Zunge verbreiterten Röhre *(201)* vereinigt, grünl. gelb; Bltn. in blattachselst., doldenf. Wickeln; Frkn. unterst. u. nicht gedreht . . . . **Aristolochia,** 170
25(19). Stg. mit breiten, nur an den Knoten unterbrochenen Flügeln; Blätt. 1–2 cm lg., jung filzig behaart, hinfällig; Bltn. schmetterlingsf., gelb **Chamaespartium,** 208
— Stg. nicht geflügelt; Blätt. lineal, bis 13 cm lg. *(563);* Bltn. schmetterlingsf., einzeln, lg. gestielt, nickend, purpurn . . . . **Lathyrus,** 221
26(9). Blätt. zahlr., dicht sthd., oft dachziegelig angeordnet u. den Stg. fast ganz verdeckend ***86***
— Blätt. entfernt od. nur am Grd. des Stg. gedrängt ***27***
27. Blätt., zumindest die basalen Stgblätt., mit lg. scheidigem, offenem od. geschlossenem, stgumfassendem Grd. *(17);* Spreite nicht gestielt, parallelnervig ***85***
— Blätt. ohne od. mit röhrigem, die Basis der Internodien umgreifenden Grd. (= Ochrea, *21, 840–841*), ± deutlich gestielt; Spreite fied.nervig ***28***
28. Bltn. nicht in Köpfchen ***31***
— Bltn. in Köpfchen, die am Grd. von grünen Hochblätt. umgeben sind ***29***
29. Stbblätt. 5; Stbbeutel zu einer den Gr. umgebenden Röhre verklebt; K. zur Frreife häufig zu fedrig behaarten Borsten auswachsend **Asteraceae,** 428
— Stbblätt. 5 od. 4; Stbbeutel, wenigstens postfloral, frei; Bltn. meist blau ***30***
30. Blätt. ledrig, kahl, die grdst. oft rosettig; Blkr. röhrig, 2-lippig, in lineale Zipfel gespalten *(227);* Stbblätt. 4 . . . . **Globularia,** 404
— Blätt. nicht ledrig; Blkr. röhrig, 5-zipfelig; Zipfel anfangs an der Spitze miteinander verbunden u. sich später vom Grd. her voneinander lösend *(230; Phyteuma, Jasione)* . . . . **Campanulaceae,** 423

31(28). Blätt. schildf. *(53)*; Bltn. gespornt . . . . **Tropaeolum,** 235
— Blätt. nicht schildf. ***32***
32. Bltn. reingelb, gelblweiß, rötl., gelbl.grün od. grünl.weiß (bei *Phytolacca,* Punkt ***84***–: Bltnhüllblätt. sich nach der Blüte gleich den Bltnstielen u. der Bltnstandsachse purpurn verfärbend) ***61***
— Bltn. rein weiß, rot, blau, violett, bräunl., schwärzl. od. zweifarbig ***33***
33. Bltn. nicht in K. u. Blkr. geglied.; Bltnhülle als Perigon ausgebildet ***56***
— Bltn. in K. u. Blkr. geglied. ***34***
34. Bltn. radiär ***38***
— Bltn. zygomorph ***35***
35. K. scheinbar 3-blättrig, da 2 Kblätt. blumenblattart.; vorderes Bltnblatt mit gefranstem Anhängsel; Bltn. deshalb schmetterlingsf. *(178)*
Polygala, 235
— K. 5-zähnig od. 5-blättrig ***36***
36. Blkr. freiblättrig, gespornt; Bltn. einzeln, nickend; Blätt. mit Nebenblätt. . . . . **Viola,** 263
— Blkr. verwachsen; Bltn. in Trauben, Doppeltrauben od. Thyrsen ***37***
37. Blkr. 4-zipfelig, 2-lippig od. ± lg. gespornt u. dann der Eingang der Blkrröhre durch eine gaumenähnl. Vorwölbung *(77)* verschlossen; Stbblätt. 2–4 . . . . **Scrophulariaceae,** 380
— Blkr. röhrenf.-trichterf., mit schiefem Saum *(226)*; Stbblätt. 5; Stg. u. Blätt. rauhhaarig . . . . **Echium,** 376
38(34). Blkr. verwachsenblättrig ***45***
— Blkr. freiblättrig ***39***
39. Bltn. von der Größe eines Stecknadelkopfes, in kopfigen Trugdolden *(789a)*; Stg. niederlgd. . . . . **Corrigiola,** 321
— Bltn. größer ***40***
40. Bltn. sitzend od. sehr kurz gestielt, einzeln od. in wenigbltg. Dichasien, insgesamt einen walzl.-zylindrischen Bltnstand bildend; Blkrblätt. 6, rötl.-purpurn; Stbblätt. 2–6, gleich lg. od. 12, ungleich lg. (6 lange u. 6 kurze) . . . . **Lythrum,** 223
— Bltn. deutl. gestielt od. Bltnachse sich röhrenf. über den unterst. Frkn. verlängernd; Blüte dadurch lg. gestielt erscheinend ***41***
41. Blkrblätt. 4; Stbblätt. 6 od. 8 . . . . ***44***
— Blkrblätt. 5 u. mehr ***42***
42. Bltnstg. nur mit einem stgumfassenden Blatt, alle übrigen Blätt. grdst., lg. gestielt; Bltn. einzeln, weiß, mit gefransten Staminodien *(220)* . . . . **Parnassia,** 185
— Bltnstg. mit mehreren Blätt. ***43***
43. Blätt. fleischig; in jeder Blüte mehrere freie Frkn. . . . **Crassulaceae,** 178
— Blätt. nicht fleischig; in jeder Blüte nur 1 Frkn.; Bltn. blau (selten weiß) od. rötl. (bei *Linum flavum* Bltn. gelb, s. Punkt ***73***) . . . . **Linum,** 230
44(41). Stbblätt. 8; Frkn. unterst.; Bltnachse stielart. verlängert, *(222b)*
Onagraceae, 224
— Stbblätt. 6 (4 lange u. 2 kurze); Frkn. oberst. . . . . . . **Brassicaceae,** 268
45(38). Bltn. blau od. violett, aber nicht purpurrot ***54***
— Bltn. andersfarbig, häufig purpurrot ***46***
46. Stg. windend od. niederlgd.; Blätt. groß, am Grd. häufig spieß- od. nierenf. u. dann etwas fleischig (Strandpfl.: *Calystegia soldanella*); Blkr. groß, trichter- bis radf. *(231)*; K. mit od. ohne Vorblätt. . . . **Convolvulaceae,** 370
— Stg. nicht windend, aufrecht ***47***
47. Blkr. 5-zipfelig od. 6- bis 8-teilig ***49***
— Blkr. 4-teilig ***48***
48. Bltn. sehr klein, weiß, sehr kurz gestielt *(229)*; Stbblätt. 4
Centunculus, 318

— Bltn. größer, rosa od. purpurrot; Stbblätt. 8; Frkn. unterst., mit der becherf. und oft gefärbten Bltnachse verwachsen *(222b)* **Onagraceae,** 224

49(47). Bltn. anfangs gelb, später fleischfarben, in Köpfchen; Blkr. mit langer, dünner Röhre *(288)* . . . . **Collomia,** 371

— Bltn. anders gefärbt ***50***

50. Frkn. unterst., stielart. verlängert *(289);* Bltn. purpurrot; Pfl. 8–15 cm hoch . . . . **Legousia,** 426

— Frkn. oberst. ***51***

51. Obere Stgblätt. rosettig gehäuft, basale Stgblätt. kleiner; Blkr. 7-zählig *(221)* . . . . **Trientalis,** 317

— Obere Stgblätt. nicht rosettig; Blkr. 5-zipfelig ***52***

52. Bltnstiele in der Mitte mit einem lanzettl. Tragblatt *(290);* Bltn. klein, weiß; Blätt. am Grd. des Stg. gehäuft . . . . **Samolus,** 318

— Bltnstiel in der Mitte ohne Tragblatt ***53***

53. Frkn. schon z. Bltzt. tief 4-teilig *(225);* Pfl. meist stark rauhhaarig **Boraginaceae,** 372

— Frkn. nicht tief geteilt; Blätt. zuw. behaart, aber nicht rauhhaarig **Solanaceae,** 378

54(45). Stbbeutel zu einer Röhre vereinigt u. meist kegelf. zusammenneigend *(232)* . . . . **Solanum,** 379

— Stbbeutel frei ***55***

55. Frkn. oberst., bei der Reife tief 4-teilig u. in 4 einsamige Nüßchen (Klausen) zerfallend; Blkr. im Schlund häufig mit Ausstülpungen (Schlundschuppen), die den Eingang zur Röhre versperren; Bltn. sich häufig verfärbend (rot-blau), selten gelb, dann aber mit langer Röhre *(Amsinckia);* Pfl. rauhhaarig (Ausnahme *Cerinthe:* Blätt. blaugrün bereift; Bltn. gelb, hängend) . . . . **Boraginaceae,** 372

— Frkn. unterst.; Blkr. meist glockig; Gr. mit Fegehaaren; Kapselfr., die sich mit Löchern öffnen . . . . **Campanulaceae,** 423

56(33). Frkn. unterst., stielart. verlängert, meist gedreht; Bltn. häufig gespornt *(158)* . . . . **Orchidaceae,** 493

— Frkn. nicht stielart. verlängert u. nicht gedreht ***57***

57. Blätt. gestielt (wenigstens die Grdblätt.), breit, fiedernervig . . ***59***

— Blätt. ungestielt, lineal, wenn breiter, dann bogennervig . . . ***58***

58. Bltn. klein, auf das Tragblatt hinaufgerückt *(202);* Stbblätt. 5; Frkn. unterst.; Blätt. lineal . . . . **Thesium,** 255

— Bltn. nicht auf das Tragblatt hinaufgerückt; Stbblätt. 6; Frkn. oberst. **Liliaceae,** 482

59(57). Blattgrd. ohne stgumfassende Scheide (Ochrea); Stg. nicht auffallend in Knoten u. Internodien geglied.; Pfl. oft mehlig bestäubt; Bltn. häufig in Knäueln . . . . **Chenopodium,** 337

— Blattgrd. häufig mit stgumfassender, ± langer Scheide (Ochrea, *21a, O*); Stg. meist deutl. in Knoten u. Internodien geglied., zuw. windend ***60***

60. Stg. windend, kantig od. rund; Pfl. ☉; Bltn. klein; äußere Perigonblätt. z. Frzt. gekielt od. geflügelt; Narbe kopfig, fast sitzend . . . . **Fallopia,** 349

— Stg. nicht windend; Pfl. ♃; Bltn. klein, ⚥ od. eingschl.; Bltnhüllblätt. bis z. Frreife bleibend; innere Perigonblätt. z. T. mit der Nuß abfallend . . . . **Polygonaceae,** 344

61(32). Ganze Planze mit weißem Milchsaft; 1 gestielter Frkn. u. mehrere Stbblätt. von einer becherf., gelbgrünen Hülle umgeben *(646)* **Euphorbia,** 258

— Pfl. ohne Milchsaft ***62***

62. Bltn. nicht in Dolden ***64***

— Bltn. in Dolden ***63***

63. Alle Blätt. ungeteilt, z. T. stgumfassend od. vom Stg. durchwachsen *(25);* unterhalb der Döldchen z. T. große, gelbe Hochblätt. **Bupleurum,** 246

— Nur die oberen, gelbgrünen Stgblätt. einfach, ungeteilt, mit tief herzf. Grd., stgumfassend; Grdblätt. 1- bis mehrfach 3-zählig gefied. **Smyrnium,** 246

64(62). Bltnhüllblätt. alle gleich gestaltet, bzw. nicht in deutl. unterscheidbaren K. u. Blkr. geglied. ***74***

— Bltnhülle in einen meist grünen K. u. eine meist andersfarbige Blkr. geglied. ***65***

65. Bltn. gespornt *(77)* . . . . **Scrophulariaceae,** 380

— Bltn. nicht gespornt ***66***

66. K. 2-spaltig; Blätt. fleischig; Bltn. gelb . . . . **Portulaca,** 335

— K. nicht 2-spaltig ***67***

67. Blkr. freiblättrig ***69***

— Blkr. verwachsen (zuw. nur am Grd.), 5-zipfelig ***68***

68. Der abw. weisende Zipfel der Blkr. deutl. größer *(228);* Stbfäden wollig behaart . . . . **Verbascum,** 382

— Zipfel der Blkr. alle gleich gestaltet; Bltn. am Eingang der Röhre mit od. ohne Schlundschuppen; Frkn. tief 4-teilig *(225)* . **Boraginaceae,** 372

69(67). Blkr. 5- bis 8-blättrig ***71***

— Blkr. 4-blättrig, selten fehlend ***70***

70. Frkn. oberst.; Stbblatt. meist 6 (4 lange u. 2 kurze) . . . **Brassicaceae,** 268

— Frkn. unterst.; Bltnachse becherf., stielart. verlängert; Bltn. gelb **Oenothera,** 226

71(69). Stbblätt. mehr als 10, kürzer als die Blkr.; Frkn. zahlr., frei **Ranunculaceae,** 151

— Stbblätt. 5–10 . . . . ***72***

72. Blätt. fleischig; Bltn. mit mehreren freien Frkn. . . . . **Crassulaceae,** 178

— Blätt. nicht fleischig; Bltn. mit 1–2 Frkn. ***73***

73. Stbblätt. 5; Frkn. 1; (bei *Linum flavum* Bltn. gelb) . . . . . . **Linum,** 230

— Stbblätt. 10; Frkn. meist 2, frei od. mit der Bltnachse verwachsen *(471–472)* . . . . **Saxifraga,** 181

74(64). Alle Blätt. od. doch die grdst. kurz bis ± lg. gestielt ***80***

— Blätt. ungestielt, zuw. mit lg. scheidigem Blattgrd. ***75***

75. Blätt. 1–3 mm breit, pfrieml. zugespitzt . . . . **Chenopodiaceae,** 335

— Blätt. meist breiter als 3 mm, wenn schmäler, dann an der Spitze abgerundet *(789a)* ***76***

76. Stg. meist niederlgd.; Bltn. klein, in Knäueln *(Corrigiola, 789a; Herniaria, 790a)* . . . . **Caryophyllaceae,** 318

— Stg. aufrecht, wenn niederlgd., dann Bltn. nicht geknäuelt . . ***77***

77. Bltnhülle nicht 6-zählig ***79***

— Bltnhülle 6-zählig ***78***

78. Bltn. radiär, der Mitte eines „Blattes" (= blattart. Kurztrieb) entspringend; Frkn. oberst.; Fr. eine rote Beere . . . . **Ruscus,** 489

— Bltn. zygomorph, meist in Trauben od. Ähren; Frkn. unterst., oft gedreht; Kapselfr. . . . . **Orchidaceae,** 493

79(77). Bltnhülle 4-zipfelig, krugf., gelbgrün; Bltn. zu 1–3 in den Blattachseln *(200);* Blätt. lineal . . . . **Thymelaea,** 260

— Bltnhülle 2-blättrig od. 5-zipfelig, zuw. fehlend; Stbblätt. 1–5 od. nur 1 Frkn. in der Blüte . . . . **Chenopodiaceae,** 335

80(74). Bltn. nicht in blattachselst. Knäueln ***82***

— Bltn. in blattachselst. Knäueln; wenn einzeln, blattachselst. u. Blattstiel mit röhriger Scheide ***81***

81. Blattstiel am Grd. ohne röhrige Scheide; Blattspr. beidendig zugespitzt; Bltn. in dichten blattwinkelst. Knäueln *(196)* . . . . **Parietaria,** 176

— Blattstiel am Grd. mit röhriger Scheide; Blattspr. herzf.-pfeilf. od. klein, elliptisch . . . . **Polygonum,** 347

82(80). Bltn. mit oft stechenden Vorblätt., klein, dicht gedrängt in Knäueln, die zu kopfigen od. verlängerten, einfachen od. verzweigten, traubig-rispigen, endst. Bltnständen zusammentreten . . . **Amaranthus,** 343

— Bltn. ohne stechende Vorblätt., anders angeordnet ***83***

83. Blätt. am Grd. mit stgumfassender, kürzerer od. längerer Röhre (Ochrea; *21a–b*); Bltn. klein, ⚥ od. eingeschl.; Bltnblätt. 3–6 u. oft mit der Nußfr. abfallend . . . . **Polygonaceae,** 344

— Bltn. am Grd. ohne Ochrea; Pfl. zuw. mehlig bestäubt ***84***

84. Bltnhülle 2- bis 4- od. bis 5-teilig; Bltn. klein, unscheinbar, in knäueligen, trugdoldigen od. scheinährigen Bltnständen; Fr. ganz od. teilw. von der Bltnhülle umgeben u. zusammen mit dieser abfallend; Pfl. häufiger mehlig bestäubt . . . . **Chenopodiaceae,** 335

— Bltnhülle 5-blättrig, weißl.grün bis weißl., sich postfloral purpurn verfärbend; Bltn. auffällig, bis 1 cm im Dm, in 10–40 cm langen, blattgegenst. Trauben; Frblätt. meist 10, frei od. nur am Grd. etw. verwachsen; Fr. beerenart., saftig, meist 10-rippig; dk. bis schwarz; Kultur- u. Zierpfl. aus N-Am., besonders in Weinbaugebieten . . . **Phytolacca,** 334

85(27). Bltn. trockenhäutig, meist bräunl.; Bltn. klein in Spirren *(159);* Frkn. oberst., 3-kantig . . . . **Juncaceae,** 505

— Bltnhülle nicht trockenhäutig, oft gespornt; Frkn. untersts., stielart., oft gedreht *(158)* . . . . **Orchidaceae,** 493

86(26). Sporenpfl. ***88***

— Bltnpfl. ***87***

87. Blätt. fleischig-saftig, stiel- od. halbstielrund; Bltn. weiß od. gelb; Blkr. freiblättrig . . . . **Sedum,** 179

— Blätt. nicht fleischig-saftig, dachziegelig angeordnet; Blkr. verwachsenblättrig; hochalp. Polster- u. Rasenpfl. . . . . **Androsace,** 315

88(86). Pfl. moosähnl., 3–5 cm hoch; Blätt. 1–3 mm lg., spitz, am Rand gewimpert; Sporangien blattachselst., verschieden groß *(142, 286)* **Selaginella,** 131

— Pfl. nicht moosähnl., kräftiger; Sporangien gleichgestaltet entw. blattachselst. (*291* Sp) od. in scharf vom vegetativen Sproß abgesetzten Ähren *(293–294)* . . . . **Lycopodiaceae,** 129

XIII d. Blätter wechselständig; Blattspreite am Rand gesägt, gezähnt, gekerbt od. gelappt

1. Blattspr. schildf., am Rand gekerbt, lg. gestielt; Stg. kriechend; Bltn. in kopfigen Dolden od. wenigbltg. Wirteln; Sumpfpfl. . . **Hydrocotyle,** 242

— Blattspr. nicht schildf., z. T. aber nierenf. ***2***

2. Blattspr. dk.grün, silbrig gefleckt, immergrün; Pfl. mit brauner Knolle; Bltn. einzeln, lg. gestielt; Blkrblätt. zurückgeschlagen; Bltnstiel z. Frreife spiralig eingerollt; kalkliebend; selten . . . . . . **Cyclamen,** 317

— Blattspr. nicht silbrig gefleckt, sommergrün; wenn wintergrün, dann Pfl. mit Milchsaft ***3***

3. Bltn. in kleinen, becherf., von Honigdrüsen umgebenen Cyathien *(643–644),* ♀Blüte (= Frkn.) z. Bltzt. lg. gestielt u. aus dem Cyathienbecher heraushgd. *(644);* die Cyathien in Di- od. Pleiochasien (s. S. 27) angeordnet *(643);* Pfl. mit Milchsaft . . . . **Euphorbia,** 257

— Bltn. nicht in Cyathien, anders angeordnet ***4***

4. Bltn. in schirmf., von gelben Hochblätt. umgebenen Trugdolden *(475);* Bltnhülle einfach, 4-zählig; Stbblätt. 5; Blattspr. fast kreisrund **Chrysosplenium,** 181

— Bltn. anders angeordnet ***5***
5. Bltn. grünl. ***27***
— Bltn. nicht grünl. ***6***
6. Bltn. gespornt ***25***
— Bltn. nicht gespornt ***7***
7. Pfl. mit Ranken; Bltn. eingschl.; Frkn. unterst. . . . . **Cucurbitaceae,** 306
— Pfl. ohne Ranken ***8***
8. Bltn. in wenig- (1-) bis vielbltg., von einer Blatthülle (Involucrum) umgebenen Köpfchen; innere Hüllblätt. zuw. strahlend, petaloid *(Carlina, Helichrysum, Xeranthemum);* entweder alle Bltn. des Köpfchens zygomorph (zungenf.; Pfl. mit Milchsaft) od. nur die äußeren als Zungenbltn., die inneren als Röhrenbltn. ausgebildet od. nur Röhrenbltn. vorhanden; Köpfchen selten eingschl., die ♂ mehrbltg., die ♀ 1- bis 2-bltg. *(Ambrosia, Xanthium);* Stbblätt. 5, ihre Antheren miteinander verklebt; Nußfr., häufig mit fedrig behaartem Pappus; Blätt. zuw. erst nach der Blüte erscheinend *(Petasites, Tussilago)* . . . . **Asteraceae,** 428
— Bltn. nicht od. nur selten in Köpfchen, dann aber Stbbeutel frei ***9***
9. Blätt. am Grd. mit röhrenf., stgumfassender Scheide (Ochrea, *21,0*); Bltnhülle in zwei 3-zähligen Kreisen, der innere vergrößert u. z. Frzt. die Fr. einschließend *(835–838);* Bltn. klein . . . . . . **Polygonaceae,** 344
— Blätt. am Grd. ohne Ochrea ***10***
10. Blkr. verwachsenblättrig ***21***
— Blkr. freiblättrig ***11***
11. Blkr. 4-blättrig ***17***
— Blkr. 5- u. mehrblättrig ***12***
12. Stbblätt. zahlr. ***16***
— Stbblätt. 5–10, beim Aufblühen zuw. schon geschrumpft . . . ***13***
13. Blätt. dickfleischig; in jeder Blüte mehrere freie Frkn. . **Crassulaceae,** 178
— Blätt. nicht dickfleischig; in jeder Blüte 1 Frkn. ***14***
14. Bltn. in Ähren od. Köpfchen; Blkrblätt. anfangs vereinigt u. sich später vom Grd. her lösend *(230a–b),* blauviolett od. gelbl.weiß **Phyteuma,** 426
— Bltn. nicht in Köpfchen od. Ähren ***15***
15. Blätt. derb, ledrig, oft wintergrün; Frkn. mit 1 Gr. . . . . . **Pyrolaceae,** 309
— Blätt. nicht ledrig; Frkn. meist 2, frei od. mit der becherf. Bltnachse verwachsen, dann 2 Gr. *(471–472)* . . . . **Saxifraga,** 181
16(12). Bltn. gelb, mit od. ohne Honigblätt.; K. fehlend od. 3- bis 5-blättrig; Frkn. meist zahlr., frei . . . . **Ranunculaceae,** 151
— Bltn. weiß; K. u. Blkr. 8- bis 9-blättrig; Gr. fedrig behaart; niederlgd. Spalierstrauch der Hochalp. . . . . **Dryas,** 190
17(11). Bltn. mit 6–8 Stbblätt. ***19***
— Bltn. mit 12 bis vielen Stbblätt. ***18***
18. Bltnblätt. zerschlitzt *(210a, 730);* Bltn. klein, gelbl. od. gelbl.weiß; Frkn. an der Spitze meist offen *(210b)* . . . . **Reseda,** 290
— Bltnblätt. nicht eingeschnitten; Bltn. groß, rot, weiß od. gelb; Pfl. mit Milchsaft . . . . **Papaveraceae,** 166
19(17). Frkn. unterst., stielart. verlängert *(222);* Stbblätt. 8 . **Onagraceae,** 224
— Frkn. oberst. ***20***
20. In jeder Blüte 1 Frkn.; Stbblätt. 6 (4 lange u. 2 kurze) . . **Brassicaceae,** 268
— In jeder Blüte 4 freie Frkn.; Stbblätt. 8; Blätt. dick, keilf., dicht gedrängt **Sedum,** 179
21(10). Bltn. stark od. schwach zygomorph; Stbblätt. 2 od. 4, wenn 5, dann Filamente wollig behaart *(Verbascum)* . . . **Scrophulariaceae,** 380
— Bltn. radiär; Stbblätt. 5, wenn 10, dann nur 5 fertil ***22***
22. Stbbeutel kegelf. zusammenneigend; Blkr. radf.; Fr. eine saftige Beere **Solanum,** 379

— Stbbeutel frei od. schon beim Aufblühen geschrumpft; Kapselfr. od. Trockenbeeren *23*

23. Stbbeutel schon beim Aufblühen geschrumpft; Blkr. radiär, glockig, trichterf., blau od. violett (bei der gelbblühenden *Campanula thyrsoidea* Blätt. längl.-lineal u. am Rand wellig), einzeln, in Trauben, Rispen od. Ähren; Kblätt. häufig mit Anhängseln; Kapselfr., sich mit Längsspalten od. seitl. Löchern öffnend; Grdblätt. häufig von den Stgblätt. verschieden . . . . **Campanulaceae,** 423

— Stbbeutel frei, beim Aufblühen nicht geschrumpft *24*

24. Fr. eine sich mit Zähnen öffnende Kapsel; Blkr. ± langröhrig, rot od. gelb . . . . **Primula,** 313

— Fr. sich mit einem Deckel öffnend (*Hyoscyamus:* Bltn. schmutziggelb), eine stachelige Kapsel (*Datura:* Bltn. bis 8 cm lg., faltig, mit lg. zugespitzten Zipfeln) od. eine trockene Beere (*Nicandra:* K. z. Frzt. scharf 5-kantig, aufgeblasen) . . . . **Solanaceae,** 378

25(6). Blätt. mit Nebenblätt.; Blkr. freiblättrig; Kblätt. 5, am Grd. mit krautigen Anhängseln . . . . **Viola,** 263

— Nebenblätt. fehlend; Blkr. am Grd. verwachsen *26*

26. Kblätt. 3, davon 2 klein, grün, das 3. blumenblattart. u. gespornt *(191);* Bltn. hgd. . . . . **Impatiens,** 234

— Kblätt. 5, grün; Stg. niederlgd. . . . . **Linaria cymbalaria,** 384

27(5). Blätt. am Grd. mit stgumgreifender Ochrea; Bltn. kurz gestielt; Bltnhülle 6-blättrig . . . . **Polygonaceae,** 344

— Blätt. am Grd. ohne Ochrea; Bltn. sitzend; Bltnhülle 2- bis 5-teilig **Chenopodiaceae,** 335

TABELLE XIV
Wasserpflanzen (Sporenpflanzen, Mono- u. Dikotyledonen)

1. Pfl. völlig untergetaucht lebend, festgewurzelt od. freischwimmend; auch ihre Bltn. od. Sporen unter Wasser ausbildend; Wasserbestäubung . . . . **XIV a,** 123

— Pfl. untergetaucht lebend, aber wenigstens ihre Bltn. od. Bltnstände über die Wasseroberfläche erhebend (selten auf der Wasseroberfläche schwimmend) *2*

2. Pfl. nicht im Boden wurzelnd, frei im od. auf dem Wasser schwimmend . . . . **XIV b,** 124

— Pfl. im Boden festgewurzelt *3*

3. Pfl. ohne Schwimmblätt., völlig untergetaucht u. nur ihre Bltn. od. Bltnstände über die Wasseroberfläche ragend . . . . **XIV c,** 124

— Wasserpfl. mit Schwimmblätt. od. Sumpfpfl., deren Stg. u. Blätt. größtenteils aus dem Wasser ragen *4*

4. Wasserpfl. mit Schwimmblätt.; diese zuw. in Rosetten; Unterwasserblätt. (wenn vorhanden) fein zerteilt . . . . **XIV d,** 125

— Sumpfpfl. am Rand von Teichen u. Flußufern, deren Stg. u. Blätt. größtenteils aus dem Wasser ragen . . . . **XIV e,** 126

XIVa. Pflanzen völlig untergetaucht, festgewurzelt od. freischwimmend, ihre Blüten od. Sporen unter Wasser entwickelnd; Wasserbestäubung

1. Sporenpfl.; Blätt. pfrieml.-binsenf., rosettig, mit zweiteilig-knolligem Rhizom; Blattgrd. scheidig verbreitert, mit Mikro- u. Makrosporangien (*138b*, S) an verschiedenen Blätt.; die ersteren an inneren, die letzteren an äußeren Rosettenblätt. sthd. . . . . **Isoëtes,** 131

— Bltnpfl., z. T. selten blühend ***2***

2. Pfl. des Süßwassers, selten im Brackwasser ***4***

— Pfl. des Salz- u. Brackwassers, auch der salzhaltigen Binnengewässer ***3***

3. Bltn. zahlr., ohne Bltnhülle, mit 1 Stbblatt u. 1 Frkn., 2-reihig angeordnet auf der einen Seite einer flachgedrückten Ährenachse, die z. Bltzt. in die Scheide (Spatha) des obersten Blattes eingeschlossen ist; Pfl. ausgedehnte, unterseeische Wiesen bildend, die grasart.-bandf. Blätt. als Polstermaterial dienend . . . . **Zostera,** 482

— Ähren 2-blütig, endst.; Bltnhülle fehlend; Stbblätt. 2, gespalten u. dadurch 4 vortäuschend; Frkn. 4, frei, mit löffelf. Narbenlappen *(1069);* Stg. u. Blätt. fadenf., Stg. an den Knoten wurzelnd; Brackwasserpfl. **Ruppia,** 481

4(2). Blätt. am ganzen Stg. verteilt ***6***

— Blätt. in grdst. Rosetten ***5***

5. Pfl. ähnlich *Isoëtes* (s. Punkt ***1***), aber ohne knolliges Rhizom u. mit Ausläufern, die bei Landformen fehlen können; Bltn. nur bei Landformen entwickelt, eingschl., die ♂ gestielt, die ♀ an der Basis dieser Stiele sitzend *(184)* . . . . **Litorella,** 406

— Pfl. ohne Ausläufer; Blätt. pfrieml.-grasart.; Bltn. weiß, 4-blättrig, in 2- bis 8-bltg. Traube *(187);* Pfl. 2–8 cm hoch . . . . **Subularia,** 288

6(4). Pfl. starr u. zerbrechl.; Stg. an den Knoten wurzelnd; Blätt. in übereinandersthd., sich nicht kreuzenden Wirteln, am Rand stachelspitzig gezähnt *(1072);* Bltn. einzeln, blattachselst., eingschl. . . . . . **Najas,** 482

— Pfl. nicht starr u. zerbrechl.; Blätt. anders angeordnet u. gestaltet ***7***

7. Blätt. 2-zeilig, 1–10 cm lg., fadenf., am Grd. mit großem, stgumfassendem Blatthäutchen; Bltn. klein, eingschl., einhäusig; die ♂ Bltn. ohne Bltnhülle, mit 1(–3) Stbblätt., die ♀ Bltn. mit meist 4 Frkn. u. becherf. od. mit 3-blättrigem Perigon *(1068);* geschnäbelte Steinfr.; Stg. dünn, an den Knoten wurzelnd; im Brack- u. Süßwasser (Mündungen der großen Flüsse) . . . . **Zannichellia,** 482

— Blätt. gegenst. od. in mehrzähligen Quirlen ***8***

8. Blätt. gegenst., ganzrandig, kleiner als 2 cm; Bltnhülle meist mit 2 sichelf. Vorblätt. *(189);* Stbblätt. 1; Frkn. 2-blättrig, durch eine Scheidewand 4-fächerig, bei der Reife in 4 einsamige, steinfr.art. Teilfr. zerfallend; Pfl. niemals mit Schwimmblätt. **Callitriche hermaphroditica,** 422

— Blätt. in mehrzähligen Quirlen u. nicht ganzrandig ***9***

9. Blattspr. mehrfach gabelteilig *(180),* hornart.-knorpelig; Bltn. eingschl., einhäusig, achselst., unscheinbar; Bltnhüllblätt. 8–15; Stbblätt. 10–20; Frkn. 1; Nußfr. mit od. ohne stachelige Fortsätze *(361–362);* Pfl. wurzellos . . . . **Ceratophyllum,** 151

— Blätt. mit keilig-verbreitertem Stiel, am vorderen Ende mit 4–6 Borsten; Spreite rundl., oberstS. mit Fühlborsten *(179),* ihre beiden Hälften längs der Mittelrippe auf einen Reiz hin zusammenklappend; Blätt. in 6- bis 9-zähligen Quirlen; Pfl. wurzellos, sehr selten . **Aldrovanda,** 186

XIVb. Pflanze untergetaucht, nicht im Boden festgewurzelt, häufig wurzellos, frei im od. auf dem Wasser schwimmend

1. Pfl. ungeglied., rundl., ± 1–2 mm groß, wurzellos *(Wolffia)* od. Vegetationskörper aus blattart., flachen, auseinandersprossenden, untersts. mit Wurzeln versehenen Gliedern besthd., in geschlossenen Decken die Oberfläche nährstoffreicher Tümpel u. Teiche bedeckend; wenn Pfl. wenig untergetaucht, dann deutl. geglied. u. die gestielten, lanzettl. Glieder kreuzweise miteinander verbunden *(153)* **Lemnaceae,** 576
— Pfl. anders gestaltet, in Stg. u. Blätt. geglied. ***2***
2. Bltnpfl. ***4***
— Sporenpfl.; Sori in kugeligen, ins Wasser hgd. Sporokarpien ***3***
3. Blätt. klein, schuppenart., 2-lappig gefaltet, 2-zeilig an den reich verzweigten Stg. angeordnet; Pfl. moosart. *(136)* . . . . **Azolla,** 146
— Blätt. größer, nicht schuppenf., in 3-zähligen Quirlen, 2 davon scheinbar gegenst., als ovale, obersts. behaarte Schwimmblätt. ausgebildet, das dritte Blatt wurzelähnl. ins Wasser hgd. u. die Sporangienbehälter tragend *(137);* Pfl. wurzellos . . . . **Salvinia,** 146
4(2). Blätt. wechselst., in zahlr. Zipfel aufgelöst; diese z. T. mit 0,5–2 mm großen, tierfangenden Schläuchen *(182);* Pfl. wurzellos; Bltntrauben aus dem Wasser ragend; Bltn. gelb, 2-lippig, gespornt . **Utricularia,** 403
— Blätt. ohne tierfangende Schläuche ***5***
5. Blattspr. meist kammf. gefied. *(580),* in 3- bis 5-zähligen Quirlen; Bltn. klein, unscheinbar, 4-zählig, eingschl. od. ⚥, insgesamt zu quirligen Ähren zusammentretend . . . . **Myriophyllum,** 227
— Blattspr. nicht kammf. gefied. ***6***
6. Blätt. mit rautenf., am Rand gezähnter Spreite u. blasig aufgetriebenen Stielen *(189),* insgesamt eine bis 30 cm breite Schwimmblattrosette bildend; Bltn. weiß, 4-zählig; Kblätt. sich bei der Reife zu 4 harten Dornen umbildend *(567)* . . . . **Trapa,** 224
— Blätt. anders gestaltet ***7***
7. Blattspr. kreisrund, ledrig, am Grd. herzf., mit 2 Nebenblätt., lg. gestielt; Bltn. groß, weiß, am Grd. gelb, eingschl.; Pfl. mit Ausläufern **Hydrocharis,** 478
— Blattspr. breit-lineal, am Rand stachelig gezähnt, in großer, halb aus dem Wasser ragender Rosette; Bltn. groß, eingschl., 2-häusig, von einer Scheide (Spatha) umgeben *(157);* Pfl. mit Ausläufern **Stratiotes,** 478

XIVc. Pflanzen im Boden festgewurzelt, untergetaucht lebend; Blüten od. Blütenstände über das Wasser ragend

1. Blätt. nicht in grdst. Rosette, am ganzen Stg. verteilt ***3***
— Blätt. alle in grdst. Rosette ***2***
2. Bltn. ⚥; Blkr. 2-lippig, weiß mit bläul. Röhre; Blätt. lineal, bis 10 cm lg. *(185)* . . . . **Lobelia,** 428
— Bltn. eingschl., 2-häusig verteilt; ♂ Bltn. frei auf dem Wasser schwimmend, ♀ Bltn. auf spiralig eingerollten Stielen; Blkr. nicht 2-lippig; Blätt. bandf., bis 80 cm lg. u. 5–12 mm breit . . . . **Vallisneria,** 478
3(1). Pfl. 2-häusig; Blätt. längl.-lineal, ungeteilt, am Rand sehr fein gesägt, in Wirteln zu 3–4; Stgglieder 3–7 mm lg.; im Gebiet nur ♀ Pfl. **Elodea,** 477
— Pfl. 1-häusig ***4***
4. Blätt., wenigstens die oberen Stgblätt., in 5- bis 6-zähligen Wirteln, stachelspitzig gezähnt; Stgglieder 10–30 mm lg. . . . . **Hydrilla,** 477

— Blätt., wenn mit ungeteilter Spreite, nicht in mehrzähligen Wirteln od. Spreite gefied. od. zerschlitzt ***5***

5. Blattspr. ungeteilt, vielgestaltig, haarf. bis lanzettl.-eif.; alle Blätt. fast gegenst. od. wechselst., nur die oberen zuw. gegenst., am Grd. häufig mit röhriger Scheide; Bltn. in runden, vielbltg. Ähren; Bltnhülle meist fehlend; Stbblätt. 4, mit blumenblattart. Anhängseln *(156)* **Potamogeton,** 479

— Blattspr. fein zerschlitzt od. kammf. gefied. ***6***

6. Blattspr. fein zerschlitzt *(400–401)*; Bltn. weiß, mit 5–12 blumenblattart. Honigblätt.; Stbblätt. u. Frkn. zahlr., frei . . . . . . **Ranunculus,** 159

— Blattspr. kammf. gefied. *(181)*; Bltn. in 3- bis 6-bltg. Quirlen; Blkr. verwachsen, hellrosa, im Schlund gelb . . . . **Hottonia,** 317

XIV d. Im Boden wurzelnde od. freischwimmende Wasserpflanzen mit Schwimmblättern od. Schwimmblattrosetten; Unterwasserblätter (wenn vorhanden) fein geteilt

1. Sporenpfl.; Blattspr. einem 4-zähligen Kleeblatt ähnelnd, lg. gestielt, am Grd. mit bohnenf. Sporokarpien *(140)* . . . . **Marsilea,** 146

— Bltnpfl. ***2***

2. Schwimmblätt. gefied.; Bltn. klein, in 2- bis 3-(6-)strahligen, den Blätt. gegenübersthd. Dolden . . . . **Apium,** 247

— Schwimmblätt. nicht gefied. ***3***

3. Schwimmblätt. mit großer (bis 20 cm lg.), am Grd. tief herzf. eingeschnittener *(358–360)*, ganzrandiger Spreite; diese am Grd. ohne Nebenblätt.; Bltn. sehr groß, ⚥, gelb od. weiß ***10***

— Schwimmblätt. kleiner u. anders gestaltet, wenn ganzrandig u. am Grd. tief herzf., dann Stielbasis mit Nebenblätt. u. eingschl., 1-häusig verteilten Bltn. ***4***

4. Bltn. eingschl., 1-häusig; ♂ Bltnstand 1–6 cm lg. gestielt, ♀ Bltnstand sitzend; Einzelbltn. über der Spatha aber 3–8 cm lg. gestielt **Hydrocharis,** 478

— Bltn. ⚥; Blattspr. am Grd. nicht herzf.; Stiel ohne Nebenblätt. . ***5***

5. Blattspr. der Schwimmblätt. rundl., handf. gelappt bis geteilt; Bltn. einzeln, weiß; Stbblätt. u. Frkn. zahlr., frei . . . . **Ranunculus,** 159

— Blattspr. der Schwimmblätt. längl.-oval, ganzrandig od. rautenf., häufig in Rosetten ***6***

6. Blattspr. rautenf., am Rand gezähnt, mit bauchig aufgetriebenem Stiel; Blätt. in dichter, der Wasseroberfläche auflgd. Rosette; Bltn. klein, mit 4 verhärtenden Kzähnen; Fr. eine mit Kblätt. versehene Nuß **Trapa,** 224

— Blattspr. längl.-oval, ganzrandig ***7***

7. Schwimmblätt. mit Stiel nicht größer als 2 cm, gegenst., die oberen rosettig *(968)*; Bltn. ohne Bltnhülle, am Grd. mit 2 sichelf. Vorblätt. *(969)* . . . . **Callitriche,** 422

— Schwimmblätt. ohne Stiel meist größer als 5 cm; Bltn. in Ähren, Rispen od. rispigen Thyrsen ***8***

8. Bltn. in Rispen od. Thyrsen, weiß od. rosa; Bltnstiel ohne Nebenblätt. od. Ochrea; Stbblätt. 6 u. mehr; Frkn. 6 bis viele, frei **Alismataceae,** 476

— Bltn. in Ähren; Bltnstiel am Grd. mit 1 großen, achselst. Nebenblatt od. röhrigen Scheide (Ochrea) ***9***

9. Blattspr. parallelnervig; Blattstiel am Grd. mit 1 achselst. Nebenblatt; Bltn. grünl. od bräunl.; Bltnhülle fehlend; Stbblätt. 4, mit blumenblattart. Anhängseln *(156)* . . . . **Potamogeton,** 479

— Blattspr. fiedernervig; Blattstiel am Grd. mit röhriger Scheide (Ochrea); Perigonblätt. 5, rosafarbig; Stbblätt. 5 **Polygonum amphibium,** 348

10(3). Blattspr. 20–30 cm lg., lg. gestielt, einem dicken Rhizom ansitzend; Bltn. groß, weiß, mit doppelter Bltnhülle, K. 3-blättrig od. gelb, mit einfacher Bltnhülle; Frkn. zahlr., von der becherf. Bltnachse umwachsen u. dadurch einen einzelnen Frkn. vortäuschend; Narbenstrahlen zahlr. . . . . **Nymphaeaceae,** 150

— Blattspr. kleiner als 20 cm, rundl. herzf., untersts. drüsig punktiert; Bltn. mit stieltellerf., gelber, im Schlund bärtiger Blkr.; Stbblätt. 5; Narben 2 . . . . **Nymphoides,** 351

XIV e. Wasserpflanzen, die mit ihren Stengeln u. Blättern größtenteils aus dem Wasser ragen od. sumpfige Teich- u. Flußufer besiedeln[1]

1. Bltnpfl. ***3***

— Sporenpfl. ***2***

2. Stg. dünn, kriechend; Blätt. binsenf., bis 10 cm lg., in der Jugend an der Spitze spiralig eingerollt, an ihrem Grd. kugelige, bis erbsengroße Sporokarpien *(139)* mit Mikro- u. Makrosporangien; an überfluteten Teichufern . . . . **Pilularia,** 146

— Stg. aufrecht, deutl. geglied., einfach od. verzweigt; Blätt. schuppenf., zu einer die Knoten umgebenden Scheide verwachsen; Sporangien auf der Unterseite schildf. Sporophylle; diese insgesamt eine endst. Ähre bildend *(134);* Verlandungszone . . . . **Equisetum,** 132

3(1). Überwasserblätt. gegen-, wechsel- od. grdst. ***5***

— Überwasserblätt. in 3- oder mehrzähligen Wirteln ***4***

4. Überwasserblätt. in 3-zähligen Wirteln; diese viel breiter als die in 8- bis 16-zähligen Quirlen angeordneten Unterwasserblätt. *(285)* **Elatine alsinastrum,** 263

— Überwasserblätt. in vielzähligen Wirteln, kaum breiter als die Unterwasserblätt. *(284);* Sproßachse auf dem Querschnitt mit vielen unregelmäßig angeordneten Hohlgängen; Bltn. klein, ohne Blkr., blattachselst.; Stbblätt. 1 . . . . **Hippuris,** 406

5(3). Blätt. wechsel- od. grdst. ***13***

— Blätt. gegenst. od. quirlig ***6***

6. Stg. spitzenw. gleich den Blätt. dicht weißhaarig; Bltn. gelb, in wenigbltg. Rispen; Kblätt. eif., am Rand rotdrüsig . . **Hypericum elodes,** 261

— Stg. u. Blätt. nicht dicht weißhaarig, kahl od. z. T. locker behaart ***7***

7. Bltn. nicht rot od. bläul.-purpurrot ***9***

— Bltn. rot od. bläul.-purpurrot ***8***

8. Blkrblätt. stets vorhanden; Stbblätt. 12, verschieden lg. (6 lange u. 6 kurze); Bltn. zu einer zylindrischen Scheinähre zusammentretend; Stg. aufrecht, behaart, bis 1,2 m hoch; Verlandungszone **Lythrum salicaria,** 223

— Blkrblätt. fehlend; Bltn. einzeln, achselst.; Stg. niederlgd., mit aufstgd. Ästen, meist rot, an den Knoten wurzelnd; Teichufer **Peplis portula,** 223

9(7). Blätt. elliptisch-eif., etwa 1 cm breit, kurz gestielt; Stg. kriechend od. flutend, oft an den Knoten wurzelnd; Bltn. einzeln, blattachselst.; Bltnhülle einfach, grünl.; Stbblätt. 4, Kblätt. 4, bleibend **Ludwigia palustris,** 224

— Blätt. längl. bis spatelf., schmäler als 1 cm ***10***

---

[1] Diese Tabelle enthält auch die wichtigsten Sumpfpfl. der Verlandungszone stehender Gewässer

10. Blattstiel am Grd. etwas verbreitert; Stg. aufrecht od. flutend; unterhalb der kleinen, weißen Blüte eine aus 2 freien Blätt. besthd. kelchähnl. Hochblatthülle; Pfl. 10–30 cm hoch . . . . . . **Montia fontana,** 335
— Blattstiel am Grd. nicht scheidig verbreitert ***11***
11. Bltnhülle fehlend; Bltn. am Grd. mit 2 sichelf. Vorblätt. *(188)*, eingschl.; Stbblätt. 1; Frkn. 1; Fr. 4-teilig mit ± 4 scharfen Kanten **Callitriche,** 422
— Bltn. ohne sichelf. Vorblätt., ⚥; Fr. nicht 4-kantig ***12***
12. Bltn. 4-zählig, einzeln, achselst.; Stg. 2–5 cm hoch **Crassula aquatica,** 178
— K.- u. Blkrblätt. 3–4; Stbblätt. 3, 6 od. 8; Fr. eine fast kugelige Kapsel **Elatine,** 263
13(5). Bltn. nicht in Kolben od. kugeligen Köpfchen ***17***
— Bltn. in Kolben od. kugeligen Köpfchen ***14***
14. Bltn. in mehreren kugeligen, übereinandersthd., eingschl. Köpfchen, die basalen ♀ u. morgensternf. *(166)*, die oberen ♂; Verlandungszone **Sparganium,** 535
— Bltn. in Kolben ***15***
15. Kolben meist zu 2 übereinander, der basale mit ♀ Bltn., z. Frreife hell- bis schwarzbraun, der obere mit ♂ Bltn.; Verlandungszone . . **Typha,** 535
— Kolben einzeln ***16***
16. Kolben endst., an der Basis mit ♀, an der Spitze mit ♂ Bltn., von einer weißen Spatha umgeben; Pfl. mit grüner, kriechender Achse; Blätt. rundl., herzf., glzd. **Calla palustris,** 576
— Kolben scheinbar seitenst., grünl., bis zur Spitze mit kleinen Zwitterbltn.; Spatha grün, die direkte Fortsetzung des Stg. bildend; Pfl. mit aromatisch riechendem Rhizom; Verlandungszone **Acorus calamus,** 576
17(13). Bltn. zahlr., lg. gestielt, in Scheindolden; Perigonblätt. rosafarbig, dk. geadert; Frkn. rot, meist 6, frei (apokarp); Bltnstg. stielrund; Blätt. in grdst. Rosette, bis 1 m lg.; Verlandungszone . . . . . . **Butomus,** 477
— Pfl. anders gestaltet ***18***
18. Blätt. schwertf.-reitend, einem dicken Rhizom entspringend; Bltn. radiär, groß, gelb; Stbblätt. 3, von den blumenblattart. Griffelästen bedeckt; Frkn. unterst.; Verlandungszone (die blauviolett blühende *Iris sibirica* nur auf Moorwiesen) . . . . **Iris pseudacorus,** 491
— Blätt. nicht schwertf.-reitend ***19***
19. Bltn. in doldenart. od. quirlig-etagenf. Bltnständen, weiß, radiär, ⚥, selten eingschl. (*Sagittaria:* Luftblätt. mit stark pfeilf. Spreite); Bltnhülle mit K. u. Blkr., 3-zählig; Stbblätt. 6 bis viele; Frkn. 3 bis viele, frei (apokarp); Blattspr. verschieden gestaltet, pfeilf., längl.-elliptisch, am Grd. tief herzf.; Unterwasserblätt. häufig bandf.; Verlandungszone **Alismataceae,** 476
— Bltnstände anders gestaltet; Frkn. verwachsen, wenn frei, dann Bltn. groß u. gelb ***20***
20. Bltn. nicht in zusammengesetzten od. köpfchenart. Dolden . . ***25***
— Bltn. in zusammengesetzten Dolden, diese zuw. köpfchenart. zusammengezogen ***21***
21. Blattspr. schildf., am Rand gekerbt; Bltn. klein, weiß, in köpfchenf. Dolden; Verlandungszone . . . . **Hydrocotyle,** 242
— Blattspr. nicht schildf. ***22***
22. Stg. mit dickem, aufrechtem, hohlem, durch Querwände gekammertem Rhizom von möhrenart. Geruch; Pfl. kahl; Blätt. 2- bis 3-fach gefied.; Verlandungszone . . . . **Cicuta virosa,** 247
— Stg. an der Basis ohne gekammertes Rhizom, zuw. aber mit Ausläufern ***23***
23. Stg. niederlgd.-kriechend od. flutend, im Schlamm wurzelnd; Blätt. entw. alle einfach gefied. od. Unterwasserblätt. (wenn vorhanden)

doppelt gefied. mit haarfeinen Zipfeln; Dolden 2- bis 3-(6-)strahlig, den Blätt. gegenübersthd.; Hüllchen stets vorhanden . . . . **Apium,** 247

— Stg. aufrecht; Dolden mehrstrahlig ***24***

24. Luftblätt. einfach; Unterwasserblätt. fein doppelt gefied.; Stg. gefurcht od. gerillt, dann am Grd. mit Ausläufern; Pfl. bis 1,5 m hoch; Verlandungszone . . . . **Sium,** 248

— Alle Blätt., zumindest aber die Grdblätt., 2- bis 4-fach gefied. (bei *Oenanthe fistulosa* Stgblätt. zuw. einfach gefied., dann aber Blatt- u. Doldenstiele röhrig hohl); Hüllblätt. ungeteilt; K. deutl. 5-zähnig; Fr. walzl., vom K. überragt; Verlandungszone . . . . **Oenanthe,** 249

25(20). Blätt. 3-zählig gefied. mit großen, verkehrt-eif. Fied., lg. gestielt, einem kriechenden Rhizom entspringend; Blkrblätt. weißl.-rosa, obersts. dicht bärtig, in aufrechten Trauben; Verlandungszone u. Flachmoore . . . . **Menyanthes,** 351

— Blätt. nicht 3-zählig gefied. ***26***

26. Bltn. gelb, 2–4 cm breit, fettig glzd.; Blätt. schmal-lanzettl., zugespitzt, ganzrandig od. schwach gezähnt; Stg. bis 150 cm hoch, aufrecht, am Grd. mit unterirdischen, hohlen Ausläufern; Verlandungszone **Ranunculus lingua,** 161

— Bltn. nicht gelb, klein, unscheinbar, in den Achseln von trockenhäutigen Tragblätt. ***27***

27. Stg. oft 3-kantig, bisw. rund *(Eleocharis, Scirpus)* u. selten knotig geglied.; Blätt. 3-zeilig, mit geschlossener, selten offener Scheide, ohne Ligula; Bltn. klein, eingschl. od. ⚥, in den Achseln trockenhäutiger Tragblätt. [bei *Carex* die ♀ Bltn. noch von einem geschlossenen, oft geschnäbelten od. gezähnten Schlauch (Utriculus) umgeben]; Einzelbltn. in mehrbltg. Ährchen, die zu endst. Ähren, Köpfchen od. Spirren zusammentreten [bei *Carex* Ähren getrennt, gemischtgschl. od. Ähren mit ♀ u. ♂ Bltn.]; Bltnhülle fehlend; Stbblätt. 3; Frkn. oberst., 1-fächerig; Nußfr.; Verlandungszone . . . . **Cyperaceae,** 511

— Stg. (= Halm) rund, hohl, an den Knoten verdickt; Blätt. 2-zeilig, mit lg., stgumfassender Scheide, an ihren oberen Enden ein Blatthäutchen (Ligula) od. Haarkranz; Bltn. klein, unscheinbar, mit 3 Stbblätt. u. 1 Frkn., von Spelzen umhüllt, zu 1- bis mehrbltg. Ährchen zusammentretend; diese in rispenf. Gesamtbltnständen; bis 4 m hohe Pfl. der Verlandungszone . . . . **Poaceae,** 536

Abteilung: Pteridóphyta,
Gefäßsporenpflanzen[1]

In Wurzel, Stamm u. Blätt. geglied., blütenlose Pfl.; Vermehrung durch einzellige, braune Sporen (*2e*, Spo), die in besonderen Behältern, den Sporangien (*2d–e*, Sp), entstehen; Sporangien u. Sporen entw. gleich od. verschieden gestaltet; männl. Sporen (= Mikrosporen) kleiner; weibl. Sporen (= Makrosporen) größer; Sporangien entw. einzeln, oft an besonderen Blätt. (= Sporophyllen) od. zu ährenf. Sporangien- od. Sporophyllständen (*293, 294b, 298a, 299a*) od. gruppenweise zu Sori (*2d*, S) vereinigt; letztere oft von einem zarten Häutchen, dem Schleier (= Indusium, *2b, 2e*, J), überdeckt.

Unterabteilung: **Lycophýtina,**
Bärlappähnliche

Klasse: **Lycópsida,** *Bärlappe*

Ordnung: **Lycopodiáles**

Familie: **Lycopodiáceae,** *Bärlappgewächse* Ⓖ

Ausdauernde Pfl., mit spärl. bis reich-gabelig verzweigten Sprossen u. dichtgedrängten, spiralig od. wirtelig gestellten, sehr kleinen Blätt.; Sporangien einzeln in der Achsel gewöhnl. Laubblätt. *(291a)* od. an abweichend gestalteten, zu endst. Ähren vereinigten Sporophyllen *(293, 294a, 295)*; Sporangien rundl.-nierenf. od. quer-eif. *(292b)*; Sporen gleichgestaltet.

1. Sporangien in nicht deutl. abgesetzten Ähren, in den Achseln von Laubblätt.; Stg. aufstgd., meist gabelästig *(291a)*, 5–15 cm lg. **Huperzia,** 129

— Sporangien in deutl. abgesetzten, endst. Ähren *(141a, 292–295)* ***2***

2. Blätt. gekreuzt-gegenst. (in 4 Reihen), schuppenf., der Sproßachse angedrückt *(294–295)*; Pfl. mit ober- od. unterirdischen Ausläufern **Diphasium,** 130

— Blätt. spiralig, von der Sproßachse absthd. *(292a, 293)* ***3***

3. Stg. kurz kriechend, meist mit 1 aufstgd. Ast; Sporangienähre undeutl. vom Sproß abgesetzt *(292a)* . . . . **Lepidotis,** 129

— Stg. lg. kriechend, wiederholt gabelästig; Sporangienähren deutl. vom Sproß abgesetzt *(293)* . . . . **Lycopodium,** 130

1. Hupérzia Bernh., *Teufelsklaue*[2]. Sprosse aufrecht, regelmäßig gabelig verzweigt *(291a)*; Blätt. aufrecht, dkgrün, meist in 8 Zeilen; an der Spitze der Triebe bei Berührung leicht abfallende Brutsprosse *(291a–b*, B); ♃; VII–X. Feuchte Wälder, vorwgd. der mont. Reg.; kalkmeidend; *z.*(= *Lycopodium selago* L.). Ⓖ *Tannen-T.,* **H. selágo** (L.) Bernh. ex Schr. & Mart.

2. Lepidótis Beauv., *Sumpfbärlapp.* Kriechsproß 2–10 cm lg., sich dann aufrichtend u. einschließl. Sporangienähre 4–8 cm lg. *(292a)*; Blätt. aufw. gebogen; Sporophylle am Grd. breit-eif., gesägt *(292b)*; ♃; VIII–X. Nackte Hochmoorböden; *z.* [= *Lycopodium inundatum* L.; = *Lycopodiella inundata* (L.) Holub] Ⓖ *Sumpfbärlapp,* **L. inundáta** (L.) C. Börner

[1] Bei den *Pteridophyta* geben die römischen Ziffern die Reifezeit der Sporen an.

[2] Zuw. als eigene Familie *Huperziaceae* (= *Urostachydaceae, Teufelsklauengewächse)* betrachtet

3. Lycopódium L., *Bärlapp*

1. Blattspitze nicht haarf. zugespitzt; Blätt. absthd.; Kriechsproß über 1 m lg., oberirdisch, wiederholt gabelästig. Fertile Äste aufrecht, bis 30 cm lg.; Sporenähre kurz gestielt, unverzweigt *(293)*; Sporophylle gelbl. mit zurückgekrümmten Spitzen, am trockenhäutigen Rand ausgefressen gezähnelt; ♃; VIII–IX. Nadelwälder u. torfige Stellen; *z*, aber gesellig.
Ⓖ *Sprossender B.*, **L. annótinum** L.

— Blätt. mit langer, weißer Haarspitze; Sporangienähren zu 2–3 auf langem, locker beblättertem Stiel *(141a)*; ♃; VII–VIII; Heiden, Nadelwälder, kalkmeidend; *z*. Ⓖ *Kolben-B.*, **L. clavátum** L.

4. Diphásium Presl, *Flachbärlapp*

1. Sporangienähren kurz gestielt *(295)*; Grdachse meist oberirdisch kriechend **4**

— Sporangienähren lg. gestielt *(294)*; Grdachse meist unterirdisch kriechend **2**

2. Sterile Äste ± niederlgd., flach; Bauchblätt. der Achse angedrückt, viel kleiner als die Flankenblätt. *(294c)*; Mitteltrieb meist unfruchtbar, nur die Seitenäste Sporenähren tragend; Sporophyll breit-oval, plötzl. in eine kurze Spitze zusammengezogen; ♃; VIII–IX. Trockene Nadelwälder, Heiden; *z*. [= *Lycopodium complanatum* L.; = *L. anceps* Wallr.; = *L. complanatum* L. ssp. *anceps* (Wallr.) Asch.]
Ⓖ *Gemeiner F.*, **D. complanátum** (L.) Rothm.

— Sterile Äste ± aufrecht; Bauchblätt. so groß od. nur wenig kleiner als die Flankenblätt. *(294a)*, nicht od. kaum angedrückt; Seitentriebe meist unfruchtbar; Mitteltrieb Ähren tragend *(294b)*; Sporophyll oval, mit längerer Spitze **3**

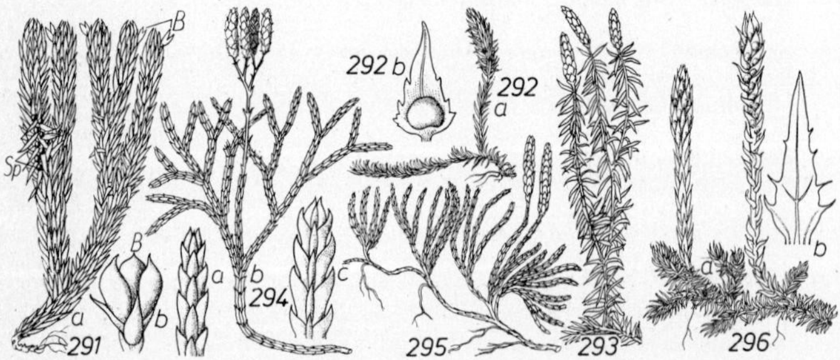

3. Sprosse dicht gebüschelt; Bauchblätt. den Flankenblätt. gleichgestaltet *(294b)*; Sporophylle in eine lange Spitze ausgezogen; ♃; VIII–IX. Trockene Nadelwälder, häufiger als die vorige. [= *Lycopodium chamaecyparissus* A.Br.; = *L. complanatum* L. ssp. *chamaecyparissus* (A. Br.) Döll]
Ⓖ *Zypressen-F.*, **D. tristáchyum** (Pursh) Rothm.

— Sprosse locker u. länger; Bauchblätt. kürzer als die Flankenblätt.; Sporophylle mit kürzerer Spitze; ♃; VIII–IX. Trockene Nadelwälder; *z* in S-Dt, auch Ho, Be, Schl, OPr. (= *Lycopodium complanatum* L. var. *zeilleri* Rouy) Ⓖ *Zeiller's F.*, **D. zeílleri** (Rouy) Damboldt

4(1). Letzte Auszweigungen kaum abgeflacht, 4-kantig (*295*); Bauchblätt. der sterilen Äste 0,5 mm breit, kurz gestielt, lanzettl.; Sporophylle lanzettl., zugespitzt; ♃; VIII–IX. Magermatten u. Heiden der Alp. u. höheren Mittelgeb.; *s*. (= *Lycopodium alpinum* L.) Ⓖ *Alpen-F.*, **D. alpínum** (L.) Rothm.

— Letzte Auszweigungen 2–2,5 mm dick, deutl. abgeflacht; Bauchblätt. der sterilen Äste sitzend, lineal; Sporophylle oval, plötzl. zugespitzt. Magermatten u. Zwergstrauchgebüsch der Alp. u. höheren Mittelgeb.; *s.* [= *Lycopodium alpinum* L. ssp. *issleri* (Rouy) Domin]

Ⓖ *Issler's F.*, **D. íssleri** (Rouy) Holub

Ordnung: **Selaginelláles**

Familie: **Selaginelláceae**, *Moosfarngewächse*

Pfl. von moosähnl. Habitus *(142, 296)*, mit dünnen, meist gabelig verzweigten Sprossen u. kleinen Blätt. *(296b)*; Sporangien in Ähren *(296a)*, mit Makro- u. Mikrosporen.

Selaginélla P. B., *Moosfarn*

1. Blätt. spiralig angeordnet, wimperig gezähnt *(296b)*, alle gleichgestaltet; Sprosse aufstgd.-aufrecht, 2–5 cm lg. *(296a)*; ♃; VII–VIII. Weiden, feuchte Grashänge der subalp. u. alp. Reg.; Alp. *v*; *s* im Harz (Brocken), Schw., Riesengeb. (ob noch?). *Gezähnter M.*, **S. selaginoídes** (L.) Lk.

— Blätt. 4-reihig, ganzrandig, paarweise ungleich groß; die seitl. waagrecht absthd., die oberseitigen kleiner, anlgd. *(286)*; Sprosse bis 20 cm lg., niederlgd. *(142)*; ♃; VI–VIII. Feuchte Felsen u. Mauern, Tonböden; *v* in Alp., sonst *s* in Schl, Fichtgeb., Thw., Württ., Bodenseegebiet.

Schweizer M., **S. helvética** (L.) Lk.

Klasse: **Isoëtópsida**, *Brachsenkrautähnliche*

Ordnung: **Isoëtáles**

Familie: **Isoëtáceae**, *Brachsenkrautgewächse*

Pfl. submers lebend in Kaltwasserseen mit sandigem od. kiesigem Grund; Achse knollenf. mit einer Rosette binsenf. Blätt. *(138a)*; Sporangien (*138b*, S) in einer Grube am Grd. der scheidig erweiterten Blätt.; Makro- u. Mikrosporophylle gleichgestaltet; die ersteren außen, die letzteren im Innern der Rosette stehend.

Isoëtes L., *Brachsenkraut*

1. Blätt. dk.grün, steif, kurz zugespitzt; Makrosporen dicht kleinhöckerig; ♃; VII–IX. Sandiger Grund von Seen u. Teichen; *s* in Sb, Schw., Vog., NS, SH, Da, Ho, Be, OPr, Po, früher auch Me. Ⓖ *Sumpf-B.*, **I. lacústris** L.

— Blätt. hellgrün, durchscheinend, biegsam, allmähl. fein zugespitzt; Makrosporen mit zerbrechl. Stacheln; ♃; VII–IX. Torfiger Seengrund; *s*, in Schw., Vog., SH, Da, Ho, Po. (= *I. tenella* Lem. ex Desv.; = *I. setacea* auct. non Lam.) Ⓖ! *Stachelsporiges B.*, **I. echinóspora** Dur.

Unterabteilung: **Sphenophýtina**, *Schachtelhalmartige*

Klasse: **Sphenópsida** (= *Equisetinae*), *Schachtelhalme*

Ordnung: **Equisetáles**

Familie: **Equisetáceae**, *Schachtelhalmgewächse*

Ausdauernde Pfl., mit geglied., hohlen, meist gefurchten Sprossen; Blätt. schuppenart., in Quirlen angeordnet, zu einer die Knoten umgebenden Scheide verwachsen *(297–308)*; Sporangien auf der Unterseite schildf. Blätt. in endst. Ähre *(298a)*. Fertile u. sterile Sprosse zuw. verschieden gestaltet *(298a–b)*.

Equisétum L., *Schachtelhalm*

1. Fertile u. sterile Sprosse gleich gestaltet *(297)*, stets grün, zu gleicher Zeit erscheinend, meist quirlig-, selten unverzweigt ***5***

— Fertile u. sterile Sprosse verschieden gestaltet; erstere *(298a)* wenigstens anfangs weißl. od. gelbl.bräunl. u. vor den letzteren *(298b)* erscheinend ***2***

2. Fertile Sprosse unverzweigt *(298a)*, sich stets vor den grünen, reich verzweigten, sterilen entwickelnd *(298b)* u. nach der Sporenreife absterbend ***4***

— Fertile Sprosse sich gleichzeitig mit den sterilen entwickelnd; die ersteren anfangs gelbl.braun u. unverzweigt, später ergrünend u. sich verzweigend ***3***

3. Zähne der bis 2,5 cm langen Blattscheiden zu 3–5 häutigen Lappen vereinigt *(299b)*; Stg. 8– bis 18-rippig; fertile Sprosse sich nach der Sporenreife verzweigend u. ergrünend; Seitenäste 2mal quirlig verzweigt u. bogig überhgd; Pfl. bis 50 cm hoch *(299a)*; ♃; IV–VI. Feuchte, schattige Wälder, Bergwiesen; kalkmeidend; *v.* *Wald-Sch.*, **E. sylváticum** L.

— Zähne der trichterf., bläul.grünen Blattscheiden frei u. gleich der Anzahl der 12–20 Stgrippen *(300)*; Seitenäste meist nur einfach verzweigt; Pfl. bis 30 cm hoch. ♃; V–VI. Feuchte Wälder u. Gebüsche; in SW-, W- u. M-Dt. *z*, in N- u. NO-Dt. *s.* *Wiesen-Sch.*, **E. praténse** Ehrh.

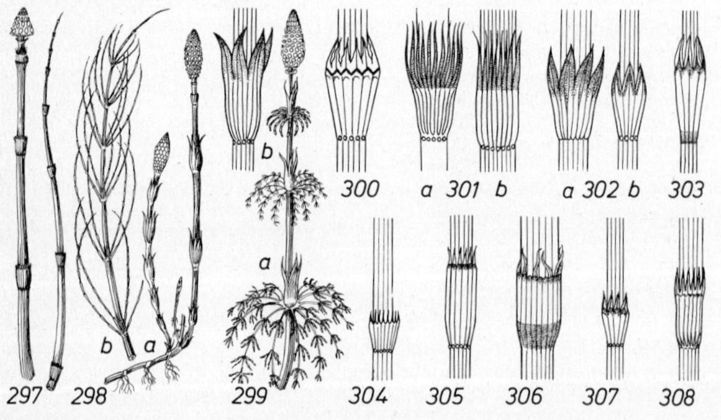

4(2). Fertile Sprosse bis 15 mm dick, gelbbraun, bis 50 cm hoch, nach der Sporenreife absterbend; Blattscheiden genähert, mit 20–40 haarfeinen Zähnen *(301a)*; Sporenähren 4–8 cm lg., mit hohler Achse; sterile Sprosse bis 150 cm hoch, weißl., mit anlgd. Scheiden *(301b)*, im oberen Teil reich verzweigt; ♃; III–V. Feuchte, quellige Waldstellen; *v* im SW, sonst *z*, im NO *f.* (= *E. maximum* Lam.) *Riesen-Sch.*, **E. telmatéia** Ehrh.

— Blattscheiden der gelbl.braunen, schwach gefurchten, fertilen Sprosse stets entfernt, mit 6–16 zugespitzten, schmutzigbraunen Zähnen *(298a, 302b)*; sterile Sprosse grün, bis 5 mm dick u. bis 50 cm lg., gefurcht, verzweigt; Zähne der Scheiden dreieckig-lanzettl., halb so lg. wie die Scheidenröhre *(302b)*; ♃; III–IV. Äcker, Wege; *g.*
Acker-Sch., Zinnkraut, **E. arvénse** L.

5(1). Sprosse meist rauh u. hart; Sporangienähre spitz ***7***

— Sprosse glatt u. kaum rauh; Sporangienähre stumpf ***6***

6. Sprosse deutl. gerippt, bis 4 mm dick, meist verzweigt *(134)*; Blattscheiden grün, mit 4–12 breit-lanzettl., zugespitzten, breit-weißhäutig berandeten Zähnen *(303)*; ♃; V–VII. Sumpfwiesen, verlandende Ufer; *v.* *Sumpf-Sch., Duwock,* **E. palústre** L.

— Sprosse nur gerillt, ohne vorspringende Rippen, bis 8 mm dick, einfach od. nur unregelmäßig quirlig verzweigt; Blattscheiden eng anlgd., glzd. grün, mit 10–30 schwarzen, sehr schmalhäutig weiß berandeten Zähnen *(304)*; Pfl. 30–120 cm hoch; ♃; V–VI. Verlandungszone von Sümpfen u. Teichen; *v.* (= *E. limosum* L.; = *E. heleocharis* Ehrh.) *Teich-Sch.,* **E. fluviátile** L.

7(5). Sprosse sommergrün, grau- bis blaugrün, meist ästig, höchstens gänsekieldick, bis 80 cm lg., mit 6–16 gewölbten (nicht kantigen) Rippen, diese mit Querbändern; Blattscheiden bis 22 mm lg., grün, mit hinfälligen Zähnen *(305)*; Seitenäste 4- bis 9-kantig; ♃; V–VII. Sandige Ufer; *z,* meist nur im Bereich der Hauptströme; im Rheintal bis Be u. Ho, Donaugebiet u. südl. Zuflüsse, Elbe. *Ästiger Sch.,* **E. ramosíssimum** Desf.

— Sprosse wintergrün, nur am Grd. bisw. verzweigt, sonst unverzweigt *(297)*; Rippen gefurcht ***8***

8. Rippen flach od. mit wenig vertiefter Längsrinne, zu 15–25; Sprosse sehr rauh, aufrecht, bis 150 cm lg.; Blattscheiden eng anliegd., am Grd. u. am Saum mit schwarzer Querbinde *(306)*; Zähne schwarzbraun, weiß berandet, früh abfallend und einen stumpf gekerbten Rand zurücklassend *(297)*; ♃; VI–VIII. Feuchte Wälder; stellenw. *v* (Rheingebiet), sonst *z.* *Winter-Sch.,* **E. hyemále** L.

— Rippen mit deutl. Längsrinne; Blattzähne bleibend od. nur deren Spitze abfallend; Stg. häufig niederlgd., dünn ***9***

9. Blattscheiden oberw. glockig, absthd.; Blattzähne häutig, längl.-eif., mit später abfallender, aufgesetzter, grannenart. Spitze *(307)*; Sprosse 20–50 cm lg., mit 4–12 Rippen, bis 2 mm dick, an der Basis unverzweigt; ♃; VI–VIII. Ufer u. Gräben, kalkhaltige Flachmoore; Alp. *z,* sonst *s.* *Bunter Sch.,* **E. variegátum** Schleich. ex Web. & Mohr

— Blattscheiden walzl., eng anlgd., die unteren meist ganz schwarz, die oberen am Saum mit schwarzer Querbinde; Blattzähne bleibend, rauh, lanzettl.-pfrieml., etwa so lg. wie die Röhre *(308)*; Sprosse bis 50 cm lg., sehr rauh, mit 7–14 Rippen, bis 3 mm dick, an der Basis verzweigt; ♃; VII–VIII. Feuchte Sandböden; *s* am Rhein zwischen Konstanz und Mainz, Ba (Bastard *E. hyemale* × *E. variegatum*). *Rauher Sch.,* **E. × trachýodon** A. Br.

Auch sonst sind **Bastarde** bekannt!

Tabelle zum Bestimmen von **Equisetum** nach vegetativen, ährenlosen Sprossen

(Stg = Hauptsproß; Seitenäste sind die Auszweigungen des Stg's)

1. Stg. sich reich quirlig verzweigend, an fertilen Sprossen (z. B. *E. sylvaticum* u. *E. pratense*) erst nach der Sporenreife ***5***

— Stg. unverzweigt, wenig od. nur an der Basis verzweigt, häufig überwinternd . . ***2***

2. Stg. ohne hervortretende Rippen, nur weißlich gestreift; Zentralhöhle des Stg. sehr weit, etwa 4/5 des ± 8 mm dicken Stg's einnehmend; Stg.-Scheiden eng anlgd., glänzendgrün, mit 10–30 schwarzen, sehr schmal weißhäutig berandeten Zähnen; fertile u. sterile Sprosse gleich gestaltet, gleichzeitig erscheinend, bis 1,5 m hoch, unverzweigt od. oberw. mit wenigen, unverzweigten Seitenästen; sommergrüne Sumpfl. der Verlandungszone. . . . . **E. fluviatile,** 133

— Stg. mit deutlich erhabenen, sehr rauhen Rippen; Zentralhöhle enger, nur 1/4–2/3 des Stg.Dm einnehmend; Sprosse meist grün überwinternd ***3***

3. Stg. meist astlos, selten am Grd. mit einigen Seitenästen, bis 1,5 m hoch, überwinternd; Rippen 15–25, flach, sehr rauh; Stg-Scheiden dem Stg. eng anliegend., am Grd. mit schwarzer Querbinde *(306)*; Zähne schwarzbraun, weiß berandet, früh abfallend; fertile u. sterile Stg. gleichgestaltet. Feuchte Wälder . . . . **E. hyemale,** 133

— Stg. meist nur am Grd. ästig., viel kürzer ***4***

4. Stg.-Scheiden spitzenw. absthd., kurz glockenf., am Grd. mit schwarzer Querbinde, ihre Zähne häutig, längl.-eif., mit später abfallender Spitze *(307)*; Stg. 10–30 cm hoch, dünn (2–3 mm), niederlgd.-aufstgd., 4– bis 12-rippig, nur an der Basis ästig; Internodien 1–3 cm lang; Ufer, Gräben, kalkhaltige Flachmoore . . . . **E. variegatum,** 133

— Stg.-Scheiden walzl., eng anlgd., ihre Zähne lg. pfrieml., mit schmalem Hautrand; Internodien 1–2 mm dick, 2–5 cm lg. mit 7–14 deutl. Rippen; Stg. bleich- bis graugrün; Pfl. meist überwinternd, nur an der Basis verzweigt; feuchte Sandböden . . . . . **E. × trachyodon,** 133

5(1). Stg. mit wenig hervortretenden Rippen, bis 8 mm dick, weißlich gestreift; zentrale Stghöhle sehr weit, etwa 4/5 des Stg-Dm einnehmend (s. auch Punkt *2*) . . . **E. fluviatile,** 133

— Stg. deutlich gerippt (wenn undeutlich, dann Stg. weißl.); zentrale Stghöhle enger (höchstens 2/3 des Stg.-Dm) ***6***

6. Stg. bis zur Spitze elfenbeinweiß, bis 1,5 m hoch und bis 20 mm dick, im oberen Teil reichästig verzweigt; fertile u. sterile Sprosse verschieden gestaltet und nicht gleichzeitig erscheinend; quellige Waldstellen . . . . **E. telmateia,** 133

— Stg. grün od. grau- bis blaugrün, nicht elfenbeinweiß ***7***

7. Seitenäste sehr dünn, sich regelmäßig reich quirlig verzweigend und bogig abwärts gekrümmt *(299)*; Stg.-Scheidenzähne zu 5–18, diese gruppenweise zu 3–4(–6) zu stumpfen Lappen verwachsen *(299b)*; fertile und sterile Sprosse verschieden gestaltet; die ersteren nach der Sporenreife ergrünend, sich verzweigend u. dadurch den sterilen gleich werdend. Feuchte, schattige Wälder, Bergwiesen . . . . **E. sylvaticum,** 132

— Seitenäste nicht reich und fein quirlig verzweigt und abw. gebogen; Stg.-Scheidenzähne nicht gruppenweise verwachsen ***8***

8. Stg-Scheiden zur Spitze hin deutl. glockig erweitert, mit schwarzbraunen, abfallenden Zähnen *(305)*; Stg. grau bis blaugrau, bis 9 mm dick, mit 6–26 Rippen; Internodien 3–10 cm lg.; Seitenäste hohl, 5–9 rippig; Pfl. bis 80 cm hoch. Sandige Flußufer **E. ramosissimum,** 133

— Blattscheiden spitzenw. nicht od. kaum erweitert; Zähne bleibend; Sprosse grasgrün ***9***

9. Seitenäste dünn, meist nur einfach verzweigt, 3(–5)rippig, nicht hohl; Stg.-Scheiden mit 10–20 Zähnen, diese so lg. wie die Scheide selbst; fertile und sterile Sprosse verschieden gestaltet, aber gleichzeitig erscheinend, die ersteren nach der Sporenreife ergrünend und sich verzweigend und dadurch den sterilen gleich werdend. Feuchte Wälder und Gebüsch. . . . . **E. pratense,** 132

— Seitenäste kräftiger, 4- bis 5(–7)-rippig; Zähne der Stg.-Scheiden nur zu 4 bis 12(–18), kürzer als die Scheidenröhre ***10***

10. Zähne der Stg.-Scheiden (6–) 10–12(–18), sehr schmal weißrandig; Zähne der Seitenastscheiden ± 4, absthd., 2–4mal so lg. wie breit, zugespitzt; Seitenäste nicht hohl; Höhle des Stg's eng; Stg. reich verzweigt, im Spitzenbereich meist unverzweigt; fertile und sterile Sprosse verschieden gestaltet und nicht gleichzeitig erscheinend; die letzteren bis 50 cm hoch. Äcker, Wege . . . . **E. arvense,** 132

— Zähne der Stg.-Scheiden zu (4–) 7–8(–10), breit weißhautrandig, die der Seitenäste zu 5(–7), an der Spitze nicht absthd., etwa so lg. wie breit, spitz, aber nicht bespitzt; Seitenäste nicht hohl; fertile u. sterile Sprosse gleichgestaltet u. gleichzeitig erscheinend; Pfl. bis 60(–100) cm hoch. Sumpfwiesen, Verlandungszone . . . . **E. palustre,** 133

Unterabteilung: **Filicópsida** (= *Filicina; Pteridophytina, Polypodiophytina), Farne*

Blätt. groß, einfach od. stark gefied., einzeln od. in Vielzahl; Sporangien zahlr., an gesonderten Blattabschnitten od. Blätt. od. auf der Unterseite der Blätt., oft zu Häufchen (Sori) vereinigt.

Klasse: **Eusporangiátae,** *Derbkapselige Farne*

Sporangien an besonderen Blattabschnitten, mit mehrschichtiger Wand.

Ordnung: **Ophioglossáles**

Familie: **Ophioglossáceae,** *Natternzungengewächse*

Stamm kurz, unterirdisch, alljährl. nur 1 Blatt hervorbringend, das in einen unfruchtbaren sterilen, ganzrandigen *(145)* od. gefied. *(309–313)* u. einen sporentragenden, fertilen Abschnitt geglied. ist; Sporangien groß, in einfacher Ähre *(145)* od. Rispe *(309–313)*. Alle Sporen gleichartig.

1. Steriler Blattabschnitt ungeteilt, eif., ganzrandig; Sporangienstand ährig *(145)* . . . . **Ophioglossum,** 135

— Steriler Abschnitt fiederspalt. od. gefied.; Sporangienstand rispig *(309–313)* . . . . **Botrychium,** 135

1. Ophioglóssum L., *Natternzunge.* Pfl. gelbgrün, 10–30 cm hoch; ♃; VI–VIII. Kalkhaltige Magerwiesen, feuchte Wiesen, Flachmoore; *z.*
Gemeine N., **O. vulgátum** L.

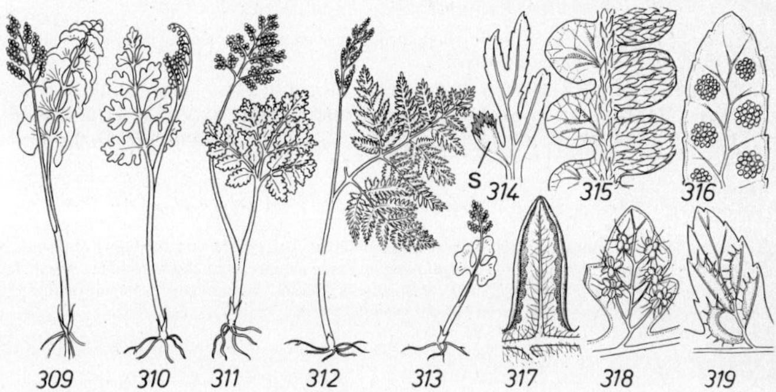

2. Botrýchium Sw., *Mondraute*

1. Steriler Spreitenabschnitt breit-3-eckig, breiter als lg. *(311–312)*, wenigstens in der Jugend behaart *4*

— Steriler Spreitenabschnitt länger als breit, kahl *(309–310, 313)* . . . *2*

2. Fertiler Abschnitt in der unteren Hälfte der Blattlänge abzweigend; steriler Abschnitt rundl. bis verkehrt-eif., fieder- od. 3-teilig *(313)*; ♃; V–VI. Grasige Stellen; *s* im NO, Da, Schl, Ti. (soll in Dt ausgestorben sein)
Einfache M., **B. símplex** Hitchc.

— Fertiler Abschnitt in der Mitte od. in der oberen Hälfte der Blattlänge abzweigend *3*

3. Fertiler Abschnitt in der Mitte der Blattlänge abzweigend; steriler Abschnitt einfach gefied., mit halbmondf., sich meist deckenden Fied. (*309*); ♃; V–VII. Trockenrasen u. Gebüsch; *z*, bis in die alp. Reg. aufstgd.
Echte M., **B. lunária** (L.) Sw.

— Fertiler Abschnitt in der oberen Hälfte der Blattlänge abzweigend; steriler Abschnitt längl.-eif., fleischig, einfach bis doppelt fiederteilig; Fied. 1. Ordn. jedersts. 2–6, entfernt sthd., längl. *(310)*; ♃; VI–VII. Sandböden, lichte Wälder u. Heiden; *s*, in Alp. *f.* (= *B. ramosum* Asch.; = *B. rutaceum* Willd. non Sw.) Ⓖ! *Ästige M.*, **B. matricariifólium** A. Br. ex Koch

4(1). Steriler Abschnitt bis 6 cm lg. gestielt, dick, fleischig, gelbgrün, 2- bis 3-fach gefied.; Fied. rundl. bis eif., ganzrandig od. gekerbt *(311)*; ♃; VII–IX. Trockene Wiesen, Weiden, lichte Wälder; NS, Da, Me, Br, Th, Sa, früher BW u. Ba, *s.* (= *B. rutaceum* Sw. non Willd.; = *B. rutaefolium* A. Br.)
Ⓖ! *Vielteilige M.*, **B. multífidum** (Gmel.) Rupr.

— Steriler Abschnitt fast sitzend, dünn, 2- bis 4-fach gefied.; Fied. längl., eingeschnitten bis fiederspaltig *(312)*; ♃; VII–VIII. Bergwaldwiesen; Ramsau bei Berchtesgaden, am Eibsee bei Garmisch, Ti, OPr, *s.*
Ⓖ! *Virginische M.*, **B. virginiánum** (L.) Sw.

Klasse: **Leptosporangiátae,** *Zartwandkapselige Farne*

Sporangienwand 1-schichtig; Sporangien zu Sori vereinigt, diese oft von einem Häutchen (Indusium) überdeckt, am Blattrand od. auf der Blattunterseite.

Ordnung: **Osmundáles**

Familie: **Osmundáceae,** *Rispenfarngewächse*

Ausdauernde Farne mit großen, spreuschuppenlosen, gefied. Wedeln; Sporangien an besonderen Wedelabschnitten *(146)* knäuelig gehäuft.

Osmúnda L., *Rispenfarn.* Wedel 50–160 cm lg., mit längl. abgerundeten Fied.; Sporangien in reichverzweigter Rispe *(146)*; ♃; VI–VII. Erlenbrüche, feucht-schattige Wälder; im N u. W *z*; im S u. O *s.* Ⓖ *Königs-R.*, **O. regális** L.

Ordnung: **Polypodiáles** *(= Filicales)*

Ausdauernde Farne mit aufrechtem, schief-aufrechtem od. waagrecht kriechendem, wurzelndem Rhizom *(144)*; Blätt. (= Wedel) in der Jugend an der Spitze eingerollt; fruchtbare (= fertile) von den unfruchtbaren (= sterilen) Wedeln zuw. verschieden *(327–328)*; Sporangien stets zu mehreren in Sori, selten am Blattrand *(314)*, meist auf der Wedelunterseite, häufig mit Schleier[1].

Tabelle zum Bestimmen der Gattungen der Ordnung der **Polypodiáles**

1. Pfl. zart, moosähnl. 2–8 cm groß *(143)*; Sori an den Blatträndern (*314*, S) . . . . **Hymenophyllum,** 138

— Pfl. nicht moosähnlich; Sori nicht am Blattrand, sondern nahe des Randes od. auf der Blattunterseite *2*

2. Wedel ungeteilt, zungenf. *(326)* . . . . **Phyllitis,** 138

— Wedel gefied., fieder- od. gabelteilig *(327–333)* *3*

[1] Der Schleier ist oft nur an jüngeren Sori gut sichtbar. In den Tabellen bedeuten: **Fied.** (Fiedern) Blattauszweigungen 1. Ordn. **Fiederchen**: bei doppelt u. mehrfach gefiederten Blätt. die Auszweigungen letzter Ordn.

3. Fertile Wedel von den sterilen verschieden *(325, 327–328)* . . ***15***
— Fertile u. sterile Wedel ± gleich gestaltet ***4***
4. Wedel deutl. gefied. *(328, 330)* (ein- bis mehrfach) od. gabelteilig *(332)* ***6***
— Wedel nur fiederteilig *(329)* ***5***
5. Wedel untersts. dicht graubraun beschuppt (*315*, rechte Fiedern) **Ceterach,** 139
— Wedel untersts. ohne Schuppen, aber mit großen, runden, schleierlosen Sori *(316)* . . . . **Polypodium,** 146
6(4). Sori zu einem linienart. Randsaum vereinigt, vom umgebogenen Blattrand bedeckt („falscher Schleier", *317*); Pfl. 0,6–2 m hoch **Pteridium,** 138
— Sori einzeln, vom Rand entfernt ***7***
7. Schleier der Sori fransig zerschlitzt u. in haarf. Zipfel aufgelöst *(318)*; Blattunterseite dadurch behaart erscheinend . . . . **Woodsia,** 142
— Schleier nicht in haarf. Zipfel aufgelöst, höchstens am Rand etwas gefranst od. fehlend ***8***
8. Sori u. Schleier rundl., oval od. nierenf. ***10***
— Sori u. Schleier längl., lineal od. hakenf. ***9***
9. Sori u. Schleier längl. od. hakenf. *(319)* . . . . **Athyrium,** 142
— Sori u. Schleier meist lineal *(320–321)* . . . . **Asplenium,** 139
10(8). Schleier oval, seitl. dem Sorus angeheftet, zart, zuletzt zurückgeschlagen *(322)*, Wedel zart, mit zerbrechl. Rhachis . . . **Cystopteris,** 142
— Schleier rundl., schildf., nierenf. od. fehlend ***11***
11. Schleier kreisrund, schildf., in der Mitte angeheftet *(323)* **Polystichum,** 143
— Schleier nierenf., bleibend, vergängl. od. fehlend *(324)* ***12***
12. Schleier bleibend, deutl. nierenf. *(324)*; Sori meist groß . **Dryopteris,** 144
— Schleier hinfällig od. fehlend; Sori meist klein ***13***
13. Wedel einfach gefied. *(331)*; Fied. fiederspaltig mit ganzrandigen Fiederchen . . . . **Thelypteris,** 138
— Wedel, wenigstens an der Basis, doppelt gefied.; Fiederchen fiedspaltig ***14***
14. Unterste Fied. größer als die folgenden; Wedelspreite im Umriß 3-eckig . . . . **Gymnocarpium,** 143
— Unterste Fied. kleiner als die folgenden; Wedelspreite im Umriß lanzettl. . . . . **Athyrium,** 142

320 321 322 323 324 325

15(3). Fertile Wedel 3- bis 4-fach gefied., 15–30 cm lg., mit walzenf. eingerollten Fied. *(325b–c)*; sterile Wedel 2- bis 4-fach gefied. *(325a)* **Cryptogramma,** 138
— Fertile Wedel einfach, sterile einfach od. doppelt gefied. . . . ***16***
16. Sterile Wedel flach ausgebreitet, fiederteilig; Fied. ganzrandig *(327a)*; fertile Wedel aufrecht, ihre Fied. schmäler *(327b)* . . . . **Blechnum,** 145
— Sterile Wedel aufrecht, einen Trichter bildend; ihre Fied. fiedspaltig *(328a)*; fertile Wedel in der Mitte des Trichters, straußenfederart. mit eingebogenen Fied. *(328b)* . . . . **Matteuccia,** 141

Familie: **Hymenophylláceae,** *Hautfarngewächse*

Zarte, kleine Farne vorwgd. tropischer Verbreitung. Sori am Rand des Blattes (*314*, S). Im Gebiet nur:

Hymenophýllum Sm., *Hautfarn.* Wedel fein zerteilt, zart, mit linealen, gesägten Zipfeln; Pfl. moosart., 2–8 cm lg.; ♃; VII–VIII. Feuchte Sandsteinschluchten; sehr *s*; N-Vog., Lx., Bollendorf östl. der Sauer (RhPf), früher in Sa (Elbsandsteingeb.). *Englischer H.,* **H. tunbrigénse** (L.) Sm.

Familie: **Pteridiáceae** *(= Hypolepidaceae), Adlerfarngewächse*

Pfl. ausdauernd; Rhizom von dünnen Schuppen bedeckt; Sori zu einem linienart. Randsaum vereinigt u. vom umgebogenen Blattrand bedeckt; dieser einen falschen Schleier bildend *(317)*; Pfl. 0,6–2 m hoch. Im Gebiet nur:

Pterídium Kuhn, *Adlerfarn.* Wedel 2- bis 4-fach gefied., sehr groß (60–200 cm), überbogen, mit langen, gelbl. Stielen, diese auf dem Querschnitt mit adlerähnl. Figuren; ♃; VII–X. Wälder, Kahlschläge, Weiden; kalkmeidend; *v.* *Adlerfarn,* **P. aquilínum** (L.) Kuhn

Familie: **Cryptogrammáceae,** *Rollfarngewächse*

Pfl. ausdauernd mit sterilen und fertilen Wedeln; an den letzteren die Sori randnah u. vom eingerollten Blattrand bedeckt *(325b–c)*. Im Gebiet nur:

Cryptográmma R. Br., *Rollfarn.* Pfl. rasig; sterile Wedel gelbgrün, zart, ihre Spreite im Umriß 3-eckig-eif.; ♃; VII–IX. Urgesteinsschutt; Alp, S-Schw. Vog., Bayrw., Hohes Venn, Lx., Iser- u. Riesengeb., *s.* [= *Allosorus crispus* (L.) Bernh.] Ⓖ *Krauser R.,* **C. críspa** (L.) R. Br. ex Hook.

Familie: **Thelypteridáceae,** *Lappen- (Sumpf-)farngewächse*

Pfl. ausdauernd; Rhizom behaart od. mit behaarten Spreuschuppen; Blattstiele mit 3–7 Leitbündeln; Sori randnah *(344–345)*; Wedel einfach gefied.

Thelýpteris Schmidel (incl. **Lastrea** Bory u. **Phegopteris** Fee), *Lappenfarn*

1. Rhizom kurz, aufstgd., mit einer dichten Rosette lanzettl., 50–120 cm langer Blätt.; unterste Fied. kleiner als die folgenden; Blattunterseite mit goldgelben Drüsen, beim Zerreiben nach Zitrone riechend; Fiederchen ganzrandig oder leicht ausgeschweift, am Rand nicht zurückgerollt; Sori dem Rand genähert, aber nicht zusammenfließend *(344)*. ♃; VII–IX. Schattige Wälder auf kalkarmen Böden, vor allem der mont. u. subalp. Stufe. Im S *v*, im N *s*. [= *Dryopteris montana* (Vogler) Ktze.; = *D. oreopteris* (Ehrh.) Maxon; = *Lastrea oreopteris* (Ehrh.) Bory; = *Nephrodium oreopteris* (Ehrh.) Desv.; = *Polystichum oreopteris* (Ehrh.) Dc.; = *Lastrea limbosperma* (All.) Holub & Pouzar] *Berg-L.,* **Th. limbospérma** (All.) H. P. Fuchs

— Rhizom verlängert, Blätt. deshalb nicht in Trichterrosette, sondern entfernt sthd.; basale Fied. etwa so groß wie die folgenden, beim Zerreiben nicht nach Zitrone riechend *2*

2. Unterstes Fiedpaar meist nach abw. gerichtet, doch kaum größer als die folgenden; Blattspreite hellgrün, untersts. kurzhaarig, oberststs. u. am Rand zerstreut langhaarig; Sori ohne Schleier; ♃; VI–VIII. Schattige, feuchte Standorte, bevorzugt Buchenwald; gesellig u. *v*. [= *Lastrea phegopteris* (L.) Bory; = *Dryopteris phegopteris* (L.) C. Chr.; = *Phegopteris vulgaris* Mett.; = *Ph. connectilis* (Michx. f.) Watt; = *Nephrodium phegopteris* (L.) Prantl; = *Aspidium phegopteris* (L.) Baumg.; = *Gymnocarpium phegopteris* (L.) Newm.] *Buchen-L.,* **Th. phegópteris** (L.) Slosson in Rydb.

— Unterstes Fiedpaar nicht nach abw., sondern nach der Seite od. leicht vorw. gerichtet; Blattspreite hellgrün, nur in der Jugend unterssts. spärl. behaart u. mit gelbl. Drüsen; Rand der fertilen Fiederchen meist nach un-

ten umgerollt *(345)*; Sori mit hinfälligem Schleier; ♃; VI–IX. Gesellig an Bächen, Mooren u. Erlensümpfen. In der Ebene *v*, im Bergland *s*. [= *Lastrea thelypteris* (L.) Bory; = *Dryopteris thelypteris* (L.) Gray; = *Polystichum thelypteris* (L.) Gray; = *Nephrodium thelypteris* (L.) Desv.]
Sumpf-L., **Th. palústris** Schott

Familie: **Aspleniáceae,** *Streifenfarngewächse*

Pfl. ausdauernd; Blattstiel mit 2 Leitbündeln, die sich häufig zu einem x-förmig gestalteten Bündel vereinigen; Sori mit Schleier (Indusium) auf der Blattfläche.

1. Blätt. ungeteilt, lanzettl.-zungenf.; Sori lineal *(326)* . . . . . **Phyllitis,** 139
— Blätt. gefied. od. fiedteilig *2*
2. Blätt. untersts. dicht schuppig *(315)*, fiedteilig *(329)* . . . . **Ceterach,** 139
— Blätt. untersts. nicht dicht schuppig, ein- bis mehrfach gefied. od. schmal gabelf. *(332)* . . . . **Asplenium,** 139

1. Phyllítis Hill (= *Scolopendrium* Adans.), *Hirschzunge.* Wedel zungenf., kurz gestielt, mit herzf. Grd. u. welligem Rand; Sori lineal *(326)*; ♃; VII–IX. Feuchte, steinige Schluchtwälder, schattige Mauern, kalkliebend; Alp. *v*, im SW u. W *z*, sonst *s*, im NO *f*. (= *Scolopendrium vulgare* Sm.; = *Asplenium scolopendrium* L.) Ⓖ *Gemeine H.*, **Ph. scolopéndrium** (L.) Newm.

2. Céterach Dc., *Milzfarn.* Wedelabschnitte längl. bis rundl., ganzrandig *(329)*; Sori längl., erst nach Entfernung der Spreuschuppendecke sichtbar (*315*, linke Fied.); ♃; VII–IX. Trockene Felsen, alte Mauern; *z* im W, besonders im Gebiet des Rheins u. Nebenflüssen; *s* in S- u. M-Dt. (= *Asplenium ceterach* L.) *Spreuschuppiger M.*, **C. officinárum** Dc.

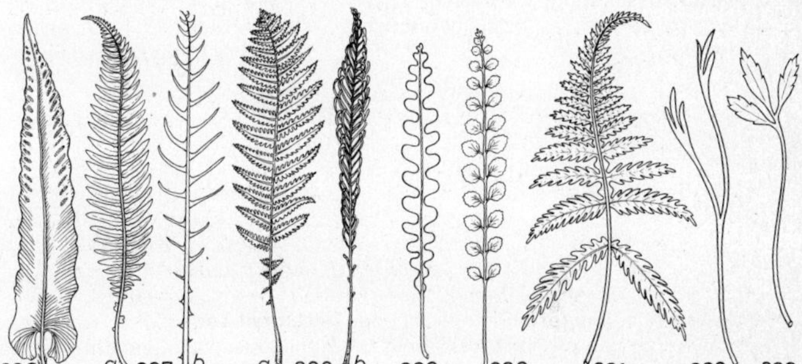

326 a 327 b a 328 b 329 330 331 332 333

3. Asplénium L., *Streifenfarn*

1. Wedel deutl. gefied., einfach od. doppelt bis mehrfach *(330, 337)* . . *3*
— Wedel unregelmäßig gabelteilig *(332)*, 3-spaltig od. 3-zählig gefing. *(333)*, lg. gestielt; Sori zusammenfließend *2*
2. Spreite kahl, ungleich gabelteilig, mit 2–4 schmallinealen, 1–2 mm breiten, ledrigen Fied. *(332)*; Sori sehr lg.; ♃; VII–VIII. Trockene Felsen, Mauern; kalkmeidend; im S *v*, M-Dt *z*, im N nur in SH, Me, WPr u. Da.
Nördlicher St., **A. septentrionále** (L.) Hoffm.
— Spreite beiderseits. weiß-filzig, fingerf. 3-teilig, mit rhombischen od. am Grd. verlängert-keilf. Abschnitten *(333)*; Sori 2-reihig; Schleier am Rand ausge-

fressen gezähnt; ♃; VII–IX. Trockene Kalk- u. Dolomitfelswände; nur Karlstein bei Bad Reichenhall. *Seelos' St.*, **A. seelósii** Leyb.

3(1). Wedelstiel so lg. od. länger als die Spreite ***8***

— Wedelstiel kürzer als die Spreite ***4***

4. Wedel doppelt bis 3-fach gefied., im Umriß lineal-lanzettl. ***7***

— Wedel einfach gefied. *(330)* ***5***

5. Blattstiel und Rhachis schmal-häutig geflügelt, bis zur Spitze glzd. rot- bis schwarzbraun; untere Fied. voneinander entfernt, die oberen genähert, später von der bleibenden Spindel abfallend, mit borstenf. zugespitzten u. gewimperten Spreuschuppen; ♃; VII–IX. Felsen, Mauern, meist auf Urgestein; im S *v*, sonst *z*. *Brauner St.*, **A. trichómanes** L.

a. Spreuschuppen 3,5 mm lg., lanzettl.; Fied. rundl., 5 × 7,5 mm, auch an der Wedelspitze mehr entfernt (diploide Form); kalkmeidend. (= ssp. **biválens** D. E. Meyer) ssp. **trichómanes**

b. Spreuschuppen 5 mm lg., lineal-lanzettl.; Fied. längl., 4 × 12 mm, dichter sthd. als bei voriger. Verbr. im Gebiet der ssp. **bivalens** (tetraploide Form); kalkliebend (= *A. lovisii* Rothm.) ssp. **quadriválens** D. E. Meyer

— Blattstiel und Rhachis nicht geflügelt, die letztere wenigstens oben grün ***6***

6. Blattstiel nur am Grd. braun, sonst gleich der Rhachis grün; Fied. gekerbt, grün, weich, in einer Ebene ausgebreitet *(330)*, an der Rhachis welkend. ♃; VII–VIII. Feuchte, schattige Kalkfelsen. Alp. u. Vorland *v*, in S- u. M-Dt, Br u. Be *z* bis *s*. *Grüner St.*, **A. víride** Huds.

— Der gesamte Blattstiel u. Basis der Rhachis rotbraun, sonst grün; Fied. senkrecht zur Blattebene gestellt, später einzeln abfallend; ♃; VII–VIII. Serpentinfelsen; *s* in Fichtgeb., Frankenw., Sa, Schl, Böhmen. *Braungrüner St.*, **A. adulterínum** Milde

7(4). Wedelstiel nur am Grd. schwarzbraun, sonst grün, viel kürzer als die im Umriß schmal-lanzettl., zugespitzte, am Grd. stark verschmälerte Spreite; letzte Abschnitte der Fied. mit wenigen, fein-stachelig zugespitzten Zähnen; Sori dem Mittelnerv der Fied. 1. Ordn. genähert *(334)*; ♃; VII–IX. Feuchte, beschattete Kalkfelsen; *s*, BW (Höllental u. Geislingen), in He (Marburg, ob noch?), RhPf (Oberlahnstein), Vb (bei Feldkirch). [= *A. halleri* (Roth) Dc.] *Jura-St.*, **A. fontánum** (L.) Bernh.

334 335 a 336 b a 337 b 338 339 340

— Wedelstiel, zumindest untersts., in der gesamten Länge glzd. rotbraun, etwas kürzer als die im Umriß breit-lanzettl., zugespitzte, am Grd. kaum verschmälerte Spreite; unterstes Fied.paar entfernt, meist etwas kürzer als das folgende; letzte Abschnitte der Fied. mit kurzen, stachelspitzigen Zähnen; Sori dem Rand der Abschnitte genähert *(335)*; ♃; VII–IX. Feuchte, beschattete Sandsteinfelsen; *s* S-Pf, N-E, N-Vog., Lx. (= *A. lanceolatum* Huds. non Forsk.; = *A. obovatum* Viv. em. Becherer ssp. *lanceolatum* P. Silva) *Billots St.*, **A. billótii** F. W. Schultz

8(3). Wedel einfach (am Grd. oft doppelt) gefied., 4–12 cm lg., mit 5–11 schief keilf. Fied. *(336)*, die unteren sehr entfernt u. gestielt, die obersten zu einer fiederspaltigen Endfied. vereinigt; ♃; VII–IX. Trockene Mauer- u. Felsspalten, kalkmeidend; *s*. [Bastard *A. septentrionale* × *trichomanes* (diploid); = *A. germanicum* auct.; = *A. breynii* Retz.] *Deutscher St.*, **A. × alternifólium** Wulf.

— Wedel 2- bis 4-fach gefied.; Wedelstiel braun od. grün ***9***

9. Wedelstiel braun, ca. 2 mm dick; Spreite lg. zugespitzt ***11***

— Wedelstiel grün, nur am Grd. braun, 1 mm dick; Spreite an der Spitze meist stumpf ***10***

10. Wedel 2- bis 3-fach gefied., im Umriß oval od. eif.-lanzettl. *(337a)*, glanzlos, dk.-grün; obere Fied. ungeteilt, rautenf. bis verkehrt-eif., am Grd. keilig, an der Spitze gekerbt od. gesägt *(337b)*, Schleier gefranst; ♃; VI–VII. Fels- u. Mauerspalten, besonders der mont. Reg.; im S *v*, im N *z*; formenreich. *Mauer-St., Mauerraute,* **A. rúta-murária** L.

— Wedel 3- bis 4-fach gefied., im Umriß eif.-längl., starr u. zerbrechl.; Fied. lineal-keilf. *(338)*; Schleier anfangs ganzrandig, später unregelmäßig gekerbt; ♃; VII–VIII. Felsspalten, Geröll; kalkliebend; nur Bayr. Alp. bei Ruhpolding. *Zerteilter St.,* **A. físsum** Kit. ex Willd.

11(9). Blätt. nicht glzd., weich, nicht überwinternd; Fied. meist gerade absthd., nicht aufw. gebogen, letzte Abschnitte rhombisch bis keilf., vorn gestutzt *(339)*; ♃; VII–VIII. Felsen, Geröll, steinige Abhänge, nur auf Serpentin; *s*, Fichtgeb., Frankenw., Th, Vogtl., Erzgeb., Schl. (= *A. serpentini* Tausch; = *A. forsteri* Sadler) *Serpentin-St.,* **A. cuneifólium** Viv.

— Wedel ledrig od. silbrig-glzd., überwinternd ***12***

12. Fied. gerade absthd., selten aufw. gekrümmt, mit eif. bis längl. aufrecht-absthd. Abschnitten; ♃; VII–VIII; Felsen, Mauern, Geröll; kalkmeidend; *s* in S- u. M-Dt, Vb. [= *A. adiantum-nigrum* L. ssp. *nigrum* Heufl.] *Schwarzer St.,* **A. adiántum-nígrum** L.

— Fied. aufw. gekrümmt u. zusammenneigend, wie die Spreite lg. zugespitzt, mit meist schmal-längl., stachelspitzig gezähnten Abschnitten *(340)*; ♃; V–VIII. An Felsen; *s*, angebl. in N-Ba, S-Spessart u. bei Gemünden [= *A. adiantum-nigrum* L. ssp. *onopteris* (L.) Luerssen] *Spitziger St.,* **A. onópteris** L.

Es sind zahlr. *Asplenium*-**Bastarde** bekannt. Sie sind, wie alle Farnbastarde, an den oft verklumpten Sporen u. den häufig unentwickelten Sporangien zu erkennen.

Familie: **Athyriáceae**, *Frauenfarngewächse*

Pfl. ausdauernd; Rhizom mit durchsichtigen Spreuschuppen; Blattstiel rinnig, mit 2 Leitbündeln, die sich zur Spreite hin zu einer u-förmigen Figur vereinigen; Sporangien auf der Spreite, asymmetrisch.

1. Sterile u. fertile Blätt. verschieden gestaltet *(328)*; die letzteren straußenfederähnl., nach den sterilen erscheinend u. nach der Sporenreife sich braunschwarz verfärbend . . . . **Matteuccia,** 141

— Alle Blätt. gleich gestaltet ***2***

2. Schleier (Indusium) fransig zerschlitzt u. in haarf. Zipfel aufgelöst *(318)*; Blattunterseite dadurch behaart erscheinend . . . . **Woodsia,** 142

— Schleier nicht in haarf. Zipfel aufgelöst, höchstens am Rand etwas gefranst od. fehlend ***3***

3. Sori u. Schleier längl. od. hakenf. *(319)*; Wedel derb, größer als 20 cm, bis 1,2 m lg. . . . . **Athyrium,** 142

— Sori rund; Schleier oval, dieser zart u. zuletzt zurückgeschlagen *(322)*; Wedel höchstens bis 30 cm lg., meist kleiner, zart mit zerbrechlicher Rhachis . . . . **Cystopteris,** 142

1. Matteúccia Tod. (= *Struthiopteris* Willd.), *Straußenfarn*

Fertile Wedel mit straußenfederart. eingerollten, später dk. braunen Fied. *(328b)*, von den längeren, sterilen Wedeln *(328a)* trichterf. umstellt; ♃; VI–VII. Wald- u. Gebirgsbäche; Alp. u. südl. Mittelgeb., Be u. Da *s*; *f* im NW; *v* als Zierpfl. [= *Struthiopteris germanica* Willd.; = *St. filicastrum* All.; = *Onoclea struthiopteris* (L.) Roth] Ⓖ *Deutscher St.,* **M. struthiópteris** (L.) Tod.

2. Woódsia R. Br., *Wimperfarn*

1. Wedel in allen Teilen mit Spreuschuppen *(318)* u. Gliederhaaren; Blattstiel rotbraun; Fied. eif.-längl., mit 5–8 Fiederchen; ♃; VII–VIII. Sonnige Felsen, kalkmeidend; *s* in BW (Schw.), He, Sa, Schl, NS, Sb, Ti.
Ⓖ *Südlicher W.*, **W. ilvénsis** (L.) R. Br.

— Wedel in allen Teilen nur mit wenigen Spreuschuppen od. Haaren, bzw. völlig kahl *2*

2. Wedel unterst. mit wenigen Spreuschuppen u. Haaren; Wedelstiel oberhalb des schwarzen Grd. bräunl.; Fied. beiderst. mit 1–4 stumpfen Lappen; ♃; VII–VIII. Felsspalten; *s* in Bayr. Alp. (Höfats im Allgäu), Sb, Ti, Vb; auch Riesengeb. [= W. *ilvensis* (L.) R. Br. ssp. *hyperborea* (Lilj.) Hartm.; = *W. ilvensis* (L.) R. Br. ssp. *alpina* (Bolt.) Asch.] Ⓖ *Alpen-W.*, **W. alpína** (Bolt.) Gray

— Wedel unterst. völlig kahl; Wedelstiel nur am Grd. schwarz, sonst grün bis gelb; Fied. beidsts. mit 2–7 stumpfl., gelbl. Lappen; ♃; VII–VIII. Schattige Kalkfelsen; Bayr. Alp. (Berchtesgaden u. Funtensee), Ti, *s*. (= *W. glabella* auct.) Ⓖ *Zierlicher W.*, **W. pulchélla** Bertol.

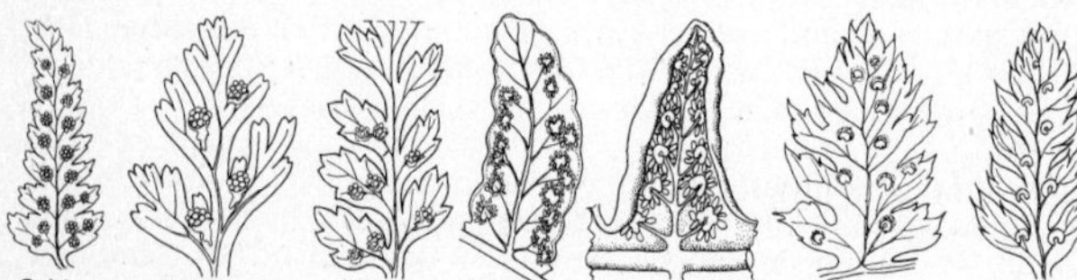

341 342 343 344 345 346 347

3. Athýrium Roth, *Frauenfarn*

1. Schleier bleibend, gewimpert; Sori längl. od. hakig, von den Buchten etwas entfernt *(319)*; Wedel 2- bis 3-fach gefied., kurz gestielt; Fied. 1- bis mehrfach gezähnt, am Grd. ungleichhälftig; Wedelstiel mit schmal-lanzettl. Spreuschuppen; ♃; VII–IX. Wälder, Bergweiden; *v*.
Wald-F., **A. fílix-fémina** (L.) Roth

— Schleier verkümmernd, sehr vergängl.; Sori klein, später kreisrund, kurz gestielt; Wedel 2-fach gefied.; Fied. breit-lanzettl., mit gesägten Abschnitten *(341)*; Wedelstiel mit breit-lanzettl. Spreuschuppen; ♃; VII–VIII. Bergwälder, Grünerlengebüsch; in Mittelgeb. *z*, Alp. *v*. [= *A. alpestre* (Hoppe) Milde] *Gebirgs-F.*, **A. distentifólium** Tausch ex Opiz

4. Cystópteris Bernh., *Blasenfarn*

1. Rhizom lg. kriechend; Wedel deshalb entfernt sthd., 2- bis 4-fach gefied.; Spreite kürzer als der Stiel, 3-eckig bis breit-eif. *3*

— Rhizom kurz; Wedel deshalb rosettig, 10–40 cm lg., zart, durchscheinend, meist 2-fach gefied.; Spreite im Umriß längl.-lanzettl., meist länger als der Stiel; unterstes Fiedpaar kürzer als die folgenden *2*

2. Fiederchen aus keilf. Grd. schmal-längl., an der Spitze ausgerandet bis eingeschnitten; die letzten Nervenäste in die Buchten laufend *(342)*; ♃; VII–VIII. Felsspalten u. Geröll, kalkliebend; Alp. *z*, Bayrw. (Arber) *s*. [= *C. alpina* (Wulf.) Lk.; = *C. fragilis* (L.) Bernh. ssp. *alpina* (Wulf.) Hartm.; = *C. fragilis* (L.) Bernh. ssp. *regia* (L.) Bernoulli, = *C. regia* auct.]
Alpen-B., **C. críspa** (Gouan.) H. P. Fuchs

— Fiederchen eif. bis lanzettl. zugespitzt, kurz gestielt, die letzten Nervenäste in die Spitzen auslaufend *(343)*; ♃; VII–IX. Mauern, Felsen, feuchte Stellen; *v* bis *z*. *Zerbrechlicher B.*, **C. frágilis** (L.) Bernh.

Im Gebiet nur die ssp. **frágilis**: Sporenoberfläche stachelig (Mikroskop!).

3(1). Spreuschuppen am Rand drüsig; Blätt. im Umriß 3-eckig-eif.; Schleier fast kahl; Rhachis feindrüsig; ♃; VII–VIII. Feuchtes Kalkgeröll in Bergwäldern; Schw. Alb *s*, Alp. *z*. *Berg-B.*, **C. montána** (LAM.) DESV.

— Spreuschuppen meist drüsenlos; Blätt. im Umriß breit-eif.; Schleier dicht drüsig; Rhachis kahl; ♃; VII–VIII. Auf kalkarmem Gestein in Bergwäldern; *s* in Ba (Berchtesgaden), Vb, Sudeten. *Sudeten-B.*, **C. sudética** A. BR. & MILDE

Familie: **Aspidiáceae**, *Schildfarngewächse*

Pfl. ausdauernd; Rhizom mit kahlen, durchsichtigen Schuppen; Blattstiel mit 5–7 Leitbündeln; Blattrhachis rinnig; Blatthaare mehrzellig.

1. Schleier fehlend; Rhizom lg., dünn; Blattspr. im Umriß 3-eckig, etwa so lg. wie breit, basales Fiederpaar viel größer als die übrigen *(331)* **Gymnocarpium,** 143

— Schleier vorhanden, aber zuw. hinfällig; Rhizom kurz und dick *2*

2. Schleier schildf., in seiner Mitte angeheftet; Blattfied. an der Basis deutlich asymmetrisch *(351–353)* . . . . **Polystichum,** 143

— Schleier nierenf., seitl. angeheftet; Basis der Blattfied. wenig od. nicht asymmetrisch . . . . **Dryopteris,** 144

1. Gymnocárpium NEWM., (incl. Lastrea BORY p.p.), *Eichenfarn, Ruprechtsfarn*

1. Wedel kahl; Stiel 2- bis 3-mal so lg. wie die fast waagrecht übergebogene Spreite; basales Fiedpaar fast so groß wie die restl. Spreite; ♃; VII–VIII. Laub- u. Mischwälder, besonders der mont. Reg.; *v*. [= *Phegopteris dryopteris* (L.) FÉE; = *Lastrea dryopteris* (L.) BORY; = *Nephrodium dryopteris* (L.) MICHX.; = *Dryopteris linnaeana* C. CHR.; = *Thelypteris dryopteris* (L.) SLOSSON] *Eichenfarn*, **G. dryópteris** (L.) NEWM.

— Wedel untersts. dicht kurzdrüsig, gelbgrün; basales Fiedpaar kleiner als die übrige Spreite; Wedelstiel nur 1,5-mal so lg. wie die aufrechte Spreite; Sori später meist zusammenfließend; ♃; VII–VIII. Kalkschutthalden, Schluchtwälder; Alp. *v*, im S *z*, im N *s*. [= *Phegopteris robertiana* A. BR.; = *Dryopteris robertiana* (HOFFM.) C. CHR.; = *Nephrodium robertianum* (HOFFM.) PRANTL; = *Lastrea obtusifolia* auct. non (SCHR.) JANSCH; = *Lastrea calcaria* (SM.) BORY; = *Thelypteris robertiana* (HOFFM.) SLOSSON] *Ruprechtsfarn*, **G. robertiánum** (HOFFM.) NEWM.

2. Polýstichum ROTH, *Schildfarn*

1. Wedel einfach gefied., 10–50 cm lg., kurz gestielt, derb, überwinternd, jedersts. mit 30–50 sichelf., aufw. gekrümmten, doppelt gesägten bis stachelig gezähnten Fied. *(351)*; ♃; VII–IX. Kalkschutt, Felsenspalten; Alp *v*; in S- u. M-Dt, Be *s* [= *Aspidium lonchitis* (L.) Sw.] Ⓖ *Lanzen-Sch.*, **P. lonchítis** (L.) ROTH

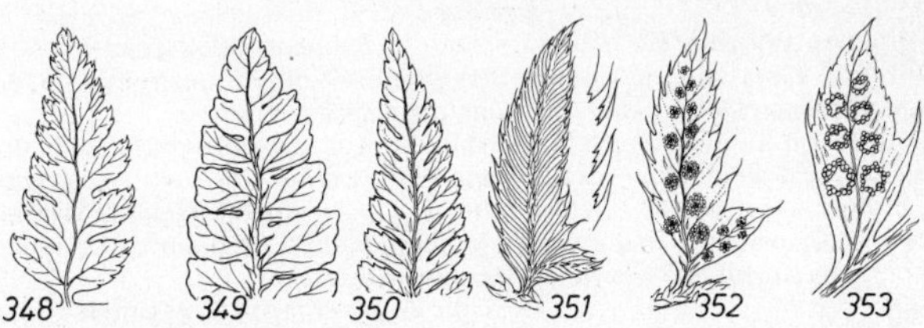

348 349 350 351 352 353

— Wedel 2- bis 3-fach gefied. *2*

2. Fiederchen deutl. gestielt, bis 1 cm lg., gerade, lg.-borstig begrannt *(352)*; Wedel im Umriß 3-eckig-lanzettl., an der Basis nicht verschmälert, weich, matt, gelbgrün, nicht überwinternd; Wedelstiel lg., gleich der Rhachis dicht spreuschuppig; Sori zieml. klein, Schleier zart; ♃; VI–IX. Schattige Wälder; *s* in den Flußtälern des W, S-He, vom Saartal bis Be u. Ho. [= *P. angulare* (KIT.) C. PRESL; = *P. aculeatum* auct. non (L.) ROTH; = *Aspidium aculeatum* Sw. p. p.] Ⓖ *Borstiger Sch.*, **P. setíferum** (FORSK.) MOORE ex WOYN.

— Fiederchen sitzend u. ± herablaufend *(353)*, höchstens die basalen kurz u. breit gestielt *3*

3. Wedel derb-ledrig, dk.-grün-glzd., überwinternd, im Umriß lanzettl., gegen die Basis auffallend verschmälert; Wedelstiel kurz, gleich der Rhachis lokker spreuschuppig; Fiederchen obersts. kahl, gezähnt, kurz stachelig bespitzt *(323, 353)*; Sori groß, mit derbem, bleibendem Schleier; ♃; VII–IX. Schattige Wälder der mont. Reg. *z*, im N *s*. [= *P. lobatum* (HUDS.) CHEV.; = *Aspidium lobatum* (HUDS.) Sw.] Ⓖ *Stacheliger Sch.*, **P. aculeátum** (L.) ROTH

— Wedel weich, schlaff, nicht überwinternd, längl.-lanzettl., zur Basis hin verschmälert; Wedelstiel gleich der Rhachis dicht mit ungleich großen, gelb bis kupferbraunen Spreuschuppen; Fiederchen fast rechtwinklig absthd., obersts. behaart, kerbig bis weichstachelig gesägt; Sori groß, mit hinfälligem Schleier; ♃; VII–IX. Schattige Gebirgswälder; Alp. *z*, Mittelgeb. *s*. (= *Aspidium braunii* SPENN.) Ⓖ *Weicher Sch.*, **P. braúnii** (SPENN.) FÉE.

Bastardbildungen beobachtet!

3. Dryópteris ADANS., *Wurmfarn*

1. Wedel einfach, selten am Grd. doppelt gefied.; Fied. 1. Ordn. zuw. tief fiederteilig (fast bis zum Grd.; Lupe!) *5*

— Wedel fast bis zur Spitze doppelt bis 4-fach gefied. *2*

2. Blätt. doppelt gefied., mit fiedspaltigen, symmetrischen, stachelspitzig gezähnten Fiederchen; Wedel beiderstS., vor allem aber unterstS., gelbdrüsig, 20–45 cm lg.; ihr kräftiger Stiel etwa halb so lg. wie die Spreite, dicht mit gelbl. Spreuschuppen; obere Fied. genähert, untere etwas entfernt; Schleier drüsig; ♃; VII–VIII. Geröll, Felsen (1100–2200 m); kalkstet; Alp. *v*. [= *D. rigida* (HOFFM.) UNDERW.; = *Aspidium rigidum* Sw.; = *Nephrodium villarii* (BELL.) BECK; = *Polystichum rigidum* (Sw.) DC.] *Starrer W.*, **D. villárii** (BELL.) WOYN. ex SCH. & TH.

— Blätt. meist mehr als doppelt, bis 4-fach gefied.; Fied. an der Basis deutl. asymmetrisch *3*

3. Pfl. drüsenlos; Wedelstiel schwach spreuschuppig, länger als die längl.-eif., gelbgrüne, doppelt-fiedteilige, steif aufrechte Spreite; Fiederchen gezähnt, nicht lg. zugespitzt *(346)*; Rhizom 2–3 cm dick, fast ohne Spreuschuppen; ♃; VI–IX. Feuchte Wälder, Moore; *v*. [= *Aspidium spinulosum* (MUELL.) Sw.; = *Dryopteris austriaca* (JACQ.) WOYN. ssp. *spinulosa* (MUELL.) SCH. & TH.; = *D. spinulosa* (MUELL.) WATT] *Dorniger W.*, **D. carthusiána** (VILL.) H. P. FUCHS

— Blattstiel, Rhachis, Spreitenunterseite u. Schleier gelbdrüsig; Wedelstiel am Grd. dicht spreuschuppig; Schuppen mit dk. Mittelstreifen, lg. zugespitzt; Rhizom 3–8 cm dick, aufrecht, dicht spreuschuppig *4*

4. Spreite zart, dünn, etwa so lg. wie ihr Stiel, sommergrün; das zum Blattgrd. weisende 1. Fiederchen der basalen Fied. wenigstens halb so lg. wie die übrigen Fied.; Pfl. *D. dilatata* sehr ähnl.; ♃; VII–VIII. Feuchte Wälder; *s*, Hamburg, Taunus, Regensburg, Meißen, Lausitz (genaue Verbr. nicht bekannt [= *D. dilatata* (HOFFM.) A. GRAY var. alpina MOORE] *Falscher W. (Dornfarn)*, **D. assímilis** S. WALKER

— Spreite derb, dk.grün, überwinternd; Wedelstiel dicht dk.-spreuschuppig, kürzer als die 3-eckige bis eif., dk.-grüne, 3–4-fach gefied. Spreite; Fiederchen lg.-grannig zugespitzt *(347)*; das basale, zum Blattgrd. gerichtete Fiederchen der untersten Fied. fast stets weniger als halb so lg. wie diese; Pfl.

schwach drüsig behaart; ♃; VI–IX. Feuchte Wälder, Gräben; *v* bis *z* [= *D. austriaca* auct.; = *D. austriaca* ssp. *dilatata* (Hoffm.) Sch. & Th.]

Breiter W., **D. dilatáta** (Hoffm.) A. Gray

5(1). Wedelstiel dünn, oberw. spärl. spreuschuppig, etwa halb so lg. wie die im Umriß schmal-längl., am Grd. wenig verschmälerte Spreite; Fied. jedersts. zu 17–20; die untersten gestielt, entfernt, aus herzf. Grd. 3-eckig, jedersts. mit 5–7 genäherten, rundl. bis eif., spitzenw. scharf gesägten Fiederchen *(348);* Wedel 30–80 cm lg.; ♃; VII–IX. Waldsümpfe u. Torfmoore; kalkmeidend; im N *v*, im S, Sb, Ti, Vb *s*. [= *Aspidium cristatum* (L.) Sw.]

Kamm-W., **D. cristáta** (L.) Gray

— Wedelstiel kräftig, viel kürzer als die Spreite; Wedel lanzettl.; Fied. sehr kurz gestielt ***6***

6. Mittelrippe der Fied. (frisch) am Grd. mit blauschwarzem Ring; Wedelstiel u. Rhachis dicht mit lineal-spitzen, dunklen Spreuschuppen; Spreite meist überwinternd, ledrig, dk.-grün; Fiederchen einander fast deckend, rechteckig u. ganzrandig, höchstens an der Spitze schwach gesägt bis gekerbt *(349);* Schleier ledrig-derb, sein Rand zur Sorusbasis hin umgebogen; ♃; VI–IX. Feuchte, schattige Laubwälder; in SW- u. M-Dt *z* bis *s*. [= *Aspidium paleaceum* D. T.; = *D. paleacea* auct. non (Sw.) Hand.-Mazz.; = *D. filix-mas* var. *borreri* Newm.; = *D. pseudo-mas* (Wollaston) Holub & Pouzar; = *D. borreri* Newm.]

Schuppiger W., **D. affínis** (Lowe) Fraser-Jenkins

— Mittelrippe der Fied. ohne blauschwarzen Ring; Wedelstiel u. Rhachis weniger dicht mit Spreuschuppen besetzt; Spreite sommergrün; Fiederchen entfernt, im Umriß trapezoidisch, am Rand kerbig gesägt bis eingeschnitten; Schleier flach, bald vertrocknend ***7***

7. Sori mit flachem Schleier; Wedelstiel u. Rhachis spärl. mit bleichen Spreuschuppen besetzt; Fiederchen stets flach od. gewölbt, am Rand gesägt *(350),* drüsenlos; Rhizom 1-köpfig; ♃; VI–IX. Wälder, Gebüsche, *v*. [= *Aspidium filix-mas* (L.) Sw.]

Gemeiner W., **D. filix-mas** (L.) Schott

— Sori sehr klein, meist mit gewölbtem, am Rand drüsigem Schleier; Wedelstiel dichter mit Spreuschuppen besetzt; Fiederchen frisch stets welligkraus, mit meist aufw. gerichteten Spitzen; Spreite untersts. mit kleinen Drüsen; Rhizom stets vielköpfig; ♃; VI–IX. Felsspalten, Geröll; *z*, bevorzugt in W-Eur. (Verbreitung nicht genügend bekannt), im S nahe od. oberhalb der Baumgrenze, *s* in Oberlausitz, Süntel, Olpe. [= *D. abbreviata* (Dc.) Newm.]

Kleiner W., **D. oreádes** Fomin.

Bastarde innerhalb der Gattung nicht selten.

Familie: **Blechnáceae,** *Rippenfarngewächse*

Pfl. ausdauernd; Rhizom mit Spreuschuppen; Blattstiel mit 2 Leitbündeln; sterile u. fertile Blätt. verschieden gestaltet *(327a–b);* Sori einer jeden Fied. zu einem Coenosorus sich vereinigend; Schleier vorhanden, sich zur Mittelrippe hin öffnend.

Bléchnum L., *Rippenfarn*. Sterile Wedel rosettig, längl.-lanzettl., kammf. gefied. *(327a),* niederlgd.; fertile Wedel mit sehr viel schmäleren Fied. *(327b),* im Inneren der Wedelrosette steif aufrecht; ♃; VII–IX. Fichtenwälder (bis 2000 m), Erlenbrüche, kalkmeidend; im Bergland *v*, sonst *z*, im NO *s*.

Wald-R., **B. spícant** (L.) Roth

Familie: **Polypodiáceae,** *Tüpfelfarngewächse*

Pfl. ausdauernd, mit kriechendem, dorsiventralem (untersts. abgeflachtem, obersts. gewölbtem) Rhizom; dieses mit schildf. Schuppen; Blätt. in 2 Reihen der Rhizomoberseite entspringend, einfach gefied. od. fiedteilig, kahl, ohne Schuppen, im Umriß längl.-lanzettl.; Fied. ganzrandig od. gezähnt; Blattstiel mit 1–3 Leitbündeln; Sori ohne Indusium.

Polypódium L., *Tüpfelfarn, Engelsüß*

1. Endfied. kurz; Seitenfied. abgerundet, gezähnt-gekerbt; Sekundärnerven der basalen Fied. meist nur 2-fach, seltener 3-fach gegabelt (Lupe!); Sori rund; ♃; VI–IX. Mauern, Felsen, Baumstümpfe; kalkmeidend; *v.*
Gemeiner T., **P. vulgáre** L.

— Endfied. lg.ausgezogen, ebenso die meist scharf gesägten Seitenfied.; Sekundärnerven der basalen Seitenfied. meist 3- bis 4-fach gegabelt (Lupe!); Sori oval; ♃; IX–X. Felswände, Mauern; im nördl. Küstengebiet von Be, Ho, Da u. Dt *v,* im Rheingebiet *z,* in O-Th u. Elbsandsteingeb. *s.* (= *P. vulgare* L. ssp. *prionodes* Rothm.) *Gesägter T.,* **P. interjéctum** Shivas

Ordnung: **Marsileáles**

Familie: **Marsileáceae,** *Kleefarngewächse*

Im Boden wurzelnde Sumpfpfl. mit kleeblattähnl. od. stielrunden Blätt.; Sporokarpien am Grd. der Blätt., kugelig od. längl.-bohnenf. *(139–140).*

1. Blätt. lg. gestielt, einem 4-zähligen Kleeblatt ähnl. *(140)* . . **Marsilea,** 147

— Blätt. stielrund, fädl., jung spiralig eingerollt *(139)* . . . . . **Pilularia,** 147

1. Marsílea L., *Kleefarn.* Fied. breit-keilf.; Sporokarpien bohnenf. *(140,* S), zu 2–4 am Grd. des Blattstiels; ♃; VIII–X. Stehende Gewässer; sehr *s* im Oberrheintal; früher Schl. *Vierblättriger K.,* **M. quadrifólia** L.

2. Pilulária L., *Pillenfarn.* Rhizom mit binsenf. Blätt., am Grd. mit erbsengroßen, kugeligen Sporokarpien *(139,* S); ♃; VII–IX. Sümpfe, Teichufer; im N u. NW *z,* sonst *s.* *Kugel-P.,* **P. globulífera** L.

Ordnung: **Salviniáles**

Familie: **Salviniáceae,** *Schwimmfarngewächse*

Schwimmpfl. mit kugeligen Sporenbehältern *(137b,* S); die wurzelähnl. Gebilde sind umgebildete Blätt.

Salvínia Adans., *Schwimmfarn.* Achse waagrecht, 5–10 cm lg. *(137a);* Blätt. in 3-zähligen Quirlen, 2 davon als laubige, behaarte Schwimmblätt. *(137b,* LB), das 3. untergetauchte fein zerschlitzt *(137b,* WB); Sporangienbehälter erbsengroß; ♃; VI–VIII. Langsam fließende Gewässer; *s,* nur Oberrhein, Main, Oder, Elbe, Havel, auch WPr (Weichsel).
Gemeiner Sch., **S. nátans** (L.) All.

Familie: **Azolláceae,** *Algenfarngewächse*

Pfl. klein, moosähnl., gabelig verzweigt *(136),* schwimmend; Blätt. in 2 Zeilen, 2-lappig; echte Wurzeln vorhanden.

Azólla Lam., *Algenfarn*

1. Oberer Blattlappen stumpf, mit breitem, membranösem Rand, glzd., oft rotbraun; Pfl. 1–10 cm groß; ♃; VI–VII. Langsam fließende u. stehende Gewässer; *s.* Aus dem subtrop. Amerika eingeschleppt u. stellenw. eingebürgert (Rhein-, Main- u. Neckargebiet). *Großer A.,* **A. filiculoídes** Lam.

— Oberer Blattlappen spitzl., mit sehr schmalem, membranösem Rand, olivgrün bis bräunl.; ♃; VI–VII. Aus Amerika eingeschleppt u. in wärmeren Gewässern, vor allem in W.-Eur. stellenw. verwild. *Carolina-A.,* **A. caroliniána** Willd

Abteilung: Spermatóphyta, *Samenpflanzen*

Pfl. mit echten Blüten; Vermehrung durch Samen.

1. Unterabteilung: **Gymnospérmae** *(= Gymnospermophytina), Nacktsamige Pflanzen*[1]

Holzpfl. mit nadel- od. schuppenf. Blätt.; Bltn. eingschl., ohne Bltnhülle, oft in Zapfen; Samenanlagen frei, nicht in Frkn. eingeschlossen *(88)*.

Klasse: **Taxópsida,** *Eibenähnliche*
Ordnung: **Taxáles**

Familie: **Taxáceae,** *Eibengewächse*

Bltn. zweihäusig verteilt, in den Achseln der Nadeln; die ♂ in kleinen gelbl. Zapfen; die ♀ einzeln; Samen von einem roten (bei Kulturformen auch gelben), fleischig-schleimigen, eßbaren Samenmantel umgeben *(150)*; Harzgänge fehlend. Einzige Gattung und Art:

Táxus L., *Eibe.* Nadeln bis 3 cm lg., 2–2,5 mm breit, untersts. grün; Mittelrippe zur Spitze auslaufend. Bis 10 m hoch; ♃; III–IV. Schattige Geb.-Wälder; *s,* häufig angepfl. **Giftig** (ausgenommen der Samenmantel).
G *Beeren-E.,* **T. baccáta** L.

Klasse: **Coniferópsida,** *Kiefernähnliche*
Ordnung: **Coniferáles** *(= Pinales)*

Familie: **Pináceae,** *Kieferngewächse*

Bäume, seltener Sträucher, mit nadelf. Blätt.; ♂ Bltn. in kätzchen- od. zapfenart. Bltnständen; ♀ Bltn. (= Samenlagen) in den Achseln von Deckschuppen, zu später verholzenden Zapfen vereinigt; Samen nußartig, einseitig geflügelt, z. T. eßbar.

1. Nadeln in Büscheln zu 15–30 an Kurztrieben *(151),* weich, im Herbst abfallend . . . . **Larix,** 148
— Nadeln einzeln *(354)* od. zu 2 od. 5 an Kurztrieben *(356),* wintergrün *2*
2. Nadeln zu 2 od. 5 an Kurztrieben, am Grd. mit einer kurzen Scheide häutiger Schuppenblätt.; Langtriebe mit braunen Schuppenblätt.; Zapfen hgd. . . . . **Pinus,** 148
— Nadeln einzeln, nicht an Kurztrieben *3*
3. Nadeln mit scheibenf. verbreitertem Grd. der Achse aufsitzend *(354a),* meist kammf. 2-reihig, untersts. mit 2 weißen Wachsstreifen *(354b);* blattlose Zweige glatt; Zapfen aufrecht, bei der Reife zerfallend **Abies,** 149
— Nadeln am Grd. nicht scheibenf. verbreitert *4*

---

[1] Die als Zierbäume u. -sträucher angepflanzten Gymnospermen (ausgenommen wichtige Forstbäume) sind hier nicht aufgeführt. Sie können nach der im gleichen Verlag erschienenen *Gehölzflora* von Jost FITSCHEN, 6. Auflage von F. MEYER u. Mitarbeitern, Heidelberg, 1977, bestimmt werden.

4. Nadeln meist gleichmäßig rings um den Zweig gestellt, ± deutl. 4-kantig, spitz *(355);* Zapfen groß, zur Reife hgd., bei der Reife nicht zerfallend . . . . **Picea,** 149
— Nadeln ± 2-zeilig (= kammf. gescheitelt), nicht 4-kantig . . . ***5***
5. Nadeln kurz, bis 1,5 cm lg., stumpfl., am Grd. breiter als an der Spitze; obersts. glzd. dkgrün, untersts. mit 2 bläul.-weißen Längsstreifen; Nadelstiel dem Zweig anlgd.; Zapfen 1,5–2,5 cm lg. . . . . **Tsuga,** 149
— Nadeln länger als 1,5 cm, stumpfl., obersts. glzd. grün, untersts. mattgraugrün, ihr Stiel vom Zweig absthd., zerrieben nach Orangen riechend; Zapfen bis 10 cm lg., hgd. . . . . **Pseudotsuga,** 149

1. Lárix Mill., *Lärche*

1. Nadeln grün; ♀ Zapfen reif mit anlgden, am Rand welligen Fr.-Schuppen; Rinde grau bis braun; ♃; IV–VI. Alp. *v,* sonst angepflanzt. [= *L. europaea* Dc.] *Europäische L.,* **L. decídua** Mill.
— Nadeln bläul. grün; reife Zapfen mit zurückgerollten Fr.-Schuppen; Rinde rotbraun; ♃; IV–V. (Heimat: Japan) Als Forstbaum vielfach angepflanzt. [= *L. leptolepis* (S. & Z.) Endl.] *Japanische L.,* **L. kaémpferi** (Lamb.) Carr.

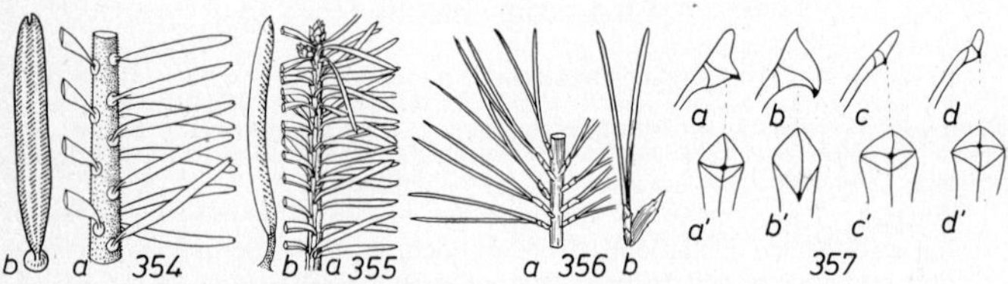

2. Pinus L., *Kiefer*

1. Nadeln zu 5 in einer Scheide . . . ***4***
— Nadeln zu 2 in einer Scheide *(356)* ***2***
2. Nadeln 8–15 cm lg., steif, dkgrün; Zapfen sitzend, glzd.-gelbbraun; Stamm schwarzgrau, tief rissig. Bis 20 m hoch; ♃; V–VI. (Heimat: SO-Europa.) Als Forst- u. Zierbaum angepflanzt. (= *P. laricio* Poir.; = *P. austriaca* Hoess; = *P. nigricans* Host) *Schwarzkiefer,* **P. nígra** Arnold ssp. **nígra**
— Nadeln 3–8 cm lg. ***3***
3. Nadeln blaugrün; Zapfen gestielt, bald nach der Blüte herabgekrümmt, reif meist glanzlos. Bis 40 m hoch; ♃; V–VI. Waldbaum; *v.* *Waldkiefer, Föhre,* **P. sylvéstris** L.

Von *P. sylvestris* sind mehr als 150 Varietäten u. Rassen, einige davon als Unterarten, beschrieben worden. Die systematische Gliederung ist noch sehr unklar, so daß hierauf nicht eingegangen werden soll. Spezial-Literatur benutzen!

— Nadeln hell- od. dk.grün; Zapfen fast sitzend, waagrecht od. schief absthd., reif glzd.; Rinde schwärzl.; Pfl. strauchig, seltener baumf.; ♃; V–VI. (= *P. montana* Mill.) Sammelart: *Berg-K.,* **P. múgo** Turra
a. Zapfen stark asymmetrisch, am Grd. schief; Schuppenschilder warzig od. buckelig *(357a)* bis hakig *(357b);* Strauch od. bis 10 m hoher Baum . . . . **c**
– Zapfen symmetrisch, am Grd. gleichmäßig abgerundet; Schuppenschilder flach *(357c–d);* Pfl. nur strauchig wachsend . . . . **b**
b. Schuppenschilder exzentrisch, die obere Hälfte breiter als die untere *(357c');* Zapfen kugelig; kalkmeidend; *v* in Alp. u. Voralp., Schw. (?), Bayrw., Thw. (?), Böhmw., Riesengeb.; auch angepflanzt. *Krummholz-K., Legföhre,* ssp. **pumílio** (Haenke) Franco
– Schuppenschilder zentrisch, regelmäßig, flach *(357d–d');* Zapfen kegelig. Lokalrasse der Ostalpen. Ob im Gebiet? *Latsche, Legföhre,* ssp. **múgo**
c(a). Haken der Schuppenschilder deutl. ausgeprägt *(357b);* Schuppenschild höher als breit

(357b'). Aufrechter Baum. Humös-felsige Orte, Schotterböden; ob in Vb u. Ti? (sonst an der W-Grenze des Gebietes im Schweizer Jura). [= *P. uncinata* RAM. var. *rostrata* ANT.]
Haken-K., Berg-Spirke, ssp. **uncináta** (RAM.) DOM.

– Haken der Schuppenschilder weniger ausgeprägt *(357a')*; Schuppenschilder breiter als hoch *(357a)*; Strauch od. niederer Baum. Hochmoore; *z* in Alp. u. Vorland, Schw., Vog., Bayrw., nordböhmische Randgeb. (westl. bis Vogtland), *s* in Sb (ob in Vb u. Ti?) (= *P. uliginosa* NEUMANN; = *P. uncinata* auct.) *Moor-K., Moor-Spirke,* ssp. **rotundáta** (LK.) JANCH. & NEUM.

Die aufgeführten Unterarten sind an den Grenzen ihres Verbreitungsgebietes durch Übergänge miteinander verbunden u. nicht leicht voneinander zu unterscheiden.

4(1). Junge Zweige rostrot-filzig; Nadelbüschel dichtsthd.; Nadeln 5–12 cm lg., stumpf, an den Rändern fein gesägt; Zapfen kurz gestielt, 6–8 cm lg., dickschuppig; Samen flügellos, eßbar („Zirbelnüsse"). Bis 18 m hoch; ♃; VI–VII. *s* in Alp.; oft angepflanzt. *Zirbel-K., Arve,* **P. cémbra** L.

— Junge Zweige fein grauhaarig, im 2. Jahr verkahlend, dünn; Nadelbüschel locker sthd.; Nadeln dünn, meist zugespitzt, bis 14 cm lg.; Zapfen 10–15 cm lg., schlank, hängd.; Samen geflügelt; bis 30 m hoch; ♃; V. Heimat: N-Am. Als Waldbaum angepflanzt. *Weymouths-K.,* **P. stróbus** L.

3. Ábies MILL., *Tanne*

1. Junge Zweige tief gefurcht, kahl; Nadeln zugespitzt, 2-zähnig, kaum gescheitelt; Äste nicht in Quirlen; ♃; bis 30 m hoch; Heimat: O-Asien. Als Forst- u. Zierbaum angepflanzt.
Nikko-T., **A. homolépis** S. & Z.

— Junge Zweige nicht gefurcht, meist behaart; Äste in Quirlen; Nadeln ± gescheitelt *(354)* ***2***

2. Rinde dk.braun; Jungtriebe feindrüsig behaart; Nadeln meist länger als 3 cm; ♃; bis 35 m hoch. Heimat: N-Am. Als Forstbaum angepflanzt. *Große T.,* **A. grándis** (D. DON) LINDL.

— Rinde weißl.; Jungtriebe fein, aber nicht drüsig behaart; Nadeln kürzer als 3 cm; bis 50 m hoch; ♃; V–VI. Gebirgswälder von M-Eur.; *v* bis *z*. [= *A. pectinata* (LAM.) DC.] *Weiß-T.,* **A. álba** MILL.

4. Pícea DIETR., *Fichte*

1. Nadeln obersts. flach mit 2 weißen Streifen, beidersts. gekielt, sehr stechend. Bis 40 m hoch; ♃, IV–VI. Heimat: Pazif. N-Am. Als Forstbaum angepflanzt. [= *Picea falcata* (RAFIN.) VALCK.-SURINGAR] *Sitka-F.,* **P. sitchénsis** (BONG.) CARR.

— Nadeln deutl. 4-kantig *(355)* ***2***

2. Nadeln dkgrün; junge Zweige kahl, braun bis rötl.gelb; Zapfen bis 16 cm lg.; bis 50 m hoch; ♃; IV–VI. Häufig u. waldbildend; ursprüngl. nur in der subalp. Reg. der Geb.; durch die Forstkultur weit *v* (= *P. excelsa* LK.)
Fichte, Rottanne, **P. ábies** (L.) KARST.
Im Gebiet nur die ssp. **ábies**

— Nadeln blaugrün bis silberweiß; junge Zweige kahl, braun; Zapfen 5–10 cm lg.; bis 35 m hoch; ♃; IV–VI. Heimat: N-Am.; als Forst- u. Zierbaum. *Blau-F.,* **P. púngens** ENGELM.

5. Pseudotsúga CARR., *Douglastanne.* Blätt. obersts. lebhaft grün, untersts. mit 2 weißl. Linien; bis 40 m hoch; ♃; IV–V. Heimat: N-Am., als Waldbaum kultiviert. [= *P. taxifolia* (POIR.) BRITT.; = *P. douglasii* (LINDL.) CARR.] *Küsten-D.,* **P. menziésii** (MIRB.) FRANCO

6. Tsúga (ANT.) CARR., *Hemlocktanne, Schierlingtanne.* Nadeln gescheitelt, obersts. dk.grün, untersts. mit 2 weißen Wachsstreifen; 10–30 m hoch; ♃; IV–V. Heimat: N-Am.; Forst- u. Zierbaum. [= *T.americana* (MILL.) FARW.] *Kanadische H.,* **T. canadénsis** (L.) CARR

Familie: **Cupressáceae,** *Zypressengewächse*

Bäume od. Sträucher mit gegenst., schuppenf. od. quirlig angeordneten, nadelf. Blätt.; Zapfen klein, holzig od. beerenart. *(148b)*. Im Gebiet wildwachsend nur die Gattung:

Juníperus L., *Wacholder*

1. Blätt. alle nadelf., stechend, in 3-blättrigen Quirlen *(148a)* ***3***

— Blätt. alle od. z. T. schuppenf. *(147)* ***2***

2. Stamm aufrecht, mit absthd. Ästen; Schuppenblätt. scharf zugespitzt; Beerenzapfen bis 5 mm dick, braunviolett, blauweiß bereift, aufrecht; bis 12 m hoch; ♃; IV–V. Heimat: N-Am., angepflanzt für Bleistiftholz. *Virginischer W.,* **J. virginiána** L.

— Stamm niederlgd., mit aufstgd. Ästen; Zweige zerrieben unangenehm riechend; Beerenzapfen 5–6 mm dick, hgd., braunschwarz; bis 2 m hoch; ♃; IV–V. Sonnige Berghänge u. Felsfluren der Voralpenstufe; Alp. *z,* sonst angepflanzt. **Giftig!** Ⓖ *Stink-W., Sadebaum,* **J. sabína** L.

3(1). Nadeln gerade absthd., stechend, 6–21 mm lg. *(148),* untersts. stumpf gekielt; aufrechter Baum od. Strauch von meist säulenf. Wuchs; ♃; IV–V. Heiden, lichte Nadelwälder, Magerweiden; *z.* *Heide-W.,* **J. commúnis** L.

— Nadeln gekrümmt, nicht stechend; 5–12 mm lg., untersts. kaum gekielt; niederlgd., höchstens bis 1 m hoher Strauch; ♃; V–VI. Magermatten, Gebüsch der alp. Stufe. Alp. *v,* Riesengeb., OPr *s.* [= *J. nana* Willd.; = *J. alpina* Gray; = *J. communis* L. ssp. *alpina* (Gray) Čel.] *Zwerg-W.,* **J. sibírica** C. Loddiges

2. Unterabteilung: **Angiospérmae,** *Bedecktsamige Pflanzen*

Holzpfl., Stauden od. Kräuter; Bltn. meist mit Bltnhülle; Samen in einen Frkn. eingeschlossen *(88c, 90–93).*

Klasse: **Dicotyledóneae** *(= Magnoliópsida), Zweikeimblättrige Pflanzen*

Keimpfl. mit 2 Keimblätt. *(1b),* eines davon bisw. zurückgebildet; Hauptwurzel meist ausdauernd *(3, I–IV);* Leitbündel der Sproßachse im Querschnitt ringf. angeordnet *(132);* Blätt. meist fieder- bis netznervig *(31–32);* Bltnhülle fehlend, einfach od. doppelt, häufig 4- bis 5-zählig; Blkr. frei- od. verwachsenblättrig.

Unterklasse: **Polycárpicae** *(= Magnoliídae), Vielfrüchtige Pflanzen*

Ordnung: **Nymphaeáles**

Familie: **Nymphaeáceae,** *Seerosengewächse*

Wasserpfl. mit großen Schwimmblätt. u. dicken, stärkereichen Rhizomen; Bltnorgane spiralig angeordnet; Bltnhülle einfach od. doppelt.; Blkr. u. Stbblätt. zahlr., durch Übergänge miteinander verbunden *(80a–e);* Frkn. zahlr., frei (apokarp), jedoch von der becherf. Achse umwachsen *(93a–b),* die sich bei der Reife wieder ablöst; Samen auf der Fläche der Frknwand.

1. Bltnhülle doppelt; Kblätt. 4, grün; Blkrblätt. 15–25, weiß (bei Zierformen auch andersfarbig); Seitennerven der Blätt. gegen den Rand rechtwinkelig verzweigt u. miteinander verbunden *(358)* **Nymphaea,** 150

— Bltnhülle einfach; Kblätt. 5, gelb, blumenblattart., ± 13 kleinere Honigblätt.; Seitennerven der Blätt. 3mal gabelig verzweigt u. strahlig zum Blattrand verlaufend, nicht miteinander verbunden *(360)* **Nuphar,** 151

1. Nymphaéa L., *Seerose*

1. Schwimmblätt. mit weit auseinandersthd. Basallappen, deren Hauptnerven fast gerade, kaum gebogen *(358, 359a);* Bltn. weit geöffnet, ihre Basis abgerundet; K. u. Blkrblätt. fast gleich lg.; Filamente der innersten Stbblätt. höchstens so breit wie die Stbbeutel; Narbenstrahlen 11–22, gelb, Narbenkopf flach; ♃; VI–X. Langsam fließende u. sthd. Gewässer; *v.* [= *Castalia alba* (L.) W. Wood] Ⓖ *Weiße S.,* **N. álba** L.

— Schwimmblätt. mit genäherten Basallappen, deren Hauptnerven stark gebogen *(359b);* Bltn. nur halb geöffnet, ihre Basis ± 4-kantig; Blkrblätt. kürzer als die Kblätt.; Filamente der innersten Stbblätt. breiter als die Stbbeutel; Narbenstrahlen 6–14, Narbenkopf deutl. konkav; ♃; VI–IX. Sthd., langsam fließende Gewässer, *z;* in Böhmen u. N-Mähren häufiger als *N. alba;* Br, Ns. Th, Sa *s.* [= *Castalia candida* (C. Presl) Sch. & Th.]
Ⓖ *Glänzende S.,* **N. cándida** J. & C. Presl

Bastard: *N. alba* × *N. candida* = *N. borealis* Cam., *z.*

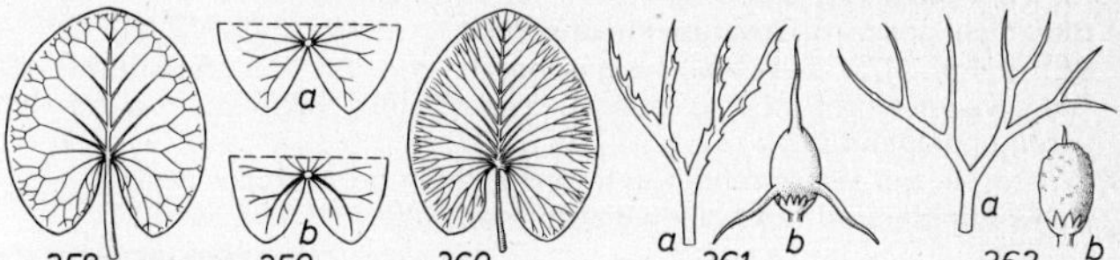

358 359 360 361 362

2. Núphar Sm., *Teichrose, Mummel*

1. Bltn. 4–5 cm im Dm, intensiv riechend; Stbblätt. etwa 3- bis 4-mal so lg. wie breit; Narbenscheibe in der Mitte trichterig vertieft, ganzrandig, ihre Strahlen vor dem Rand endigend; ♃; IV–IX. Sthd. od. langsam fließende Gewässer; *v.* Ⓖ *Gelbe T.,* **N. lútea** (L.) Sm.

— Bltn. nur 2–3 cm im Dm, wenig riechend; Stbblätt. etwa doppelt so lg. wie breit; Narbenscheibe in der Mitte flach, sternf. gezackt, mit 8–12, in den Rand auslaufenden Strahlen; ♃; VI–IX. Seen, Teiche, Gräben; *s* in Sb, Ti, BW, E, Ba, NS, Me, SaAn, Be. Ⓖ *Kleine T.,* **N. púmila** (Timm) Dc.

Bastard: *N. lutea* × *N. pumila* = *N. intermedia* Ledeb., *s.*

Familie: **Ceratophylláceae,** *Hornblattgewächse*

Submerse, wurzellose Pfl. mit quirlig angeordneten, gabelig geteilten, hornart. Blätt. *(361–362)* u. eingeschl. Bltn.; Bltnhülle 1- bis 12-blättrig; Stbblätt. 10–20; Frkn. 1. Einzige Gattung:

Ceratophýllum L., *Hornblatt*

1. Blätt. 1- bis 2-mal gabelspaltig, starr, mit 2–4, dicht stachelig gezähnten Zipfeln *(361a);* Fr. mit endst. u. 2 basalen Stacheln; ♃; VI–IX. Langsam fließende u. sthd. Gewässer; *v.* Alp. *f.* *Gemeines H.,* **C. demérsum** L.

a. Stacheln der Fr. gleichlg., so lg. od. wenig länger als die Fr. *(361b).* Im Gebiet *v.*
ssp. **demérsum**

b. Fr. mit breitem, oft gezähntem Flügel zwischen den basalen, abgeflachten Stacheln; der endst. 3-mal so lg. wie die basalen; *s,* nur Ba, BW, Altrhein b. Altrip, He (Frankfurt), Sa
ssp. **platyácanthum** (Cham.) Nym.

c. Fr. nur mit 1 endst. Stachel, die basalen zu Höckern reduziert; *s,* nur in Ba
ssp. **apiculátum** (Cham. & Schildl.) Rothm.

— Blätt. 3- bis 4-mal gabelspaltig, mit 6–13 haarfeinen, weichen, kaum stacheligen Zipfeln *(362a);* Fr. ohne Stacheln, mit kurzem, gebogenem Griffelrest *(362b);* ♃; VI–VII. Wie vorige; *z,* in Alp. *f.* *Zartes H.,* **C. submérsum** L.

Ordnung: **Ranunculáles** *(= Ranales)*

Familie: **Ranunculáceae,** *Hahnenfußgewächse*

Kräuter od. Stauden, seltener Holzgewächse *(Clematis);* Blätt. wechsel-, seltener gegen- od. grdst.; Bltn. ⚥, radiär od. zygomorph; Bltnhülle einfach od. doppelt. Zwischen Bltnhüll- u. Stbblätt. oft besonders gestaltete *(363,* H; *365–367),* zuw. blumenblattart. Honigblätt. *(364)* mit Honiggrube; Frkn. zahlr. bis 1, frei, seltener am Grd. miteinander verbunden *(368)* Balg- od. Nußfr. *(369),* mit häufig erhalten bleibendem, sich verlängerndem u. fedrig behaartem Griffel *(370),* selten Beeren *(Actaea).*

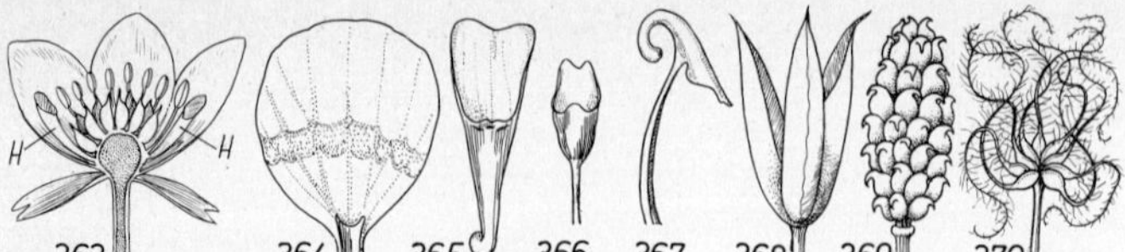

363 364 365 366 367 368 369 370

1. Bltn. mit 1 *(372)* od. 5 Spornen *(371)* ***24***
— Bltn. nicht gespornt, zuw. aber helmf. *(373)* ***2***
2. Bltn. helmf. *(373)*, gelb, blau od. gescheckt . . . . **Aconitum,** 156
— Bltn. weder helmf. noch gespornt, stets strahlig; Blkrblätt. zuw. zusammenneigend *(378)* ***3***
3. Wasserpfl. mit feinzerteilten, untergetauchten od. weniger zerteilten Schwimmblätt. od. mit beiden Blattformen *(400–401)*; Bltn. weiß **Ranunculus,** 159
— Landpfl. od. gelb-, bzw. weißblühende Sumpfpfl. ***4***
4. Blätt. gegenst., einfach od. gefied.; Stg. zuw. verholzt u. klimmend; Bltn. 4-zählig . . . . **Clematis,** 157
— Blätt. wechselst., in Quirlen od. in grdst. Rosette, zuw. erst nach der Blüte erscheinend ***5***
5. Bltnstg. auch über dem Grd. beblättert ***9***
— Alle Blätt. in grdst. Rosette ***6***
6. Bltn. blau, selten weiß od. rötl., mit 3-blättrigem, grünem K. *(374a)*; Blätt. 3-lappig *(374b)*, überwinternd . . . . **Hepatica,** 159
— Bltn. gelb, weiß, rötl. od. grünl.; Blätt. nicht 3-lappig u. nicht überwinternd ***7***
7. Blattspr. ungeteilt, lineal; Bltnachse später mäuseschwanzart. verlängert *(375)* . . . . **Myosurus,** 165
— Blattspr. tief geteilt od. handf. gefied. ***8***
8. Blattspr. tief geteilt *(376a)*; Bltn. gelb; Fr. an kurz-walzenf. Achse, lg. geschnäbelt *(376b)*, 1-samig . . . . **Ceratocephalus,** 164
— Blattspr. fußf. gefied *(66)*; Bltn. weiß, rötl. od. grünl., mit tütenf. Honigblätt. *(366)*; Frbälge zu wenigen, mehrsamig . . . . . **Helleborus,** 154

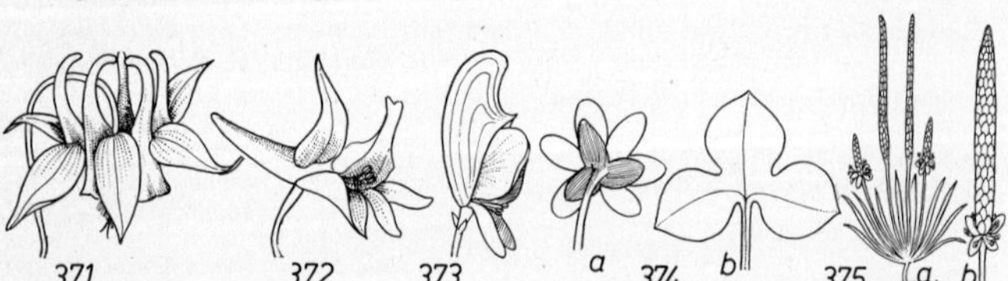

371 372 373 a 374 b 375 a b

9(5). Dicht unter der Blüte od. weiter davon entfernt am obersten Knoten 3 zuw. miteinander verwachsene quirlst. Stgblätt. *(380–381, 393, 395)*; alle übrigen Blätt. grdst. ***22***
— Blätt. am Stg. verteilt (zuw. ein sehr lg. Internodium) ***10***
10. Stbblätt. kürzer als die normalen Bltnhüllblätt. (od. als die blumenblattart. Honigblätt) ***13***
— Stbblätt. länger als die zuw. früh abfallenden u. z. Bltzt. nicht mehr vorhandenen Bltnhüllblätt. ***11***
11. Jede Blüte der bis 10 cm langen Trauben mit nur 1 birnf., breit-narbigem Frkn.; Fr. eine anfangs grüne, später glzd. schwarze Beere **Actaea,** 155
— Jede Blüte mit mehr als 1 Frkn. ***12***

12. Jede Blüte der sehr langen u. meist überhgd. Trauben mit 4 klebrig-drüsenhaarigen Frkn. u. doppelter Bltnhülle . . . . **Cimicifuga,** 155

— Jede Blüte der traubig-rispigen Bltnstände mit meist 5 (3) u. mehr Frkn.; Bltnhülle einfach, grünl., gelbl. od. hellviolett, zuw. schon beim Aufblühen abfallend; Stiel der gefied. Blätt. an der Basis häufig mit nebenblattart. Bildungen . . . . **Thalictrum,** 165

13(10). Bltn. mit Honigblätt., diese entw. klein *(365–367)* od. blumenblattart. u. dann am Grd. eine kleine Honigdrüse tragend *(364)* . . ***16***

— Bltn. ohne Honigblätt. ***14***

14. Bltnhülle einfach (nicht in K. u. Blkr. geglied.); Bltn. gelb; Fr. mehrsamige Bälge. Blattspr. herz- bis nierenf.; Sumpfpfl. . . . . . . **Caltha,** 154

— Bltnhülle doppelt (in K. u. Blkr. geglied.) ***15***

15. Frstand walzl. mit zahlr. Nußfr. *(369);* Blattspr. 2- bis 3-fach gefied., mit fadenf. Fied. *(377);* Blkrblätt. 5–15, gelb od. rot . . . . . . **Adonis,** 165

— Frstand mit 3–5 filzig-behaarten Balgfr.; Blattspr. doppelt 3-zählig gefied., mit breiten Fied.; Bltn. sehr groß, rot (bei Gartenformen auch weiß) . . . . **Paeoniaceae,** 261[1]

16(13). Honigblätt. nicht blumenblattart., kleiner als die Bltnhüllblätt. *(366–367, 378b)* ***19***

— Honigblätt. blumenblattart., weiß, gelb od. rötl., größer als die kelchart., äußeren Bltnhüllblätt., am Grd. mit einer nackten od. von einer Schuppe überdeckten, oft nur mit der Lupe sichtbaren Honigdrüse *(364)* ***17***

17. Honigblätt. weiß od. rötl., höchstens am Grd. gelbl., bis zu 20; Alpenpfl. . . . . **Callianthemum,** 154

— Honigblätt. gelb ***18***

18. Honigblätt. 8–12; Kblätt. 3; Blätt. rundl.-herzf., fettig glzd.; Wurzeln knollig verdickt . . . . **Ranunculus ficaria,** 160

— Honigblätt. 5; Kblätt. 5; Blätt. anders gestaltet . . . . . **Ranunculus,** 159

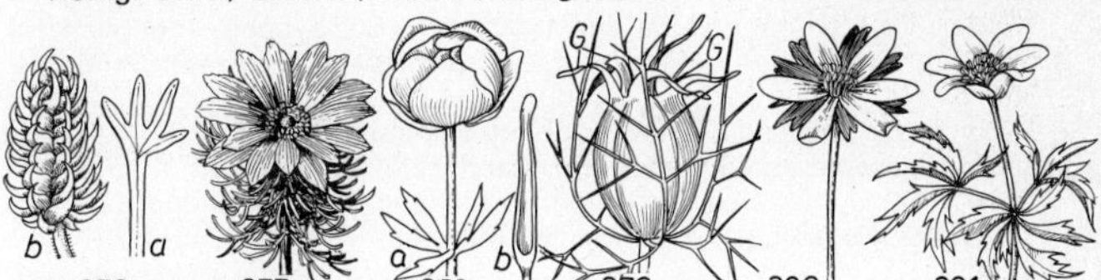

376 377 378 379 380 381

19(16). Bltnhüllblätt. gelb, kugelig zusammenneigend *(378a);* Honigblätt. löffelart. *(378b)* . . . . **Trollius,** 154

— Bltnhüllblätt. nicht gelb ***20***

20. Frkn. meist 2, frei; Bltnhüllblätt. weiß, hinfällig; Honigblätt. tütenf. **Isopyrum,** 155

— Frkn. mehr als 2, diese zuw. am Grd. miteinander verwachsen u. dann nur Gr. frei (379, *G*); Honigblätt. kurz-becherf., 2-lippig *(366)* od. röhrig-trichterf. u. gestielt ***21***

21. Blätt. 2- bis 3-fach gefied. mit haarf. Fiedern; Bltnhüllblätt. hellblau bis weiß, hinfällig; Honigblätt. kurz-becherf., 2-lippig *(366);* Frkn. nahezu vollständig miteinander verwachsen, nur Gr. frei *(379, 382–383)* **Nigella,** 155

— Blätt. fußf. gefied. *(66);* Fied. breiter; Bltnhüllblätt. grünl., weiß od. rosa, bleibend; Honigblätt. röhrig-trichterf. u. gestielt, grünl.; Frkn. bis zum Grd. frei . . . . **Helleborus,** 154

[1] Die früher zu den *Ranunculaceae* gestellte Gattung *Paeonia* wird heute der eigenen Familie der *Paeoniaceae*, s. S. 261, zugeordnet.

22(9). Hochblattquirl dicht unter der gelben Blüte kelchart. *(380);* mehrsamige Balgfr. . . . . **Eranthis,** 154
— Hochblattquirl postfloral von der Blüte entfernt, blattart. *(381)* od. fein zerschlitzt *(393–395);* Fr. 1-samige Nüßchen ***23***
23. Gr. z. Z. der Frreife kurz *(369);* Bltn. weiß, rötl. od. gelb . **Anemone,** 159
— Gr. z. Z. der Frreife stark verlängert u. fedrig behaart *(370);* Bltn. violett, seltener weiß, bei Alpenpfl. auch schwefelgelb . . . . **Pulsatilla,** 158
24(1). Bltn. mit 5 Spornen *(371),* blau od. braun (bei Gartenformen auch andersfarbig) . . . . **Aquilegia,** 155
— Bltn. nur mit 1 Sporn *(372),* blau (bei Gartenformen auch andersfarbig) ***25***
25. Frkn. u. Balgfr. nur 1 . . . . **Consolida,** 156
— Frkn. u. Balgfr. 2 u. mehr . . . . **Delphinium,** 156

1. Cáltha L., *Dotterblume.* Stg. aufstgd. od. niederlgd., wurzelnd, mehrbltg.; Grdblätt. lg. gestielt, mit herzf., am Rand gekerbter bis gezähnter Spreite; Bltnhüllblätt. 5, dottergelb, glzd.; Frkn. 5–8 (–15); Balgfr. sternf. ausgebreitet; ♃; III–VI; Sumpfwiesen, Gräben, feuchtes Gebüsch; von der Ebene bis in die alp. Reg.; *v;* formenreich. *Sumpf-D.,* **C. palústris** L.

2. Tróllius L., *Trollblume.* Stg. unverzweigt, 1-, selten mehrbltg.; Blätt. handf. geteilt; Bltnhüllblätt. 5–10 od. mehr, goldgelb, kugelig zusammenneigend *(378a);* Honigblätt. 5–10, löffelf. verbreitert *(378b);* Balgfr. zahlr.; ♃; V–VI. Moorige Wiesen, besonders der mont. Reg.; *v.*
Ⓖ *Europäische T.,* **T. europaéus** L.

3. Helléborus L., *Nieswurz*

1. Bltn. weiß od. rötl.; Honigblätt. gelbgrün, tütenf.; ♃; (XII) II–IV. Gebüsch, Wälder. Östl. K-Alp. von Ba, bis 1800 m; Ti, Sb, *s,* sonst angepflanzt u. selten verwild. Ⓖ *Schwarze N., Schnee-* od. *Christrose,* **H. níger** L.
— Bltn. grün ***2***
2. Stg. von der Basis an beblätt.; Stgblätt. allmähl. über eif. Hochblätt *(72)* in glockig zusammenneigende, am Rand rötl. Bltnhüllblätt übergehend *(72a–f);* Bltnstand reich verzweigt; Bltn. unangenehm riechend; ♃; III–IV. Bergwälder, steinige Triften, nur auf Kalk; Ba, SW-, M-Dt, südl. NS, Be *z,* sonst *s.* *Stinkende N.,* **H. foétidus** L.
— Bltnstg. bis zur Verzweigung blattlos, 2- bis 3-bltg.; Bltnhüllblätt. breit-eif., sich z. T. mit den Rändern deckend; Balgfr. ohne Gr. 20–28 mm lg.; ♃; III–V. Bergwälder, auch angepflanzt u. verwild.; kalkliebend.
Ⓖ *Grüne N.,* **H. víridis** L.
a. Blätt. untersts. behaart; Bltn. 4–7 cm im Dm; im S *z,* im N *s.* ssp. **víridis**
– Blätt. untersts. kahl; Bltn. 3–5 cm im Dm; nur im W. ssp. **occidentális** (Reut.) Schiffner

4. Eránthis Salisb., *Winterling.* Stg. am Grd. mit Niederblätt., 1-bltg.; unterhalb der Blüte ein Quirl von 3 handf. geteilten Hochblätt *(380);* Grdblätt. lg. gestielt, rundl. herzf., 5- bis 7-teilig, erst nach der Blüte erscheinend; Bltnhüllblätt. 5–8, gelb; Honigblätt. gestielt, becherf. *(366);* Frkn. 4–6; Balgfr.; ♃; II–III. Zierpfl., zuw. verwild. (Heimat SO-Eur.) *Kleiner W.,* **E. hyemális** Sal.

5. Calliánthemum C. A. Mey., *Schmuckblume.* Grdblätt. lg. gestielt mit scheidigem Grd.; Spreite unpaarig gefied., mit 2- bis 3-fach fiederteiligen Fied.; Bltnstg. meist unverzweigt; Kblätt. 5, grünl. bis weiß, viel kürzer als die 6–13 (bis 20) weißen, am Grd. gelben, breit-ovalen Honigblätt.; ♃; VI–VIII; feuchte humöse Triften der alp. Reg., vor allem auf Urgestein; *s* in Ti, Sb, *f* in Dt. [= *Ranunculus rutaefolius* L. p. p.]
Korianderblättrige Sch., **C. coriandrifólium** Rchb.

6. Nigélla L., *Schwarzkümmel*

1. Bltn. u. Fr. von einer haarf. zerschlitzten Hochblatthülle umgeben *(379);* Bltnhüllblätt. hellblau bis weiß; Frkn. völlig verwachsen, mit waagrecht absthd. Gr. *(379,* G); ⊙; V–VII. Zierpfl. aus dem Mittelmeergebiet. *Jungfer im Grünen,* **N. damascéna** L.

— Bltn. ohne Hochblatthülle *2*

2. Stbbeutel stachelspitzig *(382b);* Bltnhüllblätt. hellblau, grünl. geadert; Frkn. 3–5, bis zur Mitte verwachsen *(382a);* Balgfr. glatt; ⊙; VII–IX. Lehm- u. Kalkäcker; *z,* im N *s.* *Acker-Sch.,* **N. arvénsis** L.

— Stbbeutel ohne Stachelspitze; Frkn. bis zur Spitze verwachsen, mit aufrechten Gr. *(383);* Balgfr. drüsig-rauh; ⊙; VI–VII. Zuw. als Gewürzpfl. angepflanzt u. verwild. (Heimat: SO-Eur.) *Echter Sch.,* **N. satíva** L.

7. Isopýrum L., *Muschelblümchen.* Stg. am Grd. mit breiten Niederblätt.; Grdblätt. lg. gestielt, doppelt-3-zählig gefied., blaugrün; Bltnhüllblätt. 5, hinfällig; Balgfr. 2; ♃; IV–V. Feuchte Laubwälder; NO, Schl, *z.* *Wiesenrautenblättriges M.,* **I. thalictroídes** L.

8. Actaéa L., *Christophskraut.* Pfl. unangenehm riechend; Blätt. groß, doppelt-3-zählig gefied.; Bltn. in dichten Trauben; Bltnhüllblätt. 4–6, weiß, hinfällig; Honigblätt. 4–6, spatelf.; ♃; V–VII. Schattige Bergwälder, vorwgd. auf Kalk; Alp. u. südl. Geb. *v,* sonst *z.* *Ähriges Chr.,* **A. spicáta** L.

9. Cimicifúga L., *Wanzenkraut.* Pfl. unangenehm riechend; Blätt. sehr groß, 2- bis 3-fach gefied.; Bltn. in langen Trauben od. Rispen; Bltnhüllblätt. 4, hellgrün, hinfällig; ♃; VII–VIII. Laubwälder; O- u. WPr *z.* [= *C. foetida* auct.] *Stinkendes W.,* **C. europaéa** Schipcz.

10. Aquilégia L., *Akelei*

1. Sporne der Honigblätt. gerade od. nur schwach gebogen *(384)* . . *3*

— Sporne der Honigblätt. hakenf. gebogen *(365, 371)* *2*

2. Bltn. blauviolett (bei Gartenformen auch andersfarbig); Sporn in gebogener Linie in das hakige Ende verlaufend *(371);* Stbblätt. wenig aus der Blüte hervorragend; ♃; VI–VII. Lichte Laubwälder u. Wiesen, von der Ebene bis 2000 m, kalkliebend; *z,* im N *s;* auch als Zierpfl. Ⓖ *Gemeine A.,* **A. vulgáris** L.

— Bltn. braunpurpurn; Stbblätt. weit aus der Blüte hervorragend; ♃; V–VII. Mischwälder der K-Alp. u. Hochebenen von BW. [= *A. vulgaris* ssp. *atrata* (Koch) Gaud.] Ⓖ *Dunkle A.,* **A. atráta** Koch

3(1). Bltn. 5–8 cm groß, intensiv blau; ♃; VI–VIII. Steinige Abhänge, Weiden, Gebüsch, Hochalp. von 1600–2600 m, Vb, Ti, *s.* *Alpen-A.,* **A. alpína** L.

— Bltn. nur 2,5–4 cm groß *(384),* blauviolett; Stg. meist unverzweigt; ♃; VI–VIII. Felsige, grasige Abhänge, Schluchten, nur K-Alp von Ba (Berchtesgaden), Ti, *s.* (= *A. bauhinii* Schott; = *A. aquilegoides* H. P. Fuchs). Ⓖ *Kleinblütige A.,* **A. einseleána** F. W. Sch.

a 382 b 383 384 385 386 387

11. Delphínium L., *Rittersporn*

Frkn. 3 (–5), kahl od. zerstr. behaart; Bltn. stahlblau; Blätt. handf. geteilt, mit breiten, eingeschnitten-gesägten Abschnitten; Pfl. 60–150 cm hoch; ♃; VI–VII. Lichte Gebirgswälder der Alp., Riesengeb.; *z;* auch als Gartenpfl. *Hoher R.,* **D. elátum** L.

a. Alle Tragblätt. ungeteilt, lineal; Bltnstiele u. junge Fr. kahl; *v.* ssp. **elátum**

b. Untere Tragblätt. 3- bis 5-spaltig, laubblattart.; Bltnstiele aufrecht, zerstreut absthd. behaart; junge Fr. u. Kapseln kahl. Lichte Wälder, Hochstaudenfluren von Sb, Vb. (= *D. alpinum* W. & K.) ssp. **alpínum** (W. & K.) Kotula

c. Blätt. beidsts. zerstr. behaart, ebenso Bltnhüllblätt. u. junge Fr.; *s,* nur Ti (Voldertal bei Hall). (= *D. tirolense* A. Kern.) ssp. **tirolénse** (A. Kern.) Hegi

12. Consólida (Dc.) S. F. Gray, *Rittersporn*

1. Bltn. in wenigbltg. Trauben od. Rispen, blau, selten weiß; Sporn bis 22 mm lg., z. Bltzt. gerade od. schwach aufw.gebogen *(372);* Fr. kahl; Pfl. 20–40 cm hoch; ⨀; V–VIII. Äcker; kalkliebend; *v,* im NW *s.* (= *C. arvensis* Opiz; = *Delphinium consolida* L.) *Feld-R.,* **C. regális** S. F. Gray

— Bltn. in reichbltg. Trauben od. Rispen; Fr. weichhaarig *2*

2. Bltntraube locker; Vorblätt. kürzer als der Bltnstiel; Fr. allmähl. in den kurzen Gr. zugespitzt; Pfl. 30–90 cm hoch; ⨀; VI–IX. Zierpfl., zuw. verwild. (Heimat: Mittelmeergebiet) (= *C. ajacis* auct.; = *Delphinium ajacis* auct.) *Garten-R.,* **C. ambígua** (L.) P. W. Ball & Heywood

— Bltntraube dicht; Vorblätt. länger als der Bltnstiel; Fr. am Grd. drüsig, plötzl. in den kurzen Gr. zugespitzt; ⨀; VI–IX. Gartenzierpfl., zuw. verwild. (Heimat: SO-Eur.) (= *Delphinium orientale* J. Gray) *Orientalischer R.,* **C. orientális** (J. Gay) Schrödinger

13. Aconítum L., *Eisenhut*

1. Bltn. blau od. violett, oft weiß od. gelbl. gescheckt; Wurzeln rübenf. od. knollig *3*

— Bltn. blaßgelb; Helm sackf. verlängert; Wurzeln nicht rübenf. . . . *2*

2. Blattspr. fast bis zum Grd. geteilt, mit schmal-linealen Zipfeln *(385);* Pfl. bis 60 cm hoch; Infl. dicht, unverzweigt od. mit wenigen aufrechten Ästen; ♃; VII. Lichte Wälder, felsige Hänge; *s* in Ti.
Ⓖ *Hahnenfußblättriger E.,* **A. ranunculifólium** Rchb. ssp. **ranunculifólium**

— Blätt. handf., 5- bis 7-spaltig, mit breiteren Zipfeln, diese am Grd. miteinander verbunden *(386);* Pfl. 50–150 cm hoch; Infl. locker, absthd. ästig; Stiel der Honigblätt. gerade, mit eingerolltem Sporn *(367);* ♃; VI–VIII. Feuchte Bergwälder der mont. u. subalp. Reg. *f* im N u. O. [= *A.lycoctonum* auct.; = *A. vulparia* ssp. *penninum* (Ser.) G.; = *A. v.* ssp. *thalianum* (Wallr.) G.; = *A. v.* ssp. *puberulum* (Ser.) G.] Ⓖ *Wolfs E.,* **A. vulpária** Rchb.
Im Gebiet nur die ssp. **vulpária**

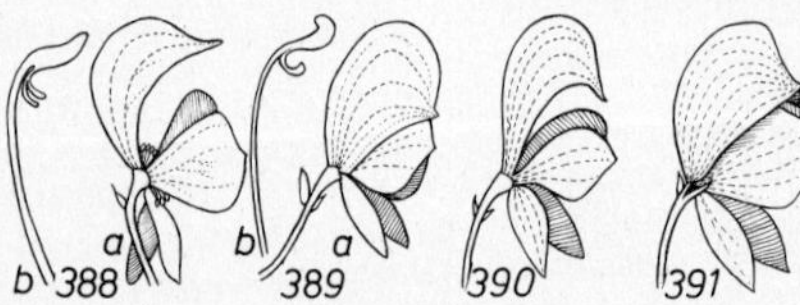

3(1). Stg. im oberen Teile nebst den Bltnstielen drüsig-flaumig, bis 150 cm hoch; Blätt. 5- bis 7-teilig; Bltn. violett, lg. gestielt, in reichbltg. Traube; Stiel der Honigblätt. gebogen, mit kopff. Sporn *(387);* 60–150 cm hoch; ♃; VII–IX. Lichte Bergwälder, Karfluren, feuchte Wiesen; Alp. u. Voralp. *z.*
Ⓖ *Rispiger E.,* **A. paniculátum** Lam.

— Stg. u. Bltnstiele kahl od. behaart, aber ohne Drüsenhaare *4*

4. Helm deutl. höher als breit *(373);* Bltn. weißbunt gescheckt; Stiel der Honigblätt. gerade; ♃; VII–IX. Bergwälder, Bachufer, Weiden bis 2000 m. Formenreich. Ⓖ *Bunter E.,* **A. variegátum** L.

a. Bltnstand locker, mit weit bogig absthd. Ästen; Bltnstiele länger als die Tragblätt.; Helm vorgeneigt, klaffend. Alp. *v.* ssp. **variegátum**

b. Bltnstand locker, mit aufrecht absthd. Ästen; untere Bltnstiele so lg. od. kaum länger als die Tragblätt.; Helm meist offen. Alp., Sudenten, M-Geb., *z.* ssp. **grácile** (Rchb.) G.

c. Bltnstand gedrängt, mit aufrecht absthd. Ästen; untere Bltnstiele der Tragblätt. nicht überragend; Helm aufrecht, geschlossen. Alp., *z.* ssp. **judenbergénse** (Rchb.) G.

— Helm meist breiter als hoch; Bltn. blauviolett, in dichter Traube; Stiel der Honigblätt. bogig gekrümmt; Blätt. 5- bis 7-teilig; ♃; VII–VIII. Lägerfluren u. Gebirgswälder, bis 3000 m aufstgd., auch in Gärten. Ⓖ Sammelart: *Blauer E.,* **A. napéllus** L.

Die nachfolgend aufgeführten Unterarten sind vielfach als eigene Arten beschrieben.

a. Bltnstand meist verzweigt, rispig-kegelf.; untere Bltnstiele verlängert, aufrecht absthd. . . . **e**

– Bltnstand meist unverzweigt, traubig-zylindrisch; Bltnstiele alle kurz, der Achse anlgd. . . . **b**

b. Infl. Achse, Bltnstiele u. Helm kurz anlgd. behaart . . . . **d**

– Infl. Achse u. Bltnstiele kahl; Pfl. dicht beblättert . . . . **c**

c. Pfl. robust; Stg. dick, bis 60 cm hoch; Blätt.bis zum Grd. 5- bis 7-teilig, mit tief eingeschnittenen, 1–4 mm breiten, linealen od. lanzettl., genäherten Zipfeln; basale Tragblätt. der Bltn. laubblattart., allmähl. an Größe abnehmend. Alp. von Sb u. Ti. (= *A. tauricum* Wulf.) ssp. **taúricum** (Wulf.) G.

– Pfl. schlank, bis 1 m hoch u. höher; Blätt. wie bei voriger, aber größer u. mit längeren, bis 45 mm langen, zugespitzten Zipfeln; Tragblätt. der Bltn. klein, wenn die basalen laubblattart., dann plötzl. an Größe abnehmend. Alp. von Sb *s,* sonst S-Alp. *v.* (= *A. latemarense* Dégen & G.) ssp. **eustáchum** (Rchb.) G.

d(b). Stg. dicht beblätt., bis 1 m hoch; Blätt. sehr schmal geteilt, Zipfel lineal-lanzettl., 2–3 mm breit. Alp. von Vb u. Ti. (= *A. compactum* Rchb.) ssp. **compáctum** (Rchb.) G.

– Stg. locker beblättert, bis 60 cm hoch; Blätt. wie bei voriger, aber Zipfel etwas verkürzt. Alp. von Sb, Vb (nicht in Ti). (= *A. formosum* Rchb.) ssp. **formósum** (Rchb.) G.

e(a). Sporn der Honigblätt. verschmälert, nicht kopff. aufw. gekrümmt *(388b),* ihre Lippe bewimpert; Helm schmal, klaffend *(388a).* Bayrw., Böhmw., Fichtgeb., Isergeb., Erzgeb., Riesengeb.; *s.* (= *A. clusianum* Rchb.) ssp. **híans** (Rchb.) G.

– Sporn der Honigblätt. kopff., aufw. gekrümmt *(389b);* Helm geschlossen od. offen, aber nicht klaffend . . . . **f**

f. Helm geschlossen *(389a);* Filamente kahl. Erzgeb., *s.* ssp. **fírmum** (Rchb.) G.

– Helm offen *(390);* Filamente behaart od. wimperhaarig . . . . **g**

g. Blattzipfel schmal, 3–4 mm breit, der Mittelabschnitt oft gestielt. Alp. (Allgäu, Sb, Ti u. Bodenseegebiet), *s.* [= ssp. *neomontanum* (Wulf.) G.] ssp. **lobeliánum** (Rchb.) G.

– Blattzipfel breit-lanzettl., ca. 4–7 mm breit . . . . **h**

h. Blattzipfel kurz; untere Bltnstiele nur wenig länger als die lineal. Tragblätt.; *s* in Ba (Ingolstadt), Eifel u. Rhön. ssp. **éminens** (Koch) J. Murr.

– Blattzipfel länger, mit untersts. stark hervortretender Nervatur; untere Bltnstiele deutl. länger als die lanzettl. bis ovalen Tragblätt.; Bltn. sehr groß *(391).* Alp. u. Vorland, Vog. *v;* RhPf, He, *z.* ssp. **pyramidále** (Mill.) R & F.

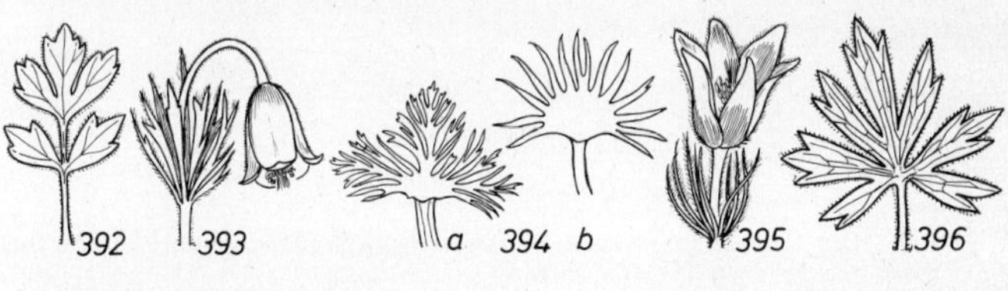

14. Clemátis L., *Waldrebe*

1. Stg. aufrecht, krautig, nicht kletternd; Bltn. in reichbltg. Rispen, weiß; ♃; VI–VII; kalkliebend. Donau u. Nebenflüsse, mittl. Elbegebiet, M.-Th, *z.* *Aufrechte W.,* **C. récta** L.

— Stg. kletternd, verholzend *2*

2. Bltn. in reichbltg. Trugdolden, lg. gestielt, weiß, mit 4, beidersts. filzigen Bltnhüllblätt.; Honigblätt. fehlend; ♃; VI–IX. Auwälder, feuchte Gebüsche; *v*, im NW u. N *s*. *Gemeine W.*, **C. vitálba** L.

— Bltn. blau od. violett, einzeln, achselst. *3*

3. Bltn. mit 10–12 weißfilzigen, spatelf. Honigblätt. u. 4 violett- bis hellblauen, filzig berandeten Bltnhüllblätt.; Blätt. einfach bis doppelt 3-zählig; ♃; V–VII. Gebüsch u. felsige Hänge der Alp. u. Voralp., von 1000–2400 m; *z*. (= *Atragene alpina* L.) Ⓖ *Alpen-W.*, **C. alpína** (L.) Mill. ssp. **alpína**

— Bltn. ohne Honigblätt., mit 4 dkvioletten, am Rand filzig behaarten Bltnhüllblätt.; Fr. rundl., mit kahlem, schwach gekrümmtem Schnabel; ♃; VI–VIII. Gartenzierpfl., vereinzelt verwild. (Heimat: S-Eur.) *Italienische W.*, **C. viticélla** L.

15. Pulsatílla Mill., *Kuh- od. Küchenschelle* Ⓖ

1. Blätt. des Hochblattquirls sitzend, am Grd. verwachsen, von den Grdblätt. verschieden; Bltn. glockig *3*

— Blätt. des Hochblattquirls kurz u. breit gestielt, den doppelt gefied. Grdblätt. ähnl.; Bltn. einzeln, fast aufrecht; Blkrblätt. ausgebreitet, außen zottig behaart, weiß, häufig rot od. violett überlaufen od. gelb, aber niemals rein violett *2*

2. Blätt. fast kahl; Endabschnitte der Laubblätt. bis zur Mittelrippe geteilt; Bltn. nur bis 4,5 cm groß; ♃; V–VI. *s*, nur Brocken im Harz u. Vog. (= *P. micrantha* auct.) Ⓖ *Brocken-K.*, **P. álba** Rchb.

— Blätt. zerstr. behaart; Endabschnitte der Laubblätt. nicht bis zur Mittelrippe geteilt; Bltn. weiß od. gelb; ♃; VI–VII. *Alpen-K.*, **P. alpína** (L.) Del.

a. Bltn. schwefelgelb; kalkmeidend. Alp. *v*, *z* in Ti u. Vb. [= ssp. *sulphurea* (Dc.) Asch. & Gr.] ssp. **apiifólia** (Scop.) Nym.

– Bltn. weiß, außen zuw. rötl. od. bläul; kalkliebend. Alp., Vog., Sudeten *z*. ssp. **alpína**

3(1). Ganze Pfl. einschließl. der Bltn. bronzefarbig behaart; Blkrblätt. innen gelbl.-weiß, außen violett; Grdblätt. nach der Blüte erscheinend, aber überwinternd, einfach gefied., mit 3–5 eif., 3-spaltigen Fied. *(392)*; ♃; IV–VI. Bergwiesen, Heiden, sandige Kiefernwälder. Alp., Bayr. Hochebene, M-, N- u. O-Dt, *s*. Ⓖ! *Frühlings-K.*, **P. vernális** (L.) Mill.

— Stg. u. Bltnhüllblätt. nicht bronzefarbig behaart *4*

4. Bltnhüllblätt. nur wenig länger als die Stbblätt., 6, hell bis dkviolett, glokkenf. zusammenneigend *(393)*; Bltn. nickend; Grdblätt. nach der Blüte erscheinend, 2- bis 3-fach gefied., mit schmalen, weißzottig behaarten Fied.; ♃; IV–VI. Sonnige Bergwiesen, sandige Hügel, trockene Kiefernwälder, *z*. Ⓖ! *Wiesen-K.*, **P. praténsis** (L.) Mill.

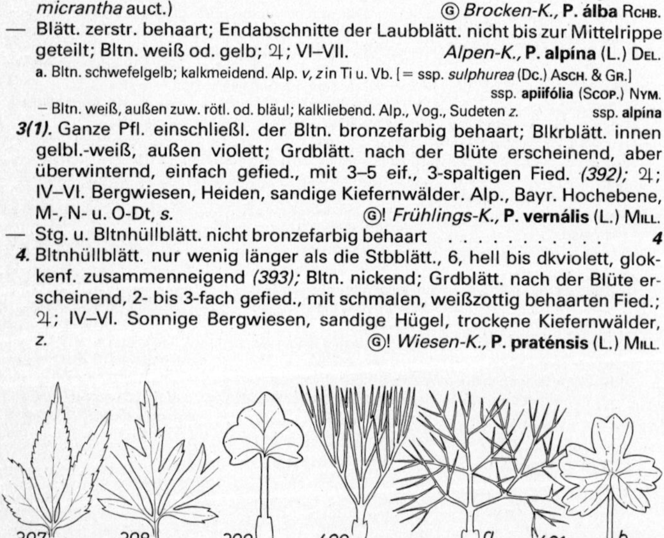

397 398 399 400 a 401 b

a. Bltnhüllblätt. innen hellviolett, außen mit langen, seidig-glzd. Haaren; Hochblätt. in 3, stark gefied. Abschnitte geglied. *(394a)*. Auf Sand; *s*, nur in Me, Da. ssp. **praténsis**

– Bltnhüllblätt. innen schwarzviolett, außen mit kurzen, nicht glzd. Haaren; Hochblätt. gleichmäßig in einfache, schmale Zipfel geteilt *(394b)*; kalkliebend; *z* in M-Dt, Br, Me, SH. ssp. **nígricans** (Stoerck) Zámels

— Bltnhüllblätt. viel länger als die Stbblätt. *(395)*; Bltn. ± aufrecht . . *5*

5. Grdblätt. 2- bis 3-fach gefied., mit schmalen Fied., nach der Blüte erscheinend; Bltnhüllblätt. 6, außen zottig behaart, anfangs zusammenneigend,

später ausgebreitet *(395)*; ♃; III–V. Sonnige Hügel, steinige Abhänge, trokkene Wälder; *z*, vorwgd. auf Kalk (= *Anemone pulsatilla* L.)
Ⓖ *Gewöhnliche K.*, **P. vulgáris** MILL.

a. Grdblätt. vor od. mit den Bltn. erscheinend, mit mehr als 100 Zipfeln; Bltnhüllblätt. schmalelliptisch. Im Gebiet *z*, Alp. *f.* ssp. **vulgáris**
– Grdblätt. nach den Bltn. erscheinend, mit ca. 40 Zipfeln; Bltnhüllblätt. breit-elliptisch. Bayr. Hochebene, Jura, Th (Kyffhäuser). (= *P. grandis* WEND.) ssp. **grándis** (WEND.) ZÁMELS

— Grdblätt. handf. 3-spaltig, mit 2- bis 3-fach geteilten Fied. *(396)*, in der Jugend weißzottig, im Alter verkahlend; Bltnhüllblätt. violett, ausgebreitet; ♃; III–IV. Trockene Heidewiesen, Kiefernwälder; *s* in Schl, Lausitz, O- u. WPr, O-Br, SO-Me u. S-Ba (Garchinger Heide).
Ⓖ! *Heide-K.*, **P. pátens** (L.) MILL. ssp. **pátens**

16. Anemóne L., *Windröschen*

1. Bltnhüllblätt. gelb, unterst. schwach behaart; Bltn. zu 1–2; Stgblätt. laubart., fingerf. geteilt; ♃; III–V; Auwälder, Gebüsch; *v*, vorwgd. auf Kalk u. Lehm. *Gelbes W.*, **A. ranunculoídes** L.

a. Rhizom verlängert, weitkriechend, *v.* ssp. **ranunculoídes**
– Rhizom kurz, Pfl. deshalb dichte Rasen bildend; Pfl. zierlicher; *s* in We, Br u. Me. ssp. **wockeána** (A. & GR.) HEGI

— Bltn. weiß, zuw. rötl.-purpurrot überlaufen *2*

2. Bltn. in 3- bis 8-bltg. Dolde; Bltnhüllblätt. weiß, außen zuw. rötl. überlaufen; Stgblätt. sitzend, 3-teilig, ungleich tief gespalten; Grdblätt. handf. 3- bis 5-teilig, langzottig behaart; Fr. kahl, abgeflacht; ♃; V–VII. Matten der subalp. u. alp. Reg., von 1000 bis 2500 m, vorwgd. auf Kalk; Alp., Hegau, Schw. Alb, Vog., Riesengeb., Hochgesenke; *z.*
Ⓖ *Narzissenblütiges W., Berghähnlein*, **A. narcissiflóra** L.

— Bltn. einzeln; Stgblätt. gestielt *(381)* *3*

3. Bltnhüllblätt. unterst. weißfilzig behaart; grdst. Blätt. ± zahlr. . . . *5*

— Bltnhüllblätt. unterst. kahl; Grdblätt. 1 od. fehlend, 3-zählig gefied. *4*

4. Blattfied. ganzrandig od. gleichmäßig gesägt *(397)*; Stbbeutel weiß; Rhizom weißl.; ♃; V–VI. Steinige Wälder, Gebüsch, bis 1800 m; Sb *s*, S-Alp. *v.* *Dreiblättriges W.*, **A. trifólia** L.

— Blattfied. 2- bis 3-spaltig, mit ungleich eingeschnittenen Zipfeln *(398)*; Bltn. weiß bis rötl.-violett; Stbbeutel gelb; Rhizom gelb bis dkbraun; ♃; III–IV. Laubwälder, Gebüsch, Wiesen; *g* u. *h.* *Busch-W.*, **A. nemorósa** L.

5(3). Pfl. 15–30 cm hoch; Bltnhüllblätt. meist 5; Bltn. bis 6 cm im Dm; Grdblätt. hand- bis fußf. 5-teilig, mit 2- bis 3-spaltigen Abschnitten; Fr. dicht weiß-wollig; ♃; IV–VI. Sonnige, buschige Abhänge, lichte Wälder, kalkliebend. Im S *z*, im N *s*, nur in Me, Br, NS, NrWe; Alp. u. Vorland *f.*
Ⓖ *Großes* od. *Wald-W.*, **A. sylvéstris** L.

— Pfl. nur 5–15 cm hoch; Bltnhüllblätt. 8–10; Bltn. bis 4 cm im Dm; Grdblätt. doppelt 3-zählig mit 3- bis 5-teiligen Abschnitten; ♃; VI–VIII; steinige Alpenmatten der alp. Stufe; kalkliebend; Sb, Ti *s*; S-Alp. *v.*
[G] *Tiroler-W.*, **A. baldénsis** L.

17. Hepática MILL., *Leberblümchen.*

Grdblätt. 3-lappig *(374b)*, erst nach der Blüte erscheinend, überwinternd; Stg. behaart, mit 3 ganzrandigen, kelchart. Hochblätt. dicht unter den blauen, seltener weißen Bltnhüllblätt. *(374a)*; Fr. längl., behaart, mit kurzem Schnabel; ♃; III–IV. Laubwälder, Gebüsch; *v*; im N *z.* (= *Anemone hepatica* L.; = *A. triloba* MILL.)
Dreilappiges L., **H. nóbilis** MILL.

18. Ranúnculus L., *Hahnenfuß*

Der erhalten bleibende und erhärtende Gr. wird als Frschnabel bezeichnet. Die Blkrblätt. sind blumenblattart. Honigblätt. und tragen an ihrer Basis eine Honigdrüse *(364)*.

1. Blumenblattart. Honigblätt. 8 u. mehr, goldgelb; kblattart. äußere Bltnhüllblätt. 3, selten bis 5; Grdblätt. mit herz-nierenf., fettig-glzd., kahler Spreite; Stg. niederlgd. bis aufstgd., im Alter meist mit blattachselst. Brutknöllchen; Wurzeln z. T. keulenf. verdickt; ♃; III–V. Feuchte Wiesen, Gebüsche, lichte Laubwälder, *g;* formenreich. (= *Ficaria verna* Huds.)
Scharbockskraut, **R. ficária** L.

— Blkrblätt. (= Honigblätt.) u. Kblätt. je 5 . . . . ***2***

2. Blkrblätt. (= Honigblätt.) gelb ***13***

— Blkrblätt. (= Honigblätt.) weiß, rötl. od. rotviolett, zuw. an der Basis gelb ***3***

3. Wasserpfl. mit untergetauchten, zerteilten Wasserblätt. *(400–401),* zuw. nur mit ganzflächigen Schwimmblätt. *(399)* od. mit beiden *(401a–b);* Frstiele zurückgekrümmt. [= Untergattung *Batráchium* (Dc.) Arcang.] . . . ***8***

— Landpfl. od. Sumpfpfl. ***4***

4. Grdblätt. längl.-lanzettl., bis 5 mm breit, ganzrandig, bogennervig, grasähnl.; Stg. bis 15 cm lg.; 1- bis mehrbltg.; ♃; V–VII; humöse, feuchte Weiden der Alp., kalkliebend. Ti *z;* Zentral-Alp. *v.* (= *R. plantagineus* All.)
Pyrenäen-H., **R. pyrenaéus** L.

— Grdblätt. tief geteilt od. gelappt, nicht grasähnl. ***5***

5. Stg. niedrig, 5–15 cm hoch, 1- bis 2-bltg.; Hochalpenpfl. ***7***

— Stg. 60–120 cm hoch, reich verzweigt, vielbltg.; Blätt. fingerig gelappt ***6***

6. Mittelabschnitt der Blätt. bis zum Grd. frei, gestielt, einfach od. doppelt gesägt; Bltnstiele 1- bis 3-mal so lg. wie die Tragblätt., ± behaart; Seitenäste spreizend; ♃; V–VII. Bäche, Quellen. Im S *z,* M u. N *f.* [= *R. aconitifolius* L. ssp. *aconitifolius* (L.) Sch. & K.] *Eisenhutblättriger H.,* **R. aconitifólius** L.

— Abschnitte der Blätt. am Grd. miteinander verbunden, nicht frei; Bltnstiele 4- bis 5mal so lg. wie ihre Tragblätt., kahl; Seitenäste ± aufrecht; ♃; V–VII. Feuchte Bergwälder, Hochstaudenfluren; Alp., Voralp. u. M-Geb.; *z.* [= *R. aconitifolius* L. ssp. *platanifolius* (L.) Riku]
Platanenblättriger H., **R. platanifólius** L.

7(5). Kblätt. unterstѕ. dk.rostbraun, bis *z.* Frreife bleibend, kürzer als die weißen, rosaroten od. rotvioletten, bleibenden Honigblätt.; Grdblätt. dick, dk.-grün, 3-zählig, mit 3- bis vielfachspaltigen Fied.; ♃; VII–VIII. Durchfeuchteter Felsschutt u. Moränen der Ur-Alp. von 2390–4000 m; stellenw. *h.* [= *Oxygraphis vulgaris* Freyn; = *O. gelidus* (Hofg.) O. Schwarz]
Gletscher-H., **R. glaciális** L.

— Kblätt. grün, kahl, kürzer als die 5 verkehrt-herzf., reinweißen Honigblätt.; Grdblätt. lg. gestielt, herzf., rundl., 3- bis 5-lappig; ♃; VI–IX. Feuchte, grasige Stellen u. Schneetälchen der K-Alp., von 1300–2800 m, *v.*
Alpen-H., **R. alpéstris** L.

8(3). Blätt. verschieden gestaltet; Schwimmblätt. nierenf., ganzflächig *(401b),* Wasserblätt. fein zerteilt *(400–401a),* zuw. nur die letzteren vorhanden ***10***

— Alle Blätt. gleich gestaltet, nierenf., 3- bis 5-lappig; Blattstiel am Grd. mit 2 breiten, stgumfassenden Öhrchen *(399);* haarf. Wasserblätt. fehlend ***9***

9. Blätt. mit 3 (–5) seichten, halbkreisf. od. 3-eckigen, ganzrandigen Lappen, die an der Basis am breitesten sind; Honigblätt. nicht od. kaum länger als die Kblätt.; ♃; V–IX. Bäche, Gräben, Quellen; *z* im W, NW (bis Be, Ho), SH, Da, SaAn, W-Th; *f* im S u. O. [= *Batrachium hederaceum* (L.) S. F. Gray]
Efeublättriger H., **R. hederáceus** L.

— Blätt. 5-lappig, mit 3-kerbigem Mittel- u. 2-kerbigen Seitenlappen, die in den Buchten am schmalsten sind; Honigblätt. 2- bis 3-mal länger als die Kblätt.; ♃; V–IX. Bäche, Gräben. Ho, Be *z,* in Dt *f.* (= *R. lenormandii* F. Schultz) *Lenormandischer H.,* **R. omiophýllus** Ten.

10(8). Wasserblätt. doppelt 3-teilig, mit langen, mehrfach geteilten, fast parallelen, pfrieml. Zipfeln *(400);* Schwimmblätt. selten vorhanden; Stg. flutend, 1–6 m lg.; Kblätt. meist kürzer als die 5–12 weißen, am Grd. gelben, blumenblattart. Honigblätt.; Bltnboden fast kahl; ♃; VI–VIII. Fließende Gewässer; *z.* [= *Batrachium fluitans* (Lam.) Wimm.] Lam. *Flutender H.,* **R. flúitans**

Die Kleinart *R. penicillatus* (Dum.) Bab. unterscheidet sich von *R. fluitans* in folgenden Merkmalen: Stbblätt. die Frkn. überragend; Bltnboden deutl. behaart; zuw. auch Schwimmblätt. vorhanden. Genaue Verbreitung nicht bekannt.

— Wasserblätt. mit abspreizend-ausgebreiteten, nicht parallelen Zipfeln *(401 a)* ***11***

11. Pfl. ohne Schwimmblätt.; Wasserblätt. auch nach dem Herausnehmen aus dem Wasser spreizend, nicht zusammenfallend; Blätt. im Umriß kreisrund; Blattzipfel in einer Ebene; Bltnboden behaart; ♃; V–IX. Sthd. od. langsam fließende Gewässer; *z.* (= *R. divaricatus* Schr.; = *Batrachium circinatum* Sibth.) Spach] *Spreizender H.,* **R. circinátus** Sibth.

— Schwimmblätt. meist vorhanden; Wasserblätt. außerhalb des Wassers pinself. zusammenfallend ***12***

12. Bltn. nur bis 15 mm im Dm; Blkrblätt. 3–3,5 mm lg., sich bei geöffneter Blüte nicht deckend; Stbblätt. 9–15; Bltnboden behaart; Blätt. kürzer als die Stgglied., fast sitzend; Schwimmblätt. tief 3-teilig; häufig fehlend. ♃; V–VIII. Sthd., langsam fließende Gewässer; *z.* [= *R. flaccidus* Pers.; = *R. paucistamineus* Tusch.; = *Batrachium trichophyllum* (Chaix) F. Schultz] *Haarblättriger H.,* **R. trichophýllus** Chaix

a. Fr. zahlreich, oval, beidersts. abgeflacht u. am oberen Ende zugespitzt, auf der Rückenseite zerstreut, borstenhaarig; Pfl. kräftig, aufrecht, nur an den basalen Internodien wurzelnd; *z.* ssp. **trichophýllus**

– Fr. 12–15, mit deutl. Spitzchen, kahl, Pfl. sehr zart, niederlgd., an allen Internodien wurzelnd. Alp., W- u. OPr.; *z.* [= ssp. *confervoides* (Fr.) Fr.; = *R. lutuleutus* Perr. & Song.] ssp. **eradicátus** (Laest.) C. D. K. Cook

— Bltn. größer als 20 mm im Dm, mit 15–30 Stbblätt.; Blkrblätt. sich bei voll entfalteter Blüte berührend; Frkn. u. unreife Nüßchen behaart, beim Reifen verkahlend; Blätt. gestielt, länger als ihre Sproßglieder; Schwimmblätt. 3- bis 5-spaltig; ♃; VI–IX. Sthd. u. langsam fließende Gewässer; *v.* [= *Batrachium aquatile* (L.) Dum.] Sammelart: *Wasser-H.,* **R. aquátilis** L.

Im Gebiet werden folgende Kleinarten unterschieden:

a. Honigblätt. an der Basis gelb . . . . **c**

– Honigblätt. rein weiß . . . . **b**

b. Honigblätt. kleiner als 6 mm, höchstens doppelt so lg. wie die Kblätt., sich nicht berührend. Ho, Sa (?) [= *R. lutarius* (Revel) Bouvet] *Dreiteiliger Wasser-H,* **R. tripártitus** Dc.

– Honigblätt. größer als 6 mm, mehr als doppelt so lg. wie die Kblätt., sich berührend; Wasserblätt. zart, außerhalb des Wassers zusammenfallend. Im Süßwasser; *z* von Ho bis Me, sonst *f.* *Weißer Wasser-H.,* **R. hololeúcos** Lloyd

c(a). Stbblätt. kürzer als das Frknköpfchen; Fr. ca. 12–28, einseitig häutig gekielt. In Salz- u. Brackwasser der Küsten *z*; im Binnenlande nur an salzhaltigen Stellen. (= *Batrachium marinum* Fr.) *Salz-Wasser-H.,* **R. baudótii** Godr.

– Stbblätt. länger als das Frknköpfchen, wenn kürzer, dann Anzahl der Fr. mehr als 30 . . . . **d**

d. Bltnstiele so lg. od. kaum länger als das Tragblatt. Sthd. Gewässer; *z.* *Strahliger Wasser-H.,* **R. rádians** Revel

– Bltnstiele deutlich länger als das Tragblatt; Stbblätt. 10–20; Frkn. bis 28, kahl; Schwimmblätt. selten; wenn vorhanden, dann länger als breit, tief 3-teilig, Süß- u. Brackwasser; *z* im NW, *s* in RhPf bis Me. [= *Batrachium petiveri* (Koch) F. Schultz; = *B. confusum* (Gren. & Godr.) F. Schultz] *Steifer Wasser-H.,* **R. petivéri** Koch

13(2). Alle Blätt., zumindest die mittleren u. oberen Stgblätt. geteilt; nur Grdblätt. zuw. ungeteilt ***15***

— Alle Blätt. ungeteilt, ganzrandig od. schwach gezähnt ***14***

14. Stg. 50–150 cm hoch, aufrecht, am Grd. mit unterirdischen, hohlen Ausläufern; Blätt. schmal-lanzettl., zugespitzt, ganzrandig od. schwach gezähnt; Bltn. 2–4 cm im Dm, fettglzd., goldgelb; ♃; VI–VII. Teichränder, Sümpfe, Sumpfwiesen; *z; f* im N. Ⓖ *Großer H., Zungen-H.,* **R. língua** L.

— Stg. 20–50 cm hoch, aufrecht, aufstgd. od. niederlgd.-kriechend; Grdblätt. gestielt, herzf. bis eif.; Stgblätt. sitzend, lanzettl., ganzrandig od. schwach gesägt; Bltn. 1,5–2 cm im Dm; Kblätt. zurückgeschlagen; ♃; VI–X. Feuchte Orte; *g.* *Brennender H.,* **R. flámmula** L.

a. Stg. aufrecht od. aufstgd., nur an den basalen Knoten wurzelnd; *g.* ssp. **flámmula**
– Stg. fadenf., niederlgd.-kriechend, an allen Knoten wurzelnd u. Büschel von lineal-lanzettl. Blätt. tragend *(402).* Sandig-kiesige u. schlammige Ufer; *z,* in Alp. *f.* (= *R. reptans* L.) ssp. **réptans** (L.) SYME

15(13). Alle Blätt. ± tief 3- bis 5-spaltig od. -lappig, wenn Grdblätt. ungeteilt, dann nicht nierenf. od. kreisrund ***18***
— Grdblätt. ungeteilt, nierenf. od. kreisrund, am Rand *(404a)* od. nur an der Spitze gekerbt bis gezähnt *(403)* ***16***

16. Grdblätt. blaugrün bereift, kahl, dickl., nur an der Spitze eingeschnitten *(403);* Stg. wenig verzweigt, 5–12 cm hoch; Bltn. goldgelb; ♃; VI–VIII. Felsschutt, steinige Triften der K-Alp.; *z,* in Vb *f.* *Bastard-H.,* **R. hýbridus** BIRIA
— Blätt. nicht blaugrün bereift, ringsum gezähnt ***17***

17. Stg. am Grd. mit 1–2 Niederblätt.; Grdblätt. zu 1–3, ungeteilt, rundl.-nierenf., mit einfach gekerbt-gesägtem Rand *(404a);* Stgblätt. 5- bis 7-teilig; Fr. eif., 3–4 mm lg., weich behaart, mit kurzem, geradem, an der Spitze hakigem Gr. *(404b),* ♃; IV–V. Humöse Laubwälder; *s* in W- u. OPr, Schl, Sb. [= *R. auricomus* L. ssp. *cassubicus* (L.) DOSTAL]
Wenden-H., **R. cassúbicus** L.
— Stg. am Grd. ohne Niederblätt.; Grdblätt. lg. gestielt, mit ungeteilter, nierenf.-rundl., ringsum gekerbt-gezähnter (ähnl. *404a*), aber auch 3- bis 5- *(405a)* u. mehrspaltiger Spreite; Stgblätt. sitzend, fingerig geteilt, mit linealen Zipfeln *(405b);* Fr. eif., 3–4 mm lg., dicht behaart, mit kurzem, vom Grd. an hakigem Schnabel *(405c).* ♃; IV–VI. Feuchte Laubwälder, Wiesen, bis in die alp. Reg.; *v,* stellenw. *s.* (Es sind mehr als 20 Kleinarten beschrieben!)
Formenreiche Sammelart: *Gold-H.,* **R. auricomus** L.

18(15). Bltnstiele deutl. gefurcht od. kantig ***25***
— Bltnstiele rund, nicht od. nur undeutl. gefurcht ***19***

19. Wurzeln knollig verdickt; ganze Pfl. seidig-wollig behaart; Grdblätt. 3-teilig, mit lineal-lanzettl. Abschnitten, selten ungeteilt; Kblätt. zurückgeschlagen; Honigblätt. zitronengelb; Fr. auf verlängerter Bltnachse, mit langem, geradem Schnabel und ringsum geflügelt *(406);* ♃; V–VI. Sonnige Hügel, Triften, Äcker; *s,* Oder-, Elbe- u. unteres Saaletal. *Illyrischer H.,* **R. illýricus** L.
— Wurzeln nicht knollig verdickt; Pfl. nicht seidig, aber z. T. absthd. oder anlgd. behaart ***20***

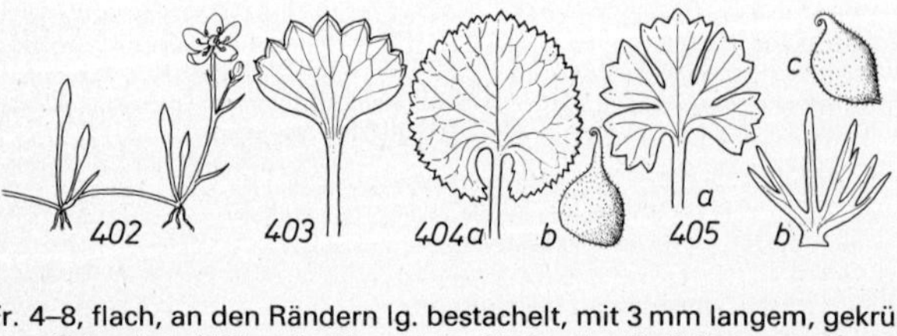

402 *403* *404a* *b* *405*

20. Fr. 4–8, flach, an den Rändern lg. bestachelt, mit 3 mm langem, gekrümmtem Schnabel *(407c–d);* Bltn. klein, blaßgelb; Grdblätt. spatelf., an der Spitze grob gezähnt, die folgenden 3-teilig *(407a–b);* ⊙; V–VII. Lehmäcker; *v.* *Acker-H.,* **R. arvénsis** L.
— Fr. nicht bestachelt ***21***

21. Pfl. sehr klein, 1–4 cm groß; Stg. 1-bltg., von den meist handf. gelappten *(408a),* kahlen Blätt. überragt; Honigblätt. kürzer als die Kblätt.; Fr. zahlr., eif., glatt, mit längerem, abw. gebogenem Schnabel *(408b).* ♃; VII–VIII. Alp., auf Urgestein u. Schiefer; *s* in Sb, Ti. *Zwerg-H.,* **R. pygmaéus** WAHL.
— Pfl. größer als 4 cm ***22***

22. Bltnboden borstl. behaart; Bltnstg. 1- bis 3-bltg., 10–15 cm hoch, angedrückt behaart; Stgblätt. sitzend, tief 3- bis 5-spaltig, mit lineal-lanzettl. Zipfeln; ♃; V–IX. Wiesen u. Geröllhalden der Alp. u. Voralp., Schw. Alb, Schw.; *v* bis *z*. *Berg-H.*, **R. montánus** WILLD.

Im Gebiet werden folgende Kleinarten unterschieden:

a. Stgblätt. groß, mit lanzettl. Zipfeln; Frschnabel bis 1/2 mal so lg. wie die Fr. . . . . **c**

– Stgblätt. klein, mit 3–5 linealen Zipfeln; Frschnabel kurz; Kalkpfl. . . . . **b**

b. Oberer Rhizomabschnitt, wie auch der gesamte Bltnboden behaart; Blätt. anlgd. behaart; Honigblätt. oft ausgerandet. Alp., Bayr. Hochebene u. Schw. Alb; *z*. (= *R. hornschuchii* HOPPE) **R. oreóphilus** BIEB.

– Oberer Rhizomabschnitt u. unterer Teil des Bltnbodens, wie auch die Blätt. kahl; *s* in Schw. Alb, sonst S-Alp. *v*. **R. carinthíacus** HOPPE

c(a). Blätt. glzd., kahl od. zerstreut behaart; kalkliebend; *v* in Alp., Bayr. Hochebene, Schw. **R. montánus** WILLD.

– Blätt. stark seidig behaart; kalkmeidend, *s* in Allgäu, Ti, Ba. **R. grenieriánus** JORD.

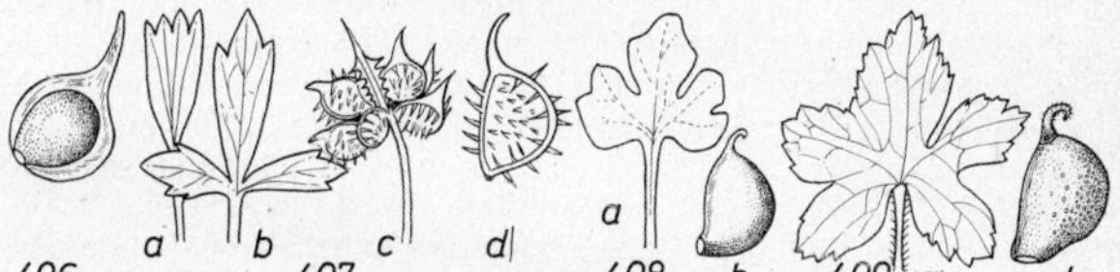

406 407 408 409

— Bltnboden kahl; Stg. 15–80 (bis 100) cm hoch **23**

23. Stg. u. Blätt. absthd.-rauhhaarig; Grdblätt. 5-spaltig, mit breit-eif., unregelmäßig gesägten Abschnitten *(409a)*; Fr. eif., kahl, seitl. stark zusammengedrückt; Schnabel stark hakig gekrümmt *(409b)*; ♃; V–VII. *v* in Berg- u. Auwäldern, *s* im NW. *Wolliger H.*, **R. lanuginósus** L.

— Stg. u. Blätt. angedrückt behaart od. kahl **24**

24. Grdblätt. handf. 5- bis 7-teilig, mit zieml. schmalen, 3-spaltigen, eingeschnitten-gesägten Abschnitten *(410a)*; Rhizom nicht kriechend; Fr. mit kurzem, fast geradem, nur wenig gekrümmtem Schnabel *(410b)*; ♃; V–X. Wiesen, Gebüsch, bis in die alp. Reg.; *v*. **Giftig!** (= *R. acer* L.) *Scharfer H.*, **R. ácris** L.

a. Rhizom kurz; Blattlappen lineal-lanzettl.; Pfl. 30–50 cm hoch; *v* ssp. **ácris**

– Rhizom verlängert; Blattlappen eif.-längl.; Pfl. 50–120 cm hoch. Auf Kunstwiesen; *z* (wohl nur eingeschleppt). (= *R. stevenii* ANDRZ.) ssp. **frieseánus** (JORD.) R. & F.

— Grdblätt. durch tiefe Einschnitte 3- bis 5- od. mehrteilig *(405a)*, zuw. ungeteilt, nierenf., ringsum gekerbt (s. auch Nr. ***17***—). *Gold-H.*, **R. auricomus** L.

25(18). Grdblätt. meist 5-lappig, im Umriß nieren- bis breit-herzf. *(408a)*; 1–4 cm hohe Alpenpfl. (s. auch Nr. ***21***) *Zwerg-H.*, **R. pygmaéus** WAHL.

— Grdblätt. handf.-3-teilig, 3-zählig od. doppelt 3-zählig gefied. **26**

26. Grdblätt. handf.-3-teilig; Mittelabschnitt mit den seitl. verbunden *(414–416)* **29**

— Grdblätt. 3-zählig od. doppelt-3-zählig gefied., mit deutl. gestielten Fied. (zumindest ist die Endfied. gestielt *(411–413)* **27**

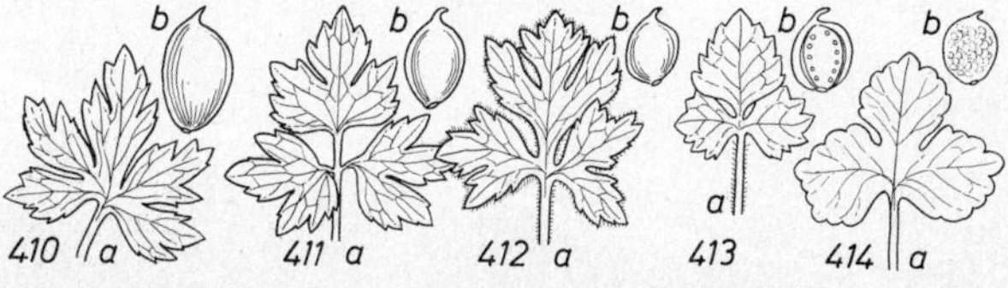

410 411 412 413 414

27. Pfl. mit oberirdischen, wurzelnden Ausläufern; Grdblätt. 3-zählig, mit gestielten, 3-spaltigen, unregelmäßig gezähnt-gelappten Fied. *(411a);* Kblätt. aufrecht; Fr. rundl., seitl. zusammengedrückt, mit kurzem, geradem bis schwach gekrümmtem Schnabel *(411b);* ♃; V–VIII. Feuchte Orte; bis in die alp. Reg.; *g.* *Kriechender H.,* **R. répens** L.

— Pfl. ohne Ausläufer; Kblätt. zurückgeschlagen ***28***

28. Stg. am Grd. knollig verdickt, an der Basis absthd., oben anlgd. behaart; Grdblätt. 3-zählig *(412a);* Fr. mit kurzem, schwach gekrümmtem Schnabel *(412b);* ♃; V–VIII. Trockene Wiesen u. Triften; *v,* im NW *z.* *Knolliger H.,* **R. bulbósus** L.

— Stg. am Grd. nicht knollig verdickt, bis zur Spitze absthd. behaart; Grdblätt. 3-zählig, mit ± gestieltem Mittelabschnitt *(413a);* Honigblätt. doppelt so lg. wie die Kblätt.; Fr. rund, mit scharf abgesetztem, grünem Rand, auf der Innenfläche meist mit kleinen Höckern *(413b);* ⨀; V–IX. Feuchte Lehmäcker; *z.* *Sardinischer H.,* **R. sardóus** Cr.

29(26). Stg. kahl; Blätt. kahl, fettig glzd., etwas fleischig, handf. 3- bis 5-teilig, mit eingeschnitten-gelappten Abschnitten *(414a);* Bltn. klein, blaßgelb; Kblätt. zurückgeschlagen, hinfällig; Fr. zahlr., auf walzl. Bltnboden, rundl.-eif., querrunzelig, kurz geschnäbelt *(414b);* ⨀; VI–XI. Sumpfige, schlammige Orte; *z.* **Giftig!** *Gift-H.,* **R. scelerátus** L.

— Stg. behaart; Fr. auf kugeligem Bltnboden ***30***

30. Grdblätt. handf. 3-teilig, mit tief 3-spaltigen, schmal-linealen, unregelmäßig gesägten Abschnitten *(415a),* lg. gestielt; Stg. am Grd. absthd., oben anlgd. behaart; Fr. rundl., seitl. zusammengedrückt, mit kurzem, gebogenem Schnabel *(415b);* ♃; V–VII. Lichte, trockene Wälder; *s,* im NW *f.* *Vielblütiger H.,* **R. polyánthemos** L.

— Grdblätt. 3- bis 5-spaltig, mit breit-verkehrt-eif. Abschnitten *(416a);* Fr. rundl., mit 1,5 mm langem, gekrümmtem, an der Spitze eingerolltem Schnabel *(416b);* ♃; V–VII. Schattige Wälder u. Bergwiesen; *z,* im N *f.* (= *R. breyninus* auct., non Cr.) *Wald-H.,* **R. nemorósus** Dc.

a. Stg. niederlgd., an den Knoten wurzelnd; Grd.- u. Stgblätt. tief 3-teilig, mit wenig zerteilten Abschnitten; *z* in Allgäuer Alp., Jura, Schw. (= *R. radicescens* Jord.; = *R. serpens* Schr.) ssp. **sérpens** (Schr.) Tutin

– Stg. steif aufrecht . . . . **b**

b. Alle Grdblätt. tief 3-teilig, mit 2- bis 3-lappigen, gezähnten Abschnitten; lichte Bergwälder, Wiesen *z; f* im N. ssp. **nemorósus**

– Die äußeren basalen Grdblätt. im Umriß kreisf., viel stärker zerteilt als bei vorigem; Mittelabschnitt oft stielf. verschmälert. Waldränder, Wiesen; Vb?, BW (Istein). ssp. **polyanthemophýllus** (Koch & Hess) Tutin

19. Ceratocéphalus Pers. (= *Ceratocephala* Moench), *Hornköpfchen.* Alle Blätt. grdst., 3-teilig, mit linealen Zipfeln *(376a),* graufilzig; Stg. 1-bltg., 2–10 cm hoch; Fr. auf verlängerter Bltnachse, mit lg. zugespitztem, stark sichelf. gekrümmtem Gr. *(376b);* ⨀; III–V. Lehmige Äcker; *s* in Ba, früher auch Th. (= *Ranuculus falcatus* L.) *Sichelfrüchtiges H.,* **C. falcátus** L.

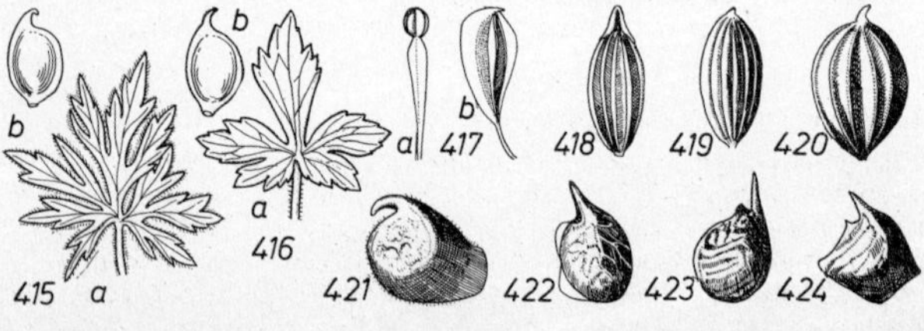

20. Myosúrus L., *Mäuseschwänzchen.* Blätt. grdst., schmal-lineal, grasart.; Kblätt. grünl.; Honigblätt. blumenblattart., spatelf.; Frkn. zahlr., z. Frzeit an verlängerter, mäuseschwanzähnl. Achse *(375);* ⨀; IV–VI. Feuchte, sandige u. lehmige Äcker, kalkmeidend; *z, f* in Alp.
Zwerg-M., **M. mínimus** L.

21. Thalíctrum L., *Wiesenraute*

1. Bltn. violett, in reichbltg. Trugdolden; Stbblätt. unterhalb der Stbbeutel keulig verdickt *(417a),* länger als die deutl. gestielten Frkn.; Fr. glatt, hängd., 3-kantig geflügelt *(417b);* ♃; V–VII. Feuchte Moor- u. Waldwiesen, Gebüsch, besonders der mont. u. subalp. Reg.; *z,* im NW *f,* im N nur in Br. *Akeleiblättrige W.,* **Th. aquilegifólium** L.

— Bltn. gelbl. od. grünl.; Stbblätt. nicht keulig verdickt; Fr. längsrippig, sitzend, aufrecht *2*

2. Bltn. u. Stbblätt. aufrecht, an den Spitzen der Äste dicht gedrängt . *4*

— Bltn. u. Stbblätt. hgd., in lockeren Rispen *3*

3. Fied. rundl., etwa so lg. wie breit, bläul. bereift, ganzrandig od. 3-zähnig; Blätt. im Umriß 3-eckig, mehrfach gefied., am Grd. ohne Nebenblätt.; Bltn. gelbl.; Stg. 30–150 cm hoch, kahl; ♃; V–VII. Steinige Abhänge, Felsen, Magerwiesen. *Kleine W.,* **Th. minus** L.

a. Blätt. in od. unterhalb der Mitte des steifen, zuw. zick-zackf. Stg. gehäuft; Fied. mit unterstes. stark hervortretenden Nerven; *z* bis *s.* ssp. **saxátile** (DC.) SCH. & K.

– Blätt. ± gleichmäßig am geraden Stg. verteilt; Fied. unterstc ohne hervortretende Nerven. **b**

b. Fied. 4–15 mm br.; Rispe sich oberhalb der Mitte des Stg. verzweigend; *z* ssp. **minus**

– Fied. 15–30 mm br.; Rispe sich von der Mitte des Stg. an verzweigend; *s* nur in Alp.
ssp. **maíus** (CR.) R. & F.

— Fied. deutl. länger als breit; Bltn. grünl.; Blätt. im Umriß längl., doppelt gefied., mit längl. od. linealen Fied.; Fr. kantig gerillt, durch die pfeilf. Narbe bespitzt *(418);* ♃; VI–VII. Mager-, Heide- u. Sumpfwiesen.
Schmalblättrige W., **Th. símplex** L.

a. Fied. aller Blätt., auch der oberen, längl.-keilf., gelappt od. gezähnt; Bltnrispe bis zur Spitze beblätt. *s; f* in Sa u. NW. ssp. **símplex**

– Fied. aller Blätt. lineal-fadenf., ungeteilt; Pfl. an *Galium* (s. S. 359) erinnernd; *s* in Ba, Bw, RhPf. ssp. **galioídes** (NESTL.) BORZA

4(2). Grdachse kurz, nicht kriechend, ohne Ausläufer; Blätt. ohne Nebenblätt., 2- bis 3-fach gefied.; Fied. lanzettl. oder längl.-keilf. bis schmal-lineal; Fr. mit 8–10 Längsrippen u. kurzem Schnabel *(419);* ♃; VI–VIII. Feuchte Wiesen; im O häufiger, *s* in S-NS, Me, Br, Sa, Th, Ba. (= *Th. angustifolium* JACQ.) *Glänzende W.,* **Th. lúcidum** L.

— Grdachse verlängert, kriechend, zuw. Ausläufer treibend; Blätt. mit nebenblattart. Fied. *5*

5. Bltnrispe zusammengezogen, längl.-eif., Fr. rundl., 6-rippig; Blätt. 2- bis 3-fach gefied.; Fied. verkehrt-eif., an der Spitze 3- bis 4-spaltig, oberstes. dk-, unterstes. hellgrün, kahl; Pfl. 50–120 cm hoch; ♃; VI–VIII. Feuchte Wiesen, Flußufer; *z.* *Gelbe W.,* **Th. flávum** L.

Im Gebiet nur die ssp. **flávum.**

— Bltnrispe ausgebreitet, breit-eif.; Fr. fast kugelig, kurz geschnäbelt *(420);* Blätt. glzd., doppelt gefied.; Fied. verkehrt-eif.-keilig, unterstes. fein behaart od. kahl; ♃; VII–VIII. Buschige Ufer; *s,* Vb (?), Bodensee, Oberrheintal, Maintal. (= *Th. exaltatum* auct.) *Hohe W.,* **Th. morisónii** C. C. GMEL.

Im Gebiet nur die ssp. **morisónii.**

22. Adónis L., *Adonisröschen, Teufelsauge*

1. Bltn. gelb, einzeln, endst., 3–7 cm im Dm; Kblätt. breit-eif., weichhaarig; Blkrblätt. 10–20 *(377);* Fr. dicht gedrängt auf walzl. Bltnboden, runzl.-netznervig, behaart, mit hakenf. Schnabel *(421);* ♃; IV–V. Sonnige Hügel, Heidewiesen u. Kiefernwälder; *z,* vorwgd. auf Kalk, aber auch auf Sand.
Ⓖ *Frühlings-A.,* **A. vernális** L.

— Bltn. rot, wenn gelb, dann höchstens bis 3 cm im Dm; Blkrblätt. 5–8 *2*

2. Kblätt. absthd. bis zurückgeschlagen, kahl, hinfällig; Blkrblätt. dk.blutrot, zusammenschließend, am Grd. schwarz; Fr. mit geradem Schnabel *(422)*; ⊙; VI–IX. Gartenpfl., zuw. verwild. (Heimat: S-Eur.) (= *A. autumnalis* L.) *Herbst-A.*, **A. ánnua** L.

— Kblätt. den Blkrblätt. angedrückt *3*

3. Kblätt. ± weichhaarig; Blkrblätt. schmal-eif., scharlach-blutrot, selten gelb; Fr. mit seitl., geradem, schwarzem Schnabel u. an der Spitze mit einem abgerundeten Zahn *(423)*; ⊙; V–VIII. Kalkäcker; *z*, in Alp. u. Sa. *f* *Brennendes A.*, **A. flámmea** Jacq.

— Kblätt. kahl; Blkrblätt. mennigrot od. zitronengelb (var. **citrínus** Hoffm.); Fr. kahl, runzelig, mit einer Längskante, die am oberen Rand in 1, vorn in 2 Zähne vorgezogen ist; Schnabel gerade, aufrecht, grün *(424)*; ⊙; V–VII. Äcker, kalkliebend; *v*, *s* im N, *f* in Alp. *Sommer-A.*, **A. aestiválís** L.

Familie: **Berberidáceae**, *Sauerdorn-, Berberitzengewächse*

Sträucher od. Stauden; Bltnorgane wirtelig angeordnet; Bltnhülle mit oft blumenblattart. Honigblätt.; Frkn. oberst.; Beeren od. Kapselfr.

1. Bis 30 cm hohe Stauden mit 4-zähligen Bltn. . . . . . . **Epimedium,** 166

— 1 bis mehrere Meter hohe Sträucher; Bltn. 6-zählig *2*

2. Blätt. rosettig an Kurztrieben, ungeteilt, am Rand stachelig gezähnt *(425a)*; Blätt. der Langtriebe zu Dornen umgebildet *(425b)*; Fr. rote Beeren . . . . **Berberis,** 166

— Blätt. nicht rosettig an Kurztrieben, unpaarig gefied., immergrün; Fied. am Rand stachelig gezähnt; Blätt. der Langtriebe nicht verdornt; Fr. blauschwarz bereifte Beeren . . . . **Mahonia,** 166

1. Bérberis L., *Sauerdorn, Berberitze.* Bltn. gelb, in hgd. Trauben; Stbblätt. 6, reizbar (nach dem Berühren sich auf den Frkn. legend); bis 3 m hoher Strauch; ♃; V–VI. Sonnige Hügel, Gebüsch, Wälder; *z*, auch angepflanzt. *Gemeiner S.*, **B. vulgáris** L.

2. Mahónia Nutt., *Mahonie.* Bltn. gelb, in ± aufrechten, reich verzweigten Bltnständen; ♃; IV–V. Zierstrauch, zuw. verwild. (Heimat: Westl. N-Am.) (= *Berberis aquifolium* Pursh) *Stechdornblättrige M.*, **M. aquifólium** (Pursh) Nutt.

3. Epimédium L., *Sockenblume.* Pfl. 20–30 cm hoch, mit kriechender Grdachse; Blätt. doppelt 3-zählig gefied., mit lg. gestielten, herzf. wimperig-gesägten Fied.; Bltn. in überhgd. Rispe; Kblätt. 4, vor dem Aufblühen abfallend; Bltnhüllblätt. 4, blutrot; darüber noch 4 sackf. Honigblätt. *(217)*; Fr. eine 2-klappig aufspringende Kapsel; ♃; III–V. Wild nur in S-Alp., sonst angepfl. u. zuw. verwild. *Alpen-S.*, **E. alpínum** L.

Ordnung: **Papaveráles** *(= Rhoeadales)*

Familie: **Papaveráceae**, *Mohngewächse*

Kräuter od. Stauden, häufig mit Milchsaft; Bltn. radiär *(427)*; Kblätt. 2 (*426*, K), früh abfallend; Blkrblätt. 4; Stbblätt. zahlr.; Frkn. oberst., 2- bis vielblättrig; Fr. sich mit Poren od. Klappen öffnende Kapseln.

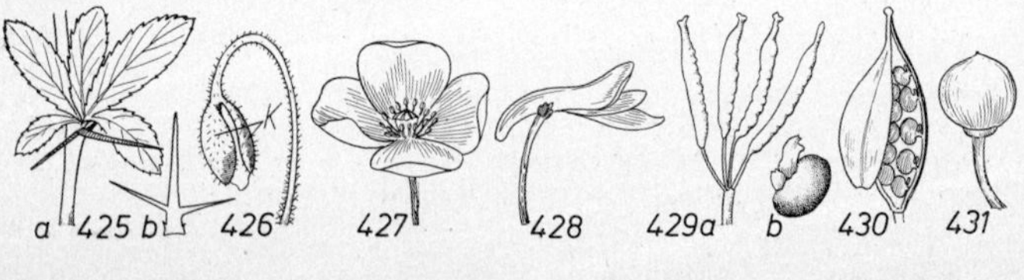

1. Milchsaft wäßrig, farblos; Kblätt. 2, verwachsen, beim Aufblühen sich mützenförmig abhebend . . . . **Eschscholzia,** 167
— Milchsaft weiß od. orangefarbig; Kblätt. 2, frei *2*
2. Milchsaft orangefarbig; Bltnstände mehrbltg.; Fr. eine sich 2-klappig öffnende Schote ohne Scheidewand; Samen schwarz, mit weißem Anhängsel *(429b)* . . . . **Chelidonium,** 167
— Milchsaft weiß; Samen ohne Anhängsel *3*
3. Narbe des kugelig-längl. Frkn. scheibenf., 4–20-strahlig; Fr. eine sich an der Spitze mit Löchern öffnende Porenkapsel . . . . . . **Papaver,** 167
— Narbe 2-lappig; Fr. eine bis 22 cm lange, mit Scheidewand versehene Schote . . . . **Glaucium,** 167

1. Eschschólzia Cham., *Kappenmohn.* Blätt. mehrf. gefied. mit blaugrünen, linealen Zipfeln; Blkrblätt. leuchtend orangegelb (selten rot od. weiß); ⨀; VI–X. Aus Kalifornien stammende, *s* verwild., Zierpfl. *Kalifornischer K.,* **E. califórnica** Cham.

2. Chelidónium L., *Schöllkraut.* Pfl. 30–70 cm hoch, oft wollig behaart; Blätt. gefied., untersts. blaugrün; Fied. ungleich doppelt gekerbt od. gelappt; Bltn. gelb, mit zahlr. Stbblätt.; Fr. bis 5 cm lg. *(429a);* ♃; V–IX. Ruderalstellen, Gebüsch; *v.* *Großes Sch.,* **Ch. május** L.

3. Glaúcium Mill., *Hornmohn*

1. Bltn. gelb; Fr. 15–22 cm lg., lineal, hornart. gebogen; Blätt. dick, fied.-teilig, mit gezähnten od. gelappten Fied., zerstreut behaart; Pfl. blaugrün bereift; ⨀; VI–VII. Schutt- u. Sandfelder, Dünen; *v,* Küstengebiet von Be, Ho, SH, Da, sonst nur *z* eingeschleppt. *Gelber H.,* **G. flávum** Cr.
— Bltn. rot od. orange, am Grd. oft mit schwarzen Flecken; Fr. 10–20 cm lg., nur schwach gebogen; Blätt. buchtig, fied. schnittig, mit ungleich gezähnten Fied.; Pfl. blaugrün bereift, steifborstig; ⨀; VI–VIII. Äcker u. Sandplätze, eingeschleppt; *s* u. unbeständig (Heimat: Mittelmeergebiet) *Roter H.,* **G. corniculátum** (L.) Rudolph

4. Papáver L., *Mohn*

1. Einjährige Pfl. der Ebene, mit meist beblätterten, verzweigten Stg.; Bltn. vorwgd. rot (nur bei Kulturpfl. weiß, rosa od. violett) *3*
— Ausdauernde Pfl. der Alp.; Blätt. in grdst. Rosette; Bltnstg. unverzweigt, 1-bltg.; Bltn. weiß od. gelb *2*
2. Bltn. meist goldgelb; Blätt. blaugrün, einfach bis doppelt gefied., borstl. behaart, mit 2–4 Paaren ovaler bis oval-lanzettl., 1–6 mm breiter, stumpfer Fied.; ♃; VII–VIII. Schuttfluren der alp. Reg. auf Kalk u. Urgestein; Ti, Sb *z,* stellenw. *h.* [= *P. alpinum* L. ssp. *rhaeticum* (Ler.) Hay.; = *P. pyrenaicum* (L.) Willd. ssp. *rhaeticum* (Ler.) Fedde] *Rhaetischer M.,* **P. rhaéticum** Ler.
— Bltn. meist weiß, innen an der Basis gelb u. beim Trocknen völlig gelbl. werdend; Blätt. wie bei vorigem, aber meist nur mit 1–2 Paar zugespitzter Fied.; ♃; VII–VIII. Kalkschuttfluren der alp. Reg. *z.,* stellenw. *h;* Ti, Sb, Ba. [= *P. alpinum* L. ssp. *sendtneri* (Kern. ex Hay.) Sch. & K.; = *P. pyrenaicum* (L.) Willd. ssp. *sendtneri* (Kern. ex Hay.) Fedde]
Ⓖ *Salzburger M.,* **P. séndtneri** Kern. ex Hay.
3(1). Blätt. wenig geteilt, stgumfassend, blaugrün bereift, kahl; Bltn. weiß, rosa od. violett, am Grd. mit dunklen Flecken; ⨀; VI–VIII. Als Ölpfl. angebaut, stellenw. verwild. (Heimat: wahrscheinl. westl. Mittelmeergebiet) *Schlaf-M.,* **P. somníferum** L.
— Blätt. stark zerteilt, nicht stgumfassend, behaart; Bltn. meist rot . . *4*
4. Stbfäden zur Spitze keulenf. verbreitert *(432);* Kapsel borstig, selten kahl *6*
— Stbfäden spitzenw. nicht verbreitert *(433);* Kapsel kahl *5*
5. Kapsel verkehrt-eif., mit abgerundetem Grd. *(434),* etwa doppelt so lg. wie breit; Narbenstrahlen 10 (8–14), sich gegenseitig mit den Rändern dekkend; Bltnstiel, Stg. u. Blätt. absthd. od. anlgd. borstig behaart (hinsichtl. der Behaarung sehr variabel); ⨀; V–VII. Äcker; *v.* Formenreich.
Klatsch-M., **P. rhoéas** L.

— Kapsel keulenf.-walzl., allmähl. in den Stiel verschmälert, mit erhabenen Längslinien *(435);* Narbenstrahlen 4–9, sich meist nicht deckend; Bltnstiel angedrückt, Stg. u. Blätt. absthd. behaart; ⊙; V–VI. Sandige Äcker; *v.* *Saat-M.,* **P. dúbium** L.

a. Narbenstrahlen sich nicht berührend; Stbbeutel bläul.; Milchsaft sich an der Luft nicht verfärbend; *v.* ssp. **dúbium**

– Narbenstrahlen sich berührend; Stbbeutel braungelb; Milchsaft sich an der Luft gelb verfärbend; *s;* Voralp., N-Ba. ssp. **lecóquii** LAMOTTE

6(4). Kapsel lg.-keulenf., mehrmals länger als breit, deutl. gerippt, spärl. mit aufrechten Borsten *(436);* Narbenstrahlen 4–6; Stg. u. Blätt. anlgd. borstig behaart; ⊙; V–VII. Sandige Äcker; *v.* *Sand-M.,* **P. argemóne** L.

— Kapsel eif.-rundl., höchstens doppelt so lg. wie breit, dicht mit gelbl. weißen, aufw. gerichteten Borsten *(437);* Narbenstrahlen 5–8; Stg. absthd. od. angedrückt steifhaarig; ⊙; V–VII. Äcker u. Schuttplätze; *z.* (= *P. hispidum* LAM.) *Bastard-M.,* **P. hýbridum** L.

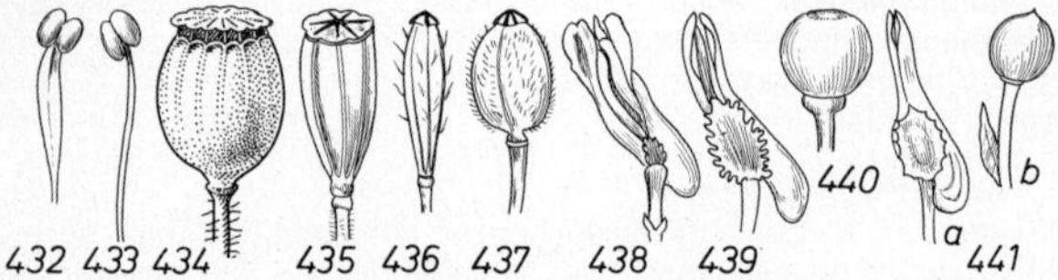

Familie: **Fumariáceae,** *Erdrauchgewächse*

Kräuter od. Stauden (Geophyten) mit wechselst., meist geteilten Blattspr. u. wäßrigem Saft; Bltn. in Trauben, bilateral *(75)* od. zygomorph (dorsiventral; *428),* häufig gespornt; Stbblätt. 6, zuw. jew. 3 zu 2 Bündeln verwachsen; Fr. eine scheidewandlose Schote *(430)* od. Nüßchen *(431).*

1. Bltn. gespornt ***3***

— Bltn. nicht gespornt, Blkr. höchstens etwas ausgesackt ***2***

2. Bltn. herzf. *(75),* nickend, rötlich, in einseitswendigen, bogig hgd. Trauben . . . . **Dicentra,** 170

— Bltn. nicht herzf., gelb; Blkrblätt. 4, die beiden inneren 3-spaltig, die beiden äußeren ungeteilt . . . . **Hypecoum,** 170

3(1). Fr. schotenf., vielsamig *(430);* Sporn meist verlängert **Corydalis,** 168

— Fr. eine einsamige, kugelige Nuß *(440–441b);* Sporn nur sackf. *(438–439, 441a)* . . . . **Fumaria,** 169

1. Corýdalis VENT., *Lerchensporn*

1. Stg. mit Hilfe von Blattranken kletternd, 50–100 cm lg.; Bltn. klein, schmutzigweiß, mit kurzem, sackart. Sporn; ⊙; VI–IX. Lichte Wälder, Gebüsch; nur im NW, ostw. bis O-Da, W-Me; NW-SaAn. *Rankender L.,* **C. claviculáta** (L.) DC.

— Pfl. nicht rankend, kleiner ***2***

2. Pfl. mehrstengelig, ohne unterirdische Knolle; Stg. stets mehrblättrig; Bltn. gelb od. weiß od. gelbl.-weiß, niemals rot ***6***

— Pfl. einstengelig, am Grd. mit einer Knolle; Stg. meist 2-blättrig; Bltn. in endst. Trauben, purpurn od. weiß ***3***

3. Bltntraube 1- bis 5-bltg., nickend ***5***

— Bltntraube 4- bis 20-bltg., aufrecht ***4***

4. Tragblätt. der Bltn. eif., ganzrandig; Stg. an der Basis ohne Niederblätt.; Knolle im Alter hohl; ♃; III–V. Laub- (vor allem Buchen-)wälder; *v* im S, *z* im NO, *s* im NW. [= *C. bulbosa* (L.) PERS. non (L.) DC.] *Hohler L.,* **C. cáva** SCHWEIGG & KOERTE.

Im Gebiet nur die ssp. **bulbósa.**

— Tragblätt. der Bltn. keilf., fingerf. eingeschnitten; Stg. am Grd. mit 1 bleichen Niederblatt; Knolle kugelig, massiv; ♃; III–IV. Lichte Wälder, Gebüsch; *z, s* im NW. [= *C. bulbosa* (L.) Dc.] *Gefingerter L.*, **C. sólida** (L.) Clairv.

Im Gebiet nur die ssp. **sólida**.

5(3). Tragblätt. der Bltn. eif., ganzrandig; Stg. 7–15 cm hoch, am Grd. mit 1 bleichen Niederblatt; Knolle kugelig, massiv; ♃; III–IV. Lichte Wälder, Gebüsch; *z.* [= *C. fabacea* (Retz.) Pers.] *Mittlerer L.*, **C. intermédia** (L.) Mér.

— Tragblätt. der Bltn. keilf., fingerf. eingeschnitten; Stg. 7–20 cm hoch, am Grd. mit 1 bleichen Niederblatt; ♃; III–IV. Lichte Wälder, Gebüsch; *s*, im W und SW *f.* *Zwerg-L.*, **C. púmila** (Host) Rchb.

6(2). Sporn fast so lang wie die Blkrblätt.; unterstes Tragblatt der gelbl.weißen Bltn. den Laubblätt. gleichgestaltet, die oberen einfacher; ⨀; VI–VIII. Vereinzelt aus O-Eur. eingeschleppt. [= *C. alba* (Mill.) Mansf.] *Weißer L.*, **C. capnoides** (L.) Pers.

— Sporn kurz, sackf.; Tragblätt. klein, am Rand gezähnelt; Bltn. gelb *7*

7. Blattstiel nicht geflügelt; Blätt. blaugrün; Pfl. reich verzweigt; Bltn. lebhaft gelb; Samen schwarz glzd.; ♃; V–IX. Zierpfl., stellenw. verwild. (Heimat: S- u. Zentralalp.) *Gelber L.*, **C. lútea** (L.) Dc.

— Blattstiel geflügelt; Bltn. gelbl.weiß, an der Spitze gelb; Samen mattschwarz; ♃; VI–X. Zierpfl., gelegentl. verwild. u. eingebürgert (Heimat: Italien u. W-Balkan). *Blaßgelber L.*, **C. ochroleúca** Koch

2. Fumária L., *Erdrauch*

1. Stg. lg., schlaff, niederlgd. od. kletternd; Blattstiele oft rankend; reife Fr. glatt *8*

— Stg. aufstgd. od. aufrecht, selten kletternd od. kriechend; reife Fr. höckerig, rauh *2*

2. Kblätt. (leicht abfallend) sehr klein, 0,5–1 mm lg. *(438)*, höchstens 1/4 so lg. wie die Blkr. *5*

— Kblätt. 2–3 mm lg., etwa 1/3 bis 1/2 so lg. wie die Blkr. ohne Sporn *(439)* *3*

3. Kblätt. schmäler als die 5–8 mm lange Blkrröhre u. etwa 1/3 so lg. wie diese; Bltn. purpurrot, an der Spitze dkrot, mit grünem Kiel; Fr. breiter als hoch; ⨀; IV–X. Äcker u. Schuttplätze; *g.* *Gemeiner E.*, **F. officinális** L.

a. Traube mehr als 20-bltg.; Bltn. mit Sporn ca. 8 mm lg.; Fr. oben eingedrückt *(440)*; *v.* ssp. **officinális**

– Traube 10- bis 20-bltg.; Bltn. mit Sporn 5–6 mm lg.; Fr. oben nicht eingedrückt; *s.* ssp. **wirtgénii** (Koch) Arcang.

— Kblätt. so breit od. breiter als die Blkrröhre *(441 a)*, etwa 1/2 so lg. wie diese; Bltn. rosa bis weiß, an der Spitze dkpurpurrot *4*

4. Äußere Blkrblätt. kurz geschnäbelt *(441 a)*; Fr. kurz bespitzt *(441 b)*, schwach runzelig; ⨀; VI–IX. Äcker, Schuttplätze; *s*, nur in SaAn, Th, Sa. *Geschnäbelter E.*, **F. rostelláta** Knaf

— Äußere Blkrblätt. nicht geschnäbelt, rosarot bis weiß, an der Spitze dk.rot; Bltn. in anfangs gedrängten, später sich verlängernden Trauben; Fr. kugelig, stumpf, an der Spitze mit 2 rundl. Grübchen, etwa so lg. wie der Frstiel; ⨀; V–VI. Nur vorübergehend eingeschleppt. (Heimat: W- u. S-Eur.) (= *F. micrantha* Lag.) *Dichtblütiger E.*, **F. densiflóra** Dc.

5(2). Tragblätt. der Bltn. etwa 1/3 so lg. wie die aufrecht-absthd. Frstiele; Bltn. ca. 5 mm lg., rosarot, an der Spitze dkrot, mit grünem Kiel; Fr. kugelig, kurz bespitzt; ⨀; V–X. Äcker; *z*, im O *f.* *Dunkler E.*, **F. schleícheri** Soy.-Will.

— Tragblätt. der Bltn. etwa so lg. wie die Frstiele; Bltn. blaßrot bis weiß, mit dunkler Spitze *6*

6. Fr. kugelig, stumpf, glatt; Bltn. blaßrot; Kblätt. schmäler als der Bltnstiel; Blattfied. lanzettl., flach; ⨀; V–X. Äcker, Schuttplätze, Weinberge; *v* im S, *s* im N. *Buschiger E.*, **F. vaillántii** Lois.

— Fr. glatt od. z. Reifezt. runzelig-rauh, stets bespitzt, rundl.-eif. bis kugelig *7*

7. Fr. höckerig rauh; rundl.-eif., Bltn. weißl., an der Spitze dkpurpurrot; Blattfied. lineal, rinnig; ⨀; VI–IX. Gemüseäcker, Weinberge; *z*, wohl nur eingeschleppt. Häufiger nur im Rhein- u. Maingebiet; wild nur in Be, sonst in S-Eur. (= *F. tenuifolia* G. M. Sch.) *Kleinblütiger E.*, **F. parviflóra** Lam.

— Fr. kaum rauh u. runzelig; Bltn. sehr blaßlila mit herabgebogenem Sporn; ⊙; V–VII. Äcker, Gärten; *s* in Th u. Br.; Verbreitung unbekannt (häufiger in W-, S- u. SO-Eur.). *Schramm's E.*, **F. schrámmii** (Aschers.) Velen.

8(1). Bltn. rosa bis weiß, mit dk.-purpurroter Spitze 10–15 mm lg.; Fr. kugelig abgestutzt, oben mit 2 rundl. Gruben; Frstiele stark herabgekrümmt; ⊙; V–IX. *s*, aber nur eingeschleppt. (Heimat: S- u. W-Eur.) *Rankender E.*, **F. capreoláta** L.

— Bltn. purpurn, an der Spitze fast schwarz, 9–12 mm; Fr. kugelig, nicht abgestutzt; Frstiele absthd.; ⊙; VI–IX. An Mauern; *s* in Be, Ho, in Dt früher bei Hamburg. *Mauer-E.*, **F. murális** Sond. ex Koch

3. Hypécoum L., *Gelbäugelchen.* Bltn. gelb; ⊙; VI–VII; *s*, aus S-Eur. eingeschleppt. *Hängendes G.*, **H. péndulum** L.

4. Dicéntra Bernh., *Herzblume.* Bltn. rot, zweiseitig-symmetrisch *(75)*, in langen, einseitswendigen Trauben; ♃; IV–V. Zierpfl.: Heimat: SO-Asien. *Tränende H.*, **D. spectábilis** (L.) Lem.

Ordnung: **Aristolochiáles**

Familie: **Aristolochiáceae**, *Osterluzeigewächse*

Stauden od. windende Holzpfl., mit 2-zeilig gestellten, ganzrandigen Blätt.; Bltn. zwittrig, radiär od. zygomorph; Bltnhülle einfach, blumenblattart., verwachsen, röhrig od. glockig; Stbblätt. 6–12, mit dem Gr. zu einem Säulchen verwachsen *(443)*; Frkn. unterst., 4- bis 6-fächerig; Narbe 6-strahlig.

1. Bltnhülle radiär, glockig; Rhizomstaude mit 2 immergrünen, nierenf. Blätt. *(442)* . . . . **Asarum,** 170

— Bltnhülle zygomorph, röhrig od. tabakpfeifenähnl. *(443–444)*; Stauden od. Lianen; Blätt. herzf., ± spitz, sommergrün . . . . . **Aristolochia,** 170

1. Ásarum L., *Haselwurz.* Grdachse kriechend, mit 2–3 bräunl.-grünen, 2-zeilig gestellten Niederblätt. u. 2 lg. gestielten, nierenf., obersts. glzd. Blätt. *(442)* von pfefferart. Geruch u. Geschmack; Bltn. einzeln, endst., nickend *(442)*, mit 3, außen bräunl., innen dkpurpurnen Zipfeln; Stbblätt. 12; ♃; III–V. Laubwälder; vorwgd. auf Kalk; *v*, im N *s*, im NW *f*. *Haselwurz*, **A. europaéum** L.

2. Aristolóchia L., *Osterluzei*

1. Stg. krautig, nicht windend, 25–60 cm hoch; Blätt. tief herzf.; Bltn. achselst., in doldenähnl. Wickeln, z. Bltzt. aufrecht, später hgd., grünl.gelb, mit am Grd. bauchig erweiterter u. oben in eine eif. Zunge verbreiterter Röhre *(443)*; Stbblätt. 6; ♃; V–VI. Heimat: Mittelmeergebiet. Als ehemalige Arzneipfl. aus Kulturen verwild., besonders in Gegenden mit Weinbau. *Gemeine Osterluzei*, **A. clematítis** L.

— Stg. verholzend, windend, 3–6 m lg., mit großen, herzf. Blätt.; Bltn. tabakpfeifenähnl. mit gekrümmter, brauner Röhre u. 3-lappigem Saum *(444)*; ♃; VII–VIII. Angepflanzt, selten verwild. (Heimat: O-NAm.) (= *A. sipho* L'Hér; = *A. macrophylla* Lam.) *Pfeifenstrauch*, **A. dúrior** Hill

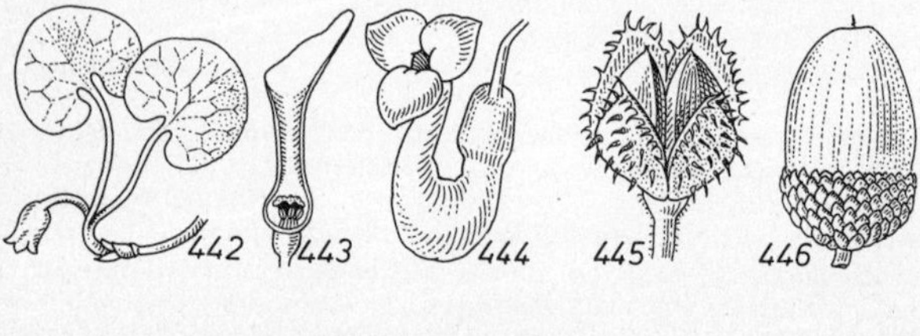

Unterklasse: **Hamamelidídae** *(= Amentiferae), Kätzchenblütler*

Hierzu zählt heute der Großteil der bislang als **Apetalae** bezeichneten, windbestäubten, holzigen Kätzchenblütler, deren Bltn. sich durch fehlende od. einfache, oft unscheinbare Bltnhülle auszeichnen (= *Apetalae; = Monochlamydeae*).

Ordnung: **Hamamelidáles**

Familie: **Platanáceae,** *Platanengewächse*

Bäume; Borke in größeren od. kleineren Stücken abblätternd; Stamm dadurch grünl., gelbl. u. bräunl. gefleckt; Blätt. 3- bis 7-lappig, ungleich grob gezähnt; Nebenblätt. groß, laubblattart., stgumfassend; Bltn. eingschl., in kugeligen, gestielten, hängd. Bltnständen; männl. Bltn. mit 3–8 Stbblätt., weibl. Bltn. mit 3–8 freien Frkn; sämtl. Arten angepflanzt. Einzige Gattung:

Plátanus L., *Platane*

1. Blätt. bis über die Mitte handf. 5- bis 7-lappig, unterststs. verkahlend; Borke in größeren Platten abspringend; Bltn. 4-zählig, in 2–4(–7) Köpfchen; ♃; V. (Heimat: Balkanländer).
Morgenländische P., **P. orientális** L.

— Blätt. seicht, nur bis zur Mitte 3- bis 5-lappig *2*

2. Blätt. unterststs. stets behaart; Borke kleinplattig abspringend; Bltn. 6-zählig, meist in 1 Köpfchen; ♃; V (Heimat: N-Am.). *Nordamerikanische P.,* **P. occidentális** L.

— Blätt. unterststs. später verkahlend; Borke großplattig abspringend; Bltnköpfchen meist 2; ♃; V. Bastard zwischen *P. orientalis* und *P. occidentalis* [= *P. acerifolia* (Ait.) Willd.]
Ahornblättrige P., **P.** *x* **hýbrida** Brot.

Ordnung: **Fagáles**

Familie: **Fagáceae** *(= Cupuliferae), Buchengewächse*

Holzpfl., mit spiralig od. 2-zeilig gestellten Blätt.; Nebenblätt. früh abfallend; Bltn. eingschl., einhäusig, mit unscheinbarer Bltnhülle; Frkn. 3- bis 6-fächerig; Nußfr., einzeln od. zu mehreren, von einem Frbecher *(Cupula)* umschlossen *(445–446)*.

1. Blattspr. am Rand gebuchtet *(447–452);* männl. Bltn. in lockeren, hgd. Kätzchen; Frbecher napff. mit 1 Fr. *(446)* . . . . **Quercus,** 171

— Blattspr. ganzrandig od gezähnt; Frbecher geschlossen, stachelig, meist 2–3 Fr. umschließend *2*

2. Blattspr. ganzrandig, am Rand gewellt *(271);* männl. Bltn. in hgd., kugeligen Kätzchen; weibl. Bltn. zu 2, von einer gemeinsamen Hülle umgeben, aufrecht; Frbecher 4-klappig aufspringend *(445),* 2 dreikantige Nüsse umschließend *(445)* . . . . **Fagus,** 171

— Blattspr. stachelig gezähnt *(268),* sehr groß; männl. Bltn. gebüschelt, in aufrechter Ähre, am Grd. mit weibl. Bltn.; Frhülle kugelig, stachelig, mit 2–3 Fr. . . . . **Castanea,** 171

1. Castánea Mill., *Edelkastanie.* Blätt. bis 18 cm lg., 2-zeilig; Bltn. nach den Blätt. erscheinend; Rinde glatt, olivbraun; bis 20 m hoher Baum; ♃; VI. Im SW als Waldbaum eingebürgert (Heimat: Mittelmeergebiet). *Eß-E.,* **C. satíva** Mill.

2. Fágus L., *Rotbuche.* Rinde glatt, grau; Blätt. 2-zeilig, in der Jugend zottig bewimpert; Bltnstände mit den Blätt. erscheinend; ♃; IV–V. Bis 30 m hoher Waldbaum; *v* u. *h* *Rotbuche,* **F. sylvática** L.

f. **purpúrea** Ait., *Blutbuche:* Blätt. vor allem im Frühjahr blutrot gefärbt.

3. Quércus L., *Eiche*

1. Blattspr. (8–) 12 cm lg. u. länger, tief fied.spaltig, mit zugespitzten Lappen, sich im Herbst scharlachrot verfärbend *5*

— Blattspr. kleiner als 12 cm, nicht tief fiedspaltig, nur gelappt u. sich im Herbst nicht scharlachrot verfärbend *2*

2. Blattlappen zugespitzt *(450)*, junge Blätt. beidsts. graufilzig; Fr. im 2. Jahr reifend; Frbecher mit lineal-pfrieml., braunfilzigen, sparrig abstehenden Schuppen; Nebenblätt. fädl., bleibend; ♃; IV. Sonnige, trockene Hänge. Nur BW (Kaiserstuhl bei Ihringen; ob heimisch?), Burgund, sonst S-Eur.; zuw. als Forstbaum kultiviert. *Zerr-E.*, **Qu. cérris** L.

— Blattlappen stumpf *(447–449)*; Fr. im 1. Jahr reifend; Frbecher ohne sparrig absthd. Schuppen *3*

3. Junge Triebe u. Blätt., besonders untersts., sternhaarig, weiß-filzig; Blätt. jedersts. mit 4–7 abgerundeten Lappen *(447)*; Frbecher filzig; 3–20 m hoher Baum; ♃; IV–V. Sonnige Hügel, steinige Abhänge; *s*, nur in S-BW, E, RhPf, Th. (= *Qu. lanuginosa* Thuill.) *Flaum-E.*, **Qu. pubéscens** Willd.

— Blätt. u. junge Triebe kahl od. nur anfangs schwach behaart; Frbecher kahl *4*

4. Blattstiel 1–3 cm lg.; Spreite breit-eif., symmetrisch, am Grd. keilf. *(448)*; Frstand kurz gestielt; ♃; IV–V. Wälder; *v* bis *z*. (= *Qu. sessilis* Ehrh.; = *Qu. sessiliflora* Sal.) *Stein-E.*, **Qu. petraéa** (Matt.) Liebl.

— Blattstiel sehr kurz; Spreite längl., asymmetrisch, am Grd. herzf. geöhrt *(449)*; Frstand lg. gestielt; ♃; IV–V. Wälder; *v*, vor allem in den Flußtälern. (= *Qu. pedunculata* Ehrh.) *Stiel-E.*, **Qu. róbur** L.

5(1). Blätt. 8–12 cm lg., tief fiedspaltig, jedersts. mit 2–4 längl., fast waagrecht absthd. Lappen *(451)*, beidersts. glzd. grün; Fr. kugelig, bis 1,5 cm lg. (Heimat: N-Am.); forstl. kultiviert, auch als Zierbaum. *Sumpf-E.*, **Qu. palústris** Münchh.

— Blätt. länger als 12 cm, fast bis zur Mitte fied.spaltig, jedersts. mit 4–6 breiten, spitzen u. grobgezähnten Lappen *(452)*, obersts. tiefgrün-matt, untersts. in den Nervenwinkeln bärtig; Frbecher mit kleinen, kahlen Schuppen; Fr. rundl.-eif., bis 2,5 cm lg. Als Forstbaum angepfl. (Heimat: N-Am.) *Rot-E.*, **Qu. rúbra** L.

Bastardbildungen

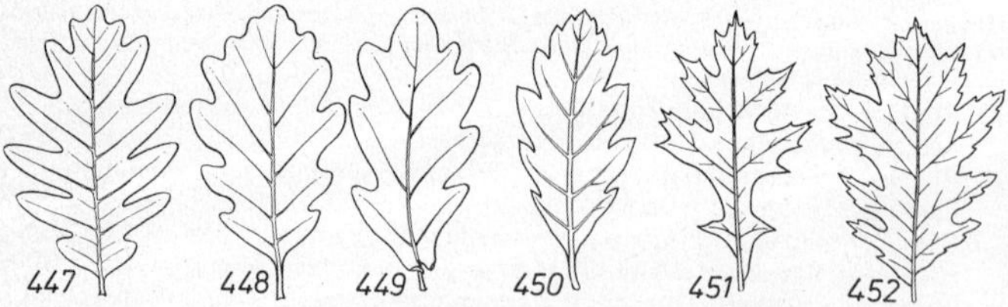

Familie: **Betuláceae**, *Birkengewächse*

Bäume od. Sträucher; Bltn. in walzl. Kätzchen; männl. Bltn. mit unscheinbarer Bltnhülle, zu mehreren in den Achseln von Tragblätt.; Stbbeutel an der Spitze ohne Haarbüschel; Fr. geflügelte Nüßchen, ohne Hülle *(456)*.

1. ♀ Bltn. in eif. Kätzchen *(170)*, zu mehreren unterhalb der hgd. ♂ Kätzchen; Stbblätt. nicht gespalten; Frzapfen rundl., verholzend; Kätzchen vor den Blätt. erscheinend . . . . **Alnus**, 173

— ♀ Bltn. in verlängerten, walzl. Ähren, mit den Blätt. erscheinend u. bei der Reife zerfallend; Frschuppen 3-lappig *(457–458)*; Samen geflügelt *(456)*; ♂ Kätzchen hgd.; Stbblätt. 2-spaltig *(455)*; Bäume mit häufig weißer Stammrinde od. Sträucher . . . . **Betula**, 172

1. Bétula L., *Birke*

1. Niedrige Sträucher; Blätt. klein, höchstens bis 35 mm lg., stumpf, rundl., kurz gestielt *(461–462)*; Kätzchen aufrecht; Rinde graubraun *4*

— Bäume od. höhere Sträucher; Blätt. zugespitzt, lg. gestielt *(459–460)*, viel größer als 35 mm; Bltnkätzchen zuletzt hgd.; Rinde weißl. *2*

2. Junge Zweige hgd., glzd. rötl. braun, fast kahl, reichl. mit warzigen Harzdrüsen; Blätt. aus breit-keilf. Grd. 3-eckig-rhombisch, mit nicht abgerundeten Seitenecken, lg. zugespitzt *(459)*; Mittellappen der Frschuppen kürzer als die beiden stets zurückgebogenen Seitenlappen *(457)*; ♃; IV–V. Trokkene Laub- u. Nadelwälder, Moore, Heidewiesen; bis in die Voralp.-Reg., *v.* (= *B. verrucosa* Ehrh.) *Hänge-B., Warzen-B.*, **B. péndula** Roth

— Junge Zweige nie hgd., kaum mit warzigen Harzdrüsen, weichhaarig; Blätt. aus herzf. Grd. ei- bis rautenf., mit abgerundeten Seitenecken, kurz zugespitzt *(460)*; Mittellappen der Frschuppen länger als die aufgebogenen Seitenlappen *(458)* *3*

3. Rinde glzd. bräunl. bis rötl.-schwarz; junge Zweige bald verkahlend; Blätt. meist ganz kahl, rautenf., in der Mitte am breitesten; Stamm knorrig; häufig strauchig wachsend; ♃; IV–V. *z* in Alp., M.-Geb., Heidemoore im N. *Karpaten-B.*, **B. carpática** W. & K.

— Rinde gelbl. weiß od. grauweiß; junge Zweige fein behaart; Blätt. unterststs. in den Nervenwinkeln behaart, eif. bis rundl.-eif., unterhalb der Mitte am breitesten; ♃; IV–V. Wälder, Moore, Sümpfe; *v*, im Geb. meist *f.* *Moor-B.*, **B. pubéscens** Ehrh.

4(1). Blätt. länger als breit, ungleich gesägt *(461)*; junge Zweige drüsig behaart; Strauch 50–150 cm hoch; ♃; IV–V. Flachmoore, Erlenbrüche; *z* bis *s.* Ⓖ *Niedrige B.*, **B. húmilis** Schr.

— Blätt. breiter als lg., fast kreisrund, stumpf gekerbt *(462)*; junge Zweige ohne Drüsen; Strauch 20–50 cm hoch; ♃; IV–V. Hochmoore, Torfbrüche; *s* in Sb, Ti, Vb, Ba, Erzgeb., Harz, (Brocken), Iser- u. Riesengeb., Bayrw., NS (Bodenteich), Br. Ⓖ *Zwerg-B.*, **B. nána** L.

Bastardbildung

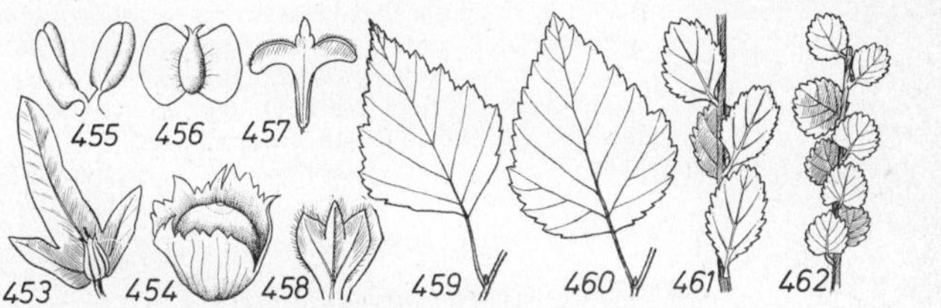

2. Álnus Mill., *Erle*

1. Sträucher; Knospen sitzend, spitzl.; ♂ Kätzchen erst nach den herb duftenden Blätt. erscheinend; Blätt. eif., spitz, scharf doppelt gesägt, beiderststs. grün u. unterststs. auf den Nerven kurzhaarig; Fr. breit geflügelt; ♃; IV–V. Kalkmeidend; *v* Alp., *s* im Bayrw., Schw., Elbsandsteingeb., Lausitzer-Bergland. *Grün-E.*, **A. víridis** (Chaix) Dc.

— Bäume; Knospen gestielt, stumpf; Kätzchen vor den Blätt. erscheinend; Fr. kaum geflügelt *2*

2. Blätt. zugespitzt, doppelt gesägt *(273)*, unterststs. etwas behaart, mit 8–12 Paaren von Seitennerven; Knospen nicht klebrig; weibl. Kätzchen sitzend od. kurz gestielt; Rinde grau, glatt; ♃; III–IV. Auwälder, Flußufer; kalkliebend; *v.* (= *A. lanuginosa* Gil.) *Grau-E.*, **A. incána** (L.) Moench

— Blätt. an der Spitze stumpf od. ausgerandet *(267)*, unterststs. in den Nervenwinkeln bärtig, anfangs wie die Knospen klebrig, mit 5–8 Paaren von Seitennerven; weibl. Kätzchen deutl. gestielt; ♃; III–IV. Flußufer, Bruch- u. Auwälder; *v.* (= *A. rotundifolia* Mill.) *Schwarze E.*, **A. glutinósa** (L.) Gaertn.

Familie: **Coryláceae,** *Haselnußgewächse*

Holzpfl. mit spiralig od. 2-zeilig gestellten Blätt.; Nebenblätt. früh abfallend; Bltnhülle fehlend od. unscheinbar; männl. Bltn. in hgd. Kätzchen; Stbbeutel an der Spitze mit einem Haarbüschel; Nußfr., die von einer Hülle umgeben sind *(453–454)*.

1. ♀ Bltn. in knospenf., aufrechten Bltnständen, aus denen die roten Narben hervorragen *(169)*; ♂ Kätzchen hgd. u. schon im Spätsommer des Vorjahres erscheinend; Pfl. z. Bltzt. noch ohne Blätt.; Fr. eine becherf. umhüllte Nuß *(454)* . . . . **Corylus,** 174
— ♀ Bltn. in verlängerten Ähren *2*
2. Frhülle offen, 3-teilig *(453)* . . . . **Carpinus,** 174
— Frhülle das Nüßchen sackart. umschließend; Frstände zapfenart, denen des Hopfens (*Humulus lupulus,* S. 175) gleichend . . . . **Ostrya,** 174

1. Cárpinus L., *Hainbuche.* Bis 25 m hoher Baum mit glatter, grauer Rinde u. gedrehten Längswülsten; junge Zweige u. Blattstiele zottig; Blätt. 2-zeilig, faltig, am Rand doppelt gesägt, mit 10–15 Paaren von Seitennerven; ♃; IV–V. Laubwälder; *v.* *Gemeine H.,* **C. bétulus** L.

2. Córylus L., *Hasel*

1. Frhülle offen, am Rand in breite, kurze Lappen geteilt *(454)*; ♃; II–IV. Als Unterholz von Laubwäld. u. auf Trockenhängen; *v;* auch angepflanzt. *Gemeine H.,* **C. avellána** L.
— Frhülle geschlossen, walzl.-röhrig; Fr. größer als bei voriger; ♃; II–IV. Als Nutz- u. Zierstrauch angepflanzt (häufig in der rotblättrigen Form). (Heimisch in Laubwäld. von SO-Eur.) *Große H., Lamberts-H.,* **C. máxima** Mill.

3. Óstrya Scop., *Hopfenbuche*

Strauch od. bis 10 m hoher Baum; junge Zweige ± behaart; Blätt. kurz gestielt, 2-zeilig angeordnet, mit eif., am Grd. fast herzf., am Rand scharf doppelt gesägter 5–10 (–13) cm langer und 2,5–6 cm breiter, etw. ungleichhälftiger, obersts. glzd. grüner, untersts. hellgrüner Spreite; Nerven beidsts. zu 11–17, untersts. stark hervortretend, anfangs behaart, später verkahlend; ♂ Kätzchen dichtbltg., hgd., bis 12 cm lg. und 7 mm dick; ♃, IV–VI. *f* in Dt; im Gebiet nur N-Ti (Solsteinkette bei Innsbruck), sehr *s;* sonst SO-Eur. u. Mittelmeergebiet. *Gemeine H.,* **O. carpinifólia** Scop.

Ordnung: **Urticáles**

Familie: **Ulmáceae,** *Ulmengewächse*

Holzpfl., mit 2-zeilig gestellten, asymmetrischen Blätt. *(269)*; Nebenblätt. früh abfallend; Bltn. einzeln *(Celtis)* od. in büschelartigen Bltnständen *(Ulmus)*; Bltnhülle einfach, 4- bis 5-blättrig; Stbblätt. 4–5; Frblätt. 2; breitgeflügelte Nuß- *(Ulmus, 463–464)* od. Steinfr. *(Celtis)*.

1. Bltn. in Büscheln; Fr. eine geflügelte Nuß . . . . **Ulmus,** 174
— Bltn. einzeln; Fr. steinfruchtartig . . . . **Celtis,** 175

1. Úlmus L., *Ulme, Rüster*

1. Bltn. lg. gestielt, herabhgd.; Stbblätt. 6–8; Frflügel am Rand zottig gewimpert; Blätt. elliptisch, untersts. kurzhaarig. Bis 25 m hoch; ♃; III–V. Wälder *z,* im N *s,* in Alp. *f.* (= *U. effusa* Willd; = *U. pedunculata* Foug.) *Flatter-U.,* **U. laévis** Pall.
— Bltn. fast sitzend, aufrecht; Stbblätt. 3–6; Fr. kahl; Blätt. breit-eif. . . *2*
2. Blattspr. obersts. fast kahl, untersts. in den Nervenwinkeln bärtig, 6–10 cm lg.; Seitennerven in 7–12 Paaren; Samen im oberen Teil der Fr. *(463)*; Äste zuw. breit-borkig geflügelt [var. *suberosa* (Moench) Rehd.]; Strauch od. bis 40 m hoher Baum; ♃; III–IV. Wäld.; *v, f* im NW. (= *U. campestris* L.; = *U. carpinifolia* Gled.; = *U. glabra* Mill.) *Feld-U.,* **U. mínor** Mill. em. Richens

— Blattspr. obersts. durch angedrückte Borsten rauh, 8–16 cm lg., mit 12–18 Paaren von Seitennerven; einjährige Äste fein behaart; Samen in der Mitte der Fr. *(464)*; 10–30 m hoher Baum; ♃; III–IV. Wälder der Bergregion; *v.* (= *U. montana* WITH.; = *U. scabra* MILL.) *Berg-U.*, **U. glábra** HUDS. em. MOSS

2. Céltis L., *Zürgelbaum*

1. Blattspr. untersts. blaßgrün, kahl od. nur an den Nerven behaart, obersts. glzd. hellgrün; Fr. rundl.-eif., orange bis fast schwarz, fade schmeckend; bis 25 m hoher Baum; ♃; III–V. Angepflanzt. (Heimat: N-Am.). *Westlicher Z.*, **C. occidentális** L.

— Blattspr. untersts. graugrün, flaumhaarig, obersts. dkgrün; Fr. anfangs gelbl.-weiß, später rötl. bis violettbraun, wohlschmeckend; bis 20 m hoher Baum; ♃; III–V. Angepflanzt, *s* verwild. (Heimat: S-Eur. u. N-Afr.) *Südlicher Z.*, **C. austrális** L.

Familie: **Moráceae**, *Maulbeergewächse*

Bäume od. Sträucher mit Milchsaft; Blätt. ungeteilt od. gelappt; Bltn. eingschl., in Scheinähren; fleischige Sammelfr. Einzige Gattung:

Mórus L., *Maulbeerbaum*

1. Blattspr. dünn, beidersts. fast kahl; Frstand gestielt, weißl.; Strauch od. bis 12 m hoher Baum; ♃; V. Angepflanzt, zuw. verwild. (Heimat: N-Indien bis China). *Weißer M.*, **M. álba** L.

— Blattspr. derb, obersts. rauhhaarig, ungeteilt od. gelappt *(264)*; Frstand sitzend, schwarzpurpurn; bis 15 m hoher Baum; ♃; V. Angepflanzt. (Heimat: Transkaukasien bis Iran). *Schwarzer M.*, **M. nígra** L.

Familie: **Cannabáceae**, *Hanfgewächse*

Stauden od. Kräuter ohne Milchsaft; Blattspr. gefing. od. gelappt; Bltn. 2-häusig, eingschl., zuw. zapfenf.; Fr. Nüßchen.

1. Stg. windend; Blätt. gelappt . . . . **Humulus**, 175
— Stg. aufrecht; Blätt. fingerf. . . . . **Cannabis**, 175

1. Húmulus L., *Hopfen*. Blätt. gegenst., aus herzf. Grd. tief 3- bis 5-lappig; Nebenblätt. verwachsen; Bltn. 2-häusig; ♂ Bltnstände rispenartig; ♀ Bltn. in Scheinähren, sich z. Frzt. zu gelbgrünen Frzapfen entwickelnd; ♃; V. Auwälder, Erlenbrüche; *v;* auch als Kulturpfl. (Bierwürze). *Gemeiner H.*, **H. lúpulus** L.

2. Cánnabis L., *Hanf*

1. Bltnhülle der ♀ Bltn. verkümmert; Samen grauweiß, 3,5–5 mm lg. u. 2,5–4 mm breit, schwer ausfallend; Stg. wenig verzweigt; ♀ Bltnstand dicht, ♂ Bltnstand rispenart.; Blätt. handf. 5–7-zählig gefing.; ⊙; VII–VIII. Aus Asien stammende, stellenw. verwild. Kulturpfl. *Kultur-H.*, **C. satíva** L.

— Bltnhülle der ♀ Bltn. vorhanden; ♀ Bltnstand locker; Samen bräunl., kleiner, nur 2,5–3,5 mm lg. u. 1,8–2,5 mm breit, von der vertrockneten Bltnhülle umgeben, am Grd. mit Ringwulst, leicht ausfallend; ⊙; VII–VIII. Wild nur in O-Eur., sonst gelegentl. an Ruderalstellen u. auf Äckern in Br, BW (Mannheim) u. RhPf. (Mainz). (= *C. sativa* var. *spontanea* SEREBR.) *Wilder-H.*, **C. ruderális** JANISCH.

Familie: **Urticáceae**, *Brennesselgewächse*

Kräuter od. Stauden oft mit Brennhaaren; Blätt. gegen- od. wechselst., ungeteilt, jedoch zuw. am Spreitenrand gesägt; Bltn. in Trugdolden, Knäueln od. Scheinähren, eingschl., 1- od. 2-häusig; Bltnhülle einfach, 4-zählig; Frkn. oberst., 1-fächerig.

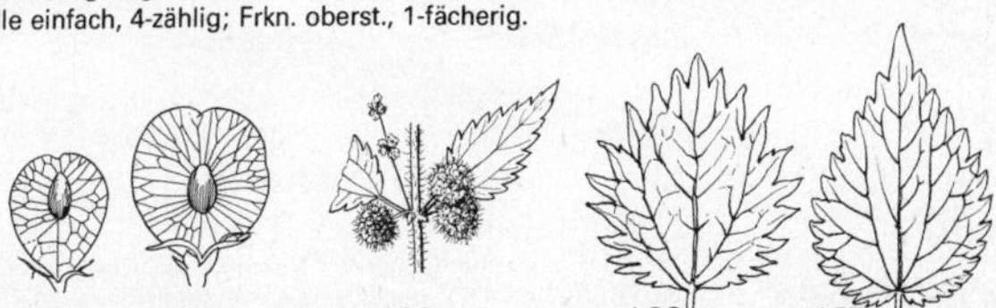

463 464 465 466 467

1. Blätt. gegenst., meist gesägt, mit Brennhaaren . . . . **Urtica,** 176
— Blätt. wechselst., ganzrandig, ohne Brennhaare . . . . . . **Parietaria,** 176

1. Urtíca L., *Brennessel*

1. ♀ Bltn. in gestielten, kugeligen Köpfchen *(465);* Blätt. längl.-eif., eingeschnitten gesägt, mit größerem Endzahn; ⊙; VI–X. Aus S-Eur. eingeschleppt; *s* u. unbeständig.
Pillen-B., **U. pilulífera** L.
— Alle Bltn. in Rispen *2*
2. Pfl. ⊙ u. 1-häusig; Bltnrispen mit ♂ und ♀ Bltn.; diese kürzer als der Blattstiel; Blätt. eif. od. elliptisch, gesägt, stumpfl. *(466);* V–XI. Unbebaute Plätze; *g.* *Kleine B.,* **U. úrens** L.
— Pfl. ♃; Blätt. längl., grob gesägt, lg. zugespitzt, am Grd. herzf. *(467);* Bltnrispen länger als der Blattstiel *3*
3. Alle Nebenblätt., auch die der oberen Blätt. frei; Pfl. meist 2-häusig; Stg. aufrecht, mit Brenn- u. zahlr. Borstenhaaren; ♃; VI–X. Ruderalstellen, Wälder, *g* u. *h.* *Große B.,* **U. dióica** L.
— Nebenblätt. der oberen Blätt. paarweise bis zur Hälfte verwachsen; Pfl. 1-häusig, die unteren Bltnstände ♂, die oberen ♀; Stg. aufrecht od. aufstgd., mit nur wenigen Brennhaaren u. ohne Borstenhaare; ♃; VII–IX. Aus O-Eur. eingeschleppt u. *z* in Gebüsch, Waldsümpfen u. Erlenbrüchen des Havellandes u. der Elbe von Magdeburg bis Stendal. (= *U. radicans* Bolla; = *U. bollae* Kanitz) *Sumpf-B.,* **U. kioviénsis** Rog.

2. Parietária L., *Glaskraut*

1. Pfl. ⊙, aufrecht; Bltnstand locker; reife Nüßchen braun; Pfl. 20–80 cm hoch; V–XI. An Mauern u. Ruderalstellen; *s.* Aus N-Am. eingeschleppt (Berlin).
Pennsylvanisches G., **P. pensylvánica** Mühlenb. ex Willd.
— Pfl. ♃; Bltnstand dichter; reife Nüßchen schwarz *2*
2. Stg. aufrecht, einfach od. spärl. verzweigt; Blätt. groß, längl.-eif. *(196),* glasart.-glzd.; Hochblätt. am Grd. frei; ♃; VI–IX. Mauern, Zäune, Schutt; *z;* aus dem Mittelmeergebiet eingeschleppt u. eingebürgert. (= *P. erecta* Mert. & Koch) *Aufrechtes G.,* **P. officinális** L.
— Stg. niederlgd., ausgebreitet-ästig; Blätt. klein, eif.; Hochblätt. am Grd. verwachsen; ♃; V–X. Mauerritzen, Straßen; *z* nur im Gebiet des Rheins u. Nebentäler, BW, E, He, RhPf, Lx, sonst *s.* (= *P. ramiflora* Moench; = *P. diffusa* Mert. & Koch; = *P. punctata* Willd.)
Ausgebreitetes G., **P. judáica** L.

Ordnung: **Myricáles**

Familie: **Myricáceae,** *Gagelstrauchgewächse*

Aromatisch riechende, dicht mit Harzdrüsen besetzte Holzpfl.; Bltn. eingschl., in Ähren. Einzige Gattung:

Myríca L. (= *Gale* Adans.), *Gagelstrauch.* Bis 1 m hoher, 2-häusiger Strauch; Blätt. lanzettl., etwas gesägt *(256);* ♂ Kätzchen bis 1,5 cm, ♀ 5–6 mm lg.; ♃; IV–V. Heidemoore, vor allem im NW bis SH *v;* Küstengebiet von Me *z, s* in Niederlausitz. [= *Gale palustris* (Lam.) Chev.]
Heide-G., **M. gále** L.

Ordnung: **Juglandáles**

Familie: **Juglandáceae,** *Walnußgewächse*

Bäume mit unpaarig gefied., aromatisch duftenden Blätt.; ♂ Bltn. in hgd. Kätzchen, am vorjährigen Holz; ♀ Bltn. zu 2–3 am Ende diesjähriger Triebe; Frkn. unterst.; Steinfr. mit grünl., aufspringender Faserhülle.

Júglans L., *Walnuß*

1. Blätt. mit meist 3–4 Fiedpaaren; Fied. nur unterststs. in den Nervenwinkeln behaart; Frschale glatt, grün. Bis 25 m hoher Baum; ♃; IV–V. (Heimat: Balkan, Asien). Kulturpfl.
Echte W., **J. régia** L.

— Blätt. mit meist 6 u. mehr Fiedpaaren; Fied. untersts. zerstreut kurzhaarig, vor allem auf dem Mittelnerven; Frschale höckerig, schwarzwerdend. Bis 40 m hoher Baum; ♃; V. (Heimat: N-Am.). Zierbaum, neuerdings auch forstl. kultiviert. *Schwarze W.*, **J. nígra** L.

Unterklasse: **Rósidae** *(= Rosiflorae), Rosenähnliche*

Ordnung: **Saxifragáles**

Familie: **Grossuláriaceae,** *Stachelbeergewächse*

Sommergrüne Sträucher mit wechselst., gelappten Blätt. *(278),* ohne Nebenblätt.; Zweige zuw. mit einfachen od. geteilten Stacheln; Bltn. in wenig- bis vielbltg., aufrechten od. hgd. Trauben, radiär, 5-zählig; Kblätt. frei; Frkn. unterst.; z. T. bestachelte Beerenfr. Im Gebiet nur die Gattung:

Ríbes L., *Stachel- u. Johannisbeere*

1. Bltn. zu 1–3, grünl.-gelb; Fr. eine große, grüne, gelbe od. rote, glatte od. borstl. behaarte, vom K. gekrönte Beere; Äste meist stachelig; ♃; IV–V. Lichte Wälder; *z,* auch als Kulturpfl. u. verwild. (= *R. grossularia* L.) *Stachelbeere,* **R. úva-críspa** L.

a. Pfl. fast stachellos, kahl, höchstens Blattstiel, Blätt. u. Kzipfel bewimpert; Äste bogig; Beeren rot; Kulturpfl. (Heimat: SO-Eur.) (= *R. reclinatum* L.) ssp. **reclinátum** (L.) Rchb.

– Äste stark bestachelt . . . . **b**

b. Frkn. weichhaarig, drüsenlos; Beeren kahl; Wälder; *z* ssp. **úva-críspa**

– Frkn. u. Beeren drüsenborstig u. weichhaarig; Wälder; *s* im S; auch als Kulturpfl. (= ssp. *glanduloso-setosum* (Koch) O. Schwarz) ssp. **grossulária** (L.) Rchb.

— Bltn. in vielbltg. Trauben; Fr. klein; Äste stachellos *2*

2. Bltn. grünl. *4*

— Bltn. goldgelb od. rot; Zierpfl. *3*

3. Bltn. goldgelb, duftend; Blätt. kahl, 3-spaltig; ♃; IV–VI. Zierstrauch (Heimat: N-Am.). *Gold-J.,* **R. aúreum** Pursh

— Bltn. leuchtend purpurrot; Blätt. 3- bis 5-lappig, untersts. graufilzig; ♃; IV–V. Zierstrauch (Heimat: N-Am.). *Blutrote J.,* **R. sanguíneum** Pursh

4(2). Bltntrauben aufrecht; Tragblätt. die Bltnstiele u. Bltn. überragend; Blätt. untersts. fettig glzd., 3- bis 5-lappig; Beeren scharlachrot, fade schmekkend; ♃; IV–VI. Lichte, buschige Abhänge; *z,* auch angepfl. u. verwild. (im NW). *Alpen-J.,* **R. alpínum** L.

— Bltntrauben hgd.; Tragblätt. kürzer als die Bltnstiele *5*

5. Blätt. untersts. mit gelbl. Harzdrüsen, groß 3- bis 5-lappig, widerl. riechend; K. behaart, glockig; Beeren kugelig, schwarz, drüsig punktiert, von schwach wanzenart. Geschmack; ♃; IV–V. Auwälder u. Erlengebüsch, *z;* auch angepfl. u. verwild. *Schwarze J.,* **R. nígrum** L.

— Blätt. untersts. ohne Drüsen; K. kahl od. nur am Rand bewimpert; Fr. rot od. gelb *6*

6. K. am Rand bewimpert, glockig; Gr. am Grd. verbreitert; Tragblätt. u. Bltnstiele zottig behaart; Blätt. 3- bis 5-spitzlappig, untersts. an den Nerven spärl. flaumig; Blattstiel länger als die Spreite; Fr. rot, säuerl. schmeckend; ♃; V–VI. Schattige Bergwälder; Vor-Alp., Schw., Vog., Sudeten, *z.* *Felsen-J.,* **R. petraéum** Wulf.

— K. am Rand nicht bewimpert; Gr. vom Grd. an gleich dick; Blattlappen stumpf *(278)* *7*

7. Stbbeutelhälften voneinander getrennt; Kbecher flach, auf der Innenseite mit 5-eckigem Ringwall; ♃; IV–V. Auwälder; *s* in Rheinebene, RhPf, SH, Sa; auch Kulturpfl. (= *R. vulgare* Lam.; = *R. sylvestre* Mert. & Koch) *Rote J.,* **R. rúbrum** L.

— Stbbeutelhälften miteinander vereinigt; Kbecher schüsself. vertieft, auf der Innenseite ohne Ringwall; ♃; IV–V. Auwälder, wild wohl nur im NO, sonst angepfl. u. verwild. (= *R. schlechtendalii* Lege.) *Ährige J.,* **R. spicátum** Robs.

Familie: **Philadelpháceae,** *Pfeifenstrauchgewächse*

Sträucher mit einfachen, nebenblattlosen Blätt.; Bltn. zwittrig, radiär, 4- bis 5-zählig, mit unterst. Frkn.; Kapselfr.

Philadélphus L., *Pfeifenstrauch.* Bis 3 m hoher Strauch; Blätt. eif.-elliptisch, gezähnt *(248);* Bltnstand traubig, 1– bis 10-bltg.; Bltn. weiß, stark duftend; ♃; V–VI. Wild nur in S-Ti u. N-Italien, sonst angepfl. u. verwild. *Blasser Pf., Falscher Jasmin,* **Ph. coronárius** L.

Familie: **Crassuláceae,** *Dickblattgewächse*

Stauden od. Kräuter mit wechsel-, gegen- od. grdst., einfachen, flachen bis stielrunden, nebenblattlosen, saftigen Blätt.; Bltn. 4- bis 5-zählig, seltener 3-zählig, radiär, zwittrig, mit doppelter Bltnhülle, in Wickeln; Stbblätt. so viele od. doppelt so viele wie die freien od. verwachsenen Blkrblätt. *(74);* Frkn. meist mehrere, oberst., frei od. am Grd. verwachsen; Balgfr.

1. Stbblätt. doppelt so viele wie Blkrblätt. *3*
— Stbblätt. so viele wie Blkrblätt. (3–5) *2*
2. Blätt. gegenst.; Bltnhülle 3- bis 4-blättrig; zarte, kleine, feuchtigkeitsliebende Pfl. . . . . **Crassula,** 178
— Blätt. wechselst.; Blkr- u. Stbblätt. 5 . . . . **Sedum rubens,** 179
3(1). Blkrblätt. meist 5, selten 4 od. 6; Blätt. am Stg. verteilt . . **Sedum,** 179
— Blkrblätt. 6–20; Blätt. in grdst., häufig kugeliger Rosette *4*
4. Blkrblätt. 6, am Rand gefranst, gelb . . . . **Jovibarba,** 179
— Blkrblätt. 8–20 (–30), am Rand glatt, rot od. rötl., selten gelb bis gelbl. weiß . . . . **Sempervivum,** 178

1. Crássula L. (= incl. Tillaea L.), *Dickblatt*

1. Bltn. zu 2–4 achselst., 3-zählig; Stg. niederlgd., bis 5 cm hoch, wurzelnd; Blätt. genähert, eif., sich oft deckend; ⊙; V–IX. Feuchte Sand- u. Lehmäkker; *s* in SaAn, Br, Be, Ho, früher N-We. [= *Tillaea muscosa* L.; = *C. muscosa* (L.) Roth] *Moosblümchen,* **C. tillaéa** Lester-Garland
— Bltn. einzeln, achselst., 4-zählig; Stg. 2–5 cm hoch, niederlgd. od. aufrecht; Blätt. entfernt, lineal-lanzettl.; ⊙; VII–IX. Schlammige, überschwemmte Orte; *s,* nur in Da, N-Dt, SaAn, früher N-We u. NS, Br. [= *Tillaea aquatica* L.; = *Bulliarda aquatica* (L.) Dc.] *Wasser-D.,* **C. aquática** (L.) Schoenl.

2. Sempervívum L., *Hauswurz* Ⓖ

1. Blkrblätt. gelb bis gelbl.weiß, an der Basis mit einem roten Fleck; Filamente rot, drüsig gewimpert; Rosettenblätt. bis 4 cm lg., auf der Fläche kahl, am Rand dicht drüsig, ♃; VII–VIII. Schutt, Magermatten; kalkmeidend; Alp. *z, s* in Ti, Sb, *f* in Dt. Ⓖ *Gelbe H.,* **S. wulfénii** Hoppe
— Bltn. vorwgd. rot, rosafarbig bis purpurn *2*
2. Rosetten 3–14 cm im Dm, sternf. ausgebreitet; Rosettenblätt. verkehrt-eif., grün, an der Spitze meist braunrot, am Rand dicht gewimpert; Blkrblätt. sternf. ausgebreitet, blaßrot; ♃; VII–IX. Felsen, Dächer u. Mauern; Alp., sonst angepfl. u. verwild. Ⓖ Sammelart: *Echte H.,* **S. tectórum** L.
a. Rosetten 6–14 cm im Dm; Blätt. am Grd. rötl.; Stbbeutel häufig verkümmert. Mauern u. Dächer; Rheintal *v,* sonst *z.* ssp. **tectórum**
— Rosetten 3–6 cm im Dm; Blätt. am Grd. weißl; Stbbeutel stets ausgebildet. Alp.; *z* in Allgäu, Ti, Vb. (= *S. alpinum* Gr. & Sch.) ssp. **alpínum** (Gr. & Sch.) Wettst.
— Rosetten nur 1–3 cm im Dm, ± geschlossen *3*
3. Rosettenblätt. an der Spitze mit spinnwebigen Wollhaaren, braunrot; Blkrblätt. hellkarminrot, mit dunklem Mittelnerven; ♃; VII–IX. Felsen u. Mauern, vorwgd. auf Urgestein, bis 2900 m; Alp. *v;* in Dt nur im Allgäu; im Schw. (Belchen) u. Fichtgeb. angepfl. u. eingebürgert; *v* als Zierpfl. Ⓖ *Spinnweben-H.,* **S. arachnoídeum** L.
— Rosettenblätt. an der Spitze nicht mit spinnwebigen Wollhaaren, auf der Fläche dicht kurz-drüsighaarig, grün, zuw. mit roter Spitze; Blkrblätt. außen drüsig-zottig, innen violett bis purpurn; ♃; VII–IX. Magermatten, Schutt, nur auf Urgestein; Alp. *v.* Ⓖ *Berg-H.,* **S. montánum** L.

3. Jovibárba Opiz (= *Diopogon* Jord. & Fourr.), *Donarsbart*

1. Rosettenblätt. längl.-lanzettl., im untersten Drittel am breitesten, an der Spitze meist braun, kahl, beim Vertrocknen silbergrau werdend; Rosetten kugelig; Stbfäden kahl; ♃; VIII–IX. Felsen, kalkfeindl.; *s,* Alp. von Sb, Ti (in Kärnten häufiger). [= *Diopogon hirtus* (Jusl.) H. P. Fuchs & H. Huber ssp. *arenarius* H. Huber; = *Sempervivum arenarium* Koch)

Ⓖ *Sand-D.,* **J. arenária** (Koch) Opiz

Im Gebiet nur die ssp. **arenária**

— Rosettenblätt. längl.-verkehrt-eif., im obersten Drittel am breitesten, an der Spitze braunrot, beim Vertrocknen bräunl.-grau werdend; Rosetten kugelig; Stbfäden am Grd. drüsig; ♃; VII–IX. Trockene, sonnige Hügel, Sandfelder; Ur-Alp. *v, z* in S-, M- u. O-Dt; häufig angepflanzt u. verwild. (= *Sempervivum soboliferum* Sims) Ⓖ *Sprossender D.,* **J. sobolífera** (Sims) Opiz

4. Sédum L. (incl. Rhodiola L.), *Fetthenne, Mauerpfeffer*

1. Blkr- u. Stbblätt. 5; Blätt. wechselst., flach od. oberst. leicht rinnig; Bltn. einzeln, sitzend, einseitswendig, weiß; ⊙; V–VI. Sandige Trockenrasen, Brachäcker, Mauern, Weinberge; *s* im SW (Rheintal u. Moseltal bei Trier). [= *Crassula rubens* (L.) L.] *Rötliche F.,* **S. rúbens** L.

— Blkr. 5 (–6); Stbblätt. 10 (–12); wenn 2-häusig, dann Bltn. 4-zählig . *2*

2. Blätt. stielrund od. halbstielrund *6*

— Blätt. flach u. breit *3*

3. Bltn. eingschl., 2-häusig, 4-zählig, in endst., vielbltg. Trugdolden; Blkrblätt. gelbl., rot überlaufen, die der weibl. Bltn. oft verkümmert; Blätt. wechselst., längl., in der vorderen Hälfte gesägt; ♃; VI–VIII. Gebüsch, steinige Quellfluren, Wiesen; Alp., Vog., Riesengeb., *z;* häufig auch als Zierpfl. (= *Rhodiola rosea* L.) *Rosenwurz,* **S. rósea** (L.) Scop.

— Bltn. ⚥, 5-zählig *4*

4. Blätt. ganzrandig; wechsel- od. gegenst., oft in 3-zähligen Quirlen; Bltn. in längl., lockerer Rispe, rosarot; Pfl. 10–30 cm hoch; ⊙–♃; VI–VII. Wälder, schattige Felsen, *s;* wohl nur verwildert; an den meisten Orten heute verschwunden (Heimat: Bergregion von S- u. Zentral-Eur.).

Rispige F., **S. cepaéa** L.

— Blätt. gesägt od. gezähnt; Bltn. in gedrungenen Trugdolden *5*

5. Stg. aufrecht, mit dicken, rübenf. Wurzeln, kahl; Blätt. längl.-eif., ungleich gezähnt; Bltn. grünl. u. gelb bis purpurn; ♃; VI–IX. Mauern, Felsen, trokkene Wälder, Feldraine. [= S. *purpurascens* Koch; = *S. purpureum* (L.) Schult.] Sammelart: *Große F.,* **S. teléphium** L.

Im Gebiet werden folgende Kleinarten unterschieden:

a. Blkrblätt. meist gelbgrün; obere Stgblätt. eif., mit schwach stgumfassendem Grd.; Pfl. meist grün; *v.* [= ssp. *maximum* (L.) Pers.] *Große F.,* **S. máximum** Hoffm.

– Blkrblätt. meist rot od. purpurn; obere Stgblätt. nicht stgumfassend; Pfl. häufig blaugrün-wachsig bereift . . . . b

b. Obere Stgblätt. gegenst., längl.-lanzettl. bis verkehrt-eif., mit keilf. Grd. sitzend; Blkrblätt. rosarot, über der Mitte zurückgekrümmt. Steinige Böden, Felsen. In S u. M-Dt *z,* im N *s.* [= *S. purpurascens* Koch; = *S. telephium* ssp. *purpureum* (L.) Hartm.] *Rote F.,* **S. teléphium** L.

– Obere Stgblätt. wechselst., längl.-lanzettl., am Grd. stielart. verschmälert; Blkrblätt. purpurn, gerade absthd. Feuchte u. schattige Felsen. Im S u. W *z.* [= ssp. *fabaria* (Koch) Kirschl.]

Berg-F., **S. fabária** Koch

— Stg. niederlgd. bis aufstgd., am Grd. wurzelnd; Blätt. keilig verschmälert, an der Spitze kerbig gezähnt; Bltn. purpurn, gelb od. weißl.; ♃; VII–VIII. Zierpfl., nicht *s* verwild. (Heimat: Kaukasus). *Zweifelhafte F.,* **S. spúrium** Bieb.

6(2). Pfl. ausdauernd, rasenbildend, mit sterilen, kriechenden u. aufstgd. Bltnstg. *10*

— Pfl. 1- bis 2-jährig, nicht rasenbildend, nur mit Bltnsprossen *7*

7. Blkrblätt. 6, weiß, mit rötl. Rückenstreifen, etwa 4-mal so lg. wie der K.; Blätt. blaugrün bereift, lineal, halbstielrund; ⊙; VI–VII. Gartenpfl.; stellenw. verwild. u. eingebürgert (Fichtgeb.) (Heimat: S-Eur.). *Spanische F.,* **S. hispánicum** L.

— Blkrblätt. 5, etwa doppelt so lg. wie der K. *8*

8. Stg. spitzenw. drüsig behaart; Blätt. obersts. fast flach, 3–5 mm lg.; Bltn. in armbltg. Doldentraube; Blkrblätt. rosarot, am Rücken mit dunklem Mittelstreifen; ⨀ (bis ♃); VI–VII. Hoch- u. Flachmoore, feuchte Wiesen; *z* in Sb, Ti, S- u. M-Dt; *s* in Br, Po, W- u. OPr, N-ČSSR. *Behaarte F.,* **S. villósum** L.

— Stg. völlig kahl ***9***

9. Blätt. fast stielrund, keulig; Bltn. 5-zählig, in gedrängten, wenigbltg. Wikkeln, weiß, grünl. od. rötl.; ganze Pfl. oft dk. purpurrot überlaufen; ⨀ überwinternd; VI–VIII. Alp. von 1400–2600 m; *v* auf Kalkfelsen u. Schotterfluren. *Dunkle F.,* **S. atrátum** L.

Im Gebiet nur die ssp. **atrátum**

— Blätt. halbstielrund, lineal; Bltn. in reichverzweigten, lockeren Wickeln, gelb; ⨀; VI–VIII. Auf kalkarmen Felsen; Alp. *v, s* im Schw., Vog. u. Fichtgeb. *Einjährige F.,* **S. ánnuum** L.

10(6). Bltn. gelb ***12***

— Bltn. weiß od. rosa bis blaßviolett; Blkrblätt. untersts. (oft) mit purpurnem Mittelstreifen ***11***

11. Ganze Pfl. blaugrün; Stg. im oberen Teil drüsig behaart; Blätt. 3–7 mm lg., obersts. flach, untersts. stark gewölbt; ♃; VI–VIII. Felsspalten u. steinige Waldböden, besonders der mont. u. subalp. Region., vorwgd. auf saurem Gestein; *z* in Alp. u. S-Dt; in M- u. N-Dt nur verwild. *Dickblatt-F.,* **S. dasyphýllum** L.

— Pfl. grasgrün; Blätt. längl.-lanzettl., beidersts. gewölbt, absthd.; Blkrblätt. weiß od. blaßviolett; Bltnstand kahl; ♃; VI–VII. Felsen, Mauern, steinige Wälder; *v*, bis in die subalp. Reg., *s* im N. *Weiße F.,* **S. álbum** L.

12(10). Blätt. stumpf, ohne Stachelspitze ***15***

— Blätt. kurz stachelspitzig, am Grd. stets gespornt *(468)*; Bltnstand vor dem Aufblühen an der Spitze zurückgekrümmt, kahl ***13***

13. Blätt. an der Spitze der sterilen Triebe zapfenf. gehäuft, obersts. flach; abgestorbene Blätt. lange erhalten bleibend; ♃; VI–VIII. Sonnige Felsen; nur im westl. Rheingebiet. [= *S. elegans* Lej.; = *S. rupestre* ssp. *elegans* (Lej.) Hegi & Schmid] *Zierliche F.,* **S. forsteránum** Sm.

— Blätt. an der Spitze der sterilen Triebe nicht gehäuft; abgestorbene Stgblätt. bald abfallend ***14***

14. Kblätt. 5–7 mm lg., drüsig-weichhaarig; Blkrblätt. 8–10 mm; Bltnstand fast eben; ♃; VI–VIII. Kalkfelsfluren, Weinberge; *s* in Th. (= *S. anopetalum* Dc.; = *S. albescens* Haw.) *Ockergelbe F.,* **S. ochroleúcum** Chaix

— Kblätt. 3–4 mm lg., kahl, spitz; Blkrblätt. 6–7 mm; Bltnstand z. Bltzt. aufgewölbt, z. Frzt. eingetieft; Blätt. am Grd. kurz gespornt *(468)*; ♃; VI–VIII. Trockene, sonnige Orte, Felsen; Alp. u. Mittelgeb. *z, s* im O. (= *S. rupestre* auct.) *Felsen-F.,* **S. refléxum** L.

15(12). Blkrblätt. stumpf, ca. 3 mm lg., blaßgelb, aufrecht; Blätt. lineal, bis 6 mm lg., obersts. stark abgeflacht, am Grd. ohne Sporn, nicht deutl. in Reihen; Bltn. in wenigbltg. Wickeln; ♃; VI–VIII. Felsen, Schutt; kalkmeidend; Alp. *z*, Vog. *s*. *Alpen-F.,* **S. alpéstre** Vill.

— Blkrblätt. spitz; Blätt. ± deutl. in 6 Längszeilen ***16***

16. Blätt. lineal-walzenf., am Grd. gespornt *(470)*, ohne scharfen Geschmack; Blkrblätt. zitronengelb; ♃; VII–VIII. Felsen, Sandfelder, Föhrenwälder; *v*. (= *S. mite* Gil.; = *S. boloniense* Lois.) *Milder Mauerpfeffer,* **S. sexanguláre** L.

— Blätt. eif., am Grd. kaum od. nicht gespornt, dick *(469)*, obersts. flach, bis 4 mm lg., von scharfem Geschmack; Blkrblätt. fast waagrecht absthd., goldgelb; ♃; VI–VIII. Trockene, sonnige Orte, Sandfelder u. Felsfluren; *v*. Formenreich. *Scharfer Mauerpfeffer,* **S. ácre** L.

Familie: **Saxifragáceae**, *Steinbrechgewächse*

Kräuter od. Stauden mit wechsel-, selten gegenst., nebenblattlosen Blätt.; Bltn. ⚥, radiär, meist 5-zählig, mit einfacher od. doppelter Bltnhülle; Frkn. meist 2, an der Basis verwachsen, oberw. frei *(471)*; Kapselfr. *(473)*.

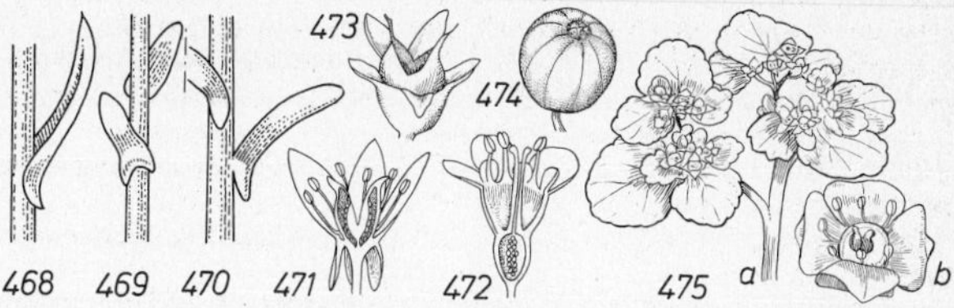

1. Bltnhülle einfach, 4-zählig *(475b)*; Bltn. grünl.gelb, in von Hochblätt. umgebenen Trugdolden *(475a)*. . . . . **Chrysosplenium,** 181
— Bltnhülle doppelt, 5-zählig; Bltn. in Trauben od. Rispen, weiß, rot od. gelb . . . . **Saxifraga,** 181

1. Chrysosplénium L., *Milzkraut*

1. Blätt. gegenst., rundl., schwach gekerbt; Stg. 4-kantig, kriechend, an der Basis behaart; Bltn. klein, in trugdoldigem, von gelben Hochblätt. umgebenem Bltnstand *(475a)*; Kblätt. 4; Blkrblätt. fehlend *(475b)*; ♃; V–VII. Schattige Wassergräben, Waldbäche, Quellfluren, vorwgd. der mont. Reg.; *z*, im NO *s*, Alp. *f*. *Gegenblättriges M.*, **Ch. oppositifólium** L.
— Blätt. wechselst., herznierenf., grob gekerbt; Stg. 3-kantig, am Grd. mit langen, dünnen Ausläufern; Bltn. größer als bei voriger; ♃; IV–VI. Schattige, feuchte Bergwälder u. Waldsümpfe; *v*, im N *s*.
Wechselblättriges M., Gold-M., **Ch. alternifólium** L.

2. Saxífraga L., *Steinbrech.* Fast alle Arten Ⓖ

1. Blätt. grd.- od. wechselst.; Bltn. weiß, gelb od. gelbl.grün, selten purpurn ***4***
— Blätt. gegenst.; Bltn. rot bis violett od. purpurn ***2***
2. Bltnstg. 2- bis 6bltg.; Blkrblätt. dk. violett, schmal-lanzettl. bis verkehrt-eif., 3- bis 5-nervig; Blätt. dickfleischig, fast kreisrund; Pfl. lockerrasig; ♃; VII–VIII. Schuttfluren der alp. Stufe. Ⓖ *Zweiblütiger St.*, **S. biflóra** All.
a. Blkrblätt. schmal-lanzettl., 3-nervig, oft nur wenig länger als die Stbblätt. K-Alp.; Allgäu, Ti, Sb, *z*. ssp. **biflóra**
– Blkrblätt. breit-verkehrt-eif., stets länger als die Stbblätt. Vorwgd. auf Urgestein; Alp. von Sb, Ti, Vb (u. W-Alp.), *z*. (= *S. macropetala* Kern.) ssp. **macropétala** (Kern.) R. & Cam.
— Bltnstg. fast stets 1-, seltener 2- od. mehrbltg. ***3***
3. Blätt. längl.-verkehrt-eif., nur an der Spitze zurückgekrümmt, mit 1–3 Kalkdrüsen; Kblätt. drüsenlos bewimpert; Blkrblätt. rötl.-lila bis weinrot; Pfl. meist in kompakten od. lockeren Polstern; ♃; IV–VII. Schuttfluren u. Felsen der alp. Stufe. Ⓖ *Roter St.*, **S. oppositifólia** L.
a. Pfl. lockerrasig, mit verlängertem Stg. . . . . **c**
– Pfl. dichtrasig bis kompakt-polsterf.; Stg. verkürzt u. dicht beblätt.; Blätt. verkehrt-eif. . . . **b**
b. Blätt. ± spitz, selten stumpfl., über 2,5 mm lg., bis zur Spitze bewimpert, mit 1 Kalkdrüse; Alp. *v*, Riesengeb. *s*. (= ssp. *arcto-alpina* Br.-Bl.) ssp. **oppositifólia**
– Blätt. stumpfl., höchstens bis 2 mm lg., sehr dichtsthd., die oberen drüsig bewimpert; Bltn. leuchtend purpurrot; Pfl. sehr dichte u. kompakte Polster bildend; in allen Teilen kleiner als vorige; Felsen u. Schutt der alp. Reg., vorwgd. auf Urgestein; sehr *s* in Alp. von Sb, O-Ti. (= *S. rudolphiana* Hornsch.) ssp. **rudolphiána** (Hornsch.) R. & Cam.
c(a). Blätt. mit 3 Kalkdrüsen u. nur am Grd. mit 5–6 Wimpern; Geröll u. Kiesbänke; am Ufer des Bodensees u. Vb; an vielen Orten verschwunden. ssp. **amphíbia** (Sond.) Br.-Bl.

– Blätt. nur mit 1 Kalkdrüse, ringsum lg. bewimpert, an der Spitze abgerundet; Felsen u. Schuttfluren der alp. Reg.; Ur-Alp. von Sb, *s*. (= *S. blepharophylla* KERN. ex HAY.)
ssp. **blepharophýlla** (KERN. ex HAY.) VOLLM.

— Blätt. lanzettl., von der Mitte an waagrecht zurückgekrümmt, glatt, glzd., mit 4 Kalkdrüsen; Pfl. größer, kompakte Polster bildend; Bltnstg. lg. drüsig, 1- bis 5-bltg.; Blkrblätt. purpurn, 3-nervig; Kblätt. kahl od. drüsig behaart, aber ohne Randwimpern; ♃; V–VIII. Felsen der Ur-Alp.; *s* in Sb.
Ⓖ *Gestutzter St.,* **S. retúsa** GOUAN

Hierher auch: **S. wulfeniána** SCHOTT [= *S. retusa* var. *baumgartenii* (SCHOTT) VEL.]: Stg. kurz, 1- bis 2-bltg.; Kblätt. kahl. Kalkliebend. Alp. von Sb, *s*.

4(1). Blätt. am Rand ohne kalkabsondernde Grübchen, krautig, weich, seltener starr ***12***

— Blätt. obersts. am Rand mit punktf., kalkabsondernden Grübchen, starr u. hart ***5***

5. Stg. dicht-dachig beblätt.; Stämmchen deshalb säulenf., zu kompakten Polstern zusammentretend; Blätt. blaugrün ***10***

— Stg. rosettig beblätt., nicht säulenf.; Blätt. meist flach ausgebreitet, knorpelig berandet, am Rand vielgrubig; Pfl. häufig mit Ausläufern u. lockere Rasen bildend ***6***

6. Bltn. zitronengelb bis tieforange, in lockerer Rispe; Stg. bis 60 cm hoch, spitzenw. dichtdrüsig; Rosetten groß, einzeln, nach der Blüte absterbend; Blätt. lineal, fleischig, knorpelrandig, Grübchen undeutl.; ⊙; VI–VIII. Felsspalten, bes. an Nagelfluhfelsen der Alp. u. Vorland, *v*; früher bis München u. Augsburg u. Oberrhein bei Rüdlingen. Ⓖ *Kies-St.,* **S. mutáta** L.

— Bltn. weiß od. milchweiß ***7***

7. Bltnstg. vom Grd. an verzweigt; Rosettenblätt. breit-lineal, bis 1,5 cm breit u. 6 cm lg., bespitzt, regelmäßig fein gesägt; Blkrblätt. 3 mal so lg. wie die Kzipfel, zuw. mit purpurnem Fleck; ♃; VI–VIII. Feuchte Felsspalten der Ur-Alp.; *s* in Vb (Montafon). Ⓖ *Pracht-St.,* **S. cotylédon** L.

— Bltnstg. nur im oberen Teil verzweigt; Blätt. schmäler ***8***

8. Rosettenblätt. schmal, nur 2–3 mm lg., ganzrandig od. schwach gekerbt, im unteren Drittel langhaarig bewimpert, oft völlig von Kalk eingehüllt; Bltnstg. bis 40 cm hoch, reichbltg.; Blkr. 2,5–3 mal so lg. wie die Kzipfel; Pfl. mit zahlr. sterilen Rosetten; ♃; VI–VIII. Felsen der K-Alp.; *z* in Sb u. O-Ti. (= *S. crustata* VEST) Ⓖ *Krusten-St.,* **S. incrustáta** VEST

— Rosettenblätt. breiter als 3 mm, am Rand deutl. gekerbt od. gesägt ***9***

9. Rosettenblätt. gekerbt, bis 10 mm breit, ausgebreitet, zungenf., am Grd. rötl.-violett u. steifborstig; Bltnstg. bis 60 cm hoch, spitzenw. drüsig-klebrig; Blkrblätt. milchweiß od. rahmgelb, zuw. mit purpurnen Punkten, 2–3 mal so lg. wie die Kzipfel; ♃; V–VII. Kalkfelsen; *s* in O-Ti.
Ⓖ *Südalpen-St.,* **S. hóstii** TAUSCH ssp. **hóstii**

— Rosettenblätt. deutl. u. scharf gesägt, bis 5 cm lg. u. 6 mm breit, am Grd. steif bewimpert, zu kugeligen Rosetten zusammenschließend, die zu Flachpolstern zusammentreten; Bltnstg. bis 45 cm hoch, spitzenw. drüsig; Blkrblätt. weiß, zuw. rot gepunktet; ♃; V–VIII. Felsen, Schutt, kalkliebend; *v* in Alp.; *s* in Schw., Vog., Schw. Alb, Nahetal. (= *S. aizoon* JACQ.)
Ⓖ *Trauben-St.,* **S. paniculáta** MILL.

10(5). Blätt. aufgerichtet, dem Stg. dicht dachziegelig anlgd., lineal-lanzettl., scharf 3-kantig, in eine Stachelspitze auslaufend, mit 7 Kalkdrüsen, blaugrün; Bltnstg. 3–8 cm lg., 1-bltg., dicht u. langdrüsig; Blkrblätt. weiß, dunkler genervt, doppelt so lg. wie die Kzipfel; ♃; III–VI. Kalkfelsen; *z* in O-Alp., *s* in Sb, Ti. Ⓖ *Stachelblättriger St.,* **S. burseriána** L.

— Blätt. vom Grd. an od. wenigstens an der Spitze zurückgekrümmt, nicht stachelspitzig; Bltnstg. meist mehrbltg. ***11***

11. Blätt. vom Grd. an zurückgekrümmt, lanzettl., blaugrün, dick, starr, am Rand mit 5–7 Kalkdrüsen; Bltnstg. bis 12 cm lg., ± 8-bltg., spitzenw. zerstreut drüsig; Blkrblätt. weiß; Pfl. kompakte Polster bildend; ♃; VII–IX. Spalten u. Schutt der K-Alp. *v*, bis in die Isarauen herabgeschwemmt.

Ⓖ *Blaugrüner St.*, **S. caésia** L.

— Blätt. nur an der Spitze zurückgebogen, lineal-längl., graugrün, mit 1–5 Kalkdrüsen; Bltnstg. 3–8 cm hoch, kahl od. drüsig, 2- bis 7-bltg.; Blkrblätt. weiß; Pfl. kompakte Polster bildend; ♃; VII–VIII. Felsen, Schutt, steinige Weiden; kalkstet; *s* in O-Ti. ⊡ *Sparriger St.*, **S. squarrósa** Sieber

12(4). Blkrblätt. rein weiß, am Grd. zuw. aber mit gelben od. roten Punkten ***23***

— Blkrblätt. gelb, gelbl.weiß (rahmgelb), gelbgrün, selten rotbraun od. purpurn ***13***

13. Kblätt. aufrecht od. absthd. ***15***

— Kblätt. zurückgeschlagen, bisw. erst nach der Blüte ***14***

14. Blkrblätt. hellgelb, 2,5–3 mal so lg. wie der K.; Bltn. einzeln od. zu 2–5; Stg. bis 40 cm hoch, dicht beblättert; Grdblätt. lanzettl., fast kahl, ganzrandig, in den langen Stiel verschmälert; Pfl. mit kurzen Ausläufern; ♃; VII–IX. Moore, Moorwiesen; *s*, Bayr. Hochebene, BW, früher auch um Hamburg, SH, Br u. Me Ⓖ! *Moor-St.*, **S. hírculus** L.

— Blkrblätt. grünl. od. purpur-bräunl., so lg. od. kürzer als die nach der Blüte herabgeschlagenen Kzipfel; Stg. blattlos, mit Drüsenhaaren; Bltn. in kopfiger, ährenf. Traubenrispe; Grdblätt. rosettig, eif., fast ganzrandig, in einen kurzen, geflügelten Stiel verschmälert, am Rand lg. bewimpert; Pfl. ohne Ausläufer; ♃; VII–VIII. Feuchte Felsen, Bachufer; kalkmeidend; *s* in Sb (Lungau). ⊡ *Habichtskraut St.*, **S. hieraciifólia** W. & K.

15(13). Blätt. nicht grannig zugespitzt, wimperlos od. nur kurz bewimpert, bzw. drüsig behaart ***17***

— Blätt. grannig zugespitzt, lineal-lanzettl., starr, am Rand entfernt stachelig bewimpert ***16***

16. Pfl. dichtrasig, große Flachpolster bildend; Stämmchen mit zahlr. kugeligen Blattknospen in den Blattachseln, diese die Länge der Tragblätt. erreichend; Stg. meist 1-bltg.; ♃; VII–VIII. Schuttflächen u. Felsen der alp. Reg., kalkmeidend. Zentral-Alp. *v*; *s* im Allgäu. [= *S. aspera* L. ssp. *bryoides* (L.) Gaud.]

Ⓖ *Moos-St.*, **S. bryoídes** L.

— Pfl. lockerrasig, mit verlängerten Stämmchen; Achselknospen kürzer als die Tragblätt.; Bltnstg. bis 20 cm lg., mehrbltg.; ♃; VII–VIII. Schattige Felsen u. Schutt der Ur-Alp.; *v* in Ti. (= *S. aspera* L. ssp. *elongata* Gaud.)

Ⓖ *Rauher St.*, **S. áspera** L.

17(15). Bltnstg. bis zur Spitze reich beblättert; Blätt. dick, fleischig, lineal, 8–15 mm lg.; Bltn. in mehrbltg., drüsig behaarter Rispe, gelb bis orange [f. **crócea** (Gaud.) Hay.] od. dk.rot (f. **atrorúbens** Engl.); ♃; VI–X. Quellfluren, nasse Felsen, Bachufer, kalkliebend; Alp. *v*, mit den Flüssen herabstgd. (Bayr. Hochebene, Bodensee). Ⓖ *Fetthennen-St.*, *Bach-St.*, **S. aizoídes** L.

— Bltnstg. nur mit wenigen Blätt. od. blattlos; Grdblätt. einfach od. 3- bis mehrspaltig ***18***

18. Grdblätt. stets einfach, ungeteilt ***21***

— Grdblätt. an der Spitze geteilt (selten einfach, *S. moschata*, Punkt ***20***) ***19***

19. Bltnstg. meist blattlos, selten mit 1 Stgblatt; 1- bis 3-bltg.; Blätt. in hellgrünen, zu lockeren Rasen zusammenschließenden Rosetten, lanzettl., gegen die Spitze verbreitert, 3- bis 5-spaltig; Mittellappen breiter u. länger als die seitl.; Blkrblätt. sehr schmal, $^1/_3$ so breit wie die Kblätt., blaßgelb; ♃; VII–IX. Geröll der K-Alp. *v*. Ⓖ *Blattloser St.*, **S. aphýlla** Sternbg.

— Bltnstg. mit 2–5 linealen Blätt.; Blkrblätt. etwa so breit wie die Kblätt. od. breiter ***20***

20. Blkrblätt. etwa so breit wie die Kblätt., grünl.gelb, beim Trocknen intensiver gefärbt; Grdblätt. 2- bis 3- (bis 7-)spaltig, seltener ungeteilt, ohne hervortretende Nerven; ♃; VII–VIII. Felsschutt, steinige Weiden.

Ⓖ *Moschus-St.*, **S. moscháta** Wulf.

a. Blätt. meist ungeteilt; Bltnstg. kurz, meist 1-bltg.; Blkrblätt. kaum so breit wie die Kzipfel; K-Alp, *v.* ssp. **linifólia** Br.-Bl.
b. Blätt. meist 3-spaltig od. ungeteilt; 5-spaltige Grdblätt. fehlend (Unterschied zu *S. exarata!*); Bltnstg. meist mehrbltg.; Alp. *v.* (Genauere Verbreitung unbekannt.) (= ssp. *pseudoexaráta* Br.-Bl.) ssp. **moscháta**
c. Blätt. 3- bis 5- (bis 7-)spaltig. Auf Basaltfelsen der Kleinen Schneegrube (Riesengeb.). ssp. **basáltica** Br.-Bl.

— Blkrblätt. etwa doppelt so breit u. lg. wie die Kblätt., gelbl.-weiß; Grdblätt. 3- bis 5- (bis 7-)spaltig, mit stark hervortretenden Nerven; ganze Pfl. stark drüsig-klebrig, harzig duftend; ♃; VII–VIII. Felsschutt u. Spalten der alp. Reg.; *z* in Ti, Vb. Ⓖ *Furchen-St.,* **S. exaráta** Vill.

21(18). Pfl. lockerrasig, kriechend; Grdblätt. lanzettl.-spatelig, kurz-stachelspitzig, drüsenhaarig; Bltnstg. schlaff aufstgd., bis 5 cm lg., 1- bis 4-bltg.; Blkrblätt. etwas schmäler als die Kblätt., blaßgrünl. bis zitronengelb; ♃; VI–VIII. Feuchter Felsschutt der K-Alp., *z.* Ⓖ *Fettkraut-St.,* **S. sedoídes** L.

— Pfl. dichte Polster bildend; Blätt. nicht stachelspitzig ***22***

22. Pfl. harzig duftend; Grdblätt. lineal-lanzettl., am Rand kurzdrüsig, die letztjährigen an der Spitze silbergrau, 3–7 mm lg., 1–2 mm breit; Bltnstg. bis 5 cm lg., 1- bis 3-bltg., dicht drüsig-zottig; Blkrblätt. blaß- bis hellzitronengelb, beim Trocknen ausbleichend, 1,5–2 mal so lg. u. doppelt so breit wie die Kblätt.; ♃; VI–VIII. Felsschutt der alp. Reg; *s,* Alp. von Sb. (= *S. planifolia* Sternbg.; = *S. tenera* Sut.) Ⓖ *Moos-St.,* **S. muscoídes** All.

— Pfl. nicht harzig duftend; Grdblätt. lanzettl.-spatelig, allmähl. in den breit geflügelten Stiel verschmälert, mit drüsentragenden Gliederhaaren; Bltnstg. bis 4 cm lg., meist 1-bltg.; Blkrblätt. schmäler als die Kblätt. u. so lg. wie diese; ♃; VII–VIII. Feuchter Felsgrus u. Felsschutt der alp. Reg.; kalkmeidend; *z* in Ti u. Vb. Ⓖ *Seguiers St.,* **S. seguiéri** Spr.

23(12). Blkrblätt. ohne gelbe od. rötl. Punkte ***27***

— Blkrblätt. am Grd. mit gelben od. roten Punkten ***24***

24. Kblätt. aufrecht-absthd.; Blkrblätt. am Grd. gelb u. rot punktiert, 2–3 mal so lg. wie die Kblätt.; Stg. bis 70 cm lg., an der Spitze drüsen-, an der Basis weichhaarig; Grdblätt. herznierenf., ungleich grob gezähnt, weichhaarig; ♃; VI–X. Feuchte, schattige Orte der subalp. Reg.; Alp. *v, s* in Vor-Alp. u. SW. Ⓖ *Rundblättriger St.,* **S. rotundifólia** L.

— Kblätt. z. Bltzt. herabgeschlagen; Grdblätt. nicht herznierenf. ***25***

25. Blkrblätt. am Grd. mit 2 gelben Punkten; Blätt. verkehrt-eif.-keilig, an der Spitze gezähnt, fleischig, untersts. nicht purpurfarbig; ♃; VI–VIII. Quellfluren, Bachufer, nasse Felsen; Alp. *v, s* in Schw., Vog. *Stern-St.,* **S. stelláris** L.

a. Alle Bltn. normal ausgebildet. Alp., Vog., Schw. ssp. **alpígena** Temesy
– An Stelle von Bltn. z. T. Laubknospen sthd.; Blkrblätt. fehlend. Fast nur auf Urgestein; Alp. von Sb. ssp. **prolífera** (Sternbg.) Temesy

— Blkrblätt. mit zahlr. gelben u. roten Punkten ***26***

26. Rosettenblätt. groß, verkehrt-eilängl., am Rand grob gekerbt, untersts. purpurn, in den wollig-filzigen Stiel verschmälert; ♃; VI–VIII. Als Zierpfl. kultiviert u. stellenw. verwild. (Heimat: Pyrenäen) *Schatten-St.,* **S. umbrósa** L.

— Rosettenblätt. kleiner, verkehrt-eilängl. bis rundl., untersts. purpurviolett; Blattstiele kahl; ♃; VI–VII. Wälder, Felsen der Voralp. Reg.; kalkmeidend; *s* in Ti, Vb. Ⓖ *Keilblättriger St.,* **S. cuneifólia** L.

27(23). Bltn. kopfig gehäuft; Bltnstg. spitzenw. dichtdrüsig, blattlos; Grdblätt. rosettig, fleischig, verkehrt-eif., stumpfzähnig, untersts. meist purpurn, in den kurzen Blattstiel verschmälert; ♃; VI–VIII. Auf Basalt, nur im Riesengeb. (Kleine Schneegrube als Glazialrelikt), sonst nur N-Eur. Ⓖ *Schnee-St.,* **S. nivális** L.

— Bltn. nicht kopfig gehäuft ***28***

28. Blätt. ungeteilt, lanzettl.-spatelig, bis 2 cm lg., ganzrandig, selten an der Spitze 3-zähnig, am Rand lg.drüsig; Bltnstg. bis 10 cm, 1- bis 3-blättrig, lg.-drüsig, meist 1- bis 2-bltg.; Blkrblätt. doppelt so lg. wie der K.; Pfl. rasigpolsterbildend; ♃; V–VII. Schneetälchen, durchfeuchtete Rasen, von 1500 bis 3000 m; kalkliebend; Alp. *v.* Ⓖ *Mannschild-St.,* **S. androsácea** L.

— Blätt. gelappt od. tief gekerbt; nur die Grdblätt. zuw. ungeteilt . . . ***29***

29. Stg. am Grd. mit zahlr., rundl. Brutzwiebelchen, 20 bis 50 cm hoch, drüsig-klebrig; Grdblätt. tief gekerbt; Blkrblätt. 3- bis 5 mal so lg. wie die Kblätt.; ♃; V–VI. Wiesen, Waldränder; *v,* in Alp. *f.* *Knöllchen-St.,* **S. granuláta** L.

— Stg. am Grd. ohne Brutzwiebeln ***30***

30. Stg. stets 1-bltg., 3 bis 35 cm hoch, einfach, schwach zickzackf., meist etwas nickend; Grdblätt. rundl.-herznierenf., 5- bis 7-lappig, lg. gestielt; ♃; VII. Feuchte Wiesen; sehr *s;* nur Ti (Schmalzkopf bei Nauders). 🄶 *Nickender St.,* **S. cérnua** L.

— Stg. meist mehrbltg. ***31***

31. Pfl. ausdauernd, große, lockere od. dichtere Rasen bildend ***33***

— Pfl. 1-jährig ***32***

32. Grdblätt. z. Bltzt. nicht mehr vorhanden, schwach 3-lappig; Stgblätt. tief 3- bis 5-lappig; Stg. meist rötl., dicht kurzhaarig-drüsig, 2–18 cm hoch; Blkrblätt. weiß, bis 4 mm lg.; Bltnstiele 2- bis mehrfach länger als die Bltn.; ⊙; IV–VI. Mauern, trockene Felsritzen, auf Sand; *v, s* im N. *Dreifinger-St.,* **S. tridactylítes** L.

— Grdblätt. z. Bltzt. noch vorhanden, 3- bis 5-zähnig, dicht kurzdrüsig; Stgblätt. lanzettl., ungezähnt; Bltnstiele kürzer als die Bltn.; Blkrblätt. doppelt so lg. wie die Kblätt.; ⊙; VI–VIII. Feuchte Weiden der alp. Reg.; kalkliebend, *z* in Sb. [= *S. tridactylites* L. ssp. *adscendens* (L.) A. Blytt] Ⓖ *Aufsteigender St.,* **S. adscéndens** L.

33(31). Nichtblühende Triebe in den Blattachseln gestielte, von trockenhäutigen Niederblätt. eingehüllte, spinnwebig behaarte Knospen tragend; Blätt. starr, bis zum Grd. eingeschnitten 3-lappig, mit grannig bespitzten Abschnitten; Bltnstg. zahlr., 3- bis 12-bltg.; ♃; IV–VII. Angepflanzt u. verwild.; wild in NW-Eur., südl. bis zu Vogesen. *Astmoos-St.,* **S. hypnoídes** L.

— Nichtblühende Triebe ohne Knospen in den Blattachseln; Blätt. weich, breitkeilf., 3- bis 9-spaltig, mit stumpfen, vorw. gerichteten Abschnitten; Bltnstg. zahlr., 2- bis 9-bltg.; ♃; V–VII. Felsblöcke, Schutt; Mittelgeb. *z* (= *S. decipiens* Ehrh.; = *S. caespitosa* auct.)Ⓖ *Rasen-St.,* **S. rosácea** Moench

a. Grdblätt. tief 3- bis 9-spaltig mit genäherten Lappen. Schw. Alb, Fichtgeb., ob. Saale-, Bode- u. Elstergebiet, Sudeten. ssp. **rosácea**

– Grdblätt. 3- bis 5-lappig, mit auseinanderspreizenden, grannig bespitzten Lappen; RhPf, He, südl. NrWe bis Lx. ssp. **sponhémica** (Gmel.) Webb

Familie: **Parnassiáceae,** *Herzblattgewächse*

Stauden mit ungeteilten Blätt.; Bltn. einzeln, 5-zählig; Stbblätt. 5, mit 5 Staminodien abwechselnd *(476);* Kapselfr.; nur 1 Gattung.

Parnássia L., *Herzblatt.* Grdblätt. zahlr., rosettig, lg.gestielt; Spreite herzeif., ganzrandig, kahl; Bltnstg. bis 45 cm hoch, kantig, im unteren Drittel ein sitzendes Laubblatt tragend, 1-bltg.; Blkrblätt. weiß, mehrnervig *(476a);* Staminodien spatelig, mit langen, gelben Drüsenköpfchen *(476b);* ♃; VII–IX. Sumpfwiesen, Flachmoore der Ebene u. Trockenrasen der alp. Reg.; *z.* *Sumpf-H., Studentenröschen,* **P. palústris** L.

Im Gebiet nur die ssp. **palústris.**

Ordnung: **Sarraceniáles**

Familie: **Droseráceae,** *Sonnentaugewächse*

Insektenfangende Pfl.; Blätt. mit Drüsen *(477–479)* zum Fangen u. Verdauen tierischer Nahrung od. Blattspr. zusammenklappend; Bltn. strahlig, meist in Wickeln, 4- od. 5-zählig; Frkn. oberst., 1-fächerig; Kapselfr.

1. Moor- u. Sumpfpfl.; Blätt. in grdst. Rosette, mit langen Drüsenhaaren *(477–479)* . . . . **Drosera,** 186

— Untergetauchte, wurzellose Wasserpfl.; Blätt. quirlst.; Blattspr. mit Borsten *(179),* auf einen Reiz hin längs der Mittelrippe zusammenklappend . . . . **Aldrovanda,** 186

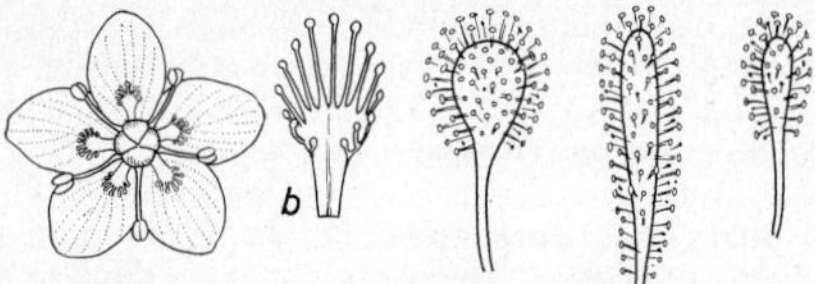

476 a 477 478 479

1. **Drósera** L., *Sonnentau* Ⓖ

1. Blattspr. kreisrund, lg. gestielt *(477)*; ♃; VI–VIII. Flach- u. Hochmoore; *z.*
Ⓖ *Rundblättriger S.,* **D. rotundifólia** L.

— Blätt. länger als breit *2*

2. Blattspr. 4–8 mal so lg. wie breit *(478)*; Bltnstände aufrecht, die Blätt. überragend; Kapseln glatt; ♃; VI–VIII. Hoch- u. Zwischenmoore, in Torfmoos od. am Rand von Schlenken, oft im Wasser sthd.; von der Ebene bis in die subalp. Stufe; *z* bis *s.* (= *D. longifolia* L. p. p.)
Ⓖ *Langblättriger S.,* **D. ánglica** Huds.

— Blattspr. nur 2–4 mal so lg. wie breit *(479)*; Bltnstg. bogig aufstgd., die Blätt. nur wenig überragend; Kapseln gefurcht; ♃; VII–VIII. Flach- u. Hochmoore, *z* auf nackten Torfschlenken; im NW *v,* sonst *s.* (= *D. longifolia* L. p.p.) Ⓖ *Mittlerer S.,* **D. intermédia** Hayne

Häufig **Bastard**bildung:
D. rotundifolia × D. anglica = **D.** × **obováta** Mert. & K., *v.*
D. rotundifolia × D. intermedia = **D.** × **beleziána** E. G. Camus., *s.*
D. anglica × D. intermedia (nicht beschrieben), *s.*

2. **Aldrovánda** L., *Wasserfalle.*

Blätt. in 6- bis 9-zähligen Quirlen; Bltn. einzeln; ♃; VII–VIII. Sthd. Gewässer; *s,* Bodenseegebiet (ob noch?), Br, WPr, Schl. Ⓖ! *Blasige W.,* **A. vesiculósa** L.

Ordnung: **Rosáles**

Familie: **Rosáceae,** *Rosengewächse*

Kräuter, Stauden od. Holzpfl.; Blätt. wechselst., meist mit Nebenblätt.; Bltn. radiär, ⚥, mit meist doppelter Bltnhülle; Stbblätt. 5 od. 2–4 mal soviel wie Blkrblätt.; Frkn. viele bis 1, frei (apokarp) od. unecht verwachsen, dem kegelig erhöhten od. flächig verbreiterten Bltnboden aufsitzend *(480)* od. von der krugf. vertieften Bltnachse umgeben *(481–484)*, bzw. mit derselben verwachsen *(482, 487)*; dadurch alle Übergänge von ober- zu unterst. Frkn.; an der Fruchtbildung beteiligt sich in mannigfacher Weise die Bltnachse; Fr.: Kapseln *(485–486),* Nüsse od. Nüßchen *(489–490),* Steinfr. *(122),* Sammelfr. od. Scheinfr. *(487–488)*; viele Nutz- u. Zierpfl.

1. Blätt. mit Nebenblätt.; Pfl. mit 1- bis mehrsamigen Schließfr. [Nuß- *(126, 489–490)*, Steinfr. *(122)*, Sammel- *(126–128)* od. Scheinfr. *(129)*] ***4***
— Blätt. ohne Nebenblätt.; Pfl. mit aufspringenden Balgfr. *(485, 486)*, diese zu 2–5, dem flachen od. trichterf. Bltnboden aufsitzend *(481)*; Bltn. klein, in reichbltg. Bltnständen, eingschl. od. ⚥ ***2***
2. Bis 1,5 m hohe Stauden, mit doppelt 3-zählig gefied. Blätt.; Bltn. eingschl., in großen rispenart. Bltnständen . . . . **Aruncus,** 189
— Sträucher, mit ungeteilten od. gelappten Blätt.; Bltn. ⚥ ***3***
3. Frkn. bis zur Mitte frei; Fr. nicht aufgeblasen *(486)* . . . . . . **Spiraea,** 189
— Frkn. etwa bis zur Mitte verwachsen; Fr. aufgeblasen *(485)* **Physocarpus,** 189
4(1). Bltn. mit 2 u. mehreren (bis zahlr.) Frblätt. u. Gr. ***9***
— Bltn. mit nur 1 Frkn. u. Gr. ***5***
5. Kräuter u. Stauden ***7***
— Holzpfl.; Bäume u. Sträucher ***6***
6. Frkn. mittelst., von der becherf., später abfallenden Bltnachse umgeben, aber nicht mit dieser verwachsen *(484)*; Steinfr. . . . . **Prunus,** 202
— Frkn. unterst., mit der becherf. bleibenden u. fleischig werdenden Bltnachse verwachsen; Apfelfr. *(488)* . . . . **Crataegus,** 201
7(5). Bltn. in dichten, kugeligen od. eif.-walzl. Köpfchen; Blätt. gefied. **Sanguisorba,** 190
— Bltn. in achselst. Knäueln od. in endst. geknäuelten Rispen, klein, grünl.; Stbblätt. 1 od. 4 . . . . ***8***
8. Bltn. in achselst. Knäueln; Blätt. handf. 3-spaltig *(518)*; Stbblätt. 1; 1-jähriges Ackerunkraut . . . . **Aphanes,** 195
— Bltn. in endst., geknäuelten Rispen; Stbblätt. 4; Blätt. gefied. od. gelappt *(520–524)*; ausdauernde Rosettenpfl. . . . . **Alchemilla,** 195

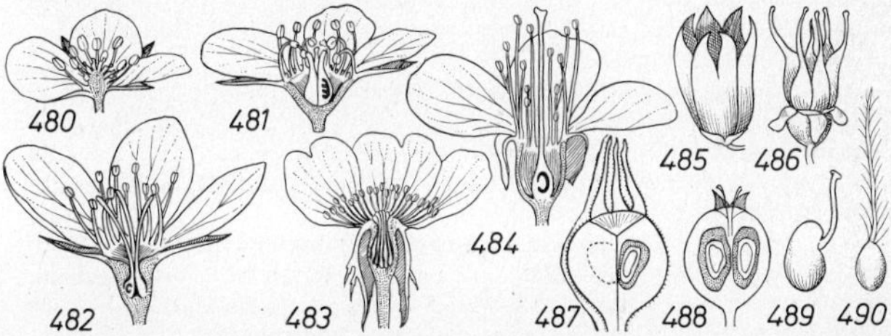

9(4). Kräuter, Stauden od. niederlgd. Zwergsträucher ***21***
— Bäume od. aufrechte Sträucher ***10***
10. Frkn. u. Gr. 2–5; fleischige Scheinfr. mit pergamentart. od. steinhartem Kerngehäuse [Apfelfr. *(129, 488)*] ***13***
— Fr. u. Gr. zahlr. ***11***
11. Bltnachse zu einem krugf. Becher vertieft, der zahlr. freie Nußfr. enthält u. dem oben die K-, Stb- u. Blkrblätt. ansitzen *(127, 483)* . **Rosa,** 196
— Bltnachse halbkugelig bis kegelig aufgewölbt *(480)* ***12***
12. Bltn. weiß od. rötl.; Fr. eine saftige Sammelfr. mit Steinfr. *(128)*; Pfl. meist mit Stacheln od. Borsten . . . . **Rubus,** 198
— Bltn. gelb; Fr. eine trockene Sammelfr. mit Nußfr.; Pfl. stachellos **Potentilla fruticosa,** 191
13(10). Blätt. einfach gesägt od. ganzrandig ***15***
— Blätt. doppelt gesägt, gelappt od. gefied. ***14***

14. Pfl. mit Kurztriebdornen *(10)*; Blätt. meist kahl; Scheinfr. mit harten, nußart. Frblätt. *(488)* . . . . **Crataegus,** 201

— Pfl. dornenlos; Blätt. unterststs., zumindest auf den Nerven, behaart; Scheinfr. mit dünnen, pergamentart. Frblätt. . . . . **Sorbus,** 200

15(13). Bltn. klein, bis 0,5 cm im Dm, zu 1–5 blattachselst.; Blätt. ganzrandig; niedrige Sträucher . . . . **Cotoneaster,** 202

— Bltn. größer als 0,5 cm im Dm ***16***

16. Nebenblätt. (an Langtrieben) sehr groß, eirundl., am Rand gezähnt, bleibend *(275)*; Bltn. leuchtend rot; Pfl. mit Kurztriebdornen; Zierstrauch . . . . **Chaenomeles,** 199

— Nebenblätt. kleiner, nicht eirund, hinfällig; Bltn. weiß od. rosa ***17***

17. Bltn. zu mehreren, in ± reichbltg. Bltnständen ***19***

— Bltn. einzeln ***18***

18. Kblätt. die Blkrblätt. weit überragend; Bltn. endst.; Fr. oben breit abgestutzt *(487)* . . . . **Mespilus,** 201

— Kblätt. die Blkrblätt. nicht überragend; Fr. oben geschlossen **Cydonia,** 199

19(17). Blkrblätt. lg.-lanzettl., 2–5 mal so lg. wie breit; Bltn. sich vor den Blätt. entfaltend, in traubig-rispigen Bltnständen; Blattspr. eif., am Grd. schwach herzf. *(260)*, mit kurzen Stachelspitzchen; dornenlose Sträucher . . . . **Amelanchier,** 202

— Blkrblätt. rund bis verkehrt-eif., etwa 2 mal so lg. wie breit; Bltn. in Doldentrauben an Kurztrieben; Blattspr. länger bespitzt; Pfl. zuw. mit Dornen ***20***

20. Stbbeutel gelb; Gr. am Grd. verwachsen . . . . **Malus,** 199

— Stbbeutel rot; Gr. bis zum Grd. frei *(482)* . . . . **Pyrus,** 199

21(9). Blätt. ledrig, ungeteilt, am Rand gekerbt, unterststs. weißfilzig; Blkrblätt. meist 8, weiß; Gr. z. Frreife verlängert u. federig behaart *(490)*; hochalp. Spalierstrauch . . . . **Dryas,** 190

— Blätt. krautig, gelappt, gefied. od. gefingert ***22***

22. Bltn. in walzenf. od. eif., grünl. od. braunen Ähren; Stbblätt. 4 od. viele *(494–495)* . . . . **Sanguisorba,** 190

— Bltnstände anders gestaltet ***23***

23. Bltnhülle doppelt, mit K. u. ± auffälliger Blkr.; K. häufig mit Außenk. *(79)* ***25***

— Bltnhülle einfach; Blkr. fehlend; K. jedoch mit Außenk. ***24***

24. Pfl. 1-jährig; Bltn. in achselst. Knäueln mit nur 1 Stbblatt; Blätt. handf.-3-spaltig *(518)* . . . . **Aphanes,** 195

— Pfl. ausdauernd; Bltn. in endst. geknäuelten Rispen; Stbblätt. 4; Blätt. gelappt od. gefing. *(520–524)* . . . . **Alchemilla,** 195

25(23). Bltn. mit K. u. Außenk., deshalb 8–10 Kblätt. vorhanden . . ***28***

— Außenk. fehlend, nur 4–5 Kblätt., zuw. aber noch ein Kranz von Hakenstacheln vorhanden *(492–493)* ***26***

26. Bltn. gelb, in ährig-traubigen Bltnständen; Kbecher gefurcht, die Fr. fest umschließend, am Rand mit hakigen Stacheln *(491–493)*; Blätt. unterbrochen gefied. *(63)* . . . . **Agrimonia,** 190

— Bltn. weiß od. gelbl.weiß; Kbecher nicht mit hakigen Stacheln ***27***

27. Blätt. 3- od. 5- bis 7-zählig gefied. od. mit 5- bis 7-lappiger, herznierenf., am Rand gekerbter Spreite; Bltn. groß; beerenartige Sammelfr. *(128)* . . . . **Rubus,** 198

— Blätt. unterbrochen gefied. *(63)*; Bltn. zahlr., klein, in reichbltg., doldenrispigen *(105)* od. trichterrispenart. Bltnständen *(107)*; Kapselfr. *(485)* . . . . **Filipendula,** 189

28(25). Blkrblätt. dk.purpurbraun, bleibend, kürzer als der oberststs. ebenso gefärbte K.; Blätt. gefied., blaugrün; Bltnachse kegelig, schwammig . . . . *(Comarum)* **Potentilla palustris,** 191

— Blkrblätt. nicht dk.purpurbraun, zuw. aber rötl., sonst weiß od. gelb ***29***

29. Stbblätt. mehr als 10 . . . . ***31***
— Stbblätt. 4–10 . . . . ***30***
30. Grdblätt. groß, unterbrochen gefied.; Blkrblätt. 6–7 mm lg. **Aremonia,** 190
— Grdblätt. klein, 3-zählig; Blkrblätt. 1,5 mm lg., kürzer als der K., hinfällig; Hochalpenpfl. . . . . **Sibbaldia,** 195
31(29). Gr. sich während der Frreife verlängernd, fedrig behaart *(498)* od. hakig gekrümmt *(499–501)* . . . . **Geum,** 191
— Gr. sich nicht verlängernd ***32***
32. Bltnboden z. Frreife kegelig aufgewölbt, fleischig-saftig, genießbar, von zahlr. kleinen Nußfr. bedeckt *(126, 490)*, diese zusammen mit dem Bltnboden abfallend; Bltn. weiß; Blätt. 3-zählig . . . . . . **Fragaria,** 195
— Bltnboden z. Frreife trocken-schwammig; Nüßchen einzeln abfallend; Bltn. weiß, gelb od. rötl.; Blätt. 3-zählig, mehrzählig gefing. od. gefied. *(502–516)* . . . . **Potentilla,** 191

Unterfamilie: **Spiraeoídeae,** *Spiraengewächse*

Sträucher od. Stauden; Blätt. meist ohne Nebenblätt.; Bltn. 5-zählig, mit flachem, konkavem od. glockenf. Bltnachsenbecher; Stbblätt. 15 bis zahlr.; Frblätt. 1–5, frei od. an der Basis verwachsen; Balgfr. *(485–486)*.

1. Spiraéa L., *Spierstrauch*

1. Bltn. am Ende von Kurztrieben, in halbkugeligen Doldentrauben, weiß; Blätt. längl.-eif., einfach, tief gesägt, kahl; ♃; V–VII. Wild nur in O-Eur., sonst angepflanzt, zuw. verwild. (= *S. ulmifolia* Scop.) *Ulmen-Sp.,* **S. chamaedryfólia** L. em. Jacq.
— Bltn. in endst. pyramidenf. Rispen, hellrosa bis weiß; Kblätt. z. Frzt. aufrecht; Blätt. längl.-lanzettl., spitz, kahl; ♃; VI–VII. In Dt. nur angepfl., zuw. verwild. (Heimat: Asien bis O-Eur.) *Weiden-Sp.,* **S. salicifólia** L.

2. Physocárpus (Cambessèdes) Maxim., *Blasenspiere.*

Bis 3 m hoher Zierstrauch; Blätt. 3-lappig; Bltn. in kugeligen Dolden; Blkr. weiß; Fr. aufgeblasen; ♃; V–VI. Aus N-Am. stammender, selten verwild. Zierstrauch (= *Spiraea opulifolia* L.) *Schneeballblättrige B.,* **Ph. opulifólius** (L.) Maxim.

3. Arúncus Schaeff., *Geißbart.*

Blätt. bis 1 m lg., doppelt 3- bis 5-fach gefied.; Bltn. in langen, zuletzt überhgd. Rispen, meist eingschl., weiß; ♃; V–VII. Schattige Wälder u. Hochstaudenfluren der mont. Reg.; *z, f* im Harz u. N. (= *A. vulgaris* Raf.; = *A. dioicus* auct.) *Wald-G.,* **A. sylvéstris** Kostel

Unterfamilie: **Rosoídeae,** *Rosenartige*

Holzgewächse, Stauden od. Kräuter; Blätt. mit Nebenblätt.; Bltnachse flach, kegelf. aufgewölbt od. krugf. vertieft; K. häufig mit Außenk. (*213* ak); Stbblätt. 5 bis zahlr.; Frblätt. 1 bis zahlr.; Nüßchenfr., diese häufig mit verlängertem u. erhaltenbleibendem Gr. od. Sammelfr.

4. Filipéndula Mill. em. Adans., *Mädesüß*

1. Stg. 100–150 cm lg., aufrecht, kantig; Blätt. unterbrochen gefied., mit 2–5 Paaren großer, eif., doppelt gesägter Fied.; Bltn. in vielstrahligen Trugdolden, klein, gelbl.weiß, duftend; ♃; VI–VIII. Feuchte Orte; *v.* (= *Spiraea ulmaria* L.; = *Ulmaria pentapetala* Gilib.) *Echtes M.,* **F. ulmária** (L.) Maxim.
a. Blätt. beiderststs. grün, unterststs. bleicher. Im Flachland *v.* ssp. **denudáta** (J. & C. Presl) Hay.
– Blätt. unterststs. weißfilzig; *v, z* im S. [= ssp. *nivea* (Wallr.) Hay.] ssp. **ulmária**
— Stg. 30–80 cm lg., dünn, stielrund od. schwach gerillt; Blätt. unterbrochen gefied., mit mehr als 20 Paaren, bis 1,5 cm langer, tief eingeschnittener Fied.; Bltn. in reichbltg. Trichterrispen *(107)*, weiß od. rosa; Wurzeln knollig verdickt; ♃; V–VII. Trockene Hügel u. lichteres Gebüsch, vorwgd. auf Kalk; *z,* stellenw. *h, f* im NW. (= *F. hexapetala* Gil.; = *Spiraea filipendula* L.) *Kleines M.,* **F. vulgáris** Moench

5. Agrimónia L., *Odermennig*

1. Fied. untersts. nur auf den Nerven behaart; Kbecher schwach behaart, tief gefurcht, erst kurz vor der Reife nickend; Kborsten zusammenneigend *(491)*; ♃; VI–VIII. *s* in OPr. *Behaarter O.,* **A. pilósa** LED.

— Fied. untersts. auf der ganzen Fläche kurz grauhaarig; Kbecher bald nach der Blüte nickend *2*

2. Kbecher mit 10 tiefen, fast bis zum Stielansatz reichenden Furchen *(492)*, verkehrt-kegelf., dicht absthd. behaart; äußere Kborsten aufrecht-absthd., innere zusammenneigend; Blkrblätt. eif., kaum ausgerandet; ♃; VI–VIII. Wegränder, Wiesen; *v.* *Gewöhnlicher O.,* **A. eupatória** L.

— Kbecher mit 5–6 seichten, nur bis zur Mitte reichenden Furchen, halbkugelig-glockig *(493)*; äußere Kborsten meist deutl. zurückgekrümmt; Stgblätt. mit gestielten, terpentinähnl. riechenden Drüsen; Blkrblätt. an der Spitze tief ausgerandet; ♃; VI–VIII. Buschige Hügel; *z, f* im SW. (= *A. odorata* auct.) *Wohlriechender O.,* **A. procéra** WALLR.

6. Sanguisórba L., *Wiesenknopf*

1. Stbblätt. 4, mit steif absthd. Filamenten und gelben Antheren, kurz, so lg. wie der K. *(494)*; Gr. 1; Bltn. ⚥, in eilängl. Köpfchen; Stg. 30–90 cm lg.; Blattfied. längl., jedersts. mit mehr als 12 Zähnen, untersts. blaugrün; ♃; VI–IX. Wiesen; *v, s* im N. (= *S. polygama* NYL.) *Großer W.,* **S. officinális** L.

— Stbblätt. 10–30, mit schlaffen, weißen bis roten Filamenten *(495)*; Köpfchen kugelig, anfangs grün, später rötl.; die unteren Bltn. des Köpfchens ♂, die oberen ♀; Gr. 2 *(496)* *2*

2. Frkelch netzig-runzelig, 4-kantig, z. Frzt. 4 mm lg.; Stg. 20–40 cm lg., aufstgd. bis aufrecht, an der Basis ± behaart; Fied. untersts. grün; ♃; V–VI. Trockene Wiesen, Geröll; *z.* (= *Poterium sanguisorba* L.) *Kleiner W.,* **S. mínor** SCOP.

— Frkelch etwas geflügelt, mit tiefen Gruben *(497)*, z. Frzt. 6 mm lg.; Stg. 40–60 cm lg., aufrecht, meist kahl; ♃; V–VI. Trockene Wiesen; *s* im N; aus S-Eur. eingeschleppt. (= *Poterium polygamum* W. & K.; = *S. minor* SCOP. ssp. *muricata* BRIQ.) *Grubiger W.,* **S. muricáta** (SPACH) GREMLI

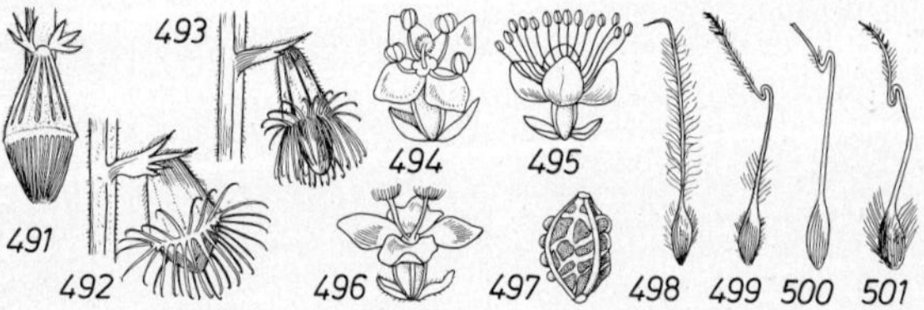

7. Aremónia NECK., *Aremonie.* Bltnstg. 5–20 cm lg., mit 1–3 Hochblätt.; Bltn. zu 2–5, von einer trichterf., sich z. Frreife vergrößernden, 6- bis 10-spaltigen Hülle umgeben; Blkrblätt. 5, lebhaft gelb; Frkn. 2, vom Kbecher eingeschlossen; ♃; V–VI. Laubwälder; *s,* nur BW (Oberrhein), Ba (Planegg). *Gewöhnliche A.,* **A. agrimonioídes** (L.) DC.

8. Drýas L., *Silberwurz.* Spalierstrauch; Blätt. längl.-elliptisch, gekerbt, ledrig, untersts. weißfilzig; Bltn. einzeln, groß, meist mit 8 Blkrblätt.; Gr. z. Frreife verlängert u. zottig behaart; ♃; VI–VII. Schutt, Grashänge; *v* in K-Alp., *s* im Vorland. *Achtblumenblättrige S.,* **D. octopétala** L.

9. Géum L., *Nelkenwurz*

1. Stg. mehrbltg.; Gr. z. Frzt. verholzend u. hakig geglied. *(499–501)*; Bltn. gelb od. rötl. **3**

— Stg. meist 1-bltg.; Gr. gerade, z. Frzt. fedrig behaart, nicht hakig geglied. *(498)*; Bltn. lebhaft gelb **2**

2. Pfl. ohne Ausläufer; Seitenfied. viel kleiner als die große, stumpf lappige Endfied.; Bltn. 3–4 cm im Dm, gelb; Gr. bis 3 cm lg., fast bis zur Spitze behaart *(498)*; ♃; V–VII. Matten; *v* Alp., Brocken (wohl angepflanzt), Riesengeb. *s*. [= *Sieversia montana* (L.) R. Br.] *Berg-N.*, **G. montánum** L.

— Pfl. mit Ausläufern; Seitenfied. nicht viel kleiner als die 2- bis 5-spaltige Endfied.; Bltn. lebhaft gelb; Gr. bis 3 cm lg.; ♃; VII–VIII. Matten; kalkmeidend; Alp. *v*. [= *Sieversia reptans* (L.) R. Br.] *Kriechende N.*, **G. réptans** L.

3(1). Bltn. nickend; Blkrblätt. außen rötl., innen gelb; K. braunrot, anlgd.; Gr. 2-gliedrig, das untere Glied so lg. wie das obere, zottig u. drüsig, das obere fedrig behaart *(499)*, abfallend; Grdblätt. lg.gestielt, unterbrochen gefied.; Endfied. sehr groß, 3-lappig; ♃; IV–V. Hochstaudenfluren, Au- u. Bruchwälder, humöse Wiesen; *v*. *Bach-N.*, **G. riväle** L.

— Bltn. aufrecht, gelb; K. zurückgeschlagen **4**

4. Bltn. klein; Blkrblätt. 3–7 mm lg., hellgelb; Gr. 2-gliedrig, das untere Glied kahl, 3- bis 4-mal so lg. wie das am Grd. gekniete u. behaarte obere *(500)*; Fr. kurzborstig; Stgblätt. 3-zählig, mit großen Nebenblätt.; ♃; V–X. Feuchte Wälder; *v*. *Echte N.*, **G. urbánum** L.

— Bltn. größer als bei voriger; unteres Grglied am Grd. borstenhaarig, etwa doppelt so lg. wie das bis zur Spitze kurz behaarte obere *(501)*; Fr. lg.borstig; ♃; VII–IX. Feuchtes Gebüsch, *s*, OPr, N-ČSSR. (= *G. strictum* Ait.) *Steife N.*, **G. aléppicum** Jacq.

10. Potentílla L. (incl. **Comarum**), *Fingerkraut*

1. Stg. holzig, bis 1 m hoher Strauch; Blätt. 3- bis 5-zählig gefied., unterstś. behaart; Blkrblätt. gelb; ♃; VI–VIII. Zierpfl., stellenw. verwild. *Strauch-F.*, **P. fruticósa** L.

— Stg. krautig, höchstens an der Basis schwach verholzt **2**

2. Blkr. dk.braunrot, bis z. Frreife bleibend, halb so lg. wie der gleichfalls braunrote K.; Bltnboden aufgewölbt, z. Frreife schwammig trocken; Grdachse kriechend; Bltnsprosse 20–60 cm lg.; Blätt. 5- bis 7-zählig gefied.; Fied. grobgesägt, untersts. behaart; ♃; VI–VII. Flach- u. Hochmoore; *v*. (= *Comarum palustre* L.) *Blutauge, Sumpf-F.*, **P. palústris** (L.) Scop.

— Blkr. gelb, weiß od. gelbl.weiß **3**

3. Blkr. gelb **9**

— Blkr. weiß bis gelbl.weiß **4**

4. Grdblätt. 5- bis 7-zählig gefied., obere Stgblätt. 3-zählig; Bltstg. bis 60 cm lg., braunrot, zerstreut kurz zottig behaart; Fr. kahl; ♃; V–VI. Trockene Wälder, Magerwiesen, Felsspalten der Hügel- u. Bergregion; in S- u. M-Dt *z*, im NO nur in Br u. Me. *Felsen-F.*, **P. rupéstris** L.

— Grdblätt. 5- od. 3-zählig gefing.; Fr. behaart **5**

5. Grdblätt. 3-zählig gefing. *(502)* **8**

— Grdblätt. meist 5-zählig gefing. *(503)* **6**

502

503

504

505

506

507

6. Stbfäden behaart, wenigstens in der unteren Hälfte; Fied. der Grdblätt. verkehrt-eif., mit 3–7 ungleichen, zusammenneigenden Zähnen *(503)*, unterststs. anlgd. seidenhaarig u. drüsig; Blkrblätt. 7–9 mm lg., seicht ausgerandet, weiß, auf der Innenseite rötl.; ♃; VII–IX. Kalkfelsen der Voralp. *z, s* im Vorland. *Stengel-F.*, **P. cauléscens** Torn.

— Stbfäden kahl ***7***

7. Fied. an der Spitze jederststs. mit 1–4 Kerbzähnen *(504)*, oberststs. dk.grün, unterststs. graugrün u. dicht seidig behaart; Bltnstg. 5–8 cm lg., dünn, aufstgd.; Fr. nur am Grd. behaart; ♃; IV–V. Lichte Kiefernwälder, buschige, grasige Abhänge; vorwgd. auf Kalk; *z, f* in Alp. (nur Bergland von Ti). *Weißes F.*, **P. álba** L.

— Fied. verkehrt-eif., an der Spitze mit 5 ungleichen Zähnen *(505)*, beiderststs. grün, zerstreut anlgd. behaart; Bltnstand wenigbltg.; Blkrblätt. an der Spitze ausgerandet; Fr. an der Spitze behaart; ♃; VI–VIII. Kalkfelsen der subalp. u. alp. Reg.; im Gebiet nur Sb u. Ba, *z.* *Tauern-F.*, **P. clusiána** Jacq.

8(5). Stbfäden ganz kahl, schmäler als die Stbbeutel; Stg. niederlgd., ausläuferart.; Fied. breit-verkehrt-eif., an der Spitze jederststs. mit 4 bis 6 Sägezähnen *(506)*, unterststs. dicht behaart, bläul.grün; Bltnstand armbltg.; Bltnboden behaart; ♃; IV–V. Waldränder, buschige Hänge; im S *z,* in Alp. *s,* in Br, O-Me, Sa *f.* (= *P. fragariastrum* Ehrh.) *Erdbeer-F.*, **P. stérilis** (L.) Garcke

— Stbfäden am Grd. bewimpert, fast so breit wie die Stbbeutel; Fied. verkehrt-eif., beiderststs. mit 6–11 Zähnen, gleich dem Stiel absthd. behaart *(502)*; Bltn. zu 1–4; Kblätt. auf der Innenseite purpurrot; ♃; III–V. Kiefernwälder, buschige, steinige Abhänge; *z* in Ti, Ba, BW (Schaffhausen), Vog, RhPf. *Rheinisches F.*, **P. micrántha** Ram. ex Dc.

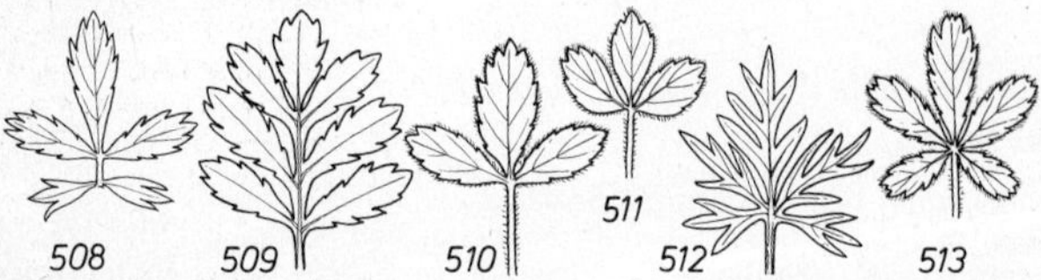

508 509 510 511 512 513

9(3). Bltn. 5-, selten 4-zählig ***11***

— Bltn. in der Mehrzahl 4-, selten 5-zählig ***10***

10. Stg. ausläuferart., niederlgd., an den Knoten wurzelnd; Grdblätt. 3- bis 5-zählig; Fied. keilf., breit gezähnt, Endzahn nicht hervorsthd. *(507)*; Blkrblätt. doppelt so lg. wie der K.; ♃; V–IX. Feuchte Mischwälder, Flach- u. Hochmoore; *z*; im S *s* od. *f.* (Als Bastard aus *P. erecta* u. *P. reptans;* = *P. procumbens* Sibth; = *Tormentilla reptans* L. entstanden) *Niederliegendes F.*, **P.** x **ánglica** Laich.

— Stg. aufstgd. bis niederlgd., aber nicht wurzelnd; Rhizom unregelmäßig knollig, auf dem Querschnitt blaßrot; Grdblätt. 3-zählig *(508)*; Fied. keilf., grob gezähnt, mit vorsthd. Endzahn, beiderststs. kahl; Nebenblätt. der Stgblätt. fingerf. eingeschnitten *(508)*; Blkrblätt. so lg. od. länger als der K.; ♃; V–VIII. Nasse bis trockene Wiesen, Heiden, Wälder, *v.* (= *P. tormentilla* Neck.; = *P. sylvestris* Neck.; = *Tormentilla erecta* L.) *Aufrechtes F., Blutwurz,* **P. erécta** (L.) Raeusch.

11(9). Grdblätt. 3- bis 7-zählig gefing. [nur bei *P. norvegica* Grdblätt. zuw. 4- bis 5-zählig gefied.] ***13***

— Grdblätt. (2-) 3- bis mehrpaarig gefied., höchstens die oberen Stgblätt. 3-zählig gefing. ***12***

12. Grdblätt. unterbrochen vielpaarig gefied., bis 20 cm lg., unterststs. weißseidenhaarig; Fied. tief gesägt; Stg. dünn, niederlgd., kriechend, wurzelnd; Blkrblätt. doppelt so lg. wie der K.; ♃; V–VIII. Nährstoffreiche Böden, Triften u. Anger; *g.* *Gänse-F.*, **P. anserína** L.

— Grd.- u. untere Stgblätt. 2- bis 5(–7)-paarig gefied. *(509)*; Fied. unregelmäßig tief eingeschnitten gesägt; Stg. niederlgd. bis aufrecht; Bltn. einzeln, ihre Stiele nach dem Verblühen zurückgekrümmt; Blkrblätt. so lg. wie der K., blaßgelb; mehrjährig; IV–IX. Schlamm, feuchter Sand, an Fluß- u. Seeufern; *z*; Th u. N *s*; Alp. *f*. *Niedriges F.*, **P. supína** L.

13(11). Blätt. (wenigstens die Grdblätt.), meist 5- u. mehrzählig gefing. ***18***

— Blätt. vorwgd. 3-, seltener 5-zählig gefing. ***14***

14. Blkrblätt. viel länger als die Kblätt. ***16***

— Blkrblätt. so lg. od. kürzer als die Kblätt. ***15***

15. Stg. steif aufrecht, bis 50 cm hoch, reich beblättert; Fied. verkehrt-eif., spitz gezähnt, beidersts. absthd. behaart *(510)*; Bltnstand reichbltg.; Pfl. mehrjährig; VI–IX. Feuchte, moorige Orte; *v* in Da, *z* im O, sonst *s*. *Norwegisches F.*, **P. norvégica** L.

— Stg. aufstgd., bis 5 cm lg., dicht seidig-zottig behaart, mit 1–3 Blätt.; Bltnstand mit 1–3 Bltn.; Hochalp.-Pfl.; ♃; VII–VIII. Felsspalten, begraste Felsbänder; kalkmeidend (Zentral- u. W-Alp.); *s* in Sb, Ti. *Gletscher-F.*, **P. frígida** Vill.

16(14). Bltn. groß, bis 3 cm im Dm, lg.gestielt; Blkrblätt. etwa doppelt so lg. wie die Kblätt.; Stg. 10–30 cm lg., aufstgd.-aufrecht, locker behaart; ♃; VI–VII. Magerwiesen, Felsfluren; kalkmeidend; Alp.; *z* in Sb (Lungau), Ti, Vb. *Großblütiges F.*, **P. grandiflóra** L.

— Bltn. kleiner als 2 cm im Dm ***17***

17. Fied. untersts. nur auf den Nerven u. am Rand angedrückt behaart, obersts. frisch-grün, kahl, eif., gezähnt *(511)*; Bltn. einzeln, 7–12 mm im Dm; ♃; VII–VIII. K-Alp.; *v*, von 1900–2500 m. [= *P. dubia* (Cr.) Zimm.; = *P. minima* Hall. f.] *Zwerg-F.*, **P. brauneána** Hoppe ex Nestl.

— Blätt. untersts. dicht weißfilzig, obersts. fast kahl; Fied. tief eingeschnitten gezähnt; Bltnstg. 5–10 cm lg., mit 1–4 lg.gestielten, 10–15 mm großen Bltn.; ♃; VI–VIII. Magerwiesen, Schutt, kalkliebend; Zentral-Alp., *s* in Ti, Sb. *Schnee-F.*, **P. nívea** L.

18(13). Alle Stg. ausläuferart., bis 1 m lg., niederlgd., an den Knoten wurzelnd, behaart; Bltn. einzeln, 5-zählig, bis 2,5 cm groß; ♃; VI–VIII. Gräben, Wiesen, Wegränder; *v*. *Kriechendes F.*, **P. réptans** L.

— Stg. meist kurz, aufrecht od. aufstgd., aber nicht ausläuferart. verlängert; Pfl. häufig dichtrasig ***19***

19. Gr. vom Grd. an fadenf. od. gegen die Narbe verdickt ***25***

— Gr. am Grd. verdickt, daher ± kegelf. ***20***

20. Blätt. untersts. nur mit geraden od. höchstens schwach geschlängelten Haaren (Lupe!) ***23***

— Blätt. untersts. außer mit geraden auch mit stark wellig-gekräuselten Haaren (Lupe!), grau- bis weißfilzig ***21***

21. Pfl. außer reichblühenden, ± niederliegenden Trieben auch mit nichtblühenden Rosetten. ♃; V–VIII. Trockene Hügel, sandige Orte; *z*. *Hügel-F.*, **P. collína** Wib.

[Formenreiche Sammelart, die aus Kreuzungen von *P. argentea* mit *P. tabernaemontani* u. vielleicht auch mit *P. arenaria* entstanden ist u. zu Kleinarten gewordene konstante Bastarde umfaßt. Im Gebiet werden ca. 8 Kleinarten unterschieden (s. Spezialliteratur)].

— Meist alle Stg. mit Bltn., aufrecht od. aufstgd.; sterile Blattrosetten fehlend ***22***

22. Blätt. *(512)* untersts. weißfilzig; Fied. am Rand umgerollt; Stg. bis 40 cm lg., weißfilzig; Bltn. hellgelb; ♃; VI–VIII. Trockene, sandige Orte, Wegränder; von der Ebene bis in Voralp.; kalkmeidend; *v*. *Silber-F.*, **P. argéntea** L.

Formenreich; im Gebiet werden ca. 7 Kleinarten unterschieden!

— Fied. untersts. graufilzig, im Alter verkahlend, am Rand nicht umgerollt; Stg. bis 40 cm hoch, an der Basis flaumig-zottig; Bltn. goldgelb; ♃; V–VIII. Sonnige, trockene Orte; *s* in Sb, Ba, E, BW, RhPf, Sa, Th, NrWe. (Wahrscheinl. ein artgewordener Bastard von *P. recta* mit *P. argentea*.) *Graues F.*, **P. canéscens** Bess.

23(20). Grdblätt. (3-) bis 5-zählig gefing. *(513)*; Stg. bis 50 cm lg., schon im unteren Drittel verzweigt, weichflaumig behaart; Bltn. leuchtend gelb; mehrjährig; VI–IX. Wegränder; *s*; aus dem O eingebürgert. *Mittleres F.*, **P. intermédia** L.

— Grdblätt. 5- bis 9-, überwgd. 7-zählig gefing. ***24***

24. Stg. 15–30 cm lg., dünn, von der Mitte an verzweigt, kurzflaumig u. mit längeren, absthd. Haaren; Bltn. postfloral abw. gekrümmt, goldgelb, 1–2 cm im Dm; Stbblätt. 20; Fr. am Rücken schwach gekielt; ♃; V–VII. Trockene Hänge u. lichte Wälder; *s* in Th, Ba (Franken). (= *P. parviflora* Gaud. non Desf.; = *P. chrysantha* Rchb. non Trev.). *Kleinblütiges F.*, **P. thuringíaca** Bernh.

— Stg. 30–70 cm lg., steif aufrecht, nur im oberen Teil verzweigt, dicht absthd. behaart; neben längeren Haaren auch kurze, steife Borsten; Bltn. bis 2,5 cm im Dm, blaß-goldgelb, nach der Blüte aufrecht; Stbblätt. 25–30; Fr. breit geflügelt-gekielt; ♃; VI–VII. Trockene, sonnige Hänge; *z* im S, *s* im N, wohl nirgends ursprüngl.; aus dem O eingebürgert; auch Zierpfl. Formenreich. *Hohes F.*, **P. récta** L.

25(19). Nebenblätt. der Grdblätt. lg.-schmal-lineal, bald schwindend; sterile Triebe meist verlängert (aber nicht ausläuferart.), wurzelnd ***28***

— Nebenblätt. der Grdblätt. breit-eif. bis lanzettl., vertrocknend, aber erhalten bleibend; Stg. deshalb am Grd. von den abgestorbenen Nebenblätt. umscheidet; sterile Triebe kurz, nicht wurzelnd ***26***

26. Fied. untersts. an den Nerven u. am Rand mit langen, silberweißen Haaren, verkehrt-eif., an der Spitze scharf gezähnt *(514)*; Blkrblätt. doppelt so lg. wie der K., breit ausgerandet, goldgelb, am Grd. mit dunklen Flecken; ♃; IV–IX. Von 1400–1600 m, kalkmeidend; *v* in Alp., *s*, Oberbayr. Hochebene, Schw., Vog., Sudeten. *Gold-F.*, **P. aúrea** Torn.

— Fied. am Rand mit langen, absthd., aber nicht silberweißen Haaren ***27***

27. Rhizom dick; Stg. 5–20 cm lg., flaumig; Fied. tief eingeschnitten, stumpf gesägt, untersts. lg.-absthd. bis zottig behaart; Blkrblätt. doppelt so lg. wie der K., ausgerandet, goldgelb, am Grd. oft mit orangeroten Flecken; ♃; VI–IX. Subalp. u. alp. Magerwiesen, kalkliebend; *z* in Alp., Vog. [= *P. villosa* (Cr.) Zimm.] *Zottiges F.*, **P. crántzii** (Cr.) Beck ex Fritsch

— Rhizom dünn, mit kurzen, aufstgd. Ästen; Fied. verkehrt-eif., stumpf gezähnt, beiderststs. mit lg. absthd. Haaren, aber nicht mit Sternhaaren; Stg. meist mit roten Drüsen; Bltn. 1 cm im Dm, lebhaft gelb; Frstiele oft zurückgekrümmt; ♃; IX–VI. Trockene Magerwiesen, kalkliebend; *z*, *f* im NW von We bis O-SH. [= *P. opaca* L.; = *P. rubens* (Cr.) Zimm.] *Dunkles Frühlings-F.*, **P. heptaphýlla** L.

28(25). Blätt. nur mit einfachen Haaren od. vermischt mit wenigen Sternhaaren, obersts. schimmernd od. glzd.; Pfl. rasenbildend, mit zahlr. sterilen Rosetten; Stg. u. Blattstiele aufrecht-absthd. behaart; Grdblätt. z. T. 7-zählig; Bltnstand 3 - bis 5-bltg.; Bltn. hell- bis dk.gelb; Frstiele herabgebogen; ♃; III–V. Trockene, magere Böden; *v*. Formenreich. (= *P. verna* auct.) *Frühlings-F.*, **P. tabernaemontáni** Asch.

— Blätt. u. Sprosse vorwgd. mit Sternhaaren (Lupe!) ***29***

29. Sternhaare mit 10–30 gleichlangen Strahlen auf beiden Blattseiten; Stg. kurz; Grdblätt meist 5-zählig *(515)*; Pfl. graugrün; ♃; III–V. Sandige, trokkene Orte; *v*, im N nur Br, in Alp. *f*. (= *P. cinerea* auct.). *Sand-F.*, **P. arenária** Borkh.

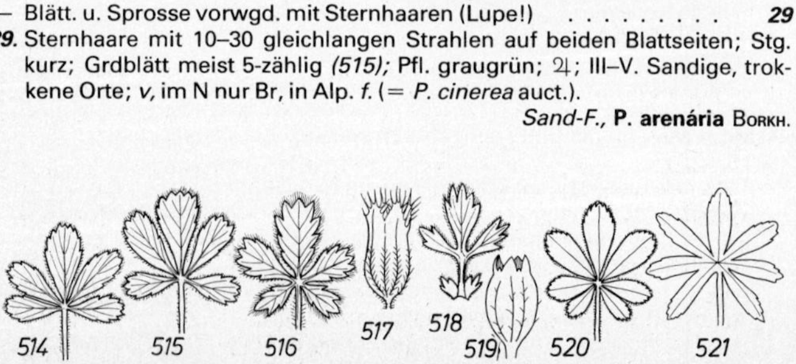

514 515 516 517 518 519 520 521

— Sternhaare 2- bis 10-strahlig, mit deutl. verlängertem Mittelstrahl, nur auf Blattunterseite u. Blatträndern vorhanden; Grdblätt. 5- (bis 7-)zählig *(516);* ♃; III–V; *z* in S-Ba, BW, Schl, Au, früher auch in Sa. (= *P. puberula* Kras.; = *P. gaudinii* Gremli) *Sternhaariges F.*, **P. pusílla** Host

Bastardbildungen häufig!

11. Frágaria L., *Erdbeere, Knackelbeere*

1. Alle Bltnstände absthd. behaart, die Blätt. deutl. überragend; Ausläufer kurz, oft fehlend; ♃; V–VI. Lichte Laubwälder, Gebüsch; *z* im S, *s* im N, *f* in Hochalp. (= *F. elatior* Ehrh.) *Zimt-E.*, **F. moscháta** Duch.

— Seitl. od. alle Bltnstände angedrückt od. aufrecht-absthd. behaart, nur wenig länger als die Blätt. *2*

2. Blätt. unterssts. seidenhaarig, oberssts. locker anlgd. behaart; Blkr. weiß; Frkelch waagrecht absthd. od. zurückgeschlagen; Ausläufer meist lg.; alle Fied. sitzend, die mittlere mit keilf. Grd.; Endzahn der Fied. kleiner als die seitl.; ♃; V–VI. Wälder u. Gebüsch; *v.* *Wald-E.*, **F. vésca** L.

— Blätt. auch oberssts. seidenhaarig; K. z. Frzt. der Sammelfr. angedrückt; Bltn. gelbl.weiß; Ausläufer kurz, häufig fehlend; Endfied. kurz gestielt; Sammelfr. gelbl.weiß, nur an der Spitze rot, hart u. meist mit leichtem Knall abtrennbar; ♃; V–VI. Sonnige Hänge, kalkliebend; *z, s* im N. (= *F. collina* Ehrh.) *Knackelbeere*, **F. víridis** Duch.

12. Sibbáldia L., *Gelbling.*

Kleine Halbrosettenstaude; Grdblätt. lg.gestielt, 3-zählig; Fied. verkehrt-eif., an der Spitze 3-zähnig, graugrün, unterssts. dicht behaart; Bltn. klein; Blkrblätt. 1–2 mm lg., gelbgrün, hinfällig; ♃; VI–VIII; kalkmeidend. Schneetälchen der Alp. u. Vog, *z.* *Alpen-G.*, **S. procúmbens** L.

13. Áphanes L., *Sinau*

1. Bltn. 1,5–2 mm lg.; Kzähne deutl., spreizend *(517);* Nebenblätt. wenig geteilt *(518);* Pfl. meist graugrün; V–IX. Torfige, lehmige Äcker; *z.* [= *Alchemilla arvensis* (L.) Scop.] *Acker-S.*, **A. arvénsis** L.

— Bltn. 0,5–1 mm lg.; Kzähne undeutl., zusammenneigend *(519);* Nebenblätt. tief geteilt; Pfl. reingrün; V–IX. Sand-Äcker; *s* im S, *z* im N. (= *Alchemilla microcarpa* B. & Reut.) *Kleinfrüchtiger S.*, **A. microcárpa** (B. & Reut.) Rothm.

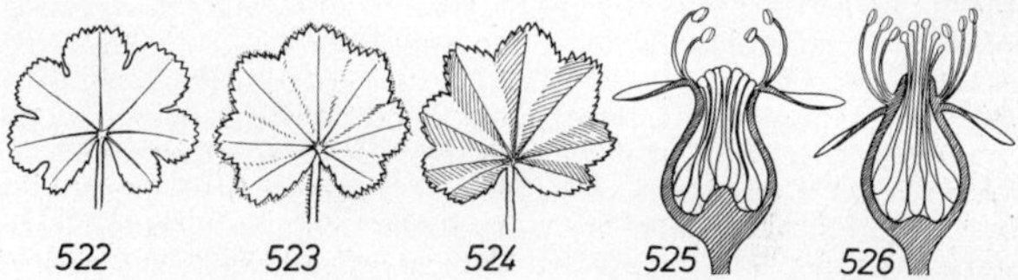

522 *523* *524* *525* *526*

14. Alchemílla L., *Frauenmantel*

Die meisten Arten der Gattung *Alchemilla* sind noch in lebhafter Artbildung begriffen. Da eine sichere Bestimmung der ziemlich veränderlichen Unterarten nach kurzen Diagnosen nicht möglich ist, werden nachfolgend nur die formen- u. artenreichen **Sammelarten** aufgeführt. Wer sich eingehender mit dieser Gattung beschäftigen will, muß Spezialliteratur benutzen.

1. Grdblätt. nur bis zur Hälfte geteilt *(522–524),* unterssts. kahl od. absthd. locker behaart, aber nicht seidenhaarig *3*

— Grdblätt. bis od. fast bis zum Grd. geteilt (= fingerf. gefied., *520–521),* dicht anlgd. silberweiß behaart *2*

2. Alle Fied. der Blätt. bis zum Grd. getrennt, längl.-elliptisch, mit 2–4 kurzen, spitzen, zusammenneigenden Zähnen *(520);* Bltnstiele kürzer als die Bltn.; ♃; VI–VIII. Wiesen u. Schutt; *v* Alp., *s* Vog., Schw.

Sammelart: *Alpen-F.*, **A. alpína** L.

— Fied. der Blätt. am Grd. ± miteinander verbunden *(521);* Bltnstiele länger als die Bltn.; ♃; VI–VIII. Wiesen u. Felsen, von 1200–2300 m, nur auf Kalk; *v* Alp.; *s* im Schw., Vog.; formenreiche Sammelart. *Kalk-F.,* **A. conjúncta** Bab.

3(1). Blätt. dünn, glatt, durchscheinend, bis zur Hälfte geteilt, mit 5–11 stumpfen, an der Spitze grobgezähnten u. häufig gewimperten Abschnitten *(522);* ♃; VI–VIII. Trockene Weiden, Geröllhalden, von 1500–2800 m; *z* in Alp., Vog., Riesengeb. (= *A. glaberrima* auct.)
Sammelart: *Kahler F.,* **A. físsa** G. & Sch.

— Blätt. derb, meist gefaltet, mit ringsum gezähnten Abschnitten *(523–524);* Stg. ± behaart *4*

4. Pfl. klein; Stg. 5–15 cm lg., aufrecht od. aufstgd., dicht zottig behaart; Blattstiel selten über 5 cm lg.; Spreite rundl.-nierenf., mit 5–7 breit gestutzten, ringsum fein gezähnten Lappen *(523);* ♃; V–VIII. Gebirgsweiden (Schaf- u. Ziegenläger); *z.* (= *A. pubescens* Lam; = *A. hybrida* L).
Sammelart: *Bastard-F.,* **A. glaucéscens** Wallr.

— Pfl. kräftiger; Stg. 10–50 cm lg.; Blattstiel über 5 cm lg.; Spreite gefaltet, kahl bis zottig, mit 9–13, ringsum gezähnten Abschnitten *(524);* Bltnsprosse oberw. kahl; ♃; V–IX. Wiesen, Wälder u. Gebüsch; *v.*
Sammelart: *Gemeiner F.,* **A. vulgáris** L.

15. Rósa L., Rose[1]

1. Gr. nicht od. nur wenig aus dem Bltnbecher herausragend; Narben zu einem halbkugeligen Köpfchen vereinigt *(525)* *3*

— Gr. zu einer aus dem Bltnbecher deutl. hervorragenden Säule verwachsen *(526)* *2*

2. Grsäule die inneren Stbblätt. meist überragend; Bltn. einzeln, weiß; Kblätt. breit-oval, längl.-eif., früh abfallend; Hagebutte kugelig bis längl.-eif.; Nebenblätt. nur gezähnt; Stacheln stark gekrümmt; Äste niederlgd. od. kletternd; ♃; VI–VII. Wälder u. Hecken; *v* in Alp., S u. SW, *s* in He, NS, Th. (= *R. repens* Scop.) *Feld-R., Kriechende R.,* **R. arvénsis** Huds.

— Grsäule nur halb so lg. wie die Stbblätt.; Bltn. in reichbltg. Bltnständen, weiß od. rosa; äußere Kblätt. mit drüsig gezähnten Fied.; Blätt. 5- bis 7-zählig gefied., obersts. glzd., untersts. behaart. Bis 3 m hoher Strauch mit überhgd. Ästen; ♃; VI. *s* in BW (Oberrhein), Vog.
Säulengriffelige R., **R. stylósa** Desv.

3(1). Alle Kblätt. ganzrandig, selten mit kleinen Zähnen *19*

— Äußere Kblätt. fied.spaltig *4*

4. Stacheln ungleichart., z. T. borstl., gerade, z. T. kräftig u. gekrümmt; Blätt. derb, mit vorwgd. 5 längl.-elliptischen bis fast kreisrunden, untersts. fast weißen Fied.; Bltn. einzeln, groß, hellrot bis dkpurpurn; Bltnbecher dicht stieldrüsig; Pfl. nur 0,5–1 m hoch; ♃; VI–VII. Lichte Laubwälder, trockene Wiesen, vorwgd. auf Kalk; *z* in S- u. M-Dt, in Alp. u. im N *f.* Stammpfl. vieler Garten-*(Centifolia-)*Rosen. *Essig-R.,* **R. gállica** L.

— Stacheln gleichart. od. fehlend; Blätt. meist 7-zählig gefied. *5*

5. Stacheln stark hakig gebogen, am Grd. auffällig scheibenf. verbreitert *12*

— Stacheln gerade od. nur leicht gekrümmt *6*

6. Fied. untersts. dicht behaart; Kblätt. nach der Blüte aufgerichtet, lange bleibend *8*

— Fied. beidersts. kahl, aber mit einzelnen Drüsen, obersts. dkgrün . *7*

7. Bltn. bis 7 cm groß, rosa- bis dkrot; Bltnstiel ca. 2 cm lg., dicht mit Stieldrüsen u. Drüsenborsten besetzt; Hagebutten kugelig bis längl., ledrig, kahl, oft stieldrüsig. Bis 3,5 m hoher Strauch mit bogig überhängd. Ästen; ♃; VI.

[1] Es sind nur die wildwachsenden Rosen aufgeführt; eine sichere Bestimmung ist nur möglich, wenn Zweige mit fast reifen „Hagebutten" zur Verfügung stehen.

Waldränder, Gebüsch; *z* in S- u. M-Dt, *s* in SO-Br, *f* im N. (= *R. trachyphylla* RAU) *Rauhblättrige R.*, **R. jundzíllii** BESS.

— Bltn. kleiner; Blkrblätt. meist nur wenig länger als der K.; Bltnstiele ca. 1 cm lg., gleich der Hagebutte dicht mit zahlr. dkpurpurnen Stieldrüsen u. drüsenlosen Nadelstacheln; ♃; VI–VII. Gebüsche, felsige Hänge. Nur Alp. von Sb. (= *R. glabrata* VEST) *Berg-R.*, **R. montána** CHAIX

8(6). Stacheln ± gekrümmt; bltntragende Äste meist zickzackf. hin- u. hergebogen ***10***

— Stacheln ganz gerade; bltntragende Äste gerade; Fied. beiderst s. anlgd.-weichhaarig; Bltnstiele u. Hagebutten drüsig u. z. T. stachelborstig ***9***

9. Fied. groß; Endfied. bis 5 cm lg., längl.-eif. bis elliptisch, unterst s. reichdrüsig; Kblätt. so lg. od. länger als die Blkrblätt.; Bltnstiele u. Fr. dicht mit Stieldrüsen u. Stachelborsten. ♃; VI–VII. Hecken, felsige Hänge. Alp. *z, s* im Schw., Vog.; auch als Zierstrauch (= *R. villosa* L. p.p.). *Apfel-R.*, **R. pomífera** J. HERRM.

— Fied. kleiner, höchstens bis 3 cm lg., rundl. bis eif.-längl.; Kblätt. kürzer als die Blkrblätt.; Bltnstiele u. Fr. spärlich mit Stieldrüsen, sonst kahl; ♃; VI–VII; Hecken, Hügel, buschige Ufer, *z* (genaue Verbr. nicht bekannt) *Weiche R.*, **R. móllis** SM.

10(8). Bltnstiele kürzer als die Tragblätt. u. etwa so lg. wie die Kblätt.; Blätt. bläul.grün, oberst s. dicht anlgd., unterst s. wollig-filzig behaart; Nebenblätt. mit kurzen, dreieckigen, absthd. Öhrchen; Bltn. zu 1–3, rot; Hagebutte weichstachelig. Gedrungener, 1–2 m hoher, dickästiger Strauch; ♃; VI–VII. Gebüsche, Abhänge; *s* in Ba, Th, Sa, Br, We, SH. (= *R. omissa* DÉSÉGL.) *Unbeachtete R.*, **R. sherárdii** H. DAVIES

— Bltnstiele doppelt so lg. wie die Tragblätt. u. 3- bis 4-mal so lg. wie die Kblätt.; Blätt. oberst s. anlgd., unterst s. filzig behaart; Bltn. einzeln od. zu 2–4, blaßrot ***11***

11. Kblätt. postfloral zurückgeschlagen, früh abfallend; Gr. behaart bis kahl; Fied. ein- bis mehrfach drüsig gesägt; Äste steif aufrecht; ♃; VI. Waldränder, Hecken, Büsche; *v;* Alp. u. M-Geb. *z.* *Filz-R.*, **R. tomentósa** SM.

— Kblätt. postfloral aufrecht, bis z. Frreife bleibend; Gr. meist wollig; Fied. mehrfach drüsig gesägt; Äste dünn, ausgebreitet; ♃; VI. Waldränder, Gebüsch. Im NW *f;* sonst *v* bis *z.* *Kratz-R.*, **R. scabriúscula** SM. em. H. BRAUN

12(5). Fied. unterst s. auf der ganzen Fläche drüsig, nach Obst od. Apfelwein duftend ***16***

— Fied. unterst s. meist drüsenlos, zuw. aber behaart, ohne Obstgeruch ***13***

13. Kblätt. nach dem Verblühen aufrecht od. absthd.; Blätt. unterst s. behaart, etwas starr, blaugrün; Bltnstiele kürzer als die großen, häutigen Tragblätt.; Bltn. lebhaft rosa; Hagebutte kugelig, mit wollig behaartem Grköpfchen. Gedrungener, 1–2 m hoher Strauch; ♃; VI–VII. Gebüsche, Hecken besonders der mont. Reg.; *v.* [= *R. afzeliana* FR. ssp. *coriifolia* (FR.) R. KELLER] *Lederblättrige R., Blaugrüne R.*, **R. caésia** SM. ex. SOW.

Hierher gehört auch:
Graugrüne R., **R. vosagiáca** DESPORTES
Blätt. beiderst s. kahl, meist grau bereift; ♃; VI. Im W *v*, im N u. Alp. *s.* [= *R. afzeliana* FR. ssp. *vosagiaca* (DESPORTES) R. KELLER & GAMS; = *R. glauca* VILL. ex LOISEL. non POURR; = *R. dumalis* BECHST.; = *R. reuteri* GOD.]

— Kblätt. nach dem Verblühen zurückgeschlagen ***14***

14. Die beiden äußeren Kblätt. mit zahlr., breitlanzettl. od. eif. Fied.; Blattfied. dickl., unterst s. anlgd. behaart, ± drüsig; Blattstiele dichtzottig; Bltn. einzeln od. trugdoldig, ihre Stiele wie auch die Bltnbecher häufig stieldrüsig u. stachelborstig; ♃; VI. Hecken, Gebüsche; *z* bis *s.* (= *R. tomentella* LÉM.) *Stumpfblättrige R.*, **R. obtusifólia** DESV.

— Die beiden äußeren Kblätt. mit wenigen, schmalen Fied. ***15***

15. Fied. beidersts. kahl; Blattstiele kahl; Bltn. in mehrbltg. Doldenrispen; Bltnstiele bis 3-mal so lg. wie der Bltnbecher; ♃; VI. Waldränder, Gebüsche; *v.* Formenreich. *Hunds-R.,* **R. canína** L.

— Fied. untersts. wenigstens auf den Nerven behaart; Blattstiele flaumhaarig; ♃; VI. Hecken, Gebüsche, Abhänge, *v.* (= *R. dumetorum* Thuill.) Formenreich. *Hecken-R.,* **R. corymbífera** Borkh.

16(12). Bltnstiele drüsig; Fied. breit-eif. bis rundl., am Grd. abgerundet ***18***

— Bltnstiele meist drüsenlos; Fied. schmal- od. breit-elliptisch, am Grd. keilf. verschmälert ***17***

17. Grköpfchen kurz, dicht wollig; Bltnstiele bis 1 cm lg., etwa so lg. wie die Fr.; Kblätt. postfloral aufgerichtet, bleibend; Hagebutte klein, kugelig, ledrig. Reich verzweigter, 1–2 m hoher Strauch; ♃; VI–VII; *z* in Alp., M-Geb., Elbe-Oder-Gebiet, *f* im NW. Formenreich. *Keilblättrige R.,* **R. ellíptica** Tausch

— Grköpfchen verlängert, kahl; Bltnstiele bis 2 cm lg.; Kblätt. postfloral zurückgeschlagen, abfallend; Bltn. blaßrosa bis weiß. Bis 2 m hoher Strauch, mit rutenf. Ästen; ♃; VI. *v* in Alp. u. M-Geb., *z* östl. der Elbe bis Po, SH. Formenreich. *Acker-R.,* **R. agréstis** Savi

18(16). Kblätt. nach der Blüte aufrecht, nicht abfallend; Bltn. lebhaft rosa, ihre Stiele ± 1 cm lg.; Grköpfchen breit, wollig behaart; Blätt. mit Weingeruch. Bis 2 m hoher, gedrungener Strauch; ♃; VI–VII. Trockene Hänge, Hecken; *v, s* im NW. Formenreich. (= *R. eglanteria* L.) *Wein-R.,* **R. rubiginósa** L.

— Kblätt. nach der Blüte zurückgeschlagen, früh abfallend; Bltn. klein, hellrosa od. weiß, ihre Stiele 1–2 cm lg.; Grköpfchen verlängert, kahl; Blätt. von zartem Apfelgeruch. Bis 2 m hoher, lockerästiger Strauch; ♃; VI. Lichtes Gebüsch, trockenwarme Hänge; *z* im S, *s* im N, *f* im NW. *Kleinblütige R.,* **R. micrántha** Bosser ex Sm.

19(3). Blätt. u. Zweige auffallend rötl.violett od. hechtblau bereift; Blätt. überwgd. 7-zählig gefied.; Bltn. klein, rot; Hagebutte klein, kugelig. Bis 3 m hoher Strauch; ♃; VI—VII. Gebüsch der mont. u. subalp. Reg.; Alp., Schw.Alb *v,* sonst *s;* auch als Zierpfl. (= *R. rubrifolia* Vill.) *Rotblättrige R.,* **R. glaúca** Pourr. non Vill.

— Blätt. u. Zweige nicht rot- od. hechtblau bereift ***20***

20. Bltnstiele am Grd. ohne Tragblätt; Bltn. weiß, selten rosa; Äste dicht, mit längeren, geraden, derben u. kürzeren, nadel- bis borstenf. Stacheln; Blätt. 5- bis 11-zählig; Kblätt. postfloral zurückgeschlagen; Hagebutte klein, schwärzl.; 10–40 cm hoher Strauch; ♃; V–VI. Dünen, Kalk- u. Gipshügel; Nordseeküste u. Inseln *v, z* im Bodensee-, Rhein-, Maingebiet, Th, sonst *s.* (= *R. pimpinellifolia* L.) *Dünen-R., Stachelige R., Bibernell-R.,* **R. spinosíssima** L.

— Bltnstiele am Grd. mit zungenf. Tragblätt. ***21***

21. Stacheln leicht hakenf. gekrümmt, paarig am Blattgrd.; Blätt. mit vorwgd. (5–)7, obersts. bläul.grünen, anlgd. behaarten, untersts. graufilzigen, einfach gesägten Fied.; Kblätt. postfloral aufgerichtet; Hagebutte kugelig. Bis 1,5 m hoher Strauch, mit dünnen, glzd.-braunroten Ästen; ♃; V–VI. Auwälder der Alpenflüsse, Donautal, Bodenseegebiet *v, s* am Kyffhäuser u. S-Harz. (= *R. cinnamomea* auct.) *Mai-, Zimt-R.,* **R. majális** J. Herrm. em. Mansf.

— Stacheln gerade, zerstreut od. fehlend; Fied. 7–11, obersts. glatt, matt graugrün, scharf doppelt gesägt, untersts. zerstreut behaart; Bltn. einzeln, lebhaft dk.rot; Hagebutte flaschenf., von den zusammenneigenden Kblätt. gekrönt; 0,25–3 m hoher Strauch; ♃; V–VII. Laub- u. Nadelwälder der Alp. u. Vorland *v, z* in M-Geb. (= *R. alpina* L.) *Alpen-R.,* **R. pendulína** L.

16. Rúbus L., *Himbeere, Brombeere, Steinbeere, Moltebeere*

1. Stg. verholzend, 2- bis mehrjährig; Nebenblätt. breit, dem Blattstiel angewachsen *(281)* ***3***

— Stg. krautig; Nebenblätt. frei *(282),* lineal-lanzettl. ***2***

2. Grdachse unterirdisch kriechend, 10–25 cm hohe Stg. treibend; Blätt. 5- bis 7-lappig, herznierenf. gekerbt; Bltn. einzeln, endst., unvollkommen eingschl.; Sammelfr. anfangs hellrot, später orangegelb; ♃; V–VI. Hoch- u. Zwischenmoore; *s* in Oldenburg, SH, Usedom, Da, O- u. WPr, Iser- u. Riesengeb. *Moltebeere,* **R. chamaemórus** L.

— Grdachse nicht ausläuferart., nichtblühende Triebe bogig dem Boden zuwachsend u. an der Spitze einwurzelnd; Bltntriebe aufrecht, 10–30 cm lg., mit doldigem Bltnstand; Blätt. 3-zählig; Sammelfr. mit wenigen, scharlachroten Steinfr.; ♃; V–VI. Kalkliebende Gebüschpfl.; *z.* *Steinbeere,* **R. saxátilis** L.

3(1). Stg. aufrecht; Blätt. 3- od. 5-zählig gefied., untersts. weißfilzig; Sammelfr. mit zahlr., roten, flaumig behaarten, sich leicht vom kegelf. Bltnboden lösenden Steinfr. *(128);* ♃; V–VI. Gebüsche, Wälder, Kahlschläge; *v;* auch als Kulturpfl. *Himbeere,* **R. idaéus** L.

— Stg. meist bogig überhgd. u. im Herbst an der Spitze einwurzelnd *4*

4. Sammelfr. stark bläul. bereift; Stg. gleichfalls bereift, mit borstl. Stacheln; Blätt. 3-zählig, die basalen Fied. der Schößlingsblätt. sitzend; Nebenblätt. lanzettl.; ♃; V–VI. Auwälder, Wegränder, Äcker; *v.* *Acker-B., Kratzbeere,* **R. caésius** L.

— Sammelfr. schwarz-glzd., zusammen mit dem kegelf. Bltnboden abfallend; Stg. grün mit derben Stacheln; Blätt. 3- bis 7-zählig gefied., die basalen Fied. der Schößlingsblätt. kurz, aber deutl. gestielt; Nebenblätt. fädl.; ♃; VI–VII. Wälder, Gebüsch; *v;* auch als Kulturpfl. *Echte B.,* **R. fruticósus** L.

R. fruticosus ist eine formenreiche Sammelart mit zahlr., z. T. schwierig unterscheidbaren Sippen und Kleinarten. Zudem ist noch eine große Anzahl von Bastarden bekannt. Wer sich eingehender mit dieser schwierigen Gruppe beschäftigen will, muß Spezialliteratur benutzen.

Unterfamilie: **Maloídeae,** *Apfelartige*

Laubwerfende Bäume u. Sträucher; Blätt. mit meist hinfälligen Nebenblätt.; Bltn. 5-zählig, mit krugf. Bltnachse; Stbblätt. zahlr.; Frblätt. pergament- od. steinart., mit der bei der Frreife sich fleischig verdickenden Bltnachse verwachsen; Apfelfr. *(488).*

17. Cydónia Mill., *Quitte.* Bis 8 m hoher Baum; Blätt. eif., obersts. dk.-, untersts. graugrün, in der Jugend flockig-filzig; Bltn. einzeln, rötl.weiß; Scheinfr. groß, gelb, filzig behaart, apfel- od. birnart.; ♃; V–VI. Angepfl., zuw. verwild. (Heimat: Vorder-Asien) (= *C. vulgaris* Del.) *Quitte,* **C. oblónga** Mill.

18. Chaenoméles Ldl., *Scheinquitte.* Sparrig verzweigter Strauch mit Kurztriebdornen *(275);* Blätt. eif., scharf gesägt; Bltn. scharlachrot; Fr. grünl.gelb, kahl; ♃; IV–V. Zierstrauch. (Heimat: 0-Asien) [= *Ch. japonica* (Thunb.) Ldl.; = *Ch. speciosa* (Sweet) Nakai] *Japanische Sch.,* **Ch. lagenária** (Lois.) Koidzumi

19. Pýrus L., *Birnbaum*

1. Strauch od. Baum mit absthd. u. oft dornigen Ästen; Fr. klein, kugelig bis birnenf., holzig; ♃; IV–V. Wälder, Gebüsch. (= *P. achras* Gaertn.) *Wilder B.,* **P. pyráster** (L.) Burgsdorf

a. Blätt. rundl., kaum gezähnt, anfangs am Rand weißzottig, auf der Fläche kahl; Fr. kahl, kugelig; *z* im S, *s* im N. *Knödel-B.,* ssp. **pyráster**

b. Blätt. eif., feingesägt, anfangs wie der Frkn. wollig. *Holz-B.,* ssp. **áchras** (Gaertn.) Stohr

— Äste dornenlos; Fr. groß, eßbar; ♃; IV–V. Als Obstbaum angepflanzt. (Heimat: W-Asien) (= *P. domestica* Med.) *Garten-B.,* **P. commúnis** L. em. Gaertn.

20. Málus Mill., *Apfelbaum*

1. Zweige meist dornig; Blätt. untersts. nur auf den Nerven behaart, später kahl; Fr. klein, sauer; ♃; IV–VI. Laubwälder, Gebüsch; *z.* [= *M. acerba* Mér.; = *Pyrus malus* L.] *Wilder A., Holz-A.,* **M. sylvéstris** (L.) Mill.

— Zweige dornenlos; Blätt. meist beidersts. behaart; Fr. größer, genießbar; ♃; V. Als Obstbaum angepfl. *Kultur-A.,* **M. doméstica** Borkh.

21. Sórbus L. em. Cr., *Eberesche, Elsbeere, Mehlbeere, Vogelbeere*

1. Blätt. einfach od. gelappt, nicht gefied. *3*

— Blätt. gefied. *2*

2. Bis 8 m hoher Baum mit glatter Borke; Fied. in 5–7 Paaren, längl.-lanzettl., scharf gesägt; Bltn. in vielbltg. Doldenrispen; Blkrblätt. 4–5 mm lg.; Gr. 2–4, meist 3; Fr. kugelig, scharlachrot; Winterknospen behaart; ♃; V–VII. *v,* bis zur Waldgrenze aufstgd. *Eberesche,* **S. aucupária** L.

a. 1-jährige Äste, Blattunterseite, Bltnstandsachsen z. Bltzt. behaart; Knospen behaart; Fr. kugelig; Pfl. meist baumf.; *v.* [= var. *lanuginosa* (Kit.) Beck] ssp. **aucupária**

– 1-jährige Äste, Blattunterseite u. Bltnstandsachsen z. Bltzt. kahl; Knospen verkahlend; Pfl. meist strauchf. Nur in Alp. u. höheren M-Geb. *Kahle E.,* ssp. **glabátra** (Wimm. & Grab.) Hay.

— Bis 13 m hoher Baum mit rauher Borke; Fied. in 6–8 Paaren, eif., gesägt; Bltn. in weißfilzigen, 6- bis 12-bltg. Doldenrispen; Blkrblätt. 5–7 mm lg., weiß; Gr. meist 5; Fr. birnenf., bis 3 cm lg., gelb, im teigigen Zustand genießbar; Winterknospen kahl; ♃; V. In Ti, Sb, S- u. M-Dt *s;* wohl nur verwild. *Speierling,* **S. doméstica** L.

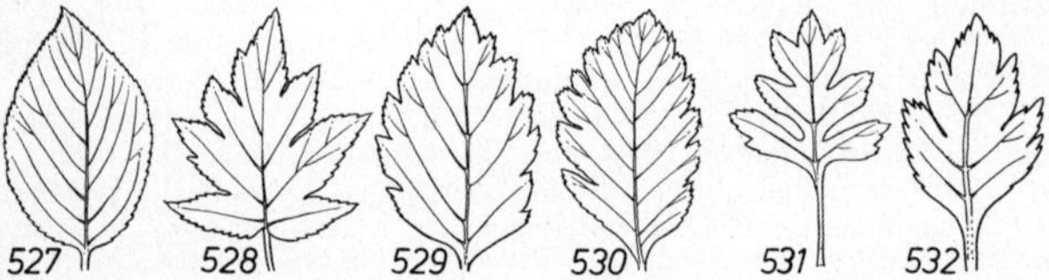

527 528 529 530 531 532

3(1). Blätt. untersts. kahl (selten dünnfilzig behaart), bis 9 cm lg., ledrig, einfach bis doppelt gesägt; Bltn. in weißfilzigen Rispen; Blkrblätt. 4–5 mm lg., dk.rosarot; Fr. scharlachrot; 1–3 m hoher Strauch; ♃; VI–VII. Wälder der mont. Reg. u. des Krummholzgürtels. Alp., Vog., Schw. *z.* *Zwergmispel-E.,* **S. chamae-méspilus** (L.) Cr.

— Blätt. untersts. ± filzig behaart, zuw. nur in der Jugend, nicht ledrig; Blkrblätt. weiß od. rosa; größere Bäume u. Sträucher *4*

4. Blattspr. deutl. gelappt od. tief eingeschnitten *(528–530)* *6*

— Blattspr. ungeteilt, untersts. bleibend filzig *5*

5. Blattspr. mit 7–14 Paaren dichtstehender Nerven, am Rand ungleichmäßig doppelt gesägt *(527),* untersts. dicht weißfilzig; Blkrblätt. am Grd. wolligfilzig, weiß; Fr. kugelig, orange- bis scharlachrot; 3–15 m hohe Sträucher od. Bäume; ♃; V–VI. Sonnige, trockene Hänge, von der Ebene bis in die subalp. Reg.; kalkliebend; *z* im S u. M-Dt; *s* im N. Formenreich! *Mehlbeere,* **S. ária** (L.) Cr.

Hierher gehört auch, mit *S. aria* durch Übergangsformen verbunden: **S. graéca** (Spach) Hedl. em. Düll [= *S. cretica* (Lindl.) Fritsch]: Blattspr. am Grd. ganzrandig, kreisf. bis elliptisch, 5–9 cm lg. u. 4–7 cm breit, an der Spitze stumpf, mit 9–11 Paaren von Seitennerven; Fr. rötl. mit wenigen großen Punkten (Lentizellen); Strauch od. kleiner Baum; häufiger im S, *s* in Th, BW, RhPf, He.

— Blattspr. mit 5–7 (–9) Paaren von Seitennerven, untersts. dünn, aber gleichmäßig weißfilzig, im unteren Drittel ganzrandig, sonst undeutl. doppelt gesägt; Blkrblätt. rosa; Fr. rot; bis 3 m hoher Strauch; ♃; V–VII. Krummholzregion nur des Riesengeb. (Bastard?) *Sudeten-Zwergmispel,* **S. sudética** (Tausch) Nym.

6(4). Blätt. nur jung behaart, im Alter verkahlend, mit 3–4 spitzen, tief eingeschnittenen Lappen, die beiden untersten fast waagrecht absthd. *(528),* Fr. anfangs rötl., dann lederbraun; Pfl. 3–15 m hoch; ♃; V–VI. Laubwälder, vorwgd. auf Kalk; *z, s* im N. *Elsbeere,* **S. torminális** (L.) Cr.

— Blätt. auch im Alter untersts. ± stark behaart, mit meist stumpfen Lappen *7*

7. Blattspr. längl., jederssts. mit 5–9 Seitennerven *(529)*; derbledrig, obersts. glzd., untersts. weißfilzig; Fr. orangerot, punktiert; Strauch od. bis 10 m hoher Baum; ♃; V–VI; *s* im N. [= *S. suecica* (L.) KROCK. & ALMQ.; = *S. scandica* (L.) HEDL.] *Schwedische E.*, **S. intermédia** (EHRH.) PERS.

— Blattspr. eif. bis breit-elliptisch, jedersts. mit 8–15 Seitennerven *(530)* *8*

8. Blätt. der fruchtenden Triebe elliptisch; ihr Rand wenig tief (bis 1/8 der Spreitenbreite) eingeschnitten; Zähne u. Blattlappen spitz; Fr. länger als breit; ♃; V–VI. Wälder; *z* in BW, Sb, E (Vog.). (Bastard: *S. aria* x *S. aucuparia*) *Vogesen-E.*, **S.** x **mougeótii** SOY.-WILL. & GODR.

— Blätt. der fruchtenden Triebe breit-elliptisch, ihr Rand etwas tiefer (bis 1/6) der Spreitenbreite) eingeschnitten; Zähne u. Blattlappen stumpfl.; Fr. kugelig; ♃; V–VI. Wälder der Voralp.; *s* in Ba (Berchtesgaden; Hauptverbreitung: SO-Eur.). (= Bastard: *S. graeca* x *S. aucuparia*) *Österreichische E.*, **S.** x **austríaca** (BECK) HEDLUND

Bastarde in größerer Anzahl bekannt!

22. Crataégus L., *Weißdorn*

1. Blattspr. nicht geteilt, am Rand gesägt; Pfl. stark dornig; Dornen bis 6 cm lg.; ♃; VI. Zierstrauch od. Baum aus O-Am. *Hahnensporn-W.*, **C. crus-gálli** L.

— Blattspr. gelappt bis fiedteilig *(531–532)* *2*

2. Blattlappen ganzrandig, höchstens an der Spitze mit wenigen Zähnen; Nebenblätt. glattrandig; Infl.triebe behaart; Gr. 1; Fr. 6–10 mm lg., dk.rot, mit 1 Steinkern; ♃. Bis 10 m hoher Baum od. Strauch. Gebüsche, Laubwälder, *v*. Formenreich. (= *C. oxyacantha* L.) *Eingriffeliger W.*, **C. monógyna** JACQ.

— Blattlappen bis zum Grd. gesägt; Buchten der Lappen etwa bis 2/3 der Spreite reichend; Infl.triebe kahl; Gr. u. Steinkerne 1–2 . . . . *3*

3. Gr. u. Steinkerne 1; Blätt. spitzlappig; Buchten 1/2 bis 2/3 der Spreitenhälften reichend; Fr. mit aufrechtem od. zurückgebogenem K., längl.-oval bis ± kugelig, oft schwach kantig, dk.rot; ♃; VI. Bis 10 m hoher Baum. Laubwald, Gebüsch, *v*. *Langkelch-W.*, **C. calýcina** PETERM.

a. Fr. längl.-oval, hellrot, oft kantig; Kblätt ± kantig ssp. **calýcina**

– Fr. ellipsoid bis kugelig, dkrot, nicht kantig; Kblätt. ± zurückgeschlagen (= *C. curvisepala* LINDMAN) ssp. **curvisépala** (LINDMAN) FRANCO

— Gr. u. Steinkerne 2–3; Blätt. meist stumpflappig; Buchten der Lappen höchstens bis zur Mitte der Spreitenhälften reichend *4*

4. Flach ausgebreiteter, sparriger, 0,5–2 m hoher Strauch; Fr. gewöhnl. mit 4–5 Höckern an der Basis, 12–15 mm lg.; Blätt. bis zur Mitte der Spreitenhälften eingeschnitten; ♃; V–VI. Felshänge; *v* in Alp., *s* im SW u. N-Ba. (Bastard: *C. oxyacantha* x *C. monogyna*) *Großfrüchtiger W.*, **C.** x **macrocárpa** HEGETSCHW.

— Aufrechte Sträucher bis kleine Bäume; Fr. 8–12 mm lg., ohne Basalhöcker, kugelig bis ellipsoid, mit aufgerichtetem od. anlgd. K.; Blattlappen kurz, stumpf, untersts. in den Nervenwinkeln kahl od. bärtig; ♃; IV. [= *C. laevigata* (POIR.) DC.] *Zweigriffeliger W.*, **C. oxyacántha** L. em. JACQ.

a. Blätt. 15–33 mm lg., untersts. kaum behaart; Fr. 8–10 mm lg., mit anlgd. K.; ♃; V. Bis 10 m hoch; Hecken, Gebüsch; *v*. ssp. **oxyacántha**

– Blätt. 35–50 mm lg., untersts. in den Nervenwinkeln bärtig; Kblätt. fast doppelt so lg. wie der Frbecher, wollig; Fr. ellipsoid, 10–12 mm lg., mit aufgerichtetem K.; ♃. Bis 10 m hoch; Hekken, Wälder, vor allem in der mont. Reg.; im SW *v*, sonst *s* (= *C. palmstrúchii* LINDMAN) ssp. **palmstrúchii** (LINDMAN) FRANCO

Bastardbildungen häufig!

23. Méspilus L., *Mispel.* Dorniger, bis 3 m hoher Strauch; Blätt. lanzettl., bis 12 cm lg., untersts. behaart; Frkn. 5, mit dem Kbecher verwachsen, bei der Reife steinig werdend; Fr. braun, verkehrt-kegelf., von den laubigen Kblätt. gekrönt *(487)*; ♃; V–VI. Wälder, Gebüsch; *z* in S- u. M-Dt, wohl nur verwild. (Heimat: SO-Eur.) *Echte M.*, **M. germánica** L.

24. Amelánchier Med., *Felsenbirne*

1. Gr. ganz getrennt, nicht über den Kbecher herausragend; Blkrblätt. schmal, verkehrt-eilanzettl., bis 15 mm lg., weiß, an der Spitze oft rötl., außen zottig; Fr. kugelig, schwarz, bläul., eßbar; Blattspr. eif., bis 4 cm lg., beidendig abgerundet, locker gezähnt. Bis 3 m hoher Strauch; ♃; IV–VI. Felsige Abhänge, Felsspalten, lichte Wälder, von der Ebene bis in die subalp. Stufe; kalkliebend; *z* in S-, M-Dt u. S-NS. (= *A. vulgaris* Moench; = *A. rotundifolia* Dumont-Courset) *Gemeine F.*, **A. ovális** Med.

— Gr. miteinander vereinigt; Blattspr. am Rand fein gesägt *2*

2. Blkrblätt. am Rand bewimpert, 11 mm lg.; junge Blätt. dicht weiß behaart; Bltnstände aufrecht; ♃; IV–V. Bis 2 m hoher Strauch; *z* in Br, Me, NS; verwild. (Heimat: östl. N-Am.) *Ährige F.*, **A. spicáta** (Lam.) C. Koch

— Blkrblätt. kahl, bis 18 mm lg.; junge Blätt. ± kahl, rötl.; Bltnstände nickend; Fr. dk.purpurn; ♃; IV–V. Zierstrauch; *s* in Laubgehölzen in We, NS, SH; verwild. (= *A. laevis* auct.; = *A. confusa* Hyl.; = *A. canadensis* auct.) (Heimat: östl. N-Am.) *Großblütige F.*, **A. grandiflóra** Rehder

25. Cotoneáster Med., *Zwergmispel*

1. Fr. blauschwarz bereift; Bltnstände meist aufrecht; Blätt. unterstS. behaart, aber nicht filzig; ♃; V. *s*, W- u. OPr bis Bornholm. (= *C. melanocarpus* Lodd.) *Schwarze Z.*, **C. níger** (Thunb.) Fr.

— Fr. rot; Bltnstände meist hgd. *2*

2. Kbecher, Kblätt. u. Bltnstiele weißfilzig; Blätt. bis 6 cm lg., an der Spitze abgerundet, mit aufgesetzter Stachelspitze, unterstS. weißfilzig; Fr. blutrot, behaart; ♃; IV–V. Felsen, sonnige Hänge; *s*, Alp. u. Vorland, Schw. Alb, E. [= *C. tomentosus* (Ait.) Lindl.] *Filzige Z.*, **C. nebrodénsis** (Guss.) C. Koch

— Kblätt. nur am Rand gleich den Bltnstielen schwach behaart; Blätt. nur bis 4 cm lg., breit-elliptisch bis rundl., mit kurzem Stachelspitzchen, oberstS. kahl, unterstS. hellgrün-filzig; ♃; IV–VI. Sonnige Felsbänder; Alp. *v*, E, S- u. M-Dt *z*. *Gemeine Z.*, **C. integérrimus** Med.

Unterfamilie: **Prunoídeae**, *Steinobstgewächse*

Bäume od. z. T. dornige Sträucher; Blätt. mit Nebenblätt.; diese oft klein u. hinfällig; Bltnachse becherf. vertieft; Frkn. 1, nicht mit jener verwachsen *(484)*; Bltnbecher während der Frreife abfallend; Steinfr. *(122)*.

26. Prúnus L. (incl. **Padus** Mill., **Cerasus** Mill., **Persica** Mill., **Armeniaca** Scop.), *Kirsche, Pflaume, Aprikose, Pfirsich*

1. Blätt. wintergrün; Spreite eif.-lanzettl., ganzrandig od. am Rand klein, entfernt gesägt, oberstS. glzd.-dkgrün, unterstS. heller-grün, lorbeerblatt-ähnl.; Bltn. weiß, in aufrechten, 10–12 cm lg. Trauben; Fr. kugelig-eif., schwarz; ♃; IV–V. Bis zu 4 m hoher Strauch; häufig kultivierte Zierpfl. (Heimat: SO-Eur.) *Lorbeer-Kirsche*, **P. laurocérasus** L.

— Blätt. sommergrün *2*

2. Bltn. einzeln *(536)*, zu zweit od. in 3- bis mehrbltg., aufrechten Doldentrauben *(533–534)*, bzw. in Dolden *(535)* *4*

— Bltn. zahlr. in hängenden, seltener fast aufrechten bis waagrecht abstehenden Trauben *3*

3. Blattspr. weich, eirundl.-zugespitzt, am Rand scharf gesägt; Kbecher innen wollig behaart; Bltn. stark riechend; Fr. kugelig, schwarz-glzd. Bis 15 m hoher Baum; ♃. Au- u. Laubmischwälder; *z* bis *v*. (= *Padus avium* Mill.) *Gewöhnliche Trauben-K.*, **P. pádus** L.

a. Trauben hängend; Blattspr. dünn, beidstS. frisch-grün; kahl; junge Zweige bald verkahlend; Pfl. meist baumf. Auwälder, Gebüsche des Flachlandes, *v*. (= *Padus avium* ssp. *avium*) ssp. **pádus**

– Trauben fast aufrecht bis waagrecht absthd.; Blattspr. derb, unterstS. wachsig mit hervortretenden Nerven; junge Zweige stärker behaart; Pfl. meist strauchig. Felshänge u. Gebüsch; *s* in Alp. u. Voralp. von Sb, Ti, Vb, Ba, Schw, Harz, Sudeten. (= *Prunus padus* ssp. *petraea* (Tausch) Holub] ssp. **boreális** (Schübel.) Nym.

— Blattspr. derb-ledrig, glzd., am Rand gekerbt; Kblätt. innen kahl; Bltntrauben aufrecht-überhgd.; Fr. dk.schwarzrot, etw. bitter schmeckend; Steinkern glatt. 3–15 m hoher Baum. V–VII, ♃, als Forstbaum angepflanzt zuw. verwildert u. eingebürgert (z. B. Berlin). (Heimat: N- bis O-Am.). [= *Padus serotina* (EHRH.) BOIRKH.] *Späte Trauben-K.*, **P. serótina** EHRH.

4(2). Bltn. in 3- bis mehrbltg., aufrechten Doldentrauben *(533–534)* od. in Dolden *(535)* **10**

— Bltn. einzeln od. zu 2 *(536)*; Frkn. u. Fr. kahl od. behaart **5**

5. Bltn. u. Fr. fast sitzend; Frkn. u. Fr. filzig behaart **9**

— Bltn. u. Fr. deutlich gestielt *(536)*; Frkn. u. Fr. kahl, aber Bltnstiele zuw. behaart **6**

6. Äste reichdornig, in der Jugend meist filzig; Blattspr. 2–5 cm lg., längl.-verkehrt-eif., doppelt gesägt; Blkrblätt. bis 6 mm lg.; Fr. kugelig, schwarzbläul. bereift, mit grünem, saurem Fleisch; Steinkern sich nicht vom Fleisch lösend. Sparriger, bis 3 m hoher Strauch; ♃; III–IV. Sonnige Hügel u. lichte Laubwälder, Hecken, Zäune; *v. Schwarz-, Schlehdorn,* **P. spinósa** L.

— Äste dornenlos od. schwachdornig, kahl; Blätt. meist länger als 5 cm; Blkrblätt. länger als 6 mm; Obstbäume od. Sträucher **7**

7. Bltnstiele behaart, Bltn. meist zu 2; Blkrblätt. grünl.-weiß; Fr. eif., blauschwarz, bereift; ♃; IV–V. Obstbaum (Heimat: Vorder- bis W-As.) In zahlr. Kulturformen kultiviert. *Pflaume, Zwetschge,* **P. doméstica** L.

— Bltnstiele kahl **8**

8. Bltnstiele länger als der Bltnbecher; Bltn. rosa, zu 1–2, bis 3 cm im Dm (fast nur gefüllt vorkommend); Blattspr. scharf doppelt gesägt, an der Spitze fast 3-lappig, lg. zugespitzt, sattgrün, unterstts. behaart; ♃; IV–V. Bis zu 3 m hoch; häufig als Zierbäumchen (gepfropft) angepfl. (Heimat: China) *Mandelbäumchen,* **P. tríloba** LINDL.

— Bltnstiele kürzer als der Bltnbecher; Bltn. meist einzeln; Blkrblätt. 9–12 mm lg. weiß; Blätt. auch an der Spitze nicht 3-lappig; Fr. gelb od. rot; ♃; III–V. (Heimat: W-Asien, Kaukasus) *Kirschpflaume,* **P. cerasífera** EHRH.

Vor allem in der roten Form „Pissardii" (= „Atropurpurea") angepfl.: Blätt. purpurrot; Bltn. blaßrot; Fr. dkrot.

9(5). Blätt. lanzettl.; Blkrblätt. lebhaft rosa; Fr. groß, grünl. od. rötl.-gelb; Steinkern tief gefurcht; ♃; IV–V. Obstbaum (= *Persica vulgaris* MILL.) (Heimat: O-Asien) *Pfirsich,* **P. pérsica** (L.) BATSCH

— Blätt. herz-eif., zugespitzt; Blkrblätt. blaßrosa bis weiß; Fr. gelb bis orange; Steinkern glatt, scharfkantig; ♃; III–IV. Obstbaum (= *Armeniaca vulgaris* LAM.) (Heimat: W-Asien) *Aprikose,* **P. armeníaca** L.

10(4). Knospenschuppen des Bltnstandes abfallend; Bltn. in deutl. gestielten 5- bis 12-blütigen Doldentrauben *(533)*, weiß; Blätt. kurz u. stumpf gezähnt; Fr. erbsengroß, dkrot, später schwarz, bitter schmeckend. Sparrig-ästiger Strauch; ♃; IV–V. Sonnige Felshänge; *z* in Ti (Sb, Vb verwildert), Oberrheintal, Donau- u. Altmühltal, sonst *s* verschleppt. [= *Cerasus mahaleb* (L.) MILL.] *Steinweichsel, Felsenkirsche,* **P. máhaleb** L.

— Knospenschuppen der wenigbltg., sitzenden Bltnstände bleibend; Blätt. deutl. gesägt; Fr. u. Steinkerne kugelig **11**

11. Bltnstand über den zurückgeschlagenen Knospenschuppen ohne Laubblätt. *(535)*; Blattstiel mit 1–2 Drüsen; ♃; IV–V. Wälder, Hecken; *z*; auch als Obstbaum. [= *Cerasus avium* (L.) MOENCH] *Süß-Kirsche,* **P. ávium** L.

a. Fr. sehr klein (0,5 cm), dünnfleischig; *z* in Laubwäldern bis in die Voralp. *Vogelkirsche,* ssp. **ávium**

– Fr. größer als 1 cm . . . . **b**

b. Fr. weichfleischig, rot od. schwarz; Obstbaum. *Herz-K.,* ssp. **juliána** (L.) JANCH.

– Fr. hartfleischig, gelb od. rot; Obstbaum. *Knorpel-K.,* ssp. **duracína** (L.) JANCH.

— Bltnstand über den aufrechten Knospenschuppen mit 1–3 Laubblätt. *(534)* ***12***

12. Blätt. 3–4 cm lg.; Spreite längl.-lanzettl., an der Spitze abgerundet od. stumpf; Blattstiel ohne Drüsen; Blkrblätt. verkehrt-eif., ausgerandet, weiß; Fr. erbsengroß, korallenrot, genießbar; Steinkern spitz, 2-kantig; 0,5–1 m hoher, ausläufertreibender Strauch; ♃; IV–V. Trockenes Gebüsch, vorwgd.

auf Kalk u. Lehm; *s* in WPr, Th (Unstrut-Saale), Oberrhein bis Bingen u. untere Nahe. [= *Cerasus fruticosa* (PALL.) WORONOW]

Zwergkirsche, **P. fruticósa** PALL.

— Blätt. 6–8 cm lg.; Spreite elliptisch, beidendig zugespitzt; Blattstiel mit Drüsen; Blkrblätt. kreisrund, nicht ausgerandet *(534);* Fr. hell- od. dk.rot; Steinkern kugelig, 2-furchig; Strauch od. Baum; ♃; IV–V; *z* eingebürgert; Obstbaum (= *Cerasus vulgaris* MILL.) (Heimat: Vord.-Asien)

Sauerkirsche, Weichsel, **P. cérasus** L.

a. Baum mit aufrechten Zweigen; Fr. glasig hellrot mit nichtfärbendem Saft (= var. **cérasus** MILL., *Glas-K., Amarelle)* od. dkrot mit färbendem Saft [= var. **āústera** (L.) JANCH., *Süßweichsel, Morelle*]

Baum-Weichsel, ssp. **cérasus**

– Strauch od. Baum mit schlaffen, überhängd. Ästen; Fr. dkrot, sauer, mit färbendem Saft.

Strauch-Weichsel, ssp. **ácida** (DUM.) A. & G.

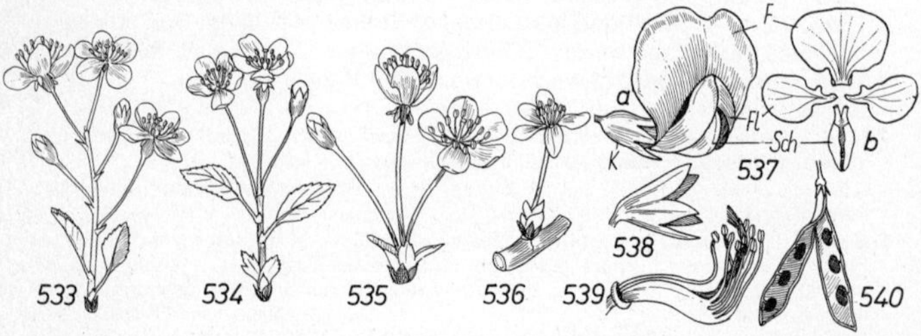

533 534 535 536 539 540

Ordnung: **Fabáles** *(= Leguminosae)*

Familie: **Fabáceae** *(= Papilionaceae), Schmetterlingsblütengewächse*

Holzpfl., Halbsträucher, Stauden od. Kräuter; Blätt. wechselst., oft 2-zeilig, stets mit Nebenblätt.; Bltn. zygomorph (schmetterlingsf., *537a),* ⚥; K. 5-zählig, oft verwachsen *(537, K);* Blkr. 5-blättrig; das nach oben weisende, vergrößerte Blkrblatt ist die **Fahne** *(537, F),* die beiden seitl. sind die **Flügel** *(Fl),* die beiden vorderen, miteinander verwachsenen bilden das **Schiffchen** *(Sch);* Filamente der 10 Stbblätt. entw. alle zu einer geschlossen od. nur 9 zu einer oben offenen, den Frkn. umgebenden Röhre verwachsen *(539);* Frblätt. 1; Fr. eine klappig aufspringende *(540),* in 1-samige Glieder zerfallende *(545)* od. schneckenf. *(551)* gewundene Hülse.

1. Krautige Pflanzen; Stg. nicht od. nur an der Basis schwach verholzend ***16***

— Bäume, Sträucher od. Zwergsträucher mit holzigem Stg. (Man achte auf die Stgbasis) ***2***

2. Blätt. zusammengesetzt, gefing. od. gefied. (zumindest die basalen), selten einfach ***5***

— Blätt. ungeteilt, zuw. fehlend, früh abfallend, od. nadelf. u. stechend ***3***

3. Blätt. nadelf., gleich den Ästen stechend; K. wollig-zottig, fast bis zum Grd. geteilt . . . . **Ulex,** 208

— Blätt. nicht stechend u. nadelf., sondern abgeflacht, eif.-längl., in den Achseln bisw. mit verdornten Kurztrieben; K. nicht zottig behaart, nur bis zur Mitte geteilt ***4***

4. Sprosse breit geflügelt, geglied. . . . . **Chamaespartium,** 208

— Sprosse nicht geflügelt; Blätt. in ihren Achseln zuw. mit Kurztriebdornen . . . . **Genista,** 208

5(2). Blätt. mehrzählig gefied. od. mehrzählig gefing. *(542)* . . . ***11***

— Blätt. 3-zählig gefied. *(544;* Endfied. gestielt!) od. 3-zählig gefing. *(543),* selten einfach ***6***

6. Bltn. rot od. weiß, selten gelb, zu 1–3 achselst.; Pfl. oft mit Kurztriebdornen; Blätt. bisw. einfach . . . . **Ononis,** 209
— Bltn. gelb; Pfl. stets dornenlos ***7***
7. Bltn. in Trauben od. Dolden ***9***
— Bltn. einzeln od. zu 2 . . . . ***8***
8. Grüner, bis 2 m hoher Rutenstrauch mit gerillten Ästen u. früh abfallenden Blätt., die basalen 3-zählig, die oberen meist einfach; Gr. lg. u. eingerollt . . . . **Sarothamnus,** 209
— Pfl. viel kleiner; angedrückt seidenhaarig; Bltn. meist zu 2, achselst.; Äste lgd. bis aufstgd. . . . . **Chamaecytisus ratisbonensis,** 209
9(7). Bltntrauben hgd. . . . . **Laburnum,** 208
— Bltntrauben od. Dolden aufrecht ***10***
10. K. röhrig, 2-lippig, doppelt so lg. wie breit, die Röhre viel länger als die Zipfel . . . . **Chamaecytisus,** 209
— K. glockig, mit kurzer Röhre, wenig länger als breit; Blkr. gelb, beim Trocknen schwarz werdend . . . . **Lembotropis,** 209
11(5). Bltn. gelb od. rotgelb ***13***
— Bltn. weiß od. rosa ***12***
12. Bltn. groß, in hgd., vielbltg. Trauben; Blätt. unpaarig gefied; Nebenblätt. verdornt; Bäume . . . . **Robinia,** 217
— Bltn. klein, in Dolden; Schiffchenspitze schwarzviolett; Blätt. 5- bis 7-zählig gefied., fast gefing. *(542);* Halbsträucher . . . . . **Dorycnium,** 216
13(11). Blätt. paarig gefied.; Bltn. in armbltg. Dolden an Kurztrieben **Caragana,** 217
— Blätt. unpaarig gefied. ***14***
14. Blkrblätt. lg.genagelt; Bltn. in Dolden; reife Hülsen nicht aufgeblasen *(548)* . . . . **Coronilla,** 217
— Blkrblätt. nicht genagelt; Bltn. in armbltg. Trauben ***15***
15. Hülsen nicht geglied., z. Reifezt. aufgeblasen; 2(–3) m hoher Strauch **Colutea,** 217
— Hülsen geglied.; Glieder z. Reifezt. hufeisenf. *(547);* kleiner, niederlgd. Strauch; Triebe nur an der Basis schwach holzig . . . . **Hippocrepis,** 217
16(1). Blätt. mehrzählig gefied., die oberen Fied. zuw. zu Ranken umgebildet; Grdblätt. zuw. ungeteilt *(Anthyllis)* ***33***
— Alle Blätt. einfach, ungeteilt, 3-zählig gefied. *(544),* 3- od. mehrzählig gefing. *(542, 67)* ***17***
17. Blätt. 3-zählig gefied., 3- od. mehrzählig gefing. ***20***
— Blätt. einfach u. ungeteilt ***18***

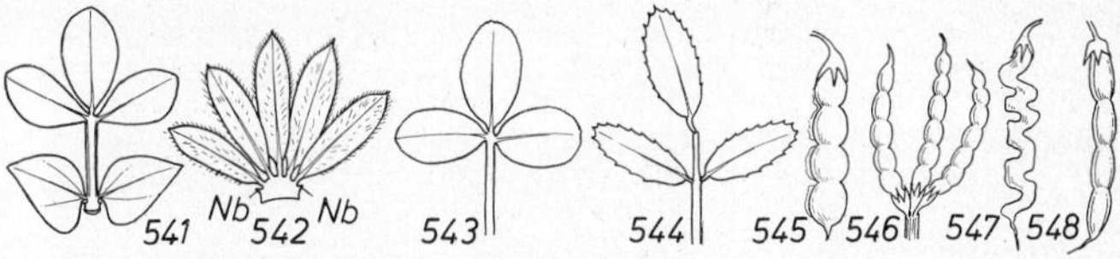

18. Blätt. nur aus einer fadenf. Ranke bestehend; diese am Grd. mit 2 laubigen Nebenblätt. *(562)* . . . . **Lathyrus aphaca,** 221
— Blätt. anders gestaltet ***19***
19. Stg. breit geflügelt; Blätt. eif.-längl., bis 2 cm lg. . **Chamaespartium,** 208
— Stg. nicht breit geflügelt; Blätt. grasart., bis 13 cm lg., streifennervig *(563)* . . . . **Lathyrus nissolia,** 221
20(17). Blätt. 3-zählig gefied; Endfied. deutl. länger gestielt als die Seitenfied. *(544)* ***26***

— Blätt. 3- od. mehrzählig gefing.; Endfied. nicht länger gestielt als die Seitenfied. *(542–543)* **21**

21. Blätt. 3-zählig gefing. *(543)* **24**

— Blätt. 5- u. mehrzählig gefing. *(542, 67)* **22**

22. Blätt. 5-zählig gefing., sitzend; Nebenblätt. unscheinbar *(542, Nb);* Bltn. in köpfchenf. Dolden, weiß; Schiffchen mit violettem Schnabel **Dorycnium,** 216

— Blätt. 5- u. mehrzählig gefing., ± lg. gestielt *(67);* Nebenblätt. deutl. entwickelt **23**

23. Blätt. 5- bis 15-zählig gefing.; Nebenblätt. viel kürzer als der Blattstiel; Bltn. in etagenf. Quirlen od. verlängerten Trauben, gelb, weiß od. blau **Lupinus,** 208

— Blätt. 5- bis 6-zählig gefing.; Nebenblätt. so lg. od. länger als der Blattstiel; Bltn. purpurrot . . . . **Trifolium,** 211

24(21). Nebenblätt. viel kleiner als die Fied.; Bltn. in vielbltg. Köpfchen od. Ähren; Blkrblätt. ± verwachsen, nicht abfallend; Hülse nur wenig länger als der K. . . . . **Trifolium,** 211

— Nebenblätt. den übrigen 3 Fied. gleichgestaltet od. wenigstens $^1/_2$ so groß wie diese[1]; Hülse viel länger als der K. **25**

25. Bltn. in köpfchenf. Dolden, gelb od. ± rötl.; Hülsen lineal, stielrund **Lotus,** 216

— Bltn. einzeln, achselst., lg.gestielt, blaßgelb od. zu 2, dann dk.rot; Hülsen 4-kantig od. schmal geflügelt . . . . **Tetragonolobus,** 216

26(20). Fied. sehr groß, über 20 cm lg.; jede Fied. mit besonderen Nebenblättchen (Stipellen); Stg. oft windend . . . . **Phaseolus,** 223

— Fied. viel kleiner, ohne Stipellen **27**

27. Bltn. in reichbltg. Köpfchen, Doldentrauben, Trauben od. Ähren **30**

— Bltn. einzeln od. bis zu 3 an blattachselst., zuw. verdornenden Kurztrieben **28**

28. Bltn. bis 5 mm lg., gelb; Hülsen sichelf. gebogen od. schneckenf. gewunden *(551–554)* . . . . **Medicago,** 210

— Bltn. größer; Hülsen nicht schneckenf. gewunden od. sichelf. gebogen **29**

29. Bltn. rosa, weiß od. gelb, häufig an verdornten Kurztrieben, zuw. insgesamt zu locker traubigen Gesamtbltnständen zusammentretend; Schiffchen geschnäbelt . . . . **Ononis,** 209

— Bltn. gelbl.weiß bis blaßviolett, zu 1–2; Schiffchen stumpf; Hülsen bis 10 cm lg., gerade od. schwach gebogen; Pfl. stark riechend **Trigonella,** 210

549 550 551 a, b 552 553 554

30(27). Bltn. hgd., in langen Trauben, weiß od. gelb; Pfl. (vor allem getrocknet) nach *Waldmeister* (Cumarin, s. S. 359) duftend . **Melilotus,** 210

— Bltn. wenigstens anfangs aufrecht, in köpfchenf. Doldentrauben od. dichten Ähren **31**

[1] In Wirklichkeit sind die nebenblattartigen Gebilde in Fig. *541* keine Nebenblätt., sondern das basale, an den Blattgrund gerückte Fiedpaar des Blattes; sie werden deshalb auch als *Pseudostipeln* bezeichnet, weil sie echte Nebenblätt. vortäuschen, die selbst völlig verkümmert sind.

31. Hülsen nierenf., sichelf. od. schneckenf. eingerollt *(551–554)*, stets länger als der gleichzähnige K. . . . . **Medicago,** 210
— Hülsen lineal, meist vom K. u. von der bleibenden Blkr. umhüllt od. Hülsen eif. u. dann spitz geschnäbelt ***32***
32. Hülsen lineal, vom K. u. der bleibenden Blkr. umschlossen; Blkrblätt. ± miteinander verwachsen . . . . **Trifolium,** 211
— Hülsen eif., ca. 6 mm lg., den K. überragend, mit dünnem, spitzem Schnabel; Bltn. blau, blaßgelb od. rosa; Blkrblätt. frei; Pfl. nach *Waldmeister* riechend . . . . **Trigonella,** 210
33(16). Blätt. mit Ranken ***47***
— Blätt. ohne Ranken ***34***
34. Blätt. paarig gefied.; Endfied. verkümmert ***47***
— Blätt. unpaarig gefied.; Endfied. vorhanden u. laubig entwickelt ***35***
35. Grdblätt. ungeteilt, z. Bltzt. oft nicht mehr vorhanden od. geteilt; Stgblätt. gefied., mit großer Endfied.; Bltn. in von zerschlitzten Hochblätt. umgebenen Köpfchen, gelb, zuw. rot . . . . **Anthyllis,** 214
— Alle Blätt. gefied.; Endfied. nicht größer; Bltn. einzeln, in Trauben, Dolden od. Köpfchen ohne zerschlitzte Hochblatthülle, aber zuw. mit gefing. Hochblätt. ***36***
36. Blätt. mit 7 od. mehr Fied.; die einzelnen Fiedpaare gleichmäßig voneinander entfernt ***38***
— Blätt. mit 5 Fied., das basale Fiedpaar an den Stg. herangerückt u. deutl. von den übrigen 3 Fied. entfernt *(541)*; Nebenblätt. verkümmert ***37***
37. Bltn. in köpfchenf. Dolden; Hülsen stielrund . . . . **Lotus,** 216
— Bltn. einzeln od. zu 2, achselst., lg.gestielt; Hülsen 4-kantig od. schwach geflügelt . . . . **Tetragonolobus,** 216
38(36). Bltn. in Dolden od. Köpfchen ***43***
— Bltn. in verlängerten Trauben od. Ähren ***39***
39. Bltn. rosarot mit dk.geaderter Fahne; Kzähne bis 2,5-mal so lg. wie die K.röhre; Hülsen 1-samig . . . . **Onobrychis,** 218
— Bltn. nicht rosarot (aber zuw. purpurn); Kzähne kaum länger als die K.röhre; Fr. mehrsamig ***40***
40. Schiffchen mit aufgesetzter Stachelspitze . . . . **Oxytropis,** 215
— Schiffchen ohne Stachelspitze ***41***
41. Pfl. bis 1 m hoch, straff aufrecht, kahl; Bltn. bläul.weiß od. weiß; alle Stbblätt. miteinander verwachsen *(549)* . . . . **Galega,** 217
— Pfl. niedriger (wenn Stg. länger als 1 m, dann am Grd. niederlgd. u. Bltn. nicht bläul.weiß); oberstes Stbblatt frei *(550)* ***42***
42. Hülse zwischen den Samen eingeschnürt, bei der Reife in 1-samige Glieder zerfallend (Gliederhülse, *545)*; Bltn. purpurn; Nebenblätt. miteinander verwachsen . . . . **Hedysarum,** 218
— Hülse nicht eingeschnürt; Bltn. gelb, violett od. purpurn; Nebenblätt. frei od. verwachsen . . . . **Astragalus,** 214
43(38). Bltn. 2–8 mm lg., weißl., mit rot geaderter Fahne od. rosa; Frstand vogelfußartig *(546)*, am Grd. mit gefing. Hochblätt. . . . **Ornithopus,** 217
— Bltn. größer; Dolden ohne gefing. Hochblätt. ***44***
44. Hülse mit hufeisenf. gekrümmten Gliedern *(547)*; Bltn. gelb; Nagel der Blkrblätt. doppelt so lg. wie der K. . . . . **Hippocrepis,** 217
— Hülse nicht mit hufeisenf. Gliedern, gerade od. leicht gekrümmt ***45***
45. Hülse zwischen den Gliedern eingeschnürt *(548)*; Nagel der Blkrblätt. wenig länger als der K. . . . . **Coronilla,** 217
— Hülse zwischen den Gliedern nicht eingeschnürt, meist etwas aufgedunsen ***46***
46. Schiffchen mit Stachelspitze . . . . **Oxytropis,** 215
— Schiffchen ohne Stachelspitze . . . . **Astragalus,** 214

47(33 **u.** *34).* Stbblattröhre rechtwinkl. abgeschnitten *(549)* ***49***
— Stbblattröhre schief abgeschnitten *(550)* ***48***
48. Kzähne mehrmals länger als die K.röhre; Hülsen 1- bis 2-samig **Lens,** 218
— Kzähne höchstens so lg. wie die K.röhre; Hülsen 2- bis mehrsamig **Vicia,** 218
49(47). Gr. zu einer nach unten offenen Röhre gefaltet, auf der Innenseite bärtig; Nebenblätt. sehr groß *(69)* . . . . **Pisum,** 223
— Gr. flach, oft gedreht, obersts. u. an den Rändern behaart; Nebenblätt. kleiner als die Fied.; Stg. zuw. geflügelt . . . . **Lathyrus,** 221

1. Lupínus L., *Lupine*

1. Bltn. gelb, in zahlr. genäherten Quirlen, von angenehmem Geruch; Blätt. 5- bis 9- (bis 12-)-zählig gefing; ⊙; VI–IX. Angepflanzt u. verwild. (Heimat: W-Mittelmeergebiet) *Gelbe L.,* **L. lúteus** L.
— Bltn. blau od. weiß, in Trauben *2*
2. Blätt. 10- bis 15-zählig gefing.; Bltn. intensiv blau, selten weiß; Pfl. bis 1,5 m hoch; ♃; VI–IX. Häufig als Wildfutter angepflanzt, verwild. u. eingebürgert (Heimat: N-Am.). *Vielblättrige L.,* **L. polyphýllus** Ldl.
— Blätt. 5- bis 9-zählig gefing. *3*
3. Bltn. blau; Fied. lineal, 2–5 mm breit; Oberlippe des K. 2-spaltig; ⊙; VI–IX, Stellenw. angepflanzt u. verwild. (Heimat: Mittelmeergebiet) *Schmalblättrige L.,* **L. angustifólius** L.
— Bltn. weiß; Fied. verkehrt-eif.; Oberlippe des K. ungeteilt; ⊙; VI–IX. (Heimat: N-Am.), seltener angepflanzt. *Weiße L.,* **L. álbus** L.

2. Úlex L., *Stechginster.* Sparriger, bis 2 m hoher, reich verzweigter Strauch mit Blatt- u. Kurztriebdornen; Bltn. zu 1–3 an Kurztrieben; K. dicht braun behaart; Bltn. goldgelb; ♃; IV–VII. Gesellig auf Heiden, vorwgd. im W u. NW., sonst angepfl. u. verwild. *Europäischer St.,* **U. europaéus** L.

3. Genísta L., *Ginster*

1. Stg. ohne Kurztriebdornen *3*
— Stg. mit Kurztriebdornen, zumindest an der Basis *2*
2. Junge Triebe kahl; Blätt. blaugrün, hinfällig; Bltntrauben kurz, dicht; Tragblätt. länger als die Bltnstiele; Bltn. goldgelb; ♃; V–VI. Heide-, Sand- u. Torfböden; *v* im NW u. N, sonst nur SaAn, Br u. Schw. *Englischer G.,* **G. ánglica** L.
— Junge Triebe spitzenwärts behaart; Bltn. in 5 cm langen Trauben; Tragblätt. 1/2 so lg. wie die Bltnstiele; Hülsen lg.haarig; ♃; V–VI. Trockene Wälder, Magerwiesen, Heiden; *z,* im NW u. N *s,* in Alp. *f.* *Deutscher G.,* **G. germánica** L.
3(1). Niederlgd. Zwergstrauch; Äste gleich den 5–12 mm langen Blätt. in der Jugend seidenhaarig; Bltn. zu 1–3 an Kurztrieben; Fahne, Schiffchen u. Hülse seidenhaarig; ♃; IV–VII. Triften u. Heiden, kalkmeidend; *z;* in Alp. u. Vorland *f.* *Behaarter G.,* **G. pilósa** L.
— Stg. aufrecht, rutenf., bis 60 cm lang, kahl; Bltn. in endst., verlängerten Trauben; Fahne, Schiffchen u. Hülse kahl; ♃; VI–VIII. Trockene Magerwiesen, lichte Eichen- u. Föhrenwälder; *v, s* im NW u. Alp. (Ti). *Färber-G.,* **G. tinctória** L.
a. Blätt. lanzettl., bis 3 cm lg.; Stg. aufrecht; Bltnstände 3–8 cm lg.; *v.* ssp. **tinctória**
– Blätt. schmal-lineal, bis 1 cm lg.; Stg. niederlgd.; Bltnstände bis 3 cm lang. Feuchte Heiden; nur Nordseeküste u. Inseln. ssp. **littorális** (Corb.) Rothm.

4. Labúrnum Fabr., *Goldregen.* 4–5 m hoher Strauch, mit hellgrauen Ästen; Blattstiel, Blattunterseite, junge Zweige u. Hülsen angedrückt behaart; ♃; IV–VI. Wild nur in S-Alp., sonst verwild.; Zierstrauch (= *L. vulgare* J. Presl; = *Cytisus laburnum* L.) *Gemeiner G.,* **L. anagyroídes** Med.

5. Chamaespártium Adans., *Flügelginster.* Stg. breit geflügelt, bis 30 cm lg., geglied.; Blätt. 2-zeilig, einfach, hinfällig, rauhhaarig; Bltn. hellgelb, in doldenf. Trauben; ♃; V–VII. Trockene Weiden, lichte Eichen- u. Kiefernwälder; *z* im SW, sonst *s*. [= *Genistella sagittalis* (L.) GAMS.; = *Genista sagittalis* L.; = *Pterospartum sagittale* (L.) WILLK.]

Flügel-G., **Ch. sagittále** (L.) P. GIBBS

6. Lembótropis GRISEB., *Geißklee*. Bltn. in endst., verlängerten, vielbltg. Trauben; Hülsen kahl; Blätt. 3-zählig, untersts. angedrückt behaart; Äste rutenf., beim Trocknen schwarz werdend; 0,3–2 m hoher Strauch; ♃; VI–VIII. Trockene, steinige Orte; *z* in S- u. M-Dt. (= *Cytisus nigricans* L.)

Schwarzwerdender G., **L. nígricans** (L.) GRISEB.

7. Chamaecýtisus LK., *Zwergginster*

1. Bltn. zu 1–3 an seitenst. Kurztrieben; Fahne meist rotbraun gefleckt; Äste niederlgd. bis aufstgd., jung grauseidig behaart, später verkahlend; bis 50 cm hoch; ♃; IV–VI. Trockene Magerwiesen, lichte Föhrenwälder; *s* in Ba, Sb, Schl, W- u. OPr. [= *Cytisus ratisbonensis* SCHAEFF.]

Seidenhaar-Z., Regensburger Z., **Ch. ratisbonénsis** (SCHAEFF.) ROTHM.

— Bltn. in endst., kopff. zusammengezogenen Trauben *2*

2. Fahne häufig mit rötl.-braunem Fleck, meist kahl; Flügel u. Schiffchen kahl; Hülsen absthd. zottig behaart; Stg. aufstgd. bis niederlgd., jung zottig behaart; ♃; IV–V. Trockene Felshänge, lichte Wälder; *z*, Donautal, Ba, Th, Br (Havel- u. Odertal). (= *Cytisus capitatus* SCOP.) *Kopf-Z.*, **Ch. supínus** (L.) LK.

— Fahne meist einheitl. gelb, obersts. seidig behaart; Flügel obersts. in der Mitte u. Schiffchen am Rand bewimpert; Hülse angedrückt bis zottig behaart; Stg. aus niederlgd. Grd. steif aufrecht, dicht angedrückt silbergrau behaart; ♃; V–VIII. Steinige Hügel, Trockenrasen; *s*, nur Sb. (= *Cytisus austriacus* L.) *Österreichischer Z.*, **Ch. austríacus** L.

8. Sarothámnus WIMM., *Besenginster*. Rutenstrauch mit grünen, gerillten, rutenf. Zweigen; Blätt. klein, vorwgd. 3-zählig, hinfällig; Bltn. groß, lebhaft gelb; ♃; V–VI. Sand, Heiden, Föhrenwälder; *v*, *f* in Alp. [= *Cytisus scoparius* (L.) LK.] *Gewöhnlicher B.*, **S. scopárius** (L.) KOCH

a. Sprosse aufrecht; Blätt. u. junge Sprosse kahl od. dünn seidig behaart; *v*, in Alp. *f*.

ssp. **scopárius**

– Sprosse niederlgd.; Blätt. u. junge Sprosse dicht seidig behaart; nur Nordseeküste [= *Genista scoparia* (R.) LAM. var. *maritima* ROUY; = *Cytisus scoparius* (L.) LK. ssp. *maritimus* (ROUY) HEYW.] ssp. **marítimus** (ROUY) ULBRICH

9. Onónis L., *Hauhechel*

1. Bltn. gelb; Hülsen hgd.; alle grünen Teile der Pfl. dicht klebrig-drüsig; ♃; V–VII. (*v* im Mittelmeergebiet), *s* in BW (Kaiserstuhl) u. Lothringen.

Gelbe H., **O. nátrix** L.

— Bltn. rosa od. weiß *2*

2. Hülsen kürzer als der K.; Stg. ringsum drüsig zottig *4*

— Hülsen so lg. od. länger als der K. *3*

3. Pfl. dornenlos, mit krautigen, nur an der Basis verholzenden u. absterbenden Stg.; Blätt. mit großen, fast kreisf., ringsum buchtig gezähnten Fied.; Bltn. zu 1–3, in lg.gestielten, achselst. Bltnständen, groß, nickend, fleischrot; ganze Pfl. dicht mit klebrigen, würzig riechenden Drüsen; ♃; IV–IX. Lichte Wälder, Schuttfluren. Nur in Ti u. Vb.

Rundblättrige H., **O. rotundifólia** L.

— Pfl. meist stark dornig; Stg. im Herbst nicht absterbend, 1- oder 2-reihig behaart; Bltn. zu 1–3, achselst., zuw. zu lockeren Gesamtbltnständen vereinigt; ♃; VI–VII. Trockene Wiesen, Wegränder. *Dornige H.*, **O. spinósa** L.

a. Pfl. dornig, 20–50 cm hoch, aufrecht, ohne Bodenausläufer; Kzipfel ausgebreitet; *v*.

ssp. **spinósa**

b. Pfl. häufig dornenlos, bis 1 m hoch, zuw. mit Bodenausläufern; Kzipfel ± zurückgekrümmt; feuchte Wiesen von der Tiefebene bis in die Voralpenreg.; *z.* (= *O. austriaca* BECK; = *O. foetens* ALL.) ssp. **austríaca** (BECK) GAMS

c. Pfl. dornig, niederlgd.-aufstgd.; Küste der Nord- u. Ostsee, auf schwach salzhaltigen Böden. ssp. **abérrans** ENDTMANN

4(2). Stg. niederlgd. bis aufstgd., mit Ausläufern; Dornen häufig fehlend; Fied. an der Spitze abgerundet bis ausgerandet; Bltn. einzeln, voneinander entfernt; ♃; VI–IX. Trockenwiesen; *v.* *Kriechende H.,* **O. répens** L.

a. Blätt. 0,7–1,1 cm lg.; Bltn. 0,5–1 cm lg. Dünensande der Atlantikküste. ssp. **répens**

– Blätt. 1,3–2,5 cm lg.; Bltn. 0,3–2 cm lg.; *v.* ssp. **procúrrens** (WALLR.) A. & BR.

— Stg. aufrecht od. aufstgd., dornenlos; Fied. zugespitzt; Bltn. zu 2–3 an den Enden der Äste gehäuft; ♃; VI–VII. Triften, Wegränder; *s* im N (O-SH, O-Me, O-Br); sehr *s* in Sb, Ti. (= *O. hircina* JACQ.). *Bocks-H.,* **O. arvénsis** L.

10. Trigonélla L., *Bockshornklee, Schabziegerklee*

1. Bltn. in blattachselst. Trauben, blau; Hülsen eif., bis 6 mm lang, mit kurzem, dünnem Schnabel; Sprosse aufrecht, oberwärts absthd. behaart; ⊙; VI–VII. (Heimat: Mittelmeergebiet); Gewürz- u. Heilpfl., zuw. verwild. (= *Melilotus coeruleus* DESR.)
Blauer Sch., **T. melilótus-caerúlea** (L.) A. & GR.

— Bltn. zu 1–2; Hülsen zylindrisch *2*

2. Bltn. blaßgelb; Hülsen bis 10 cm lg., aufrecht absthd., gerade od. gekrümmt, 2–3 cm lg. geschnäbelt; ⊙; IV–VII. (Heimat: östl. Mittelmeergebiet); Heilpfl.; zuw. verwild.
Griechischer, Gelblicher Sch., **T. foénum-graécum** L.

— Bltn. rosa; Hülsen längl., mit kurzem, hakigem Schnabel; Pfl. kleeähnl., ⊙, VI–VII. Sonnige Hügel; in Dt früher auch auf Sylt; längs der W-europäischen Küste bis Ho u. Da. [= *Trifolium ornithopodioides* (L.) SM.]
Vogelfuß-Sch., **T. ornithopodioídes** (L.) DC.

11. Melilótus MILL., *Steinklee*

1. Bltn. weiß; Fied. mit 6–12 Paar Seitennerven u. ebenso vielen, oft undeutl. Zähnen; Hülse bis 3,5 mm lg., stumpf, mit kurzem Griffelrest, schwärzl., netznervig; ⊙; V–VIII. Weg- u. Ackerränder, Bahndämme, Ruderalstellen; *v.* *Weißer St.,* **M. álba** MED.

— Bltn. gelb *2*

2. Fied. mit 18–22 Paar Seitennerven, in die scharfen, dichtstehenden Zähne eintretend; Hülse meist 2-samig, netzig-runzelig; ⊙; V–IX. Ostseeküste *z,* im Binnenland nur an Salzstellen, *f* im NW.
Gezähnter St., **M. dentáta** (W. & K.) PERS.

— Fied. mit weniger als 18 Paaren von Seitennerven *3*

3. Bltn. klein, 2–3 mm groß, in 0,8 bis 2 cm langen Trauben; Fied. mit 5–9 Zähnen; Nebenblätt. am Grd. mit 1–2 Zähnen; Hülse fast kugelig; ⊙; II–VI; *s,* vor allem in Hafenstädten, aus dem Mittelmeergebiet eingeschleppt. *Kleinblütiger St.,* **M. índica** (L.) ALL.

— Bltn. größer; Nebenblätt. ganzrandig od. am Grd. 1-zähnig *4*

4. Hülsen zerstr. kurzhaarig, runzelig, schwarz; Bltn. in 2–6 cm lg. Trauben; Flügel u. Schiffchen etwa gleichlg.; Fied. mit 8–14 Paar Seitennerven; Stg. aufrecht, bis 1,5 m lg.; ⊙; VII–IX. Feuchte, auch salzhaltige Orte; *z.*
Sumpf-St., Hoher St., **M. altíssima** THUILL.

— Hülsen kahl, undeutl. querrunzelig, lederbraun; Bltn. in 4–10 cm lg. Trauben; Flügel länger als das Schiffchen; Fied. mit 6–13 Paaren von Seitennerven; Stg. aufrecht, 30–90 cm lg.; ⊙; V–IX. Weg- u. Ackerränder, Ruderalstellen; *v.* *Echter St.,* **M. officinális** (L.) PALL.

12. Medicágo L., *Schneckenklee, Luzerne, Sichelklee, Hopfenklee*

1. Bltn. blau od. violett, in blattachselst., kopff. Trauben; Hülsen unbewehrt, mit 2–3 lockeren, korkenzieherart. Windungen *(551a–b);* Fied. an der Spitze gezähnt u. stachelspitzig; Stg. aufrecht, bis 80 cm lg., fast kahl; ♃; V–IX. Kulturpfl. u. verwild. (Heimat: Vorder-As.)
Luzerne, **M. satíva** L.

— Bltn. gelb od. grünl. *2*

2. Hülsen dicht bestachelt, mit mehreren schneckenf. Windungen *(554)*; Bltntrauben mit 1–8 Bltn. *4*
— Hülsen stachellos, sichelf. *(552–553)*; od. mit nur einer Windung; Bltntrauben vielbltg. *3*

3. Bltn. 8–11 mm lg., in kopff. Trauben; Hülse sichelf. *(552)*; Stg. 20–60 cm lg.; ♃; V–IX. Trockenwiesen, Weg- u. Ackerränder; kalkliebend; *z.* [= *M. sativa* L. ssp. *falcata* (L.) ARC.] *Sichelklee*, **M. falcáta** L.

Häufig kultiviert wird: **M.** x **vária** MART. (= *M. sativa* x *M. falcata*): Bltn. anfangs gelbl., später grünl. u. im Alter häufig violett od. bläul.

— Bltn. nur 3–5 mm lg., in fast kugeligen Trauben; Hülse fast nierenf., mit 3–5 verästelten Längsnerven *(553)*; Fied. an der Spitze oft etwas ausgerandet, beidersts. anlgd. behaart; Stg. 10–30 cm lg., aufstgd. od. niederlgd.; ⊙ bis ♃; V–IX. Wiesen, Wegränder; *v*; formenreich. *Hopfenklee*, **M. lupulína** L.

a. Hülsen kahl od. behaart, aber drüsenlos; *v*. ssp. **lupulína**
– Hülsen u. oft auch die Blätt. drüsig behaart; Pfl. niederlgd.; Dünen der Ostseeküste *v*; im W *z*. ssp. **jalásii** ROTHM.

4(2). Hülse 3–4 mm breit *(554)*; Samen nicht durch Scheidewände voneinander getrennt; Fied. verkehrt-eif., nur an der Spitze gezähnt, beidersts. behaart; Nebenblätt. eif., meist ganzrandig; Stg. niederlgd. bis aufstgd.; ⊙; IV–VII. Trockene Hänge, Weiden; *z* in M- u. S-Dt, *s* in SH, *f* im Geb. u. NW. *Zwerg-Sch.*, **M. mínima** (L.) BART.
— Hülse 5–10 mm breit; Samen durch Scheidewände voneinander getrennt *5*

5. Nebenblätt. etwa bis zur Mitte kammf. eingeschnitten; Fied. meist purpurn gefleckt; Flügel kürzer als das Schiffchen; Stg. niederlgd. bis aufrecht, 30–60 cm lg., tief gefurcht, fast kahl; ⊙; IV–VI; *z*, aus dem Mittelmeergebiet eingeschleppt. *Arabischer Sch.*, **M. arábica** (L.) HUDS.
— Nebenblätt. etwa bis 1/4 eingeschnitten; Fied. nicht gefleckt; Flügel länger als das Schiffchen; Stg. niederlgd. bis aufstgd., bis 30 cm lg., kahl od. kurz behaart; ⊙; V–VII; *s*, aus dem Mittelmeergebiet eingeschleppt. (= *M. hispida* GAERTN.) *Rauher Sch.*, **M. polymórpha** L.

13. Trifólium L., *Klee*

1. Bltn. rot, rosa od. weiß, wenn gelbl., dann Köpfchen über 1,5 cm groß *7*
— Bltn. lebhaft gelb u. braun werdend; Köpfchen kleiner als 1,5 cm . . *2*

2. Oberste Stgblätt. fast gegenst.; obere Bltnstände scheinbar endst.; Blkr. verblüht kastanienbraun; Fahne gefurcht, vom Grd. gewölbt; Pfl. der alp. u. subalp. Reg. *6*
— Alle Blätt. wechselst.; alle Bltnstände deutl. seitenst.; Blkr. gelb, verblüht hellbraun; Pfl. der Ebene u. mont. Reg. *3*

3. Flügel abgespreizt; Fahne längs gerieft, löffelf., nur an der Spitze einwärts gebogen *5*
— Flügel gerade vorgestreckt; Fahne ± glatt, gefaltet, auf dem Rücken fast gekielt *4*

4. Bltnstiele kürzer als die K.röhre; Bltnköpfchen 3-15-(25)bltg.; Nebenblätt. am Grd. verbreitert; Stg. bis 35 cm lg., schlaff; ⊙–⊙; V–X. Triften, Wiesen; *g*. (= *T. minus* SM.) *Zwerg-K.*, **T. dúbium** SIBTH.
— Bltnstiele länger als die K.röhre; Bltnköpfchen locker (1-)2- bis 6-(-15)bltg.; Nebenblätt. am Grd. nicht verbreitert; Stg. nur bis 10 cm lg., sehr dünn, niederlgd.; ⊙; V–VII. Ufer, Teichränder; Küste von Be, SH bis Da; *z*. *Kleinster K.*, **T. micránthum** VIV.

5(3). Endfied. deutl. länger gestielt als die seitl.; Nebenblätt. am Grd. verbreitert; Bltn. hell- bis goldgelb; Stg. 5–30 cm lg., niederlgd.; ⊙–⊙; VI–IX. Wiesen, Brachäcker, Waldwege, auf kalkarmen Böden; *v*. (= *T. procumbens* L.) *Gelber Acker-K.*, **T. campéstre** SCHREB.
— Fied. alle gleich lg. u. kurz gestielt; Nebenblätt. längl.-eif., spitz, so lg. wie der Blattstiel; Blkrblätt. lebhaft gelb, sich nach der Blüte vergrößernd; Fahne länger als das Schiffchen; Stg. aufrecht, bis 40 cm lg.; ⊙; VI–VIII.

Magerwiesen, lichte Laub- u. Kiefernwälder, vorwgd. der mont. Reg., *z*. (= *T. strepens* Cr.; = *T. agrium* L. em. Schreb). *Gold-K.*, **T. aúreum** Poll.

6(2). Bltnstiele viel kürzer als die K.röhre; Fied. nur in der oberen Hälfte gezähnt, sitzend; Nebenblätt. längl.-lanzettl.; Bltnköpfe anfangs eif., später walzl.; Stg. steif aufrecht, bis 40 cm lg.; ⊙; V–VIII. Moorwiesen, kalkmeidend; *z* in Mittelgeb., *s* in Alp. u. Vorland, sonst SH, Da. *Moor-K., Brauner K.*, **T. spadíceum** L.

— Bltnstiele so lg. wie die K.röhre; Fied. ringsum fein gesägt, sitzend; Nebenblätt. eif.-lanzettl.; Bltnköpfe anfangs halbkugelig, später eif.; Blkrblätt. verblüht lebhaft kastanienbraun; Stg. aufstgd. bis niederlgd., 10–20 cm lg.; ⊙ bis mehrjährig; VII–VIII. Matten der K-Alp., *z*. *Braun-K.*, **T. bádium** Schreb.

7(1). Blätt. meist 5- bis 8-zählig gefing.; Nebenblätt. meist länger als der Blattstiel; Bltnköpfchen bis 20-bltg.; Bltn. 1–2 cm lg., purpurrot, seltener weiß; ♃; VI–VII. Trockene Kiefernwälder; nur in W- u. OPr. *Lupinen-K.*, **T. lupináster** L.

— Blätt. 3-zählig gefing. ***8***

8. Bltn. deutl. gestielt; K. meist mit offenem, kahlem Schlund ***20***

— Bltn. sitzend od. sehr kurz gestielt; K. im Schlund häufig mit Haarkranz od. behaartem Wulst ***9***

9. K. zur Frzt. nicht blasig aufgetrieben ***11***

— K. zur Frzt. blasig aufgetrieben ***10***

10. Fahne der Bltn. abwärts, Schiffchen nach oben gerichtet *(555b);* Bltnköpfchen kurz gestielt, die Blätt. nicht überragend, nach der Blüte zurückgebogen, kugelig *(555a);* Bltn. rosa bis purpurviolett; obere K.hälfte z. Frzt. helmf. aufgeblasen, netznervig, zerstreut drüsig-zottig; Stg. niederlgd.-aufstgd., nicht wurzelnd; ⊙; IV–VI. Tonige, salzhaltige Böden; aus dem östl. Mittelmeergebiet eingeschleppt; *s* in Ti, Oberrhein u. Neckartal. *Persischer K.*, **T. resupinátum** L.

— Fahne der Bltn. nach oben gerichtet; Bltn. hellrosa bis karminrot; untere Bltn. fast sitzend, die oberen kurz gestielt; Köpfchen eif.-kugelig, lg. gestielt, die Blätt. meist überragend, auch nach der Blüte aufrecht; obere K.hälfte später stark aufgeblasen, trockenhäutig, netznervig, ± rötl.; Frstand erdbeerähnl. *(556);* Stg. niederlgd., ausläuferartig, an den Knoten wurzelnd; ♃; VI–IX. Sumpfige Stellen, vorwgd. auf salzhaltigem Boden; *z*. *Erdbeer-K.*, **T. fragíferum** L.

11(9). K. deutl. kürzer als die Blkr.; K.röhre behaart od. kahl; Bltnköpfe meist breiter als 1 cm ***15***

— K. etwa so lg. od. länger als die Blkr.; K.röhre behaart; Köpfchen nur bis ± 1 cm breit ***12***

12. Köpfchen am Grd. ohne Hochblätt., walzl., 1–2 cm lg., zu mehreren; K. ± dicht weich-weißhaarig, länger als die anfangs weißl., später rötl. Blkr.; Nebenblätt. lanzettl.-pfrieml., meist ± rot; ⊙; V–VII. Heiden, Trockenwiesen, Sand; *v*. *Hasen-K.*, **T. arvénse** L.

a. Pfl. kräftig, gleich den K.zähnen stark behaart; letztere ca. 3mal länger als die dicht behaarte K.röhre; *v, f* in Alp. ssp **arvénse**

– Pfl. zierlich, fast kahl; K.zähne nur schwach bewimpert; etwa doppelt so lg. wie die schwach behaarte K.röhre. Äcker, Weiden, *v*. (= *T. gracile* Thuill.) ssp. **grácile** (Thuill.) Ser.

— Köpfchen am Grd. mit Hochblätt., meist einzeln, eif. oder kugelig . ***13***

13. Blattfied. mit undeutl. hervortretenden Seitennerven, beidersts. seidig behaart; Köpfchen sehr klein, bis 8 mm breit, armbltg.; Blkr. weiß bis rosa, höchstens so lg. wie der weiß-seidig-filzige K.; Stg. niederlgd.-aufstgd.; ⊙-⊙; VII–VIII. Geröll u. Schutt der Alp.; *s* in Ti (Stubai- u. Sellraintal). *Felsen-K.*, **T. saxátile** All.

— Blattfied. mit deutl. hervortretenden Seitennerven ***14***

14. Fied. mit geraden, nach dem Rand zu kaum verdickten Nerven, beidersts. behaart, verkehrt-eif.; Blkrblätt. hellrosa, dunkler geadert; Stg. 5–30 cm lg.; ⊙-⊙; V–VIII. Trockene Weiden, sandige Äcker, kalkmeidend; *z* in Ba, BW (Rheintal), sonst *s, f* in Alp. *Streifen-K.*, **T. striátum** L.

— Fied. mit nach außen gekrümmten u. gegen den Rand zu deutlich verdickten Seitennerven, ringsum scharf gezähnt, verkehrt-eif.; Blkrblätt. weißl.; Stg. 3–20 cm lg.; ⊙; V–VII. Magerwiesen u. Felsspalten; nur im südl. Oberrheintal (Istein), E. *Rauhblättriger K.,* **T. scábrum** L.

15(11). Blkrblätt. gelbl.weiß; Bltnköpfe meist einzeln, eif. bis kurz-zylindrisch; K. 10-nervig, steifhaarig; Nebenblätt. klein, dicht zottig behaart; Stg. aufrecht, 20–50 cm lg., absthd. zottig; ♃; VI–VII. Magerwiesen, lichte Wälder; *z* in der mont. Reg., *f* im N. *Blaßgelber K.,* **T. ochroleúcon** Huds.

— Blkrblätt. rötl. bis purpurrot, seltener reinweiß ***16***

16. K.röhre außen behaart; K.zähne behaart ***18***

— K.röhre außen kahl, nur die K.zähne bewimpert ***17***

17. Bltnköpfchen walzl., 3–7 cm lg., einzeln od. zu zweit, scheinbar endst., am Grd. mit Hülle; Bltn. leuchtend purpurn; K. 20-nervig; Fied. längl.-lanzettl., 4–6,5 cm lg.; Nebenblätt. krautig, groß, oft länger als der Blattstiel; Stg. aufrecht, bis 60 cm lg.; ♃; VI–VII. Lichte Laub- u. Föhrenwälder, vorwgd. der mont. Reg.; *z* im S u. NrWe, *s* in Sa, *f* im NW. *Purpur-K., Fuchsschwanz-K.,* **T. rúbens** L.

— Bltnköpfchen kugelig bis eif., 2–3 cm lg., meist einzeln, ohne Hülle; Blkrblätt. karminrot; K. 10-nervig; Fied. längl.elliptisch, 1,5–5 cm lg., fein gezähnelt; Nebenblätt. borstig, lanzettl., wimprig behaart; Stg. aufstgd., meist zickzackf.; ♃; VI–VIII. Lichte Wälder, Trockenwiesen; *v, z* im N. *Zickzack-K., Mittlerer K.,* **T. médium** L.

18(16). K. 20-nervig; Bltnköpfe einzeln, achselst., kugelig; Bltn. rötl.; Fied. schmal-elliptisch, 2–5 cm lg., unterst. behaart; Stg. aufrecht, 15–40 cm lg., absthd. behaart; Nebenblätt. dem Stiel hoch angewachsen, schmal, behaart, mit pfrieml. Zipfeln; ♃; VI–VIII. Trockenwiesen, lichtes Gebüsch, Wälder; *v, z* im NO, *f* im NW. *Hügel-K.,* **T. alpéstre** L.

— K. 10-nervig ***19***

19. Köpfchen kugelig bis eif.; Blkrblätt. hellpurpurn, untereinander u. mit den 9 unteren Filamenten verwachsen; Nebenblätt. scharf zugespitzt u. an der Spitze pinself. behaart; ♃; V–IX. Fettwiesen, Felder, lichte Wälder; *g;* formenreich; auch als Kulturpfl. *Wiesen-K.,* **T. praténse** L.

— Bltnköpfchen einzeln, zylindrisch, bis 5 cm lg., am Grd. ohne Hochblätt.; Bltn. lebhaft rot; Nebenblätt. groß, häutig, mit stumpfen, gezähnten, oft roten Spitzen; ⊙–⊙; IV–VII. Kulturpfl., zuw. verwild. (Heimat: Mittelmeergebiet). *Inkarnat-K.,* **T. incarnátum** L.

20(8). K. z. Frzt. stark blasig aufgetrieben; Frstand erdbeerähnl., meist nur die oberen Bltn. des Köpfchens deutl. gestielt, die unteren fast sitzend (s. auch Nr. ***10***—). *Erdbeer-K.,* **T. fragíferum** L.

— K. z. Frzt. nicht blasig aufgetrieben ***21***

21. K. so lg. od. länger als die Blkr.; Bltnköpfchen 7–10 mm breit, kugelig; Bltnstiele 1/2–1/3 so lg. wie der K., z. Frzt. herabgeschlagen; Blkrblätt. rosa bis weißl.; Fied. verkehrt-ei-herzf., ringsum fein gezähnt; ⊙; V–VII. Trokkenwiesen u. Wegränder; *s,* mittleres Saalegebiet, früher auch Elbegebiet bei Magdeburg. (= *T. parviflorum* Ehrh.) *Kleinblütiger K.,* **T. retúsum** L.

— K. kürzer, nur halb so lg. wie die Blkr.; Bltnköpfchen bis 4 cm breit . ***22***

22. Stg. seidig-wollig behaart, aufrecht, bis 60 cm lg.; Blattfied. ringsum stachelspitzig gesägt, unterst. dicht anlgd. behaart; Bltn. weiß bis gelbl.weiß, selten rötl., beim Verblühen rötl.-graubraun; K. mit gerade vorgestreckten Zähnen; ♃; V–VIII. Trockene Wiesen, lichte Laub- u. Nadelwälder, vorwgd. der Hügelstufe u. auf Kalk; *v, z* in NO, *f* im NW. *Berg-K.,* **T. montánum** L.

— Stg. kahl od. nur oberwärts schwach behaart; Fied. kahl ***23***

23. K. 5-nervig; Blkrblätt. anfangs schmutzigweiß, dann lebhaft rosa, später bräunl.; Fied. verkehrteif., mit parallelen, mehrfach gegabelten Seitennerven, ringsum stachelspitzig gezähnt; Stg. aufrecht, bis 40 cm lg.; ⊙ bis ♃; V–IX. Fettwiesen, Äcker; SW-O-europäische Kulturpfl. u. verwild. *Bastard-K.,* **T. hýbridum** L.

— K. 10-nervig ***24***

24. Bltn. fleischrot bis hellpurpurn, 18–21 mm lg., schlank, angenehm duftend, doldig genähert, anfangs aufrecht, später herabgeschlagen; Blätt. grdst., lg.-gestielt, mit 1–7 cm langen, lanzettl.-linealen Fied.; Nebenblätt. bis 4 cm lg., den oberirdisch kriechenden Stg. vollständig einhüllend, hoch mit dem Blattstiel verwachsen; ♃; VI–VIII. Matten der Ur-Alp. *v, z* in Ti u. Vb.
Alpen-K., **T. alpínum** L.

— Bltn. weiß od. rosa bis rot, kleiner als 15 mm, in kugeligen, reichbltg. Köpfchen; Blattfied. breit-elliptisch bis verkehrt-eif. *25*

25. Stg. weit kriechend, an den Knoten wurzelnd; Nebenblätt. trockenhäutig, rotviolett od. grün-genervt, plötzl. in eine grannenart. Spitze verlängert; Bltn. weiß, verblüht hgd. u. hellbraun; ♃; V–IX. Fettwiesen, Wegränder; *v* vom Flachland bis in die alp. Reg. *Weiß-K.,* **T. répens** L.

a. Stg. kahl, über 30 cm lg.; Bltn. weiß; *v* ssp. **répens**

b. Stg. flaumig bis borstig behaart, kürzer als 10 cm; Bltn. rosarot, später dk.rot. Nur in RhPf. (= *T. biasoletii* Steud. & Hochst.) ssp. **prostrátum** (Biasoletto) Rothm.

c. Pfl. nur wenige cm hoch; Köpfe armbltg.; Alp. *v* ssp. **alpínum** Rothm.

— Stg. niederlgd.-kriechend, aber nicht wurzelnd; Pfl. locker bis dichtrasig; Nebenblätt. zarthäutig *26*

26. Blätt. lg. gestielt; Fied. mit 7–10 Paaren von Seitennerven; Bltnstiele ca. 3/4 bis so lg. wie die K.röhre, auch postfloral aufrecht; Blkr. weißl., später rosa, verblüht bräunl., 1,5mal so lg. wie der K.; Pfl. dichte Rasenpolster bildend; ♃; VII–VIII. Matten, Weiden; K-Alp. *v.* *Rasiger K.,* **T. thálii** Vill.

— Blätt. kurz gestielt; Fied. mit 10–20 Paaren von Seitennerven; Bltnstiele länger als die K.röhre, später zurückgekrümmt; Blkr. schmutzig-weiß bis rosa, 3mal so lg. wie der K.; Pfl. lockerrasig; ♃; VII–VIII; kalkmeidende Geröllpfl. der Alp.; *z* in Sb, Ti, Vb.
Bleicher K., Geröll-K., **T. palléscens** Schreb.

14. Anthýllis L., *Wundklee.* Grdblätt. einfach od. oft geteilt, z. Bltzt. häufig nicht mehr vorhanden; Stgblätt. gefied.; Bltnköpfe vielbltg.; K. zottig-filzig, nach der Blüte aufgeblasen; Blkrblätt. gelb od. ± orange bis rot; ♃; V–IX. Trockenwiesen, besonders auf Kalk, von der Ebene bis in die alp. Reg.; *v, s* im NW. Formenreiche Sammelart: *Gemeiner W.,* **A. vulnerária** L.

15. Astrágalus L. (incl. **Phaca** L.), *Tragant*

1. Bltn. purpurn, blau, violett, rosa od. weißl.-mehrfarbig *6*

— Bltn. gelb, gelbl.grün od. gelbl.weiß *2*

2. Rosettenstaude mit unentwickeltem Stg.; Blätt. u. Bltnstände daher grdst., seidig behaart; Bltn. gelb, in 3- bis 9-bltg., doldenähnl. Bltnständen; ♃; V–VII. Steppenhänge, auf Kalk; nur in M-Dt [Saale-, Unstrut- u. Bodetal, SaAn (bis Magdeburg)]. *Stengelloser T.,* **A. exscápus** L.

— Stg. entwickelt, niederlgd. od. aufstgd. *3*

3. Hülse 1-fächerig, gleich den Bltn. nickend; Stg. aufrecht od. am Grd. lgd. *5*

— Hülsen 2-fächerig, gleich den Bltn. aufrecht; Stg. niederlgd. mit aufgerichteten Spitzen *4*

4. Blätt. mit 4–7 Paar Seitenfied.; Stg. 40–80 (–150) cm lg., kantig, fast kahl; Bltn. in vielblütigen, achselst. Trauben, grünl.gelb; Hülse geschnäbelt, auf dem Rücken tief gefurcht, mit fast vollst. Scheidewand; ♃; V–VI. Lichte Wälder, Kahlschläge; *v, s* im NW. *Süßer T., Bärenschote,* **A. glycyphýllos** L.

— Blätt. mit 8–12 Paar Seitenfied., behaart; Stg. 20–80 cm lg., anlgd. behaart; Bltn. in reichbltg. Köpfen, blaßgelb; Hülsen kugelig-eif., aufgeblasen, lg.geschnäbelt, zottig behaart; ♃; VI–VIII; *z* in S- u. M-Dt (Keupergebiet), E, sonst *f.* *Kicher-T.,* **A. cícer** L.

5(3). Hülse wenig aufgeblasen, bis 2 cm lg., schmäler als 1 cm; Bltn. in zusammengezogenen Trauben, gelbl.weiß; Blätt. mit 3–8 Paaren kahler,

blaugrüner Fied.; Nebenblätt. groß, 1–2 cm lg.; Pfl. bis 35 cm hoch; ♃; VII–VIII. Magerwiesen u. Grate der Alp. *z.* (= *Phaca frigida* L.).
Gratlinse, Gletscher-T., **A. frígidus** (L.) A. GRAY

— Hülse stark aufgeblasen, 2–3 cm lg., über 1 cm breit; Bltn. lebhaft gelb, in kurzen Trauben; Blätt. mit 7–11 Paaren weichhaariger, frischgrüner Fied.; Nebenblätt. klein, bis 1 cm lg.; Pfl. bis 50 cm hoch; ♃; VII–VIII. Trockenwiesen u. Felsschutt von 1400–2400 m; Alp. von Ba *z.*
Alpen-Blasenschote, Hängeblütiger T., **A. penduliflórus** LAM.

6(1). Flügel ausgerandet, tief zweilappig; Bltn. weißl. mit violetter Schiffchenspitze, in gedrungenen, ± einstswendigen Trauben; Hülsen absthd., aufgeblasen, glatt; ♃; V–VI. Magerwiesen der Alp. von 1800–2600 m, *s* [= *A. helveticus* (HARTM.) O. SCHWARZ; = *Phaca australis* L.]
Südlicher T., **A. austrális** (L.) LAM.

— Flügel nicht od. schwach ausgerandet ***7***

7. Schiffchen etwa so lg. wie die Fahne, mit violetter Spitze; Flügel weiß; Fahne violett, blau geadert; Bltn. in 5- bis 15-bltg. zusammengezogenen Trauben, auf 5–15 cm langen, oberwärts dk.behaarten Stielen; Hülsen hgd., braunzottig, 1-fächerig; ♃; VI–VIII. Magerwiesen der Alp.; *s* in Ba, *v* im Allgäu. (= *Phaca astragalina* DC.; = *Ph. alpina* L.) *Alpen-T.*, **A. alpínus** L.

— Schiffchen kürzer als Fahne u. Flügel; Hülsen aufrecht ***8***

8. Blätt. mit 2–4 (selten bis 9) Paaren lanzettl.-linealer, beiderststs. anlgd.-behaarter Fied.; Bltn. in kurzen, 3- bis 7-bltg. Trauben, hellpurpurn; Hülse 2 cm lg., grauhaarig, verkahlend; ♃; VI–VII. Sandböden, Heiden, Föhrenwälder; *s* in Franken, Lausitz, O-Br u. O-Me. *Sand-T.*, **A. arenárius** L.

— Blätt. mit 6–12 Paaren von Seitenfied.; Bltntrauben kopfig-eif., 10- bis mehrbltg. ***9***

9. Fahne ca. 6–8 mm länger als die Flügel, fast lineal; Bltn. hellviolett; Hülsen aufrecht, den K. kaum überragend, dicht weiß behaart; Stg. ästig, behaart; ♃; VI–VII. Steppenhänge; *z* in Alp., *s* im S. *Esparsetten-T.*, **A. onóbrychis** L.

— Fahne wesentl. kürzer ***10***

10. Fahne eif., ca. 3 mm länger als die Flügel; Bltn. violett; K.zähne etwa 1/2 so lg. wie die K.röhre; Fr. rundl.-eif., aufgeblasen, weiß behaart; Blätt. mit 7–11 Paaren, eif.-elliptischer Fied.; ♃; V–VI. Kiefernwälder, Triften; *z* in N-Ba, BW, Th, SaAn, O-Br, SO-Me, W- u. OPr, SO-NS, Da. (= *A. hypoglottis* auct.) *Dänischer T.*, **A. dánicus** RETZ.

— Fahne schmal-eif., nur ca. 1 mm länger als die Flügel; Bltn. blauviolett bis rosa; K.zähne etwa 1/3 bis 1/4 so lg. wie die K.röhre; Fr. längl., wenig gedunsen, lg. bespitzt, weiß u. schwarz behaart; Blätt. mit 7–9 Paaren schmal-elliptischer Fied.; ♃; VII–VIII. Trockenwiesen, lichte Wälder; nur Ti.
Tiroler-T., **A. leontínus** WULF.

16. Oxýtropis DC., *Spitzkiel*

1. Stg. deutl. entwickelt, wenn häufig auch nur kurz ***4***

— Stglose Rosettenpfl. (nur die Stg. der Bltnstände entwickelt) ***2***

2. Bltn. gelbl.weiß (selten blauviolett), nur das Schiffchen oft beiderststs. mit violettem Fleck, in reichbltg. Köpfchen, diese 10–15 cm lg. gestielt; Hülsen eif., zugespitzt, stark aufgeblasen; Nebenblätt. mit dem Blattstiel verwachsen; ♃; VII–VIII. Magerwiesen, Felsschutt der Alp., kalkliebend; Alp. *v* bis *z.* (= *Astragalus campestris* L.) *Gemeiner Sp.*, **O. campéstris** (L.) DC.

— Bltn. blau od. blauviolett ***3***

3. Hülse durch die nach innen vorspringenden Nähte fast vollkommen 2-fächerig; Bltnstände zu 1–2 je Rosette, kopfig bis ährig, 6- bis 16-bltg., gleich den Blätt., K. u. Hülsen dicht anlgd. od. zottig seidenhaarig; Nebenblätt. am Grd. mit dem Blattstiel verbunden; ♃; VI–VIII. Magerwiesen, Schutt; *s* Alp. von Sb, Ti. [= *Astragalus sericeus* LAM.; = *O. sericea* (LAM.) SIMK.] *Seidenhaar-Sp.*, **O. hálleri** BUNGE

— Hülse einfächerig; jede Rosette mit nur einem, 5–10(–15) cm langem, 3- bis 15-bltg. Bltnstand; Blätt. mit 9–15 Paaren, beiderststs. absthd. behaarter Fied.; ♃; VII–VIII. Magerwiesen u. Schutthalden; Alp. von Sb u. Ti. [= *Astragalus triflorus* (HOPPE) GAMS] *Dreiblütiger Sp.*, **O. triflóra** HOPPE

4(1). Bltn. hellgelb, in reichbltg., fast kugeligen Köpfchen; Schiffchen mit schmaler, langer Spitze; Hülse ± 1,5 cm lg., schwach aufgeblasen, gleich den bis 30 cm langen Stg. u. Blätt. absthd. weiß behaart; Nebenblätt. ganz frei; ♃; VI–VIII. Steppenhänge, kalkliebend; *s* in Ba, BW, RhPf, Th, SaAn, O-Br. (= *Astragalus pilosus* L.) *Zottiger Sp.*, **O. pilósa** (L.) DC.

— Bltn. blauviolett; Stg. kürzer *5*

5. Nebenblätt. ganz frei; Fied. meist in 8–14 Paaren, obersts. oft kahl; Bltn. u. Hülsen absthd.; K.zähne kürzer als die halbe K.röhre; ♃; VII–VIII. Magermatten, Schuttfluren, auf Kalk u. Dolomit.; Alp. *z.* [= *O. montana* (L.) DC. ssp. *jacquinii* (BUNGE) HAY.] *Berg-Sp.*, **O. jacquínii** BUNGE

— Nebenblätt. z. T. auf 4/5 ihrer Länge mit dem Blattstiel verbunden; Blattfied. meist nur in 7–10 Paaren, beiderststs. dicht anlgd. behaart; Bltn. u. Hülsen hgd.; K.zähne fast so lg. wie die K.röhre; ♃; VII–VIII. Schutt, Magerwiesen der alp. Stufe; kalkliebend; Alp. von Sb (?), Ti *z.* [= *Astragalus lapponicus* (WAHL.) BURNAT] *Lappländer Sp.*, **O. lappónica** (WAHL.) GAY

17. Dorýcnium MILL., *Backenklee*

1. Bltnstände 6- bis 14-bltg.; Bltnstiele nur wenig länger als die halbe K.röhre; Fahne 5–7 mm lg.; Fied. anlgd. seidig behaart bis verkahlend; ♃; VII–VIII. Trockene Kalkhänge u. Föhrenwälder; *s* in Ba, Sb. [= *D. sericeum* (NEILR.) BORB.] *Seidenhaar-B.*, **D. germánicum** (GREMLI) RIKLI

— Bltnstände 15- bis 25-bltg.; Bltnstiele so lg. od. länger als die K.röhre; Fahne 4–5 mm lg.; Fied. 4–6 mm breit, behaart bis verkahlend; ♃; VI–VIII. Trockenhänge; *s* bei Bellinchen u. bei Stolzenhagen (Oder) *Krautiger B.*, **D. herbáceum** VILL.

18. Lótus L., *Hornklee*

1. Dolden 5- bis 12-bltg., am Grd. mit 1 Hochblatt; Blkrblätt. lebhaft gelb, vor dem Aufblühen oft rot; K.zähne praefloral zurückgekrümmt; Schiffchen allmähl. zugespitzt; Stg. mit unterird. Ausläufern, hohl, weitröhrig, rund; ♃; VI–VII. Nasse, kalkarme Wiesen, *v.* (= *L. pedunculatus* auct.) *Sumpf-H.*, **L. uliginósus** SCHK.

— Dolden (1-)3- bis 8-bltg., am Grd. mit 3 kleinen Hochblätt.; K.zähne vor dem Aufblühen zusammenneigend; Bltn. gelb, außen oft rötl.; Schiffchen gegen die Spitze rechtwinklig aufwärts gebogen; Stg. aufstgd. bis niederlgd., markig od. engröhrig, kantig; ♃; V–IX. Wiesen, *v,* formenreich. (= *L. pedunculatus* CAV.) *Gemeiner H.*, **L. corniculátus** L.

Hierher folgende Kleinarten:

a. Bltn. wohlriechend, zu 1–4(–6); etwa 7–12 mm lg.; Fied. der Blätt. in der Mitte des kahlen Stg. lineal bis lanzettl., dickl.; ♃; V. Feuchte Wiesen, salzliebend. In der Küstenregion *v,* sonst *z.* [= *L. tenuifolius* (L.) RCHB.] *Salz-H.*, **L. ténuis** W. & K.

– Bltn. geruchlos, zu 1–3(–5), etwa 14–18 mm lg.; Schiffchen an der Spitze braun bis schwarz; Fied. der Blätt. in der Mitte des Stg. breit-lanzettl. bis verkehrt-eif., an der Spitze abgerundet od. ausgebuchtet. ♃; V–VI. Alpenmatten, Schneetälchen, Alp. *v.* *Alpen-H.*, **L. alpínus** SCHLEICH.

19. Tetragonólobus SCOP., *Spargelbohne*

1. Bltn. einzeln, hellgelb, auf langem Stiel; Frflügel glatt; Stg. meist niederlgd.; ♃; V–VI. Feuchte Wiesen, Gräben; *z, f* in Alp. u. NW bis Me. [= *T. siliquosus* (L.) ROTH; = *Lotus siliquosus* L.] *Gelbe Sp.*, **T. marítimus** (L.) ROTH

Im Gebiet nur die ssp. **siliquósus** (L.) MURB.

— Bltn. zu 2, dk.rot; Flügel der Fr. wellig; Stg. aufrecht; ⊙; VII–VIII. Zier- u. Gemüsepfl. (Heimat: Mittelmeergeb. bis N-Afr.) *Rote Sp.*, **T. purpúreus** MOENCH

20. Galéga L., *Geißraute.* Stg. 40–100 cm lg., aufrecht, gerleft, hohl; Blätt. unpaarig, mit 9- bis 17 Fied.; Nebenblätt. klein, frei; Bltn. in reichbltg., achselst. Trauben, weiß; Fahne zuw. bläul.; ♃; VII–VIII. (Heimat: SO-Eur.). Zier- u. Heilpfl., zuw. verwild. *Echte G.,* **G. officinális** L.

21. Robínia L., *Robinie, Scheinakazie*

1. Junge Äste anfangs kurzbehaart, später verkahlend; Bltn. weiß, in hängenden Trauben. Bis 20 m hoher Baum; ♃; V–VI. (Heimat: N-Am.). Angepflanzt u. eingebürgert. *Gemeine R.,* **R. pseudoacácia** L.

— Junge Zweige drüsig behaart; Bltn. rosa; ♃; V–VI. Zierbaum (Heimat: N-Am.). *Klebrige R.,* **R. viscósa** VENT.

22. Caragána FABR., *Erbsenstrauch.* Bltn. goldgelb; Blätt. an Kurztrieben, paarig gefied., mit 4–6 Paaren elliptischer, stachelspitziger Fied.; ♃; V–VI. Bis 5 m hoher Zierstrauch (Heimat: östl. Sibirien). *Gemeiner E.,* **C. arboréscens** LAM.

23. Colútea L., *Blasenstrauch.* Hülse blasig aufgetrieben, 6–7 cm lg.; Bltn. gelb, zu 3–6; ♃; VI–VII. Trockene Hügel, Gebüsch; *s;* wild nur in Ti, Sb u. Oberrhein (Kaiserstuhl bis Müllheim), sonst angepflanzt u. verwild. *Gelber B.,* **C. arboréscens** L.

24. Orníthopus L., *Vogelfuß, Serradella*

1. K.zähne eif.-lanzettl., 1/3 so lg. wie die Röhre; Blkr. 3–4 mm lg., weißl.; Fahne violett geadert; Hülsen fast gerade; Stg. niederlgd., dünn, gleich den Blätt. dicht weichhaarig; Blätt. mit 7–12 Paaren elliptischer Seitenfied.; ⊙; V–VII. Sandäcker, Heiden, Föhrenwälder; *z.* *Kleiner V.,* **O. perpusíllus** L.

— K.zähne pfrieml., halb so lg. wie die Röhre; Bltn. 8 mm lg., rosa; Stg. aufstgd., bis 60 cm lg.; Blätt. mit 5–15 Paaren großer, verkahlender Seitenfied.; ⊙ bis mehrjährig; VI–VIII. Europäische Kulturpfl. u. verwild. *Großer V., Serradella,* **O. satívus** BROT.

25. Coronílla L., *Kronwicke*

1. Stg. verholzt; Blätt. meist mit 3 Paaren von Seitenfied. *(280);* Bltn. gelb, in vorwgd. 2-bltg. Dolden; Hülsen hgd., stielrund; 1–1,5 m hoher, sparrig verzweigter Strauch; ♃; IV–V. Lichte Laubwälder; *s* im südl. Oberrhein-, Bodenseegebiet, Fr. Alb, Bayr. Voralp., Oberrheintal, Bodenseegebiet. *Strauchige K.,* **C. émerus** L. ssp. **émerus**

— Stg. krautig od. nur am Grd. verholzt; Hülse 4-flügelig od. 4-kantig . *2*

2. Bltn. bunt; Fahne rosa, Schiffchen weiß mit violetter Spitze, Flügel weiß; Stg. kantig, niederlgd. bis aufstgd.; Blätt. mit 5–10(–12) Paaren von Seitenfied.; Hülse aufwärts gekrümmt; ♃; V–IX. Trockene Wiesen, lichtes Gebüsch, kalkliebend; M- u. S-Dt *v,* sonst *z.* *Bunte K.,* **C. vária** L.

— Bltn. gelb; Blätt. mit 3–6 Paaren von Seitenfied.; Stg. stielrund . . . *3*

3. Bltn. zu 4–8 in lg.gestielten Dolden; Hülsen nickend, eingeschnürt, schmal geflügelt; Fied. verkehrt-eif. bis breit-elliptisch od. fast kreisrund, bläul.-grün; Nebenblätt. blattgegenst., hoch hinauf zu einer Scheide verwachsen *(559);* kleiner, niederlgd., an *Hippocrepis* erinnernder Halbstrauch; ♃; VI–VII. Trockene Kalkhänge, lichte Föhrenwälder; *v* in Alp. u. Vorland, *z* in M-Dt. *Scheiden-K.,* **C. vaginális** LAM.

— Bltn. zu 10 bis 20 in Dolden; Hülsen hgd.; Fied. verkehrt-eif., mit knorpeligem Rand, untersts. bläul.grün; Stg. krautig, aufstgd., bis 50 cm lg.; ♃; V–VII. Sonnige Kalkhänge, Gebüsch; *s* vom Alp.-rand bis RhPf, He, Th, SaAn, *f* im N u. O. (= *C. montana* JACQ.) *Berg-K.,* **C. coronáta** L.

26. Hippocrépis L., *Hufeisenklee.* Halbstrauch; Äste niederlgd. bis aufstgd.; Blätt. lg. gestielt (Unterschied zu *Coronilla vaginalis*), mit 5–7 Paaren von Seitenfied.; Nebenblätt. frei; Bltn. lebhaft gelb, nickend, in 4- bis 8-(bis 12-)bltg. Dolden; Hülsenglieder hufeisenf. *(547);* ♃; V. Sonnige Kalkhügel; *z* in Alp., S- u. M-Dt. *Schopf-H.,* **H. comósa** L. ssp. **comósa**

27. Hedýsarum L., *Süßklee.* Stg. aufstgd., kantig, kahl; Blätt. mit 5–9 Paaren von zerstreut durchscheinend punktierten Seitenfied.; Bltn. leuchtend purpurrot, nickend, in 10- bis 20-bltg., verlängerten Trauben; Hülse in kreisrunde Glieder zerfallend *(545)*; ♃; VII–VIII. Magerwiesen; *z* Alp., *s* in Sudeten. (= *H. obscurum* L.) *Alpen-S.,* **H. hedysaroídes** (L.) Sch. & Th.

28. Onóbrychis Mill., *Esparsette*

1. Blätt. mit 3–7(–8) Paaren, 5–20 mm langer Fied.; Stg. niederlgd., 5–15 cm lg., mit kurzen Internodien; Bltn. dk.rot; Schiffchen länger als die Fahne; Hülse lg. bestachelt; ♃; VII–VIII. Grashänge, Felsschutt; *s* in Voralp. von Ti, Sb, Allgäu, Schw. Alb.; formenreich. *Berg-E.,* **O. montána** Dc.

— Blätt. mit 5–14 Paaren 10–35 mm langer Fied. *2*

2. Stg. lgd.-aufstgd., stark behaart; Bltnstand von Beginn an längl., nur bis 1,5 cm dick; Tragblätt. dicht behaart, viel kürzer als der K.; Bltn. nur 8–10 mm lg., blaßrot; Hülsen bis 6 mm lg., mit langen Zähnen; Fied. 2–3 mm breit; ♃; VI–VII. Steppenrasen; *s* in M- u. N-Th, SaAn (Könnern), Ba (Würzburg), Rh. Formenreich. *Sand-E.,* **O. arenária** (Kit.) Dc.

— Stg. aufrecht, 30–60 cm lg., mit verlängerten Internodien; Bltnstand anfangs eif., erst später verlängert, bis 2 cm dick; Tragblätt. schwach behaart, wenig kürzer als der K.; Bltn. 10–14 mm lg., hellrot; Hülse mit kurzen Zähnen; ♃; V–VII. Kulturpfl. u. verwild. (Heimat: SO-Eur.). (= *O. sativa* Lam.) *Futter-E.,* **O. viciifólia** Scop.

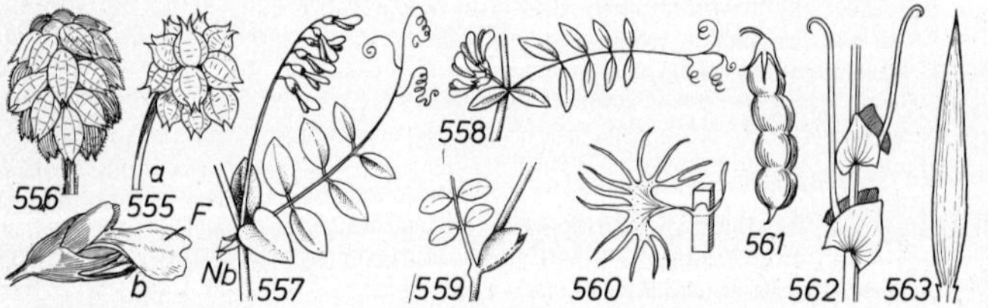

29. Léns Mill., *Linse.* Stg. weich behaart; obere Stgblätt. mit 2–7 Paaren von Seitenfied. u. meist mit Ranken; Bltntrauben 1- bis 3-bltg; Blkrblätt. bläul.weiß, wenig länger als der K.; Hülsen trapezf., mit scharf abgesetztem Griffelrest; ⊙; V–VII. Kulturpfl. u. verwild. (Heimat: Himalaya/Hindukusch u. Abyssinien/Eritrea). (= *L. esculenta* Moench) *Speise-L.,* **L. culináris** Med.

30. Vícia L., *Wicke*

1. Bltn. in lg. gestielten, 1- bis 30-bltg. Trauben *(557)* *11*

— Bltn. zu 1–6 in kurz gestielten Trauben *(558)* od. sitzend in den Blattachseln *2*

2. Blätt. mit 4–8 Paaren laubiger Seitenfied.; Endfied. u. obere Seitenfied. zu Ranken umgebildet *6*

— Blätt. mit 1–4 Paaren laubiger Seitenfied., mit od. ohne Ranken . . *3*

3. Bltn. klein, 5–8 mm groß, einzeln, hellviolett; K.zähne alle fast gleich lg.; Blätt. meist paarig gefied., selten mit einfacher Ranke; ⊙; IV–VI. Magerwiesen, Brachäcker, Wegränder; *z, s* im S, *f* in S-Ba. *Platterbsen-W,* **V. lathyroídes** L.

— Bltn. größer als 10 mm *4*

4. Bltn. blaßgelb, 14–19 mm lg., in 2–12-bltg., fast sitzenden Trauben; K.zähne gleichart.; Blätt. ohne Ranken, mit 1–4 Paaren von Fied.; Pfl. 20–50 cm hoch, kahl bis schwach behaart; ♃; V–VII. Mont. Laubwälder u. subalp. Hochstaudenfluren; *z* in O- u. SO-Alp., auch in Chiemgauer Alp. *Walderbsen-W.,* **V. oroboídes** Wulf.

— Bltn. weiß; Flügel mit schwarzviolettem Fleck; Blätt. paarig gefied. od. Bltn. schmutzig-lila-bunt, dann Blätt. meist mit Ranken ***5***

5. Bltn. weiß; Flügel mit schwarzviolettem Fleck; alle Blätt. ohne Ranken, paarig gefied.; Nebenblätt. groß, mit violettbraunen Honigdrüsen; Hülse fast stielrund, kurzflaumig; Samen braun, sehr groß; ⨀; V–VIII. Kulturpfl., in vielen Sorten angepflanzt (Heimat: unbekannt; vielleicht SW-Asien od. N-Afr.). *Pferde-, Saubohne,* **V. fába** L.

— Bltn. schmutzig-lila od. bunt, meist einzeln, blattachselst.; Blätt., wenigstens die oberen, mit verzweigten Ranken; Hülsen an den Nähten stachelig behaart; ⨀; V–VI. Kulturpfl. (Heimat: S-Eur.); *s* verwild., im Oberrheingebiet eingebürgert. *Maus-W.,* **V. narbonénsis** L.

6(2). Fahne zottig behaart, wenig länger als Flügel u. Schiffchen, gelbl. bis violettbraun; Hülsen nickend, bis 3 cm lg., gleich dem Stg. u. den Blätt. anlgd. zottig behaart; Ranken einfach od. verzweigt; ⨀; IV–VI. Im S u. SO eingeschleppt u. eingebürgert. *Ungarische W.,* **V. pannónica** Cr.

a. Bltn. weißlgelb. bis ockergelb. ssp. **pannónica**

– Bltn. trübviolett. (= ssp. **purpuráscens** (Dc.) Arcang.) ssp. **striáta** (M. Bieb.) Nym.

— Fahne kahl ***7***

7. Bltn. rot, purpurn od. violett ***9***

— Bltn. hellgelb, violett, grün od. bräunl. überlaufen ***8***

8. K.zähne ungleich lg., die unteren 2–3 mal so lg. wie die oberen; Bltn. 2–2,5 cm groß; Hülsen bis 3 cm lg., flach, locker absthd. behaart; Stg. meist einfach, gerillt, gleich den Blätt. absthd. behaart; ⨀; V–VI. Getreideäcker; vereinzelt eingeschleppt; *z* im Rheingebiet, sonst *s.* (Heimat: Mittelmeergeb.). *Gelbe W.,* **V. lútea** L.

— K.zähne fast gleich lg.; Bltn. meist zu 2, 2,5–3,5 cm groß; Hülsen anfangs behaart, später kahl; Stg. behaart bis kahl, rund; ⨀; V–VI. Äcker, Ödland; *s* aus SO-Eur. eingeschleppt. *Großblütige W.,* **V. grandiflóra** Scop.

a. Fahne violett überlaufen; Schiffchen hellgelb bis weißl. ssp. **grandiflóra**

– Fahne u. Spitze des Schiffchens violett od. grünl. ssp. **sordída** (W. & K.) Dostál

9(7). K.zähne ungleich lg.; Bltn. zu 3–5, kurz gestielt, schmutzig-violett, selten weiß; Hülsen breit-lineal, anfangs kurzhaarig, später kahl, reif glzd. schwarz; Stg. gleich den Blätt. kurz weichhaarig; ♃; V–VI. Fettwiesen, Weg-, Ackerränder; *v.* *Zaun-W.,* **V. sépium** L.

— K.zähne gleich lg., so lg. wie die K.röhre; Bltn. zu 1–2 in den Blattachseln ***10***

10. Fahne bläul., Flügel purpurn; Fied. über 5 mm breit; reife Hülsen aufrecht, höckerig, kurzhaarig; Stg. kantig, gleich den Blätt. angedrückt behaart; ⨀; III–VI. Getreidefelder, Wegränder, Trockenwiesen. Kulturpfl. u. verwild. (Heimat: O-Eur). *Futter-W.,* **V. satíva** L.

— Blkr. purpurn od. mehrfarbig; Fied. 2–4 mm breit; reife Hülsen absthd., kahl, schwarz; ⨀; V–VII. Äcker, Grasplätze; *v.* *Schmalblättrige W.,* **V. angustifólia** L.

a. Pfl. ± dicht angedrückt behaart; Blkr. meist mehrfarbig, rosa, purpurn u. weiß; Hülse bis 5 mm breit, den K. nicht aufreißend. Trockene Wiesen, *v.* ssp. **angustifólia**

– Pfl. schwach behaart; Blkr. purpurn; Hülse bis 6 mm breit, den K. aufreißend. Getreideäcker, *v.* ssp. **segetális** (Thuill.) Arcang.

11(1). Bltn. klein, höchstens 1 cm lg., blaßviolett, bläul. od. weiß; Trauben 1- bis 6-bltg. ***21***

— Bltn. meist über 1 cm lg.; Trauben 5- bis vielbltg. ***12***

12. Blätt. mit 6 bis vielen Paaren laubiger Fied., mit od. ohne Ranken . ***14***

— Blätt. mit 3–5 Paaren laubiger Fied., mit Ranken ***13***

13. Bltn. hellgelb, in 10- bis 30-bltg., einseitswendiger Traube; Fied. groß, das untere Paar die halbpfeilf. Nebenblätt. *(557, Nb)* überdeckend u. große Nebenblätt. vortäuschend; Stg. kantig, gerillt, 1–2 m lg.; ♃; V–VIII. Laubwälder; *z, f* in Alp. u. im NW, aber *s* in SH. [= *Ervum pisiforme* (L.) Peterm.] *Erbsen-W.,* **V. pisifórmis** L.

— Bltn. trübpurpurn, verblüht bräunl., zu 4–8; Fied. eif.-elliptisch, kurz bespitzt, basales Fied.paar die Nebenblätt. nicht verdeckend; Stg. bis 1,5 m lg., scharf vierkantig bis schmal geflügelt, an den Kanten meist kurz rauhhaarig; ♃; VI–VIII. Lichte Laubgehölze; *z, f* im NW. *Hecken-W.,* **V. dumetórum** L.

14(12). Blätt. ohne Ranken, paarig gefied., mit 10–12 Paaren eif.-elliptischer, kurz bespitzter Fied.; Nebenblätt. groß, halbspießf.; Bltn. weiß, mit violett geaderter Fahne; Stg. starr aufrecht, kantig, gerillt, 15–40 cm lg., ± dicht wollig behaart; ♃; V–VI. Laubwälder, Magerwiesen, Heiden; Spessart, Rheinl. (bei Monschau), SH, Da, *s*. *Heide-W.*, **V. órobus** Dc.

— Blätt. mit Ranken ***15***

15. Bltn. weiß, violett geadert; Blätt. mit 6–8 Paaren eif.-elliptischer Fied.; Nebenblätt. zerschlitzt, gezähnt; Stg. 1–2 m lg., schlaff, vierkantig, gefurcht, kahl, unterirdische Ausläufer treibend; ♃; VI–VIII. Feuchte Laub- u. Nadelwälder, vorwgd. der mont. Reg.; *z*, im N nur in SH u. Da. [= *Ervum sylvaticum* (L.) PETERM.] *Wald-W.*, **V. sylvática** L.

— Bltn. rötl. od. bläul.-violett, selten purpurviolett; Pfl. meist behaart . ***16***

16. Platte der Fahne wenigstens so lg. wie ihr Nagel od. länger; Blätt. mit 6–14 Paaren Seitenfied. ***18***

— Platte der Fahne deutl. kürzer als ihr Nagel ***17***

17. Stg. u. Blätt. meist zottig behaart; Bltntrauben 12- bis 30-bltg.; Blkr. 15–20 mm lg.; ⊙; VI–VIII. Äcker, Wiesen; Kulturpfl., zuw. verwild. (Heimat: O- u. SO-Eur). *Zottige W.*, **V. villósa** ROTH

— Stg. u. Blätt. kahl od. spärl. anlgd. behaart; Bltntrauben 3- bis 15-bltg.; Blkr. 12–15 mm lg.; ⊙; VI–VIII. Getreidefelder; *z* aus SO-Eur. eingeschleppt. [= *V. villosa* ROTH ssp. *dasycarpa* (TEN.) CAVILLIER; = *V. pseudovillosa* SCHUR.] *Kahle W.*, **V. dasycárpa** TEN.

18(16). Hülse fast rhombisch; Bltntraube kürzer als ihr Tragblatt; Bltn. purpurviolett; Fied. elliptisch bis längl.-lanzettl., mit zahlr. netzig verbundenen Seitennerven; Stg. aufrecht, am Grd. mit Bodenausläufern, 30–60 cm lg., kantig, gleich den Blätt. kurz weichhaarig; ♃; VI–VII. Trockene Laub- u. Nadelwälder; *z*, *s* im W, *f* in NrWe, NS u. Ba. [= *Ervum cassubicum* (L.) PETERM.] *Kassuben-W.*, **V. cassúbica** L.

— Hülsen lineal-längl.; Bltntraube mindestens so lg. wie das Tragblatt ***19***

19. Platte der Fahne etwa doppelt so lg. wie der Nagel, die Flügel weit überragend, hellblau; Blätt. mit 9–14 Paaren schmal-linealer, dicht anlgd. behaarter Fied.; ♃; VI–VIII. Lichte Wälder, Hecken; sehr *z*, im N nur in SH. *Feinblättrige W.*, **V. tenuifólia** ROTH

— Platte der Fahne so lg. wie der Nagel, die Flügel wenig überragend; Bltn. blauviolett ***20***

20. Fied. 7 mm breit, gleich dem Stg. absthd. zottig behaart; Blätt. mit 6–12 Paaren von Fied.; ♃; VI–VII. Trockene Wiesen, lichte Wälder; *s* in Ti. [= *V. cracca* ssp. *gerardii* (ALL.) GAUD.; = *V. incana* VILL.] *Graue W.*, **V. galloprovinciális** POIR.

— Fied. 5 mm breit, gleich dem 20–150 cm langen, kantigen Stg. kahl od. kurzanlgd., aber nicht zottig behaart; Blätt. mit 6–10 Paaren von Fied.; Grdachse mit weitkriechenden Bodenausläufern; ♃; VI–VII. Wiesen, Gebüsch, Getreideäcker; *v*. Formenreich. *Vogel-W.*, **V. crácca** L. ssp. **crácca**

21(11). Blätt. mit 8–12 Paaren Seitenfied., ohne Ranken; Bltn. zu 2–4, hellrosa; Hülsen fast perlschnurartig eingeschnürt *(561)*; Stg. aufrecht, kantig, 20 bis 60 cm lg.; ⊙; VI–VII. Kulturpfl.; im SW, sowie Rhein- u. Nahetal verwild. u. eingebürgert (Heimat: ?). *Linsen-W.*, **V. ervília** (L.) WILLD.

— Blätt. mit 2–8 Fiederpaaren u. Ranken ***22***

22. Nebenblätt. eines Blattes ungleich gestaltet: das eine lineal, ungeteilt, klein, sitzend, das andere gestielt, tief handf. in 3–9 pfrieml. Zipfel zerschlitzt *(560)*; Bltn. einzeln, lila; ⊙; IV–VI. Kulturpfl. u. *z* verwild. (Ober- u. M-Rhein-, Taubertal) (Heimat: Spanien) [= *V. monanthos* (L.) DESF.] *Einblütige W.*, **V. articuláta** HORNEM.

— Beide Nebenblätt. eines Blattes gleich gestaltet ***23***

23. Hülsen 2-samig, weichhaarig; Blätt. meist mit 6–8 Paaren von Seitenfied.; Bltntrauben 3- bis 5-bltg.; Bltn. bläul.weiß; Stg. schlaff, dünn, gerieft, vierkantig, zerstr. anlgd. behaart; ⊙; V–IX. Trockenwiesen, Gebüsch; *v* im N, *f* in Alp. (= *Ervum hirsutum* L.) *Rauhhaarige W.*, **V. hirsúta** (L.) S. F. GRAY

— Hülsen meist 4- bis 5-(8-)samig, kahl; Blätt. mit 2–4 Paaren von Seitenfied.; Bltntrauben 1- bis 3-bltg. ***24***

24. Hülsen meist 4-samig; Bltn. 4–6 mm lg., blaßviolett, in meist 1-bltg. Traube; deren Achse selten grannenart. über die Blüte hinaus verlängert;

Stg. sehr dünn, schwachkantig; ⨀; V–VII. Magerwiesen u. Gebüsch; kalkmeidend; *v.* (= *Ervum tetraspermum* L.)
Viersamige W., **V. tetraspérma** (L.) SCHREB.

— Hülsen meist 5-samig; Trauben 1-bltg., mit grannenart. verlängerter Achse; Bltn. 7–8 mm lg., hellblau, dunkler geadert; Pfl. in allen Teilen kleiner als vorige; ⨀; VI–VII.; *s,* aus dem Mittelmeergebiet eingeschleppt. (= *V. gracilis* LOISL.) *Zarte W.*, **V. tenuíssima** (BIEB.) SCH. & TH.

31. Láthyrus L., *Platterbse*

1. Blätt. gefied., mit od. ohne Ranken ***3***

— Blätt. einfach, der Blattrhachis u. dem Blattstiel entsprechend *(562–563)* ***2***

2. Blattrhachis als 3–6 cm lg. Ranke ausgebildet; Nebenblätt. groß, eif., am Grd. spießf. *(562);* Bltn. einzeln, hellgelb; ⨀; V–VII. Ackerunkraut; *z* in W- u. M-Dt, sonst *s.* *Ranken-P.*, **L. áphaca** L.

— Blattrhachis u. Blattstiel blattartig verbreitert, deutl. längs gestreift *(563);* Nebenblätt. sehr klein, zuw. fehlend; Bltn. zu 1–2, purpurn; ⨀; VI–VIII. Äcker, Waldränder, Waldwiesen; *s* im S, im N in Ho u. Elbegebiet.
Gras-P., **L. nissólia** L.

3(1). Alle Blätt. ohne Ranken od. nur die oberen Stgblätt. mit einfacher Ranke ***14***

— Alle Blätter mit Ranken ***4***

4. Bltn. gelb; Blätt. mit 1 Paar laubiger Fied.; Nebenblätt. pfeil- bis spießf.; Stg. kurz anlgd. behaart, am Grd. mit unterirdischen Ausläufern; ♃; VI–VII. Feuchte Wiesen, lichte Wälder; *v.* *Wiesen-P.*, **L. praténsis** L.

— Bltn. rötl. od. bläul., seltener weiß, aber nicht gelb ***5***

5. Stg. deutl. geflügelt ***7***

— Stg. nicht geflügelt, aber kantig ***6***

6. Blätt. mit 1 Paar laubiger Fied.; Nebenblätt. schmal, halbpfeilf.; Bltn. wohlriechend, lebhaft karminrot; Stg. am Grd. mit unterirdischen Wurzelknollen tragenden Ausläufern; ♃; VI–VII. Getreidefelder, Wegränder, Bahndämme; *v,* im N u. Gebirgen *s,* in Alp. *f.* *Knollen-P.*, **L. tuberósus** L.

— Blätt. mit 2–4 Paaren laubiger Fied.; Nebenblätt. breitpfeilf.; Bltn. rotbunt; Stg. graugrün, am Grd. mit unterirdischen Ausläufern ohne Knollen; ♃; VI–VII. Dünen der Nord- u. Ostseeküste *z.* (= *Pisum maritimum* L.; = *L. maritimus* BIG.) Ⓖ *Strand-P.*, **L. japónicus** WILLD. ssp. **máritimus** (L.) BALL.

7(5). Blätt. mit 2 bis mehreren Fied.paaren; nur die basalen Stgblätt. zuw. mit 1 Fied.paar ***12***

— Alle Blätt. mit 1 Fied.paar ***8***

8. Bltntrauben mehr als 3-bltg. ***11***

— Bltntrauben 1- bis 3-bltg. ***9***

9. Fied. eif.-elliptisch, etwa 2 mal so lg. wie breit; Bltn. groß, wohlriechend, verschiedenfarbig; ⨀; VI–VIII. Aus Süditalien stammende Gartenzierpfl. *Wohlriechende P.*, **L. odorátus** L.

— Fied. lineal-lanzettl. bis elliptisch, wenigstens 3 mal so lg. wie breit ***10***

10. Hülsen kahl, mit 2-flügeliger Rückennaht; Bltn. meist einzeln, verschiedenfarbig; Blattstiel breit geflügelt; Stg. mit Flügeln 4–6 mm breit; ⨀; V–VI. Kulturpfl. aus Vord.-Asien.
Saat-P., **L. satívus** L.

— Hülsen dicht lg.haarig; Bltn. zu 1–3, blauviolett, postfloral blau; Stg. mit Flügeln 2–4 mm breit; ⨀; VI–VIII. Getreideäcker; kalkliebend; *z* im S, sonst *s.*
Behaartfrüchtige P., **L. hirsútus** L.

11(8). Blattstiel so breit od. breiter geflügelt als der Stg.; Fied. 4–9 cm lg., 1,5–5 cm breit, deutl. netznervig; Bltntrauben steif aufrecht, länger als die Tragblätt.; Bltn. rosenrot; ♃; VI–VIII. In S-Eur. beheimatete Gartenzierpfl. *Breitblättrige P.*, **L. latifólius** L.

— Flügel der Blattstiele nur halb od. fast so breit wie die des Stg.; Fied. lanzettl. bis lineal, 5–14 cm lg. u. 0,3–4 cm breit; Bltntrauben die Tragblätt. kaum od. selten weit überragend; Bltn. blaßrot, mit purpurroten Flügeln; ♃; VII–VIII. Lichte Wälder, Gebüsch. *Wald-P.*, **L. sylvéstris** L.

a. Fied. 1–3 mm breit, meist 1-nervig; *s* in Ba. u. im N. (= *L. angustifolius* MED.)
ssp. **angustifólius** (MED.) ROTHM.

— Fied. breiter als 3 mm . . . . b

b. Fied. 5–20 mm breit, 3-nervig; Flügel der Blattstiele halb so breit wie die Stg.; *v.* ssp. **sylvéstris**

— Fied. 20–40 mm breit, deutl. netznervig; Flügel der Blattstiele fast so breit wie die des Stg.; *z* in BW u. Ba. ssp. **platyphýllos** (RETZ.) VOLLM.

12(7). Untere u. mittlere Stgblätt. mit 1 Paar, obere Stgblätt. mit 2–3 Paaren schmal-lanzettl., 5–10 cm langer u. 1–3,5 cm breiter Fied.; Blattstiele breit geflügelt; Bltn. purpurrot; ♃; VII–VIII. Lichtes Eichen- u. Haselgebüsch, nur auf Kalk; *s* in Ti, Vb, BW, Ba, Th u. Harzrand.
Verschiedenblättrige P., **L. heterophýllus** L.

— Alle Blätt. mit 2–5 Paaren von Fiedern ***13***

13. Trauben armbltg., so lg. wie die Tragblätt.; Bltn. hellblau-violett bis lila; Blätt. mit 2–3 Paaren lanzettl., 3–6 cm langer u. 3–8 mm breiter Fied.; Nebenblätt. halbpfeilf., ± so lg. wie der kaum geflügelte Stiel; Stg. schmal geflügelt, bis 100 cm lg., mit dünnen Bodenausläufern; ♃; VI–VIII. Rohrsümpfe, Sumpfwiesen; *z* bis *s*. *Sumpf-P.*, **L. palústris** L.

— Trauben reichbltg., meist kürzer als die Tragblätt.; Bltn. trübkarminrot; Blätt. mit 3–5 Paaren eif., 3–6 cm langer, 1–3 cm breiter, abgerundeter Fied.; Nebenblätt. fast so groß wie die Fied., halbspießf.; ♃; V–VI. Laub- u. Mischwälder; nur in O- u. WPr. *Erbsenartige P.*, **L. pisifórmis** L.

14(3). Basale Stgblätt. rankenlos, mit 1 Paar lineal-lanzettl., 2–6 cm langer Fied., die oberen meist mit einfacher Ranke; Bltn. einzeln, nickend, 6–10 mm lg., zinnoberrot; Traubenachse in eine deutl. Granne auslaufend; ⊙; V–VII. Weiden, Wiesen, Gebüsch; wild nur im Gebiet von Da u. Bornholm, sonst nur vorübergehend eingeschleppt.
Kugelige P., **L. sphaéricus** RETZ.

— Alle Blätt. ohne Ranken, paarig gefied. ***15***

15. Stg. schmal geflügelt, mit knollig verdickten Bodenausläufern; Blätt. meist mit 2–3 Paaren längl.-elliptischer, unterst. bläul.grüner Fied., die basalen Blätt. zuw. nur mit 1 Paar; Bltntrauben 4- bis 6-bltg., ± doppelt so lg. wie die Tragblätt.; Bltn. hellpurpurn, beim Verblühen hellblau; ♃; IV–VI. Trokkene Wälder, auf kalkarmen Böden; *v*, *s* im NW, *f* in Alp. [= *L. linifolius* (REICHARD) BÄSSLER; = *Orobus tuberosus* L.] *Berg-P.*, **L. montánus** BERNH.

— Stg. flügellos od. nur oberwärts schmal geflügelt ***16***

16. Bltn. purpurn od. blau ***18***

— Bltn. hell- bis orangegelb, weiß od. weißgelb ***17***

17. Blätt. mit 2–3 Paaren schmal-lanzettl., 2–7 cm langer u. 2–3 mm breiter Fied.; Bltntrauben 4- bis 8-bltg; Blkrblätt. gelbl.weiß, die Fahne oft rötl.; Wurzeln knollig verdickt; ♃; V–VI. Lichtes Gebüsch, Kalkabwitterungshänge; *s* in BW bei Tübingen u. RhPf (Gaualgesheim).
Ungarische P., **L. pannónicus** (JACQ). GARCKE
Im Gebiet nur die ssp. **collínus** (ORTMANN) SOÓ

— Blätt. mit 3–6 (meist mit 4) Paaren eif.-elliptischer, 3–7 cm langer, 1–3 cm breiter, kahler, unterst. meist behaarter Fied.; Bltn. hellgelb, in 3- bis 12-bltg., einseitswendigen Trauben; ♃; VI–VIII. Wiesen- u. Hochstaudenfluren (= *L. luteus* PETERM.; = *Orobus luteus* L.)
Gelbe P., **L. laevigátus** (W. & K.) GREN.

a. Blattstiele, Nebenblätt. u. Fied. unterst. meist behaart; untere K.zähne doppelt so lg. wie die oberen u. halb so lg. wie die wollig behaarte K.röhre; K.-Alp. von Sb, Ti, Vb u. Allgäu; *z*.
ssp. **occidentális** (F. & M.) BREISTROFFER

– Stg. u. Blätt. meist kahl; K.zähne kurz; Bltn. meist unter 2 cm lg.; OPr. ssp. **laevigátus**

18(16). Blätt. mit 4–6 Paaren elliptisch-eif., 1–3 cm langer, 5–11 mm breiter, kahler, unterst. blaugrüner, beim Trocknen schwarz werdender Fied.; Bltntrauben 3- bis 10-bltg.; Bltn. trübpurpurn, beim Verblühen violett; ♃; VI–VII. Lichte Wälder; *v*, im N *s*. (= *Orobus niger* L.)
Schwarzwerdende P., **L. níger** (L.) BERNH.

— Blätt. mit 2–3 (selten 4) Fied.paaren, beim Trocknen nicht schwarz werdend *19*

19. Fied. eif., 3–7 cm lg., 1–3 cm breit, lg. zugespitzt, untersts. glzd.; Nebenblätt. breit, halbspießf.; Bltntrauben 3- bis 8-bltg.; Bltn. rotviolett, beim Welken blau bis grünblau; Stg. an der Basis mit Niederblätt.; ♃; IV–V. Laubwälder; *v, z* im NO, *f* im NW bis Kiel. (= *Orobus vernus* L.)
Frühlings-P., **L. vérnus** (L.) Bernh.

— Fied. lanzettl.-lineal, steif aufrecht, 3–6 cm lg., 2–4 mm breit, lg. zugespitzt; Nebenblätt. halbpfeilf., länger als der Blattstiel; Bltntrauben meist 5-bltg., länger als das Tragblatt; Bltn. lebhaft purpurn bis blauviolett; Stg. 4-kantig; ♃; V–VII. Steinige, buschige Hänge; *s,* nur BW (Jura). [= *L. filiformis* auct.; = *L. ensifolius* (Lapeyr.) J. Gay] *Schwertblättrige P.,* **L. bauhínii** Genty

32. Písum L., *Erbse.* Stg. kahl, bläul.grün; Blätt. mit 1–3 Paaren eif. bis breit-elliptischer Fied. u. ästiger Ranke; Nebenblätt. groß, den Fied. ähnl. *(69);* ⊙; V–VI. Kulturpfl. (Heimat: O-Mittelmeergebiet bis Iran). In zahlreichen Sorten angepflanzt. *Garten-E.,* **P. satívum** L.

33. Phaséolus L., *Gartenbohne*

1. Bltntrauben länger als das Tragblatt; Bltn. weiß od. scharlachrot; Hülsen rauh; Stg. stets windend; ⊙; VI–IX. Kulturpfl. (Heimat: trop. Am.) (= *Ph. multiflorus* Willd.)
Feuerbohne, **Ph. coccíneus** L.

— Bltntrauben kürzer als das Tragblatt; Bltn. meist weiß; Hülsen glatt; Stg. verlängert, windend od. kurz, nicht windend; ⊙; VI–IX. Kulturpfl. (Heimat: W-Südam. bis Mexiko) **Ph. vulgáris** L.

a. Stg. windend *Stangenbohne,* ssp. **vulgáris**

– Stg. nicht windend *Buschbohne,* ssp. **nánus** (L.) Asch.

Ordnung: **Myrtáles**

Familie: **Lythráceae,** *Blutweiderichgewächse*

Kräuter od. Stauden, mit meist gegenst., seltener quirlst. od. spiralig angeordneten, ganzrandigen Blätt.; Bltn. radiär, zwittrig, mit schalen- od. röhrenf. Achsenbecher; Bltnhülle doppelt od. einfach; Stbblätt. meist doppelt so viele wie Blkrblätt.; Frblätt. meist 2; Kapselfr. *(566).*

1. Stg. niederlgd.; Blätt. verkehrt-eif.; Blkrblätt. fehlend *(564)* **Peplis,** 223

— Stg. aufrecht; Blätt. lanzettl.; Blkrblätt. stets vorhanden *(565)* **Lythrum,** 223

1. Péplis L., *Sumpfquendel.* Stg. an den Knoten wurzelnd, meist rot; Blätt. gegenst., verkehrt-eif.; Bltn. einzeln, achselst.; zwischen den an der Spitze drüsig verdickten K.zähnen pfrieml. Zwischenzähne *(564, Z);* ⊙; VI–IX. Feuchte Orte, Teich- u. Seeufer, auf Schlamm, Kies, Sand od. Ton; *z, s* im S, Hochalp. *f.* [= *Lythrum portula* (L.) D. A. Webb]
Gewöhnlicher S., **P. pórtula** L.

2. Lýthrum L., *Weiderich*

1. Stbblätt. 2–6; Bltn. einzeln, blattachselst.; Blkrblätt. rötl.-lila; ⊙; VI–IX. Nasse, feuchte Böden; *z, f* im O, NO u. Alp.
Ysopblättriger W., **L. hyssopifólia** L.

— Stbblätt. 12; Bltn. in 2- bis 3-bltg. Dichasien, diese insgesamt zu dichten Thyrsen vereinigt *2*

2. Pfl. kahl; Blätt. am Grd. verschmälert; Zwischen-K.zähne so lg. wie die K.zähne; Bltn. purpurrot; ♃; VI–VIII. Im Gebiet wohl nur verwild. (Heimat: O- u. SO-Eur.). *Ruten-W.,* **L. virgátum** L.

— Pfl. behaart; Blätt. am Grd. abgerundet od. herzf.; Bltn. bläul.-purpurrot, Stbblätt. 12 (6 lange u. 6 kurze; *565);* ♃; VI–IX. Teich-, See-, Bachufer, Flachmoore; *v.* *Blut-W.,* **L. salicária** L.

Familie: **Trapáceae** *(= Hydrocaryaceae), Wassernußgewächse*

Wasserpfl. mit großer Schwimmblattrosette; Bltn. 4-zählig, mit doppelter Bltnhülle; Fr. eine mit den erhärtenden K.blätt. versehene Nuß *(567a–b).* Einzige heimische Gattung:

Trápa L., *Wassernuß.* Blätt. mit blasig aufgetriebenem Stiel *(189);* Bltn. einzeln, blattachselst., weiß; Kblätt. 4, nach der Blüte zu Dornen auswachsend *(567a–b);* ⊙; VI–IX. Gesellig in nährstoffreichen, sthd. Gewässern; *z.* Ⓖ *Wassernuß,* **T. nátans** L.

Nach der Form der Früchte werden zahlr. Sippen unterschieden.

Familie: **Onagráceae** (= *Oenotheraceae), Nachtkerzengewächse*

Kräuter od. Stauden, mit gegenst., seltener quirliger od. spiraliger Beblätterung; Bltn. ⚥, radiär od. zygomorph, mit doppelter od. einfacher Bltnhülle, meist 4-, seltener 2-zählig *(Circaea);* Frkn. unterst., mit der röhren- od. becherf. verlängerten u. oft lebhaft gefärbten Bltnachse verwachsen *(222);* Stbblätt. 2, 4 od. 8; Kapsel- od. Nußfr.

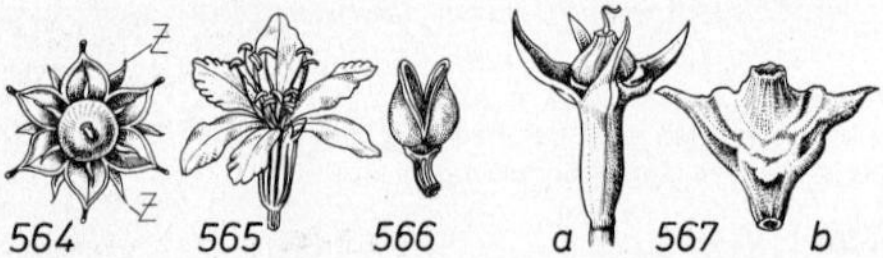

564 565 566 a 567 b

1. Bltnhülle einfach, grünl.; Blkr. fehlend; Blätt. gegenst.; Sumpf- od. Wasserpfl. . . . . **Ludwigia,** 224
— Bltnhülle doppelt; Blkr. stets vorhanden; Land- od. Sumpfpfl. *2*
2. Bltn. 2-zählig . . . . **Circaea,** 226
— Bltn. 4-zählig *3*
3. Bltn. gelb, Kapsel längl.; Samen ohne Haarschopf **Oenothera,** 226
— Bltn. rot, rosa od. weißl.; Kapsel schmal-lineal; Samen mit Haarschopf . . . . **Epilobium,** 224

1. Ludwígia L., *Heusenkraut.* Stg. kriechend. od. flutend, oft rot, Blätt. verkehrt-eif.; Bltn. einzeln, blattachselst.; K.blätt. 4, bleibend; ⊙–♃; VI–VIII; sthd. u. langsam fließende Gewässer; *z, s* in Lausitz u. SaAn. (= *Isnardia palustris* L.) *Sumpf-H.,* **L. palústris** (L.) Ell.

2. Epilóbium L. (incl. **Chamaenérion** Ség.), *Weidenröschen*

1. Bltn. völlig regelmäßig (radiär), mit langer Röhre; Blkr. trichterig *(568);* Gr. aufrecht; Blätt. gegen- od. quirlst., wenigstens die unteren *4*
— Bltn. leicht unregelmäßig (zygomorph), mit kurzer Röhre; Blkr. flach ausgebreitet; Gr. abwärts geneigt *(569–570);* alle Blätt. wechselst. (= *Chamaenerion)* *2*
2. Blätt. 1–2,5 cm breit, am Rand zuw. zurückgerollt, unterst. blaugrün, mit hervortretenden Seitennerven; Bltn. purpurrot, in verlängerten Trauben; Blkrblätt. kurz genagelt, verkehrt-eif.; ♃; VI–VIII. Kahlschläge, Heiden, Triften; *v,* von der Ebene bis 2400 m. [= *Chamaenerion angustifolium* (L.) Scop.] *Schmalblättriges W.,* **E. angustifólium** L.
— Blätt. nur bis 0,5 cm breit, unterst. nicht blaugrün, nur Mittelnerv hervortretend; Blkrblätt. kaum genagelt *3*
3. Gr. so lg. wie die längeren Stbblätt., nur im untersten Drittel weißzottig behaart; Stg. aufrecht, mit unterirdischen, fleischigen, roten Ausläufern; Blkrblätt. hellrosa; ♃; VII–IX. Kiesige, sandige Orte, felsige Abhänge; von der mont. bis in die alp. Reg.; Alp. *v* bis *z; s* in Ti, Sb, S-Ba, S-BW. (= *Chamaenerion palustre* auct.; = *Ch. rosmarinifolium* Coste).
Rosmarin-W., **E. dodonaéi** Vill.
— Gr. halb so lg. wie die Stbblätt., gekrümmt, bis zur Hälfte weiß-filzig *(570);* Stg. aufstgd., mit unterirdischen Ausläufern; ♃; VII–IX. Fluß- u. Bachkies, Moränenschutt der subalp. Reg; *v* Alp. u. Voralp. von Ti, Vb, *s* Allgäuer Alp., [= *Chamaenerion fleischeri* (Hochst.) Fritsch]
Fleischer-W., Kies-W., **E. fleischeri** Hochst.

4(1). Narbe kopfig od. keulig, ungeteilt *(571 a)* ***10***

— Narbe mit 4 deutl. absthd. Ästen *(571 b)* ***5***

5. Blätt. (wenigstens die unteren) meist gestielt; Stg. kahl od. kurz anlgd. behaart; Bltnknospen vorwgd. nickend ***7***

— Blätt. meist sitzend, oft etwas am absthd. behaarten Stg. herablaufend; Bltnknospen aufrecht ***6***

6. Blkrblätt. 10–20 mm lg., purpurrot; Stg. 50–150 cm lg., ästig; Blätt. halb stgumfassend, etwas herablaufend, am Rand stark gesägt bis gezähnt; ♃; VII–VIII. Gräben, Flüsse u. feuchte Wiesen; *v*, im NW *z*.
Zottiges W., **E. hirsútum** L.

— Blkrblätt. nur 5–10 mm lg., hellrosa; Stg. 15–50 cm lg.; Blätt. nicht stgumfassend, am Rand entfernt schwach gezähnt, weichhaarig od. filzig; ♃; VII–IX. Bachufer, Auwälder; *v*, bis in die mont. Reg.
Kleinblütiges W., **E. parviflórum** Schreb.

7(5). Blätt. mit 4–8 mm langem Stiel, längl.-eif., am Grd. keilig, in der Mitte am breitesten; Stg. 20–60 cm lg., aufstgd.; Blkrblätt. 6–10 mm lg., anfangs weißl.; später rosa; ♃; V–VIII. Feuchte, steinige, buschige Orte; *v* im Rheingebiet, *z* in He, sonst *s*. *Lanzettblättriges W.*, **E. lanceolátum** Seb. & M.

— Blätt. kürzer gestielt, mit abgerundetem (nicht keilig verschmälertem), fast herzf. Grd., daher am Grd. am breitesten ***8***

8. Stg. vom Grd. an ästig, 10–40 cm lg.; Blätt. 1–5(–15) cm lg., 5–15(–45) mm breit, unregelmäßig geschweift, gezähnt; Bltn. 4–6 mm lg., rosarot; ♃; VI–IX. Sonnige, steinige Orte, trockene Gebüsche; von der Ebene bis in die subalp. Reg.; kalkmeidend; *v* im S, *s* in Da, sonst im N *f*.
Hügel-W., **E. collínum** C. C. Gmel.

— Stg. einfach od. nur wenig verzweigt ***9***

9. Blattspr. dicht ungleich gezähnt, eif. bis lanzettl., mit abgerundetem od. schwach herzf. Grd.; Bltn. 8–12 mm lg.; Stg. am Grd. mit kurzen Schuppenrhizomen; ♃; VI–IX. Laub- u. Nadelwälder; von der Ebene bis in die subalp. Reg.; *v*. *Berg-W.*, **E. montánum** L.

— Blattspr. ganzrandig, eif., zugespitzt; Bltn. 5–6 mm lg., jung etwas nickend; ♃; VII–IX. Laubwälder; *s* in Ho, Da, Th (Greiz), sowie ČSSR.
Hartheu-W., **E. hypericifólium** Tausch

10(4). Stg. stielrund, zuw. mit 2 Haarleisten, am Grd. mit unterirdischen, rötl. Ausläufern, die im Herbst mit einem haselnußgroßen, von Niederblätt. gebildeten Schuppenrhizom *(572)* abschließen; Bltn. rosa bis hellviolett, 3–8 mm lg.; ♃; VII–IX. Sumpf- u. Moorwiesen, feuchte Waldstellen; kalkmeidend; *v*. *Sumpf-W.*, **E. palústre** L.

— Stg. ± kantig, mit 2–4 erhabenen Längsleisten ***11***

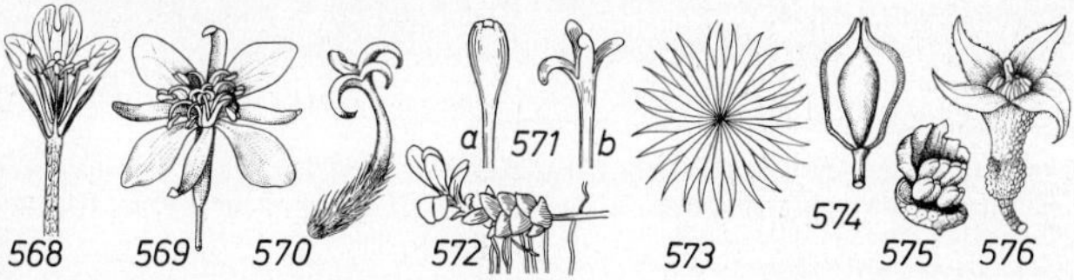

11. Blätt. zu 3–4 quirlst., sitzend, die unteren meist kurz gestielt, am Rand stark gezähnt, auf den Nerven flaumig behaart; Bltn. 8–18 mm lg., hellpurpurn; Stg. 30–100 cm lg.; ♃; VII–IX. Hochstaudenfluren, feuchtes Geröll; *v* in Alp., *s* im Vorland u. M-Geb. (Schw., Erzgeb.). (= *E. trigonum* Schrank)
Voralpen-W., **E. alpéstre** (Jacq.) Krock.

— Untere Blätt. gegen-, obere wechselst. ***12***

12. Bis 25 cm hohe Gebirgspfl. (nicht unterhalb 1000 m) ***17***

— 30–100 cm hohe Pfl., vorwgd. der Ebene ***13***

13. Blätt. bis 1 cm lg.gestielt, eif.-lanzettl., am Rand u. auf den Nerven behaart, unterstS. mit hervortretendem Adernetz; Bltn. klein, anfangs weißl., später hell-rosa; ♃; VII–X. Feuchte Orte; *v.* *Rosarotes W.,* **E. róseum** Schreb.

— Blätt. sitzend od. kurz gestielt ***14***

14. Stg. am Grd. mit langen, oberirdischen Ausläufern, leicht zusammendrückbar, an der Basis kahl, oben fein kraushaarig; Blattspr. eif., entfernt gezähnt, matt-dk.grün; junge Bltn. nickend; ♃; VI–IX. Feuchte Wälder, Bäche, Moor- u. Torfwiesen; *z,* vor allem in M-Geb.; *f* in Alp. *Dunkelgrünes W.,* **E. obscúrum** Schreb.

— Stg. am Grd. ohne Ausläufer, aber mit Blattrosetten ***15***

15. Blattspr. blau-graugrün, am Rand behaart, lineal-längl., nicht herablaufend, wenig deutl. gezähnt; Blkrblätt. bis 8 mm lg., sattrosa, dk.geadert; ♃; VII–X. Sonnige Hänge, Kahlschläge; *z, s* im N, *f* Alp. *Graugrünes W.,* **E. lámyi** F. W. Schultz

— Blattspr. hellgrün, lanzettl., lg. bespitzt, am Rand dicht scharf gezähnt ***16***

16. Blätt. herablaufend, kahl od. fast kahl; Bltn. rosa; junger Bltnstand an der Spitze etw. überhgd.; Bltnstandsachse nicht drüsig; ♃; VII–VIII. Bäche, Sümpfe, Ufer; *z* im S, *s* im N, *f* in Alp. (= *E. tetragonum* L.) *Vierkantiges W.,* **E. adnátum** Gris.

— Blattspr. kurzgestielt, am Rand u. unterstS. auf den Nerven kurz behaart; Bltn. rötl.-violett, klein; Bltnstandsachse zerstreut drüsig; ♃; VII–X. Kahlschläge, Waldränder. Aus N-Am. eingeschleppt; Ho, RhPf, He, Rheinl., SH, NS, Br., SaAn, Th, Berlin (= *E. graebneri* Rubner) *Graebners W., Drüsiges W.,* **E. adenocaúlon** Haussk n.

17(12). Stg. am Grd. mit unterirdischen Ausläufern; Blattspr. kurz gestielt bis sitzend, eif.-lanzettl., dk.grün-glzd., fast ganzrandig; Blkrblätt. 8–12 mm lg., tief ausgerandet, dk.-geadert; Samen an der Spitze mit durchscheinendem Anhängsel; ♃; VI–IX. Quellige Orte; Alp. *v,* sonst nur S-Schw., Erzgeb., Bayrw., Iser- u. Riesengeb. *Mierenblättriges W.,* **E. alsinifólium** Vill.

— Stg. am Grd. mit oberirdischen, beblätterten Ausläufern; Bltn. kleiner als bei voriger ***18***

18. Stg. einzeln, an der Spitze fein kraushaarig, kurz bogig aufstgd., unverzweigt, z. Bltzt. überhängend; Blätt. eif., ganzrandig; Bltn. bis 5 mm lg., blaß-violett; Kapsel behaart; Samen feinhöckerig; ♃; VII–IX. Quellige Orte; Alp. u. M-Geb., von 750–2000 m, *z.* *Nickendes W.,* **E. nútans** F. W. Schmidt

— Stg. meist zu mehreren, kahl, nur an den schwach erhabenden Kanten behaart, an der Spitze z. Bltzt. überhängend; Blätt. klein, eif.-längl., ganzrandig; Bltn. 4–5 mm lg.; Kapsel verkahlend; Samen glatt; ♃; VII–IX. Quellige Orte der höheren M-Geb. u. Alp. oberhalb der Baumgrenze, vorwgd. auf Urgestein; *z* in Alp., Schw., Bayrw., Erz-, Iser- u. Riesengeb. (= *E. alpinum* auct. non L.) *Gauchheil-W.,* **E. anagallidifólium** Lam.

Die Gattung *Epilobium* neigt stark zur **Bastard**bildung

3. Oenothéra L. (= *Onagra* Mill.), *Nachtkerze*

1. Blattrosette des 1. Jahres dem Boden angedrückt, mit längl. verkehrt-eif., stumpfen Blätt.; Bltnstand z. Bltzt. nicht überhängend; Kblätt. 1/3 so lg. wie der Achsenbecher; Bltn. groß, 2–3 cm lg.; Blkrblätt. länger als die Stbblätt.; ⊙; VI–IX. Bahndämme, Wegränder u. Sandfelder; *v;* aus N-Am. eingeschleppt. Sammelart: *Gemeine N.,* **O. biénnis** L.

— Blattrosette des 1. Jahres 5–10 cm oberhalb des Bodens, mit lanzettl. zugespitzten Blätt.; Stg. z. Bltzt. ± stark überhängend, meist mit roten Tupfen; Kblätt. nur 1/3 bis 1/4 so lg. wie der Achsenbecher; Blkrblätt. so lg. wie die Stbblätt.; ⊙; VI–VIII. Flußufer im Elbetal *v,* sonst *z;* aus N-Am. eingeschleppt. (= *O. muricata* L.) Formenreiche Sammelart: *Kleinblütige N.,* **O. parviflóra** L.

Von beiden Arten werden zahlr. Kleinarten unterschieden.

4. Circaéa L., *Hexenkraut*

1. Bltn. ohne Tragblätt.; Stg. spitzenw. flaumhaarig; Blätt. am Grd. abgerundet, gezähnt, matt, auf den Nerven flaumig; Blkrblätt. 2–3 mm lg., verkehrt-herzf., tief 2-spaltig; Fr. mit gleichen Fächern *(577);* ♃; VI–VIII. Schattige, feuchte Wälder; *v.* *Gemeines H.,* **C. lutetiána** L.

— Bltn. mit kleinen, hinfälligen, borstenf. Tragblätt.; Stg. kahl od. nur Infl. drüsig; Blattspr. am Grd. deutl. herzf. *2*

2. Blkrblätt. kürzer als der K.; Narbe kopfig; Fr. schiefeif., keulig, einfächerig *(578);* Blattspr. obersts. etwas glzd., untersts. bläul.grün, scharf gezähnt; Infl. fast kahl, sich erst nach der Bltzt. verlängernd; ♃; VI–VII. Feuchtes Gebüsch, Moore; *v* Alp., sonst *z* bis *s.* *Alpen-H.,* **C. alpína** L.

— Blkrblätt. so lg. wie der K.; Narbe ausgerandet, zweilappig; Fr. verkehrt-eif., kugelig, 2-fächerig, 2-samig; Blattspr. geschweift-gezähnt, zugespitzt; Infl. drüsigflaumig, sich schon vor der Bltzt. verlängernd; ♃; VI–VII. Schattige, humöse Wälder, vorwgd. der Berg- u. Hügelstufe; *z, s* im N. (Wahrscheinl. ein Bastard zwischen den beiden vorigen) *Mittleres H.,* **C. intermédia** Ehrh.

Ordnung: **Haloragáles**

Familie: **Haloragáceae,** *Tausendblattgewächse*

Wasserpfl. (heimische Arten); Bltn. klein, unscheinbar, 4-zählig, eingschl. *(579a–b)* od. ⚥. Einzige heimische Gattung:

Myriophýllum L., *Tausendblatt*

1. Tragblätt. der Bltn. sämtl. fiedspaltig od. kammf. gefied. *(181),* meist länger als die Bltn.; Blätt. in 5- bis 6-zähligen Quirlen; ♃; VI–IX. Sthd. u. langsam fließende, kalkarme Gewässer; *z, f* in Alp.
Quirlblättriges T., **M. verticillátum** L.

— Obere Tragblätt. der Bltn. ungeteilt, kürzer als die Bltn.; Blattquirle meist 4-zählig *2*

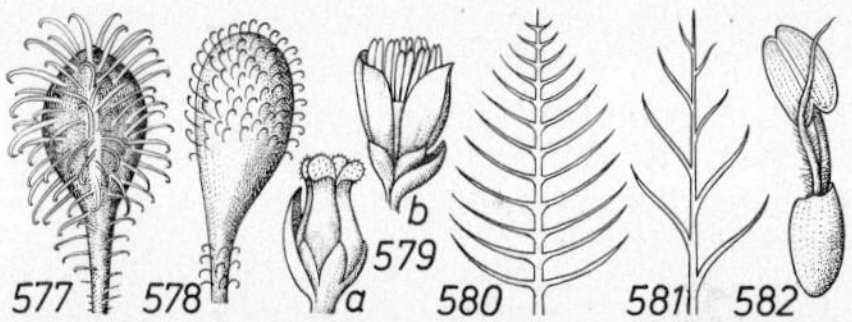

2. Bltnstand reichbltg., verlängert, stets aufrecht; alle Bltn. in Quirlen, rötl.; Blätt. mit ± gegenst. Fied *(580);* ♃; VI–IX. Sthd. u. langsam fließende Gewässer; *v* bis *s.* *Ähriges T.,* **M. spicátum** L.

— Bltnstand wenigbltg., kurz, anfangs überhgd; Bltn. gelb., die oberen wechselst.; Blätt. in 3- bis 4-zähligen Quirlen, mit ± wechselst. Fied. *(581);* ♃; VII–IX. Kalkarme Seen u. Tümpel; *v* im NW, *z* im NO, sonst *s;* Alp. *f.*
Wechselblütiges T., **M. alterniflórum** Dc.

Ordnung: **Elaeagnáles**

Familie: **Elaeagnáceae,** *Ölweidengewächse*

Bäume od. Sträucher, z. T. dornig; Blätt. wechsel- od. gegenst., Spreite dicht mit Schildhaaren *(573)* besetzt; Bltn. klein, eingschl. od. ⚥, 2- bis 4-zählig *(537b);* Bltnhülle einfach, kelchart.; Fr. eine Nuß; diese von der fleischig werdenden Kröhre *(575)* umschlossen u. daher steinfruchtart.

1. Bltn. eingschl., 2-häusig; ♂ Bltn. mit tief 2-teiliger Hülle *(574),* die ♀ röhrig; Blätt. lineal-lanzettl., 3–7 mm breit, obersts. fast kahl, untersts. silbergrau bis kupferrot; Pfl. ± stark dornig . . . . **Hippophaë,** 228

— Bltn. ⚥, glockig, trichterig *(576),* innen gelb, wohlriechend; Blätt. bis 4,5 cm breit, beidersts. durch Schildhaare silbergrau . . **Elaeagnus,** 228

1. Hippóphaë L., *Sanddorn.* ± stark dorniger Strauch od. bis 6 m hoher Baum; Bltn. in kugeligen Bltnständen; Fr. orangerot, selten gelb; ♃; IV. Küstendünen u. Ufer der Gebirgsflüsse. *Gemeiner S.*, **H. rhamnoides** L.

a. Pfl. stark dornig, mit kurzen, steif-aufrechten Ästen; Bltnstände dicht; Dünen u. Küsten *v.* (= ssp. *maritima* v. SOEST) ssp. **rhamnoídes**

– Pfl. spärl. dornig; Äste verlängert; Bltnstände lockerer; Flußschotter, Felsschutt; *v* in Alp. u. Vorland bis zur Donau, Bodensee u. südl. Rheintal. ssp. **fluviátilis** v. SOEST

2. Elaeágnus L., *Ölweide*

1. Junge Zweige silbrig-schülferig; Blätt. 8–25 mm breit; Bltn. zu 2–3, blattachselst., aufrecht; Fr. längl., rotgelb, süßl.; ♃; V–VI. Zierstrauch, stellenw. verwild. (Heimat: östl. Mittelmeergebiet). *Schmalblättrige Ö.*, **E. angustifólia** L.

— Junge Zweige rostbraun-schülferig; Blätt. bis 45 mm breit; Bltn. abw. gebogen; Fr. eif., orangerot, sauer; ♃; III–V. Zierstrauch, stellenw. verwild. (Heimat: N-Am.). (= *E. argentea* PURSH) *Silber-Ö.*, **E. commutáta** BERNH. ex RYDB.

Ordnung: **Rutáles**

Familie: **Rutáceae,** *Rautengewächse*

Bäume, Halbsträucher od. Stauden; Blätt. durch Öldrüsen durchscheinend punktiert, Pfl. deshalb stark duftend; Bltn. radiär od. zygomorph, 4- bis 5-zählig; Bltnachse zwischen od. über den Stbblätt. zu einem scheibenf. Diskus (*584,* D) erweitert; Kapselfr.

1. Bltn. radiär, 4- bis 5-zählig *(583),* gelb . . . . **Ruta,** 228

— Bltn. zygomorph, 5-zählig *(585),* weiß od. rötl., dk.geadert **Dictamnus,** 228

1. Rúta L., *Raute.* Bltn. in Dichasien; Endbltn. 5-, Seitenbltn. 4-zählig *(583);* Blkrblätt. löffelf. ausgehöhlt, kapuzenf. eingekrümmt, am Rand gezähnelt, drüsig punktiert; Blätt. 2- bis 3-fach gefied., bläul.grün, kahl, von aromatischem Geruch; ♃; VI–VIII. Aus dem Mittelmeergebiet stammende u. verwilderte Heilpfl. *Wein-R.*, **R. gravéolens** L.

2. Dictámnus L., *Diptam.* Blätt. einfach, unpaarig gefied.; Bltn. in einfacher Traube, auf drüsigen Stielen; Pfl. beim Zerreiben zitronenartig duftend; ♃; V–VI. Trockenhänge u. lichte Gebüsche (Steppenheiden), nur auf Kalk; *z* in S- u. M-Dt, E, *s* in He u. S-NS. Ⓖ*Weißer D.*, **D. álbus** L.

Familie: **Simaroubáceae,** *Bittereschengewächse*

Ailánthus DESF., *Götterbaum.* Blätt. unpaarig gefied., bis 1 m lg.; Bltn. grünl., in großen Rispen; Baum mit glatter Borke; ♃; VII. Aus China stammender, häufig angepfl. u. zuw. verwild. Zierbaum. [= *A. glandulosa* DESF.; = *A. peregrina* (BUCHOZ) F. A. BARKLEY] *Chinesischer G.*, **A. altissima** (MILL.) SWINGLE

Familie: **Anacardiáceae,** *Sumachgewächse*

Bäume u. Sträucher; Blätt. wechselst.; Bltn. klein, ⚥ od. eingeschl., 5-zählig; 1-samige Steinfr.

1. Blätt. einfach, ungeteilt *(249);* Frstiele verlängert u. absthd. behaart; Frstand deshalb perückenart. . . . . **Cotinus,** 228

— Blätt. gefied.; Frstiele ohne verlängerte Haare; Frstand nicht perückenartig . . . . **Rhus,** 228

1. Cótinus MILL., *Perückenbaum.* Blätt. lg. gestielt, mit eif., kahler Spreite *(249).* Felshänge, Gebüsch. Seit langem aus dem Mittelmeergebiet eingeschleppt u. eingebürgert in Ba u. BW.; auch als Zierstrauch. *Gemeiner P.*, **C. coggýgria** SCOP.

2. Rhús L., *Sumach*

1. Blätt. unpaarig gefied., mit 11–30 Fied., bis 30 cm lg.; Zweige u. Bltnstiele dicht zottig; Bltnrispen dicht, gelbl.grün od. rötl.; ♃; VI–VII. (Heimat: N-Am.); Ziergehölz. [= *R. hirta* (L.) SUDWORTH] *Kolben-S., Essigbaum,* **R. týphina** L.

— Blätt. 3-zählig, lg. gestielt; Zweige später kahl; Rispen locker; ♃; VI–VII. (Heimat: N-Am.); Ziergehölz. **Sehr giftig!** *Gift-S.*, **R. toxicodéndron** L.

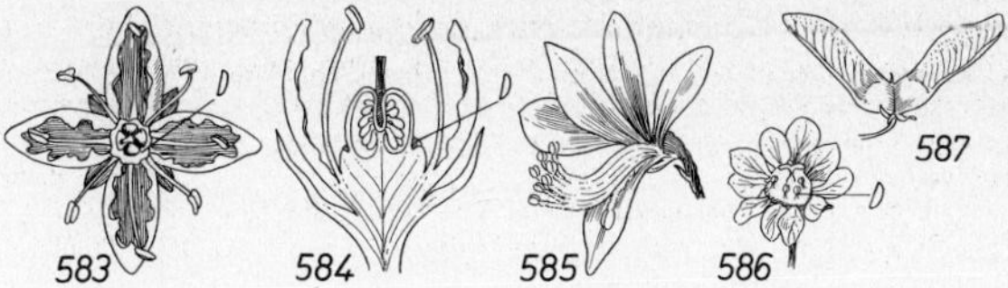
583 584 585 586 587

Ordnung: **Sapindáles**

Familie: **Aceráceae,** *Ahorngewächse*

Holzgewächse mit dekussierter Beblätterung: Bltn. ⚥ od. eingschl.; K. u. Blkr. 4- bis 5-zählig; Stbblätt. dem Diskus eingefügt (*586,* D); Frkn. oberst., 2-fächerig; Fr. in 2 geflügelte Spaltfrüchte zerfallend *(587).* Einzige heimische Gattung:

Ácer L., *Ahorn*

1. Blätt. unpaarig 3- bis 5(-7)-zählig gefied., oft weißgescheckt; junge Triebe häufig bläul., abwischbar bereift; Bltn. eingschl., 2-häusig, in langen hängenden Trauben; ♃; IV. Zierbaum aus N-Am. *Eschen-A.,* **A. negúndo** L.

— Blattspr. 3- bis 7-lappig *(588–591)* ***2***

2. Blattspr. 3-lappig; Seitenlappen ± waagrecht abstehend, stumpf, ganzrandig *(588);* Bltn. in wenigbltg., nickenden Doldentrauben. Bis 6 m hoch; ♃; IV–V. Sonnige Felshänge, nur im Mittelrheingebiet u. Main bei Würzburg. *Französischer A.,* **A. monspessulánum** L.

— Blattspr. 5- bis 7-, selten 3-lappig ***3***

3. Bltnstände aufrecht ***5***

— Bltnstände hängend ***4***

4. Bltn. in Doldentrauben; Blattspr. in 5 (selten 3) stumpfe, gekerbte od. gezähnte Lappen geteilt, am Grd. herzf. Bis 12 cm hoch; ♃; IV. Lichte Laubwälder, nur Grenzach (S-BW) (= *A. opulifolium* Vill.) *Schneeballblättriger A.,* **A. ópalus** Mill. ssp. **ópalus**

— Bltn. in traubenf. zusammengezogenen, 5–15 cm langen Rispen; Blattspr. am Grd. herzf., in 5 doppelt-stumpf gesägte Lappen geteilt *(589),* oberststs. dk-, unterststs. bläul.grün. Bis 25 m hoch; ♃; IV–V. Mittelgeb. u. Alp. *v, z* im N. *Berg-A.,* **A. pseudo-plátanus** L.

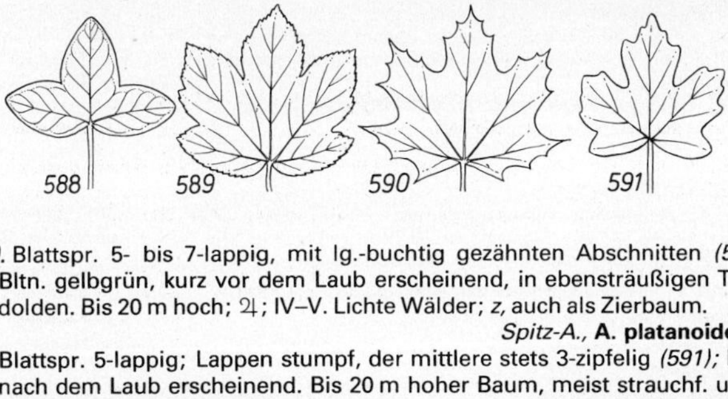
588 589 590 591

5(3). Blattspr. 5- bis 7-lappig, mit lg.-buchtig gezähnten Abschnitten *(590);* Bltn. gelbgrün, kurz vor dem Laub erscheinend, in ebensträußigen Trugdolden. Bis 20 m hoch; ♃; IV–V. Lichte Wälder; *z,* auch als Zierbaum. *Spitz-A.,* **A. platanoides** L.

— Blattspr. 5-lappig; Lappen stumpf, der mittlere stets 3-zipfelig *(591);* Bltn. nach dem Laub erscheinend. Bis 20 m hoher Baum, meist strauchf. u. bis 4 m hoch; ♃; V. Wälder; *v.* *Feld-A.,* **A. campéstre** L.

a. Teilfr. filzig behaart; Blätt. im Herbst rot; *v.* ssp. **campéstre**

– Teilfr. verkahlend; Blätt. im Herbst gelb. Verbreitung ungenügend bekannt. ssp. **leiocárpum** (Opiz) Tausch

Familie: **Hippocastanáceae,** *Roßkastaniengewächse*

Holzpfl., mit gegenst., fingerf. gefied. *(64)* Blätt.; Bltn. zygomorph; Blkrblätt. 4–5; Stbblätt. 5–8; Fr. eine 3-fächerige, oft stachelige Kapsel mit großen Samen.

Áesculus L., *Roßkastanie*

1. Winterknospen nicht klebrig; Bltn. leuchtend rot; Fied. deutl. gestielt. Bis 6 m hoch; ♃; V–VI. (Zierbaum aus N-Am.). *Pavie,* **A. pávia** L.

— Winterknospen klebrig; Bltn. weiß, gelb u. rot gefleckt od. fleischfarbig rosa bis scharlachrot; Fied. fast sitzend od. sehr kurz gestielt *2*

2. Bltn. weiß, gelb u. rot gefleckt; Fr. bis 6 cm im Dm, derb bestachelt. Bis 25 m hoch; ♃; IV–V. Zier- u. Alleebaum (Heimat: Balkan). *Gewöhnliche R.,* **A. hippocástanum** L.

— Bltn. fleischfarbig, rosa bis scharlachrot; Blkrblätt. am Rand drüsig-zottig; Fr. rundl., 3–4 cm im Dm, glatt od. weichstachelig; ♃; V. Allee- u. Straßenbaum (Bastard zwischen den beiden vorigen). *Rotblütige R.,* **A. × cárnea** HAYNE

Familie: **Staphyleáceae,** *Pimpernußgewächse*

Holzgewächse; Blätt. wechsel- od. gegenst., unpaarig gefied. mit Nebenblätt.; Bltn. radiär, 5-zählig; Kapselfr. Einzige Gattung:

Staphyléa L., *Pimpernuß.* Blätt. 5- bis 7-zählig gefied.; Bltn. weiß, in hängenden, traubigen Rispen; Fr. eine dünnhäutige, aufgeblasene Kapsel. Bis 5 m hoher Strauch od. Baum; ♃; V–VI. Wild nur in S-BW, Ba, Schl; sonst als Zierstrauch, *z* verwild. Ⓖ *Gewöhnliche P.,* **St. pinnáta** L.

Ordnung: **Geraniáles** *(= Gruinales)*

Familie: **Oxalidáceae,** *Sauerkleegewächse*

Kräuter od. Stauden; Blätt. 3-zählig gefing.; Bltn. einzeln od. in doldenähnl. Wickeln, radiär, 5-zählig; Stbblätt. 10, am Grd. miteinander verbunden; Frkn. oberst., 5-fächerig; Kapselfr. Einzige heimische Gattung:

Óxalis L., *Sauerklee*

1. Bltn. weiß od. rosa, purpurn geadert, einzeln; Blätt. grdst.; Grdachse kriechend, mit dem fleischig verdickten Grd. abgefallener Blätt. besetzt; ♃; IV–V. Feuchte, humöse Laub- u. Nadelwälder; *v.* *Wald-S.,* **O. acetosélla** L.

— Bltn. gelb, in 2- bis 6-bltg. Wickeln ; Stg. entwickelt *2*

2. Stg. aufrecht, 15–40 cm lg.; Blattstiel am Grd. ohne Nebenblätt.; ⊙; VI–X. Aus N-Am. eingeschleppt u. eingebürgert; *v.* (= *O. stricta* auct. non L.; = *O. fontana* BUNGE) *Europäischer, Steifer S.,* **O. europaéa** JORD.

— Stg. aufstgd. od. niederlgd.; Blattstiel am Grd. in der Regel mit 2 kleinen Nebenblätt.; Frstiele zurückgeschlagen *3*

3. Stg. aufstgd., am Grd. kaum wurzelnd, dicht mit einzelligen, anlgd. Haaren besetzt; Nebenblätt. oft fehlend; ⊙; VI–XI. Aus N-Am. eingeschleppt u. stellenw. eingebürgert. (= *O. stricta* L.; = *O. navieri* JORD.) *Dillenius-S.,* **O. dillénii** JACQ.

— Stg. niederlgd., wurzelnd, fast kahl bis dicht absthd. behaart; ⊙ bis mehrjährig; VI–XI. Aus S-Eur. eingeschleppt u. *z* eingebürgert. *Horn-S.,* **O. corniculáta** L.

Familie: **Lináceae,** *Leingewächse*

Kräuter od. Stauden mit einfachen, wechselst., seltener gegenst. Blätt.; Bltn. radiär, ⚥, 4–5zählig; Stbblätt. 4–5 od. 10, ihre Filamente an der Basis verbreitert und ± hoch hinauf zu einer Röhre vereinigt; Frkn. oberst., 5-blättrig, durch falsche Scheidewände oft 10-fächerig; Kapselfr.

1. Bltn. 4-zählig; Kblätt. an der Spitze 2- bis 3-zähnig . . . . . . **Radiola,** 231

— Bltn. 5-zählig; Kblätt. ganzrandig . . . . **Linum,** 230

1. Línum L., *Lein*

1. Blätt. gegenst.; Bltn. klein, 4–5 mm breit, weiß, am Grd. gelb, vor dem Aufblühen nickend, in Dichasien, ⊙; VI–VII. Wiesen u. Triften; *v.* *Purgier-L.,* **L. cathárticum** L.

— Blätt. wechselst.; Bltn. ansehnlich, größer als 1 cm *2*

2. Bltn. blau, selten weiß ***5***
— Bltn. gelb od. rötl. bis blaßlila u. purpurn ***3***
3. Bltn. gelb ; Stg. zur Spitze hin scharfkantig; Blätt. kahl; ♃; VI–VII. Buschige Kalkhänge; *s* in Schw. Alb, Ba; auch als Zierpfl. Ⓖ *Gelber L.*, **L. flávum** L.
— Bltn. rötl.-purpurn od. blaß-lila ***4***
4. Stg. absthd. zottig-weichhaarig; Blätt. längl.-eilanzettl. (4–9 mm breit), lokker zottig, am Rand drüsig; Blkrblätt. rosarot bis purpurn, dkgeadert; ♃; V–VII. kalkliebend; Wiesen u. Waldränder; *s* in Alp. u. Vorland bis zur Donau; auch als Zierpfl. Ⓖ *Klebriger L.*, **L. viscósum** L.
— Stg. nur am Grd. kurzflaumig, sonst kahl; Blätt. schmal (1,5 mm breit), am Rande rauh; Bltn. hell-lila; ♃; VI–VII. Kalktrockenrasen; *z* in S- u. M-Dt, E. *Schmalblättriger L.*, **L. tenuifólium** L.
5(2). Pfl. ⊙; Stg. meist einzeln; Bltn. lg. gestielt; Kblätt. an der Spitze gewimpert; VI–VIII. Alte, bereits seit der jüngeren Steinzt. angepfl. Öl- u. Faserpfl.; *s* verwild. *Echter L., Flachs,* **L. usitatissimum** L.
— Pfl. ♃; Stg. meist zu mehreren; Kblätt. kahl ***6***
6. Bltnstiele nach dem Verblühen abwärts gekrümmt; Blkrblätt. himmelblau, dk. genervt, mit gelbem Grd.; ♃; V–VII. Sonnige Kalktrockenhänge; *z*, wohl nur eingeschleppt aus SO-Eur. u. stellenweise eingebürgert. *Österreichischer L.*, **L. austriacum** L.
— Bltnstiele auch nach der Blüte stets aufrecht ***7***
7. Blkrblätt. sich der ganzen Länge nach deckend; Pfl. bis 60 cm hoch; ♃; VI–VII. Trockenhänge; *s* in Ba, BW, RhPf; sonst angepflanzt u. verwild. Ⓖ! *Ausdauernder L.*, **L. perénne** L.
— Blkrblätt. sich nur am Grd. mit den Rändern deckend; Stg. niederlgd. bis aufstgd. od. aufrecht, 10–30 cm lg.; Blätt. am Grd. dichtsthd., lineal; Samen auf der gesamten Innenseite mit deutl. Hautsaum; Bltn. blau, am Grd. gelbl.; ♃; VI–VIII. Geröll, sonnige Felsen der alp. u. subalp. Reg.; *s*, NO-K-Alp. (2 Kleinarten) Ⓖ *Alpen-L.*, **L. alpínum** Jacq.
a. Bltnstg. aufrecht; sterile Sprosse locker beblätt., kahl; Blätt. lineal-lanzettl.; Samen mit einem Spitzchen am stumpfen Ende. K-Alp. von Ti, Vb, Berchtesgaden. [= *L. alpinum* ssp. *montanum* (Schleich.) Ockendon] Ⓖ ! *Glatter L.*, **L. laéve** Scop.
– Bltnstg. im Alter niederlgd.; sterile Sprosse sehr dünn, dicht beblätt., nur bis 10 cm lg.; Blätt. lineal; Bltnstände meist nur 1- bis 3-(-6)-bltg.; reife Samen breit-eif., dkbraun, fein punktiert, am Innenrand nur undeutl. hautrandig. Trockene Hügel; Lothringen, Saargebiet (Perl bis Merzig), Taubertal (Gamberg), Schw. Alb (Blaubeuren), He, O-WE, S-NS, W-Th, Sattn (Heimburg) *s*. [= *L. alpinum* ssp. *anglicum* (Mill.) F. W. Sch., = *L. anglicum* auct. non Mill.]. Ⓖ ! *Englischer L.*, **L. leónii** F. W. Sch.

2. Radíola Hill, *Zwergflachs.* Stg. dünn, wiederholt gabelig verzweigt, bis 10 cm lg.; Bltn. in reich verzweigten, fast knäueligen Dichasien, weiß; ⊙; VII–VIII. Feuchte Sand- u. Moorböden, Heidegebiete; im N u. Lausitz *v*, sonst *z*. *Gewöhnlicher Z.*, **R. linoídes** Roth

592

593

Familie: **Geraniáceae,** *Storchschnabelgewächse*

Kräuter u. Stauden; Blätt. wechsel- od. gegenst., gefied. od. handf. geteilt, mit Nebenblätt.; Bltn. meist radiär, 5-zählig; Frkn. oberst.; Frblätt. sich schnabelartig verlängernd; Fr. in 1-samige Teilfr. zerfallend *(592–593)*

1. Stbblätt. 10, alle mit Stbbeuteln; Frschnabel sich bei der Reife aufwärts biegend u. dabei die Samen ausschleudernd *(592)* **Geranium,** 232

— Von den 10 Stbblätt. nur 5 mit Stbbeuteln; Frschnabel sich mit den Teilfr. lösend u. spiralig einrollend *(593)* . . . . **Erodium,** 234

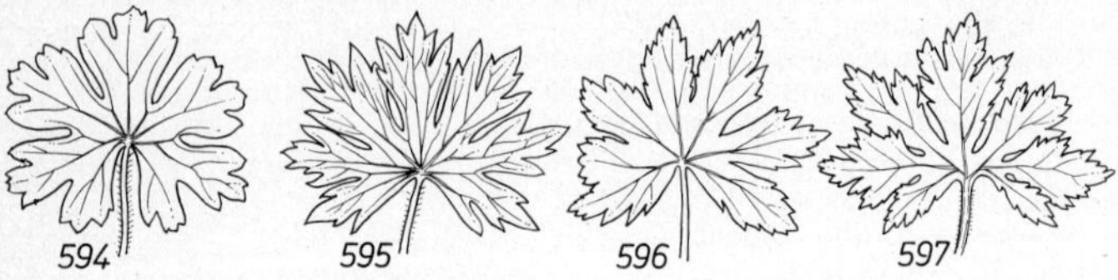

594 595 596 597

1. Gerănium L., *Storchschnabel*

1. Bltn. klein, bis 1,5 cm im Dm; Blkrblätt. meist wenig länger, höchstens doppelt so lg. wie der K.; ⊙ bis mehrjährige Pfl. ***7***

— Bltn. groß, 1,5–4 cm im Dm; Blkrblätt. meist doppelt so lg. wie der K. [bei *G. phaeum* (s. Punkt ***3***) Blkrblätt. zuw. nur so lang od. wenig länger als der K.]; Pfl. ausdauernd, mit dickem Wurzelstock ***2***

2. Infloreszenzstiele mit 1 leuchtend rotvioletten Blüte; Blätt. gegenst.; Spreite bis zum Grd. in lineale Abschnitte geteilt *(598);* Sprosse absthd. behaart, im Herbst blutrot; ♃; V–IX. Trockene, buschige Hänge (Steppenheide); *v* bis *z, s* im N. *Blutroter St.,* **G. sanguíneum** L.

— Infloreszenzstiele mit 2 Bltn.; Blattzipfel nicht lineal ***3***

3. Blkrblätt. trüb-schwarz-violett, rotbraun od. schmutzig-lila, oft nur wenig länger als der K.; Frklappen querrunzelig, absthd. behaart; ♃; V–VIII. Hochstaudenfluren, Wiesen der Alp. u. Mittelgeb. *z;* auch als Zierpfl. u. stellenweise verwild. *Brauner St.,* **G. phaéum** L.

a. Blkrblätt. rotbraun bis schwarzviolett, am Rand stark wellig. *s,* nur in Ba, Sa, SaAn (Ostharz) ssp. **phaéum**

– Blkrblätt. schmutzig-lila, am Rand kaum wellig. Nur Voralp. von Sb, Ti; in Vb verwild. ssp. **lívidum** (L'Hér.) Pers.

— Blkrblätt. blau, violett od. purpurn, selten weiß, stets doppelt so lg. wie der K. (bei *G. sylvaticum* Bltn. häufiger nur 1,5 cm im Dm); Frklappen glatt ***4***

4. Blkrblätt. tief eingeschnitten, lebhaft violett, 6–10 mm lg.; Blätt. im Umriß rundl.-nierenf., 7- bis 9-lappig; jeder Lappen mit 5–9 abgerundeten Zipfeln *(594),* beidersts. locker behaart; Stg. aufrecht, 25–50 cm lg., zottig; mehrjährig; V–X. Gebüsch, Weiden, Äcker u. Gärten; *v* bis *z;* wohl nur eingeschleppt u. eingebürgert (Heimat: SO-Eur.). *Pyrenäen-St.,* **G. pyrenáicum** Burm. f.

— Blkrblätt. ungeteilt od. nur seicht ausgerandet; Blattzipfel zugespitzt; Blattspr. (5-)7-lappig ***5***

5. Stg. u. Bltnstiele drüsenlos, aber mit nach rückw. gerichteten Haaren; Samen längsstreifig; Bltn. violett-karminrot, dk.-geadert; Blattlappen bis zur Mitte grob u. unregelmäßig gezähnt, mit kurz zugespitzten Zähnen *(596);* ♃; VI–IX. Feuchte Wiesen u. Wälder; *v, z* im N. *Sumpf-St.,* **G. palústre** L.

— Stg. u. Bltnstiele drüsig behaart; Samen punktiert ***6***

6. Stbfäden am Grd. auffällig verbreitert, kurz gewimpert; Blkrblätt. blauviolett, dk.-geadert, selten weiß, am Grd. gewimpert; Bltnstiele nach der Blüte herabgeschlagen, sich zur Frzt. wieder aufrichtend; Blattlappen doppelt fiedspaltig, mit lanzettl. Zähnen, kurzborstig behaart *(595);* ♃; VI–VIII. Feuchte Wiesen, Gräben; *v, s* im N. *Wiesen-St.,* **G. praténse** L.

— Stbfäden am Grd. nur wenig verbreitert, am Rande gewimpert; Blkrblätt. lebhaft rotviolett, am Grd. bärtig; Bltn. zuw. nur 1,5 cm breit; Bltnstiele nach dem Verblühen aufrecht; Blattlappen bis über die Mitte grob u. unregelmäßig gezähnt, unterststs. nur auf den Nerven behaart *(597);* ♃; VI–VII. Hochstauden- u. Lägerfluren der Alp. u. M-Geb. *v,* sonst *z.* *Wald-St.,* **G. sylváticum** L.

7(1). Blätt. 3- bis 5-zählig gefied., mit doppelt fied.spaltigen, absthd. behaarten Fied. *(599);* Stg. oft karminrot, dicht drüsig behaart, herb duftend; Blkrblätt. rosa, mit 3 Längsstreifen; ⊙; V–X. Laub- u. Nadelwälder, schattige Felsen, Mauern. *Ruprechtskraut, Stinkender St.,* **G. robertiánum** L.

a. Blkrblätt. den K. nur wenig überragend, 6–9 mm lg., lebhaft purpurn; Pfl. aufrecht, leuchtend rot, schwach behaart. Trockene Orte; *s,* nur RhPf. (= *G. purpureum* VILL.) ssp. **purpúreum** (VILL.) NYM.

– Blkrblätt. den K. weit überragend, 9–12 mm lg., hellpurpurn . . . . **b**

b. Pfl. stark drüsig behaart, stinkend, ± aufrecht; Fr. dk.braun, behaart; *g.* ssp. **robertiánum**

– Pfl. ± kahl, niederlgd., kurzgliedrig, lebhaft rot; Fr. hellbraun, kahl. Geröll der Küsten; *s.* ssp. **maritimum** (BAB.) BAKER

— Blätt. nicht gefied., nur 5- bis 9-teilig gelappt ***8***

8. Blkrblätt. an der Spitze ausgerandet od. eingeschnitten ***10***

— Blkrblätt. an der Spitze abgerundet ***9***

9. Pfl. dicht weich-drüsenhaarig, wie *G. robertianum* riechend; Blattspr. rundl. nierenf.; Lappen mit meist 3 stumpfen Zipfeln *(600);* Blkrblätt. keilf.-spatelig, rosarot; ⊙; VI–X. Mauern, Äcker, Wegränder; *s* in Ba (Unterfr., Jura), BW, RhPf, S-We, E, *f* im N. *Rundblättriger St.,* **G. rotundifólium** L.

— Pfl. fast kahl; Stg. meist rot, zerbrechl.; Blätt. glzd., 5-lappig, mit stumpf gekerbten Lappen *(601);* Blkrblätt. verkehrt-eif., hellkarminrot; ⊙; V–VI. Gebüsch, Felsen, Mauern der Hügel- u. Bergstufe; *z.* *Glänzender St.,* **G. lúcidum** L.

10(8). Blattspr. fast bis zum Grd. geteilt, mit fied.spaltigen Lappen *(602, 606–607)* [bei *G. pusillum,* Nr. ***15,*** sind nur die oberen Stgblätt. fast bis zum Grd. geteilt]. ***16***

— Blattspr. nur bis zur Mitte od. etwas tiefer eingeschnitten *(603–605)* ***11***

11. Blattspr. im Umriß rundl. *(604–606);* Kblätt. kurz bespitzt ***14***

— Blattspr. im Umriß eckig *(602–603);* Kblätt. lg. bespitzt ***12***

12. Filamente zottig behaart; Blkrblätt. blauviolett; Kblätt. 1–3 mm lg. bespitzt, gleich den glatten Frklappen dicht drüsenhaarig; ⊙; VII–IX. Feuchte Nadelwälder der Oberlausitz u. ČSSR (Böhmen), S-Br; *s.* *Böhmischer St.,* **G. bohémicum** L.

— Filamente kahl; Blkrblätt. rosa; Frklappen kurz u. angedrückt behaart ***13***

13. Stg. mit spärl. u. rückwärts gerichteten Haaren, aber drüsenlos; Frklappen glatt; Bltnstände 1-bltg.; Blattspr. 3- bis 5-lappig, beidersts. angedrückt behaart *(602);* mehrjährig; VII–VIII. Auen, Hecken, Ödland; wohl nur eingeschleppt; *s* in Ba (Bodensee, Franken), BW (Kaiserstuhl), Schl, Br, Me. *Sibirischer St.,* **G. sibíricum** L.

— Stg. außer mit absthd. Wollhaaren auch noch mit Drüsenhaaren; Frklappen querrunzelig; Bltnstände meist 2-bltg.; Stgblätt. 5-lappig *(603);* ⊙; VI–VII. Gebüsch, Schutt, Weinberge; *z* in Sa, O-Br, Schl, Ti. Aus W- u. M-Asien eingeschleppt u. eingebürgert. *Spreizender St.,* **G. divaricátum** EHRH.

14(11). Blkr. ca. 1,5 cm im Dm; Blkrblätt. doppelt so lg. wie der K. (s. auch Nr. ***4***). *Berg-St.,* **G. pyrenáicum** BURM. f.

— Blkr. höchstens 1 cm im Dm; Blkrblätt. kürzer od. so lg. wie der K. ***15***

15. Stg. kurzhaarig, niederlgd.; Blkrblätt. so lg. wie der K., an der Spitze schwach ausgerandet, rotviolett; Stgblätt. mit beidersts. weichhaariger, 5- bis 7-lappiger Spreite; Lappen meist 3-zipfelig *(604);* Fr. angedrückt behaart; ⊙–⊙; V–X. Gedüngter Boden; *v, s* in Alp. *Kleiner St.,* **G. pusillum** BURM. f.

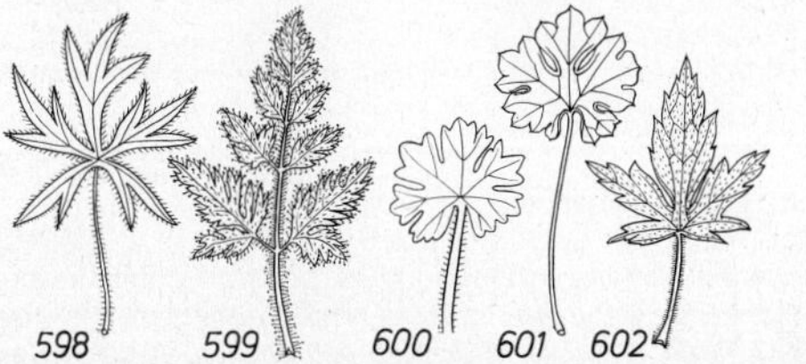

598 599 600 601 602

— Stg. zottig-weichhaarig, meist aufrecht, oberwärts auch mit Drüsenhaaren von Moschusgeruch; Blkrblätt. tief ausgerandet, meist so lg. wie der K.; Blattspr. beidersts. absthd. weich behaart, 7- bis 9-lappig *(605);* Fr. kahl; ⊙–⊙; V–IX. Trockene Heiden, Wegränder, Schutt; *v.*
Weicher St., **G. mólle** L.

16(10). Stg. angedrückt behaart; Bltnstände die Tragblätt. überragend; Blattspr. 5- bis 7-lappig mit doppelspaltigen Abschnitten *(606);* Blkrblätt. so lg. od. etwas länger als der K., violett-purpurn, am Nagel behaart; Fr. nur an den Grannen behaart; ⊙–⊙; V–VII. Gebüsche, Weg- u. Ackerränder; *v, s* im N.
Stein-St., **G. columbinum** L.

— Stg. absthd. behaart; Bltnstände meist kürzer als die Tragblätt.; Spreite weniger zerteilt als bei voriger *(607);* Blkrblätt. so lg. od. kürzer als die Kblätt., rotviolett; Fr. drüsig behaart; ⊙; V–X. Äcker, Wegränder; *v, s* im N u. NW.
Schlitzblättriger St., **G. dissectum** L.

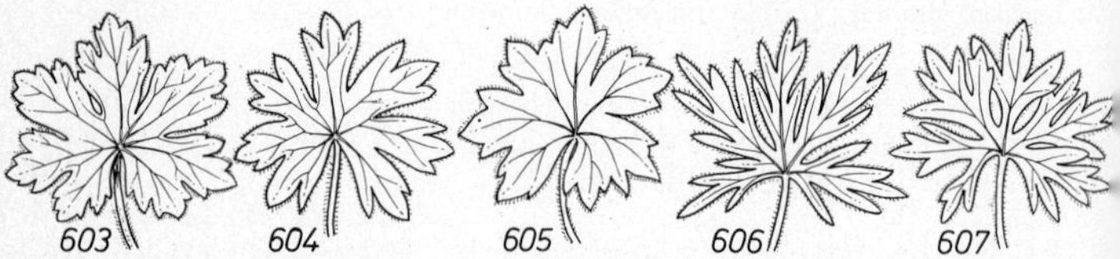

2. Eródium L'Hér., *Reiherschnabel*

1. Fied. gestielt, gezähnt; Trag- u. Nebenblätt. stumpf; Stg. verlängert, dicht drüsig; fertile Stbblätt. am Grd. 2-zähnig; ⊙; V–VI; Schuttplätze, Wegränder; aus dem Mittelmeergebiet eingeschleppt; *s* auf Schuttplätzen u. an Wegrändern. *Moschus-R.,* **E. moschátum** (L.) L'Hér.

— Fied. sitzend, tief fied.spaltig od. fied.teilig; Trag- u. Nebenblätt. spitz od. zugespitzt *2*

2. Fied. fast bis zum Grd. eingeschnitten, gleich dem langen Stg. dicht drüsig; Bltnstände 1- bis 3-bltg.; Blkrblätt. wenig länger als der K., einfarbig lila; ⊙–⊙; IV–X. Dünen des Küstengebietes; *v.* Formenreich (= *E. glutinosum* Dum.)
Drüsiger R., **E. lebélii** Jord.

— Fied. nur bis 1/3 od. bis zur Hälfte eingeschnitten, gleich dem kurzen Stg. kaum drüsig; Bltnstände 3- bis 10-bltg.; Blkrblätt. viel länger als der K., 5–7 mm lg., einfarbig rotviolett od. rosa, am Grd. mit schwärzl. Fleck; ⊙; IV–X. Wegränder, Triften, Äcker; *v.* Formenreich.
Schierlings-R., **E. cicutárium** (L.) L'Hér.

Familie: **Balsamináceae,** *Balsaminengewächse*

Kräuter mit saftigen, glasig-durchscheinenden, an den Knoten oft verdickten Stg.; Bltn. zygomorph; K. durch Ausfall der beiden vorderen Kblätt. 3-blättrig; das hintere Kblatt gespornt u. blkrblattartig *(191);* Blkrblätt. 5, paarweise miteinander verbunden; Stbblätt. 5; Frkn. oberst., 5-blättrig; Fr. eine bei Berührung elastisch aufspringende Saftkapsel.

Impátiens L., *Springkraut*

1. Bltn. zu mehreren od. einzeln, blattachselst., verschiedenfarbig; Sporn dünn; Stg. dickfleischig, knotig; ⊙; VII–VIII. Zierpfl. aus S-Asien. *Garten-Sp.,* **I. balsámina** L.

— Bltn. in gestielten Trauben *2*

2. Bltn. rot mit dickem Sporn, zu 2–14 in lg. gestielten Trauben; Blätt. gezähnt, an den basalen Zähnen u. am Blattstiel mit Drüsen; Pfl. bis 3 m; ⊙; VII–IX. Bachufer, Auwälder; Zierpfl., stellenw. verwild. u. eingebürgert [Heimat: Asien (Himalaya)]. (= *I. roylei* Walp.)
Drüsiges Sp., **I. glandulífera** Royle

— Bltn. gelb; Pfl. bis 0,8 m hoch *3*

3. Bltn. groß, hgd., mit gekrümmtem Sporn *(191),* in 2- bis 4-bltg., die Tragblätt. nicht überragenden Trauben; Blkrblätt. goldgelb, innen rot punktiert; ⊙; VII–IX. Humöse, feuchte Laub- u. Nadelwälder; im S *v, z* im N.
Rührmichnichtan, Großes Sp., **I. nóli-tángere** L.

— Bltn. klein, aufrecht, mit geradem Sporn, in 4- bis 10-bltg., die Tragblätt. meist überragenden Trauben; Blkrblätt. blaßgelb; ⊙; IV–X. Bestandsbildend in Laub- u. Nadelwäldern u. als Gartenunkraut; aus O-Asien eingeschleppt u. eingebürgert. *Kleinblütiges Sp.*, **I. parviflóra** Dc.

Familie: **Tropaeoláceae,** *Kapuzinerkressengewächse*

Tropaéolum L., *Kapuzinerkresse.* Blätt. schildf. *(53);* Bltn. orangefarbig bis rot, gespornt; ⊙; VI–VII. Aus S-Am. stammende Gartenzierpfl. *Große K.*, **T. május** L.

Ordnung: **Polygaláles**

Familie: **Polygaláceae,** *Kreuzblumengewächse*

Kräuter od. Halbsträucher; Blätt. wechselst., oft wintergrün; Bltn. zygomorph, schmetterlingsf.; Kblätt. 5, davon 3 klein, unscheinbar u. 2 blumenblattartig (= Flügel, *178*); Blkrblätt. 5 od. 3, das vordere rinnig, schiffchenartig, mit fransigem Anhängsel; Stbblätt. 8, zu einer oben offenen Röhre verwachsen; Frkn. oberst., 2-fächerig; Kapselfr.

Polýgala L., *Kreuzblume*

1. Bltn. gelb od. rötl., oft 2-farbig, 13–15 mm lg., zu 1–2 achselst.; Schiffchen an der Spitze 4-lappig; Blätt. lederig, immergrün, am Rande umgerollt, vorn mit aufgesetzter Stachelspitze *(253);* niederlgd. Halbstrauch mit Ausläufern; ♃; III–VI. Trockenrasen, Kieferwälder; Alp. *v;* M-Geb. *z* (= *Chamaebuxus alpestris* Spach) *Zwergbuchsblättrige K.*, **P. chamaebúxus** L.

— Bltn. blau, rötl. od. weiß, kleiner, in endst. Trauben; Schiffchen an der Spitze mit pinself. Anhängsel; Blätt. krautig *2*

2. Untere Stgblätt. rosettig gehäuft, bedeutend größer als die übrigen *6*

— Untere Stgblätt. nicht rosettig gehäuft, kürzer als die oberen *3*

3. Untere Blätt. gegenst., die übrigen wechselst.; Stg. dünn, am Grd. niederlgd.; Bltntrauben 3- bis 8-bltg.; Bltn. blaßblau; Flügel länger als die Blkrröhre; Kblätt. weiß berandet; ♃; V–IX. Torfige, humöse Wiesen; kalkmeidend; Ti, Vb, M-Geb. u. NW *z*, sonst *s*, *f* im NO. (= *P. serpyllacea* Weihe; = *P. depressa* Wenderoth) *Quendel-K.*, **P. serpyllifólia** Hose

— Alle Blätt. wechselst.; Bltntrauben vielbltg. *4*

4. Grdblätt. meist schuppenf., zur Stgspitze hin an Größe zunehmend; Bltnstiele nach der Blüte zurückgekrümmt; Bltn. 4–5 mm lg. blau od. weißl.; Flügel 3-nervig; Mittelnerv mit den seitl. Nerven undeutl. verbunden; ♃; VI–VII. Lichte Wälder, steinige Matten der Alp; *v* in Ba, Ti, Vb. (= *P. microcarpa* Gaud.) *Alpen-K.*, **P. alpéstris** Rchb.

— Blätt. zur Stgspitze hin kleiner werdend *5*

5. Tragblätt. vor dem Aufblühen die Bltnknospen überragend; die Bltntraube deshalb anfangs schopfig; Bltn. rosaviolett, selten blau; Nerven der Flügel undeutl. miteinander verbunden; ♃; V–VII. Trockenwiesen u. Gebüsch; vorwgd. auf Kalk; *z* im S, *s* im N, *f* im NW bis Me. *Schopfige K.*, **P. comósa** Schk.

— Tragblätt. vor dem Aufblühen die Bltnknospen nicht überragend; Flügel kurz stachelspitzig, ihre Nerven deutl. netzig miteinander verbunden; ♃; V–VIII. Sonnige Hügel, Gebüsch; formenreich, *v.* *Gemeine K.*, **P. vulgáris** L.

a. Flügel an der Spitze abgerundet, elliptisch bis eif., so breit wie die Kapsel; *v.* ssp. **vulgáris**

– Flügel zugespitzt, lanzettl., schmäler als die Kapsel; *z* (= *P. oxyptera* Rchb.) ssp. **oxýptera** (Rchb.) Lge.

6(2). Stg. am Grd. ausläuferart. niederlgd., mit großblättriger Rosette abschließend; Blätt. nicht bitter schmeckend; Bltnstände zu mehreren seitl. in den Achseln der Rosettenblätt.; Nerven der Flügel stark verzweigt, außen netzartig miteinander verbunden; ♃; IV–VI. Sonnige Kalkhügel; *s*, nur S-BW (Kaiserstuhl, Freiburg, Isteiner Klotz), RhPf, He. *Kalk-K.*, **P. calcárea** F. W. Sch.

— Stg. aufrecht od. aufstgd.; Rosettenblätt. bitter schmeckend; Bltnstand meist einzeln, endst., der Mitte der Rosette entspringend; Bltn. blau, rotviolett od. weiß; Nerven der Flügel wenig verzweigt, an der Spitze nicht mit dem Mittelnerven verbunden *7*

7. Bltn. 2-3 mm lg.; Bltnstand dicht; äußere Kblätt. schräg vorwärts gerichtet; Samen kleiner als 2 mm; ♃; V–VI. Feuchtere Wiesen, Moore; *v.* [= *P. austriaca* Cr.; = *P. amara* L. ssp. *amarella* (Cr.) Chod.]. Formenreich. *Moor-K.*, **P. amarélla** Cr.

— Bltn. 3,5–6,5 mm lg.; Bltnstand locker; äußere Kblätt. waagrecht absthd.; Samen größer als 2 mm; ♃; V–VIII. Trockene Wiesen, Matten, Gebüsch, nur auf Kalk; *v* bis *z*. Formenreich. *Bittere K.*, **P. amára** L.

Ordnung: **Cornáles**

Familie: **Cornáceae,** *Hartriegelgewächse*

Holzpfl., seltener Stauden, mit gegenst. Blätt.; Bltn. klein, in Dolden, zuw. von auffälligen Hochblätt. *(205)* umgeben; Kblätt. 4, zu einer Röhre verwachsen; Blkr.- u. Stbblätt. 4; Frkn. unterst., 2-fächerig; Steinfr.

Córnus L., *Hartriegel*

1. Stg. krautig, 10–15 cm lg., 4-kantig; Bltn. rotbraun, von 4 weißen Hochblätt. umgeben *(205);* ♃; V. Moore, Zwergstrauchheiden; *s* nur im N, NS, SH, Da, sehr *s* in Ho. [= *Chamaepericlymenum suecicum* (L.) A. & G.] *Schwedischer H.,* **C. suécica** L.

— Höhere Sträucher; Bltn. weiß od. gelb; Bltnstände nicht von großen Hochblätt. umgeben *2*

2. Bltn. gelb, vor den Blätt. erscheinend; Fr. hängend, scharlachrot, bis 12 mm lg.; ♃; III–IV. Trockene Laubwälder, Felsen; *z* bis *s;* auch als Zierpfl. *Kornelkirsche, Herlitze, Gelber H.,* **C. más** L.

— Bltn. weiß *3*

3. Fr. schwarz; Blattspr. unterst. grün, mit 3–4 Nervenpaaren, im Herbst leuchtend rot; junge Zweige nicht herabgebogen, selten einwurzelnd, mit roter Rinde; ♃; V–VI; Laubwälder, Trockenhänge; *v; z* im N. [= *Thelycrania sanguinea* (L.) Fourr., = *Swida sanguinea* (L.) Opiz.] *Blutroter H.,* **C. sanguínea** L.

— Fr. weiß bis hellblau; Blätt. unterst. behaart bis fast kahl, mit 5–7 Seitennervenpaaren *4*

4. Pfl. ohne od. mit wenigen wurzelnden, ausläuferart. Sprossen; Blattspr. 4–8 cm lg., unterst. angedrückt behaart; Fr. weiß bis hellblau. ♃; V–VII. Zierstrauch aus As., gelegentl. verwild. [= *Thelycrania alba* (L.) Porjakk.; = *Swida alba* (L.) Opiz; = *Cornus tatarica* Mill.] Weißer H., **Cornus álba** L.

— Pfl. mit zahlr. wurzelnden, ausläuferart. Sprossen; Blattspr. 5–7 cm lg., unterst. bis fast kahl; Fr. weiß. ♃, V–VII; Zierstrauch aus Am., zuw. verwildert. [= *Thelycrania stolonifera* (Michx.) Pojark.; = *C. stolonifera* Michx.; = *Swida sericea* (L.) Holub] *Sprossender H.,* **C. serícea** L.

Ordnung: **Apiáles** *(= Araliales)*

Familie: **Araliáceae,** *Efeugewächse*

Holzgewächse od. Stauden; Blätt. 2-zeilig, wechsel- od. gegenst., ohne Nebenblätt.; Bltn. 5-zählig; Beeren- od. Steinfr.

Hédera L., *Efeu.* Immergrüne, mit Haftwurzeln kletternde Holzpfl.; Blätt. der nichtblühenden Triebe 2-zeilig gestellt, 3- bis 5-eckig gelappt *(251 a);* Blätt. der Bltntriebe ei-rautenf., lg. zugespitzt *(251 b);* Bltn. in halbkugeligen Dolden, unscheinbar, grünl.; Fr. kugelig, zuletzt blauschwarz; ♃; IX–X. Wälder, an Felsen u. Mauern; im S u. W *v,* im N u. O *z;* auch als Zierpfl. *Gemeiner E.,* **H. hélix** L.

Familie: **Apiáceae** *(= Umbelliferae), Doldengewächse*

Kräuter od. Stauden; Blätt. wechselst., meist gefied., zuw. mit großer Blattscheide; Stg. oft hohl, knotig u. gleich den Wurzeln u. Früchten von Ölgängen durchzogen, Pfl. deshalb von aromatischem Geruch; Bltn. in Köpfchen, einfachen *(101)* od. zusammengesetzten Dolden *(106)*. Im letzteren Fall werden die Tragblätt. der Hauptdoldenstrahlen als **Hülle**, jene der Döldchenstrahlen als **Hüllchen** bezeichnet; Bltn. radiär *(608)* oder (vor allem die randst. einer Dolde) zygomorph *(609)*, meist ⚥; K. u. Blkrblätt. in der Knospenlage eingeschlagen *(608)*, oft hinfällig; K. oft stark reduziert bis fehlend; Stbblätt. 5; Gr. 2, einem rundl. kegeligen, drüsigen Griffelpolster (= Stylopodium, = Diskus, *608, D*) aufsitzend; Frkn. unterst., 2-fächerig, sich bei der Reife an der Verwachsungsstelle beider Frblätt. (= Fugenfläche; *610, F*) lösend u. in 2 einsamige Spaltfr. zerfallend, die längere Zeit an einem 2-schenkeligen Frträger (*610, Ft;* = Karpophor) hängen bleiben. Der erhalten bleibende Gr. wird als **Schnabel** bezeichnet.

Zur Bestimmung vieler Gattungen sind **reife** Früchte notwendig!

608 609 610

1. Pfl. distelartig, mit harten, stacheligen Blätt.; Bltn. in kugeligen od. walzenf. Köpfchen, die am Grd. von einer Hülle stacheliger Hochblätt. umgeben sind *(626–629)* . . . . **Eryngium,** 243
— Pfl. nicht distelartig *2*
2. Blätt. gelappt, gefied., handf. geteilt od. 3-zählig; Grd.- u. obere Stgblätt. zuw. aber ungeteilt *4*
— Alle Blätt. mit ungeteilter Spreite *3*
3. Blätt. schildf. *(53)*, am Rand gekerbt; Bltn. klein, weiß, in Köpfchen; Sumpfpfl. . . . . **Hydrocotyle,** 242
— Blätt. nicht schildf., sondern grasartig od. breit-längl., zuw. vom Stg. durchwachsen *(25)*; Bltn. gelb, in zusammengesetzten, häufig von einer auffälligen Hochblatthülle umgebenen Dolden . . . **Bupleurum,** 246
4(2). Fr. mit sehr langem Schnabel; dieser 2–6 mal so lg. wie der samentragende Teil der Fr. *(611)*; Blätt. 2- bis 4-fach-fied.teilig . . **Scandix,** 245
— Fr. ungeschnäbelt od. mit nur kurzem Schnabel *5*
5. Bltn. in deutl. zusammengesetzten nicht köpfchenf. Dolden . . *9*
— Bltn. in einfachen, zuw. von einer auffälligen Hochblatthülle umgebenen Dolden *(193, 215)*, Köpfchen od. köpfchenf. zusammengezogenen Döldchen *6*
6. Blätt. gefied.; Bltn. in kopff. Döldchen, weiß; Sumpfpfl. . **Oenanthe,** 249
— Blätt. handf. geteilt *7*
7. Bltn. grünl.gelb, in einfachen, von großen Hüllblätt. umgebenen Dolden *(193)*; alle Blätt. grdst. . . . . **Hacquetia,** 243
— Bltn. weiß od. rötl. *8*
8. Dolde einfach, von auffälligen, weißen od. rötl. Hüllblätt. umgeben *(215)* . . . . **Astrantia,** 243
— Dolde zusammengesetzt, mit kleinen, köpfchenf. Döldchen; Hüllblätt. grünl., unscheinbar; Stgblätt. viel kleiner als die grdst. Rosettenblätt. . . . . **Sanicula,** 242
9(5). Blkr. reinweiß od. rötl. *21*
— Blkr. gelb, grünl.gelb od. grünl.weiß *10*
10. Hülle fehlend od. mit 1–2, selten mit mehr Blätt. *12*
— Hülle u. Hüllchen 3- bis mehrblättrig; Spaltfr. am Rand geflügelt *11*
11. Grdblätt. einfach od. doppelt gefied., mit breit-eif. Fied.; K.saum undeutl.; Gartenpfl. **Levisticum,** 252

— Grdblätt. 3-fach gefied., mit schmal-linealen *(621)*, am Rand rauhen Fied.; K. deutl. 5-zähnig . . . . **Peucedanum,** 252

12(10). Fied. eif., lanzettl. od. lineal, breiter als 1/2 mm; Stg. kantig, gerillt, gestreift od. häufig geflügelt ***14***

— Fied. lg. haarf., kaum 1/2 mm breit; Stg. glatt; stark riechende Gartenpfl. ***13***

13. Fr. ungeflügelt; Blattscheiden 3–5 cm lg., mützenf. geöhrt; Pfl. 80 bis 150 cm hoch . . . . **Foeniculum,** 250

— Fr. breit geflügelt, linsenf.; Blattscheiden kurz, an der Spitze mit 2 Öhrchen; Stg. weiß gestreift, 40–120 cm lg. . . . . **Anethum,** 250

14(12). Blätt. einfach gefied., mit breiten, gekerbten, gesägten, oft gelappten od. handf. geteilten Fied.; Fr. (reif!) geflügelt ***20***

— Blätt. 2- bis 3-fach gefied. od. fiedteilig od. 1- bis mehrfach 3-zählig zusammengesetzt; obere Stgblätt. zuw. ungeteilt ***15***

15. Obere Stgblätt. ungeteilt, gekerbt, am Grd. tief herzf. stgumfassend, gelb; Stg. spitzenw. häutig geflügelt . . . . **Smyrnium,** 246

— Obere Stgblätt. nicht herzf. stgumfassend ***16***

16. Dolde 20- bis 30-strahlig; Fr. zusammengedrückt, geflügelt; obere Blattscheiden bauchig aufgeblasen; Grdblätt. sehr groß **Angelica archangelica,** 252

— Dolde weniger als 20-strahlig; obere Blattscheiden nicht bauchig aufgetrieben ***17***

17. Fr. linsenf. zusammengedrückt, (reif!) geflügelt; Hüllchen wenig- od. vielblättrig . . . . **Peucedanum,** 252

— Fr. nicht od. wenig zusammengedrückt, ungeflügelt ***18***

18. Blattzipfel eif., gezähnt; Blätt. (zerreiben!) von starkem Petersiliengeruch; Gartenpfl. . . . . **Petroselinum,** 247

— Blattzipfel sehr schmal, nicht gezähnt; Fr. im Querschnitt rundl.; Wildpfl. ***19***

19. Bltn. ⚥; Blätt. rein grün; Hüllchenblätt. zahlr.; Stg. nur oberwärts verzweigt, 50–100 cm lg.; Wiesenpfl. . . . . **Silaum,** 250

— Bltn. eingschl., zweihäusig; Blätt. bläul.grün; Hüllchen oft fehlend; Stg. vom Grd. an sparrig ästig, 10–50 cm lg.; Trockenrasenpfl. **Trinia,** 247

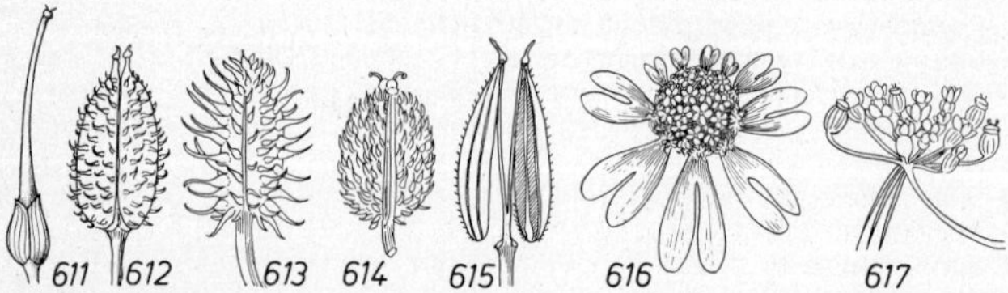

611 612 613 614 615 616 617

20(14). Hüllchen fehlend od. 1- bis 2-blättrig; Randbltn. nicht vergrößert (nicht strahlend) . . . . **Pastinaca,** 252

— Hüllchen mehrblättrig (häufig fehlend); Randbltn. vergrößert *(609)* **Heracleum,** 253

21(9). Frkn. u. Fr. kahl (Lupe!), zumindest im Alter ***38***

— Frkn. u. Fr. ± kurz behaart, borstig od. stachelig *(612–614)*, zur Frreife mitunter wieder kahl ***22***

22. Fr. ohne schnabelart. Fortsatz ***24***

— Fr. mit schnabelart. Fortsatz *(611–612)* ***23***

23. Schnabel länger als die Fr., mit dieser zusammen 2–6 cm lg., Teilfr. am Rande kurz bewimpert *(611)* . . . . **Scandix,** 245

— Schnabel kürzer als die Fr., mit dieser zusammen 4–12 mm lg., Teilfr. mit gekrümmten Borsten *(612)* . . . . **Anthriscus,** 244
24(22). Hüllchen fehlend od. 1- bis 2-blättrig; Grdblätt. ungeteilt, herzf.-rundl., würzig riechend od. gefied. u. dann geruchlos . . **Pimpinella,** 248
— Hüllchen 3- bis vielblättrig; Blätt. gefied. od. fied.teilig ***25***
25. Blätt., zumindest aber die Grdblätt., 2- bis 3-fach gefied. ***29***
— Alle Blätt. einfach gefied. od. fiedteilig ***26***
26. Blätt. bis 60 cm lg.; Blattscheiden bauchig aufgeblasen; Hülle fehlend od. 1- bis 2-blättrig; Randbltn. vergrößert; Fr. linsenf., breit geflügelt, jung behaart; Stg. rauhhaarig, mit Borstenkranz an den Knoten **Heracleum,** 253
— Blätt. viel kleiner; Blattscheiden nicht bauchig aufgeblasen; Hülle mehrblättrig ***27***
27. Dolden vielstrahlig; Strahlen dick, gleich den Bltnstielen mit aufrecht-absthd., gekörnelten Börstchen; Fr. rundl.-elliptisch, auf der Außenseite mit kurzen Borstenhaaren; Stg. borstenhaarig . . . **Tordylium,** 253
— Dolden 2- bis 5-strahlig ***28***
28. Unterhalb der Dolde zahlreiche, strahlende, oft gefärbte Hüllblätt. *(215);* Dolden endst.; Bltn. polygam (♂ u. Zwitterbltn.); Pfl. ♃ **Astrantia,** 243
— Hülle fehlend od. unscheinbar; Dolden scheinbar blattgegenst.; Fr. stark bestachelt . . . . **Caucalis,** 245
29(25). Fr. bestachelt, borstig-haarig od. warzig *(612–614)* ***32***
— Fr. kurzhaarig, aber nicht bestachelt od. borstig ***30***
30. Stg. zu mehreren aus der grdst. Rosette, bis 40 cm lg., fein gerillt, flaumig-zottig; Blätt. graugrün, zottig-rauhhaarig, fein zerteilt mit schmal-linealen Fied.; Fr. dicht-weißhaarig . . . . . . **Athamanta,** 250
— Stg. einzeln aus der grdst. Rosette ***31***
31. Basale Fied. 2. Ordn. an die Blattrhachis gerückt und hier kreuzweise gestellt *(622);* Stg. fast kahl, tief-kantig gefurcht, bis 1,2 m hoch **Libanotis,** 249
— Basale Fied. 2. Ordn. anders angeordnet, nicht kreuzweise gestellt; Fr. schmal geflügelt; Stg. steifhaarig, kantig gefurcht, bis 1 m hoch **Laserpitium prutenicum,** 253
32(29). Hülle 3- bis mehrblättrig ***35***
— Hülle fehlend od. 1-blättrig; Hüllchen 3- bis vielblättrig; Frstacheln hakig ***33***
33. Fr. ± 2 cm lg., lineal, nur an den Kanten haarig bis borstenhaarig *(615);* Pfl. stark riechend . . . . **Myrrhis,** 245
— Fr. ± 1 cm lg., mit vielen Stacheln od. rauhhaarig ***34***
34. Frstacheln in Reihen *(613);* (s. auch Nr. ***28***) . . . . **Caucalis,** 245
— Frstacheln regellos angeordnet *(614);* Hüllchen vielblättrig; Dolde 2- bis mehrstrahlig . . . . **Torilis,** 245
35(32). Hüllblätt., z. T. auch die Hüllchenblätt. fiedspaltig, Doldenstrahlen z. Frreife vogelnestartig zusammenneigend . . . . **Daucus,** 254
— Hüllblätt. ungeteilt ***36***
36. Dolde 20- bis 30-strahlig; Fr. kurzhaarig; Stg. gefurcht . . . . . **Seseli,** 249
— Dolde höchstens 10-strahlig; Fr. stachelig ***37***
37. Randbltn. strahlend, viel größer als die zentralen Bltn. *(616),* weiß; Frstacheln in Reihen angeordnet; Hüllchenblätt. häutig berandet **Orlaya,** 245
— Randbltn. kaum vergrößert; Bltn. weiß od. rötl.; Frstacheln regellos angeordnet *(614);* Hüllchenblätt. pfrieml. . . . . **Torilis,** 245
38(21). Hülle fehlend od. 1- bis 2-, selten mehrblättrig, aber dann unscheinbar ***52***
— Hülle u. Hüllchen 3- bis mehrblättrig ***39***

39. Blätt., zumindest die Grdblätt., 2- bis 4-fach gefied., fiedteilig od. 3-zählig zusammengesetzt ***41***
— Blätt. einfach gefied. (bei *Sium* sind nur die Unterwasserblätt. doppelt gefied.); Sumpf- u. Wasserpfl. ***40***
40. Stg. niederlgd., flutend od. im Schlamm wurzelnd; Dolden 3- bis 6-strahlig, meist den Blätt. gegenübersthd. . . . . **Apium,** 247
— Stg. aufrecht, gefurcht bis fein gerillt; Dolden mehrstrahlig, end- od. scheinbar blattgegenst. *(Berula)* . . . . **Sium,** 248
41(39). Hüllblätt. ungeteilt (s. auch *Ligusticum,* Nr. ***43***) ***44***
— Hüllblätt. fiedspaltig, groß; Fr. ungeflügelt ***42***
42. Kelchrand deutl. 5-zähnig; Stg. röhrig, gefurcht; Blätt. dk. grün, glzd., 60–100 cm lg. . . . . **Pleurospermum,** 246
— Kelchrand undeutl. 5-zähnig ***43***
43. Dolden 12- bis 20-strahlig; Strahlen dick, kantig; Stg. meist nur am Grd. beblätt.; Blätt. fein zerteilt . . . . **Ligusticum,** 251
— Dolden 20- bis 30-strahlig; Strahlen dünn; Grdblätt. einfach bis doppelt fiedschnittig, mit breiten Fied.; Stgblätt. fein zerteilt . . . **Ammi,** 247
44(41). Fr. 8-flügelig, d. h. jede Spaltfr. 4-flügelig; K. deutl. 5-zähnig **Laserpitium,** 253
— Fr. ungeflügelt od. die Spaltfr. nur am Rande geflügelt ***45***
45. Blätt. 3-zählig gefied.; Fied. 3-spaltig od. 3-lappig, kreisrund od. lineal-lanzettl. ***51***
— Blätt., wenigstens die Grdblätt., mehrfach gefied. ***46***
46. Fr. im Alter linsenf. zusammengedrückt, reif am Rande geflügelt; K. deutl. gezähnt . . . . **Peucedanum,** 252
— Fr. nicht zusammengedrückt, ungeflügelt ***47***
47. Hüllchenblätt. einseitswendig, nur an der äußeren Seite der Döldchen *(617),* am Grd. verwachsen; Stg. kahl, bläul. bereift, an der Basis oft gefleckt; Fr. mit wellig-gekerbten Rippen; Pfl. übelriechend **Conium,** 246
— Hüllchen allseitswendig; Frrippen nicht gewellt ***48***
48. K. deutl. 5-zähnig; Fr. walzl., an der Spitze halsf., vom K. gekrönt; Sumpf- od. Wasserpfl. . . . . **Oenanthe,** 249
— K. undeutl. od. nicht 5-zähnig ***49***
49. Blätt. im Umriß lineal bis dünnwalzl., mit kurzen, fast quirlig angeordneten Seitenfied. *(618);* Wurzeln gebüschelt, fleischig verdickt **Carum verticillatum,** 248
— Blätt. im Umriß 3-eckig; Fied. nicht quirlig angeordnet; Hauptwurzel kugelig-knollig; Fr. reif schwarzbraun ***50***
50. Nährgewebe der Teilfr. im Querschnitt (Fr. durchschneiden!) stumpf 5-eckig, an der Fugenfläche abgeflacht; Stg. markig . . . . . **Bunium,** 248
— Nährgewebe der Teilfr. im Querschnitt an der Fugenfläche tief gefurcht, nierenf.; Stg. hohl . . . . **Conopodium,** 248
51(45). Fied. rundl., 4–7 cm breit, ungleich breit gekerbt; Pfl. mit Kümmelgeruch . . . . **Laser,** 253
— Fied. lg. lineal (bis 15 cm lg. u. 10 mm breit), oft sichelf., scharf gesägt mit grannenart. Sägezähnen; Pfl. blaugrün, sparrig-ästig . . **Falcaria,** 248
52(38). Blätt. einfach bis mehrfach gefied., jedoch nicht 3-zählig (zuw. nur die Grdblätt. od. diese ungeteilt) ***55***
— Blätt. einfach 3-zählig od. jede Fied. bis 3-zählig gefied., mit eif.-längl. bis rundl. Fied. ***53***
53. Fied. rundl., meist 3-lappig, grob gekerbt, unterstes. bläul.; Stg. fein gerillt, kahl; Fr. zusammengedrückt; K. deutlich 5-zähnig; Pfl. mit Kümmelgeruch . . . . **Laser,** 253
— Fied. eif., zugespitzt, gesägt, beidersts. grün ***54***
54. Hüllchenblätt. borstl., hinfällig; Fr. linsenf., breit geflügelt; Fied. breit ei-herzf., tief 2- bis 3-spaltig . . . . **Peucedanum ostruthium,** 252

— Hüllchen fehlend; Fr. ungeflügelt; Fied. 1. Ordn. oft wieder 3-zählig gefied. od. nur 2-spaltig, seltener ungeteilt u. dann eif. *(619)*; Stg. kantig gefurcht . . . . **Aegopodium,** 248

55(52). Fr. lg. geschnäbelt, bis 6 cm lg. *(611)*, mit 2 Reihen kurzer Borsten . . . . **Scandix,** 245

— Fr. ungeschnäbelt od. Schnabel höchstens 1/2 so lg. wie die Fr. ***56***

56. Fr. linsenf., eif. od. kugelig, höchstens doppelt so lg. wie breit ***59***

— Fr. lineal od. längl., 3–6 mal so lg. wie breit ***57***

57. Fr. nur am kurzen Schnabel 10-rippig, sonst glatt, glzd., kahl **Anthriscus,** 244

— Fr. (im reifen u. trockenen Zustand) der ganzen Länge nach gerippt, ungeschnäbelt ***58***

58. Fr. bis 2 cm lg., reif glzd. braun, scharf gerippt, an den Kanten kurz borstenhaarig *(615)*, Blätt. zottig, stark riechend (zerreiben!) **Myrrhis,** 245

— Fr. kaum 1 cm lg., stumpf gerippt, kahl . . . . **Chaerophyllum,** 244

59(56). Hüllchen 3- bis 8-blättrig, zuw. am Grd. verwachsen u. oft sehr klein und unscheinbar ***63***

— Hüllchen fehlend od. 1- bis 2-blättrig ***60***

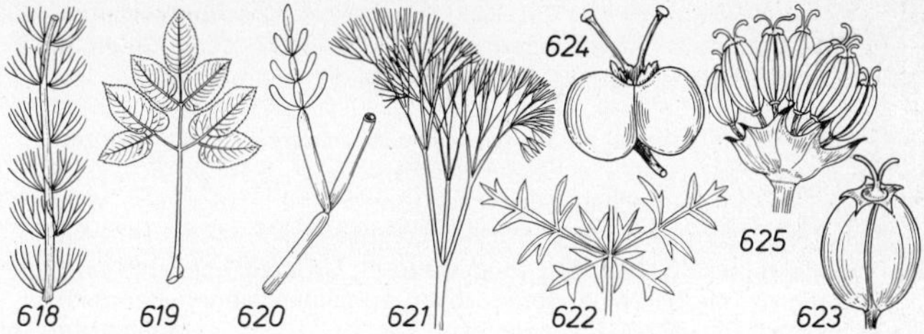

618 619 620 621 622 623 624 625

60. Grdblätt. ungeteilt od. einfach gefied.; Fied. zuw. tief eingeschnitten ***62***

— Grdblätt. doppelt- bis 3-fach gefied. ***61***

61. Bltn. ⚥; Bltnblätt. verkehrt-herzf.; unterstes Fied.paar 2. Ordn. an die Blattrhachis herabgerückt u. zusammen mit dem gegenübersthd. kreuzweise gestellt *(622)*; Pfl. mit Kümmelgeruch . . . **Carum carvi,** 248

— Bltn. eingschl., z. T. auf verschiedenen Pfl.; Blkrblätt. der ♂ Bltn. lanzettl.; Blätt. graugrün; unterstes Fied.paar 2. Ordn. nicht kreuzweise gestellt (s. auch Nr. ***19***–) . . . . **Trinia,** 247

62(60). Dolden kurz gestielt, endst. od. scheinbar blattgegenst.; Stg. oft niederlgd.; Blattfied. rauten- od. keilf., tief eingeschnitten . . **Apium,** 247

— Dolden mehrere cm lg. gestielt; Fied. der Grdblätt. im Umriß rundl. od. längl.-eif. . . . . **Pimpinella,** 248

63(59). Blätt., wenigstens die Stgblätt., doppelt- bis 3-fach gefied. ***65***

— Blätt. einfach gefied. ***64***

64. Stg. fadenf., flutend od. auf Schlamm kriechend; Dolden den Blätt. gegenübersthd. . . . . **Apium,** 247

— Stg. nicht fadenf., aufrecht; Blätt. sehr groß, mit bauchig aufgetriebenen Scheiden; Fr. breit geflügelt (s. auch Nr. ***26***), kahl od. weichhaarig; Hülle fehlend od. 1- bis 6-blättrig, hinfällig . . . . **Heracleum,** 253

65(63). K. deutl. 5-zähnig; Kzähne zuw. ungleich groß, den Blkrblätt. gleichfarbig ***73***

— K. undeutl. 5-zähnig od. nur als Saum ausgebildet ***66***

66. Hüllchenblätt. 3, einseitswendig *(617);* Blätt. glzd.-dk. grün . **Aethusa,** 250
— Hüllchenblätt. allseitswendig **67**
67. Blattfied. haarfein, zahlr., quirlig gestellt; Bltn. weiß; Fr. nicht geflügelt; Pfl. aromatisch riechend . . . . **Meum,** 250
— Blattfied. breiter, nicht haarfein **68**
68. Stg. hohl **70**
— Stg. markig **69**
69. Stg. scharfkantig gefurcht; Blattfied. mit weißer Stachelspitze; Fruchtrippen geflügelt . . . . **Selinum,** 251
— Stg. höchstens oben gefurcht; Blattzipfel am Rande rauh; Rippen der Fr. hohl, aufgeblasen . . . . **Cenolophium,** 251
70(68). Blattfied. groß, 1,5–3 cm breit, scharf gesägt; Blattscheiden stark aufgeblasen; Fr. geflügelt . . . . **Angelica,** 251
— Blattfied. kleiner u. schmäler **71**
71. Bltn. oft rötl.; Hüllchenblätt. lanzettl., zuw. hautrandig; Gebirgspfl. **Ligusticum,** 251
— Bltn. stets weiß; Hüllchenblätt. pfrieml. **72**
72. Pfl. 60–150 cm hoch; Fruchtrippen geflügelt, die randst. breiter als die mittleren; Stg. bereift; Äste gefurcht; Blattscheiden aufgeblasen **Conioselinum,** 251
— Pfl. 30–60 cm hoch; Fruchtrippen schwach geflügelt . . . . **Cnidium,** 250
73(65). Blattfied. groß, herzeif. (2–3 cm breit) od. schmal-lanzettl., bis 6 cm lg. **77**
— Blattfied. schmal-lineal, Blätt. (wenigstens die mittleren Stgblätt.) fein zerteilt **74**
74. Fr. walzl.-längl., vom bleibenden K. gekrönt **76**
— Fr. kugelig; Geruch unangenehm, nach Wanzen **75**
75. Fr. einfach-kugelig *(623);* Stg. rund, gestreift; Grdblätt. bald abfallend; K. 5-zähnig, die beiden äußeren Kblätt. auffallend länger; Randbltn. vergrößert; Pfl. nach Wanzen riechend . . . . **Coriandrum,** 246
— Fr. doppelt-kugelig *(624),* breiter als lg.; Stg. kantig gefurcht; K. 5-zähnig, undeutl. . . . . **Bifora,** 246
76(74). Sumpfpfl.; Kzähne lg. zugespitzt; Gr. aufrecht; Stg. u. Blattstiele zuw. röhrig u. blasig aufgetrieben *(620)* . . . . **Oenanthe,** 249
— Landpfl.; Kzähne 3-eckig, kurz; Gr. zurückgebogen; Hüllchenblätt. zuw. zu einer becherf., am Rand gezähnten Scheide verwachsen *(625)* . . . . **Seseli,** 249
77(73). Blattfied. schmal-lanzettl., scharf gesägt; Stgbasis rhizomart., hohl, von möhrenart. Geruch, durch Querwände gekammert; Sumpfpfl. der Verlandungszone . . . . **Cicuta,** 247
— Blattfied. schief-herz-eif.; Fr. eif., geflügelt; feuchte Wiesen, Wälder . . . . **Angelica,** 251

1. Hydrocótyle L., *Wassernabel.*[1] Stg. dünn, kriechend, an den Knoten wurzelnd; Blätt. schildf., am Grd. mit kleinen Nebenblätt.; Bltn. in armbltg., kopfigen Döldchen; ♃; VII–VIII. Sumpf- u. Torfböden, nasse Wiesen; im N *v,* sonst *z* bis *s,* Alp. *f.* *Gewöhnlicher W.,* **H. vulgáris** L.

2. Sanícula L., *Sanikel.* Grdblätt. wintergrün, handf. 3- bis 5-teilig; Döldchen köpfchenf.; ♃; V–VII. Schattige Misch-, vor allem Buchenwälder; *z.* *Gewöhnliche S.,* **S. europaéa** L.

[1] Vielfach einer eigenen Familie **Hydrocotylaceae** Hyl. zugeordnet.

3. Hacquétia Neck., *Schaftdolde.* Blätt. grdst., handf. 3-teilig; Dolde von 5 blattartigen, gelblgrünen Hüllblätt. umgeben *(193);* ♃; IV–V. Lichte Laubwälder; nur in Schl (sonst östl. K-Alp. u. SO-Eur.).
Grüne Sch., **H. epipáctis** (Scop.) Dc.

4. Astrántia L., *Sterndolde, Strenze*

1. Hochblätt. derb, mit hervorsthd. Quernerven, grünl. bis rosa; Teilfr. 3 mal so lg. wie breit; Blätt. 3- bis 7-teilig; Pfl. kräftig, 30–100 cm hoch; ♃; VI–VIII. Gebüsche, Wiesen; *v, s* im W, im N nur in S-Br. *Große St.,* **A. májor** L.

a. Hochblätt. wenig länger als die Bltn.; Kzähne sehr spitz, kaum länger als die Blkrblätt.; *z* im S, im N nur in SO-Br. ssp. **májor**

– Hochblätt. doppelt so lg. wie die Bltn., an der Spitze 3-zähnig; Kzähne länger als die Blkrblätt.; *s* in BW u. Ba. (= *A. carinthiaca* Hoppe; = *A. pallida* Presl) ssp. **carinthíaca** (Hoppe) Arcang.

— Hochblätt. dünn, mit undeutl. Quernerven; Kzähne stumpf bis spitz, aber nicht lg. zugespitzt *2*

2. Grdblätt. mehr als 5-, gewöhnlich 7-teilig; Hochblätt. so lg. od. wenig länger als die Dolde; Pfl. nur 20–40 cm hoch. In Dt *f,* Südtirol, Alp. der Schweiz *z.* *Kleine St.,* **A. mínor** L.

— Grdblätt. 5-teilig, nur der Mittelabschnitt bis zum Grd. frei; Hochblätt. die Dolden überragend; Pfl. bis 50 cm hoch; ♃; VI–VII. Auf Bergwiesen u. in der Krummholzreg.; *s* in K-Alp. von Ti u. Ba.
Bayrische St., **A. bavárica** F. W. Sch.

5. Erýngium L., *Mannstreu*

1. Hüllblätt. doppelt fiedspaltig, amethystblau, mit feinen aufwärts gerichteten Abschnitten *(626),* Grdblätt. ungeteilt, ungleich grob gesägt; ♃; VII–IX. Felsige Weiden, Hochstaudenfluren der Alp., Vb; auch als Zierpfl.
Ⓖ *Alpen-M.,* **E. alpínum** L.

— Hüllblätt. gezähnt bis einfach fiedspaltig *2*

2. Hüllblätt. verkehrt-eif., seicht 3-lappig, gezähnt *(627);* Grdblätt. nierenf., gegen die Spitze 3- bis 5-lappig, am Rande buchtig-stachelig gezähnt, weiß bereift; Bltn. blau; ♃; VI–X. Dünen der Ost- u. Nordsee u. Inseln, *z.*
Ⓖ *Stranddistel,* **E. marítimum** L.

— Hüllblätt. lineal bis lanzettl., entfernt stachelig gezähnt *3*

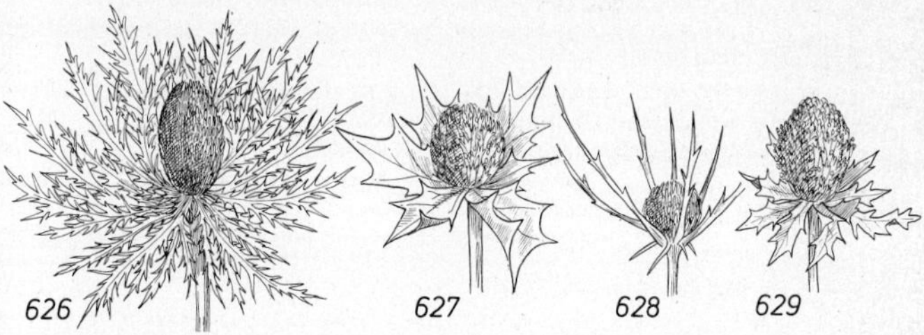

626 *627* *628* *629*

3. Köpfchen fast kugelig *(628);* Blätt. starr, weißl.grün, ungeteilt od. handf.-fiedschnittig bis doppelt fiedschnittig; Abschnitte am Rand stachelig gesägt; Pfl. sparrig-ästig, bis 1 m hoch; ♃; VII–IX. Trockene Wiesen, Wegränder; *z,* in Alp. u. höheren M-Geb. *f.* *Feld-M.,* **E. campéstre** L.

— Köpfchen eif. *(629);* Grdblätt. ungeteilt; Spreite eirund-herzf., am Rande stachelig-gekerbt-gesägt; obere Stgblätt. sitzend, handf. 3- bis 5-teilig; Pfl. oberwärts blau überlaufen; ♃; VI–IX. Flußniederungen u. Trockenwiesen; Br (Odergebiet), Schl *z,* auch als Zierpfl. *Flachblättriger M.,* **E. plánum** L.

6. Chaerophýllum L. em. Hoffm., *Kälberkropf*

1. Blkrblätt. am Rand deutl. bewimpert (Lupe!), oft rötl.; Gr. aufrecht, im spitzen Winkel spreizend, starr; Hüllchen lg. bewimpert; Stg. unter den Knoten nicht merklich verdickt; Blätt. 3- bis 4-fach fiedschnittig, ± borstig behaart; ♃; V–VIII. Feuchte Bergwälder *v*, sonst *z*, im N nur Br. Formenreich. *Behaarter K.*, **Ch. hirsútum** L.

a. Blätt. ± 3-zählig gefied.; die basalen Fied. fast so groß wie die übrige Blattspr.; Frhalter über dem Grd. am dicksten, nur im oberen Drittel zweispaltig; Dolde z. Bltzt. klein u. stark gewölbt; *v* im S, sonst *s*. [= ssp. *cicutaria* (Vill.) Briq.] ssp. **hirsútum**

– Blätt. mehrzählig gefied.; die basalen Fied. stets kleiner als die übrige Spreite; Frhalter bis zum Grd. zweispaltig; Dolden groß, flach; Hüllchenblätt. weißhäutig berandet. Hochstaudenfluren der Alp. u. Voralp. *z*; Rhön *s* (= *Ch. villarsii* Koch) ssp. **villársii** (Koch) Arcang.

— Blkrblätt. kahl, weiß; Gr. meist in rechtem od. stumpfem Winkel spreizend; Stg. unter den Knoten meist verdickt *2*

2. Gr. mehrmals länger als das Griffelpolster *(630)* *4*

— Gr. kaum länger als das Griffelpolster *(631)* *3*

3. Hüllchenblätt. 3–8, bewimpert; Stg. borstig-zottig, oberwärts absthd.-ästig, oft schmutzig-rot, 30–100 cm lg.; Blätt. graugrün, doppelt bis 3-fach fiedschnittig; Fiederchen stumpf *(632)*; Wurzel dünn, spindelf.; ⊙-⊙; V–VII. Gebüsch, Hecken, Zäune; *v*. **Giftig**! *Taumel-, Hecken-K.*, **Ch. témulum** L.

— Hüllchen kahl; Hülle fehlend; Stg. nur an der Basis steifhaarig, rot gefleckt, oben kahl, blaugrün bereift; Blätt. 2- bis 4-fach fiedschnittig; Wurzel knollig verdickt; ⊙-mehrjährig; VI–VIII. Flußufer, feuchte Wälder; *z*; *f* in Alp. *Knolliger K.*, **Ch. bulbósum** L.

4(2). Grdblätt. doppelt 3-zählig gefied., mit 3–7 cm langen, elliptischen, gesägten Fied.; Stg. bis 2 m lg., dicht borstenhaarig; Hüllchen gewimpert; Pfl. mit Möhrengeruch; ♃; VI–VIII. Feuchte Laubwälder, Bäche; *s* in Sa, Bayrw., SO-Th, Br. *Gewürzhafter K.*, **Ch. aromáticum** L.

— Grdblätt. 3- bis 4-fach gefied.; Fied. letzter Ordn. eif.-lanzettl., am Grd. fiedrig eingeschnitten *(633)*; Stg. 60–130 cm lg., am Grd. borstig, rot gefleckt (Unterschied zu *Anthriscus sylvestris*); Fr. reif gelbl., würzig riechend; ♃; VI–VII. Feuchte Bergwälder; *z*; im N *f*. *Gelbfrüchtiger K.*, **Ch. aúreum** L.

7. Anthríscus Pers., *Kerbel*

1. Dolden 8- bis 15-strahlig; Hüllchen 1- bis 4(-5)-blättrig; Stg. gefurcht *3*

— Dolden 2- bis 6-strahlig, kurz gestielt bis sitzend; Hüllchen 5- bis 8-blättrig; Stg. rundl., fein gerillt *2*

2. Doldenstrahlen dicht weich-flaumig; Fr. glatt, doppelt so lg. wie der Schnabel; Blätt. weich, zart, hellgrün, 2- bis 4-fach fiedschnittig, im Umriß 3-eckig; Pfl. mit Anisgeruch (zerreiben!); ⊙; V–VIII. *Garten-K.*, **A. cerefólium** (L.) Hoffm.

a. Fr. kahl, glzd.; Kulturpfl. (Heimat: wahrscheinl. SO-Eur.) *Echter K.*, ssp. **cerefólium**

– Fr. mit kurzen, aufwärts gekrümmten, steifen Borsten. Wildform; *s* in Ba, He, RhPf, Th. *Borsten-K.*, ssp. **trichospérma** (Schult.) Arcang.

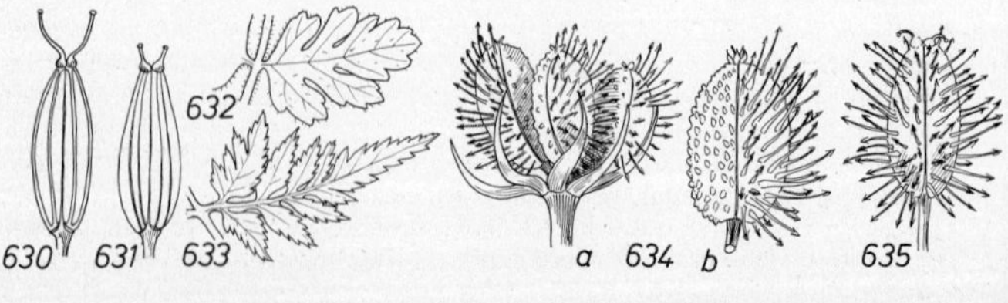

630 631 632 633 a 634 b 635

— Doldenstrahlen fast kahl; Fr. dicht hakig-borstig *(612);* Bltn. sehr klein; Blätt. 3- bis 4-fach fied.schnittig, untersts. an den Nerven absthd. weichborstig; ⊙; V–VI. Unbebaute Orte; *z,* im W u. NW *s; f* in Alp. [= *A. scandicina* Mansf.; = *A. vulgaris* Pers non Bernh.; = *Chaerophyllum anthriscus* (L.) Cr.] *Hunds-K.,* **A. caúcalis** Bieb.

3(1). Randbltn. wenig vergrößert; Fr. länger als ihr Stiel; Stg. unterwärts rauhhaarig; Blätt. 2- bis 3-fach gefied.; unterstes Fied.paar 1. Ordn. viel kleiner als der übrige Teil der Spreite; Stg. nicht rötl. überlaufen od. gefleckt u. nicht borstig behaart; ⊙; IV–VIII. Wiesen, Hecken, Gebüsch; *g* u. *h.* Formenreich. *Wiesen-K.,* **A. sylvéstris** (L.) Hoffm.

— Randbltn. deutl. vergrößert, strahlend; Fr. meist kürzer als ihr Stiel; Stg. kahl od. fast kahl; Blätt. doppelt 3-zählig gefied., untersts. stark glzd.; unterstes Fiedpaar fast so groß wie die übrige Spreite; ⊙; VI–VIII. Alp. u. Mittelgeb.; *v* bis *z.* *Glänzender K.,* **A. nítida** (Wahl.) Hazslinszky

8. Scándix L., *Nadelkerbel, Venuskamm.* Fr.schnabel bis 6 mal so lg. wie die Fr. *(611);* Dolden scheinbar blattgegenst., 1- bis 3-strahlig; Hülle fehlend; 5-blättrig; Blätt. 2- bis 3-fach fied. schnittig; Stg. absthd. steifhaarig; ⊙; IV–VII. Saatfelder; vor allem auf Kalk u. Lehm; *z, f* im M-Geb. u. Alp. *Echter N.,* **S. pécten-véneris** L.

9. Mýrrhis Mill., *Süßdolde.* Pfl. ähnl. *Chaerophyllum* od. *Anthriscus,* aber nach Anis duftend; Blätt. 2- bis 4-fach fied.schnittig, untersts. borstig-zottig; reife Fr. bis 2,5 cm lg.; braunschwarz-glzd., an den Kanten kurzborstig-rauh *(615);* V-VII. Hochstaudenfluren; *s* in Ti, Sb, Berchtesgaden, Allgäu, Riesengeb., sonst aus ehemaligen Kulturen verwild. *Duftende S.,* **M. odoráta** (L.) Scop.

10. Tórilis Adans., *Klettenkerbel*

1. Dolden kurz gestielt; Döldchenstrahlen sehr kurz [Dolden daher fast sitzend u. geknäuelt *(634a),* dem Blatt gegenüber]; äußere Teilfr. widerhakig bestachelt, innere nur warzig *(634b);* Pfl. 10–35 cm hoch; ⊙; IV–IX. Marschen der Nordsee u. Unterelbe *z,* sonst *s.* *Knäuel-K.,* **T. nodósa** (L.) Gaertn.

— Dolden lg.gestielt, 4- bis 12-strahlig; beide Teilfr. stachelig *(635)* . . *2*

2. Hüllblätt. 5 u. mehr; Frstacheln ohne Widerhaken *(614);* Stg. bis 130 cm lg.; ⊙–⊙; VI–VIII. Wälder, Gebüsch, Hecken, Zäune; *v.* [= *T. anthriscus* (L.) Gmel.] *Gemeiner K.,* **T. japónica** (Houtt.) Dc.

— Hüllblätt. 1 od. fehlend; Frstacheln mit Widerhaken *(635);* ⊙; VI–IX. Brachäcker (Kalk), Wegränder; *z, s* im N, *f* in Alp. (= *T. infesta* Koch) *Acker-K.,* **T. arvénsis** (Huds.) Lk.

11. Caúcalis L. (incl. **Turgenia** Hoffm.), *Haftdolde*

1. Blätt. einfach gefied.; Fied. eingeschnitten gezähnt; Döldchen armbltg.; Randbltn. vergrößert; Blkrblätt. weiß, rot od. rotbraun, tief 2-lappig; Hüllblätt. 2–5; Hüllchenblätt. 5–7, breit hautrandig; ⊙; VI–VIII. Saatfelder auf Kalk; *z,* unbeständig. [= *Turgenia latifolia* (L.) Hoffm.] *Breitblättrige H.,* **C. latifólia** L.

— Blätt. 2- bis 3-fach gefied.; Döldchen armbltg.; Hüllblätt. 0–2; Hüllchenblätt. 3–5, schmal berandet; Blkrblätt. weiß, selten rötl., tief 2-lappig; ⊙; V–VII. Brachäcker, Weinberge; auf Kalk. [= *C. daucoides* auct.; = *C. lappula* (Web.) Grande] *Kletten-H.,* **C. platycárpos** L.

a. Frstacheln lg., an der Spitze mit kräftigem Haken; im S *z,* im N *s.* ssp. **platycárpos**

– Frstacheln kurz, kaum 1 mm lg., borstenf.; *s* in Ti, Vb, Ba, Sa, RhPf. ssp. **muricáta** (Bischoff) Heywood

12. Orláya Hoffm., *Breitsame.* Randbltn. der Döldchen stark vergrößert *(616);* Blätt. 2- bis 3-fach gefied.; ⊙; V–VII. Felder, Weinberge, Trockenwiesen, nur auf Kalk u. Lehm; *z* u. unbeständig. (Heimat: S- u. W-Eur.) *Großblütiger B.,* **O. grandiflóra** (L.) Hoffm.

13. Coriándrum L., *Koriander.* Grdblätt. (bald absterbend) ungeteilt, gekerbt; Stgblätt. 2- bis 3-fach gefied., mit linealen Zipfeln; Fr. kugelig *(623),* braun bis strohgelb; Pfl. nach Wanzen stinkend; ⨀; VI–VII. Gewürzpfl. u. verwild. (Heimat: S-Eur.) *Garten-K.,* **C. satívum** L.

14. Bífora Hoffm., *Hohlsame.* Blätt. 2- bis 3-fach gefied.; Hülle 0- bis 1-blättrig; Hüllchen einseitswendig, 2- bis 3-blättrig; Randbltn. vergrößert; Fr. doppelkugelig *(624);* ⨀; V–VIII. Brachäcker, grasige Orte; *s* u. nur vorübergehend eingeschleppt. (Heimat: Mittelmeergebiet) *Strahlender H.,* **B. rádians** Bieb.

15. Smýrnium L., *Gelbdolde.* Grdblätt. 1- bis mehrfach 3-zählig gefied.; Stgblätt. mit tief herzf. Grd. stgumfassend, gelbgrün; ⨀; VI–VII. Aus Gärten verwild. u. vereinzelt eingebürgert BW (Schwetzinger Schloßpark). (Heimat: SO-Eur.) *Stengelumfassende G.,* **S. perfoliátum** L.

16. Cónium L., *Schierling.* Stg. kahl, fein gerillt, bläul. bereift, an der Basis meist rot gefleckt, 0,5–2 m lg.; Blätt. weich, schlaff, kahl, 2- bis 4-fach fiedschnittig, im Umriß 3-eckig; Hüllchenblätt. einseitswendig; ⨀–⊙⊙; VI–IX. Hecken, Zäune, Mauern; *z.* **Giftig!** *Gefleckter Sch.,* **C. maculátum** L.

17. Pleurospérmum Hoffm., *Rippensame.* Stg. bis 150 cm lg., sehr dick, gefurcht, röhrig, an den Kanten kurz rauhflaumig; Blätt. dk.grün-glzd., sehr groß; Enddolde sehr groß; Fr. kürzer als ihr Stiel, reif gelb-blaßbräunl.; ⊙⊙–♃; VI–VIII. Staudenreiche Wälder, Bachschluchten; *v* in Alp., sonst nur BW (Jura, Donautal), Ba, Th, He (Rhön), NrWe (Eifel), Riesengeb., Gesenke. *Österreichischer R.,* **P. austríacum** (L.) Hoffm.

18. Bupleúrum L., *Hasenohr*

1. Mittlere u. obere Stgblätt. eif.-rundl., vom Stg. durchwachsen *(25);* Blkrblätt. gelb; Hüllchenblätt. breit-eif.-zugespitzt, gelbgrün, z. Bltzt. absthd., z. Reifezt. zusammenneigend; ⨀; VI–VII. Kalkäcker *z, s* im N. *Durchwachsenes H., Acker-H.,* **B. rotundifólium** L.

— Stgblätt. nicht durchwachsen, z. T. aber stgumfassend, längl.-lanzettl. bis lineal *2*

2. Döldchen 3- bis 5-bltg.; Dolden 1- bis 4-strahlig; Blätt. grasartig, lineal; Stg. bläul.-grün, vom Grd. an verzweigt; Fr. höckerig; ⨀; VIII–XI. Salzhaltige Wiesen der Küsten u. des Binnenlandes; *z.* *Feines H.,* **B. tenuíssimum** L. ssp. **tenuíssimum**

— Döldchen mehr als 5-bltg. *3*

3. Obere Stgblätt. mit herzf. Grd. sitzend od. fehlend *5*

— Obere Stgblätt. am Grd. verschmälert, lineal bis längl.-lanzettl. . . *4*

4. Untere Blätt. längl., die oberen lanzettl., 5- bis 7-nervig, mit deutl. Zwischennerven; Hüllchenblätt. klein, die Fr. nicht überragend; Stg. bis 1 m lg., ± zickzackf. gebogen; ♃; VII–IX. Trockenrasen, lichte Wälder; auf Kalk u. Löß, *z; f* in Alp. (*s* in Ti), We u. im NW. Formenreich. *Sichelblättriges H.,* **B. falcátum** L. ssp. **falcátum.**

— Blätt. lineal-lanzettl., 3- bis 5-nervig, ohne deutl. Zwischennerven; Hüllchenblätt. lanzettl., die Fr. kaum überragend; Stg. dünn, bis 60 cm lg.; ⨀; VII–VIII. Felsige, buschige Hänge; nur im Harz (= *B. scheffleri* Hampe). *Südliches H.,* **B. jacquiniánum** Jord.

5(3). Blätt. netznervig, grünl.gelb, schlaff, papierartig; Grdblätt. lg. gestielt (bis 15 cm lg.), eif.; Stgblätt. breit-längl.; Hüllchenblätt. 5–8, am Grd. kurz verwachsen, fast kreisrund; Blkrblätt. rötl. gelb; ♃; VI–VIII. Lichte Laubwälder u. Waldwiesen; auf Kalk, *z,* im NW u. N *f.* *Langblättriges H.,* **B. longifólium** L. ssp. **longifólium**

— Blätt. parallelnervig, grasartig *6*

6. Stgblätt. vorhanden; Grdblätt. rosettig, ± gestielt; Hüllchenblätt. 5 *(197b),* gelbl.grün; Blkrblätt. gelbl., zuw. rötl.; ♃; VII–VIII. Felsen u. steinige Weiden der K-Alp.; *s* in Ba (Berchtesgaden, Allgäu), Sb, Ti, Vb. *Hahnenfuß-H.,* **B. ranunculoídes** L.

— Stg. blattlos od. 1-blättrig; Grdblätt. rosettig, 10–30 cm lg. u. 3–15 mm breit; Hüllchenblätt. becherf., bis zum oberen Drittel verwachsen, viel länger als die Bltn.; ♃; VII–VIII. Felsspalten u. Weiden der Alp.; nur in Vb (sonst Schweiz, S- u. W-Alp.). *Sterndolden-H.,* **B. stellátum** L.

19. Trínia Hoffm., *Faserschirm.* Pfl. blaugrün, kahl, bis 50 cm hoch, vom Grd. an sparrig-ästig; Grdblätt. doppelt 3-fach gefied., mit schmal-linealen Zipfeln; Bltn. eingeschl., 2-häusig; Döldchen der ♂ Pfl. klein, reichbltg., die der ♀ Pfl. 4- bis 10-bltg.; ⊙; IV–V. Trockenrasen; *s* im südl. u. mittl. Rheintal u. mittl. Maingebiet. (= *T. vulgaris* Dc.)
Seegrüner F., **T. glaúca** (L.) Dum. ssp. **glauca**

20. Ápium L., *Sellerie* Ⓖ

1. Hülle u. Hüllchen fehlend; Dolde 6- bis 12-strahlig; Blattfied. breit-rautenf. od. keilf.; Stg. aufrecht; ⊙; VI–X; *v* an salzhaltigen Orten.
Ⓖ *Echter S.,* **A. gravéolens** L.

a. Wurzel dünn, nicht genießbar; Blattstiele nicht fleischig. Nur an Salzstellen. Wildform.
ssp. **gravéolens**

– Wurzeln verdickt, knollig, eßbar [= *Knollen-S.,* var. **rapáceum** (Mill.) Gaud.] od. Blattstiele verlängert, dickfleischig, genießbar (= *Bleich-S.,* var. **dúlce** Mill.); Kulturpfl.
ssp. **dúlce** (Mill.) Lemke & Rothm.

— Hüllchen stets vorhanden, mehrblättrig; Stg. niederlgd.-kriechend od. im Wasser flutend *2*

2. Unterwasserblätt. 2- bis 4-fach gefied., mit haarf. Zipfeln; Luftblätt. einfach gefied.; Dolden 2- bis 3-strahlig; Hülle fehlend; ♃; VI–VII. Sthd., langsam fließende Gewässer; vor allem im NW, östl. bis N-Me, *s* in RhPf, E. [= *Helosciadium inundatum* (L.) Koch]
Ⓖ! *Flutender S.,* **A. inundátum** (L.) Rchb. f.

— Alle Blätt. einfach gefied.; Dolde mehr als 3-strahlig *3*

3. Blattfied. kreisrundl., grob-unregelmäßig gezähnt bis gelappt; Dolden 4- bis 7-strahlig, lg. gestielt; Stg. kriechend, an den Knoten wurzelnd; ♃; VII–VIII. Sthd., langsam fließende Gewässer; *z,* im Geb. *f.* [= *Helosciadium repens* (Jacq.) Koch] Ⓖ! *Kriechender S.,* **A. répens** (Jacq.) Lag.

— Blattfied. eif.-lanzettl., gleichmäßig seicht gezähnt; Dolden 5- bis 12-strahlig, fast sitzend; Stg. niederlgd., nur am Grd. wurzelnd; ♃; VII–VIII. Sthd., langsam fließende Gewässer; *z* in BW, RhPf, He, *s* im W. (= *Helosciadium nodiflorum* Koch) Ⓖ *Knotenblütiger S.,* **A. nodiflórum** (L.) Lag.

21. Petroselínum Hill, *Petersilie*

Wurzel ± rübenf.; Blätt. dk.grün, doppelt- bis 3-zählig gefied.; Dolden lg. gestielt; Blkrblätt. grünl.gelb; ⊙; VI–VII. In zahlr. Formen als Gewürzpfl. kultiviert u. zuw. verwild. (= *P. sativum* Hoffm.; = *P. hortense* Hoffm.) (Heimat: wahrscheinl. SO-Eur.)
Garten-P., **P. críspum** (Mill.) A. W. Hill

a. Wurzel dünn, nicht genießbar; Blattfied. glatt od. kraus. In mehreren Sorten kultiviert. [= *P. hortense* ssp. *foliosum* (Alef.) Janch.] *Blatt-P.,* ssp. **críspum**

– Wurzel fleischig, eßbar. [= *P. hortense* ssp. *tuberosum* (Bernh.) Janch.]
Knollen-P., Wurzel-P., ssp. **tuberósum** (Bernh.) Soó

22. Cicúta L., *Wasserschierling.* Stgbasis verdickt, möhrenähnl., aber hohl u. durch Scheidewände gekammert (durchschneiden!); Blätt. sehr groß, 2- bis 3-fach gefied., mit lanzettl., scharf gesägten Fied.; Hülle fehlend; Hüllchenblätt. zahlr.; Dolden reichbltg., gedrungen; ♃; VII–IX. Gräben, Teiche; Sumpfpfl.; *z,* im Geb. u. in Alp. *f.* **Sehr giftig!** *Gift-W.,* **C. virósa** L.

23. Ámmi L., *Knorpelmöhre.* Grdblätt. einfach- bis doppelt gefied., mit breit-elliptischen, gesägten Fied.; Stgblätt. fein zerteilt; Hüllblätt. zahlr., 3-spaltig bis fiedteilig; Hüllchenblätt. weißhautrandig; ⊙; VI–X. Äcker; *s* eingeschleppt (Gewürzpfl.) (Heimat: S-Eur.)
Große K., **A. május** L.

24. Falcária BERNH., *Sichelmöhre.* Stg. sparrig-ästig; Blätt. starr, doppelt 3-zählig gefied.; Endfied. 3-teilig; Fied. scharf gesägt; Dolden klein, gedrungen; ♃; VII–X. Trockenrasen, Raine; auf Löß u. Kalk *z; s* im N, *f* im NW bis W-Me u. in den Geb. (= *F. rivini* HOST; = *F. sioides* ASCH.)
Gemeine S., **F. vulgáris** BERNH.

25. Cárum L., *Kümmel*

1. Hülle 0–1-blättrig; Blätt. doppelt bis 3-fach gefied.; unterste Paare der Fied. 2. Ordnung kreuzweise gestellt *(622);* Scheide der oberen Stgblätt. mit nebenblattartigen Fiedpaaren; Wurzel rübenf.; ⊙; V–VII. Wiesen, Wegränder; *v,* auch als Gewürzpfl. *Echter K.,* **C. cárvi** L.

— Hülle mehrblättrig; Grdblätt. im Umriß zylindrisch, mit 25–30 Paar quirlig gestellter, fein zerteilter Fied. *(618);* Scheide der Stgblätt. ohne Fiedpaare; Stg. mit fleischigen, gebüschelten Wurzeln; ♃; VII–VIII. Feuchte Wiesen; *s,* RhPf (Lauterburg, sonst nur westl. des Rheins; früher NrWe bei Aachen). *Quirlblättriger K.,* **C. verticillátum** (L.) KOCH

26. Búnium L., *Erdknolle, Erdkastanie.* Blätt. 2- bis 3-fach gefied., mit elliptisch-lanzettl. Abschnitten; Pfl. 30–100 cm lg.; Stg. markig, am Grd. mit einer kugeligen, dk.braunen, bis 4 cm dicken, eßbaren Knolle; Nährgewebe an der Fugenfläche abgeflacht; ♃; VI–VII. Ton- u. Kalkäcker, Weiden; *z* in Ba (Untermain), BW, E, RhPf, Th, We, NS, Be, Ho, sonst *s.*
Gewöhnliche E., **B. bulbocástanum** L.

27. Conopódium KOCH, *Französische Erdkastanie.* Pfl. ähnl. *Bunium,* von diesem durch den kahlen Stg. u. das im Querschnitt nierenf. Nährgewebe der Fr. zu unterscheiden; Hülle u. Hüllchen häufig fehlend; ♃; VI–VII. Wiesen (Heimisch in W-Eur.) Nur in Jütland u. Insel Seeland u. W-Harz (Andreasberg, ob hier ursprüngl.?) [= *Bunium maius* LAG.; = *C. denudatum* (DC.) KOCH] *Große F. E.,* **C. május** (GOUAN) LORET

28. Pimpinélla L., *Bibernelle, Anis*

1. Grdblätt. ungeteilt, herzf.-rundl.; Stgblätt. 1- bis 3-fach fiedschnittig; Fr. weichhaarig, nach Anis riechend; ⊙; VII–VIII. Gewürzpfl. (Heimat: O-Mittelmeergeb.) *Anis,* **P. anísum** L.

— Alle Blätt. gefied.; Fr. kahl; Pfl. geruchlos u. ausdauernd *2*

2. Stg. kantig gefurcht, bis zur Spitze beblättert; Fied. kurz gestielt od. sitzend; Gr. zur Bltzt. länger als der Frkn.; ♃; VI–IX. Wiesen, Gebüsch; *v.* (= *P. magna* L.) *Große B.,* **P. májor** (L.) HUDS.

a. Bltn. weiß bis blaßrosa; Stg. verlängert, erst im oberen Teil verzweigt, beblätt. u. mit mehreren Dolden. ssp. **májor**

– Bltn. dk.rosa; Stg. kurz, schon nahe der Basis verzweigt; Äste blattlos. *z* in Alp., Voralp., Schw. BW (Jura). ssp. **rúbra** (HOPPE) O. SCHWARZ

— Stg. stielrund, fein gerillt, spitzenw. fast blattlos; Fied. der Grdblätt. sitzend; Bltn. weiß od. rot; Gr. z. Bltzt. kürzer als der Frkn.; ♃; VII–IX. Trokkenwiesen, Hügel; *g.* Formenreiche Sammelart. *Kleine B.,* **P. saxífraga** L.

29. Aegopódium L., *Geißfuß, Giersch.* Pfl. mit unterirdischen Ausläufern; Stg. 50–100 cm lg., kantig gefurcht; Blätt. doppelt 3-zählig; Fied. 1. Ordnung oft nur 2-spaltig, einem Ziegenfuß ähnl. *(619);* Fr. kümmelähnl.; ♃; V–IX. Feuchte Gebüsche, Hecken, Flußufer; *g.*
Gewöhnlicher G., **A. podagrária** L.

30. Síum L. (incl. **Berula** KOCH), *Merk*

1. Stg. fein gerillt, am Grd. mit Ausläufern, 30–100 cm lang; Fied. ungleich grob gesägt; Hüllblätt. krautig, oft fied.spaltig; Dolden kurz gestielt; ♃; VI–VIII. Gräben, Bäche, Quellen; *v.* [= *Berula angustifolia* MERT. & KOCH; = *B. erecta* (HUDS.) COVILLE] *Berle, Aufrechter M.,* **S. eréctum** HUDS.

— Stg. kantig gefurcht, ohne Ausläufer, am Grd. mit Büscheln sproßbürtiger Wurzeln, bis 150 cm lg.; Unterwasserblätt. fein zerteilt, 2–3fach gefied.; Überwasserblätt. einfach gefied. mit schieflanzettl., scharf gesägten Fied.; Hüllblätt. weiß-hautrandig, ungeteilt, zurückgeschlagen; ♃; VII–VIII. Sthd. Gewässer; *v* im N, *z* in M- u. S-Dt, *f* in Alp. u. Vorland.
Breitblättriger M., **S. latifólium** L.

Aus der Kultur nahezu verschwunden ist der früher häufig als Gemüsepfl. angepfl. *Zucker-M. (Zuckerwurz)* (Heimat O-Eur. bis W-Asien), **S. sísarum** L.: Wurzeln fleischig verdickt, genießbar; Stg. gestreift; Blattfied. längl. bis eilanzettl.

31. Séseli L., *Sesel*

1. Hüllchenblätt. becherf. verwachsen *(625)*; Grdblätt. blaugrün, 2- bis mehrfach fiedschnittig, mit schmal-linealen Zipfeln; obere Blattscheiden ohne Spreite; ♃; VII–VIII. Sonnige Hügel, Kalkfelsen; *s*, S-BW (Kaiserstuhl), RhPf (Nahetal), Sa An (Saale, Unstrut), O-Harz, Schl.
Pferde-S., **S. hippomárathrum** Jacq.

— Hüllchenblätt. frei *2*

2. Pfl. kahl; Hüllchenblätt. mit sehr schmalem, häutigem Rand; Dolde 5- bis 12-strahlig; ♃; VII–IX. Kalktrockenrasen; früher nur RhPf (Kallstadt)
Berg-S., **S. montánum** L.

— Pfl. flaumig behaart; Hüllchenblätt. mit breitem, häutigem Rand, z. Bltzt. länger als das Döldchen; Dolde 12- bis 40-strahlig; ⊙; VII–X. Trockenwiesen; *z*. (= *S. coloratum* Ehrh.) *Steppenfenchel*, **S. ánnuum** L.

32. Libanótis Hill, *Hirschwurz.*

Blätt. 2- bis 3-fach fiedteilig, basales Fiedpaar der Fied. 2. Ordnung an die Rhachis gerückt u. hier kreuzweise gestellt *(622)*; Stg. scharf-kantig gefurcht, 30–120 cm lg.; ⊙; VII–IX. Trockenwiesen, Waldränder; kalkliebend; *z*, in Alp. *f*. [= *Seseli libanotis* (L.) Koch; = *L. montana* Cr.] *Berg-H.*, **L. pyrenaíca** (L.) Bourgeau

33. Oenánthe L., *Wasserfenchel, Rebendolde, Pferdesaat*

1. Bltn. alle gestielt u. ⚥, die randlichen nicht strahlend; Dolden kurz gestielt, meist blattgegenst.; Stgblätt. 2- bis 3-fach fiedschnittig, mit gekerbten Abschnitten letzter Ordnung; Scheiden breit-hautrandig; Wurzeln oft knollig verdickt *5*

— Mittlere Bltn. der Döldchen fast sitzend, ⚥; Randbltn. lg. gestielt, ♂, strahlend; Dolden lg. gestielt, endst.; Stgblätt. einfach bis doppelt fied.schnittig, mit ganzrandigen Abschnitten; Wurzeln nicht knollig verdickt . . . *2*

2. Blatt- u. Doldenstiele röhrig-hohl, oft bauchig *(620)*, leicht zusammendrückbar; Stg. rund, röhrig, fein gerillt, am Grd. mit Ausläufern; Dolden 2- bis 4-strahlig; Frdöldchen fast kugelig; ♃; V–VII. Sümpfe, Gräben; *v* bis *z*; *f* in Alp. u. Vorland. *Röhren-W.*, **Oe. fistulósa** L.

— Blattstiele nicht röhrig-hohl; Dolden 5- bis vielstrahlig *3*

3. Frdöldchen flach bis halbkugelig; Doldenstiele dick; Frstiel so dick wie die Basis der reif kreiself.-Fr.; Hülle 0- bis 1-blättrig; Blätt. 1- bis 3-fach fiedschnittig, mit linealen Zipfeln; ♃; V–VII. Sumpfwiesen; wohl nur eingeschleppt in Ba (Haßfurt), He (Hanau), RhPf (Schifferstadt). (Heimat: atlant. u. S-Eur.) *Silgblättriger W.*, **Oe. silaifólia** Bieb.

— Frdöldchen fast kugelig; Frstiele u. Doldenstrahlen dünn *4*

4. Randbltn. 2–3 mm lg.; Blkrblätt. bis zur Mitte gespalten; Hülle 0- bis 1-blättrig; Hüllchen kürzer als die Bltnstiele; reife Fr. ellipsoidisch; ♃; V–VII. Feuchte Wiesen, Gräben; *z* nur im W.
Haarstrangblättriger W., **Oe. peucedanifólia** Poll.

— Randbltn. 1,5 mm lg.; Blkrblätt. bis zur Mitte gespalten; Hülle 4- bis 6-blättrig; Hüllchen so lg. wie die Bltnstiele; ♃; VII–VIII. Sumpfwiesen, Gräben; auf Salzböden; *v* im Küstengebiet, *z* im W, *s* Oberrheingebiet bis Bingen. *Wiesen-W.*, **Oe. lachenálii** C. C. Gmel.

5(1). Fied. der Luftblätt. bis 6 mm lg., ungeteilt od. 2- bis 3-spaltig; Unterwasserblätt. haarf. zerschlitzt; Stg. aufrecht (Landform) od. aufstgd. (Wasserform), bis 1,5 m lg. u. 8 cm dick; Fr. 3,5–4,5 mm lg.; ♃ bis mehrjährig; VI–VIII. Sthd., seichte Gewässer; *z.* (= *Phellandrium aquaticum* L.)
Wasserfenchel, **Oe. aquática** (L.) Poir.

— Fied. der Luftblätt. größer, mit breiten, z. T. gekerbten Zipfeln; Wasserblätt. fehlend od. nicht haarf. zerschlitzt; Fr. 5–6 mm lg. *6*

6. Stg. im Wasser flutend od. im Schlamm wurzelnd; Wasserblätt. reich zerteilt, mit linealen, gegen die Spitze gesägten Fied.; Luftblätt. 3-fach fiedschnittig, schmal rautenf.; ⨀; VI–VII. Fließende Gewässer des Oberrheingebietes, Lothringen, Da; *s.* *Flutender W.,* **Oe. fluviátilis** (Bab.) Colem.

— Stg. aufrecht; Wasserblätt. meist fehlend *7*

7. Bltn.- und Doldenstiele z. Frreife nicht verdickt; Pflanze ⨀, heterophyll; Blätt. des 1. Jahres (= Grdblätt.) einfach-fiedschnittig; die des 2. Jahres doppelt-fiedschnittig, denen von *Conium maculatum (246)* ähnlich. VII. In Dt nur an regelmäßig überfluteten Stellen der Unterelbe, *z* auch in Be.
Schierlings-W., **Oe. conioides** (Nolte) Lange

— Bltnstiele u. auch Doldenstrahlen z. Frzt. verdickt; Pflanze ♃, bis 1 m hoch; Grdblätt. einfach gefied.; Stgblätt. einfach- bis doppelt gefied. mit lineallanzettl. Fied.; Wurzeln knollig verdickt. VI–VII. In Dt fehlend; *z* in Be u. Ho. *Bibernell-W.,* **Oe. pimpinelloídes** L.

34. Aethúsa L., *Hundspetersilie.* Stg. sich schon im 1. Jahr entwickelnd; Blätt. untersts. stark glzd. (Unterschiede zum ähnlichen *Petroselinum*), beim Zerreiben unangenehm riechend; ⨀; VI–X. Gebüsche, Zäune, Auwälder; *v.* **Giftig!** *Gemeine H.,* **Ae. cynápium** L.

a. Stg. kantig; Hüllchenblätt. so lg. od. kürzer als die Döldchen; Pfl. nur 5–20 cm hoch, sparrig verzweigt; Äcker, Ruderalstellen; *v.* ssp. **agréstis** (Wallr.) Dostál

– Stg. rund od. gefurcht, aber nicht kantig; Pfl. höher als 20 cm . . . . **b**

b. Pfl. bis 80 cm hoch, schlank-aufrecht od. niedrig-sparrig; Hüllchenblätt. so lg. od. länger als die Döldchen; *v.* ssp. **cynápium**

– Pfl. höher als 90 cm; Hüllchenblätt. so lg. od. kürzer als die Döldchen. Wälder, Ufer; genaue Verbr. unbekannt, bisher nur in BW, Ba, He, Th. ssp. **cynapioídes** (Bieb.) Simk.

35. Athamánta L., *Augenwurz.* Grdblätt. rosettig, graugrün, zottig-rauhhaarig, 2- bis 3-fach fiedschnittig; Stg. fein gerillt, meist zu mehreren der grdst. Blattrosette entspringend; Fr. absthd., rauhzottig behaart; ♃; V–VIII. Felsspalten, Grasbänder, nur auf Kalk; *v* in Alp., *s* in SchwAlb.
Alpen-A., **A. creténsis** L.

36. Foenículum Mill., *Fenchel.* Blätt. 3- bis 5-fach gefied., mit fädl. Abschnitten; Dolden groß, bis 25-strahlig; Hülle u. Hüllchen fehlend; Pfl. oberw. bläul. bereift, bis 2 m hoch, kahl, aromatisch duftend; ⨀–♃; VII–X. Gewürzpfl. (Heimat: Mittelmeergebiet).
Echter F., **F. vulgáre** Mill. ssp. **vulgáre**

Gewürz-F., var. **dúlce** (Mill.) Thell.; Fr. als Gewürz verwendet.

Knollen-F., var. **azóricum** (Mill.) Thell.: Blattscheiden am Stggrd. eine eßbare Zwiebel bildend; diese als Gemüse dienend.

37. Anéthum L., *Dill.* Blätt. 3- bis 4-fach fein gefied.; Dolden groß, bis 50-strahlig; Hülle u. Hüllchen fehlend; Pfl. oberw. bläul. bereift, kahl, von durchdringend würzigem Geruch; ⨀; VII–VIII. Küchengewürz. (Heimat: Vorder-Asien). *Echter D.,* **A. graveólens** L.

38. Sílaum Mill., *Wiesensilge, Roßfenchel.* Stg. 30–100 cm lg., seicht gerillt, fast blattlos; Grdblätt. sehr groß, lg. gestielt, 4-fach gefied.; Blkrblätt. grünl.gelb; Hüll- u. Hüllchenblätt. weißhäutig berandet; Fr.-Rippen scharf, schmal geflügelt; ♃; VI–IX. Wiesen, Flachmoore, Gebüsch; *z* bis *v,* im N *s.* [= *Silaus pratensis* Bess.; = *S. alpestre* (L.) Thell.]
Gewöhnliche W., **S. sílaus** (L.) Sch. & Th.

39. Méum Mill., *Bärwurz.* Pfl. von stark würzigem Geruch; Blätt. vielfach fiedschnittig, mit haarf. Zipfeln; Hüllchen 3- bis 8-blättrig; Döldchen reichbltg.; Bltn. gelbl.weiß, oft rötl.; ♃; V–VIII. Kalkmeidend; Wiesen u. Weiden der Alp. u. M-Geb. *v* bis *z*, im N u. S-Ba *f*. *Echte B.*, **M. athamánticum** Jacq.

40. Cnídium Cuss. ex Dc., *Brenndolde*. Scheiden der mittleren u. oberen Stgblätt. dem Stg. anlgd.; Fied. 1. Ordnung sitzend; Hüllchenblätt. zahlr., pfrieml.; Fr. 2 mm lg.; ⊙; VII–X. Moor- u. Waldwiesen, Gräben; *z*. (= *C. venosum* Koch) *Sumpf-B.*, **C. dúbium** (Schk.) Thell.

41. Selínum L., *Silge*

1. Stg. stark kantig-gefurcht bis geflügelt, beblättert; Blätt. 2- bis 3-fach gefied., mit linealen Fied.; Doldenstrahlen zahlr.; Hüllblätt. fehlend od. 1–2, hinfällig; Hüllchenblätt. zahlr., pfrieml., schmalhäutig berandet; Fr. vom Rücken her zusammengedrückt, 10-flügelig; ♃; VII–IX. Nährstoffreiche, kalkarme Moorwiesen, lichte Wälder; *v*, *s* im NW bis W-Me. *Kümmel-S.*, **S. carvifólia** (L.) L.

— Stg. kaum od. nicht geflügelt, streifig, einfach od. wenig verzweigt; Stgblätt. 0–2; Blätt. 2- bis 3-fach gefied., mit lineal-lanzettl. Fied.; Doldenstrahlen 3–9, dick, ungleich lg.; Hülle fehlend; Hüllchenblätt. lineal-lanzettl., bewimpert; Petalen gelbl.weiß; ♃; VII–IX. Im Gebiet nur Bergwiesen der Vog. [= *Angelica pyrenaea* (L.) Spr.] *Pyrenäen-S.*, **S. pyrenaéum** (L.) Gouan

42. Ligústicum L., *Mutterwurz*

1. Hülle fehlend od. 1- bis 2-blättrig; Blkrblätt. beim Aufblühen oft purpurn; Blätt. im Umriß 3-eckig, 2- bis 3-fach fied.schnittig; Stg. mit 1–2 Blätt., am Grd. mit Faserschopf; ♃; VI–VIII. Fett- u. Magerwiesen der Alp., S-Schw., Bayrw. *v* bis *z*. [= *Meum mutellina* (L.) Gaertn.] *Alpen-M.*, **L. mutellína** (L.) Cr. ssp. **mutellína**

— Hüllblätt. 5–10, oft fiedspaltig; Blätt. sämtl. grdst., im Umriß längl.-3-eckig; Bltn. weiß; Stg. am Grd. ohne Faserschopf; ♃; VII–VIII. Wiesen u. Schuttfluren der Alp. *z*; kalkmeidend. [= *L. simplex* (L.) All.; = *Gaya simplex* (L.) Gaud.; = *Pachypleurum simplex* (L.) Rchbg.] *Zwerg-M.*, **L. mutellinoídes** (Cr.) Vill. ssp. **mutellinoídes**

43. Cenolóphium Koch, *Hohlrippe*. Stg. bis 150 cm lg.; Blätt. doppelt- bis 5-fach gefied.; Hülle fehlend; Hüllchenblätt. zahlr.; Fr. mit aufgeblasenen Rippen; ♃; VII–VIII. Wiesen; nur in OPr. *Fischer's H.*, **C. físcheri** (Spr.) Koch

44. Conioselínum Fisch., *Schierlingssilge*. Stg. bis 1,5 m lg., gerillt, bereift; Blätt. gelbgrün, im Umriß 3-eckig-rhombisch, 2- bis 3-fach gefied.; Hülle fehlend; Fr. 8-flügelig, vom Rücken her zusammengedrückt; ♃; VII–IX. Buschige Hänge, Wälder; *s* nur in OPr, auch Voralp. von Sb. (= *C. vaginatum* Thell.) *Scheidige Sch.*, **C. tatáricum** Hoffm.

45. Angélica L. (incl. **Archangelica** N. M. Wolf), *Engelwurz, Brustwurz*

1. Stg. scharfkantig gefurcht, bis 1,25 m lg., armbltg.; Blätt. 3- bis mehrfach fiedteilig; Fied. stumpfspitzig, kerbig gesägt, mit Knorpelspitzchen, am Rande u. untersts. rauh; Ksaum mit 5 deutl. breiten Zähnen; randl. Rippen der Teilfr. flügelartig; mehrjährig; VII–VIII. Feuchte Wiesen; *z*. [= *Ostericum palustre* (Bess.) Bess.] *Sumpf-E.*, **A. palústris** (Bess.) Hoffm.

— Stg., wenigstens an der Basis, stielrund, schwach gerillt; Blätt. nur 2- bis 3-fach gefied.; Fied. lg.-stachelspitzig; Kzähne undeutl. *2*

2. Blattstiel oberststs. rinnig; Blattfied. am Rande rauh u. untersts. behaart; Doldenstiele flaumig behaart; Blkrblätt. weiß od. rötl.; Gr. schon z. Bltzt. verlängert; Pfl. 50–150 cm hoch, dk.grün; mehrjährig; VII–IX. Feuchte Wiesen, Auwälder, Flachmoore. *Wald-E.*, **A. sylvéstris** L.

a. Fr. 4–5,5 mm lg.; Fied. eif. bis längl., kaum herablaufend; *v.* ssp. **sylvéstris**
– Fr. 6–8 mm lg.; Fied. lanzettl., die oberen herablaufend. Feuchte Bergwälder; *z* in Alp. u. M-Geb. spp. **montána** (BROT.) ARCANG.

— Blattstiel rund, hohl; Blattfied. untersts. kahl; Doldenstiele nur spitzenw. behaart; Bltn. grünl.; Gr. z. Bltzt. kurz; Fr. 5–8 mm lg. u. 4,5–5 mm breit, mit 3 stark vorspringenden, scharfen Rippen; Hüllchenblätt. lineal, kürzer od. so lg. wie das Döldchen; Stg. würzig schmeckend; Pfl. hellgrün; ♃; VII–VIII. Feuchte Wiesen, Ufer; *z;* auch als Gewürz- u. Heilpfl. (= *Archangelica officinalis* HOFFM.) *Echte od. Garten-E.,* **A. archangélica** L.

a. Hüllchenblätt. so lg. wie die Döldchenstiele; Fr. 6–8 mm lg. u. 4–5 mm breit; Pfl. von angenehmem Geruch; Kulturpfl. ssp. **archangélica**
– Hüllchenblätt. halb so lg. wie die Döldchenstiele; Fr. 5–6 mm lg. u. 3,5–4,5 mm breit; Pfl. von scharfem Geruch; ♃; VI–VIII. Feuchte Ufer u. Gebüsche der Küstenregion *v,* sonst *s* im N. (= *Archangelica litoralis* KOCH) spp. **litorális** (FR.) THELL.

46. Levísticum HILL, *Liebstöckel.* Stg. 1–2 m lg., rund; Blätt. dk.grün, dickl., glzd., bis 3-fach gefied.; Fied. bis 11 cm lg., verkehrt-eif., eingeschnitten gezähnt; Pfl. nach Maggi-Gewürz riechend; ♃; VII–VIII. Gewürzpfl. (Heimat: Vorder-Asien) *Gewöhnlicher L.,* **L. officinále** KOCH

47. Peucédanum L., *Haarstrang, Meisterwurz*

1. Hülle u. Hüllchen vielblättrig, bleibend *4*
— Hülle fehlend od. wenigblättrig u. abfallend; Stg. kahl *2*
2. Fied.abschnitte breit-eif., 4–7 cm breit; Blätt. doppelt 3-zählig gefied.; Hülle fehlend; Blkrblätt. weiß od. rosa; Pfl. 30–100 cm hoch; ♃; VI–VIII. Wiesen und Hochstaudenfluren; *v* in Alp. u. M-Geb., sonst *s* (= *Imperatoria ostruthium* L.) *Meisterwurz,* **P. ostrúthium** (L.) KOCH
— Fied.abschnitte lineal; Bltn. gelbl. bis gelb *3*
3. Blätt. mehrfach 3-zählig gefied., reisbesenart. *(621);* Stg. stielrund, bis 2 m hoch; Bltn. gelb; ♃; VII–IX. Auwiesen der Stromtäler; *z* in S- u. M-Dt, im N nur im Elbetal. *Echter H.,* **P. officinále** L.
— Blätt. einfach gefied.; Fied. lineal, beidersts. glzd.; Hüllchen 1- bis 3-blättrig; Stg. wenigstens spitzenw. kantig gefurcht, 30–100 cm hoch; ♃; VII–IX; *s* im E, RhPf, Mosel-, Nahe-, Saar-, Rheintal von Köln nordw., Ba (Donautal), BW (Jura). [= *P. chabraei* (JACQ.) RCHB.] *Kümmelblättriger H.,* **P. carvifólia** VILL.
4(1). Bltn. gelbl.; Hülle aufrecht-absthd.; Stg. kantig gefurcht; ♃; VII–IX. Sonnige Hügel, Triften; im W u. SW; *z, s* in M-Dt. *Elsässer H.,* **P. alsáticum** L.
— Bltn. weiß; Hülle zurückgeschlagen *5*
5. Stg. kantig gefurcht, röhrig, purpurrot, jung nickend, 50–150 cm lg.; Blätt. 2- bis mehrfach fied.schnittig; Fied. lineal-lanzettl., tief fiedspaltig; ⨀; VII bis VIII. Sumpfwiesen, Moore, von der Ebene bis in die mont. Reg.; *v* bis *z,* (Alp. nur bei Oberstdorf). [= *Thysselinum palustre* (L.) HOFFM.] *Sumpf-H.,* **P. palústre** (L.) MOENCH
— Stg. stielrund, fein gerillt, markig, Fied. breit *6*
6. Blätt. derb, fast ledrig, obersts. hell-, untersts. blaßgrün u. netzadrig, 2- bis 3-fach gefied.; Fied. 1. Ordn. im spitzen Winkel nach vorn gerichtet; Fied. letzter Ordn. eif., scharf gesägt; ♃; VII–IX. Trockenhänge, lichte Wälder; *z* bis *s,* von der Ebene bis in die mont. Reg. *Hirschwurz,* **P. cervária** (L.) LAP.
— Blätt. nicht ledrig, beidersts. grün u. glzd.; Blattrhachis bei jedem Fiedpaar abwärts geknickt; Fied. 1. Ordn. im rechten bis stumpfen Winkel ansetzend; ♃; VII–IX. Trockene Wiesen u. Wälder; *z,* im NW bis O-SH *f.* *Berg-H.,* **P. oreoselínum** (L.) MOENCH

48. Pastináca L., *Pastinak.* Stg. kantig gefurcht, 30–100 cm lg.; Blätt. meist 1-fach gefied., mit 3–7 Paaren, am Rand ungleich gekerbter Fied.; ⨀; VII–VIII. Wiesen, Trockenhänge; *v* bis *s,* auch als Kulturpfl. *Gewöhnlicher P.,* **P. satíva** L.

a. Pfl. fast kahl; Dolden 7- bis 20-strahlig, flach; Fr. breit elliptisch; Wurzeln fleischig, eßbar (Gartenpfl.: var. **satíva**) od. dünn u. holzig (Wiesenpfl.: var. **praténis** Pers.). ssp. **satíva**
– Pfl. u. Blätt. ± stark grauhaarig, später mitunter verkahlend; Doldenstrahlen ungleich lg.; Fr. schmal elliptisch . . . . **b**
b. Stg. kantig, weichzottig; sonnige Hänge; *s,* nur in Ba (Berchtesgaden u. Oberpfalz). ssp. **sylvéstris** (Mill.) R. & Cam.
– Stg. fast stielrund, höchstens gerieft, weniger stark behaart, oft verkahlend; Äcker, Felsen; *s,* nur Ba (Oberpfalz), BW, RhPf, SH, ČSSR (Böhmen). ssp. **úrens** (Req. ex Gord.) Čel.

49. Heracléum L., *Bärenklau, Herkuleskraut*

1. Stg. stielrund, nur gestreift, an der Basis kahl, an der Spitze zuw. behaart, 10–60 cm lg.; Blattscheiden wenig aufgeblasen; Hüllchenblätt. fast fädl.; ♃; VII–VIII. Matten der K-Alp.; *z* in Ba (Berchtesgaden), in Vb *f.* *Österreichische B.,* **H. austríacum** L.
— Stg. kantig gefurcht, meist rauhhaarig; Blattscheiden stark aufgeblasen; Hüllchenblätt. lanzettl. bis lineal; Bltn. weiß od. grünl.gelb; Pfl. 30–150 cm hoch *2*
2. Randbltn. der Döldchen wenig vergrößert; Bltn. grünl.weiß bis grünl.gelb; Strahlen der Dolden u. Döldchen zerstreut behaart, aber mit spitzen Hökkern; Frkn. mit aufwärts gerichteten Börstchen; ⊙–♃; Wiesen, Wegränder; *s* in O- u. WPr, O-Br u. Me bis O-SH. Formenreich. [= *H. sibiricum* auct.; = spp. *flavescens* (Willd.) Soó] *Gelbblütige B.,* **H. flavéscens** Willd.
— Randbltn. der Döldchen stark vergrößert; Bltn. reinweiß; Strahlen der Dolden, Döldchen u. Frkn. weichhaarig; ⊙–♃; VI–X. Wiesen, Gebüsch; *v.* Formenreiche Sammelart. *Wiesen-B.,* **H. sphondýlium** L.

50. Tordýlium L., *Zirmet, Drehkraut.* Stg. kantig gefurcht, mit nach rückw. gerichteten Borstenhaaren, 30–120 cm lg.; Blätt. einfach gefied., mit 2–4 Fiedpaaren; Doldenstrahlen dick, borstig behaart; Randbltn. vergrößert; Fr. borstig-rauh; ⊙; VI–VIII. Buschige Orte, Hecken, Wege; *s,* im N *f.* *Große Z.,* **T. máximum** L.

51. Láser Borkh. ex G. M. Sch., *Roßkümmel.* Stg. 60–120 cm lg., von starkem Kümmelgeruch, fein gerillt, bläul. bereift; Grdblätt. groß, 3-mal 3-zählig gefied.; Fied. kreisrundl., stumpf gekerbt, untersts. bläul. bereift; ♃; V–VI. Buschige Berghänge; *s* in Ba, He, S-We, NS, Lothringen. (= *Siler trilobum* Cr.; = *Laserpitium trilobum* L.) Ⓖ *Dreilappiger R.,* **L. trílobum** (L.) Borkh.

52. Laserpítium L., *Laserkraut*

1. Stg. gefurcht, an der Basis rauhhaarig; Blätt. 2- bis 3-fach gefied., mit lanzettl., am Rand rauhhaarigen Fied.; Hüllchenblätt. häutig berandet; Bltn. gelbl.weiß; Fr. kurz borstig behaart; ⊙; VII–IX. Moorwiesen, trockene Laub- u. Mischwälder, sandige Kiefernwälder; kalkmeidend; *z.* *Preußisches L.,* **L. pruténicum** L.
— Stg. rund, gerillt, kahl od. schwach behaart *2*
2. Blätt. 1- bis 2-fach gefied.; Fied. breit-eif., 3–10 cm lg. u. 2–6 cm breit, gesägt, am Grd. herzf.; Hüllchenblätt. fädl., kaum hautrandig; Pfl. 60–150 cm hoch, von stark würzigem Geruch; ♃; VII–VIII. Steppenheidewälder, Bergwiesen; kalkliebend; *z* in Alp., Vog., S- u. M-Dt, im N nur Br. *Breitblättriges L.,* **L. latifólium** L.
— Blätt. 3- bis 5-fach fiedteilig; Fied. lineal-lanzettl.; Hüllchenblätt. breit-hautrandig *3*
3. Hüllchen- u. Hüllblätt. am Rand kahl, breit-hautrandig; Grd.- u. untere Stgblätt. bis 1 m lg., 4-fach fiedteilig; Fied. seegrün, ungeteilt od. 2- bis 3-spaltig, elliptisch, 1,5–7 cm lg., 3–5 mm breit; Stg. 30–100 cm lg.; ♃;

VI–VIII. Trockene Bergwiesen, sonnige Felsen; Alp. *v, s* in Ba u. BW (Jura). (= *Siler montanum* CR.) *Berg-L.*, **L. síler** L.

— Hüllchen- u. Hüllblätt. am Rand zottig behaart; Grdblätt. bis 45 cm groß, 4- bis 5-fach fiedschnittig; Fied. letzter Ordn. in winzige, bis 3 mm lange, lineale, borstig behaarte Zipfel zerschnitten; Blkrblätt. etwas länger als breit; Stg. kurzborstig-steifhaarig, 15–60 cm lg.; Pfl. im Habitus an *Athamanta cretensis* erinnernd; ♃; VI–VII. Felsig-grasige Abhänge; kalkmeidend; *z* in Alp. u. Voralp. von Ti u. Vb. *Rauhhaar-L.*, **L. hálleri** CR.

53. Daúcus L., *Möhre.* Stg. 50–80 cm lg., borstig behaart; Blätt. 2- bis 4-fach gefied.; Dolden z. Bltzt. flach gewölbt, in der Mitte häufig mit einer schwarz-purpurnen „Mohrenblüte"; Doldenstrahlen z. Frreife vogelnestartig zusammenneigend; ⊙; V–VII. Wiesen, Triften; *g.* *Wilde M.*, **D. caróta** L. ssp. **caróta**

D. satívus (HOFFM.) ROEHL: *Garten-Möhre,* in zahlr. Formen kultiviert.

Ordnung: **Celastráles**

Familie: **Aquifoliáceae,** *Stechpalmengewächse*

Sträucher od. Bäume mit harten, immergrünen Blätt.; Bltn. radiär; Fr. eine mehrsamige, rote Steinfr.

Ílex L., *Stechpalme.* Blätt. derb, ledrig, immergrün, am Rand stachelig gezähnt *(265);* Bltn. weiß; korallenrote Steinfr.; ♃; V–VI. Bis 10 m hoher Baum od. Strauch, als Unterwuchs im Buchenwald; wild nur im S, W u. NW, Br, N-SaAn, auch als Zierstrauch. [G] *Gewöhnliche St., Stechhülse,* **I. aquifólium** L.

Familie: **Celastráceae,** *Spindelbaumgewächse*

Holzpfl.; Blätt. wechsel- od. gegenst., einfach; Bltn. klein, grünl., 4- bis 5-zählig; Kapselfr.; Samen mit lebhaft gefärbtem Samenmantel.

Euónymus L. (= *Evonymus* L.), *Spindelstrauch, Pfaffenhütchen*

1. Junge Zweige meist 4-kantig, zuw. geflügelt; Bltn. 4-zählig; Blkrblätt. längl., grünl.weiß; Kapseln 4-kantig, abgerundet, rosa- bis karminrot; Samenmantel orangerot, den weißl. Samen vollständig umhüllend. Bis 6 m hoher Strauch; ♃; V–VII. Wälder, Gebüsch, Hecken; *v.* (= *E. vulgaris* MILL.) *Europäisches Pfaffenhütchen,* **E. europaéa** L.

— Junge Zweige stielrund od. etwas zusammengedrückt; Blkrblätt. rundl. *2*

2. Äste mit schwarzen Korkwarzen; Blkrblätt. 4, dicht rot punktiert; Kapsel rosarot, stumpfkantig; Samen schwarz, nur teilweise vom scharlachroten Samenmantel umhüllt. Bis 2 m hoher Strauch; ♃; V–VI. Wälder, Gebüsch; *z* nur in WPr u. OPr, Ti, Schl, ČSSR (Böhmen), auch als Zierpfl. *Warzen-Sp.,* **E. verrucósa** SCOP.

— Äste ohne Korkwarzen, etwas zusammengedrückt; Blätt. groß (bis 15 cm lg.); Blkrblätt. meist 5, rundl.; Kapsel an den Kanten geflügelt; Samen vom orangeroten Samenmantel ganz eingehüllt. Bis 5 m hoher Strauch; ♃; V–VI. Wälder der Alp. u. des Vorlandes; *z;* auch als Zierstrauch. *Voralpen-Sp.,* **E. latifólia** (L.) MILL.

Ordnung: **Rhamnáles**

Familie: **Rhamnáceae,** *Kreuzdorngewächse*

Holzgewächse, mit ungeteilten, gegen- od. wechselst. Blätt. u. häufig verdornten Zweigen; Bltn. ⚥ od. eingeschl., 4- bis 5-zählig, mit Diskus; Fr. eine steinfruchtartige Beere.

1. Bltn. gewöhnl. 5-zählig; Blätt. ganzrandig; Gr. ungeteilt . . **Frangula,** 255

— Bltn. meist 4-, selten 5-zählig; Blätt. am Rand feingesägt; Gr. 2- bis 5-spaltig; Pfl. häufig mit Dornen . . . . **Rhamnus,** 255

1. Frángula Mill., *Faulbaum.* Bis 3 m hoher, dornenloser Strauch; Fr. eine kugelige, anfangs rote, später schwarzviolette Steinfr.; Blätt. wechselst.; ♃; V–VI. Feuchte Wälder, Heidemoore, *v.* (= *Rhamnus frangula* L.)
Faulbaum, **F. álnus** Mill.

2. Rhámnus L. (incl. **Oreoherzogia** Vent), *Kreuzdorn*

1. Zweige dornenlos; Blätt. wechselst., an den Zweigenden gehäuft; Bltn. klein, ⚥; niederlgd., 5–20 cm hoher, knorrig verzweigter Spalierstrauch; ♃; VI–VII. Felsspalten der Kalk-Alp., *v.* [= *Oreoherzogia pumila* (Turra.) W. Vent] *Zwerg-K.,* **Rh. púmila** Turra
— Zweigspitzen verdornt; Blätt. gegenst.; Äste aufrecht od. aufstgd. . *2*
2. Blattstiel 2–4mal so lg. wie die hinfälligen Nebenblätt.; Blätt. 3–6 cm lg., mit 3–4 Nervenpaaren *(243).* Bis 3 m hoher Strauch; ♃; V–VI. Sonnige, steinige Hänge, Auwälder; *v,* im N *z.* *Purgier-K.,* **Rh. cathárticus** L.
— Blattstiel etwa so lg. wie die Nebenblätt.; Blätt. 1–3 cm lg., mit 2–4 Nervenpaaren; niederlgd. od. aufstgd. Bis 150 cm hoher, sparrig verzweigter Strauch; ♃; V–VI. Felsige Hänge u. Gebüsch, nur auf Kalk; *z* in Alp., BW, Ba. *Felsen-K.,* **Rh. saxátilis** Jacq.

Familie: **Vitáceae,** *Weinrebengewächse*

Holzpfl., mit Ranken; Blätt. wechselst. (2-zeilig), mit Nebenblätt.; Bltn. radiär, ⚥ *(636);* Beerenfr.

1. Rinde sich in Streifen ablösend; Rankenäste ohne Haftscheiben; Kronblätt. sich in ihrer Gesamtheit mützenartig abhebend *(636 a)* **Vitis,** 255
— Rinde sich nicht in Streifen ablösend; Rankenäste häufig mit Haftscheiben *(283);* Blkrblätt. strahlig ausgebreitet . . . **Parthenocissus,** 255

1. Vítis L., *Weinrebe*

Bltnstand rispig; Beeren saftig; Blätt. buchtig gelappt, 2-zeilig; Ranken ohne Haftscheiben, den Blätt. gegenüber; ♃; VI–VII.
Ⓖ! *Weinrebe,* **V. vinífera** L.

a. Bltn. zweihäusig; Beeren längl., 5–7 mm lg., mit 3 kugelig-herzf. Samen. *s* in Auwäldern des Oberrheins. *Wildrebe,* ssp. **sylvéstris** (Gmel.) Beg.
– Bltn. ⚥; Beeren größer, mit meist 2 schlanken Kernen. In zahlr. Sorten kultiviert. [ssp. *sativa* (Dc.) Beg.] *Kulturrebe,* ssp. **vinífera**

2. Parthenocíssus Planch., *Jungfernrebe, Wilder Wein*

1. Blätt. 3-teilig eingeschnitten; ♃; VII–VIII. Zierpfl. aus N-Am.
Dreilappige J., **P. tricuspidáta** (S. & Z.) Planch.
— Blätt. 5- bis 7-zählig gefing.; ♃; VII–VIII. Zierpfl. aus N-Am. (= *P. quinquefolia* auct.)
Fünfblättrige J., **P. insérta** (Kern.) Fritsch

Ordnung: **Santaláles**

Familie: **Santaláceae,** *Leinblattgewächse*

Grüne, auf den Wurzeln anderer Pfl. lebende Halbparasiten; Blätt. lineal; Bltn. auf das Tragblatt hinaufgerückt *(637–638),* klein, ⚥, mit bleibendem Perigon, in traubigen od. rispigen Bltnständen; Frkn. unterst., 4-fächerig; Nußfr.

Thésium L., *Leinblatt*

1. Unter jeder Blüte nur 1 Hochblatt (= Tragblatt; *637*); Vorblätt. fehlend; Bltnstand mit einem Schopf steriler Blätt. *6*
— Jede Blüte mit 3 Hochblätt. (= 1 Tragblatt u. 2 Vorblätt., *638–640*); Stg. bis zur Spitze Bltn. tragend *2*
2. Bltnhülle zur Frzt. nur an der Spitze eingerollt, untere Hälfte röhrig, mindestens so lg. wie die Fr. *(639);* Pfl. ohne Ausläufer *5*
— Bltnhülle z. Frzt. bis zum Grd. eingerollt, viel kürzer als die Fr. *(640)* *3*

3. Stg. spitzenw. traubig od. wiederholt traubig verzweigt; Frstiele so lg. od. wenig länger als die Fr., absthd.; Blätt. schmal-lineal, 1-nervig; Stg. zu mehreren, niederlgd.-aufstgd.; ♃; VI–VII. Trockenrasen. Nur in Lothringen bei Metz, Be, Ho. *Niederliegendes L.*, **Th. humifúsum** Dc.

— Stg. spitzenw. verzweigt, mit trugdoldig angeordneten Bltn.; Fr. deutl., wenn auch zuw. kurz gestielt ***4***

4. Pfl. ohne Ausläufer; Blätt. deutl. 3-nervig od. undeutl. 5-nervig, lanzettl., bläul.grün; 30–70 cm hoch; ♃; V–VII. Buschige Abhänge, Bergwiesen, auf Kalk; *z*, im N u. Alp. *f.* (= *Th. montanum* Ehrh. ex Hoffm.)
Bayrisches L., **Th. bávarum** Schr.

— Pfl. mit unterirdischen Ausläufern; Blätt. 1-nervig od. undeutl. 3-nervig, lineal-lanzettl., gelbgrün; 15–30 cm hoch; ♃; V–VI. Trockenhänge, sonnige Hügel u. Felsen; *z*, *s* im N, *f* im NW. (= *Th. intermedium* Schrad.)
Mittleres L., **Th. linophýllon** L.

5(2). Blätt. 1-nervig; Frstiele aufrecht; Frstand meist einstswendig; obere Hochblätt. am Rand glatt; Pfl. 10–30 cm hoch; ♃; V–VII. Wiesen, lichte Wälder, bis 2600 m aufstgd.; Alp. u. Voralp. *v*, sonst *z*.
Alpen-L., **Th. alpínum** L.

a. Bltnstand einstswendig; Pfl. fast unverzweigt, kahl od. spitzenw. grau behaart, nur 10 bis 20 cm hoch; *z*, *s* in SaAn u. Br. ssp. **alpínum**

– Bltnstand allstswendig; Pfl. locker verzweigt, 15–30 cm hoch. Voralp. *v*. (= *Th. tenuifolium* Saut.) ssp. **tenuifólium** (Saut.) O. Schwarz

— Blätt. schwach 3-nervig; Frstiele waagrecht absthd.; Frstand allstswendig; obere Hochblätt. am Rand von sehr feinen Zähnen rauh; Pfl. 10–50 cm hoch; ♃; V–VII. Bergwiesen, lichte Wälder; *z*, *f* im N. (= *Th. pratense* Ehrh. ex Schrad.) *Wiesen-L.*, **Th. pyrenáicum** Pourr.

a. Stg. aufrecht; Bltnstand locker; Pfl. 20–50 cm hoch; *s* in M- u. S-Dt. ssp. **pyrenáicum**

– Stg. bogig aufstgd.; Bltnstand dicht; Pfl. 10–15 cm hoch; Voralp. von Sb u. Ti. [= *Th. grandiflorum* (Dc.) Hand.-Mazz.] ssp. **alpéstre** (Brugger) O. Schwarz

6(1). Grdachse weit kriechend, ausläuferbildend; Fr. kurz gestielt, ledrig; Bltnhülle z. Frzt. höchstens so lg. wie die Fr. *(637)*; Pfl. 7–30 cm hoch; ♃; V–VI. Sonnige Hügel, Heidewiesen; *z* in Da, N- u. NW-Dt, SaAn, Schl.
Schopf-L., **Th. ebracteátum** Hayne

— Grdachse kurz, ohne Ausläufer; Fr. sitzend, fast kugelig, beerenartig, saftig, zitronengelb; Bltnhülle z. Frzt. doppelt so lg. wie die Fr. *(639)*; Pfl. 20–30 cm hoch; ♃; IV–V. Grasige Abhänge u. steinige Wiesen, Kies der Gebirgsflüsse; *z* in Alp., S-BW u. südl. Ba.
Schnabelfrüchtiges L., **Th. rostrátum** Mert. & Koch

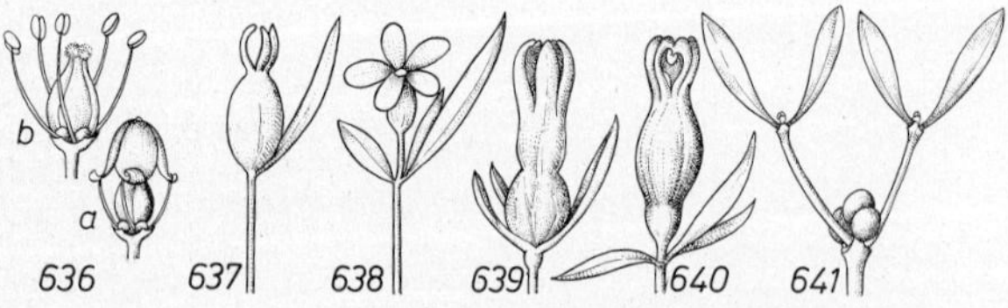

636 637 638 639 640 641

Familie: **Loranthaceae,** *Mistelgewächse*

Auf Bäumen lebende, halbstrauchige, grüne Halbschmarotzer, mit gabelig (dichasial) verzweigtem Astsystem *(641)*; Blätt. gegenst., ganzrandig; Bltn. eingschl., 2-häusig; Bltnhülle 4- bis 6-blättrig; Frkn. unterst., in die becherf. Bltnachse eingesenkt; Fr. schleimige, beerenartige Scheinfr.

1. Blätt. eif.-längl., gelbgrün, lederartig, wintergrün; selten auf Eichen
Viscum, 257

— Blätt. lanzettl.-spatelig, dk.grün, sommergrün; nur auf Eichen
Loranthus, 257

1. Loránthus L., *Riemenblume.* Bltn. in endst., lockeren Ähren; Beeren gelbl. ♃; V–VI. Nur in Sa (bei Dohna), sonst SO-Eur.
Europäische R., **L. europaéus** L.

2. Víscum L., *Mistel*

1. Nur auf Laubbäumen; Bltn. in sitzenden, endst. Trugdolden *(641);* Beeren weiß; Samen mit 2–3 Embryonen. ♃; II–IV; auf Laubgehölzen, auch Obstbäumen. *Laubholz-M.,* **V. álbum** L.

— Nur auf Nadelbäumen; Beeren weißl. bis gelbl.; Samen grünl., mit 1 Embryo; ♃; III–V. Nadelwälder. *Nadelholz-M.,* **V. láxum** Boiss. & Reuter

a. Blätt. 4–5mal so lg. wie breit, gelbl.grün; Beeren grün; nur auf Kiefern, seltener auf Fichte u. Lärche. *v* in Ba, Br, Me, sonst *z, f* im NW u. Th. (= *V. austriacum* Wiesbaur)
Kiefern-M., ssp. **láxum**

– Blätt. höchstens 3mal so lg. wie breit, mehr dk.grün; Beeren weißl.; nur auf Tannen; *v* in Ba u. BW, *z* in Th u. Sa, *f* RhPf. u. im N. *Tannen-M.,* ssp. **abiétis** (Wiesbaur) O. Schwarz

Ordnung: **Euphorbiáles** *(= Tricoccae)*

Familie: **Buxáceae,** *Buchsbaumgewächse*

Immergrüne Sträucher mit ledrigen, ganzrandigen Blätt.; Bltn. eingschl., in achselst. Knäueln

Búxus L., *Buchsbaum.* Strauch; Bltn. gelbl.-weiß, geknäuelt; ♃; III–IV. Kalk- u. Porphyrfelsen; *s,* RhPf (nur Moselgebiet) u. S-BW (Dinkelberg bei Lörrach), sonst gepflanzt u. verwild. *Immergrüner B.,* **B. sempervírens** L.

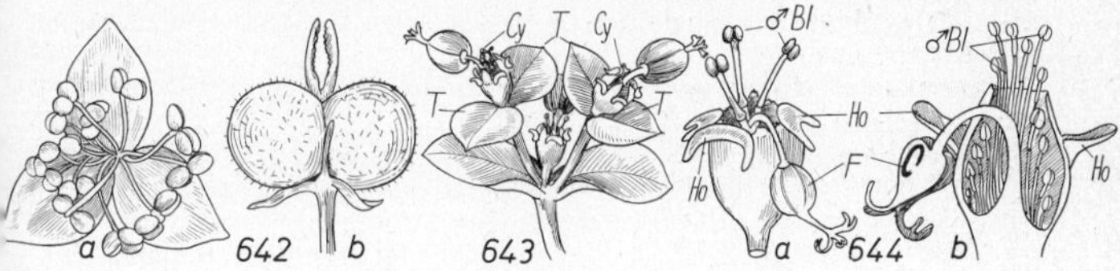

Familie: **Euphorbiáceae,** *Wolfsmilchgewächse*

Stauden od. Kräuter; Blätt. einfach, wechsel- od. gegenst.; Bltn. eingschl., 1- od. 2-häusig; ♂ Bltn. mit 1 od. vielen Stbblätt.; ♀ Bltn. mit 2–3 fächerigem Frkn.; Kapselfr.

1. Pfl. ohne Milchsaft; Blätt. gegenst.; Bltn. eingschl., 2-häusig, in reichbltg. Scheinähren; ♂ Bltn. mit 3-zähliger Bltnhülle u. 9–12 Stbblätt. *(642a);* ♀ Bltn. mit 2-fächerigem Frkn. *(642b).* . . . . . . **Mercurialis,** 257

— Pfl. mit Milchsaft; Blätt. wechselst., selten gegenst.; Bltnstände 3- bis vielstrahlige Scheindolden (Pleiochasien, *108*), die nach wiederholter Verzweigung in Dichasien übergehen *(643).* Jeder Ast mit einer „Scheinblüte", einem als *Cyathium (643, Cy)* bezeichneten Bltnstand endend. Dieser besteht aus einem zentralen, gestielten, später heraushängenden, 3-blättrigen Frkn. (= ♀ Blüte; *644, F*) u. 5 Reihen von ♂ Bltn. (*644a–b,* ♂ *Bl*), von denen jede ein einzelnes Stbblatt vortäuscht *(645);* die Grenze zwischen dem Bltnstiel *St* u. dem Filament *F* ist durch eine leichte Einkerbung gekennzeichnet *(645).* Umschlossen wird der ganze Bltnstand von 4 (selten 5) becherartig verwachsenen Hochblätt., zwischen denen meist eine elliptische od. halbmondf. Honigdrüse (*644, 646, Ho*) steht . . . . **Euphorbia,** 258

1. Mercuriális L., *Bingelkraut*

1. Pfl. ⊙, mit spindeliger Wurzel; Stg. stumpf 4-kantig, ästig; Bltn. meist 2-häusig, seltener 1-häusig; V–X. Schutt, Gartenland; *v, s* im N, *f* in Alp.
Einjähriges B., **M. ánnua** L.

— Pfl. ♃; mit unterirdischen Ausläufern; Stg. rund; Bltn. stets 2-häusig *2*

2. Blätt. deutl. gestielt, elliptisch bis längl.-eif.; Stg. unterhalb der Laubblätt. mit Niederblätt.; ♃; IV–V. Schattige Wälder; *v, s* im N. *Wald-B.,* **M. perénnis** L.

— Blätt. fast sitzend, rundl.-eif.; Stg. unterhalb der normalen Blätt. noch mit kleineren Laubblätt.; ♃; IV–V. Lichte Wälder, Geröllhalden; *s* nur in Ba (Donaugebiet). *Eiblättriges B.,* **M. ováta** Sternbg. & Hoppe

2. Euphórbia L., *Wolfsmilch*

1. Stg. niederlgd.; Blätt. gegenst., mit Nebenblätt. *23*

— Stg. aufrecht od. nur am Grd. niederlgd., zuw. mit unterirdischem Rhizom; Blätt. meist wechselst., selten gegenst. *2*

2. Pfl. nur der Sandstrände von W- u. S-Eur., kahl, blaugrün, etwas fleischig, bis 70 cm hoch; Blätt. lanzettl.-elliptisch, bis 3 cm lg., ganzrandig; Scheindolde 3- bis 6-strahlig; Strahlen bis zu 3mal gegabelt; Honigdrüsen ausgerandet; ♃; VI–VIII. Meeressandstrand; *f* in Dt, im Gebiet nur in Ho u. Be. *Strand-W.,* **E. parálias** L.

— Pfl. anderer Standorte u. nicht fleischig *3*

3. Stgblätt. gekreuzt-gegenst., in 4 Reihen, dk.grün; Scheindolden 2- bis 4-strahlig; Honigdrüsen kurz 2-hörnig; ⊙; VI–VIII. Aus S- u. SO-Eur. stammende, selten verwild. Garten-, Zier- und Heilpfl. *Kreuzblättrige W.,* **E. láthyris** L.

— Blätt. wechselst. *4*

4. Honigdrüsen halbmondf. od. 2-hörnig *(644a, Ho)* *14*

— Honigdrüsen rundl. od. quereif. *(646)* *5*

5. Reife Fr. glatt od. fein punktiert (bei *E. villosa* ist die Fr. zuw. mit kleinen Warzen besetzt) *11*

— Reife Fr. deutl. warzig (außer den Warzen zuw. auch noch Haare, *647–649*); Samen glatt *6*

6. Scheindolde vielstrahlig; Stg. bis 1,5 m lg., dick, hohl, am Grd. oft rot, kahl, zuw. an der Spitze etwas behaart; Pfl. einer kleinen Weide ähnl.; ♃; V–VI. Ufer, feuchte Wälder im Bereich der großen Ströme u. Flüsse; *z.* Ⓖ *Sumpf-W.,* **E. palústris** L.

— Scheindolde 3- bis 5-strahlig; Pfl. kleiner *7*

7. Frwarzen längl.-walzl. *(647),* an der Spitze orange- bis erdbeerfarbig; Hochblätt. *(643, T)* hellgelb; Blätt. sitzend, abgerundet; ♃; V–VI. Sonnige, buschige Hügel; kalkliebend; *s,* früher nur Ba (Landshut), auch als Zierpfl. (= *E. polychroma* A. Kern.) *Vielfarbige W.,* **E. epithymoídes** L.

— Frwarzen halbkugelig od. kurz walzl. *(648–649)* *8*

8. Blätt. kurz gestielt, unterst. meist zerstreut behaart; Honigdrüsen anfangs gelbgrün, später dk.purpurn; Scheindolden meist 5-strahlig; Fr. behaart od. kahl; Stg. mit fleischigem, sympodial verzweigtem Rhizom; ♃; V–VI. Schattige Wälder, Gebüsch; *z,* im N nur in SW-Br. *Süße W.,* **E. dúlcis** L.

a. Fr. auch zur Reife dicht behaart; *z, f* in W-Ba u. S-BW ssp. **dúlcis**

– Fr. nur in der Jugend behaart, später kahl; *z* nur im S u. W. ssp. **purpuráta** (Thuill.) Rothm.

— Blätt. sitzend, an der Spitze meist gesägt; Honigdrüsen gelb; Dolden 3- bis 5-strahlig; Früchte kahl *9*

9. Obere Stgblätt. mit verschmälertem Grd. ± sitzend; Hochblätt. breit-elliptisch bis verkehrt-eirund, fein gesägt, gelb, später oft orange; Bltntriebe

645 646 647 648 649 650 651

zahlr., dicht gebüschelt, an der Basis meist rötl.; ♃; V–VI. Trockene Wiesen, lichte Laub u. Kiefernwälder; *z,* im N *f.* (= *E. verrucosa* auct. non L.)
Warzen-W., **E. brittíngeri** Opiz ex Samp.

— Obere Stgblätt. mit herzf. Grd. sitzend; Hochblätt. 3-eckig-eif., am Rand kurz scharf gesägt *(650)* **10**

10. Kapsel 3–4 mm breit, mit halbkugeligen Warzen *(649);* Scheindolde 5-strahlig; Blätt. untersts. meist behaart; Pfl. von mäuseart. Geruch, 20–60 cm hoch; ⨀; VI–IX. Sonnige Plätze, Gräben, Äcker; im S u. W *v* bis *z,* im N *f.* *Breitblättrige W.,* **E. platyphýllos** L.

— Kapsel 2 mm breit, dicht mit kurz-walzl. Warzen *(648)* besetzt; Scheindolde meist 3-strahlig; unterhalb der Gipfelscheindolde noch zahlr., lg. gestielte, achselst. Scheindöldchen; Blätt. beiderseits. kahl, selten zerstreut langhaarig; ⨀; VI–VII. Gebüsche, Ufer, Gräben; Alp. u. Vorland, W- u. S-Dt *v,* sonst *s.* (= *E. stricta* L.) *Steife W.,* **E. serruláta** Thuill.

11(5). Blätt. kahl **13**

— Blätt. wenigstens untersts. behaart **12**

12. Kapsel kahl, seltener zerstreut behaart; Blätt. längl. od. längl.-spatelig, am Grd. abgerundet od. fast herzf., sitzend, obersts. kahl od. flaumig, untersts. weichhaarig; Pfl. 50–120 cm hoch; Stg. kahl; ♃; V–VI. Nasse Wiesen, Sümpfe, Moore; *s* in Schl. *Zottige W.,* **E. villósa** W. & K.

— Kapsel lg.-wimperhaarig; Blätt. längl.-spatelig, am Grd. verschmälert u. oft kurz gestielt, obersts. kahl, untersts. weichhaarig; Pfl. bis 80 cm hoch; ♃; V–VI. Steinige, buschige Orte, subalp. Nadel- u. Mischwälder; *s,* nur in Ba (Hals bei Passau), sonst Ober-, Niederösterreich u. Kärnten.
Österreichische W., **E. austríaca** Kern.

13(11). Scheindolde meist 5-strahlig; Blätt. spitzenw. an Größe zunehmend, keilig-verkehrt-eif., im vorderen Drittel fein gesägt, an der Spitze abgerundet, stumpf od. ausgerandet; Pfl. 5–40 cm hoch; ⨀; IV–XI. Garten- u. Ackerunkraut; *g.* *Sonnen-W.,* **E. helioscópia** L.

— Scheindolde vielstrahlig; Blätt. lineal-lanzettl., mit Stachelspitzchen, 3–5 mm breit, bläul.grün; Pfl. 15–60 cm hoch; ♃; VI. Sonnige Sand- u. Kalkhügel; *s* im Rhein-, Main-, Nahe-, Mosel-, Lippe-, Ems-, Unstrut-, Saale- u. Elbegebiet. (= *E. gerardiana* Jacq.) *Steppen-W.,* **E. seguierána** Neck.

14(4). Hochblätt. paarweise zu einem Becher verwachsen *(651);* Blätt. der nichtblühenden Triebe 4–7 cm lg., kahl od. flaumig behaart; Pfl. grün überwinternd, bis 70 cm hoch; ♃; IV–VI. Kalkbuchenwälder; in S-Dt *v,* sonst *z.*
Mandelblättrige W., **E. amygdaloídes** L.

— Hochblätt. frei, nicht verwachsen **15**

15. Hauptscheindolde 3- bis 5-strahlig; Kapsel glatt; Samen runzelig od. grubig **20**

— Hauptscheindolde vielstrahlig; Kapsel fein punktiert, rauh; Samen glatt **16**

16. Blätt. beiderststs. drüsig behaart u. fein bewimpert, längl.-lanzettl., sitzend; Honigdrüsen anfangs gelb, später purpurfarbig; Kapsel undeutl. runzelig; Pfl. 30–70 cm hoch; ♃; VI–VII. Wiesen, Äcker; *s* nur in Ba (Brandberg bei Regensburg). *Weidenblättrige W.,* **E. salicifólia** Host

— Blätt. kahl; Fr. fein punktiert **17**

17. Blätt. zum Grd. hin verschmälert, über der Mitte am breitesten od. durchwegs gleich breit; Stg. unter der Hauptscheindolde meist noch mit nichtblühenden Trieben **19**

— Blätt. unterhalb der Mitte am breitesten, nach der Spitze verschmälert; Pfl. 30–150 cm hoch **18**

18. Blätt. obersts. stark fettig-glzd.; Seitennerven in fast rechtem Winkel vom Mittelnerven abzweigend; Pfl. 40–130 cm hoch; ♃; V–VII. Sumpfwiesen, Flußufer; *s* Isar-, Oberrhein- (bei Gimbsheim), Oder-, Weichselgebiet.
Ⓖ! *Glänzende W.,* **E. lúcida** W. & K.

— Blätt. glanzlos od. schwach glzd.; Seitennerven in spitzem Winkel vom Hauptnerven abzweigend; Pfl. 30–150 cm hoch; ♃; V–VIII. Steppenhänge, Getreidefelder; aus O-Eur. u. Asien eingewandert; *s* in Sb, Ti, S-, M- u. NO-Dt. *Ruten-W.*, **E. virgáta** W. & K.

19(17). Blätt. nicht stachelspitzig, 1–3 mm breit, dünn, hellgrün; Hochblätt. gelb, zuletzt rot; Pfl. bis 40 cm hoch, mit Wurzelsprossen; ♃; IV–VII. Truppweise auf trockenen, sandigen Böden u. steinigen Weiden; *v.* *Zypressen-W.*, **E. cyparíssias** L.

— Blätt. stachelspitzig od. zugespitzt, 3–5 (–8) mm breit, längl.-lanzettl., nach dem Grd. keilf. verschmälert; Hochblätt. grün od. gelbl.; Pfl. bis 80 cm hoch; ♃; VI–VIII. Weiden, Wegraine, Gebüsche; *z, f* in Alp. *Esels-W.*, **E. ésula** L.

a. Blätt. verkehrt-lanzettl., stachelspitzig; Hochblätt. der Hauptscheindolde eilanzettl. bis schmal-eif.; Scheindoldenstrahlen einfach od. 1- bis 2mal-gabelig verzweigt; *z*, in Alp. *f.* ssp. **ésula**

– Blätt. lineal-lanzettl., zugespitzt; Hochblätt. der Hauptscheindolde schmal-lineal; Scheindoldenstrahlen bis 3mal gabelig verzweigt; *s* in Rheinebene, Elbtal von SH, SaAn, Th. ssp. **pinifólia** (Lam.) A. & Gr.

20(15). Frkapsel mit Flügelleisten; Blätt. gestielt, eif.-rundl., an der Spitze stumpf; Hochblätt. breit-eif.; Pfl. 4–35 cm hoch; ⨀; VI–XI. Ackerunkraut; *v.* *Garten-W.*, **E. péplus** L.

— Frkapsel nicht geflügelt; Blätt. sitzend, lanzettl. od. lineal, stumpf; Hochblätt. zugespitzt od. stachelspitzig ***21***

21. Hochblätt. breiter als lg., nieren- bis rautenf.; Hauptscheindolde 5-strahlig, wiederholt verzweigt; Pfl. 10–30 cm hoch; ⨀; VI–VII. Getreideäcker; nur vorübergehend eingeschleppt. (Heimat: Mittelmeergebiet). *Saat-W.*, **E. segetális** L.

— Hochblätt. so lg. od. länger als breit ***22***

22. Blätt. lineal, 1–4 mm breit, zugespitzt; Hochblätt. mit breit-herzf. Grd., mehrmals länger als breit; Stg. 5–20 cm lg.; ⨀; V–VI. Lehmäcker; *v, s* im NW, *f* in Alp. *Kleine W.*, **E. exígua** L.

— Blätt. lanzettl., bis 5 mm breit, stachelspitzig; Hochblätt. eif. bis 3-eckig, fein gezähnelt; Stg. 8–40 cm lg.; ⨀; VI–X. Getreideäcker; *z* u. unbeständig. *Sichel-W.*, **E. falcáta** L.

23(1). Pfl. kahl, später oft rot überlaufen; Blätt. blaugrün; Samen glatt; ⨀; VI–IX. Kulturland u. zwischen Straßenpflaster; aus Asien eingeschleppt u. *z* eingebürgert. *Niederliegende W.*, **E. humifúsa** Willd.

— Pfl. behaart; Blätt. obersts. meist purpurn; Samen gefurcht, meist rot; ⨀; VI–IX. Aus N-Am. eingeschleppt u. stellenw. eingebürgert. *Gefleckte W.*, **E. maculáta** L.

Ordnung: **Thymelaeáles**

Familie: **Thymelaeáceae,** *Seidelbastgewächse*

Sträucher, seltener Kräuter; Blätt. wechselst.; Bltn. ⚥, 4- bis 5-zählig; Bltnachse röhrig; Kblätt. blumenblattart., am Grd. in den Achsenbecher übergehend; Blkrblätt. fehlend; Stbblätt. 4–8, der Röhre des Achsenbechers angeheftet *(173);* Stein- od. Nußfr.; **giftig.**

1. Pfl. krautig; Achsenbecher bauchig, Bltn. unscheinbar; Fr. eine geschnäbelte Nuß . . . . **Thymelaea,** 260

— Sträucher; Achsenbecher röhrig; Kblätt. blumenblattartig auffällig; Steinfr. . . . . **Daphne,** 260

1. Thymelaéa Mill. em. Endl., *Vogelkopf, Spatzenzunge.* Blätt. lineal; Bltn. klein, einzeln od. in Knäueln, blattachselst. *(200);* Kblätt. 4; Stbblätt. 8; Pfl. 15–40 cm hoch, gelbl.grün; ⨀; VII. Brachäcker, Ödland, Weinberge; *z,* nur im S, im N *f.* *Gewöhnlicher V.*, **Th. passerína** (L.) Coss. & Germ.

2. Dáphne L., *Seidelbast, Steinröschen, Kellerhals.*

1. Bltn. grünl.gelb, in meist 5-bltg., blattachselst., nickenden Trauben; Blätt immergrün, bis 12 cm lg. u. 3 cm breit, ledrig; bis 120 cm hoher Strauch

♃; II–IV. Steinige Laubwälder, *s* in Baden (Grenzach, früher auch Kandern) u. E (Jura), RhPf (Brohl). Ⓖ *Lorbeer-S.*, **D. lauréola** L.

— Bltn. rot, selten weiß *2*

2. Bltn. meist zu 3 in den Achseln vorjähriger u. im Herbst abgefallener Blätt., vor der Entfaltung der diesjährigen Blätt. erscheinend, stark duftend; Blätt. verkehrt-längl.-lanzettl. *(250)*, bis 8 cm lang, frischgrün; Fr. scharlachrot; ♃; II–IV. Bergwälder; kalkliebend; *z, f* im NW, *s* im NO. Ⓖ *Kellerhals, Gemeiner S.*, **D. mezéreum** L.

— Bltn. in endst. Bltnständen, an beblätterten Trieben *3*

3. Bltn. einfarbig rot bis dk.rosa, mit dicht-kurzfilzigem Achsenbecher; Blätt. spatelig, bis 1,6 cm lg., gleichmäßig an den Zweigen verteilt; Fr. gelbbraun; ♃; IV–VI. Steinige, kalkhaltige, buschige Hänge, Heidewiesen, von der Ebene bis 1300 m; Alp. *z, s* im Vorland, N-Ba, BW (Jura, Hegau), S-Pfalz, E. Ⓖ *Heideröschen*, **D. cneórum** L.

— Bltn. hellrot, fein längsgestreift; Achsenbecher kahl; Blätt. spatelig, stachelspitzig, an den Zweigenden büschelig gehäuft; Fr. tief orangegelb; ♃; V–VII. Steinige, trockene Böden, vorwgd. des Krummholzgürtels der K-Alp.; *z* in Ti, Vb, Bayr. u. Allgäuer Alp. Ⓖ *Steinröschen, Gestreifter S.*, **D. striáta** Tratt.

Unterklasse: **Dilleníidae**, *Dillenienähnliche*

Ordnung: **Dilleniáles**

Familie: **Paeóniaceae**, *Pfingstrosengewächse*

[Wurden früher zu den *Ranunculaceae* (s. S. 151) gestellt; unterscheiden sich von diesen aber in der Entwicklung des Embryos]. Stauden mit knollig verdickten Wurzeln; Blätt. gefied.; Bltn. groß, rot; Stbblätt. zahlr.; Balgfr.

Paeónia L., *Pfingstrose.* Stg. krautig, 1-bltg.; Blätt. doppelt 3-zählig, unterststs. hellgrün; Bltn. dk.rot; Stbblätt. am Grd. zu einem Ring vereinigt; Frkn. 2–5, weißfilzig, mit breiter, roter Narbe; ♃; V–VI. Lichte, felsige Berghänge; Ti sehr *s*, häufiger in S- u. W-Alp.; auch als Zierpfl. *Echte Pf.*, **P. officinális** L.

Ordnung: **Theáles** *(= Guttiferales)*

Familie: **Hypericáceae**, *Johanniskraut- od. Hartheugewächse*

Stauden od. Halbsträucher; Blätt. gegenst., sitzend, oft von Öldrüsen durchscheinend punktiert; Bltn. in endst. Bltnständen; Kblätt. 5, an der Fr. erhalten bleibend; Blkrblätt. 5, in der Knospenlage gedreht; Stbblätt zahlr. in 3 od. 5, vor den Blkrblätt. stehenden Bündeln *(652)*; Frkn. oberst., 3- od. 5-blättrig; Kapselfr. Einzige heimische Gattung:

Hypéricum L., *Johanniskraut*

1. Stg. aufrecht *3*

— Stg. niederlgd. bis aufstgd., am Grd. oft wurzelnd *2*

2. Stg. stielrund, oberwärts gleich den Blätt. dicht weißhaarig; Bltn. in armbltg. Rispen; Kblätt. eif., am Rande rotdrüsig; ♃; VI–VIII. Torfige u. feuchte Wiesen, *s* im W, Ho, Niederrheingebiet bis Weser, früher Sa. (= *Elodes palustris* Spach.). *Sumpf-J.*, **H. elódes** L.

— Stg. 2-kantig, dünn, hohl, kahl; Blätt. blaugrün, kahl; Kblätt. ungleich groß, eif.-längl., ganzrandig, am Rand drüsig punktiert; ♃; VI–IX. Feuchte Sand- u. Lehmböden; *v, z* im N u. Alp. *Niederliegendes J.*, **H. humifúsum** L.

3(1). Kblätt. am Rand drüsig gesägt od. gefranst *(654)* *6*

— Kblätt. ganzrandig od. am Rand fein gesägt *(653)*, nur selten mit vereinzelten Drüsen *4*

4. Kblätt. zur Bltzt. doppelt so lg. wie der Frkn., lanzettl., zugespitzt; Stg. mit 2 erhabenen Längskanten, markig, kahl, gegen die Spitze hin drüsig; Bltn. in reichbltg. Trugdolden; ♃; VI–VIII. Wegränder, Trockenhänge, Wiesen. Formenreich. *Tüpfel-J.,* **H. perforátum** L.

a. Blätt. höchstens 1 cm lg., breit-eif.; Kblätt. 3–7 mm lg.; Blkrblätt. hell gestrichelt, punktiert; *s* in Ba, RhPf., Th. (= *H. veronense* Schr.) ssp. **veronénse** (Schr.) Froehl.

– Blätt. länger als 1 cm; Kblätt. 4–7 mm lg. . . . . **b**

b. Blätt. schmal-lineal; Kblätt. ± 1 mm breit; Bltn. 1,5–3 cm im Dm; Blkrblätt. schmal, am Rand schwarz gepunktet; *s* in Ti, Bayr. Hochebene, NrWe, Th, SH, Br. ssp. **angustifólium** (Dc.) Gaud.

– Blätt. breit-eif. bis breit-lanzettl.; Bltn. 2–3.5 cm im Dm . . . . **c**

c. Kblätt. 2–3 mm breit, an der Spitze gezähnt; *v* bis *z*. ssp. **latifólium** (Koch) Froehl.

– Kblätt. 1–1,5 mm breit, zugespitzt, gesägt od. ganzrandig; *g*. ssp. **perforátum**

— Kblätt. z. Bltzt. so lg. od. kürzer als der Frkn.; Stg. 4-kantig, zuw. geflügelt, kahl, hohl *5*

5. Stg. deutl. 4-kantig, geflügelt; Bltn. in dichten Trugdolden; Kblätt. schmal-lanzettl., zugespitzt; Blätt. breit-elliptisch, halbstgumfassend, dicht u. fein punktiert; ♃; VII–VIII. Feuchte Orte; *z*. (= *H. acutum* Moench) *Flügel-J.,* **H. tetrápterum** Fr.

— Stg. schwach 4-kantig, nicht geflügelt; Bltn. in armbltg. Trugdolden; Kblätt. elliptisch, stumpf; Blätt. breit-eif., am Grd. abgerundet, spärl. punktiert; ♃; VI–IX. Feuchte Orte. Formenreich. (= *H. quadrangulum* auct.) *Geflecktes J.,* **H. maculátum** Cr.

a. Bltn. 2–2,5 cm im Dm; Kblätt. sehr breit, mit hellen u. dk. Drüsen; Blkrblätt. auf der Fläche mit dk. Drüsen; *v*. ssp. **maculátum**

– Bltn. 2,5–3,5 cm im Dm; Kblätt. schmäler . . . . **b**

b. Blätt. elliptisch; Kblätt. eif.-längl. mit buchtig gezähnter Spitze, hell- u. dk.drüsig punktiert, *s* in Ba, BW. (= *H. dubium* Leers) ssp. **obtusiúsculum** (Tourl.) Hay. em. Froehl.

– Blätt. längl.-oval; Kblätt. lineal-lanzettl., mit feiner Haarspitze, gleich den Blkrblätt. schwarz punktiert. Sumpfwiesen, Moore; *s* in Ba, S-BW, Sb, Vb. ssp. **desetángsii** (Lamotte) Tourl. em Froehl.

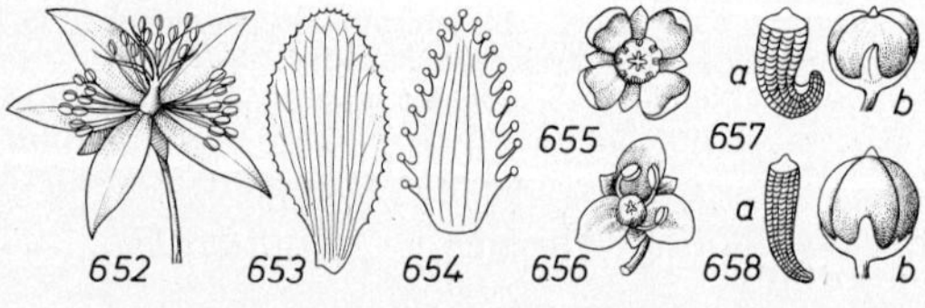

6(3). Stg. u. Blätt. dicht kurzhaarig; Bltn. auf behaarten Stielen, in lockerem, pyramidenf. Bltnstand; ♃; VI–VIII. Wälder u. Gebüsche; *v* in S- u. M-Dt, *z* im NW, *s* im NO, *f* in NS. *Behaartes J.,* **H. hirsútum** L.

— Stg. u. Blätt. kahl, zuw. aber drüsig *7*

7. Kblätt. stumpf-eif., fein gesägt, zuw. mit Drüsen *(653);* Blätt. 3-eckig-herzf., halbstgumfassend, unterststs. blaugrün, am Rand ohne schwarze Drüsenpunkte; Stg. stielrund, kahl, oft rötl.; Bltn. in lockeren verlängerten Bltnständen; ♃; VII–IX. Trockene Nadel- u. Laubwälder, auf kalkarmen Böden; *v* im W u. NW bis SH; *s* im O, *f* in Alp. *Schönes J.,* **H. púlchrum** L.

— Kblätt. spitz, mit gestielten Drüsen *(654);* Blätt. am Rand mit schwarzen Drüsenpunkten *8*

8. Bltn. in wenigbltg., fast kopfigen Trugdolden; Blätt. 2–8 cm lg., mit fast herzf. Grd. stgumfassend, unterststs. blaugrün, kürzer als die Stgglieder; Stg. oben wenig beblätt. u. rund, drüsenlos; ♃; VI–VIII. Wälder, Gebüsch, kalkliebend; *v* im S, *s* im N. *Berg-J.,* **H. montánum** L.

— Bltn. in vielbltgen, lockeren Bltnständen; Blätt. längl.-lanzettl., halbstgumfassend, meist länger als die Stgglieder, am Rand etwas umgerollt; Stg.

am Grd. stielrund, spitzenw. 2-kantig, schwarz-drüsig; ♃; VI–VII. Sonnige Kalk- u. Gipsfelsen; *s* in M- u. N-Th, SaAn, RhPf.
Zierliches J., **H. élegans** STEPH. ex WILLD.

Familie: **Elatináceae,** *Tännelgewächse*

Kleine Sumpf- od. Wasserpfl.; Blätt. gegen- od. quirlst., ungeteilt, mit Nebenblätt.; Bltn. einzeln, blattachselst., 2- bis 5-zählig; Frkn. oberst.; Kapselfr.

Elatíne L., *Tännel*

1. Blätt. quirlst., sitzend; unter Wasser in 8- bis 16-zähligen, außerhalb des Wassers in 3-zähligen Quirlen *(285);* Stg. aufrecht od. aufstgd.; Bltn. grünl.-weiß, 4-zählig, mit 8 Stbblätt. *(655);* ♃; VI–IX. Sthd. Gewässer; *z.*
Quirl-T., **E. alsinástrum** L.

— Blätt. gegenst., gestielt; Bltn. rötl.weiß; Stg. niederlgd., wurzelnd, verzweigt *2*

2. Blkr. 4-blättrig; Stbblätt. 8; Blattstiel meist länger als die Spreite; Stg. 2–15 cm lg.; ⊙; VI–IX. Stehende Gewässer; *s.*
Wasserpfeffer-T., **E. hydrópiper** L. em. OEDER

a. Samen hakig gekrümmt *(657a);* Kapsel kugelig, an der Spitze eingedrückt *(657b); s; f* in We, RhPf u. Alp. (= *E. gyrosperma* DUEBEN) ssp. **hydrópiper**

– Samen fast gerade od. wenig gekrümmt *(658a);* Kapsel längl., an der Spitze nicht eingedrückt *(658b); s* in Ba u. SH. ssp. **orthospérma** (DUEBEN) HERM.

— Blkr. 3-blättrig *(656);* Stbblätt. 3 od. 6; Blattstiel kürzer als die Spreite *3*

3. Bltn. sitzend, klein; Stbblätt. 3 *(656);* K. 2-teilig; Stg. 2–15 cm lg.; ⊙; VI–IX. Sthd. Gewässer; *s, f* in Alp., Th, Me u. SH. *Dreimänniger T.*, **E. triándra** SCHK.

— Bltn. gestielt; Stbblätt. 6; K. 3-teilig; Stg. 2–20 cm lg.; ⊙; VI–IX. Sthd. Gewässer; *s, f* in Alp., SaAn, SH. *Sechsmänniger T.*, **E. hexándra** (LAPIERRE) DC.

Ordnung: **Violáles** *(= Cistales; Parietales)*

Familie: **Violáceae,** *Veilchengewächse*

Kräuter; Blätt. mit großen, oft gefransten Nebenblätt. *(671–672);* Bltn. einzeln, lg. gestielt, nickend, zygomorph *(659),* zuw. geschlossen bleibend (kleistogam, *660*); Kblätt. 5, am Grd. mit krautigen Anhängseln *(661, A)*; Blkrblätt. 5, das untere gespornt *(659);* Stbblätt. 5, die beiden unteren mit einem in den Sporn hineinragenden, Nektar absondernden Anhängsel *(659);* Frkn. oberst., 3-blättrig; Kapselfr. *(661).*

Víola L., *Veilchen*

1. Die beiden seitl. Blkrblätt. nach oben gerichtet u. die beiden oberen mit den Rändern deckend *(664);* Bltn. violett, gelb, gelbl.weiß od. 3-farbig . . . *19*

— Die beiden seitl. Bltnblätt. nach abwärts gerichtet *(665);* Bltn. blau od. violett, rötl.-lila, selten weiß, niemals gelb, jedoch zuw. gelbgrün u. zweifarbig *2*

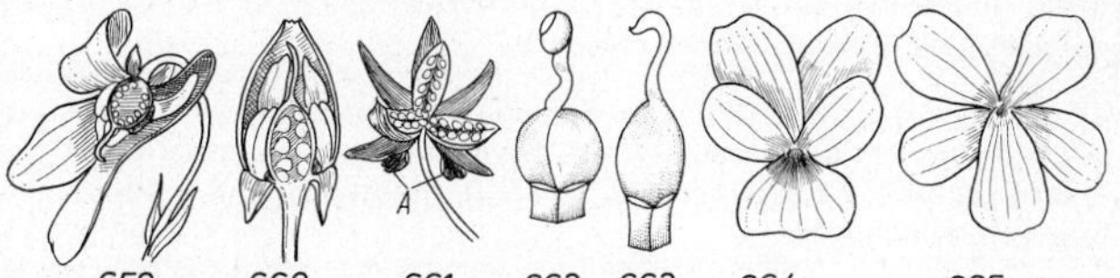

659 660 661 662 663 664 665

2. Stg. u. Blattstiele 1-reihig behaart; Blätt. mit breit-herzf., in der Jugend tütenf. eingerollter Spreite; Bltn. blaßlila, wohlriechend; Sporn grünl. weiß, dick, stumpf; ♃; IV–V. Lichte Laubwälder; auf Kalk; *z, f* im NW.
Wunder-V., **V. mirábilis** L.

— Stg. u. Blattstiele kahl od. behaart (dann aber nicht 1-reihig) **3**

3. Pfl. mit entwickelten u. beblätterten, oberirdischen Bltnstg.; Bltn. in den Achseln der Stgblätt.; Kblätt. zugespitzt **13**

— Pfl. ohne entwickelte oberirdische Stg.; Blätt. deshalb alle in grdst. Rosette; Bltn. in den Achseln der Rosettenblätt.; Kblätt. stumpf **4**

4. Narbe schief, scheibenf. *(662);* Blattspr. nierenf., an der Spitze meist abgerundet; Sumpfpfl. **11**

— Narbe hakig gebogen, geschnäbelt *(663);* Blattspr. herzf. *(666–667),* deutl. zugespitzt **5**

5. Pfl. ohne Ausläufer **9**

— Pfl. mit ober- od. unterirdischen, zuw. allerdings nur kurzen Ausläufern; Bltn. wohlriechend **6**

6. Bltnstiele in od. über der Mitte mit 2 schuppenf. Vorblätt.; Blätt. behaart **8**

— Vorblätt. unterhalb der Mitte der Bltnstiele (nur bei der gelbgrünen *V. pyrenaica* nahe der Mitte der Bltnstiele); Blätt. kahl, glzd.; Nebenblätt. schmal-lineal, lg. gefranst; Ausläufer höchstens 10 cm lg. **7**

7. Blätt. lebhaft grün, fettig glzd.; Bltn. dk.violett bis dk.blau, an der Basis weißl.; ♃; III–IV. Wild nur in S-Eur., sonst Zierpfl. u. stellenweise verwild. (= *V. beraudii* Bor.; = *V. cyanea* Čel.; = *v. sepinicola* Jord.) *Blau-V.,* **V. suávis** M. Bieb.

— Blätt. gelbl.grün; Bltn. lila bis blauviolett, in der unteren Hälfte weiß; Pfl. mit kurzen, nicht wurzelnden Ausläufern; ♃; IV–VII. Felsen, Schutt, Magerwiesen, subalp. Wälder; kalkliebend; *s* in Sb, Ti. (= *V. sciaphila* Koch) *Glattes Berg-V.,* **V. pyrenáica** Ram. ex Dc.

8(6). Bltn. weiß, mit stumpfem, grünl.weißem Sporn; Blattspreite fast 3-ekkig-herzf., weichhaarig; Nebenblätt. lineal, spitz, entfernt lg.-fransig, behaart; Sprosse weichhaarig; ♃; III–IV. Lichte Laubwälder der collinen u. mont. Reg.; *s* in E, BW (Oberrheintal, Bodenseegebiet), Ba, RhPf (Merzig). *Weißes V.,* **V. álba** Bess.

— Bltn. dk.violett, selten rosa od. weiß, wohlriechend; Blattspreite rundl.-nierenf. bis herz-eif., fein behaart, untersts. oft glzd.; Nebenblätt. eif., zugespitzt, meist ganzrandig; ♃; III–IV. Lichte Laubgehölze, Bachufer; *v,* aber wohl nur aus Gärten verwild. u. eingebürgert. *März-V.,* **V. odoráta** L.

9(5). Nebenblätt. lanzettl., ganzrandig od. nur kurz gefranst, kahl; Blattspreite durch eine seichte, weite Bucht herzf., beiderststs. behaart, am Rand regelmäßig gekerbt *(666);* Blkrblätt. hellblau-violett, am Grd. weiß; Sporn dünn, rötl.-violett; Bltn. geruchlos; ♃; III–V. Trockene Wiesen, Gebüsch; *v, s* im NO, *f* im NW. *Rauhes V.,* **V. hírta** L.

— Nebenblätt. mit zieml. langen, gewimperten Fransen; Bltn. wohlriechend **10**

10. Blattspr. durch einen tiefen, engen Ausschnitt herzf., am Rand fein gekerbt *(667),* untersts. fast wollig; Fransen der Nebenblätt. etwa so lg. wie deren Breite; Bltn. hellviolett bis weißl., mit weißl. Sporn; ♃; III–IV. Hügel, lichte Wälder, bis in die Voralp.; kalkliebend; *z, f* im NW. *Hügel-V.,* **V. collína** Bess.

— Blattspr. am Grd. seicht herzf. bis fast gestutzt; untere Fransen der Nebenblätt. höchstens halb so lg. wie deren Breite; Bltn. rötl.-violett; ♃; IV–V. Trockene Bergwiesen, Heiden; kalkmeidend; nur Th (Kyffhäuser). *Pontisches V.,* **V. ambígua** W. & K.

11(4). Nebenblätt. bis zur Mitte dem Blattstiel angewachsen, drüsig gezähnelt; Blattstiel geflügelt; Spreite herz-eif., bis 6 cm lg. u. bis 4 cm breit, am Rand seicht gekerbt; Bltn. hellviolett; ♃; IV–VI. Moorwiesen; *s* in Lausitz, OPr, Da; früher auch in Sa. *Moor-V.,* **V. uliginósa** Bess.

— Nebenblätt. frei, fransig gezähnelt od. ganzrandig; Blätt. nierenf., etwa so lg. wie breit; Blattstiel höchstens oberwärts etwas geflügelt **12**

12. Blätt. zu 2–6, meist zu 4, rosettig; Spreite kahl, glzd. gelbgrün, an der Spitze stumpf, meist breiter als lg.; Bltnstiel etwas oberhalb der Mitte 2 Vorblätt. tragend; Bltn. bis 1,5 cm groß, rötl.lila bis weiß; das untere Blkrblatt violett geadert; Pfl. mit Ausläufern; ♃; VI–VII. Hoch- u. Flachmoore; *v.* *Sumpf-V.,* **V. palústris** L.

— Blätt. nur zu 2, unterst. zerstreut behaart; Spreite meist zugespitzt, länger als breit; Vorblätt. im oberen Drittel des Bltnstieles; Bltn. bis 2 cm groß, nicht dk. geadert; ♃; V. Flach- u. Hochmoore; *s* im NO, O, SH, Da, früher auch in Sa. *Torf-V.*, **V. epípsila** Led.

13(3). Grdblätt. vorhanden, lg. gestielt, in ihren Achseln beblätt. Seitenäste entspringend; Blattspr. breit-eif. od. rundl., am Grd. deutl. herzf. . . ***17***

— Stgbasis ohne lg.-gestielte Grdblätt.; Blattspr. eif. od. längl.-eif., am Grd. seicht herzf. ***14***

14. Sporn 4–8 mm lg., 1–3 mal so lg. wie die Anhängsel, weiß od. gelbl., selten grünl.; Stg. niederlgd. bis aufstgd., 5–15 cm lg., schwach behaart od. kahl; Blätt. lg.gestielt, mit schmal- bis breit-eif., derber Spreite *(668a);* Nebenblätt. schmal-lanzettl., 0,5–1 cm lg, entfernt gezähnt bis gefranst *(668b);* Blkrblätt. blauviolett, am Grd. weißl.; ♃; IV–VI. Wiesen, Wälder, Heiden, Moore. Formenreich. *Hunds-V.*, **V. canína** L. (s. l.)

a. Sporn 2–3mal so lg. wie die K.-Anhängsel, aufwärtsgebogen, ausgerandet; Nebenblätt. 1/2–1/3 so lg. wie die Blattstiele, gefranst; *z* in Voralp. u. M-Geb. [= *V. canina* L. ssp. *schultzii* (Billot) Gams] *Schultze's V.*, **V. schúltzii** Billot

– Sporn 1- bis 2-mal so lg. wie die K.-Anhängsel . . . . **b**

b. Nebenblätt. 1/4–1/2 so lg. wie die Blattstiele, gefranst od. tief gezähnt *(668b).* Heiden, Waldränder; *z* in Voralp. u. M-Geb. [= *V. canina* L. ssp. *montane* (L.) Hartm.] *Berg-V.*, **V. montána** L.

– Nebenblätt. nur 1/6 bis 1/3 so lg. wie die Blattstiele, entfernt gefranst, zuw. ganzrandig *(668c).* Heiden, Magerwiesen, Kiefernwälder; *v.* *Hunds-V.*, **V. canína** L. (s. str.)

— Sporn 2–3 mm lg, kaum länger als die K.-Anhängsel, grünl. bis grünl.gelb; Nebenblätt. groß, gefranst-gesägt, die mittleren meist so lg. od. länger als der halbe Blattstiel ***15***

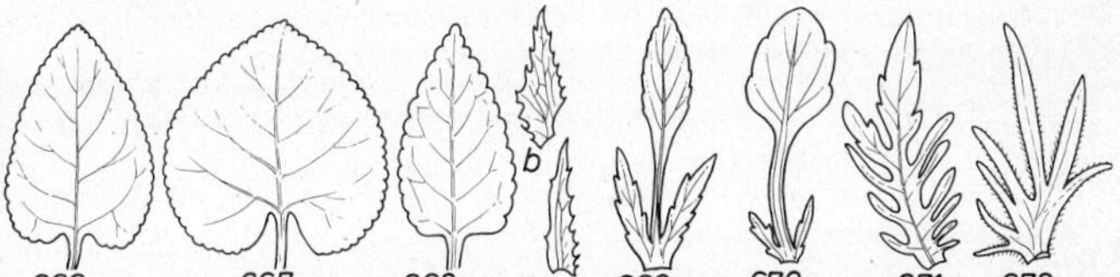

666 667 668a c 669 670 671 672

15. Nebenblätt. groß, blattartig, fast so lg. wie der Blattstiel *(669);* Blattspr. lanzettl.-keilf., in den breit geflügelten Stiel übergehend; Bltn. hellviolett, oft dk.geadert; Stg. nur 1 bis 1,5 (bis 3,5) cm lg.; ♃; V–VI. Trockene Magerwiesen; *s* im Gebiet des Ober- u. Mittelrheins, Mains, der Donau, Elbe, Elster, Saale, Unstrut, Bode, Br u. SO-Me. *Zwerg-V.*, **V. púmila** Chaix

— Nebenblätt. meist kürzer als der Blattstiel *(670);* Blattspr. schwach keilf. od. flach herzf., 2- bis 4-mal so lg. wie breit; Stg. länger als 1,5 cm ***16***

16. Stg. spitzenwärts gleich den Blätt. flaumhaarig, 20–40 cm lg., kräftig; Blattspr. 3–7 cm lg., 1–2 cm breit, in den 2–4 cm langen, undeutl. geflügelten Stiel überghd.; Nebenblätt. 2–3 cm lg., ganzrandig od. an der Basis grob gezähnt; Blkrblätt. hellblau, gestreift, am Grd. weiß; ♃; V–VI. Feuchte Wiesen; Stromtalpfl.; *z* im Gebiet der großen Flüsse. (= *V. erecta* auct.) *Hohes V.*, **V. elátior** Fr.

— Stg. fast kahl, 15–20 cm lg, ästig; Spreite 2–4 cm lg., am Grd. seicht herzf.; Blattstiel oberwärts geflügelt; Nebenblätt. 1/2 so lg. wie der Blattstiel, gezähnt; Bltn. klein, milchweiß, lila geadert; ♃; V–VII. Flachmoore; *z*, bes. in den großen Stromtälern, Alp. *f.* (= *V. persicifolia* auct.; = *V. lactea* auct.) *Bleiches Torf-V.*, **V. stagnína** Kit.

17(13). Blätt. u. Stg. meist flaumig behaart; Blattspr. rundl.-eif. bis herz-nierenf., fast so lg. wie breit, bläul.grün, unterst. oft violett; Nebenblätt. eif., gezähnt; Bltn. blauviolett bis weiß; Sporn 2–3 mal so lg. wie die K.-Anhängsel; Kapsel fein behaart; Stg. 4–6 cm lg.; ♃; IV–V. Trockenwiesen, Felsschutt u. Felsspalten, bis in die alp. Reg.; *z, s* im W, *f* im NW bis W-Me. (= *V. arenaria* DC.) *Sand-V.*, **V. rupéstris** F. W. SCHMIDT

— Blätt. u. Stg. ± kahl; Blattspr. breit-herzf., stets länger als breit; Stg. 8–25 cm lg. **18**

18. Sporn 5–6 mm lg., schlank, dk.violett, kaum gefurcht, abwärts gebogen; Bltn. kürzer als 2 cm, rötl.-violett; K.-Anhängsel kurz; Nebenblätt. schmal lanzettl., lg. gefranst bis ganzrandig; Blattspr. obersts. zerstr. behaart, unterst. oft violett; ♃; IV–VI. Wälder; *v.* (= *V. sylvestris* LAM. em. RCHB.) *Wald-V.*, **V. reichenbachiána** JORD. ex BOR.

— Sporn 3 mm lg., dick, unterstS. gefurcht, weißl. od. gelbl.-weiß, ± nach oben gebogen; Bltn. über 2 cm lg., hellviolett; K.-Anhängsel quadratisch; Nebenblätt. breit, wenig gefranst; ♃; IV–V. Wälder. *Hain-V.*, **V. riviniána** RCHB.

a. Bltn. groß, bis 22 mm lg.; Sporn stets weiß; Kapsel 9–13 mm groß; *v.* ssp. **riviniána**

– Bltn. kleiner als 20 mm; Sporn weiß; Kapsel 6–8 mm groß; Pfl. von gedrungenem Wuchs. Trockenrasen; *z.* ssp. **mínor** (GREGORY) VALENTINE

19(1). Sporn 8–15 mm lg., so lg. wie die dk.violetten, seltener gelben, breit-eif. Blkrblätt.; Blätt. grdst., eif.-lanzettl., jedersts. mit 1–3 Kerben; Nebenblätt. ganzrandig od. 3-spaltig; ♃; VI–VII. Felsen, Schutt, Matten, auf Dolomit; Alp. *v., z* in Ti, Vb, Allgäu. Ⓖ *Gesporntes V.*, **V. calcaráta** L.

— Sporn kürzer, höchstens 1/2 so lg. wie die Blkrblätt.; Bltn. gelb od. mehrfarbig **20**

20. Blattspr. breiter als lg., nierenf., ringsum gekerbt, frischgrün; Nebenblätt. meist ganzrandig; Bltn. gelb, bräunl. gestreift; Gr. mit abgeflachtem, 2-lappigem Narbenkopf; ♃; V–VI. Feuchte Wälder, Hochstaudenfluren; Alp. u. Vorland *v*, sonst *s* in NrWe, Th, Sa (Elbsandsteingeb.). *Zweiblütiges V.*, **V. biflóra** L.

— Blattspr. länger als breit; Nebenblätt. fied.teilig bis fingerf. geteilt *(671–672)*; Gr. fast gerade mit kugeliger, ausgehöhlter Narbe . . . **21**

21. Nebenblätt. fast fingerf. geteilt, mit ganzrandiger, linealer, die Seitenfied. kaum überragender Endfied. *(672)*; Bltn. rein gelb, violett od. mehrfarbig; ♃; VI–VIII. *g* auf Magerwiesen u. Weiden, auch als Zierpfl. *Gelbes Stiefmütterchen, Gelbes V.*, **V. lútea** HUDS.

Hierher folgende Kleinarten:

a. Wiesen; *z* in Sudeten bis Gesenke, von 1000–1400 m. *Sudeten-V.*, **V. sudética** WILLD.

b. Weiden, Triften; *z*, aber gesellig in Vog., von 800–1400 m. *Vogesen-V.*, **V. élegans** SPACH

c. Galmei- u. Zinkböden; *z* im Rheinisch-Belg. Schiefergeb. bis S-NS. *Galmei-V.*, **V. calaminária** (DC.) LEJ.

— Nebenblätt. fied.spaltig, mit längerem, meist gekerbtem Endzipfel *(671)*; Bltn. weiß, gelb od. 3-farbig **22**

22. Bltn. meist größer als 1,5 cm; Blkrblätt. länger als die Kblätt., die oberen häufig violett; ⊙ bis mehrjährig; V–X. Äcker, Dünen, Wiesen, bis in die subalp. Reg. aufstgd.; *v.* Formenreich. *Gewöhnliches Stiefmütterchen*, **V. trícolor** L.

— Bltn. meist kleiner als 1,5 cm; Blkrblätt. so lg. wie die Kblätt. **23**

23. Bltn. 1 (–1,5) cm groß; Stg. stark verzweigt, kahl od. schwach behaart; Nebenblätt. mit eif.-lanzettl. bis linealer Endfied.; ⊙; V–X. Äcker, Wegränder; *v.* Formenreich. *Acker-Stiefmütterchen*, **V. arvénsis** MURR

— Bltn. 0,5–1 cm groß; Stg. wenig verzweigt, grau behaart; Nebenblätt. mit breit-eif. Endfied.; ⊙; V–X. Ackerränder, Magerwiesen; *s* im Rheintal. *Kleines Stiefmütterchen*, **V. kitaibeliána** ROEM. & SCHULT.

Die Gattung neigt stark zur **Bastard**bildung.
Auch das häufig kultivierte
Gartenveilchen, **V.** x **wittrockiana** GAMS (= *V. hortensis* auct.): Nebenblätt. fiedspaltig, mit längerem, gekerbtem Endzipfel u. Bltn. größer als 3 cm
ist ein **Bastard** wahrscheinlich zwischen *V. lutea* HUDS. u. *V. tricolor* L.

Familie: **Cistáceae,** *Cistrosengewächse*

Zwergsträucher, Halbsträucher od. Kräuter; Blätt. gegen- od. wechselst.; Nebenblätt. vorhanden od. fehlend; Blkr. radiär; Kblätt. ungleich, 3 größere u. 2 kleinere; Blkrblätt. 5, in der Knospe gedreht; Stbblätt. zahlr.; Kapselfr.

1. Einjähriges Kraut; Blätt. breit, sitzend, mit 3 Längsnerven **Tuberaria,** 267
— Verholzte (zuw. nur an der Stgbasis) Zwerg- od. Halbsträucher *2*
2. Blätt. nadelf., wechselst.; äußere Stbblätt. ohne Stbbeutel **Fumana,** 267
— Blätt. breiter, wenigstens die unteren gegenst.; sämtl. Stbblätt. mit Stbbeuteln . . . . **Helianthemum,** 267

1. Tuberária (Dun.) Spach, *Sandröschen.* Stg. steif-aufrecht, 5–40 cm lg., behaart; Grdblätt. rosettig gehäuft, gegenst.; obere Stgblätt. wechselst.; Blkrblätt. zitronengelb, am Grd. mit od. ohne schwarzen Fleck, hinfällig; ⨀; V–VIII. Sandfelder, Kiefernwälder; *s* in Ba, N-Th, SaAn, mittl. Rheintal u. Nebenflüsse. [= *Helianthemum guttatum* (L.) Mill.]
Drüsiges S., **T. guttáta** (L.) Fourr.

2. Heliánthemum Mill., *Sonnenröschen*

1. Blätt. mit Nebenblätt.; Bltn. gelb od. weiß *3*
— Blätt. ohne Nebenblätt.; Bltn. gelb *2*
2. Blätt. untersts. grau- bis weißfilzig; Bltnknospen kugelig; Frstiele aufrecht od. waagrecht; reich verzweigter Halbstrauch; ♃; V–VI. Trockene, sonnige Orte; kalkliebend; *z* S- u. M-Dt. Ⓖ *Graues S.,* **H. cánum** (L.) Baumg.
— Blätt. beiderssts. grün, anlgd. behaart od. kahl; Bltnknospen eif.; Frstiele aufrecht, waagrecht od. zurückgeschlagen; 3–20 cm hoher, dicht- od. lockerrasiger Halbstrauch, mit aufsteigenden, weißfilzigen Ästen; ♃; V–VIII. Krummholzregion, Felsspalten, Flußschotter, kalkliebend; Alp. *v.* [= *H. oelandicum* (L.) Dc. ssp. *alpestre* (Jacq.) Breistr.] *Alpen-S.,* **H. alpéstre** (Jacq.) Dc.
3.(1). Blkrblätt. weiß, am Grd. zitronengelb; Nebenblätt. lineal-pfrieml. bis fadenf., die der unteren Blätt. etwa so lg. wie der Blattstiel, die der oberen Blätt. länger; lockerrasiger Halbstrauch mit aufrechten Stg.; ♃; V–VII. Sonnige, steinige Hänge; *s* in Ba, RhPf., SaAn.
Ⓖ *Apenninen-S.,* **H. apennínum** (L.) Mill.
— Bltn. gelb; Nebenblätt. lanzettl., länger als der Blattstiel; ♃; V–IX. Sonnige, trockene Stellen. Formenreich. (= *H. chamaecistus* Mill.; = *H. vulgare* Gaertn.) *Gemeines S.,* **H. nummulárium** (L.) Mill.
a. Blätt. untersts. graufilzig, lineal-lanzettl.; Blkrblätt. 8–12 mm lg., goldgelb. Triften, Waldränder; *z, f* im N. ssp. **nummulárium**
– Blätt. zerstreut behaart od. kahl, eif.-lanzettl. . . . . **b**
b. Blkrblätt. 8–12 mm lg.; die inneren Kblätt. 5–8 mm lg., meist behaart; V–IX. Triften, Waldränder, *v.* [= *H. ovatum* (Viv.) Dun.] ssp. **obscúrum** (Čel.) Holub
– Blkrblätt. 10–18 mm lg.; die inneren Kblätt. 7–10 mm lg., zwischen den Nerven kahl . . . . **c**
c. Blätt. kahl od. nur am Rand u. untersts. am Mittelnerv gewimpert; innere Kblätt. zuw. mit Büschelhaaren; VII–VIII. Matten u. Legföhrengebüsch der Alp. von Sb, Ti, Ba u. Isartal bei München, E, *s.* (= *H. nitidum* Clementi) ssp. **glábrum** (Koch) Wilczek
– Blätt. beidersts. od. wenigstens obersts. zerstreut behaart; Kblätt. auf den Nerven mit langen Büschelhaaren; VII–VIII. Alpenmatten; *v* in Alp., *s* in BW (Randen u. Oberrhein), Vog. [= *H. grandiflorum* (Scop.) Dc.] ssp. **grandiflórum** (Scop.) Sch. & Th.

3. Fumána Spach, *Heideröschen.* Bltn. einzeln, seitenst. od. in endst. Wikkeln, gelb; Blätt. nadelf.; 10–20 cm hoher, niederlgd. Halbstrauch; ♃; VI–VIII. Sonnige, trockene Hügel, kalkliebend; *z* in M- u. S-Dt, E. (= *Helianthemum fumana* L.).
Gemeines Heideröschen, **F. procúmbens** (Dun.) Gren. & Godr.

Familie: **Tamaricáceae,** *Tamariskengewächse*

Bäume od. Sträucher mit schuppenf. Blätt.; Bltn. in Trauben, 5-zählig; Frkn. oberst.

Myricária (L.) Desv., *Rispelstrauch.* Blätt. klein, dichtdachig, graugrün; Tragblätt. länger als die Bltnstiele; Bltn. hellrosa; bis 2 m hoher Strauch; ♃; VI–VIII. An Flüssen der Alp. u. Vorland *v, z* in BW (Bodenseegebiet, S-Schw. Rheintal). *Deutscher R.,* **M. germánica** (L.) Desv.

Ordnung: **Capparáles** (= *Rhoeadales*)

Familie: **Brassicáceae** (= *Cruciferae), Kreuzblütler*

Kräuter od. Stauden, seltener Halbsträucher; Blätt. wechselst., im Alter ohne Nebenblätt.; Bltn. in einfachen Trauben od. Doppeltrauben, selten in Trugdolden, ohne Gipfelblüte, fast stets ohne Tragblätt.; Kblätt. 4, Blkrblätt. 4, kreuzweise angeordnet. *(675,* daher *Kreuzblütler);* Stbblätt. meist 6, in 2 Kreisen, davon 4 lange u. 2 kurze *(673–674),* selten 4 od. 2, am Grd. der Stbblätt. häufig Honig- od. Saftdrüsen *(674, H)*; Frkn. oberst., 2-blättrig, durch eine falsche Scheidewand in 2 Fächer geteilt *(675, S)*; Fr. 2-klappig aufspringende *(115)* Schoten *(676),* Gliederschoten *(677)* od. Schötchen *(678).* Viele Arten infolge des Gehaltes an Senfölglykosiden scharf riechend u. schmeckend.

1. Fr. wenigstens 3-mal so lg. wie breit *(676–677);* **Schotenfrüchtige Kreuzblütler**[1] . . . . **Tabelle I,** 268
— Fr. höchstens 3-mal so lg. wie breit *(678);* **Schötchenfrüchtige Kreuzblütler**[1] . . . . **Tabelle II,** 271

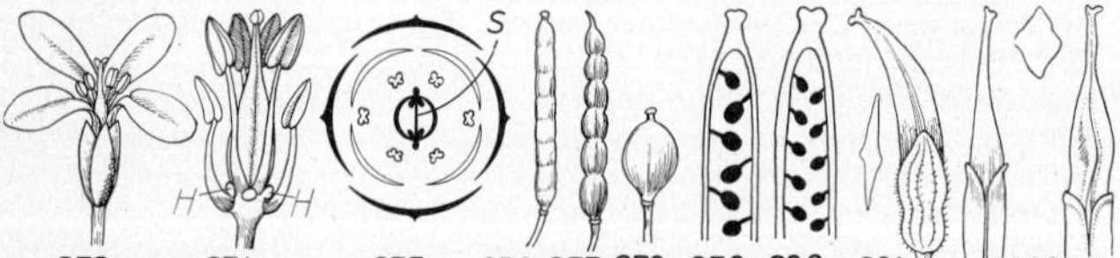

673 674 675 676 677 678 679 680 681 a 682 b

TABELLE I
Schotenfrüchtige Kreuzblütler

1. Blattspr. (wenigstens die der Grdblätt.) gefied., gefing., fied.spaltig od. buchtig, stets tief eingeschnitten ***22***
— Blattspr. (auch die der Grdblätt.) ungeteilt; ihr Rand ganzrandig, seicht gelappt, gezähnt od. gesägt, aber niemals tief eingeschnitten ***2***
2. Blätt. (zuw. nur die Stgblätt.) mit herz.- od. pfeilf. Grd. stgumfassend *(689)* ***18***
— Blätt. gestielt od. sitzend, wenn am Grd. herzf., dann aber nicht stgumfassend ***3***
3. Bltn. gelb od. bräunl. ***14***
— Bltn. weiß, rot, lila, violett od. bläul.; wenn gelbgrün, dann violett geadert *(Hesperis tristis)* ***4***
4. Blattspr. am Grd. herzf. ausgerandet ***12***
— Spreitengrd. nicht herzf. ausgerandet ***5***
5. Narbenlappen hornf. gebogen *(683);* Bltn. stark duftend; Blätt. graufilzig . . . . **Matthiola,** 277
— Narbenlappen nicht hornf. gebogen ***6***
6. Bltn. weiß (selten rötl.) ***8***

[1] Ob die Frucht sich zu einer Schote od. einem Schötchen entwickelt, ist zwar bereits in jungen Entwicklungstadien festzustellen, aber ohne **reife** Frucht ist eine sichere Bestimmung meist nicht möglich.

— Bltn. rot od. violett (bei *Hesperis* selten weiß), bläulich od. gelbgrün u. dann violett geadert ***7***
7. Blätt. dickfleischig, kahl; Schote 2-samig u. 2-gliedrig, das obere Glied dolchartig *(684);* Strandpfl. . . . . **Cakile,** 289
— Blätt. nicht dickfleischig, weichhaarig od. kahl; Schote mehrsamig; Narbe tief 2-lappig, mit aneinanderlgd. Lappen *(685)* . . . **Hesperis,** 277
8(6). Schoten weniger als 1 mm breit, rundl.-vierkantig, etwas gebogen; Bltn. klein (ca. 2 mm breit); Blätt. am Stggrd. gehäuft . **Arabidopsis,** 275
— Schoten breiter als 1 mm ***9***
9. Samen in die Scheidewand der Fr. eingesenkt; Fr. flach, netznervig, aber nicht höckerig . . . . **Arabis,** 280
— Samen nicht in die Scheidewand eingesenkt; Frklappen daher über den Samen höckerig ***10***
10. Samen 2-reihig[1] od. undeutl. 2-reihig; Blkrblätt. weiß, beim Trocknen violett werdend, keil- bis verkehrt-herzf., 3–4 mm lg.; Grdblätt. ganzrandig od. undeutl. gezähnt, kahl od. mit angedrückten, 2-gabeligen Haaren besetzt; Alpenpfl. **Braya,** 282
— Samen 1-reihig[1] ***11***
11. Pfl. feuchter, humöser Böden . . . . **Cardamine,** 278
— Pfl. der Kalkfelsen; Grdblätt. von einfachen u. Gabelhaaren rauh **Cardaminopsis petraea,** 280
12(4). Bltn. hellviolett; Schoten groß, breit-elliptisch, flach, bei der Reife pergamentart.; Blattspr. lg. zugespitzt, unregelmäßig gezähnt **Lunaria,** 282
— Bltn. weiß; Schoten anders gestaltet ***13***
13. Blätt. beim Zerreiben stark nach Knoblauch riechend; Schoten 4-kantig . . . . **Alliaria,** 275
— Blätt. beim Zerreiben nicht nach Knoblauch riechend; Schoten abgeflacht . . . . **Arabis,** 280
14(3). Bltn. stark duftend, meist bräunl. (bei Gartenformen auch andersfarbig); Narbe tief 2-lappig; die Lappen später zurückgekrümmt; Blätt. ganzrandig . . . . **Cheiranthus,** 277
— Bltn. nicht stark duftend; Narbe einfach, ungeteilt ***15***
15. Kblätt. aufrecht; Schoten 4-kantig; Frklappen 1-nervig; Blätt. entfernt gezähnt od. ganzrandig, von 3- od. 2-spaltigen Haaren etwas rauh **Erysimum,** 276
— Kblätt. später absthd. ***16***
16. Stg. u. Seitenäste steif aufrecht; Pfl. 0,5–1 (–2) m hoch; Blätt. gezähnt; Schoten bis 6 cm lg., aufrecht absthd., mit 3-nervigen Klappen **Sisymbrium strictissimum,** 274
— Stg. ± absthd.-sparrig-ästig, bis 1,2 m hoch ***17***
17. Schoten 1–2 cm lg., aufrecht, durch den Schnabel[2] bespitzt **Brassica,** 288
— Schoten 2,5 bis 4 cm lg., aufrecht, bis waagrecht absthd., mit langem (bis 1 cm) Schnabel . . . . **Sinapis arvensis,** 289
18(2). Bltn. weiß od. gelbl.weiß ***20***
— Bltn. rein gelb ***19***
19. Schoten hängend, z. Z. der Reife dk.blauviolett, abgeflacht, geflügelt *(687),* 1-samig . . . . **Isatis,** 276
— Schoten aufrecht, rundl., ungeflügelt, mit schnabelartigem Fortsatz *(688),* vielsamig . . . . **Brassica,** 288

---

[1] Die Samen sind ***1-reihig*** angeheftet, wenn sie etwa bis zur Mitte der Scheidewand vorspringen u. 1 Längszeile bilden *(679);* sie sind ***2-reihig*** angeheftet, wenn sie mehr dem Rand der Fr. genähert sind u. somit in 2 Zeilen auftreten *(680).*

[2] Bei Vertretern mancher Gattungen ist der Griffel stark entwickelt, wächst bei der Fruchtreife heran u. bildet den **Schnabel** der Frucht *(681–682).*

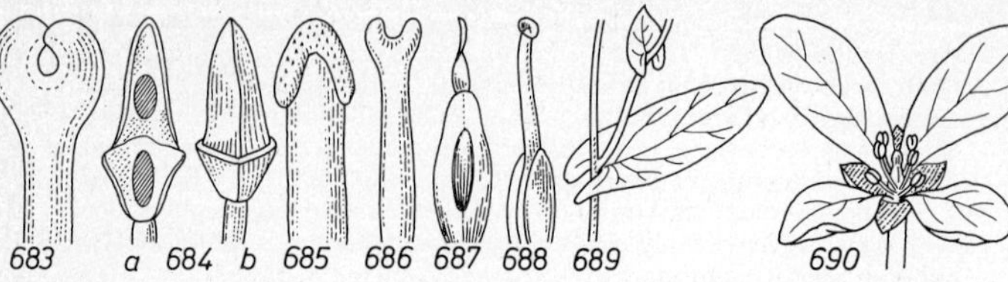

20(18). Blätt. eif., bis rundl. *(689),* kahl, bläul. bereift; Samen 1-reihig[1] *(679)* . . . . **Conringia,** 288
— Blätt. ± zugespitzt, kahl od. behaart ***21***
21. Samen deutl. 2-reihig[1] *(680);* Grdblätt. (z. Bltzt. oft fehlend) buchtig gezähnt, rauhhaarig; Stgblätt. ganzrandig u. kahl; Schoten vierkantig, dem Stg. angedrückt . . . . **Arabis glabra,** 280
— Samen 1-reihig *(679);* Blätt. fast stets behaart, selten kahl; Schoten flach, zusammengedrückt . . . . **Arabis,** 280
22(1). Blkrblätt. gelb od. gelbl.weiß ***30***
— Blkrblätt. rötl., violett od. reinweiß, selten fehlend ***23***
23. Blätt. gefied. *(59),* gefing. *(64)* od. 3-zählig *(65)* (aus getrennten Fied. zusammengesetzt) ***27***
— Blätt. buchtig gezähnt, fiedspaltig *(42)* od. leierf. gefied. *(41);* Fied. nicht bis zur Rhachis getrennt ***24***
24. Blätt. dickfleischig, kahl; Schoten 2-gliedrig, das obere Glied dolchf. *(684b);* Strandpfl. . . . . **Cakile,** 289
— Blätt. nicht dickfleischig, ± behaart ***25***
25. Blkrblätt. über 1 cm lg.; K. oft borstig behaart; Schoten dickwandig, oft zwischen den Samen perlschnurartig eingeschnürt *(677).* **Raphanus,** 290
— Blkrblätt. etwa 0,5 cm lg.; Schoten nicht perlschnurartig eingeschnürt, lineal, flach ***26***
26. Samen kaum in die Scheidewand eingesenkt; Frklappen deshalb über den Samen höckerig . . . . **Cardaminopsis,** 280
— Samen wechselweise in die Scheidewand eingesenkt; Frklappen deshalb flach u. nur wenig höckerig . . . . **Arabis,** 280
27(23). Bltn. weiß od. gelbl.weiß ***29***
— Bltn. rötl. od. lila-rötl. (wenn gelbl.weiß, dann Fied. 4–8 cm lg.) ***28***
28. Pfl. mit unterirdischem, fleischigem, von Niederblätt. besetztem Rhizom . . . . **Dentaria,** 279
— Pfl. ohne fleischiges Rhizom . . . . **Cardamine pratensis,** 279
29(27). Stg. am Grd. kriechend, meist hohl, kahl; Schoten kurz, lineal; Samen 1- od. 2-reihig *(679–680);* Stbbeutel gelb . . . . **Nasturtium,** 278
— Stg. aufrecht; Schoten zusammengedrückt; Samen 1-reihig *(679);* Stbbeutel gelb od. violett . . . . **Cardamine,** 278
30(22). Schoten selten bis 1 cm lg., so lg. od. kürzer als die Frstiele, ungeschnäbelt, absthd.; Frklappen nervenlos; Samen undeutl. 2-reihig **Rorippa,** 277
— Schoten wenigstens 1 cm lg. (wenn kürzer, dann lg.-geschnäbelt), z. Reifezt. länger als die Frstiele ***31***
31. Mittlere u. obere Stgblätt. mit herzf., pfeilf. od. geöhrtem Grd. stgumfassend ***44***
— Stgblätt. nicht stgumfassend ***32***

[1] Vgl. Anmerkung 1, S. 269.

32. Blätt. 3- bis 5-zählig gefing., quirlst.; Bltn. gelbl.weiß, in überhängenden Trauben . . . . **Dentaria,** 279
— Blätt. ungeteilt, fiedspaltig od. gefied. ***33***
33. Schote perlschnurartig eingeschnürt *(677);* Bltn. hellgelb, seltener weiß, deutl. geadert; K. aufrecht, meist borstig . . . . . **Raphanus,** 290
— Schoten nicht perlschnurartig ***34***
34. Schoten stets deutl. geschnäbelt *(681–682)* ***36***
— Schoten nicht geschnäbelt *(676);* Klappen 3-nervig ***35***
35. Blätt. 2- bis 3-fach gefied., mit linealen Zipfeln, durch Sternhaare grauhaarig . . . . **Descurainia,** 275
— Blätt. leierf. gefied., mit größerer Endfied. *(41);* Haare einfach **Sisymbrium,** 274
36(34). Schoten absthd., der Achse nicht angedrückt ***39***
— Schoten aufrecht, der Achse anlgd. od. angedrückt ***37***
37. Schoten mit lg. schwertf. *(681),* samenlosem Schnabel; Bltn. gelbl.-weiß, stets dk.-violett geadert . . . . **Eruca,** 289
— Schotenschnabel nicht schwertf., rundl. *(682a)* od. ± 4-kantig *(682b)* ***38***
38. Schoten 15–20 mm lg., ihre Klappen durch den hervortretenden Mittelnerven gekielt; Schnabel dünn *(682a)* . . . . **Brassica,** 288
— Schoten 8–12 mm lg.; Mittelnerv nicht kielartig hervorspringend; Frstiel zur Reifezt. stark keulig verdickt . . . . **Hirschfeldia,** 289
39(36). Samen kugelrund, stets 1-reihig ***41***
— Samen eif. od. längl.; Schoten sehr kurz geschnäbelt ***40***
40. Samen 1-reihig; Frklappen 1-nervig, gewölbt; Bltn. hell- bis leuchtendgelb, die untersten oft in der Achsel eines Tragblattes; Blätt. behaart . . . . **Erucastrum,** 289
— Samen 2-reihig *(680);* Frklappen 1-nervig, flach; Bltn. zitronengelb, ohne Tragblatt; Blätt. kahl . . . . **Diplotaxis,** 288
41(39). Frschnabel zusammengedrückt, schwertf. *(681)* ***43***
— Frschnabel rundl. od. ± 4-kantig *(682)* ***42***
42. Pfl. reichästig, sparrig, bis 60 cm hoch; Stgblätt. saftig-grün **Sinapis arvensis,** 289
— Pfl. wenig verzweigt, aufrecht; Blätt. abwischbar, blaugrün bereift **Brassica,** 288
43(41). Kblätt. waagrecht absthd., am Grd. nicht ausgesackt; Schnabel meist samenlos, seitl. stark zusammengedrückt, schwertf., oft gekrümmt *(681)* . . . . **Sinapis,** 289
— Kblätt. aufrecht, die seitl. am Grd. ausgesackt; Schnabel mit 1–6 Samen; Bltn. nach dem Verblühen oft weißl. violett . **Rhynchosinapis,** 289
44(31). Bltn. gelbl.weiß; Stgblätt. ganzrandig; Samen 2-reihig; Schoten dem Stg. angedrückt . . . . **Arabis glabra,** 280
— Bltn. gelb; Samen 1-reihig ***45***
45. Stgblätt. grasgrün, mit pfeilf. Grd., fiedspaltig od. gezähnt; Schoten kurzgeschnäbelt . . . . **Barbarea,** 277
— Stgblätt. graugrün, mit pfeilf. od. geöhrtem Grd., meist ganzrandig; Schoten lg. geschnäbelt *(682a)* . . . . **Brassica,** 288

TABELLE II
Schötchenfrüchtige Kreuzblütler

1. Blkr. stets vorhanden ***4***
— Blkr. fehlend ***2***
2. Schötchen rundl.-kugelig; Stbblätt. 2, selten 4; Pfl. stinkend **Coronopus didymus,** 288

— Schötchen flachgedrückt, rundl. od. 3-eckig; Stbblätt. 6 . . . . ***3***

3. Schötchen 3-eckig, am Rand nicht geflügelt, mehrsamig; Blkr. zuw. fehlend . . . . **Capsella,** 284

— Schötchen rundl.-eif., an der Spitze geflügelt, 2-samig . . **Lepidium,** 287

4(1). Blkrblätt. alle gleichgroß ***6***

— Blkrblätt. ungleich groß *(690)* ***5***

5. Blätt. in grdst. Rosette, leierf. gefied.; Stbblätt. am Grd. mit einem kronblattartigen Anhängsel; Fächer des Schötchens 2-samig; Bltn. klein . . . . **Teesdalia,** 285

— Blätt. nicht in grdst. Rosette; Stbblätt. ohne Anhängsel; Fächer des Schötchens 1-samig; Bltn. ansehnl. *(690)* . . . . **Iberis,** 286

6(4). Bltn. gelb od. gelbl.weiß (nach dem Verblühen oft weiß verbleichend) ***34***

— Bltn. rötl., violett od. rein weiß ***7***

7. Blkrblätt. ungeteilt od. höchstens seicht ausgerandet ***9***

— Blkrblätt. tief 2-spaltig ***8***

8. Blätt. in grdst. Rosette; Pfl. 5–10 cm hoch . . . . **Erophila,** 283

— Stg. bis in die Bltnregion beblättert, grauhaarig, 25 bis 50 cm hoch **Berteroa,** 282

9(7). Blattspr. 20–60 cm lg. u. bis 25 cm breit, in den Blattstiel verschmälert; Bltn. weiß ***33***

— Blattspr. kleiner als 20 cm (nur die rötl. blühende *Lunaria* hat zieml. große Blätt., jedoch mit herzf. Spreitengrd.) ***10***

10. Blätt., zumindest die Grdblätt. u. mittl. Stgblätt., fiedteilig, fiedspaltig od. an der Spitze 3–5-spaltig ***24***

— Blätt. ganzrandig, gezähnt od. gesägt, jedoch nicht fiedteilig od. fiedspaltig ***11***

11. Bltn. weiß ***14***

— Bltn. rötl. od. violett ***12***

12. Schötchen sehr groß, bis 3 cm breit; Blätt. gestielt, mit herzf. Spreitengrd.; Pfl. 30–140 cm hoch . . . . **Lunaria,** 282

— Schötchen viel kleiner; Blätt. sitzend; Pfl. bis 25 cm hoch . . . ***13***

13. Obere Stgblätt. mit breitem, geöhrtem Grd. sitzend, dickl., bläul. grün . . . . **Thlaspi rotundifolium,** 285

— Stgblätt. in den kurzen Blattstiel verschmälert; die 4 längeren Stbblätt. geflügelt; Alpenpfl. . . . . **Aethionema,** 286

14(11). Stg. auch über dem Grd. beblättert ***16***

— Blätt. in grdst. Rosette ***15***

15. Blätt. pfrieml., grasart. *(187);* 2–8 cm hohe Wasserpfl. . . **Subularia,** 288

— Blätt. lanzettl. od. verkehrt-eif., oft in kugeligen Rosetten od. Polstern; Landpfl. . . . . **Draba,** 282

16(14). Stg. u. Blätt. ± behaart ***19***

— Stg. u. Blätt. kahl ***17***

17. Schötchen an der Spitze ausgerandet u. meist geflügelt *(723–727),* zusammengedrückt, Fächer 1- bis mehrsamig . . . . **Thlaspi,** 285

— Schötchen nicht ausgerandet u. nicht geflügelt ***18***

18. Schötchen fast kugelig, mit stark gewölbten Frklappen u. dunklem Mittelnerv; obere Stgblätt. geöhrt bis stgumfassend od. gestielt (im letzteren Falle die mittl. Stgblätt. 3- bis 5-lappig) . . . . **Cochlearia,** 283

— Schötchen deutl. zusammengedrückt; Fächer 1-samig; obere Blätt. nicht stgumfassend; Pfl. 30–100 cm hoch . . . . **Lepidium,** 287

19(16). Schötchen nicht kugelrund ***21***

— Schötchen fast kugelrund ***20***

20. Grdblätt. rosettig gehäuft, spatelf., anlgd. borstig behaart; Stg. dünn, zickzackf. gebogen; Fr. bei der Reife klappig aufspringend **Kernera,** 284

— Grdblätt. nicht rosettig gehäuft; Schötchen kugelig, behaart, sich nicht öffnend, mit kegelf., gekrümmtem, behaartem Gr. *(691)* **Euclidium,** 277

21(19). Stgblätt. mit breitem, halbstgumfassendem Grd. sitzend; Schötchen länger zugespitzt *(692),* vielsamig, mit breiter Scheidewand **Draba,** 282

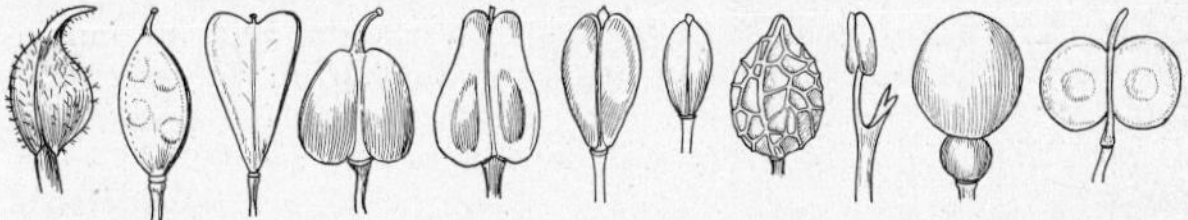

691 692 693 694 695 696 697 698 699 700 701

— Wenigstens die oberen Stgblätt. mit pfeilf. Grd. stgumfassend; Scheidewand schmal ***22***

22. Schötchen 3-eckig, verkehrt-herzf. *(693),* mit vielsamigen Fächern **Capsella,** 284

— Schötchen nicht 3-eckig, sondern herzf. od. eif. ***23***

23. Schötchen herzf., vom verlängerten Gr. gekrönt *(694);* Bltn. in dichten Scheindolden, wohlriechend . . . . **Cardaria,** 288

— Schötchen eif., deutl. ausgerandet, an der Spitze breit geflügelt; Gr. kurz *(695)* . . . . **Lepidium,** 287

24(10). Schötchen nierenf. od. 2-knöpfig, dickwandig, runzelig od. höckerig *(714–715),* nicht aufspringend; Stg. niederlgd.; Bltntrauben den Blätt. gegenübersthd. . . . . **Coronopus,** 288

— Schötchen weder nierenf. noch 2-knöpfig ***25***

25. Jedes reife Schötchen nur mit 1–2 Samen ***31***

— Jedes reife Schötchen mit wenigstens 4 Samen ***26***

26. Blätt. 4–6 mm lg., keilf., an der Spitze 3- bis 5-spaltig; Bltn. rosa bis lila; Schötchen mit 4 Samen (selten 2); dichtrasige Hochgebirgspfl. **Petrocallis,** 283

— Blätt. größer u. anders gestaltet ***27***

27. Jedes **Fach** des Schötchens mit mehr als 2 Samen ***30***

— Jedes **Fach** des Schötchens mit 2 Samen ***28***

28. Blätt. auch höher am Stg., gefied.; Schötchen oval bis elliptisch, an der Spitze stumpf *(697)* . . . . **Hornungia,** 285

— Blätt. nur in grdst. Rosette, gefied., fiedspaltig od. leierf. gefied. ***29***

29. Schötchen breit-lanzettl., durch den kurzen Gr. bespitzt *(696);* Alpenpfl. . . . . **Hutchinsia,** 285

— Schötchen fast verkehrt-herzf., schmal geflügelt; auf trockenen, sandigen Standorten der Ebene (s. auch Nr. ***5***) . . . . **Teesdalia,** 285

30(27). Schötchen 3-eckig *(693);* Stg. meist aufrecht . . . . . . **Capsella,** 284

— Schötchen verkehrt-eif. bis rundl.; Stg. vom Grd. an ästig u. meist niederlgd.; Salzpfl. . . . . **Hymenolobus,** 285

31(25). Blätt. 4–6 mm lg., an der Spitze 3- bis 5-spaltig; Alpenpfl. **Petrocallis,** 283

— Blätt. größer u. anders gestaltet ***32***

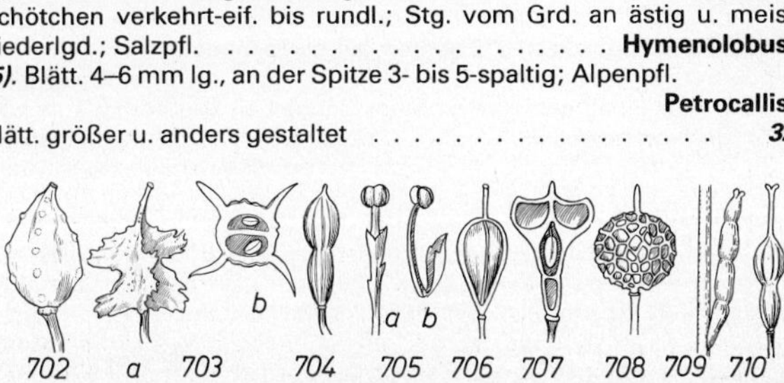

702 a 703 704 705 706 707 708 709 710

32. Schötchen 1-fächerig, 1-samig, verkehrt-birnf., nußartig, tief netzigrunzelig *(698);* Grdblätt. rosettig, grob gebuchtet bis leierf. gefied.; Stgblätt. mit pfeilf. Grd. stgumfassend . . . . **Calepina,** 290

— Schötchen 2-fächerig, 2-samig, rundl., geflügelt od. eif.-spitz **Lepidium,** 287

33(9). Blätt. blau bereift, fleischig; längere Stbblätt. gabelig gespalten *(699);* Schötchen mit 2 ungleichen Gliedern *(700);* Strandpfl. **Crambe,** 290

— Blätt. nicht blau bereift; Grdblätt. ungleich gekerbt; Stgblätt. lappig od. kammf. gefied.; Schötchen kugelig, in den kurzen Gr. verschmälert . . . . **Armoracia,** 278

34(6). Schötchen mit 2 kreisf. Fächern, dadurch brillenähnl. *(701);* Fächer 1-samig . . . . **Biscutella,** 287

— Schötchen nicht brillenähnl. ***35***

35. Obere Stgblätt. mit herz- od. pfeilf. Grd. stgumfassend ***40***

— Obere Stgblätt. nicht stgumfassend od. fehlend ***36***

36. Pfl. kahl; Schötchen kugelig od. längl.; Stbfäden am Grd. mit einer Drüse; Blätt. fiedspaltig od. ungeteilt . . . . **Rorippa,** 277

— Pfl. drüsig od. behaart, zuw. nur die Blätter ***37***

37. Schötchen schief-eif. *(702)* od. unregelmäßig 4-kantig geflügelt *(703a–b);* Grdblätt. meist leierf. od. fiedspaltig . . . . **Bunias,** 276

— Schötchen weder schief-eif. noch geflügelt ***38***

38. Blätt. meist leierf.-fiedspaltig; Schötchen mit einem unteren stielartigen u. oberen kugeligen, geschnäbelten Glied *(704),* sich nicht öffnend . . . . **Rapistrum,** 290

— Blätt. ungeteilt; Schötchen nicht 2-gliedrig, sich bei der Reife öffnend ***39***

39. Schötchen rundl. bis eif.; Stbfäden ± hoch hinauf geflügelt, oft gezähnt *(705a)* od. am Grd. mit einem Anhängsel *(705b);* Blätt. grauhaarig od. weißfilzig . . . . **Alyssum,** 282

— Schötchen längl., zugespitzt *(692);* Stbblätt. nicht geflügelt u. ohne Anhängsel; Blätt. oft in kugeligen Rosetten . . . . **Draba,** 282

40(35). Grdblätt. 2- bis 3-fach gefied., mit schmalen Fied.; obere Stgblätt. ungeteilt, am Grd. herzf.; Schötchen flach; Fächer 1-samig **Lepidium,** 287

— Grdblätt. ungeteilt od. einfach gefied. ***41***

41. Schötchen hgd., geflügelt *(687),* 1-samig, reif tief blauviolett . **Isatis,** 276

— Schötchen aufrecht, absthd. od. anlgd. ***42***

42. Stgblätt. am Grd. herzf. od. mit spitzen Öhrchen; Schötchen kugelig bis längl.; Sumpfpfl. . . . . **Rorippa,** 277

— Stgblätt., wenigstens die oberen, am Grd. pfeilf.; Schötchen kugelig od. birnenf.; Acker- u. Schuttpfl. ***43***

43. Schötchen mehrsamig, birnenf., deutl. berandet *(706),* aufspringend; Blätt. fiedspaltig od. ungeteilt . . . . **Camelina,** 284

— Schötchen 1-samig, bei der Reife nicht aufspringend ***44***

44. Pfl. kahl, gleich den Blätt. bläul. bereift; Schötchen birnenf., mit 1 unteren, 1-samigen Fach u. 2 oberen, leeren Fächern *(707)* **Myagrum,** 276

— Pfl. von gabelspaltigen Haaren rauh; Schötchen kugelrund, kurz bespitzt, grubig-netzig *(708)* . . . . **Neslia,** 284

1. Sisýmbrium L., *Rauke*

1. Blätt. sämtl. ungeteilt, gezähnt, untersts. grau-weichflaumig; Blkrblätt. lebhaft gelb, doppelt so lg. wie der K.; Schoten bis 6 cm lg., schmal-lineal; Stg. 0,5–1(–2) m hoch; ♃; VI. Flußufer; *z; f* im NW, N u. O. *Steife R.,* **S. strictíssimum** L.

— Alle Blätt. od. wenigstens die Grdblätt. fiedspaltig ***2***

2. Stg. meist zu mehreren, niederlgd.-ausgebreitet, 10–30 cm lg., bis zur Spitze beblätt., kurz weißborstl. behaart; Blkrblätt. weiß; ⊙; VII–VIII. Kiesig-sandig-feuchte Orte; *s* in Ho, Be, SH, Schweizer Jura; früher auch RhPf (Landau u. an der Mosel). [= *Braya supina* (L.) Koch]
Niedrige R., **S. supínum** L.

— Stg. einzeln, aufrecht; Bltn. blaß- bis goldgelb *3*

3. Schoten aufrecht, dem Stg. dicht angedrückt, pfrieml.-kegelf., 10–15 mm lg.; Blkrblätt. blaßgelb; Blätt. fiedspaltig, unterste Fied.paare zuw. ohrenart., dem Stg. genähert, behaart; ⊙; V–X. Wegränder, Schutt; *g.* [= *Chamaeplium officinale* (L.) Waller.] *Weg-R.,* **S. officinále** (L.) Scop.

— Schoten absthd., länger als 15 mm *4*

4. Schoten nicht viel dicker als ihr Stiel *8*

— Schoten deutl. vom dünneren Frstiel abgesetzt *5*

5. Äußere Kblätt. unterhalb der Spitze gehörnt, 4–4,5 mm lg.; Blkrblätt. 6–10 mm lg.; Pfl. mit kriechender Basis, blaugrün; ♃; V–VIII. Trockene, sandig-kiesige Plätze; *s* in Sa, Br, Ost- u. Nordseeküste, auch in Da u. Ho; vermutlich aus SO-Rußland eingewandert u. eingebürgert.
Wolga-R., **S. wolgénse** Bieb. ex Ledeb.

— Äußere Kblätt. unterhalb der Spitze nicht gehörnt; Blkrblätt. 2–4 mm lg. *6*

6. Stg. u. Grdblätt. (z. Bltzt. meist fehlend) rauhhaarig, schrotsägef.-fiedspaltig, mit 3-eckig-eif., am Grd. oft spießeckigen Endlappen; Schoten sichelf. aufwärts gebogen, etwa doppelt so lg. wie die Frstiele; ⊙–⊙; VI–VII. Wegränder, Schutt; im S *z,* im N *s,* wohl aus dem SO eingeschleppt.
Loesel's R., **S. loesélii** L.

— Stg. u. Blätt. kahl od. kaum borstig; Schoten absthd., mehrmals länger als ihre Stiele . *7*

7. Junge Schoten die Bltnknospen überragend; Blkrblätt. blaßgelb, klein, die 2–2,5 mm langen, ungesackten Kblätt. kaum überragend; ⊙; V–VI. Wege, Schutt; *s* u. unbeständig; aus dem Mittelmeergebiet eingeschleppt. *Schlaffe R.,* **S. írio** L.

— Junge Schoten die Bltnknospen nicht überragend; Blkrblätt. goldgelb, etwa doppelt so lg. wie die kurz ausgesackten Kblätt.; Blätt. schrotsägef.-fied-spaltig; ⊙; V–VI. Felsige, buschige Orte. *s* im SW, N-Ba, M-Th, NS (Süntel) [= *S. pyrenaicum* (L.) Vill. non L.; = *S. eckartsbergense* Willd.]
Österreichische R., **S. austriacum** Jacq.

Im Gebiet nur die ssp. **austriacum**; *s* im SW, N-Ba, M-Th, NS (Süntel)

8(4). Kblätt. aufrecht; ganze Pfl. dicht grau behaart; obere Stgblätt. gestielt, meist 3-teilig-spießfl.; ⊙; VI–VII. Wege, Schutt; *z,* vorüberghd. eingeschleppt (Heimat: Orient). (= *S. columnae* Jacq.)
Orientalische R., **S. orientále** Torn.

— Kblätt. weit absthd.; Pfl. nur an der Basis behaart; obere Stgblätt. meist sitzend, fied.teilig mit linealen Fied.; ⊙; V–VII. Sandige, wüste Plätze; eingeschleppt aus SW-Asien u. eingebürgert. (= *S. sinapistrum* Cr.; = *S. pannonicum* Jacq.) *Ungarische R.,* **S. altíssimum** L.

2. Descuraínia Webb & Berth., *Besenrauke.* Blätt. graugrün, fein doppelt bis 3-fach gefied.; Blkrblätt. blaßgelb, etwa so lg. wie der K.; Schoten aufrecht, sichelf. gebogen, 10–20 mm lg.; ⊙; V–VII. Unbebaute Orte, Äcker; *v* bis *z.* (= *Sisymbrium sophia* L.)
Gemeine B., **D. sóphia** (L.) Webb ex Prantl

3. Alliária Scop., *Knoblauchsrauke.* Stg. kantig, am Grd. absthd. behaart; Grdblätt. nierenf., buchtig gekerbt, beim Zerreiben nach Knoblauch riechend; Bltn. weiß; Schoten 3,5–6 cm lg., absthd.; ⊙–♃; IV–VI. Laubwäld., Hecken, Zäune, Schuttplätze; *g.* (= *A. officinalis* Andrz.)
Gemeine K., **A. petioláta** (Bieb.) Cavara & Grande

4. Arabidópsis (Dc.) Heynh., *Schmalwand*

1. Blkrblätt. 2–4 mm lg.; Grdblätt. ganzrandig bis gezähnt; Stgblätt. meist ganzrandig, sitzend; Bltn. klein, weiß; Schoten aufrecht, 10–20 mm lg.; ⊙; IV–V. Brachäcker, Schutt; trockene Grashügel; *v.* [= *Stenophragma thalianum* (L.) Čel.] *Acker-Sch.,* **A. thaliána** (L.) Heynh.

— Blkrblätt. 4–6(–8) mm lg.; Grdblätt. gezähnt bis fiedspaltig; Stgblätt. meist gezähnt; Schoten 20–30 mm lg. [Pfl. ist sehr ähnl. *Cardaminopsis arenosa* (L.) Hay.]; ⊙–⊙; V–VI. Sandige Magerrasen; *s* in Br. Wohl nur aus Skandinavien eingeschleppt. [= *Cardaminopsis suecica* (Fr.) Hiltonen ex Hyl.; = *Hylandra suecica* (Fr.) A. Löve]. *Schwedische Sch.*, **A. suécica** (Fr.) Norrlin

5. Mýagrum L., *Hohldotter.* Pfl. kahl, blaugrün bereift, 20–25 cm hoch, von unangenehmem Geruch; Stgblätt. mit herzpfeilf. Grd. stgumfassend; Bltn. gelb; ⊙; VI–VII. Vorübergehend aus SO-Eur. eingeschleppt; Mittelrhein, Neckar, Sb, Ti, *z.* *Pfeilblättriger H.*, **M. perfoliatum** L.

6. Ísatis L., *Waid.* Pfl. 50–140 cm hoch, an der Basis weichhaarig, oberwärts kahl u. bläul. bereift; obere Stgblätt. mit herzpfeilf. Grd.; Bltn. gelb, zahlr.; Schötchen hgd., 1-samig *(687)*, bei der Reife dk.violett werdend; ⊙; V–VII. Aus ehemaligen Kulturen (früher wichtige, den Indigofarbstoff liefernde Pfl.) verwild. u. eingebürgert; im Rheingebiet *v*, sonst *z.*
Färber-Waid, **I. tinctória** L.

7. Búnias L., *Zackenschötchen*

1. Schötchen schief-eif., ungeflügelt *(702)*, 2-fächrig; Bltn. goldgelb; ⊙; V–VIII. Getreideäcker, Schuttplätze, Wegränder; *z* (aus O-Eur. eingeschleppt). *Morgenländisches Z.*, **B. orientális** L.

— Reife Schötchen gezackt-geflügelt *(703)*; Bltn. hellgelb; ⊙; V–VII. Brachäcker, Getreidefelder, Wegränder; *z* im S, *f* im N (aus dem Mittelmeergebiet eingeschleppt).
Senfblättriges Z., **B. erucágo** L.

8. Erýsimum L., *Schöterich*

1. Ein- bis mehrjährige Pfl. der Ebene od. Trockenrasen der Hügelstufe . . . *3*

— Ausdauernde Pfl. der Voralp. u. Alp. *2*

2. Gr. 1 mm lg., so lg. wie die Breite der Fr.; diese gleichmäßig grünlichgrau; Samen nicht geflügelt; ♃; V–VII. Lichte Wälder, steinige, trockene Hänge der Voralpenstufe, vorwgd. auf Kalk; südl. K-Alp. *z*, *s* in Vb. (= *E. cheiranthus* Pers.) *Wald-Sch.*, **E. sylvéstre** (Cr.) Scop.

— Gr. 2–4 mm lg., 2–3 mal so lg. wie die Breite der grauhaarigen, an den Kanten verkahlenden Fr.; Samen an der Spitze schmal geflügelt; ♃; VI. Steinige Hänge u. Felsen, von der mont. bis in die alp. Reg., auf Kalk u. Urgestein; Ti *z*, Vb (?). [= *E. pumilum* (Jacq.) Dc.]
Schweizer Sch., **E. helvéticum** (Jacq.) Dc.

3(1). Bltnstiele kürzer als der K. *5*

— Bltnstiele so lg. wie der K. od. länger *4*

4. Bltnstiele 2- bis 3-mal so lg. wie die am Grd. nicht ausgesackten Kblätt.; Schoten grün, fast kahl, etwa 2mal so lg. wie ihre Stiele; Blätt. ganzrandig od. unregelmäßig gezähnt; ⊙; V–IX. Äcker u. Schuttplätze, *v.*
Acker-Sch., **E. cheiranthoídes** L.

— Bltnstiele etwa so lg. wie der K.; Schoten grauhaarig, vielmals länger als ihre Stiele, der Achse angedrückt; Blätt. lineal-längl., spitz, fast ganzrandig od. gezähnt; ⊙; VI–VII. Flußufer, Felsen, Mauern, Schutt, kalkliebend; *z*; *s* im NO, *f* im NW. (= *E. strictum* G. M. Sch.) *Steifer Sch.*, **E. hieracifólium** L.

a. Stg. scharfkantig; Blätt. grün, buchtig gezähnt; Stromtäler der großen Flüsse.
ssp. **hieracifólium**

b. Stg. stumpfkantig; Blätt. grauhaarig, fast ganzrandig; Steppenhänge u. Wegränder; *s* nur in Sa, Th, BW, Ba. (= *E. durum* J. & C. Presl; = *E. virgatum* auct.)
ssp. **dúrum** (J. & C. Presl.) Čel.

5(3). Schoten stumpfkantig, gleichfarbig *7*

— Schoten scharf 4-kantig, an den Kanten verkahlend *6*

6. Grdblätt. buchtig od. geschweift gezähnt, z. Bltzt. meist abgetrocknet; Bltn. zitronen- bis goldgelb, schwach duftend; ⊙–⊙; VI–VII. Trockene, sonnige Kalkfelsen; *z* in M- u. S-Dt, westl. bis Burgund u. Lothringen, Ti. [= *E. pannonicum* Cr.; = *E. erysimoides* (L.) Fritsch]
Wohlriechender Sch., **E. odorátum** Ehrh. ssp. **odorátum**

— Grdblätt. ganzrandig; Bltnblätt. hellgelb, unterssts. ± behaart; ⊙; VI–VII. Trockene, sandige Stellen. Aus dem SO eingeschleppt; Elbe in Sa u. bei Hamburg; Leine bei Alfeld. (= *E. canescens* Roth) *Grauer Sch.*, **E. diffúsum** Ehrh.

7(5). Schoten auf waagrecht od. fast waagrecht absthd., gleichdicken Stielen, 4,5–10 cm lg.; Blkrblätt. goldgelb, untersts. schwach behaart; Grdblätt. lineal-lanzettl., ausgeschweift bis buchtig gezähnt, grau; ⨀; IV–VII. Äcker u. Schutt; aus dem SO eingeschleppt u. vereinzelt eingebürgert. *Sperriger Sch.,* **E. repándum** L.

— Schoten aufrecht, dicker als ihre Stiele; Grdblätt. buchtig od. geschweift gezähnt, grauhaarig, an der Spitze meist zurückgebogen; Bltnblätt. schwefelgelb, 10–16 mm lg., meist kahl; Schoten rauhhaarig, über den Samen höckerig; ⨀; IV–VII. Trockene, sonnige Kalk- u. Porphyrhänge; *z,* vor allem in M- u. S-Dt. *s* im N (für Gänse **giftig!**) *Bleicher Sch., Gänsesterbe,* **E. crepidifólium** Rchb.

9. Hésperis L., *Nachtviole.*

1. Bltn. lila, selten weiß; Schoten aufrecht, bogig gekrümmt, 3–4 (–10) cm lg., höckerig; ⨀; V–VII. Gartenzierpfl. u. verwild. (Heimat: W-As.) *Gemeine N.,* **H. matronális** L. ssp. **matronális**

— Bltn. gelbl.grün, violett geadert, in lockerer Traube; ⨀; V–VI. Aus SO-Eur. *s* eingeschleppt. *Trübe N.,* **H. trístis** L.

10. Cheiránthus L., *Lack.* Bltn. goldgelb od. bräunl., wohlriechend; Schoten behaart, 2,5–6 cm lg. aufrecht absthd., vom Rücken her zusammengedrückt; ⨀–♃; V–VI. Zierpfl., aus SO-Eur., verwild. u. eingebürgert im W u. SW. *Gold-L.,* **Ch. cheíri** L.

11. Matthiola R. Br., *Levkoje.* Pfl. graufilzig, bis 80 cm hoch; Blätt. schmal lanzettl.; Bltn. verschiedenfarbig, oft gefüllt; ⨀; IV–X. Zierpfl. aus dem Mittelmeergebiet; *s* verwild. *Garten-L.,* **M. incána** (L.) R. Br.

12. Euclídium R. Br., *Schnabelschötchen.* Stg. kantig, behaart, reich verzweigt; Bltn. klein, weiß, in dichter Traube; Schötchen behaart, schief-eif., mit kegelf., gekrümmtem Gr. *(691);* ⨀; V. Wegränder, Schuttplätze; vereinzelt eingeschleppt (Heimat: O-Eur. bis SW-Asien). *Syrisches Sch.,* **E. syríacum** (L.) R. Br.

13. Barbaréa R. Br. (= *Campe* Dulac), *Barbarakraut*

1. Obere Stgblätt. ungeteilt, gezähnt; reife Schoten dicker als die Stiele *3*

— Alle Blätt. gefied. od. fiedspaltig; reife Schoten kaum dicker als ihre Stiele *2*

2. Grdblätt. mit 6–10 Paar rundl., ganzrandiger bis gebuchteter Fied.; Endfied. groß, am Grd. herzf.; Schoten 4–7 cm lg., bogig aufw. gekrümmt; ⨀; IV–VI; *s* aus SW-Eur. eingeschleppt. Alte Kultur-(Öl-)Pfl. [= *B. praecox* (Sm.) R. Br.] *Frühlings-B.,* **B. vérna** (Mill.) Asch.

— Grdblätt. mit 3–5 Paar lineal-längl. Seitenfied. u. schmal-längl. Endfied.; obere Stgblätt. am Grd. geöhrt; Schoten 2–3 cm lg.; ⨀; IV–V. Äcker, Wege, Schutt; *s,* nur im W u. N, als Ruderalpfl. auch im S (Tübingen). *Mittleres B.,* **B. intermédia** Bor.

3(1). Grdblätt. mit 1–2 (–4) Paar rundl.-eif., kleiner Seitenfied. u. großer, eif., am Grd. nicht herzf. Endfied.; Schoten steif aufrecht, der Achse angedrückt; Blkrblätt. wenig länger als der K.; ⨀; IV–VI; Flußufer, feuchte Äcker, besonders in den Stromtälern; *z,* im N u. O häufiger. *Steifes B.,* **B. stricta** Andrz.

— Grdblätt. mit 5–9 Paar längl., ausgeschweift gezähnten Seitenfied. u. kleiner, rundl.-eif., am Grd. oft herzf. Endfied.; Schoten aufrecht-absthd., 1,5–2,5 cm lg.; Blkrblätt. fast doppelt so lg. wie der K.; ⨀; IV–VII. Kies-, Sandböden, feuchte Äcker; *v.* [= *B. iberica* (Willd.) Dc.; = *Campe barbarea* (L.) W. F. Wight ex Piper] *Echtes B.,* **B. vulgáris** R. Br.

a. Endzipfel der Grdblätt. an der Basis herzf.; Stiele der Schoten schräg absthd.; *v.* ssp. **vulgáris**

– Endzipfel der Grdblätt. der Basis keilig verschmälert; Stiele der Schoten waagrecht absthd. u. dann bogig aufstgd.; *v.* ssp. **arcuáta** (Opiz) Simk.

14. Rorippa Scop., *Sumpfkresse*

1. Blkrblätt. höchstens so lg. wie der K., bleichgelb; Schoten etwa so lg. wie ihr Stiel; Stg. aufrecht, bis 60 cm hoch, kantig, röhrig; Blätt. leierf.-gefied.,

mit kerbig gesägten Fied.; ⊙–⊙; VI–IX. Feuchte Orte; *v.* [= *R. palustris* (L.) Bess.; = *Nasturtium palustre* (L.) Dc.] *Isländische S.,* **R. islándica** (Oed.) Borb.
— Blkrblätt. länger als der K., goldgelb *2*
2. Früchte etwa so lg. wie ihr Stiel, aufrecht, lineal; Stg. kantig, ausläuferbildend; Blätt. gefied., mit gezähnten bis gekerbten Fied.; ♃; VI–IX. Feuchte Orte, Äcker, Waldwiesen; *v.* [= *Nasturtium sylvestre* (L.) R. Br.] *Wilde S.,* **R. sylvéstris** (L.) Bess.
— Früchte viel kürzer als ihr Stiel, kugelig bis längl. *3*
3. Stgblätt. tief fied.teilig, am Grd. stgumfassend, geöhrt; Grdblätt. rosettig, eif., ungeteilt od. leierf. gefied., mit großer Endfied.; ♃; V–VIII. Feuchte Wiesen u. Sand; *s* in Baden, Elbetal von Magdeburg bis Dessau, Lausitz [= *R. stylosa* (Pers.) Mansf. & Rothm.; = *Nasturtium pyrenaicum* R. Br.] *Pyrenäen-S.,* **R. pyrenáica** (Lam.) Rchb.
— Stgblätt. ungeteilt, gezähnt od. gesägt *4*
4. Schötchen kugelig, 1,5–3 mm lg., mit fast ebenso langem Gr., 7–15 mm lg. gestielt; obere Stgblätt. halbstgumfassend, geöhrt; ♃; VI–VIII. Flußniederungen; *s,* Elbe, Neiße, Odertal, Ho, SH, Da. (= *Nasturtium austriacum* Cr.) *Österreichische S.,* **R. austríaca** (Cr.) Spach
— Schötchen elliptisch, 3–7 mm lg., mit 1–2 mm langem Gr., auf 6–17 mm langen, waagrecht absthd. od. herabgeschlagenen Stielen; Stg. dick, gefurcht, hohl (bei Wasserformen blasig aufgetrieben), oft Ausläufer treibend; obere Stgblätt. mit verschmälertem Grd. sitzend; ♃; V–VIII. Ufer langsam fließender Gewässer; *v.* [= *Nasturtium amphibium* (L.) R. Br.] *Wasser-S.,* **R. amphíbia** (L.) Bess.

R. prostráta (Berg.) Sch. & Th., *Niederliegende S.:* wahrscheinlich ein **Bastard** zw. *R. amphibia* u. *R. sylvestris:* Grdblätt. leierf. fiedspaltig mit unregelmäßig gezähnten Fied., dkl.blaugrün; Schötchen 5–7 mm lg., kürzer als ihr Stiel; ♃; V–IX; *v,* aber nicht *h,* vor allem in Niederungen der großen Flüsse. [= *R. anceps* (Wahlenb.) Rchb.]

15. Nastúrtium R. Br., *Brunnenkresse*

1. Schoten dünn, 16–24 mm lg.; Samen 1-reihig, fein u. dicht gerunzelt; Samenschale jederseits. mit ca. 100 Feldern *(721);* Laub im Winter rotbraun; ♃; V–VIII. Quellen, fließende Gewässer; *z; h* in SH u. Hochrhein; in England auch als Kulturpfl. (bisher meist mit der folgenden Art verwechselt!). [= *Rorippa microphylla* (Boenn.) Hyl. ex A. & D. Löve] *Kleinblättrige B.,* **N. microphýllum** (Boenn.) Rchb.
— Schoten dick, 10–18 mm lg.; Samen deutl. 2-reihig, grob netzig gerunzelt; Samenschale jedersts. mit ca. 25 Feldern *(720);* Laub während des Winters grün bleibend; ♃; V–VIII. Quellen, langsam fließende Bäche, *v.* [= *Rorippa nasturtium-aquaticum* (L.) Hay.] *Echte B.,* **N. officinále** R. Br.

[Die ähnl. *Cardamine amara* (S. 279) hat einen markigen Stg. u. violette Stbbeutel.]
N. × stérile (Airy-Sh.) Oefelein (= **Bastard** *N. microphyllum × N. officinale*). Fr. nur 12 mm lg.; viele Samen nicht entwickelt; Blätt. im Winter braun. In England als „winter-cress" kultiviert.

16. Armorácia Gilib., *Kren, Meerrettich.*

Wurzel dick, fleischig; scharf riechend u. schmeckend; Stg. bis 125 cm hoch, kantig gefurcht; Grdblätt. bis 100 cm lg., am Grd. herzf.; Stgblätt. gelappt bis kammf. gefied.; Schötchen kugelig bis verkehrt-eif., 4–6 mm lg.; ♃; V–VII. Als Gewürzpfl. angepflanzt, zuw. an Bachufern verwild. [= *Cochlearia armoracia* L.; = *A. lapathifolia* Gilib.] (Heimat: Wahrscheinl. S-Rußland u. O-Ukraine) *Echter M.,* **A. rusticána** Gaert.

17. Cardámine L., *Schaumkraut*

1. Blätt. 3-zählig gefied., in grdst. Rosette; Stgblätt. 1–2, klein; Grdachse unterirdisch kriechend, reich verzweigt; ♃; IV–VI. Schattige, feuchte Bergwälder, kalkliebend; Alp., Ba, Sudeten, Böhmw., *z.* *Kleeblatt-Sch.,* **C. trifólia** L.
— Blätt. nicht 3-zählig gefied. *2*
2. Alle Blätt. ungeteilt od. seicht gelappt; Stgblätt. ohne Öhrchen; Blkrblätt. weiß, bis 5 mm lg.; Schoten 10–15 mm lg., an der Spitze oft violett; ♃;

VII–VIII. Feuchte, humöse Böden der Ur-Alp. *z; s* im SW, Jura, We, S-Harz, Sb, Ti, Vb, Allgäu. *Alpen-Sch.,* **C. alpína** Willd.

— Alle Blätt. fied.teilig od. nur die Grdblätt. ungeteilt *3*

3. Grdblätt. ungeteilt, breit-eif.; Stgblätt. 5- bis 7-zählig fied.teilig, mit geöhrtem Grd.; Bltn. klein, weiß; Schoten 1,2–2,2 cm lg., lineal; Pfl. 1–15 cm hoch; ♃; V–VII. Feuchte Felsen u. Schneetälchen der Ur-Alp., Böhmw. u. Riesengeb., *s.* *Resedablättriges Sch.,* **C. resedifólia** L.

— Alle Blätt. fied.teilig *4*

4. Blkrblätt. längl., 3–5 mm lg., aufrecht, bis 2-mal so lg. wie die Kblätt., weiß (bei *C. impatiens* oft fehlend) *6*

— Blkrblätt. breit-eif., ca. 10 mm lg., ausgebreitet, ca. 3-mal so lg. wie der K., lila od. weiß *5*

5. Stg. hohl, ± rund; Stbbeutel gelb; Grdblätt. rosettig, 3- bis 11-zählig gefied., mit größerer, 3-lappiger Endfied., zuw. mit Brutpfl.; ♃; IV–VII. Feuchte Wiesen; *v;* formenreich. *Wiesen-Sch.,* **C. praténsis** L.

a. Fied. der Stgblätt. deutl. gestielt, denen der Grdblätt. gleich; Blkrblätt. 12–19 mm lg., weiß od. rosa; *s* im Hügelland, *v* im N. ssp. **palústris** (Wimm & Grab.) Janch.

– Fied. sitzend, die der Stgblätt. schmäler als die der Grdblätt.; Blkrblätt. meist rosa, 6–13 mm lg. . . . . **b**

b. Endfied. nicht größer als die Seitenfied.; Stgblätt. alle gleichgestaltet; Bltn. tiefrosa. Nur Alp.; Sb, Ti, *s.* ssp. **rivuláris** (Schur) Janch.

– Endfied. größer als die Seitenfied.; untere Stgblätt. den kahlen od. rauhbehaarten Grdblätt. ähnl.; obere Stgblätt. mit schmal-lineal. Fied.; Bltn. meist blaßlila; *g.* ssp. **praténsis**

— Stg. markig, kantig; am Grd. niederlgd., mit Ausläufern; Stbbeutel violett; Grdblätt. nicht rosettig, 5- bis 7-zählig fied.teilig; ♃; IV–VII. Bäche u. sumpfige Orte; *v.* *Bitteres Sch.,* **C. amára** L.

a. Blätt. mit 2–4 Paaren von Fied.; Endfied. breit-eif.; Bltnstand mit 6–30 Bltn.; Schoten oberste Bltn. nicht überragend; *v, f* auf Nordseeinseln. ssp. **amára**

– Blätt. mit 5–8 Paaren von Fied., diese alle längl.-eif.; Bltnstand mit 2–5 Bltn.; Bäche, Geröll. Sb, Ti, Riesengeb., *s.* (= *C. opizii* Presl.) ssp. **opízii** (Presl.) Čel.

6(4). Blattgrd. pfeilf. geöhrt; Fied. der Grdblätt. lg. gestielt, 3- bis 5-lappig; Bltn. klein, in dichten Trauben; Blkrblätt. oft fehlend; Schoten 18–30 mm lg. ⊙; V–VII. Schattige, feuchte Wälder, vor allem der mont. Reg.; kalkmeidend; *z; s* im N. *Spring-Sch.,* **C. impátiens** L.

— Blattgrd. nicht geöhrt *7*

7. Pfl. kahl; Fied. der Grdblätt. längl., keilf., ganzrandig, sitzend; Schoten auf verlängerten Stielen, 8–20 mm lg.; ⊙; V–VII. Feuchte Schlamm- u. Sandböden; *s* in Be, Elbe-, Oder- u. Havelgebiet. *Kleinblütiges Sch.,* **C. parviflóra** L.

— Pfl. meist behaart, selten kahl; Fied. der Grdblätt. rundl. od. gezähnt, gestielt *8*

8. Stbblätt. meist 6; Frstiele aufrecht absthd.; Schoten 12–24 mm lg. mit 1 mm lg. Gr.; Stg. an der Basis dicht behaart, hin- u. hergebogen, reich beblättert; Fied. obersts. u. am Rand spärl. behaart; ⊙–♃; IV–VI. Feuchte, schattige Wälder, vor allem der mont. Reg.; *z, s* im N. (= *C. sylvatica* Lk.) *Wald-Sch.,* **C. flexuósa** With.

— Stbblätt. meist 4; Frstiele aufrecht; Schoten 18–25 mm lg., Gr. nur bis 0,5 mm lg.; Stg. kahl od. behaart, zerstreut, wenig beblättert; Fied. verkehrt eif., buchtig, obersts. behaart od. kahl, am Rand spärl. behaart; ⊙; III–VI. Weinberge, Äcker, Wegränder; *v,* im N *z.* *Behaartes Sch.,* **C. hirsúta** L.

18. Dentária L., *Zahnwurz*

1. Blätt. 3- bis 5-zählig gefingert *3*

— Blätt. alle gefied. od. die oberen ungeteilt *2*

2. Basales Stgblatt, 2- bis 3-paarig gefied.; obere Stgblätt. einfach, lanzettl., gekerbt-gesägt, in den Achseln braunviolette, eif. Brutsprosse (Bulbillen) tragend; Bltn. hellviolett bis weiß; ♃; IV–VI. Laubwälder, kalkliebend; *v*, im NW *f.* [= *Cardamine bulbifera* (L.) Cr.] *Zwiebel-Z.*, **D. bulbífera** L.

— Alle Blätt. gefied., die unteren 3- bis 4-, die oberen 2- bis 3-paarig, in den Achseln ohne Bulbillen; Bltn. zahlr., auf aufrechten Stielen, blaßlila od. weiß; ♃; IV–V. Gebirgswälder im SW; *s.* [= *Cardamine heptaphyllos* (Vill.) O. E. Sch.; = *D. pinnata* Lam.] *Fieder-Z.*, **D. heptaphýllos** Vill.

3(1). Bltn. gelbl.weiß, in nickender Traube; Stbblätt. so lg. wie die Blkr.; ♃; V–VII. Schattige Laubwälder der Alp. u. Mittelgeb.; *z*, [= *Cardamine enneaphyllos* (L.) Cr.] *Weiße Z.*, **D. enneaphýllos** L.

— Bltn. purpurn od. rosa; Stbblätt. kürzer als die Blkrblätt. ***4***

4. Blätt. quirlst., 3-zählig gefingert; Bltn. purpurn, in lockerer, armbltg. Traube; ♃; IV–VI. Schattige Laubwälder; nur in Schl. (= *Cardamine glanduligera* O. Schwarz) *Drüsen-Z.*, **D. glandulósa** W. & K.

— Blätt. wechselst., die unteren 5-zählig, die oberen 3-zählig gefing.; Bltn. rosarot; ♃; IV–VI. Feuchte Buchenwälder der Alp. u. der benachbarten M-Geb., *z.* [= *Cardamine pentaphyllos* (L.) Cr.; = *D. digitata* Lam.] *Finger-Z.*, **D. pentaphýllos** L.

19. Cardaminópsis Hay., *Schaumkresse*

1. Grdblätt. ganzrandig od. unregelmäßig grob gesägt; Stgblätt. lineal, ganzrandig; Bltn. weiß; Schoten bis 4,5 mm lg., flach; ♃; V–VII. Kalkfelsen; *s*, S-Harz, NO-Alp., ČSSR (Böhmen, Mähren) [= *C. hispida* (L.) Hayek; = *Arabis petraea* (L.) Lam.] *Felsen-Sch.*, **C. petraéa** (L.) Hiltonen

— Grd.- u. basale Stgblätt. meist leierf.-fied. spaltig ***2***

2. Stg. ohne Ausläufer, an der Basis behaart; obere Stgblätt. lanzettl., buchtig gezähnt; Bltn. weiß od. rötl., 3–5 mm lg. gestielt; Blkrblätt. mit 1 Paar von Zähnchen am Nagel; ⊙–⊙; IV–VI. Trockene, sandige Orte; *v*; *s* im W u. NW. [= *Arabis arenosa* (L.) Scop.] (Sehr ähnlich ist *Arabidopsis suecica* (s. S. 276: Blkrblätt. nicht gezähnt). *Sand-Sch.*, **C. arenósa** (L.) Hay.

— Stg. mit Ausläufern, fast kahl; obere Stgblätt. eif., ganzrandig od. gezähnt; Bltn. weiß, 6–12 mm lg. gestielt; äußere Kblätt. nicht ausgesackt; ♃; IV–VI. Quellige Orte, feuchte Wiesen, Wälder der mont. Reg.; *z* in M- u. S-Dt. (= *Arabis halleri* L.) *Wiesen-Sch.*, **C. hálleri** (L.) Hay.

Im Gebiet nur die ssp. **hálleri**

20. Árabis L., *Gänsekresse*

1. Schoten 4-kantig, aufrecht, dem Stg. angedrückt, bis 7 cm lg.; Frklappen gewölbt, mit starkem Mittelnerv; Samen 2-reihig; Stg. bis 150 cm hoch, am Grd. kurzhaarig, oberw. kahl, bereift; Grdblätt. rosettig, ganzrandig od. buchtig gezähnt, rauhhaarig, z. Bltzt. verwelkt; Stgblätt. kahl, blaugrün bereift; ♃; V–VII. Gebüsch u. sonnige Hügel; *v*, *z* im NW. (= *Turritis glabra* L.) *Kahle G.*, **A. glábra** (L.) Bernh.

— Schoten nicht 4-kantig, zusammengedrückt; Frklappen flach, mit schwachem Mittelnerv; Samen 1-reihig; Pfl. behaart od. kahl ***2***

2. Bltn. blauviolett, in nickender Traube; Rosettenblätt. an der Spitze 3- bis 7-zähnig, nur am Rand bewimpert, dickl., grasgrün; Pfl. 2–12 cm hoch; ♃; VII–VIII. Feuchter Schutt, Schneetälchen u. Lägerfluren der K-Alp; *z.* *Blaue G.*, **A. caerúlea** (All.) Haenke

— Bltn. weiß od. gelbl.weiß ***3***

3. Stgblätt. mit herz- od. pfeilf. Grd. stgumfassend ***6***

— Stgblätt. mit abgerundetem od. verschmälertem Grd. sitzend . . . ***4***

4. Samen nicht od. kaum geflügelt; Rosettenblätt. längl., undeutl. gestielt, meist ganzrandig, rauh behaart; Bltn. in dichter Traube; Schoten aufrecht absthd., die Bltn. überragend; ⊙–♃; V–VII. Matten u. Weiden; *v* Alp., *s* Voralp. (= *A. ciliata* Clairv.; = *A. arcuata* Shuttlew.) *Dolden-G.*, **A. corymbiflóra** Vest

— Samen breit geflügelt, zuw. nur im vorderen Teil ***5***

5. Stgblätt. 1–3; Rosettenblätt. verkehrt-eif., ganzrandig, von Sternhaaren rauh; Bltn. in armbltg. Traube; Schoten aufrecht-absthd.; Pfl. 5–25 cm hoch; ♃; VI–VIII. Feuchter Schutt; *v* in K-Alp., mit den Flüssen herabgeschwemmt. *Zwerg-G.,* **A. púmila** Jacq.

— Stgblätt. zahlr.; Stg. u. Blätt. spärl. behaart bis kahl; Bltnstand dichtbltg.; Schoten fast aufrecht, 2,4–4 cm lg.; ♃; V–VII. Feuchter Schutt u. Wiesen; *v* in K-Alp., mit den Flüssen herabgeschwemmt. Alpen *v.* (= *A. bellidifolia* Jacq. non Cr.; = *A. jacquinii* G. Beck) *Glanz-G.,* **A. soyéri** Reut. & Huet.

Im Gebiet nur die ssp. **jacquínii** (G. Beck) B. M. G. Jones: Stg. u. die etw. fleischigen Blätt. kahl; *s* in Ba u. Hochebene.

6(3). Reife Schoten absthd. od. überhängend ***10***

— Reife Schoten aufrecht, dem Stg. angedrückt ***7***

7. Stg. kahl od. am Grd. mit einfachen, unverzweigten Haaren; Blkrblätt. 5–7 mm lg.; Frklappen mit deutl. Mittelnerv ***9***

— Stg. am Grd. mit 2–5-spaltigen Gabelhaaren, seltener einfachen Haaren; Blkrblätt. 4–5 mm lg. ***8***

8. Stg. am Grd. mit einfachen, absthden od. anlgden 2- bis 5-spaltigen Haaren, an der Spitze auch mit ± 5-spaltigen Gabelhaaren; Stgblätt. zahlr.; Samen ringsum od. nur an der Spitze geflügelt; ⊙–♃; V–VII. Sonnige Hügel, lichtes Gebüsch. Formenreiche Sammelart. *Rauhe G.,* **A. hirsúta** L. (s. l.)

— Stg. am Grd. mit sitzenden, anlgd. 2–3-spaltigen Haaren, zur Spitze hin kahl; Stgblätt. zahlr. (20–55), mit pfeilf. Grd. u. angedrückten Öhrchen; Schoten 30–50 mm lg.; Frklappen fast nervenlos; Samen nur an der Spitze geflügelt; Pfl. bis 80 cm hoch; ⊙; V–VII. Stromtalwiesen; *z* [= *A. gerardii* (Bess.) Bess.]. *Flachschotige-, Gerards-G.,* **A. planisíliqua** (Pers.) Rchb.

9(7). Stg. am Grd. kahl; Stgblätt. etwa 10, kahl, nur am Rand gewimpert; Schoten 25–35 mm lg., 1,2–1,8 mm breit; ♃; VI–VII. Feuchte Felsen der Gebirge; *z* im S; *s* im Riesengeb. (= *A. sudetica* Tausch). *Sudeten-G.,* **A. alliónii** Dc.

— Stg. am Grd. mit einfachen, absthd. Haaren; Stgblätt. 15–30, behaart, mit abspreizenden, spitzen Öhrchen; Blkrblätt. 5–6,5 mm lg.; Schoten 25–30 mm lg., ihre Stiele 4–6 mm lg.; ⊙; V–VI; Halbtrockenrasen, *z.* *Pfeilblättrige G.,* **A. sagittáta** (Bertol.) Dc.

10(6). Bltn. gelbl.weiß; Schoten auf kurzem, aufrechtem Stiel, einseitig bogig überhängend, bis 12 cm lg.; Blätt. geschweift gezähnt, unterststs. oft violett; Pfl. 4–70 cm hoch; ⊙–♃; IV–V. Lichte Wälder, Kalkfelsen; *z* in Voralp., S-, W- u. M-Dt. *Turm-G.,* **A. turríta** L.

— Bltn. weiß; reife Schoten nicht bogig einseitswendig überhängend ***11***

11. Blätt. gleich dem Stg. kahl, blau bereift, ganzrandig; Bltn. weiß, in dichter Traube; Pfl. 30–100 cm hoch; ⊙; V–VII. Lichtes Gebüsch, Schutthänge; *z* in Ti, S-, W- (bis Be) u. M-Dt. [= *A. brassiciformis* Wallr.; = *A. brassica* (Leers) Rauschert] *Armblütige G.,* **A. pauciflóra** (Grimm) Garcke

— Blätt. u. Stg. behaart, wenn kahl, dann nicht blau bereift ***12***

12. Pfl. ausdauernd, mit zahlreichen, nichtblühenden Achseltrieben; Grdblätt. rosettig, eif.-längl., grob gezähnt, grün, durch Sternhaare rauh; ♃; III–IX. Feuchte Felsen, Geröll der Alp. *v.* (auch herabgeschwemmt), *s* in Schw.Alb, S-Harz, NrWe, Riesengeb., E. *Alpen-G.,* **A. alpína** L. ssp. **alpína**

Die ähnl., häufig in Steingärten angepfl. u. stellenw. verwild. **A. caucásica** Willd. (= *A. albída* Stev.) besitzt grauhaarige Blätt. u. fast aufrechte Schoten.

— Pfl. 1- bis 2-jährig; Grdblätt. meist ohne sterile Achselsprosse . . . ***13***

13. Grdblätt. in der Mitte am breitesten; Blkrblätt. schmal-keilf., 3–4,2 mm lg.; Schoten 10–26 mm lg.; Samen ungeflügelt; ⊙–⊙; IV–V. Trockenhänge, Sandfelder, Felsen, Mauern; kalkliebend; *s* in Ti, BW, SaAn, Br (= *A. auriculata* auct.) *Öhrchen-G.,* **A. récta** Vill.

— Grdblätt. oberhalb der Mitte am breitesten; Blkrblätt. keilf., 4–6 mm lg.; Schoten bis 70 mm lg.; Samen schmal geflügelt; ⊙–⊙; VI–VII. Warm-trokkene Felshänge. Nur im Ti, *s.* (= *A. saxatilis* ALL.) *Felsen-G.*, **A. nóva** VILL.

21. Lunária L., *Silberblatt*

1. Alle Blätt. gestielt; Schötchen elliptisch-lanzettl., beidendig kurz zugespitzt; ♃; V–VII. Feuchte, schattige Laubwälder der mont. Reg.; *z.* *Wildes S.*, **L. redivíva** L.

— Obere Stgblätt. sitzend; Schötchen breit-elliptisch, fast rund, beidendig abgerundet; ⊙ bis mehrjährig; IV–VI. Gartenzierpfl. aus SO-Eur.; stellenw. verwild. u. eingebürgert. *Judas-S.*, **L. ánnua** L.

22. Bráya STERNBG. & HOPPE, *Breitschötchen.* Pfl. rosettenbildend, 5–15 cm hoch; Rosettenblätt. schmal, spatelig bis lineal; Bltn. weiß, in armbltg. Traube, sich beim Trocknen violett verfärbend; ♃; VIII. Alp.; Rasen auf Kalk u. Urgestein; *s* in Ti. *Alpen-B.*, **B. alpína** STERNBG. & HOPPE

23. Alýssum L., *Steinkraut, Steinkresse*

1. Schötchen behaart (Lupe!) *3*

— Schötchen kahl (Lupe!) *2*

2. Pfl. halbstrauchig; Sprosse mit verholzter Basis; Blätt. graufilzig, entfernt gezähnt od. ganzrandig; Blkrblätt. wenig ausgerandet; Frtrauben kurz; ♃; IV–V. Sonnige Felswände; *s* in FrJura, Sa (oberes Elbegebiet), ČSSR (Böhmen). *h* als Zierpfl. u. verwild. [= *Aurinia saxatilis* (L.) DESV.] *Felsen-St.*, **A. saxátile** L.

— Pfl. krautig; Blätt. grün, meist ganzrandig; Blkrblätt. tief ausgerandet; Frtrauben verlängert; ♃; V; *s* aus dem Mittelmeergebiet eingeschleppt. *Venezianisches St.*, **A. petraéum** ARD.

3(1). Bltn. blaßgelb, zuletzt weiß; Kblätt. bleibend u. das rundl., ringsum berandete Schötchen einhüllend; Stbblätt. nicht gezähnt; Pfl. 7–30 cm hoch; ⊙–♃; IV–IX. Sonnige, trockene Standorte; *v*, stellenw. *f.* (= *A. calycinum* L.) *Kelch-St.*, **A. alyssoides** (L.) NATHH.

— Bltn. goldgelb; Kblätt. z. Frzt. abfallend; längere Stbblätt. meist einseitig geflügelt u. über die Mitte 1- bis 3-zähnig *(705a)*; Schötchen rundl. bis oval; ♃; IV–V. Trockene, sonnige Felsen, Sandfelder, Kiefernwälder. Ⓖ *Berg-St.*, **A. montánum** L.

a. Stg. aufstgd. od. aufrecht mit wenigen sterilen Rosetten; Blätt. lineal-längl., locker sternhaarig; Schötchen eirundl.; in langer, dünner Frtraube, *s* in Ba (Würzburg) u. BW (zwischen Mainz u. Heidelberg). Ⓖ! ssp. **gmelinii** (JORD.) HEGI & E. SCHMID

– Stg. niederlgd. bis aufstgd. mit zahlr. sterilen Rosetten; sterile Stg. dicht, fertile locker beblättert; Blätt. längl.-verkehrt-eif., dicht behaart; Schötchen längl.-rundl.; *v.* Ⓖ ssp. **montánum**

24. Bertéroa DC., *Graukresse.* Ganze Pfl. von Sternhaaren graugrün; Blkrblätt. weiß; Schötchen elliptisch; ⊙; VI–X. Trockene, sonnige Standorte, Sandfelder; *v*, *z* in W. [= *Farsetia incana* (L.) R. BR.] *Gemeine G.*, **B. incána** (L.) DC.

25. Drába L., *Felsenblümchen*

1. Bltn. weiß *5*

— Bltn. gelb *2*

2. Bltnstg. auch über dem Grd. beblättert, bis 40 cm hoch; Blätt. breit-eif., stumpf gezähnt, von Sternhaaren rauh; Schötchen waagrecht absthd., 6–10 mm lg. gestielt, elliptisch, 3,5–7 mm lg.; ⊙; V–VI. Trockene Wiesen; aus dem O u. SO eingeschleppt; *s.* *Hain-F.*, **D. nemorósa** L.

— Bltnstg. ohne Blätt., diese in dichten, kugeligen Rosetten *3*

3. Rosetten zu nur lockeren Polstern zusammenschließend; Blkrblätt. 3–3,5 mm lg.; Schötchen 2–4 mm lg. gestielt; ♃; VII–VIII. Felsspalten u. Schneetälchen der zentralen K-Alp., von 2600–2900 m; *s* in Alp. von Sb, Ti. *Hoppe's F.*, **D. hoppeána** RCHB.

— Rosetten zu ± kompakten Polstern zusammenschließend *4*

4. Stbblätt. halb so lg. wie die Blkrblätt.; Schötchen 4–5 mm lg. gestielt; Gr. 1/2–1 mm lg.; ♃; VI–VII. Felsspalten der K-Alp. von Sb, Ti, Ba (Berchtesgaden), von 1900–2800 m. *Sauter's F.,* **D. saúteri** Hoppe

— Stbblätt. so lg. wie die Blkrblätt.; Schötchen 5–15 mm lg. gestielt; Gr. 1,5–4 mm lg.; ♃; III–VIII. Felsspalten, Schutt; kalkliebend; *v* in Alp.; *s* in Schw.Alb, Fr.Alb. *Immergrünes F.,* **D. aizoídes** L.

5(1). Stg. außer den Grdblätt. höchstens noch mit 3 Stgblätt.; Pfl. meist ♃ *7*

— Stg. außer den Grdblätt. mit mehr als 3 Stgblätt.; Pfl. meist ⊙–⊙, selten ♃ *6*

6. Blkrblätt. 1,5–2 mm lg.; Stg. bis 30 cm lg., sternhaarig; Stgblätt. halbstgumfassend, an der Spitze grob gezähnt, beidersts. sternhaarig; Schötchen kahl; ⊙–⊙; V–VII. Felsen, Mauern, Gebüsch; *s* in S-, SO- u. M-Dt,ČSSR (Böhmen-Mähren); in SH eingeschleppt. *Mauer-F.,* **D. murális** L.

— Blkrblätt. 4–5 mm lg.; Stg. kräftig, bis 35 cm hoch, gleich den Blätt. haarig; Schötchen kahl od. behaart, häufig gedreht; ⊙–⊙; V–VII. Dünen des nördl. Jütland. *Graues F.,* **D. incána** L.

7(5). Schötchen behaart; Blätt. breit-elliptisch, gleich dem Stg. dicht sternhaarig; ♃; VI–VII. Felsspalten der K-Alp.; *z.* *Filziges F.,* **D. tomentósa** Clairv.

— Schötchen kahl od. höchstens am Rand locker behaart *8*

8. Stg. ganz kahl, 1–8 cm hoch, blattlos od. 1- bis 2-blättrig; Blätt. lanzettl., in den Stiel verschmälert, am Rand mit einfachen Haaren, auf den Flächen zerstr. sternhaarig (Lupe!); Frtraube kurz; Schötchen eif.-elliptisch, 3–6,5 mm lg.; Polsterpfl.; ♃; VI–VIII. Felsspalten, von 1600–3400 m; *s* in Allgäuer Alp., Sb, Ti, Vb. (= *D. wahlenbergii* Hartm.)
Fladnizer F., **D. fladnizénsis** Wulf.

— Stg. behaart, wenigstens im unteren Teil *9*

9. Stg. am Grd. sternhaarig, zur Spitze hin kahl; Blätt. lanzettl., ganzrandig, auf den Flächen locker sternhaarig, am Rande bewimpert; Schötchen längl.-elliptisch, 3–8 mm lg.; Pfl. 3–5 cm hoch; ♃; VI–VII. Felsspalten der K-Alp., von 1500–3400 m; *s* in Allgäu, Ti, Sb, Vb, Zentral-Alp. (= *D. johannis* Host) *Kärntner F.,* **D. carinthíaca** Hoppe

— Stg. bis zur Spitze behaart *10*

10. Stg. locker-sternhaarig; Grdblätt. schmal-verkehrt-eif., ganzrandig, auf der Fläche von Gabel- u. Sternhaaren graufilzig, am Rand mit einfachen Haaren; Schötchen flach, 6–10 mm lg., oft gedreht, kahl od. am Rand behaart; ♃; V–VII. Felsspalten von 1800–3200 m; *z* in Allgäu, Sb, Ti, Vb. (= *D. frigida* Saut.) *Kälte-F.,* **D. dúbia** Sut.

— Stg. angedrückt sternhaarig, zieml. dick; Grdblätt. zungenf.-lanzettl., dicht mit Sternhaaren bedeckt, deren Strahlen verzweigt; Schötchen 6–9 mm lg., länger als ihr Stiel, mit mindestens 10 Samen pro Fach; ♃; V–VII; alp. Rasen; *s* in Sb. *Pacher's F.,* **D. pácheri** Stur

26. Eróphila Dc., *Hungerblümchen.* Blätt. rosettig; Stg. blattlos; Bltn. klein; Blkrblätt. weiß, tief 2-spaltig; Pfl. 2–15 cm hoch; ⊙; II–V. Trockene, sonnige Standorte, *g.* (= *Draba verna* L.; = *Erophila vulgaris* Dc.). Formenreiche Sammelart. *Frühlings-H.,* **E. vérna** (L.) Chevall.

27. Petrocállis R. Br., *Steinschmückel.* Blätt. in grdst. Rosette, keilf., 3- bis 5-spaltig, 4–6 mm lg.; Blkrblätt. hell-lila, etwa doppelt so lg. wie der K.; Schötchen verkehrt-eif., 4–5 mm lg.; Pfl. dichtrasig bis polsterf., 2–8 cm hoch; ♃; VI–VII. Geröll der K-Alp.; *z.* Ⓖ *Alpen-St.,* **P. pyrenáica** (L.) R. Br.

28. Cochleária L., *Löffelkraut*

1. Stgblätt. nicht geöhrt, meist handf. 5- bis 7-lappig (efeuähnl.); Grdblätt. 3-eckig-herzf., ganzrandig; Schötchen rundl.-eif., beidendig abgerundetstumpf, durch den kurzen Gr. bespitzt; Stg. niederlgd. bis aufstgd.; ⊙; V–VI. Salzwiesen der Nord- u. Ostseeküste *v.* *Dänisches L.*, **C. dánica** L.

— Obere Stgblätt. deutl. geöhrt *2*

2. Grdblätt. rhombisch-elliptisch, am Rand oft unregelmäßig gezähnt, am Grd. abgerundet; Schötchen breit-elliptisch, beidendig stumpf, aufgeblasen, z. Reifezt. netzadrig; ⊙; V–VII. Nord- u. Ostseeküste *z,* im Binnenland *s.* *Englisches L.*, **C. ánglica** L.

— Grdblätt. rundl.-herzf. bis nierenf.; Stgblätt. eif., grob gezähnt; Bltn. wohlriechend; Schötchen kugelig bis eif., durch den kurzen Gr. bespitzt; ⊙ bis mehrjährig; V–VI. *Echtes L.*, **C. officinális** L.

a. Schötchen kugelig, beidendig abgerundet; Grdblätt. rundl., am Grd. schwach herzf.; wild nur auf Salzböden an den Küsten u. Salzstellen des Binnenlandes, sonst als Salatpfl. angepflanzt u. verwild. ssp. **officinális**

– Schötchen rhomisch-elliptisch, beidendig verschmälert; Grdblätt. oft nierenf. Quellige, moorige, aber nicht salzhaltige Orte der Geb. u. des Tieflandes; *z.* (= *C. pyrenaica* Dc.) Ⓖ ssp. **alpina** (Bab.) Hook. f

29. Kérnera Med., *Kugelschötchen.* Grdblätt. rosettig, spatelf., behaart; Stg. dünn, zickzackf. verbogen; Bltn. weiß, längere Stbblätt. knief. nach auswärts gebogen *(722);* Schötchen fast kugelig, bis 3 mm lg.; ♃; V–VII. Felsspalten, lichte Wälder der K-Alp. u. Vorland, Schw.Alb, Donautal; *z.* *Felsen-K.*, **K. saxátilis** (L.) Rchb.

30. Camelína Cr., *Leindotter*

1. Stg. u. Blätt. fast kahl, hellgrün, mit wenigen kurzen, meist Sternhaaren *3*

— Stg. u. Blätt. dicht behaart, graugrün, mit längeren, einfachen u. verzweigten Haaren *2*

2. Fr. ohne Gr. ± 5 mm lg.; Frklappen schwach gewölbt, mit wenig hervortretenden Nerven; Samen kleiner als 1 mm; V–VII. Äcker u. Schutt; *v* im O, sonst *z.* *Kleinfrüchtiger L.*, **C. microcárpa** Andrz. ex Dc.

— Fr. ohne Gr. 6–7 mm lg.; Frklappen stärker gewölbt, durch den vorspringenden Mittelnerv etwas gekielt; Samen 1–1,5 mm lg.; V–VII. Äcker; *s.* *Behaarter L.*, **C. pilósa** (Dc.) Vassilcz.

3(1). Fr. hartschalig, birnenf., mit dem Gr. 7–9 mm lg., aufrecht-absthd.; Blätt. ganzrandig od. fein gezähnt; V–VIII. Kultiviert u. verwild. (Heimat: O-Eur. u. W-Asien) *Saat-L.*, **C. satíva** (L.) Cr.

— Fr. weichschalig, fast kugelig, mit dem Gr. 9–12 mm lg., auf waagrecht absthd. od. herabgebogenen Stielen; Stgblätt. gezähnt bis fiedspaltig; VI–VII. Leinäcker; *s* aus Asien eingeschleppt. [= *C. dentata* (Willd.) Pers.] *Gezähnter L.*, **C. alýssum** (Mill.) Thell.

31. Néslia Desv., (= *Vogelia* Med.) Finkensame

Stg. 15–80 cm hoch; Stgblätt. mit tief pfeilf. Grd. sitzend; Bltn. goldgelb; Schötchen kugelig *(708),* sich nicht öffnend, 1-samig; ⊙; V–VII. Lehm- u. Kalkäcker; *z,* aber unbeständig, *f* im NW. [= *Vogelia paniculata* (L.) Hornem.] *Rispen-F.*, **N. paniculáta** (L.) Desv.

a. Fr. breiter als lg., ohne Längsrippen, beidendig stumpf, ihr Rand undeutl. gekielt. *z,* im NW *f.* ssp. **paniculáta**

– Fr. länger als breit, beidendig spitz, ihr Rand scharf gekielt; *s,* nur in BW (Huttingen) u. Be. (= *N. apiculata* Fisch., Mey. & Avé-Lall.) ssp. **thrácica** (Vel.) Bornm.

32. Capsélla Med., *Hirtentäschelkraut*

1. Blkrblätt. weiß, länger als die grünen Kblätt.; Schötchen 3-eckig-verkehrtherzf., seicht ausgerandet *(693);* Grdblätt. rosettig, ungeteilt, buchtig gelappt bis fied.spaltig; Stgblätt. ungeteilt, mit breiten Öhrchen stgumfassend. ⊙; II–IX. Als Kulturbegleiter *v.* Sehr formenreich! *Gemeines H.*, **C. búrsa-pastóris** (L.) Med.

— Blkrblätt. rötl., die rötl. Kblätt. kaum überragend. ⊙; II–IX; *s* aus dem westl. Mittelmeergebiet eingeschleppt. *Rötliches H.*, **C. rubélla** Reut.

33. Hutchínsia R. Br., *Gemskresse.* Blätt. in grdst. Rosette, ungeteilt bis gefied., dickl., kahl; Blkrblätt. weiß, doppelt so lg. wie der K.; Schötchen auf behaarten Stielen, breit-lanzettl., durch den 1 mm langen Gr. bespitzt; ♃; V–VIII. Feuchter Schutt, Felsspalten, Matten der K-Alp.; *v* bis *z.*
Alpen-G., **H. alpína** (L.) R. Br.
Im Gebiet nur die ssp. **alpína**

34. Hymenólobus Nutt. ex Torr. & Gray, *Salzkresse.* Stg. niederlgd.; Grdblätt. fleischig, ungeteilt bis fied.teilig; Stgblätt. lineal, schwach gezähnt; Schötchen elliptisch; ⊙; IV–V. Nur auf feuchten Salzböden in N-Th u. SaAn. [= *Hutchinsia procumbens* (L.) Desv.; = *Capsella procumbens* (L.) Fr.] *Niederliegende S.,* **H. procúmbens** (L.) Nutt. ex Torr. & Gray

35. Hornúngia Rchb., *Felskresse.* Stg. meist rot, behaart; Blätt. fied.teilig; Kblätt. aufrecht-absthd., so lg. wie die weißen Blkrblätt.; Schötchen elliptisch; ⊙; IV–VI. Sonnige, trockene Kalkhänge; Alp. *z, s* in M-Dt, NrWe. [= *Hutchinsia petraea* (L.) R. Br.] *Kleine F.,* **H. petraéa** (L.) Rchb.

36. Teesdália R. Br., *Bauernsenf, Rahle.* Blätt. in grdst. Rosette, meist leierf. gefied.; Bltn. weiß, Blkrblätt. ungleich groß; Stbblätt. am Grd. mit 1 blumenblattartigen Anhängsel; Schötchen breit-elliptisch, schmal geflügelt, löffelf. gebogen; Pfl. 8–15 cm hoch; ⊙; IV–V. Sandige Äcker, Hügel, Heiden; *v* im N, sonst *z, f* in Alp. *Sand-B.,* **T. nudicaúlis** (L.) R. Br.

37. Thláspi L., (incl. **Microthlaspi** F. K. Meyer u. **Noccaea** Moench), *Hellerkraut, Täschelkraut*

1. Pfl. ohne Knoblauchgeruch u. -geschmack *3*
— Pfl. nach Knoblauch riechend od. Samen nach Knoblauch schmeckend *2*

2. Ganze Pfl. beim Zerreiben nach Knoblauch riechend, völlig kahl, blaugrün; die oberen Stgblätt. mit geöhrtem Grd. sitzend; Fr. verkehrt-eif., waagrecht absthd., oberw. schmal geflügelt; ⊙; V–VI. Äcker; *s,* nur Sb u. Ba (Berchtesgaden, Ramsau). *Lauch-H.,* **Th. alliáceum** L.
— Nur Samen beim Kauen nach Knoblauch schmeckend; reife Schötchen bis 15 mm lg., fast kreisrund, ringsum breit geflügelt *(724);* Stg. kantig-gefurcht; Grdblätt. hellgrün, verkehrt-eif., gestielt; Stgblätt. mit pfeilf. Grd. sitzend; ⊙; IV–VI. Äcker, unbebaute Plätze; *g.* *Acker-H.,* **Th. arvénse** L.

3(1). Bltn. hellviolett, in verkürzten Doldentrauben; Schötchen waagrecht absthd., durch den Gr. bespitzt, nicht geflügelt *(723);* Grdblätt. rundl.-eif., dickl., bläul.grün; Grdachse ausläuferartig mit zahlr. fertilen u. sterilen Trieben; ♃; VI–X. Schutthalden der K-Alp. *v,* mit den Flüssen herabstgd. [= *Noccaea rotundifolia* (L.) Moench]
Rundblättriges H., **Th. rotundifólium** (L.) Gaud. ssp. **rotundifólium**
— Bltn. weiß; Bltn.- u. Frtraube verlängert *4*

4. Gr. sehr kurz, von den Flügelrändern überragt *(725);* Fr. verkehrt-herzf., 4–6 mm lg; Grdblätt. rosettig, verkehrt-eif., bläul. bereift; Stgblätt. am Grd. herzf., stgumfassend, ganzrandig od. gezähnt; ⊙; IV–VI. Kalk- u. Lehmäkker; *z* in SW- u. M-Dt, *s* im N. [= *Microthlaspi perfoliatúm* (L.) F. K. Meyer.]
Stengelumfassendes H., **Th. perfoliátum** L.
— Gr. so lg. od. länger als die Ausrandung des Schötchens *(726);* Stg. am Grd. mit nichtblühenden Rosetten *5*

5. Stbbeutel anfangs gelbl., später schwarzviolett; Blkrblätt. kaum länger als der K.; Schötchen verkehrt-eif., kerbig *(726);* ♃; IV–VI. Wiesen, Hügel; Alp., M-Geb. u. in den größeren Stromtälern *z, s* im N.
Voralpen-H., **Th. alpéstre** L.

Hierher folgende Kleinarten:

a. Blkrblätt. kaum länger als die Stbblätt.; Gr. die Ausrandung der Fr. deutl. überragend; ⊙; IV–VI. Wiesen, Waldränder, buschige Orte, *v.* [= *Noccaea caerulescens* ssp. *sylvestris* (JORD.) F. K. MEYER; = *Th. alpestre* L. ssp. *silvestre* (JORD.) GILLET & MAGNE; = *Th. sylvestre* JORD.] *Wald-H.,* **Th. caeruléscens** J. & C. PRESL.

– Blkrblätt. länger als die Stbblätt. . . . . **b**

b. Pfl. nur auf Galmeiböden im N u. NW; Blkrblätt. ca 3,5 mm lg., etwas lilafarbig; Gr. wenig länger als die Ausrandung der reifen Fr.; ♃; V–VI; Ho, Be, östl. bis Aachen u. Osnabrück. [= *Th. alpestre* ssp. *calaminare* (LEJ. & COURT.) O. SCHWARZ.] *Galmei-H.,* **Th. calamináre** (LEJ.) LEJ. & COURT.

– Pfl. nur auf steinigen Triften der Alp. u. Voralp.; Blkrblätt. etwa doppelt so lg. wie die Kblätt.; Gr. die Flügel der reifen Fr. wenig überragend; ♃; IV–VI, *z* in Ti, Vb, Liechtenstein [*Th. alpestre* ssp. *salisii* (BRÜGG.) J. MURR.] *Tiroler H.,* **Th. salisii** BRÜGG.

— Stbbeutel gelb bleibend; Blkrblätt. 2–3 mal so lg. wie der K.; Fr. an der Spitze breit geflügelt *(727);* ♃; IV–V. Grasige Berghänge, vorwgd. auf Kalk; *z* von M-Dt bis Alp. [= *Noccaea montana* (L.) F. K. MEYER] *Berg-H.,* **Th. montánum** L.

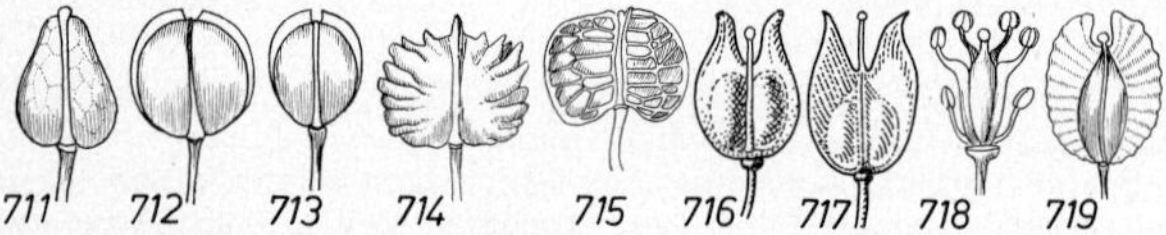

711 712 713 714 715 716 717 718 719

38. Aethionéma R. BR., *Steintäschel.* Blätt. dickl., blaugrün, ganzrandig; Bltn. in dichter Traube, rötl. od. weiß; längere Stbblätt. paarweise zusammenneigend, an der Innenseite geflügelt *(718);* Schötchen rundl., ringsum breit geflügelt *(719);* ♃; IV–VI. Alp. *v,* mit den Flüssen herabgeschwemmt. *Felsen-St.,* **A. saxátile** (L.) R. BR.

39. Ibéris L., *Schleifenblume*

1. Pfl. ♃, oft halbstrauchig, holzig; Blätt. dickl., ganzrandig, immergrün ***4***

— Pfl. ⊙ bis ⊙, krautig ***2***

2. Blätt. längl.-keilf., entfernt fiedspaltig; Bltnstand traubig verlängert; Schötchen schmal geflügelt *(716);* Bltn. weiß, selten blaßviolett; ⊙; V–VIII. Äkker; *z* im Rhein-Main-, Mosel-, Saar-, Nahe- u. Taubergebiet; auch als Zierpfl. *Bittere Sch.,* **I. amára** L.

— Blätt. lineal-lanzettl., ganzrandig; Bltn. rosa bis purpurn ***3***

3. Bltnstand dicht doldig, erst zur Frzt. sich verlängend; Schötchen mit 2 großen Flügeln, vom Grd. an geflügelt *(717);* ⊙; V–VII; Gartenzierpfl., zuw. verwild. (Heimat: S- u. SO-Eur.) *Doldige Sch.,* **I. umbelláta** L.

— Bltnstand kurztraubig; Schötchen an der Spitze breit, am Grd. kaum geflügelt; ⊙; VI–VII; *s,* seit langem bei Boppard/Rhein eingebürgert (Heimat: S- u. SO-Eur.). *Mittlere Sch.,* **I. intermédia** GUERS.

4(1). Stg. bis zum Bltnstand holzig und zerbrechlich; Blätt. breit-spatelf.; Frstand kurz, armbltg.; Fr. breiter als lg., fast ungeflügelt. ♃, V–VII. (Heimat: Süditalien bis Tunesien). Beliebte Zierpfl., *s* verwild. *Immerblütige Sch.,* **I. semperflórens** L.

— Stg. krautig, biegsam; Frstand. reichfrüchtig, sich später verlängernd; Fr. eher länger als breit, an der Spitze tief ausgerandet. ♃, VII–VIII. (Heimat: Mittelmeergebiet). Beliebte Zierpfl.; *s* verwild. *Immergrüne Sch.* **I. sempervirens** L.

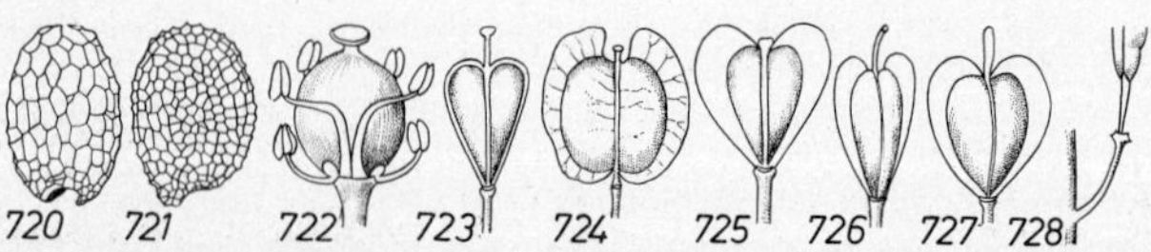

720 721 722 723 724 725 726 727 728

40. Biscutélla L., *Brillenschötchen.* Grdblätt. rosettig gehäuft, keilf.-längl., ganzrandig bis fiedspaltig, borstig bewimpert bis kahl; Kblätt. gelbl. grün; Blkrblätt. hellgelb; Schötchen brillenf. *(701);* ♃; V–VII. Sonnige, trockene Weiden, Felsen, nur auf Kalk, bis in die alp. Reg.; *z* in Alp., S-, M-Dt, im N bis NrWe u. Be. Ⓖ *Glattes B.,* **B. laevigáta** L.

Formenreiche Sammelart! Es werden zahlr. Unterarten mit mehreren Varietäten unterschieden, von denen allein 7 Unterarten im Gebiet vorkommen.

41. Lepídium L., *Kresse*

1. Blkrblätt. blaßgelb; Schötchen rundl.; Grdblätt. doppelt-fiedteilig, 6–10 cm lg.; obere Stgblätt. ungeteilt, ganzrandig, mit tief herzf. Grd. stgumfassend; ⊙; V–VI. Salzwiesen, Wege, Schutt; aus O-Eur. u. Asien eingeschleppt, *s.* *Durchwachsenblättrige K.,* **L. perfoliátum** L.

— Blkrblätt. weiß od. fehlend; Stbblätt. 2, 4 od. 6 . . . . *2*

2. Obere Stgblätt. nicht stgumfassend *4*

— Obere Stgblätt. mit herzpfeilf. Grd. stgumfassend od. am Grd. pfeilf. geöhrt *3*

3. Pfl. ♃, mit dicker, vielköpfiger Wurzel, an ihrem oberen Ende eine faserige Hülle toter Blätt.; Grdblätt. leierf.-fiedteilig; Stg. u. Bltnstiele von absthd. Haaren flaumig bis filzig; Fr. an der Basis schmal, dann plötzl. breit geflügelt; ♃; V–VI. Weg- u. Ackerränder; aus SW-Eur. eingeschleppt; *s,* Sb, Nahe- u. Saartal, Ho, Be, Da. (= *L. smithii* Hook.)
Verschiedenblättrige K., **L. heterophýllum** (Dc.) Benth.

— Pfl. 1- bis 2-jährig; Wurzel spindelig, 2-köpfig, ohne Faserschopf; Grdblätt. (z. Bltzt. meist abgestorben) leierf.-fiedteilig; Stg. flaumig-filzig; Fr. zur Spitze hin breit geflügelt, schuppig rauh; ⊙-⊙; V–VI. Wege, Dämme, Schuttplätze; *v, s* im N. *Feld-K.,* **L. campéstre** (L.) R. Br.

4(2). Schötchen an der Spitze deutl. ausgerandet; Grdblätt. fiedspaltig *6*

— Schötchen spitz od. abgerundet, aber nicht ausgerandet *5*

5. Schötchen kahl, eif., durch den kurzen Gr. bespitzt *(711);* Kblätt. von der Mitte an weiß berandet; Grdblätt. lanzettl.-spatelf., kerbig gezähnt; Stgblätt. lineal-lanzettl.; ♃; VI–VII. Felsen, Hügel des Mittelrheingebietes; *s.*
Grasblättrige K., **L. graminifólium** L.

— Schötchen jung weichhaarig, breit-elliptisch bis kreisrund; Kblätt. fast vom Grd. an breit weiß berandet; Grdblätt. meist eif.; mittlere u. obere Stgblätt. eif.-eilanzettl.; Pfl. von scharfem Geschmack. ♃; VI–VII. Wild nur an salzhaltigen Orten der Nord- u. Ostseeküste u. des Binnenlandes.
Breitblättrige K., Pfefferkraut, **L. latifólium** L.

6(4). Schötchen 5–6 mm lg., rundl.-eif., an der Spitze breit geflügelt, ihre Stiele aufrecht; Pfl. kahl, bläul. bereift; ⊙; V–VII. Als Salatpfl. kultiviert u. verwild. (Heimat: Mittelmeergebiet).
Garten-K., **L. satívum** L.

— Schötchen bis 4 mm lg., auf absthd. Stielen; Pfl. nicht bläul. bereift *7*

7. Blkrblätt. vorhanden, den K. überragend; Schötchen fast kreisrund, an der Spitze etwas geflügelt *(712);* Grdblätt. leierf.-fiedteilig, borstig behaart; Stgblätt. längl.-lanzettl., scharf gezähnt; ⊙; V–VIII. Aus N-Amerika eingeschleppt u. *s,* besonders im SW eingebürgert.
Virginische K., **L. virgínicum** L.

— Blkrblätt. fehlend od. verkümmert *8*

8. Pfl. stinkend; Frtraube locker; Schötchen eif., bis 2,5 mm lg., an der Spitze geflügelt; Grdblätt. doppelt fiedteilig, obere Stgblätt. lineal, ganzrandig; ⊙; V–VII. Schuttplätze, Wege; *v.* *Stink-K.,* **L. ruderále** L.

— Pfl. nicht stinkend *9*

9. Obere Stgblätt. lineal-lanzettl., entfernt gezähnt, 3-nervig, am Grd. lg. bewimpert; Frtraube dicht; Schötchen verkehrt-eif. bis kreisrund, tief, aber schmal ausgerandet, mit schmalen Flügeln *(713);* ⊙; V–VII. Aus N-Am. eingeschleppt, stellenw. eingebürgert. (= *L. apetalum* auct.)
Dichtblütige K., **L. densiflórum** Schrad.

— Obere Stgblätt. lineal, ganzrandig, 1-nervig, am Rand papillös; Frstiele sehr dünn, waagrecht absthd.; ⊙-⊙; V–VII. Aus N-Am. eingeschleppt u. an trockenen, sandigen Ruderalstellen stellenw. eingebürgert. *Verkannte K.,* **L. negléctum** Thell.

42. Cardária Desv., *Pfeilkresse.* Obere Stgblätt. mit herzpfeilf. Grd. stgumfassend, entfernt buchtig gezähnt; Schötchen herzf., mit langem Gr. *(694);* ♃; V–VII. Wegränder, Bahndämme, Schutthalden; *v.* (= *Lepidium draba* L.) *Gemeine Pf.,* **C. drába** (L.) Desv. ssp. **drába**

43. Corónopus Hall., *Krähenfuß*

1. Bltnstiele kürzer als die Bltn. u. Fr.; Blkrblätt. weiß, länger als der K.; Schötchen am Rand scharfzackig, durch den Gr. bespitzt *(714);* Stg. niederlgd. od. aufstgd.; ⊙; V–VIII. Feuchte, sandige Orte, Dorfstraßen, oft an salz- u. ammoniakhaltigen Stellen; *z.* (= *C. procumbens* Gil.; = *C. ruellii* All.) *Niederliegender K.,* **C. squamátus** (Forsk.) Asch.

— Bltnstiele länger als Bltn. u. Fr.; Blkrblätt. kürzer als der K. od. fehlend; Fr. an der Spitze ausgerandet, ohne Gr. u. Randzacken *(715);* Stg. aufrecht, selten niederlgd.; Pfl. stinkend; ⊙; VI–VII. Aus Am. eingeschleppt; *s* an unbebauten Orten. *Zweiknotiger K.,* **C. dídymus** (L.) Sm.

44. Subulária L., *Pfriemenkresse (187).* Bltn. sehr klein, weiß; Schötchen elliptisch, 3–5 mm lg.; ⊙; VI–VII. Untergetaucht od. am Rand von Fischteichen; *s* in Ba (Dinkelsbühl, Erlangen), Vog., Be (Antwerpen, Brüssel), früher auch SH u. NrWe (Braunschweig). *Wasser-Pf.,* **S. aquática** L.

45. Conríngia Adans., *Ackerkohl.* Blkrblätt. 10–13 mm lg., gelbl.- od. grünl.-weiß; Schoten 4-kantig; Gr. 1,5–2 mm lg.; Frklappen 1-nervig; Pfl. kahl; Blätt. bereift, ganzrandig; ⊙; V–VII. Lehm- od. Kalkäcker; *z* in S- u. M-Dt; wohl nur eingeschleppt u. eingebürgert. [= *Erysimum orientale* (L.) R. Br.] *Weißer A.,* **C. orientális** (L.) Dum.

46. Diplotáxis Dc., *Doppelsame, Doppelrauke*

1. Stg. hoch hinauf beblättert, am Grd. etwas verholzend; Blätt. bläul.grün, tief fiedteilig, mit 3–5 Paar linealer Fied.; Bltnstiel so lg. od. länger als die Bltn.; Schoten 2,5–3,5 cm lg., über dem Kelchansatz kurz gestielt; ♃; V–IX. Unbebaute Orte; *z* (aus dem Mittelmeergebiet eingeschleppt). *Schmalblättriger D.,* **D. tenuifólia** (L.) Dc.

— Stg. nur am Grd. beblättert od. mit 1–2 Stgblätt.; Blätt. fiedspaltig, mit breiten Abschnitten *2*

2. Bltnstiele etwa so lg. wie die sich öffnenden Bltn.; Blkrblätt. zitronengelb, rundl.-verkehrt-eif., plötzl. in den Nagel verschmälert, 6–8 mm lg.; ⊙–⊙; VI–IX. Schutt, Weinberge, Äcker, Mauern; *z,* im 18. Jh. aus dem Nordmediterrangebiet eingeschleppt. *Mauer-D.,* **D. murális** (L.) Dc.

— Bltnstiele kürzer als die sich öffnenden Bltn.; Blkrblätt. blaßgelb, längl.-spatelf., allmähl. in den Nagel verschmälert, ca. 4 mm lg.; Stg. kaum verzweigt u. beblättert; ⊙; VI–IX. Äcker, Weinberge, Schuttplätze; nur oberes u. mittleres Rheingebiet, sonst verschleppt. *Ruten-D.,* **D. vimínea** (L.) Dc.

47. Brássica L., *Kohl*

1. Obere Stgblätt. am Grd. abgerundet od. herzf.-stgumfassend, sitzend *4*

— Obere Stgblätt. gestielt od. am Grd. wenigstens stielart. verschmälert *2*

2. Schoten aufrecht, dem Stg. zur Frzt. dicht angedrückt, 15–20 mm lg., kurz geschnäbelt, 4-kantig; alle Blätt. gestielt, leierf.-fiedspaltig; Bltn. goldgelb; K. aufrecht-absthd.; ⊙; VI–IX. Als alte Kulturpfl. verwild. u. eingebürgert im Rhein-, Mosel-, Neckar-, Weser-, Elbe- u. Unstruttal. *Senf-K., Schwarzer Senf,* **B. nígra** (L.) Koch

— Schoten dem Stg. nicht dicht angedrückt *3*

3. Schoten über dem K-Ansatz deutl. gestielt *(728);* Frschnabel höchstens 4–6 mm lg.; obere Stgblätt. blaugrün, kahl; ⊙–♃; VI–IX. Schuttplätze, Wegränder; *z* aus SO- u. O-Eur. eingeschleppt. *Langrispiger K.,* **B. elongáta** Ehrh.

— Schoten über dem K.-Ansatz nicht gestielt; Schnabel 6–12 mm lg.; Blätt. blaugrün; ⊙; VI–IX Schuttplätze, Wegränder; *s* aus S- u. SO-Asien eingeschleppt. *Ruten-K., Sarepta-Senf,* **B. júncea** (L.) Czern.

4(1). Bltn. schwefelgelb; Kblätt. u. alle Stbblätt. aufrecht; ⊙; V–IX. Alte Kulturpfl., wild im Gebiet nur auf Helgoland. *Gemüse-Kohl,* **B. olerácea** L.

In zahlreichen Kulturformen angepflanzt: *Markstammkohl, Grün- od. Krauskohl, Rosenkohl, Wirsingkohl, Kopfkohl (Weiß- u. Rotkohl), Blumenkohl, Broccoli, Kohlrabi.*

— Bltn. goldgelb; Kblätt. u. kürzere Stbblätt. absthd. 5

5. Bltnknospen von den geöffneten Bltn. überragt; Grdblätt. grasgrün u. borstig-rauh; Stgblätt. blaugrün bereift; ⊙-⊙; IV–IX. Aus dem Mittelmeergebiet stammende Kulturpfl. (= *B. campestris* L.) *Rübsen, Stoppelrübe,* **B. rápa** L.

a. Wurzel verdickt; Gemüsepfl. *Wasser-, Stoppelrübe,* ssp. **rápa**

– Wurzel nicht verdickt; Ölpfl. *Rübsen,* ssp. **oleífera** (DC.) METZG.

— Bltnknospen die geöffneten Bltn. überragend; alle Blätt. blaugrün bereift, kahl; ⊙-⊙; IV–IX. Alte Kulturpfl. *Raps, Kohlrübe,* **B. nápus** L.

a. Wurzel rübenf. verdickt, oben mit Blattschopf. Gemüsepfl. *Kohlrübe, Steckrübe, Wruke,* ssp. **rapífera** METZG.

– Wurzel nicht verdickt; Stg. verlängert, Blätt. deshalb nicht in Rosette. Ölpfl. *Raps,* ssp. **nápus**

B. pekinénsis (LOUR.) RUPR.: Gemüsepfl. aus O-Asien: Pfl. längl., gelbgrüne Köpfe bildend.

48. Sinápis L., *Senf*

1. Obere Stgblätt. sitzend, ± borstig behaart, meist ungeteilt, ungleich grob gezähnt; Blkrblätt. schwefelgelb; Schoten meist kahl; Schnabel fast 1/3 so lg. wie die Schote; Samen schwarz; ⊙; VI–IX. Ackerunkraut; *v.* *Acker-S.,* **S. arvénsis** L.

— Obere Stgblätt. gestielt, fiedspaltig bis gefied; Blkrblätt. hellgelb; Schote borstig behaart, ihr Schnabel zusammengedrückt, so lg. od. länger als diese *(681);* Samen gelbl.; ⊙; VI–IX. Aus dem Mittelmeergebiet stammende u. zuw. verwild. Kulturpfl. *Weißer S.,* **S. álba** L.

a. Pfl. steifhaarig; Blätt. leierf.-fiedteilig, mit breiten, ungleich gekerbten Abschnitten. *Kultur-Senf,* ssp. **álba**

– Pfl. verkahlend; Blätt. tief fiedteilig, mit grob gezähnten od. fiedspaltigen Abschnitten. Unkraut, vorwgd. in Leinfeldern; *s* eingeschleppt. (= *S. dissecta* LAG.) *Schlitzblatt-S.,* ssp. **dissécta** (LAG.) BONN.

49. Erúca MILL., *Senfrauke.* Stg. aufrecht, ± ästig, kantig gestreift; Pfl. rauhflaumig bis kahl, von unangenehmem Geruch; Blätt. leierf.-fiedteilig; ⊙-⊙; V–VI. Wege, Mauern, Äcker; alte Kulturpfl. aus dem Mittelmeergebiet. [= *E. vesicaria* (L.) CAV. em THELL.] *Öl-S.,* **E. sativa** MILL.

50. Erucástrum C. PRESL, *Hundsrauke*

1. Untere Bltn. in den Achseln von Tragblätt.; Kblätt. fast aufrecht; Blkrblätt. weißl.gelb, grünl. geadert, seltener goldgelb, 7–8 mm lg.; Schote sichelf. gebogen, über dem K-Ansatz nicht gestielt; ⊙-⊙; V–IX. Flußufer, Äcker; *v* in Alp. von Ti, Vb, Rheintal u. Nebentäler (bis Wesel), Donautal; *z* in He u. Th; *s* im N. (= *E. pollichii* SCH. & SP.) *Französische H.,* **E. gállicum** (WILLD.) O. E. SCH.

— Alle Bltn. ohne Tragblätt.; Kblätt. waagrecht absthd.; Blkrblätt. lebhaft gelb, 8–12 mm lg.; Schoten meist gerade, über dem K-Ansatz gestielt; ⊙; V–VIII. Äcker, Schutt; ursprüngl. nur im Bodensee- u. Rheingebiet, Ti u. Vb; *s* im N. [= *E. obtusangulum* (SCHLEICH.) RCHB.] *Brunnenkressenblättrige H.,* **E. nasturtiifólium** (POIR.) O. E. SCH.

51. Rhynchosinápis HAY. (= *Brassicella* FOURR.), *Lacksenf.* Grdblätt. u. untere Stgblätt. leierf.-fied.teilig, unterstš. borstig; Kblätt. aufrecht, röhrig zusammenschließend; Blkrblätt. schwefelgelb, grünl. geadert; Schoten waagrecht absthd., 4–7 cm lg., mit langem Schnabel; ⊙; VI–X. Äcker, Weinberge; nur im Rheintal u. Nebentäler (= *Brassicella erucastrum* O. E. SCH.; = *Brassica cheiranthos* VILL.). *Echter L.,* **R. cheiránthos** (VILL.) DANDY.

52. Hirschféldia MOENCH, *Bastardsenf, Rempe.* Grdblätt. dicht grauflaumig, leierf.-fiedspaltig; Bltnstand später rutenart. verlängert; Bltn. blaßgelb; Frstiel z. Reifezt. keulig verdickt; Schoten dem Stg. anlgd. *(709),* 8–12 mm lg.; ⊙; VI; Äcker, Schutt; eingeschleppt u. besonders im SW eingebürgert (Heimat: Mittelmeergebiet). [= *Erucastrum incanum* (L.) KOCH; = *Sinapis incana* JUSL.] *Weißhaariger B.,* **H. incána** (L.) LAGRÈZE-FOSSAT

53. Cákile MILL., *Meersenf.* Blätt. dickl., fleischig, ungeteilt bis doppelt-fied.spaltig; Bltn. lila bis rosa; Fr. 2-gliedrig; oberes Glied dolchf. *(684 b);* ⊙; VII–X. Küste der Nord- u. Ostsee, *v.* *Europäischer M.,* **C. marítima** SCOP.

a. Unteres Glied gewöhnl. an der Spitze mit 2 rückw. gerichteten Auswüchsen *(729a);* nur Nordseeküste, *v.* ssp. **marítima**
– Unteres Glied gewöhnl. ohne Auswüchse *(729b)* od. nur mit sehr kurzen Anhängseln; nur Ostseeküste, *v.* ssp. **báltica** (JORD. ex ROUY & FOUC.) HYL.

54. Rapístrum CR., *Rapsdotter*

1. Oberes Schotenglied tief längsfurchig gerippt, mit kurzem Gr. *(704);* Grdblätt. fiedspaltig, steifhaarig-zottig; ⊙ bis mehrjährig; VI–VIII. Sonnige Hügel u. Raine; Th, SaAn, *z,* sonst verschleppt. *Ausdauernder R.,* **R. perénne** (L.) ALL.

— Oberes Schotenglied eif. bis kugelig, glatt od. stark gerippt, behaart od. kahl, mit längerem, fädl. Gr. *(710);* Grdblätt. leierf. gefied., zerstreut borstig; ⊙; V–IX. Äcker u. Brachen; im Gebiet nur aus Vorder-Asien eingeschleppt, bes. Oberrhein u. Main, Sb, Ti, Vb. *Runzliger R.,* **R. rugósum** (L.) ALL.

55. Crámbe L., *Meerkohl.*

Stg. u. Bltnstand sparrig-ästig; Bltn. weiß; die längeren Stbblätt. im oberen Drittel mit 1 Zahn *(699);* Fr. 2-gliedrig; das untere Glied stielf., das obere kugelig u. 1-samig *(700);* ♃; V–VII. Meeresstrand, Dünen; *s,* nur Ostseeküste, östl. bis Rügen u. Dänische Inseln. Ⓖ *Weißer M.,* **C. marítima** L.

56. Calepína ADANS., *Wendich.*

Grdblätt. rosettig, grob gebuchtet bis leierf.-fiedspaltig; obere Stgblätt. ungeteilt, mit pfeilf. Grd. stgumfassend; Blkrblätt. klein, weiß, etwas ungleich groß; ⊙; V–VI. Brachfelder, aus dem Mittelmeergebiet eingeschleppt; *s* im Rheintal u. Nebentäler (Mainz bis Köln). [= *C. corvini* (ALL.) DESV.] *Unregelmäßiger W.,* **C. irreguláris** (Asso) THELL.

57. Ráphanus L., *Rettich, Hederich*

1. Schoten lg., perlschnurart. eingeschnürt *(677),* bei der Reife in 1-samige Glieder zerfallend; K. aufrecht; Blkrblätt. hellgelb od. weißviolett geadert; ⊙; VI–VIII. Ackerunkraut; *g.* *Hederich,* **R. raphanístrum** L.
a. Wurzel spindelig-dünn; Pfl. ⊙. Als Unkraut *g.* ssp. **raphanístrum**
– Wurzel rübenf.; Pfl. ♃; Grdblätt. rosettig; Blkrblätt. kaum geadert. Küstengebiet von Ho. ssp. **marítimus** (SM.) THELL.

— Schoten kurz, nicht perlschnurart. gegliedert, gedunsen; Bltn. weiß od. violett; ⊙–⊙; V–VI. Kulturpfl. aus Vorderasien. *Garten-R.,* **R. satívus** L.
Als Gemüsepfl. (*Rettich* u. *Radieschen*) in mehreren Varietäten kultiviert, auch als Ölpfl. [ssp. **oleiferus** (STOKES) METZG.]

Familie: **Resedáceae,** *Resedagewächse*

Kräuter od. Stauden; Blätt. wechselst., einfach od. geteilt, mit kleinen, drüsenähnl. Nebenblätt.; Bltn. zygomorph; K.- u. Blkrblätt. 4–8; Stbblätt. 3 bis zahlr. *(730);* Frkn. oberst., 2- bis 6-blättrig, aber 1-fächrig u. im reifen Zustand an der Spitze meist offen *(731);* Kapselfr.

Reséda L., *Wau, Resede*

1. K. u. Blkr. 4-teilig; Bltn. blaßgelb; Stg. steif-aufrecht, 0,6–1 m hoch; Blätt. schmal-lanzettl., ungeteilt; ⊙; VI–IX. Wegränder, Schuttplätze; alte Färbepfl., aus früheren Kulturen verwild. (Heimat: SO-Eur. u. W-Asien) *Färber-W.,* **R. lutéola** L.
— K. u. Blkr. 6-, selten 5-teilig; Stg. 15–50 cm hoch *2*
2. Blätt. alle ungeteilt od. nur die oberen 3-spaltig; Bltn. gelbl.weiß, wohlriechend; ⊙–♃; VII–X. Gartenzierpfl. u. *s* verwild. (Heimat: N-Afr., Ägypten) *Wohlriechender W.,* **R. odoráta** L.
— Blätt. alle fiedteilig od. 3-spaltig bis doppelt 3-spaltig *3*

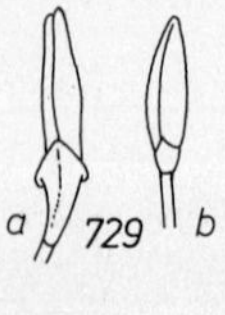

729

730

731

3. Bltn. weiß, wohlriechend, ⊙–♃; VII–X. Zierpfl.; *s* verwild. (Heimat: Mittelmeergebiet) *Weißer W.*, **R. álba** L.

— Bltn. hellgelb, wenig riechend; ⊙; VII–VIII. Sonnige Plätze; aus dem Mittelmeergebiet eingeschleppt u. seit langem eingebürgert; *v* im S, sonst *s*. *Gelber W.*, **R. lútea** L.

Ordnung: **Salicáles**

Familie: **Salicáceae,** *Weidengewächse*

Holzpfl.; Blätt. wechselst., ungeteilt, mit Nebenblätt.; diese zuw. klein u. früh abfallend; Bltn. eingeschl. u. 2-häusig, in Kätzchen; Kapselfr.; Samen mit Haarschopf.

1. Kätzchenschuppen[1] ganzrandig *(172);* Bltn. mit 1–2 Honigdrüsen; Kätzchen steif aufrecht; Blätt. lanzettl., lineal, elliptisch (niemals 3-eckig, herzf.); Winterknospen stets nur mit einer Schuppe *(276a)* . . . **Salix,** 292

— Kätzchenschuppen zerschlitzt; Drüsenbecher schräg abgeschnitten *(168);* Kätzchen schlaff, hängend; Blätt. 3-eckig, herzf. od. eif.; Winterknospen mit mehreren Schuppen *(277a)* . . . .**Populus,** 291

1. **Pópulus** L., *Pappel*

1. Blätt. untersts. rein grün, kahl ***5***

— Blätt. untersts. weiß od. grünl. weiß, filzig ***2***

2. Kätzchenschuppen weiß-zottig bewimpert *(168);* Blattstiele seitl. stark zusammengedrückt; Blätt. (wenigstens in der Jugend) weiß-filzig ***4***

— Kätzchenschuppen kahl; Blattstiele rundl.; Blätt. kahl od. wenig behaart ***3***

3. Blätt. kahl, eif., am Grd. abgerundet od. schwach herzf., länger als breit; junge Äste nur wenig kantig; Knospen duftend; ♃; IV. (Heimat: N-Am.), Zierbaum. (= *P. tacamahacca* Mill.) *Balsam-P.*, **P. balsamífera** L.

— Blätt. nebst ihren Stielen kurzhaarig; Spreite breit 3-eckig, breiter als lg.; jüngere Zweige oft etwas kantig; ♃; IV. (Heimat: N-Am.) Zierbaum. (*P. candicans* auct.) *Ontario-P.*, **P.** x **gileadénsis** Rouleau

4(2). Spreitenunterseite bleibend dicht filzig, buchtig gelappt *(732);* Stamm hellweißgrau berindet; Kätzchenschuppen nicht od. nur schwach eingeschnitten, wenig bewimpert; ♃; III–IV. Auwälder; wild nur in S-Dt u. Odergebiet; auch angepflanzt u. verwild. *Silber-P.*, **P. álba** L.

— Blattunterseite schwach graufilzig; Kätzchenschuppen tief eingeschnitten, stärker bewimpert; ♃; IV. Auwälder; *z*. (= Bastard *P. alba* × *P. tremula*) *Grau-P.*, **P.** × **canéscens** (Ait.) Sm.

5(1). Blätt. fast kreisrund *(733),* lg. gestielt, hängend; Rinde gelbgrau; Kätzchenschuppen am Rand stark behaart; ♃; II–IV. Wälder; *v*. *Espe, Zitter-P.*, **P. trémula** L.

— Blätt. im Umriß mehr 3-eckig od. schief 4-eckig *(734);* Kätzchenschuppen kahl od. wenig behaart ***6***

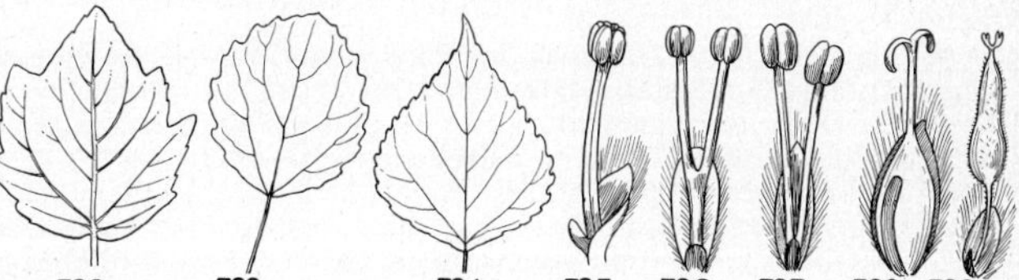

732 733 734 735 736 737 738 739

[1] Kätzchenschuppen sind die Tragblätt., in deren Achseln die Frkn. od. Stbblätt. u. außerdem nektarabsondernde Drüsen stehen.

6. Junge Zweige hellgelb, rundl.; Stamm schwarzgrau berindet, früh rissig; Blätt. abgerundet *(734)*; Narben 2; ♃; III–IV. Wälder, Ufer; *z;* häufig gepflanzt. *Schwarz-P.*, **P. nígra** L.

a. Krone breit-ausladend. ssp. **nígra**

b. Krone säulen- bis pyramidenf.; Äste steil aufstrebend. Als Alleebaum häufig angepflanzt. [= ssp. *italica* (Duroi) Moench] ssp. **pyramidális** (Roz.) Čel.

— Junge Äste u. Zweige mehr grau; Borke alter Stämme eichenähnl. zerrissen; Narben 2–4; ♃; IV–V. (Heimat: N-Am.) Forst- u. Zierbaum. (= *P. deltoides* × *P. nigra)* *Kanadische P.*, **P. × canadénsis** Moench

2. Sálix L., *Weide*

Da die Weiden zweihäusig sind und die Blütenkätzchen z. T. vor den Blätt. erscheinen, ist zum Bestimmen eine der drei folgenden Tabellen zu benutzen, in denen nur die **wildwachsenden** Arten aufgenommen sind. Die Blütezeiten, Verbreitungs- u. Standortsangaben sind der Tabelle I zu entnehmen.

I. Tabelle zum Bestimmen nach Zweigen mit männl. Kätzchen

1. Bltn. mit (4–)5(–12) Stbblätt.; ihre Tragblätt. außen am Grd. stark behaart, gegen die Spitze verkahlend; Kätzchen mit den Blätt. erscheinend, hgd., ca. 5 cm lg. gestielt; Blätt. ca. 6 cm lg., 2,5 cm breit, fein gesägt, obersts. dk.-grün-glzd., untersts. hellgrün; junge Zweige dk.rot bis braun; Strauch; ♃; V–VI. Feuchte Wälder, Sümpfe, Moore, Flußufer; *z, f* in He, auch als Zierstrauch. *Lorbeer-W.*, **S. pentándra** L.

— Bltn. mit 2 od. 3 Stbblätt. *2*

2. Bltn. mit 3 Stbblätt.; Filamente am Grd. braun behaart; Kätzchen aufrecht, schlank, zylindrisch, bis 8 cm lg., vor od. mit den Blätt. erscheinend; diese längl. bis lanzettl., 5–13 cm lg. u. 2–3 cm breit, kurz zugespitzt, dicht drüsig gesägt *(753)*, beidersts. grün od. untersts. blaugrün bis weißlich [= ssp. **discolor** (Wimm. & Grab.) Arcang.], anfangs seidenhaarig; Nebenblätt. bleibend, nieren- od. halbherzf.; Rinde der älteren Zweige sich in Fetzen ablösend; junge Rinde zimtbraun; ♃; IV–V. Gräben, Flußufer; *v,* auch kultiviert, für Flechtwerk, (= *S. amygdalina* L.) *Mandel-W.*, **S. triándra** L.

— Bltn. mit 2 Stbblätt. *3*

3. Stbblätt. am Grd. *(736)* od. bis zu den Staubbeuteln *(735)* miteinander verwachsen *37*

— Stbblätt. bis zum Grd. getrennt *(737)* *4*

4. Tragblätt. der Bltn. zweifarbig, am Grd. hell, an der Spitze dk.braun bis rot *12*

— Tragblätt. der Bltn. einfarbig; gelbl.grün od. rötl. *5*

5. Zwerg-(Spalier)-Sträucher, mit niederlgd., dem Boden angepreßten Ästen od. niedrige Sträucher der höheren Gebirge *8*

— Höhere Bäume od. ± aufrechte Sträucher *6*

6. Kätzchen fast sitzend, zylindrisch, dichtbltg., vor od. mit den Blätt. erscheinend; Tragblätt. grünl. (selten 2-farbig), am Rand behaart; Blätt. schmallineal, bis 12 cm lg. u. 2 cm breit, am Rand umgerollt *(756)*, im Alter untersts. dicht weißgrau-filzig; ♃; IV–V. Im Flußkies der Alp. u. Vorland *v; s* in S-BW, Bayrw. (= *S. incana* Schr.) *Lavendel-W.*, **S. eleágnos** Scop.

— Kätzchen auf kurzen od. längeren, beblätterten Stielen *7*

7. Kätzchen kurz gestielt, aufrecht, dick-walzlich, bis 5 cm lg., vor dem Aufblühen von dem weißen Haarfilz der Tragblätt. eingehüllt; Blätt. gestielt, lanzettl., bis 16 cm lg., am Rand knorpelig gesägt *(754)*, kahl; Zweige leicht brechend, gelb od. braun; bis 15 m hoher Baum; ♃; III–IV. Ufer, feuchte Wälder, vor allem in den großen Stromtälern, *z;* auch kultiviert. *Bruch-W.*, **S. frágilis** L.

Hierher auch: **S. × rúbens** Schr. (Bastard *S. fragilis* × *S. alba*). Unterscheidet sich von voriger durch die in der Jugend seidig behaarten u. schärfer gezähnten Blätt.; *v.*

— Kätzchen länger gestielt, aufrecht, schlank, zylindrisch, bis 7 cm lg.; Blätt. der Kätzchenstiele klein, gesägt od. ganzrandig; Tragblätt. der Bltn. nur am Rand u. Grd. stärker behaart; Blätt. lanzettl., beidendig verschmälert, bis 10 cm lg. u. 2 cm breit, am Rand klein drüsig gesägt *(763)*, jung beidersts. seidenhaarig, im Alter obersts. verkahlend. Bis 20 m hoher Baum, mit rissiger Borke u. aufrechten Ästen; ♃; IV–V. Ufer, Waldränder, Wiesen; *v.* *Silber-W.*, **S. álba** L.

a. Zweige gelbbraun bis braun, aufrecht absthd. ssp. **álba**

– Zweige hellgelb bis rot, oft hgd. *Dotter-W.*, ssp. **vitellína** (L.) ARCANG.

8(5). Kätzchen zylindrisch, reich- u. dichtbltg. ***11***

— Kätzchen kugelig od. kurz-zylindrisch, wenig- u. lockerbltg. ***9***

9. Blätt. fast kreisrund, 8–20 mm lg., am Rand kerbig gesägt *(740)*, untersts. glzd.-grün, netzadrig, an jedem Trieb nur 2; Astsystem ausläuferart. unterirdisch; Kätzchen kugelig, bis 6 mm lg., 4- bis 12-bltg.; Stbfäden kahl; Tragblätt. verkehrt-eif., kahl od. an der Spitze etwas bewimpert; ♃; VI–VIII. Feuchte Rasen, Schneetälchen; Alp. (1800–3300 m) *v, s* im Riesengeb., Mähr. Gesenke. *Kraut-W.*, **S. herbácea** L.

— Blätt. längl.-verkehrt-eif., meist ganzrandig; Sproßsystem nicht in die Erde verlagert, sondern dem Boden angedrückt (Spaliersträucher) . . . ***10***

10. Kätzchen mit den Blätt. erscheinend, mit 10 u. mehr dichtsthd. Bltn.; Blätt. 10–20 mm lg., 5–8 mm breit, an der Spitze abgestutzt od. ausgerandet *(742)*; Spaliersträucher, mit kriechend aufstrebenden, bis 30 cm langen Ästen; ♃; VI–VII. Felsen, Geröll, Schneetälchen; kalkliebend; Alp. *v.* *Stumpfblättrige W.*, **S. retúsa** L.

— Kätzchen nach der Laubentfaltung erscheinend, nur bis 5 mm lg., mit 5–7 Bltn.; Blätt. 4–8 mm lg., ca. 3 mm breit, ± spitzl. *(743)*; Spaliersträucher mit stark verkürzten Ästen; ♃; VII–VIII. Triften, Geröll, kalkliebend; Alp. *v.* *Quendelblättrige W.*, **S. serpyllifólia** SCOP.

11(8). Kätzchen schlank, bis 3,5 cm lg., mit ca. 2 cm langem, hellgrau behaartem Stiel; Filamente in der unteren Hälfte behaart; Stbbeutel braun; Blätt. gestielt, elliptisch bis kreisf., mit untersts. stark hervortretendem Adernetz *(741)*; niederlgd. Spalierstrauch mit sparrigen, gelbbraunen Ästen; ♃; VII–VIII. Feuchte Felshänge, Geröll, Schneetälchen; kalkliebend; nur Alp. oberhalb der Baumgrenze; *z.* *Netz-W.*, **S. reticuláta** L.

— Kätzchen dick, bis 5 cm lg., dichtbltg., kurz gestielt; Stiel mit kleinen, verkehrt-eif. gesägten Blätt.; Tragblatt dünn, weiß gebärtet; Filamente am Grd. behaart; Blätt. gestielt, breit verkehrt-eif., bis 4 cm lg., kurz bespitzt, am Rand kerbig gesägt *(751)*, obersts. dk.grün, lackartig glzd., untersts. bläul.weiß. Bis 1,5 m hoher Strauch mit kurzen, dicken Ästen; ♃; V–VI. Hochstaudenfluren, Geröllhänge der Krummholzregion; kalkliebend; *v* in Alp. (mit den Flüssen bis Ulm). *Kahle W.*, **S. glábra** SCOP.

12(4). Kätzchen gleichzeitig mit den Blätt. erscheinend ***30***

— Kätzchen vor den Blätt. erscheinend ***13***

13. Niedrige bis mittelhohe Sträucher (bis 2 m), mit meist knorrigen Ästen ***16***

— Bäume od. größere Sträucher [3–6(–10) m], mit dünnen, schlanken Zweigen ***14***

14. Kätzchen vor dem Aufblühen seidig-zottig, ca. 3 cm lg., dichtbltg.; junge Triebe grünl. bis bräunl., zäh, behaart, im Alter kahl; Blätt. schmal-lanzettl., bis 15 cm lg., 1,5 cm breit, zugespitzt, ganzrandig *(755)*, obersts. trübgrün, untersts. silbrig behaart; ♃; III–IV. Ufer, Gebüsch; *v;* im S nur in den großen Flußtälern; *f* in Alp. u. Vorland; häufig als „Kopfweide" für Flechtwerk kultiviert. *Korb-W.*, **S. viminális** L.

— Kätzchen vor der Blüte in einen dichten, weißen Pelz eingehüllt; junge Zweige purpurrot od. grün, hechtblau bereift ***15***

15. Kätzchen sitzend, dick-zylindrisch, bis 4 cm lg. u. 1,7 cm dick; Blätt. lanzettl., bis 10 cm lg. u. 2,5 cm breit *(758)*, in der Jugend seidig behaart,

später kahl, obersts. dk.grün, glzd., untersts. matt; Zweige dick, gelb od. bräunl., brüchig, in der Jugend zuw. behaart. Bis 10 m hoher Baum. ♃; III–IV. Flußufer, Auwälder, Strand; Alp. u. Vorland *v, z* Sudeten, Schw., BW (Rheintal), Me (Küste u. Rügen); auch als Zierstrauch. (Heimat: N-Eur.)
Reif-W., **S. daphnoídes** Vill.

— Kätzchen kurz-zylindrisch bis eif.; Blätt. lanzettl., bis 12 cm lg., scharf zugespitzt, am Rand knorpelig gesägt, obersts. dk.grün, untersts. heller; Zweige dünn, zäh, biegsam, dk.- od. rotbraun; ♃; III–IV. Dünen, Ufer, Bahndämme *z;* Kulturpfl., wohl nur verwild. (Heimat: O-Eur.)
Spitzblättrige W., **S. acutifólia** Willd.

16(13). Junge Zweige kahl od. nur flaumig behaart ***18***

— Junge Zweige gleich den Knospen grausamtig bis schwarzfilzig; Holz der älteren Triebe nach Entfernen der Rinde mit Striemen (d. s. hervortretende Längsstreifen des Holzes) ***17***

17. Blätt. lanzettl., bis 13 cm lg., in der Mitte am breitesten, in eine lg. Spitze auslaufend, bereift, meist kahl, mit zurückgerolltem, undeutl. wellig gezähntem Rand; Äste dick, schmutzigbraun bis schwarzfilzig; 4–6 m hoher Strauch; ♃; III–IV. Flußufer; wild wohl nur im NO u. O (Me, W- u. OPr, Schl), sonst als Flechtweide kultiviert u. verwild.
Filzästige W., **S. dasýclados** Wimm.

— Blätt. lanzettl. bis verkehrt-eif., bis 10,5 cm lg., oberhalb der Mitte am breitesten, kurz bespitzt, am Rand umgebogen u. unregelmäßig gesägt *(762),* in der Jugend beidersts. graufilzig, später verkahlend; Kätzchen wohlriechend, kurz-zylindrisch, bis 5 cm lg., dichtbltg., bis 6 m hoher Strauch; ♃; III–IV. Ufer, Gebüsch; *v.* *Grau-W.*, **S. cinérea** L.

18(16). Holz mit Striemen; Kätzchen klein, bis 2,5 cm lg., dichtbltg., kurz-zylindrisch; niedriger, bis 2 m hoher Strauch mit dünnen, kahlen, sparrigen Ästen; Tragblätt. klein, verkehrt-eif., weiß behaart; Blätt. gestielt, mit rundl. verkehrt-eif., am Rand grob gezähnter Spreite u. großen Nebenblätt. *(761);* ♃; IV–V. Moore, Ufer, feuchte Waldränder; *v.* *Ohren-W.*, **S. auríta** L.

— Holz ohne Striemen; niedrige bis höhere Sträucher, z. T. baumartig ***19***

19. Niedrige, bis 1 m hohe Sträucher ***25***

— Größere, über 1 m hohe Sträucher od. Bäume ***20***

20. Sträucher des Tieflandes od. der Voralp. (*S. mielichhoferi,* Nr. ***24***–) ***23***

— Sträucher der höheren Geb. u. Mittelgeb. ***21***

21. Kätzchen zylindrisch, ± 2,5 cm lg., dichtbltg., sitzend od. kurz gestielt; Tragblätt. obersts. dicht weißborstig; Filamente am Grd. spärl. behaart; Äste braun bis rotbraun; Blätt. in der Jugend rotbraun, beidersts. mit kurzen, zerstreut angeordneten, gekrümmten Haaren, ± lg. gestielt, verkehrt-lanzettl., am Rand unregelmäßig gekerbt *(752),* beidersts. grün, untersts. mit weitmaschigem, scharf hervortretendem Adernetz. Bis 2 m hoch; ♃; III–IV. Ufer von Gebirgsbächen, Augebüsche; *s* im Riesengeb., Sudeten u. Vorland, Glatzer Kessel. *Schlesische W.*, **S. silesíaca** Willd.

— Kätzchen kleiner als 2,5 cm, eif.; Filamente am Grd. zerstreut bis dicht lg. behaart ***22***

22. Filamente am Grd. zerstreut lg. behaart; Tragblätt. am Grd. zerstreut lg. weißl.- od. gelbl.-seidig behaart; Äste sparrig, schwach knotig, graubraun bis grau, die jüngsten dicht weißl. behaart; Blätt. gestielt, untersts. bläul., obersts. dk.grün, in der oberen Hälfte verbreitert *(757),* am Rand umgebogen, ungleich grob gekerbt. Bis 3 m hoher Strauch; ♃; IV–V. Hochstaudenfluren, Gebirgsbäche; *v* in Alp., *z* im Vorland, Schw., Schw.Alb. (= *S. grandifolia* Ser.) *Großblättrige W.*, **S. appendiculáta** Vill.

— Filamente am Grd. dicht lg. behaart; Tragblätt. lanzettl., beidersts. von krausen Haaren dicht wollig; Äste stark knotig, schwarzbraun, in der Jugend wollig-filzig, später verkahlend; Blätt. kurz gestielt, 7–17 cm lg., längl.-lanzettl. *(747),* entfernt gekerbt, dünn, obersts. im Alter fast kahl, untersts. weiß-bläul.-flaumig. Bis 3 m hoher Strauch; ♃; V–VI. Felsige, feuchte Stellen der Alp.; *s* in Ti (Stubaier u. Ötztaler Alp.). (= *S. pubescens* SCHLEICH.) *Flaum-W.*, **S. lággeri** WIMM.

23(20). Knospen kahl, groß, dick, gelbbraun od. braun; Kätzchen vor den unterssts. graugrünen bis weißfilzigen Blätt. *(760)* erscheinend, dick, bis 10 cm lg., durch die langen, weiß behaarten Tragblätt. in einen dichten Haarfilz eingehüllt; Filamente am Grd. kahl; junge Zweige kurz weiß behaart, ältere braun, glzd., kahl; 3–9 m hoher Strauch; ♃; III–IV. Gebüsche, Mischwälder, feuchte Wegränder; *v*, im N *z*. *Sal-W.*, **S. cáprea** L.

— Knospen meist schwarz-samtig behaart, schlanker; Filamente am Grd. behaart ***24***

24. Zweige dünn, schwarzbraun, gelbbraun od. grünl., meist dicht grausamtig behaart; Kätzchen eif.-zylindrisch, bis 2,5 cm lg., dichtbltg.; Kätzchenstiel 0,5 cm lg., mit kleinen, lanzettl., zerstreut behaarten Blätt.; Tragblätt. an der Spitze purpurn bis schwarz, zerstreut lg. weißhaarig; Filamente am Grd. dicht behaart. Bis 4 m hoher Strauch; ♃; IV–V. Sumpfwiesen, Moore; Voralp. *v*, sonst *z*, im NW u. He *f*. (= *S. nigricans* SM.) *Schwarz-W.*, **S. myrsinifólia** SAL.

— Zweige dick, glzd., dk.braun bis schwärzl., jung behaart, später verkahlend, an den Astenden genähert u. deshalb buschig angeordnet; Blattnarben verdickt, Zweige dadurch knotig; Kätzchen kurz gestielt, ihre Stiele mit wenigen lanzettl. Blätt.; Tragblätt. schwarzbraun, zerstreut lg. weiß behaart; Filamente am Grd. lg. weißhaarig. Bis 3 m hoher Strauch; ♃; V–VI. Bachufer, versumpfte Hänge; *s* in Voralp. von Sb, Ti. *Tauern-W.*, **S. mielichhóferi** SAUT.

25(19). Pfl. des Tieflandes u. der Moore ***29***

— Pfl. höherer Gebirgslagen ***26***

26. Kätzchen schlank, höchstens bis 3 cm lg. ***28***

— Kätzchen kräftiger, meist länger als 3 cm ***27***

27. Kätzchen sitzend, dichtbltg.; Blätt. unterssts. weißgrau-filzig, lanzettl. bis längl., an den Zweigenden gedrängt; 30–100 cm hoher Strauch; ♃; V–VII. Moore, Sumpfwiesen; *s* in OPr. *Lappländische W.*, **S. lappónum** L.

— Kätzchen gestielt, locker; Blätt. dichter filzig, an den Zweigenden nicht gehäuft; Bis 1 m hoher Strauch; ♃; VI–VII. Lawinenschutt; *s* Alp. von Sb, Ti, Vb (sonst Zentral-Alp.). [= *S. lapponum* var. *helvetica* (VILL.) ANDERS.] *Schweizer W.*, **S. helvética** VILL.

28(26). Kätzchen 10–15 mm lg., bis 6 mm dick; Tragblätt. verkehrt-eif., schwarzbraun bis fahlgelb, rauhhaarig; Filamente kahl od. am Grd. zerstreut behaart; Stbbeutel kugelig, gelb; aufrechter, 1,2–2 m hoher Strauch, mit fahlgelben, kahlen od. kurz behaarten Ästen; Blätt. oberssts. grün, unterssts. meergrün, beidersts. punktiert, in der Jugend seidig behaart; ♃; V–VI. Hochstaudengebüsche; *s* in Vog., Harz, Sudeten, in Alp. u. im N *f*. (= *S. phylicifolia* L. em. SM.) *Zweifarbige W.*, **S. bícolor** EHRH. ex WILLD.

— Kätzchen bis 22 mm lg. u. 12 mm dick; Tragblätt. stumpf, an der Spitze fahlgelb, weiß-seidig behaart; Filamente an der Basis kraus behaart; Stbbeutel elliptisch, bräunl.; hoher Strauch mit knotigen, schwach häutigen, glzd., kastanien- bis schwarzbraunen Ästen; Blätt. elliptisch, zugespitzt, am Rand drüsig gesägt *(750)*, oberssts. dk.- unterssts. heller grün; ♃; V–VI. Feuchte Hochstaudenfluren der Alp.; *s* in Ti (sonst Zentral-Alp.), auch in Vog. *Hochtal-W.*, **S. hegetschweíleri** HEER

29(25). Kätzchen lockerbltg., zylindrisch, bis 2,5 cm lg., vor den breit-lanzettl., zugespitzten, am Grd. ganzrandigen Blätt. *(748)* erscheinend; Kätzchenstiel grau-behaart, mit kleinen, breit-lanzettl., seidig behaarten Blätt.; Tragblätt. am Rand gebärtet; Filamente kahl. Niedriger, ca. 30 cm hoher, aufstgd. Strauch mit dünnen, gelbl.-braunen, glzd., kahlen od. kurz behaarten Ästen, ohne kriechenden Erdstamm; ♃; IV–V. Moore, Sumpfwiesen; *v*

OPr, *s* in Schl. u. BW (bei Donaueschingen u. Beuron) (= *S. livida* Wahl.; = *S. depressa* auct. non L.) *Bleiche W.*, **S. starkeána** Willd.

— Kätzchen anfangs dichtbltg., kugelig bis kurz-zylindrisch, meist vor den Blätt. erscheinend; Kätzchenstiel seidig behaart; Tragblätt. seidig behaart u. am Rand gebärtet; Filamente meist kahl. Bis 1 m hoher Strauch mit unterirdisch kriechendem Stamm u. bogig aufstgd., dünnen, kahlen, braunen Ästen; Jungtriebe kurz-seidig behaart; ♃; IV–V. Moore, feuchte Wiesen, Wegränder, nasse Sandstellen; *v.* *Kriech-W.*, **S. répens** L.

a. Blätt. lanzettl. bis breit-eif., am Rand umgerollt, an der Spitze zurückgekrümmt, obersts. kahl, untersts. weißl., seidig filzig, beim Trocknen schwarz werdend; *v.* ssp. **répens**

b. Blätt. breit-elliptisch bis kreisrund, beidersts. silbrig behaart, obersts. später verkahlend, beim Trocknen nicht schwarz werdend. Küstendünen *v.* ssp. **argéntea** (Sm.) Camus

c. Blätt. lineal bis längl.-lineal, mit gerader Spitze u. nur schwach zurückgerolltem Rand. Moore; *s.* (= *S. rosmarinifolia* L.) ssp. **rosmarinifólia** (L.) Čel.

30(12). Niedriger, 30–50 cm hoher Strauch der Moore u. Torfsümpfe der Niederungen, mit unterirdisch kriechendem Stamm u. kahlen, nur in der Jugend behaarten, braunen Ästen; Blätt. denen der Heidelbeere ähnl., 1,5–3,5 cm lg., ganzrandig *(744)*, obersts. sattgrün, untersts. blaugrün; Kätzchen zylindrisch, bis 2,5 cm lg. gestielt; Filamente kahl; ♃; V–VII. Torfsümpfe, Moore; *z, s* im Alpenvorland, Bayrw., Böhmerw., Sudeten, O- u. WPr. *Heidelbeer-W.*, **S. myrtilloídes** L.

— Sträucher des Hochgebirges ***31***

31. Blätt. kahl od. schwach behaart ***33***

— Blätt., zumindest untersts., dicht filzig ***32***

32. Bltn. meist mit 2, selten mit 1 Honigdrüse (Lupe!); Filamente am Grd. kraus behaart; Kätzchen ca. 2 cm lg., 1 cm dick, ihr weißgrau-filziger Stiel mit 4–6 Blätt.; ca. 1 m hoher Strauch mit krautigen, gelbl., in der Jugend dicht weißfilzigen Zweigen; Blätt. verkehrt-lanzettl., ganzrandig, beidersts. dicht weißhaarig; ♃; VI–VII. Feuchte Schattenhänge, Bachufer, Hochstaudengebüsche; kalkmeidend; *s* in Ti (Ötz- u. Stubaital), sonst Zentralalp. *Seiden-W.*, **S. glaucoserícea** Floderus

— Bltn. mit 1 Honigdrüse; Filamente am Grd. kahl, selten schwach behaart (s. auch Nr. *27*–). *Schweizer W.*, **S. helvética** Vill.

33(31). Blätt. nur obersts. glzd., untersts. matt od. weißl., beim Trocknen braun werdend ***35***

— Blätt. beidersts. glzd., beim Trocknen schwarz werdend; Filamente u. Honigdrüsen blaßviolett ***34***

34. Blätt. ganzrandig, gestielt, verkehrt-eif., bis 3,5 cm lg. u. 1,8 cm breit; Kätzchen dichtbltg., schlank, bis 2 cm lg.; Filamente kahl; Stbbeutel purpurn bis violett, später schwarz. Kleiner Strauch mit niederlgd., wurzelnden, schwarzbraunen, kahlen, in der Jugend behaarten Ästen; ♃; VI–VII. Felsige Abhänge, Geröllhalden, kalkliebend; *s* in Alp. von Sb (sonst O-Alp.). *Myrten-W.*, **S. alpína** Scop.

— Blätt. am Rand dicht kurz-drüsig gezähnt, verkehrt-eif., 1–3 cm lg. u. 0,6–1,8 cm breit *(749)*, in der Jugend behaart, später kahl, lebhaft grün, glzd.; Kätzchen gedrungen, bis 2 cm lg.; Filamente gelb-purpurn; Stbbeutel violettschwarz werdend. Bis 30 cm hoher, sparrig ästiger Strauch mit anfangs grau behaarten, später kahlen, rötl.-braunen, nicht wurzelnden Ästen; ♃; VI–VII. Ruhende Kalkschutthalden (Zentral-Alp. *v*); *z* in Alp. von Sb, Ti, Vb. *Matten-W.*, **S. breviserráta** Floderus

35(33). Tragblätt. der Bltn. mit langen, anfangs glatten, später gekräuselten Haaren; Kätzchen dick-zylindrisch, bis 5 cm lg., dichtbltg.; Blätt. breit-elliptisch, bis 8 cm lg. u. 5 cm breit, meist ganzrandig *(746)*, in der Jugend behaart, schnell verkahlend, untersts. blaßgrün bis weißl.; Nebenblätt. stark entwickelt. Niederlgd. od. aufrechter, bis 1,5 m hoher Strauch mit kahlen, in der Jugend behaarten, grünl.braunen Ästen; ♃; V–VI. Subalp.

Hochstaudengebüsche, Bachufer; Alp. u. Voralp. (Ba, Ti, Sb, Vb), Vog., Gesenke, früher S-Harz (Alter Stolberg). Formenreich.

Spieß-W., **S. hastáta** L.

— Tragblätt. der Bltn. mit kurzen, glatt bleibenden Haaren ***36***

36. Kätzchen zierl., bis 2,3 cm lg. u. 1,3 cm dick; Stbbeutel anfangs purpurn, später violett bis bräunl.; Blätt. elliptisch-lanzettl., 2–3 mal so lg. wie breit, am Rand scharf drüsig gesägt, obersts. dk.grün-glzd., untersts. blaß.-bläul.-grün. Mittelhoher Strauch mit aufrechten, im Alter kahlen, purpurnen bis schwärzl., rutenf. Zweigen; ♃; VI–VII. Subalp. Hochstaudengebüsche, Bachufer; *s* in Ti (Fimbertal), sonst W-Alp. [= *S. arbuscula* L. ssp. *foetida* (SCHLEICH.) BR.-BL.] *Ruch-W.*, **S. foétida** SCHLEICH.

— Kätzchen größer, bis 3,5 cm lg. u. 1,4 cm dick, etwa gleichzeitig mit den Blätt. erscheinend; Stbbeutel anfangs rötl. od. gelbl., später rötl.braun; Blätt. verkehrt-eif., 2–5 mal so lg. wie breit, am Rand undeutl. gekerbt-gesägt, obersts. sattgrün, untersts. blaugrün. Mittelhoher Strauch mit kurzen, grauen, warzigen Ästen; ♃; VI–VII. Subalp. Hochstaudengebüsche, kalkliebend; *v* in Alp. (= *S. arbuscula* auct. non L.)

Bäumchen-W., **S. waldsteiniána** WILLD.

37(3). Stbblätt. bis zu den anfangs purpurroten, später gelben u. schwärzl. Stbbeuteln verwachsen, deshalb scheinbar nur 1 Stbblatt mit 4 Stbbeuteln *(735)*; Kätzchen vor den lineal-lanzettl., im unteren Teil ganzrandigen, zur Spitze hin scharf u. klein gesägten Blätt. *(759)* erscheinend, zylindrisch, bis 5 cm lg. Sparriger, bis 6 m hoher Strauch od. Baum, mit dünnen, biegsamen, häufig lebhaft purpurroten, kahlen Zweigen; ♃; III–V. Auwälder, feuchte Wiesen; *v*, in SH nur im Elbegebiet. *Purpur-W.*, **S. purpúrea** L.

a. Blätt. wechselst.; Zweige dünn, biegsam; Blätt. bis 10 mm breit; Kätzchen schlank. ssp. **purpúrea**

– Blätt. z. T. gegenst., bis 22 mm breit; Äste dicker. ssp. **lambertiána** (SM.) NEUMANN

— Filamente nur bis zur Mitte verwachsen *(736)* ***38***

38. Kätzchen mit den Blätt. erscheinend, eif.-kugelig bis kurz-zylindrisch, ca. 1,5 cm lg.; Blätt. breit-elliptisch, bis 4 cm lg. u. 2 cm breit, ganzrandig *(745)*, obersts. blaßgrün, untersts. hechtblau. Kleiner, 0,3–1 m hoher Strauch mit kahlen, braunen Zweigen; ♃; VI–VII. An Gletscherflüssen der Krummholzregion u. alp. Region; *s* in Alp. von Ti, Vb. *Blau-W.*, **S. caésia** VILL.

— Kätzchen vor den Blätt. erscheinend. Bis 6 m hoher Baum od. Strauch; Stbblätt. am Grd. behaart, nur am Grd., seltener bis zur Mitte verwachsen; Tragblätt. der Bltn. grau behaart (s. auch Nr. ***6***).

Lavendel-W. **S. eleágnos** SCOP.

II. Tabelle zum Bestimmen nach Zweigen mit weibl. Kätzchen

(Blütezeiten, Verbreitungs- u. Standortsangaben sind der **Tabelle I** zu entnehmen)

1. Frkn. auf der ganzen Fläche od. nur an der Basis behaart ***20***

— Frkn. kahl ***2***

2. Kätzchen sich gleichzeitig mit den Blätt. od. erst nach deren Entfaltung entwickelnd ***7***

— Kätzchen vor der Entfaltung der Blätt. erscheinend ***3***

3. Niedrige bis mittelhohe (± bis 2 m) Sträucher ***5***

— Hohe Bäume od. Sträucher (größer als 2 m) ***4***

4. Tragblätt. der Bltn. etwa so lg. wie der Frkn.; Zweige abwischbar blau bereift. *Reif.-W.*, **S. daphnoídes** VILL.

— Tragblätt. der Bltn. nur etwa halb so lg. wie der Frkn.; Zweige rotbraun.

Kaspische W., *Spitzblättrige W.*, **S. acutifólia** WILLD.

5(3). Reich verzweigte Sträucher, selten höher als 1 m; weibl. Kätzchen eif. bis zylindrisch, bis 1,5 cm lg. u. 0,5 cm breit; Frkn. selten kahl, meist seidig-filzig (s. auch Nr. ***28***–). *Kriech-W.*, **S. répens** L

— Sträucher meist höher als 1 m, mit aufrechten Ästen *6*
6. Frknstiel nur 1/4 so lg. wie der Frkn.; Blätt. dicht graufilzig; mittelhoher Strauch der Gebirgsflüsse. *Lavendel-W.,* **S. eleágnos** Scop.
— Frknstiel fast so lg. wie der Frkn. Blätt. dk.grün, nur jung unterstst. behaart; mittelhoher Strauch. *Schlesische W.,* **S. silesíaca** Willd.
7(2). Kriechende, dem Boden angepreßte od. niedrige Sträucher . . . *11*
— Höhere Sträucher od. Bäume mit aufrechten od. abstehenden Ästen; Tragblätt. der Bltn. einfarbig *8*
8. Tragblätt. der Bltn. bis zur Frreife erhalten bleibend; Frkn. mit kurzem, dickem Gr. u. nur 1 Honigdrüse. *Mandel-W.,* **S. triándra** L.
— Tragblätt. z. Frreife nicht mehr vorhanden *9*
9. Weibl. Blüte mit nur 1 Honigdrüse, diese den fast sitzenden (zuw. behaarten) Frkn. am Grd. umfassend; Blätt. in der Jugend dicht seidig behaart. *Silber-W.,* **S. álba** L.
— Bltn. mit 2 Honigdrüsen, die vordere viel kürzer als die hintere . . . *10*
10. Tragblätt. der Bltn. am Grd. außen stark kraushaarig, gegen die Spitze verkahlend; Blätt. eif.-elliptisch, am Rand dicht drüsig-klebrig gesägt, 2- bis 4-mal so lg. wie breit. *Lorbeer-W.,* **S. pentándra** L.
— Tragblätt. der Bltn. lg. weiß-zottig behaart, an der Spitze kahl; Blätt. lanzettl., am Rand knorpelig gesägt, 4–7 mal so lg. wie breit *(754).* *Bruch-W.,* **S. frágilis** L.
11(7). Tragblätt. der Bltn. einfarbig gelbgrün od. violettrot *14*
— Tragblätt. der Bltn. zweifarbig, an der Spitze meist dunkler (braun, purpurn od. schwarz) *12*
12. Stiel der ♀ Kätzchen bis 2 cm lg., kleine Blätt. tragend. Niedriger, bis 50 cm hoher Strauch der Moore, mit unterirdisch kriechendem Stamm. *Moor-* od. *Heidelbeer-W.,* **S. myrtilloídes** L.
— Kätzchen sitzend od. sehr kurz gestielt; Sträucher meist höher als 50 cm *13*
13. Blätt. unterststs. hell- bis blaugrau, die Spitze aber stets grün, mit feiner, engmaschiger Nervatur *(764),* beim Trocknen meist schwarz werdend. *Schwarzwerdende W.,* **S. myrsinifólia** Sal.
— Blätt. beiderststs. gleichfarbig, mit dicker, grobmaschiger Nervatur, beim Trocknen nicht schwarz werdend. *Tauern-W.,* **S. mielichhóferi** Saut.
14(11). Aufrecht wachsende Sträucher höherer Gebirgslagen *17*
— Niederlgd. Spaliersträucher der Hoch-Alp. (= Gletscherweiden) . . *15*
15. Blätt. fast kreisrund, mit scharf gesägtem Rand *(740);* an jedem Trieb des in die Erde verlagerten Astsystems nur zwei Blätt. *Kraut-W.,* **S. herbácea** L.
— Blätt. verkehrt-eif., an der Spitze abgerundet od. zugespitzt, ganzrandig; Astsystem oberirdisch, der Unterlage angepreßt; jeder Trieb mit mehr als 2 Blätt. *16*
16. Kätzchen längl.-zylindrisch, bis 2 cm lg.; Blätt. 8–20 mm lg. u. 5–8 mm breit, an der Spitze stumpf od. ausgerandet *(742).* *Stumpfblättrige W.,* **S. retúsa** L.
— Kätzchen klein, kugelig, nur bis 0,5 cm lg.; Blätt. 4–10 mm lg. u. 2–4 mm breit, zugespitzt *(743).* *Quendelblättrige W.,* **S. serpyllifólia** Scop.
17(14). Blätt. entw. nur oberststs. glzd. u. unterststs. matt, meist heller od. beiderststs. matt *19*
— Blätt. beiderststs. grün u. glzd. *18*
18. Kätzchen schlank, 10–20 mm lg., bis 6 mm dick; Fr. schmal; Gr. bis 1,6 mm lg., purpurn; Narbe gespalten, purpurn; Äste niederlgd., wurzelnd. *Myrten-W.,* **S. alpína** Scop.
— Kätzchen gedrungen, 16–30 mm lg., bis 10 mm dick; Fr. breit; Frkn. in der Jugend absthd. behaart, später verkahlend; Gr. kurz, purpurn; Narbe zweigeteilt, purpurn; Äste niederlgd.-aufstgd., nicht wurzelnd. *Matten-W.,* **S. breviserráta** Floderus

19(17). Blätt. *(751)* obersts. glzd., wie lackiert, untersts. weißl.-grau, dickl., beim Trocknen schwarz werdend; Kätzchen bis 7 cm lg., dichtbltg., bis 2 cm lg. gestielt; Tragblätt. schmal-elliptisch, stumpf, lg. u. dünn, weiß gebärtet. *Kahle W.,* **S. glábra** Scop.

— Blätt. *(746)* beiderststs. matt, untersts. etwas blasser, dünn; Kätzchen bis 6 cm lg., dichtbltg., bis 3 cm lg. gestielt; Tragblätt. lanzettl. bis verkehrt-eif., stumpf, mit langen, weißen, anfangs glatten, später gekräuselten Haaren. *Spieß-W.,* **S. hastáta** L.

20(1). Kätzchen gleichzeitig, mit od. nach der Entfaltung der Blätt. erscheinend **35**

— Kätzchen vor der Entfaltung der Blätt. erscheinend **21**

21. Holz der 2- bis 4-jährigen Zweige nach Entfernung der Rinde glatt u. nicht mit (od. nur mit undeutl.) striemenartigen Erhebungen **25**

— Holz der 2- bis 4-jährigen Zweige nach Entfernung der Rinde mit deutl. striemenartigen Erhebungen **22**

22. Einjährige Äste u. meist auch die Knospen samtig behaart; Sträucher meist höher als 2 m **24**

— Einjährige Äste meist kahl; Sträucher meist niedriger als 2 m . . . **23**

23. Nebenblätt. groß, halbherz- bis nierenf., gezähnt *(761);* Adernetz der rundl., verkehrt-eif., am Rand unregelmäßig grobgesägten Blätt. stark hervortretend; Kätzchen eif. bis zylindrisch, bis 3 cm lg., dichtbltg., mit weiß behaarter Achse; Gr. fehlend od. sehr kurz. *Ohren-W.,* **S. auríta** L.

— Nebenblätt. fehlend od. sehr klein, hinfällig; Adernetz der verkehrt-eif., am Rand regelmäßig gesägten, untersts. blaugrünen Blätt. nur wenig hervortretend; Kätzchen 2–4 cm lg.; Gr. 0,5–1 mm lg.
Zweifarbige W., **S. bícolor** Ehrh.

24(22). Stiel des Frkn. $^1/_3$ bis $^2/_3$ so lg. wie der Frkn.; Gr. u. Narben kurz, dick; Kätzchen dick, bis 9 cm lg., mit weiß behaarter Achse.
Graue W., **S. cinérea** L.

— Frkn. fast sitzend; Gr. 1–2 mm lg.; Narbe bis 2 mm lg.; Kätzchen zylindrisch, bis 5 cm lg., gestielt, mit weiß behaarter Achse.
Filzästige W., **S. dasýclados** Wimm.

25(21). Bäume od. Sträucher, höher als 1 m **29**

— Niedrige, meist nur bis 50 cm, seltener bis 100 cm hoch werdende Sträucher **26**

26. Blätt. untersts. kahl od. in der Jugend beiderststs. ± dicht seidig, aber nicht filzig, im Alter meist auch untersts. noch behaart **28**

— Blätt. wenigstens in der Jugend beiderststs. dicht weißfilzig **27**

27. Kätzchen deutl. gestielt, zylindrisch, z. Z. der Reife ± aufgelockert; Behaarung der jüngsten Blätt. sehr dicht seidig-zottig; Nerven deshalb kaum hervortretend; Gr. 1–2 mm lg., mit tief 2-spaltiger Narbe.
Schweizer W., **S. helvética** Vill.

— Kätzchen dick, auch z. Frreife kaum aufgelockert, fast sitzend; Behaarung weniger dicht als bei voriger; Gr. fädig, bis 3 mm lg.
Lappländische W., **S. lappónum** L.

28(26). Frknstiel so lg. od. länger als der Frkn.; Kätzchen lockerbltg., auf beblätt. Stielen; Blätt. *(748)* im Alter beiderststs. kahl.
Bleiche W., **S. starkeána** Willd.

— Frknstiel kürzer als der Frkn.; Kätzchen dicht, eif.-zylindrisch, kurz gestielt; Blätt. in der Jugend beiderststs., im Alter meist nur untersts. seidig behaart; Pfl. mit unterirdisch kriechendem Stamm. *Kriech-W.,* **S. répens** L.

29(25). Sträucher des Tieflandes u. der Moore **32**

— Sträucher der Alp. u. höheren M-Geb. **30**

30. Zweige jung weiß wollig-filzig, erst im 2. od. 3. Jahr verkahlend, derb, knotig, schwarzbraun bis schwarz; Kätzchen anfangs kurz-eif., später ver-

längert-zylindrisch, bis 5,8 cm lg., lockerbltg., die untersten Bltn. weit voneinander entfernt; Frknstiel 3–4 mal so lg. wie die Honigdrüse.
Flaum-W., **S. lággeri** Wimm.

— Junge Zweige meist kahl, fahlgelb bis kastanienbraun ***31***

31. Kätzchen anfangs bis 2 cm, im Alter bis 4 cm lg. u. 1,3 cm dick; Blattspreite am Grd. keilf., unregelmäßig gesägt-gezähnt od. ganzrandig.
Zweifarbige W., **S. bícolor** Ehrh.

— Kätzchen anfangs ca. 2,4 cm, im Alter bis 4 cm lg. u. 1,8 cm dick; Blätt. am Grd. abgerundet stumpf, am Rand drüsig gezähnt bis scharf zugespitzt gesägt *(750)*. *Hochtal-W.*, **S. hegetschweíleri** Heer

32(29). Frkn. lang gestielt *(739)* ***34***

— Frkn. sitzend od. sehr kurz gestielt *(738)* ***33***

33. Gr. fast so lg. wie der Frkn.; Narben lineal, mit fadenf., nach außen gebogenen Ästen *(738)*; Kätzchen zylindrisch, bis 3 cm lg.; junge Zweige aufrecht, rutenf., grünl. bis graugelb. *Korb-W.*, **S. viminális** L.

— Gr. sehr kurz od. fehlend; Narben dick, kopfig; Kätzchen zylindrisch, 2(–6) cm lg.; junge Zweige dünn, schlank, purpurrot od. ledergelb.
Purpur-W., **S. purpúrea** L.

34(32). Narben aufrecht, an der Spitze zusammenneigend; Kätzchen zylindrisch, dichtbltg., bis 10 cm lg.; Zweige dick u. kurz. *Sal-W.*, **S. cáprea** L.

— Narben aufrecht-absthd. *(739)* od. zurückgekrümmt; Kätzchen zylindrisch, bis 3 cm lg., am Grd. mit 2–3 seidig behaarten Tragblättchen; Zweige dünn, knotig. *Großblättrige W.*, **S. appendiculáta** Vill.

35(20). Niederlgd. Spalierstrauch der höheren Lagen der Alp.; Blätt. breit-elliptisch bis fast kreisf., ganzrandig, in der Jugend behaart, obersts. mit eingetieftem, untersts. mit hervortretendem Adernetz *(741)*.
Netz-W., **S. reticuláta** L.

— Mehr od. weniger aufrecht wachsende Sträucher der Alp. ***36***

36. Blätt. beidersts. dicht seidig behaart, ganzrandig; Kätzchen bis 4,5 cm lg., gestielt; Gr. kurz; Narben braun, 2-geteilt; bis 1 m hoher Strauch.
Seiden-W., **S. glaucoserícea** Floderus

— Blätt. kahl od. fast kahl ***37***

37. Blätt. stets ganzrandig, elliptisch *(745)*; Kätzchen längl.-zylindrisch, 8–15 mm lg., dichtbltg.; Frkn. kurz, bis 2,5 mm lg., mit sehr kurzem Gr.
Blau-W., **S. caésia** Vill.

— Blätt. am Rand meist gesägt; Gr. deutl. entwickelt ***38***

38. Kätzchen schlank-zylindrisch, 3–4 mal so lg. (bis 3 cm) wie dick, zuletzt lg. gestielt; Blätt. verkehrt-eif. bis längl., bis 6,3 cm lg. u. 3 cm breit, am Grd. keilig verschmälert, am Rand kerbig gesägt, selten ganzrandig.
Braun-W., **S. waldsteiniána** Willd.

— Kätzchen kurz-zylindrisch, bis 1,8 cm lg. u. 0,5 cm dick, nur 2½ mal so lg. wie dick; Blätt. elliptisch-lanzettl., bis 4 cm lg. u. bis 16 mm breit, am Rand scharf drüsig behaart. *Ruch-W.*, **S. foétida** Schleich.

III. Tabelle zum Bestimmen nach vegetativen Merkmalen (Wuchs- u. Blattform), sowie nach Standorten

1. Bäume od. Sträucher, diese meist höher als 1,5 m ***19***

— Niedrige, höchstens bis 1,5 m hohe Sträucher, mit niederlgd.-aufstgd. Ästen od. spalierartig ausgebreitetem, dem Boden angedrücktem Astsystem ***2***

2. Sträucher der niederen Lagen ***16***

— Sträucher der Alp. u. höheren M-Geb. ***3***

3. Astsystem in die Erde verlagert u. ausläuferartig; die sich über die Erde erhebenden Triebe nur 2–10 cm lg., meist nur mit 2 fast kreisrunden, bis

3 cm langen, am Rand scharf drüsig gesägten *(740)*, kahlen, beidersts. grünen, glzd. Blätt.; Hochalp.-Pfl. *Kraut-W.*, **S. herbácea** L.

— Astsystem nicht in die Erde verlagert; Triebe entw. flach, spalierartig ausgebreitet od. aufstgd.; Äste mit mehr als 2 Blätt. ***4***

4. Triebe niederlgd.-aufstgd., aber nicht dem Boden angepreßt ***7***

— Triebe niederlgd., spalierartig dem Boden angedrückt ***5***

5. Blätt. bis 2 cm lg. gestielt, mit elliptischer bis kreisf., ± lg. gestielter, obersts. mattgrüner, runzeliger, untersts. grau-weißgrüner, in der Jugend lg. seidig behaarter, im Alter verkahlender Spreite; Nervennetz untersts. stark hervortretend *(741)*; Äste sparrig, gelbbraun, zäh; Hochalp.-Pfl. *Netz-W.*, **S. reticuláta** L.

— Blätt. kurz gestielt, verkehrt-eif., 4–20 mm lang, ganzrandig u. kahl . ***6***

6. Blätt. 8–20 mm lg., 5–8 mm breit, an der Spitze gestutzt od. ausgerandet *(742)*; Wuchs locker; Äste wurzelnd, braun, kahl; die älteren mit weißer, sich ablösender Rinde; Hochalp.-Pfl. *Stumpfblättrige W.*, **S. retúsa** L.

— Blätt. nur 4–10 mm lg., 2–4 mm breit, meist zugespitzt *(743)*; Wuchs gedrungen; Äste dicht beblättert u. ganz der Unterlage angedrückt; Hochalp.-Pfl. *Quendelblättrige W.*, **S. serpyllifólia** Scop.

7(4). Blätt. kahl od. in der Jugend behaart, später aber verkahlend . . ***9***

— Blätt. beidersts. od. untersts. dicht wollig-filzig od. dicht seidig behaart ***8***

8. Blätt. beidersts. bleibend dicht weißl.grau seidig behaart, ganzrandig, kurz gestielt, ca. 5,5 cm lg. u. 1,5 cm breit, also 3–4 mal so lg. wie breit. Bis 1 m hoher, selten höherer Strauch. Kalkarme Böden, zwischen 1700 u. 2500 m. *Seiden-W.*, **S. glaucoserícea** Floderus

— Blätt. in der Jugend beidersts. wollig, im Alter obersts. verkahlend, elliptisch-lanzettl., bis 4 cm lg. u. 2 cm breit, nur 2–3 mal so lg. wie breit, am Rand drüsig gesägt. Bis 1 m, selten bis 1,5 m hoher Strauch; Alpenpfl. *Schweizer W.*, **S. helvética** Vill.

9(7). Blätt. am Rand scharf gezähnt od. gekerbt, selten ganzrandig (*S. waldsteiniana*, s. Punkt ***15***) ***12***

— Blätt. ganzrandig od. nur schwach u. undeutl. gezähnt ***10***

10. Blätt. sehr groß, gestielt, bis 8 cm lg. u. 5 cm breit, kurz bespitzt, meist ganzrandig *(746)*, kahl, nur in der Jugend schwach behaart, beidersts. glanzlos, obersts. mattgrün, untersts. blaßgrün bis weißl.; Nebenblätt. oft stark entwickelt, schief-eif., gesägt *(746)*. Niederlgd., zuw. aufrechter, bis 1,5 m hoher Strauch der subalp. Hochstaudenfluren. *Spieß-W.*, **S. hastáta** L.

— Blätt. kleiner, höchstens bis 5 cm lg. ***11***

11. Blätt. beidersts. matt, blaugrün bereift, mit weitmaschigem, beidersts. fein hervortretendem Nervennetz, elliptisch bis verkehrt-eif., 1,2–4 cm lg., oberhalb der Mitte am breitesten *(745)*; 30–100 cm hoher Strauch mit niederlgd., kahlen, glanzlos braunen Ästen; Alp. *Blau-W.*, **S. caésia** Vill.

— Blätt. beidersts. glzd. u. lebhaft grün, in der Jugend untersts. seidenhaarig, aber verkahlend, gestielt, 1,2–3,5 cm lg. u. 0,6–1,8 cm breit, verkehrt-eif., an der Spitze abgerundet od. kurz stachelspitzig; Äste niederlgd., wurzelnd; Alp. *Myrten-W.*, **S. alpína** Scop.

12(9). Niederlgd., nur bis 30 cm hoher, sparrig verzweigter Strauch; einjährige Äste grau-behaart; Blätt. elliptisch od. verkehrt-eif., bis 3 cm lg. u. bis 1,8 cm breit, kurz bespitzt, am Rand dicht kurzdrüsig gesägt *(749)*, in der Jugend zuw. seidig-zottig, im Alter beidersts. kahl u. lebhaft grün, untersts. glzd.; Alp. *Matten-W.*, **S. breviserráta** Floderus

— Sträucher meist höher als 30 cm ***13***

13. Blätt. obersts. auffallend glzd., wie lackiert aussehend, untersts. heller, breit-verkehrt-eif., kurz bespitzt, ± 4 cm lg. u. 2,5 cm breit, am Rand dicht kerbig gesägt *(751)*, gleich den Zweigen völlig kahl. Niedriger, selten bis 1,5 m hoher Strauch; Alp., mit den Flüssen bis in das Vorland herabstgd.

Kahle W., **S. glábra** Scop.

— Blätt. obersts. nicht wie lackiert aussehend ***14***

14. Blätt. dicht u. scharf regelmäßig weißdrüsig gesägt, beidendig verschmälert, bis 4 cm lg. u. 1,6 cm breit, in der Mitte am breitesten, obersts. dk.grün-glzd., untersts. heller, kahl. Mittelhoher, zierl. Strauch, mit rutenf., schwärzl. bis purpurnen Ästen. Kalkmeidend; Ti, W-Alp.

Ruch-W., **S. foétida** Schleich.

— Blätt. ± regelmäßig, aber nicht weißdrüsig gesägt od. schwach kerbig gesägt, zuw. auch ganzrandig, zweifarbig, obersts. lebhaft grün, untersts. heller, blau- bis meergrün ***15***

15. Mittelhoher Strauch, vorwgd. der O-Alp. (nach W seltener werdend), mit kurzen, absthd., grauen, warzigen Ästen; junge Zweige kahl, olivgrün od. grünl.gelb; Blätt. schwach kerbig gesägt, selten fast ganzrandig, verkehrteif., 1,9–6,3 cm lg. u. 0,5–3,1 cm breit, über der Mitte am breitesten, obersts. lebhaft-, untersts. blaugrün; Nebenblätt. häufig fehlend. Kalkliebend; Hochstaudenfluren. *Braun-W.*, **S. waldsteiniána** Willd.

— Bis 1,2 m hoher, aufrechter Strauch der höheren M-Geb. (Vog., Harz, Sudeten); junge Zweige fahlgelb, kahl od. kurz behaart, stark knotig; älteres Holz mit Striemen; Blätt. am Rand ± regelmäßig gesägt, verkehrt-eif. od. lanzettl., zugespitzt, bis 3,5(–8,5) cm lg. u. 4,5 cm breit, obersts. grün, untersts. meergrün, in der Jugend seidig behaart. Hochstaudengebüsch.

Zweifarbige W., **S. bícolor** Willd.

16(2). Blätt. dicht weißfilzig behaart, verkehrt-lanzettl., ± 3,5 cm lg. u. ± 1,2 cm breit; aufrechter, bis 1 m hoher Strauch. Nur Moore von OPr.

Lappländische W., **S. lappónum** L.

— Blätt. kahl od. behaart, aber nicht weißfilzig ***17***

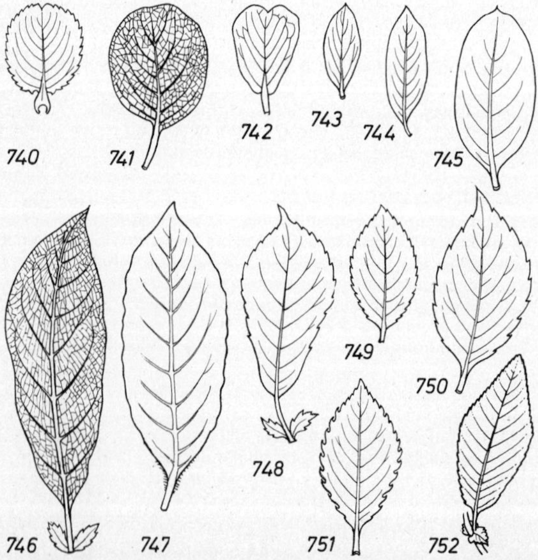

17. Pfl. ohne unterirdisch kriechenden Erdstamm, 30 (selten bis 100) cm hoher Strauch; Blätt. dünn, beidersts. kahl, obersts. sattgrün, glzd., untersts. mattgrün, bis 5 cm lg. u. 1,5 cm breit, zugespitzt, am Grd. ganzrandig, gegen die Spitze gekerbt. Moore in OPr u. BW. *Bleiche W.*, **S. starkeána** Willd.
— Pfl. mit unterirdisch-kriechendem Erdstamm **18**

18. 0,2–0,5 m hoher Strauch der Moore von OPr u. Ba; Blätt. beidersts. blaugrün, denen der *Heidelbeere* ähnl., ganzrandig, rundl. bis schmal-elliptisch *(744)*, bis 3,5 cm lg. u. bis 1,8 cm breit, in der Jugend schwach behaart, im Alter kahl. *Heidelbeer-W.*, **S. myrtilloídes** L.
— Bis 1 m hoher Strauch; Blätt. lanzettl., breit-lanzettl. od. breit verkehrt-eif., ganzrandig, kahl od. dicht seidig behaart, obersts. sattgrün, untersts. graugrün; Zweige dünn, braun. Feuchte u. nasse Orte. *Kriech-W.*, **S. répens** L.

19(1). Weiden mit Hauptverbreitung in niederen Lagen, bisweilen aber bis in die mont. u. subalp. Reg. aufstgd. **27**
— Weiden mit Hauptverbreitung in Alp. u. höheren M-Geb., zuw. in niedere Lagen herabstgd. **20**

20. Äste kahl od. nur in der Jugend kurz behaart, aber schnell verkahlend **22**
— Äste dicht grau-samtig, in der Jugend z. T. dicht weißwollig u. erst im 2. od. 3. Jahr verkahlend; Blätt. beim Trocknen leicht schwarzwerdend . . . **21**

21. Zweige dick, stark knotig, schwarzbraun bis schwarz; junge Triebe weiß wollig-filzig, erst im 2. od. 3. Jahr verkahlend; Blätt. kurz gestielt, 7–17 cm lg., 2,5–5 cm breit, am Rand ausgeschweift gekerbt *(747)*, in der Jugend obersts. wollig-flaumig, untersts. dicht wollig-filzig, im Alter obersts. verkahlend, sattgrün, untersts. heller, flaumig; nur W-Alp. u. Ti.
Flaum-W., **S. lággeri** Wimm.

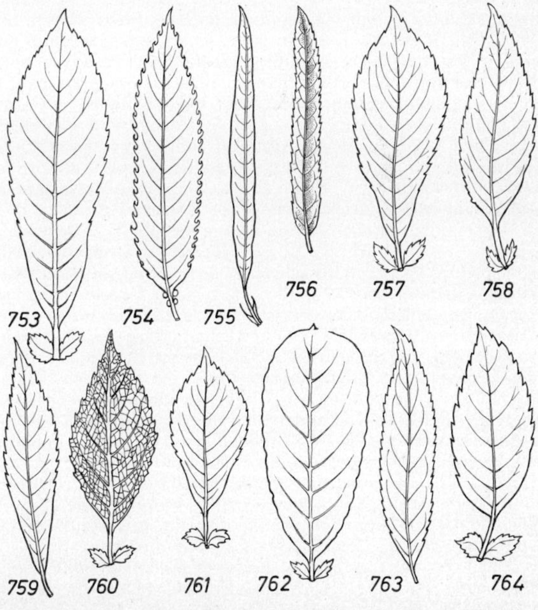

— Zweige nicht stark knotig, schwarzbraun, selten heller; junge Triebe grausamtig behaart, auch im Alter selten kahl; Blätt. gestielt, in der Form variierend, kreisrund bis lanzettl., 3–15 cm lg., 1–5 cm breit, kurz bespitzt, am Rand unregelmäßig drüsig gesägt *(764)*, obersts. sehr fein, besonders entlang der Mittelrippe dicht kurz behaart, dk.grün, untersts. kahl od. behaart, vor allem die Mittelrippe wachsig bereift, aber Wachsüberzug nicht bis in die Blattspitze reichend, diese deshalb grün. Bis 4 m hoher Strauch, vor allem der mont. u. subalp. Reg., im N aber auch in der Ebene. (= *S. nigricans* SM.) *Schwarz-W.*, **S. myrsinifólia** SAL.

22(20). Bis 2 m hoher (in höheren Lagen auch niedrigerer) Strauch nur der östl. M-Geb. (Sudeten u. angrenzende Geb.), mit sparrig absthd., in der Jugend behaarten, im Alter kahlen, braunen bis rotbraunen Ästen; Blätt. im Austrieb rotbraun, beidersts. mit gekrümmten Haaren, im Alter lg. gestielt, verkehrt-lanzettl., oberhalb der Mitte am breitesten, am Rand grob u. ± unregelmäßig gekerbt *(752)*, zuw. ganzrandig, beidersts. grün, mit weitmaschigem, untersts. stark hervortretendem Nervennetz. *Schlesische W.*, **S. silesíaca** WILLD.

— Pfl. von anderer Verbreitung ***23***

23. Blätt. schmal-lineal, bis 12 cm lg. u. 2 cm breit, am Rand zurückgerollt u. drüsig gezähnt, kurz gestielt *(756)*, in der Jugend beidersts. dicht weißfilzig, später obersts. kahl, untersts. behaart. Bis 6 m hoher Strauch, mit dünnen, oft überhängenden, gelbl. bis rotbraunen Ästen. Täler der Alp., außerhalb der Alp. im Überflutungsgebiet der Alpenflüsse. *Lavendel-, Ufer-W.*, **S. eleágnos** SCOP.

— Blätt. nicht schmal-lineal ***24***

24. Junge Zweige behaart, später verkahlend ***26***

— Junge Zweige kahl od. nur an der Spitze behaart, zuw. hechtblau bereift ***25***

25. Zweige hechtblau bereift, dk.-rotbraun, brüchig; Blätt. gestielt, breit-verkehrt-eif., bis 10 cm lg. u. 2,5 cm breit, scharf zugespitzt, zum Grd. verschmälert, am Rand dicht feindrüsig gesägt *(758)*, in der Jugend seidig behaart, im Alter obersts. dk.grün glzd., untersts. graugrün matt; Nebenblätt. stark ausgebildet, feindrüsig gesägt. Bis 10 m hoher, raschwüchsiger Baum. Flußufer, Auwälder. *Reif-W.*, **S. daphnoídes** VILL.

— Zweige nicht hechtblau bereift, glzd.-kastanien- bis schwarzbraun; Blätt. elliptisch, ± 4,5 cm lg. u. ± 2 cm breit, scharf zugespitzt, am Grd. stumpf, am Rand drüsig gesägt *(750)*, im Alter völlig kahl, obersts. glzd.-dkgrün, untersts. meergrün u. wachsig bereift; Nebenblätt. 3–8 mm lg., drüsig gesägt. Bis 4 m hoher Strauch nur der Zentral-Alp. von Ti (u. Schweiz, auch in Vog.). *Hochtal-W.*, **S. hegetschweíleri** HEER

26(24). Zweige glzd.-dk.braun bis schwärzl., dick, knotig, an den Astenden oft genähert u. dadurch büschelig; Blätt. derb-ledrig, lanzettl. bis verkehrt-eif., in der Größe variierend, beidersts. matt bis schwach glzd., mit dickem, grobmaschigem Nervennetz, am Rand scharf drüsig gesägt. Bis 3 m hoher Strauch der Alp. *Tauern-W.*, **S. mielichhóferi** SAUT.

— Zweige graubraun od. grau, schwach knotig, die jüngsten weißl. behaart; Blätt. ± 1 cm lg. gestielt, in der Größe sehr variierend, aber meist sehr groß, längl.-verkehrt-eif., über der Mitte am breitesten, am Rande umgebogen, ungleich grob gesägt *(757)*, in der Jugend weiß-filzig, später verkahlend, obersts. freudig-grün, untersts. bläul. grün, mit meist behaarter Mittelrippe; Adernetz engmaschig, obersts. vertieft, untersts. stark hervortretend; Nebenblätt. an Langtrieben kräftig, grob gesägt *(757)*. Höherer Strauch od. kleiner Baum der hochmont. u. subalp. Reg., mit den Flüssen ins Vorland herabstgd.; SW, Bayrw., Schw. Alb. *Großblättrige W.*, **S. appendiculáta** VILL.

27(19). Blätt. breit-lanzettl., elliptisch, eif. od. rundl. ***34***

— Blätt. schmäler, lanzettl. od. lineal ***28***

28. Blätt. im Alter beidersts. od. zumindest untersts. behaart ***31***

— Blätt. im Alter beidersts. kahl ***29***

29. Blätt. schmal verkehrt-lanzettl., bis 12 cm lg. u. 1,5 cm breit, gegen den Grd. lg., gegen die Spitze kurz verschmälert, im unteren Teil ganzrandig, gegen die Spitze gezähnt bis gesägt *(759),* beim Trocknen meist schwarzwerdend; Zweige dünn, zahlr., gelbl. od. braun bis purpurrot. Bis 6 m hoher Strauch. Ufer, nasse Wiesen, zuw. bis in die subalp. Reg. aufstgd. *Purpur-W.,* **S. purpúrea** L.

— Blätt. lanzettl., am ganzen Rand scharf gesägt, beim Trocknen nicht schwarzwerdend ***30***

30. Zweige leicht abbrechend; Blätt. bis 16 cm lg. u. 4 cm breit, lg. zugespitzt, am Rand grob knorpelig gezähnt *(754),* obersts. glzd.grün; Blattstiel bis 2 cm lg., am Grd. der Spreite einige Honigdrüsen. Bis 15 m hoher Baum mit gelben od. braunen, glänzenden Ästen. Ufer größerer Flüsse, vereinzelt bis in die Voralpentäler. *Bruch-W.,* **S. frágilis** L.

— Zweige zäh, nicht brüchig; Blätt. schmal-lanzettl. bis elliptisch, bis 15 cm lg. u. 3 cm breit, spitz od. zugespitzt, am Rand drüsig gesägt *(753),* obersts. dk.grün, untersts. heller; Nebenblätt. halbherzf., am Rand gesägt; Rinde der älteren Zweige sich in Fetzen ablösend, die neue Rinde zimtbraun. Bis 4 m hoher Strauch, selten kleiner Baum. Flußtäler, bis in die Voralpentäler aufstgd. *Mandel-W.,* **S. triándra** L.

31(28). Blätt. untersts. sehr dicht behaart ***33***

— Blätt. untersts. mäßig dicht behaart (bei *S. alba* im Alter verkahlend) ***32***

32. Zweige in der Jugend dicht weißfilzig behaart, im Alter verkahlend, matt od. glzd.-dk.braun; Blätt. 11–13 cm lg. u. 2–3 cm breit, lanzettl., beidendig verschmälert, obersts. kahl, glzd., untersts. aschgrau bereift, spärl. behaart; Blattrand zurückgebogen, undeutl. wellig gezähnt. Aufrechter, 4–6 m hoher Strauch. Nur im NO. *Filzartige W.,* **S. dasýclados** Wimm.

— Zweige auch jung kahl, gelbbraun; Blätt. kurz gestielt, lanzettl., bis 10 cm lg. u. 2 cm breit, am Rand dicht kleindrüsig gesägt *(763),* obersts. dk.grün, schwach glzd., dünn seidig behaart, untersts. heller grün, in der Jugend dicht seidig behaart, später verkahlend. Bis 20 m hoher Baum mit rissiger Rinde; Flußufer. *Silber-W.,* **S. álba** L.

33(31). Blätt. ganzrandig, schmal-lanzettl., bis 15 cm lg. u. 1,5 cm breit, zugespitzt, am Grd. keilf. *(755),* obersts. trübgrün, locker behaart, untersts. silbrig schimmernd, in der Jugend beidersts. lg. seidig behaart; Äste grünl.gelb; innere Rinde grün. Hoher Strauch od. bis 10 m hoher Baum. Bach- u. Flußufer. *Korb-W.,* **S. viminális** L.

— Blätt. an der Basis ganzrandig, gegen die Spitze drüsig gezähnt, schmal-lineal bis verkehrt-lanzettl., am Rand umgerollt *(756),* obersts. fast kahl, untersts. dicht weißgrau, aber nicht silbrig schimmernd behaart. (s. auch Nr. ***23***). *Lavendel-, Ufer-W.,* **S. eleágnos** Scop.

34(27). Zweige meist hechtblau bereift, brüchig; Blätt. breit verkehrt-lanzettl., bis 10 cm lg. u. 2,5 cm breit, scharf bespitzt, am Rand fein drüsig gesägt *(758),* obersts. dk.grün-glzd., untersts. graugrün, matt (s. auch Nr. ***25***). *Reif-W.,* **S. daphnoídes** Vill.

— Zweige nicht hechtblau bereift ***35***

35. Blätt. beidersts. od. nur untersts. ± dicht behaart ***37***

— Blätt. kahl od. nur schwach behaart ***36***

36. Blattrand dicht drüsig gesägt; Drüsen in der Jugend klebrig; Spreite eif.-elliptisch, ca. 6 cm lg. u. 2 cm breit, lang zugespitzt, obersts. lebhaft grün, glzd., untersts. heller, matt; Blattstiel ± 1 cm lg., am oberen Ende mit 3–5 Drüsenpaaren; junge Triebe klebrig u. aromatisch duftend; Strauch od. bis 15 m hoher Baum. Bruch- u. Auwälder, zuw. bis in die Voralpentäler. *Lorbeer-W.,* **S. pentándra** L.

— Junge Blätt. (u. Äste) nicht klebrig, in der Form sehr veränderlich, elliptisch, lanzettl. bis kreisrund, 3–15 cm lg., 1–5 cm breit, am Rand unregelmäßig gesägt *(764)*, obersts. dkgrün u. schwach glzd., untersts. blaugrün bereift, aber an der Spitze rein grün; beim Trocknen schwarz werdend. (= *S. nigricans* Sm.). *Schwarz-W.*, **S. myrsinifólia** Sal.

37(35). 2- bis 4-jähriges Holz nach Entfernen der Rinde mit zahlr. deutl. Striemen ***39***

— 2- bis 4-jähriges Holz ohne od. mit nur wenigen, oft undeutl. Striemen ***38***

38. Blattstiel ± 2 cm lg.; Nebenblätt. klein; Spreite längl.-elliptisch bis fast kreisrund, 4–6(–15) cm lg. u. 2–3(–10) cm breit, zugespitzt, in od. unter der Mitte am breitesten, ganzrandig, häufiger aber unregelmäßig bogig gezähnt *(760)*, obersts. dk.grün, schwach glzd., untersts. blaugrün, matt, meist dicht weißsamtig, selten kahl; Adernetz weitmaschig, obersts. vertieft, untersts. scharf hervortretend. Dickästiger, höherer Strauch, vor allem in Mischwäldern. *Sal-W.*, **S. cáprea** L.

— Blattstiel ± 1 cm lg.; Nebenblätt., besonders an den Langtrieben stark entwickelt; Blätt. sehr veränderlich, längl.-verkehrt-eif., über der Mitte am breitesten *(757)*, anfangs seidig-filzig, dann verkahlend, untersts. oft nur die Rippe behaart (s. auch Nr. ***26***–). *Großblättrige W.*, **S. appendiculáta** Vill.

39(37). Einjährige Äste u. die großen Knospen fein behaart; Blätt. gestielt, lanzettl. oder verkehrt-lanzettl., bis 10 cm lg. u. 4,5 cm breit, kurz zugespitzt, am Rand scharf u. schmal umgebogen, unregelmäßig bogig gesägt od. gekerbt *(762)*, anfangs beidersts. graufilzig, später verkahlend, obersts. schmutzig grün, glanzlos, untersts. graugrün; Nebenblätt. meist stark entwickelt, gezähnt. Mittelhoher Strauch. Moore, Sümpfe, nur vereinzelt bis in die mont. u. subalp. Reg. aufstgd. *Grau-W.*, **S. cinérea** L.

— Einjährige Äste u. die kleinen Knospen kahl; Blätt. gestielt, rundl.-verkehrt-eif. bis verkehrt-lanzettl., gegen den Grd. keilig verschmälert, mit kurzer Spitze, bis 5 cm lg., am Rand grob gesägt *(761)*, obersts. trübgrün, glanzlos, schwach behaart od. kahl, untersts. anfangs graufilzig behaart, später verkahlend, aber nie ganz kahl; Nebenblätt. kräftig gezähnt. Flachmoore, Quellsümpfe, bis in die Voralp. u. zuw. subalp. Stufe aufstgd. *Ohr-W.*, **S. aurita** L.

Als Zierbäume häufig angepflanzt:

Salix babylónica L., *Trauerweide.* Bäume mit hängenden, schlanken Zweigen; Blätt. schmal, lg. zugespitzt, auch in der Jugend kahl; ♃; IV–V. (Heimat: O-Asien)

Salix acutifólia Willd., *Spitzblättrige Weide.* Bis 10 m hoher Baum mit dünnen, biegsamen, violetten bis rotbraunen Ästen; Blätt. lanzettl., bis 12 cm lg. u. 1,2 cm breit, scharf zugespitzt, am Rande knorpelig gesägt, obersts. dk.grün, untersts. heller; Nebenblätt. lanzettl., zugespitzt, bleibend; ♃; III–IV. Gleicht habituell der *S. daphnoides;* angepflanzt zur Befestigung von Dünen, Ufern, Bahndämmen; auch als Zierpfl. (Heimat: O-Eur.)

Die Gattung *Salix* neigt stark zur **Bastard**bildung!

Ordnung: **Cucurbitáles**

Familie: **Cucurbitáceae**, *Kürbisgewächse*

Mit Hilfe von einfachen od. verzweigten Ranken kletternde Kräuter od. Stauden; Bltn. radiär, 5-zählig, eingschl., 1- od. 2-häusig; Blkr. trichterf.-glockig; Frkn. unterst., 3-fächerig; Beerenfr.

1. Fr. stachelig-borstig ***5***

— Fr. nicht stachelig-borstig ***2***

2. Bltn. klein, gelbl.grün, in blattachselst. Trauben; Fr. erbsengroße Beeren; Ranken einfach . . . . **Bryonia,** 307

— Bltn. groß, gelb, meist einzeln, blattachselst.; Beerenfr. sehr groß ***3***

3. Ranken verzweigt; Blkr. bis zur Mitte 5- bis 7-spaltig; Stbblätt. verwachsen; Fr. meist rundl. . . . . **Cucurbita,** 307

— Ranken einfach; Blkr. fast bis zum Grd. geteilt; Stbblätt. frei . ***4***

4. Pfl. 1-häusig; Stbblätt. 3 . . . . **Cucumis,** 307
— Pfl. 2-häusig; Stbblätt. 5 . . . . **Thladiantha,** 307
5(1). Bltn. weiß, 6-zipfelig; reife Fr. 40–50 mm lg.; Fr. einzeln, 2-fächerig, pro Fach mit 1 Samen . . . . **Echinocystis,** 307
— Bltn. grünl.weiß od. gelbl., 5-zipfelig; reife Fr. 12–15 mm lg.; Fr. zu mehreren, 1-samig . . . . **Sicyos,** 307

1. Thladiántha Bge., *Quetschgurke.* Pfl. bis 4 m hoch kletternd; Blkr. goldgelb; Fr. walzl. bis 5 cm lg., anfangs schwarzgrün, reif dk.rot; ♃; VI–VIII. Zierpfl., zuw. verwild., eingebürgert in Sb, Ti (Heimat: China). *Zweifelhafte Qu.,* **Th. dúbia** Bge

2. Bryónia L., *Zaunrübe*

1. Pfl. 1-häusig, mit ♂ u. ♀ Bltn.; Narben kahl; Beeren schwarz; ♃; VI–VII. Hecken, Zäune, Gebüsch; *v* im NO, sonst seltener, *f* im W, S-Ba (nur eingebürgert; Heimat: SO-Eur.). *Weiße Z.,* **B. álba** L.
— Pfl. 2-häusig, nur mit ♂ od. ♀ Bltn.; Narben rauhhaarig; Beeren scharlachrot; ♃; VI–IX. Hecken, Zäune, Auwälder; *v* bis *z* im S, sonst *z* bis *s* (*f* Au). *Zweihäusige Z.,* **B. dióica** Jacq.

3. Cúcumis L., *Gurke*

1. Blattspr. herzf., 5-eckig mit spitzen Ecken; Fr. walzl.; Blkr. goldgelb; ⊙; VI–VIII. In vielen Sorten angepfl. (Heimat: Indien). *Gurke,* **C. satívus** L.
— Blattspr. breit-herzf., 5-eckig mit abgerundeten Ecken; Fr. kugelig od. eif.; Blkr. blaßgelb; ⊙; VI–IX. In wärmeren Gebieten in zahlreichen Sorten kultiviert (Heimat: Trop. Asien u. Afrika). *Melone,* **C. mélo** L.

4. Cucúrbita L., *Kürbis.* Blattspr. sehr groß, herzf., etwas gelappt; Blkr. 7–10 cm im Dm, goldgelb; Fr. gelb bis orange, rundl. od. längl., 15–40 cm im Dm; ⊙; VI–IX. In zahlreichen Sorten angepfl. (Heimat: M-Am.). *Gewöhnlicher K.,* **C. pépo** L.

5. Sícyos L., *Haargurke.* Blattspr. herzf., 5-eckig; Bltn. in mehrbltgen Trauben, grünl.-weiß; Fr. borstig u. weiß-wollig; ⊙; VII–VIII. Zierpfl.; stellenw. verwild. u. eingebürgert (z. B. Sb, Ti, Fr, wo noch?; Heimat: N-Am.). *Kantige H.,* **S. anguláta** L.

6. Echinocýstis Torr. & Gray, *Stachelgurke.* Blattspr. 5-lappig; Stg. kantig gefurcht; Bltn. weiß, ihre Zipfel beidersts. zottig; Fr. lg. stachelig; ⊙; VI–VIII. Ufer der Flüsse; eingebürgert mittl. Rhein-, unteres Neckar-, mittl. u. unteres Saaletal (Heimat: N-Am.). [= *E. echinata* (Mühlenb. ex Willd.) Britt., Sterns & Poggenb.] *Gelappte St.,* **E. lobáta** (Michx.) Torr. & Gray

Ordnung: **Malváles** *(= Columniferae)*

Familie: **Malváceae,** *Malvengewächse*

Kräuter od. Stauden; Blätt. wechselst.; Blattspr. häufig handnervig, gelappt; Nebenblätt. hinfällig; Bltn. radiär, 5-zählig; K. oft mit Außenkelch *(211b, ak);* Stbblätt. zahlr., zu einer den Gr. umgebenden Röhre verwachsen *(765)* u. am Grd. mit den Bkrblätt. verbunden; Frkn. oberst., 3- bis vielblättrig, bei der Reife in Teilfr. zerfallend *(211b).*

1. Außenkelch 6- bis 9-spaltig . . . . **Althaea,** 308
— Außenkelch 3-(bis 5-)blättrig od. 3-spaltig *2*
2. Pfl. bis 3 m hoch werdend; Bltn. bis 10 cm im Dm, verschiedenfarbig (weiß bis dk.braunrot) . . . . **Alcea,** 307
— Pfl. höchstens bis 1,2 m hoch; Bltn. maximal bis 5 cm im Dm . *3*
3. Außenkelchblätt. frei, am Grd. mit dem K. verwachsen . . . . **Malva,** 308
— Außenkelchblätt. zu einer unter dem K. eingefügten, 3-spaltigen Hülle verwachsen . . . . **Lavatera,** 308

1. Álcea L., *Stockrose.* Bltn. in langem, zusammengesetztem Bltnstand; Blattspr. 5- bis 7-eckig od. lappig; ⊙–♃; VI–X. Zier-, Arznei- u. Färbepfl., vorwgd. in Bauerngärten, stellenw. auch verwild. (Heimat: unbekannt) [= *Althaea rosea* (L.) Cav.] *Stockrose,* **A. rósea** L.

2. Althaéa L., *Eibisch*

1. Stg. dicht filzig-zottig, 60–150 cm hoch; Blätt. beidersts. sammetfilzig, graugrün; Bltn. in armbltg., blattachselst. Trauben, weiß od. rosa; ♃; VII–IX. Feuchte Wiesen, besonders auf salzhaltigen Böden; Ostseeküste u. Salzstellen des Binnenlandes *z; s* aus der Kultur verwild.
Ⓖ *Echter E.,* **A. officinális** L.

— Stg. rauhhaarig, aber nicht filzig; Bltn. einzeln, blattachselst.; Blattspreite rundl.-herzf., seicht 3- bis 5-spaltig; die der mittleren Stgblätt. handf. 3– bis 5-spaltig; Bltn. bleichlila, 2,5 cm im Dm, ihre Stiele länger als die Blätt.; Stg. 15–60 cm hoch; ⨀; V–VIII; Äcker, Weinberge; *z,* wohl nur eingebürgert. (Heimat: O-Eur. bis W-Asien). *Rauher E.,* **A. hirsúta** L.

3. Lavatéra L., *Strauchpappel.* Spreite der Grdblätt. herzf.-rundl., kurz 5-eckig; die der Stgblätt. handf. 3- bis 5-lappig; Bltn. blaßrot, dkgeadert, 5–8 cm breit, in lockeren Trauben; Blkrblätt. an der Spitze tief ausgerandet, am Grd. behaart; Stg. 50–100 cm lg.; ♃; VII–X. Waldränder, Wege u. Raine; *z.* *Thüringer St.,* **L. thuringíaca** L.

4. Málva L., *Malve*

1. Blattspr. 5- bis 7-lappig, nicht tief geteilt, herzf.-rundl.; Bltn. in blattachselst. Büscheln *3*

— Blattspr. fast bis zum Grd. handf. 5- bis 7-teilig, mit fiedspaltigen Abschnitten; Bltn. einzeln, blattachselst., groß *2*

2. Außenkelchblätt. eif., am Grd. verbreitert; Stg. mit anlgd. Sternhaaren, 50–125 cm lg.; Bltn. an der Stgspitze traubig gehäuft, lebhaft rosa, geruchlos; Fr. kahl; ♃; VI–IX. Trockene Hügel, Gebüsch; *z;* Alp. *f.*
Sigmarskraut, **M. álcea** L.

— Außenkelchblätt. breit-lineal-lanzettl., am Grd. verschmälert; Stg. absthd. behaart, 20–100 cm lg.; Fr. dicht rauhhaarig; Bltn. rosa od. weiß, nach Moschus duftend; ♃; VII–VIII. Trockene Wiesen, Gebüsch; *z, s* im N.
Moschus-M., **M. moscháta** L.

3(1). Bltnstiele sehr kurz, z. Frzt. höchstens doppelt so lg. wie der K.; Stg. steif aufrecht; Blkr. weiß, so lg. wie der K.; ⨀; VII–IX. Kulturpfl. aus O-Asien; auch verwild., *s* im N.
Quirl-M., **M. verticilláta** L.

— Bltnstiele z. Frzt. mehrmals länger als der K.; Stg. niederlgd. od. aufstgd. *4*

4. Blkrblätt. 3–4 mal so lg. wie der K. (2,5–3 cm), am Grd. dicht bewimpert, tief ausgerandet, rosa-violett mit 3 dunkleren Streifen; Frstiele aufrecht od. absthd.; Teilfr. scharf berandet, am Rücken netzig-grubig; Stg. 20–120 cm lg.; ⨀–♃; V–IX. Unbebaute Orte, Hecken u. Zäune; *v.* Formenreich.
Wilde M., **M. sylvéstris** L.

— Blkrblätt. kürzer, nur bis 2 cm lg.; Frstiele abw. gebogen *5*

5. Blkrblätt. 10 mm lg., etwa doppelt so lg. wie der K., tief ausgerandet, rosafarbig bis weiß; Teilfr. glatt, an den Kanten abgerundet; Stg. niederlgd. bis aufstgd.; ⨀–♃; VI–XI. Ruderalstellen; *v.*
Käsepappel, Weg-M., **M. neglécta** WALLR.

— Blkrblätt. nur 4–5 mm lg., etwa so lg. wie der K., schwach ausgerandet, weißl.; Teilfr. runzelig, scharf berandet; Stg. niederlgd. bis aufrecht; ⨀; VII–IX. Wege, Schuttplätze; *v* in W- u. O-Pr, sonst *z, s* im S, *f* in Alp. (= *M. rotundifolia* L.; = *M. borealis* WALLM.) *Kleinblütige M.,* **M. pusílla** SM.

Familie: **Tiliáceae,** *Lindengewächse*

Bäume, mit 2-zeilig angeordneten, herzf., asymmetrischen Blätt. *(263);* Nebenblätt. früh abfallend; Infloreszenzstiel bis zur Hälfte mit einem flügelart. Hochblatt (= Vorblatt) verwachsen *(177);* Bltn. radiär; K.- u. Blkrblätt. 5; Stbblätt. zahlr., zu 5 Bündeln vereinigt; Frkn. oberst.; Nußfr.

Tília L., *Linde*

1. Blätt. unterst. weißfilzig; ♃; VII–VIII. Angepflanzt. (Heimat: SO-Europa, W-Asien) (= *T. argentea* DESF.) *Silber-L.,* **T. tomentósa** MOENCH

a. Blattstiel kaum 1/2 so lg. wie die Spreite. ssp. **tomentósa**
– Blattstiel 1/2 so lg. od. länger als die Spreite. ssp. **petioláris** (Dc.) Soó

— Blätt. unterststs. kurzhaarig od. kahl, höchstens in den Winkeln der Adern behaart, grün od. bläul.-grün *2*

2. Blätt. beidersts. kahl, obersts. matt-dkgrün, untersts. blaugrün, in den Aderwinkeln braunbärtig; Fr. dünnschalig, zerbrechl., undeutl. kantig; Bltnstände 5- bis 11-bltg.; ♃; VI–VII. Wälder; *v* u. angepflanzt. (= *T. ulmifolia* Scop.; = *T. parvifolia* Ehrh.) *Winter-L.*, **T. cordáta** Mill.

— Blätt. obersts. kurzhaarig; untersts. in den Aderwinkeln weißbärtig; Bltnstand 2- bis 5-bltg.; Fr. dickwandig, holzig, deutl. kantig-gerippt; ♃; VI. Wälder; *v* bis *z;* oft angepflanzt. (= *T. grandifolia* Ehrh.)
Sommer-L., **T. platyphýllos** Scop.

Nach der Behaarung werden mehrere Unterarten unterschieden.

Ordnung: **Ericáles** *(= Bicornes)*

Familie: **Pyroláceae,** *Wintergrüngewächse*

Stauden; Blätt. rosettig, derb, wintergrün od. bleich, schuppenf.; Bltn. radiär, zwittrig, 4- bis 5-zählig; Stbblätt. 8–10; Frkn. oberst., am Grd. z. T. mit Drüsenring; Kapselfr.

1. Bltn. einzeln od. in Trauben . . . . **Pyrola,** 309
— Bltn. in Dolden; Blätt. lanzettl. bis eif. . . . . **Chimaphila,** 309

1. Chimáphila Pursh, *Winterlieb.* Blätt. nach Jahrestrieben gehäuft, ledrig, obersts. dk.-, untersts. hellgrün, scharf gesägt; ♃; VI–VIII. Trockene, sandige Kiefernwälder; *z, s* Da, SH, E, RhPf, *f* im NW, Alpen u. Vorland. (= *Pyrola umbellata* L.) Ⓖ **Ch. umbelláta** (L.) Bart.

2. Pýrola L. [incl. **Monéses** Sal. u. **Orthília** Raf. (= *Ramischia* Opiz)], *Wintergrün*

1. Stg. mit 1 großen, weißen, radf. ausgebreiteten Blüte von ca. 2 cm Dm; Blätt. eif.-eilängl.; ♃; VI–VII. Lichte, moosreiche Nadelwälder (bis 1600 m); *z, s* W- u. N-Dt, Da, *f* Be, Ho. [= *Moneses uniflora* (L.) A. Gray]
Einblütiges W., **P. uniflóra** L.

— Stg. mehrbltg.; Bltn. kleiner *2*

2. Bltn. in einstswendiger Traube; Blkr. fast kugelig; Stbblätt. nach ausw. u. oben umgebogen *(766);* Blätt. eif.-eilängl., kleinkerbig gesägt; ♃; VI–VII. Humöse, lichte Wälder (bis 2300 m); *v* bis *z, s* NW-Dt, *f* Be, Ho. [= *Orthilia secunda* (L.) House] *Nickendes W.,* **P. secúnda** L.

— Bltn. in allstswendigen Trauben *3*

3. Blkr. offen, flachglockig; Stbblätt. umgebogen (wie *766*); Gr. gekrümmt *(767)* *5*

— Blkr. fast kugelig, halb offen (wie *766*); Stbblätt. über dem Frkn. zusammenneigend; Gr. gerade *(768)* od. wenig gekrümmt *4*

4. Gr. etwa so lg. wie der Frkn. *(768);* K.blätt. 3-eckig, etwa so lg. wie breit, der Blkr. anlgd. *(768);* ♃; VI–VIII. Wälder bis Krummholzreg., Dünen, Moore (bis 2200 m); *v* bis *z,* im NW seltener. *Kleines W.,* **P. mínor** L.

— Gr. etwa doppelt so lg. wie der Frkn., unterhalb der Narbe verdickt; Kblätt. breit-lanzettl., fast doppelt so lg. wie breit, absthd. bis zurückgeschlagen; ♃; VI–VII. Schattige, moosige Wälder, Waldwiesen (bis 2000 m); *z, s* im W, *f* Be, Ho, N-NS, SH. *Mittleres W.,* **P. média** Sw.

5(3). Kblätt. lanzettl., absthd., etwa 1/2 so lg. wie die weiße, zuw. rot überlaufene Blkr.; Infl. meist 8- bis 15-bltg.; ♃; VII–VIII. Schattige Wälder, bis Krummholzreg., Gebüsche (bis 2200 m); *v* bis *z,* im N u. NW *s.* [Küsten von SH: ssp. **maritima** (Kenyon) E. F. Warburg] *Rundblättriges W.,* **P. rotundifólia** L.

— Kblätt. 3-eckig, der Blüte anlgd., bis 1/3 so lg. wie die weiße bis grünl. weiße Blkr.; Infl. meist 3- bis 8-bltg.; ♃; VI–VII. Lichte Nadelwälder (bis 1000 m); *z, s* im NO u. N, *f* Be, Ho, NW-Dt. (= *P. virens* Schweigg.)
Grünblütiges W., **P. chlorántha** Sw.

Familie: **Monotropáceae,** *Fichtenspargelgewächse*

Monótropa L., *Fichtenspargel.* Stg. wachsgelb, fleischig; Infl. zunächst bogig gekrümmt, zur Frzeit aufrecht; ♃; VI–VIII. Bis 1500 m; *z.*
Echter F., **M. hypópitys** L.

a. Frkn. länger als breit, mit lg. Gr., behaart *(769).* Vorwgd. in Nadelwäldern. (= var. *hirsuta* ROTH) *Echter F.,* ssp. **hypópitys**
– Frkn. so lg. wie breit, mit kurzem Gr., kahl *(770).* Vorwgd. in Laubwäldern; seltener als vorige. (= var. *glabra* ROTH; = *M. hypophegea* WALLR.)
Buchenspargel, ssp. **hypophégea** (WALLR.) HOLUB.

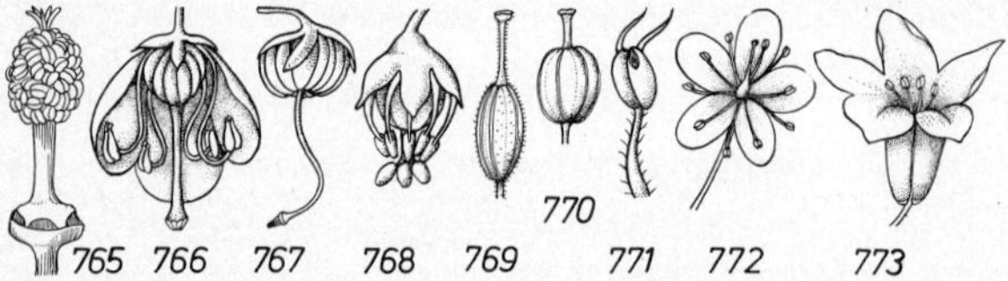
765 766 767 768 769 770 771 772 773

Familie: **Ericáceae,** *Heidekrautgewächse*

Meist kalkmeidende Sträucher u. Zwergsträucher; Blätt. ledrig, winter- od. sommergrün, zuw. nadelf.; Bltn. radiär od. leicht zygomorph, ⚥, 4- bis 5-zählig; Blkrblätt. verwachsen, selten frei *(Ledum);* Stbblätt. 8–10; Stbbeutel oft mit hornart. Anhängseln *(771),* sich an der Spitze mit Löchern öffnend; Frkn. ober- od. unterst.; Kapsel-, Beeren- od. Steinfr.

1. Blätt. nadel- od. schuppenf.; Bltn. rötl. ***10***
— Blätt. flächig, mindestens 2 mm breit ***2***
2. Frkn. unterst.; Blkr. 4- bis 5-zähnig od. tief 4-teilig . . . . **Vaccinium,** 311
— Frkn. oberst.; Blkr. 5-zählig ***3***
3. Stbblätt. 5; niederliegende Hochgebirgspfl. . . . . **Loiseleuria,** 311
— Stbblätt. 10 . . . . ***4***
4. Blkr. fast getrenntblättrig *(772),* weiß; Blätt. am Rand umgerollt, untersts. rostrot-filzig, lineal . . . . **Ledum,** 310
— Blkr. verwachsenblättrig, zuw. aber fast bis zum Grd. geteilt, rosenrot *(Rhodothamnus)* ***5***
5. Blkr. weit offen, über 1 cm lg., tief 5-spaltig ***8***
— Blkr. krugf., glockig, kleiner, 5-zähnig od. 5-lappig ***6***
6. Niederlgder Spalierstrauch; Infl. traubig, gedrängt-bltg.
Arctostaphylos, 311
— Stg. aufrecht od. nur am Grd. liegend ***7***
7. Bltn. in endst. Scheindolden . . . . **Andromeda,** 311
— Bltn. in einstswendigen Trauben . . . . **Chamaedaphne,** 311
8(5). Blätt. quirlig; Pfl. der Ebene . . . . **Kalmia,** 311
— Blätt. wechselst.; Alpenpfl. ***9***
9. Blkr. bis zur Hälfte gespalten *(773);* Blätt. länger als 1,5 cm; Pfl. bis 1 m hoch . . . . **Rhododendron,** 311
— Blkr. bis fast zum Grd. gespalten (ähnl. *772*); Blätter bis 1 cm lang; Pfl. bis 40 cm hoch . . . . **Rhodothamnus,** 311
10(1). Blkr. tief 4-spaltig, kürzer als der gleichfarbige rötl. K., am Grd. mit 4-blättrigem Außenkelch; Blätt. nadelf., an der Basis spornart. verlängert *(235),* 4zeilig . . . . **Calluna,** 312
— Blkr. 4-zähnig, krugf., länger als der K.; Blätt. in Scheinquirlen, mit völlig umgerollten Rändern *(234)* . . . . **Erica,** 312

1. Lédum L., *Porst.* Bis 1,5 m hoher, immergrüner Strauch; Bltn. in reichbltgen Dolden; Pfl. stark duftend; Blätt. lineal; Staubblätt. 10; ♃; V–VI. Hochmoore, moorige Wälder; *z,* aber gesellig, im O (westl. bis O-Holstein/

bei Hannover/S-SaAn/Lausitz), an anderen Orten verschollen u. wieder angesamt. Ⓖ *Sumpf-P.*, **L. palústre** L.

L. groenlándicum OEDER: Blätt. breit-lanzettl. bis eif.; Stbblätt. 5–8; sonst wie vorige. Bei Lüdinghausen (We) eingebürgert (Heimat: N-Am.-Grönland-Sibirien).

2. Rhododéndron L., *Alpenrose, Almrausch*

1. Blätt. untersts. rostbraun, obersts. dk.grün, kahl, glzd.; Blkr. dk.rot; ♃; V–VII. Zwergstrauchreg. der Ur-Alp. (bis 2500 m); *v* u. *h,* im Vorland *s.* Ⓖ *Rostblättrige A.*, **Rh. ferrugíneum** L.

— Blätt. obersts. hellgrün, untersts. mit anfangs bleichgelben, später dk.braunen Drüsenschuppen, am Rand bewimpert; Blkr. rosa; ♃; V–VII. Zwergstrauchreg. der K-Alp.; wie vorige, bis 2200 m. Ⓖ *Behaarte A.*, **Rh. hirsútum** L.

3. Rhodothámnus RCHB., *Zwergalpenrose.* Blätt. am Rand weiß-borstig bewimpert; Bltn. zu 1–3, bis 2,5 cm breit; Blkr. rot, bläul. überlaufen; ♃; VI–VII. Zwergstrauchreg. der K-Alp. (1200–2400 m); *v* im O, nach W seltener, *f* Vb. Ⓖ **Rh. chamaecístus** (L.) RCHB.

4. Kálmia L., *Berglorbeer, Lorbeerrose.* Bis 1 m hoher Zierstrauch mit immergrünen, eilängl. Blätt., diese in Scheinquirlen; Bltn. schüsself., rötl. bis 1 cm breit; ♃; VI–VII. Moore; eingebürgert am Chiemsee, bei Hannover (NS) u. bei Rheine (NW-We) (Heimat: östl. N-Am.). *Schmalblättriger B.*, **K. angustifólia** L.

5. Loiseleúria DESV., *Alpenheide.* Spalierstrauch mit ledrigen, immergrünen, 5–7 mm lg., gegenst. Blätt.; Doldentrauben 2- bis 5-bltg.; ♃; VI–VII. Zwergstrauchheiden der Ur-Alp. (1500–2800 m); *v* u. *h.* *Niederliegende A.*, **L. procúmbens** (L.) DESV.

6. Andrómeda L., *Gränke, Rosmarinheide.* 10–40 cm hoher Zwergstrauch, mit weithin kriechender Grdachse; Blätt. lineal-lanzettl., wintergrün, obersts. dk.-, untersts. bläul.-grün, am Rand umgerollt; Doldentrauben 2- bis 8-bltg.; Bltn. nickend, rötl. mit kugelig-eif. Blkr.; ♃; V–VI. Hochmoore (bis 2000 m); *v* im N u. Alp., sonst *z* bis *s.* *Rosmarinheide, Polei-G.*, **A. polifólia** L.

7. Chamaedáphne MOENCH, *Torfgränke.* Bis 1 m hoher Strauch; Blätt. wintergrün, obersts. dk.-, untersts. weißl.grün, eilanzettl., bis 3 cm lg., beidersts. dicht mit rostbraunen Schuppenhaaren; Bltn. glockig, weiß; ♃; V–VII. Hochmoore; *s* OPr. **Ch. calyculáta** (L.) MOENCH

8. Arctostáphylos ADANS. (incl. **Arctóus** NIEDENZU), *Bärentraube*

1. Blätt. derb, wintergrün, ganzrandig, beidersts. kahl, untersts. vertieft netzadrig; Bltn. zu 3–12, weiß od. rötl.; Fr. eine scharlachrote Beere; ♃; III–VII. Trockene Kiefernwälder (Ebene), Zwergstrauchheiden (bis 2500 m); *z* Alp. u. im N, *s* Alp.-Vorland, Schl, Sa, Harz, NO-He, Franken, Bodensee. Ⓖ *Immergrüne B.*, **A. úva-úrsi** (L.) SPRENG.

— Blätt. sommergrün, im Herbst rot werdend, scharf gezähnt, am Grd. lang bewimpert, beidersts. netznervig; Bltn. zu 2–5, grünl.weiß; Fr. eine anfangs rote, später glzd.-schwarzblaue Beere; ♃; V. Zwergstrauchheiden (1600–2500 m); *v* Alp. [= *Arctous alpina* (L.) NIEDENZU] *Alpen-B.*, **A. alpína** (L.) SPRENG.

9. Vaccínium L. (incl. **Oxycoccus** HILL), *Heidelbeere,* usw.

1. Blkr. tief 4-teilig mit zurückgeschlagenen Zipfeln; Stg. fadenf., kriechend; Beere rot (= *Oxycoccus*) *4*

— Blkr. krug- od. glockenf.; Stg. kräftiger, aufrecht od. aufstgd. *2*

2. Blätt. derb, wintergrün, ganzrandig; Bltn. weiß od. rötl.; Blkr. 4-spaltig; Beere glzd.-scharlachrot; ♃; V–VII. Kiefernwälder, Moore, Zwergstrauchheiden (bis 2500 m); *v.* *Preiselbeere,* **V. vítis-idǽa** L.

— Blätt. zarter, sommergrün; Blkr. 5-zähnig *3*

3. Bltn. einzeln, grünl. bis rot; Blätt. rundl.-eif., zugespitzt, am Rand fein gesägt *(255a),* beidersts. grün; Stg. grün, scharfkantig *(255b);* Beere blauschwarz, mit rotem Saft; ♃; V–VI. Wälder, Gebüsche, bis Zwergstrauchreg. (bis 2500 m); *v* u. *h.* *Blaubeere, Heidelbeere,* **V. myrtíllus** L.

— Bltn. zu 1–4, weiß od. rötl.; Blätt. verkehrt-eif., ganzrandig, unterstS. blaugrün, mit hervortretendem Adernetz; Beere blaubereift, mit farblosem Saft; ♃; V–VI. Moorige Wälder, Hochmoore, alp. Zwergstrauchheiden (bis 2500 m); *v* Alp., *z* Vorland u. M-Geb., sonst *s.*
Rauschbeere, Moorbeere, **V. uliginósum** L.

4(1). Blätt. 3–8 mm lg., eif.-zugespitzt; Beere 5–15 mm im Dm; ♃; V–VII. Hochmoore (bis 1800 m); *v* im N u. Alp., sonst *z* bis *s.* (= *O. palustris* Pers.)
Kleinfrüchtige Moosbeere, **V. oxycóccos** L.

a. Bltnstiel behaart; Blätt. etwa in der Mitte am breitesten; Fr. rund. ssp. **oxycóccos**

– Bltnstiel kahl; Blätt. am Grd. am breitesten; Fr. birnf.; Pfl. in allen Teilen kleiner; *s* Me, Br, Erzgeb., N-Schw., bei München, Au. [= *V. microcarpum* (Turcz. ex Rupr.) Schmalh.; *O. microcarpus* Turcz. ex Rupr.] ssp. **microcárpum** (Turcz. ex Rupr.) A. Blytt

— Blätt. 6–17 mm lg., lanzettl.-stumpfl.; Beere 10–20 mm im Dm; Pfl. in allen Teilen kräftiger als vorige Art; ♃; V–VII. Angepfl. u. oft verwild., an ca. 15 Orten eingebürgert (bes. Ho) (Heimat: östl. N-Am.). [= *O. macrocarpon* (Ait.) Pursh] *Großfrüchtige M.,* **V. macrocárpon** Ait.

10. Callúna Sal., *Besenheide, Heidekraut.* 20–100 cm hoher Zwergstrauch; Blätt. lineal-lanzettl., 1–3,5 mm lg., 4-zeilig-dachig angeordnet *(235);* Bltn. nickend, in einseitswendigen, dichtbltg. Infl.; Blkr. tief 4-spaltig; ♃; VII–XI. Trockene Wälder, Heiden, Moore bis 2500 m); *v* u. *h.*
Gemeine B., **C. vulgáris** (L.) Hull

11. Erica L., *Heide, Erika*

1. Stbbeutel aus der längl.-eif. Blkr. hervorragend; Bltn. in fast einstswendigen Trauben; Blätt. nadelf., kahl, meist in 4-blättrigen Scheinquirlen; ♃; III–VI. Nadelwälder bis Krummholzreg., Triften (bis 2400 m); kalkliebend; *v* Alp. u. Vorland, *s* S-Fr.Alb, S-böhmische Randgeb. bis Vogtl. (= *E. carnea* L.) *Schnee-H.,* **E. herbácea** L.

— Stbbeutel von der krugf. Blkr. eingeschlossen *2*

2. Bltn. in endst., 5- bis 15-bltg., kopfigen Dolden; Blätt. am Rand lg. drüsig-steifhaarig bewimpert; ♃; VII–VIII. Torf-, Heidemoore; *v* im NW, SH u. Da, *z* im N (*f* OPr), sonst *s,* im S sehr *s (f* E, Au). *Glocken-H.,* **E. tetrálix** L.

— Bltn. in quirligen Trauben; Blätt. meist in 3-zähligen Quirlen, kahl, glzd.; ♃; VI–VII. Lichte Wälder, Heiden; sehr *s* NW-Rheinland (ob noch?), *z* Ho, Be.
Graue H., **E. cinérea** L.

Familie: **Empetráceae,** *Krähenbeerengewächse*

Immergrüne Zwergsträucher von *Erica*-ähnl. Aussehen; Blätt. unterstS. mit tiefer Längsfurche, als Rollblätt. ausgebildet (Querschnitt, *234*); Bltn. klein, zwittrig od. eingeschl.; Fr. eine beerenart., schwarze Steinfr.

Émpetrum L., *Krähenbeere*

1. Bltn. vorwgd. eingeschl.; Sprosse niederlgd.-ausgebreitet; junge Triebe rötl.; Blätt. 3- bis 5-mal so lg. wie breit; ♃; V–VI. Moore, Heiden, Dünen (bis ? m); *v* im N, *z* M-Geb., sonst *s* bis *f* (Alp.?). *Schwarze K.,* **E. nígrum** L. (s str.)

— Bltn. vorwgd. zwittrig; Sprosse mehr aufrecht; junge Triebe grün; Blätt. 2- bis 3-mal so lg. wie breit; ♃; V–VII. Triften, Moore; Alp. von 1000–2600 m *v,* S-Schw. *s.* [= *E. n.* ssp. *hermaphroditum.* (Lge.) Böcher]
Zwittrige K., **E. hermaphrodítum** (Lge.) Hag.

Ordnung: **Primuláles**

Familie: **Primuláceae,** *Primelgewächse*

Kräuter od. Stauden; Blätt. häufig in Rosetten; Bltn. einzeln od. in doldigen, traubigen, rispigen od. ährigen Infloreszenzen, radiär, zwittrig; Blkrblätt. u. Stbblätt. 5, erstere verwachsen; Frkn. oberst., einfächerig mit zentraler Plazenta *(774)*; Kapselfr.

1. Blätt. kammf. gefiedert (ähnl. *181*); Bltn. hellrosa, im Schlund gelb; Wasserpfl. . . . . **Hottonia,** 317
— Blätt. ungeteilt; Land- od. Sumpfpfl. ***2***
2. Blätt. in grdst. Rosetten, höchstens unterhalb der Infl. oder der Bltn. kleine Hochblätt. ***9***
— Stg. beblättert ***3***
3. Bltnhülle einfach, rosa; Bltn. einzeln, sitzend . . . . **Glaux,** 317
— Bltnhülle doppelt, in K. u. Blkr. gegliedert ***4***
4. Blätt. zur Stgspitze hin an Größe zunehmend (bis 7 cm lg.) u. hier rosettig gehäuft *(221)* . . . . **Trientalis,** 317
— Blätt. spitzenwärts nicht auffällig an Größe zunehmend u. nicht an der Stgspitze rosettig gehäuft ***5***
5. Pfl. polsterf., mit säulenf., dachziegelig beblätt. Sprossen; Blätt. 3–5 mm lg.; Hochalpenpfl. . . . . **Androsace,** 317
— Pfl. nicht polsterf.; Sprosse nicht dachig beblättert ***6***
6. Blätt. gegenst. od. quirlig ***8***
— Blätt. wechselst. ***7***
7. Stbblätt. 10, davon 5 steril; Blkr. 5-teilig, weiß; Blätt. fleischig, die unteren rosettig gehäuft . . . . **Samolus,** 318
— Stbblätt. 4; Blkr. 4-spaltig, weiß od. rötl.; Blätt. eif., 5 mm lg. *(229)*; Pfl. ohne grdst. Rosette . . . . **Centunculus,** 318
8(6). Blkr. gelb . . . . **Lysimachia,** 317
— Blkr. rot, rosa od. blau . . . . **Anagallis,** 317
9(2). Blkr. glockig-trichterf., zerschlitzt *(779–780)* . . . . . . **Soldanella,** 316
— Blkr. nicht zerschlitzt ***10***
10. Blkr. mit 5 lg., zurückgeschlagenen Zipfeln, rötl.; Bltn. einzeln, duftend; Frstiele spiralig . . . . **Cyclamen,** 317
— Zipfel der Blkr. nicht zurückgeschlagen ***11***
11. Blkr. glockig, rötl.; Blätt. groß, lg. gestielt, rundl.-herzf., gesägt-gelappt . . . . **Cortusa,** 316
— Blkr. röhrenf., mit meist radf. ausgebreitetem Saum; Blätt. nicht herzf. ***12***
12. Blkr. mit kurzer Röhre, meist weniger als 10 mm im Dm *(777–778)*; Blätt. lanzettl., oft zu kugeligen Rosetten vereinigt . . . . **Androsace,** 315
— Blkr. mit lg. Röhre, meist mehr als 15 mm im Dm *(775–776)*; Blätt. nur selten lanzettl. . . . . **Primula,** 313

1. **Prímula** L., *Primel, Schlüsselblume*

1. Blätt. in der Knospenlage nach oben eingerollt; K. stielrund ***6***
— Blätt. in der Knospenlage nach unten eingerollt; K. kantig ***2***
2. Blätt. glatt od. schwach runzelig, kahl; Blattunterseite mehlig bepudert; Bltn. rosa-violett; K. stumpfkantig ***5***
— Blätt. runzelig, behaart, nicht mehlig; K. scharfkantig; Bltn. gelb . . ***3***
3. Infl.-Stiel sehr kurz bis fehlend; Bltn. lg. gestielt, Bltnstiel langhaarig; Blätt. am Grd. allmähl. verschmälert, ohne deutl. Stiel, obersts. kahl; Blkr. meist schwefelgelb; ♃; III–V. Feuchte, lichte Wälder, Gebüsch (bis 1000 m); *s* im NW, im N östl. bis Me, S-Ba, S-BW, Vb, Ti, bei Köln. Zahlr., auch mehrfarbige Sorten als Zierpfl. [= *P. acaulis* (L.) Hill]
Ⓖ *Stengellose Sch.,* **P. vulgáris** Huds.

— Dolde bis 30 cm lg. gestielt; Bltn. kürzer gestielt; Bltnstiel kurzhaarig; Blattstiel deutl. ausgebildet, zuw. aber geflügelt; Blätt. beidersts. behaart *4*

4. K. weit glockenf.; Blkrsaum meist vertieft *(775)*, dottergelb, am Schlund mit 5 roten Flecken; Bltn. duftend; ♃; IV–V. Wiesen, Gebüsch, Waldränder. [= *P. officinalis* (L.) Hill] Ⓖ *Wiesen-, Duftende Sch.*, **P. véris** L.

a. Blätt. untersts. weich behaart bis verkahlend; Haare nur 0,1–0,3 mm lg., unverzweigt; K. 8–15 mm lg.; Kronröhre länger als der K. Bis 1700 m; *v, s* im NW. ssp. **véris**

– Blätt. untersts. ± filzig; Haare 0,5–1 mm lg., oft verzweigt, geschlängelt u. miteinander verflochten; K. 15–20 mm lg. . . . . **b**

b. Blkrröhre kürzer od. gleich lg. wie der K.; Blattspr. allmähl. in den deutl. geflügelten Blattstiel übergehend. Trockenere Standorte (bis 1000 m); *s* E, BW, Fr, Th bis Po u. Schl. ssp. **cánescens** (Opiz) Hay.

– Blkrröhre länger als der K.; Blattspr. herzf., direkt in den schmal- od. ungeflügelten Blattstiel übergehend; Bltn. 10–22 mm im Dm.; ob im Gebiet? ssp. **colúmnae** (Ten.) Maire & Petitmengin

— K. eng anlgd.; Blkrsaum flach ausgebreitet *(776)*, schwefelgelb, am Schlund ringf. dunkler gefärbt od. mit 5 dunkleren Flecken; Bltn. nicht od. sehr schwach duftend; ♃; III–V. Laubwälder, Gebüsch, Wiesen (bis 2400 m); *v* im S, *s* im N. Ⓖ *Wald-Sch., Hohe Sch.*, **P. elátior** (L.) Hill ssp. **elátior**

5(2). Blkrröhre etwa so lg. wie der K. (3–6 mm), am Schlund intensiv gelb; Infl.-Stiel 2–15 cm lg.; ♃; V–VII. Sumpfige Wiesen, Flachmoore (bis 2600 m); *v* Alp., *z* Vorland bis Alb, Me, *s* Oberfranken, Da, Po, OPr; NO-Br?. Ⓖ *Mehl-Sch.*, **P. farinósa** L.

— Blkrröhre 2- bis 3,5-mal so lg. wie der K. (20–30 mm lg.); Infl.-Stiel 10–30 cm lg.; ♃; VI–VII. Matten, Triften der K-Alp. (1300–2700 m); *z* Ti, Sb. (= *P. longiflora* All.) Ⓖ *Langblütige Sch.*, **P. hálleri** Gmel.

6(1). Bltn. gelb, am Schlund mehlig, duftend; Blätt. etwas fleischig, jung mehlig bestäubt; ♃; IV–VI. Felsentriften u. -spalten der K-Alp. (bis 2600 m); *v* Alp., *z* Vorland, *s* S-Schw., S-Fr. Alb. Ⓖ *Aurikel, Platenigl*, **P. aurícula** L.[1]

— Bltn. rosa, rot od. violett *7*

7. Tragblätt. länger als die Bltnstiele *9*

— Tragblätt. kürzer als die Bltnstiele; Pfl. drüsig *8*

8. Infl.-Stiel meist länger als die Laubblätt.; K. der Kronröhre anlgd.; Köpfchen der Drüsenhaare groß, rötl.; ♃; VI. Felsentriften u. -spalten; kalkmeidend; *s* SW-Ti (oberhalb 1600 m). (= *P. oenensis* Thomas ex Gremli) Ⓖ *Rhätische Sch.*, **P. daonénsis** (Leyb.) Leyb.

— Infl.-Stiel meist kürzer als die Laubblätt.; K. von der Kronröhre absthd.; Köpfchen der Drüsenhaare klein, farblos bis gelb od. bräunl. bis schwärzl.; ♃; IV–VII. Wie vorige (700–3000 m); *z* Au (Sb?). Ⓖ *Behaarte Sch.*, **P. hirsúta** All.[1]

9(7). Blätt. ganzrandig *11*

— Blätt. gezähnt *10*

10. Bltn. einzeln, leuchtend rot bis rosa; Pfl. bis 5 cm hoch; Blätt. breit-keilf., bis 1,5 cm lg., an der Spitze grob gesägt; ♃; VI–VIII. Humöse Böden; Schneetälchen, Triften; Alp. 800–2600 m (*s* in Dt im Karwendel, Wetterstein, bei Berchtesgaden, Riesengeb., *z* in Au östl. von Brenner-Innsbruck). Ⓖ *Zwerg-Sch.*, **P. mínima** L.

— Dolden meist 3- bis 4 (1- bis 7)-bltg.; Pfl. 5–10 cm hoch; Blätt. lanzettl. bis 5 cm lg., knorpelrandig, in der oberen Hälfte fein gesägt; ♃; VII–VIII. Magermatten, Triften, Felsen (1900–2600 m); *z* Au. Ⓖ *Klebrige Sch.*, **P. glutinósa** Wulf.

11(9). Blätt. weich, ohne Knorpelrand, am Rand lg.-drüsig gewimpert (bis 1 mm lg.); Infl.-Stiel meist so lg. wie die Blätt.; Bltnstiel höchstens 3 mm

[1] **P. pubéscens** Jacq.: Fruchtbarer, daher hinsichtl. der Bltn. vielfarbiger Bastard aus *P. auricula* × *P. hirsuta*; *s* Ammergauer Alp., Vb, Ti. Hieraus entstand die *v* kult. *Garten-Sch.*, **P. horténsis** Wettst.

lg.; ♃; VI–VII. Schneetälchen, feuchte Triften (2100–? m), kalkmeidend; *z* bis *s* Vb, W-Ti. Ⓖ *Ganzblättrige Sch.,* **P. integrifólia** L.

— Blätt. steif, mit Knorpelrand, am Rand kahl od. mit winzigen Drüsenhärchen (Lupe!); Infl.-Stiel meist länger als die Blätt.; Bltnstiel 2–10 mm lg.; ♃; V–VII. Wie vorige (650–2300 m), kalkliebend; *s* bei Berchtesgaden, Sb. Ⓖ *Clusius' Sch.,* **P. clusiána** TAUSCH

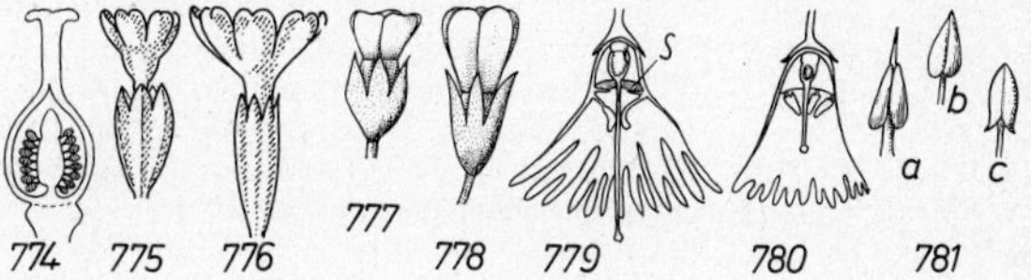

2. Andrósace L. (incl. Aretia HALL.), *Mannsschild*

1. Bltn. zu 2 bis mehreren, in lg. gestielten Dolden; Blätt. grdst., in oft kugeligen Rosetten *5*

— Bltn. einzeln; Blätt. klein, dichtdachig (= *Aretia)* *2*

2. Blätt. durch einfache Haare graufilzig; Bltn. weiß mit gelbem Schlund; Blätt. nach dem Verwelken erhalten bleibend, Pfl. daher dicht polsterf.; ♃; V–VII. Felsspalten (1700–2900 m); *z* K-Alp. Ⓖ *Schweizer M.,* **A. helvética** (L.) ALL.

— Blätt. dicht mit mehrfach verzweigten Sternhaaren, nach dem Verwelken nicht erhalten bleibend, Pfl. daher keine dichten Polster bildend . . *3*

3. Bltnstiel doppelt so lg. wie der nicht bis zur Mitte gespaltene K.; Blkr. 10–12 mm im Dm, ihre Blätt. an der Spitze ausgerandet, dkrosa; Blätt. lanzettl.-spitz, gekielt; ♃; VI–VII. Steinige Triften (2100–2600 m); kalkmeidend; *s* Lungau (Sb). Ⓖ *Steirischer M.,* **A. wulfeniána** (SIEB.) RCHB.

— Bltnstiel bis so lg. wie der K.; Blkr. 4–8 mm im Dm; K. bis zur Mitte od. tiefer gespalten *(777–778);* Blätt. nicht gekielt, flach *4*

4. Blkr. 4–5 mm im Dm, ihre Zipfel etwas ausgerandet; Blätt. deutl. oberhalb der Mitte am breitesten; Wurzel bleibend, ohne Blattreste; Kzipfel 3-eckig, kaum länger als breit *(777);* ♃; VII–VIII. Felsige Triften u. Spalten, Geröll (?–2200 m); kalkstet; *s* bei Berchtesgaden, Loferer u. Leoganger Steinberge (Sb). Ⓖ *Dolomiten-M.,* **A. hausmánnii** LEYB.

— Blkr. 6–8 mm im Dm, ihre Zipfel nur gestutzt; Blätt. in der Mitte am breitesten, lanzettl.-stumpfl.; basale Teile des Hauptsprosses mit abgestorbenen Blattresten; Kzipfel lanzettl., doppelt so lg. wie breit *(778)* [var. **tiroliénse** (WETTST.) HAND.-MAZ.: Kzipfel so lang wie breit, dreieckig; nur Gschnitztal/N-Ti]; ♃; VII–VIII. Wie vorige (2000–3450 m); kalkmeidend; *z* Au. Ⓖ *Alpen-M.,* **A. alpína** (L.) LAM.

5(1). Blätt. ganzrandig; Pfl. ♃, mit blühenden u. sterilen Rosetten; Blkr. mit gelbem Schlund *8*

— Blätt. gezähnt; Pfl. ⊙–⊙, nur mit blühenden Rosetten; Rosetten mit mehreren Infl.; Blkr. weiß mit gelbem Schlund *6*

6. Blkr. länger als der kahle K. u. länger als der Bltnstiel; Tragblätt. 2–3 mm lg., lineal-lanzettl.; ⊙; V–VI. Sandige Äcker, sonnige Hügel; *s* Mittelrhein bis Schl (z. T. verschollen) u. OPr, Ötztal (Ti). *Nordischer M.,* **A. septentrionális** L.

— Blkr. kürzer als der behaarte (oft verkahlende) K. u. viel kürzer als der Bltnstiel *7*

7. Bltnstiele schon zur Blütezt. viel länger als die 3–8 mm lg., lanzettl.-spitzen Tragblätt.; Rosettenblätt. lanzettl.; ⊙; IV–V. Trockenrasen, Äcker; *s* im M-Gebiet von RhPf bis Schl. *Verlängerter M.,* **A. elongáta** L.

— Bltnstiele auch zur Frzeit nur wenig länger als die 10 mm lg., verkehrt-eif. Tragblätt.; Rosettenblätt. eif. bis breit-lanzettl.; ⊙; IV. Getreidefelder, Brachäcker; RhPf (z. B. Eifel, ob noch?), bei Kolmar? (E).
Kelch-M., **A. máxima** L.

8(5). Pfl. von lg., einfachen, mit kurzen Stieldrüsen untermischten Haaren zottig; Blätt. oberhalb der Mitte am breitesten; Blkr. weiß; ♃; VI–VII. Matten, Triften (1300–2500 m); kalkliebend; *v* Alp.
Ⓖ *Haariger M.*, **A. chamaejásme** Wulf.

— Pfl. kahl od. von kurzen Sternhaaren flaumig, ohne Stieldrüsen . . ***9***

9. Ganze Pfl. kahl (nur die Blattspitzen behaart); Bltnstiele viel länger als die Tragblätt.; Blkr. weiß; ♃; V–VII. Matten, Triften der Alp. (1000–2300 m); *v* Sb, *z* Dt, *s* Vb, Ti, Donautal (Schw. Alb). Ⓖ *Milchweißer M.*, **A. láctea** L.

— Pfl. von Sternhaaren flaumig; Bltnstiele kaum länger als die Tragblätt. ***10***

10. K. kahl; Blkr. rosenrot; Blätt. lineal, vom Grd. an verschmälert; ♃; VI–VII. Schutthalden, Rasen; S-Vog. oberhalb 1300 m.
Ⓖ *Fleischroter M.*, **A. cárnea** L.

— K. behaart; Blkr. weiß od. blaßrötl.; Blätt. lanzettl., stumpfl., oberhalb der Mitte am breitesten; ♃; VI–VII. Magermatten (1700–2700 m); kalkmeidend; *v* Au, *s* Wettersteingeb., bei Berchtesgaden, Schneegrube (Riesengeb.). Ⓖ *Stumpfblättriger M.*, **A. obtusifólia** All.

3. Cortúsa L., *Heilglöckchen.* Bltn. zu 6–8 in einer Scheindolde mit ungleichen, ganzrandigen od. gezähnten Hüllblätt., nickend, rosa; Blätt. groß, im Umriß rundl. bis herzf., grob gesägt; ♃; V–VIII. Hochstaudenfluren der mont. u. subalp. Stufe (1100–1900 m); Alp. *v* Au, Allgäu u. *s* Tegernsee (Dt). Ⓖ *Alpen-H.*, **C. matthíoli** L.

4. Soldanélla L., *Troddelblume* Ⓖ

1. Stg. meist 1-bltg.; Blkr. röhrig, gleichmäßig auf höchstens 1/3 der Länge zerschlitzt, ohne Schlundschuppen *(780);* Stbbeutel meist nicht zugespitzt *(781b–c);* Gr. kürzer als die Blkr. ***3***

— Stg. meist mehrbltg.; Blkr. trichterf., ungleichmäßig, meist über 1/3 ihrer Länge zerschlitzt, mit Schlundschuppen *(779, S)*, blauviolett; Stbbeutel lg. zugespitzt *(781a);* Gr. länger als die Blkr. ***2***

2. Blatt- u. Bltnstiele in der Jugend spärl. mit sitzenden Drüsen, später verkahlend; Blattspreite dickl., ganzrandig, 1,5–3,5 cm breit; Schlundschuppen breiter als lg., ausgebuchtet; ♃; IV–VII. Matten, Schneetälchen (1000–2900 m); *v* Alp., *s* S-Schw. Ⓖ *Alpen-T.*, **S. alpína** L.

— Blatt- u. Bltnstiele dicht mit gestielten Drüsen, später kaum verkahlend; Blattspr. dünn, gekerbt, 2,5–7 cm breit; Schlundschuppen länger als breit, 2-lappig; ♃; V–VI. Waldwiesen, humusreiche Nadelwälder (bis 1700 m); *v* Bayr.-Böhmw., *z* Alp.-Vorland (Dt), Sb. Ⓖ *Berg-T.*, **S. montána** Willd.

a. Drüsenhaare der Blattstiele 0,5 mm lg., bleibend. ssp. **montána**

– Drüsenhaare der Blattstiele 0,2 mm lg., später oft verschwindend. Nur O-Lungau (Sb).
ssp. **hungárica** (Simk.) Lüdi

3(1). Blatt- u. Bltnstiele spärl. drüsig, später verkahlend; Spreite dünn, ± nierenf., obersts. mit vorspringenden Nerven; Stbbeutel am Grd. zugespitzt *(781c);* Blkr. rötl.-violett; ♃; V–VIII. Schneetälchen, feuchte Matten (1300–2700 m); kalkmeidend; *v* bis *z* Alp. Ⓖ *Zwerg-T.*, **S. pusílla** Baumg.

— Blatt- u. Bltnstiele dicht drüsig, später nur wenig verkahlend; Spreite dickl., rundl., obersts. ohne hervortretende Nerven; Stbbeutel am Grd. abgerundet *(781b);* Blkr. blaßlila bis fast weiß; ♃; V–VII. Wie vorige (1700–1800? m); kalkstet. Ⓖ *Kleinste T.*, **S. mínima** Hoppe

a. Blattspreite rund od. sogar etwas länger als breit; Drüsenbehaarung dicht, bleibend; *s* Ammergauer Alp. (Dt), Ti. ssp. **mínima**

– Blattspreite schwach nierenf., nicht länger als breit; Drüsenbehaarung lockerer u. kürzer, später (bes. Blattstiele) etwas verkahlend; *s* N-Schladminger Tauern (Sb).

ssp. **austríaca** (VIERH.) LÜDI

Bastarde nicht selten!

5. Hottónia L., *Wasserfeder.* Bltn. in 3- bis 6-bltgen Quirlen; Blkr. rosa; Blätt. rosettig, kammf. (*181*); ♃; V–VII. Tümpel, Gräben, Altwässer; *v* im N, *z* bis *s* im S, *f* Au u. Alp. Ⓖ *Sumpf-W.,* **H. palústris** L.

6. Cyclámen L., *Alpenveilchen.* Grdachse knollig; Blätt. immergrün, nieren-herzf., schwach gekerbt, obersts. dk.grün, silbrig gefleckt, untersts. karminrot; ♃; VI–IX. Steinige Laubwälder, Gebüsch (bis 1200 m); kalkliebend; *v* SO-Ba, Sb, *z* bis *s* Vb, Ti, S-Ba, außerdem oft angepfl. (= *C. europaeum* auct.) Ⓖ *Wildes A.,* **C. purpuráscens** MILL.

7. Lysimáchia L., *Gilbweiderich*

1. Bltn. in gestielten, dichten, achselst. Trauben; Blkr. 4–5 mm lg., ihre meist 6 Zipfel lineal, von den Stbblätt. überragt; Blätt. gegenst., schmal-lanzettl.; ♃; V–VII. Teiche, Sümpfe, Moore (Dt bis 700, Au bis 1200 m); *v* im N, *z* bis *s* im M-Gebiet u. im S, *f* E. *Straußblütiger G.,* **L. thyrsiflóra** L.

— Bltn. nicht in gestielten, achselst. Trauben *2*

2. Bltn. einzeln, blattachselst.; Stbfäden frei od. nur am Grd. verwachsen; Blätt. gegenst.; Stg. lgd. bis aufstgd. *4*

— Bltn. in endst. beblätt. Rispen od. Trauben; Stbfäden bis zur Mitte verwachsen; Blätt. quirlig; Stg. aufrecht *3*

3. Blkrzipfel kahl; Kzipfel rot berandet; Stg. undeutl. kantig, kurz behaart; ♃; VI–VIII. Sümpfe, Bruch-, Auwälder (bis 1850 m); *v.*

Gemeiner G., **L. vulgáris** L.

— Blkrzipfel am Rand drüsig bewimpert (Lupe!); Kzipfel grün; Stg. kantig, schmal geflügelt, flaumig-drüsig behaart; ♃; VI–VIII. Ufer, feuchtes Gebüsch; ursprüngl. nur in Sb (bis 950 m) u. O-Ba (?), sonst oft als Zierpfl., verwild. u. *z* eingebürgert. *Punktierter G.,* **L. punctáta** L.

4(2). Blkr. bis 15 mm im Dm, innen meist dk. rotdrüsig punktiert (Lupe!); Stg. niederlgd., 10–50 cm lg., wenig verzweigt; Blätt. rundl., in einer Ebene ausgebreitet; Kblätt. herzf.; ♃; V–VII. Feuchte Wiesen, Gebüsch (bis 1100 m); *v.* *Pfennigkraut,* **L. nummulária** L.

— Blkr. bis 10 mm im Dm; Stg. aufstgd., 10–30 cm hoch; Blätt. eif.-spitzl.; Kblätt. lineal bis pfrieml.; ♃; V–VII. Feuchte Wälder, quellige Orte (bes. mont. u. subalp. Reg.; bis 1700 m); Geb. u. NW *v*, sonst *z* bis *s.*

Hain-G., **L. némorum** L.

8. Trientális L., *Siebenstern.* Bltn. weiß, 7-zählig, bis 15 mm im Dm, lg. fadenf. gestielt, meist einzeln; ♃; V–VII. Moore, Nadelwälder; *v* im N, *z* südl. bis Rhein-Main, *s* Geb. im S (bis 1700 m; Vog: 1 Ort).

Europäischer S., **T. europaéa** L.

9. Gláux L., *Milchkraut.* Stg. kriechend bis aufstgd., dicht beblättert; Blätt. dickl., gegenst.; Bltn. 4 mm im Dm; ♃; V–VIII. Strandwiesen; *v* Meeresküsten, *s* Salzstellen im Binnenland (We bis Br, Schl).

Strand-M., **G. marítima** L.

10. Anagállis L., *Gauchheil*

1. Blätt. kurz gestielt, 4–6 mm lg.; Blkr. trichterf., rosa, dunkler geadert, viel länger als der K.; Stg. niederlgd., fädl., wurzelnd; ♃; VII–VIII. Sümpfe, Torfmoore; *s* Ho, Be, Niederrhein, S-Baden, bei Belfort? (E), Kitzbühel (Ti) u. Saalfelden? (Sb). *Zarter G.,* **A. tenélla** (L.) MURR.

— Blätt. sitzend, 15–25 mm lg.; Blkr. radf., wenig länger als der K.; Stg. niederlgd. bis aufstgd., selten wurzelnd ***2***

2. Blkrblätt. am Rand drüsig, rot [selten blau: var. **azúrea** (HYL.) MARSDEN & WEISS], bis 6 mm breit; Blätt. stumpfl.; ⊙; VI–X. Äcker, Gärten (bis 1600 m); *g.* *Roter G.,* **A. arvénsis** L.

— Blkrblätt. am Rand fast drüsenlos, blau, bis 3,5 mm breit; ⊙; VI–IX. Wie vorige, im N u. Geb. *s* bis *f* (bis 700 m). (= *A. coerulea* SCHREB., non L.) *Blauer G.,* **A. foemina** MILL.

A. × **doerfleri** RONN.: Bastard *A. coerulea* × *A. arvensis:* Bltn. fleischrot.

11. Centúnculus L., *Kleinling.* Stg. aufrecht, bis 8 cm hoch; Blätt. wechselst.; Bltn. einzeln, blattachselst. *(229)*; Blkr. weißl. bis rosa; ⊙; V–IX. Feuchte Äcker, Ödland, Ufer (bis 500 m); kalkmeidend; *z* bis *s, f* S-Ba. [= *Anagallis minima* (L.) E. H. L. KRAUSE] *Zwerg-K.,* **C. mínimus** L.

12. Sámolus L., *Bunge.* Pfl. 15–50 cm hoch; Bltn. in endst. Trauben od. Rispen; Bltnstiel dünn, in der Mitte mit lanzettl. Tragblätt. *(290)*; ♃; VI–IX. Strandwiesen, Schlickböden, Sümpfe; *v* Meeresküsten (OPr?), *s* Salzstellen im Binnenland (E, RhPf u. NrWe bis Br/Sa). *Salz-B.,* **S. valerándi** L.

Unterklasse: **Caryophýllidae,** *Nelkenähnliche*

Ordnung: **Caryophylláles** *(= Centrospermae)*

Familie: **Caryophylláceae,** *Nelkengewächse*

Kräuter od. Stauden, mit ungeteilten, gegenst. od quirligen Blätt.; Bltn. häufig in Dichasien, radiär, oft mit doppelter Bltnhülle; K. u. Blkr. 4- bis 5-zählig; Kblätt. frei od. verwachsen *(782,* K), zuw. von Hochblätt. (= Außenkelch, *782, aK*) umgeben; Blkrblätt. 4, 5, 10 od. fehlend, zuw. mit einer Nebenkrone *(783, NK)*, häufig in Platte u. Nagel geglied.; Stbblätt. 5 od. 10; Frkn. oberst., 2- bis 5-blättrig, meist 1-fächerig, sich mit Zähnen öffnende Kapselfr. *(782, b)*, seltener Beeren.

a 782 b a 783 b 784 785 786

1. Kblätt. getrennt, zuw. nur an der Basis etwas verwachsen od. Bltnhülle einfach (Blkr. fehlend) ***16***

— Kblätt. röhrig verwachsen (*782 b, K*); Bltn. stets mit K. u. Blkr. ***2***

2. Gr. u. Narben 3–5 od. Pfl. nur mit männl. Bltn. ***7***

— Gr. u. Narben 2 . . . . ***3***

3. K. mit Außenkelch *(782, 792),* den eigentl. K. zuw. ganz einhüllend ***6***

— K. ohne Außenkelch ***4***

4. K. abwechselnd mit grünen u. häutigen Streifen, ungeflügelt; Blkrblätt. nach dem Grd. keilig verschmälert; Bltn. klein, bis 1,5 cm breit **Gypsophila,** 329

— K. ohne trockenhäutige Streifen, gleichmäßig grün od. rot; Blkrblätt. in Platte u. Nagel geglied.; Bltn. größer als 1,5 cm ***5***

5. Blkr. im Schlund mit Nebenkr. *(783, NK)*; K. ungeflügelt . **Saponaria,** 330

— Blkr. ohne Nebenkr.; K. 5-kantig geflügelt, bauchig . . . . **Vaccaria,** 330

6(3). K. trockenhäutig gestreift; Bltn. einzeln *(782)* od. zu mehreren zu einem, von trockenhäutigen Hochblätt. umschlossenen Köpfchen vereinigt *(792)*; Blkrblätt. allmähl. in den Nagel verschmälert; Pfl. kletternd od. kriechend . . . . **Petrorhagia,** 330

— K. ohne trockenhäutige Streifen; Bltn. größer; Blkrblätt. plötzl. in den Nagel verschmälert . . . . **Dianthus,** 330

7(2). Pfl. kletternd od. kriechend; Fr. eine schwarze Beere; K. glockig, absthd., später aufgeblasen . . . . **Cucubalus,** 332

— Pfl. nicht kletternd; Fr. keine schwarze Beere; Kapselfr. ***8***

8. Kzipfel länger als die Blkrblätt.; Bltn. einzeln, groß, purpurrot **Agrostemma,** 334

— Kzipfel kürzer als die Blkrblätt. ***9***

9. Bltn. zwittrig od. nur mit Frkn. (mehrere Bltn. untersuchen!) ***11***

— Bltn. nur mit Stbblätt. (zuw. mit 1 verkümmerten Frkn.) ***10***

10. Blkrblätt. grünl. . . . . **Silene,** 332

— Blkrblätt. weiß od. rot; K. behaart . . . . *(Melandrium)* **Silene,** 332

11(9). Gr. 3, nur selten 4 od. 5 . . . . ***14***

— Gr. 5 . . . . ***12***

12. Stg. unterhalb der Knoten z. T. mit klebrigem Leimring od. Pfl. weißfilzig; Blkrblätt. abgerundet od. schwach ausgerandet *(Viscaria)* **Lychnis,** 334

— Stg. ohne klebrige Leimringe od. Pfl. nicht weißfilzig; Blkrblätt. tief 2- bis 4-spaltig ***13***

13. Kapsel 5-zähnig aufspringend; Blkrblätt. 4-zipfelig *(784)*, selten ungeteilt . . . . **Lychnis,** 334

— Kapsel 10-zähnig aufspringend; Blkrblätt. 2-zipfelig *(783b)* *(Melandrium)* **Silene,** 332

14(11). Blkrblätt. an der Spitze kerbig gezähnt; Kapsel 1-fächerig; Alpenpfl. *(Heliosperma)* **Silene,** 332

— Blkrblätt. ganzrandig od. 2-spaltig ***15***

15. Kapsel 1-fächerig (durchschneiden!); K. 10- bis 20-nervig, behaart; Stg. oft klebrig . . . . *(Melandrium)* **Silene,** 332

— Kapsel am Grd. 3- (bis 5-)fächerig; K. kahl od. nur kurz behaart **Silene,** 332

16(1). Bltn. in blattachselst. Knäueln *(790a)*; Stg. dünn, niederlgd., ausgebreitet ***33***

— Bltn. nicht in blattachselst. Knäueln ***17***

17. Blätt. wechselst. *(789a)* od. in 4-blättrigen Quirlen ***32***

— Blätt. gegenst. od. in vielzähligen Scheinquirlen *(787)* ***18***

18. Bltnhülle einfach (Blkrblätt. fehlend); Kblätt. grün, weiß berandet, den Frkn. röhrig umschließend; Bltn. knäuelig gehäuft; Blätt. linealpfrieml., graugrün . . . . **Scleranthus,** 322

— Bltnhülle doppelt (Blkrblätt. nur selten fehlend, dann aber Bltn. nicht geknäuelt) ***19***

19. Blkrblätt. tief 2-spaltig; Blkr. dadurch scheinbar meist 10-blättrig ***29***

— Blkrblätt. ungeteilt, zuw. an der Spitze seicht ausgerandet od. gezähnelt ***20***

20. Blätt. in vielblättrigen Scheinquirlen *(787)*; Blattspr. lineal-pfrieml.; Gr. 5; reife Kapsel 5-klappig aufspringend . . . . **Spergula,** 321

— Blätt. gegenst. ***21***

21. Blätt. am Grd. mit trockenhäutigen, verwachsenen, silberglzd., papierart. Nebenblätt. *(785)*; Kblätt. mit schmalem, weißem Hautrand; Bltn. rosa bis rot, seltener weiß; Gr. 3; reife Kapsel 3-klappig aufspringend . . . . **Spergularia,** 321

— Blätt. ohne silbrige Nebenblätt. ***22***

22. Bltnstiele postfloral nicht abw. gekrümmt [Ausnahme: *Sagina ciliata*, s. S. 324; Bltn. aber 4-zählig u. Blätt. schmal-lineal] ***24***

— Bltnstiele postfloral abw. gebogen, sich dann zuw. aber wieder aufrichtend **23**

23. Bltn. in mehrbltg. Scheindolden *(786)*; Blkrblätt. an der Spitze gezähnelt . . . . **Holosteum,** 326

— Bltn. in Dichasien *(112)*; Blkrblätt. an der Spitze zwar schwach, aber deutlich ausgerandet . . . . **Lepyrodiclis,** 327

24(22). Blätt. dickfleischig, in 4 Reihen *(788)*; Pfl. des Meeresstrandes **Honckenya,** 324

— Blätt. nicht dickfleischig **25**

25. Gr. (2-) 3 . . . . **27**

— Gr. (3-)4–5 . . . . **26**

26. Kblätt. lg. zugespitzt, weiß berandet; Blätt. lanzettl.; Bltn. 4-zählig; reife Kapsel 4-zähnig aufspringend . . . . **Moenchia,** 326

— Kblätt. stumpf od. nur kurz zugespitzt, nicht weiß berandet; Blätt. lineal; Bltn. 5- od. 4-zählig; reife Kapsel 4- bis 5-zähnig aufspringend . . . . **Sagina,** 324

27(25). Reife Kapsel mit so viel Klappen wie Gr. [3(–4)] aufspringend; K. meist trockenhäutig; Blätt. lineal od. pfrieml. . . . . **Minuartia,** 322

— Reife Kapsel mit 4–6 Zähnen od. Klappen aufspringend (doppelt so viele wie Gr.); Blätt. eif. od. lanzettl., pfrieml. od. lineal **28**

28. Samen mit weißem Anhängsel, schwarzglzd.; Bltnblätt. 4–5 **Moehringia,** 326

— Samen ohne Anhängsel, matt, gekörnt; Bltn. stets 5-zählig **Arenaria,** 325

29(19). Gr. 3 . . . . **31**

— Gr. 5, selten 4 od. 3 . . . . **30**

30. Blkrblätt. höchstens bis zur Mitte gespalten; Kapsel längl.walzl., mit 10 kurzen Zähnen aufspringend . . . . **Cerastium,** 327

— Blkrblätt. fast bis zum Grd. gespalten; Kapsel eif., sich mit 5, an der Spitze 2-zähnigen Klappen öffnend . . . . **Myosoton,** 327

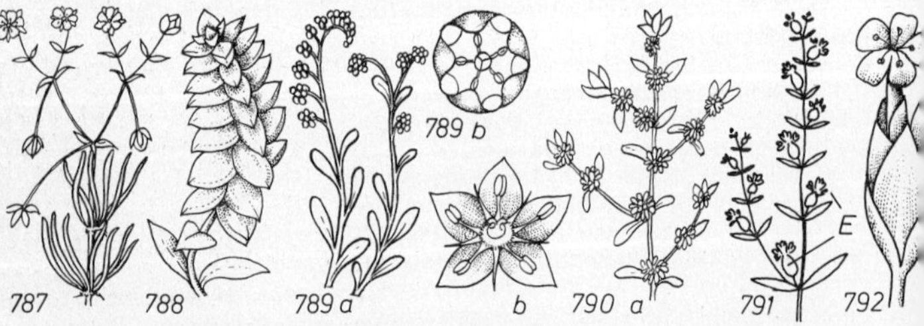

787 788 789 a b 790 a 791 792

31(29). Kapsel ± zylindrisch, sich mit 10 kurzen Zähnen öffnend; Pfl. zuw. drüsig behaart . . . . **Cerastium,** 327

— Kapsel kugelig bis eif., sich mit 6 langen Zähnen öffnend; Stg. kahl od. behaart, aber nicht drüsig; Blkr. zuw. fehlend . . . . **Stellaria,** 326

32(17). Bltn. stecknadelgroß, oft nicht voll geöffnet, weiß; Blätt. wechselst. *(789b)*; Stg. niederlgd. . . . . **Corrigiola,** 321

— Bltn. größer, grünl.; Blkrblätt. früh abfallend; Gr. 3; Kapsel 3-klappig; Blätt. in 4-blättrigen Quirlen . . . . **Polycarpon,** 321

33(16). Bltn. weiß; Kblätt. aufrecht, zusammenneigend, an der Spitze auf dem Rücken mit einer absthd. Granne, an der Basis zu einem sehr kurzen Achsenbecher vereinigt *(206)* . . . . **Illecebrum,** 321

— Bltn. gelbl.grünl.; Kblätt. meist ohne Granne *(790b)*, aber zuw. stachelspitzig; Blätt. im Bereich der Infloreszenz wechselst. *(790a)* **Herniaria,** 321

1. Illécebrum L.[1], *Knorpelblume.* Stg. niederlgd., fadenf.; Blätt. verkehrteif., kahl; Nebenblätt. groß, trockenhäutig; Bltn. zu 4–6 in blattwinkelst., knäueligen Wickeln; ⊙; VII–IX. Sandäcker, feuchte Plätze; *z* bis *s*, *f* in Ba.
Quirlige K., **I. verticillátum** L.

2. Corrigíola L., *Hirschsprung.* Stg. 1–30 cm hoch, blaugrün, mit zahlr. niederlgd. Seitenästen; Kblätt. breit, weißhäutig berandet, etwas länger als die Blkrblätt. *(789b)*; ⊙; V–VII. Flußkies, sandige Äcker; *z* bis *s*, Alp. *f.*
Ufer-H., **C. litorális** L.

3. Herniária L., *Bruchkraut*

1. Ganze Pfl., mit Ausnahme des Stg., kahl; K. kürzer als die Kapsel; ⊙; VII–IX. Sandfelder, Heiden, Triften; *v.* *Kahles B.*, **H. glábra** L.
Im Gebiet nur die ssp. **glábra.**
— Ganze Pfl. ± steifhaarig; Fr. von den Kblätt. eingeschlossen *2*
2. Kblätt. borstig-stachelspitzig; Bltn. in ca. 10-bltg. Knäueln; ♃; VII–IX. Sandäcker, Heiden; *z, f* im N. *Behaartes B.*, **H. hirsúta** L.
— Kblätt. ohne Stachelspitze; Bltnknäuel 3- bis 6-bltg. *3*
3. Kblätt. mit lg. stachelspitzig-borstigen Haaren; Bltnknäuel bis 6-bltg.; Blätt. bis 10 mm lg., lanzettl.; Stg. reich verzweigt, bisw. aufstgd.; ♃; VII–X. Trokkene, sonnige Plätze; *s*, früher He (Mainspitze). *Graues B.*, **H. incána** Lam.
— K. mit kurzen, zerstr. sthd. Borstenhaaren; Bltnknäuel 3-bltg.; Blätt. 2–5 mm lg., eif.; Pfl. dichtrasig bis polsterf.; ♃; VII–VIII. Geröll u. Moränen der Zentral-Alp., auch in Ti, Vb, von 1900–3000 m. *Alpen-B.*, **H. alpína** Vill.

4. Polycárpon Loefl. ex L., *Nagelkraut.* Pfl. kahl, vielstengelig, 5–15 cm hoch; Blätt. verkehrteif., in 4-zähligen Quirlen; Bltn. in reich verzweigten Dichasien; ⊙; VII–IX. Sandige Orte; aus dem Mittelmeergebiet eingeschleppt; im Oberrheintal *z*, sonst *s.*
Vierblättriges N., **P. tetraphýllum** (L.) L.

5. Spérgula L., *Spark*

1. Blätt. unterseits. mit einer Längsfurche, obersts. gewölbt; Bltn. weiß od. rosa; Samen schmal geflügelt; Pfl. 10–30 cm hoch; ⊙; VI–X. Sandige Äkker, Triften; auch als Futterpfl.; *g.* Formenreich *Feld-Sp.*, **S. arvénsis** L.
— Blätt. pfrieml., untersts. ohne Furche; Samen breit geflügelt; Bltn. weiß *2*
2. Stbblätt. 5; Blkrblätt. lanzettl., sich gegenseitig nicht deckend; Samen breitweiß berandet; Pfl. 5–20 cm hoch; ⊙; IV–V. Sandfelder, Triften, Heiden; *z, f* im NW u. Alp. *Fünfmänniger Sp.*, **S. pentándra** L.
— Stbblätt. 10; Blkrblätt. eirundl., sich gegenseitig deckend; Samen mit breitem, braunem Hautrand; Pfl. 5–30 cm hoch; ⊙; IV–VI. Brachäcker, Sandhügel; *z*, BW u. Alp. *f.* (= *Sp. vernalis* auct.) *Frühlings-Sp.*, **S. morisónii** Bor.

6. Spergulária (Pers.) J. & C. Presl (incl. **Delia** Dum.), *Spärkling*

1. Stg. aufrecht; Kblätt. weiß, trockenhäutig, mit grünem Rückennerv; ⊙; VI–VII; *s* u. unbeständig unter der Saat. [= *Delia segetalis* (L.) Dum.]
Saat-Sp., **S. segetális** (L.) G. Don f.
— Stg. niederlgd. od. aufstgd.; Kblätt. grün, nur am Rand trockenhäutig *2*
2. Alle Samen breit-weiß geflügelt; Kapsel doppelt so lg. wie der K.; Bltn. weiß od. rosa; Pfl. bis 40 cm hoch; ♃; VII–IX. Strand der Nord- u. Ostsee u. Salzstellen des Binnenlandes von Th. u. SaAn. [= *S. marginata* (Dc.) Kittel] *Flügelsamiger Sp.*, **S. média** (L.) C. Presl

[1] Die Gattungen *Illecebrum, Corrigiola* u. *Herniaria* werden auch in der Familie der *Illecebraceae* zusammengefaßt.

— Alle Samen od. doch die meisten ungeflügelt; Kapsel so lg. od. wenig länger als der K.; Bltn. tiefrosa 3

3. Samen am Rand mit zahlr. Stacheln, auf den Flächen mit spitzen Wärzchen; Pfl. 4–10 cm hoch; ⨀; VI–VIII. Nasse Schlammböden der Elbe in SaAn, Br, NS u. SH, *z.* *Stachelsamiger Sp.,* **S. echinospérma** Čel.

— Samen nicht bestachelt, fein runzelig 4

4. Blätt. (wenigstens die oberen) stachelspitzig; Nebenblätt. verlängert, silberweiß glzd.; Kapsel so lg. wie der K.; Bltn. rosenrot; ⨀; V–IX. Sandige Äcker, wüste Plätze; *v,* in Alp. *f* [= *S. campestris* (L.) Asch.]. *Roter Sp.,* **S. rúbra** (L.) J. & C. Presl

— Blätt. stumpfl.; Nebenblätt. wenig glzd.; Kapsel länger als der K.; Bltn. blaßrot; ⨀; V–IX. Küstengebiete u. Salzstellen des Binnenlandes, *z.* (= *S. salina* J. & C. Presl) *Salz-Sp.,* **S. marína** (L.) Gris.

7. Scleránthus L., *Knäuel*

1. Zipfel der Bltnhülle abgerundet, stumpf, breit-milchweiß berandet, z. Frzt. zusammenneigend; Pfl. 5–15 cm hoch; ♃; V–IX. Sandige, sonnige Hügel; trockene, kalkfreie Felsen; *v; f* in Alpen u. Vorland. *Ausdauernder K.,* **S. perénnis** L.

— Zipfel der Bltnhülle spitz, schmalhäutig berandet 2

2. Reife Fr. 3,2–5,3 mm lg., mit spreizenden Bltnhüllzipfeln *(793);* ⨀; V–X. Äcker, Triften, Dünen, Heiden; *g.* *Einjähriger K.,* **S. ánnuus** L.

— Reife Fr. kleiner (1,5–3,8 mm); Zipfel der Bltnhülle gerade od. etw. einw. gekrümmt *(794–795)* 3

3. Zipfel der Bltnhülle gleich lg. *(794);* Fr. 2–3 mm lg.; ⨀; IV–IX. Wege, Erdabrisse; kalkmeidend; *v, s* im N. [= *S. alpestris* Hay.] *Wilder K.,* **S. polycárpos** L.

— Zipfel der Bltnhülle ungleich lg. *(795);* Fr. 1,5–3 mm lg.; Pfl. zart, gelbgrün; ⨀; VI–VII. Viehweiden, Erdabrisse, kalkliebend; *s,* nur in SaAn. [= *S. collinus* Horn. ex Opiz; = *S. annuus* ssp. *verticillatus* (Tausch) Arcang.] *Hügel-K.,* **S. verticillátus** Tausch

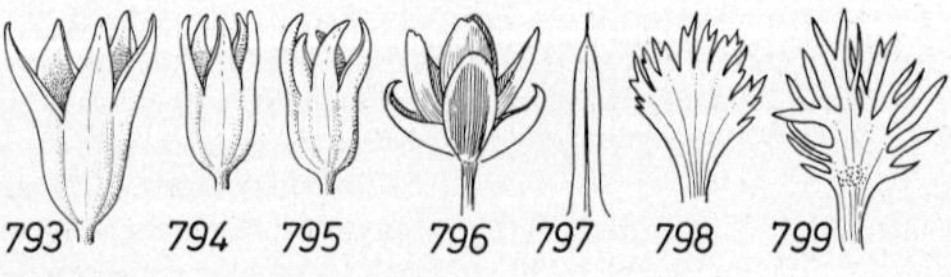
793 794 795 796 797 798 799

8. Minuártia L. (incl. Alsine L. em. Gaert.) *Miere, Meirich*

1. Blätt. lineal od. pfrieml. 3

— Blätt. rundl.eif. od. eilanzettl.; niedrige, z. T. polsterbildende Hochalpenpfl. 2

2. K. u. Blkrblätt. 4; Stbblätt. 8; Blattspr. obersts. rinnig; Pfl. dicht polsterf., mit dicht beblätt., säulenf. Stämmchen; ♃; VII–VIII. Felsspalten u. Geröll der K-Alp. von 2000–4300 m; *s,* K-Alp. von Sb, Ti, Berchtesgaden. [= *Alsine octandra* (Sieb.) Kern.; = *M. aretioides* (Som. ex Gay) Sch. & Thell.] *Polster-M.,* **M. cherlerioídes** (Hoppe) Becherer

— K. u. Blkr. 5-zählig; Stbblätt. 10; Blattspr. obersts. flach; Pfl. lockerrasig, kriechend; ♃; VII–VIII. Felsspalten (vorwgd. auf Kalk) der Hochalp., von 1900–2800 m; *s,* Allgäu, Vb, Ti, Sb. *Felsen-M.,* **M. rupéstris** (Scop.) Sch. & Thell.

3(1). Blkrblätt. meist fehlend (wenn vorhanden, dann kürzer als der K.); Blätt. dichtdachig, lineal-pfrieml., am Grd. paarweise miteinander verwachsen; Pfl.

kompakte Flachpolster bildend; ♃; VII–VIII. Felsspalten, Schutt, Matten, vorwgd. auf Kalk u. Dolomit; Alp. *v*, von 1800–3800 m. [= *Alsine sedoides* (L.) KITTEL; = *Cherleria sedoides* L.] *Zwerg-M.*, **M. sedoídes** (L.) HIERN

— Blkrblätt. stets vorhanden, weiß **4**

4. Kblätt. knorpelig od. trockenhäutig, weißl., mit 1–2 grünen Mittelstreifen **12**

— Kblätt. grün od. nur am Rand trockenhäutig **5**

5. Blkrblätt. so lg. od. länger als der K. **7**

— Blkrblätt. ½ so lg. wie der K. **6**

6. Kblätt. länger (2–2,5 mm) als die Kapsel, schmal lanzettl.; Stg. drüsig behaart, vom Grd. an dichtästig; ⊙; V–VII. Sandäcker, Kiefernwälder, trokkene Grasplätze; *z, f* Alp. u. Vorland, BW, Sa u. im NW. (= *Alsine viscosa* SCHREB.) *Klebrige M.*, **M. viscósa** (SCHREB.) SCH. & THELL.

— Kblätt. kürzer (3–4 mm) als die Kapsel, eif.-lanzettl.; Stg. meist kahl, steifaufrecht, vom Grd. an lockerrasig; ⊙; V–VII. Sandäcker, Triften; *z*, Alp. u. im N *f*. [= *Alsine tenuifolia* CR.; = *M. tenuifolia* (L.) HIERN] *Feinblättrige M.*, **M. hýbrida** (VILL.) SCHISCHKIN

7(5). Blätt. unterseits deutl. 3-nervig od. 5- bis 7-nervig (wenigstens getrocknet) **10**

— Blätt. nervenlos od. 1-nervig, sehr schmal **8**

8. Bltnstiele auffallend verlängert (15–35 mm lg.); Bltn. meist zu 3; Pfl. 5–20 cm hoch, dichtrasig, kahl, in der Tracht an *Sagina* erinnernd; ♃; VI–VIII. Hochmoore; sehr *s* in BW (Bodenseegebiet), Hochebene von Ba (an den meisten Standorten verschwunden). (= *Alsine stricta* WAHL.) *Steife M.*, **M. stricta** (SW) HIERN

— Bltnstiele kurz, ± 5 mm, etwa so lg. wie der K. **9**

9. Kblätt. dicht flaumig behaart, aber drüsenlos, am Grd. gestutzt; Infl. locker dichasial, meist 3- bis 5-bltg.; Blätt. lineal-pfrieml.; Pfl. 8–20 cm hoch, lokker-rasig, reichästig mit kurzen, dicht-beblätt., sterilen Sprossen. ♃; VII–VIII, trockene, felsige Hänge, Moränen, Kiefernwälder, von der montanen bis in die alp. Stufe. Südwestl. u. mitt. Kalkalp. östl. bis W-Ti. [= *Alsine laricifolia* (L.) CR.] *Lärchenblättrige M.*, **M. laricifolia** (L. p. p.) SCH. & THELL. ssp. **laricifólia**

— Kblätt. kahl, an der Spitze kapuzenf. zusammengezogen, stumpf; Bltn. nur 1 bis 2, z. Bltezeit wenig geöffnet; Pfl. 3–10 cm hoch, dicht-rasig, ♃; VI–VIII; Rasenbänder, Gletscherböden; im Gebiet sehr *s* in Alp. von Ti u. Sb. 2000–2700 m, *f* in Dt. [= *Alsine biflora* (L.) WAHLENB.] *Zweiblütige M.*, **M. biflóra** (L.) SCH. & THELL.

10(7). Blkrblätt. doppelt so lg. wie der K., am Rand keilf. verschmälert; Kapsel länger als der K.; Stg. 1- bis 2-bltg., aus niederlgd., schwach verholztem Grd. aufstgd.; Pfl. lockerrasig; ♃; VI–VIII. Felsen u. Felsschutt der K-Alp., von 1400–2400 m; *z* Alp. von Ba (Karwendel), Ti, *f* in Vb u. Sb (sonst südl. K-Alp.). [= *Alsine austriaca* (JACQ.) WAHL.] *Österreichische M.*, **M. austríaca** (JACQ.) HAY.

— Blkrblätt. so lg. od. wenig länger als der K. **11**

11. Kblätt. 3-nervig; Nerven scharf begrenzt; Bltnstg. aufrecht od. aufstgd.; Pfl. kahl od. drüsenhaarig, 5–15 cm hoch; ♃; V–VIII. Steinige Rasen, *v* Alp, *z* im Jura, *s* im N-Harz, SaAn, auf Galmeiböden in RhPf u. We. [= *Alsine verna* (L.) WAHL.] Formenreich. *Frühlings-M.*, **M. vérna** (L.) HIERN

a. Pfl. locker- bis dichtrasig; Stg. am Grd. nicht verholzt, bis 15 cm hoch; Bltnstg. drüsenhaarig, aufrecht, 4- bis vielbltg. Alp., Fr. Jura. ssp. **vérna**

– Pfl. dichte Polster bildend mit verholzender Grdachse . . . . **b**

b. Bltnstg. aufstgd., drüsenhaarig, 2- bis 5-bltg.; Triften, Halden; auf Schwermetall-(Kupfer- u. Galmei-) Böden in SaAn, NS, We. ssp. **hercýnica** (WILLK.) O. SCHWARZ

– Bltnstg. kahl, 1- bis 3-bltg., *v* in Alp.; [= *Arenaria gerardii* WILLD.; = *M. gerardii* (WILLD.) HAY.] ssp. **gerárdii** (WILLD.) HAY.

— Kblätt. 5- bis 7-nervig; Nerven undeutl. begrenzt; Stg. am Grd. verholzt; Pfl. 2–20 cm hoch, dichtrasig bis polsterbildend; Blätt. meist sichelf. nach einer

Seite gekrümmt; ♃; VII–VIII. Moränenschutt, kiesige Stellen der Urgebirgsalp. von 1700–3100 m, *z*, Ti u. Sb. [= *Alsine recurva* (ALL.) WAHL.]
Krummblättrige M., **M. recúrva** (ALL.) SCH. & THELL.

12(4). Blkrblätt. viel kürzer als die ungleich großen, knorpeligen Kblätt.; Bltn. büschelig-trugdoldig gehäuft; Stg. kahl, einzeln, steif aufrecht; ⊙; VII–VIII. Sonnige Trockenrasen, sandige Äcker; *s*, Ba (nördl. Hochebene u. Jura), BW (Breisgau), E, RhPf (Rheinebene). [= *Alsine fasciculata* auct.; = *A. jacquinii* KOCH; = *M. fasciculata* auct.; = *M. fastigiata* (SM.) RCHB.]
Büschel-M., **M. rúbra** (SCOP.) MCNEILL

— Blkrblätt. etwas länger als die Kblätt.; Bltnstand locker, dichasial verzweigt; Stg. zahlr., aufstgd., an der Basis kurzhaarig, bis 15 cm hoch; ♃; V–VIII. Sonnige Kalkfelsen; *s*, Ti, Ba (Donau-, Naab-, Altmühltal) u. BW (Kaiserstuhl). [= *Alsine setacea* (THUILL.) MERT. & KOCH]
Borsten-M., **M. setácea** (THUILL.) HAY.

9. Honckénya EHRH., *Salzmiere.* Pfl. gelbgrün; Stg. fleischig, niederlgd.-aufrecht, an den Knoten wurzelnd; Bltn. in gedrängter Trugdolde, weiß; ♃; VI–VII. Meeresstrand, Dünen der N- u. Ostsee, einschließl. Inseln, *z*. [= *Alsine peploides* (L.) WAHLENB.] *Strand-S.*, **H. peploídes** (L.) EHRH.

10. Sagína L., *Mastkraut*

1. K.- u. Blkrblätt. 5 . . . . ***5***

— K.- u. Blkrblätt. 4, letztere oft hinfällig u. kürzer als der 4-blättrige K. ***2***

2. Alle Kblätt. gleich gestaltet, stumpf, ohne Stachelspitze; Blätt. kurz stachelspitzig ***4***

— Kblätt. verschieden gestaltet, die beiden äußeren kapuzenf. zusammengezogen, mit kurzer Stachelspitze *(796)*; Blätt. lg. stachelspitzig *(797)* ***3***

3. Bltnstiele stets aufrecht; Kblätt. bei der Frreife flach ausgebreitet *(796)*; Blkrblätt. klein, mehrmals kürzer als der K., hinfällig, gewimpert; ⊙; V–IX. Feuchte Äcker, zwischen Straßenpflaster; *z*, *f* Alp. [= *S. apetala* ARD. ssp. *erecta* (HORNEM.) F. HERRM.; = *S. apetala* auct.)
Kronblattloses M., **S. micropétala** RAUSCHERT

— Bltnstiele nach der Blüte an der Spitze hakenf. abw. gebogen, später wieder aufrecht; Kblätt. aufrecht, der Kapsel angedrückt; Blätt. reich bewimpert; ⊙; IV–VII. Trockene, sandige Äcker, zwischen Straßenpflaster; *z*, *f* in S-Ba. (= *S. apetala* auct.). *Bewimpertes M.*, **S. ciliáta** FR.

4(2). Kblätt. an der Spitze kapuzenf. zusammengezogen, nicht stachelspitzig; Frstiele aufrecht; Blkrblätt. sehr klein od. fehlend; Pfl. meist aufrecht, ohne zentrale Rosette; ⊙; V–VIII. Dünen u. Salzwiesen der Küstengebiete, *z*.
Strand-M., **S. marítima** G. DON

— Kblätt. breit-eif., nicht kapuzenf. zusammengezogen; Bltnstiele postfloral hakig zurückgekrümmt, später wieder aufrecht; Pfl. niederlgd. od. aufstgd., mit zentraler Blattrosette; ♃; V–IX. Feuchte Äcker, Wegränder, Gräben. Formenreich. *Niederliegendes M.*, **S. procúmbens** L.

a. Stg. niederlgd., wurzelnd; Blätt. lineal, gleich den Bltnstielen kahl; *g*. [= ssp. *glaberrima* (NEILR.) DOSTAL] ssp. **procúmbens**

b. Stg. sehr kurz aufstgd.; Blattspr. lineal-lanzettl., am Rand bewimpert; Bltnstiele drüsig; *z* in Alp. u. Voralp. (= *S. bryoides* FRÖL.) ssp. **bryoídes** (FRÖL.) DOSTAL

c. Stg. sehr kurz; Blattspr. am Rand gewimpert, fast fleischig; Blkrblätt. meist fehlend; nur auf salzhaltigen Böden des Binnenlandes; Nord- u. Ostseeküste. ssp. **litorális** (RCHB.) NATHO

5(1). Blkrblätt. so lg. od. nur wenig länger als der K. ***7***

— Blkrblätt. doppelt so lg. wie der K. ***6***

6. Obere Stgblätt. mehrfach kürzer als die unteren, in den Achseln fast gleich große Laubsprosse tragend; Stg. niederlgd. bis aufstgd., 5–15 cm hoch; ♃; VI–VIII. Sumpfwiesen, Gräben, Heiden; *z*, *v* im N.
Knotiges M., **S. nodósa** (L.) FENZL

— Alle Blätt. nahezu gleich lg.; Stg. fast stets kriechend, am Grd. wurzelnd; Stg. u. Blätt. kahl; Bltn. einzeln, blattachselst., bis 1 cm groß; VII–VIII. Sonnige Wiesen u. sandige Stellen, besonders der Krummholzreg.; *s* in Alp. von Sb. *Kahles M.,* **S. glábra** (WILLD.) FENZL

7(5). Blätt. drüsig bewimpert, mit 1,5 mm langer Stachelspitze; Kapsel nur wenig länger als der oft drüsige K.; Pfl. dichtrasig; ♃; VI–VIII. Feuchte Sandfelder, Wiesen, Ufer; *z*; als „Sternmoos" angepfl. *Pfriemen-M.,* **S. subuláta** (SW.) C. PRESL

— Blätt. kahl, kurz stachelspitzig; Kapsel doppelt so lg. wie der meist kahle K.; Pfl. 2–10 cm hoch, polster- u. rasenbildend; ♃; VI–VIII. Feuchte Felsspalten, Schutt; Alp., Voralp. u. Mittelgeb., *z.* (= *S. linnei* C. PRESL) Formenreich. *Alpen-M.,* **S. saginoídes** (L.) KARST.

a. Kapsel 2,5–3,5 mm lang; Bltnstiele bis 2,5 cm lang, kahl od. drüsig. Alp., Bayrw., Schw. ssp. **saginoídes**

– Kapsel 3,5–5 mm lang; Bltnstiele bis 4 cm lang. Alp. u. Vorland *z, s* im Fichtgeb. (= *Spergula macrocarpa* RCHB.)

Ein Bastard ist **S. × normanniána** LAGERH. [= *S. procumbens × S. saginoides;* = *S. scotica* (DRUCE) DRUCE]: ähnl. *S. procumbens,* aber dichte u. breitere Rasen bildend; Bltn. klein, vorwgd. 5-zählig, mit 4-zähligen gemischt; Fr. häufig verkümmert; ♃; VI–VIII. Im Gebiet von *S. saginoides* vorkommend, von 1000 bis 1500 m, im Ötztal bis 3000 m.

11. Arenária L., *Sandkraut*

1. Blätt. schmal-lineal, bis 10 cm lg.; Stg. steif aufrecht, bis 30 cm hoch; Bltnstand vielbltg., endst., locker; ♃; VI–VII. Kiefernwälder, sonnige Hügel; nur in OPr. (= *A. graminifolia* SCHRAD.) *Grasblättriges S.,* **A. biebersteínii** SCHLDL.

— Blätt. eif.-lanzettl., nur bis 1 cm lg. ***2***

2. Blätt. gestielt; Blkrblätt. länger als der K.; Pfl. ♃ ***5***

— Blätt. sitzend od. nur die unteren kurz gestielt; Blkrblätt. kürzer als der K.; Pfl. ⨀–⨀ ***3***

3. Kapsel längl.-kugelig, am Grd. kaum erweitert; Pfl. gelbgrün, mit schlaffen, wenig verzweigten Stg.; Bltn. in traubenartigem Bltnstand; ⨀; V–IX. Sandig-lehmige Äcker, sonnige Hänge. [= *A. serpyllifolia* ssp. *tenuior* (MERT. & KOCH) ARCANG.] *Südliches S.,* **A. leptóclados** (RCHB.) GUSS.

— Kapsel eif.-kugelig, am Grd. stark bauchig erweitert; Pfl. grün; Stg. steif, reich verzweigt; Bltnstiele mehrmals länger als die Bltn. ***4***

4. Pfl. borstenhaarig, nur bis 5 cm hoch; Stg. meist nur oberwärts gabelig verzweigt; Bltnstände dicht trugdoldig-rispig; ⨀–⨀; VII–VIII. Geröllfelder, offene Hänge der alp. Stufe, zwischen 2000–3200 m; *z* in Alp. von Sb u. Ti. [= *A. serpyllifolia* L. ssp. *marschlinsii* (KOCH) NYM.] *Alpen-S.,* **A. marschlínsii** KOCH

— Pfl. kurz drüsenhaarig od. kahl, bis 15 cm hoch; Stg. schon vom Grd. an verzweigt, aufrecht od. aufstgd.; Bltnstände locker gabelig-trugdoldig; ⨀; V–IX. Äcker, Wegränder, Trockenrasen; *v*, vom Tiefland bis in die alp. Reg. Formenreich. *Quendelblättriges S.,* **A. serpyllifólia** L.

a. Pfl. drüsenlos; Kapsel eif.; *v.* ssp. **serpyllifólia**

– Oberer Teil des Stg., Bltnstiele u. K. drüsig behaart; Kapsel fast kugelig; *s.* (= *A. viscida* HALL. f. ex LOIS.) ssp. **glutinósa** (MERT. & KOCH) ARCANG.

5(2). Blätt. kahl, rundl., stumpf, glzd.; Blkrblätt. nur wenig länger als der K.; Bltn. einzeln od. zu 2, an kurzen Seitensprossen; Stg. niederlgd., dicht beblättert; ♃; VII–IX. Feuchtes Geröll, Schneetälchen bis 2300 m; *z* Alp. von Ti u. Allgäu. *Zweiblütiges S.,* **A. biflóra** L.

— Blätt. am Rand bis über die Mitte gewimpert, lanzettl., spitz; Blkrblätt. doppelt so lg. wie der K.; Bltn. stets einzeln; Stg. niederlgd., rasenbildend, der vorigen sehr ähnl.; ♃; VII–VIII. Steinige Triften u. Matten der Alp. von 1800 bis 2300 m; *v.* Formenreich. *Bewimpertes S.,* **A. ciliáta** L.

a. Blätt. 3–4 mal so lg. wie breit, spärl. od. ganz bewimpert; Bltn. einzeln, seltener zu 2; Blkrblätt. 7–7,5 mm lg. (= *A. tenella* KIT.) ssp. **ciliáta**

– Blätt. nur 2–3 mal so lg. wie breit, von der Basis bis zu 2/3 der Blattlänge bewimpert; Blkrblätt. 4–5 mm lg. (= *A. multicaulis* L.) ssp. **moehringioídes** (J. Murr.) Br.-Bl.

12. Moehríngia L., *Nabelmiere*

1. Bltn. 4-zählig; Stbblätt. 8; Stg. dünn, sparrig verzweigt; Blätt. fädl. (0,5–1 mm breit), bis 35 mm lg.; ♃; V–IX. Schattige, feuchte Stellen; Alp. u. Vorland, Böhmw., Fichtgeb.; *z* bis *s*. *Moos-N.,* **M. muscósa** L.

— Bltn. 5-zählig; Stbblätt. 10 . . . . *2*

2. Blätt. lineal, kahl, am Grd. schwach bewimpert, meist mit sterilen Sprossen in den Blattachseln; Bltn. einzeln od. zu 2–3 auf 5–10 mm langen Stielen; Blkrblätt. länger als der K.; Pfl. lockerrasig, 5–20 cm hoch; ♃; VI–VIII. Feuchtes Geröll, steinige Weiden; K.-Alpen; *v.* [= *M. polygonoides* (Scop.) D. T.] *Gewimperte N.,* **M. ciliáta** (Scop.) D. T.

— Blätt. eif., gestielt, am Rand behaart, deutl. 3-(od. 5-)nervig; Bltnstiele 2–3 cm lg., nach der Blüte waagrecht absthd.; Blkrblätt. 1/2 so lg. wie der K.; ⊙; V–VII. Humöse Böden, Wälder, Gebüsch; *v.* (= *Arenaria trinervia* L.) *Dreinervige N.,* **M. trinérvia** (L.) Clairv.

13. Holósteum L., *Spurre.* Blkrblätt. am Rand gezähnelt; Frstiele anfangs abw. gekrümmt *(786)*, später wieder aufrecht; Stg. 3–25 cm lang, spitzenw. drüsig (Lupe!); ⊙; III–V. Sandfelder, sonnige Hügel, Wegränder; *v, f* im Geb. *Doldige Sp.,* **H. umbellátum** L. ssp. **umbellátum**

14. Moénchia Ehrh., *Weißmiere.* Bltn. 4-zählig; Blätt. schmal-lanzettl., bis 13 mm lg.; Stg. aufrecht, 3–10 cm hoch, 1- bis 2-bltg.; ⊙; IV–V. Triften, Brachäcker; kalkmeidend; *z* in M- u. S-Dt, *s* im N. *Aufrechte W.,* **M. erécta** (L.) G. M. Sch. ssp. **erécta**

15. Stellária L., *Sternmiere*

1. Stg. 4-kantig; Blätt. alle sitzend, lineal-lanzettl. *3*

— Stg. stielrund; basale Blätt. gestielt *2*

2. Stg. 1-reihig behaart, niederlgd.; Blätt. klein, herzeif., abgerundet, kurz gestielt; Blkrblätt. nicht länger als der K., oft fehlend [var. **apétala** (Ucria) Mert. & Koch]; Stbblätt. 1–5(–10); ⊙; III–X. Bebaute Böden, Schutt; *g*; formenreich. *Vogel-St.,* **St. média** (L.) Vill.

Hierher auch die folgenden Kleinarten:

a. Stbblätt. 10, mit purpurnen Stbbeuteln; Blkrblätt. stets vorhanden, so lg. od. länger als der 5 mm lange K. Feuchte Gebüsche, Auwälder; *z.* *Gebüsch-St.,* **St. neglécta** Weihe

– Stbblätt. 1–3, mit grauvioletten Stbbeuteln; Blkrblätt. verkümmernd od. fehlend; K. kleiner als 3 mm; Pfl. gelbgrün. Kiefernwälder, Schuttplätze auf Sand; *z.* *Bleiche St.,* **St. pállida** (Dum.) Piré

— Stg. spitzenw. ringsum drüsig behaart, zerbrechl., niederlgd., ausläufertreibend; Blkrblätt. doppelt so lang wie der K.; Stbblätt. 10; Gr. 3; ♃; V–IX. Feuchte Laubwälder. *Hain-St.,* **St. némorum** L.

a. Obere Blätt. sitzend; Spr. elliptisch bis eif., am Grd. schwach herzf. od. keilf. verschmälert; Hochblätt. groß u. blattartig; Samen am Rande mit kurzen Papillen; *v.* ssp. **némorum**

– Obere Blätt. deutl. gestielt; Spr. eif., am Grd. tief herzf.; Hochblätt. plötzl. in schuppenf. Blätt. überghd.; Samen am Rand mit langen, zylindrischen Papillen; *z* in Ba, Sa, SH, Me, Ho, Da. ssp. **glochidiospérma** Murb.

3(1). Blkrblätt. bis zur Mitte gespalten, etwa doppelt so lg. wie der nervenlose K.; Tragblätt. der Bltn. krautig; ♃; IV–VI. Laubwälder, Gebüsch; *v, f* Alp. *Große St.,* **St. holóstea** L.

— Blkrblätt. fast bis zum Grd. geteilt, kürzer od. so lg. wie der K. *4*

4. Stg. spitzenw. u. Blattrand durch Papillen rauh; Kblätt. in frischem Zustand undeutl. nervig; Tragblätt. trockenhäutig; ♃; VI–VIII. Feuchte Wälder, Waldmoore; *z* in OPr, Br, Sa, Schl, Ba, Au (= *St. frieseana* Ser.; = *St. diffusa* Schldl.) *Langblättrige St.,* **St. longifólia** Mohl. ex Willd.

— Stg. glatt *5*

5. Kblätt. in frischem Zustand undeutl. 3-nervig, kürzer als die Blkrblätt.; Tragblätt. krautig; Blätt. dickl., fleischig, saftiggrün; ♃; VII–VIII. Torfwiesen, Sümpfe, Brüche; *z.* *Dickblättrige St.,* **St. crassifólia** Ehrh.

— Kblätt. auch in frischem Zustand deutl. 3-nervig *6*

6. Blkrblätt. viel kürzer als der am Grd. trichterf. K.; Tragblätt. trockenhäutig; Bltnstiele nach der Blüte hakig abw.gebogen; Blätt. bläul.grün, am Grd. gewimpert; ♃; V–VI. Bäche, Gräben, Sumpfwiesen; *v* bis *z.* (= *St. alsine* Grimm) *Bach-St.,* **St. uliginósa** Murr.

— Blkrblätt. so lg. od. länger als der am Grd. abgerundete K. *7*

7. Tragblätt. am Rand etwas gewimpert, trockenhäutig; Stg. schlaff, aufstgd.; Blätt. dünn, grasgrün; ♃; V–VII. Waldränder, Gebüsch, Feldraine; *v.* *Gras-St.,* **St. gramínea** L.

— Tragblätt. am Rand kahl, trockenhäutig; Stg. aufrecht, wenig verzweigt; Blätt. etwas fleischig, blaugrün; ♃; V–VII. Feuchte Wiesen, Ufer, Gräben; *v* im N, *s* im S, *f* in Alp. (= *St. glauca* With.) *Sumpf-St.,* **St. palústris** Retz.

16. Lepyrodíclis Fenzl, *Blasenmiere*

Pfl. habituell an *Stellaria holostea* L. erinnernd, niederlgd.-aufstgd.; Bltn. 5-zählig; Kblätt. an der Basis kurz miteinander verwachsen, außen drüsig behaart; Blkrblätt. an der Spitze schwach, aber deutl. ausgerandet; Gr. 2, starr; Kapsel sich mit 2 Klappen öffnend, jede 2 Samen enthaltend; ⨀; V–VI. Äcker, häufig in Gesellschaft von *Trifolium resupinatum, s* u. vorübergehend eingeschleppt; RhPf, He, O-We, Sa (Heimat: westl. Asien bis Himalaya) *Spurrenähnliche Blasenmiere,* **L. holosteoídes** (C. A. Mey) Fenzl ex Fisch.

17. Myosóton Moench (= *Malachium* Fr.), *Wasserdarm.* Stg. schlaff, zerbrechl., spitzenw. drüsig-flaumig; Grdblätt. gestielt; Bltn. in lockeren, beblätterten Trugdolden; Frkn. 5-blättrig; Gr. 5 (Unterschied zu der ähnl. *Stellaria nemorum);* ⨀ bis mehrjährig; VI–IX. Feuchte Orte; *v.* [= *Malachium aquaticum* (L.) Fr.; = *Stellaria aquatica* (L.) Scop.] *Gemeiner W.,* **M. aquáticum** (L.) Moench

18. Cerástium L., *Hornkraut*

1. Gr. 4 od. 5 . . . . *3*

— Gr. 3 . . . . *2*

2. Tragblätt. u. K. kahl od. fast kahl; Stg. niederlgd. mit aufrechten Ästen; Pfl. lockerrasig, 5–15 cm hoch; Bltn. 12–18 mm im Dm, in 1- bis 3-bltg. Trugdolde; Frstiel herabgebogen; ♃; VII–VIII. Feuchte, steinige Orte der Alp. von 1700 bis 3000 m; *z* bis *v.* (= *C. trigynum* Vill.) *Dreigriffeliges H.,* **C. cerastoídes** (L.) Britt.

— Tragblätt. u. K. drüsig-flaumig; Stg. aufrecht od. aufstgd., 6–30 cm lang; Pfl. nicht rasenbildend; Bltn. etwa 9 mm im Dm, zu 1–3 endst.; Frstiele aufrecht; ⨀; IV–VI. Sandige Triften, Wiesen; *s* in Schl, Br, SaAn (Elbetal) RhPf, N-BW, S-E. (= *C. anomalum* W. & K.) *Klebriges H.,* **C. dúbium** (Bast.) Guépin

3(1). Blkrblätt. etwa doppelt so lg. wie der K., länger als 8 mm *12*

— Blkrblätt. bis 8 mm lg., wenig länger, gleich lg. od. kürzer als der K., zuw. fehlend *4*

4. Tragblätt. am Rand ± breit-trockenhäutig, an der Spitze kahl od. fast kahl *7*

— Tragblätt. krautig, ohne Hautrand, an der Spitze absthd. behaart . . *5*

5. Bltn. 4-, seltener 5-zählig; Gr. 4, seltener 5; Pfl. frischgrün, stark drüsig; Kblätt. mit kurzer Spitze; ⨀–⨀; III–VI. Dünen u. sandige Weiden; *s* Nordseeküste u. Inseln, Da. (= *C. tetrandrum* Curt.) *Viermänniges H.,* **C. diffúsum** Pers.

a. Bltn. 4-zählig; Kblätt. 4–7 mm lg., kurz bespitzt; Blkrblätt. 3mal so lg. wie breit; Kapsel 5–7 mm groß. ssp. **diffúsum**

– Bltn. häufig 5-zählig; Kblätt. 7–9 mm lg., mit langer, häutiger Spitze; Blkrblätt. 2 1/2 mal so lang wie breit; Kapsel 7–9 mm lg.; Ostseeküste von Da; ob in Dt? [= *C. subtetrandrum* (LGE.) MURB.] ssp. **subtetrándrum** (LANGE) P. D. SELL

— Bltn. stets 5-zählig; Gr. 5. . . . . *6*

6. Bltn. in geknäuelten Trugdolden; Frstiel etwa so lg. wie der K.; Stbfäden kahl; Pfl. blaß- bis gelbgrün; ⊙–⊙; III–IX. Feuchte Gebüsche, Gräben, Ufer, Wegränder; *v, z* im N. (= *C. viscosum* auct.) *Kleinblütiges H., Knäuel-H.,* **C. glomerátum** THUILL.

— Bltnstand locker; Frstiele bis 5 mal so lg. wie der K.; Stbfäden bewimpert; Pfl. graugrün; ⊙–⊙; IV–VI. Trockenrasen, Äcker u. Gartenland; *z, f* in Alp. Formenreich. *Kleinblütiges H.,* **C. brachypétalum** PERS.

a. Bltn- u. Kblätt. mit langen Drüsenhaaren, diese gemischt mit einfachen Haaren; Bltnstiel 20–25 mm lg.; *s* im SW. ssp. **taúricum** (SPRENG.) MURB.

– Bltn- u. Kblätt. ohne Drüsenhaare, nur mit einfachen Haaren . . . . b

b. Bltn- u. Kblätt. mit absthd. od. leicht aufw. gerichteten Haaren; Bltnstiel 5–18 mm lg.; *s* im Odergebiet, M-Dt bis Alp.-Vorland. (= *C. strigosum* FR.) ssp. **brachypétalum**

– Bltn- u. Kblätt. mit aufrecht-anlgd. Haaren; Bltnstiel 5–17 mm lg.; vorwgd. SO-Eur. (= *C. pilosum* TEN. non SIEBTH. & SM.) ssp. **tenoreánum** (SER.) SOÓ

7(4). Pfl. nur mit blühenden Trieben, meist gelbgrün; Kblätt. an der Spitze oft gezähnelt *10*

— Pfl. mit blühenden u. kurzen, beblätterten, sterilen Trieben, dkgrün, zuw. drüsig behaart; Kblätt. ganzrandig *8*

8. Pfl. meist drüsig; Blkrblätt. häufig bewimpert, etwa so lg. wie der K.; Blätt. groß, weich; Kapsel lg.; ♃; V–X. Feuchte, schattige Standorte; *z,* im Gebirge *s.* (= *C. lucorum* SCHUR) *Großfrüchtiges H.,* **C. macrocárpum** SCHUR

— Pfl. meist drüsenlos; Blkrblätt. wimperlos *9*

9. K. u. Blkrblätt. etwa gleich lg.; untere Tragblätt. oft krautig; Kapsel klein; ♃; III–VI. Äcker, mäßig feuchte Wiesen, Wegränder, *g.* [= *C. holosteoides* FR.; = *C. caespitosum* GIL.; = *C. triviale* LK.; = *C. fontanum* BAUMG. ssp. *triviale* (LK.) JALAS] *Gewöhnliches H.,* **C. vulgátum** L.

— Blkrblätt. u. Kapsel etwas länger als der K.; alle Tragblätt. hautrandig; ♃; III–VI. Matten u. feuchte Gesteinsfluren, bis in die Krummholz- u. alp. Reg. aufstgd.; kalkmeidend; Alp. *z.* *Quellen-H.,* **C. fontánum** BAUMG.

10(7). Untere Tragblätt. krautig, nur die oberen schmal hautrandig, beidersts. behaart; Pfl. trübgrün, dicht drüsig-klebrig, 1,5–20 cm hoch; ⊙–⊙; IV–VI. Sonnige, kurzgrasige Abhänge, Ackerränder; *z* im S, *s* im N (Ho, SH, Da). (= *C. obscurum* CHAUB.) *Niedriges H.,* **C. púmilum** CURT.

— Untere Tragblätt. hautrandig, oberststs. kahl *11*

11. Hautrand sehr breit, daher oft das ganze Blatt trockenhäutig; Pfl. 1–30 cm hoch; Stg. meist reichdrüsig, aufrecht od. niederlgd.; ⊙–⊙; III–VI. Trockene Grasplätze, Weg- u. Ackerränder, sandige Hügel; von der Ebene bis in die Voralp.; *g.* *Fünfmänniges H.,* **C. semidecándrum** L.

— Untere Tragblätt. mit sehr schmalem, oft kaum sichtbarem Hautrand; Pfl. drüsig; ⊙–⊙; III–VI. Sandfelder, Ackerränder; *z* im S, im N: Me, Br, SH. (= *E. glutinosum* FR.) *Bleiches H.,* **C. pállens** F. W. SCHULTZ

12(3). Tragblätt., zumindest die oberen, hautrandig *15*

— Alle Tragblätt. ohne Hautrand, den Laubblätt. ähnl.; niedrige, ausdauernde Alpenpfl., mit 1- bis 3-bltg. Stg. *13*

13. Zähne der geöffneten Kapsel zurückgekrümmt; Blkr. glockig, die Kblätt. höchstens um 1/3 überragend; Pfl. 3–8 cm hoch, lockerrasig, schwach flaumhaarig; Blätt. brüchig, starr, grasgrün; ♃; VI–VIII. Steinige Böden der Ur-Alp, von 2000–3100 m; *z* in Ti, Vb u. Sb. (= *C. filiforme* SCHLEICH.) *Stiel-H.,* **C. pedunculátum** GAUD.

— Zähne der geöffneten Kapsel nicht zurückgekrümmt; Blkr. meist becherf.; etwa doppelt so lg. od. kaum doppelt so lg. wie der K. *14*

14. Blkrblätt. mehr als doppelt so lg. wie der K.; Pfl. lockerrasig, 3–8 cm hoch, dicht kurz-drüsig, aber nicht zottig behaart; ♃; VII–VIII. Geröll u. Felsen der K-Alp., von 1700–3400 m; *z.* *Breitblättriges H.,* **C. latifólium** L.

— Blkrblätt. kaum doppelt so lg. wie der K.; Pfl. dichtrasig, 3–8 cm hoch, dicht zottig behaart; neben Drüsenhaaren auch drüsenlose Gliederhaare; Stg. 1- bis 3-bltg.; ♃; VII–IX. Geröll u. Moränenschutt, vorwgd. der Ur-Alp. von 1900–3200 m; *z.* *Einblütiges H.,* **C. uniflórum** Clairv.

15(12). Untere Blätt. 10–15 mm breit, spatelig, lg. gestielt, weich, zerstreut behaart; Stg. schlaff aufstgd., ausläuferbildend, 30–60 cm lg.; untere Tragblätt. groß, laubig, ganz krautig; ♃; VI–VII. Feuchte Wälder, Torfbrüche; *s,* nur W- u. OPr. *Wald-H.,* **C. sylváticum** W. & K.

— Blätt. schmäler, alle sitzend ***16***

16. Blätt. längl.-lanzettl. od. lineal, in den Blattachseln mit Blattknospen od. beblätterten Sprossen; Tragblätt. mit breitem Hautrand ***19***

— Blätt. eif.-elliptisch, seltener längl., in den Achseln meist ohne beblätterte Sprosse ***17***

17. Alle Tragblätt. mit breitem Hautrand; Blätt. kahl od. fast kahl; Pfl. lockerrasig, bis 20 cm hoch; Stg. kurzhaarig; Blkrblätt. mehr als doppelt so lg. wie der K.; ♃; VI–IX. Felsschutt, Flußkies, Grünerlengebüsch; östl. u. südl. K-Alp. von 1600–2200 m, westl. bis Ti *z, f* in Vb u. Dt. *Kärntner H.,* **C. carinthíacum** Vest

— Tragblätt. mit schmalem Hautrand, die unteren zuw. ganz krautig; Blätt. ± behaart ***18***

18. Pfl. graugrün, mit langer, wolliger Behaarung; Stg. 4- bis 5-bltg.; Pfl. 6–20 cm hoch, lockerrasig; die nichtblühenden Triebe rosettig; ♃; VII–IX. Felsen, steinige Triften, Geröll der Ur-Alp. von 1900–2800 m, zuw. herabgeschwemmt; Alp. *z;* südl. Hochebene von Ba *s.* *Alpen-H.,* **C. alpínum** L.

— Stg. weiß bis grauweiß, mit dichter, krauswolliger Behaarung; Stg. nur mit 2–3 Bltn.; ♃; VII–IX; *s* Alp. [= *C. alpinum* L. ssp. *lanatum* (Lam.) A. & Gr.; = *C. villosum* Baumg.] *Wolliges H.,* **C. lanátum** Lam.

19(16). Stg. u. Blätt. dicht weißfilzig; Bltn. in 5- bis 15-bltg. Dichasien; ♃; V–VI. Zierpfl., zuw. verwild. (Heimat: SO-Eur., Kaukasus). *Filziges H.,* **C. tomentósum** L.

— Stg. u. Blätt. dicht kurzhaarig, aber nicht weißfilzig, spitzenw. drüsig ***20***

20. Sterile Sprosse viel kürzer als die blühenden, aufstgd. od. aufrecht, wenigstens im oberen Teil drüsig; Blätt. schmal, an der Basis der Stg. gedrängt; Bltn. zu 3–8; Pfl. 3–10 cm hoch, lockerrasig; ♃; IV–IX. Felsen, steinige Matten; *v* Alp. u. Voralp. [= *C. arvense* L. ssp. *strictum* (Haenke) Gaud.] *Steifes H.,* **C. stríctum** L. em. Haenke

— Sterile Sprosse nur wenig kürzer als die blühenden; Blätt. verschieden gestaltet, nicht an der Basis der Stg. gedrängt; Pfl. kräftig, bis 30 cm hoch, lockerrasig; ♃; IV–IX. Trockene Wiesen, Feldraine, Bahndämme; *g.* Formenreich. *Acker-H.,* **C. arvénse** L.

19. Gypsóphila L., *Gipskraut*

1. Stg. kriechend od. aufstgd. ***3***

— Stg. steif-aufrecht, vom Grd. an ästig ***2***

2. Bltn. weiß; Blkrblätt. an der Spitze gerundet; Blätt. lanzettl., scharf zugespitzt; Pfl. bis 90 cm hoch; ♃; VI–IX. Auf sandigen Hügeln. Im Gebiet wohl nur eingeschleppt; auch als Zierpfl. (Heimat: SO-Eur.) *Rispiges G., Schleier-G.,* **G. paniculáta** L.

— Bltn. rosa, dk.geadert; Blkrblätt. ausgerandet od. gekerbt; Blätt. lineal, blaugrün; Pfl. bis 25 cm hoch, an der Basis kurzhaarig. ⊙; VI–X; sandige Äcker, Heideböden; *z, s* im N, W u. Da. *Mauer-G.,* **G. murális** L.

3(1). Stg. spitzenw. klebrig-drüsig; Stbblätt. u. Gr. länger als die Blkr.; Bltnstand dicht trugdoldig; ♃; VI–VIII. Sand- u. Gipsböden; *z* in NO-Dt, Th, SaAn, O-Sa, Mainzer Becken. *Büscheliges G.,* **G. fastigiáta** L. ssp. **fastigiáta**

— Pfl. vollständig kahl, blaugrün, rasenbildend; Stbblätt. u. Gr. kürzer als die Blkr.; Bltn. in lockeren, reichbltg. Dichasien; ♃; V–VIII. Geröll u. Felsen; K-Alp. u. Vorland; *v*, sonst *s* in BW (Rheinebene), He (Vogelsberg), Gipshügel im S-Harz. *Kriechendes G.*, **G. répens** L.

20. Saponária L., *Seifenkraut*

1. Stg. 1-bltg., kurz; Bltn. groß, lebhaft rot; K. aufgeblasen; Pfl. dichtrasig bis polsterbildend; ♃; VIII–IX. *z.* Matten der Ur-Alp. von Sb u. Ti.
Ⓖ *Niedriges S.*, **S. pumílio** (L.) FENZL ex A. BR.

— Stg. mehrbltg., verlängert *2*

2. Bltn. groß, blaßrosa bis weiß, in dichten Dichasien; Stg. aufrecht, fein flaumig, 30–70 cm lg., ausläuferbildend; ♃; VI–IX. Flußauen, Straßenränder, Ruderalstellen; *v* bis *z; Alp. f.* *Gemeines S.*, **S. officinális** L.

— Bltn. klein, lebhaft rot, in lockeren Dichasien; Stg. niederlgd. bis aufstgd., 10–30 cm hoch, kurz – drüsenhaarig; ♃; IV–X. Felsige Abhänge, Geröllhalden; kalkliebend; *z*, nur Alp. *Rotes S.*, **S. ocymoídes** L.

21. Vaccária MED., *Kuhkraut.* Bltn. in lockeren, reich verzweigten Dichasien, blaßrot; Pfl. kahl; Blätt. lanzettl., spitz, bläul. bereift; ⨀; VI. Äcker, Schutt, Wegränder; *z*, im Gebirge *f.* [= *Saponaria vaccaria* L.; = *V. vulgaris* HOST; = *V. hispanica* (MILL.) RAUSCH.] *Saat-K.*, **V. pyramidáta** MED.

22. Petrorhágia (SER. ex DC.) LK. (incl. **Tunica** auct.; **Kohlrauschia** KTH.), *Nelkenköpfchen, Felsennelke*

1. Bltn. zu mehreren in endst., von mehreren Paaren trockenhäutiger Hochblätt. umgebenen köpfchenart. Trugdolden *(792)*; Blkrblätt. rötl.lila, klein; Stg. aufrecht, meist einfach, kahl; ⨀; VI–X. Trockenrasen, sandige Hügel; *z*, *s* bis *f* im NW, *f* Alp. [= *Tunica prolifera* (L.) SCOP.; = *Kohlrauschia prolifera* (L.) KTH.; = *Dianthus prolifer* (L.) SCOP].
Sprossende F., **P. prolífera** (L.) P. W. BALL & HEYWOOD ssp. **prolífera**

— Bltn. einzeln; K. mit stacheligem Außenkelch *(782, aK)*; Blkrblätt. hell-lila, 3-nervig; Stg. niederlgd. bis aufstgd., reichästig; ♃; VI–IX. Steinige Abhänge, Trockenrasen, Flußkies; *z* in Alp., Voralp., Hochebene von Ba, sonst nur verschleppt. [= *Tunica saxifraga* (L.) SCOP.]
Steinbrech-F., **P. saxífraga** (L.) LK.

23. Diánthus L., *Nelke*

1. Blkrblätt. wenigstens bis zur Mitte zerschlitzt *12*

— Blkrblätt. nur an der Spitze gezähnt (selten ganzrandig) *2*

2. Bltn. kopfig od. büschelig gehäuft; Einzelblüten sitzend od. kurz gestielt *9*

— Bltn. einzeln, zu zweit od. in lockeren Bltnständen; Einzelbltn. länger gestielt *3*

3. Stg. kurzhaarig; Außenkelchblätt. 2, mit der grannenartigen Spitze halb so lg. wie die Kröhre; Blkrblätt. purpurrot, weiß punktiert u. dk. gestreift; Grdblätt. längl.-spatelf., stumpf; ♃; VI–IX. Trockene Wiesen, Sandfelder, Kiefernwälder; *z*, in Alp. *f.* *Heide-N.*, **D. deltoídes** L.

— Stg. kahl *4*

4. Außenkblätt. kürzer als die halbe Kröhre *7*

— Außenkblätt. so lg. od. länger als die halbe Kröhre *5*

5. Pfl. der niederen Lagen, 30–60 cm hoch, lockerrasig; Bltn. meist zu 2; Außenkblätt. am Rande trockenhäutig, 1/2 bis fast so lg. wie die Kröhre; Blkrblätt. im Schlunde mit einem Kranz tiefroter Punkte; ♃; VI–VIII. Lichte Wälder, buschige Abhänge; *z* in Ba u. BW, *s* in Th, SaAn. (= *D. sylvaticus* HOPPE) Ⓖ *Busch-N.*, **D. seguiéri** VILL.

— Niedrige, lockerrasige bis dicht polsterf. Pfl. der Hochalp.; Bltn. einzeln, selten zu 2–3 . . . . *6*

6. Platte der Blkrblätt. 10–15 mm lg., horizontal absthd.; Kapsel kürzer als der K.; Bltn. sehr groß, purpurn, im Schlund purpurrot u. weiß gesprenkelt; Blätt. lineal-lanzettl., breit, kurz; Pfl. 2–20 cm hoch, lockerrasig; ♃; VI–VIII. Steinige Wiesen der östl. K-Alp.; *s* in Sb u. Ti, *f* in Dt. *Alpen-N.,* **D. alpínus** L.

— Platte der Blkrblätt. 8–10 mm lg., schräg absthd.; Kapsel länger als der K.; Außenkblätt. mit lg., krautiger Spitze; Blkrblätt. purpurrot; Blätt. lineal, stumpf, dickl., am Rand etwas rauh; Pfl. 1–4 cm hoch, dichtrasig; ♃; VII–VIII. Grasige Triften der Ur-Alp.; *s* in Sb u. Ti, *f* in Dt.
Gletscher-N., **D. glaciális** Haenke

7(4). Blkrblätt. im Schlund bärtig; Blätt. blaugrün; Pfl. dichtrasig bis polsterbildend; Stg. meist 1-bltg.; Außenkblätt. 4–6, höchstens 1/4 so lg. wie die K.röhre; Blkrblätt. hellrot; ♃; V–VI. Felsige Trockenrasen; *z, f* in Alp.; auch als Zierpfl. u. stellenweise verwild. u. eingebürgert. (= *D. caesius* Sm.)
Ⓖ *Pfingst-N.,* **D. gratianopolitánus** Vill.

— Blkrblätt. am Schlunde nicht gebärtet od. gepunktet ***8***

8. Blätt. ganzrandig od. nur am Grd. rauh, 2–10 mm breit, blaugrün; Außenk. 4- bis 6-blättrig; Stg. 1- bis vielbltg.; Bltn. verschiedenfarbig, häufig gefüllt; ♃; VII–VIII; Gartenpfl. (Heimat; S-Eur.)
Garten-N., **D. caryophýllus** L.

— Blätt. am Rand rauh, 1–2 mm breit, gras- od. meergrün; Außenkblätt. 2–4, etwa 1/4 so lg. wie die Kröhre; Stg. 1- bis 4-bltg.; Bltn. rosa. ♃; VI–VII. Steinige Wiesen u. Felsen; Alp. *v.* *Stein-N.,* **D. sylvéstris** Wulf. ssp. **sylvéstris**

9(2). Außenk. u. K. rauhhaarig; Blätt. lineal-lanzettl., steif aufrecht; Bltn. klein, purpurn, dk. gepunktet; ♃; VI–VII. Lichte, buschige Abhänge, sonnige Hügel; *z, s* im N *Rauhe N.,* **D. arméria** L. ssp. **arméria**

— Außenkblätt. kahl od. nur am Rand rauh ***10***

10. Blätt. 5–18 mm breit, lanzettl.; Außenk. u. Kzähne lg. grannenartig zugespitzt; Bltn. verschiedenfarbig; ♃; VII–VIII. Gartenpfl., zuw. verwild. (Heimat: S-Eur.) *Bart-N.,* **D. barbátus** L.

— Blätt. 2–5 mm breit, lineal bis lanzettl. ***11***

11. Außenkblätt. trockenhäutig, gelbbraun begrannt; Bltn. in 6- bis 15-bltg. Köpfchen; Blätt. am Grd. scheidig verwachsen; Scheide bis 15 mm lg.; ♃; VI–VIII. Trockenrasen, sandige Wälder, Heiden; *v.* Formenreich.
Karthäuser-N., **D. carthusianórum** L.

a. Bltnköpfchen meist 6-bltg.; Bltn. rosa- bis purpurrot; Blätt. 2–3 mm breit; Pfl. 15–60 cm hoch; *v, f* im NW. ssp. **carthusianórum**

– Bltnköpfchen meist mehr als 6-bltg. . . . . **b**

b. Blätt. 2–3 mm breit, stark nervig; Bltnköpfchen meist 10-bltg.; Bltn. dk.purpurrot; Pfl. 15–35 cm hoch, dichtrasig; kalkmeidend; *z* in Alp. von Ti, Sb. (= *D. vaginatus* Chaix)
ssp. **vaginátus** (Chaix) Hegi

– Blätt. 3–5 mm breit; Bltnköpfchen 6- bis 15-bltg.; Bltn. tief-purpurrot; Pfl. bis 60 cm hoch. *s* in Voralp. von Sb. ssp. **latifólius** (Gris. & Schenk) Hegi

— Außenkblätt. krautig od. nur am Rand trockenhäutig, oft violett, fast so lg. wie die Kröhre; Bltn. locker gehäuft; Blätt. graugrün; Blattscheiden etwa so lg. wie die Blattbreite (s. auch Nr. ***5***). *Busch-N.,* **D. seguiéri** Vill.

12(1). Blkrblätt. bis zur Mitte handf. zerschlitzt, plötzl. in den Nagel verschmälert, das ungeteilte Mittelfeld verkehrt-eif. *(798);* Bltn. weiß od. rosa; Blätt. meergrün; Pfl. dichtrasig; ♃; IV–VII. Steinige, sonnige Abhänge, Felswände; *z,* auch als Zierpfl. *Feder-N.,* **D. plumárius** L.
Im Gebiet nur die ssp. **plumárius**

— Blkrblätt. bis über die Mitte fiedrig eingeschnitten, mit längl. Mittelfeld *(799),* am Schlund grünl. u. behaart ***13***

13. Stg. 1-bltg.; Blkrblätt. weiß, am Grd. weiß u. rot gebärtet; Blätt. lineal, spitz, ca. 1 mm breit; Pfl. dichtrasig; ♃; VI–VIII. Kiefernwälder, Heiden, Dünen; *s,* nur NO-Dt. *Sand-N.,* **D. arenárius** L.

— Stg. 1- bis vielbltg.; Bltn. wohlriechend, bleichrosa bis purpurrot; Blätt. lineal-lanzettl., die unteren stumpf; Pfl. lockerrasig; ♃; VI–IX. Trockene u. feuchte Wiesen; *v* bis in die alp. Reg. Formenreich.
Ⓖ *Pracht-N.,* **D. supérbus** L.

a. Bltnstand 1- od. wenigbltg.; Stg. aufrecht, 20–40 cm lg., bläul. bereift; Blkrblätt. am Grd. schwarz getüpfelt. Matten der subalp. Reg.; *s* in Alp., Vog. ssp. **speciósus** (Rchb.) Hay.
– Bltnstand mit zahlr. Bltn.; Stg. am Grd. niederlgd.-aufstgd., grün; Blkrblätt. am Grd. mit einem grünl. Fleck. Wiesen; *z*, *s* im NW. ssp. **supérbus**

Bastardbildung nicht selten.

24. Cucúbalus L., *Taubenkropf, Hühnerbiß*. Pfl. dicht kurzflaumig, reichästig, schlaff, klimmend; Blätt. eif.-längl., zugespitzt; Bltn. in armbltg. Trugdolden, grünl.weiß; K. später aufgeblasen; Fr. beerenartig, schwarz; ♃; VII–IX. Flußtäler; *z*, im N nur Oder- u. Elbetal, *s* in Ho.
Beeren-T., **C. báccifer** L.

25. Siléne L. [incl. **Melandrium** Röhl. u. **Heliosperma** (Rchb.) Rchb.], *Leimkraut, Lichtnelke*

1. Bltnstg. kurz, 1–3 cm lg.; Bltn. einzeln, rosarot; Blätt. lineal; Pfl. große, kompakte Flachpolster bildend; ♃; VI–IX. Steinige Weiden der Alpen von 1500–2000 m. Ⓖ *Stengelloses Leimkraut*, **S. acaúlis** (L.) Jacq.
a. Bltnstg. verlängert, bis 3 cm; Bltn. deshalb deutl. gestielt, dkrosa; Blätt. 5–12 mm lg., aufrecht-absthd.; Kapsel elliptisch, länger als der K.; Pfl. große Flachpolster bildend; kalkstet. *h*.
ssp. **longiscápa** (Kern.) Hay.
– Bltnstg. sehr kurz, bis 2 mm; Bltn. deshalb fast sitzend, hellrosa; Kapsel kugelig, kaum länger als der K.; Blätt. 4–6 mm lg.; Pfl. kompakte Polster bildend; kalkmeidend; *z*, Alp. von Sb u. Ti, *z*. (= *S. exscapa* All.) ssp. **exscápa** (All.) Vierh.
— Stg. deutlich entwickelt, mehrbltg.; Pfl. nicht polster-, höchstens rasenbildend *2*
2. Alle Bltn. ⚥; Gr. stets 3 . . . . *5*
— Alle Bltn. od. z. T. eingeschl. u. 2-häusig verteilt; Gr. 3 od. 5 . . . . . *3*
3. Gr. 3; K. kahl; Blkrblätt. 3–5 mm lg., ungeteilt, ohne Nebenkr., gelbl.grün; Stbblätt. lg. heraushgd.; ♂ Bltn. oft mit Frknrest; ⊙–♃; V–VIII. Steppen, Trockenrasen, auf Sand, Kiefernwälder; *z*. *Ohrlöffel-L.*, **S. otítes** (L.) Wib.
a. Bltnstand kurzästig, dicht traubig bis fast ährenf., basale Äste kurz; Frstiele etwa so lg. wie der K.; *z*, *s* in BW, E. ssp. **otítes**
– Bltnstand locker traubig-rispig, mit verlängerten, basalen Ästen; Frstiele etwa doppelt so lg. wie der K. Nur He (Darmstadt) u. RhPf (Mainz). ssp. **pseudotítes** (Bess.) A. & Gr.
— Gr. 5; K. u. Stg. behaart; Blkrblätt. 15–20 mm lg., 2-spaltig, mit Nebenkr., weiß od. rot *4*
4. Blkrblätt. weiß, bis 30 mm lg.; Kblätt. 15–30 mm lg.; Kzähne schmal-3-eckig; Bltn. sich erst nachmittags öffnend, stark duftend; K. aufgeblasen; Stg. spitzenw. lg. drüsig, weichhaarig; ⊙–⊙; VI–IX. Kulturland, Hügel, Gebüsch; *v*. [= *Melandrium album* (Mill.) Garcke; = *M. dioicum* (L.) Coss. & Germ.] *Weiße Lichtnelke*, **S. álba** (Mill.) E. H. L. Krause ssp. **álba**
— Blkrblätt. rot; Bltn. am Tage geöffnet, geruchlos; Kapselzähne zurückgerollt; Pfl. dicht weichhaarig; z. T. drüsig; ⊙ bis mehrjährig; IV–IX. Wiesen, Laubwälder, Kahlschläge; *v*. [= *Melandrium rubrum* (Weigel) Garcke; = *M. silvestre* (Hoppe) Röhl.; = *M. dioicum* (L.) Simk.]
Rote Lichtnelke, **S. dioíca** (L.) Clairv.
5(2). K. 10-nervig, nicht aufgeblasen, nicht netzadrig *7*
— K. 20- bis 30-nervig, ± aufgeblasen, zuw. netzadrig *6*
6. K. 30-nervig, nicht netzadrig, spitzenw. verengt, später etwas aufgeblasen, wie die ganze Pfl. drüsenhaarig; Blkrblätt. rosa, ausgerandet, mit Nebenkrone; ⊙; VI–VII. Sandige Äcker, Trockenrasen; *s* im Rheintal u. Nebentälern, Mainzer Becken, sonst stellenweise verschleppt.
Kegelfrüchtiges L., **S. cónica** L. ssp. **cónica**
— K. 20-nervig, stark aufgeblasen, deutl. netzadrig, kahl; Blkrblätt. weißl., 2-spaltig, ohne Nebenkrone; Pfl. kahl, blaugrün; ♃; VI–IX; trockene Wiesen, Raine, Felsen, Triften, Geröll; *v*. Formenreiche Sammelart. [= *S. cucubalus* Wib.; = *S. inflata* (Salisb.) Sm.] *Taubenkropf-L.*, **S. vulgáris** (Moench) Garcke

a. Stg. aufrecht, bis 60 cm lg.; Blätt. kahl, oval-lanzettl.; Bltnstand mehrbltg. ssp. **vulgáris**
b. Stg. niederlgd., rasenbildend, an der Basis schwach verholzend; Bltnstand 1- bis 3-bltg.; K. rötl.; Samen feinwarzig; ♃; VI–IX. Geröll u. Flußschotter der K-Alp.; *v.* [= *S. alpina* (LAM.) SCH. & KELL.; = *S. willdenowii* SWEET] *Alpen-L.*, ssp. **prostráta** (GAUDIN) CHATER & WALTERS
c. Stg. bis 25 cm lg., verzweigt, graugrün, kahl; Bltn. einzeln od. zu 2–4; ♃; VI–IX. Nur an der Küste von W-Eur., im Gebiet nur nördl. Küste von Jütland.
Strand-L., ssp. **marítima** (WITH) Á. & D. LÖVE

7(5). Nebenkr. vorhanden ***10***
— Nebenkr. fehlend ***8***

8. Pfl. kahl; Bltn. weiß od. grünl.weiß, in aufrechten Scheintrauben, beim Aufblühen auf aufrechten Stielen nickend; Stg. 30–60 cm lg., fast kahl; ♃; VII–IX. Flußufer, sandige Triften; *s,* nur im O, Oder-, Weichsel-, Memelgebiet. *Tataren-L.*, **S. tatárica** (L.) PERS.
— Pfl. behaart bis klebrig-drüsig (wenigstens stellenw.) ***9***

9. Pfl. in allen Teilen dichtdrüsig u. klebrig; Bltn. milchweiß; Blätt. ungleich gekerbt od. gezähnt, am Rand wellig; ⊙; V–VI. Sandige Triften, Äcker; *s* im Odertal, Me, Rügen, Hiddensee, Da. [= *Melandrium viscosum* (L.) ČEL.]
Klebriges L., **S. viscósa** (L.) PERS.
— Pfl. nur klebrig geringelt, sonst kurzhaarig-flaumig; Blkrblätt. oberststs. weiß, unterststs. mit grauen od. hellvioletten Adern; ♃; VII–VIII. Hügel, Gebüsche, Felsen; *s* in Sa, BW, Rheintal. Wohl nur aus dem SO eingeschleppt. [= *S. italica* (L.) PERS. ssp. *nemoralis* (W. & K.) HEUFFEL]
Hain-L., **S. nemorális** W. & K.

10(7). Blkrblätt. gelbl.grün, 2-spaltig, lanzettl.-spatelig; ♃; VII–VIII. Kiefernwälder; *s* in SO-Me, O-Br, W- u. OPr, Schl.
Grünliches L., **S. chlorántha** (WILLD.) EHRH.
— Blkrblätt. weiß, rosa od. rot ***11***

11. K. größer als 7 mm, kreiself. ***13***
— K. 3–7 mm lg. ***12***

12. Stg. klebrig geringelt, bis 20 cm hoch; Blkrblätt. weiß, an der Spitze 4-zähnig; Samen am Rand absthd. beschuppt; Blätt. schmal-lineal, vielmals länger als breit; ♃; VII–IX. Felsen, quellige Orte; *v* in K-Alp., Voralp., *z* bis Augsburg u. München. [= *Heliosperma quadridentatum* (MURR.) SCH. & THELL.; = *Silene quadridentata* PERS.; = *S. quadrifida* JACQ. non L.]
Vierzähniges L., Strahlensame, **S. pusílla** W. & K.
— Stg. nicht klebrig, bis 25 cm hoch, gleich den Blätt. blaugrün; Blkrblätt. tief ausgerandet, milchweiß bis rosarot; ⊙; VII–VIII. Trockene Felsspalten u. Magermatten; *v* in Ur-Alp., *s* in Schw. u. Vog. [G] *Felsen-L.*, **S. rupéstris** L.

13(11). Blkrblätt. an der Spitze abgerundet bis kurz ausgerandet, rosafarbig od. rot, selten weiß ***16***
— Blkrblätt. tief 2-spaltig, weiß od. blaß-rosafarbig ***14***

14. Pfl. ♃, an der Basis mit nichtblühenden Rosetten; Bltn. in Trugdolden, diese vor dem Aufblühen einseitig überhgd.; Bltn. nickend, nur nachts geöffnet; Grdblätt. lg. gestielt; Stg. 25–70 cm hoch, behaart, selten kahl; ♃; VI–VIII. Sonnige Hügel, Felsen, Waldränder; kalkmeidend; *v, s* im NW. *Nickendes L.*, **S. nútans** L.
a. Pfl. kurz-weichhaarig; Blätt. grasgrün, eif. bis spatelig; K. drüsig; *v.* ssp. **nútans**
– Pfl. kahl; Blätt. graugrün, nur am Grd. bewimpert, lanzettl.; *s.* ssp. **glábra** (DC.) ROTHM.
— Pfl. ⊙, an der Basis ohne nichtblühende Rosetten ***15***

15. Bltn. in wiederholt verzweigten Dichasien; Diachasialäste in einseitswendige Wickel übergehend; Grdblätt. längl.-lanzettl., kurz gestielt, dicht kraushaarig; ⊙; VII–VIII. Kleeäcker, Wegränder; aus SO-Eur. eingeschleppt u. stellenw. eingebürgert.
Gabelästiges L., **S. dichótoma** EHRH. ssp. **dichótoma**
— Bltn. in wenig zahlr. Dichasien, bleichrosa bis weiß, sich erst gegen Abend öffnend; Pfl. oberw. klebrig-drüsenhaarig; ⊙; VII–IX. Lehm- u. Kalkäcker; *z.* [= *Melandrium noctiflorum* (L.) FR.] *Acker-L.*, **S. noctiflóra** L.

16(13). Bltn. in traubenähnl., häufig einseitswendigen Wickeln *(791);* K. bis 10 mm lg., in der Mitte am breitesten, dicht rauh- u. drüsenhaarig;

Blkrblätt. ganzrandig, gezähnelt od. etwas ausgerandet; Stg. 10–45 cm lg., oberw. drüsig; ⊙; VI–VII. Ackerunkraut; *s*, im W u. S häufiger.
Französisches L., **S. gállica** L.

— Bltn. in dichten Trugdolden od. wenigbltg. Dichasien *17*

17. Bltnstiele viel kürzer als der verlängerte, keulig-walzl. K.; Bltn. in dichten Trugdolden; Blätt. u. Stg. bläul. bereift, letzterer unter den oberen Knoten mit ca. 1 cm langen, klebrigen Ringen; Blätt. eif., die oberen stgumfassend; Bltn. in dichten Trugdolden, dk.rosa; ⊙; V–X. Felsige Abhänge, trockene Wiesen; *s* im Rheingebiet, Rhön, Harz; außerdem aus Gärten verwildert.
Nelken-L., **S. arméria** L.

— Bltnstiele länger als der K.; Bltn. in armbltg. Dichasien; Stg. behaart, zuw. nur an der Basis *18*

18. Stg. nur an der Basis behaart, sonst kahl; Blkrblätt. klein, rosarot, meist 2-lappig; Stg. spitzenw. klebrig geringelt; Blätt. hellgrün; ⊙; VI–VII; *s* in Leinäckern; aus dem Mittelmeergebiet eingeschleppt.
Kreta-L., **S. crética** L.

— Der gesamte Stg. kurzflaumig; Blkrblätt. ausgerandet, hellrosarot, am Grd. mit 3 purpurroten Streifen u. kleiner Nebenkrone; Stgblätt. lineal-lanzettl., an den Nerven kurzhaarig-flaumig; Pfl. 30–60 cm hoch; ⊙; VI–IX. Leinfelder u. Äcker; *s* in BW u. Ba. Wohl nur aus dem Mittelmeergebiet eingeschleppt.
Flachs-L., **S. linícola** C. C. GMEL.

26. Lýchnis L. (incl. **Viscaria** BERNH.), *Lichtnelke, Pechnelke*

1. Stg. unter den oberen Knoten stark klebrig, 30–60 cm lg.; Bltn. in endst., scheinquirligem Bltnstand; Blkrblätt. purpurrot, an der Spitze etwas ausgerandet; K. rötl.; ♃; V–VII. Trockene, sonnige Wiesen, steinige Abhänge; kalkmeidend; *v*, *z* im N. (= *Viscaria vulgaris* BERNH.; = *V. viscosa* ASCH.)
Gemeine P., **L. viscária** L.

— Stg. unter den Knoten nicht klebrig *2*

2. Blkrblätt. tief 4-spaltig *(784)*, mit schmal-linealen Zipfeln, rosarot; Blätt. schmal-lineal, etwas rauh; ♃; V–VIII. Wiesen, feuchte Gebüsche; *v*.
Kuckucks-L., **L. flós-cucúli** L.

— Blkrblätt. ungeteilt od. zuw. etwas ausgerandet *3*

3. Pfl. dicht weißfilzig, bis 90 cm hoch; Bltn. in Dichasien, leuchtend dk.rot; ♃; VI–IX. Gartenpfl., zuw. verwild. (Heimat: Mittelmeergebiet)
Kronen-L., **L. coronária** (L.) DESR.

— Pfl. nicht weißfilzig, bis 15 cm hoch; Bltnstand kopfig; Blkrblätt. hellpurpurn; ♃; VII–VIII. Geröll u. Weiden der Ur-Alp. von 1900–3000 m; *z*, Sb, Ti [= *Viscaria alpina* (L.) G. DON. f.]
Alpen-P., **L. alpína** L.

27. Agrostémma L., *Rade.* Pfl. 30–100 cm hoch, graufilzig-zottig; Blkrblätt. trüb-purpurn; Kapsel hart, länger als die Kröhre, nicht gefächert, mit 5 (od. 4) Zähnen sich öffnend. ⊙; VI–IX. In Getreidefeldern; *z*, Samen **giftig!**
Korn-R., **A. githágo** L.

Familie: **Phytolaccáceae**, *Kermesbeerengewächse*

Stauden; Blätt. wechselst., ganzrandig; Bltnstände groß traubig, endst., durch Übergipfelung von Seitenästen aber den Blätt. scheinbar gegenüber sthd.; Bltnhülle einfach, 5-zählig; Stbblätt. 8–10 (bis viele); Frkn. 8–10 (–16), frei, nur am Grd. verwachsen; Fr. beerenartig, mit schwarzviolettem Saft, bei der Reife teilweise in Einzelfr. zerfallend.

Phytolácca L., *Kermesbeere*

Stbblätt. (6–)10 (–16); Frblätt. 10; Fr. beerenartig, schwarz, saftig, 10-rippig; Pfl. 1–3 m hoch; ♃; VII–VIII. Kulturpfl. (Beeren zum Färben von Rotwein); *s* verwild. (Heimat: N-Am.). (= *Ph. decandra* L.).
Amerikanische K., **Ph. americána** L.

Familie: **Portulacáceae**, *Portulakgewächse*

Kräuter od. Stauden; Blätt. gegenst., oft fleischig; Bltn. ⚥, klein; K. hinfällig; Kapselfr.

1. Die unter den Bltn. stehenden 2 Blätt. zu einer Hochblatthülle verwachsen . . . . **Claytonia,** 335

— Die unter den Bltn. stehenden Blätt. nicht untereinander verwachsen **2**
2. Bltn. gelb, ansehnl.; Stbblätt. 8–15 . . . . **Portulaca,** 335
— Bltn. weiß, klein, unscheinbar; Stbblätt. 3–5; Sumpfpfl. . . . **Montia,** 335

1. Portuláca L., *Portulak.* Stg. niederlgd. od. aufstgd.-aufrecht, fleischig, oft rot; Blätt. wechsel- od. gegenst.; ⊙; VII–X. (Heimat: Asien?). **P. olerácea** L.
a. Stg. niederlgd.; Kblätt. auf dem Rücken stumpf gekielt. Gärten, Äcker, Weinberge; *z* eingebürgert, vor allem im S. [= ssp. *silvestris* (Dc.) Čel.] ssp. **olerácea**
– Stg. aufrecht; Kblätt. auf dem Rücken geflügelt. Zuw. als Gemüsepfl. u. *s* verwild. ssp. **satíva** (Haw.) Čel.

2. Claytónia L. (= *Montia), Claytonie.* Grdblätt. lg. gestielt, rhombisch-oval; ⊙; IV–VII. Aus Gärten stellenw. verwild., im NW *v* (Heimat: N-Am.). [= *Montia perfoliata* (Donn. ex Willd.) How]. *Durchwachsene C., Tellerkraut,* **C. perfoliáta** Donn

3. Móntia L., *Quellkraut.* Stg. niederlgd. od. aufstgd., aufrecht od. flutend; Blätt. sitzend, längl. bis spatelf.; Pfl. 10–30 cm hoch; ⊙ bis ♃; VI–VIII. Bäche, Gräben, feuchte Äcker; M-Geb. u. im Bergland; *v* bis *z.* Formenreich. *Bach-Qu.,* **M. fontána** L.

Zur Bestimmung der einzelnen Unterarten sind reife Samen notwendig. (Nachfolgender Schlüssel verändert nach H. Jage):
a. Samen am Rand glatt, stark glzd.; ♃; V–IX. Quellfluren, Wiesengräben, von der Ebene bis in die Mittelgeb. *z, f* in Fichtelgeb., Bayr.W., Böhmer-W., Bayr. Alpen, (= *M. lamprosperma* Cham.; = *M. rivularis* auct.) ssp. **fontána**
– Samen wenigstens am Rand mit ± deutl. Warzen . . . . **b**
b. Samen matt, wenig glzd., mit großen, stumpfen Warzen auf der gesamten Oberfläche der Samenschale; Pfl. stark verzweigt, bis 12 cm hoch; ⊙, IV–V. Feuchte Äcker, am Rand kleiner, sthd. Gewässer, vorwgd. der Ebene; *z* im N u. NW, *s* im S, *f* in Bayr. Alp. (= *M. verna* Wall., *M. verna* auct., = *M. minor* auct.). *Acker-Qu.* ssp. **chondrospérma** (Fenzl) S. M. Walt.
– Samen ± glzd.; Warzen nur am Rand und kleiner . . . . **c**
c. Samen am Rand mit dichtsthden. und mehrreihigen, spitzen Warzen; Pfl. häufig flutend od. in dichtrasigen Landformen auf Schlamm; ♃ (in niederen Lagen); V–IX. *z* im NW; Mittelgeb. *v, f* in NO, Jura u. Bayr. Alp. (= *M. lusitanica* Samp.) ssp. **amporitána** Sennen
– Samen am Rand mit entfernt sthden, niedrigen, stumpfen od. zugespitzten Warzen; ⊙–♃; oft wintergrün u. flutend, V–IX. Im NW *z,* Mittelgeb. *v, f* im NO, Jura u. Bayr. Alpen (= *M. rivularis* auct.) *Veränderliches Qu.* **M. variábilis** S. M. Walt.

Familie: **Chenopodiáceae,** *Gänsefußgewächse*

Kräuter, Stauden od. Halbsträucher, mit einfachen, zuw. fleischigen od. schuppenf. Blätt.; Bltn. klein, unscheinbar, ⚥ od. eingschl., in knäueligen Thyrsen od. Dichasien; Bltnhülle fehlend, einfach, 1- bis 5-blättrig, grünl. od. rötl., nach der Blüte sich oft vergrößernd, fleischig od. hart werdend; Frkn. oberst, mit 1–5 Narben, 1-fächerig; Fr. ganz od. teilweise von der Bltnhülle umgeben u. mit dieser abfallend.

1. Stg. scheinbar blattlos, knotig eingeschnürt, fleischig *(800);* Bltn. ⚥, meist zu 3 in der Achsel scheidenf. Tragblätt. u. in Vertiefungen der Stgglieder eingesenkt, insgesamt zu zapfenf. Scheinähren vereinigt; Pfl. extremer Salzstandorte . . . . **Salicornia,** 342
— Stg. nicht knotig geglied., nicht fleischig, mit normal entwickelten Laubblätt. *2*
2. Bltn. ⚥ *5*
— Bltn. eingschl. *3*
3. Pfl. 2-häusig; Blätt. lebhaft grün, anfangs rosettig; ♀ Bltn. mit 2-(4–)zähniger, später erhärtender Bltnhülle. Kulturpfl. . . . **Spinacia,** 339
— Pfl. 1-häusig *4*
4. Frhülle 2- bis 3-lappig *(801, 816);* Blätt. stumpf, ganzrandig; auf Salzböden . . . . **Halimione,** 339
— Frhülle ganzrandig *(802)* od. gezähnt *(803);* Blätt. zugespitzt, selten ganzrandig . . . . **Atriplex,** 340

5(2). Blätt. (wenigstens die Grdblätt.) flächig u. nicht lineal . . . ***11***
— Blätt. alle schmal-lineal-pfrieml., selten über 5 mm breit, zuw. dickl. od. halbstielrund ***6***
6. Blätt. stumpf, höchstens kurz bespitzt, aber nicht steif u. stechend; Bltn. in Knäueln ***9***
— Blätt. stachelspitzig u. stechend; Bltnhülle 5-blättrig; Bltn. einzeln, zuw. in Ähren ***7***

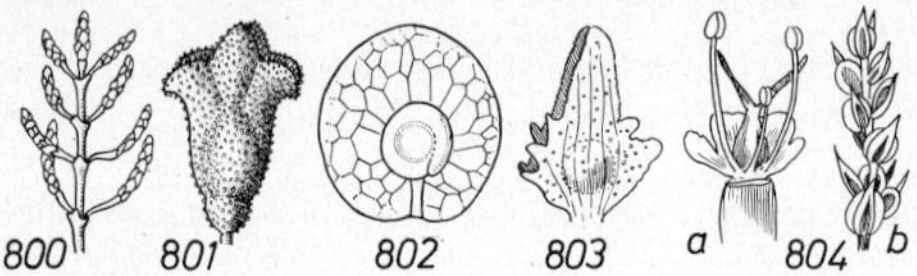

800 801 802 803 a 804 b

7. Bltnhüllblätt. fehlend od. als 1–3 dünne, durchsichtige Schüppchen vorhanden *(804a);* Bltn. in dichtbltgen od. verlängerten Scheinähren *(804b);* Stbblätt. 1–5 . . . . **Corispermum,** 341
— Bltnhüllblätt. 5, stets vorhanden; Stbblätt. 3 od. 5 . . . . ***8***
8. Bltnhüllblätt. auf dem Rücken quergekielt *(199);* Stbblätt. 5 . **Salsola,** 342
— Bltnhüllblätt. nicht quergekielt; Stbblätt. 3 . . . . . . **Polycnemum,** 336
9(6). Pfl. kahl; Bltnhülle z. Frzt. ohne flügelartige od. dornige Anhängsel; Blätt. halbwalzenf., fleischig . . . . **Suaeda,** 342
— Pfl. behaart, wenigstens im oberen Teil des Stg.; Bltnhülle z. Frzt. mit flügelartigen od. dornigen Anhängseln ***10***
10. Bltnhülle z. Frzt. mit horizontalen, flügelartigen Anhängseln *(198)* **Kochia,** 341
— Bltnhülle z. Frzt. mit dornigen Anhängseln . . . . **Bassia,** 341
11(5). Bltnhüllblätt. frei, zuw. z. Frreife fleischig u. scharlachrot; Blätt. oft mehlig bestäubt . . . . **Chenopodium,** 337
— Bltnhülle 5-spaltig, am Grd. mit dem Frkn. verwachsen; Blätt. anfangs rosettig; Wurzel bei Kulturformen rübenf. verdickt . . . . **Beta,** 337

1. Polycnémum L., *Knorpelkraut*

1. Vorblätt.[1] länger als die 2–2,5 mm lange Bltnhülle *(805);* Pfl. kräftig, 10–20 cm hoch; Äste dick, steif; Fr. bis 2 mm lg.; ⊙; VII–X. Sonnige Hügel u. Brachäcker; *z, f* im N. *Großes K.,* **P. május** A. Br.
— Vorblätt. höchstens so lg. wie die 1–1,7 mm lange Bltnhülle *(806);* Pfl. am Grd. sehr ästig; 2–30 cm hoch ***2***
2. Tragblätt. der Bltn. *(805–806, T)* 2–4 mal so lg. wie die 1–1,5 mm lange Bltnhülle; Pfl. kräftig; Stg. in der Bltnregion ± gerade; ⊙; VII–X. Äcker, Wege; *z, f* im NW. *Acker-K.,* **P. arvénse** L.
— Tragblätt. der Bltn. ± 2 mal so lg. wie die 1,5–1,7 mm lange Bltnhülle; Pfl. zart, 5–15 cm hoch; Stg. in der Bltnregion zick-zackf.; ⊙; VII–X. Sandböden; *s,* nur Ba u. He. *Warziges K.,* **P. verrucósum** F. A. Láng

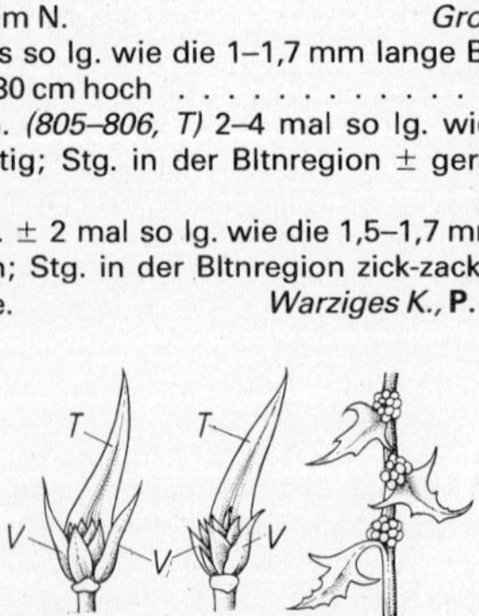

805 806 807

[1] Die beiden Blätt. an der Basis der Blüte (= Vorblätt.) sind in Abb. *805–806* mit *V* bezeichnet.

2. Béta L., *Rübe.* Bltn. zu 2–4 in Knäueln, insgesamt zu einem langen, beblätt., rispigen Bltnstand vereinigt; Bltnhüllblätt. bei der Frreife erhärtend u. die Fr. einschließend; mehrjährig bis ⊙; VI–IX.

Gemeine R., **B. vulgáris** L.

a. Pfl. mehrjährig, mit niederlgd. Ästen u. kleinen Blätt.; Wurzel nicht rübenartig verdickt; Küstengebiet von Ho, Da, Helgoland. [= *B. perennis* (L.) Freyn.]

Wilde R., ssp. **marítima** (L.) Arcang.

b. Pfl. ⊙, mit wenig verdickter Wurzel; Blätt. groß, hellgrün. Als Blattgemüse kultiviert.

Mangold, ssp. **vulgáris**

c. Pfl. ⊙; Wurzel dick-fleischig. Als *Runkelrübe* (var. **crássa** Helm), *Rote R.* (var. **conditíva** Alef.) u. *Zucker-R.* (var. **altíssima** Döll) feldmäßig angepflanzt. ssp. **rapácea** (Koch) Döll

3. Chenopódium L., *Gänsefuß*

1. Blätt. drüsenlos, kahl, oft mehlig bestäubt, nicht aromatisch riechend, aber zuw. stinkend *3*

— Blätt. wenigstens unterstS. drüsig, gezähnt od. fiedspaltig; Pfl. aromatisch riechend *2*

2. Blätt. lanzettl., spitz, entfernt gezähnt, unterstS. drüsig, grün; Bltnknäuel zu kurzen Scheinähren vereinigt; ⊙; VII–VIII. Vereinzelt angepflanzt u. verwild. (Heimat: M-Am.)

Wohlriechender G., Mexikanisches Teekraut, **Ch. ambrosioídes** L.

— Grdblätt. buchtig-fiedspaltig, obere Stgblätt. ganzrandig; Stg. u. Blätt. drüsig-flaumig; ⊙; VII–VIII. Schutt, wüste Plätze; stellenw. eingeschleppt; *z,* (Heimat: S-Am.)

Klebriger G., **Ch. bótrys** L.

3(1). Blattspr. ganzrandig, am Grd. zuw. spießf.; Samen stets glzd. . . *19*

— Blattspr. gezähnt od. gelappt (wenigstens die unteren u. die mittl.) *4*

4. Spreite der Grdblätt. am Grd. seicht herzf., grob-buchtig gezähnt (Zähne groß), lg. zugespitzt, nicht mehlig bestäubt; Bltn. in end- od. achselst. Scheinähren od. Trugdolden; Pfl. 30–70 cm hoch, stinkend; ⊙; V–VIII. Schutt, Gartenland; *v.* *Bastard-G.,* **Ch. hýbridum** L.

— Blattspr. am Grd. nicht herzf. od. in den Stiel verschmälert *5*

5. Bltnstiele u. Bltnhülle mehlig bestäubt (bisw. verkahlend); Fr. von der Bltnhülle vollständig eingeschlossen *11*

— Bltnstiele u. Bltnhülle kahl, nicht mehlig bestäubt [bisw. bei *Ch. urbicum* (Punkt *8*) anfangs etwas mehlig] *6*

6. Blätt. auffallend 2-farbig, unterstS. bläul.grau, stark bemehlt, oberstS. dk.grün, entfernt buchtig gezähnt; Bltn. in dichten, nur am Grd. beblätterten Scheinähren; Pfl. 10–50 cm hoch, zuw. blutrot überlaufen; ⊙; VII–X. Dorfstraßen, Schutt, sandige Plätze; salz- u. stickstoffliebend; *z.*

Graugrüner G., **Ch. glaúcum** L.

— Blätt. unterstS. grünl. *7*

7. Bltn. in achselst., z. Frzt. fleischigen, kugeligen, erdbeerähnl., scharlach- od. dk.roten Knäueln *(807)* *10*

— Bltnknäuel nicht kugelig, z. Frzt. nicht erdbeerähnl. *8*

8. Bltnstände fast blattlos, achselst., steif aufrecht; Bltnhülle 5-blättrig, anfangs zuw. etwas mehlig; Stbblätt. 5; reife Fr. von oben her zusammengedrückt, in der Bltnhülle sichtbar; Blätt. 3-eckig-rautenf., geschweift-gezähnt bis ganzrandig; Pfl. 50–100 cm hoch; ⊙; VII–IX. Schuttplätze; *s.*

Städte-G., **Ch. úrbicum** L.

— Bltnstände reich beblättert, nicht steif aufrecht; nur die Endblüte eines Knäuels mit 5 Bltnhüll- u. 5 Stbblätt., die übrigen Bltn. mit (2–) 3 Bltnhüll- u. (2–) 3 Stbblätt. *9*

9. Bltnhüllblätt. der Seitenbltn. der Knäuel meist bis zum Grd. getrennt, mit schwachem, kaum kielig hervortretendem Mittelnerven; Samen von der Seite her zusammengedrückt; Pfl. 25–35 (–90) cm hoch, vom Grd. an ästig, meist rot überlaufen; Blätt. tief buchtig gezähnt, rautenf., fast 3-lappig; ♃; VI–VIII. Ufer, Schutt, Dorfstraßen; *z,* Küste *s.* *Roter G.,* **Ch. rúbrum** L.

— Bltnhüllblätt. der Seitenbltn. der Knäuel fast bis zur Spitze miteinander verwachsen u. die Fr. einschließend, mit grünen, deutl. ausgebuchteten

Kielen; Pfl. 10–50 cm hoch, grün, sich selten rötend; Blätt. meist fleischig, scharf buchtig gezähnt; ♃; IX–X. Schlick- u. Sandböden der Meeresküsten; im Binnenland nur an Salzstellen. [= *Ch. chenopodioides* (L.) Aellen; = *Ch. crassifolium* Hornem.] *Dickblättriger G.*, **Ch. botryódes** Sm.

10(7). Alle Bltnknäuel mit Tragblätt.; Blätt. tiefgezähnt *(807)*; ⊙; VI–VIII. Angepflanzt u. *z* verwild. (Heimat: Mittelmeergebiet bis Zentral-Asien) (= *Blitum virgatum* L.) *Echter-Erdbeerspinat*, **Ch. foliósum** Asch.

— Obere Bltnknäuel ohne Tragblätt.; Blätt. schwach gezähnt od. ganzrandig; ⊙; VI–VIII. Selten angepflanzt (Heimat: Orient). (= *Blitum capitatum* L.) *Ähriger Erdbeerspinat*, **Ch. capitátum** (L.) Asch.

11(5). Samen matt, runzelig, scharfrandig, fast geflügelt; reife Fr. graugrün; Blätt. lg. gestielt, eif.-rhombisch, spitz, ungleich grob gezähnt, nur unterstseits wenig bemehlt, oberstseits glzd.; Pfl. 80 cm hoch, von unangenehmem Geruch; ⊙; VI–X. Schutt, wüste Plätze; *v* bis *z*. *Mauer-G.*, **Ch. murále** L.

— Reife Samen glzd., stumpfrandig; Frhülle gekielt, die fast schwarze Fr. ganz bedeckend ***12***

12. Blattspr. viel länger als breit *(808)* ***14***

— Blattspr. nur wenig länger als breit *(809)* ***13***

13. Untere u. mittlere Stgblätt. dickl., rundl., rautenf. *(809)*; Pfl. 30–100 cm hoch, geruchlos, sparrig verzweigt; Perigonzipfel auf dem Rücken gekielt; Samenschale radial gerillt, fast papillös; ⊙; VII–IX. Schutt, wüste Plätze, Äcker; *z*, *s* im N.
Schneeballblättriger G., **Ch. opulifólium** Schrad. ex Koch & Ziz.

— Untere Stgblätt. tief 3-lappig, spießf.; Pfl. ± mehlig, meist übelriechend (nach Heringslake); Samenschale bienenwabenart.-grubig; ⊙; VII–IX. Schuttplätze, Häfen, Güterbahnhöfe; *z*. (aus S-Am. eingeschleppt). *Bock-G.*, **Ch. hircínum** Schrad.

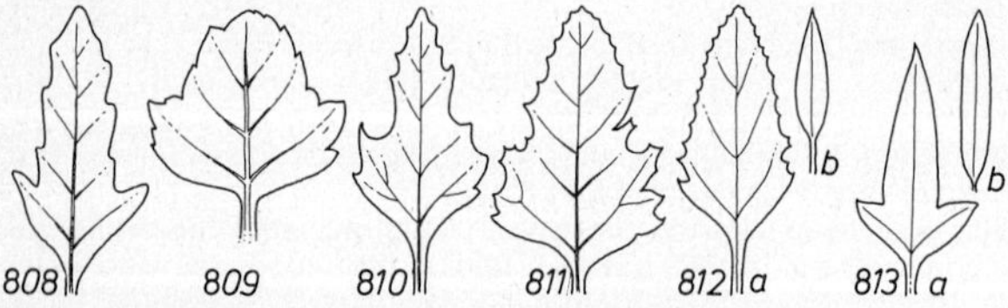

14(12). Basale Stgblätt. nicht 3-lappig; reife Samen glatt ***17***

— Basale und mittlere Stgblätt. 3-lappig, mit verlängerten, buchtig-gezähnten Mittellappen *(808)*; reife Samen ± deutl. grubig punktiert (Lupe!) . ***15***

15. Samen deutl. grubig punktiert, 0,8–1 mm groß; Mittellappen der Blätt. schmal, lang, parallelnervig, unregelmäßig buchtig gezähnt *(808)*; Pfl. niedrig, buschig, zuw. bis 1,7 m hoch, ± mehlig; ⊙; VII–VIII. Flußufer, Äcker, Schuttstellen; *z* u. eingeschleppt aus S-Eur., W-Asien. (= *Ch. serotinum* auct. non L.) *Feigenblatt-G.*, **Ch. ficifólium** Sm.

— Samen undeutl. grubig punktiert, meist größer als 1 mm; Pfl. selten mehlig bestäubt ***16***

16. Mittellappen der Blattspr. schmal stufenf. od. gleichmäßig zugespitzt, mit wenigen, unregelmäßigen, scharfen Zähnen; Seitenlappen 1- bis 2-lappig, scharf zugespitzt *(810)*; Pfl. bis 1 m hoch, sich leicht rötend, später gelb werdend; ⊙; VIII–X. Sandige Flußufer, Ruderalstellen; WPr u. Ostseeküste bei Danzig. *Ahornblättriger G.*, **Ch. acerifólium** Andrz.

— Mittel- u. Seitenlappen breit, reich u. vielfach gezähnt *(811)*; Pfl. grün, anfangs blasenhaarig, später kahl, bis 1 m hoch, vom Grd. an lockerästig; ⊙; VI–VIII. Felder, Äcker, Gärten, Schuttstellen; *z*. (= *Ch. viride* auct.) *Grüner G.*, **Ch. suécicum** J. Murr

17(14). Stg. u. Äste meist lebhaft rot gestreift; Blätt. unterstseits schwach bemehlt, verkahlend, oberstseits dkgrün, glatt-glzd., oft violett bis karminrot gerandet, die unteren eif., schwach gezähnt *(812a)*, die oberen lanzettl., ganzrandig *(812b)*; Bltnstände schlank-pyramidal; Perigon schwach

bemehlt, verkahlend; Pfl. 0,2–1 m hoch; ⨀; VII–X. Schutt, Wegränder; *z*, wohl nur aus SW-Asien eingeschleppt. [= *Ch. striatum* (KRAŠ.) MURR; = *Ch. album* L. ssp. *striatum* (KRAŠ.) J. MURR]
Gestreifter G., **Ch. strictum** ROTH

— Pfl. weiß- od. graumehlig; Stg. grün gestreift, aber oft ± rot überlaufen **18**

18. Pfl. weißmehlig; Blätt. mit mehreren sichtbaren Seitennerven, in der Form sehr veränderlich, rautenf. bis lanzettl. od. breit 3-lappig mit gestutztem Mittellappen, buchtig od. gelappt gezähnt *(814)*; Bltn. in end- od. achselst., pyramidenf. Bltnständen; Bltnhülle meist stark mehlig; Pfl. 5 cm bis 2 m hoch, aufrecht od. niederlgd.; ⨀; V–VII. Äcker, Schuttplätze, Gärten; *g*. Formenreich. *Weißer G.*, **Ch. álbum** L.

— Pfl. graumehlig bereift, später häufig verkahlend; basale Blattspr. schmal rhombisch-lanzettl., unterhalb der Mitte mit meist einfachem, lappenartigem Zahn; außer dem Mittelnerven ist nur das basale Seitennervenpaar sichtbar *(813a)*; obere Stgblätt. lanzettl.-zugespitzt *(813b)*; Pfl. bis 1 m hoch, vom Grd. an ästig; ⨀; VI–VIII. Ruderalstellen, Umschlagplätze von Getreide; *z*; aus N-Am. eingeschleppt. (= *Ch. desiccatum* auct.; = *Ch. leptophyllum* auct.)
Schmalblatt-G., **Ch. pratericola** RYDB.

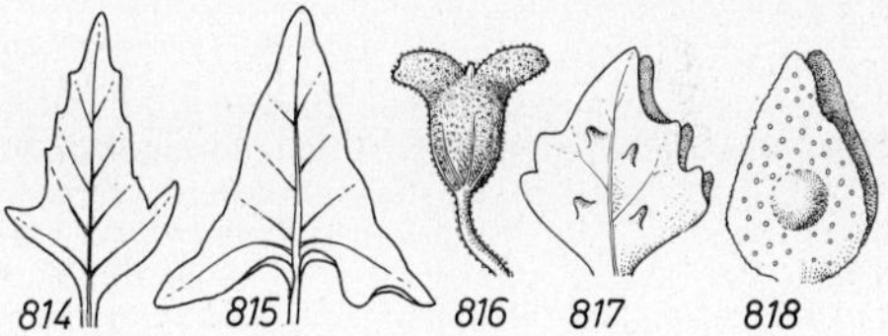

814 815 816 817 818

19(3). Blattspr. 3-eckig spießf. *(815)*, am Rande oft wellig, sehr groß, lg. gestielt; Bltnknäuel in endst., nur am Grd. beblätterten Bltnständen; Narben verlängert; Pfl. 15–60 cm hoch, mehlig bestäubt; ♃; IV–X. Schutt, Dorfstraßen, Düngeplätze; *v*, bis in die alp. Reg. aufstgd.
Guter Heinrich, **Ch. bónus-henrícus** L.

— Blattspr. eif. bis längl., nicht spießf.; Narben kurz **20**

20. Pfl. ekelhaft nach Heringslake riechend, kleiig bestäubt; Stg. lgd., 15–40 cm hoch; Blätt. eirautenf., klein; Bltn. in geknäuelten Scheinähren; ⨀; V–IX. Straßen, wüste Plätze; *z*, oft nur vorübergehend.
Stinkender G., **Ch. vulvária** L.

— Pfl. geruchlos, nicht kleiig; Stg. 4-kantig, oft rot überlaufen, lgd. bis aufstgd., 15–60 cm hoch; Blätt. eif.-längl., dünn; Bltnknäuel klein, zahlr., in blattachsel- u. endst. Scheinähren; ⨀; VIII–IX. Äcker, Gärten, Flußufer; *v* bis *z*. *Vielsamiger G.*, **Ch. polyspérmum** L.

4. Spinácia L., *Spinat*. Blätt. lg.gestielt, die oberen pfeilf., lebhaft dk.grün; ♂ Bltn. in unbeblätterten Scheinähren, die ♀ in achselst. Knäueln; ⨀; V–IX. Gemüsepfl. (Heimat: Vorder-Asien).
Gemüse-Sp., **Sp. olerácea** L.

5. Halimióne AELLEN (= *Obione* GAERTN.), *Salzmelde, Keilmelde*

1. Frhülle[1] ungestielt, 3-lappig; Lappen fast gleichgroß *(801)*; Bltn. sitzend; Vorblätt. z. Frzt. an der Basis verwachsen; Stg. am Grd. verholzt; Blätt. meist gegenst.; ♃; VII–VIII. Nordseeküste. Da; *z*. [= *Obione portulacoides* (L.) MOQ.] *Portulak-S.*, **H. portulacoídes** (L.) AELLEN

— Frblatthülle z. Frzt. gestielt, 3-eckig, verkehrt-herzf., stumpf 2-lappig, in der Ausrandung mit 1 kurzen Zahn *(816)*; Stg. in allen Teilen krautig; Blätt. meist wechselst.; ⨀; VII–X. *v* bis *z* Nord- u. Ostseeküste, *s* an Salzstellen von M-Dt. [= *Obione pedunculata* (GRUFB.) MOQ.]
Gestielte S., **H. pedunculáta** (L.) AELLEN

[1] Unter Frhülle werden die beiden Vorblätt. der Blüte z. Z. der Frreife verstanden.

6. Átriplex L., *Melde*

1. Frhülle[1] bis zur Mitte u. höher hinauf verwachsen, z. Frreife wenigstens am Grd. knorpelig verhärtet u. weißl. *9*
— Frhülle nur am Grd. verbunden, krautig, grün *2*
2. Blattspr. beidersts. gleichfarbig *4*
— Blattspr. verschiedenfarbig, untersts. grau- od. weißschülferig, aber zuw. verkahlend, obersts. dkgrün *3*
3. Frhülle (= Vorblätt.) längl.-herzf., mit wenig hervortretenden Nerven, die 3 Hauptnerven der Vorblätt. sich oberhalb der Basis vereinigend; Blätt. obersts. stark glzd. u. dkgrün; ⊙; VII–IX. Wegränder, Schutt; *z.*
Glänzende M., **A. nítens** Schk.
— Frhülle z. Frreife stark vergrößert, rundl., anfangs krautig, später trockenhäutig, mit stark hervortretenden, bis zum Grd. getrennten Nerven (Unterschied zu *A. nitens*) Fr. nicht mit horizontalen Samen; Pfl. bis 1,5 m hoch; ⊙; VI–IX. *z* in BW, E u. RhPf, Sa, Br; aus SO-Eur. eingeschleppt.
Verschiedensamige M., **A. heterospérma** Bunge
4(2). Frhülle fast kreisrund, netzadrig, ganzrandig *(802);* Frstiel (innerhalb der Vorblätt.) so lg. wie die Fr.; Spr. der Grdblätt. herzf.-3-eckig, die der mittleren aus spießf. Grd. längl. weitläufig gezähnt, die oberen ganzrandig; Pfl. 30–125 cm hoch; zuw. rot überlaufen; ⊙; VII–VIII. Gemüsepfl., stellenw. verwild. (Heimat: Zentralasien bis S-Eur.) *Garten-M.*, **A. horténsis** L.
— Frhülle ei- bis rautenf. od. 3-eckig, nicht netzadrig *5*
5. Alle Blätt. lineal-lanzettl., scharf gezähnt od. ganzrandig, ohne deutl. Seitennerven; Bltnknäuel entfernt, an steif aufrechten, rutenf. Ästen; Frhülle reich gezähnt, mehlig; ⊙; VII–IX. *z,* Nord- u. Ostseeküste, *s* im Binnenland an Salzstellen. *Strand-M.*, **A. littorális** L.
— Untere Blätt. eif.-lanzettl. od. fast spießf., mit deutl. Seitennerven . *6*
6. Frhülle tief eingeschnitten gesägt, nur am Grd. verwachsen, zugespitzt *(803);* basale Blätt. fast 3-eckig-spießf., tief buchtig gezähnt; mittlere Stgblätt. spießf., lanzettl.; Pfl. nur wenig bemehlt, 30–100 cm hoch; ⊙; VI–IX. *z* Salzwiesen der Ostseeküste, sonst *s* verschleppt.
Pfeilblättrige M., **A. calothéca** (Rafn.) Fr.
— Frhülle der Fr. klein gezähnt, gebuchtet od. ganzrandig *7*
7. Frhülle rhombisch-3-eckig, ganzrandig od. geschweift gezähnt *(817);* Grdblätt. 3-eckig-spießf., ganzrandig od. gezähnt; obere Stgblätt. lanzettl., spießf. ⊙; VI–IX. Strand, Salzwiesen, Wege, Zäune, wüste Plätze; *v* bis *z.* Formenreich. *Spießblättrige M.*, **A. hastáta** L.
— Frhülle ei-rautenf. *(818–819);* untere Blätt. eif. od. lanzettl., meist mit Spießecken *8*
8. Frhülle meist ganzrandig, stachellos *(818);* Äste steif aufrecht; Scheinähren an der Spitze nickend; Blätt. eif.-lanzettl., ± buchtig gezähnt; ⊙; VII–IX. Wege, Felder, Schuttstellen; *z, s* im N.
Langblättrige M., **A. oblongifólia** W. & K.
— Frhülle durch einen kurzen Zahn beidersts. über dem Grd. etwas spießf. *(819);* glatt od. weichstachelig; Äste absthd.; Scheinähren meist aufrecht; Blätt. rhombisch-lanzettl., wenig gezähnt; ⊙; VII–X. Strand, Schutt, Dorfplätze, Kulturland; *v.* *Gemeine M.*, **A. pátula** L.
Hierher gehört auch die nordische **A. longípes** Drejer: Frhülle 3-eckig-rhombisch, meist ganzrandig; z. Z. der Frreife gestielt; Blätt. grün bis blaugrün, jung spärl. schülferig, dick, saftig; Pfl. kaum 50 cm hoch; ⊙; VI–VIII. An überfluteten Stellen. Im Gebiet nur Da u. Inseln (Küstengebiet).
9(1). Frhülle nur am Grd. knorpelig, breit, rhombisch, gezähnt, auf dem Rükken glatt od. weichstachelig *(820);* Grdblätt. 3-eckig-spießf., ungleich buchtig gezähnt; Scheinähren fast bis zur Spitze beblätt.; Pfl. 30–60 cm hoch, mehlig bestäubt; ⊙; VIII–IX. Salz- u. Sandböden; Meeresküsten *z.* (= *A. babingtonii* Woods) *Babington's M.*, **A. glabriúscula** Edm.
— Frhülle wenigstens bis zur Mitte knorpelig; Pfl. weißschülferig . . . *10*
10. Stg. niederlgd., vom Grd. an verzweigt; untere Blätt. 3-eckig-eif., breit, tief

[1] vgl. Fußnote S. 339.

buchtig, zuw. 3-lappig; obere Blätt. lanzettl.-spießf.; Scheinähre bis zur Spitze beblättert; Frhülle breit rautenf. bis spießf., meist gezähnt, höckerig; ⊙; VIII–IX. Salzwiesen, Sand- u. Schlickböden; Nordseeküste, Ostseeküste von Da, *z* bis *s*. (= *A. maritima* L.; = *A. laciniata* L.).
Gelappte M., **A. sabulósa** Rouy

— Stg. aufrecht od. aufstgd. ***11***

11. Scheinähren nicht od. nur am Grd. beblättert; Frhülle rhombisch, spitz, gezähnt, oft 3-lappig *(821)*; Grdblätt. rhombisch-3-eckig, oft spießf., ± tief buchtig gezähnt; obere Blätt. längl.; Stg. 30–150 cm hoch; ⊙; VII–X. Schuttplätze; *z*. *Tataren M.*, **A. tatárica** L.

— Scheinähren fast bis zur Spitze beblättert; Frhülle 3-eckig-rautenf., ungleich gezähnt, auf dem Rücken glatt od. höckerig *(822)*; untere Blätt. rautenf., ungleich lappig gezähnt, obere eif.; Pfl. 25–90 cm hoch, weißl., ± mehlig; ⊙; VII–IX. Schutt, Wegränder, sonnige Abhänge; *z*, im W *f*.
Rosen-M., **A. rósea** L.

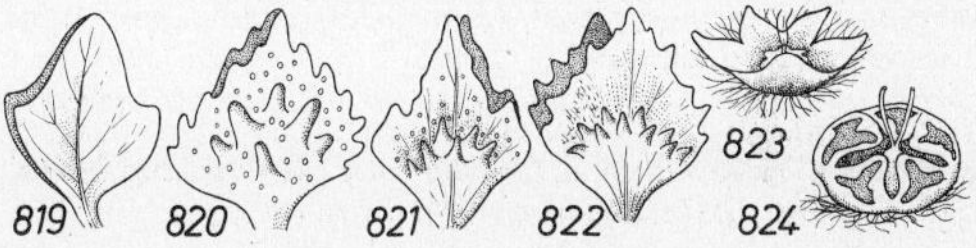

819 820 821 822 823 824

7. Bássia All., *Dornmelde.* Pfl. rauhhaarig, selten verkahlend (f. **glabréscens** Rchb.), vom Grd. an verzweigt, 30 cm hoch; Blätt. lineal; Bltn. zu 1–2 blattachselst.; Bltnhülle krugf., ± behaart *(823)*; Bltnstandsachse korkenzieherartig gedreht; ⊙; VIII–IX. Sand- u. Salzböden der Nord- u. Ostseeküste; *s*. [= *Echinopsilon hirsutum* (L.) Moq.; = *Kochia hirsuta* (L.) Nolte]
Rauhhaarige D., **B. hirsúta** (L.) Asch.

8. Kóchia Roth, *Radmelde*

1. Stg. niederlgd. od. aufstgd., zuw. blutrot; Blätt. fädl.-pfrieml., untersts. gefurcht; Bltnhülle mit 5, rautenf., trockenhäutigen, deutl. getrennten Anhängseln *(198)*; ⊙; VIII–X. Trockene, sandige Orte BW u. RhPf., Oberrhein bis Mainz. [= *K. arenaria* (G. M. Sch.) Roth]
Sand-R., **K. laniflóra** (S. G. Gmel.) Borb.

— Stg. aufrecht, bis 1,5 m hoch; Blätt. lineal-lanzettl., flach; Anhängsel der Bltnhülle krautig, sehr kurz, nicht deutl. voneinander getrennt *(824)*; ⊙; VII–IX. Zierpfl., *s* verwild. (Heimat: SO-Eur. bis Asien). *Besen-R.*, **K. scopária** (L.) Schrad.

9. Corispérmum L., *Wanzensame*

1. Fr. breit geflügelt; Flügel halb so breit wie der Samen, dünnhäutig, an beiden Enden ausgerandet, am Rande gezähnt *(825)*; Ähre dichtbltg.; Pfl. 30–40 cm hoch, anfangs grausternhaarig; ⊙; VII–IX. Dünen u. Sandfelder; *s*, BW, Binnendünen im M-Rheingebiet, Ho, Ostseeküste (Frische Nehrung), auch Br, wohl aus dem O u. SO eingeschleppt. *Grauer W.*, **C. marschállii** Stev.

— Flügel der Fr. schmäler, höchstens 1/3 der Breite des Samens, ± dickl., ganzrandig od. undeutl. gezähnt ***2***

2. Flügel sehr schmal, nur als durchscheinender Saum, ganzrandig *(826)*; Ähre an der Basis locker-, an der Spitze dichtbltg.; ⊙; VII–IX. *v* im nördl. Ober-Rheingebiet, O-Br; sonst *s*. (Heimat: O-Eur.) *Großblättriger W.*, **C. hyssopifólium** L.

— Flügel der Fr. etwas breiter u. stets deutl. *(827)* ***3***

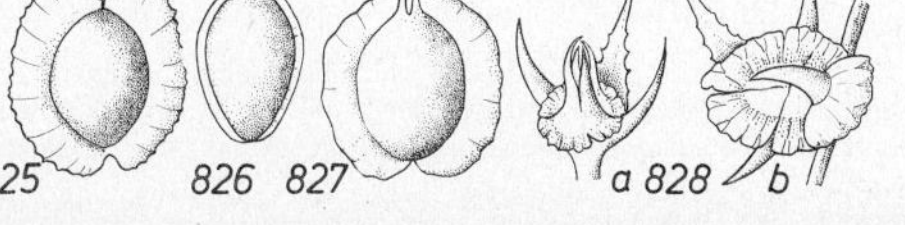

825 826 827 a 828 b

3. Bltnähre schlank, verlängert, an der Basis lockerbltg.; Pfl. zierl., kaum sternhaarig, verkahlend, oft rot überlaufen, 10–40 cm hoch, ausgebreitet ästig; ⨀; VIII–X. Sandige Stellen, Wegränder; im Gebiet nur eingeschleppt, Berlin; Ilvesheim/Neckar (?); Warnemünde (Heimat: Nieder-Au). *Glänzender W.,* **C. nítidum** Kit. in Schult.

— Bltnähre meist dick, walzl., im oberen Teil dichtbltg., an der Basis lockerbltg. ***4***

4. Bltnhülle meist fehlend; Stbblätt. 1 od. 3; Fr. elliptisch bis rundl., mit breiterem, an der Spitze abgerundetem, durchscheinendem Flügel *(827);* Pfl. aufrecht, 10–30 cm hoch, mit verlängerten, ± rot überlaufenen, in der Jugend dicht sternhaarigen Ästen; ⨀; VIII–IX. Sandböden; Ostseeküste; O- u. WPr bis Warnemünde *z,* sonst verschleppt. *Dünen-W.,* **C. intermédium** Schweigg.

— Bltnhülle meist 1-blättrig, rundl. bis oval, nur am oberen Rand unregelmäßig u. fein gezähnt; Stbblätt. 1–5, meist 3, die mittleren länger; Fr. mit schmal-dickl. od. breiterem u. durchscheinendem Flügel; Pfl. 10–60 cm hoch, grün, kahl, vom Grd. an reichästig; ⨀; VI–IX. Sandflächen, *z;* Dünen im Binnenland (Oberrheingebiet, Mainz, Darmstadt, Berlin); formenreich. (= *C. hyssopifolium* auct. non L.) *Schmalflügeliger W.,* **C. leptópterum** (Asch.) Iljin

10. Salicórnia L., *Glasschmalz, Queller.* Stg. dickfleischig, 10–40 cm hoch, einfach od. armleuchterartig verzweigt, grün od. graugrün, gewöhnl. sich rot verfärbend; Endähre 10–50 mm lg.; ⨀; VIII–X. Erstbesiedler auf stark salzhaltigen Böden, Meeresstrand, Küste, sonst nur an Salzstellen des Binnenlandes (SaAn, Th, He, NS, früher auch Br). Formenreiche Sammelart. [= *S. herbacea* (L.) L.] *Gemeiner Qu.,* **S. europaéa** L.

(Es werden mehrere Klein- u. Unterarten unterschieden, deren Verbreitung noch ungenügend bekannt ist.)

11. Suaéda Forsk. ex Scop., *Sode.* Pfl. 7–30 cm hoch, saftig, bläul.grün, oft rot überlaufen, niederlgd. bis aufstgd.; Blätt. sitzend, längl.-lineal; Bltn. zu 2–3, achselst.; ⨀; VII–IX. Meeresstrand u. salzhaltige Stellen des Binnenlandes; *v* u. gesellig. Formenreich. *Strand-S.,* **S. marítima** (L.) Dum.

a. Samen mit undeutl. netziger Schale; Pfl. stark blaugrün; Blätt. stumpf, ihre Ränder nach oben gerollt u. deshalb oberststs. rinnig; Wege, Schutt, eingeschleppt im O. ssp. **sálsa** (L.) Soó

– Samen mit deutl. Netzzeichnung . . . . **b**

b. Pfl. niedrig, unverzweigt od. an der Basis mit verlängerten Ästen; blütentragende Äste unverzweigt; Tragblätter anlgd., viel länger als die Bltnknäuel; Küsten der N- u. Ostsee, *v.* ssp. **marítima**

– Pfl. von der Basis an ästig verzweigt; auch Bltntriebe verzweigt; Tragblätt. absthd., kürzer bis nur wenig länger als die Bltnknäuel; Küsten *z* u. Salzstellen des Binnenlandes *s.* ssp. **prostráta** (Pall.) Soó

12. Sálsola L., *Salzkraut.* Pfl. 25–60 cm hoch, fleischig, graugrün, zuw. rötl., zerstreut kurzhaarig, vom Grd. an verzweigt; Bltn. zu 1–3 blattachselst.; Vorblätt. die Bltn. überragend, lg. grannig, lederig; ⨀; VII–IX. Meeresstrand, Dünen u. Sandfelder des Binnenlandes; *z.* Formenreich. *Kali-S.,* **S. káli** L.

a. Zipfel der Bltnhülle durch die austretende Mittelrippe scharfendig u. starr, trocken aufrecht, vorwärts gerichtet *(828a); v* Meeresküsten. ssp. **káli**

– Alle Zipfel der Bltnhülle dünnhäutig, weiß, rosarot geadert, im Zentrum etw. aufgerichtet, aber vertrocknend od. 1 Zipfel dornartig bespitzt [var. **monacantha** Aellen, *828b*]. *z;* Küstengebiet, sandige Stellen des Binnenlandes (Br, Oberrheingebiet). ssp. **ruthénica** (Iljin) Soó

Familie: **Amarantháceae,** *Fuchsschwanzgewächse*

Kräuter; Bltn. klein, unscheinbar, ⚥ od. eingeschl., mit 2 häutigen od. ledrigen Vorblätt., einzeln od. in dichten Knäueln, die zu kopff. od. verlängerten Bltnständen vereinigt sind; Bltnhülle einfach, 3- bis 5-blättrig, meist trockenhäutig u. oft lebhaft gefärbt; Fr. oft von der bleibenden Bltnhülle umschlossen.

Amaránthus L., *Fuchsschwanz*[1]

1. Bltnstände lg. überhgd., dk.purpurrot, zusammengesetzt; Pfl. 30–120 cm hoch; ⊙; VII–IX. Gartenzierpfl. (Heimat: S-Am.) *Geschwänzter F.,* **A. caudátus** L.

— Bltnstände wenig überhgd., höchstens nickend, grün, selten rot . . ***2***

2. Bltnhüllzipfel (2–)3 . . . . ***9***

— Bltnhüllzipfel (4–)5 (bei *A. bouchonii* einzelne Bltn. zuw. nur mit 3) . ***3***

3. Bltn. in achselst. Knäueln; Vorblätt. kürzer als die Bltnhüllblätt.; Stg. lgd. bis aufstgd. ***7***

— Bltn. in endst. Bltnstand; Vorblätt. 1,5–2 mm, so lg. wie die Bltnhülle; Stg. aufrecht ***4***

4. Fr. eine Nuß; Vorblätt. pfrieml.-lanzettl., lg. begrannt; Bltnhüllzipfel ungleich lg., die inneren kürzer als die Fr.; ⊙; VI–X. Ruderalstellen im mittleren Elbetal *z,* sonst *s;* eingeschleppt aus Asien. *Bouchons F.,* **A. bouchónii** Thell.

— Fr. eine Kapsel, die sich mit einem Querriß öffnet u. den oberen Teil als Deckel abwirft (= Deckelkapsel) ***5***

5. Bltnhüllzipfel der ♀ Bltn. spitzenw. verbreitert, ausgerandet od. abgerundet, zuw. stachelspitzig; Pfl. blaßgrün; Stg. flaumig-zottig; Bltnstände dicht-scheinährig; Vorblätt. derb, ± stechend; ⊙; VI–IX. *z* bis *s* an Ruderalstellen u. auf Hackfruchtäckern. (Heimat: N-Am.) *Zurückgebogener F.,* **A. retrofléxus** L.

— Bltnhüllzipfel der ♂ u. ♀ Bltn. schmal-eif. od. elliptisch, spitz ***6***

6. Längere Vorblätt. der meisten ♀ Bltn. etwa doppelt so lg. wie die Bltnhülle, mit lg. Stachelspitze; Bltnstand locker; Blätt. rhombisch-eif.; ⊙; VII–IX. Ruderalstellen, Äcker, *z.* (Heimat: trop. Am.) (= *A. hybridus* L.) *Grünähriger F.,* **A. chlorostáchys** Willd.

— Längere Vorblätt. der meisten ♀ Bltn. nur 1–1,5mal so lg. wie die Bltnhülle (2–4 mm), kurz stachelspitzig; Bltnstand kurzästig, dk.grün; ⊙; VII–IX. Ruderalstellen; *s;* [Heimat: trop. Am. (?)] *Ausgebreiteter F.,* **A. pátulus** Bert.

7(3). Fr. eine glattschalige Deckelkapsel; Stg. niederlgd., weißl., kahl od. spitzenw. flaumig; Blätt. längl.-lanzettl., schmalhautrandig, 15–20 mm lg.; ♂ Bltn. meist 4-, ♀ Bltn. 4- bis 5-zählig; Pfl. 15–50 cm hoch; ⊙; VII–IX. Trockene Ruderalstellen; *s* (aus W-Am. eingeschleppt). *Westamerikanischer F.,* **A. blitoídes** S. Watson

— Fr. eine runzlige Nuß; Blätt. 3–30 mm lg., am Rand ± wellig-kraus ***8***

8. Stg. dicht weichhaarig; Blätt. 5–15 (–50) mm lg., am Rand stark wellig-kraus; ⊙; VII–IX. Ruderalstellen; *s* (Heimat: trop. Am.) *Krauser F.,* **A. críspus** (Lesp. & Thév.) N. Terrac.

— Stg. spärl. behaart; Blätt. 3–5 mm lg., am Rand nur schwach wellig-kraus; Pfl. 10–40 cm hoch; ⊙; VII–IX. Ruderalstellen; *s.* (Heimat: trop. Am.) (= *A. vulgatissimus* auct.) *Standleys F.,* **A. standleyánus** Parodi ex Covas

9(2). Fr. nußart. (bisw. unregelmäßig aufreißend); Vorblätt. 1/3 bis 1/2 so lg. wie die Bltnhülle ***11***

— Fr. eine Deckelkapsel; Vorblätt. 3/4 bis doppelt so lg. wie die Bltnhülle ***10***

10. Vorblätt. doppelt so lg. wie die Bltnhüllblätt., stachelspitzig, stechend; Blätt. längl.-spatelig, stumpf od. ausgerandet, mit Stachelspitzchen, am Rand wellig; Stg. weißl., aufrecht, mit ausgebreiteten Ästen, 10–50 cm hoch; ⊙; VIII–X. Ruderalplätze, Äcker; *z* (aus N-Am. eingeschleppt). *Weißer F.,* **A. álbus** L.

— Vorblätt. etwa 3/4 so lg. wie die Bltnhüllblätt., weich, kurz stachelspitzig; Blätt. spitz, schmutzig-grün od. rötl.; Pfl. 15–70 cm hoch; ⊙; VII–IX. Ruderalstellen, Äcker *z* bis *s.* (= *A. angustifolius* Lam.; = *A. sylvestris* Vill.) *Griechischer F.,* **A. graecízans** L.

11(9). Stg. kahl; Blätt. lg. gestielt; Spreite abgerundet bis ausgerandet, obersts. oft mit hellem od. dk. Fleck, am Rand häufig wellig; Bltnhüllblätt.

---

[1] Nach Thellung sind im Gebiet nur *A. graecizans* u. *A. lividus* der nahezu 100 Arten umfassenden Gattung in Europa ursprüngl.; alle übrigen sind entw. aus Gärten ausgewandert od. mit Saatgut, bzw. Wolle aus tropischen Ländern eingeschleppt worden; einige von ihnen haben sich eingebürgert u. sind weit verbreitet, andere finden sich nur sporadisch u. siedeln sich vorübergehend in der Nähe von Güterbahnhöfen, Güterumschlagplätzen, Spinnereien u. a. Orten an. Wer sich speziell mit dieser Gattung beschäftigen will, muß zu Spezialliteratur greifen (z. B. G. Hegi, „Illustrierte Flora von Mitteleuropa", 2. Aufl., Bd. IV/2, Verlag Paul Parey). Dem nachfolgenden Schlüssel liegt die Bearbeitung von P. Aellen in W. Rothmaler: Exkursionsflora, „Kritischer Band", 1976, S. 163, zugrunde.

3; Pfl. 20–70 cm hoch; ⊙; VI–X. Wege, Dorfplätze, Äcker, Gartenland; *z* (= *A. blitum* L.; = *A. ascendens* LOISEL.) *Aufsteigender F.*, **A. lívidus** L.

— Stg. spitzenw. dicht flaumig behaart; Spreite mit stumpfer Spitze; Bltnhüllblätt. 2(–3); Pfl. 20–40 cm hoch; ⊙; VI–X. Trockene Ruderalstellen; *s* (Heimat: trop. Am.) *Herabgebogener F.*, **A. defléxus** L.

Ordnung: **Polygonáles**

Familie: **Polygonáceae**, *Knöterichgewächse*

Kräuter, z. T. windend od. Stauden, seltener holzige Windepfl., mit deutl. verdickten Knoten; Blätt. wechselst., am Grd. mit stgumfassender Röhre (Ochrea, *839–841)*; Bltn. klein, ⚥ od. eingschl.; Bltnhüllblätt. 3–6, bis zur Frreife bleibend u. oft mit der Fr. abfallend; Frkn. oberst., 1-fächerig; (2–)3-kantige, zuw. von den 3 inneren Perigonblätt. umhüllte Nußfr.

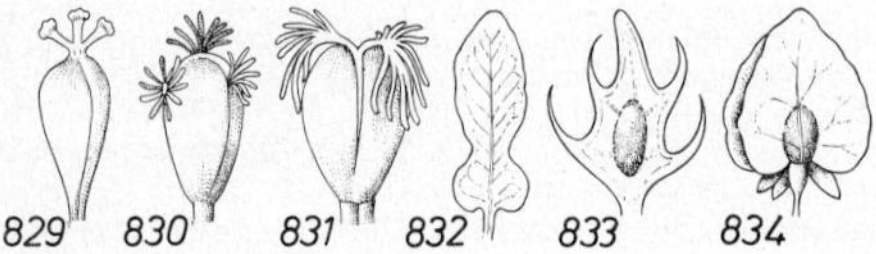

829 830 831 832 833 834

1. Holzige Windepfl. mit bis 5 m langen Trieben; Blätt. herzf.; Bltn. weiß, in Rispen. Zierpfl. . . . . **Fallopia aubertii,** 349

— Stauden od. Kräuter; wenn windend, dann Stg. viel kürzer als 5 m *2*

2. Bltnhüllblätt. 4; Stbblätt. 4; Narben 2 *(831)*; Hochalpenpfl. . **Oxyria,** 347

— Bltnhüllblätt. 5 od. 6; Stbblätt. 5–9 . . . . *3*

3. Stbblätt. 9; Blätt. mit sehr langen, dicken Stielen; Gemüsepfl. **Rheum,** 347

— Stbblätt. 5–8 . . . . *4*

4. Bltnhüllblätt. 6, an der reifen Fr. die 3 inneren dieser eng anlgd. u. viel größer werdend als die äußeren; Stbblätt. 6; Narben 3 *(830)*; Blattspr. längl., pfeilf., spießf. od. geigenf. *(832)* . . . . **Rumex,** 344

— Bltnhüllblätt. 5, die inneren etwa so groß od. etwas kleiner als die äußeren; Stbblätt. 5–8 . . . . *5*

5. Äußere Bltnhüllblätt. der reifen Fr. nicht gekielt u. nicht geflügelt *7*

— Äußere Bltnhüllblätt. der reifen Fr. gekielt od. geflügelt *6*

6. Einjährige Windepfl.; Narbe kopfig, fast sitzend . . . . . **Reynoutria,** 350

— Ausdauernde, aufrechte Rhizompfl.; Narben gefranst *(831)*, auf verlängertem Gr. . . . . **Fallopia,** 349

7(5). Fr. 3-kantig, meist weit aus der Bltnhülle herausragend; Blattspr. 3-eckig-herzf., etwa so lg. wie breit . . . . **Fagopyrum,** 350

— Fr. linsenf. od. 3-kantig, dann aber von der Bltnhülle eingeschlossen od. diese nur wenig überragend; Blattspr. deutl. länger als breit, nicht 3-eckig od. herzf. . . . . **Polygonum,** 347

1. **Rúmex** L., *Ampfer*

1. Alle od. die meisten Bltn. eingschl.; Pfl. 2-häusig; Blattspr. am Grd. pfeil- od. spießf.; Blätt. sauer schmeckend *15*

— Alle Bltn. ⚥; Blattspr. am Grd. keilig verschmälert, abgerundet od. herzf., aber nicht spieß- od. pfeilf. *2*

2. Innere Bltnhüllblätt. (an der reifen Frucht) ganzrandig, kaum gezähnt *(834–838)* *8*

— Innere Bltnhüllblätt. mit kurzen od. langen, borstenf. Zähnen, fast immer mit einer Schwiele *(833)* *3*

3. Innere Bltnhüllblätt. mit 3–9 kurzen (0,5–1 mm) Zähnen (selten ganzrandig, 3-eckig) ***6***

— Innere Bltnhüllblätt. jederststs. mit 2–3 (–6) langen, borstenf. Zähnen *(833)* ***4***

4. Innere Hüllblätt. jederststs. mit 3 borstenf. Zähnen; Stg. vom Grd. an verzweigt u. fast vom Grd. an Bltn. tragend, z. Frzt. oft purpurn; Grdblätt. klein, verkehrt-eif., am Rand ± gewellt; ⨀; VII–VIII. Sandige, schlammige Ufer; *s.* Untere Weichsel bis Danziger Bucht.
Ukrainischer A., **R. ucránicus** Bess. ex Spreng.

— Innere Bltnhüllblätt. jederststs. nur mit 2 borstenf. Zähnen; Pfl. z. Frzt. gold- od. grünl.- bis bräunl.gelb ***5***

5. Bltnstand sehr dicht; Pfl. zur Frreife goldgelb, 10–50 cm hoch; ⨀; VII–IX. Auf nährstoffreichen, feuchten, oft salzhaltigen Böden; *v* im Küstengebiet; *z* im Binnenland. *Strand-A.,* **R. marítimus** L.

— Bltnstand locker, unterbrochen; Pfl. zur Frreife bräunl.gelb, bis 100 cm hoch; ⨀; VII–IX. Auf dürftigen, lehmigen Böden in der Nähe von Gewässern; *v* im N, in M- u. S-Dt nur im Bereich der großen Flüsse, S-E. [= *R. limosus* auct. non Thuill.] *Sumpf-A.,* **R. palústris** Sm.

6(3). Grdblätt. fehlend; in den Achseln der Stgblätt. beblätt. Seitentriebe, die später als der Hauptsproß blühen, diesen aber übergipfeln; basale Stgblätt. lineal-lanzettl., 12–15 cm lg.; innere Bltnhüllblätt. 3-eckig; ♃; VI–IX. Flußufer, *s,* SH, NS, We, Br, BW, Ba.
Weidenblatt-A., **R. trianguliválvis** (Danser) Rech. f.

— Grdblätt. vorhanden; Hauptsproß ohne spätblühende Seitenäste . ***7***

7. Bltnstand locker, fast bis zur Spitze beblätt.; Äste sparrig absthd.; Grdblätt. lg. gestielt; Spreite geigenf. *(832),* am Grd. herzf. ausgerandet, unterststs. flaumig behaart; innere Perigonblätt. mit 4–9 stacheligen Zähnen; ⨀; V–VII. Unbebaute Orte; *s* im südl. Oberrheintal, sonst verschleppt.
Schöner A., **R. púlcher** L. ssp. **púlcher**

— Bltnstand von der Mitte an blattlos; Äste ± aufrecht bis absthd.; Grdblätt. groß; Spreite am Grd. abgerundet bis herzf., an der Spitze meist stumpf; innere Bltnhüllblätt. jederststs. mit 2–5 (–9) pfrieml. Zähnen; Pfl. 50–120 cm hoch; ♃; VI–VIII. Wiesen, Gräben, Wälder; *v.* Formenreich.
Stumpfblättriger A., **R. obtusifólius** L.

8(2). Innere Bltnhüllblätt. rundl. od. eif., zur Frzt. so lg. od. wenig länger als breit *(834–835),* 3,5–8 mm lg. ***10***

— Innere Bltnhüllblätt. schmal-längl., zur Frzt. mehrfach länger als breit, ca. 2–3 mm lg. ***9***

9. Bltnstand bis zur Spitze beblättert; Bltnhüllblätt. alle mit Schwielen; Grdblätt. mit längl.-eif., am Grd. herzf. Spreite; Bltnstiele etwa in der Mitte geglied.; Pfl. 30–70 cm hoch; ♃; VII–IX. Gräben, Sümpfe; *v.*
Knäuelblütiger A., **R. conglomerátus** Murr.

— Bltnstand nur bis zur Mitte beblättert; nur einzelne Bltnhüllblätt. mit Schwielen; Bltnstiel am Grd. geglied.; Grdblätt. längl.-eif., mit herzf. Spreitengrd.; Stg. oft rötl., bis 60 cm lg.; ♃; VI–VIII. Schattige, feuchte Wälder; *z.* (= *R. nemorosus* Schrad. ex Willd.) *Hain-A.,* **R. sanguíneus** L.

10(8). Alle od. wenigstens eines der inneren Bltnhüllblätt. mit deutl. Schwielen ***13***

— Innere Bltnhüllblätt. alle schwielenlos od. undeutl. schwielig ***11***

11. Blattstiel oberststs. flach; Grdblätt. mit längl. od. breit-eif.-lanzettl., etwas wellig-krauser, am Grd. abgerundeter od. herzf. Spreite; innere Bltnhüllblätt. nierenf. od. breit-herzf.; ♃; VII–VIII. Wiesen, Triften; *s* im NW, SH, Me, sonst nur verschleppt. (= *R. domesticus* Hartm.)
Gemüse-A., **R. longifólius** Dc.

— Blattstiel oberststs. rinnig; innere Bltnhüllblätt. herz-eif. ***12***

12. Frstiele unter der Fr. kreiself. verdickt *(834),* zur Reifezt. geglied.; Grdblätt. sehr groß, bis 50 cm lg., mit rundl.-herzeif., am Grd. abgerundeter od. herzf., am Rand welliger, zuw. klein gekerbter Spreite; Pfl. bis 2 m hoch; ♃; VI–VII. Gesellig auf Lägerfluren der Alp. u. Vorland, sonst nur Schw., Fichtelgeb., Erzgeb., Sudeten. *Alpen-A.,* **R. alpínus** L.

— Frstiele unter der Fr. kaum verdickt *(835),* nicht geglied.; Grdblätt. groß, bis 50 cm lg., mit breiter, längl.-eif., am Grd. tief herzf. u. abgerundeter, am Rande welliger Spreite; Pfl. 90–175 cm hoch; ♃; VII–VIII. Ufer, Wiesen; *v* bis *z.* *Wasser-A.,* **R. aquáticus** L.

13(10). Blattstiel obersts. rinnig; Blätt. dünn, am Rand wellig, lg.zugespitzt; Stg. bis 2 m hoch, stark gefurcht, meist rot; nur 1 Bltnhüllblatt schwielig; ♃; V–VII. Gemüsepfl., stellenw. verwild. (Heimat: Kleinasien, SO-Eur.). *Englischer Spinat,* **R. patiéntia** L.

— Blattstiel obersts. flach; Blätt. derb, fast lederig ***14***

14. Grdblätt. mit längl.-lanzettl., am Grd. gestutzter od. herzf., am Rand wellig-krauser Spreite; Bltnstand bis zur Spitze beblättert; innere Bltnhüllblätt. rundl.-herzf., nur einzelne mit großen Schwielen; Bltnstiel am Grd. gegliedert; Pfl. bis 100 cm hoch; ♃; V–VII. Sumpfwiesen, Ufer, Wegränder; *v.* Formenreich. *Krauser A.,* **R. críspus** L.

Hierher folgende Kleinart:

R. stenophýllus LEDEB. (= *R. odontocarpus* SÁNDOR & BORB.), *Schmalblättriger A.:* Untere Blätt. lanzettl., am Grd. keilf., wenig kraus gewellt; innere Bltnhüllblätt. alle mit Schwielen, herzf. 3-eckig, 3,5–4 mm lg. u. breit, am Rand fein u. scharf gesägt, Spitze glatt; Fr. schwarzbraun; *s* auf Salzböden in SaAn u. Br.

— Grdblätt. mit längl.-elliptischer, lang zugespitzter, nach dem Grd. verschmälerter, großer, bis 1 m lg. Spreite; Bltnstand im oberen Teil blattlos; innere Bltnhüllblätt. 3-eckig-rautenf., bis 7 mm lg. *(836),* alle mit Schwielen; Pfl. bis 2,5 m hoch; ♃; VII–VIII. Ufer, Sümpfe; *v, f* in Alp. *Fluß-A.,* **R. hydrolápathum** HUDS.

15(1). Äußere Bltnhüllblätt. zurückgeschlagen, zur Frzt. dem Bltnstiel anliegend *(837);* innere Bltnhüllblätt. mit Schwielen ***17***

— Äußere Bltnhüllblätt. aufrecht *(838),* innere schwielenlos ***16***

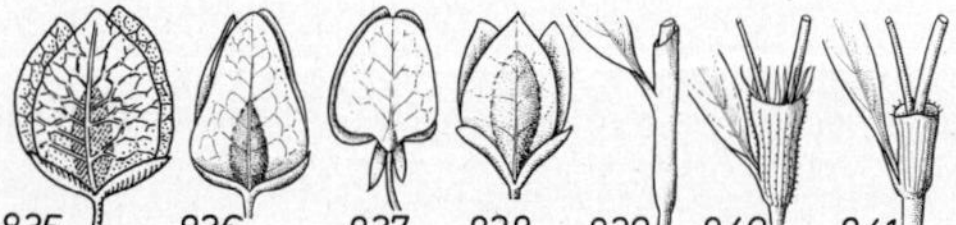

835 836 837 838 839 840 841

16. Blätt. rundl.-spießf., lg. gestielt, blaugrün bereift; innere Bltnhüllblätt. zur Frzt. vergr., länger als die Fr., zuw. rötl.; Pfl. 10–50 cm hoch; ♃; V–VI. Geröllhalden, Felsspalten; Alp. u. Vorland, BW u. RhPf *z;* sonst *s.* [= *Acetosa scutata* (L.) MILL.] *Schild-A.,* **R. scutátus** L.

— Blätt. lanzettl. od. lineal, zuw. ohne Spießecken; Ochrea silberweiß, fransig zerschlitzt; innere Bltnhüllblätt. zur Frzeit kaum vergrößert *(838);* Pfl. sich durch Wurzelbrut vermehrend, 5–30 cm hoch; ♃; V–VII. Brach- u. Sandfelder, Triften; *v.* [= *Acetosella vulgaris* (KOCH) FOURR.] *Kleiner A.,* **R. acetosélla** L.

Hierher folgende Kleinarten, deren Verbreitung noch ungenügend bekannt ist:

a. Innere Hüllblätt. mit der Frucht verwachsen u. mit dieser abfallend; Pfl. bis 30 cm hoch. Bisher nur Ba, BW, Th, SaAn. [= *R. acetosella* ssp. *angiocarpus* (MURB.) MURB.] *s.* *Hüllfrüchtiger A.,* **R. angiocárpus** MURB.

– Innere Hüllblätt. nicht mit der Fr. verwachsen, so lg. wie diese; Blätt. schmal-lineal, fast fadenf., meist ohne Spießecken; Pfl. bis 15 cm hoch, ♃. Sandfelder u. Brachen, kalkmeidend, *z* (= *R. acetosella* var. *tenuifolius* WALLR.) *Schmalblättriger A.,* **R. tenuifólius** (WALLR.) A. LÖVE

17(15). Stg. nur bis 20 cm lg. u. nur am Grd. beblätt. od. mit 1 bis 2 Stgblätt.; Grdblätt. dickl., rundl.-eif., lg. gestielt; ♃; VIII. Schutthalden, steinige Wiesen; kalkreiche Schneetälchen der Alp., von 1600–2700 m; *z.*
Schnee-A., **R. nivális** Heg.

— Stg. höher als 20 cm, beblätt. ***18***

18. Ochrea ganzrandig; Blätt. dünn, weich; untere Stgblätt. fast 3-eckig, kaum doppelt so lg. wie breit, mit fast waagrecht absthd. Spießecken; Pfl. 30 bis 100 cm hoch; ♃; VI–VIII. Weiden, Gebüsch der Alp. u. höheren M-Geb.; *z.* [= *R. alpestris* Jacq.; = *Acetosa arifolia* (All.) Schur] *Berg-A.,* **R. arifólius** All.

— Ochrea gezähnt od. zerschlitzt; Blätt. dickl., derb ***19***

19. Bltnstand locker; Bltnäste einfach od. selten spärlich verzweigt; Grdblätt. lg. gestielt, eif.-längl., 2–3 cm breit; Fr. etwa 4 mm lg., auf roten Stielen; Pfl. 30–100 cm hoch; ♃; V–VI. Wiesen, Grasplätze; *g.* (= *Acetosa pratensis* Mill.) *Großer A.,* **R. acetósa** L.

— Bltnstand dicht; Bltnäste wiederholt u. reich verzweigt; Stgblätt. 4–14 mal so lg. wie breit, die oberen sehr schmal mit absthden Basallappen; Pfl. 30–120 cm hoch; ♃, VII–VIII. Trockene Ruderalstellen, Bahndämme, Wegränder. [= *Acetosa thyrsiflora* (Fing.) A. & D. Löve]
Rispen-A., **R. thyrsiflórus** Fing.

Die Gattung *Rumex* neigt stark zur **Bastard**bildung

2. Rhéum L., *Rhabarber.* Heimat: Zentralasien; mit mehreren Arten als Gemüse-, Zier- u. Heilpfl. kultiviert: **Rh. rhabárbarum** L., **Rh. officinále** Baill., **Rh. rhapónticum** L., **Rh. palmátum** L.

3. Oxýria (L.) Hill, *Säuerling.* Stg. 5–15 cm lg., nur am Grd. beblätt.; Grdblätt. lg. gestielt, nierenf.; ♃; VII–VIII. Feuchtes Geröll, steinige Triften der Ur-Alp.; *z.* **O. dígyna** (L.) Hill

4. Polýgonum L., *Knöterich*

1. Bltn. einzeln od. in kleinen blattachselst. Gruppen *(842);* Gr. 3, sehr kurz ***10***

— Bltn. in verlängerten, end- od. seitenst. Scheinähren *(843–845)* . . . ***2***

2. Scheinähren locker, schlank *(843);* Einzelbltn. sichtbar; Fr. beidersts. gewölbt ***8***

— Scheinähren zur Bltzt. dicht gedrungen, walzenf. *(844–845);* Bltn. sich z. T. gegenseitig überdeckend ***3***

3. Stg. ästig (od. die Grdachse verzweigt), mit mehreren Scheinähren; Gr. 2, selten 3, bis zur Mitte verwachsen ***5***

— Stg. unverzweigt, mit einer einzigen Scheinähre abschließend . . . ***4***

4. Scheinähren dicht-walzl., 3–5 cm lg. *(844),* ohne Brutknospen; Bltnhülle rötl.-weiß; Spreite der Grdblätt. eirund-längl., zugespitzt, obersts. dk.grün, untersts. bläul.grün, in den wellig geflügelten Stiel verschmälert, bis 15 cm lg., obere Stgblätt. mit herzf. Grd. sitzend; Grdachse dick, walzl., schlangenartig; Pfl. 30–120 cm hoch; ♃; V–VII. Auf feuchten Wiesen, vor allem der mont. Reg.; *v,* im N *z.* (= *Bistorta major* S. F. Gray)
Schlangen-K., **P. bistórta** L.

— Scheinähre dünner, an der Basis meist mit Brutknöllchen (*845, B);* Bltn. weiß; Blattspr. eif.-lanzettl., in den ungeflügelten Stiel verschmälert, am Rand umgerollt, 1,5–7 cm lg.; Pfl. 5–25 cm hoch; ♃; VI–VIII. Wiesen u. Schneetälchen; Alp. von 1500–3000 m; *v,* mit den Alpenflüssen herabgeschwemmt, Schw. Alb. [= *Bistorta vivipara* (L.) S. F. Gray]
Knöllchen-K., **P. vivíparum** L.

5(3). Blattstiel in od. oberhalb der Mitte der Ochrea abgehend *(839);* Spreite längl. bis lanzettl., ganzrandig, mit abgerundetem bis herzf., jedoch nicht verschmälertem Grd.; Bltn. rosa; Stbblätt. 5; als flutende Wasser- u. aufrechte Landform auftretend: Wasserform mit sehr lg. gestielten, längl.-eif., am Grd. herzf. bis abgerundeten, kahlen Schwimmblätt.; Landform aufrecht mit längl.-lanzettl., am Grd.

abgerundeten, behaarten Spreiten. ♃; VI–IX. Sthd. od. langsam fließende Gewässer, kiesige Ufer, feuchte Äcker; *v.* [= *Persicaria amphibia* (L.) S. F. GRAY]
Wasser-K., **P. amphíbium** L.

— Blattstiel unterhalb der Mitte od. fast am Grd. der Ochrea abgehend *(840–841);* Stbblätt. meist 6; Fr. beiderststs. flach od. vertieft; Bltn. rosa, weiß od. grünl.; Blätt. längl.-elliptisch bis lanzettl. *6*

6. Ähren-, Bltnstiele u. Blätt. stets drüsenlos; Ochrea dem Stg. anlgd., auf der Fläche kurz rauhhaarig, am Rand gewimpert *(840);* Blätt. lanzettl., zugespitzt, über der Mitte am breitesten, unterststs. auf den Nerven u. am Rand angedrückt behaart, oberststs. oft schwarz gefleckt; Bltn. rosa bis purpurrot, am Grd. grünl.; Fr. linsenf. od. stumpf 3-kantig; ⊙; VII–IX. Schutt, wüste Plätze, feuchte Äcker, *v.* [= *Persicaria maculata* (RAF.) LÖVE & LÖVE]
Floh-K., **P. persicária** L.

— Ährenstiele u. Bltnhüllblätt., zuw. auch die Blattunterseite mit zahlr., gelbl. Drüsen; Ochrea am Rand kahl od. sehr kurz bewimpert, auf der Fläche kahl od. spinnwebig behaart; Bltnhüllblätt. grünl.weiß od. rosa, z. Frreife mit stark hervortretenden Nerven *7*

7. Stg. aufrecht, meist unverzweigt; Blätt. 4–8 mal so lg. wie breit, unterststs. kahl, filzig od. rauhhaarig, drüsig od. drüsenlos, oft mit schwarzem Fleck; Pfl. 20–60 cm hoch; ⊙; VII–IX. Schuttplätze, Äcker, Gräben; *v;* formenreich. [= *P. nodosum* PERS.; = *P. tomentosum* SCHR.; = *Persicaria lapathifolia* (L.) S. F. GRAY]. Formenreich. *Ampfer-K.,* **P. lapathifólium** L.

a. Scheinähren dick, dicht-zylindrisch; Fr. 2,5–3,5 mm lg.; Blätt. dicht filzig. Nährstoffreiche Äkker, Gräben, Ufer, *z.* (= *P. tomentosum* SCHR.) ssp. **pállidum** (WITH.) FR.

– Scheinähren dünn; Fr. 1,8–2,5 mm lg. . . . . **b**

b. Pfl. lebhaft hell- od. dk.grün, bisw. rot; Blätt. kaum behaart; Bltnhülle z. Bltzt. weiß, mit grüner Basis, postfloral weiß od. hellrötl.; Fr. ± 2 mm lg. (= *P. nodosum* PERS.) ssp. **lapathifólium**

– Pfl. blaß- od. graugrün, selten rötl.; Blätt. lineal-lanzettl. bis eilanzettl., unterststs. schwach filzig; Bltnhülle postfloral weiß od. grün, wechselnd drüsig; Fr. bis 2,5 mm lg.; Ruderalstellen; *v,* im NW *s.* (= *P. lapathifolium* L. var. *virescens* GREN.) ssp. **mesomórphum** (DANSER) DANSER

— Stg. stets niederlgd., reich verzweigt; Blätt. breit-elliptisch, höchstens doppelt so lg. wie breit, unterststs. grau spinnwebig filzig, mit farblosen Drüsen; ⊙; VIII–X. Feuchte, nährstoffreiche Ufer; *s,* Oberrhein, Bodensee, obere Donau. [= *P. danubiale* KERN.; = *P. lapathifolium* L. ssp. *brittingeri* (OPIZ) RECH. f.]
Donau-K., **P. brittíngeri** OPIZ

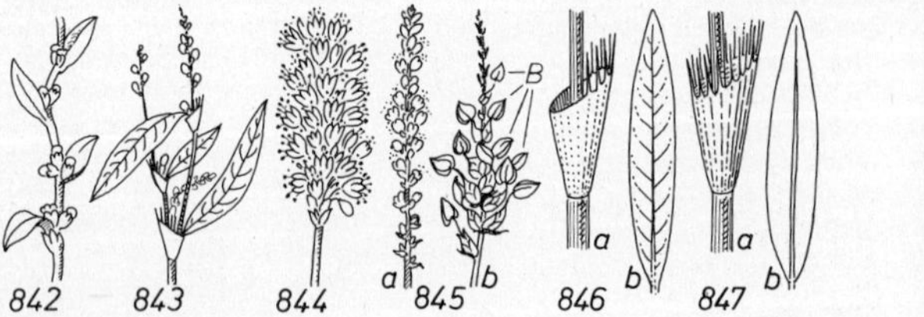

842 843 844 845 846 847

8(2). Ochrea auf der Fläche kahl, am Rand mit wenigen, ungleich langen Wimpern, kurz, aufgeblasen; Blätt. breit-lanzettl., beim Zerkauen pfefferartig schmeckend; Bltnhülle drüsig punktiert, meist 4-teilig; Fr. höckerigrauh; ⊙; VII–IX. Gräben, feuchte Wiesen; *v.* [= *Persicaria hydropiper* (L.) OPIZ]
Wasserpfeffer, **P. hydropíper** L.

— Ochrea auf der Fläche kurzhaarig, am Rand lg.borstig bewimpert *(846a);* Bltnhülle drüsenlos, selten schwach drüsig, 4- bis 5-teilig *9*

9. Blattspr. beidendig verschmälert *(843, 846b),* längl.-lanzettl., deutl. fiedernervig, unterststs. am Rand u. auf den Nerven lg.borstig bewimpert; Ochrea am

Rand mit 3–5 mm langen Borsten *(846a)*; Bltnhülle 3–3,5 mm lg.; Stbblätt. 6; ⊙; VII–X. Gräben, Sumpfwiesen, wüste Plätze; *v.* [= *Persicaria laxiflora* (WEIHE) OPIZ] *Milder K.*, **P. míte** SCHR.

— Blattspr. am Grd. abgerundet, lineal, undeutl. fiednervig *(847b)*; Ochrea am Rand mit zahlr., ungleich langen Wimpern *(847a)*; Bltnhülle 2–2,5 mm lg.; Stbblätt. 5; ⊙; VII–X. Sumpfwiesen, Gräben, Teiche; *z.* [= *Persicaria minor* (HUDS.) OPIZ] *Kleiner K.*, **P. mínus** HUDS.

10(1). Fr. 2–3 mm lg., glanzlos od. glzd., kaum länger als die Bltnhülle; Blätt. elliptisch-lanzettl.; Stg. niederlgd. bis aufgerichtet; ⊙; V–IX. Schutt, Grasplätze, Wegränder, zwischen Straßenpflaster; *v.* Formenreich. *Vogel-K.*, **P. aviculáre** L.

Schlüssel der Kleinarten von P. aviculare (vereinfacht nach H. SCHOLZ)

a. Seitenflächen der Fr. konkav; Bltnhülle tief geteilt; Stbblätt. 8. . . . . **c**

– Seitenflächen der Fr. konvex gewölbt; Bltnhülle ± hoch verwachsen; Stbblätt. 5–6 od. 7–8 **b**

b. Bltnhülle bis zur Hälfte verwachsen *(848)*; Stbblätt. 5–6; Fr. glatt, glzd.; Blätt. elliptisch bis eif. od. verkehrt-eif., klein; Äste kurz, völlig niederlgd. Sandige Weg- u. Straßenränder; *z,* besonders im O. (= *P. aequale* LINDM.) **P. calcátum** LINDM.

– Bltnhülle nicht bis zur Hälfte verwachsen *(849)*; Stbblätt. 7–8; Fr. gerieft od. punktiert *(850)*, matt, bis 2,5 mm lg.; Blätt. breit od. schmal-elliptisch; Stg. aufrecht od. aufstgd. Straßenränder, wüste Plätze; *v.* **P. arenástrum** BOR.

c(a). Fr. fast glatt, glzd. *(851)*, braun, ± 2 mm lg.; Pfl. zart; Stg. in der Jugend aufrecht, später niederlgd. u. sparrig verzweigt. Wegränder; *z.* **P. rurivágum** JORD.

– Fr. gerieft, matt . . . . **d**

d. Blätt. graugrün, schmal, zugespitzt, die der Seitentriebe oft kleiner als die des Haupttriebes; Bltnhülle etwas kürzer als die Fr. *(852)*; Saum der Bltnhüllblätt. rosa; Stg. in der Jugend aufrecht, einfach od. verzweigt, 50–60 cm lg. Sandige Böden; *v.* **P. heterophýllum** LINDM. em. SCHOLZ

– Blätt. gelbgrün bis dk.grün; Saum der Bltnhüllblätt. weiß bis dk.rot . . . . **e**

e. Blätt. sehr schmal-lineal, bis 0,5 cm breit, zugespitzt; Fr. längl., schmal, bis 3 mm lg. *(853)*; Bltnhülle so lg. wie die Fr.; *z* am Meeresstrand u. Küsten. **P. negléctum** BESS.

– Blätt. bis 2 cm breit, meist stumpf; Fr. bis 3 mm lg., breit *(854)*. Äcker, Schutt; *g.* **P. monspeliénse** THIÉBAUD

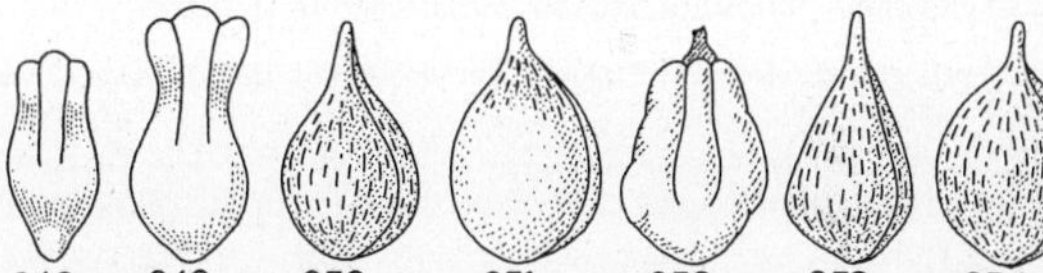
848 849 850 851 852 853 854

— Fr. 3–6,5 mm lg., glatt-glzd., die Bltnhülle um 1/3–1/2 überragend; ganze Pfl., auch die Triebspitzen niederlgd.; Bltnhülle grün, die freien Abschnitte rötl., sich kaum miteinander deckend; Blätt. lanzettl., bis 3 cm lg. u. bis 0,5 cm breit, grün; ⊙ (–♃); VII–IX. *z;* Sandstrand der Ostseeküste u. Rügen, Da. *Strand-K.*, **P. oxyspérmum** MEY. & BGE. ex LEDEB.

a. Fr. braungrün od. hellbraun, längl., die Bltnhüllblätt. um die Hälfte überragend; diese rot berandet. ssp. **oxyspérmum**

– Fr. dk.braun bis schwarz, die Bltnhüllblätt. um 1/3 überragend; diese weiß bis rosa gerandet. Küstenspülsäume; *s,* nur SH, Helgoland. (= *P. robertii* auct.; = *P. raii* BAB.) ssp. **ráii** (BAB.) D. A. WEBB & CHATER

5. Fallópia ADANS. (= *Bilderdykia* DUM.), *Windenknöterich*

1. Strauchige Kletterpfl.; Sprosse bis 5 m lg.; Bltn. weiß, in Rispen; ♃; VII–X. Zierpfl. aus O-Asien. [= *Polygonum aubertii* (L.) HENRY; = *P. baldschuanicum* auct. non REGEL] *Silberregen*, **F. aubértii** (L. HENRY) HOLUB

— Einjährige Windepfl.; Sprosse weniger als 5 m lg. ***2***

2. Bltnstiel kürzer als die dicht-drüsige Bltnhülle, wenig unterhalb der Blüte geglied.; Stg. kantig gefurcht, körnig rauh; Fr. glanzlos; Blattspr. herz- od. pfeilf., mit 3-eckig zugespitztem Lappen; ⊙; VII–X; Stoppeläcker, Gebüsch; *v.* [= *Bilderdykia convolvulus* (L.) DUM.; = *Polygonum convolvulus* L.; = *Tiniaria convolvulus* (L.) WEBB & MOQ.]

Gemeiner W., **F. convólvulus** J. HOLUB

— Bltnstiel so lg. wie die kahle Bltnhülle, etwas unterhalb der Mitte gegliedert; äußere Bltnhüllblätt. z. Frzeit breithäutig geflügelt; Fr. glzd. ⊙; VII–IX; feuchte Gebüsche, Hecken; *z.* [= *Bilderdykia dumetorum* (L.) DUM.; = *Polygonum dumetorum* L.; = *Tiniaria dumetorum* (L.) OPIZ].

Hecken-W., **F. dumetórum** (L.) J. HOLUB

6. Reynoútria HOUTT. (= *Pleuropterus* TURCZ.), *Staudenknöterich*

1. Blätt. 5–12 cm lg.; Spreite am Grd. gestutzt; Bltn. weiß; Pfl. 1–2 m hoch; ♃; VII–IX. Zierpfl. aus O-Asien; in feuchten Gebüschen u. Wäldern stellenw. verwild. [= *Polygonum cuspidatum* SIEB. & ZUCC.; = *P. sieboldii* DE VRIES; = *Pleuropterus cuspidatus* (SIEB. & ZUCC.) H. GROSS]

Japanischer St., **R. japónica** HOUTT.

— Blätt. 15–30 cm lg.; Spreite am Grd. herzf.; Bltn. grünl.; Pfl. 2–4 m hoch; ♃; VII–IX. Zierpfl. aus O-Asien; in feuchten Gebüschen u. Wäldern stellenw. verwild. (= *Polygonum sachalinense* F. SCHMIDT; = *Pleuropterus sachalinensis* H. GROSS)

Sachalin-St., **R. sachalinénsis** (F. SCHMIDT) NAKAI

7. Fagopýrum MILL., *Buchweizen*

1. Bltn. weiß od. rosenrot; Frkanten scharf, ganzrandig; Blätt. 3-eckig, meist länger als breit; Stg. meist rötl.; ⊙; VI–VIII. Kulturplfl. (Heimat: Turkestan, S-Sibirien, N-China). (= *F. sagittatum* GIL.) *Buchweizen*, **F. esculéntum** MOENCH

— Bltn. grünl.; Frkanten ausgeschweift gezähnt; Blätt. meist breiter als lg.; Stg. grün; ⊙; VII–VIII. Eingeschleppt; als Unkraut zwischen der vorigen (Heimat: Zentralasien).

Tatarischer B., **F. tatáricum** (L.) GAERTN.

Ordnung: **Plumbagináles**

Familie: **Plumbagináceae,** *Grasnelkengewächse*

Stauden; Blätt. ganzrandig, meist in grdst. Rosetten; Bltnstände ährig, kopfig od. rispig; Bltn. radiär, ⚥, 5-zählig; Kblätt. trockenhäutig; Schließfr.

1. Bltn. in dichten Köpfchen; Blätt. lineal . . . . **Armeria,** 350

— Bltn. in einstswendigen Rispen *(219);* Blätt. bis 3 cm breit **Limonium,** 350

1. Limónium MILL., *Widerstoß, Strandnelke.* Blätt. verkehrt-eif., etwas stachelspitzig, immergrün, knorpelrandig; Infl. dichtbltg.; Bltn. in schraubeliger Anordnung *(219);* Bltn. blau-violett; ♃; VIII–IX. Salzsümpfe, -wiesen, Schlick; *v* Nordsee-, *s* Ostseeküste bis Rügen. (= *Statice limonium* L.)

Ⓖ **L. vulgáre** MILL.

a. Infl. reich u. erst oberhalb der Stgmitte verzweigt; Blätt. bis 20 cm lg., mit deutl. Nerven; Infl. bis 50 cm hoch; Vorblätt. spitz, mit farblosem Rand, das äußere nicht gekielt. ssp. **vulgáre**

– Infl. wenig, aber schon unterhalb der Stgmitte verzweigt; Blätt. bis 5 cm lg., undeutl. genervt; Infl. bis 12 cm hoch; Vorblätt. stumpf, mit rötl. Rand, das äußere gekielt. Nur O-Da u. Inseln. (= *St. bahusiense* FR.; = *L. humile* MILL.) ssp. **húmile** (MILL.) GAMS

2. Arméria WILLD., *Grasnelke*

1. Blätt. lanzettl., 3–8 mm breit, mit 3–7 Nerven; äußere Hüllblätt. der Köpfchen lg. zugespitzt *(855b),* die Infl. seitl. überragend, ihre den Stg. einhüllende Röhre 3–4 cm lg. (*855a,* R); Blkr. hellkarminrot; VI–VII. Trockene Heidewiesen, Kiefernwälder; nur bei Mainz (E adventiv). (= *A. plantaginea* WILLD.; = *A. pseudarmeria* auct.) *Sand-G.*, **A. arenária** (PERS.) SCHULT.

— Blätt. grasart., bis 4 mm breit (meist deutl. schmaler), 1(–3)nervig; äußere Hüllblätt. die Breite des Köpfchens nicht überragend, ihre Röhre nur bis

2 cm lg.; ♃; V–X. *z* bis *s* auf waldfreien, sandigen, kiesigen, steinigen od. tonigen Böden. Formenreiche Sammelart mit mehreren, schwierig abgrenzbaren Sippen, hier als ssp. gewertet. (= *Statice armeria* L.)
Gemeine G., **A. marítima** (MILL.) WILLD. (s. l.)

a. Hüllblätt. bleich, die äußeren bis 25 mm lg.; Blkr. rosa od. blasser . . . . **c**
– Hüllblätt. braun, 8–20 mm lg.; Blätt. 2–3 mm breit; Blkr. purpurn; Pfl. bis 25 cm hoch . . . . **b**
b. Hüllblätt. 8–13 mm lg.; Köpfchen 2–3 cm breit; Blätt. bis 4 mm breit. Magermatten d. Alp. (1400–2600 m); *z* Ti, Sb, *f* Dt (= *A. alpina* WILLD.) *Alpen-G.*, ssp. **alpína** (WILLD.) P. SILVA
– Hüllblätt. 12–20 mm lg.; Köpfchen 1,5–2 cm breit; Blätt. bis 2 mm breit. Überschwemmte Kiesböden; *s* Bodenseegebiet. Ⓖ ! *Purpur-G.*, ssp. **purpúrea** (KOCH) A. & D. LÖVE
c. Äußere Hüllblätt. 10–25 mm lg., zugespitzt; Köpfchen 18–25 mm breit; Schaft kahl; Blätt. gewimpert; Pfl. bis 50 cm hoch. Trockenrasen, Kiefernwälder; *z* im N, südl. *s* bis Vog/Pf/N-He/Fr. Ⓖ *Sand-G.*, ssp. **elongáta** (HOFFM.) G. BONNIER
– Äußere Hüllblätt. 2–8 mm lg.; spitz od. stumpfl. . . . . **d**
d. Blätt. fleischig, bewimpert; Köpfchen 15–20 mm breit; Schaft behaart; Pfl. bis 15 cm hoch. Sandig-tonige Salzböden *v* Nordsee- u. *z* bis *s* Ostseeküste. [= *A. maritima* (MILL.) WILLD. s. str.] *Strand-G.*, ssp. **marítima**
– Blätt. derb; Köpfchen 10–15 mm breit . . . . **e**
e. Schaft behaart; Blkr. intensiv rot . . . . **g**
– Schaft kahl; Pfl. 20–30 cm hoch . . . . **f**
f. Hüllblätt. 2–5 mm lg., spitz; Blkr. rosa. Felsbänder auf Serpentin. Nur Fichtelgeb.
Ⓖ *Serpentin-G.*, ssp. **serpentíni** (GAUCKLER) HOLUB
– Hüllblätt. 5–8 mm lg., stumpf; Blkr. rot; Blätt. gewimpert. Schwermetallböden; lokal in S-SaAn, Harz, S-NS, b. Aachen. Ⓖ *Galmei-G.*, ssp. **halleri** (WALLR.) A. & D. LÖVE
g. Schaft in der unt. Hälfte stark behaart, Blätt. dsgl.; Pfl. bis 20 cm hoch. Schwermetallböden bei Artern (S-SaAn). *Bottendorfer Galmei-G.*, ssp. **bottendorfiénsis** (A. SCHULZ) ROTHM.
– Schaft höchstens schwach behaart, Blätt. dsgl.; Pfl. 10–15 cm hoch. Schwermetallböden b. Eisleben (S-SaAn). *Hornburger Galmei-G.*, ssp. **hornburgénsis** (A. SCHULZ) ROTHM.

Unterklasse: **Asterídae**

Ordnung: **Gentianáles** *(= Contortae)*

Familie: **Menyantháceae,** *Fieberkleegewächse*

Wasser- u. Sumpfpfl.; Blätt. wechsel- bzw. grdst., ungeteilt od. 3-zählig, ohne Nebenblätt.; Bltn. ⚥, radiär; K. 5, Blkr. 5-blättrig u. verwachsen; Frkn. oberst., Gr. 1; Kapselfr.

1. Blätt. rundl.-herzf., seerosenähnl., schwimmend; Blkr. groß, goldgelb; Bltn. einzeln . . . . **Nymphoides,** 351
— Blätt. 3-zählig gefingert; Blkr. weißl.; Bltn. in traubigen Rispen
Menyanthes, 351

1. Menyánthes L., *Fieberklee, Bitterklee.* Grdachse lg.kriechend; Blätt. lg. gestielt, 3-zählig gefing., mit verkehrt-eif. Fied.; Blkr. kurztrichterf., mit 5 zurückgeschlagenen, bärtigen Zipfeln; ♃; V–VI. Moore, Gräben, Sumpfwiesen (bis 1800 m); *v.* Ⓖ **M. trifoliáta** L.

2. Nymphoides HILL, *Seekanne.* Schwimmblätt. obersts. dk.grün, untersts. graugrün od. rötl.violett; Bltn. in Doldenrispen; ♃; VII–IX. Altwässer; *z* im N, im S nur Rhein-, Donau-, Wörnitz-, Altmühltal, *f* Sa, Th. (= *Limnanthemum nymphaeoides* LK.) Ⓖ **N. peltáta** (S. G. GMEL.) O. KTZE.

Familie: **Gentianáceae,** *Enziangewächse* Ⓖ

Kräuter od. Stauden; Blätt. meist gegenst., einfach; Bltn. radiär, ⚥, meist 5-zählig; K. röhren- od. glockenf.; Blkr. trichter- od. glockenf., oft tellerf.; Stbblätt. so viele wie Blkrzipfel, der Blkrröhre eingefügt; Frkn. oberst., 2-blättrig; Kapselfr.

1. Bltn. 6- bis 8-teilig, gelb; Stgblätt. am Grd. miteinander verwachsen, bläulich bereift . . . . **Blackstonia,** 352
— Blkr. 4- bis 5-zipfelig od. 4- bis 5(–6)-teilig ***2***

2. Blkr. glockenf. (nur bis 1/3 gespalten; *857*), od. mit lg. Röhre u. tellerf. ausgebreitetem, 4- bis 5-zipfeligem Saum *(856)*, von verschiedener Farbe; K. verwachsen od. einseitig aufgeschlitzt *5*
— Blkr. fast bis zum Grd. 5(–6)-teilig, gelb, violett od. blaßblau; K. tief 5-teilig od. einseitig aufgeschlitzt *3*
3. Bltn. gelb, scheinquirlig in den Achseln laubiger Hochblätt.; Pfl. bis 140 cm hoch . . . . **Gentiana lutea,** 354
— Bltn. violett od. blaßblau, lg. gestielt *4*
4. Pfl. ♃, 15–60 cm hoch; Stg. einfach, erst oberw. verzweigt; Narbe kurz 2-lappig . . . . **Swertia,** 353
— Pfl. ⊙, 2–15 cm hoch, vom Grd. an verzweigt; Narbe am Frkn. herablaufend *(858)* . . . . **Lomatogonium,** 353
5(2). Blkr. gelb, 4-zählig, 5 mm lg.; Pfl. ⊙, zierl., bis 12 cm hoch **Cicendia,** 352
— Blkr. andersfarbig, wenn gelbl., dann 5-zählig u. ♃ Alpenpfl. . *6*
6. Gr. scharf vom Frkn. abgesetzt *(859)*; Blkr. rosa (bis rötlich), selten weißl. . . . . **Centaurium,** 352
— Gr. meist nicht scharf vom Frkn. abgesetzt *(860)*; Blkr. meist blau od. rosaviolett, zuw. bräunl., gelbl. od. purpurn, selten weißl. **Gentiana,** 353

1. Cicéndia Adans. (= *Microcala* Hoffmgg. & Lk.), *Zindelkraut, Fadenenzian.* Zarte, 1–12 cm hohe Pfl.; Stg. dünn, fast vom Grd. an gabelästig, mit lg. gestielten Bltn.; Blkr. ausgebreitet 6 mm im Dm; ⊙; VII–X. Sandige Heide- u. Moorböden; *z* im NW, *s* östl. u. südl. bis Me, Br, Schl, We, Spessart, RhPf; bei Freiburg (S-Baden). Ⓖ **C. filifórmis** (L.) Del.

2. Blackstónia Huds. (= *Chlora* L.), *Bitterling.* Blätt. 3-eckig-eif.; Bltn. goldgelb, mit 6- bis 8-zipfeligem Saum; ⊙; VI–VIII. Moorige, lehmige od. kiesige Orte; *s* Ho, Be, E, Oberrheingebiet, Vb. Ⓖ **B. perfoliáta** (L.) Huds.

a. Grdblätt. rosettig; Stgblätt. groß, 14–18 mm breit, mit ihrer ganzen Breite verwachsen; Kzipfel 1-nervig, etwas kürzer als die Blkr.; Pfl. kräftig, bis 40 cm hoch. Rheingebiet bei Bingen. ssp. **perfoliáta**
– Grdst. Rosette oft fehlend; Stgblätt. nur am abgerundeten Grd. verwachsen; Kzipfel schwach 3-nervig, so lg. wie die Blkr.; Pfl. zart, 10 bis 30 cm hoch. Rheingebiet. [= *B. serotina* (Koch) Vollm.] ssp. **acumináta** (Koch & Ziz) Dom.

3. Centaúrium Hill (= *Erythraea* Borkh.), *Tausendgüldenkraut* Ⓖ

1. Stg. mit grdst. Rosette, meist erst in der oberen Hälfte verzweigt; Bltn. rosenrot *3*
— Stg. ohne grdst. Rosette, vom Grd. an od. in der unteren Stghälfte verzweigt *2*
2. Bltn. sitzend, in etwas einstswendigen Ähren; K. so lg. wie die Kronröhre; Blkr. 10 mm lg., rosa; Pfl. bis 30 cm hoch; ⊙; VII–IX. Feuchte, sandige Orte in Küstennähe; *s* Be. Ⓖ *Ähriges T.*, **C. spicátum** (L.) Fritsch
— Bltn. deutl. gestielt; Infl. ± gabelig; K. kürzer als die Kronröhre; Blkr. bis 15 mm lg., meist rot; Pfl. bis 15 cm hoch; ⊙; VI–IX. Feuchte Äcker, Wiesen; salzliebend; *z*. (2 ssp.) Ⓖ *Ästiges T.*, **C. pulchéllum** (Sw.) Druce
3(1). Stgblätt. lineal, meist 3-nervig; Grdblätt. bis 5 mm breit; K. beim Aufblühen fast so lg. wie die Kronröhre; Infl. ± ästig u. in verschiedener Höhe ausgebreitet, nicht trugdoldig; ⊙; VII–IX. [= *C. littoralis* (Tuner) Gilmour] Ⓖ *Strand-T.*, **C. vulgáre** Rafin.

a. Stg., Blattränder, Kkanten kahl. Strandwiesen, Dünen; *v* Meeresküsten (*f* OPr). ssp. **vulgáre**
– Stg., Blattränder, Kkanten kurzhaarig-rauh. Feuchte Wiesen, Salzsteppen; *s* M-Dt (NS, Th, S-SaAn, Br). ssp. **uliginósum** (W. & K.) Soó

— Stgblätt. eif.-lanzettl., meist 5-nervig; Grdblätt. bis 15 mm breit; Infl. ± trugdoldig bis kopfig *4*

4. Pfl. 2–5 cm hoch; K. beim Aufblühen so lg. od. länger als die Blkronröhre; Stbblätt. der Basis der Kronröhre ansitzend; Infl. köpfchenart. gedrängt; ⊙; VII–IX. Trockene Dünen, Salzwiesen; *s* SH, Da.
Ⓖ *Kopfiges T.,* **C. capitátum** (Willd.) Borb.

— Pfl. (5–)10–50 cm hoch; K. beim Aufblühen kürzer als die Blkronröhre; Stbblätt. im Schlund der Kronröhre ansitzend; Infl. ± trugdoldig; ⊙; VII–IX. Wiesen, Waldlichtungen, Trockenhänge (bis 1400 m); *v.* (2 ssp.?). [= *E. centaurium* (L.) Pers.; = *C. minus* auct.; = *C. umbellatum* Gil.]
Ⓖ *Echtes T.,* **C. erythráea** Rafn

4. Swértia L., *Tarant, Sumpfenzian.* Grdblätt. eif., gestielt; Stgblätt. sitzend; Blkr. radf., stahlblau bis schmutzig-violett, dk. punktiert; ♃; VII–IX. Moorige Wiesen, Quellfluren (bis 2000 m); *z* Alp. u. Vorland, *s* S-BW, böhmische Randgeb., N-Br, im N von O-Holstein bis OPr. (2 ssp.).
Ⓖ **S. perénnis** L.

5. Lomatogónium A. Br., *Saumnarbe, Tauernblümchen.* Grdblätt. längl., stumpf, nicht rosettig; Blkr. blaßblau od. weiß; Narben beidersts. am Frkn. herablaufend *(858);* ⊙; VIII–X. Kurzgrasige Weiden (1400–2500 m); *z* Ti, Sb, *s* bei Berchtesgaden. Ⓖ **L. carinthíacum** (Wulf.) Rchb.

6. Gentiána L. (incl. **Gentianélla** Moench), *Enzian.* Ⓖ

1. Blkr. mit 4, am Rand lg. gefransten Zipfeln; Bltn. häufig einzeln, bis 5 cm lg.; ♃; VIII–X. Trockenrasen, Gebüsche (bis 2250 m); *z* im S, nördl. bis Eifel-Sauerland-Süntel(S-NS)-Harz-Sa-Schl. [= *Gentianella ciliata* (L.) Borkh.] Ⓖ *Gefranster E.,* **G. ciliáta** L.

— Blkr. mit 4–5, am Rand nicht gefransten Zipfeln *2*

2. Blkr. im Schlund bärtig *(864–865)* (= *Gentianella)* *19*

— Blkr. im Schlund nicht bärtig *(868–870)* *3*

3. Bltn. einzeln, endst. od. zu 1–3 in den oberen Blattachseln; Blkr. enzianblau (dk.- bis azurblau, Röhre zuw. heller) *8*

— Bltn. am Stgende kopfig gehäuft od./u. (schein-)quirlig in den Blattachseln *4*

4. Bltn. goldgelb od. blaßgelb, zuw. dk. punktiert *7*

— Bltn. höchstens innen etwas gelb, sonst blau od. dk. purpurn u. punktiert *5*

5. Blkr. 4-spaltig, außen grünviolett, innen himmelblau; Grdblätt. am Grd. scheidig verwachsen; ♃; VII–X. Trockene Wiesen, buschige Hänge (bis 1200 m); kalkliebend; *z,* im N nur *s* Br u. S-Me. Ⓖ *Kreuz-E.,* **G. cruciáta** L.

— Blkr. 5- bis 8-spaltig; Grdblätt. nicht scheidig verwachsen *6*

6. K. 5(–8)-teilig, mit zurückgekrümmten Zipfeln; Blkr. trübpurpurn, schwarzrot punktiert; ♃; VIII–IX. Wiesen, Karfluren, Krummholz (1300–2300 m); kalkliebend; *z* Alp. (*s* Allgäu), Bayr.-Böhmerw., Riesengeb.
Ⓖ *Ungarischer E., Brauner E.,* **G. pannónica** Scop.

— K. 2-teilig, einseitig aufgeschlitzt; Blkr. purpurn, innen gelbl., punktiert; ♃; VIII–IX. Wie vorige (1600–2100 m); *s* Allgäu, Vb, W-Ti.
Ⓖ *Purpurroter E.,* **G. purpúrea** L.

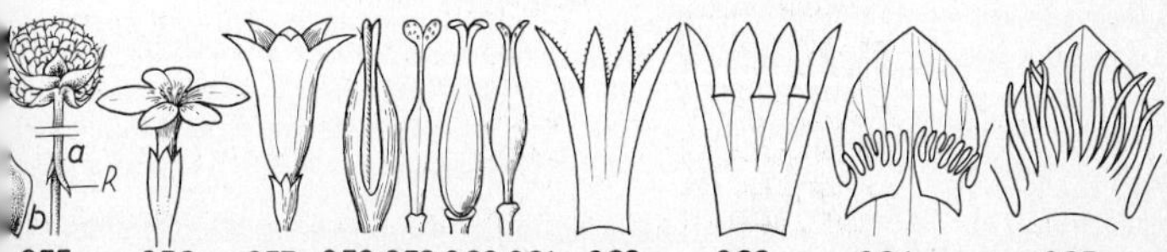

855 856 857 858 859 860 861 862 863 864 865

7(4). Blkr. fast bis zum Grd. 5- bis 6-teilig; Blkrzipfel schmal-lanzettl.; K. einseitig aufgeschlitzt; Blätt. bläul.grün; Pfl. 50–140 cm hoch; ♃; VI–VIII. Bergwiesen, Gebüsch, Flachmoore (bis 2200 m); *v* Alp. (in Dt östl. bis zum Inn?; *f* Sb), *z* Vorland, Vog.-Schw. Alb (Bodenseegebiet?, Fr?); adventiv He, Th.
Ⓖ *Gelber E.,* **G. lútea** L.

— Blkr. höchstens auf 1/4 eingeschnitten, mit 5–8 stumpfen Zipfeln, blaßgelb, dk.violett getüpfelt; K. mit 5–8 gleichlg. Zipfeln; Pfl. 20–60 cm hoch; ♃; VII–IX. Matten u. Zwergstrauchreg. (1400–2400 m); *z* Alp., *s* Gesenke.
Ⓖ *Punktierter E.,* **G. punctáta** L.

8(3). Blkr. mit walzenf. Röhre u. flach ausgebreitetem, stieltellerf. Saum *(856),* blau ***12***

— Blkr. trichterf.-glockig *(857)* ***9***

9. Stg. ohne grdst. Blattrosette, meist mehrbltg.; Narbenlappen nicht gefranst ***11***

— Stg. mit grdst. Blattrosette, 1-bltg.; Narbenlappen gefranst-gekräuselt ***10***

10. Kzähne lanzettl., spitz, so lg. od. länger als die halbe K.röhre, am Rand von Papillen rauh, mit spitzen Kbuchten *(862);* Grdblätt. lanzettl. (bis etwas breiter), am Rand papillös; ♃; IV–VIII. Magermatten, Triften (1200–2600 m); kalkliebend; *v* Alp., *z* Vorland, eingebürgert S-Schw.
Ⓖ *Stengelloser E., Großblütiger E.,* **G. clúsii** Perr. & Song.

— Kzähne spatelf., spitz, höchstens halb so lg. wie die K.röhre, am Rand glatt, mit breiten K.buchten *(863);* Grdblätt. elliptisch (bis eif.), am Rand glatt; ♃; VI–VIII. Wie vorige (1700–2600 m); kalkmeidend; *v* Alp. (in Dt nur *z* Allgäu, *s* Wettersteingeb.). (= *G. kochiana* Perr. & Song.)
Ⓖ *Stengelloser E., Keulen-E.,* **G. acaúlis** L.

11(9). Blätt. lineal bis lineal-lanzettl., meist 1-nervig; Blkr. innen mit 5 grünen Streifen; Bltn. meist ± endst. u. aufrecht; Pfl. 10–40 cm hoch; ♃; VII–X. Flachmoore, feuchte Heiden (bis 1000 m); *z.*
Lungen-E., **G. pneumonánthe** L.

— Blätt. eif.-lanzettl., 5-nervig; Bltn. zahlreich, zu je 1–3 in den oberen Blattachseln u. meist einseitig am überhängenden Stg.; Pfl. 25–80 cm hoch; ♃; VII–IX. Wälder, Weiden, Flachmoore, Hochstaudenfluren (bis 2000 m); *v* Alp. u. Vorland, *s* Bodenseegebiet, Oberschwaben, Lausitzer- bis Riesengeb. Ⓖ *Schwalbenwurz-E.,* **G. asclepiadéa** L.

12(8). K. aufgeblasen, mit breitgeflügelten Kanten; Blkr. außen oft grünl.; Gr. verlängert; Pfl. ohne nichtblühende Triebe; Stg. 8–25 cm hoch; ⨀; VI–VIII. Feuchte Wiesen, Flachmoore (bis 2100 m); kalkliebend; *v* Alp. u. Vorland, *s* bis E/Oberrhein/S-Württ/Donau. Ⓖ *Schlauch-E.,* **G. utriculósa** L.

— K. nicht aufgeblasen; Kanten nur gekielt od. schmalgeflügelt ***13***

13. Zipfel zw. den 5 Blkrblätt. fast so groß wie diese, Blkr. daher scheinbar 10-blättrig *(866);* Pfl. 2–7 cm hoch, vom Grd. an verzweigt, ohne nichtblühende Triebe; ⨀; VII–VIII. Magermatten, Triften (2000–2700 m); *z* Ti, Sb.
Ⓖ *Niederliegender E.,* **G. prostráta** Haenke

— Zipfel zwischen den 5 Blkrblätt. nur als kürzere Zähnchen od. fehlend ***14***

14. Blkr. 8–12 mm breit; Stg. fädigdünn, vom Grd. an verzweigt, ohne nichtblühende Triebe; Pfl. 1–15 cm hoch; ⨀; VI–VIII. Matten (1700–2600 m); *v* Alp. Ⓖ *Schnee-E.,* **G. nivális** L.

— Blkr. breiter als 15 mm; Pfl. ♃, mit Blüten- u. Blättertrieben ***15***

15. Bltnstg. am Grd. ohne Blattrosette; alle Blätt. fast gleich groß od. die unteren kleiner, dicht genähert, abgerundet, spatelf. od. verkehrt-eif.; stgst. Blätt. in 2–4 Paaren; ♃; VII–IX. Feuchte Matten, Schneetälchen, Schutt (1500–2500 m); *v* Alp. Ⓖ *Bayrischer E.,* **G. bavárica** L.

var. **subacaúlis** Cust.; Stg. sehr verkürzt; Blätt. dachziegelig in 4 Reihen sthd., fast rund (2400–3000 m; Schneetälchen).

— Bltnstg. am Grd. mit Blattrosetten, deren Blätt. größer als die Stgblätt. sind ***16***

16. Am Grd. der Blkrzipfel je ein 2-zähniges Anhängsel *(867);* Blkr. bis 30 mm breit; Pfl. bis 15 cm hoch; K. entweder gleichmäßig ± 1 mm breit (var. **vérna**) geflügelt od. Flügelkanten ungleich u. an der Basis ± 2 mm breit (var. **aláta** GRIS.); Rosettenblätt. bis 3-mal so lg. wie breit; ♃; III–VII. Matten, Flachmoore (bis 2600 m); *v* Alp., *z* Vorland, S-BW, Fr, *s* He, Th, Bayrw., Gesenke, E (Jura). Ⓖ *Frühlings-E.,* **G. vérna** L.

— Anhängsel zw. den Blkrblätt. fehlend; Blkr. kleiner; Pfl. bis 8 cm hoch; Kkanten sehr schmal od. ganz ungeflügelt; Rosettenblätt. höchstens 2-mal so lg. wie breit ***17***

17. Rosetten- u. Stgblätt. lineal, ± 4mal so lg. wie breit; Kzipfel 6–7 mm lg., 5mal so lg. wie breit; ♃; VI–VIII. Matten, nur auf Kalk; ob in Sb? Ⓖ *Zwerg-E.,* **G. púmila** JACQ.

— Rosetten- u. Stgblätt. rundl. bis eif.; Kzipfel höchstens 5 mm lg., höchstens 3mal so lg. wie breit ***18***

18. Rosettenblätt. eif.-zugespitzt; Zipfel der Blkr. eif.-lanzettl., ± doppelt so lg. wie breit; Kkanten ungeflügelt; ♃; VII–VIII. Matten, Triften (1900–2600 m); kalkmeidend; *s* Alp. (ob in Dt?). Ⓖ *Kurzblättriger E.,* **G. brachyphýlla** VILL.

— Rosettenblätt. rundl.-elliptisch; Zipfel der Blkr. breit-eif., nur wenig länger als breit; Kkanten meist sehr schmal geflügelt; ♃; VII–VIII. Magermatten, Triften (2200–2600 m?); kalkstet.; *s* Alp. (= *G. favratii* RITTENER) Ⓖ *Rundblättriger E.,* **G. orbiculáris** SCHUR

19(2). Bltn. vorwiegend 5-zählig, höchstens einzelne 4-zählig; K. meist nicht bis zum Grd. (meist nur bis zur Mitte) geteilt ***22***

— Bltn. vorwiegend 4-zählig, höchstens einzelne 5-zählig; K. bis zum Grd. geteilt ***20***

20. Schlundschuppen weniger als 1/2 so lg. wie die Blkrzipfel *(864);* Blkr. bis 10 mm lg., himmelblau (selten weißl.); Bltnstiel fadenf., mehrmals länger als die Bltn.; Pfl. bis 10 cm hoch; Stg. am Grd. verzweigt, mit 1-bltgen Trieben; ⨀; VII–IX. Magermatten, Schuttböden, Krummholzreg. (1600–2800 m); *z* Alp. (in Dt *s* Allgäu u. bei Berchtesgaden). [= *Gentianella tenella* (ROTTB.) BÖRNER] Ⓖ *Zarter E.,* **G. tenélla** ROTTB.

— Schlundschuppen fast so lg. wie die Blkrzipfel *(865);* Blkr. bis 25 mm lg., rosa-violett, zuw. weißl.; Bltnstiel kürzer als die Bltn.; Pfl. bis 30 cm hoch, mit verzweigter Infl. (nur Zwergformen 1-bltg.). ***21***

21. Pfl. z. Blütezt. noch mit Keimblätt., alle Blätt. frischgrün; Stg. erst ab der Mitte verzweigt; Grdblätt. lanzettl.-eif., am Grd. am breitesten; ⨀; VIII–X. Weiden, torfige Böden; *z* im N (südl. bis Be/Rheinl./NS/N-He/Th/Ober-Fr/Schl). [= *Gentianella baltica* (MURB.) BÖRNER] Ⓖ *Baltischer E.,* **G. báltica** MURB.

— Grdst. Blätt. z. Blütezt. vertrocknet; Pfl. schon unterhalb der Stgmitte verzweigt. Wiesen, Matten. (3 ssp.) [= *Gentianella campestris* (L.) BÖRNER] Ⓖ *Feld-E.,* **G. campéstris** L. (s. str.)[1]

a. Pfl. niedrig, bis 10 cm hoch; Internodien wenig zahlreich; mittlere Stgblätt. spatelig-stumpf, die oberen eif.-spitz; ⨀; VII–VIII (alpine Form; bis 2600 m); *z* Alp. (*f* Vb). ssp. **islándica** (MURB.) VOLLM.

b. Stg. mit 3–5 längeren Internodien; mittlere Stgblätt. stumpf; ⨀; V–VIII (Sommerform der mont. u. subalp. Reg.); *z* Alp. u. M-Geb. ssp. **suécica** (FROEL.) MURB.

c. Stg. mit 4–11 kurzen Internodien u. spitzen Stgblätt.; ⨀; VIII–X (Herbstform der mont. u. subalp. Reg.); wie vorige, *z* (ob im N?). [= ssp. *germanica* (FROEL.) MURB.] ssp. **campéstris**

22(19). Pfl. 2–5 cm hoch; Schlundschuppen weniger als 1/2 so lg. wie die dk.blauen Blkrzipfel (ähnl. *864*); K. tief 5-teilig; ⨀–⨀; VII–X. Felsentriften, Schutt, Moränen (2200–2800 m); kalkmeidend; *s* Ti, Sb. Ⓖ *Zwerg-E.,* **G. nána** WULF.

— Pfl. fast stets höher; Schlundschuppen fast stets länger; Blkr. meist ± rosa-violett; K. meist nur bis zur Mitte geteilt ***23***

---

[1] Vgl. Anmerkung S. 356.

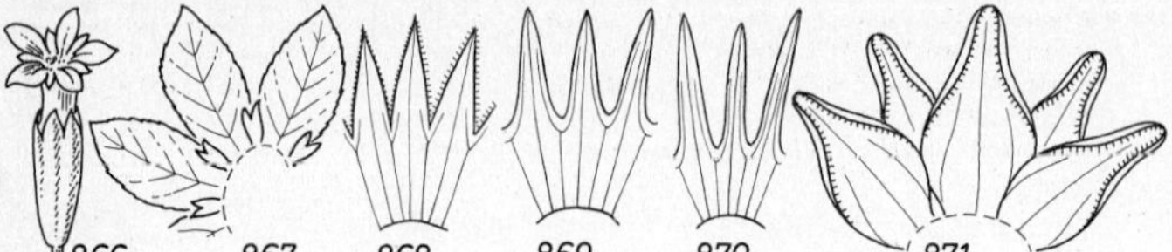

866 867 868 869 870 871

23. Frkn. u. Kapsel 2–4 mm lg. gestielt *(861),* zuw. fast sitzend *(G. germanica);* Blkr. 20–40 mm lg. ***25***

— Frkn. u. Kapsel ungestielt *(860);* Blkr. 10–18 mm lg.; Seitentriebe nie lg., auch kräftige Pfl. daher nicht sparrig-ästig erscheinend ***24***

24. Pfl. z. Blütezt. noch mit Keimblätt., alle Blätt. frischgrün; Stg. meist einfach, 2–20 cm; Grdblätt. spitz; K. so lg. wie die Blkronröhre; ⨀; VIII–X. Sumpfwiesen, *z* im N, südl. bis Ho/We/Th/Schl. [= *Gentianella uliginosa* (WILLD.) BÖRNER] Ⓖ *Sumpf-E.,* **G. uliginósa** WILLD.

— Pfl. z. Blütezt. ohne Keimblätt.; Stg. 3–60 cm hoch, fast stets verzweigt; K. kürzer als die Blkronröhre; ⨀. [= *Gentianella amarella* (L.) BÖRNER] Ⓖ *Bitterer E.,* **G. amarélla** L. (s. str.)[1]

a. Stg. mit 5–12 Internodien, diese höchstens wenig länger als die zugehörigen Blätt.; mittl. Stgblätt. eif.-zugespitzt; Kronröhre meist weißl.; VIII–X (Herbstform). Feuchte Wiesen, Moorböden; *s* im M-Gebiet (Be bis Schl), Da, Po, OPr, W-Ti. ssp. **axilláris** (F. W. SCHM.) MURB.

– Stg. mit 3–6 Internodien, diese bis 3mal so lg. wie die zugehörigen Stgblätt.; mittl. Stgblätt. zungenf., stumpf; Kronröhre meist grünl.gelb; VI–VIII (Sommerform). Wie vorige; *s* OPr. [= ssp. *lingulata* (AG.) HARTM.] ssp. **amarélla**

25(23). Buchten zw. den am Rand rauh-papillösen od. bewimperten Kzähnen spitz *(868)* ***27***

— Buchten zw. den am Rand glatten Kzähnen abgerundet *(869);* Pfl. 5–40 cm hoch ***26***

26. Untere Seitentriebe zieml. lg., Infl. daher fast doldentraubig; Blkr. 25–45 mm lg.; Kzähne deutl. länger als die K.röhre *(870);* ⨀; VII–X. Bergwiesen; *s* Bayrw. (nur Herbstform). [= *Gentianella austriaca* A. & J. KERN.) HOLUB] Ⓖ *Österreichischer E.,* **G. austríaca** A. J. KERN. ssp. **austríaca**

— Untere Seitentriebe zieml. kurz, Infl. daher rispig; Blkr. 18–25 mm lg.; Kzähne kaum länger als die K.röhre; ⨀. Torfige Wiesen u. Matten. [= *Gentianella praecox* (A. & J. KERN.) HOLUB] Ⓖ *Karpaten-E.,* **G. praécox** A. & J. KERN.

a. Stg. mit 3–6 Internodien, das 2. u. 3. bes. lg.; mittlere Stgblätt. eif., stumpf; VI–VII(–VIII) (Sommerform); *z* Erzgeb., Sudeten. ssp. **praécox**

b. Stg. mit 6–15 Internodien, die unteren nicht länger als die übrigen; mittlere Stgblätt. eif.-lanzettl., zugespitzt; VIII–X (Herbstform); *z* Sudeten, OPr. ssp. **carpática** WETTST.

27(25). Kzähne am Rand papillös-rauh, gleich groß od. nur wenig in der Größe verschieden; Frkn. kurz gestielt bis fast sitzend. Triften, Matten, Wiesen, Flachmoore (bis 2600 m). [*Gentianella germanica* (WILLD.) BÖRNER] Ⓖ *Deutscher E.,* **G. germánica** WILLD.

a. Stg. mit 3–5 verlängerten Internodien, das 2. u. 3. bes. lg.; Stgblätt. stumpf; Stg. einfach od. mit wenigen, ± gleich lg. Seitentrieben, 5–30 cm hoch; ⨀; V–VII (Sommerform) (bis 1550 m); *z* Alp., Ba, S-BW, Th, We?. ssp. **solstitiális** (WETTST.) VOLLM.

– Internodien zahlreicher, nicht verlängert . . . . **b**

[1] Die folgenden Arten zeigen einen sogenannten **Saisondimorphismus**. Sie treten in einer **Sommer-** *(Aestival-)* u. einer **Herbst-** *(Autumnal-)* Rasse auf. Die erstere blüht von Mai bis Juli, entwickelt sich schneller, hat gestreckte u. wenige Internodien, die länger als die stumpfen Blätt. sind; ihr Stengel verzweigt sich nur im oberen Teil. Die Herbstform blüht von August bis Oktober, hat kürzere Internodien u. spitze Blätt. u. ist meist von der Basis an verzweigt. Zur Sommer- u. Herbstform kommt oft noch eine spezifisch alpine Form, welche in ihren Merkmalen die Mitte zwischen der Sommer- u. Herbstform hält.

b. Untere Stgblätt. längl.-eif., stumpf, die oberen eif.-lanzettl., spitz; Stg. vom Grd. an od. erst oberw. verzweigt, 10–20 cm hoch; ⊙; VII–VIII (alpine Form); *v* Alp. (Vorland?) (bis 1200 m). [= ssp. *kerneri* (DÖRFLER & WETTST.) SCH. & TH.] ssp. **sémleri** VOLLM.

– Stgblätt. spitz; ⊙; VIII–X. . . . . **c**

c. Pfl. schlank (meist 20–30 cm hoch), meist erst in der oberen Hälfte verzweigt; Stgblätt. meist etwas kürzer als die Internodien; Kronzipfel zugespitzt, meist länger als 10 mm; *v* im S (in Au nur Vb), nach N seltener u. bis S-Ho, S-NS, SaAn, S-Me, Schl. (Herbstform der außeralpinen Länder). ssp. **germánica**

– Pfl. gedrungener (meist 12–20 cm hoch), schon in der unteren Hälfte od. vom Grd. an verzweigt; Stgblätt. meist länger als die Internodien; Kronzipfel stumpfer (höchstens spitzl.), meist 7–9 mm lg.; *z* Au. (Herbstform der Alpenländer). ssp. **rhaética** (KERN.) BR.-BL.

— Kzähne am Rand bewimpert *28*

28. 2 Kzipfel deutl. breiter als die 3 übrigen, am Rand deutl. zurückgerollt u. nur am Rand bewimpert *(871)*; Pfl. 5–50 cm hoch. Wiesen, Matten, Zwergstrauchheiden (1000–2500 m); *z* Ti, Sb. [= *Gentianella anisodonta* (BORB.) A. & D. LÖVE] Ⓖ *Kelch-E.*, **G. anisodónta** BORB.

a. Stg. mit 3–5 Internodien, das 2. u. 3. bes. lg.; untere Stgblätt. stumpf; Stg. meist einfach; Bltn. einzeln od. zu wenigen u. dicht; ⊙; VI–VII (Sommerform). ssp. **antecédens** (WETTST.) HAY.

– Stg. ohne stark verlängerte Internodien . . . . **b**

b. Internodien meist 4–9; Stgblätt. zugespitzt; Stg. meist vom Grd. an verzweigt; ⊙; VIII–X (Herbstform). ssp. **anisodónta**

– Internodien meist 3–6, sehr kurz; untere Stgblätt. stumpf, die oberen zugespitzt; Stg. einfach (od. nur oberw. verzweigt); Pfl. meist niedrig u. gedrungen; ⊙; VII–VIII (alpine Form). ssp. **calýcina** (WETTST.) HAY.

— Alle Kzipfel gleich breit (od. 2 davon nur wenig breiter als die 3 übrigen), am Rand nicht od. wenig zurückgerollt, am Rand u. auf dem Mittelnerv bewimpert; Pfl. 5–30 cm hoch. Moorwiesen, Matten, Gebüsch (bis 2500 m); kalkliebend. [= *Gentianella aspera* (HEG. & HEER) DOSTAL ex SKALICKY, CHRTEK & GILL] Ⓖ *Rauher E.*, **G. áspera** HEG. & HEER

a. Stg. mit 3–5 verlängerten Internodien; Stgblätt. stumpf; Stg. einfach od. erst oberw. verzweigt (wenn vom Grd. an, dann Seitentriebe kurz u. aufrecht); ⊙; V–VII (Sommerform); *z* Alp. ssp. **nórica** (A. & J. KERN.) VOLLM.

– Stg. ohne deutl. verlängerte Internodien . . . . **b**

b. Internodien meist 5–14; Stgblätt. zugespitzt; Stg. meist vom Grd. an, selten erst oberw. sparrig-ästig verzweigt; ⊙; VIII–X. (Herbstform); *z* Alp., *s* Vorland, Fr, Th, S-NS, S-SaAn, Erzgeb., Sudeten. ssp. **sturmiána** (A. & J. KERN.) VOLLM.

– Internodien meist 3–5; untere Stgblätt. stumpf, die oberen zugespitzt; Stg. einfach od. gering verzweigt; ⊙; V–IX (alpine Form); *z* Alp. (ob in Dt?). ssp. **áspera**

Familie: **Apocynáceae,** *Immergrüngewächse*

Vínca L., *Immergrün.* Am Grd. wenig verholzte Staude; Blätt. immergrün, ledrig, gegenst.; Blkr. stieltellerf., mit links gedrehten Zipfeln *(175)*, hellblau; ♃; III–VI. Gebüsch, Laubwälder (bis 1000 m); *v* im S, oft angepfl., verwild. u. auch im N *z* eingebürgert. **V. mínor** L.

Familie: **Asclepiadáceae,** *Schwalbenwurzgewächse*

Stauden; Bltn. klein; Blkr. radf. od. glockenf.; Stbblätt. 5, mit dem Frkn. zu einem Säulchen (Gynostemium) verbunden, auf dem Rücken mit kronblattart., eine Nebenkrone bildenden Anhängseln; Pollenkörner zu einer Pollenmasse (Pollinium) verklebt; die nebeneinander liegenden Pollinien zweier benachbarter Stbbeutel durch sog. Klemmkörper miteinander verbunden; Balgfr.; Samen mit Haarschopf.

1. Blkrzipfel aufrecht; Blätt. unterssts. kahl; Pfl. bis 1 m hoch **Vincetoxicum,** 357

2. Blkrzipfel zurückgeschlagen; Blätt. unterssts. filzig; Pfl. bis 2 m hoch **Asclepias,** 358

1. Vincetóxicum N. M. WOLF, *Schwalbenwurz.* Bltn. gelbl.weiß, in ungleich gegabelten, lockeren Teilinfl.; Blätt. längl.-herzf., zugespitzt; ♃; V–VIII.

Trockenwiesen, Gebüsch (bis 1700 m); kalkliebend; *v* bis *z* im S, *z* bis *s* im N. [= *V. officinale* MOENCH = *Cynanchum vincetoxicum* (L.) PERS.] **Giftig!**
V. hirundinaria MED.

2. Asclépias L., *Seidenpflanze.* Bltn. doldig, fleischrot, stark duftend; Blätt. unterst. graufilzig; Pfl. milchsaftführend, bis 1,5 m hoch; ♃; VI–VIII. Häufig gepfl., stellenw. verwild., *s* eingebürgert (z. B. bei Karlsruhe) (Heimat: N-Amerika). (= *A. cornuti* DECNE.) **A. syríaca** L.

Familie: **Rubiáceae,** *Rötegewächse*

Kräuter od. Stauden; Blätt. einfach, gegenst.; Nebenblätt. den Laubblätt. gleichgestaltet, so daß mehrblättrige Wirtel vorgetäuscht werden *(20);* Bltn. in lockeren bis kopfigen Trugdolden, mit langer od. kurzer Röhre; Frkn. unterst., 2-blättrig, bei der Reife meist in 2 Teilfr. zerfallend *(874).*

1. K. deutl. entwickelt, (4–) bis 6-zähnig, am Grd. verwachsen; Blkr. lila **Sherardia,** 358
— K. undeutl. od. fehlend *2*
2. Bltn. in gedrängten trugdoldigen Quirlen, in zahlreichen Etagen übereinander; Blkr. gelb bis grünl.-gelb; Blätt. in 4-zähligen Quirlen, höchstens 2 cm lg. . . . . **Cruciata,** 358
— Infl. endst., jedoch oft sehr verzweigt u. locker (wenn etagenf. angeordnet, dann Blkr. weiß) *3*
3. Fr. beerenart.-saftig; Blkr. grünl.-gelb, 5-zipfelig, Kronröhre sehr kurz; Stg. mit rückwärts gerichteten Klimmhaaren . . . . **Rubia,** 362
— Fr. trocken; Stg. meist ohne rückwärts gerichtete Klimmhaare (sonst Blkr. weiß); Blkr. meist 4-zipfelig, seltener 3-zipfelig *4*
4. Blkr. radf. od. flach-glockig, ohne deutl. Röhre *(876)* . . . . . **Galium,** 359
— Blkr. trichterf. bis lg.glockig, mit deutl. Röhre *(875)* *5*
5. Blkr. blau od. rötl. (wenn weiß, dann 3-zipfelig od. lg.röhrig u. mit 4–5-zähligen Quirlen) . . . . **Asperula,** 358
— Blkr. weiß . . . . **Galium,** 359

1. Sherárdia L., *Ackerröte.* Stg. niederlgd. bis aufstgd., 4-kantig, ± rauhhaarig; Blätt. lanzettl.-spitz, am Rand borstig bewimpert; Bltn. in armbltgen, kopfigen, von einer 8- bis 10-blättrigen Hülle umgebenen Trugdolden; ⊙; V–X. Äcker, Schutt (bis 1000 m); *v,* im N *z.* **Sh. arvénsis** L.

2. Aspérula L., *Meier*

1. Bltn. hellblau; obere Stgblätt. in 6- bis 8-zähligen Quirlen, lineal, am Rand u. auf dem unterseitigen Mittelnerv borstig-rauh; Fr. kahl; ⊙; V–VIII. Kalk- u. Lehmäcker (bis 1000 m); sehr *z* im S, im N nur eingeschleppt (wo?).
Acker-M., **A. arvénsis** L.
— Bltn. weiß od. rötl. *2*
2. Blätt. eilanzettl., in 4-zähligen Quirlen, bewimpert; Bltn. in fast kopfigen Trugdolden; Stg. 20–60 cm hoch, locker absthd. behaart; ♃; V–VI. Buchenwälder (bis 1300 m); *z* Vb. *Italienischer M.,* **A. taurína** L.
— Blätt. schmal-lineal *3*
3. Blkr. hell-lila, meist 4-spaltig; Fr. dicht gekörnelt, rauh (*874*); Pfl. reichästig, lgd.-aufstgd. wachsend; Pfl. bis 30 cm hoch; ♃; VI–IX. Trocken-sonnige Orte (Wiesen, Triften, Sandfluren; bis 1800 m); kalkliebend; *v* bis *z* im S, nach N seltener bis Be/We/S-NS/Harz/S-Me. *Hügel-M.,* **A. cynánchica** L.
— Blkr. weiß, meist 3-spaltig; Fr. nicht gekörnelt (glatt); Pfl. bis 70 cm hoch, meist einzeln, aufrecht; ♃; VI–VII. Trockene Wälder, Trockenrasen, felsige Hänge (bis 1000 m); *z* S- u. O-Dt, E, sonst *s, f* Be, Ho, N-Dt östl. bis Po, Au.
Färber-M., **A. tinctória** L.

3. Cruciáta MILL., *Kreuzlabkraut*

1. Bltnstiele u. Stg. steifhaarig bis zottig behaart; die quirlig sthd. Teilinfl. mit meist je 2 Tragblättchen; Pfl. bis 50 cm hoch; ♃; IV–VI. Wiesen, Waldränder, Ufer (bis 1600 m); *v*, im N nur in Da, Weser-, Elbe-, Odertal. [= *Galium cruciata* (L.) Scop.] *Gemeines K.*, **C. laévipes** Opiz

— Bltnstiele u. Stg. kahl bis schwach behaart; die quirlig sthd. Teilinfl. ohne Tragblätt.; Pfl. bis 30 cm hoch, zierlicher als vorige; ♃; IV–VI. Wiesen, Gebüsche; *z* Au, *s* Fichtgeb., südl. München, zuw. verschleppt u. eingebürgert (SaAn, Th). (= *Galium vernum* Scop.) *Kahles K.*, **C. glábra** (L.) Ehrend.

4. Gálium L., *Labkraut*

1. Blätt. 1-nervig od. undeutl. nervig, in 4- bis 10-zähligen Quirlen . . *4*

— Blätt. 3-nervig (selten die unteren nur 1-nervig), in 4-zähligen Quirlen; Blkr. weiß; Stg. 4-kantig, kahl *2*

2. Stg. zart, schlaff, lgd. od. aufstgd., bis 20 cm hoch; Blätt. eif. bis elliptisch, mit Stachelspitzchen, am Rand borstig bewimpert; Bltn. in armbltgen, lokkeren Trugdolden; Fr. meist dicht hakig-borstig; ♃; VI–VII. Nadelwälder (bis 1500 m); *v* im S, sonst *z* bis *s*, nördl. bis Rheinl./S-NS/Br/SO-Me/Po (*f* OPr). (= *G. scabrum* auct.) *Rundblättriges L.*, **G. rotundifólium** L.

— Stg. steif aufrecht, Blätt. lanzettl., ohne Stachelspitze; Bltn. in dichten Trugdolden *3*

3. Blätt. mit undeutl. Adernetz; Fr. dicht mit kurzen, gekrümmten Haaren; Blätt. bis 40 × 8 mm groß, mindestens 5mal so lg. wie breit; Pfl. 20–50 cm hoch; ♃; VI–VIII. Heide- u. feuchte Wiesen, Flachmoore (bis 2100 m); kalkliebend; *z*, *f* Schw., Bayrw., Fichtelgeb., Ho? *Nordisches L.*, **G. boreále** L.

— Blätt. mit deutl. Adernetz; Fr. kahl od. nur schwach behaart; Blätt. bis 80 × 20 mm groß, höchstens 4mal so lg. wie breit; Pfl. kräftiger als vorige, 40–60 cm hoch; ♃; VI–VIII. Feuchte Wiesen, Auen; nur bei Traunstein (SO-Ba) u. Egelsee (Sb). *Krappartiges L.*, **G. rubioídes** L.

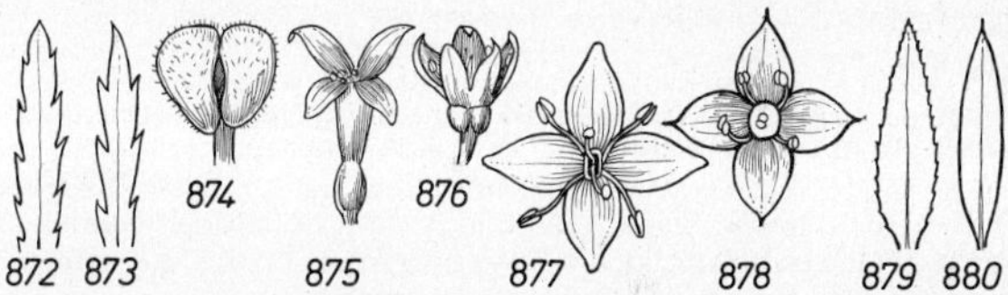

4(1). Blkr. ohne deutl. Röhre *(876)* *7*

— Blkr. mit deutl. Röhre *(875)* *5*

5. Blätt. schmal-lineal bis nadelf., obersts. dkgrün, untersts. bläul.; Pfl. 30–60 cm hoch; ♃; V–VII. Steppenhänge, Gebüschränder; *z* bis *s* im S (*f* Au), nördl. bis Be/Rheinl./He/Th/SaAn/Schl. [= *Asperula glauca* (L.) Bess.] *Blaugrünes L.*, **G. glaucum** L.

— Blätt. lanzettl.-zugespitzt, breiter als 5 mm *6*

6. Pfl. bis 100 cm hoch; Fr. kahl bis fein gekörnelt; Stg. rauh durch rückwärts gerichtete Stacheln; ♃; VII–VIII. Feuchte Gebüsche; *v* bis *z* OPr, Schl. (= *Asperula aparine* Bieb.) *Bach-L.*, **G. rivále** (Sibth. & Sm.) Gris.

— Pfl. bis 30 cm hoch; Fr. hakig-borstig; Stg. glatt; ♃; IV–V. Schattige (Buchen-)Wälder (bis 1400 m); *v* u. *h*. (= *Asperula odorata* L.) *Waldmeister*, **G. odorátum** (L.) Scop.

7(4). Stg. ohne abwärts gerichtete Stachelborsten *14*

— Stg. mit abwärts gerichteten Stachelborsten *8*

8. Blätt. an der Spitze stumpf, in meist 4-zähligen Quirlen; Stg. lgd. od. aufstgd., 4-kantig; Bltn. breiter als die reife Fr., in end- u. seitenst., lockeren Trugdolden; Stbbeutel rot; Fr. feinkörnig-rauh; ♃; V–VIII. Nasse Wiesen, Sümpfe, Gräben (bis 1800 m); *v*. (2 Kleinarten). **G. palústre** L. (s. l.)

a. Stg. weißkantig, etwas geflügelt; Blätt. der Stgmitte bis 20 mm lg., am Rand kurz behaart; Bltn. 4 mm u. mehr im Dm. Vermutlich *z.* *Verlängertes L.*, **G. elongátum** PRESL
– Stg. nicht weißkantig, ungeflügelt; Blätt. der Stgmitte bis 12 mm lg., am Rand kahl; Bltn. bis 3,5 mm im Dm. Vermutlich *v.* (2 ssp.) *Sumpf-L.*, **G. palústre** L. (s. str.)

— Blätt. mit Stachelspitze *9*

9. Pfl. ♃, an feucht-nassen Standorten; Stg. lgd. od. aufstgd., 4-kantig; Bltn. breiter als die reife Fr.; Blätt. in meist 6- bis 8-zähligen Quirlen; Stbbeutel gelb; V–IX. Flachmoore, nasse Wiesen, Ufer (bis 1800 m); *v.* *Moor-L.*, **G. uliginósum** L.

— Pfl. ⨀, an trockenen Standorten; Bltn. schmaler als die reife Fr. . . . *10*

10. Blätt. am Rand mit vorwärts gerichteten Stacheln *13*

— Blätt. am Rand mit rückwärts gerichteten Stacheln; Stg. 4-kantig . . *11*

11. Bltn. in 3-bltgen, das Tragblatt nicht überragenden, etagenf. angeordneten Teilinfl.; Blkr. grünl.weiß; Frstiele zurückgekrümmt; Fr. kurz-stachelig-warzig; Blätt. obersts. kahl; Stg. 20–80 cm lg., lgd. od. klimmend; ⨀; VI–X. Äcker, Schuttplätze; kalkliebend; *v* bis *z* im S u. W, sonst *s* u. nur eingeschleppt. (= *G. tricorne* STOK. p. p.) *Dreihörniges L.*, **G. tricornútum** DANDY

— Bltn. in reichbltgen, die Tragblätt. überragenden trugdoldigen Teilinfl.; Frstiele ± gerade; Blätt. obersts. mit spitzenw. gerichteten Borsten . *12*

12. Teilfr. 4–6 mm lg., dicht hakig-borstig, kugelig; Blkr. 2 mm breit; Stg. lgd. od. klimmend, bis 1,5 m lg.; ♃; V–X. Gebüsche, Zäune, Wegränder (bis 1200 m); *v* u. *h.* *Klebkraut,* **G. aparíne** L.

— Teilfr. 1,5–3 mm lg., kahl u. glzd. bis hakig-borstig, halbkugelig; Blkr. 1 mm breit; ♃; V–IX. Schuttplätze, Äcker (Getreide, Lein); *z, s* im N (2 ssp.). *Acker-L.*, **G. spúrium** L.

13(10). Teilfr. 2,5–3 mm lg., kugelig, dicht mit blasigen, weißl. Höckerchen besetzt; Teilinfl. 1- (od. 3-)bltg., kürzer als der Blattquirl; Frstiele herabgekrümmt; Blkr. 1 mm breit, grünl.-weiß; Pfl. von der Basis her verzweigt; ⨀; VI–VII. Äcker; *s* u. unbeständig im mittl. Gebiet von RhPf bis Schl (ob noch?; Heimat: Mittelmeergebiet). (= *G. valantia* WEB.; = *G. saccharatum* ALL.) *Warzenfrüchtiges L., Anis-L.*, **G. verrucósum** HUDS.

— Teilfr. 1 mm lg., halbkugelig, kahl od. mit kurzen, hakigen Härchen; Teilinfl. stets mehrbltg. u. lg.gestielt, viel länger als ihre Blattquirle; Frstiele ± aufrecht; Blkr. 0,5 mm breit, grünl.-gelb u. außen rötl.; Pfl. auch oberw. verzweigt; ⨀; VI–IX. Äcker, Schuttplätze; kalkliebend; sehr *z*, oft nur verschleppt, *f* im N (Heimat: Mittelmeergebiet). *Pariser L.*, **G. parisiénse** L.

14(7). Bltn. gelb, in endst. Rispen; Blätt. in 8- bis 12-blättrigen Quirlen, lineal, 15–25 mm lg., stachelspitzig, am Rand zurückgerollt; Stg. aufrecht, 0,3–1 m hoch, stumpf 4-kantig bis rund; ♃. (2 Kleinarten) *Echtes L.*, **G. vérum** L. (s. l.)

a. Stgglieder so lg. od. kürzer als die meist kaum 1 mm breiten Blätt.; Stg. aufstgd.; Infl. dicht u. reichbltg.; Bltn. angenehm duftend; VI–IX. Trockenwiesen, Wegränder, lichte Wälder, Dünen (bis 1750 m); *v.* **G. vérum** L. (s. str.)
– Stgglieder länger als die 2 mm breiten, weniger zurückgerollten Blätt.; Stg. steif aufrecht; Infl. unterbrochen, ihre Seitenäste kürzer als die Stgglieder; Bltn. duftlos; V–VI. Trockenwiesen (bis 1500 m?); *z.* (= *G. praecox* K. H. LANG) **G. wirtgénii** F. SCHULTZ

— Bltn. weiß, selten gelbl.weiß *15*

15. Stg. stielrund, aufrecht, kahl, 30–140 cm hoch; Blätt. in 6- bis 8-zähligen Quirlen, 4–10 mm breit, untersts. bläul.; Blkrblätt. zugespitzt; Infl. sehr lockerbltg.; ♃; VII–IX. Laubwälder, Kahlschläge (bis 1900 m); *v, s* im N (*f* Da, N-SH, OPr). *Wald-L.*, **G. silváticum** L.

— Stg. wenigstens oberhalb der Mitte 4-kantig *16*

16. Zipfel der Blkr. allmähl. zugespitzt *(877)*; Stg. 4-kantig *20*

— Zipfel der Blkr. weniger gleichmäßig zugespitzt, aber mit feiner, aufgesetzter Stachelspitze *(878)* *17*

17. Blätt. allmähl. zugespitzt, am Rand von feinen Stachelchen rauh *(879)*, 4–7 mm breit, in 6- bis 8-zähligen Quirlen, untersts. graugrün; Bltnstiele haarfein; Stg. 20–60 cm hoch, stumpf 4-kantig; ♃; VI–VIII. Bergwälder (bis 1600 m); *z* Alp. (Ti, Sb, in Dt östl. der Isar). *Grannen-L.*, **G. aristátum** L.

— Blätt. ± plötzl. in eine kurze Stachelspitze verschmälert *(880)* ***18***

18. Blätt. lanzettl., beidendig verschmälert *(880)*, unterst. blau- bis graugrün; Bltnstiele haarfein; Stg. an der Basis rundl.; ♃; VII–IX. Laubwälder; *v* OPr, Schl, *z* bis *s* Sa, O-Th, NO-Ba. *Glattes L.*, **G. schultésii** Vest

— Blätt. lineal, nicht blaugrün; Bltnstiele nicht haarfein; Stg. auch an der Basis 4-kantig ***19***

19. Blätt. 0,5–2 mm breit, glzd., am Rand umgerollt u. meist etwas rauh (Lupe!); Bltnstiele kürzer als die Bltn.; Fr. glatt; ♃; VI–IX. (2 Kleinarten) **G. lúcidum** All. (s. l.)

a. Blkr. weiß; Bltnstiele 2–4 mm lg., spitzwinklig zur Achse der Teilinfl. sthd., Infl. daher dicht; Stg. erst oberhalb der Mitte verzweigt, grün. Lichte Laubwälder, Trockenwiesen; *v* (?) Au, *s* Vog, S-Schw, SchwAlb (Höhengrenze?). *Glänzendes L.*, **G. lúcidum** All. (s. str.)

– Blkr. gelbl. bis grünl.; Bltnstiele 3–7 mm lg., stark spreizend zur Achse der Teilinfl., Infl. daher locker; Stg. schon unterhalb der Mitte verzweigt, am Grd. rot gefärbt. Gesteinsfluren, Felsen, Geröll; nur auf Kalk (700–2000 m); *s* Berchtesgadener Alp, Sb. *Traunsee-L.*, **G. truníacum** Ronn.

— Blätt. 2–8 mm breit, flach od. nur sehr wenig am Rand umgebogen, glatt; Bltnstiele etwas länger als die Bltn.; Fr. etwas runzelig; ♃. (2 Kleinarten) *Wiesen-, Gemeines L.*, **G. mollúgo** L. (s. l.)

a. Bltn. 2–3 mm breit, ihre Stiele 3–4 mm lg.; Frstiele stark spreizend, dadurch Frstand locker; Blätt. 2–4mal so lg. wie breit. Fettwiesen, lichte Wälder. Offenbar nur eingeschleppt u. *s* eingebürgert Bodenseegebiet bis AlpVorland. **G. mollúgo** L. (s. str.)

– Bltn. 3–4 mm breit, ihre Stiele 1–3 mm lg.; Frstiele spitzwinkelig zur Achse, dadurch Frstand gedrängt; Blätt. 3–6 mal so lg. wie breit. Wiesen, Gebüsche, Wegränder, Schuttstellen; *g* (bis 2100 m) **G. álbum** Mill.

20(16). Frstiele herabgebogen; Blätt. am Rand vorw. rauh (Lupe!); Mittelnerv undeutl.; Pfl. dichtrasig wachsend, mit zahlreichen, nichtblühenden Trieben; Fr. fast glatt, sehr fein gekörnelt (Lupe!); Blkr. gelbl.-weiß; ♃; VII–VIII. Felsen, Schuttfluren (2000–2600 m, oftmals herabgeschwemmt); kalkstet; *v* Alp., *s* Alp.-Vorland. (= *G. helveticum* Weig.) *Schweizer L.*, **G. megalospérmum** All.

— Frstiele gerade ***21***

21. Fr. dicht warzig-rauh; Pfl. dichtrasig wachsend, mit niederlgden, nichtblühenden Trieben; Blätt. meist in 6-zähligen Quirlen, am Rand vorw. rauh (Lupe!); Blkr. weiß; ♃; VI–VIII. Steinige Triften, lichte Wälder, Heiden, Moore; kalkmeidend; *v* M-Geb. (bis 1500 m) u. im N, sonst *z* bis *s*. (= *G. saxatile* L. p. p. et aut.) *Felsen-, Harzer-L.*, **G. harcýnicum** Weig.

— Fr. glatt od. nur sehr fein gekörnelt (sonst Blätt. *rückw.* rauh!) ***22***

22. Blätt. dickl. ohne deutl. sichtbaren Mittelnerv, am Rand glatt, meist in 8-zähligen Quirlen; Blkr. gelbl.-weiß; Pfl. wie *G. megalospermum* dichtrasig wachsend, nur bis 10 cm hoch; ♃; VII–IX. Triften, Felsen, Schutt (1600–2700 m); kalkliebend; *v* Sb, *s* Berchtesgadener Alp. (= *G. baldense* auct., non Spr.) *Norisches L.*, **G. nóricum** Ehrend.

— Blätt. zarter, nicht dickl., mit deutl. Mittelnerv, am Rand glatt od. rückw. rauh ***23***

23. Pfl. dichtrasig wachsend, mit zahlreichen nichtblühenden Trieben; Blätt. der Bltntriebe zu 5–8 quirlig, ± so lg. wie die Stgglieder, glattrandig; Stgglieder der nichtblühenden Triebe niemals mehr als doppelt so lg. wie die am Rand rückw. stachelzähnig-rauhen Blätt.; Blkr. meist gelbl.-weiß; Pfl. bis 15 cm hoch; ♃; VII–IX. (2 Kleinarten) **G. anisophýllum** Vill. (s. l.)

a. Blätt. lanzettl., kleiner als 10 mm; Fr. meist glatt; Pfl. beim Trocknen sich nicht verfärbend. Felsschutt, steinige Triften, Matten (bis 2600 m); *v* bis *z* Alp, *z* Vorland, SchwAlb, *s* FrAlb, Fichtgeb. (2 ssp.) *Alpen-, Verschiedenblättriges L.*, **G. anisophýllum** Vill. (s. str.)

– Blätt. lineal, längste Blätter größer als 10 mm; Fr. stets feinkörnig; Pfl. beim Trocknen schwärzl. werdend. Basalt-, Serpentinböden; *s* Sudeten, ob Harz u. Erzgeb.? *Sudeten-L.*, **G. sudéticum** Tausch

— Pfl. lockerrasig wachsend, meist alle Triebe blühend, daher Stgglieder aller Triebe ± gleichlg. u. meist 2- bis 3 mal so lg. wie die in meist 7- bis 8-zähligen Quirlen sthd. Blätt.; Blkr. meist reinweiß; Pfl. bis 30 cm hoch; ♃; VI–VIII. (4 Kleinarten von noch ungenügend bekannter Verbreitung)
Niederes L., Heide-L., **G. púmilum** MURR (s. l.)

a. Fr. glatt od. stumpfl.-papillös; Stg. erst oberhalb der Mitte verzweigt; Blätt. leicht sichelf. Magerrasen, Heiden, Trockenwälder; *v* im S u. M, *s* im N. *Heide-L.,* **G. púmilum** MURR. (s. str.)
– Fr. spitz-papillös; Stg. bereits unterhalb der Mitte verzweigt; Blätt. gerade . . . . b
b. Bltnstiel deutl. länger als 1 mm; Pfl. beim Trocknen schwärzl. werdend; Pfl. rasig wachsend, z. Blütezt. mit blühenden u. nichtblühenden Trieben. Sandig-steinige Orte an der Meeresküste; *s* SH, Da. (= *G. pumilum* ssp. *septentrionalis* STERNER) *Sterners L.,* **G. stérneri** EHRENDF.
– Bltnstiel höchstens 1 mm erreichend; Pfl. beim Trocknen grün bleibend; Pfl. nicht rasig wachsend, z. Blütezt. fast nur mit blühenden Trieben c
c. Stg. steif aufrecht, stets höher als 15 cm, sein Dm größer als 0,7 mm; Bltnstiele 1 mm lg., Bltn. daher nicht geknäuelt. Magerrasen, Gebüschränder; bisher nur *s* BayrW, FrAlb, Harz (Bodetal), Da; Au? *Mährisches L.,* **G. valdepilósum** H. BRAUN
– Stg. schlaff, kaum höher als 15 cm, sein Dm geringer als 0,6 mm; Bltnstiele 0,5 mm lg., Bltn. daher geknäuelt. Magerrasen, Sandböden; bisher nur *s* Br, SaAn.
Schwedisches L., **G. suécicum** (STERNER) EHRENDF.

Bastardbildung nicht selten, am häufigsten *G. mollugo* × *G. verum.*

5. Rúbia L., *Färberröte.* Stg. 50–80 cm hoch, mit rotem Rhizom; Blätt. in 4- bis 6-zähligen Quirlen, eilanzettl., am Rand u. unterstS. am Mittelnerv rauh; Bltn. in endst. u. achselst. Trugdolden od. Dichasien; ♃; VI–VIII. Als Farbstoffpfl. (Krapp) früher angepflanzt; *s* verwild. (Sa, Schl, E, Pf) (Heimat: O-Mittelmeergebiet). **R. tinctórum** L.

Ordnung: **Dipsacáles**

Familie: **Caprifoliáceae,** *Geißblattgewächse*

Holzpfl. od. Stauden; Blätt. einfach od. gefied., gegenst.; Bltn. einzeln, zu zweien od. in Trugdolden, radiär od. zygomorph; K. u. Blkr. 5-blättrig; Stbblätt. meist 5; Frkn. 2- bis 5-blättrig, unterst.; Beeren- u. Kapselfr.

1. Stg. kriechend, fadenf.; Blätt. rundl.-eif.; Bltn. zu 2, glockig, auf langem Schaft *(176)* . . . . **Linnaea,** 363
— Stg. aufrecht od. windend; höhere Sträucher od. große Stauden . . *2*
2. Blätt. gefied.; Beerenfr. . . . . **Sambucus,** 362
— Blätt. ungeteilt od. gelappt *3*
3. Gr. 3; Bltn. in schirmf. Trugdolden, die randst. oft vergrößert; Sträucher, bis 4 m hoch . . . . **Viburnum,** 363
— Gr. 1 . . . . *4*
4. Frkn. stielart. verlängert; Kapselfr.; Bltn. bis 3 cm lg., fast regelmäßig 5-spaltig . . . . **Weigela,** 364
— Frkn. kugelig; Beerenfr. *5*
5. Blkr. stark 2-lippig; Bltn. zu 2 od. zu mehreren kopfig-quirlig; Frkn. zweier Bltn. oft miteinander zu einer „Doppelbeere“ verwachsen *(882–883)* . . . . **Lonicera,** 363
— Blkr. glockig, fast radiär, innen bärtig; Bltn. in unterbrochenen Trauben . . . . **Symphoricarpos,** 363

1. Sambúcus L., *Holunder*

1. Pfl. krautig, 0,5–2 m hoch, widerlich stinkend; Nebenblätt. laubig, lanzettl., gesägt; Blkr. weiß od. rötl.; Stbbeutel rot; Fr. schwarz; ♃; VI–VIII. Feuchte Waldlichtungen, steinige, buschige Orte (bis 1300 m); *z* im S, im N zuw. eingeschleppt od. verwild. *Attich, Zwergblatt,* **S. ébulus** L.
— Sträucher; Nebenblätt. fehlend od. warzig; Stbbeutel gelb *2*
2. Bltn. weiß, in schirmf. Trugdolden; Fr. schwarz; Mark der Äste reinweiß; bis 7 m hoch; ♃; VI–VII. Auwälder, Gebüsche, Ruderalfluren (bis 1600 m); *v,* oft angepflanzt. *Schwarzer H.,* **S. nígra** L.

— Bltn. grünl.gelb, in eif. od. kegelf. Rispen; Fr. rot; Mark der Äste gelb bis hellbraun; bis 3 m hoch; ♃; III–V. Bergwälder, Gebüsche (bis 1900 m); kalkmeidend; *v* Geb., sonst *z*, *s* im N (dort stets nur verwild.).
Berg-H., Trauben-H., **S. racemósa** L.

2. Vibúrnum L., *Schneeball*

1. Blätt. 3- bis 5-lappig *(237),* am Stiel mit napff. Drüsen; randst. Bltn. der Trugdolde vergrößert (strahlend), steril; Beeren rot; ♃; V–VII. Feuchte Gebüsche, Auwälder (bis 1300 m); *v.* *Gemeiner Sch.,* **V. ópulus** L.
— Blätt. ungeteilt, am Rand scharf gezähnt *(244),* unterst. dichtfilzig; Bltn. der Trugdolde alle gleich gestaltet; Beeren schwarz; ♃; IV–V. Steppenheidewälder (bis 1500 m); kalkliebend; *v* Au, *z* S-Dt, E, nördl. seltener bis Be/We/S-NS/Harz/Thw./N-Ba/Böhmw.; oft als Zierstrauch.
Wolliger Sch., **V. lantána** L.

3. Symphoricárpos Duh., *Schneebeere.* Blätt. einfach od. gelappt *(238–239);* Bltn. rötl.; Fr. kugelige, weiße Beeren; Gr. kahl; ♃; VI–VIII. Gepfl. u. stellenw. verwild. (Heimat: östl. N-Am.). [= *S. racemosus* Michx.; = *S. albus* aut., non (L.) Blake] **S. rivuláris** Suksdorf

4. Linnaea Gron., *Moosglöckchen, Erdglöckchen.* Blätt. breit-eif., mit wenigen Kerbzähnen *(176),* gestielt, unterst. bläul.; Bltn. rosarot; ♃; VII–VIII. Moosige Nadelwälder (bis 2200 m); *v* O-Dt, *z* im N (südl. bis Ho/We/S-NS/Thw.), *z* Alp. von Au (Dt?). Ⓖ **L. boreális** L.

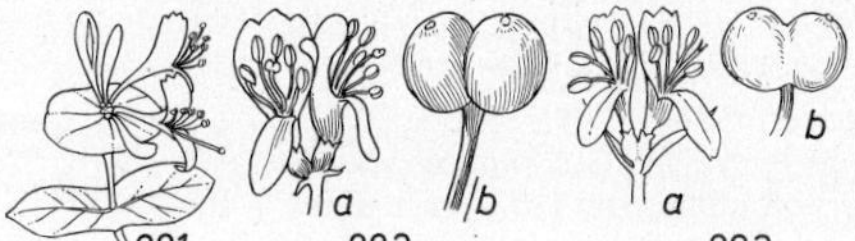

881 882 883

5. Lonícera L., *Heckenkirsche, Geißblatt*

1. Stg. nicht windend; Bltn. zu 2 auf gemeinsamem Stiel, blattachselst., ihre Frkn. oft miteinander verwachsen *(883a–b)* *3*
— Stg. windend; Bltn. in endst., kopfigen Quirlen; Bltn. gelbl.-weiß, duftend *2*
2. Obere Blätt. am Grd. verwachsen; Bltnquirle sitzend *(881);* ♃; V–VII. Gebüsche, lichte Wälder; *z* Ti, Th, SaAn, Schl (ob ursprüngl.?), sonst *z* bis *s* eingebürgert, z. B. Bodenseegebiet; Zierstrauch (Heimat: SO-Eur.). *Wohlriechendes G.,* **L. caprifólium** L.
— Alle Blätt. getrennt; Bltnquirle deutl. gestielt; ♃; V–VI. Waldränder, buschige Abhänge; *z*, *f* OPr, S-Ba, Au. *Wald-H.,* **L. periclýmenum** L.
3(1). Frkn. u. Fr. eines jeden Bltnpaares vollständig od. fast vollständig miteinander verwachsen *(883)* *6*
— Frkn. u. Fr. eines jeden Bltnpaares vollständig getrennt od. nur am Grd. miteinander verwachsen *(882)* *4*
4. Blätt. beidersts. flaumig, breit-oval; gemeinsamer Bltnstiel wenig länger als die gelbl.-weiße Blkr.; Fr. scharlachrot; Äste innen hohl; ♃; V–VI. Wälder, Hecken, Zäune (bis 1500 m); kalkliebend; *v*, *s* im NW; zuw. gepflanzt. *Rote H.,* **L. xylósteum** L.
— Blätt. kahl od. nur an den Nerven flaumig *5*
5. Gemeinsamer Bltnstiel so lg. od. wenig länger als die Bltn.; Blätt. herz-eif.; Blkr. rot od. weiß; Fr. scharlachrot od. gelb; Äste innen hohl; ♃; V–VI. Gepfl., stellenw. verwild. (Heimat: M-Asien). *Tataren-H.,* **L. tatárica** L.
— Gemeinsamer Bltnstiel 3- bis 4mal länger als die Bltn.; Blätt. längl.-elliptisch; Blkr. rötl. od. weiß; Fr. schwarz, bläul. bereift; Äste mit weißem

Mark; ♃; IV–V. Gebirgswälder (bis 1600 m); *z* Alp., M-Geb. (nördl. bis Rhön, Thw., Lausitz). *Schwarze H.,* **L. nígra** L.

6(3). Blkr. gelbl.; Beeren schwarzblau bereift; gemeinsamer Bltnstiel kürzer als die Blüte; ♃; VI–VII. Feuchte Wälder, Gebüsche, Krummholzreg. (bis 2100 m); kalkmeidend; *z* Alp. u. Vorland, *s* Bayrw. *Blaue H.,* **L. coerúlea** L.

— Blkr. rötl.; Beeren glzd.kirschrot; gemeinsamer Bltnstiel länger als die Blüte; ♃; V–VII. Bergwälder, Schluchten (bis 1950 m); kalkliebend; *v* Alp., *z* Vorland, *s* Baar u. W-Schw.Alb. *Alpen-H.,* **L. alpígena** L.

6. Weígela Thunb., *Weigelie.* Bltn. weiß bis dkrot, kurz gestielt; Blätt. eif.-spitz, fein gesägt, meist behaart; ♃; V–VI. Zuw. verwild., aber *v* angepfl. Ziersträucher; meist Hybriden aus mehreren Stammarten (Heimat: O-Asien). (= *Diervilla florida* S. & Z.) **W. flórida** (Bge.) Dc.

Familie: **Adoxáceae,** *Moschuskrautgewächse*

Adóxa L., *Moschuskraut.* Stg. 5–15 cm hoch, mit 2 gegenst. (selten 3 quirlst.) Blätt., das größte grdst.; Bltn. in lg.gestielten, hellgrünen, fast würfelf. Köpfchen *(203);* ♃; III–V. Feuchte Wälder (bis 1800 m); *v* bis *z* u. stellenw. *h.* **A. moschatellína** L.

Familie: **Valerianáceae,** *Baldriangewächse*

Kräuter od. Stauden; Blätt. gegenst., einfach od. gefied.; Bltn. in rispigen Trugdolden, in Köpfchen od. Thyrsen, ⚥ od. eingschl.; Blkr. schwach (selten deutl.) zygomorph, gesamte Blüte asymmetrisch; Kblätt. zur Blütezt. nur wenig entwickelt, zur Frzeit oft schirmart. zu behaarten Strahlen auswachsend *(207);* Blkr. röhrig bis trichterf., am Grd. mit einer Aussackung *(208)* od. Sporn *(209);* Stbblätt. 1–4; Frkn. unterst., 3-blättrig; Fr. ein vom K. gekröntes 1-samiges Nüßchen.

1. Blkr. mit langem Sporn *(209);* Stbblätt. 1 . . . . **Centranthus,** 366

— Bltn. nicht gespornt, am Grd. nur ausgesackt *(208)* *2*

2. Stg. wiederholt gabelästig *(287);* K. ± deutl. 1- bis 6-zähnig, zur Frzeit nicht auswachsend; Bltn. bläul. bis weißl. . . . . **Valerianella,** 364

— Stg. nicht gabelästig; Bltn. niemals blau; K. zur Frzeit zu behaarten Strahlen auswachsend *(207)* . . . . **Valeriana,** 365

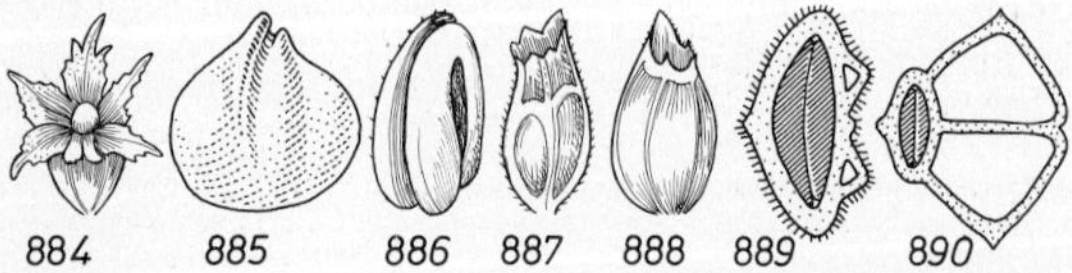

884 885 886 887 888 889 890

1. Valerianélla Mill., *Feldsalat, Ackersalat, Rapunzel*[1]

1. Ksaum an der zottig behaarten Fr. becherf. ausgebreitet, netzadrig, mit 6 begrannten Zähnen *(884);* Blätt. grob gezähnt; ☉; V–VI. Äcker, Wegränder; *s* in SW-Dt eingeschleppt (Heimat: Mittelmeergebiet). *Krönchen-F.,* **V. coronáta** (L.) Dc.

— Ksaum an der Fr. undeutl. od. 1- bis 3-zähnig od. schief abgeschnitten *(885–888)* *2*

2. Fr. mit deutl., meist einseitig gezähntem, kurzem Ksaum, eif.-kugelig *(887, 888);* Blätt. am Grd. gezähnt; in den Astgabeln unterhalb der köpfchenart. Infl. noch einzelne Bltn. *4*

— Fr. mit undeutl. Ksaum u. kaum erkennbaren Zähnen; Blätt. meist ganzrandig; Bltnstand gedrungen, in den Gabeln unterhalb der Bltnköpfchen keine Bltn. *3*

[1] Nur mit reifen Früchten zu bestimmen!

3. Fr. seitl. etwas zusammengedrückt, kurz zugespitzt, rundl., glatt *(885)*, mit 1 Furche (unreif runzelig!); obere Stgblätt. lanzettl.-spitz; ⨀; IV–V. Grasplätze, Äcker, auch *v* kult. u. oft verwild. (bis 1200 m); *v*. [= *V. olitoria* (L.) Poll.] *Gemeiner F.*, **V. locústa** (L.) Laterrade em. Betcke

— Fr. längl., fast prismatisch 4-kantig, auf der Vorderfläche tiefrinnig *(886)*, ohne deutl. Ksaum; obere Stgblätt. längl.-lineal, stumpf; ⨀; IV–V. Äcker, Grasplätze; *z*, im N *s* eingeschleppt, *f* Au. *Kiel-F.*, **V. carináta** Lois.

4(2). Fr. nach oben wenig verschmälert, mit breitem, hohem, schiefem Ksaum *(887)*, mit 5 kurzen Zähnchen, kurzflaumig behaart; Stg. gespreizt-gabelästig, 10–30 cm hoch; ⨀; IV–V. Äcker, Schutt, Ober- u. Mittelrheingebiet, E zuw. eingeschleppt (Heimat: Mittelmeergebiet). *Wollfrüchtiger F.*, **V. eriocárpa** Desv.

— Fr. nach oben verschmälert; Ksaum klein *(888)*; nur mit 1 deutl. Zahn; Gabeläste aufrecht ***5***

5. Fr. eif.-kegelig, dem Kzahn gegenüber gewölbt u. fein 3-rippig, kahl od. behaart; neben einem großen Frfach mit Samen liegen zwei schmale, leere Fächer *(889)*; ⨀; VI–VIII. Äcker, Gartenland (bis 1000 m); *v* bis *z* im S, *s* im N (*f* NW-Dt). *Gezähnter F.*, **V. dentáta** (L.) Poll.

— Fr. gedunsen, fast kugelig, dem Kzahn gegenüber 1-furchig, kahl; die beiden leeren Frfächer sind größer als das Samenfach *(890)*; ⨀; IV–V. Wiesen, Äcker, Raine, Schutt (bis 700 m); *v* bis *z*. (= *V. auricula* Dc.) *Geöhrter F.*, **V. rimósa** Bast.

2. Valeriána L., *Baldrian, Speik*

1. Alle Blätt. gefied.; alle Bltn. ⚥ ***9***

— Untere od. alle Blätt. ungeteilt; Bltn. z. T. eingeschl. ***2***

2. Mittlere u. obere Stgblätt. gefied., mit großer Endfied.; Grdblätt. eif., gestielt; Stg. am Grd. mit beblätt. Ausläufern; Bltn. in 3-teiligen, schirmf. Trugdolden, ± 2-häusig; ♂ Bltn. rötl., 3,5 mm lg., ♀ Bltn. weiß, 1,5 mm lg.; ♃; V–VI. Nasse Wiesen, Gräben (bis 1800 m); *v*. *Kleiner B.*, **V. dióica** L.

— Mittlere u. obere Stgblätt. ungeteilt od. 3-teilig ***3***

3. Blkr. gelbl., außen oft etw. rötl., 2 mm lg.; alle Blätt. ungeteilt u. ganzrandig; Pfl. bis 15 cm hoch; ♃; VII–VIII. Matten, Felsentriften (2000–2800 m); *z* Lungau (Sb). Ⓖ *Baldrian-Speik, Echter Speik*, **V. céltica** L. ssp. **nórica** Vierh.

— Blkr. weiß, rötl. bis lilafarben ***4***

4. Infl. ± locker, doldentraubig od. rispenartig, nicht von Hüllblätt. umgeben; Blätt. wenigstens teilweise nicht ganzrandig ***6***

— Bis 15 cm hohe Alpenpfl. (oberhalb 1800 m); Infl. dicht, ± kopfig zusammengezogen von die Bltn. nicht überragenden Hüllblätt. umgeben; nur selten die obersten Stgblätt. 3-spaltig; sonst ungeteilt u. ganzrandig ***5***

5. Blätt. gewimpert; Stgblätt. umgekehrt eif.-längl.; Stg. angedrückt-kurzhaarig; Hüllblätt. der Infl. bewimpert; ♃; VII–VIII. Felsentriften, Geröll, auch Schneetälchen (1800 bis 2000 m); kalkliebend; *z* Alp. (*s* in Dt). *Zwerg-B.*, **V. súpina** Ard.

— Blätt kahl (zuw. spärl. drüsig); Stgblätt. lineal od. fehlend; Stg. kahl; Hüllblätt. der Infl. kahl; ♃; VII–VIII. Felsen, Triften (1800–2500 m); *s* Ti. *Weidenblättriger B.*, **V. saliúnca** All.

6(4). Mittl. u. obere Stgblätt. meist 3-teilig; Grdblätt. lg.gestielt, herzf.-eif., entfernt grob gesägt; Bltn. weiß od. blaßrosa; ♃; IV–VII. Schluchtwälder, feucht-felsige Abhänge (bis 2300 m). *Dreischnittiger B.*, **V. trípteris** L.

a. Blätt. beidersts. ± dicht behaart; kalkliebend; *z* Alp. u. Vorland (Ostgrenze?), Schw.Alb. ssp. **tomentélla** E. Walther

– Blätt. kahl od. nur mit einzelnen Haaren . . . . **b**

b. Stiele der Grdblätt. dicht kurzhaarig; Haare am Blattrand 1/2 mm lg.; kalkmeidend; *z* im SW (Vog., Schw. bis Bodensee u. W-Schw.Alb). (= ssp. *occidentalis* E. Walther) ssp. **trípteris**

– Stiele der Grdblätt. locker langhaarig; Haare am Blattrand 1/4 mm lg.; kalkliebend; *s* Berchtesgadener Alp., Sb. ssp. **austríaca** E. Walther

— Stgblätt. ungeteilt; alle Blätt. schwach gezähnt bis ganzrandig . . . *7*

7. Pfl. mit beblätt. Ausläufern; Stg. aufrecht, 4-kantig geflügelt, kahl (aber entlang der Kanten kurze abw. gerichtete Haare), 10–45 cm hoch; Ausläuferblätt. lg.gestielt, eif.; Stgblätt. eif., kurz gestielt bis sitzend; Blkr. rosarot bis weiß; ♃; V–VI. Nasse Wiesen, sumpfige Stellen; *z* bis *s* Gesenke, Schl, OPr. *Ganzblättriger B.,* **V. simplicifólia** (Rchb.) Kabath

— Gebirgspfl. ohne Ausläufer *8*

8. Bltnstg. blattlos od. in der Mitte mit 1 Blattpaar, kahl; Stgblätt. lineal, meist ganzrandig; Bltn. in armbltgen Trugdolden, weiß; ♃; VI–VIII. Felsspalten, Schutt (bis 2300 m, häufig herabgeschwemmt); kalkstet; *v* Alp., *s* Voralp. *Felsen-B.,* **V. saxátilis** L.

— Bltnstg. mit 3–8 Blattpaaren, an der Basis behaart; obere Stgblätt. eif.-lanzettl., entfernt gezähnt; Bltn. in dichter Trugdolde, weiß bis hell-lila; ♃; IV–VII. Schattige, felsige Wälder, Schuttfluren (800–2600 m); kalkliebend. *Berg-B.,* **V. montána** L.

a. Stg. kahl bis schwach behaart; Blätt. meist kahl; Alp., *z* Vb, Ti, *s* Dt. ssp. **montána**

– Stg. u. Blätt. ± gleichmäßig behaart; Alp., *v* Dt, Sb. ssp. **hirsuticaúlis** E. Walther

9(1). Mittl. Stgblätt. mit 5–12 Paar schmal-lanzettl. Fied.; Pfl. ohne od. mit kurzen, unterirdischen Ausläufern; ♃. (3 Kleinarten). **V. officinális** L. (s. l.)

a. Blätt. unterst. kahl od. kurz u. steif behaart; Pfl. ohne Ausläufer; mittl. Stgblätt. mit 6–8 Fiederpaaren, fast ganzrandig. V–VI; Moorwiesen, Auwälder; *z* bis *v* Oberrhein (nur in der Ebene?). *Wiesen-B.,* **V. praténsis** Dierb.

– Blätt. unterst. locker u. lg. steif behaart . . . . b

b. Pfl. ohne Ausläufer; Stg. meist kahl; mittl. Stgblätt. mit 7–9 Fiederpaaren; Fiedern mit bis 11 Zähnchen; Infl. reich verzweigt; VII–VIII. Feuchte Laubwälder, Gebüsche, Hochstaudenfluren (bis 2000 m); *v* im O, *z* bis *s* M-Gebiet, *f* NW-Dt, Ho, Be, Lx, Rheinl. (genaue W-Grenze?) *Arznei-B.,* **V. officinális** L. (s. str.)

– Pfl. mit kurzen Ausläufern; Stg. an der Basis absthd. behaart; mittl. Stgblätt. mit 8–12 Fiederpaaren; Fied. mit 0–5 Zähnchen; Infl. wenig verzweigt. V–VI; Trockene Wälder, Gebüschränder, Trockenrasen; *z* im M-Gebiet, im N nur bei Berlin, im S sehr *z* bis *s* (genaue Verbreitung noch nicht bekannt) (= *V. collina* Wallr.) *Hügel-B.,* **V. wallróthii** Kreyer

— Mittl. Stgblätt. mit 3–6 Paar breit-lanzettl. Fied.; Pfl. mit ober- u. unterirdischen Ausläufern; ♃. (2 Kleinarten). **V. sambucifólia** Mik. f. (s. l.)

a. Pfl. (fast) kahl; untere u. mittl. Stgblätt. bis 20 cm lg., mit meist 3–4 Fiederpaaren; Pfl. 40–80 cm hoch; V–VI. Feuchte Wälder, Gebüsche; *z* in O-Dt (westl. bis O-SH/Br/Sa/O-Ba; Einzelfunde westl. hiervon, genaue W-Grenze noch unsicher). *Holunderblättriger B.,* **V. sambucifólia** Mik. f. (s. str.)

– Pfl. reich behaart; untere u. mittl. Stgblätt. 20–40 cm lg., mit meist 4–6 Fiederpaaren; Pfl. 80–150 cm hoch; VI–VIII. Quellige Orte, schattige Wälder; *z* westl. der vorigen Kleinart, östl. bis Rügen/W-Me/Th/Böhmw. (= *V. procurrens* Wallr.) *Kriechender B.,* **V. répens** Host

Zuw. **Bastarde** u. Übergangsformen.

3. Centránthus Dc., (= *Kentranthus* Neck.) *Spornblume.* Pfl. 25–100 cm hoch, rund; Blätt. blaugrün, eif., stumpfl., kurz gestielt bis sitzend; Bltn. dkrot, selten weiß, in dichten Trugdolden *(209);* ♃; V–VI. Aus Gärten zuw. verwild. (Heimat: Mittelmeergebiet). **C. rúber** (L.) Dc.

Familie: **Dipsacáceae,** *Kardengewächse*

Kräuter od. Stauden; Blätt. gegenst., am Grd. zuw. paarweise miteinander verwachsen; Bltn. in von einer Hochblatthülle umgebenen Köpfchen od. Ähren, ⚥, mit od. ohne Tragblätt. (= Spreublätt.); unter dem borstenf. K. noch ein häutiger, schüsself. **Außenkelch** *(204, aK);* Blkr. röhrig, mit 4- bis 5-spaltigem Saum; Stbblätt. 4; Frkn. unterst., 2-blättrig; Fr. eine vom K. u. Außenk. gekrönte Schließfr. *(204).*

1. Bltn. in walzenf. od. kugelf. Ähren, in den Achseln stachliger Tragblätt. *(891–893);* randst. Bltn. nicht strahlend; Stg. stachelig . . **Dipsacus,** 367

— Bltn. in verbreiterten Köpfchen; Randbltn. oft strahlend; Stg. ohne Stacheln *2*

2. Bltn. gelbl.weiß; Hüllblätt. mehr als 3-reihig; Blkr. 4-lappig **Cephalaria,** 367
— Bltn. rötl., bläul. od. violett (wenn gelbl., dann Kborsten bis 6 mm lg. u. Randbltn. strahlend) *3*
3. Köpfchenboden ohne Spreublätt., rauhhaarig; Blkr. 4-zipfelig **Knautia,** 368
— Köpfchenboden mit Spreublätt. *4*
4. Randbltn. nicht vergrößert (strahlend); Blkr. 4-, selten 5-spaltig; Außenk. 4-kantig *(894)* . . . . **Succisa,** 367
— Randbltn. ± strahlend; Blkr. 5-spaltig; Außenk. 8-furchig . **Scabiosa,** 368

1. Cephalária Schrad., *Schuppenkopf.* Hüllblätt. dicht dachig, eif.-zugespitzt, seidig behaart; Köpfchen 3–4 cm breit; Außenk. mit 8 pfrieml. Zähnchen; Pfl. 60–100 cm hoch; ♃; VII–VIII. Steinige Triften, Hochstaudenflur; nur am Arlberg (Vb). **C. alpína** Schrad.

2. Dípsacus L. (incl. **Virga** Hill.), *Karde*

1. Blätt. sitzend, am Grd. paarweise miteinander verwachsen; Infl. längl., aufrecht *3*
— Blätt. gestielt, am Grd. nicht miteinander verwachsen; Infl. kugelig, vor dem Aufblühen nickend *2*
2. Infl. 1,5–2 cm breit; Tragblätt. 10–12 mm lg., borstig gewimpert *(891);* Blkr. weißl.; Pfl. bis 1,2 m hoch; ♃; VII–VIII. Auwälder, Zäune, Hecken (bis 1000 m); *z,* im N seltener (*f* SH, OPr). [= *Virga pilosa* (L.) Hill] *Behaarte K.,* **D. pilósus** L.
— Infl. 2,5–4 cm breit; Tragblätt. 15–20 mm lg., schwach behaart; Blkr. blaßgelb; Pfl. bis 2 m hoch; ♃; VII–VIII. Gepfl., stellenw. verwild. u. eingebürgert (z. B. Da, SH, bei Frankfurt, bei München, Neckartal, Th) (Heimat: S-Rußland, Ukraine) *Schlanke K.,* **D. strigósus** Willd.
3(1). Tragblätt. meist kürzer als die Bltn., mit starrer, zurückgekrümmter Spitze *(892);* Bltn. violett; Hochblätt. kürzer als die Ähre; ⊙; VII–VIII. Angebaut (S-Dt) u. stellenw. verwild., z. B. Oberrhein, Bodenseegebiet (Heimat: SW-Eur.) (= *D. fullonum* L.) *Weber-K.,* **D. satívus** (L.) Scholl.
— Tragblätt. so lg. od. länger als die Bltn., mit gerader Spitze *(893)* . . *4*
4. Blätt. leierf.-fiederspaltig, am Rand borstig bewimpert, unterstS. am Mittelnerven stachelig; Hochblätt. weit absthd., kürzer als die Ähre; Blkr. weiß; ⊙; VII–VIII. Wiesen; Ruderalfluren; *s* Oberrhein, Neckar-, unt. Maintal, mittl. Elbe, Schl, Ho, Be. *Gelappte K.,* **D. laciniátus** L.
— Blätt. ungeteilt, kahl od. am Mittelnerven unterstS. stachelig; Hochblätt. ungleich groß, bogig aufstgd., die längeren die Ähre überragend; Blkr. lila; ⊙; VII–VIII. Ufer, Auwälder, Wegränder (bis 1000 m); *z,* im N *s.* *Wilde K.,* **D. silvéstris** Huds.

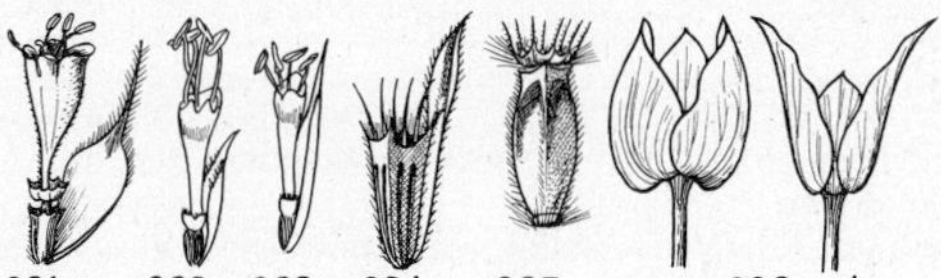

891 892 893 894 895 a 896 b

3. Succísa Hall. (incl. **Succisélla** Beck), *Teufelsabbiß*

1. Fr. 4-kantig, zottig behaart, Außenk. in 4 Spitzchen auslaufend; K. mit 5 borstenf. Strahlen *(894);* Blkr. meist dkblau; ♃; VII–IX. Wiesenmoore, Waldränder (bis 1400 m), *v.* *Gemeiner T.,* **S. praténsis** Moench

— Fr. flaschenf., ± rund, Außenk. 8-furchig, kahl; K. ohne Borsten; Blkr. blaßblau; ♃; VI–IX. Wiesenmoore; *s* bei Liegnitz (Schl), sonst *s* eingebürgert (S-He bis Chiemsee). [= *Succisella inflexa* (Kluk) Beck]
Südlicher T., **S. infléxa** (Kluk) Jundz.

4. Knaútia L., *Witwenblume*

1. Untere Stghälfte kahl, glzd.; Stgblätt. ganzrandig, lanzettl.-zugespitzt; Köpfchen 4–6 cm breit; K. mit 8 Borsten; ♃; VII–VIII. Matten, Waldränder, Hochstaudenfluren (1400–1800 m); *z* Ti, Sb.
Langblättrige W., **K. longifólia** (W. & K.) Koch

— Untere Stghälfte behaart *2*

2. Mittlere Stgblätt. meist fiederspaltig, graugrün, glanzlos; Stg. an der Basis zottig behaart, oberw. schwach behaart od. kahl; ♃; V–IX. Trockenwiesen, Wegränder, Äcker (bis 1500 m). *Acker-W.,* **K. arvénsis** (L.) Coult.

a. Blkr. blauviolett bis lila; Stgbasis meist mit rötl. Flecken. *v.* ssp. **arvénsis**

– Blkr. gelbl.; Stgbasis niemals mit rötl. Flecken. Nur in O-Sa. ssp. **kitaibélii** (Schult.) Szabo

— Stgblätt. ungeteilt, ganzrandig bis gekerbt, glänzend *3*

3. Rhizom mit dem Bltnstg. abschließend (zur Blütezt. nur mit 1 Bltnstg. u. seitl. davon eine kleine Blattrosette vorhanden); Blätt. längl.-elliptisch, entfernt gesägt; Bltn. violett; K. mit 8 Borsten *(895);* ♃; VI–IX. Bergwälder, buschige Abhänge, Wiesen (bis 2100 m); *v* im S, sonst *s* u. nördl. bis Be-RhPf-He-Th-Sa-Schl. [= *K. sylvatica* (L.) Duby] *Wald-W.,* **K. dipsacifólia** Kreutzer

a. Bltnstiele drüsenlos; Spreite der Stgblätt. an der Basis allmähl. verschmälert; mittl. Internodien verkahlend; Pfl. schlank. Wohl nur im S (E, Schw.?; genaue Verbreitung unbekannt).
ssp. **grácilis** (Szabo) Ehrendf.

– Bltnstiele meist drüsig behaart; Spreite der oberen Stgblätt. breit abgerundet, fast geöhrt; mittl. Internodien behaart; Pfl. robust. Wohl die verbreitete Sippe (?) ssp. **dipsacifólia**

— Rhizom mit einer zentralen, sterilen Blattrosette u. mehreren seitl., bogig aufstgd. Bltnstg.; Bltn. pfirsichfarben; K. mit 8–16 borstenf. Strahlen *4*

4. Rosettenblätt. u. Stgbasis mit steifen, gelbl. Borstenhaaren; Stgblätt. eif. bis elliptisch-lanzettl.; Pfl. meist niederer als 50 cm u. meist gering verzweigt; ♃; V–VIII. Waldränder (bis 1600 m); *s* Lungau (Sb).
Mittlere W., **K. intermédia** Pernh. & Wettst.

— Rosettenblätt. u. Stg. mit weichen, kurzen, weißen od. gräul. Haaren; Stgblätt. oval bis fast rundl.; Pfl. höher als 50 cm u. meist reich verzweigt; ♃; V–IX. Waldränder; nur im SO von Pirna (Elbsandsteingeb.).
Ungarische W., **K. dryméia** Heuff.

5. Scabiósa L., *Skabiose, Grindkraut*

1. Bltn. (meist) schwarzpurpurn; Außenk. knorpelig; Pfl. bis 1,2 m hoch; ⊙; VII–IX. Zierpfl., zuw. verwild. (Heimat: W-Mittelmeergebiet). *Samt-S.,* **S. atropurpúrea** L.

— Bltn. andersfarbig; Außenk. häutig *2*

2. Alle Grdblätt. ungeteilt, fast ganzrandig; Kborsten bleichgelb, etwa doppelt so lg. wie der Saum des Außenk.; Bltn. meist hellblau; Pfl. bis 50 cm hoch; ♃; VII–IX. Trockene Wiesen, lichte Kiefernwälder; kalkliebend; *z* im S (*f* Au, Württ.), sonst *s* u. nördl. bis RhPf-S-He-Th-Sa-Br-Schl.; Da, S-Me.
Graue S., **S. canéscens** W. & K.

— Grdblätt. fiederspaltig od. tief gekerbt; Kborsten dkbraun od. fuchsrot, meist viel länger *3*

3. Bltn. blaßgelb; Kborsten fuchsrot; ⊙ bis mehrjährig; VII–IX. Steppenrasen, Waldränder; *v* O-Dt (westl. bis Th), *s* eingeschleppt, z. B. Po, bei Innsbruck, Bodenseegebiet, BayrW. *Gelbe S.,* **S. ochroleúca** L.

— Bltn. violett; Kborsten dkbraun-schwärzl. *4*

4. Blätt. fast kahl, glzd.; Kborsten kräftig, gekielt (d. h. häutig geflügelt); Stgblätt. meist ungeteilt; ♃; VII–IX. Felsen, Schutt, Wiesen; kalkliebend; *z* Alp. (1300–2300 m), *s* Vog., Riesengeb., Gesenke.
Glänzende S., **S. lúcida** Vill.

— Blätt. ± kraushaarig; glanzlos; Kborsten schmal-pfrieml., nicht gekielt **5**

5. Kborsten 5, 3- bis 4mal so lg. wie der Saum des Außenk.; Stgblätt. 1- bis 2-fach fiederspaltig; ♃; VII–X. Wiesen, Gebüsch, Triften (bis 1800 m); *v.* Recht veränderlich. *Tauben-S.,* **S. columbária** L.

— Kborsten nur 1–2, meist 1- bis 2mal so lg. wie der Saum des Außenk., zuw. fehlend; Stgblätt. 2- bis 3-fach gefiedert; ♃; VII–IX. Trockenrasen; *z* Ti, Sb. (= *S. gramuntia* L.) *Südliche S.,* **S. triándra** L.

Ordnung: **Oleáles**

Familie: **Oleáceae,** *Ölbaumgewächse*

Bäume u. Sträucher; Blätt. meist gegenst., ohne Nebenblätt.; Bltn. ⚥ od. selten eingschl.; K. meist 4-zähnig; Blkr. 4- bis 12-zipfelig, radiär, zuw. fehlend; Stbblätt. meist 2; Frkn. oberst., 2-fächerig.

1. Blätt. meist gefied.; K. u. Blkr. meist fehlend *(174),* Fr. geflügelt **Fraxinus,** 369

— Blätt. ungeteilt od. 3-zählig ***2***

2. Bltn. gelb, vor den Blätt. erscheinend . . . . **Forsythia,** 369

— Bltn. weiß od. violett ***3***

3. Bltn. röhrig, violett od. weiß; Blattspr. am Grd. herzf.; Fr. eine 2-klappige Kapsel . . . . **Syringa,** 369

— Bltn. trichterf., weiß; Blattspr. längl.-lanzettl., immergrün; Fr. eine schwarze Beere . . . . **Ligustrum,** 369

1. **Fráxinus** L., *Esche*

1. Blkrblätt. vorhanden, weiß; Bltn. in hängenden Rispen; Blätt. 7- bis 9-zählig gefied.; Knospen graufilzig; bis 8 m hoher Baum; ♃; V–VI. Trockene Mischwälder; ursprüngl. nur bei Innsbruck, sonst angepfl. *Manna-E., Blumen-E.,* **F. órnus** L.

— Blkrblätt. fehlend ***2***

2. K. fehlend *(174);* Fiedern sitzend; Infl. aufrecht-absthd.; Blätt. 9–13-zählig gefied.; Knospen schwarz; bis 40 m hoher Baum; ♃; IV–V. Auwälder, feuchte Waldstellen, Ufer (bis 1400 m); *v,* vielf. gepfl. *Gemeine E.,* **F. excélsior** L.

— K. vorhanden; Fiedern gestielt; bis 20 m hohe Bäume ***3***

3. Fied. unterssts. weißl.; junge Zweige kahl; ♃; IV–V. Zuw. forstl. angepfl. (Heimat: östl. N-Amerika). *Weiß-E.,* **F. americána** L.

— Fied. untersts. grünl.; junge Zweige behaart; ♃; IV–V. Zuw. forstl. angepfl. (Heimat: östl. N-Amerika). *Pennsylvanische E.,* **F. pennsylvánica** Marsh

2. **Ligústrum** L., *Liguster*

1. Röhre der Blkr. meist kürzer als deren Zipfel; junge Zweige behaart; Blätt. lanzettl.; ♃; VI–VIII. Lichte Wälder, Gebüsche, sonnige Hänge, Auwälder (bis 1100 m); *v,* im N seltener, oft gepfl. (Hecken). Fr. **giftig!** *Gemeiner L., Rainweide,* **L. vulgáre** L.

— Röhre der Blkr. 3mal so lg. wie deren Zipfel; junge Zweige kahl; Blätt. (eif.-)elliptisch; ♃; VI–VII. Häufig gepfl. als Heckenstrauch (Heimat: Japan). Fr. **giftig!** *Japanischer L.,* **L. ovalifólium** Hassk.

3. Syringa L., *Flieder.* Blätt. breit-eif., am Grd. herzf., 10–15 cm lg.; Blkr. 4-zipfelig, bläul.violett, rötl. od. weiß; ♃; V–VI. Gepfl. in zahlr. Hybriden u. Sorten, auch als Hecke, zuw. verwild. (Heimat: Balkan, Kleinasien). *Gemeiner Fl.,* **S. vulgáris** L.

4. Forsýthia Vahl, *Goldflieder (246–247);* Bltn. 4-zipfelig; Blätt. längl.-elliptisch, zuw. 3-zählig; ♃; III–IV. Sehr häufiger Zierstrauch, in 2 Arten [**F. suspénsa** (Thunb.) Vahl u. **F. viridíssima** Ldl.] u. mehreren Sorten angepfl. (Heimat: China).

Ordnung: **Polemoniales**

Familie: **Convolvuláceae,** *Windengewächse*
(einschl. **Cuscutáceae**)

Kräuter od. Stauden, mit meist windenden, grünen od. bleichgelben Sprossen; Blätt. einfach, wechselst., ohne Nebenblätt., groß od. unscheinbar-schuppenf.; Bltn. groß, mit trichterf. bis fast radf. *(231),* in der Knospenlage gedrehter radiärer Blkr. od. klein u. unscheinbar; Frkn. oberst.; Kapselfr.

1. Bleiche, nichtgrüne Schmarotzerpfl. mit kleinen Bltn. *(223)* **Cuscuta,** 370
— Pfl. mit grünen Blätt. u. großen Bltn. *(231)* *2*
2. K. von 2 großen, grünen Vorblätt. umgeben . . . . **Calystegia,** 370
— K. ohne Vorblätt. *3*
3. Narbe kopfig; Frkn. u. Kapsel 3- bis 4-fächrig . . . . **Pharbitis,** 370
— Narbe 2-teilig; Frkn. u. Kapsel 2-fächrig . . . . **Convolvolus,** 370

1. Calystégia R. Br., *Zaunwinde*

1. Stg. niederlgd., kaum windend; Blätt. nierenf., etwas fleischig; Blkr. rötl. mit 5 weißen Streifen; ♃; VI–VIII. Stranddünen; *s* Be, Ho, Friesische Inseln, bei Cuxhaven, Sylt, W-Da. *Strand-Z.,* **C. soldanélla** (L.) R. & Sch.
— Stg. windend; Blätt. ± pfeilf., nicht fleischig *2*
2. Vorblätt. am Grd. etwas ausgesackt u. einander überdeckend, nur wenig länger als die Kblätt. *(896a);* Blkr. rosa mit dunkleren Streifen, bis 7 cm lg.; Blattstiele zerstreut kurzhaarig; ♃; VI–IX. Zäune; *z* eingebürgert (z. B. Ho, SH, Da, We, Oberrhein, Ba, Sa, Th, Sb, Po, Schl) (Heimat: O-Asien?). (= *C. dahurica* aut.)
Wald-Z., **C. silvática** (Waldst.) Gris. ssp. **púlchra** (Brummit & Heywood) Rothm.
ssp. **silvática**: Blkr. reinweiß; Blattstiele kahl. Bis jetzt nur *s* Me.
— Vorblätt. nicht ausgesackt, ± flach, fast doppelt so lg. wie die Kblätt. *(896b);* Blkr. bis 5 cm lg.; ♃; VI–IX. *Gemeine Z.,* **C. sépium** (L.) R. Br.
a. Blkr. weiß; Pfl. kahl; Stbfäden in der unteren Hälfte dicht kurz-drüsenhaarig. Zäune, Hecken (bis 1200 m); *v.* ssp. **sépium**
– Blkr. zartrosa; Vorblätt. u. Kblätt. an der Spitze gewimpert; Blattstiele behaart; Stbfäden in der unteren Hälfte (dicht?) lg.-drüsenhaarig. Gebüsche, Schilfränder; Ostseeküste (*z*?). ssp. **báltica** Rothm.

2. Convólvulus L., *Winde.*
Stg. windend od. niederlgd.; Blätt. spießf. od. pfeilf.; Blkr. weiß od. rosa, außen rötl. gestreift, bis 2,5 cm lg.; ♃; V–X. Zäune, Äcker, Schuttplätze (bis 1200 m); *g.* *Acker-W.,* **C. arvénsis** L.

3. Pharbitis Choisy, *Trichterwinde.*
Pfl. bis 3 m hoch; Stg. behaart; Blkr. bis 8 cm lg., meist purpurn od. blau; ⨀; VI–IX. Als Zierpfl. *v* gepfl., zuw. verwild. (Heimat: Trop. Amerika). [= *Ipomoea purpurea* (L.) Roth] **Ph. purpúrea** (L.) Voigt

4. Cúscuta L., *Seide, Teufelszwirn*

1. Gr. 1, mit fast kopff., 2-lappiger Narbe; Stg. oft purpurn; Teilinfl. meist nur bis 6-bltg.; ⨀; VII–IX. Feuchtes Ufergebüsch (bes. auf *Salix*) der Stromtäler; *z* (*f* südl. des Main). *Pappel-S.,* **C. lupulifórmis** Krock.
— Gr. 2 getrennt; Bltn. in dichten Knäueln *2*
2. Narben fadenf.; Bltn. meist sitzend, geknäuelt angeordnet *6*
— Narben kopfig; Bltn. wenigstens teilw. gestielt; Schlundschuppen lg.gefranst *3*
3. Stg. dick, orange; Bltnknäuel dicht, geruchlos *5*
— Stg. dünn, gelb, glatt; Bltnknäuel locker, duftend *4*
4. Schlundschuppen groß, fast so lg. wie die durch sie verschlossene Kronröhre; Gr. ± so lg. wie der breit-walzl. Frkn.; ⨀; VIII–IX. Luzerne- u. Kleefelder; *z* in S- u. M-Dt, Schl, sonst *s* u. unbeständig (Heimat: Chile). *Chilenische S.,* **C. suavéolens** Ser.
— Schlundschuppen klein, kaum 1/2 so lg. wie die von ihnen nicht verschlossene Kronröhre; Gr. etwas kürzer als der oben abgeplattete, ± kugelige Frkn.; ⨀; VI–IX. Wie vorige, aber noch seltener (z. B. Ba, Oberrhein, Th) (Heimat: Mittelmeergebiet, Tropen).
Südliche S., **C. austrális** R. Br. (s. str.)

5(3). Schlundschuppen kürzer als die Kronröhre, auch am Ende lg.gefranst; Stg. etwas rauh; ⨀; VIII–IX. Flußufer, bes. auf *Salix, Urtica, Brassica; z* Rhein-, Main-, Moseltal, *s* NS, SaAn, Schl?. (Heimat: N-Am.) *Weiden-S.,* **C. gronóvii** WILLD.

— Schlundschuppen so lg. wie die Blkrzipfel, aus der Blüte herausragend, schmal-dreieckig-zugespitzt, an der Spitze nur gesägt; Stg. glatt, zuerst gelb, später orangefarben; ⨀; VII–IX. Luzerne- u. Kleefelder; *s* im S (E, BW, Ba, Au), Br (sonst nur unbeständig, eingeschleppt) (Heimat: südöstl. N-Am.). (= *C. arvensis* auct.) *Nordamerikanische S.,* **C. campéstris** YUNCK.

6(2). Schlundschuppen die Kronröhre nicht verschließend, 2-teilig (diese ganzrandig od. mit je 1–4 Zähnchen od. kurzen Fransen), fast od. ganz fehlend; Blkrzipfel etwa 1/2 so lg. wie die Kronröhre; Stg. u. Blkr. meist rötl.; ⨀; VI–IX. Ufer, Auwälder, Hecken, Feldkulturen (bis 1200 m); *v* bis *z.* (3 ssp.) *Europäische S.,* **C. europaea** L.

a. Blkr. gelbl.; Schlundschuppen deutl. 2-spaltig, mit je 1–4 Zähnchen; Stbfäden am Grd. verbreitert. Nur auf *Vicia* u. *Lens,* sehr *z* (wo?). ssp. **víciae** (ENGELM.) GANEŠIN

– Blkr. rosa od. weißl.; Stbfäden am Grd. nicht verbreitert . . . . b

b. Schlundschuppen groß, 2-spaltig, gefranst. Ufer, auf Gehölzen u. Stauden; *v* (?). ssp. **europaea**

– Schlundschuppen sehr klein u. nur undeutl. gezähnt. Hecken (Wirtspfl.?); bisher nur *s* N-Ba, Sa, SH (ob gut abgrenzbar?). ssp. **néfrens** (FR.) O. SCHWARZ

— Schlundschuppen im Umriß breit-zungenf., ringsum ± gleichmäßig u. kurz gefranst **7**

7. Kurzbauchige Kronröhre fast 2mal so lg. wie die Blkrzipfel; Gr. kürzer als die Bltn.; Schlundschuppen der Kronröhre anliegend, diese nicht verschließend; Bltnknäuel 10–12 mm breit; Bltn. u. Stg. meist gelbl.; ⨀; VI–VIII. Fast nur auf *Linum; s* (dann *h*). *Flachs-S.,* **C. epilínum** WEIHE

— Walzl. Kronröhre ± so lg. wie die Blkrzipfel; Gr. länger als der Frkn., die Bltn. überragend; Schlundschuppen zusammenneigend, die Kronröhre verschließend; Bltnknäuel 5–12 mm breit; Bltn. u. Stg. meist rötl.; ⨀–⨀⨀; VII–IX. (2 Kleinarten). *Quendel-S.,* **C. epithýmum** (L.) L. (s. l.)

a. Bltn. sitzend od. kurz gestielt, in 8- bis 10-bltgen Knäueln von 5–8 mm Dm. Auf zahlr. Arten, bes. *Labiatae; v* bis *z* (bis 2000 m); **C. epithýmum** L. (s. str.)

– Pfl. in allen Teilen kräftiger; Bltn. meist deutl. gestielt, in 12- bis 18-bltgen Knäueln von 8–12 mm Dm. Fast nur in Klee- u. Luzernefeldern; *z.* *Klee-S.,* **C. trifólii** BAB. & GIBS.

Familie: **Polemoniáceae,** *Sperrkrautgewächse*

Kräuter od. Stauden; Blätt. wechselst., ohne Nebenblätt.; Bltn. ⚥, radiär; Blkr. rad-, trichter- od. trompetenf.; K-, Blkr.- u. Stbblätt. 5; Frkn. oberst., 3-fächerig; Kapselfr.

1. Blätt. unpaarig gefied.; Bltn. fast radf. . . . . **Polemonium,** 371

— Blätt. ungeteilt; Bltn. stieltellerf. *(288)* . . . . **Collomia,** 371

1. Polemónium L., *Himmelsleiter.* Stg. kantig gefurcht, 20–50 cm hoch; ♃; VI–IX. Wiesen, Flachmoore, Flußkies (bis 1500 m); *z* bis *s* (ursprüngl. nur im S, sonst oft kult., verwild. u. eingebürgert, außer im N u. O). Ⓖ **P. coerúleum** L.

2. Collómia NUTT., *Leimsaat (288).* Pfl. bis 70 cm hoch, oberw. meist reichästig; Blkr. zuerst gelb, später rötl.; Blätt. lanzettl.; ⨀; VI–VII. Flußufer, Bahndämme; *z* im S u. M-Gebiet (*f* Au); eingebürgert (Zierpfl., Heimat: N-Am.). **C. grandiflóra** DOUGL.

Familie: **Hydrophylláceae,** *Wasserblattgewächse*

Phacélia JUSS., *Büschelschön.* Pfl. bis 70 cm hoch, behaart; Blätt. gefiedert, Fiedern spitzl. gekerbt; Infl. als schneckenf. eingerollte Wickel; Blkr. hellblau, mit weit herausragenden Stbblätt.; ⨀; V–VII. Häufig kult. als Bienenfutterpfl., zuw. verwild. (Heimat: Kalifornien). **Ph. tanacetifólia** BENTH.

Familie: **Boragináceae,** *Rauhblattgewächse*

Kräuter od. Stauden, meist steif behaart; Blätt. ungeteilt, ohne Nebenblätt., wechselst.; Bltn. oft in schneckenf. eingerollten Wickeln *(109),* radiär od. leicht zygomorph (*Echium, 226, Lycopsis, 898*), ⚥, 5-zählig; Blkrröhre oft durch 5 hohle, zuw. behaarte Ausstülpungen (= Schlundschuppen, *897,* S) verengt; Frkn. oberst., 2-blättrig, durch eine falsche Scheidewand in 4 Fächer (Klausen; = Teilfr.) geteilt, zwischen denen der Gr. steht *(225),* bei der Reife in 4 1-samige Nüßchen zerfallend.

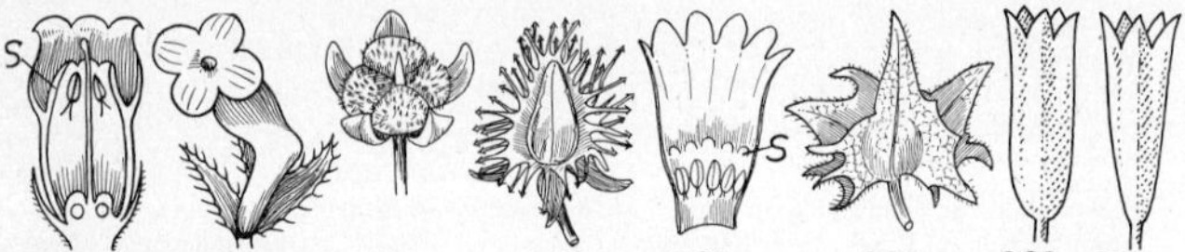

897 898 899 900 901 902 903 904

1. Blkr. glockig, trichterf. od. radf. ausgebreitet, dann aber mit deutl. Blkrröhre *3*
— Blkr. radf. ausgebreitet, ohne deutl. Blkrröhre *2*
2. Blkrzipfel ± so lg. wie breit . . . . **Omphalodes,** 373
Blkrzipfel doppelt so lg. wie breit . . . . **Borago,** 378
3(1). Bltn. regelmäßig (radiär) *5*
— Bltn. unregelmäßig (zygomorph), fast 2-lippig *(226)* oder mit geknickter Röhre (*898;* aus dem K. herausziehen!) *4*
4. Blkr. mit geknickter Röhre *(898),* himmelblau . . . . **Lycopsis,** 376
— Blkr. fast 2-lippig *(226),* meist dkblau . . . . **Echium,** 376
5(3). Teilfr. ohne Stacheln (zuw. aber gezähnt) *7*
— Teilfr. mit Stacheln *6*
6. Teilfr. auf der ganzen Fläche mit widerhakigen Stacheln *(899);* Blkr. trichterf., mit kurzer Röhre, braunrot od. blau; Blätt. lanzettl., zungenf., weich behaart . . . . **Cynoglossum,** 374
— Teilfr. nur an den Kanten mit 1–3 Reihen widerhakiger Stacheln *(900);* Bltn. klein, hellblau . . . . **Lappula,** 373
7(5). Bltn. glockig, walzl. od. bauchig, mit kleinen Blkrzipfeln (diese mehrfach kürzer als die Blkronröhre u. nicht ausgebreitet (Ausnahme *Cerinthe minor*), meist nickend od. hängend *17*
— Bltn. stielteller- bis trichterf., mit ausgebreiteten, größeren Blkrzipfeln *8*
8. Blkr. mit deutl. Schlundschuppen *14*
— Schlundschuppen fehlend, sehr klein *(901)* od. nur als Haarbüschel *9*
9. Blkr. gelb, mit langer Röhre; K. bis zum Grd. 5-spaltig; Bltn. gestielt, in armbltg. Wickeln; Blätt. sitzend; Tragblätt. sehr klein . . **Amsinckia,** 373
— Blkr. entweder nicht gelb od. K. nur bis zur Mitte 5-zipfelig . . . *10*
10. Stgblätt. gestielt, eif.-lanzettl. bis elliptisch, bis 4 cm breit; Bltn. in unbeblätterten Wickeln; Blkr. weiß . . . . **Heliotropium,** 373
— Stgblätt. sitzend (sonst Blkr. blau) *11*
11. K. höchstens bis zur Mitte geteilt *13*
— K. fast bis zum Grd. geteilt *12*
12. Blkr. fleischfarben bis blau; niederlgd.; Strandpfl. mit bläul.grünen, nicht behaarten Blätt. **Mertensia,** 374
— Blkr. weiß od. blau, dann Blätt. behaart . . . . **Lithospermum,** 374
13(11). Blkr. rosa- bis braunviolett u. mit kleinen Schlundschuppen *(901)* od. gelb u. Schlundschuppen nur als Haarbüschel . . . . . **Nonnea,** 376
— Blkr. anfangs rot, dann blau . . . . **Pulmonaria,** 376
14(8). K. nach der Blütezt. stark vergrößert *(902),* abgeflacht, mit gezähnten Zipfeln; Stg. niederlgd. . . . . **Asperugo,** 373
— K. nach der Blütezt. nicht od. nur wenig vergrößert *15*

15. Polsterpfl. der alp. Reg. (nur in Sb), mit himmelblauer Blkr. **Eritrichium,** 373
— Pfl. nicht polsterf.; Stg. meist verlängert; Blkr. blau bis violett (selten anfangs gelb) *16*
16. Teilfr. glatt; Schlundschuppen kahl, gelb . . . . **Myosotis,** 374
— Teilfr. rauh; Schlundschuppen papillös od. bärtig, weiß . . **Anchusa,** 376
17(7). Pfl. kahl, blaugrün bereift; Bltn. gelb . . . . **Cerinthe,** 376
— Pfl. behaart *18*
18. Blätt. lanzettl., bis 1 cm breit; Bltn. gelb . . . . **Onosma,** 376
— Blätt. breiter, eif.-längl.; Blattgrd. oft am Stg. flügelart. herablaufend; Bltn. weiß, violett od. gelb . . . . **Symphytum,** 377

1. Heliotrópium L., *Sonnenwende.* Pfl. 20–30 cm hoch; Blätt. beidersts. weich behaart, ⊙; VII–IX. Weinberge, Brachäcker; *s* im SW (Basel u. E bis Lx). **H. europaéum** L.

2. Asperúgo L., *Scharfkraut (902).* Stg. 20–70 cm lg.; Frstiele herabgekrümmt; ⊙; V–VIII. Ödland, Mauern, Viehläger; *z* Au, sonst *s* im S u. O eingebürgert (nördl. bis Ho, Harz; auch Da). **A. procúmbens** L.

3. Láppula Moench (incl. **Hackelia** Opiz), *Igelsame*

1. Frstiele aufrecht; Teilfr. an den Kanten mit 2–3 Reihen von Stacheln; Stg. meist nur oberw. sparrig-ästig verzweigt, schlaff; ⊙; VI–VII. Weinberge, Brachäcker, Schutt; *z, s* im N (in Dt nicht ursprüngl.). (= *L. myosotis* Moench) *Kletten-I.,* **L. squarrósa** (Retz.) Dum.
— Frstiele nach der Blüte herabgekrümmt; Teilfr. an den Kanten nur mit je 1 Reihe Stacheln *(900);* Stg. meist schon vom Grd. an verzweigt; ⊙; VI–VIII. Felsen, Lägerfluren, Schluchten in Nadelwäldern; *z* Alp. von Ti, Sb (1300–1700 m), *s* Th, SaAn, Harz, Sudeten. *Herabgebogener I.,* **L. defléxa** (Wahl.) Garcke

4. Eritríchum Schrad., *Himmelsherold.* Bltn. vergißmeinnichtähnl., 7 bis 9 mm breit; Schlundschuppen kahl, gelb; ♃; VII–VIII. Felsspalten, Grus (2200–2600 m); *s* Lungau (Sb). **E. nánum** (Amann) Schrad.

5. Amsínckia Lehm.; Blkr. mehrmals länger als ihre kurzen, aber ausgebreiteten freien Zipfel. 5 schwierig zu bestimmende (da selten mit reifen Fr.) Arten aus N-Am.; ⊙; IV–VI. Zuw. adventiv im W (Ho, Be, Rheintal, E; genauere Angaben erwünscht!).
a. Blkrröhre im Schlund behaart; Blkr. intensiv gelb **A. lycopsoídes** (Lehm.) Lehm.
– Blkrröhre im Schlund kahl . . . . **b**
b. Blkr. 10–15 mm lg., orangefarben; Infl. ohne Hochblätter **A. douglasiána** A. Dc.
– Blkr. kleiner als 10 mm . . . . **c**
c. Teilfr. stachelig u. deutl. quer-gerunzelt; Blkr. gelb-orange **A. intermédia** Fisch. & C. A. Mey.
– Teilfr. zwar ± stachelig, doch nicht quer-gerunzelt . . . . **d**
d. Teilfr. behaart; Infl. ohne Hochblätt.; Blkr. blaßgelb **A. menziésii** (Lehm.) A. Nelson & Macbride
– Teilfr. kahl; Infl. mit Hochblätt.; Blkr. gelb **A. calýcina** (Moris) Chater

6. Omphalódes Mill., *Nabelnuß, Hundsvergißmeinnicht*

1. Blätt. lanzettl. bis spatelf.; Blkr. 3–4 mm groß, hellblau, mit gelben Schlundschuppen; ⊙; IV–VI. Au- u. Bergwälder, Gebüsche; *s* S-OPr, M-Dt (SaAn, Th, Sa, Fr), Schl, Sb? *Vergißmeinnichtähnliche N.,* **O. scorpioídes** (Haenke) Schr.
— Blätt. eif.-zugespitzt, lg. gestielt; Blkr. 8–10 mm groß, dk.himmelblau, mit weißen (zuw. rot punktierten) Schlundschuppen; ♃; IV–V. Zierpfl.; *z* verwild. u. oft eingebürgert (Heimat: Laubwälder der SO-Alpen). *Frühlings-N.,* **O. vérna** Moench

7. Cynoglóssum L., *Hundszunge*

1. Blätt. graufilzig, dünn, von starkem Mäusegeruch; Blkr. trübbraunrot; Teilfr. am Rand wulstig verdickt; ⊙; V–VI. Steinige, sandige Orte, Ackerränder (bis 1600 m); *v*. *Echte H., Gemeine H.,* **C. officinále** L.

— Blätt. obersts. fast kahl, glzd.grün; Blkr. violett, mit braunrotem Saum; Teilfr. am Rand nicht verdickt; ⊙; V–VI. Feuchte Wälder, Kahlschläge; *s* Vog., Haardt (Pf), Schw.Alb, Rhön, Harz, Weserbergland-Ith (S-NS). *Deutsche H.,* **C. germánicum** Jacq.

8. Lithospérmum L. (incl. **Buglossoídes** Moench). *Steinsame*

1. Blkr. anfangs rot, später blau, 10–15 mm breit; nichtblühende Triebe bogig wachsend u. an der Spitze einwurzelnd; ♃; IV–V. Steppenheidewälder; kalkliebend; *z* E, BW, Fr, RhPf, Eifel, SO-We, Weserbergland-Altmark, Th, S-SaAn, Bellinchen/Oder. *Blauroter St.,* **L. purpúrocaerúleum** L.

— Blkr. weiß od. gelbl. (selten bläul.), bis 5 mm breit; Stg. alle aufrecht *2*

2. Reife Fr. glatt, glzd.weiß; Blkr. grünl.gelb; Stg. reichästig, 30–100 cm hoch; ♃; V–VII. Auwälder, sonnige Hügel; *v* im S, *s* im N, *f* NW-Dt. *Echter St.,* **L. officinále** L.

— Reife Fr. runzelig, fast glanzlos, braun; Blkr. weiß; Stg. wenig verzweigt, 10 bis 30 cm hoch; ⊙; IV–VII. Ackerunkraut (bis 1000 m); (2 ssp.) *Acker-St.,* **L. arvénse** L.

9. Merténsia Roth, *Mertensie.*

Blätt. 2–6 cm lg., die unteren gestielt, die oberen sitzend, mit punktierter Oberfläche, in angenähert 2 Reihen sthd.; Stg. bläul.-wachsig überlaufen, bis 60 cm lg., Infl. reich verzweigt; ♃; VI–VIII. Kiesig-steiniger Strand; nur in N-Jütland (Da). **M. marítima** (L.) S. F. Gray

10. Myosótis L., *Vergißmeinnicht*

1. K. angedrückt behaart (Haare an der Spitze nicht hakig gekrümmt), zur Frzeit offenbleibend; Pfl. nasser u. feuchter Standorte. (= *M. scorpioides* L. em. Hill) (7 Kleinarten) *Sumpf-V.,* **M. palústris** (L.) Nathh. s.l.[1]

Bestimmung typischer Pflanzen:

a. Kblätt. zur Frzeit höchstens auf 1/3 eingeschnitten; Pfl. ♃ . . . . **c**

– Kblätt. zur Frzeit bis zur Hälfte 5-teilig; Pfl. ohne Ausläufer, ⊙–⊙; Stg. rund . . . . **b**

b. Frkelche bis 10 mm lg., sehr locker sthd.; Teilfr. länger als 1,5 mm; Pfl. nieder, schlaff; ⊙. Strandwiesen; Ostseeküste?, Da, (= *M. baltica* Samuelsson) **M. láxa** Lehm.

– Frkelche bis 5 mm lg., meist ± dicht sthd.; Teilfr. kleiner als 1,5 mm; Pfl. kräftig, meist reich verzweigt; Stg. meist behaart; meist ⊙; V–VII. Ufer, Gräben, nasse Wiesen; *z*, im S seltener. **M. caespitósa** K. F. Schultz

c. Pfl. 2–10 cm hoch; Blkr. 8–12 mm im Dm; FrK 4 mm lg., länger als sein Stiel; Teilfr. 1,8 mm lg.; IV–V. *z* Bodenseeufer, bis Basel, Starnberger See. [= *M. caespiticia* (Dc.) Kern.] *Bodensee-V.,* **M. rehstéineri** Wartm.

– Pfl. fast stets höher als 20 cm . . . . **d**

d. Stg. absthd., behaart, kriechend-aufstgd. u. einwurzelnd, stumpfkantig; Blätt. u. Seitentriebe anlgd. bis absthd. behaart; V–IX. Gräben, Sumpfwiesen, Ufer, Bruchwald; *v* (bis 2000 m). (= *M. scorpioides* L. em. Hill) *Sumpf-V.,* **M. palústris** L. (s. str.)

– Stg. anlgd. od. wenig absthd. behaart, glzd. . . . . **e**

e. Bltn. groß, 10–12 mm im Dm; FrK. ca. 6 mm lg.; Teilfr. bis 2,5 mm lg.; VI–VIII. Strandwiesen; *s* Me. *Großblütiges V.,* **M. praecox** Hülphers

– Bltn. klein, nur 4–8 mm im Dm; FrK nur bis 5 mm lg.; Teilfr. nur bis 1,5 mm lg. . . . . **f**

[1] **M. palustris** s. l. ist eine formenreiche Sammelart, wozu das häufige Vorkommen von Übergangsformen die genaue Identifizierung der in ihrer Verbreitung z. T. nur ungenau bekannten Klein- u. Unterarten sehr erschwert. Zur Bestimmung sind voll u. normal entwickelte Pfl. mit Blüten *und* Früchten erforderlich. Die Verbreitungsangaben sind erst vorläufig.

f. Stg. scharfkantig, (kahl od.) mit abw. weisenden Haaren; untere Stgblätt. untersts. mit basalw. weisenden Haaren; V–VIII; Sumpfwiesen, feuchte Waldstellen (Höhenobergrenze?). *z?* (= *M. strigulosa* RCHB.) *Hain-V.,* **M. nemorósa** BESSER

– Stgd. rund, (kahl oder) mit aufw. weisenden Haaren; untere Stgblätt. mit zur Spitze gerichteten Haaren; V–VIII. Nasse Wiesen, Ufer; *v* im S, *z* im N. *Lockerblütiges V.,* **M. laxiflóra** RCHB.

— K. absthd. behaart, Haare alle od. z. T. hakig eingekrümmt; Stg. behaart ***2***

2. Saum der 2–4 mm breiten Blkr. trichterf. vertieft ***4***

— Saum der 6–10 mm breiten Blkr. flach ausgebreitet; Frstiele so lg. od. länger als der K.; Pfl. bis 50 cm hoch ***3***

3. Stbbeutel aus der gelben Kronröhre herausragend; Kronröhre ± doppelt so lg. wie der K.; Frstiel ± so lg. wie der zur Frzt. geschlossene K.; Blkr. zunächst gelbl., dann rötl., zuletzt blau; ♃; VI–VIII. Quellfluren, feuchte Wälder (1000–2000 m?). (3 ssp.) (incl. *M. variabilis* ANGELIS)
Veränderliches V., **M. decúmbens** HOST

a. Blkrröhre nur wenig länger als der K.; Gr. nicht länger als die Blkrröhre. Nur *s* Allgäu, Ti.
ssp. **decúmbens**

– Blkrröhre 2 mal so lg. wie der K.; Gr. länger als die Blkrröhre . . . . **b**

b. Antheren aus der Blkrröhre hervorragend. *s* Lungau (Sb). ssp. **variabilis** (ANGELIS) GRAU

– Antheren in der (gelben u. verlängerten!) Blkrröhre eingeschlossen. *z* Sb, Ti.
ssp. **kérneri** (D. T. & S.) GRAU

— Stbbeutel in der (blauen bis weißen u. kürzeren!) Kronröhre eingeschlossen, diese meist kürzer als der K.; (2 Kleinarten).
Wald-V., **M. sylvática** EHRH.) HOFFM. s.l.

a. Frstiele bis 2-mal so lg. wie der K.; K. zur Frzt. offen u. leicht abfallend; Teilfr. obersts. spitz; K. mit zahlreichen, seitl. absthd. bis abwärts weisenden, ± geraden u. am Ende stark eingekrümmten Haaren; Stgblätt. in Form u. Größe nur wenig verschieden, Grdblätt. sehr kurz gestielt; Blkr. hellblau. ⊙-mehrjährig; V–VII. Wiesen, Wälder (bis 1900 m); *z, s* im N (2 ssp.)
M. sylvática (EHRH.) HOFFM. s. str.

– Frstiele ± so lg. wie der K.; K. zur Frzt. zusammenneigend u. bleibend; Teilfr. obersts. stumpf; K. mit wenigen, seitl. absthd. bis aufwärts weisend, bogenf., an der Spitze wenig eingekrümmten Haaren; Grdblätt. deutl. gestielt, von den (bes. oberen) Stgblätt. in Form u. Größe deutl. verschieden, Blkr. azurblau; mehrjährig; VI–IX. Matten, Triften, Schneetälchen (1400–2700 m); *v* Alp., *s* Hoch-Vog. **M. alpéstris** F. W. SCHM.

4(2). Frstiele kürzer od. so lg. wie der K. ***6***

— Frstiele meist 2- bis 3-mal so lg. wie der K. ***5***

5. K. zur Frzt. offen; Frstiele ± zurückgekrümmt; Teilfr. mit weißem Anhängsel (Ölkörper); Infl. verlängert, lockerbltg., an ihrer Basis noch mit Laubblätt.; ⊙; IV–VI. Feuchtes Gebüsch, Auen (bis 800 m); *s* im O [westl. bis Me-Harz-Th, bei Regensburg u. Passau (Ba), Sb].
Lockerblütiges V., **M. sparsiflóra** MIK. p.

— Kzipfel zur Frzt. zusammenneigend; Frstiele ± waagrecht absthd.; Teilfr. ohne Anhängsel; Infl. dichtbltg., an ihrer Basis nicht beblätt.; ⊙; V–VIII. Äcker, Wegränder, Gebüsche (bis 1400 m); *v* (2 ssp.) (= *M. intermedia* LK.) *Acker-V.,* **M. arvénsis** (L.) HILL.

6(4). Blkr. zunächst gelb, dann rosa, zuletzt blau, ihre Röhre bis 2-mal so lg. wie der K.; Frstiele nur 1/2 so lg. wie der zur Frzt. geschlossene K.; ⊙; IV–VI. Äcker, Wegränder; *v* im N, *s* im S (*f* Alp., Au) [= *M. versicolor* (PERS.) SM.; *M. collina* HOFFM.] *Buntes V.,* **M. discolor** PERS. ssp. **discolor**

— Blkr. blau, ihre Röhre höchstens so lg. wie der K. ***7***

7. K. zur Frzt. offen, ± so lg. wie die waagrecht absthd. Frstiele; Kzipfel die Blkr. überragend; ⊙; IV–VI. Trockenrasen, Sandböden, Waldränder (bis 700 m); *v* im N, *z* bis *s* im S (*f* Vb). (= *M. collina* aut.; = *M. ramosissima* ROCHEL) *Hügel-V.,* **M. híspida** SCHLDL.

— Kzipfel zur Frzt. zusammenneigend; Frstiele höchstens 1/2 so lg. wie der K.; K. deutl. kürzer als die Blkr.; ⊙; III–V. Sandböden, Ödland, Magerwiesen; *v, s* bis *f* im Geb. (= *M. micrantha* aut.; = *M. arenaria* SCHRAD.)
Sand-V., **M. stricta** LK. ex R. & SCH.

11. Onósma L., *Lotwurz*. Stg. dicht beblätt., borstig behaart, bis 50 cm hoch; ⨀; V–VI. Sanddünen bei Mainz (RhPf). (= ssp. *pyramidatum* Br.-Bl.)
O. arenárium W. & K. ssp. **arenárium**

12. Cerínthe L., *Wachsblume*

1. Blkr. mit 5 kleinen, zurückgeschlagenen Zipfeln; Grdblätt. nicht gefleckt; ♃; VI–VIII. Hochstaudenfluren (bis 2250 m); *z* Alp. (Allgäu, Vb, Ti), nördl. Vorland bis Donau u. östl. bis zum Lechtal, S-Schw. (verwild.?) (= *C. alpina* Kit.) *Alpen-W.*, **C. glábra** Mill.

— Blkr. fast bis zur Mitte gespalten, mit zusammenneigenden Zipfeln; Grdblätt. oft weißl. gefleckt; ⨀; V–VII. Wald- u. Wegränder, Schuttplätze; *z* Au, SO-Ba (bis Augsburg-Alb-Bayr.W.) Th, S-An, Schl; sonst verwild.
Kleine W., **C. minor** L.

13. Échium L., *Natternkopf*. Pfl. bis 1 m hoch; Bltn. *(226)* erst rötl., dann blau; ⨀; VI–X. Trockenhänge, Wegränder, Schuttplätze (bis 1200 m); *g*.
E. vulgáre L.

14. Anchúsa L., *Ochsenzunge*

1. Grd.- u. untere Stgblätt. lg.gestielt; Blätt. eif.-zugespitzt, deutl. netznervig; Blkr. himmelblau, Teilfr. kurz gestielt; ♃; V–VI. Waldränder, Hecken; *s* Be (ob ursprüngl.?). [= *Pentaglottis sempervirens* (L.) Tausch]
Ausdauernde O., **A. sempérvirens** L.

— Höchstens die zur Blütezt. bereits ± vertrockneten, längl.-lanzettl. Grdblätt. gestielt; Teilfr. ungestielt *2*

2. Schlundschuppen papillös-samtig; K. bis etwa zur Mitte geteilt, zur Frzt. bis 7 mm lg.; Blkr. blauviolett; ⨀–♃; V–IX. Trockenrasen, Äcker, Wegränder; *v* bis *z*, *s* im W, *f* im Geb. *Gemeine O.*, **A. officinális** L.

— Schlundschuppen bärtig behaart; K. bis fast zum Grd. gespalten, zur Frzt. bis 10 mm lg.; Blkr. himmelblau; ⨀; V–IX. Wie vorige; oftmals eingeschleppt u. stellenw. eingebürgert (E, S-Dt). (Heimat: Mittelmeergebiet). (= *A. azurea* Mill.) *Italienische O.*, **A. itálica** Reitz.

15. Lycopsis L., *Wolfsauge, Krummhals*. Blätt. schmal-lanzettl., wellig-runzelig, steifhaarig; Blkr. *(898)* bis 5 mm breit, himmelblau, mit weißen, bärtigen Schlundschuppen; ⨀; V–VII. Brachäcker, Wegränder (bis 1400 m); *v* bis *z*. (= ssp. *occidentalis* Kusnezow) **L. arvénsis** L. ssp. **arvénsis**
ssp. **orientális** (L.) Kusnezow: Blätt. kaum gewellt; Infl. lockerbltg.; Blkr. nur bis 5 mm lg.; *s* adventiv (Heimat: Asien, Balkan).

16. Nónnea Med., *Mönchskraut*

1. Blkr. *(901)* rosa- bis braunviolett; Blätt. weichhaarig; mehrjährig; V–VIII. Trockenrasen, Wegränder; kalkstet; *z* in S-Dt. Th, SaAn, Br, Schl, sonst zuw. adventiv (eingebürgert?). *Braunes M.*, **N. púlla** (L.) Dc.

— Blkr. lebhaft hellgelb; Blätt. borstig behaart: ⨀; IV–VI. Zierpfl. zuw. verwild. (wo?). (Heimat: Kaukasus). *Gelbes M.*, **N. lútea** (Desr.) Dc.

17. Pulmonária L., *Lungenkraut*

Eine sichere Bestimmung ist nur mittels Überprüfung mehrerer Pfl. möglich. Das Auftreten von **Bastarden** erschwert die Bestimmung. Zahlreiche frühere Verbreitungsangaben bedürfen jetzt – nach sicherer Bestimmungsmöglichkeit – der Bestätigung bzw. Korrektur. Schlüssel nach Sauer.

1. Oberseite der Grdblätt. entweder mit Borsten oder mit Borsten, Haaren u. gestielten Drüsen, stets ohne Stachelhöcker; Rhizom stets kompakt, ohne ausläuferart. Verlängerung *3*

— Oberseite der Grdblätt. dicht mit Stachelhöckern u. mit wenigen Borsten; Rhizom ± deutl. ausläuferart. verlängert *2*

2. Voll entwickelte Grdblätt. meist dünn u. weich, dkgrün, ungefleckt (zuw. mit unregelmäßigen helleren grünen Flecken); K. frisch aufgeblühter Bltn.

schmal U-förmig *(903)*, 2½–4½ mal so lg. wie breit; ♃; III–V. Laub- u. Mischwälder, Gebüsche (Höhengrenze?); *v* im N, *s* im S (*f* E, Au). [= *P. officinalis* L. ssp. *obscura* (DUM.) MURB.] *Dunkles L.*, **P. obscúra** DUM.

— Voll entwickelte Grdblätt. meist derber, fast gelbgrün, fast stets mit rundl., scharf berandeten weißen Flecken; K. frisch aufgeblühter Bltn. V-förmig *(904)*, 1½–2½ mal so lg. wie breit; ♃; III–V. Wie vorige (bis 1300 m); *v* bis *z* im S, nördl. bis Bodenseegebiet u. Donau (?). [= *P. officinalis* L. ssp. *maculosa* (HAYNE) GAMS] *Echtes L.*, **P. officinalis** L. (s. str.)

3(1). Oberste Stgblätt. u. unterste Brakteen breit eif.-lanzettl.-zugespitzt, mit herzf. Grd. halbstgumfassend; Grdblätt. im Umriß ± breit-eif.-lanzettl. zugespitzt, im unteren Drittel am breitesten ***5***

— Oberste Stgblätt. u. unterste Brakteen meist schmal-elliptisch-lanzettl. (od. etwas schmaler), mit abgerundeter od. verschmälerter Basis sitzend; Grdblätt. elliptisch-lanzettl.-zugespitzt, in der Mitte am breitesten . ***4***

4. Grdblätt. u. Stgblätt. schmal, 7–12 mal so lg. wie breit, ihre Behaarung nur aus gleichlangen Borsten bestehend; Blkr. hellazurblau; ♃; III–V. Trockenwälder, Gebüschränder; *z* im S, nördl. bis RhPf/S-NS/Rh/SaAn; (?). (= *P. azurea* BESSER) *Schmalblättriges L.*, **P. angustifólia** L.

— Grdblätt. u. Stgblätt. breiter, nur 4–6 mal so lg. wie breit, ihre Behaarung aus Borsten, wenigen Haaren u. gestielten Drüsen bestehend; Blkr. intensiv blauviolett; ♃; III–V; Trockenwälder; *s* S-Württ., S-Ba. *Hügel-L.*, **P. collina** SAUER

5(3). Blätt. intensiv grün (zuw. heller) bis weißfleckig; Oberseite der Grdblätt. nur mit verschieden langen Borstenhaaren; Infl. nicht drüsig behaart; ♃; III–V. Wälder, Gebüsche; *z* im SW, nördl. bis Be/RhPf/S-He (*f* Ba); (?) (= *P. tuberosa* auct.) *Berg-L.*, **P. montana** LEJEUNE

— Blätt. gräul-grün; Oberseite der Grdblätt. dicht behaart, dazwischen locker borstig u. mit zahlreichen gestielten Drüsen; Infl. drüsig behaart (klebrig!); ♃; IV–V. (= *P. mollissima* KERNER) *Weiches L.*, **P. mollis** WULF. ex HORNEM.

a. Blätt., K. u. Infl.achse dicht mit Haaren u. gestielten Drüsen, nur mit wenigen Borsten besetzt (weich); Blkr. lila (selten rot). Trockenwälder, Auwaldränder; *z* im S (BW, Ba, Ti, Sb). ssp. **móllis**

– Blätt., K. u. Infl.achse lockerer u. steifer behaart, mit vielen Borsten (rauh); Blkr. leuchtend blau-violett bis blau. Nadel- u. Mischwälder bis subalp. Matten der Krummholzstufe; *z* Kalkalp., *s* Vorland (Flußtäler), M- u. S-Vog. ssp. **alpína** SAUER

18. Sýmphytum L., *Beinwell (897)*

1. Stg. einfach od. nur oben gabelästig, mit knolliger Grdachse; Bltn. blaßgelb ***3***

— Stg. vom Grd. an ästig; Grdachse nicht knollig; Bltn. blaurot, rosaviolett, blau od. weißl. ***2***

2. Blattgrd. nicht am Stg. herablaufend; Blkr. anfangs karminrot, später himmelblau; Pfl. 1–1,75 m hoch; ♃; VI–VIII. Zierpfl. zuw. als Futterpfl. (= *Comfrey*) angebaut (Heimat: Kaukasus). *Rauher B.*, **S. ásperum** LEP.

— Blattgrd. meist weit am Stg. herablaufend; ♃; V–VII. Feuchte Wiesen, Bachufer; *v*. (3 ssp.) *Gemeiner B.*, **S. officinále** L.

a. Stg. u. Blätt. fast kahl; Blätt. nur wenig herablaufend; Bltn. violett bis purpurn, selten weiß; *s* E, RhPf. ssp. **uliginósum** (KERN.) NYM.

– Stg. u. Blätt. borstig-rauh; Blätt. weit herablaufend . . . . **b**

b. Bltn. bis 2 cm lg., Farbe wie ssp. *uliginosum*; *v*, häufiger im N. (= var. *purpureum* PERS.) ssp. **officinále**

– Bltn. kleiner, gelbl.-weiß; *v*, häufiger im S. ssp. **bohémicum** (F. W. SCHM.) ČEL.

Bastard: S. × uplándicum NYM. = *S. officinale* × S. asperum (zuw. angebaut).

3(1). Schlundschuppen aus der Blüte herausragend; Stbbeutel so lg. wie die Stbfäden; Rhizom dünn, mit knollenf. Anschwellungen u. Ausläufern; Blkr. 8–14 mm lg.; ♃; V–VI. N-Oberrheingebiet; *s* eingebürgert (Heimat: Balkan). *Kleinblütiger B.*, **S. bulbósum** SCHIMP.

— Schlundschuppen nicht aus der Blüte herausragend; Stbbeutel doppelt so lg. wie die Stbfäden; Rhizom durchwegs knollig verdickt, ohne Ausläufer;

Blkr. 15–20 mm lg.; ♃; IV–V. Schattige Wälder, Hochstaudenflur (bis 1750 m); *v* bis *z* Alp. u. Vorland (*f* Vb), *s* Odergebiet (Schl), Elbtal bei Frankfurt (He), S-Fr.Alb/Bayrw.

Knolliger B., **S. tuberósum** L. ssp. **nodósum** (Schur) Soó

19. Borágo L., *Boretsch.* Bltn. nickend, himmelblau, 2,5 cm im Dm; Schlundschuppen aus der Blkrröhre herausragend; Stbbeutel schwarz-violett. ⊙; V–IX. Oft kult. u. *v* eingebürgert (Heimat: W-Mittelmeergebiet). **B. officinális** L.

Ordnung: Scróphulariáles

Familie: Solanáceae, *Nachtschattengewächse*

Kräuter, Stauden, seltener Holzgewächse; Blätt. wechselst., ungeteilt od. gefied., ohne Nebenblätt., Bltn. meist in Wickeln, selten einzeln, radiär, ⚥; K.-, Blkr.- u. Stbblätt. 5; Frkn. oberst., meist 2-fächerig; Scheidewand des Frkn. schräg zur Mediane (Mittellinie) der Blüte gestellt; Beeren- od. Kapselfr.

1. Stbbeutel kegelf., zusammenneigend od. zu einer Röhre verbunden; Blkr. radf. *(232);* Kräuter, Stauden od. Halbsträucher; saftige Beerenfr. . . . . **Solanum,** 379

— Stbbeutel getrennt, nicht zu einer Röhre vereinigt *2*

2. Strauch bis 5 m hoch, mit überhängenden, rutenf., oft dornigen Ästen; Bltn. zu 1–3 blattachselst. trichterf., radf., schmutzigviolett **Lycium,** 378

— Krautige Pfl. *3*

3. Blätt. buchtig gezähnt *7*

— Blätt. ganzrandig od. etwas geschweift-gezähnelt *4*

4. Blkr. schmutzigweiß, trichterf.-radf.; Bltn. einzeln, nickend; Fr. eine vom aufgeblasenen, orangeroten K. umschlossene orangerote Beere . . . . **Physalis,** 379

— Bltn. grünl.gelb, rot; bräunl. od. weißl; Fr. anders *5*

5. K. 5-zähnig; Bltn. einzeln, röhrig-glockig, hängend, außen glzd. braun, innen olivgrün . . . . **Scopolia,** 379

— K. 5-teilig od. 5-spaltig *6*

6. Blkr. glockig, violettbraun; Bltn. einzeln, hängend; Blkr. ca. 2 cm lg., außen braunviolett, innen schmutzig-gelb; Fr. eine glzd. schwarze Beere . . . . **Atropa,** 379

— Blkr. trichterf. od. stieltellerf., rosenrot bis grünl.gelb od. weißl; Bltn. in Rispen od. Trauben; Kapselfr. . . . . **Nicotiana,** 380

7(3). Stg. zottig-klebrig; Blätt. tief-buchtig gezähnt; Blkr. mit 5-lappigem Saum, schmutziggelb, violett geadert; Fr. eine Deckelkapsel, vom erhärtenden K. umschlossen *(119)* . . . . **Hyoscyamus,** 379

— Stg. kahl; Bltn. weiß od. blau *8*

8. Blkr. bis 8 cm lg. trichterf., faltig, mit fein zugespitzten Zipfeln, weiß, selten blauviolett; Fr. eine stachelige Kapsel . . . . **Datura,** 380

— Blkr. bis 4 cm lg, glockig, nicht faltig, hellblau, am Grd. weiß; K. scharf 5-kantig, zur Frzeit aufgeblasen; Fr. eine trockene, braune Beere **Nicandra,** 378

1. Nicándra Adans., *Giftbeere.* Stg. 30–130 cm hoch, etwas kantig, ästig; Bltn. einzeln, überhgd.; Fr. vom K. umschlossen; ⊙; VII–X. Aus Gärten *s* verwild. (Heimat: Peru). **Giftig!** **N. physaloides** (L.) Gaertn.

2. Lýcium L., *Bocksdorn*

1. Blätt. lanzettl., am breitesten in der Mitte, allmähl. in den Stiel verschmälert; Zipfel des Blkrsaumes 2/3 bis 3/4 so lg. wie die Blkrröhre; ♃; VI–VIII. Gepfl., oft verwild. u. *v* eingebürgert. (Heimat: China). (= *L. halimifolium* Mill.) *Gemeiner B.,* **L. bárbarum** L.

— Blätt. eilanzettl., eif. od. rhombisch-eif., am breitesten unterhalb der Mitte, ± plötzl. in den Stiel verschmälert; Zipfel des Blkrsaumes etwa so lg. od. länger als die Blkrröhre; ♃; VI–VIII. Weniger häufig gepfl. als vorige, *s* verwild. (Heimat: O-Asien). [= *L. rhombifolium* (MOENCH) DIPP.]
Chinesischer B., **L. chinénse** MILL.

3. Átropa L., *Tollkirsche.* Blätt. im Bereich der Infl. paarweise genähert, davon je 1 größeres u. 1 kleineres; Bltn. einzeln, scheinbar blattachselst.; Pfl. 50–150 cm hoch; reife Beeren glzd.-schwarz, **stark giftig!** ♃; VI–VIII. Laubwälder, Kahlschläge, bes. der mont. Reg. (bis 1700 m); *z*, im N nur *s* verwild. **A. belladónna** L.

4. Scopólia JACQ., *Tollkraut.* Stg. aufrecht, 30–60 cm hoch, am Grd. mit schuppenf. Niederblätt.; Blätt. gestielt, verkehrt-eif.; ♃; IV–V. **Giftig!** Zuw. aus Gärten verwild. (Heimat: O- u. SO-Eur., westl. bis Kärnten). **S. carniólica** JACQ.

5. Hyoscýamus L., *Bilsenkraut.* Stg. 20–80 cm hoch; K. bleibend, mit stechenden Zähnen; ⨀; VI–X. **Giftig!** Schuttplätze, Wegränder, Ruderalstellen (bis 1500 m?); *z* u. unbeständig. **H. níger** L.

6. Phýsalis L., *Judenkirsche.* Stg. 25–60 cm hoch, kurz behaart; Blätt. gestielt, eif.-zugespitzt, paarweise beisammen; K. nach der Blüte stark heranwachsend, lebhaft orangerot; ♃; VI–VIII. Wälder, Kahlschläge (bis 800 m); *z* (nördl. bis RhPf/We/NS/Th/SaAn), im N nur zuw. verwild.; *v* als Zierpfl.
Ph. alkekéngi L.

7. Solánum L. (incl. **Lycopérsicon** MILL.), *Nachtschatten*

1. Blätt. ungeteilt zuw. 3-zählig gefied. ***4***
— Blätt. unterbrochen gefied. od. doppelt fiedspaltig ***2***
2. Blätt. doppelt fiedspaltig; Stg., Blätt. u. K. mit Stacheln versehen; Blkr. gelb; ⨀; VI–VII. Schuttplätze, Bahnhöfe; im S u. W nicht selten eingeschleppt, aber unbeständig (Heimat: SW-USA, Mexiko). (= *S. rostratum* DUN.) *Stachel-N.*, **S. cornútum** LAM.
— Blätter unterbrochen gefiedert; Pfl. stachellos ***3***
3. Blkr. violett, rosa od. weiß; Fr. eine kleine grüne Beere; Pfl. mit Ausläuferknollen; ♃; VI–IX. Nutzpflanze, in vielen Sorten *v* kult. (Heimat: Anden von Peru, Bolivien u. N-Argentinien).
Kartoffel, **S. tuberósum** L.
— Blkr. gelb; Fr. eine große rote (od. gelbe) Beere; Pfl. ohne Ausläuferknollen; ⨀; VII–X. Nutzpfl., in vielen Sorten *v* kult. (Heimat: S-Am., bes. Peru). (= *Lycopersicon esculentum* MILL.)
Tomate, **S. lycopérsicum** L.
4(1). Blkr. dk.violett; Stg. am Grd. verholzt, kletternd; Blätt. eif.-lanzettl., die obersten häufig spießf. bis geöhrt; Beeren glzd. rot; ♃; VI–VIII. Feuchte Gebüsche, Auwälder, Hecken (bis 1700 m); *v*.
Bittersüßer N., **S. dulcamára** L.
— Blkr. weiß (zuw. rötl. od. blaßlila); Pfl. ⨀ ***5***
5. K. nur den Grd. der reifen Beere bedeckend ***7***
— K. etwa die Hälfte oder mehr der reifen Beeren bedeckend; Beeren grün bis violett, glänzend ***6***
6. Kblätt. mit stumpfen, abgerundeten Buchten verbunden, nur als Zipfel; Beeren mit ca. 25 Samen; Blattspr. an der Basis keilig verschmälert; Blätt. mit leichtem Kartoffelgeruch; Behaarung aus mehr Haaren als Drüsen(haaren) bestehend, nicht klebrig; ⨀; VI–IX. Ruderalstellen, Äcker; eingeschleppt u. eingebürgert, z. B. Vorder-Pf, Odenw., We, SaAn, Berlin. (Heimat: S-Am.)
Glanzfrüchtiger N., **S. nitidibaccátum** BITT.
— Kblätt. längl., mit spitzen Buchten u. einem durchsichtigen Häutchen verbunden; Beeren mit ca. 75 Samen; Blattspr. an der Basis leicht herzf.; Blätt. mit aromatischem Tomatengeruch; Behaarung aus mehr Drüsen(haaren) als Haaren bestehend, klebrig; ⨀; VI–IX. Wie vorige, ob eingebürgert?; *s* bei Hamburg, S-Oldenburg, Rheinl., Spessart. (Heimat: S-Am.)
Saracho-N., **S. sarachoídes** SENDT. em. BITT.
7(5). Kbuchten spitz; Stg. behaart bis kahl; Beeren schwarz od. grünl. gelb; ⨀; VI–X. Schuttplätze, Äcker (bis 1000 m); *v*. (2 ssp.)
Schwarzer N., **S. nígrum** L.

a. Pfl. fast kahl bis behaart; Haare meist anlgd., drüsenlos ssp. **nigrum**
– Pfl. weich behaart; Haare meist abstd., drüsig. ssp. **schultésii** (OPIZ) WESSELY

— Kbuchten stumpf; Beeren anders gefärbt; Stg. deutl. behaart; ⊙; VI–X. Ruderalstellen (bis 1000 m?); *s* im S u. M-Gebiet. *Gelber N.*, **S. lúteum** MILL.

a. Pfl. behaart, Haare meist abstd., drüsig; Stg. rund, allenfalls leicht kantig; Beeren goldgelb. (= *S. villosum* MILL.) ssp. **lúteum**
– Pfl. behaart bis verkahlend, Haare meist anlgd., drüsenlos; Stg. schmal geflügelt; Beeren rot (= *S. alatum* MOENCH) ssp. **alátum** (MOENCH) DOSTÁL

8. Datúra L., *Stechapfel.* Stg. 30–120 cm hoch, meist gabelästig, kahl; Bltn. einzeln, aufrecht, in den Astgabeln; Blkr. weiß, selten blauviolett; Fr. eine große selten glatte, meist dicht mit bis 15 mm lg. Stacheln besetzte Kapsel; ⊙; VI–X. **Giftig!** Schutt, Gartenland; *z* verwild. u. eingebürgert (Heimat: Mexiko?). **D. stramónium** L.
Seltener eingeschleppt u. mit bis 30 mm lg. u. locker verteilten Stacheln (Wollkämmereien) **Giftig!** (Heimat: China). **D. férox** L.

9. Nicotiána L., *Tabak*

1. Blkr. grünl.gelb; wenigstens die unteren Blätt. gestielt, eif.-stumpfl., stark drüsig; ⊙; VI–IX. Kulturpfl.; *v*, bes. im S (Heimat: M-Am). *Bauern-T.*, **N. rústica** L.
— Blkr. rosa, rötl. od. weißl.; Blätt. sitzend, am Stg. herablaufend *2*
2. Blkr. weißl; Blätt. längl.-lanzettl.; Blkrzipfel stumpf; ⊙; VI–IX. Zierpfl., zuw. verwild. (Heimat: Brasilien). *Flügel-T.*, **N. aláta** LK. & OTTO
— Blkr. rosa bis rötl. *3*
3. Rispe ausgebreitet; Blätt. längl.-lanzettl., die unteren am Stg. herablaufend; Seitennerven im spitzen Winkel vom Mittelnerven abgehend; Blkrzipfel lg.zugespitzt; ⊙; VII–VIII. In zahlreichen Sorten angepfl. (Heimat: N-Argentinien). *Virginischer T.*, **N. tábacum** L.
— Rispe zusammengezogen; Blätt. elliptisch, am Grd. geöhrt; Seitennerven fast rechtwinklig abgehend; Blkrzipfel kurz zugespitzt; ⊙; VII–VIII. Selten angepfl. (Heimat: vermutl. wie vorige). *Maryland-T.*, **N. latissima** MILL.

Familie: **Scrophulariáceae**, *Rachenblütler*

Kräuter od. Stauden; Blätt. wechsel- od. gegenst.; ohne Nebenblätt.; Bltn ± zygomorph; Kblätt. 4–5, frei od. verwachsen; Blkr verwachsen, 5-teilig, 5-lappig od. 4-teilig *(Veronica)*, häufig 2-lippig, zuw. gespornt *(Linaria)*, ihr Schlund oft durch eine Ausstülpung der Unterlippe verschlossen („maskiert", 228); Stbblätt. 2–5; Frkn. oberst., 2-fächerig; Kapselfr.

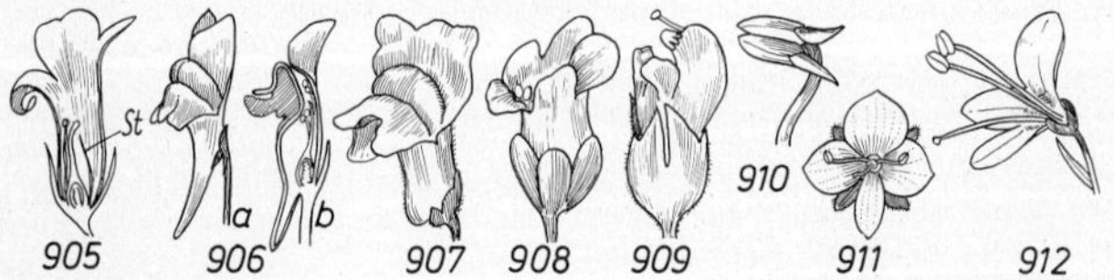

905 906 907 908 909 911 912

1. Stbblätt. 5, weiß od. violett wollig; Blkr. fast radiär, radf. *(228)*, gelb, violett od. weiß . . . . **Verbascum,** 382
— Stbblätt. 2–4, nicht wollig *2*
2. Pfl. ohne grüne Blätt., mit weißen od. rötl. Schuppenblätt. **Lathraea,** 399
— Pfl. mit grünen Blätt. *3*
3. Stbblätt. 4 . . . . *5*
— Stbblätt. 2 . . . . *4*
4. Blkr. 2-lippig, ihre Röhre länger als breit; K 5-teilig, der hintere Zipfel kleiner als die übrigen . . . . **Paederota,** 386
— Blkr. ± ausgebreitet-radf., oft fast radiär *(911)* oder 2-lippig, dann aber mit 4-teiligem K. . . . . **Veronica,** 386
5(3). Alle 4 Stbblätt. mit Stbbeutel *7*
— Nur 2 Stbblätt. mit Stbbeuteln, die beiden anderen steril *(905 St)* *6*
6. Unmittelbar unter dem 5-teiligen K. noch 2 lineal-lanzettl. Vorblätt.; Blkr. 8–12 mm lg., viel länger als der K. . . . . **Gratiola,** 385
— Bltnstiele ohne Vorblätt.; Blkr. 6–8 mm lg., nur wenig länger als der

K. . . . . **Lindernia,** 385

7(5). Alle Blätt. grdst., verkehrt-lanzettl., ganzrandig *(186),* länger als die Bltnstiele; kleines Schlammkraut . . . . **Limosella,** 385

— Stg. beblättert od. Blätt. fiedspaltig ***8***

8. Blkr. am Grd. nicht gespornt, zuw. aber sackf. ausgestülpt . . ***13***

— Blkr. am Grd. mit deutl. Sporn *(906)* ***9***

9. Unterlippe der Blkr. ohne Aufwölbung, daher Einblick in den Schlund möglich . . . . **Anarrhinum,** 385

— Unterlippe der Blkr. mit Aufwölbung, daher Schlund fast oder ganz verschlossen („maskiert", *906a–b*) ***10***

10. Stg. aufrecht ***12***

— Stg. kriechend, niederlgd. od. hgd. ***11***

11. Stg. u. Blätt. behaart, z. T. drüsig; Kapsel sich je Fach mit einem Dekkel öffnend . . . . **Kickxia,** 384

— Stg. u. Blätt. kahl; Kapsel sich mit gezähnten Löchern öffnend. **Linaria cymbalaria,** 384

12(10). Schlund der Blkr. völlig geschlossen; Fächer der Kapsel gleich groß . . . . **Linaria,** 384

— Schlund der Blkr. nicht völlig geschlossen, zwischen Ober- u. Unterlippe noch ein freier Spalt; Fächer der Kapsel etwas ungleich groß **Chaenorrhinum,** 385

13(8). Schlund der Blkr. durch eine Ausstülpung der Unterlippe geschlossen („maskiert"), am Grd. sackf. ausgestülpt *(907)* . . . **Antirrhinum,** 383

— Schlund der Blkr. offen (nicht maskiert), zuw. beim Anwelken sich schließend ***14***

14. Blätt. gegenst., zumindestens die unteren, oder wechselst. und fiedspaltig ***16***

— Alle Blätt. wechselst. u. nicht fiederspaltig ***15***

15. Blkr. röhrenf., bauchig mit schiefem Saum, hängend, größer als 20 mm; Pfl. 40–150 cm hoch . . . . **Digitalis,** 385

— Blkr. radf., aufrecht, bis 15 mm im Dm; Pfl. bis 20 cm hoch . **Erinus,** 386

16(14). Bltn. in end- u. blattwinkelst. Dichasien od. Wickeln; Blkr. bauchig od. kugelig; Mittellappen der Unterlippe zurückgeschlagen *(908)* **Scrophularia,** 383

— Bltn. in Rispen, Ähren, Trauben od. einzeln ***17***

17. Infl. nicht deutl. abgesetzt, d. h. Laubblätt. allmähl. in die Tragblätt. übergehend u. Bltn. daher einzeln blattachselst. (u. deutl. gestielt); Blkr. nur bis 8 mm lg., weißl., rötl. od. blaß-lila . . . . **Lindernia,** 385

— Infl. deutl. abgesetzt, ährig od. traubig; Tragblätt. aber zuw. laubig (Bltn. jedoch nur kurz gestielt bis sitzend) ***18***

18. K. röhrig od. glockig, nicht aufgeblasen ***20***

— K. aufgeblasen, abgeplattet, an der Spitze verengt ***19***

19. Blätt. einfach; K. 4-zähnig *(909).* . . . . **Rhinanthus,** 397

— Blätt. fiedspaltig; K. 5-zähnig, Zähne gekerbt bis gezähnelt **Pedicularis,** 391

20(18). Blätt. alle fiedspaltig; Blkr. 2-lippig; Oberlippe helmf., zusammengedrückt *(932–934)* . . . . **Pedicularis,** 391

— Blätt. ungeteilt (höchstens die Hochblätt. tief gezähnt) ***21***

21. Oberlippe der Blkr. seitl. zusammengedrückt mit umgeschlagenen Rändern; Unterlippe im Schlund mit 2 Höckern *(941–944);* Hochblätt. oft lebhaft gefärbt u. (zuw. tief) gezähnt . . . . **Melampyrum,** 398

— Oberlippe der Blkr. helmf. od. fast flach; Unterlippe im Schlund ohne Höcker ***22***

22. Bltn. groß, gelb, zuw. rot gefleckt; K. 5-kantig, kurzzähnig; Stbbeutel am Grd. stumpf . . . . **Mimulus,** 385

— Bltn. klein bis mittelgroß; Stbbeutel am Grd. spitz *(910)* ***23***

23. Pfl. kahl, fettig glzd.; Bltn. klein, fast radiär; Blkr. gelb mit blutrot bis braun punktierter Unterlippe . . . . **Tozzia,** 399
— Pf. nicht fettig glzd.; Blkr. deutl. 2-lippig ***24***
24. Blkr. länger als 15 mm, trübviolett od. gelb ***26***
— Blkr. kürzer als 15 mm, andersfarben ***25***
25. Blkr. fleischrot bis weiß., od. gelb u. dann mit weit herausragenden Stbblätt.; Bltn. in einstswendigen Trauben . . . . **Odontites,** 393
— Blkr. weiß od. lila; Unterlippe gelb gefleckt od. violett gestreift, selten ganz gelb u. dann Stbblätt. nicht herausragend; Bltn. in end- u. achselst. Ähren . . . . **Euphrasia,** 394
26(24). Blkr. trübviolett, ihre Unterlippe deutl. kürzer als ihre Oberlippe **Bartsia,** 393
— Blkr. gelb, ihre Unterlippe deutl. länger als ihre Oberlippe **Parentucellia,** 393

1. Verbáscum L., *Königskerze*

1. Bltn. dk.violett, einzeln blattachselst., lg. gestielt; ♃; V–VI. Trockenrasen, buschige Hänge; *s* SO–NS, Th, SaAn, Br, Schl, auch als Zierpfl. u. zuw. verwild. *Violette K.,* **V. phoeníceum** L.
— Bltn. gelb, seltener weiß ***2***
2. Stbfäden weiß-wollig; Bltn. zu je 2–5 büschelig gehäuft ***6***
— Stbfäden violett-wollilg ***3***
3. Bltn. einzeln-blattachselst., lg. gestielt; Blätt. kahl; Blkr. hellgelb, außen oft rötl. überlaufen; ⊙; VI–VIII. Wegränder, Ufer, Gebüsche (bis 800 m); *z* im S (Vb u. Ti nur eingeschleppt), *s* im N, *f* NW-Dt, SH. *Schaben-K.,* **V. blattária** L.
— Bltn. zu 2–7 knäuelig-blattachselst.; Blätt. bes. untersts. stark behaart ***4***
4. Infl. rispig verzweigt; Stg. oben kantig; Blkr. außen dicht behaart, innen an der Basis braun gefleckt; ♃; VII–IX. Trockenrasen, Gebüschränder; *z* Sb, Ti. *Österreichische K.,* **V. chaixii** Vill. ssp. **austriacum** (Schott) Hay.
— Infl. unverzweigt, nur zuw. am Grd. mit kurzen Seitentrieben; Blkr. innen an der Basis mit 5 rotbraunen Flecken ***5***
5. Blkr. außen dicht behaart; mittl. Stgblätt. einfach-gekerbt, untersts. lockerfilzig; ♃; V–IX. Lichte Wälder, Trockenwiesen, Wegränder, Brachland (bis 1500 m); *v.* *Schwarze K.,* **V. nigrum** L.
— Blkr. außen kahl; mittl. Stgblätt. fast doppelt-gekerbt, untersts. auch zwischen den Nerven dicht-filzig; ♃; V–VII. Bergwälder, -wiesen, Schuttfluren (bis 1700 m); *s* Lungau (Sb). (= *V. alpinum* Turra). *Alpen-K.,* **V. lanátum** Schrad.
6(2). Alle Stbfäden dicht-wollig; Blattgrd. nicht od. nur wenig am Stg. herablaufend ***9***
— Die beiden unteren Stbfäden kahl od. lockerhaarig, länger als die 3 übrigen; Blattgrd. meist am Stg. herablaufend ***7***
7. Stbfäden der beiden längeren Stbblätt. etwa 3-mal so lg. wie ihre kurz herablaufenden Stbbeutel; Stgblätt. bis zum nächstunteren Blatt herablaufend; ⊙; VII–IX. Sonnig-steinige Stellen, Schuttplätze, Waldränder. *Kleinblütige K.,* **V. thápsus** L.

a. Untere Stgblätt. kurz gestielt bis sitzend; Bltn. 12–20 mm breit; Stbfäden der unteren Stbblätt. kahl bis schwach gewimpert. Bis 1800 m; *z.* ssp. **thápsus**
– Untere Stgblätt. lg. gestielt; Bltn. 15–30 mm breit; Stbfäden der unteren Stbblätt. oberw. kahl u. insgesamt weniger wollig als die 3 übrigen. Bis 2000 m; *s* Arlberg (Vb), Ötztal (Ti). (= *V. montanum* Schrad.) ssp. **crassifólium** (Dc.) Murb.

— Stbfäden der beiden längeren Stbblätt. höchstens doppelt so lg. wie ihre lg. herablaufenden Stbbeutel; Bltn. 35–55 mm im Dm ***8***
8. Stgblätt. bis zum nächstunteren Blatt herablaufend, deutl. gekerbt; ⊙; VII–IX. Wie vorige (bis 1000 m); *v*, *s* im N. (= *V. thapsiforme* Schrad.) *Großblütige K.,* **V. densiflórum** Bert.

— Stgblätt. nur wenig herablaufend, undeutl. gekerbt; ⨀; VII–IX. Wie vorige, auch Schotter u. Trockenrasen (bis 800 m); *z* (*f* Vb), im N *s* u. nur bis S-We/S-NS/S-Me/Po/OPr (sonst zuw. adventiv).
Windblumen-K., **V. phlomoídes** L.

9(6). Blätter unterststs. mit dichtem, weißem, abkratzbarem, sich später in Flokken ablösendem Filz, oberststs. grauflaumig; Blkr. 15–25 mm breit; Stg. oberw. rund; ⨀; VII–VIII. Sonnig-steinige Stellen; *s* Täler des Ober- u. Mittelrheins, der Mosel, Ahr, Nahe, S-He (b. Babenhausen).
Flockige K., **V. pulveruléntum** Vill.

— Blätt. unterststs. mehlstaubig, graufilzig, oberststs., fast kahl; Blkr. 10–18 mm breit; Stg. oberw. kantig; ⨀; VI–IX. Weg- u. Waldränder, Trockenrasen (bis 1400 m); *v*, im N seltener. *Mehlige K.*, **V. lychnítis** L.

Bastardbildung häufig!

2. Scrophulária L., *Braunwurz*

1. Blkr. fast radiär, blaß grünl.-gelb; achselst. Teilinfl. lg. gestielt, in knäuelf. Dichasien; Blätt. herzf., lg.gestielt, doppelt gesägt, weichhaarig; Stg. vierkantig, drüsig-zottig; Pfl. bis 70 cm hoch; ♃; V–VI. Feuchte Wälder, Gebüsch (bes. mont. Reg.); *s* Ti, Sb; in Dt vermutl. nur eingeschleppt u. eingebürgert, bes. Fr.-SchwAlb, E, Oberrhein. *Frühlings-B.*, **S. vernális** L.

— Bltn. bräunl. ***2***

2. Blätt. doppelt fiedteilig; Blkr. 5 mm lg., braunviolett; Pfl. bis 60 cm hoch; ♃; VI–VIII. Flußschotter, Wegränder; *s* Rheintal (bes. Oberrhein).
Hunds-B., **S. canína** L.

— Blätt. ungeteilt ***3***

3. Stg. u. Blattstiele zottig; Stg. 4-kantig, nicht geflügelt; Blätt. weichhaarig; Infl. dichtdrüsig; Blkr. braungrün; ♃; VI–IX. Wälder, Gebüsch; *s* Schl, O-Sudeten bis Gesenke (bis 1000 m). *Drüsige B.*, **S. scopólii** Hoppe

— Pfl. kahl, nur die Infl. meist drüsig behaart ***4***

4. Stg. scharf 4-kantig, nicht geflügelt; Kzipfel schmal, häutig berandet; Blkr. braunrot, am Grd. grünl., 6–8 mm lg.; Blätt. doppelt gesägt; Pfl. bis 100 cm hoch; ♃; VI–VII. Feuchte Wälder u. Gebüsche, Ufer (bis 1700 m); *v*.
Knotige B., **S. nodósa** L.

— Stg. u. Blattstiele breit geflügelt ***5***

5. Blattspr. stumpfl., am Grd. herzf., stumpf gekerbt, mit Öhrchen; Blkr. 8–10 mm lg., rotbraun; Staminodium (das 5., sterile Stbblatt) rundl.-nierenf., nicht ausgerandet; ♃; VI–VIII. Ufer, Gräben, Röhricht; *s* Ho u. westl. des Rheins (= *S. aquatica* L. p. p.; = *S. halbisii* Hornem.)
Wasser-B., **S. auriculáta** L.

— Blattspr. spitz, am Grd. verschmälert, abgerundet, ohne Öhrchen; die oberen Blätt. scharf gesägt; Blkr. 6–8 mm lg., grünl.-rot; Staminodium an der Spitze ausgerandet; ♃; VI–VIII. Wie vorige (bis 900 m). (= *S. aquatica* L. p. p.; = *S. alata* Gil.) *Geflügelte B.*, **S. umbrósa** Dum.

a. Untere Blätt. scharf gesägt; Staminodium verkehrt-herzf., mit auseinanderspreizenden Lappen; Infl.-triebe ± waagrecht absthd.; *z* (*f* Ti). var. **umbrósa**

– Untere Blätt. gekerbt; Staminodium quer-längl., 3-mal breiter als lg.; Infl.-triebe aufrecht-absthd.; *z* im SW, sonst *s* (im N nur S-NS). var. **néesii** (Wirtg.) E. Mayer

3. Antirrhínum L. (incl. **Misopátes** Raf.), *Löwenmaul*

1. Blkr. 2–3 cm lg., verschiedenfarbig, viel länger als die Tragblätt.; Kblätt. viel kürzer als die K.röhre *(907)*; ♃; VI–IX. Flußtäler im W (Rhein u. Nebentäler) *z* eingebürgert, sonst zuw. verwild. (Heimat: W-Mittelmeergebiet). *Großes L.*, **A. május** L. ssp. **május**

— Blkr. 8–10 mm lg., rosarot, dk.geadert, kürzer als die Tragblätt.; Kblätt. fast so lg. wie die K.röhre; ⨀; VII–IX. Äcker, Weinberge; *z* eingebürgert (Heimat: Mittelmeergebiet).
Acker-L., **A. oróntium** L. ssp. **oróntium**

4. **Linária** Mill. (incl. **Cymbalária** Hill.), *Leinkraut*

1. Blätt. lg.gestielt, rundl.-nierenf., gelappt, untersts. oft violett; Bltn. einzeln, lg. gestielt; Blkr. ohne Sporn 6–8 mm lg., hellviolett mit gelbem Gaumen; ♃; VI–IX. Mauern, Felsen (bis 800 m); Zierpfl., *v* eingebürgert, im O u. NO seltener (Heimat: Italien, Jugoslawien). (= *Cymbalaria muralis* G. M. Sch.) *Zymbelkraut*, **L. cymbalária** (L.) Mill.

— Blätt. ± sitzend, eif. od. lineal; Bltn. in Trauben *2*

2. Bltn. gelb mit dk.gelbem bis orangefarbenem Schlund; alle Blätt. wechselst. *6*

— Bltn. violett od. rötl. violett *3*

3. Blätt. in 3- bis 4-zähligen Quirlen, lanzettl.-verkehrt-eif., etwas fleischig, bläul.-grün bereift; Blkr. lebhaft violett mit orangegelbem Gaumen od. einfarbig heller od. dunkler violett; Stg. niederlgd., zwischen Schutt kriechend; ♃; VI bis VII. Felsschutt, Geröll, Flußschotter (bis 2700 m); *v* Alp., *z* Voralp., *s* Alp.-Vorland. *Alpen-L.*, **L. alpína** (L.) Mill.

— Nur die unteren Blätt. in Quirlen od. alle wechselst.; Stg. aufrecht . *4*

4. Blkr. einfarbig, hellblau-violett, mit Sporn 18–20 mm lg.; Bltnstiele etwas drüsig, doppelt so lg. wie der K.; Samen ungeflügelt; ⨀; VI–VII. Mit Kleesaat eingeschleppt, auch als Zierpfl. u. zuw. verwild., aber nicht eingebürgert (Heimat: NW-Afrika, Spanien). *Zweiteiliges L.*, **L. biparitía** (Vent.) Willd.

— Blkr. bläul. bis violett, dk. gestreift, zuw. blaß *5*

5. Blkr. mit Sporn 15–18 mm lg.; Samen scharf 3-kantig, ungeflügelt; Bltnstiele kahl, höchstens wenig länger als der K.; ♃; VII–VIII. Wiesen, Äcker, Mauern; *z* Be, RhPf., Oberrheingebiet, E, sonst nicht *s* verschleppt u. stellenweise eingebürgert. [= *L. striata* (Lam.) Dc.] *Gestreiftes L.*, **L. répens** (L.) Mill.

— Blkr. klein, mit (stark gebogenem) Sporn höchstens 7 mm lg.; Samen ringsum geflügelt; Bltnstiele etwas drüsig, kürzer als der K.; ⨀; VII–IX. Äcker; *s*, im N fast *f* (vielfach verschwunden). *Acker-L.*, **L. arvénsis** (L.) Desf. ssp. **arvénsis**

ssp. **simplex** Willd.) Lge.: Blkr. hellgelb; Sporn fast gerade.

6(2). Blätt. ledrig, eif.-lanzettl., mit abgerundetem Grd., blaugrün bereift; Samen, 3kantig, flügellos; Blkr. mit Sporn 20–25 mm lg., mit dunklerem Gaumen; ♃; VI–IX. Sonnige, buschige Abhänge; *s* Schl. *Ginsterblättriges L.*, **L. genistifólia** (L.) Mill.

— Blätt. nicht ledrig, lineal-lanzettl. bis lineal od. pfrieml. *7*

7. Samen eif., ungeflügelt; Stgblätt. 1 cm lg.; pfrieml., bläul.grün bereift, dickl.; ⨀; VII–IX. Äcker, Trockenrasen; Kulturbegleiter des Serradelle-Anbaues; *z* Br, Po. SaAn. *Ruten-L.*, **L. spártea** (L.) Hoffmgg. & Lk.

— Samen abgeflacht, ringsum geflügelt; Stgblätt. flach, lineal bis lanzettl. *8*

8. Pfl. stark bereift, locker beblättert; Blkr. mit Sporn 12–18 mm lg., einfarbig schwefelgelb; Bltn. duftend; ⨀; VII–VIII. Sandstrand, Dünen; *z* Po, OPr. *Wohlriechendes L.*, **L. odóra** (Bieb.) Chav.

— Pfl. nicht bereift, dicht beblättert; Blätt. am Rand oft etwas umgerollt; Blkr. mit Sporn bis 20–30 mm lg., bleichschwefelgelb mit orangefarbenem Gaumen; Pfl. sich durch Wurzelsprosse vermehrend; ♃; VI–IX. Straßengräben, Brachäcker, Wegränder, Mauern (bis 1300 m); *v* u. *h*. *Gemeines L.*, **L. vulgáris** Mill. ssp. **vulgáris**

5. **Kíckxia** Dum., *Tännelkraut, Schlangenmaul*

1. Bltnstiele kahl; Blattspr. am Grd. pfeil- od. spießf.; Blkr. mit (fast geradem) Sporn 8–11 mm lg., gelbl.-weiß, mit violetter Oberlippe; ⨀; VII–IX. Äcker; *z* (*f* Ti, Sb), im N vermutl. nur eingeschleppt (Da eingebürgert). [= *Linaria elatine* (L.) Mill.] *Echtes T.*, **K. elatíne** (L.) Dum.

— Bltnstiele lg.haarig-zottig; Blattspr. breit-eif., am Grd. abgerundet; Blkr. mit (deutl. gebogenem) Sporn 10–13 mm lg., hellgelb, mit schwarzvioletter Oberlippe; ⨀; VII–IX. Äcker; *z* (*f* Ti), im N nur eingeschleppt. [= *Linaria spuria* (L.) Mill.] *Unechtes T.*, **K. spúria** (L.) Dum.

6. Chaenorrhínum Lge., *Orant.* Bltn. in lockeren, beblätterten Trauben, hell-lila, im Schlund gelb; Blkr. mit (kurzem u. fast geradem) Sporn 6–10 mm lg.; Pfl. bis 25 cm hoch; ⊙; VI–IX. Felsschutt, Äcker (bis 1000 m); *v, z* im N. (= *Linaria minor* Desf.) **Ch. minus** (L.) Lge.

7. Anarrhínum Desf., *Lochschlund.* Grdblätt. rosettig, verkehrt-eif., gesägt bis gekerbt; Stgblätt. meist 3- bis 5-teilig, mit linealen Zipfeln; Bltn. in schlanken Ähren; Blkr. hellviolett, mit weiter Röhre, 3–4 mm lg., mit nach vorw. gerichtetem, kurzem Sporn; ⊙; VI. Felsen, steinige Äcker, sonnige Hänge; *s* RhPf (Saar-, Mosel-, Ruwertal), bei Nürnberg. **A. bellidifólium** (L.) Desf.

8. Mímulus L., *Gauklerblume*

1. Obere Blätt. sitzend; Stg. aufrecht, ± kahl; Blkr. 3–4 cm lg., gelb u. ± rot gefleckt; ♃; VI–X. Bachufer, Gräben; Zierpfl., im S u. Da *z* eingebürgert, sonst zuw. verwild. (Heimat: W-Nordamerika). *Gelbe G.,* **M. guttátus** Dc.

— Alle Blätt. kurz gestielt; Stg. aufstgd., klebrig-zottig; Blkr. 2 cm lg., gelb, mit Moschusgeruch; ♃; VI–VIII. Bachufer; Zierpfl., *s* in BW, RhPf, Harz u. Sa eingebürgert, sonst zuw. verwild. (Heimat: W-Nordamerika). *Moschus-G.,* **M. moschátus** Dougl.

9. Gratíola L., *Gnadenkraut (905)* St. aufrecht, 15–40 cm hoch; Blätt. lanzettl.-spitz, kurz aber scharf gesägt; Bltn. einzeln, lg.gestielt; Blkr. weißl., rötl. geadert, 10 mm lg.; ♃; VI–VIII. Ufer, Gräben, Tümpel; *z* bis *s, f* Th, Sb, Da. Ⓖ! **G. officinális** L.

G. neglécta Torr.: Bltnstiele länger als der K., drüsig; Blkr. 10 mm lg., gelb, rot gestreift; Pfl. nach Zitrone duftend; ⊙; V–IX. Überschwemmter Kies; eingeschleppt u. eingebürgert M-E (Rheinebene; ob noch?) (Heimat: N-Am.).

10. Limosélla L., *Schlammkraut.* Blätt. lineal-spatelig; Bltn. einzeln, grdst., 2–5 cm lg. gestielt *(186),* weiß; Pfl. bis 8 cm hoch; ⊙; VI–IX. Sandige, schlammige Ufer, Röhricht (bis 1000 m); *z* (Sb?). **L. aquática** L.

11. Lindérnia All. (incl. **Ilysánthes** Raf.), *Büchsenkraut*

1. Alle 4 Stbblätt. mit Stbbeutel; Blkr. weißl., rötl. überlaufen; Bltnstiele länger als die Tragblätt.; Blätt. ganzrandig; ⊙; VIII–IX. Feucht-sandige Stellen, schlammige Teichränder; *s* E, Oberrhein (nördl. bis Speyer), nordwestl. Stuttgart, Bayrw., Schl, SaAn (Elbtal), (= *L. pyxidaria* All.) *Gemeines B.,* **L. procúmbens** (Krock.) Philcox

— Nur 2 Stbblätt. mit Stbbeutel, die beiden anderen steril; Blkr. hell-violett; Bltnstiele kürzer als die Tragblätt.; Blätt. entfernt gezähnt; ⊙; VIII–IX. Schlammige Teichränder; nur Elbetal bei Wittenberg (SaAn). (Heimat: N-Am.). *Verwechseltes B.,* **L. dúbia** (L.) Pennell

12. Digitális L., *Fingerhut*

1. Blkr. purpurrot (zuw. rosa od. weißl.), bis 6 cm lg., innen gefleckt u. behaart, außen kahl; ⊙; VI–VII. Kahlschläge, buschige Abhänge, bes. der mont. Reg. (bis 900 m; Schw 1300 m); *v* im W u. östl. bis Harz (u. Thw./Frw.)-Spessart-Odenw.-Schw., sonst *v* kult. u. oft verwild. u. eingebürgert. **Giftig!** *Roter F.,* **D. purpúrea** L.

— Bltn. hellgelb *2*

2. Blkr. 3–4 cm lg., breit-bauchig, innen braun gefleckt; Stg. u. Bltnstiele drüsig-flaumig; Blätt. unterststs. u. am Rand flaumig; ♃; VI–IX. (Laub-) Wälder, buschige Hänge, Triften, (bis 1600 m); *z,* nördl. bis Hohes Venn./Westerw./Wesergeb./Stettin. (= *D. ambigua* Murr.) Ⓖ *Großblütiger gelber F.,* **D. grandiflóra** Mill.

— Blkr. nur 2–2,5 cm lg., schlank; Stg., Bltnstiele u. Blätt. kahl; ♃; VI–VIII. Buschige Abhänge; *z* im SW [nördl. u. östl. bis S-Be/RhPf/Schw./Hegau/Vb/W-Ti (bis 1500 m)]. Ⓖ *Kleinblütiger gelber F.,* **D. lútea** L.

Bastardbildung!

13. Érinus L., *Alpenbalsam.* Grdblätt. rosettig, keilig-längl., gekerbt-gesägt; Bltn. in armbltg. Ähre od. Rispe, hellviolett; ♃; V–VII. Felsspalten u. -triften; kalkstet; *z* Vb. **E. alpínus** L.

14. Paederóta L., *Mänderle*

1. Blkr. gelb; Stbblätt. ± so lg. wie die Blkr.; ♃; VI–VIII. Felsspalten (2200 m); kalkstet; nur am Hochkönig (Sb). *Gelbes M.,* **P. lútea** L.

— Blkr. blau (selten rosa); Stbblätt. deutl. länger als die Blkr.; ♃; VI–VIII. Felsspalten (1700–2100 m); kalkstet; 3 Fundorte in Sb (Kitzbühler Alp., Leoganger u. Loferer Steinberge). *Blaues M.,* **P. bonaróta** L.

15. Verónica L. (incl. **Pseudolysimáchion** Opiz), *Ehrenpreis*

1. Blkr. ± ausgebreitet-radf., oft fast radiär, ihre Röhre kürzer als breit *(911)* (= *Veronica* L. s. str). ***4***

— Blkr. (bisweilen undeutl.) 2-lippig, ihre Röhre länger als breit (= *Pseudolysimachion*) *(912)* ***2***

2. Bltnstiele länger als ihre Tragblätt., kahl; Stgblätt. (wenigstens teilweise) in 3- bis 4-zähligen Quirlen; ♃; VI–VIII. Waldränder, buschige Hänge; bisher wenige Fundorte in Th u. S-SaAn, (vermutl. verschwunden; sonst Böhmen u. Mähren). (= *V. spuria* aut., non L.; *Ps. spurium* (L.) Rausch.) *Unechter E.,* **V. paniculáta** L. ssp. **foliósum** (W. & K.) Skalický

— Bltnstiele kürzer als die Tragblätt., kurz behaart ***3***

3. Alle Stgblätt. scharf doppelt bis einfach gesägt; ♃; VI–VIII. Feuchte Wiesen, Gräben, Ufer, bes. entlang der Stromtäler; *z, s* westl. des Rheins, in Fr, im SW, *f* Au; auch als Zierpfl. (2 Kleinarten). *Langblättriger E.,* **V. longifólia** L. (s. l.)

a. Stgblätt. gegenst., lanzettl. bis breit-lanzettl.; am Grd. abgerundet bis schwach herzf.; Blattrand regelmäßig gesägt. Verbreitung vermutl. wie oben angegeben. **V. longifólia** L. (s. str.)

– Stgblätt. in 3- bis 4-zähligen Quirlen, schmal-lanzettl. u. lg.zugespitzt, am Grd. keilig verschmälert; Blattrand unregelmäßig (meist doppelt) gesägt. Verbreitung noch unbekannt, vermutl. aber bes. im N u. längs der Küsten. **V. marítima** L.

— Mittlere Stgblätt. grob gezähnt bis gekerbt u. gegenst., die oberen mit allmähl. Verschwinden der Zähnung (bis ganzrandig) u. wechselst. werdend; ♃; VII–IX. Trockenrasen, buschige Hänge, Dünen (bis 1200 m?); *z, s* in NW-Dt. *f* Ho, Be; auch als Zierpfl. u. zuw. verwild. *Ähriger E.,* **V. spicáta** L.

4(1). Blätt. rosettig; Infl. lg.gestielt, blattlos, als 2- bis 5-bltg. Traube (zuw. fast doldig); Bltnstiele länger als die Tragblätt., ebenso wie der 4-teilige K. u. die rundl., oben etwas ausgerandete Fr. dicht-drüsig behaart; Pfl. 3–6 cm hoch; ♃; VI–VIII. Matten, Geröll, Schneetälchen [(900–)1200–2700 m]; kalkliebend; *v* Alp. *Blattloser E.,* **V. aphýlla** L.

— Stg. beblättert ***5***

5. Bltn. in seitl. Trauben od. Ähren, der Stg. meist mit Laubblätt. abschließend *(913)* ***24***

— Bltn. einzeln in den Blattachseln od. in endst. Trauben od. Ähren *(914–915)* ***6***

6. Infl. deutl. vom beblätterten Stg. abgesetzt, d. h. Tragblätt. deutl. von den Laubblätt. verschieden (kleiner u. meist einfacher gestaltet; der Übergang Laubblätt. → Tragblätt. erfolgt ± plötzl.); Frstiele aufrecht-absthd. *(914)* ***13***

— Stg. ohne von der beblätterten Stgbasis deutl. abgesetzte Infl., d. h. die Bltn. stehen einzeln in der Achsel von Tragblätt., die sich in Größe u. Gestalt nur wenig von den basalen Laubblätt. unterscheiden (der Übergang Laubblätt. → Tragblätt. erfolgt allmählich.); Stg. meist niederlgd.; Frstiele zurückgebogen *(915)* ***7***

7. Stgblätt. kurz gestielt bis sitzend, ihre Spreite länger als breit, ± regelmäßig gesägt bis gekerbt *(916);* jedes Kapselfach mit mehreren Samen ***9***

— Stgblätt. lg.gestielt, ihre Spreite so lg. wie breit od. breiter als lg., seicht od. tiefer 3- bis 7-lappig, efeuähnl.; jedes Kapselfach mit 1–2 Samen; K.zipfel lg. gewimpert ***8***

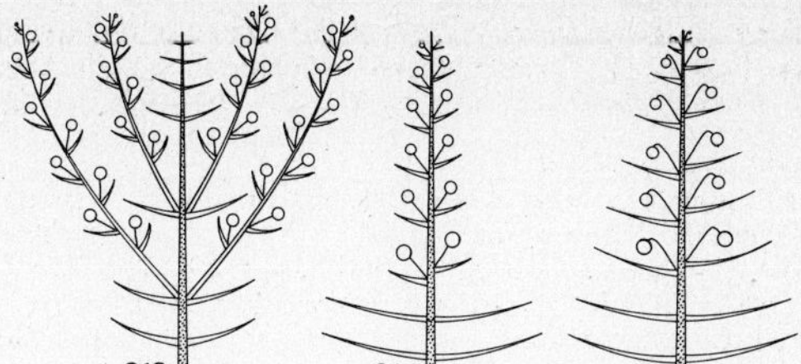

913 914 915

8. Stgblätt. rundl., breit u. wenig tief gesägt u. dadurch 3- bis 7-lappig, efeuähnlich, aber etwas breiter, lg.gestielt, der mittlere Lappen fast doppelt so breit wie die übrigen *(917);* K.zipfel breit-herzf., zur Frzeit aufrecht; Kapsel kahl, fast kugelig, oben abgeflacht, in Aufsicht abgerundet viereckig; ⊙; III–V. Trockene Waldränder bis Auwälder, Wegränder, Äcker (bis 900 m).
Efeublättriger E., **V. hederifólia** L.

a. K. auf der Außenseite dicht angedrückt flaumhaarig; untere Tragblätt. tief 3-lappig (u. kleiner); Blkr. intensiv (blau)violett, mit weißer Mitte; Blattstiele bis 3,5 mm lg.; Bltnstiel zur Frzeit bis 2,5 mal so lg. wie der K.; Samen graugelbl.; Äcker, offene Standorte; *s* bis *z* N-Ba, NO-Dt (genaue Verbreitung noch unbekannt) ssp. **tríloba** (Opiz) Čel.

– K. auf der Außenseite kahl bis zerstreut locker behaart; untere Tragblätt. (3-) 5 bis 7-lappig . **b**

b. Bltnstiel mit einer Haarreihe, daneben ringsum zerstreut noch kürzere u. längere Haare; Kblätt. auf der Außenseite schwach behaart bis kahl, randl. mit Wimperhaaren, diese 0,5–1,0 mm lg.; Samen rötlichbraun; Blkr. blaßlila bis weißl.; Gartenland, feuchte (Au-)Wälder; wohl *v* (?) (= *V. sublobata* Fischer) ssp. **lucórum** Kleit & Richter

– Bltnstiel mit einer Haarreihe, daneben nur sehr vereinzelt weitere Haare; Kblätt. auf der Außenseite kahl, mit randl. Wimperhaaren von 1,0–1,3 mm Länge; Samen hellgelb.; Blkr. hellblau, Zentrum weiß. Unkrautfluren, offene Standorte; wohl *v* (?). ssp. **hederifólia**

— Blätt. fast halbkreisf., mit tiefer eingeschnittenen (5–9) Lappen, der mittlere Lappen nicht doppelt so breit wie die übrigen *(918);* K.zipfel eif., am Grd. verschmälert, zur Frzeit absthd. bis zurückgeschlagen; Kapsel behaart, 4-furchig aber 2-lappig, oben deutl. ausgerandet, in Aufsicht ± oval; Blkr. bläul.-weiß; ⊙; III–VI. Schuttplätze u. ä. Orte; *s* aus dem Mittelmeergebiet eingeschleppt (wo?). *Zymbelkraut-E.,* **V. cymbalária** Bodard

9(7). Frstiele so lg. od. nur wenig länger als ihre Tragblätt.; Blkr. 5–7 mm im Dm; Gr. zur Frzeit 2–4 mm lg., gerade ***11***

— Frstiele meist deutl. länger als ihre Tragblätt.; Blkr. 9–14 mm im Dm; Gr. zur Frzeit bis 1,8 mm lg., geschlängelt ***10***

10. Stg. kräftig, niederlgd.-aufstgd., nicht wurzelnd; Kapsel 8–10 mm breit u. 4–6 mm hoch, Winkel ihrer Ausrandung > 90° *(919);* ⊙; III–X. Gärten, Äcker, Schuttplätze (bis 1700 m); *v* eingebürgert (Heimat: Vorderasien). *Persischer E.,* **V. pérsica** Poir.

— Stg. fadenf., kriechend, wurzelnd; Kapsel 4–5 mm breit u. hoch, Winkel ihrer Ausrandung < 90°; ♃; III–V. Wiesen, Parkrasen; *z*, im S häufiger eingebürgert, im N noch *s* (in Ausbreitung begriffen; Heimat: Kaukasus). *Faden-E.,* **V. filifórmis** Sm.

11(9). Blätt. dkgrün u. matt, locker weichhaarig; Frfach mit je 5–6 Samen; Fr. gekielt, kraushaarig bis zottig, mit meist ± geschlängelten Haaren, mit wenigen längeren Drüsenhaaren; Gr. etwa so lg. wie die Höhe der Fr. Ausrandung; ⊙; III–X. Äcker, Gärten, bes. auf (kalkhaltigen) Lehmböden; *v* im O, nach W seltener u. bis Bremen/Ruhrgebiet/Ho, *s* im S u. SW.
Glanzloser E., **V. opáca** Fr.

— Blätt. frischgrün bis glzd. ***12***

12. Frfach mit je 5–6 Samen; Gr. so lg. wie die Ausrandung der Fr.; Fr. gekielt, zieml. dicht mit langen Drüsenhaaren; Blätt. locker weichhaarig; ⊙; IV–X. Äcker, Gärten (kalkarme bis sandige Böden); *z*, im N häufiger (bis 1300 m?). *Acker-E.,* **V. agréstis** L.

— Frfach mit je ± 10 Samen; Gr. länger als die Ausrandung der Fr.; Fr. nicht gekielt, locker kraushaarig mit nur wenigen Drüsenhaaren; Blätt. glzd.,

verkahlend; ⊙; III–X. Unkrautfluren (Kulturbegleiter), Schuttplätze; *z,* im M-Gebiet häufiger, *s* im N, bes. colline bis submont. Stufe (bis 800 m).
Glänzender E., **V. pólita** Fr.

916 917 918 919 920 921 922 923

13(6). Alle Stgblätt. ungeteilt **16**
— Mittlere u. obere Stgblätt. fiederspaltig od. handf. geteilt (z. B. *921*); Fr. drüsig behaart **14**
14. Obere Stgblätt. sitzend u. handf. geteilt *(920);* Frstiele so lg. oder etwas länger als K. u. Tragblätt.; Blkr. dkblau; Gr. viel länger als die Höhe der Fr.ausrandung (ähnl. *925);* ⊙; III–V. Äcker, Ödland, Wiesen (bis 1000 m?); *v* bis *z, s* Au (*f* Vb). *Finger-E.,* **V. triphýllos** L.
— Obere Stgblätt. fiedspaltig *(921);* Frstiele kürzer als K. u. Tragblätt. . **15**
15. Gr. viel länger als die Höhe der Fr.ausrandung; Blkr. dkblau, 4–5 mm breit; Stg. oberw. drüsig-flaumig behaart; Stgblätt. dickl., gräul.-grün; ⊙; IV–V. Äcker, trocken-grasige u. -sandige Orte (bis 800 m); kalkmeidend; *v* im O, sonst *z* bis *s, f* Au (Ti?), NW-Dt, Ho, Be, Da. *Dillenius' E.,* **V. dillénii** Cr.
— Gr. nur so lg. wie die Höhe der flachen Fr.ausrandung (ähnl. *922*); Blkr. hellblau, 3 mm breit; Stg. oberw. spärl. behaart u. mit zerstreuten Drüsenhaaren; Stg.blätt. dünn, grasgrün; ⊙; IV–VI. Wie vorige (bis 1000 m?); *v* im O, nach W *z, f* im NW, Vb. *Frühlings-E.,* **V. vérna** L.
16(13). Frstiele so lg. od. länger als der K. **18**
— Frstiele höchstens halb so lg. wie der K.; Pfl. ⊙ **17**
17. Stgblätt. lanzettl. bis schmal-elliptisch, am Grd. keilig bis stielf. verschmälert, entfernt gezähnelt, kahl, Gr. die geringe Fr.ausrandung nicht überragend *(922);* Blkr. 3–5 mm breit, hellblau bis weißl.; Fr. kahl; ⊙; IV–VI. Gärten, Flußufer; *z* eingebürgert, bes. im W, *f* Da, Sb u. vielfach im O (Heimat: Am.). *Amerikanischer E.,* **V. peregrína** L.
— Stblätt. eif., am Grd. abgerundet, kerbig-gesägt, zerstreut behaart *(923);* Gr. die tiefe Fr.ausrandung etwas überragend *(924);* Blkr. 2–3,5 mm breit, hell- bis kräftiger blau, zuw. weißl.; Fr. bewimpert; ⊙; IV–V(–IX). Äcker, Wegränder, Triften, Schuttplätze (bis 1000 m?); *v.* *Feld-E.,* **V. arvénsis** L.
18(16). Pfl. ♃; mit blühenden u. nichtblühenden Trieben; Grdachse kriechend **20**
— Pfl. ⊙, ohne nichtblühende Triebe; Bltn. in verlängerter Traube . . **19**
19. Kapsel breiter als hoch, sehr tief gespalten *(925);* Frstiele 2- bis 3-mal so lg. wie der K., absthd. bis zurückgekrümmt; Blkr. blaßblau, dunkler geadert; ⊙; IV–VI. Feucht-nasse Äcker, grasige Stellen; *s* Be, RhPf, He, E, Baden (wo noch vorhanden?) *Steinquendelblättriger E.,* **V. acinifólia** L.
— Kapsel ± so lg. wie hoch, kaum halb so tief ausgerandet wie bei voriger *(926);* Frstiele so lg. wie der K. od. wenig länger, ± aufgerichtet; Blkr. dkblau; ⊙; III–VI. Wie vorige; *v* S- u. M-Dt, E, *s* Ho, Be, Sa, Br, Po, Da, sonst im N *f.* *Frühblühender E.,* **V. praecox** All.
20(18). Bltn. in verlängerter Traube (bis 40bltg.); Kapsel zieml. tief ausgerandet (ähnl. *924*); Blkr. weißl. bis bläul., dunkler geadert, 5–6 mm breit; Stgblätt. kahl; ♃; V–VIII. Wiesen, Triften, Wegränder (bis 2400 m).
Quendelblättriger E., **V. serpyllifólia** L.
a. Stg. aufrecht bis kurz kriechend, bis 30 cm hoch; Stgblätt. eif. bis elliptisch, meist gesägt; *v.* ssp. **serpyllifólia**
– Stg. weithin kriechend, aufstgd, bis 15 cm hoch; Stgblätt. eif. bis rundl., ganzrandig bis gekerbt; nur Alp. (Höhengrenzen u. nähere Verbreitung?). [= ssp. *nummularioides* (Lecoq & Lem.) Dostál] ssp. **humifúsa** (Dickson) Syme

— Bltn. in armbltg. Traube; Kapsel kaum ausgerandet; Alpenpfl. (*s* Hoch-Schw. u. -Vog., Sudeten, Riesengeb.) ***21***

21. Grdblätt. rosettig gehäuft, deutl. größer als die ebenfalls dicht behaarten Stgblätt.; Infl. drüsig-zottig; Blkr. blauviolett, 6–9 mm breit; Pfl. bis 15 (20) cm hoch; ♃; VII–VIII. Matten, auch Triften (1400–2500 m); *z* Alp., *s* Riesengeb., Gesenke. *Maßlieb-E.,* **V. bellidioídes** L.

— Grdblätt. nicht rosettig gehäuft, kleiner als die Stgblätt.; Fr. seicht ausgerandet; Pfl. 5–15 (–20) cm hoch ***22***

22. Stg. am Grd. krautig, locker behaart; Blätt. locker drüsenhaarig, dazwischen Wimperhaare; Bltnstiel rauhhaarig; Fr. wenig breiter als hoch, mit langen Haaren; Samen schwärzl.-braun; Blkr. blaulila; ♃; VII–VIII. Matten, Schneetälchen, felsige Stellen, Quellfluren (1100–3000, Ötztal bis 3400 m); *v* Alp., *s* Riesengeb. *Alpen-E.,* **V. alpína** L.

— Stg. am Grd. verholzt; Blätt. fast kahl, am Rand kurz bewimpert; Bltnstiel mit aufw. gebogenen Haaren; Samen blaß-fuchsrot ***23***

23. Stg. locker behaart; Blätt. glzd., etwas dickl.; Fr. wenig breiter als hoch, drüsig behaart; Blkr. rosa, dunkler gestreift, Schlund grünl.-weiß; Bltnstiel mit Drüsenhaaren; ♃; VI–VII. Triften, Schuttfluren, auch Matten (bis 2200 m, oft mit den Flüssen tiefer); kalkliebend; *s* Allgäu, Berchtesgaden, *z* Vb, Ti. *Halbstrauchiger E.,* **V. fruticulósa** L.

— Stg. mit aufw. gebogenen Haaren; Blätt. matt; Fr. doppelt so breit wie hoch, angedrückt behaart, (fast) ohne Drüsenhaare; Blkr. azurblau, im Schlund weiß mit einem Purpurring; Bltnstiel ohne Drüsenhaare; ♃; VI–VIII. Triften, Felsen; kalkliebend; *z* Alp. (bis 2800 m, *s* S-Schw., Vog. [= *V. saxatilis* Scop.; = *V. fruticulosa* ssp. *fruticans* (Jacq.) Rouy] *Felsen-E.,* **V. frúticans** Jacq.

24(5). K. 4-teilig *(927)* ***27***

— K. 5-teilig, der hintere (obere) Zipfel kleiner als die übrigen *(928)* . . ***25***

25. Nichtblühende Triebe niederlgd., bltntragende St. ± aufrecht; Kapsel wenig ausgerandet (ähnl. *927*); Kapsel u. K. kahl; ♃; IV–VI. Steppenhänge, trockene Wiesen. *Niederliegender E.,* **V. prostráta** L.

a. Infl. reichbltg. (mit durchschnittl. 25 Bltn.); Blkr. blaß-blau, 5–9 mm breit; Blätt. ± (bes. unterstes.) kurzhaarig, lanzettl. bis längl.-eif.; Kblätt. schmal u. spitz; *z* M-Dt, Schl, O-Ba, Ti. ssp. **prostráta**

– Infl. armbltg. (mit durchschnittl. 15 Bltn.); Blkr. dk.blau, 9–12 mm breit; Blätt. fast kahl, lineal bis lanzettl.; Kblätt. breit u. stumpfl.; *z* im W (Ho, Be, Rheinl., RhPf, BW, E). (= *V. saturaeifolia* Poiteau & Turpin). ssp. **schéerii** J. P. Brandt

— Alle Triebe aufrecht od. bogig aufstgd.; Kapsel tiefer ausgerandet (ähnl. *924);* Blkr. dkblau, 10–15 mm breit ***26***

26. Stgblätt. lanzettl., sitzend bis kurz gestielt, fast ganzrandig bis fiederspaltig, wenig behaart; Kapsel 4–5 mm lg. *(928);* Pfl. bis 50 cm hoch; ♃; V–VI. Steppenrasen, Waldwiesen. *Österreichischer E.,* **V. austríaca** L.

a. Stgblätt. kerbig bis scharf gesägt; Blätt. des bltnlosen Gipfeltriebes meist ganzrandig; *z* M- u. S-Dt, Ti, E, Schl. [= ssp. *dentata* (Schmidt) Watzl.] ssp. **austríaca**

– Stgblätt. einfach (selten bis doppelt) fiedspaltig; Blätt. des Gipfeltriebes einfacher (zuw. fast ganzrandig); *s* O-Br, O-Me bis OPr. ssp. **jacquínii** (Baumg.) Malý

— Stgblätt. oft schmal-eif., am Grd. abgerundet, sitzend, einfach bis doppelt gesägt, obersts. locker-, untersts. kraushaarig; Kapsel 3–3,5 mm lg.; Pfl. bis 1 m hoch; ♃; V–VII. Triften, buschige Hänge, Trockenwiesen (bis 1100 m); *z, s* im N, *f* NW-Dt [= ssp. *pseudochamaedrys* (Jacq.) Nym.] *Großer E.,* **V. téucrium** L. ssp. **téucrium**

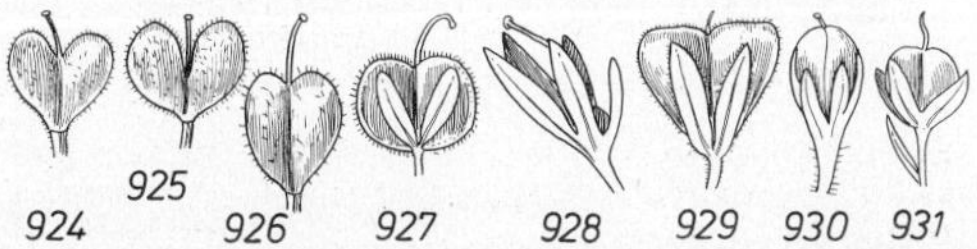

924 925 926 927 928 929 930 931

27(24). Sumpf- u. Wasserpfl.; Stg. u. Blätt. kahl (selten spärl. drüsig) u. zuw. glzd. ***31***
— Wald- u. Wiesenpfl.; Stg. u. Blätt. behaart ***28***
28. Stg. 2-zeilig behaart; Stgblätt. eif.-spitz, grob-gekerbt, sitzend, die unteren kurz gestielt; Kapsel kürzer als der K.; Blkr. himmelblau (zuw. rosa od. weißl.). dunkler geadert; ♃; V–VIII. Lichte Wälder, Gebüsche, Triften (bis 2200 m); *v* (3 ssp.?). *Gamander-E.,* **V. chamáedrys** L.
— Stg. rundum ± gleichmäßig behaart; Kapsel länger als der K. . . . ***29***
29. Stgblätt. deutl. (bis 1 cm lg.) gestielt, eif., grob aber scharf gesägt; Teilinfl. armbltg.; Bltnstiele sehr dünn, länger als die brillenf. Kapsel *(927);* Blkr. blaßlila, meist dunkler geadert; ♃; V–VII. Laubwälder (bis 1400 m?); *v* mont. Reg., sonst *z.* *Berg-E.,* **V. montána** Jusl.
— Stgblätt. sitzend od. sehr kurz gestielt ***30***
30. Stgblätt. breit-eif., zugespitzt, scharf gesägt, 6–9 cm lg. u. bis 5 cm breit, die oberen mit herzf. Grd. sitzend, die unteren sehr kurz gestielt; Bltnstiele etwas länger als die Kapsel, diese apfelf., in der unteren Hälfte am breitesten; Blkr. blaßrosa, zuw. weißl.; ♃; VI–VIII. Schluchtwälder, feuchte Gebüsche, bes. der mont Reg. (bis 1700 m); *v* Alp. u. Vorland, *s* bis Bodenseegebiet u. Rheintal bis Breisach, S-Bayrw. (= *V. urticifolia* Jacq.) *Brennesselblättriger E.,* **V. latifólia** L. em. Scop.
— Stgblätt. breit-lanzettl. bis verkehrt-schmal-eif., um 4 cm lg., regelmäßig (aber weniger tief als bei voriger) gesägt bis gekerbt, alle sehr kurz gestielt; Bltnstiele deutl. kürzer als die Kapsel *(929),* diese spitzenw. sich verbreiternd; Blkr. hellblau bis blaßlila, zuw. weißl.; ♃; VI–VIII. Trockene Wälder, Heiden (bis 1800 m); *v.* *Wald-E.,* **V. officinális** L.
31(27). Blätt. lineal-lanzettl., 2–4 mm breit, mit feinen rückw. gerichteten Sägezähnchen; Infl. nur je eine pro Blattpaar, abwechselnd rechts u. links; Blkr. weißl. bis rosa od. blaßlila; Kapsel deutl. länger als der K., zieml. tief ausgerandet; Stg. dünn, schlaff; ♃; VI–IX. Teichränder, Gräben, Sumpfwiesen (bis 900 m); *v* bis *z.* *Schild-E.,* **V. scutelláta** L.
— Blätt. breiter u. etwas fleischig; Stg. dick u. fleischig; Infl. jeweils 2, gegenst.; Kapsel nur flach ausgerandet ***32***
32. Stgblätt. kurz gestielt, eif.-breit-elliptisch, stumpfl.; Stg. rund; Blkr. intensiv hell- bis dunkler blau; ♃; V–VIII. Bäche, Gräben, Quellfluren (bis 1850 m); *v.* *Bach-E., Bachbunge,* **V. beccabúnga** L.
— Stgblätt. halb-stgumfassend od. mit seicht herzf. Grd. sitzend, spitzl.; Stg. ± 4-kantig ***33***
33. Kapsel längl.-elliptisch, etwa 1 1/2-mal so lg. wie breit *(930);* Stg. markig; Blätt. meist 3- bis 4-quirlig; Bltnstiele weiß-drüsenhaarig; Frstiele fast waagrecht absthd.; ♃; VI–X. Ufer, Gräben; sehr *z* S-Dt, *s* S-NS, SaAn (genauere Verbreitung?). *Schlamm-E.,* **V. anagalloídes** Guss.
— Kapsel rundl. bis breit-elliptisch, höchstens wenig länger als breit *(931);* Stg. hohl; Blätt. gegenst. ***34***
34. Frstiele ± waagerecht-absthd., ± so lg. wie der K.; Kapsel etwas länger als die K.zipfel; Tragblätt. länger als die Bltnstiele, stumpfl.; Infl. zerstreut drüsig-behaart; ♃; VII–X. Ähnl. voriger; *z* (genauere Verbreitung?). (= *V. aquatica* Bernh.; = *V. comosa* aut., non Richt.). *Wasser-E.,* **V. catenáta** Pennell ssp. **catenáta**
— Frstiele aufrecht-absthd., viel länger als der K. *(931)*; Kapsel etwas kürzer als die K.zipfel; Tragblätt. höchstens so lg. wie die Bltnstiele, spitzl.; Infl. kahl [ssp. **anagállis-aquática**; *v*] od. drüsig [ssp. **divaricáta** Krösche; *s* SH, Ba, Ti]; ♃; V–IX. Ähnl. den vorigen. *Gauchheil-E.,* **V. anagállis-aquática** L.

16. Pediculária L., *Läusekraut*[1] Ⓖ

1. Blkr. rot, purpurn od. rosa (selten weißl.) *6*
— Blkr. gelb od. gelbl. *2*
2. Blkr. nicht schnabelf. vorgezogen *4*
— Blkr. mit abw. weisender, schnabelf. verlängerter Spitze (ähnl. *933*), blaßgelb *3*
3. K-zähne innen kahl; Basis der Infl.sprosse wollig behaart; Tragblätt. am Rand gewimpert; Blkr. bis 20 mm lg.; ♃; VI–VIII. Lichte Wälder, Weiden, Moorwiesen, Felsentriften, (1600?–2300 m); kalkmeidend; *z* Au. *Knollen-L.*, **P. tuberósa** L.
— K.zähne innen flaumig behaart; Basis der Infl.sprosse 2–3-zeilig behaart; Tragblätt. kahl; Blkr. bis 16 mm lg.; ♃; VII–VIII. Triften u. Matten der Krummholzreg.; kalkstet; nur am Brenner (Ti), neuerdings SW-SchwAlb (angesamt?). *Längähriges L.*, **P. elongáta** Kern.
4(2). Blkr. bis 32 mm lg., schwefelgelb, ihr Schlund durch die zusammenneigenden Lippen fast geschlossen; Spitze der Unterlippe blutrot; Blätt. tief fiedteilig, Fiedern gekerbt; Pfl. bis 80 cm hoch; ♃; VII–VIII. Flachmoore; sehr *z* Oberschwaben, bayr. Alp. u. Vorland, Bayrw., (in Sb erloschen!), Po bis OPr. Ⓖ! *Karlszepter*, **P. scéptrum-carolínum** L.
— Blkr. bis 25 mm lg., ihr Schlund durch die abspreizende Unterlippe weit geöffnet *5*
5. Oberlippe der Blkr. kahl, an der Spitze purpurn gefleckt; Tragblätt. kürzer als die Bltn. u. deutl. kleiner als die Stgblätt.; Fied. schwach gekerbt bis gesägt; Pfl. bis 20 cm hoch; ♃; VI–VIII. Alpenmatten (1800–2200 m); kalkliebend; *z* Alp (*f* Sb), in Dt *s*. Ⓖ *Buntes L.*, **P. óederi** Vahl.
— Oberlippe der Blkr. dicht-zottig, nicht gefleckt; Tragblätt. viel länger als die Bltn., die unteren ähnl. den Stgblätt.; Fied. tief eingeschnitten-gesägt bis fiederspaltig; Pfl. bis 50 cm hoch; ♃; VI–VIII. Matten, Hochstaudenfluren, Krummholzreg. (750–2300 m); kalkliebend; *z* Alp., *s* SW-Schw.Alb, Vog. Ⓖ *Durchblättertes L.*, **P. foliósa** L.

6(1). Stgblätt. zu 3–4 quirlst.; Blkr. purpurrot (zuw. heller bis weißl.), in gedrungener Traube; Tragblätt. u. der aufgeblasene K. oft purpurn überlaufen; ♃; VI–VIII. Matten, Triften, Quellmoore (1300–2300 m); *v* Alp. Ⓖ *Quirlblättriges L.*, **P. verticilláta** L.
— Stgblätt. nicht in Quirlen *7*
7. Oberlippe der Blkr. schnabelf. verlängert *(933–934)* *9*
— Oberlippe der Blkr. ungeschnäbelt, gestutzt *(932)* *8*
8. K. kahl, mit etwas ungleichen, am Rand gewimperten Zähnchen; Blkr. braun-rot bis purpurn; untere Tragblätt. fiedspaltig; Pfl. bis 60 cm hoch; ♃; VII–VIII. Feuchte Weiden, Gebüsche, Hochstaudenfluren (1200–2100 m); *v* Alp. Ⓖ *Gestutztes L.*, **P. recutíta** L.

[1] Diese u. die weiteren Gattungen der Familie (= Unterfamilie **Rhinanthoídeae**) sind Wurzelparasiten u. mit grünen Blättern versehene, einjährige od. ♃ Halb- od. Ganzschmarotzer vorwiegend auf Gräsern u. Gehölzen.

— K. weißwollig, mit gleichen Zähnchen; Blkr. rosa; untere Tragblätt. nur wenig eingeschnitten; Pfl. bis 15 cm hoch; ♃; VII–VIII. Matten, Triften, Gesteinsfluren (1700–2500 m); kalkstet; *z* Radstädtertauern (Sb), Ti?
Rosarotes L., **P. rósea** WULF.

9(7). Oberlippe der Blkr. in einen langen, vorn gestutzten Schnabel verschmälert *(933)*, fast ganzrandig ***12***

— Oberlippe der Blkr. in einen kurzen Schnabel auslaufend, beidersts. mit 1 kurzen Zahn *(934)* ***10***

10. K. tief 2-lippig, mit eingeschnitten-gezähnten, krausen Lippen; Blkr. bis 22 mm lg., ihre Unterlippe bewimpert; Infl. dichtbltg., lg. gestielt; Bltn. sitzend od. sehr kurz gestielt; Stg. aufrecht, einzeln, erst oberw. verzweigt, bis 50 cm hoch; K. außen kurzhaarig, am Rand kahl; ⊙; V–VI. Sumpfwiesen, Flachmoore (bis 1800 m); *v*. Ⓖ *Sumpf-L.*, **P. palústris** L. ssp. **palústris**
ssp. **opsiántha** (EKM.) E. ALMQUIST: Blkr. bis 15 mm lg.; VII–VIII; *s* Me (Rügen, Usedom), *z* Da.

— K. 5-zähnig od. 5-spaltig; Unterlippe der Blkr. kahl ***11***

11. Infl.stiel zu mehreren, der mittlere aufrecht, bis 12 cm hoch, die seitl. niederlgd.; Infl. kurz bis sehr kurz gestielt; Bltn. deutl. gestielt; K. 5-zähnig, tief gezähnelt, z. Frzeit aufgeblasen, am Rand zottig, außen kahl; ⊙; V–VI. Feuchte Wiesen, Flach- u. Hochmoore (bis 1200 m); *z*, *f* Au.
Ⓖ *Wald-L.*, **P. sylvática** L.

— Infl.stiel einzeln, aufrecht, 10–25 cm hoch; Infl. lg.gestielt; Bltn. fast sitzend; K. 5-spaltig, mit fein gesägten Zähnchen *(934)*; ♃; V–VII. Quellige Stellen u. Hochmoore (1000–1500 m); *s* Riesengeb.
Ⓖ *Sudeten-L.*, **P. sudética** WILLD.

12(9). Kzähne ganzrandig; K. spinnwebig-wollig; Infl. lockerbltg., verlängert; Blkr. fleischrot bis purpurn (zuw. rosa bis weißl.), bis 13 mm lg., ihre Röhre nur so lg. wie der K., ihre Unterlippe nicht bewimpert; Pfl. bis 40 cm hoch; ♃; VII–VIII. Matten, Triften (1800–2300 m); kalkliebend; *z* Alp. von O-Ba, Sb, Ti (= *P. incarnata* JACQ., non L.)
Ⓖ *Ähren-L.*, *Fleischrotes L.*, **P. rostráto-spicáta** CR. ssp. **rostráto-spicáta**
ssp. **helvética** (STEININGER) O. SCHWARZ: Pfl. in allen Teilen kräftiger; K. dicht wollig-zottig, seine Zähne bei den unteren Blüten fein gesägt; *s* Vb, W-Ti.

— Kzähne deutl. gesägt bis gekerbt; Infl. köpfchenart., dicht- od. (wenn arm-, dann) engbltg. ***13***

13. Unterlippe der Blkr. am Rand ringsum kurz u. dicht gewimpert; K. kahl od. am Rand u. auf den Nerven flaumig behaart; Blkr. bis 25 mm lg., hellpurpurn; ihre Röhre länger als der K.; Pfl. bis 20 cm hoch; ♃; VII–VIII. Gesteinsfluren, Matten, Felsspalten (1150–2600 m); kalkliebend; *v* Alp (= *P. jacquinii* KOCH) Ⓖ *Kopfiges L.*, *Geschnäbeltes L.*, **P. rostráto-capitáta** CR.

— Unterlippe der Blkr. am Rand kahl; Pfl. nur bis 10 cm hoch ***14***

14. K. u. oberer Teil des Stg. rötl. wollig-zottig; Blkr.röhre etwa so lg wie der K.; Blkr. bis 17 mm lg., rosenrot mit dunklerer Oberlippe, deren Schnabel lineal; ♃; VII–VIII. Triften, Schuttfluren (1200–2800 m); kalkmeidend; *v* Au. *Farnblättriges L.*, **P. asplenifólia** FLOERKE

— K. höchstens flaumig; Blkr.röhre deutl. länger als der K., Oberlippe dunkler gefärbt als Unterlippe ***15***

15. K. am Rand u. auf den Nerven etwas flaumig, sonst kahl; Blkr. bis 25 mm lg., rosenrot, der Schnabel ihrer Oberlippe kegelf.; Infl. nur 1- bis 3-bltg.; ♃; VI–VIII. Triften, Felsschutt (1800–2600 m); *s* Niedere Tauern u. Pöllagruppe (Sb). *Zweiblütiges L.*, **P. portenschlágii** SAUT.

— K. gleichmäßig flaumig bis kahl; Blkr. bis 20 mm lg., hellpurpurn, deren Schnabel lineal; Infl. 2–4bltg.; ♃; VII–VIII. Matten, Triften, Schuttfluren (2100–3000 m); kalkmeidend; *z* Au. (= *P. rhaetica* KERN.)
Bündner L., **P. kérneri** D. T.

17. Bártsia L., *Alpenhelm.* Blätt. eif., mit herzf. Grd. sitzend, die oberen trüb-rotviolett; Bltn. in fast kopfiger Ähre, in den Achseln laubiger Tragblätt.; Blkr. dk.-schmutzig-lila; ♃; VI–VIII. Feuchte Matten, Quellfluren (900–2500 m); *v* Alp. u. Voralp., *s* Vorland, S-Vog., S-Schw., Riesengeb., Gesenke. **B. alpina** L.

18. Parentucéllia VIV., *Gelbe Bartsie.* Pfl. stark drüsig behaart (klebrig); Blätt. eif.-lanzettl., sitzend; Infl. in kurzer Traube; Tragblätt. laubig, so lg. wie die gelbe Blkr.; ⨀; V–VIII. Feuchtsandige, offene Orte; *s* Be, Ho, S-SH, NS, Oberrheinebene, bayr. Hochebene; adventiv, ob fest eingebürgert? (Heimat: Mittelmeergebiet). (= *Bartsia viscosa* L.; = *Eufragia viscosa* (L.) BENTH.) **P. viscósa** (L.) CARUEL.

19. Odontites ZINN (incl. **Orthantha** KERNER), *Zahntrost*[1,2]

1. Blkr. gelb, bärtig gewimpert; Stbblätt. weit aus der Blkr. herausragend; Pfl. bis 50 cm hoch; ⨀; VII–X. Buschige Hänge, Triften, Sandfluren; sehr *z* im S (*f* Vb Sb) u. M-Gebiet, im N nur *s* Br u. SO-Me. [= *Orthantha lutea* (L.) KERN.] *Gelber Z.*, **O. lútea** (L.) CLAIRV. ssp. **lútea**

— Blkr. rot filzig behaart; Stbblätt. die Blkr. kaum überragend *2*

2. Pfl. unverzweigt, bis 10 cm hoch; Internodien wenige u. länger als ihre dickl. Stgblätt.; Infl. arm- (bis 20-)bltg.; Kzähne kurz-dreieckig; ⨀; V–VI. Salzwiesen; *v* Meeresküsten (*f* OPr), im Binnenland nur bei Saarbrücken (?); Sommerrasse. *Salz-Z.*, **O. litorális** FR.

— Pfl. verzweigt; Infl. mit meist mehr als 20 Bltn; K.zähne lineal *3*

3. Pfl. in Getreidefeldern; Stg. oberhalb der Mitte mit bltntragenden, aufrecht-absthd. Seitentrieben, ohne Interkalarblätt.[3]; Internodien wenige u. länger als ihre nicht dickl. Stgblätt.; ⨀; V–VI. Im Bereich des Ackerbaues *v*, im SW *s* (bis 1600 m). [= *O. rubra* ssp. *verna* (BELL.) VOLLM.]. Sommerrasse. *Acker-Z.*, **O. vérna** (BELL.) DUM.

— Wiesenpfl.; Stg. schon von der Basis an verzweigt, mit bogig aufstgd. Seitentrieben; mit od. ohne Interkalarblätt.; ⨀. [= *O. serotina* (LAM.) DUM.; = *O. vulgaris* MOENCH] *Roter Z.*, **O. rúbra** (BAUMG.) OPIZ

a. Interkalarblätt. fehlen; Brakteen länger als die Bltn.; Pfl. bis 30 cm hoch; VII–VIII. Feuchte Wiesen, Gräber; *v* N-Dt (vermutl. aber *v* im Gebiet; ?) Zwischenrasse. ssp. **rothmáleri** U. SCHNEIDER

– Interkalarblätt. 3–7 Paar; Brakteen kürzer als die Bltn. . . . . **b**

---

[1] s. Anmerkung 1, S. 391

[2] Ähnlich wie bei **Gentiana** (vgl. Anmerkg. S. 356) zeigen auch die nachfolgenden Gattungen **Melampyrum, Odontites, Euphrasia** und **Rhinanthus** einen **Saisondimorphismus,** d. h. eine Differenzierung ihrer Arten in **aestivale (Sommer-)** und **autumnale (Herbst-)** Rassen, zuweilen noch in **monomorphe (Zwischen-)** Rassen. Bei *Melampyrum* und *Rhinanthus* können sich diese außerdem noch in **Tal- und Gebirgsrassen** gliedern, wobei aber bei der erstgenannten Gattung deren Formenreichtum immer noch nicht erschöpft ist. In systematischer Hinsicht werden alle diese Rassen heute im allgemeinen als **ssp.** aufgefaßt u. so benannt. Eine genaue Bestimmung der Rassen ist nur mit umfangreicherem Material, einiger Erfahrung und Spezialliteratur möglich. Die Aufgliederung in die einzelnen Rassen ergibt sich im wesentlichen nach folg. Schema:
Sommerrasse: Stg. unverzweigt, mit wenigen Internodien, die länger als die Blätt. sind; z. Bltzt. [V–VI(–VII)] noch alle Blätt. u. meist sogar noch die Keimblätt. erhalten. Interkalarblätter (meist) fehlend.
Zwischenrasse: Stg. nur oberw. verzweigt; unterste Internodien kürzer, oberste länger als die Blätt.; z. Bltzt. (VI–VII) oft noch alle Blätt. erhalten. Interkalarblätter 0-2.
Herbstrasse: Stg. ± reich verzweigt, mit bogig aufstgd., stets blühenden Seitentrieben; Internodien zahlreich u. kürzer als die Blätt.; Blätt. zur Bltzt. [VII–VIII(–IX)] ± verwelkend; Keimblätt. abgefallen. Interkalarblätt. zahlreich.
Talrasse: Pfl. groß, reich verzweigt, grün bis gelbl.-grün, kaum mit Rotfärbung; Infl. reichbltg.
Gebirgsrasse: Pfl. kleiner, weniger verzweigt (zuw. sogar einfach od. nur mit nichtblühenden Seitentrieben), in der Farbe dunkler bis bräunl. od. rötl.; Infl. armblütiger.

[3] Interkalarblätt. sind die zwischen dem obersten Seitentrieb u. den untersten Bltn. der endst. Infl. befindlichen Blattpaare.

b. Pfl. bis 15 cm hoch; Blätt. dickl.; VII–IX. Salzwiesen; *v* Meeresküsten von Dt (vermutl. auch Be, Ho, Da (ob im Binnenland?). Herbstrasse. ssp. **púmila** U. SCHNEIDER
– Pfl. 20–40 cm hoch; Blätt. nicht dickl.; VII–IX. Feuchte Wiesen u. Weiden; *v.* Herbstrasse. ssp. **rúbra**

20. Euphrásia L., *Augentrost*[1]

Die Taxonomie der Euphrasien ist nach wie vor unbefriedigend gesichert. Es scheint nahezu aussichtslos, die gültig und ungültig veröffentlichte Namensvielfalt klar abgrenzbaren Sippen zuzuordnen. Die oben (S. 393) geschilderte Differenzierung in Ökorassen und häufig hinzutretende Hybridisierung tun ein übriges. Selbst die Spezialisten der Gattung (FRÖHNER, HARTL, JANCHEN, YEO) sind sich in der Bewertung von Sippen und Zuweisungen zur Synonymie vielfach uneinig. Um die Verwirrung nicht zu erhöhen, wurde nachfolgend die letzte Neubearbeitung der 81. Aufl. (1969) im wesentlichen beibehalten. Die hinzugefügten Synonyme geben einen Teil der unterschiedlichen Auffassungen wieder sowie die Möglichkeit, diese gegenseitig zu übertragen. Augentrost-Bestimmungen sollten stets mit dem Vermerk des benutzten Bestimmungsbuches versehen bleiben.

1. Kapsel weich od. borstig behaart (zuw. nur am Rand); Stgblätt. ± eif., sitzend, jedersts. mit je 4–6 Zähnen ***3***

— Kapsel kahl (zuw. aber am Rand mit wenigen nichtborstigen, gekrümmten Härchen); Stgblätt. lanzettl. bis lineal, jedersts. mit nur 2–3 Zähnen; Blkr. weiß, bläul. geadert, mit gelbem Schlundfleck auf der Unterlippe . ***2***

2. Tragblätt. jedersts. mit meist 2 (1–3) grannig zugespitzten Zähnen; untere Stgblätt. lineal, mehr als 3-mal so lg. wie breit; Blkr. bis 15 mm lg.; ⨀; VII–X. Felsen, Schutt, steinige Triften (Höhengrenzen ?); *s* Ti (bei Kufstein). (= *E. carniolica* KERN.; incl. *E. cuspidata* HOST)
Krainer A., **E. tricuspidáta** L. ssp. **cuspidáta** (HOST) HARTL

— Tragblätt. jedersts. mit meist 3(-5) zugespitzten Zähnen; untere Stgblätt. im Umriß breit-lanzettl., weniger als 3-mal so lg. wie breit; Blkr. bis 8 mm lg.; ⨀; VI–X. Matten, Felsen, Schutt (bis 2500 m); *v* u. *h* Alp., *z* Vorland, *s* bis zur Donau (Alb) u. südlichstes Rheintal (Baden u. E), Sudeten
Salzburger A., **E. salisburgénsis** FUNCK ex HOPPE ssp. **salisburgénsis**

3(1). Tragblätt. ohne Drüsenhaare ***10***

— Tragblätt. (wenigstens im unteren Teil ihres Randes) mit Drüsenhaaren ***4***

4. Blkr. während des Blühens sich verlängernd, zuletzt bis 15 mm lg. u. den K. deutl. überragend, weiß, lila geadert u. mit gelbem Schlundfleck; Tragblätt. der Bltn. ± abgespreizt; ⨀. (= *E. officinalis* L.)
Gemeiner Augentrost, **E. rostkoviána** HAYNE

a. Pfl. mit bogig aufstgd. Seitentrieben, schon von der Basis an verzweigt; Internodien zahlreich u. kürzer als die Stgblätt., diese zur Bltzt. bereits verwelkend; VII–X. (Herbstform; bis 2300 m ?); Tal- bis Gebirgswiesen; *g* im S, *v* im N. ssp. **rostkoviána**
– Pfl. unverzweigt od. nur oberw. mit (kürzeren) Seitentrieben; wenigstens die oberen Internodien länger als ihre Blätt. u. diese zur Bltzt. meist noch grün . . . . **b**
b. Pfl. unverzweigt (zuw. in der Stgmitte mit kürzeren, nichtblühenden Seitentrieben); alle Internodien länger als ihre Blätt: IV–VI (Sommerform bes. der mont. Reg.; ? bis 1600 m); Moor- u. Gebirgswiesen; *z* Alp., Voralp., M-Geb. ssp. **montána** (JORD.) WETTST.
– Pfl. oberw. mit blühenden Seitentrieben . . . . **c**
c. VII–VIII. (Zwischenform); Flachmoore; *z* Me, Br. ssp. **kreisélii** ROTHM. & U. SCHNEIDER
– VII–X. (Herbstform der mont. Reg.); Matten; *z* Hoch-Vog. ssp. **campéstris** (JORD.) HAY.

— Blkr. sich während des Blühens nicht verlängernd, bis 8 mm lg., den K. nicht od. sehr wenig überragend ***5***

5. Pfl. aus dem N des Gebietes ***8***

— Alpenpfl. ***6***

6. Tragblätt. dicht mit lg.(gestielten) Drüsenhaaren; obere Stgblätt. im Umriß breit-eif., dicht lg.-drüsig; Blkr. weiß, lila geadert u. mit gelbem Schlundfleck; Stgblätt. mit weißen Borsten- u. gestielten Drüsenhaaren; ⨀; VI–IX.

[1] s. Anmerkung 1, S. 391 u. Anmerkung 2, S. 393

Matten, Triften (1700–2000 m); *z* Vb, Sonnwendjoch (Ti), Rhön ?, Erzgeb. ?, Allgäu ? *Zottiger A.*, **E. hirtélla** JORD.

— Tragblätt. locker mit kurzen, meist sitzenden Drüsenhaaren ***7***

7. Pfl. bis 30 cm hoch; Blkr. 6–10 mm lg., blaßlila mit gelbem Schlundfleck u. dk. geadert; ⨀; VII–IX. Wiesen, Heiden, Triften; *z* Ho, Da, Me, Po?, OPr, Lungau (Sb; bis ? m) (wenn Riesengeb., dann *E. tatrae*, s. Nr. *20-*) [= *E. vernalis* LIST em O. SCHWARZ ssp. *brevipila* (BURNAT & GREMLI) O. SCHWARZ; = *E. stricta* ssp. *stricta* var. *brevipila* (BURNAT & GREMLI) HARTL] *Kurzhaariger A.*, **E. brevipila** BURNAT & GREMLI

— Pfl. bis 15 cm hoch; Blkr. 4–6 mm lg., weiß mit großem, gelbem Fleck od. insgesamt ± gelb; ⨀; VII–IX. Matten, Triften (?–2500 m); *s* Alp. von Ba (wo?), Ti, Sb. [= *E. minima* JACQ. ssp. *drosocalyx* (FREYN) HAY; = *E. minima* ssp. *minima* var. *drosocalyx* (FREYN) HARTL] *Drüsiger A.*, **E. drosocályx** FREYN

8(5). Stg. mit wenigen, verlängerten Internodien, unverzweigt od. oberw. mit wenigen Seitentrieben, etwas behaart u. drüsig; Stgblätt. frischgrün, stumpfl.; Blkr. 8–9 mm lg., mit hell-blauvioletter Oberlippe u. langer Unterlippe; ⨀; V–VII. Wiesen; *v* Da, *s* OPr (ob in Dt ?). [= *E. stricta* ssp. *tenuis* (BRENNER) HARTL; = *E. arctica* LANGE ex ROSTRUP ssp. *tenuis* (BRENNER) YEO] *Zarter A.*, **E. ténuis** (BRENNER) WETTST.

— Stg. mit zahlreichen, kurzen Internodien, von der Basis an verzweigt, stärker behaart ***9***

9. Stg. meist violett-bräunl.; Internodien etwa so lg. wie die Blätt.; Blätt. dk.-grün bis gräul.-grün, kahl bis wenig kurz-borstig, außerdem am Rand u. an den Nerven drüsig behaart; Stgblätt. jedersts. mit 3–5 lg. stachelspitzigen Zähnen; Blkr. meist 7–8 mm lg., hell-blauviolett mit blasser Unterlippe (s. Nr. *7*) **E. brevipíla** BURNAT & GREMLI

— Stg. mit sehr kurzen Internodien, ebenso wie die stumpfl. Blätt. dicht gräul. behaart; Stgblätt. jedersts. mit 1–3 spitzl., aber nicht stachelig-grannigen Zähnen; Blkr. nur 4–7 mm lg., blaßblau bis weiß; ⨀; VII–IX. Kalkhänge, Dünen; *s* N-Jütland (Da). *Dünen-A.*, **E. dunénsis** WIINSTEDT

10(3). Blkr. 2–10 mm lg., ihre Röhre auch am Ende der Bltzt. den K. nicht od. kaum überragend; Blätt. kahl od. behaart; Gr. stets herabgebogen ***14***

— Blkr. 9–11 mm lg., ihre Röhre sich verlängernd u. am Ende der Bltzt. den K. deutl. überragend u. dann meist 10–15 mm lg.; Blätt. stets ± behaart; Gr. beim Verblühen gerade ***11***

11. Pfl. aus dem N; Blätt. kahl, höchstens mit winzigen Haaren am Rand od. untersts. auf den Nerven; oberste Stgblätt. mit stumpfl. Zähnen (zuw. der untere Zahn spitz); ⨀; VII–VIII. Wiesen, Dünen; *z* Ho, Da. [= *E. arctica* LANGE ex ROSTRUP ssp. *borealis* (TOWNS.) YEO]
Nordischer A., **E. boreális** (TOWNS.) WETTST. ssp. **boreális**

— Pfl. aus dem S; Blätt. ± zerstreut od. dichter behaart ***12***

12. Obere (nicht bltntragende) Stgblätt. stumpfl., beidersts. mit 3–5 stumpfl. Zähnen; Tragblätt. beidersts. mit je 4–6 Zähnen; ⨀. (= *E. rostkoviana* HAYNE var. *picta* OBORNY) *Scheckiger A.*, **E. picta** WIMM.

a. Pfl. mit bogig aufstgd. Seitentrieben, schon von der Bais an verzweigt; Internodien zahlreich u. kürzer als die z. Bltzt. bereits verwelkenden Stgblätt.; VII–X. (Herbstform der Alpentäler; bis ? m); *s* Alp.-Vorland von Ba, Ti. ssp. **alpígena** VOLLM.

– Pfl. unverzweigt od. nur oberw. mit (kürzeren) Seitentrieben; wenigstens die oberen Internodien länger als ihre Blätt. u. diese z. Blzt. meist noch grün . . . . **b**

b. Pfl. unverzweigt od. oberhalb der Stgmitte mit kürzeren Seitentrieben; alle Internodien länger als ihre Blätt.; VI–VIII. (Sommerform der Alpentäler; bis ? m); Wiesen; *s* Allgäu, Ti.
ssp. **algoviána** (K. MÜLLER & GERSTLAUER) RONN.

– Pfl. unverzweigt od. unterhalb der Stgmitte mit kürzeren Seitentrieben; untere Internodien kürzer, obere länger als ihre Blätt.; VII–IX. (Zwischenform; 600–2400 m); Matten, Triften; *v* Alp., *s* Vog., Riesengeb. bis Gesenke. ssp. **pícta**

— Obere (nicht bltntragende) Stgblätt. spitz, beidersts. mit spitzen Zähnen ***13***

13. Pfl. bis 40 cm hoch; untere Stgblätt. jedersts. mit 4–7 spitzl. Zähnen; Blätt. u. Kzähne ohne schwarze Strichelung; Blkr. bis 15 mm lg.; ⨀. [= *E. picta* ssp. *kerneri* (WETTST.) YEO]; *Großblütiger A.*, **E. kérneri** WETTST.

a. Pfl. mit bogig aufstgd. Seitentrieben, schon vor der Basis an reich u. mehrmals verzweigt; Internodien zahlr. u. kürzer als die zur Bltzt. bereits verwelkenden Stgblätt.; VII–IX. (Herbstform; bis ? m); Moorwiesen, vorwgd. der Ebene; *v* bis *z* S-Ba, Ti, (Sb?), *s* Bodenseegebiet (BW), bei Breslau?, bei Wolgast (O-Me)? ssp. **kérneri**

– Pfl. unverzweigt od. oberw. mit wenigen kurzen Seitentrieben; Internodien wenige u. länger als ihre Blätt.; VI–VII. (Sommerform; bis ? m); *s* Alp.-Vorland von Ba, Col de Wettstein (E.) [= *E. picta* ssp. *praecox* (Vollm.) Hay. in Hegi] ssp. **prāecox** (Vollm.) Ronn.

— Pfl. bis 20 cm hoch untere Stgblätt. jedersts. mit 3–4 stumpfl. Zähnen; Blätt. u. Kzähne durch feine, schwarze Striche ± deutl. berandet; ⨀; VII–IX. Matten (1300–2100 m); *z* Au, in Dt nur oberhalb Tegernsee. (= ?; von *E. picta* sicher trennbar?). *Bunter A.*, **E. versícolor** Kern.

14(10). Blkr. bei voll entwickelten Bltn. 2–7 mm lg. ***18***

— Blkr. bei voll entwickelten Bltn. 7–10 mm lg. ***15***

15. Bis 10 cm hohe, vom Grd. an ästige Alpenpfl.; reife Kapsel länger als der K.; Zähne der oberen Stgblätt. u. der Tragblätt. stumpfl. *(935);* Blätt. gegen den Rand u. bes. am Rand kurz-borstig behaart; ⨀; VIII–IX. Matten, Triften (1850–2350 m); *z* Ti, Sb. (= *E. picta* × *E. minima ?*)

Niedlicher A., **E. pulchélla** Kern.

— Pfl. bis 40 cm hoch; Pfl. tieferer Lagen, falls in der subalp. Reg. u. höher, dann Zähne der Tragblätt. spitz bis grannig *(936)* ***16***

16. Stgblätt. u. Tragblätt. kahl, höchstens am Rand (zuw. auch obersts.) kurz behaart; K. z. Frzeit sich nicht vergrößernd; Tragblätt. am Grd. keilf., jedersts. mit 4–6 sehr spitzen Zähnen *(936);* ⨀.

Steifer A., **E. stricta** Wolff ex Lehm.

a. Stg. mit bogig aufstgd. Seitentrieben, schon von der Basis an verzweigt; Internodien zahlreich u. kürzer als die z. Bltzt. bereits welkenden od. abgefallenen Stgblätt.; VII–IX. (Herbstform der niederen Lagen; bis 1700 m ?); Heiden, Trockenhänge, Wald- u. Gebüschränder; *v*. ssp. **stricta**

– Stg. unverzweigt od. in der oberen Hälfte mit wenigen, kurzen Seitentrieben; Internodien wenige u. länger als ihre z. Bltzt. noch grünen Blätt.; V–VII. (Sommerform der Ebene); (Moor-) Wiesen; *z* Da bis Po, *s* Br, Th, Sa, ob im S? (= *E. stricta* ssp. *tenuis* Wettst.)

ssp. **suécica** (Murb. & Wettst.) Wettst.

— Stgblätt. u. Tragblätt. dicht-borstig behaart; untere Stgblätt. z. Bltzt. verwelkend; Pfl. bis 30 cm hoch ***17***

17. K. z. Frzeit sich vergrößernd; Tragblätt. dicht dachig bis kammf. sthd., am Grd. deutl. keilf. *(937);* Stg. meist unverzweigt, zuw. oberw. kurz verzweigt; Internodien verlängert; ⨀; V–VIII. Triften, Heiden; *s* Kaiserstuhl, E? (= *E. stricta* ssp. *bicknellii* Wettst.) *Kamm-A.*, **E. pectináta** Ten.

— K. z. Frzeit sich nicht vergrößernd; Tragblätt. nicht dachig sthd., voneinander (bes. die unteren) entfernt, am Grd. am breitesten, nicht keilf. verschmälert *(938);* Stg. von der Basis an verzweigt; Internodien zahlreich u. kurz; ⨀; VII–IX. Trockenrasen, Gebüschränder; E?, S-Baden?, Br?, Me?, (Herbstform). (= *E. stricta* ssp. *bicknellii* Wettst.)

Tatarischer A., **E. tatárica** Fisch. ssp. **tatárica**

18(14). Stgblätt. u. Tragblätt. ± kahl ***21***

— Stgblätt. u. Tragblätt. borstig behaart (wenigstens am Rand) ***19***

19. Reife Kapsel so lg. wie der K.; Stgblätt. u. Tragblätt. jedersts. mit 4–7 spitzen Zähnen; ⨀. (= *E. nemorosa* ssp. *nemorosa* var. *curta* Fr.)

Bläulicher A., **E. cúrta** (Fr.) Wettst.

a. Pfl. mit bogig aufstgd. Seitentrieben; Internodien zahlreich u. kürzer als die z. Bltzt. bereits verwelkenden, beidersts. meist ± dicht kurz-borstigen Stgblätt.; VII–X. (Herbstform); Trokkenwiesen, Strand; *v* im NO, sonst im N *z*, südl. bis Sa, Schl. (= *E. parviflora* Fr.) ssp. **cúrta**

– Pfl. unverzweigt, selten oberw. mit kurzen, nichtblühenden Seitentrieben; Internodien wenige u. länger als die z. Bltzt. noch grünen, locker behaarten bis verkahlenden Stgblätt.; V–VIII. (Sommerform); Trockene u. moorige Wiesen; sehr *z* Eifel, Spessart, SH, Harz, Thw., Br, Me bis OPr, Schl, Sudeten [= *E. uechtritziana* Jung. & Engl.; *E. coerulea* Hoppe & Fürnrohr; *E. nemorosa* ssp. *coerulea* (Hoppe & Fürnrohr) Wettst.]

ssp. **coerúlea** (Hoppe & Fürnrohr) Wettst.

— Reife Kapsel länger als der K.; Stgblätt. u. Tragblätt. jedersts. mit 1–4 (selten bis 5) stumpfl. oder spitzen Zähnen ***20***

20. Stgblätt. jedersts. mit meist 1–3 Zähnen, sitzend; Pfl. ohne Drüsenhaare; Blkr. meist gelb mit lila Oberlippe und gelbem Schlundfleck (mit mehreren Farbabweichungen); oberer Zahn der Stgblätt. meist einw. gekrümmt; unterstes Tragblatt an der Basis keilf. verschmälert; Pfl. sehr zierl., meist ± 5 cm, aber nicht über 10 cm hoch; ⨀; VII–IX. Matten, Triften; *v* Alp. (1200–2700 m) (*s* Vog., Rhön, Harz, Thw., Erzgeb., diese Angaben gehören aber vermutl. zu *E. nemorosa*). *Zwerg-A.,* **E. mínima** Jacq. (s. str.)

— Stgblätt. jedersts. mit meist 3–4 Zähnen, die oberen kurz gestielt; Pfl. (bes. Tragblätt. u. K.) zuw. kurz drüsenhaarig; Blkr. weißl. bis lila, mit gelbem Schlundfleck; oberer Zahn der Stgblätt. nicht einw. gekrümmt; unterstes Tragblatt abgerundet bis fast herzf. an der Basis; Pfl. kräftiger, meist 8–10 cm, aber kaum über 12 cm hoch; ⨀; VII–IX. Matten; *s* Riesengeb. [= *E. minima* ssp. *tatrae* (Wettst.) Hay.] *Tatra-A.,* **E. tátrae** Wettst.

21(18). Tragblätt. grannig zugespitzt; Stg. unverzweigt od. nur oberw. mit wenigen, kürzeren, aufrechten Seitentrieben; Blkr. 3–4 mm lg., hell-lila mit dk. Streifen, ohne gelben Schlundfleck; Pfl. bis 10 cm hoch; ⨀; VIII–IX. Matten (1800–1900 m); kalkmeidend; *s* Ti. [= *E. stricta* ssp. *pumila* (Kern.) Wettst.] *Niedriger A.,* **E. púmila** Kern.

Falls Pfl. mit bogig aufstgd. Seitentrieben, von der Basis an verzweigt u. Blkr. mit gelbem Schlundfleck, dann kleinbltg. Formen von *E. stricta* ssp. *stricta* (s. Nr. ***16***)

— Tragblätt. mit spitzen, aber nicht grannigen Zähnen ***22***

22. Stg. dünn, fadenf., kahl od. sehr zerstreut behaart, unverzweigt od. nur oberhalb der Mitte mit wenigen kurzen Seitentrieben; Stgblätt. u. Tragblätt. (bes. getrocknet) schwärzl. u. glzd.; Tragblätt. aufrecht, 5–10 zähnig; Stgblätt. z. Bltzt. noch grün; ⨀; VI–IX. Kiefernwälder, Heiden, Heidemoore, Torfböden; *v* im N, *z* im NO südw. sehr *z* bis N-He, FrAlb, Bayer/Böhmw., vereinzelt Allgäu, S-Vog., S-Schw., SchwAlb. (= *E. gracilis* Fr.) *Schlanker A.,* **E. micrántha** Rchb.

— Stg. kräftig, flaumig behaart, meist von der Basis an reich verzweigt; Stgblätt. u. Tragblätt. (bes. getrocknet) graugrün u. matt; Tragblätt. absthd. bis bogig zurückgekrümmt, 7–13zähnig; Stgblätt. z. Bltzt. meist noch grün; Pfl. bis 25(-40) cm hoch; ⨀; VII–X. Wiesen, Heiden, Waldränder (bis 1550 m); *v* im W, östl. *z* bis S-SH (*f* Da), Br, Lausitz, Fr, Bayrw. *Hain-A.,* **E. nemorósa** (Pers.) Mart. em. Wallr.

21. Rhinánthus L. (= *Alectorolophus* Zinn), *Klappertopf (909)*[1]

1. K. auf der ganzen Oberfläche kurz-drüsig behaart; Blkr. 20 mm lg.; Kronröhre am Rücken schwach aufw. gebogen; Tragblätt. gleichmäßig gezähnt u. drüsig behaart; Stg. schwarz gestrichelt; Pfl. 15–60 cm hoch; ⨀; V–VIII. Grasige Hänge; nur bei Jena (Th). [= *Rh. rumelicus* Vel. ssp. *aschersonianus* (M. Schulze) O. Schwarz; = *Rh. alectorolophus* ssp. *aschersonianus* (M. Schulze) Hartl] *Drüsiger K.,* **Rh. aschersoniánus** M. Schulze

— K. nicht drüsig behaart ***2***

2. K. kahl oder nur an den Kanten borstig ***3***

— K. auf der ganzen Oberfläche lg. zottig behaart; ⨀; (1 Klein- u. 1 formenreiche Sammelart). **Rh. alectorólophus** (Scop.) Poll. (s. l.)

a. Schlund der Blkr. durch die am Rücken stärker aufwärts gebogene Blkronröhre u. ihre mehr herabgeschlagene Unterlippe geöffnet; Stg. einfach; 15–20 cm hoch, mit wenigen verlängerten Internodien; ⨀; VI–VII. Matten; Fuschertal/Pinzgau (Sb), Ti. *Südtiroler K.,* **Rh. facchínii** Chab.

– Schlund der Blkr. geschlossen; Blkronröhre nur schwach gekrümmt; Stg. u. Tragblätt. zottig behaart; Tragblätt. mit gleichmäßigen Zähnen; ⨀; V–IX; Tal- bis Gebirgswiesen (bis 2300 m);

[1] s. Anmerkung 1, S. 391 u. Anmerkung 2, S. 393, zur Bestimmung der Ökorassen Spezialliteratur benutzen!

v, nördl. *z–s* bis Ho/N-Rheinld./We/Harz/Sa/Schl. (= *Rh. hirsutus* LAM.) (mit insgesamt 5 Sommer-, Zwischen-, Herbst-, Tal- u. Gebirgsrassen, = ssp.)
Zottiger K., **Rh. alectorólophus** (SCOP.) POLL. (s. str.)

3. Rückenlinie der Blkronröhre gerade od. fast gerade, diese kürzer als der K.; Oberlippe der Blkr. mit 2 kaum 1 mm langen, weißl.-bläul. Zähnchen; Schlund der Blkr. etwas geöffnet; Blkr. bis 15 mm lg., ihre Röhre etwas kürzer als der K.; Tragblätt. im Umriß spitz 3-eckig, gleichmäßig gezähnt; Stg. schwach 2-zeilig behaart, mit od. ohne schwarze Strichelung; Pfl. 15–40 cm hoch; ⨀; V–IX. Tal- bis Gebirgswiesen (bis 2000 m); *v*. (Sehr formenreich mit insgesamt 7 ssp.) *Kleiner K.*, **Rh. mínor** L.

— Rückenlinie der Blkronröhre aufwärts gekrümmt, diese so lg. wie der K.; Oberlippe der Blkr. mit längeren, meist blauvioletten Zähnen; Blkronröhre so lg. od. länger als der K.; Stg. mit schwarzer Strichelung ***4***

4. Tragblätt. der mittl. Bltn. am Grd. mit grannig verlängerten Zähnen *(939)*; Rücken der Blkronröhre stark aufwärts gekrümmt; Blkr. 15–20 mm lg., mit offenem Schlund; Stg. fast kahl; ⨀; VI–IX. Bergwiesen (400–2200 m); *v* Alp. u. Vorland, *z* E, BW, N-Ba, *s* Rhön, Harz, Thw., Frw. (Formenreich, mit insgesamt 5 ssp.) (= *Rh angustifolius* aut., non GMEL.; = *Rh. glacialis* PERSONNAT) *Grannen-K.*, **Rh. arístatus** ČEL.

— Tragblätt. der mittl. Bltn. am Grd. mit zugespitzten, aber nicht grannenart. Zähnen *(940)* ***5***

5. Rücken der Blkronröhre schwach gekrümmt; Blkr. ± 20 mm lg., mit geschlossenem Schlund; Stg. kahl od. schwach 2-zeilig behaart; unt. Tragblätt. mit 4–8 mm lg. Zähnen u. mit 1–5 mm lg. Granne; ⨀; V–VIII. Tal- bis Gebirgswiesen, sonnige Hänge, trocken-lichte Wälder, Dünen (bis 1300 m); *v*. (Sehr formenreich mit insgesamt 9 ssp.) [= *Rh. major* EHRH., non L.; = *Rh. glaber* LAM. p. p.; = *Rh. serotinus* (SCHÖNHEIT) OBORNY; = *Rh. grandiflorus* (WALLR.) SOÓ] *Großer K.*, **Rh. angustifólius** GMELIN

— Rücken der Blkronröhre stark aufwärts gekrümmt; Blkr. ± 15 mm lg., mit offenem Schlund; Stg. 2-zeilig behaart; unt. Tragblätt. mit spitzen, aber grannenlosen Zähnchen; ⨀; VII–IX. Bergwiesen (oberhalb 1000 m); *v* Erzgeb. bis Gesenke. (mit 3 ssp.) (= *Rh. pulcher* GÜNTH. & SCHRAMM ex OPIZ)
Alpen-K., **Rh. alpínus** BAUMG.

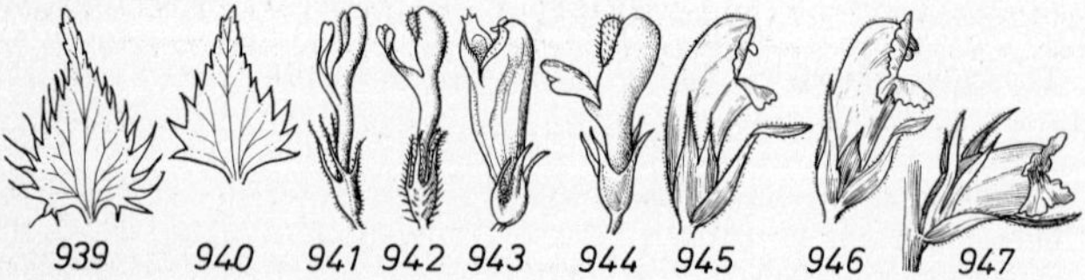

939 940 941 942 943 944 945 946 947

22. Melampýrum L., *Wachtelweizen*[1]

1. Infl. einstswendig u. lockerbltg. **od.** Bltn. einzeln u. blattachselst. . . ***4***

— Infl. allstswendig u. dicht **od.** Bltn. in 4 Reihen ***2***

2. Tragblätt. längsgefaltet, im unteren Teil kammf.-gezähnt, dicht dachig in 4 Reihen angeordnet; Blkr. gelbl.weiß, rot überlaufen; ⨀; V–IX. Wiesen, Gebüsche, Waldränder; *z*, *s* im N. u. Alp., *f* Ho, Be, NW-Dt, Ti, Vb. (3 ssp.)
Kamm-W., **M. cristátum** L.

— Tragblätt. nicht längsgefaltet u. nicht in 4 Reihen angeordnet . . . ***3***

[1] s. Anmerkung 1, S. 391, u. Anmerkung 2, S. 393 Zur Bestimmung der Ökorassen Spezialliteratur verwenden!

3. Tragblätt. hell- bis lilarot; Blkr. 20–25 mm lg., Lippen rötl., Röhre gelbl. bis weißl.; K. flaumig behaart, fast so lg. wie die Blkronröhre, die Unterlippe der Oberlippe fast anlgd. *(941);* ⊙; V–IX; Äcker, Trockenhänge (bis 1000 m); *v* im S, *s* im N u. Alp. *f* NW-Dt u. im NO (4 ssp.)
Acker-W., **M. arvénse** L.

— Tragblätt. gelbl.-grün; Blkr. 15–17 mm lg., blaßgelb; K. lg.zottig behaart; nur halb so lg. wie die Blkronröhre, die Unterlippe deutl. von der Oberlippe abgespreizt; *(942);* ⊙; VI–VIII. Wie vorige; *s* aus dem östl. Österreich eingeschleppt in Au (auch in Dt?). (2 ssp.)
Bart-W., **M. barbátum** W. & K. ex WILLD.

4(1). Obere Tragblätt. eif., lg.gezähnt, tiefblau gefärbt; K. lg.zottig behaart; Blkr. goldgelb; ⊙; VI–IX. Laubwälder, Gebüsche, Kahlschläge (bis 800 m); *v* im O (*s* im NO), *z* westl. bis Da/SH/NS/He/Ba/Sb. (2 Kleinarten)
Hain-W., **M. nemorósum** L. (s. l.)

a. K. lg.zottig behaart; Laubblätt. bis 4 cm breit. Verbreitung wie oben angegeben. (3 ssp.)
M. nemorósum L. (s. str.)

– K. höchstens etwas rauhhaarig, meist kahl; Laubblätt. nur bis 1,5 cm breit. *s* im O (OPr ?. Po ?, Schl, Br) **M. polónicum** (BEAUV.) SOÓ

— Obere Tragblätt. nicht tiefblau gefärbt; K. ± kahl ***5***

5. Blkr. 12–20 mm lg., gelbl.-weiß, die Rückenlinie ihrer Röhre fast gerade *(943);* K. kaum halb so lg. wie die Blkronröhre, Kzähne lineal, ungleich ansitzend u. (insbes. die oberen) abgespreizt; Schlund der Blkr. nur halb geöffnet; offene Bltn. fast waagrecht von der Infl.-Achse absthd.; ⊙; V–IX. Lichte Wälder, Gebüsche, Waldwiesen, Moore (bis 2150 m); *v* [incl. *M. paludosum* (GAUD.) RONN.] (je nach Abgrenzung 6–9 ssp.)
Wiesen-W., **M. praténse** L.

— Blkr. 6–10 mm lg., die Rückenlinie ihrer Röhre deutl. aufw. gekrümmt *(944);* K. wenigstens 2/3 so lg. wie die Blkronröhre, Kzähne dreieckig-lanzettl., unter sich gleichart. u. Schlund der Blkr. ganz geöffnet; offene Bltn. aufrecht bis schräg-seitl. von der Infl.-Achse absthd.; ⊙. (2 Kleinarten).
Wald-W., **M. silváticum** L. (s. l.)

a. Blkr. 6–8 (selten bis 10) mm lg., goldgelb; V–VIII. Wälder, Gebüsche, Bergwiesen, Zwergstrauchreg. (bis 2200 m); *v* im S u. Geb., *s* N-Dt (*v* Da), *f* Ho, Be (4 ssp.) **M. silváticum** L. (s. str.)

– Blkr. ± 10 mm lg., weißl. mit purpurn geaderter Unterlippe; VII–IX. Wälder (oberhalb 1000 m); *z* Erzgeb., Gesenke, Riesengeb. **M. saxósum** BAUMG.

23. Tózzia L., *Alpenrachen (910).* Grdachse mit fleischigen Niederblätt.; Stg. an den Kanten behaart; Blätt. kahl, glzd., mit schwach herzf. Grd. sitzend; Bltn. goldgelb mit rot punktierter Unterlippe; ♃; VI–VIII. Hochstaudenfluren u. Bachränder (900–2400 m); kalkliebend; *z* Alp. **T. alpína** L.

24. Lathraéa L., *Schuppenwurz.* Weiße bis rosarote Ganzschmarotzerpfl., meist auf Laubgehölzen (bes. *Corylus, Alnus);* Rhizom mit fleischigen Niederblätt.; Bltn. in dichter, einseitswendiger, anfangs nickender Traube; ♃; IV–V. Au- u. Schluchtwälder (bis 1600 m); *z, s* im NW (bis Bremen/Osnabrück/Aachen). **L. squamária** L.

Familie: **Orobancháceae,** *Sommerwurzgewächse*

Nichtgrüne, auf den Wurzeln oft spezieller grüner Pfl.[1] schmarotzende, einjährige od. ausdauernde Ganzparasiten; Blätt. schuppenf.; Bltn. in endst. Ähren od. Trauben, in den Achseln schuppenf. Tragblätt., am Grd. zuw. noch mit 2 Vorblätt.; K. röhrig 2- bis 5-zähnig od. 2-teilig; Blkr. 2-lippig mit 2-lappiger Ober- u. 3-lappiger Unterlippe; Stbblätt. 4, paarweise verschieden lg., der Blkrröhre angewachsen; Kapselfr.

[1] Beim Sammeln u. Bestimmen ist deshalb immer auf die umgebenden Pflanzen zu achten! Bei Arten mit dunkler (rötl., bräunl.) Narbe kommen zuw. Exemplare mit gelben Narben vor!

Übersicht der Wirtspflanzen:

Araliaceae: O. hederae (Hedera)
Apiaceae (Umbelliferae): O. bartlingii (Libanotis), alsatica (Peucedanum), amethystea (Eryngium), picridis (Daucus)
Asteraceae (Compositae): O. arenaria (Artemisia), purpurea (Achillea, Artemisia, Cirsium), coerulescens (Artemisia), flava (Petasites, Tussilago, Adenostyles), elatior (Centaurea), reticulata (Cirsium, Carduus, Carlina), loricata (Artemisia), picridis (Picris, Crepis)
Berberidaceae: O. lucorum (Berberis)
Cannabaceae: O. ramosa (Cannabis)
Dipsacaceae: O. reticulata (Knautia, Scabiosa)
Fabaceae (Papilionaceae): O. rapum-genistae (Sarothamnus, Genista, Ulex), gracilis (versch., bes. Genista, Lotus, Dorycnium), lutea (Trifolium, Medicago, Melilotus), minor (Trifolium, Medicago, Onobrychis, Ornithopus)
Lamiaceae (Labiatae): O. alba (bes. Thymus), salviae (Salvia), teucrii (Teucrium)
Rosaceae: O lucorum (Rubus)
Rubiaceae: O. caryophyllacea (Galium)
Solanaceae: O. ramosa (Solanum, Nicotiana)

Orobánche L., *Sommerwurz*

1. Bltn. in der Achsel eines Tragblattes u. ohne Vorblätter, sitzend; K. 2-blättrig, Kblätt. seitl. sthd., ungeteilt bis 2-zähnig, frei od. ± verwachsen ***4***

— Bltn. mit Tragblätt. u. 2 seitl. sthd. Vorblätt., kurz gestielt; K. röhrig-glockig, 4- od. 5-zähnig ***2***

2. Stg., verzweigt, 3–40 cm hoch; K. kurzglockig, 4-zähnig; Blkr. 10–12 mm lg. blaßgelbl., mit blauem od. violettem Saum; ⊙; VIII–X. Vorwgd. auf *Cannabis, Nicotiana, Solanum;* unbeständig, *v* im S, sonst *z* bis *f* (N-Dt, Da). *Ästige S.,* **O. ramósa** L.

— Stg. einfach, selten ästig; K. 5-zähnig, der hintere Zahn sehr klein; Pfl. 15–60 cm hoch ***3***

3. Stbbeutel gegen die Basis wollig-zottig behaart; Bltn. im stumpfen Winkel von der Infl.achse absthd.; Blkr. 25–35 mm lg., blauviolett; Lappen der Unterlippe abgerundet; Stg. gelbl.-weiß od. blaßlila, drüsig behaart, mit weniger als 10 Schuppenblätt.; ⊙–♃; VI–VII. Auf *Artemisia campestris* u. *A. vulgaris,* bes. auf Sandböden; *v* SW-Dt, sonst *z, f* Vb, im N von Be bis OPr (nur *s* in Me). *Sand-S.,* **O. arenária** Borkh.

— Stbbeutel kahl od. höchstens an der Spitze etwas behaart; Bltn. im spitzen Winkel von der Infl.achse absthd.; Blkr. 18–30 mm lg. gelbl.-weiß, gegen den Saum zu lila u. mit rötl. Aderung, Lappen der Unterlippe spitz; Stg. an der Spitze meist violett überlaufen, reichlich mehlstaubigdrüsig, mit meist mehr als 15 Schuppenblätt.; ⊙–♃; VI–VII. Auf *Achillea, Artemisia vulgaris, Cirsium acaule;* Triften (bis 800 m); *z* im S (*f* Vb, Sb), *s* im N (*f* NW-Dt). *Violette S.,* **O. purpúrea** Jacq.

4(1). Blkr. hellblau od. lila, an der Basis gelbl.-weiß, 10–23 mm lg.; Stbblätt. in der Mitte der hier stark eingeschnürten Kronröhre ansitzend; Narbe weißl.; Stg. bis 40 cm hoch, an der Spitze weiß-wollig; ♃; VI–VII. Auf *Artemisia campestris;* Sandböden; *s* Fr, südl. Donauvorland (Ba), OPr, Po?. *Bläuliche S.,* **O. coeruléscens** Steph.

— Blkr. nicht hellblau, höchstens auf hellem Grd. bläul. geadert; Stbblätt. unterhalb der Mitte der an ihrer Basis nicht bauchig erweiterten Kronröhre ansitzend; Narbe nicht weißl. ***5***

5. Stbblätt. deutl. (wenigstens 1–2 mm) oberhalb der Basis der Blkr. ansitzend ***9***

— Stbblätt. an od. nicht höher als 1 mm oberhalb der Basis der Blkr. ansitzend ***6***

6. Stbfäden an der Basis kahl u. verbreitert, an der Spitze dicht drüsig behaart; Blkr. 20–25 mm lg., weit, röhrig-glockig, hellgelbl. od. rötl.-braun, gegen den Saum mit hellen Drüsenhaaren; Rückenlinie der Blkr. ± gleichmäßig gebogen *(945);* Tragblätt. so lg. od. länger als die Blkr.; Stg. bis

85 cm hoch; ⊙; V–VII. Auf *Sarothamnus,* selten auf *Genista, Ulex;* Heiden, lichte Wälder (bis 900 m); *v* im W, *z* bis *s* östl. bis W-NS/We/Harz/S-Th/S-He/Pf/Baden (*f* Au). *Ginster-S.,* **O. rápum-genístae** THULL.

— Stbfäden an der Basis behaart *7*

7. Blkr. innen glzd., dk.blutrot, außen wachs- bis goldgelb, gegen den Saum trübpurpurn, glockig, drüsig behaart; Rückenlinie der Blkr. ± gleichmäßig gebogen (ähnl. *945);* Narbe gelb, mit purpurnem Rand; Stg. bis 60 cm hoch; ⊙–♃; V–VIII. Auf verschiedenen *Papilionaceae* (bes. *Genista, Lotus, Dorycnium);* Magerwiesen, Triften (bis 1800 m); *v* bis *z* Alp. u. Vorland, *s* N-Ba, S-BW, E?, Pf, He. *Blutrote S.,* **O. grácilis** SM.

— Blkr. innen nicht glzd. u. nicht dk.blutrot; Rückenlinie der Blkr. gerade bis kaum gekrümmt u. erst in Höhe der Oberlippe ± rechtwinklig abgebogen (ähnl. *946*); Narbe purpurn bis bräunl. *8*

8. Bltn. nach Nelken duftend; Blkr. 20–35 mm lg., hellbraun bis violett, auf der Oberlippe mit hellen Drüsenhaaren; Stg. 10–60 cm hoch, gelbl. od. lila; ⊙; VI–VII. Auf *Rubiaceae;* wie vorige (bis 1000 m); *z,* nördl. bis Eifel/N-He/NO-NS/Me/Po/OPr. (= *O. vulgaris* POIR.) *Labkraut-S.,* **O.caryophyllácea** SM.

— Bltn. duftlos Blkr. 18–22 mm lg., weiß-gelbl., gegen den Saum zu rötl. überlaufen, violett geadert; Oberlippe mit dunklen Drüsenhaaren; Stg. 10–70 cm hoch, meist rotbraun; ⊙–♃; IV–VIII. Auf *Labiatae* (bes. *Thymus*); Magerwiesen, Sandböden (bis 1900 m); *v* im SW, Au, nördl. *s* bis Be/We/Th/Schl (*f* Sa). (= *O. epithymum* DC.)
Quendel-S., Weiße-S., **O. álba** STEPH.

9(5). Narben rot, braunrot, purpurn od. violett (bei einzelnen Exemplaren zuw. gelb); Rückenlinie der Blkr. gerade bis kaum gekrümmt u. erst in Höhe der Oberlippe ± rechtwinklig nach vorn abgebogen (ähnl. *946;* Ausnahme: *O. amethystea* u. zuw. *O. minor.* u. *O. picridis*) *17*

— Narbe gelb (gegen Blühende bräunl. werdend); Rückenlinie der Blkr. ± gleichmäßig gebogen (ähnl. *945;* Ausnahme: *O. lutea* u. zuw. *O. bartlingii*) *10*

10. Blkr. außen kahl od. nur mit vereinzelten hellen Drüsenhaaren, 10–15 mm lg. weißl. od. gelbl., mit rötl. Oberlippe u. oft violetten Adern, ihre Röhre oberhalb der Mitte deutl. verengt; Stg. bis 60 cm hoch; ♃; V–VII. Auf *Hedera helix;* Waldränder, Parkanlagen, Ruinen; *s* Bodenseegebiet, bei Tübingen u. Rheintal (mit E) bis Rheingau, Ho, Vb. *Efeu-S.,* **O. héderae** DUBY

— Blkr. außen drüsig behaart, oberhalb der Mitte nicht verengt *11*

11. Blkr. groß, 2–3 cm lg., mit hellen Drüsenhaaren *16*

— Blkr. klein, 1–2,5 cm lg.; Rückenlinie der Blkr. ± gleichmäßig gebogen (ähnl. *945*) *12*

12. Gesellig u. truppweise auftretende Arten der Alp. u. Vorland . . . *14*

— Pfl. der Ebene; Infl. gedrängtbltg. *13*

13. Stbblätt. 1–3 mm oberhalb der Basis der Blkr. ansitzend; Gr. kahl bis sehr zerstreut drüsenhaarig; Rücken der Blkr. zuerst etwas gebogen, dann fast geradlinig, zur Spitze wiederum nach vorn gebogen; Pfl. 20–35 cm hoch; ♃; VI–VII. Trockenwiesen, Waldränder; kalkliebend; nur auf *Libanotis montana; s* im S u. M-Gebiet (BW, He, Th, O-We, S-NS, Schl?, Au?; genaue Verbreitung nicht bekannt, da bisher mit *O. alsatica* verwechselt). (= *O. libanotidis* RUPR.) *Bartlings S.,* **O. bartlingii** GRIS.

— Stbblätt. 3–5 mm oberhalb der Basis der Blkr. ansitzend; Gr. ± dicht mit kurzen u. langen Drüsenhaaren; Rücken der Blkr. gleichmäßig gebogen; Pfl. 30–70 cm hoch; ♃; VI–VII. Trockenhänge, lichte Wälder; nur auf *Peucedanum cervaria; s* E, BW, Th, O-Br? (genaue Verbreitung nicht bekannt, da bisher stets *O. bartlingii* mit eingeschlossen)
Elsässer S., **O. alsática** KIRSCHL.

14(12). Zipfel der Oberlippe der Blkr. nicht zurückgeschlagen, gerade vorgestreckt; Blkr. rötl.-gelb, mit helleren Drüsenhaaren; Gr. kahl od. spärl. drüsenhaarig; ⊙–♃; VII–VIII. Auf *Berberis vulgaris* (*s* auf *Rubus*); Gebüsche (bis 2000 m); sehr *z* Alp. u. Vorland. *Hain-S.,* **O. lucórum** A. Br.

— Zipfel der Oberlippe der Blkr. zurückgeschlagen *15*

15. Oberlippe der ockergelben Blkr. tief ausgerandet, mit fast kahlen, rötl. Zipfeln; Stbfäden etwa der Mitte der Blkronröhre ansitzend, oberw. drüsig; Gr. stark drüsig; Stg. 15–40 cm hoch; ♃; VI–VII. Auf *Petasites, Tussilago, Adenostyles;* Hochstaudenfluren (bis 1700 m); *z* Alp., *s* Vorland, Eulengeb. (Schl). *Blaßgelbe S.,* **O. fláva** Mart.

— Oberlippe der anfangs gelben, später braunen Blkr. schwach ausgerandet, mit randl. drüsig behaartem Zipfel; Stbfäden näher der Basis der Kronröhre ansitzend, oberw. kahl bis wenig drüsig; Gr. kahl bis wenig drüsig; Stg. bis 55 cm hoch; ⊙–♃; VII–VIII. Auf *Salvia glutinosa;* Bergwälder (bis 1400 m); *v* Alp., *z* Vorland. *Salbei-S.,* **O. sálviae** F. W. Sch. ex Koch

16(11). Rückenlinie der Blkr. ± gleichmäßig gebogen (ähnl. *945*); Blkr. anfangs rosarot, später rötl.-gelb, Oberlippe nicht od. nur undeutl. ausgerandet; Stg. bis 70 cm hoch, bis zur Infl. dicht beschuppt; ⊙–♃; VI–VII. Auf *Centaurea;* buschige, sonnige Hänge sehr *z* (*f* Be, Ho, Po, Br, Sa, Ba). (= *O. major* auct.) [G] *Großer S.,* **O. elátior** Sutt.

— Rückenlinie der Blkr. gerade u. erst in Höhe der Oberlippe fast rechtwinklig abgebogen *(946);* Blkr. hellbraun od. rötl.-braun, Oberlippe ausgerandet od. 2-lappig mit aufrechten Lappen; Stg. bis 50 cm hoch, an der Basis dicht, an der Spitze locker beschuppt; ⊙–♃; V–VI. Auf *Fabaceae* (bes. *Medicago, Melilotus, Trifolium*); Gebüsche, Triften, Klee- u. Luzernefelder (bis 950 m: Schw.Alb); *z* im S, *s* im M, *f* Be u. im N (Me?). *Gelbe S.,* **O. lútea** Baumg.

17(9). Rückenlinie der Blkr. ± gleichmäßig gebogen, Bltn. später fast waagrecht absthd. *(947);* Blkr. 15–20 mm lg., weiß u. gegen die Lippen violett überlaufen od. wenigstens violett geadert; Tragblätt. meist länger als ihre Bltn., violett; Oberlippe der Blkr. mit hellen Drüsenhaaren, tief 2-lappig, mit großen, zurückgeschlagenen Lappen; Stg. bis 45 cm hoch, meist violett; ⊙–♃; VI–VII. Auf *Eryngium campestre;* sonnig-trockene Hänge; *s* E, Baden, RhPf, Ho. *Amethystblaue S.,* **O. amethýstea** Thuill.

— Rückenlinie der Blkr. gerade bis kaum gekrümmt u. erst in Höhe der Oberlippe ± rechtwinklig abgebogen (ähnl. *946*; selten ± gleichmäßig gebogen, dann aber Stg., Tragblätt. u. Blkr. nicht violett u. Bltn. aufrechter) *18*

18. Oberlippe der Blkr. mit violetten Drüsenhaaren; ⊙–♃; VI–IX. Auf *Cirsium, Carduus, Carlina, Knautia, Scabiosa;* Wiesen, Triften, Unkrautgesellschaften. *Netzige S.,* **O. reticuláta** Wallr.

a. Blkr. nur an der Basis gelb, sonst violett, dk.geadert, ihre Oberlippe dicht mit Drüsenhaaren; *z* Alp (bis 1700 m), *s* Vorland, Donautal (Württ.), Vog. (= *O. platystigma* Rchb.) ssp. **reticuláta**

– Blkr. weißl.-gelb, gegen die Lippen zu schwach lila, mit spärl. Drüsenhaaren; sehr *z* E, BW, Pf, Th, S-NS, Sa, Schl, Po, OPr, Br?, Da, Ho. ssp. **pallidiflóra** (Wimm. & Grab.) Hay.

— Oberlippe der Blkr. mit hellen Drüsenhaaren *19*

19. Blkr. bräunl.-lila, 20–30 mm lg., mit ungeteilter Oberlippe; Stbfäden an der Basis behaart, an der Spitze drüsenhaarig, an der Anheftungsstelle (3–5 mm oberhalb der Basis) von einem hellen, mondf. Fleck umgeben; Stg. bis 40 cm hoch; ⊙–♃; VI–VII. Auf *Teucrium;* buschig-felsige Stellen (bis 1900 m); *z* Alp. u. Voralp., *s* S-BW, E, Saargebiet (Mosel), Eifel, Be. *Gamander-S.,* **O. teúcrii** Hol.

— Blkr. weiß od. gelbl.-weiß, gegen den Saum zu häufig rötl. od. violett bzw. violett geadert, meist nicht größer als 20 mm *20*

20. Blkr. nur selten länger als 12 mm, gelbl.-weiß, an der Oberlippe 2-zipfelig mit gerade vorgestreckten Lappen; Stbfäden an der Basis spärl. behaart, an der Spitze kahl od. mit vereinzelten Drüsenhaaren; Stg. bis 50 cm hoch; ⊙; V–VII. Auf *Trifolium pratense* u. *T. medium,* zuw. auf *Medicago sativa,*

Onobrychis viciaefolia, Ornithopus sativus; auf Wiesen u. Kleeäckern (bis 800 m); *z* im S, sonst *s* u. nördl. bis Ho/NrWe/S-NS/N-Th/An (*f* Sa), zuw. eingeschleppt (Schl, Da, N-Dt). *Kleine S.,* **O. mínor** SM.

— Blkr. meist größer als 12 mm, bis 22 mm lg.; Zipfel der Oberlippe absthd.-zurückgebogen; Stbfäden an der Basis dicht behaart *21*

21. Kblätt. bis fast zum Grd. ungleich 2-spaltig, längere Kzähne fast die Länge der Blkr. erreichend; Tragblätt. etwa so lg. wie die Unterlippe; Gr. reichl. drüsig behaart; Stg. bis 40 cm hoch; ⊙–♃; VI–VII. Auf *Artemisia campestris;* Triften; *s* Th, An. *Beifuß-S.,* **O. loricáta** RCHB.

— Kblätt. nur bis zur Mitte ungleich 2-spaltig, auch die längeren Kzähne deutl. kürzer als die Blkr.; Tragblätt. kürzer als die Unterlippe: Gr. spärl. drüsig behaart; Stg. bis 40 cm hoch; ⊙–♃; VI–VII. Auf *Asteraceae* (bes. *Picris, Crepis,* zuw. auf *Daucus*); Wiesen, sonnige Hänge; sehr *z* E, BW, Fr, RhPf, S-NS, Be, Ho, Da. *Bitterkraut-S.,* **O. pícridis** F. W. SCHM.

Familie: **Lentibulariáceae,** *Wasserschlauchgewächse*

Land- od. Wasserpfl., deren Blätt. im Dienste des Tierfanges stehen; Bltn. grdst., einzeln od. in Trauben; Blkr. 2-lippig, am Grd. ausgesackt od. gespornt, Schlund oft durch eine Ausstülpung der Unterlippe verschlossen; Stbblätt. 2; Frkn. oberst.; Kapselfr.

1. Landpfl. mit rosettigen, ungeteilten, am Rand nach oben umgerollten, drüsig behaarten, klebrigen Blätt.; Bltn. einzeln, grdst., lg.gestielt, gespornt, violett od. weiß . . . . **Pinguicula,** 403

— Untergetauchte Wasserpfl.; Blätt. fein zerteilt, meist mit tierfangenden Blasen *(182);* Bltn. gelb, in lg.gestielten Trauben . . . **Utricularia,** 403

1. **Pinguícula** L., *Fettkraut* Ⓖ

1. Bltnkr. weiß, im Schlund mit 2 gelben Flecken, 10–14 mm lg. mit kurzkegelf. Sporn; ♃; V–VI. Feuchte, quellige Stellen (bis 2500 m); kalkstet; *v* Alp. u. Voralp., *s* Vorland bis Bodensee/Oberschwaben/Donau, Fr. Alb. Ⓖ *Alpen-F.,* **P. alpína** L.

— Bltn. blauviolett; Sporn länger u. dünner *2*

2. Die beiden unteren Kzipfel bis zur Mitte miteinander verwachsen; Blkr. mit Sporn 16–22 mm lg., mit weißem Schlundfleck; ♃; V–VIII. Hoch- u. Flachmoore, nasse Orte (bis 1900 m); *v* Geb., *s* Ebene (vielerorts aussterbend). Ⓖ *Gemeines F.,* **P. vulgáris** L.

— Die beiden unteren Kzipfel bis zum Grd. getrennt, spreizend; Blkr. mit Sporn 20–30 mm lg., mit 1–2 weißen Schlundflecken; ♃; V–VII. Moore, feuchte Weiden (1200–2000 m); *z* Au. Ⓖ *Dünnsporniges F.,* **P. leptóceras** RCHB.

2. **Utriculária** L., *Wasserschlauch* Ⓖ

1. Pfl. nur ausnahmsweise frei schwimmend, mit bleichen Erdsprossen im Schlamm verankert; grüne Wasserblätt. wiederholt gabelteilig mit abgeflachten Fied., mit 0–10 Schläuchen *3*

— Pfl. frei schwimmend, grün, ohne bleiche Erdsprosse; Blätt. mit 10–100 Schläuchen u. in viele haarf. Zipfel geteilt, diese am Rand gezähnelt *2*

2. Bltnstiele 3- bis 5-mal so lg. wie ihre Tragblätt., bis 20 mm lg., nach der Blütezt. sich bis auf 40 mm verlängernd; Unterlippe vollkommen flach, abgerundet; Blkr. blaßgelb; ♃; VI–VIII. Stehende Gewässer; *z,* im N *s.* (= *U. neglecta* LEHM.) Ⓖ *Verkannter W.,* **U. austrális** R. BR.

— Bltnstiele 2- bis 3-mal so lg. wie ihre Tragblätt., bis 15 mm lg., nach der Blütezt. sich nicht verlängernd; Unterlippe sattelf. gebogen, ihre beiden

seitl. Ränder nach unten umgeschlagen; Blkr. goldgelb; ♃; VI–VIII. Wie vorige, aber insgesamt etwas häufiger (bis 1000 m).
Ⓖ *Gemeiner W.*, **U. vulgáris** L.

3(1). Blattzipfel gezähnt; Winterknospen behaart; Gaumen der Unterlippe gewölbt, den Schlund verschließend; Sporn mehrmals länger als dick ***5***

— Blattzipfel glatt od. mit 1 Zähnchen; Winterknospen kahl; Unterlippe der Blkr. meist ± flach; Gaumen der Unterlippe flach, den Schlund nicht ganz verschließend; Sporn kurz-keglig bis zylindrisch ***4***

4. Unterlippe der Blkr. längl., ihre Seitenteile abw. gebogen; Traube bis 6-bltg.; Pfl. sehr zart; ♃; VI–IX. Torflöcher, moorig-sumpfige, sehr flache Gewässer, Gräben (bis 1000 m); *z.* Ⓖ *Kleiner W.*, **U. mínor** L.

— Unterlippe der Blkr. ± kreisf., flach; Traube bis 15-bltg.; Pfl. in allen Teilen kräftiger; ♃; VII–IX. Wie vorige (bis 1000 m); *s* an wenigen Orten in BW, E, Pf (bes. Oberrheinebene), Vb, Ba. Ⓖ! *Bremis W.*, **U. brémii** Heer

5(3). Blattzipfel mit beidersts. 3 u. mehr Zähnchen, ± plötzl. stachelspitzig zulaufend *(872);* grüne Blätt. nur selten mit Schläuchen; Bltnsporn zylindrisch, fast so lg. wie die Unterlippe; ♃; VI–IX. Wie vorige; sehr *z* (*f* Be, NrWe; oft verwechselt). Ⓖ *Mittlerer W.*, **U. intermédia** Hay.

— Blattzipfel beidersts. höchstens mit 3 Zähnchen, allmähl. spitz zulaufend *(873);* grüne Blätt. mit vereinzelten Schläuchen; Bltnsporn kegelf., etwa halb so lg. wie die Unterlippe; ♃; VI–VIII. Wie vorige (bis 1000 m); *z* Br, S-BW, *s* RhPf, Ho, Da, Me, Po, OPr, Ba, Ti, Vb.
Ⓖ! *Blaßgelber W.*, **U. ochroléuca** Hartm.

Familie: **Globulariáceae,** *Kugelblumengewächse*

Stauden od. Zwergsträucher mit lederart. Blätt.; Bltn. in endst., von Hüllblätt. umgebenen Köpfchen, deutl. zygomorph mit tief 5-spaltiger, 2-lippiger Blkr. *(227);* Stbblätt. 4, paarweise verschieden lg., Frkn. oberst., 2-blättrig; Nüßchenfr.

Globulária L., *Kugelblume*

1. Stg. bis zum Bltnstand beblättert, krautig, aufrecht, 5–30 cm hoch; Grdblätt. rosettig, lg.gestielt, spatelf., an der Spitze ausgerandet; Stgblätt. sitzend; Blkr. violettblau; Alpenpfl. ♃; V–VI. Trockenwiesen, buschig-steinige Abhänge (bis 1650 m); *v* bis *z* S-Dt, E, Vb, Ti, *s* RhPf, Eifel, S-He, Th, S-SaAn. (= *G. willkommii* Nym.; = *G. aphyllanthes* auct., non Cr.; = *G. elongata* Heg.) Ⓖ *Gemeine K.*, **G. punctáta** Lap.

— Stg. außer den Rosettenblätt. nur mit 2–3 schuppenf. Hochblätt.; Bltn. heller blau ***2***

2. Niederlgder Spalierstrauch; Rosettenblätt. lg.gestielt, spatelig, an der Spitze herzf. eingeschnitten, bis 2,5 cm lg. u. weniger als 1 cm breit; Infl.-Stiel bis 8 cm hoch; Köpfchen 10–15 mm breit; ♃; V–VII. Felsen, steinige Matten (bis 2200 m); kalkstet; *v* Alp., *z* bis *s* Alp.-Vorland bis zur Donau.
Herzblättrige K., **G. cordifólia** L.

— Pfl. krautig; Blätt. grdst., verkehrt-eilängl., in den Stiel lg. keilig verschmälert, an der Spitze meist abgerundet, länger als 5 cm, 1–3 cm breit; Infl.-Stiel bis 30 cm hoch; Köpfchen 18–25 mm breit; ♃; VI–VIII. Steinige Triften, Weiden, Krummholzreg. (500–2550 m); kalkliebend; *v* bis *z* Alp. u. Vor-Alp. *Nacktstengelige K.*, **G. nudicáulis** L.

Familie: **Plantagináceae,** *Wegerichgewächse*

Kräuter od. Stauden; Blätt. wechselst., selten gegenst., oft in grdst. Rosette u. parallelnervig; Bltn. meist in ährigen od. kopfigen Bltnständen, selten einzeln; K. 4-teilig; Blkr. röhrig, 4-spaltig; Stbblätt. 4, weit aus der Blkrröhre herausragend; Frkn. oberst., 2-fächerig. Kapsel- od. Nüßchenfr.

1. Bltn. eingschl.; ♂ Bltn. lg. gestielt, einzeln, an ihrem Grd. mit 2–3 (od mehr) sitzende ♀ Bltn. *(184a–b)*; Sumpfpfl. . . . . **Littorella,** 406
— Bltn. ⚥ in vielbltgen Köpfchen od. Ähren *2*
2. Blätt. gegenst.; Stg. beblättert u. meist verzweigt . . . . . **Psyllium,** 405
— Blätt. wechselst., in grdst. Rosette; Stg. als Schaft . . . . . **Plantago,** 405

1. Psýllium Mill., *Flohsame.* Gegenst. Blätt. behaart, lineal; Stg. ästig, mit 5–8 cm lg. gestielten, eif. Köpfchen; ⊙; VI–IX. Sandboden, Wegränder; *z* Rhein- u. Elbetal, *s* Ebene, aber meist nur eingeschleppt, sonst *f.* [= *Plantago indica* L.; = *P. arenaria* W. & K.; = *P. ramosa* (Gil.) Asch.]
Sand-F., Sand-Wegerich, **P. índicum** (L.) Dum. & Courset

2. Plantágo L., *Wegerich*

1. Blätt. einfach-fiedspaltig od. nur gezähnt, absthd. kurzhaarig; ⊙–⊙⊙; VI–IX. Dünen, Triften, Salzwiesen, *v* bis *z* Meeresküsten (*f* OPr), *z* bis *s* N-Tiefebene, sonst zuw. verschleppt (Ba, BW, E).
Krähenfuß-W., Schlitz-W., **P. corónopus** L.
— Blätt. ungeteilt, höchstens zuw. etwas gezähnt *2*
2. Blätt. lanzettl. od. lineal-lanzettl. *4*
— Blätt. eif. od. elliptisch *3*
3. Blätt. lg.gestielt; Stiel etwa so lg. wie die breit-eif., 3- bis 7-nervige, kahle od. spärl. behaarte Spreite; Ähre lineal-walzl., so lg. wie ihr Schaft; Stbfäden weiß od. rot; ♃; VI–X. Bis 2350 m; sehr formenreich.
Großer W., **P. májor** L.
a. Blattspr. vom Stiel deutl. abgesetzt, meist 5- bis 9-nervig, kahl, derb-ledrig; Kapsel mit meist 6–10 Samen; FrÄhre dicht; Pfl. bis 50 cm hoch. Wege, Schuttplätze, Gräben; *g.* ssp. **májor**
– Blattspr. in den Blattstiel verschmälert, meist 3- bis 5-nervig, kurzhaarig; FrÄhre locker, am Grd. meist unterbrochen; Pfl. bis 15 cm hoch . . . . **b**
b. Kapsel mit meist 8–11 Samen; Blätt. dickl., meist 3-nervig, Salzwiesen; *z* im SW (E ?), He, Br, SH, SaAn (sonst sicher übersehen?). (= var. *salina* Wirtg.) ssp. **winteri** (Wirtg.) W. Ludwig
– Kapsel mit mehr als 15 (bis 25) Samen; Blätt. dünn, 3- bis 5-nervig; ⊙. Ufer, Schlammböden, feuchte Äcker; *z*? (Verbreitung ungenügend bekannt). (= ssp. *pleiosperma* Pilg.)
ssp. **intermédia** (Godr.) Lge.
— Blätt. kurz gestielt, breit-elliptisch, 5- bis 9-nervig, ganzrandig od. buchtig gezähnt, locker behaart; Ähre walzl., viel kürzer als der Schaft; Stbfäden hell- bis dklila; ♃; V–IX. Magerwiesen, Wegränder (bis 1800 m); *v, z* bis *s* im N. *Mittlerer W.,* **P. média** L.
4(2). Röhre der Blkr. kahl; Blätt. mit 3–7 deutl. Nerven; Ähre längl.-eif. *7*
— Röhre der Blkr. behaart; Blätt. undeutl. 3-nervig; Ähre längl.-walzl. *5*
5. Seitennerven dem Blattrand näher als dem Mittelnerven; Blätt. dickl., kahl, Scheiden der abgestorbenen Blätt. bald verwitternd, Wurzelstock daher später nackt; Ähre 1–5 cm lg.; ♃; V–VII. Alpenmatten (1100–2250 m); *v* bis *z* Allgäu, Vb, Ti, *s* Sb. *Alpen-W.,* **P. alpína** L.
— Seitennerven vom Blattrand u. dem Mittelnerven gleich weit entfernt; Blätt. dicker bis fleischig, Scheiden der abgestorbenen Blätt. nicht verwitternd, Wurzelstock von ihnen schuppig bedeckt; Ähre 4–10 cm lg. . *6*
6. Blätt. dickl., kahl; Pfl. der Meeresküsten u. salzhaltiger Orte im Binnenland; ♃; VII–X. Meeresküsten *v, z* im N, *s* Th, S-SaAn, Wetterau (He), (Pf?, N-Ba?). *Strand-W.,* **P. marítima** L.
— Blätt. derb, am Rand mit borstigen Wimperhaaren; Alpenpfl.; ♃; VI–VIII. Magermatten, Geröllfluren (bis 2000 m); *z* Ti, *s* Vb, bei Partenkirchen u. Mittenwald (Dt). *Schlangen-W.,* **P. serpentina** All.
7(4). Ährenschaft gefurcht; Tragblätt. kahl od. behaart; Blattstiel lg. rinnig; Pfl. bis 40 cm hoch; ♃; V–IX. *Spitz-W.,* **P. lanceoláta** L.
a. Blätt. höchstens zerstreut behaart; Tragblätt. (fast) kahl; Ährenschaft aufrecht, Ähre zylindrisch; Wiesen, Wegränder, Schuttplätze (bis 1800 m); *g.* ssp. **lanceoláta**

– Blätt. u. Tragblätt. wollig bis zottig behaart; Ährenschaft niederlgd.-aufstgd.; Ähre eif.-kugelig; Triften, Heiden (bis 1500 m?); *z*; formenreich. ssp. **sphaerostáchya** (MERT. & KOCH) HAY.

— Ährenschaft rund, zuletzt lgd.-aufstgd.; Tragblätt. an der Spitze gewimpert, Blattstiel breit, scheidig; Pfl. bis 15 cm hoch; ♃; V–VIII. Matten, Felsschutt (800 bis 2350 m); *v* Alp., *s* Gesenke (= *P. montana* LAM.)
Berg-W., **P. atráta** HOPPE

3. Littorélla BERG., *Strandling (184)*. Pfl. 2–14 cm hoch, Ausläufer treibend; Blätt. grdst., lineal-pfrieml., am Grd. scheidig; ♃; V–VI. Nährstoffarme Gewässer u. deren Ufer; *z* im N, sonst sehr *z* bis *s* (in Au nur am Bodensee).
L. uniflóra (L.) ASCH.

Ordnung: **Hippuridales**

Familie: **Hippuridáceae**, *Tannenwedelgewächse*

Wasser- u. Sumpfpfl. mit quirligen Blätt. *(284)*; Bltn. unscheinbar, ⚥, einzeln in Blattachseln, mit ungeglied. Bltnhülle, 1 Staubblatt u. 1 Frkn. *(582)*.

Hippúris L., *Tannenwedel*. Blätt. in 6- bis 12-zähligen Quirlen, lineal, ganzrandig; Bltn. klein, einzeln, blattachselst., grünl.; Blkr. fehlend; Stbblätt. 1 *(582)*; ♃; V–VIII. Sthd. u. langsam fließende Gewässer; *z*. **H. vulgáris** L.

Ordnung: **Lamiáles**

Familie: **Verbenáceae**, *Eisenkrautgewächse*

Kräuter od. Stauden; Blätt. gegenst., ohne Nebenblätt. ; Bltn. zygomorph, fast 2-lippig; Stbblätt. 4 (2 längere u. 2 kürzere) ; Frkn. oberst., in 4 1-samige Nüßchen zerfallend.

Verbéna L., *Eisenkraut*. Blätt. grob gekerbt bis fiederspaltig, am Rand u. auf den Nerven rauhhaarig; Bltn. klein, blaßlila, in langen, dicht drüsigen, rutenf. Ähren; ⊙; VII–VIII. Ufer, Wegränder, Schutt (bis 1100 m); *v*
V. officinális L.

Familie: **Lamiáceae** (= *Labiátae*), *Lippenblütler*

Kräuter, Stauden od. Halbsträucher; Stg. 4-kantig, dekussiert beblättert; Blätt. meist einfach, ohne Nebenblätt.; Bltn. meist ungestielt, dicht gedrängt u. quirlf. in den Achseln von Hochblätt. (in Wirklichkeit rispig bis cymös verzweigt) od. mit ± langen Stielen u. mehrfach verzweigt; Bltnquirle ihrersts. entfernt sthd. od. zu kugeligen *(952)*, scheinährigen *(953)* od. rispenf. Bltnständen vereinigt;[1] Bltn. stark zygomorph *(948)*, selten ± radiär *(951)*, ⚥; K. glockig-röhrig, meist 5-zähnig *(954)*, oft 2-lippig *(955)*; Blkrblätt. 5, davon 2 die Oberlippe u. 3 die Unterlippe bildend *(949)*; Stbblätt. 4, der Blkrröhre eingefügt, in 2 ungleichen Paaren, selten 2; Frkn. oberst., 2-fächerig, durch eine falsche Scheidewand in 4 sich emporwölbende „Klausen" (im Schlüssel: Teilfr.) geteilt, zwischen denen der Gr. steht *(956)*, bei der Reife in 4 1-samige Nüßchen zerfallend; Pfl. reich an ätherischen Ölen.

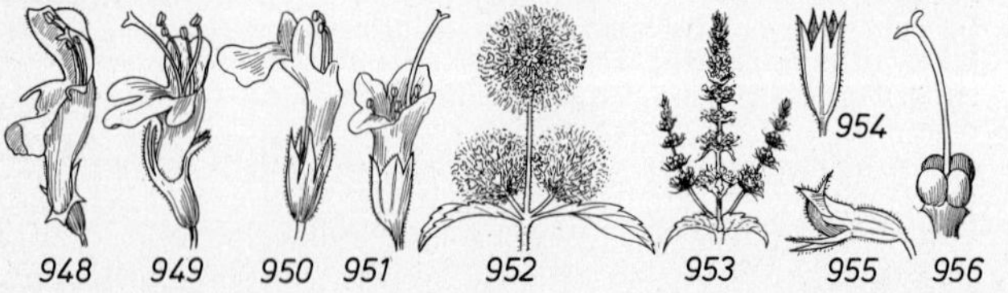

[1] Sofern die blattachselst. Teilinfl. dicht verzweigt u. die Bltn. kurz gestielt bis sitzend sind, werden diese in den Schlüssel kurz als „Halbquirle" (je Blatt) bzw. als „Quirle" (je Blattpaar) bezeichnet. Sind sie reichblütiger u. wiederholt u. länger gestielt verzweigt, werden sie „rispige", „trugdoldige" od. „gabelästige Teilinfl." genannt.

1. Blkr. zygomorph, meist 2-lippig *(948–949),* zuw. nur die Unterlippe allein ausgebildet *(950)* ***6***

— Blkr. fast radiär, glockig od. trichterf., mit 4–5 nur wenig ungleichen Zipfeln *(951)* ***2***

2. Stbblätt. 2; Blkr. weiß, innen rot punktiert . . . . **Lycopus,** 420

— Stbblätt. 4; Blkr. rot od. violett ***3***

3. Bltn. in dachig übereinander stehenden, zu stark einstswendigen Scheinähren vereinigten Quirlen; Tragblätt. der Quirle länger als diese . . . . **Elsholtzia,** 421

— Quirle allstswendig, zumindest die unteren voneinander enfernt, kopfig-doldig gehäuft *(952)* od. zu Scheinähren *(953),* Rispen od. Doldenrispen vereinigt ***4***

4. Pfl. mit Pfefferminzgeruch; Bltn. in dichten Quirlen od. endst. Scheinähren *(952–953);* Blkr. meist (blaß) violett . . . . **Mentha,** 420

— Pfl. ohne Pfefferminzgeruch ***5***

5. K. scheinbar 1-blättrig (die beiden unteren Kzipfel unterdrückt u. die oberen vollst. verwachsen); Blkr. weiß od. blaß-lila; Bltn. kugeligköpfchenf. zusammengedrängt, je meist 5 (3–9) dieser „Köpfchen" dicht beisammen stehend u. insgesamt (end- u. blattachselst.) lg.gestielt; Tragblätt. rundl., durch Behaarung graugrün, dachig angeordnet u. die Bltn. fast einhüllend; Pfl. aromatisch duftend . . **Majorana,** 418

— K. glockig, 5-zähnig; Blkr. rosa, blaßlila, zuw. weiß; end- u. blattachselst. Teilinfl. lg. gestielt, rispig verzweigt u. als köpfchenf. Doldenrispen erscheinend; Hoch-, Tragblätt. u. Kzähne dk.purpurn überlaufen; Pfl. erst beim Zerreiben duftend . . . . **Origanum,** 418

6(1). Bltn. deutl. mit Ober- u. Unterlippe *(948–949)* ***8***

— Bltn. nur mit deutl. Unterlippe *(950);* Oberlippe kurz u. unscheinbar ***7***

7. Unterlippe 3-lappig; Blkrröhre innen mit Haarring . . . . **Ajuga,** 410

— Unterlippe durch herabgerückte Oberlippenzipfel scheinbar 5-lappig *(950);* Blkrröhre innen ohne Haaring . . . . **Teucrium,** 410

8(6). Fruchtbare Stbblätt. 4, u. zwar 2 längere u. 2 kürzere ***10***

— Fruchtbare Stbblätt. 2, zuw. noch 2 sterile (Lupe!: bei *Sideritis* sehr klein!) ***9***

9. Blkr. sehr viel länger als der K., helmf.; Blkr. weiß, bläul., blau od. rosa . . . . **Salvia,** 416

— Blkr. kürzer als der mit 5 stechenden Zähnen versehene K.; Blkr. hellgelb mit bräunl. Saum . . . . **Sideritis,** 411

10(8). Stbblätt. nicht über die Oberlippe hinausragend *(948)* . . . ***16***

— Stbblätt. (wenigstens die längeren) die Oberlippe überragend *(949)* ***11***

11. K. deutl. 2-lippig *(955)* od. scheinbar 1-lippig (s. auch Nr. ***5***) ***13***

— K. ± regelmäßig 5-zähnig ***12***

12. Bltn. in stark einstswendigen, die Tragblätt. überragenden, bis 20 cm langen Scheinähren; Blkr. violettblau . . . . **Hyssopus,** 418

— Bltn. in Rispen od. Doldenrispen; Blkr. rosa, blaßlila, zuw. weiß (s. auch Nr. ***5***–) . . . . **Origanum,** 418

13(11). K. scheinbar 1-lippig (s. auch Nr. ***5***) . . . . **Majorana,** 418

— K. 2-lippig ***14***

14. Oberlippe des K. schildf.-rund, Unterlippe 4-zähnig; Oberlippe der Blkr. 4-zipflig; Blkr. ca. 10 mm lg., weiß od. rötl. . . . . . . **Ocimum,** 421

— K. mit 3-zähniger Ober- u. 2-zähniger Unterlippe *(955, 949)* . . ***15***

15. Blätt. nur bis 1 cm lg., ganzrandig, ungestielt; niederlgd. Zwergstrauch . . . . **Thymus,** 418

— Blätt. lg.gestielt, Blattspr. eif.-zugespitzt, bis 7 cm lg., gekerbt **Melissa,** 417

16(10). Oberlippe flach *(957)* od. nur wenig gewölbt zuw. zurückgebogen ***31***

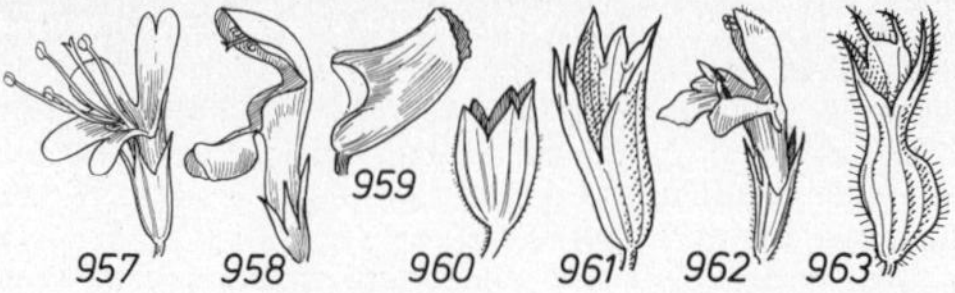

— Oberlippe deutl. helmf. gewölbt od. löffelf. ausgehöhlt *(958);* Stbblätt. meist parallel angeordnet ***17***

17. K. 2-lippig, ganzrandig; K.-Oberlippe mit aufsitzendem Höcker *(959);* Bltn. einzeln, blattachselst., violett od. rötl. . . . . **Scutellaria,** 411

— K. 2-lippig, mit gezähnter Ober- u. Unterlippe od. regelmäßig 5-zähnig ***18***

18. Unterlippe der Blkr. mit einem großen (zuw. etwas eingespaltenem) Mittellappen u. 2 seitl., meist stumpfen Lappen *(949)* ***20***

— Unterlippe der Blkr. mit 1 großen, 2-lappigen Zipfel u. 2 kleinen, zahnf. (oft fehlenden) Seitenzipfeln *(948);* K. glockig, 5-zähnig ***19***

19. Oberlippe helmf., insgesamt gewölbt; Blätt. nesselart. . . **Lamium,** 414

— Oberlippe helmf., aber (frisch) zur Spitze hin flacher werdend; Blätt. nicht nesselart. . . . . **Stachys,** 415

20(18). K. mit 5 gleichen od. fast gleichen Zähnen *(954)* ***24***

— K. deutl. 2-lippig mit ungleich großen Zähnen *(955)* ***21***

21. End- u. Seiteninfl. lg. gestielt; Tragblätt. der Halbquirle auffällig, viel kleiner als die Stgblätt., breit-herzf.-zugespitzt; Halbquirle meist 3-bltg., dicht gedrängt, zu einer scheinährigen bis köfpchenf. Teilinfl. vereinigt . . . . **Prunella,** 412

— Teilinfl. sehr kurz gestielt bis sitzend; Tragblätt. der Halbquirle von den Stgblätt. kaum verschieden ***22***

22. Blkr. blau (zuw. weißl.), größer als 20 mm; Blätt. lineal u. ganzrandig od. im Umriß verkehrt-lanzettl. u. scharf grannig gezähnt; Bltn. in endst. (u. seitenst.), lockeren Scheinähren; Pfl. bis 60 cm hoch **Dracocephalum,** 412

— Blkr. weiß od. rot; Blätt. eif.-zugespitzt, gekerbt bis gezähnt, aber nicht grannig ***23***

23. K. dicht u. kurz behaart; Zähne der K.-Oberlippe deutl. voneinander getrennt *(960),* spitz, aber nicht grannig; Blkr. über 20 mm lang, rot, rosa od. weiß mit rötl. Flecken; Waldpfl. mit schwachem Honigduft **Melittis,** 412

— K. locker u. wimperig behaart; Zähne der K.-Oberlippe nur wenig eingeschnitten bis fast quer miteinander verbunden, jedoch die beiden unteren deutl. u. die beiden seitl. oberen Kzähne kurz grannig zugespitzt; Blkr. bis 12 mm lang, weiß bis blaßgelb.- od. bläul.-weiß; Gartenpfl. mit starkem Zitronenduft . . . . **Melissa,** 417

24(20). Unterlippe der Blkr. am Grd. beidersts. mit einem hohlen, zahnf. Höcker *(962);* Seitenlappen der Blkr.-Unterlippe im Umriß breit u. stumpf . . . . **Galeopsis,** 413

— Unterlippe der Blkr. ohne zahnf. Höcker ***25***

25. Bltn. rot, rötl., violett od. weiß ***27***

— Bltn. gelb od. gelbl.weiß ***26***

26. Unterlippe der goldgelben Blkr. mit spitzen Seitenlappen; Mittellappen ungeteilt, mit rötl. Zeichnung; sterile Triebe bogenf. dem Boden zuwachsend u. einwurzelnd . . . . **Lamium,** 414

— Unterlippe der blaßgelben Blkr. mit stumpfen, breiten Zipfeln; Mittellappen ungeteilt od. ± tief ausgerandet, mit od. ohne rötl. Zeichnung; Pfl. ohne bogenf. sterile Triebe . . . . **Stachys,** 415

27(25). Bltn. bis 10 mm lang, schmutzigrosa; Grdblätt. zuw. handf. gefied.; Stgblätt. meist handf. geteilt od. tief gesägt . . . . . **Leonurus,** 415
— Bltn., größer; Blätt. ungeteilt, meist gesägt od. gekerbt ***28***
28. Halbquirle 5- bis 20-bltg., kurz aber deutl. gestielt; Quirle schon in der unteren Stghälfte; Blkr. blauviolett; K. trichterf., mit 10 stark hervortretenden Nerven . . . . **Ballota,** 415
— Halbquirle nicht gestielt; Quirle nur oberw., deutl. von der beblätterten Stgbasis abgesetzt, oft in endst. Scheinähren; K. glockig, 10-nervig, jedoch mit 5 kräftigeren u. 5 schwächeren Nerven ***29***
29. Stbblätt. unterhalb der Mitte mit einem abw. gerichteten Zähnchen, zusammenneigend . . . . **Phlomis,** 413
— Stbblätt. ohne Zähnchen ***30***
30. Blätt. lineal, 3–4 cm lg. u. 2–5 mm breit; Blkr. blau(violett); Stbblätt. unterhalb der Oberlippe der Blkr. liegend . . . . . . **Dracocephalum,** 412
— Blätt. deutl. breiter bis rundl.; Blkr. rötl. od. rötl.violett; äußere Stbblätt. meist ± nach außen gebogen . . . . **Stachys,** 415
31(16). Blätt. handf. geteilt **od.** scharf gesägt; Blkr. nur so lang wie der K.; Blätt. untersts. grau-flaumig u. Tragblätt. der Halbquirle sich nur wenig von den Stgblätt. unterscheidend . . . . **Leonurus,** 415
— Blätt. nicht handf. geteilt, wenn gesägt, dann nicht gleichzeitig sowohl mit kurzer Blkr. als auch mit untersts. grau-flaumigen Blätt. . . ***32***
32. Stbblätt. u. Gr. länger als die Blkrröhre, sichtbar ***37***
— Stbblätt. u. Gr. kürzer als die Blkrröhre, nicht frei sichtbar . . . ***33***
33. Stgblätt. lineal bis schmal-lanzettl. ***35***
— Stgblätt. herzf. bis elliptisch ***34***
34. Blkr. hellgelb, mit bräunl. Saum, kürzer als der K. . . . . . **Sideritis,** 411
— Blkr. weiß, etwas länger als der K. . . . . **Marrubium,** 411
35(33). Blkr. intensiv blau bis violett; Bltn. in endst., lg.gestielter Scheinähre; Quirle ± 10-bltg. . . . . **Lavandula,** 411
— Blkr. weiß bis rötl. od. blaßlila; Bltn. nicht vom beblätterten Stg. abgesetzt, die unteren Teilinfl. oft gestielt; Quirle bzw. gestielte Teilinfl. kaum über 7-bltg. ***36***
36(35 u. **41).** K. glockig, mit nicht od. wenig ungleichen Zähnchen; K.Nerven 10, undeutl. . . . . **Satureja,** 417
— K. röhrig, 2-lippig; 3 K.zähne bilden die Ober-, 2 die Unterlippe, meist deutl. unterschiedl. lg., wenn ± gleich lg., dann die Zähne der Oberlippe höher hinauf verbunden als die der Unterlippe; K. mit 13 deutl. hervortretenden Nerven . . . . **Calamintha,** 417
37(32). K. mit rundl.-schildf. Ober- u. 4-zähniger Unterlippe; Blkr. mit kurz 4-zipfeliger Ober- u. verkehrt-eif. Unterlippe, weiß od. rötl. **Ocimum,** 417
— K. u. Blkr. von anderer Form ***38***
38. K. regelmäßig 5-zähnig (bei *Nepeta* aber schräg) ***42***
— K. ungleich 5-zähnig bis 2-lippig ***39***
39. Blätt. grdst., Rosettenpfl.; Stgblätt. sehr viel kleiner als die Rosettenblätt., nur hochblattartig ausgebildet . . . . **Horminum,** 417
— Stgblätt. von den basalen Blätt. kaum verschieden; Grdblätt. nicht rosettig gehäuft ***40***
40. Blkr. rot, bis 3 cm lg.; Bltn. bis 1 cm lg. gestielt, nur zu 1–3 in den Blattachseln (s. auch Nr. *23*) . . . . **Melittis,** 412
— Blkr. rötl. od. andersfarben u. kleiner; Bltn. kurz gestielt bis sitzend; Quirle reichblütiger ***41***
41. Blkr. weiß (s. auch Nr. ***23***–); Pfl. mit Zitronenduft . . . . . . **Melissa,** 417
— Blkr. violett od. rötl., wenn weißl., dann Pfl. ohne Zitronenduft ***36***
42(38). Unterlippe der Blkr. in Aufsicht muschelf. bis schüsself. vertieftgewölbt u. gekerbt; Blkr. weißl. bis rötl. od. blau . . . . **Nepeta,** 412
— Unterlippe der Blkr. nicht muschelf. vertieft ***43***

43. Blätt. rundl.-nierenf., gekerbt; Stg. niederlgd.; Blkr. meist blauviolett, zuw. heller; Halbquirle meist 2- bis 3-bltg. . . . . **Glechoma,** 412
— Blätt. eif. od. schmäler bis lineal; Stg. meist aufrecht ***44***
44. Blätt. deutl. gesägt, gezähnt od. gekerbt ***46***
— Blätt. ganzrandig (od. höchstens mit wenigen seichten Zähnchen) ***45***
45. K. glockig, mit nicht od. wenig ungleichen Zähnchen; K.Nerven 10, undeutl. . . . . **Satureja,** 417
— K. röhrig, 2-lippig; 3 K.zähne bilden die Ober-, 2 die Unterlippe, meist deutl. unterschiedl. lg., wenn ± gleich lg., dann die Zähne der Oberlippe höher hinauf miteinander verbunden als die der Unterlippe; K.Nerven 13, deutl. hervortretend . . . . **Calamintha,** 417
46(44). Blätt. im Umriß breit-lanzettl., scharf gesägt u. zugespitzt, am Grd. allmähl. keilig verschmälert; Tragblätt. der Halbquirle sich kaum von den Stgblätt. unterscheidend; Blkr. ± so lg. wie der K. . . . **Leonurus,** 415
— Blätt. von anderer Form; Blkr. deutl. länger als der K. ***47***
47. Halbquirle kurz aber deutl. gestielt; obere Quirle nicht zu einer Scheinähre zusammentretend; Blätt. runzelig-nesselartig (s. auch Nr. ***28***) **Ballota,** 415
— Halbquirle nicht gestielt; obere Quirle meist zu einer endst. Scheinähre vereinigt, darunter entfernt meist noch einige Quirle; äußere Stbblätt. meist gedreht u. ± nach außen gebogen; K. mit 5 stärkeren u. 5 schwächeren Nerven . . . . **Stachys,** 415

1. Ajúga L., *Günsel*

1. Blkr. gelb; Bltn. einzeln blattachselst.; Blätt. tief 3-spaltig, mit linealen Zipfeln; Stg. zottig behaart; ⨀; V–IX. Äcker, Wegränder; *z* im S, nördl. *s* u. bis S-Ho/We/Harz/SaAn/Schl (*f* Sa, Au). *Gelber G.,* **A. chamaépitys** (L.) Schreb.
— Blkr. blau, selten rötl. od. weiß, in mehrbltgen Quirlen; Laubblätt. ungeteilt ***2***
2. Pfl. mit oberirdischen Ausläufern; Stg. an der Basis ± kahl; Rosettenblätt. mit geflügeltem Stiel, gekerbt; oberste Tragblätt. kürzer als die Bltn.; ♃; V–VIII. Magerwiesen, Gebüsche, Wälder (bis 1700 m); *v.* *Kriechender G.,* **A. réptans** L.
— Pfl. ohne Ausläufer ***3***
3. Blätt. grob gekerbt bis gesägt, ± so lg. wie die Internodien; Tragblätt. der Quirle ± so lg. wie die meist dkblaue Blkr.; Stg. zottig behaart; Infl. ± locker, lg. gestreckt; ♃; VIII–IX. Trockenrasen, lichte Wälder (bis 1700 m); kalkliebend; *v* im S, *z* im N, *s* Ho, Be, NW-Dt, *f* Da. *Genfer-G.,* **A. genevénsis** L.
— Blätt. ganzrandig od. seicht u. entfernt gekerbt; auch die oberen Tragblätt. der Quirle viel länger als die Bltn.; Blkr. hellblau bis lebhaft rotviolett; Infl. anfangs dicht, 4-kantig, pyramidenf.; ♃; V–VII. Magerwiesen, Triften, Zwergstrauchheiden, bes. der mont. u. subalp. Reg. (bis 2200 m); *v* Alp., *z* M-Geb., sonst *s* od. *f* (E). *Pyramiden-G.,* **A. pyramidális** L.

Bastarde nicht *s*, *z* ist **A. × hýbrida** Kern. (= *A. reptans × A. genevensis*)

2. Teúcrium L., *Gamander*

1. Blätt. einfach- bis doppelt fiedspaltig; Stg. drüsig-zottig, meist unangenehm riechend; Blkr. rötl.; K. am Grd. ausgesackt; ⨀; VII–IX. Trockenrasen, Kiesgruben, Ödland (bis 1400 m); kalkliebend; *z* im S, nördl. *s* u. bis S-Ho/We/Harz/S-SaAn/Sa/Schl. *Trauben-G.,* **T. bótrys** L.
— Blätt. ungeteilt gezähnt, gekerbt od. ganzrandig ***2***
2. K. helmf., 2-lippig, mit breit-zugespitzter Ober- u. kurz 4-zähniger Unterlippe; Blkr. blaß grünl.gelb, in einstswendigen Scheinähren; Blattspreite am Grd. herzf., runzelig, gekerbt, beiderst. kurz weich-wollig behaart; Pfl. mit Bodenausläufern, bis 70 cm hoch; ♃; VII–IX. Wälder, Heiden (bis

1400 m; Vog., Schw.); kalkmeidend; *v* im W u. S, *z* im N u. O (im NO nur eingebürgert). *Salbei-G.*, **T. scorodónia** L., ssp. **scorodónia**

— K. fast regelmäßig 5-zähnig *3*

3. Blätt. ganzrandig, untersts. weißfilzig; Blkr. gelbl.weiß; Quirle halbkugeligköpfchenf. gedrängt sthd.; niederlgder Spalierstrauch; ♃; VI–VIII. Trockenrasen, Felstriften, steinige Hänge (bis 1800 m); kalkliebend; *z* im S u. Th, nördl. *s* u. bis S-Ho/Eifel/He/Harz/Sa. *Berg-G.*, **T. montánum** L. ssp. **montánum**

— Blätt. gekerbt od. gesägt; Blkr. rötl., selten weiß; Pfl. mit Bodenausläufern *4*

4. Sproß an der Basis verholzt; Blätt. am Grd. keilf.-stielartig verschmälert, gekerbt, untersts. heller, mit hervortretenden Nerven; Bltn. in endst., ± einstswendigen Scheinähren, d. h. Tragblätt. der Quirle kürzer als die Bltn.; ♃; VII–IX. Trockenrasen, steinige Hänge, lichte Trockenwälder (bis 1100 m); kalkliebend; *z* im S, nördl. *s* u. bis S-Ho/N-RhPf/He/Th/Harz (*f* Sa). (2 ssp.?) *Echter G.*, **T. chamǽdrys** L.

— Sproß an der Basis krautig; Blätt. sitzend, grob gekerbt bis gesägt, untersts. auf den Nerven absthd. behaart; Bltn. in 4-bltgen Quirlen, nur halb so lang wie die Tragblätt., Pfl. schwach nach Knoblauch riechend; ♃; VII–VIII. Nasse Wiesen, Gräben, Ufer; sehr *z*, nur in großen Stromtälern häufiger (*f* S-Ba, Ti, Sb). *Knoblauch-G.*, **T. scórdium** L. ssp. **scórdium**

3. Scutellária L., *Helmkraut*

1. Pfl. 50–80 cm hoch; Tragblätt. rundl., ganzrandig; K.schild größer als der übrige K.; ♃; VI–VIII. Laubwälder, Gebüsche; als Zierpfl. kult., zuw. verwild. u. mehrfach eingebürgert (z. B. FrAlb, Kaiserstuhl, Vorder-Pfalz), Neckartal, bei Kassel, Th, SaAn, bei Berlin, Da). (Heimat: Kaukasus, Taurus, Balkan, bis O-Au). *Hohes H.*, **S. altíssima** L.

— Pfl. bis 50 cm hoch; Tragblätt. von den Stgblätt. kaum verschieden; K.schild kleiner als der übrige K. *2*

2. Blätt. eif.-lanzettl., mit 4–8 Kerbezähnen; Blkr. blauviolett, 12–18 mm lg., wie der K. kahl od. kurzhaarig, aber nicht drüsig; ♃; VI–IX. Verlandungssümpfe, Flachmoore, Bruchwälder (bis 1200 m); *v* bis *z*. *Sumpf-H.*, **S. galericuláta** L.

— Blätt. ganzrandig, nur am Grd. mit 1–2 Zähnen; Bltn. kleiner od. größer *3*

3. K. u. Blkr. kurzdrüsig behaart; Blkr. blauviolett, 20–22 mm lg.; ♃; VI–VIII. Sumpfwiesen der größeren Stromtäler; sehr *z* in Dt, Bornholm; in W-Dt *s* bis *f*. *Spießblättriges H.*, **S. hastifólia** L.

— K. u. Blkr. drüsenlos behaart; Blkr. rotviolett, 6–8 mm lg.; mehrjährig; VII–VIII. Flachmoore, Bruchwälder, nasse Wiesen; *z* im W, *s* östl. bis zur Aller/He/Fr/BW, sonst nur Elbegebiet (Sa) u. Bayrw. *Kleines H.*, **S. mínor** Huds.

4. Lavándula L., *Lavendel.* Bis 60 cm hoher Halbstrauch; Blätt. lineal-lanzettl., bis 5 cm lg., bis 5 mm breit; Bltn. in unterbrochenen, lg.gestielten Scheinähren, violett; K. außen weiß-, an der Spitze blau-filzig; ♃; VII–VIII. Als Duft- u. Heilpfl. bis 1400 m *v* kult. u. zuw. verwild. (Heimat: Mittelmeergebiet). (= *L. officinalis* Chaix) *Echter L.*, **L. angustifólia** Mill.

5. Sideritis L., *Gliedkraut.* Stg. 10–25 cm hoch, einfach od. wenig verzweigt, zottig; Blätt. lanzettl., kurz gestielt, an der Spitze gesägt; K. länger als die hellgelbe, purpurbraun gesäumte Blkr.; ⨀; VII–IX. Mit Getreide stellenw. u. vorübergehend aus dem Mittelmeergebiet eingeschleppt (wo?). *Berg-G.*, **S. montána** L.

6. Marrúbium L., *Andorn*

1. K. mit 10 zurückgekrümmten, hakigen, an der Spitze kahlen Zähnen; Blätt. rundl., anfangs dicht weiß-wollig, später verkahlend; ♃; VI–VIII. Trockene Weiden, Ödland, Wegränder; *z* bis *s*, *f* NW-Dt, S-Ba, Vb, Sb. *Gemeiner A.*, **M. vulgáre** L.

— K. mit 5, ± geraden, bis zur Spitze filzigen Zähnen; Blätt. breit-lanzettl. bis schmal-elliptisch, am Grd. keilig verschmälert, weißfilzig; ♃; VII–VIII. Wie vorige; S-An eingebürgert, sonst *s* eingeschleppt (Heimat: Balkan, O-Eur.). (= *M. creticum* MILL.) *Ungarischer A.*, **M. peregrínum** L.

7. Népeta L., *Katzenminze*

1. Stg. aufrecht; Stg. bis zum Grd. u. Stgblätt. filzig behaart; Teilfr. glatt; Stgblätt. eif.-zugespitzt, lg.-gestielt; Blkr. weißl., Unterlippe purpurn gefleckt; nach Zitronen riechend; mehrjährig; VII–IX. Schuttplätze, Wegränder (bis 900 m); *z;* alte Heilpfl. (Heimat: Vorderasien, S- u. SO-Eur.). *Echte K.*, **N. catária** L.

— Stg. wenigstens im unteren Teil kahl; Teilfr. warzig *2*

2. Blkr. blaßlila bis weiß, Unterlippe purpurn gefleckt; Stgblätt. längl.-eif., mit herzf. Grd. sitzend; ♃; VII–VIII. Trockenrasen, Gebüsche, Wegränder; *s* eingebürgert Donau-, Neckar-, Oberrheingebiet, Th, Harz, Fr, sonst zuw., eingeschleppt (Heimat: O- u. SO-Eur.). (= *N. nuda* aut., an L.?) *Ungarische K.*, **N. pannónica** L. ssp. **pannónica**

— Blkr. violettblau; Stgblätt. breit-eif., lg.gestielt; ♃; VII–VIII. Zierpfl., zuw. verwild. (Heimat: Kaukasus). *Großblütige K.*, **N. grandiflóra** BIEB.

8. Glechóma L., *Gundermann.* Blätt. obersts. glzd., untersts. mattgrün, oft rötl.; Blkr. blauviolett; ♃; IV–VI. **G. hederácea** L.

a. Stg. u. Blätt. zerstreut (absthd. bis rückw. gerichtet) behaart; Blattstiele kürzer als die Internodien; Blattspreite bis 3 cm breit; Blkr. bis 20 mm lg., Kzähne nur 1/3 so lg. wie die K.röhre, dreieckig-zugespitzt; Feuchte Wiesen u. Wälder (bis 1500 m); *g.* [= ssp. *glabriusculum* (NEILR.) GAMS] ssp. **hederácea**

– Stg. u. Blätt. stärker (absthd. bis anlgd.) behaart; Blattstiele ± so lg. wie die Internodien; Blattspreite meist 4–5 cm breit; Blkr. 20–30 mm lg.; obere K.zähne so lg. wie die unteren (halb so lg. wie die K.röhre), lineal-lanzettlich. Trockene Wälder, Gebüsche; in Niederösterreich u. Mähren, NW-Grenze der Verbreitung unklar; ob im Gebiet? (= *G. hirsuta* W. & K.) ssp. **hirsúta** (W. & K.) HERM.

9. Dracocéphalum L., *Drachenkopf*

1. Blätt. schmal-lineal, ganzrandig; K. fast regelmäßig 5-zähnig; Stbbeutel wollig behaart; ♃; VII–VIII. Magerwiesen, lichte Kiefern- u. Mischwälder (1400 bis 1800 m); nur Stubenertal, Lechtal (Ti), ob noch in Dt?, OPr. [G] *Nordischer D.*, **D. ruyschiána** L.

— Blätt. breit-lanzettl., scharf gesägt; K. 2-lippig, mit 3-zähniger Ober- u. 2-zähniger Unterlippe; Stbbeutel kahl; ⊙; VII–VIII. Als Zier- u. Heilpfl. kult., zuw. verwild., *s* eingebürgert (O-Dt, Au) (Heimat: Himalaya). *Türkischer D., Türkische Melisse,* **D. moldávica** L.

10. Prunélla L., *Braunelle*

1. Obere Stgblätt. meist fiedspaltig, gleich dem Stg. dicht weiß behaart; Blkr. gelbl.weiß, bis 16 mm lg.; ♃; VI–VIII. Trockenrasen, lichte Eichen- u. Kiefernwälder; *z* S-Dt, E, nördl. *s* u. bis N-RhPf/We/Harz/Sa/Schl., im N nur Me. (= *P. alba* PALL.) *Weiße B.*, **P. laciniáta** L.

— Blätt. ganzrandig; Blkr. blauviolett od. rötl., selten weiß *2*

2. Blkr. 7–15 mm lg., mit gerader Röhre; der mittlere Zahn der Kelchoberlippe breiter als die übrigen; Blattspreite 1,5–3 cm lg., ♃; VI–IX. Wiesen, Parkrasen, Waldränder (bis 2200 m); *v* bis *g.* *Gemeine B.*, **P. vulgáris** L.

— Blkr. 20–25 mm lg., mit gekrümmter Röhre; mittlerer Zahn der Kelchoberlippe nicht breiter als die seitl.; Blattspreite 3–6 cm lg.; ♃; VI–VIII. Trockenrasen, Waldränder (bis 2000 m); kalkliebend; *z* im S, sonst *s* (Da) bis *f* (Be, Ho, NW-Dt, SH?). *Großblütige B.*, **P. grandiflóra** (L.) SCHOLL.

11. Melíttis L., *Immenblatt.* Stg., Blätt. u. Blattstiele dicht mit weichen Gliederhaaren; Stgblätt. gestielt, mit eif., am Grd. abgerundeter u. ringsum grob gesägter Spreite; Pfl. 20–50 cm hoch; ♃; V–VI. Lichte Laub- u. Nadelwälder, bes. der mont. Reg. (Dt bis 800 m, Sb bis 1100 m); kalkliebend; *z* im S (*f* Vb, Ti), sonst *s* u. nördl. bis Be/S-NS/Harz/Br/OPr.

M. melissophýllum L.

12. Phlómis L., *Brandkraut.* Blätt. runzelig-nesselart., herzf.-zugespitzt; Grdblätt. sehr lg. gestielt; Blkr. hellrot bis lila, außen weißfilzig; Pfl. bis 150 cm hoch; ♃; VI–VIII. Triften, Gebüsche; nur bei Magdeburg (SaAn) u. bei Erfurt (O-Th). *Knollen-B.,* **Ph. tuberósa** L.

13. Galeópsis L., *Hohlzahn, Hanfnessel*

1. Stg. mit deutl. verdickten Knoten, absthd. borstig behaart, Haare abw. gerichtet (zuw. fast kahl: *G. pubescens*); K. drüsig u. flaumig behaart *4*

— Stgknoten kaum verdickt, weich behaart od. kahl *2*

2. Blkr. gelbl.weiß, 20–30 mm lg.; Blätt. eif., die oberen drüsig-flaumig; Pfl. bis 45 cm hoch; ⊙; VII–VIII. Geröll, Kies, Sand, Wegränder, Gebüsch (bis 950 m); *v* im W, *s* östl. bis Da/SH/W-Me/W-Br/S-SaAn/Th/Fr/Schw., sonst zuw. mit Getreide verschleppt. (= *G. ochroleuca* Lam.)
Gelber H., **G. ségetum** Neck.

— Blkr. meist rot, nur 10–20 mm lg.; Pfl. bis 30 cm hoch; Blätt. kahl bis schwach flaumig u. gering drüsenhaarig *3*

3. Blätt. schmal-lanzettl., 2–5 mm breit, ganzrandig od. spärl. u. seicht gezähnt; Blkr. ± 3-mal so lg. wie der K.; K. weißl., mit dicht anlgd. u. wenigen absthd. Haaren; ⊙; VI–X. Äcker, Ödland, Triften (bis 1000 m); *z* im S, *s* im N (dort meist nur eingeschleppt).
Schmalblättriger H., **G. angustifólia** Ehrh. ex Hoffm.

— Blätt. eif.-lanzettl., 7–15 mm breit, jederststs. mit 3–7 Zähnen; Blkr. ± 2-mal so lg. wie der K.; K. grün, mit absthd., durchsichtigen Haaren; ⊙; VI–X. Äcker, Geröll, Gebüsch, Ruderalstellen, bes. der mont. Reg. (bis 1650 m); *v* im O, *z* im W. *Breitblättriger H.,* **G. ládanum** L.

4(1). Blkr. gelb, mit violettem Mittellappen der Unterlippe, 20–35 mm lg.; Blkrröhre etwa doppelt so lg. wie der K.; Stg. unter den Knoten mit steifen, absthden Haaren, sonst meist kahl; Pfl. bis 1 m hoch; ⊙; VI–X. Wälder, Kahlschläge, Hecken, bes. der mont. u. subalp. Reg. (bis 1900 m); *v* bis *z*, im W *s* bis *f* (E). *Bunter H.,* **G. speciósa** Mill.

— Blkr. weiß u. rosa od. rot, 10–20 mm lg. *5*

5. Stg. unter den (nicht stark) verdickten Knoten außer mit Borstenhaaren auch mit weichen anlgd. Flaum- u. lg.gestielten Drüsenhaaren; Blkrröhre mindestens doppelt so lg. wie der K.; Blkr. 18–25 mm lg., dk.rot mit gelbem Schlund; ⊙; VII–IX. Gebüsch, Kahlschläge, Äcker, Ödland (bis 1600 m); *z* im S u. O, *s* nördl. bis We/Harz/Br, zuw. noch weiter verschleppt.
Weichhaariger H., **G. pubéscens** Bess. ssp. **pubéscens**

ssp. **murriána** (Borb. & Wettst.) J. Murr: Blkr. ingesamt schwefelgelb od. Mittellappen mit violetter Zeichnung; *s* Sb, Ti, S-Ba.

— Stg. unter den stark verdickten Knoten nur mit Borstenhaaren u. wenigen, kurzen Drüsenhaaren; Blkrröhre nur so lg. od. wenig länger als der K., rot od. weiß *6*

6. Mittellappen der Blkrunterlippe fast rechteckig, kaum ausgerandet, rot punktiert mit gelbem Gaumenfleck; Blkr. 15–20 mm lg., rot bis weiß; Drüsenhaare der Infl. schwarzköpfig; ⊙; VII–X. Gebüsch, Äcker, Schuttplätze (bis 2000 m); *v*. *Gemeiner H.,* **G. tétrahit** L.

— Mittellappen der Blkrunterlippe im Umriß eif., aber an der Spitze deutl. ausgerandet, am Rand später zurückgerollt, mit 2 gelben Schlundflecken; Blkr. 10–15 mm lg., blaßrot; Drüsenhaare des Bltnstandes gelbköpfig od. drüsenlos; ⊙; VII–X. Wälder, Gebüsche, Kahlschläge, Ruderalstellen; *v* bis *z*. *Zweispaltiger H.,* **G. bífida** Boenn

Bastardbildung häufig!

14. Lámium L. (incl. **Galeóbdolon** Adans., = *Lamiastrum* Heister ex Fabr.), *Taubnessel, Bienensaug*

1. Blkr. gelb; Blkrunterlippe mit 3 spitzen Zipfeln, rötl. gefleckt; Stbbeutel kahl; meist mit sterilen Trieben, diese bogenf. dem Boden zuwachsend u. an der Spitze einwurzelnd; ♃; IV–VII. [= *Galeobdolon luteum* Huds.; = *L. luteum* (Huds.) Krock.; = *Lamiastrum galeobdolon* (L.) Ehrendf. & Polatschek] *Goldnessel,* **L. galeóbdolon** (L.) Nathh.

a. Pfl. ohne (sterile) Ausläufertriebe; Blätt. ungefleckt; Blkr. blaßgelb, bis 15 mm lg.; unterste Tragblätt. der Halbquirle mehr als doppelt so lg. wie die anschließenden Internodien; Fichten-(misch)wälder; bisher nur *s* Voralp. von Ba, ob in Au? [= *G. flavidum* (Herm.) Holub; = *L. flavidum* Herm.] ssp. **flávidum** (Herm.) A. & D. Löve

– Pfl. mit (sterilen) Ausläufertrieben; Blätt. ± weißl. gefleckt, bes. nach der Blütezeit u. im Herbst; unterste Tragblätt. der Halbquirle weniger als doppelt so lg. wie die anschließenden Internodien . . . . **b**

b. Stg. der fertilen Triebe am Grd. nur an den Kanten behaart; Bltnquirle höchstens 8-bltg, ihre Tragblätt. rundl. bis eif., gekerbt bis stumpfl. gezähnt; Laubmischwälder u. deren Ränder (Höhenobergrenze?); *v* (= *G. luteum* Huds.) ssp. **galeóbdolon**

– Stg. der fertilen Triebe am Grd. ringsum behaart; Bltnquirle 10- bis 15-bltg., ihre Tragblätt. lanzettl., spitzl. gezähnt; Laubmischwälder u. deren Ränder (bis 2000 m); *v* bis *z* montane u. subalp. Stufe der Alp. (ob in Au?) u. M-Geb. (OPr?); (= *G. montanum* Ehrendf.) ssp. **montánum** (Pers.) Hay

— Blkr. weiß od. rot *2*

2. Blkr. weiß; Blkrröhre gekrümmt, innen mit schrägem Haarring; Blätt. lg.-zugespitzt, scharf gesägt, brennesselähnl.; ♃; IV–VIII. Schuttplätze, Zäune, Hecken (bis 1800 m); *g.* *Weiße T.,* **L. álbum** L.

— Blkr. rot od. purpurn *3*

3. Stbbeutel kahl; Blkr. schmutzig- bis karminrot, 25–35 mm lg., ihre Oberlippe außen weiß-zottig behaart; Stgblätt. bis 10 cm lg.gestielt u. mit bis 15 cm langer Spreite; Pfl. bis 100 cm hoch; ♃; IV–VI. Schluchtwälder; nur am Paß Lueg (Sb). *Großblütige T.,* **L. órvala** L.

— Stbbeutel bärtig behaart; Pfl. in allen Teilen kleiner *4*

4. Blkr. 20–30 mm lg., purpurn, mit dk. gefleckter Unterlippe u. gekrümmter Röhre; Haarring gerade, weißl.; Blätt. bis 4 cm lg. gestielt u. mit bis 8 cm langer Spreite; ♃; IV–IX. Wälder, Hecken, Hochstaudenfluren, Straßengräben (bis 2000 m); *v, s* im N, *f* Da. *Gefleckte T.,* **L. maculátum** L.

— Blkr. 10–15 mm lg., mit gerader od. fast gerader Röhre; Blätt. unter 3 cm lg. gestielt od. sitzend; Pfl. ⊙ *5*

5. Tragblätt. der Halbquirle breiter als lg., stgumfassend, sitzend; Stgblätt. gestielt, rundl.-nierenf., tief gekerbt; Blkrröhre weit aus dem K. hervorragend, innen ohne Haarring; Bltn. oft geschlossen bleibend; ⊙; III–V. Äcker, Schuttplätze, Ödland (bis 1800 m); *v.*
Stengelumfassende T., **L. amplexicáule** L. ssp. **amplexicáule**

— Tragblätt. der Halbquirle nicht stgumfassend, kurz gestielt od. zuw. sitzend; Blkronröhre so lg. od. wenig länger als der K. *6*

6. K. 8–12 mm lg., seine Röhre kürzer als seine Zähne; Unterlippe der Blkr. 4 mm lg.; untere Tragblätt. ± eif., deutl. gestielt; ⊙; V–IX. Äcker; *s* SH, NS, Me, Da, Po, OPr (entstanden aus *L. amplexicaule* × *L. purpureum*). [= *L. hybridum* Vill. ssp. *intermedium* (Fr.) Gams] *Mittlere T.,* **L. molucellifólium** Fr.

— K. 5–7 mm lg., seine Röhre wenigstens ebenso lg. wie seine Zähne; Unterlippe der Blkr. 1,5–2,5 mm lg. *7*

7. Blattstiel der obersten Blätt. nicht stark verbreitert; untere Blätt. rundl., gekerbt, oft rot überlaufen, obere Blätt. eif.-dreieckig; Blkrröhre innen mit Haarring; ⊙; III–X. Äcker, Gärten, Schuttplätze (bis 1800 m); *v.*
Rote T., **L. purpúreum** L.

— Blattstiel der oberen Blätt. stark verbreitert; alle Blätt. eif.-rundl., tief gekerbt bis fiedspalt.; Blkrröhre innen ohne od. mit undeutl. Haarring; ⊙; III–VI. Wie vorige Äcker, Gärten; *s* bis *z* im W: SH, Me, NS, Br, RhPf, NrWe?,

He, Baden, Vb, Ti. (entstanden aus *L. amplexicaule* × *L. bifidum* Cyr.). (= *L. incisum* Willd.) *Bastard-T.*, **L. hýbridum** Vill.

15. Leonúrus L., *Herzgespann*

1. Grdblätt. handf., meist 5-spaltig; obere Stgblätt. 3-lappig, untersts. hellgrün; Blkr. länger als der K.; Pfl. 50–150 cm hoch; ♃; VI–IX. Schutt, Zäune, Hecken, Ruderalstellen (bis 800 m?); *v* stellenw. *s*, bes. im Alp.Gebiet. *Echtes H., Löwenschwanz,* **L. cardíaca** L.

— Blätt. breit-lanzettl., scharf gesägt u. zugespitzt, am Grd. allmähl. keilig verschmälert, untersts. graufilzig; Blkr. höchstens so lg. wie der K.; Pfl. 50–120 cm hoch; ⊙; VII–VIII. Flußauen; *s* in den Strom- u. Flußtälern, Elbetal *z*. *Filziges H., Falscher Andorn, Katzenschwanz,* **L. marrubiástrum** L.

16. Ballóta L., *Stinkandorn, Schwarznessel.* Stg. u. Blätt. weich behaart, widerl. riechend; Bltn. bläul.rot; ♃; IV–VII. Hecken, Zäune, Schuttstellen. **B. nígra** L.

a. K.zähne mit Granne 2–6 mm lg., schmal-dreieckig, allmähl. grannig zugespitzt; K.röhre 5–7 mm lg.; Spreite der Stgblätt. bis 7 cm lg., bis doppelt so lg. wie breit; *v*, *f* Au [= ssp. *ruderalis* (Sw.) Briq.] ssp. **nígra**

– K.zähne 1–2 mm lg., sehr breit-dreieckig, dann plötzl. in eine aufgesetzte Stachelspitze übergehend; K.röhre 7–10 mm lg.; Spreite der Stgblätt. höchstens 4 (meist 2–2,5) cm lg. ± so lg. wie breit; *z* im W, *s* im O u. M.-Gebiet. ssp. **foétida** (Lam.) A. & Gr.

17. Stáchys L. (incl. **Betónica** L.), *Ziest*

1. Längere Stbblätt. nach der Blütezt. nach ausw. gekrümmt; Stg. ± regelmäßig beblätt., Infl.stiel daher nicht länger als die Länge des obersten Stgblattpaares; Quirle locker sthd., Infl. daher locker-scheinährig; Blkrröhre innen mit Haarring *3*

— Längere Stbblätt. auch nach der Blütezt. nicht nach ausw. gebogen; Blätt. vorwgd. im unteren Teil des Stg., Infl. daher sehr lg.-gestielt; Quirle dicht gedrängt sthd., daher Infl. dicht-scheinährig *2*

2. Blkr. blaßgelb, ihre Röhre mit Haarring; Blattspr. herzf. bis eif.-zugespitzt, höchstens doppelt so lg. wie breit; Blkronröhre nur so lg. wie der K.; ♃; VI–IX. Magerrasen, Triften, bis Krummholzreg. (500–2000 m); kalkliebend; *z* Alp. von Berchtesgaden u. Sb, *s* Allgäu u. bei Garmisch. [= *Betonica alopecuros* L. ssp. *jacquinii* (Gren. & Godr.) O. Schwarz; = *B. divulsa* Ten.] *Fuchsschwanz-Z.,* **St. alopecúros** (L.) Benth. ssp. **jacquínii** (Gren. & Godr.) Vollm.

— Blkr. rot (selten weißl.), ihre Röhre ohne Haarring; Blattspr. schmal-eif., ± 3-mal so lg. wie breit; Blkrröhre viel länger als der K.; ♃; VII–VIII. Wiesen, Gebüsche, lichte Wälder (bis 1400 m); *v* im N seltener, *f* NW-Dt bis W-SH. (= *Betonica officinalis* L.) *Echter Z.,* **St. officinális** (L.) Trev. ssp. **officinális**

3(1). Blkr. gelb od. gelbl. weiß, zuw. rötl. gefleckt *9*

— Blkr. rot bis lila *4*

4. Quirle meist mit weniger als 10 Bltn. *7*

— Quirle 10- bis vielbltg. *5*

5. Pfl. grün, locker rauh- od. weichhaarig, oberw. auch drüsig; Blkr. 15–18 mm lg., schmutzig- bis dk.rot; auch die oberen Tragblätt. der Quirle deutl. länger als diese (Infl. daher „durchblättert"); ♃; VII–IX. Wälder, Hochstaudenfluren, Kahlschläge, bes. der mont. u. subalp. Reg. (bis 1700 m); kalkliebend; *v* Alp., *z* Vorland u. M-Geb., sonst *s*, *f* im N u. NW. *Alpen-Z.,* **St. alpína** L.

— Pfl. weißwollig bis filzig, ohne Drüsenhaare; Blkr. hell-karminrot, kleiner *6*

6. Stgblätt. längl.-eif., gekerbt bis gesägt, obersts. weniger stark behaart als untersts., aber nicht dicht-filzig; ⊙; VI–VIII. Trockenrasen, Gebüsche, Waldränder; kalkliebend; *z* im S (*f* Sb), *s* u. nördl. bis Be/Rheinland/S-NS/S-SaAn/O-Me/Po/OPr, sonst im N vermutlich nur verwild. (Zierpfl.!). *Deutscher Z.,* **St. germánica** L. ssp. **germánica**

— Stgblätt. breit-lanzettl., undeutl. gekerbt bis fast ganzrandig, ebenso wie der Stg. dicht filzig; K. fast völlig im Wollfilz verborgen; ♃; VI–VIII. Als Zierpfl. *v*, oftmals verwild. u. stellenw. eingebürgert. (Heimat: Kleinasien). (= *St. lanata* JACQ., non CR.) *Filz-Z.*, **St. byzantina** C. KOCH

7(4). Blkr. blaßrot, kaum länger als der K.; Quirle meist 6-bltg.; Blätt. rundl.-eif., 10–30 mm lg., stumpfl. gekerbt; Stg. niederlgd.-aufstgd., zottig behaart, bis 30 cm hoch; ⨀; VII–X. Feuchte Äcker; *v* im W u. NW, sonst *z, f* S-Ba, Au. *Acker-Z.*, **St. arvénsis** (L.) L.

— Blkr. doppelt so lg. wie der K.; Pfl. 30–120 cm hoch ***8***

8. Blätt. breit-herzeif., zugespitzt, gesägt, brennesselartig, dicht absthd. behaart; auch die oberen Stgblätt. noch gestielt; Blkr. dk.purpurn; ♃; VI–VIII. Feuchte Laubmischwälder, Gebüsche (bis 1600 m); *v*. *Wald-Z.*, **St. sylvática** L.

— Blätt. längl.-lanzettl., klein gekerbt, locker anlgd. behaart bis fast kahl; obere Stgblätt. sitzend; Blkr. hellpurpurn; ♃; VI–VIII. Ufer, feuchte Äcker (bis 1200 m); *v*. *Sumpf-Z.*, **St. palústris** L.

9(3). K.zähne mit fast bis zur Spitze behaarter Stachelspitze; Quirle 4- bis 6-bltg., oberw. genähert; Blätt. fast kahl, alle deutl. gestielt; Pfl. 10–30 cm hoch; ⨀; VI–X. Äcker, Ödland (bis 1000 m); *z, s* im N u. Au. *Einjähriger Z.*, **St. ánnua** L.

— K.zähne mit kahler Stachelspitze; Quirle 6- bis 10-bltg., entfernt; Blätt. kurzhaarig, die unteren kurz gestielt, die oberen sitzend; Pfl. 20–40 cm hoch; ⨀; VI–X. Trockenrasen, Sandfluren, Felshänge, lichte Gebüsche (bis 1050 m); kalkliebend; *z* im S, *s* nördl. bis Be/NrWe/S-NS/Altmark/Me bis OPr. *Aufrechter Z.*, **St. récta** L.

18. Sálvia L., *Salbei*

1. Stg. am Grd. verholzt; Blätt. lanzettl., am Grd. verschmälert, jung weißfilzig; Quirle 4- bis 10-bltg.; Blkr. violett od. weiß; Oberlippe der Blkr. gerade; ♃; VI–VII. Stark aromatisch duftende Gartenpfl., *s* verwild. (Heimat: Mittelmeergebiet). *Echter S.*, **S. officinális** L. ssp. **officinális**

— Stg. in allen Teilen krautig; Blätt. am Grd. herzf. od. abgerundet . . ***2***

2. Blkr. hellgelb, braunrot punktiert, 30–40 mm lg.; Blätt. 3-eckig-spießf., lg.-gestielt; Stg. stark drüsig-klebrig, 70–120 cm hoch; ♃; VII–IX. Laub- u. Mischwälder, Hochstaudenfluren, bes. der mont. u. subalp. Reg. (bis 1450 m); *v* Alp. u. Vorland, *z* bis *s* SchwAlb, Donautal, Bodensee bis Oberrhein (E: Sundgau), S-Bayrw., Schl, sonst zuw. verwildert *Klebriger S.*, **S. glutinósa** L.

— Blkr. blauviolett, rosa od. weiß ***3***

3. Quirle 15- bis 30-bltg., fast kugelig, zu 4–10 übereinanderstehend; Blkrröhre mit Haarring, ihre Oberlippe gerade; Blkr. hell-lila, ca. 10 mm lg.; Blattspr. herzeif.-zugespitzt, am Stiel oft noch ein Paar öhrchenf. Fied.; ♃; VI–IX. Trockenwiesen, Wegränder (bis 1250 m); in Ausbreitung begriffen u. *z* eingebürgert (Heimat: SO-Europa bis Kaukasus). *Quirlblütiger S.*, **S. verticilláta** L.

— Quirle höchstens 10-bltg.; Blkrröhre ohne Haarring ***4***

4. K.zähne lg. dornig begrannt; Stgblätt. dicht bis weiß behaart ***7***

— K.zähne stachelspitzig, aber nicht begrannt, die 3 oberen zusammenneigend; Stgblätt. meist schwach behaart ***5***

5. Oberlippe des K. breit abgerundet u. kurz 2- bis 3-zähnig; Stgblätt. ungleich bis doppelt gekerbt od. bis buchtig gespalten; Blkr. blauviolett bis hellblau, bis 15 mm lg.; ♃; VI–IX. Magerwiesen, sonst Bahnhöfe u. ä. Orte; ursprüngl. wohl nur in Be, sonst eingeschleppt u. zuw. eingebürgert (Ho, Da, E). *Eisenkraut-S.*, **S. verbénaca** L.

— Oberlippe des K. zugespitzt 3-zähnig (ähnl. *961*); Stgblätt. einfach bis doppelt gekerbt bis gesägt, niemals tiefer gespalten ***6***

6. Hochblätt. meist violett, so lg. wie der K.; Blätt. untersts. nebst dem Stg. u. dem K. grau-weichhaarig, drüsenlos; Blkr. 10–15 mm lg., violett od. rosa; Blätt. vorwgd. stgst.; ♃; VI–VII. Trockenrasen, Steppenheiden, lichte Wälder; *z* S- u. M-Dt, sonst zuw. eingeschleppt. (= *S. silvestris* L.) *Wald-S.*, **S. nemorósa** L.

— Hochblätt. grün, die oberen kürzer als der K., zuletzt zurückgeschlagen; Pfl. kurz-borstig behaart, oberw. drüsig-klebrig; Blkr. 20–25 mm lg., dk.blau, selten weiß od. rosa; Blätt. vorwgd. grdst.; ♃; V–VIII. Trockenwiesen, Feldraine (bis 1550 m); *v* bis *z*, nördl. von S-Ho/S-NS/O-SH nur zuw. eingeschleppt. *Wiesen-S.*, **S. praténsis** L.

7(4). Blätt. jung weißwollig; Stg. nicht drüsig behaart; Tragblätt. der Quirle krautig, grünl. u. wenigstens die oberen mit häutigem u. ± violettem Rand, höchstens so lg. wie der K.; Brakteen kürzer als die Blkr., diese weiß; ⊙; VI–VIII. Zierpfl., zuw. verwild., z. B. im Rhein-Main-Gebiet (Heimat: SO-Eur.) *Mohren-S.*, **S. aethiópis** L.

— Blätt. graufilzig; Stg. oberw. drüsig behaart; Tragblätt. der Quirle krautig, stets farbig (rötl. bis lila), viel länger als der K.; Brakteen länger als die Blkr., diese bläul.weiß; ⊙; VI–VII. Alte Heil- u. Gewürzpfl.; zuw. verwild. u. im SW zuw. eingebürgert (Heimat: O-Mittelmeergebiet). *Muskat-S.*, **S. sclárea** L.

19. Hormínum L., *Drachenmaul.* Blätt. in grdst. Rosette, gestielt mit eif.-zugespitzter, gleichmäßig gekerbt-gesägter, unterssts. runzeliger, derber Spreite; Blkr. violett, in meist 6-bltg., einstswendigen Quirlen; ♃; VI–VIII. Magermatten; kalkliebend; (1400–1900 m); *z* Sb, *s* Berchtesgadener Alp., bei Wörgl (Ti). **H. pyrenáicum** L.

20. Melissa L., *Melisse.* Blätt. mit eif. bis rohmbischer, grob u. regelmäßig kerbig-gesägter Spreite, von starkem Zitronenduft; ♃; VI–VIII. Als Gewürzpfl. *v* kult. zuw. verwild. u. eingebürgert (Heimat: Kleinasien, östl. Mittelmeergebiet). **M. officinális** L.

21. Saturéja L., *Bohnenkraut*

1. Stg. höchstens an der Basis etwas verholzt, bis 25 cm hoch, flaumig behaart, oft violett überlaufen, buschig verzweigt; Blkr. 4–6 mm lg., lila od. weiß; ⊙; VII–IX. Als Gewürzpfl. kult. u. verwild. (Heimat: O-Mittelmeergebiet). *Sommer-B.*, **S. horténsis** L.

— Stg. durchwegs verholzt, fast kahl; Blkr. 7–10 mm lg., rosa od. violett; bis 40 cm hoher Halbstrauch; ♃; VIII–X. Als Gewürzpfl. seltener als vorige kult., zuw. verwild. (Heimat: Mittelmeergebiet). *Winter-B.*, **S. montána** L.

22. Calamíntha Mill. (incl. **Clinopódium** L. u. **Ácinos** Mill.), *Bergminze*

1. Bltn. in 10- bis 20-bltgen, dichten, zu 1–4 übereinanderstehenden Quirlen, karminrot od. weiß; Tragblätt. pfrieml., gleich dem Stg. u. K. lg.zottig; Kzähne stechend begrannt, K.röhre leicht gebogen; Pfl. geruchlos; ♃; VII–IX. Trockenrasen, Gebüsche, Wälder (bis 1800 m); *v* im NW *s*. [= *Clinopodium vulgare* L.; = *Satureja vulgaris* (L.) Fritsch]
Wirbeldost, **C. clinopódium** Spenn.

— Bltn. in 6- bis 15-bltgen Quirlen, mit kurzen Tragblätt.; Pfl. mit Minzengeruch ***2***

2. Halbquirle gestielt u. deutl. verzweigt; Stgblätt. eif. bis elliptisch, mit bis 5 cm langer Spreite u. bis 1 cm lg. gestielt; K. ohne Ausbuchtung, K.röhre gerade; ♃; VII–IX. Lichte Wälder, felsige Hänge (bis 1300 m?); kalkliebend. [= *C. officinalis* auct.; = *S. calamintha* (L.) Scheele] (3 Kleinarten).
Wald-, Echte B., **C. sylvática** Bromfield (s. l.)

a. K. über 7 mm lg., die beiden unteren Zähne 2- bis 3-mal so lg. wie die übrigen; Blkr. meist über 15 mm lg.; Halbquirle meist mehr als 7-bltg.; *z* im S (*f* S-Ba), *s* nördl. bis Ho/Rheinl./He/Th. **C. sylvática** Bromfield (s. str.)

– K. meist weniger als 7 mm lg., die beiden unteren Zähne höchstens doppelt so lg. wie die 3 übrigen, meist nur 1 1/2-mal; Blkr. meist weniger als 15 mm lg. . . . . **b**

b. K. 5–7 mm lg.; Blkr. 8–12 mm lg.; Halbquirle ± 7-bltg.; *z* bis *s* bei Berchtesgaden, Vb, Ti, Bayrw., Fr (verschleppt?), FrAlb. **C. nepetoídes** Jord.

– K. 3–5 mm lg.; Blkr. 12–15 mm lg.; Halbquirle ?-bltg.; *s* Alp. von Berchtesgaden u. Sb. (= *C. subisodonta* Borb.; = *C. brauneana* Javorka) [entstanden aus *C. nepetoides* × *C. glandulosa* (Req.) Benth.] **C. einseleána** F. W. Schultz

— Halbquirle sitzend, nicht (od. undeutl.) verzweigt; Stgblätt. kurz gestielt, nur bis 2 cm lg.; K. basal an der Vorderseite mit einer meist deutl. Ausbuchtung (*963*) ***3***

3. Blkr. blaßlila, ca. 10 mm lg.; Zähne des Frkelches zusammenneigend u. etwa gleich lg., ⊙ bis 3-jährig; VI–IX. Trockenrasen, Ödland (bis 1300 m); *v*, *z* im N [= *S. acinos* (L.) SCHEELE; *Acinos arvensis* (LAM.) DANDY]
Steinquendel, *Stein-B.*, **C. ácinos** (L.) CLAIRV.

— Blkr. rotviolett, 15–20 mm lg.; Zähne des Frkelches aufrecht abstehend, versch. lg. *(963);* Sprosse niederlgd.; ♃; VII–IX. Trockene Felsen, Schutt, Magermatten, lichte Wälder (400–2300 m); kalkliebend; *v* Alp., *z* Vorland. [= *S. alpina* (L.) SCHEELE; = *A. alpinus* (L.) MOENCH)
Alpen-B., **C. alpína** (L.) LAM. ssp. **alpína**

23. Hyssópus L., *Ysop.* 20–70 cm hoher Halbstrauch; Stg. kurz flaumig; Blätt. lineal-lanzettl., 1–4 cm lg., fast sitzend; Blkr. violettblau, in 7- bis 15-bltg., einstswendigen Quirlen; ♃; VII–VIII. Als Gewürz- u. Bienenpfl. *v* kult., oftmals verwild. u. im S zuw. eingebürgert (Heimat: SW-Asien bis S-Europa).
H. officinális L.

24. Majorána MILL., *Majoran.* Pfl. stark aromatisch duftend, graugrün, zuw. rötl.; Bltn. von den breiten, runden, graugrünen bis graufilzigen Hochblätt. ± verdeckt; ⊙. Als Gewürzpfl. *v* kult., *s* verwild. (Heimat: SW-Asien, östl. N-Afrika) (= *Origanum majorana* L.)
M. horténsis MOENCH

25. Oríganum L., *Dost.* Blätt. eif., ganzrandig; Hochblätt., Tragblätt. u. Kzähne meist ± purpurn überlaufen; end- u. seitenst. Infl. lg. gestielt, je als rispige od. doldenrispige Teilinfl.; Blkr. meist rosa; ♃; VII–IX. Trockenrasen, lichtes Gebüsch.
O. vulgáre L.

a. Infl. im Umriß ± kugelig u. insgesamt zieml. dichtbltg.; Gebüsche, Waldränder (bis 1800 m); *v*, *z* im N, *f* NW-Dt.
ssp. **vulgáre**

– Infl. im Umriß lg. pyramidenf., alle Teilinfl. entfernt voneinander. Trockenrasen; im Gebiet nur (bes. im S) kult. u. zuw. verwild. (N-Oberrheinebene, Nahetal).
Wintermajoran, ssp. **prismáticum** GAUD.

26. Thýmus L., *Thymian, Quendel*

1. Blätt. untersts. dicht weißfilzig, mit zurückgerolltem wimpernlosem Rand, sitzend, lineal bis längl.-eif.; Stg. aufrecht, am Grd. verholzt, oberw. nicht wurzelnd, bis 30 cm hoch; ♃; V–X. Als Gewürz- u. Heilpfl. *v* kult. (Heimat: Mittelmeergebiet). *Garten-Th.*, **Th. vulgáris** L.

— Blätt. untersts. nicht weißfilzig, flach; Stg. niederlgd. bis aufstgd., nur zuw. am Grd. etwas verholzt, oft wurzelnd, bis 30 cm hoch; ♃; V–X. Sandfluren, Triften, Steppenheiden, lichte Wälder, Matten, Wegränder u. a. (bis 2500 m); *v*. Formenreiche Sammelart: *Feld-Th.*, **Th. serpýllum** L. (s. l)[1]

a. Seitennerven der Blätt. untersts. in einen wulstig verdickten Randnerv mündend; Infltriebe deutlich. 4-kantig, auf 2 Seiten kahl, auf 2 Seiten rückw. flaumig behaart; Blätt. von unten nach oben an Größe zunehmend, am unteren Blattrand u. Stiel gewimpert. *s* Gesenke.
Karpaten-Th., **Th. carpaticus** ČEL.

– Seitennerven der Blätt. bogig, gegen den Blattrand schwindend . . . . **b**

b. Blätt. kahl od. obersts. mit zerstr. Haaren . . . . **k**

– Blätt. beidersts. dicht behaart, auch die übrigen Teile der Pfl. meist mit längeren, absthd. Haaren . . . . **c**

---

[1] Die Kollektivart **Th. serpyllum** L. (incl. *Th. pulegioides* L.) ist außerordentlich formenreich. Anläßlich der letzten Neubearbeitung dieser Flora (1968) wurde versucht, alle bis dahin anhand typischer Pfl. einigermaßen klar erkennbaren Sippen als Kleinarten zu verschlüsseln und mit Verbreitungsangaben zu versehen. Seitdem sind zahlreiche weitere Veröffentlichungen über *Thymus* erschienen, doch herrscht ähnlich wie bei *Euphrasia* (s. dort, S. 394) selbst unter den anerkannten Spezialisten (z. B. JALAS, MACHULE, P. SCHMIDT) nur eine begrenzte Einigkeit über die Aufrechterhaltung bestimmter Sippen und die Zuordnung von Synonymen. Daher wurde wie dort so auch hier weitmöglichst die seinerzeitige Konzeption beibehalten, jedoch mit Verbesserungen im Schlüssel. Auch bei *Thymus*-Bestimmungen und Aufsammlungen sollte daher grundsätzlich das verwendete Bestimmungsbuch mit vermerkt werden.
Zur Bestimmung sind ganze Pflanzen nötig, die Behaarung der Bltntriebe ist am 2.–3. Internodium unterhalb der Infl. festzustellen. Merkmale der Nervatur gelten im Zweifelsfall für getrocknete Pfl. Man beachte, daß ohne Spezialkenntnisse Bestimmungen des öfteren nicht eindeutig sind; hierfür sind oftmals Hybridisierungen verantwortlich.

c. Infltriebe rundl., ringsum behaart . . . . **f**
– Infltriebe vierkantig, auf 2 Flächen kahl (selten alle 4 Flächen behaart) . . . . **d**
d. Pfl. mit meist langen Ausläufern; Infltriebe meist auf 2 Flächen länger behaart als auf den beiden anderen (diese abw. verkahlend); Blätt. von unten nach oben an Größe zunehmend, deutl. gestielt, kahl, nur am unteren Blattrand gewimpert. Matten, Triften, bis Krummholzreg.; *v* Alp., zuw. herabgeschwemmt *Langhaariger Th.,* **Th. polýtrichus** KERN.
– Pfl. ohne Ausläufer; Infltriebe mit ± gleich großen Blätt. . . . . **e**
e. Infltriebe 2-zeilig behaart (2 Seiten behaart, 2 Seiten kahl od. nur mit vereinzelten Haaren; von Knoten zu Knoten wechselnd); Blätt. auf der Fläche behaart, Nerven undeutl. Trockenrasen; sehr *z* im S (BW, E, Ba, Pf, Vb; Ti?), *s* in Me. (= *Th. carniolicus* BORB.)
Krainer Th., **Th. froelichiánus** OPIZ
– Infltriebe auf allen 4 Flächen ungleichmäßig behaart; Blätt. beidersts. reichl. behaart, Nerven deutl. Wie vorige; nur Kaiserstuhl. *Piemonteser Th.,* **Th. valdérius** RONN.
f(c). Blätt. der Infltriebe etwa gleich groß . . . . **h**

– Blätt. der Infltriebe von oben nach unten kleiner werdend . . . . **g**
g. Blätt. meist rundl., wie die ganze Pfl. zottig behaart; Stg., rund (s. Punkt **u**)
Formen von **Th. praécox**
– Blätt. oval bis schmal-elliptisch, beidersts. dicht behaart; Inflstiel abw. etwas 4-kantig u. auf 2 Flächen schwächer behaart bis fast verkahlend (s. Punkt **d**) **Th. polýtrichus**
h(f). Pfl. mit längeren Ausläufern, kriechend . . . . **j**
– Pfl. ohne Ausläufer . . . . **i**
i. Infltriebe gleichmäßig behaart; Blätt. schmal- bis breit-elliptisch, auf beiden Seiten dicht behaart. Felsen, Mauern, Hänge, zusammen mit *Th. oenipontanus;* ob in Ti?
Rauhhaariger Th., **Th. rúdis** RONN.
– Infltriebe auf 2 Seiten schwächer behaart; Blätt. eif. bis rundl. (vgl. Punkt **e**–) **Th. valdérius**
j(h). Blätt. spatelf. bis elliptisch, zieml. groß (vgl. Punkt **t** –). Behaarte Formen von **Th. humifúsus**
– Blätt. lineal bis schmal-lanzettl., klein (vgl. Punkt **t**). Behaarte Formen von **Th. serpýllum**
k(b). Infltriebe rundl. bis schwach 4-kantig, ringsum behaart (zuw. 2 Flächen weniger behaart als die beiden anderen, doch keine Seite kahl) . . . . **q**
– Infltriebe deutl. bis scharf 4-kantig, entweder entlang der 4 Kanten od. auf 2 gegenüberlgd. Seiten behaart . . . . **l**
l. Stg. aufrecht od. aufstgd., niemals mit Ausläufern, Pfl. daher locker bis dicht buschig wachsend; Infltriebe scharf 4-kantig und 4-zeilig behaart. Magerwiesen, Heiden, Waldränder, Dünen u. a.; kalkmeidend; *v* bis zur alp. Stufe; sehr formenreich. *Arznei-Th.,* **Th. pulegioídes** L.
– Pfl. kriechend, mit oft sehr langen Ausläufern . . . . **m**
m. Blätt. der Infltriebe von oben nach unten kleiner werdend . . . . **o**
– Blätt. der Infltriebe ± gleich groß; Infltriebe 2-zeilig behaart . . . . **n**
n. Pfl. kräftig, mit langen Ausläufern; Blätt. breit-elliptisch bis spatelf., die kräftigen Nerven untersts. an der Spitze einen Randwulst bildend, kahl od. mäßig behaart; Bltn. zieml. groß. Trockenhänge der Alp.Täler; *s* Ti. Tal-Th., **Th. vallícola** (H. BRAUN) RONN.
– Pfl. schwächer, mit kurzen Ausläufern; die kräftigen Nerven untersts. ohne Randwulst, kahl od. obersts. spärl. behaart; Bltn. deutl. kleiner. Wie vorige; *s* Ti.
Falscher Arznei-Th., **Th. pseudochamaédrys** (H. BRAUN) RONN.
o(m). Infltriebe unterhalb der Infl. ringsum behaart, abw. auf 2 gegenüberlgd. Seiten verkahlend; Blätt. spatelig-elliptisch bis lanzettl., zieml. derb, mit kräftigen Nerven, die obersten in einen kurzen Randwulst endigend, am unteren Rand gewimpert (vgl. Punkt **d**) **Th. polýtrichus**
– Infltriebe nur auf 2 gegenüberlgd. Seiten od. entlang der 4 Kanten behaart . . . . **p**
p. Blätt. eif. bis rundl., dünn u. untersts. schwachnervig, nur an der Basis gewimpert; Infltriebe (meist) 4-zeilig behaart; obere Kzähne kahl, seltener spärl. gewimpert. Triften, Weiden, auch leicht moorige Böden, bes. der mont. u. subalp. Stufe; kalkmeidend; *v* Alp. u. Voralp., *z* Vog., Schw., Sudeten. *Gebirgs-Th.,* **Th. alpéstris** TAUSCH
– Blätt. spatelig-elliptisch bis lanzettl., zieml. derb u. untersts. mit kräftigen Nerven, reichl. gewimpert; Infltriebe 2-zeilig behaart, stets bis zum Beginn der Infl. mit wenigstens 2 kahlen Stgflächen; obere Kzähne stets gewimpert. Matten, Schuttfluren, bes. der subalp. Stufe; kalkliebend; *v* Alp. Voralp., oft mit den Flüssen herabgeschwemmt.
Alpen-Th., **Th. alpígenus** KERN.
q(k). Pfl. kriechend, mit lg. u. wurzelnden Ausläufern; Blätt. gestielt . . . . **s**
– Pfl. niederlgd. bis aufstgd., aber ohne lange u. wurzelnde Ausläufer; Blätt. der Infltriebe ± gleich groß . . . . **r**
r. Blätt. sitzend, lineal bis schmal-lanzettl., am Grd. gewimpert, mit dünnen bis undeutl. Nerven; Infl. locker-kopfig. Steppenrasen, trockene Wiesen; *s* Sa (Elbetal, sonst erst Böhmen), eingeschleppt S-Baden (ob noch?) *Steppen-Th.,* **Th. marschalliánus** WILLD.

– Blätt. in den Stiel verschmälert, schmal- bis breit-lanzettl. od. elliptisch, mit (untersts.) hervortretenden weißl. Nerven; Infl. dicht-kopfig; Kzähne nach dem Verblühen gelb u. stechend. Hänge, Felsen, Mauern; *s* Ti (ob in Ba?) *Tiroler Th.*, **Th. oenipontánus** H. Braun

s(q). Blätt. der Infltriebe von oben nach unten kleiner werdend . . . . **u**

– Blätt. der Infltriebe ± gleich groß; Infltriebe ringsum behaart . . . . **t**

t. Blätt. höchstens 10 mm lg., lineal bis schmal-verkehrt-eif., im oberen Drittel am breitesten; Nerven der Blattunterseite nicht in einen Randwulst endigend. Sandfluren; kalkmeidend; *v* W-, M- u. N-Gebiet, sonst *z* bis *s* od. *f* (z. B. Au). *Sand-Th.*, **Th. serpýllum** L. em. Mill.

– Blätt. über 10 mm lg., breiter rundl.- bis schmal-eif., in der unteren Hälfte am breitesten; Nerven der Blattunterseite kräftig, in einen Randwulst endigend. Trockenrasen, Felsköpfe, sonnig-steinige Hänge; *z* W-, M- u. S-Dt., E, Vb, *s* im N. *Rasiger Th.*, **Th. humifúsus** Bernh.

u(s). Infltriebe ringsum ± gleichmäßig behaart; die obersten Nerven der Blätt. sich untersts. an der Spitze zu einem kurzen Randnerv vereinigend. Wie vorige; *v* im S (bes. mont. Stufe), nördl. seltener, *f* im N (Nordgrenze?). *Frühblühender Th.*, **Th. pra̋ecox** Opiz

– Infltriebe unterhalb der Infl. ringsum behaart, abw. auf 2 gegenüberlgd. Seiten verkahlend (vgl. Punkt **d**) **Th. polýtrichus**

26. Lýcopus L., *Wolfstrapp*

1. Blätt. meist unter 4 cm breit, tief gezähnt bis gesägt, am Grd. fiedspaltig; Kzähne länger als die K.röhre; Stg. ästig, 20–100 cm hoch, mit Bodenausläufern; ♃; VII–IX. Sumpfige Orte (bis 1100 m); *v* (2 ssp.)
Gemeiner W., **L. europa̋eus** L.

a. Stg. u. Blätt. kahl bis wenig kurzhaarig; Blätt. lanzettl., seine Buchten spitz. *v* ssp. **europa̋eus**

– Stg. u. Blätt. beidersts. dicht flaumig bis kurzzottig behaart; Laubblätt. breiter, bis eif., seine Buchten stumpfer. *s* Berchtesgadener u. Salzburger Alp., Ti, Vb, Be.
ssp. **móllis** (Kern.) J. Murr

— Blätt. meist über 4 cm breit, alle Blätt. tief fiedspaltig; Kzähne meist nur so lg. wie die K.röhre; Stg. meist unverzweigt, 90–150 cm hoch; ♃; VII–VIII. Auwälder u. Sümpfe; ob noch im Gebiet?; früher *s* Rheintal (Bodensee u. M-Rhein), mittl. Elbe bei Magdeburg. *Hoher W.*, **L. exaltátus** L. f.

27. Méntha L., *Minze*[1]

1. Quirle dicht sthd. u. scheinährige endst. (u. seitenst.) Infl. bildend *(953)*; Tragblätter der Quirle schmal u. klein, sich von den Laubblätt. deutl. unterscheidend; Laubblätt. meist sitzend (od. kurz gestielt); Blkrröhre ohne Haarring *4*

— Quirle entweder entfernt in der Achsel laubblattart. Tragblätt. stehend **od.** kugelf.-endst. (u. seitenst., *952*); Blätt. deutl. gestielt *2*

2. K. ungleich 5-zähnig, fast 2-lippig, sein Schlund zur Frzeit durch einen einwärts gerichteten Haarkranz ± verschlossen; Laubblätt. elliptisch bis schmal-eif., bis 2,5 cm lg. u. 1 cm breit; Stg. niederlgd. bis aufstgd., mit oberirdischen Ausläufern; Blkronröhre mit undeutl. Haarring; Pfl. bis 30 cm hoch; ♃; VI–IX. Feuchte Wiesen, Fluß- u. Seeufer; *z* entlang der Strom- u. einiger großer Flußtäler; auch kult. u. zuw. verwildert.
Polei-M., **M. pulégium** L.

— K. ± gleichmäßig 5-zähnig, zur Frzeit ohne Haarkranz; Pfl. mit unterirdischen Ausläufern; Laubblätt. breiter u. länger; Blkronröhre mit deutl. Haarring *3*

3. Quirle am Stgende gedrängt sthd. u. eine kugelf. Infl. bildend, die blattachselst. Scheinköpfchen kleiner u. kürzer gestielt *(952)*; K.zähne lanzettl. (deutl. länger als breit); Pfl. ± aufrecht, bis 80 cm hoch; ♃; VII–X. Gräben, Sumpfwiesen, Ufer (bis 1200 m); *v* (2 ssp.) *Wasser-M.*, **M. aquática** L.

[1] In der Gattung **Mentha** besteht eine starke Tendenz zu Bastardierungen. Obwohl sich die Bastarde durch weitgehende Sterilität (Pollen verkümmert) auszeichnen, sind sie durch ihre reichliche Ausläuferbildung oftmals vitaler als ihre Eltern u. verdrängen diese nicht selten. Kultiviert werden vor allem solche Bastardminzen. Die Bestimmung aller im Gebiet vorkommenden „Sippen" ist nach dem folg. Schlüssel nicht möglich, hierfür muß auf Spezialliteratur verwiesen werden. Beste neuere u. kurze Zusammenfassung von W. Lemke in Rothmaler (s. Literaturverzeichnis, S. 578).

— Quirle entfernt in der Achsel laubblattart. Tragblätt. sthd.; Kzähne breit 3-eckig (so lg. wie breit); Pfl. niederlgd.-aufstgd., bis 40 cm hoch; ♃; VII–IX. Wie vorige, auch feuchte Äcker (bis 1900 m); *v*. (2 ssp.) *Acker-M.*, **M. arvénsis** L.

M. × verticilláta L., *Quirlblütige M.*: = *M. aquatica × M. arvensis*. In allen Merkmalen zwischen den Eltern sthd.; mit zahlreicheren u. kräftigeren Ausläufern, daher die Eltern oft verdrängend u. ohne sie vorkommend; *v* u. *v* kult.; formenreich, hier anschließend 4 weitere Hybridschwärme.

4(1). Alle Blätt. gestielt; Stg. kahl u. Blätt. nur auf ihrer Unterseite schwach behaart; Blätt. läng.-eif. bis lanzettl.; endst. Infl. längl.-dick; Ausläufer vorwgd. oberirdisch; Pfl. bis 80 cm hoch; ♃; VI–VII. Vermutl. nicht ursprüngl.; *v* kult. u. zuw. verwild.; formenreich. (= *M. aquatica × M. spicata;* hier schließen sich auch die Hybridschwärme *M. aquatica × longifolia* u. *M. aquatica × suaveolens* an). *Pfefferminze*, **M. × piperíta** L.

— Blätt. sitzend, höchstens die unteren kurz gestielt; endst. Infl. dünner u. relativ länger; Ausläufer vorwiegend od. ausschließl. unterirdisch ***5***

5. Stg. kahl u. Blätt. allenfalls entlang der Nerven schwach behaart; Laubblätt. breit-lanzettl. bis längl.-eif. scharf gesägt; Pfl. bis 80 cm hoch; ♃; VII–IX. Gräben, Ufer, Äcker, Ruderalstellen; nicht ursprüngl. (Heimat unbekannt, vermutl. erst in der Kultur entstanden); *v* kult., oft verwild. u. bes. im S *z* eingebürgert, *s* im N (SH, Me) (= *M. viridis* L., = *M. crispa* L.; = *M. sylvestris* auct., non L.) *Grüne M.*, **M. spicáta** L. em. Huds.

— Blätt. wenigstens auf der Unterseite dicht bis filzig behaart; Stg. locker bis dicht behaart ***6***

6. Laubblätt. längl.-eif. bis längl.-lanzettl., 5–10 cm lg., scharf gesägt; Nerven auf der Blattunterseite wenig hervortretend; Kzähne pfrieml.; K. dicht-wollig behaart; Pfl. bis 100 cm hoch, nur mit unterirdischen Ausläufern; ♃; VII–IX. Gräben, Ufer, nasse Wegränder, bes. der mont. Reg. (bis 1600 m); *v*, im N seltener (nur eingeschleppt?). (= *M. silvestris* L.) *Roß-M.*, **M. longifólia** (L.) Nathh. ssp. **longifólia**

— Laubblätt. rundl.-eif., 2–5 cm lg., kerbig gezähnt; Nerven auf der Blattunterseite stark hervortretend, daher Blätt. unterstS. netzrunzelig; Kzähne dreieckig-lanzettl.; K. kurz u. locker u. drüsig behaart; Pfl. bis 50 cm hoch, mit unter- u. beblätt. oberirdischen Ausläufern; ♃; VII–IX. Wegränder, nasse Weiden; *z* BW, Ho u. westl. des Rheins, sehr *s* He, Th, Sa, SaAn; im N zuw. eingeschleppt (= *M. rotundifolia* auct., non L.) *Rundblättrige M.*, **M. suavéolens** Ehrh.

M. × villosa Huds., *Wollige M.*, = *M. spicata × M. suaveolens* (= *M. nemorosa* Willd.) und **M. × rotundifolia** (L.) Huds., = *M. longifolia × M. suaveolens* (= *M. × niliaca* Juss. ex Jacq.): Beide Hybriden stehen in ihren Merkmalen zwischen den Eltern u. sind ihrerseits recht variabel, kommen auch ohne ihre Elternteile vor. Dies gilt insbes. für *M. × rotundifolia,* die als fertile Hybride bei Anwesenheit eines Elternteiles introgressive Schwärme bilden kann.

28. Elshóltzia Willd., *Kamminze*. Blätt. eif.-zugespitzt, 3–4 cm lg., regelmäßig scharf gesägt, stark aromatisch duftend; Infl. einstswendige Scheinähren mit großen, breit-elliptischen Tragblätt.; Blkr. rosa; ⊙; VII–IX. Als Gewürzpfl. angebaut u. stellenw. verwild. (Heimat: O- u. M-Asien). (= *E. cristata* Willd.) **E. ciliáta** (Thunb.) Hyl.

29. Ócimum L., *Basilienkraut*. Pfl. kahl, von aromatischem Duft; Blätt. eif.-rhombisch, ganzrandig bis entfernt gezähnelt, zuw. stärker eingeschnitten od. kraus; 1–2 cm lg. gestielt; Blkr. weiß od. rötl.; ⊙; VI–IX. Als Gewürzpfl. angebaut (Heimat: Vorder-Indien). **O. basílicum** L.

Familie: **Callitricháceae**, *Wassersterngewächse*

Wasser- u. Sumpfpfl. mit zarten Stg.; Blätt. gegenst. *(966)*, oft in Schwimmblattrosetten *(968)*; Bltn. klein, ohne Bltnhülle, oft mit 2 sichelf. Vorblätt. *(964, 969)*, eingeschl., 1-häusig; ♂ Bltn. mit 1 Stbblatt *(964)*, ♀ Bltn. mit einem 2-fächerigen Frkn. *(967, 970)*; Fr. in 4 1-samige Steinfr. zerfallend *(965)*.

Anm.: Durch neuere Untersuchungen haben sich die Artabgrenzungen und Artauffassungen nicht unerheblich geändert. Insofern bedürfen die hier mit Vorbehalt wiedergegebenen Verbreitungsangaben vielfach erst wieder der Bestätigung. Zur Bestimmung sind Pfl. mit **reifen Fr.** notwendig! Zur Beobachtung der Samenmerkmale sind an den reifen Fr. die äußeren Gewebeschichten vorsichtig abzurubbeln.

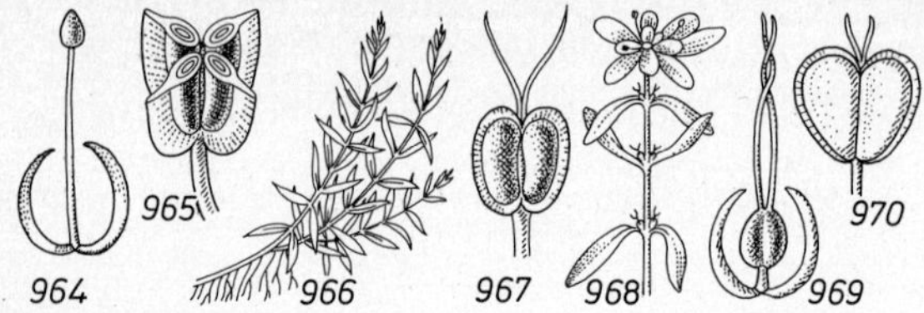

Callitriche L., *Wasserstern*

1. Pfl. ohne Schwimmblätter, fast nur im Wasser untergetaucht lebend *(966);* Bltn. ohne Vorblätter (wie *967*); Blätt. ohne Sternhaare; ♃; VI–IX. Stehende, langsam fließende Gewässer; *z* im NO, *s* im NW (*f* Be) u. Th. (= *C. autumnalis* L.) *Herbst-W.,* **C. hermaphrodítica** L.

— Pfl. mit Schwimmblätt. *(968),* entw. im Wasser lebend od. auf feuchten, meist schlammigen Böden kriechend; Bltn. mit 2 Vorblätt. *(964, 969);* Blätt. mit Sternhaaren ***2***

2. Samen entlang ihrer Rückennaht deutl. durchgehend geflügelt *(965)* ***5***

— Samen entlang ihrer Rückennaht nicht geflügelt, entweder stumpfkantig, nur gekielt od. *(C. palustris)* nur an der Spitze kurz geflügelt ***3***

3. Teilfr. von der Seite elliptisch; Kanten breit abgerundet, 1,5–2 mm lg.; Narben aufrecht (wie in *967*), mehrmals länger als die Fr.; ♃; IV–X. Stehende u. fließende Gewässer; *s* im W (Ho, Be, Rheinl., Oberrheingebiet, E) u. S (Ba, Ti). *Nußfrüchtiger W.,* **C. obtusángula** Le Gall

— Teilfr. abgeflacht, rundl. bis oval, weniger als 1,5 mm lg. ***4***

4. Teilfr. rundl., nur an ihrer Spitze geflügelt; Narben mehrmals länger als die Teilfr. (bis 6 mm); Samen ungeflügelt; ♃; V–X. Wie vorige; *v* (bis 1900 m). (= *C. polymorpha* Lönnr.) *Stumpfkantiger W.,* **C. cophocárpa** Sendtn.

— Teilfr. verkehrt-eif., ungeflügelt; Narben stark reduziert *(970),* nur halb so lg. wie die Teilfr.; ♃; VI–VIII. Stehende Gewässer, meist als Landform; *v* im S (bis 1800 m), sonst *z* bis *s* (= *C. verna* L.) *Sumpf-W.,* **C. palústris** L.

5(2). Bltn. submers; erhalten bleibender Gr. den Schmalseiten der Fr. dicht angedrückt ***7***

— Bltn. oberhalb der Wasseroberfläche; erhalten bleibender Gr. der Fr. nicht angedrückt; Landformen ohne deutl. Blattrosette ***6***

6. Gr. zurückgekrümmt; Blätt. blaßgrün, breit-elliptisch bis rundl.; Teilfr. breit geflügelt; Samen breit geflügelt; ♃; V–X. Stehende u. langsam fließende Gewässer, meist an Schlammufern; *z?* (Höhengrenze?) *Teich-W.,* **C. stagnális** Scop.

— Gr. aufrecht od. absthd.; Blätt. dkgrün, elliptisch; Teilfr. schmal geflügelt; Samen schmal gelfügelt; ♃; V–X. Wie vorige; sehr *z,* offenbar mehr im W (Ho, Be, He, Odw., Oberrhein?), *s* S-NS, Br; Th? *Flachfrüchtiger W.,* **C. platycárpa** Kütz.

7(5). Robuste Pfl.; Fr. 1,4 mm breit, rundl., bei der Wasserform sehr kurz gestielt, bei der Landform bis 13 mm lg. gestielt; Teilfr. sehr breit geflügelt; ♃; V–IX. Stehende u. seichte Gewässer; *s* Be, Da, SH. (= *C. pedunculata* Dc.) *Stielfrüchtiger W.,* **C. brútia** Petagna

— Zarte Pfl.; Fr. 1–1,2 mm breit, deutl. länger als breit, fast sitzend od. (auch bei der Landform) nur kurz gestielt; Teilfr. schmal geflügelt; ♃; IV–VI. Wie vorige; sehr *z,* offenbar mehr im W (z. B. Be, Ho, Da, He, Ba, Sb, wo noch?) *Haken-W.,* **C. hamuláta** Kütz. ex Koch

Ordnung: **Campanuláles**

Familie: **Campanuláceae,** *Glockenblumengewächse*

Kräuter od. Stauden, meist milchsaftführend; Blätt. wechselst., ungeteilt od. gelappt, ohne Nebenblätt.; Bltn. einzeln, in Trauben, Rispen, Ähren od. Köpfchen; Blkr. radiär, selten leicht zygomorph, röhrig, trichterf.; Stbbeutel frei, sich nach innen öffnend u. den Pollen auf „Fegehaare" des Griffels entleerend, Filamente frei; Frkn. unterst., meist 3-blättrig; Kapselfr.

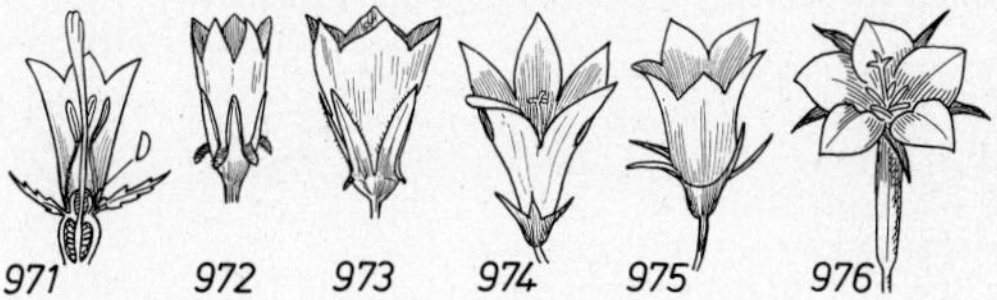

971 972 973 974 975 976

1. Blkrzipfel schmal-lineal, anfangs an der Spitze vereinigt, später sich vom Grd. her trennend (Fensterbltn., *230*); Bltn. in am Grd. von einer Hochblatthülle umgebenen verlängerten Ähren od. Köpfchen ***6***

— Blkrzipfel nicht schmal-lineal, anfangs an der Spitze nicht miteinander vereinigt; Bltn. in Trauben od. Rispen od. lockeren Ähren . . . ***2***

2. Blkr. zygomorph . . . . **Lobelia,** 428

— Blkr. radiär ***3***

3. Blkr. radf. ausgebreitet, kürzer als der lg.-stielf. Frkn. *(976)* **Legousia,** 426

— Blkr. glockig od. trichterf. *(971–975),* länger als der Frkn. . . . ***4***

4. Bltn. 3–10 mm lg., hellblau, einzeln, lg. gestielt; Blätt. herzf.-rundl., eckig 5-lappig; Stg. niederlgd.; Kapsel mit (3 bis) 5 Längsspalten sich öffnend . . . . **Wahlenbergia,** 427

— Bltn. viel größer; Stg. niemals ganz niederlgd.; Kapsel sich mit 5 seitl. Löchern öffnend ***5***

5. Gr. am Grd. von einem röhrig-becherf. Drüsenring umgeben (nach Entfernung der Stbblätt. zu sehen (*971, D*), meist weit aus der Blkr. herausragend . . . . **Adenophora,** 426

— Gr. am Grd. ohne od. mit flachem Drüsenring, nicht od. wenig aus der Blkr. herausragend . . . . **Campanula,** 423

6(1). Bltn. fast stets sitzend, anfangs oft mit krallenf. gekrümmter Blkr.; Narben 2–3, fadenf., später zurückgerollt *(230)* . . . . . . **Phyteuma,** 426

— Bltn. kurz gestielt, mit gerader Blkrröhre; Narben 2, keulenf. **Jasione,** 427

1. Campánula L., *Glockenblume*

1. Buchten zwischen den Kzipfeln mit zurückgeschlagenen, lappenf. Anhängseln *(972, 973)* ***21***

— Buchten zwischen den Kzipfeln ohne Anhängsel *(974, 975)* ***2***

2. Bltn. sitzend, in Ähren, Rispen, Knäueln od. Büscheln ***18***

— Bltn. gestielt, einzeln, in Trauben od. Rispen ***3***

3. Stgblätt. breit-herz-eif., od. eif., über 1 cm breit ***13***

— Stgblätt. schmal-lineal (bei Alpenpfl. auch lanzettl. bis elliptisch), weniger als 1 cm breit (Grdblätt. z. T. rundl.) ***4***

4. Blkr. 3 bis 5 cm lg., weitglockig, mit breiten, spitzen Zipfeln, himmelblau; Bltn. in Trauben; Kzipfel lineal, 2–4 mm breit; Stg. aufrecht, meist einfach, bis 1 m hoch; ♃; VI–VIII. Lichte Wälder, buschige Abhänge (bis 1500 m); *z, f* NW-Dt (auch als Zierpfl.) *Pfirsichblättrige G.,* **C. persicifólia** L. ssp. **persicifólia**

— Blkr. kleiner als 2,5 cm; Kzipfel pfrieml. ***5***

5. Blkr. trichterf., fast bis zur Mitte in 5 Zipfel gespalten *(974);* Kapsel aufrecht **11**

— Blkr. glockig, zu 1/3 bis 1/4 in eif. Zipfel gespalten *(975);* Kapsel überhgd.; Grdblätt. der nichtblühenden Stg. lg.-gestielt, ei-, herz- od. nierenf.; Kzipfel pfrieml. **6**

6. Pfl. rasenbildend; Bltn. halbkugelig-glockig, hellblau, in einstswendiger, wenigbltger Traube; Grdblätt. eif.-rundl.-rhombisch, grob gesägt; Stg. an der Basis steifhaarig od. flaumig; ♃; VI–IX. Schutt, Bachbetten, steinige Matten (bis 2800 m); kalkliebend; *v* Alp., *z* Alp.-Vorland, *s* S-BW (S-Schw, Baar, Bodenseegebiet, SchwAlb), Vog. (= *C. pusilla* HAENKE)
Kleine G., **C. cochleariifólia** LAM.

— Pfl. nicht rasenbildend; Bltn. lg.-glockig, dkblau **7**

7. Stgblätt. elliptisch bis lineal; Bltn. lg.-gestielt, einzeln, nickend; Stg. u. Blätt. kahl; Pfl. bis 15 cm hoch; ♃; VII–VIII. Matten, Schutt, Quellfluren (1500 bis 2200 m); *s* Sb. *Dunkle G.,* **C. púlla** L.

— Wenigstens die oberen Stgblätt. lineal **8**

8. Bltn. in Rispen; Stg. an der Basis behaart; Pfl. bis 50 cm hoch; . . . **10**

— Bltn. einzeln od. in arm-(2- bis 4-)bltgen Trauben **9**

9. Stgblätt. kahl; Bltnknospen aufrecht; Stg. kahl od. am Grd. behaart; Pfl. bis 15 cm hoch; ♃; VII–IX. Steinige, felsige Triften; *s* Sudeten bis Gesenke.
Siebenbürgische G., **C. kladniána** (SCHUR) WIT.

— Stgblätt. am Grd. gewimpert; Bltnknospen nickend; Stg. kahl; Pfl. bis 40 cm hoch; ♃; VII–VIII. Wiesen, Matten, Triften, Felsschutt (700–2800 m) (wenn Stgblätt. kahl, dann vermutl. reduzierte, traubige Form von *C. rotundifolia*) *Scheuchzer's G.,* **C. scheuchzeri** VILL.

a. Stgblätt. sitzend; Infl. 1- bis 4-bltg.; *v* Alp., *s* S-Schw., böhmische Randgeb. ssp. **scheuchzeri**
– Stgblätt. gestielt; Infl. 1-bltg.; *s* Ti. ssp. **kérneri** (WIT.) HAY.

10(8). Stg. am Grd. fast zottig behaart; Stgblätt. 7–10 mm breit, lanzettl., unterst. auf den Nerven lg. behaart; Bltnknospen nickend; ♃; VIII. Buschige, steinige Orte, Waldränder; *s* Vog., Pf, Taunus, Bayr. Hochebene (ob noch?). *Lanzettblättrige G.,* **C. baumgarténii** J. BECKER

— Stg. am Grd. kahl bis feinflaumig; Stgblätt. lineal-lanzettl., meist kahl; Bltnknospen aufrecht, erst kurz vor der Blüte nickend; ♃; VI–IX. Wiesen, Grasplätze, trockene Wälder (bis 2500 m); *v.*
Rundblättrige G., **C. rotundifólia** L.

Formenreiche Art durch Vorhandensein zweier (oft gemeinsam vorkommender) Chromosomenrassen. Untergliederung derzeit unbefriedigend.

11(5). Pfl. bis 5 cm hoch, mit weithin kriechenden, in Rosetten endigenden Trieben; K.zipfel breit-lanzettl.; Blkrzipfel gewimpert; Infltriebe 1-bltg.; ♃; VII–VIII. Felsentriften, Schuttfluren (2200–2700 m); kalkliebend; *s* Vb, Ti.
Mont Cenis-G., **C. cenísia** L.

— Pfl. aufrecht, bis 60 cm hoch; Kzipfel pfrieml.; Blkrzipfel wimpernlos; Infl. rispig, locker, vielbltg. **12**

12. Blkr. hell rosalila, bis zur Mitte gespalten *(974);* Kzipfel deutl. kürzer als die Blkronröhre; Seitenäste der Infl. schlaff, ± gebogen, dadurch Bltn ± nikkend; Bltnstiele oberhalb ihrer Mitte mit 2 Vorblätt.; ⨀; V–VIII. Wiesen, Gebüsche (bis 1400 m); *v, s* im W u. N, *f* NW-Dt. *Wiesen-G.,* **C. pátula** L.

— Blkr. kräftig blau bis hell blauviolett, weniger als bis zur Hälfte gespalten; Kzipfel fast so lg. wie die Blkronröhre; Seitenäste der Infl. steif aufrechtabsthd., dadurch Bltn. aufrecht, nur selten nickend; Bltnstiele am Grd. mit 2 Vorblätt.; ♃; V–VIII. Wiesen, Wald-, Wegränder (bis 700 m); *v* im S u. W, *z* bis *s* bis Th/Sa., *f* Alp. (Au), Küsten (Da verwild.)
Rapunzel-G., **C. rapúnculus** L.

13(3). K.zipfel pfrieml., ganzrandig; Bltnstiele länger als der K.; Bltn. in armbltger, einstswendiger Traube, weitglockig, 1,2–2 cm lg., blauviolett; Blätt. ei-rautenf.; Stg. kantig, ± kahl, bis 70 cm hoch; ♃; VI–VIII. Düngewiesen; *s* eingeschleppt u. eingebürgert Vog., S-Baden, Saarland, Thw; (Heimat: W-Alpen). *Rautenblättrige G.,* **C. rhomboidális** L.

— Kzipfel lanzettl. od. eif.-lanzettl. **14**

14. Bltn. zu 1–3 achselst., absthd. od. aufrecht, groß (3,5–4,5 cm lg.); Tragblätt. der Bltn. nur wenig von den Laubblätt. verschieden; Blkr. blauviolett, zuw. weißl. **17**

— Bltn. meist nickend, kleiner; Tragblätt. der Bltn. deutl. von den Laubblätt. verschieden u. viel kleiner **15**

15. Kblätt. gesägt, kahl; Gr. weit aus der hell-blauvioletten Blkr. herausragend *(971)*; Infl. allstswendig **Adenóphora,** s. S. 426

— Kblätt. ganzrandig; Infl. ± einstswendig; Blkr. kräftig blauviolett . . **16**

16. Blätt. unterst. grau-samtig; Bltn. 1–2 cm lg., zu 1–3 blattachselst., allstswendig; Stg. stielrund, kurzhaarig, ohne Ausläufer; ♃; VII–X. Trockenwiesen, Waldränder; *s* bis *z* im M-Gebiet u. O (westl. bis Harz).
Filzige G., **C. bononiénsis** L.

— Blätt. unterst. grün, kurzhaarig; Grdblätt. herzf.-3-eckig, spitz gekerbt; Bltn. meist einzeln, 2–3 cm lg., einstswendig; Stg. stumpfkantig, mit unterirdischen Ausläufern; ♃; VI–IX. Äcker, Gebüsch, Wälder (bis 1600 m); *v.*
Acker-G., **C. rapunculoídes** L.

17(14). Stg. ± scharfkantig, steifhaarig; Grdblätt. lg. gestielt, eif.-herzf., steifhaarig, brennesselart.; Bltnstiele am Grd. mit 2 Vorblätt.; ♃; VII–IX. Gebüsch, lichte Wälder (bis 1700 m); *v, z* NW-Dt.
Nesselblättrige G., **C. trachélium** L. ssp. **trachélium**

— Stg. stielrund od. stumpfgerillt, fast kahl; Grdblätt. kurz gestielt, eif.-längl., beiderst. weichhaarig; Bltnstiele in ihrer Mitte mit 2 Vorblätt.; ♃; VI–VIII. Wälder, feuchtes Gebüsch, Hochstaudenfluren (bis 1300 m); *v* im S, *z* bis *s* im M-Gebiet u. N (auch Zierpfl. u. verwild., z. B. Da).
Breitblättrige G., **C. latifólia** L.

18(2). Bltn. blaßgelb, in dichter, kolbenf. Ähre; Stg. kantig, steifhaarig-zottig; Blätt. steifhaarig, schwach wellig, längl.-lineal; ⨀; VII–VIII. Steinige Matten, Geröll (1500–2600 m); *z* K-Alp. Ⓖ *Strauß-G.,* **C. thyrsoídes** L.

— Bltn. blau **19**

19. Infl. rispig, die seitl. Teilinfl. nicht od. bis deutl. gestielt, ohne endst. Bltnknäuel; Gr. kürzer als die Blkr.; Stg. u. Blätt. steifhaarig; ♃; VI–VII. Steinige Hänge, Felsen (bis 1400 m); *s* Ti. *Ähren-G.,* **C. spicáta** L.

— Infl. mit köpfchenf., endst. Bltnknäuel, darunter entfernt noch wenigbltge Teilinfl. **20**

20. Spreite der Grdblätt. in den Blattstiel verschmälert, gleich dem Stg. steifborstig; Gr. meist aus der Blkr. hervorragend; Blkr. heller blau als folg. Art; ⨀–♃; VI–VII. Feuchte Wiesen, lichte Wälder (bis 1400 m); *z* bis *s* (*f* Vb, Sb, Ho, NW-Dt, SH). *Borstige G.,* **C. cervicária** L.

— Spreite der Grdblätt. am Grd. herzf. od. abgerundet, gleich dem Stg. weich behaart; Gr. meist nicht aus der Blkr. herausragend; ♃.
Geknäuelte G., **C. glomeráta** L.

a. Pfl. meist 20–40 cm hoch; Stg. von den Grdblätt. nicht überragt; VI–VIII. Wiesen, Gebüsche, Triften (bis 1900 m); *v* im S, *s* im N, *f* NW-Dt. Formenreich. ssp. **glomeráta**

– Pfl. meist 5–10 cm hoch; Stg. von den Grdblätt. deutl. überragt u. nur mit 1 endst. köpfchenf. Infl.; VIII–IX. Alpenmatten; *z* Ti, Ba? ssp. **serótina** (Wettst.) O. Schwarz

21(1). Gr. 5-spaltig; Blkr. bis 6 cm groß, verschiedenfarbig, kurz gestielt; Kelchanhängsel stumpf; ⨀–⨀; VI–IX. Als Gartenzierpfl. weit *v*, auch gefüllt (Heimat: W-Mittelmeergebiet).
Marien-G., **C. médium** L.

— Gr. 3-spaltig; Bltn. nickend **22**

22. K.anhängsel sehr kurz *(973)*; K.zipfel lineal, viel länger als die halbe Blkr.; K. u. seine Anhängsel wollig-zottig; Bltn. hellblau, in einer oft bis zur Stgbasis reichenden Traube; Blätt. locker wollig-zottig, verkehrt-lanzettl., an der Spitze seicht gekerbt; ⨀–♃; VII–VIII. Steinige Matten, Zwergstrauchreg. (1250–2300 m); *z* Sb, bei Berchtesgaden, sonst *s* in Dt (*f* Allgäu).
Alpen-G., **C. alpína** Jacq. ssp. **alpina**

— K.anhängsel fast so lang wie die K.röhre; Kzipfel kürzer als die halbe Blkr. *23*

23. Blkr. innen am Rand bärtig, hellblau, seltener weiß; K.anhängsel stumpf; Stg. einfach; Infl. armbltg., traubig, etwas einstswendig; Blkr. hellblau; ♃; VI–VIII. Matten, Zwergstrauchreg. (800–2500 m); kalkmeidend; *v* Alp., O-Sudeten. *Bärtige G.,* **C. barbáta** L.

— Blkr. am Rand kahl, blaulila; K.anhängsel spitz *(972);* Stg. verzweigt; ⊙; VI–VIII. Heidewiesen, Steppen; *s* östl. von O-Me/O-Br/Schl. *Sibirische G.,* **C. sibírica** L. ssp. **sibírica**

2. Adenóphora Fisch., *Becherglocke.*

Bltn. nickend, blaßblau-lila, hgd., wohlriechend, in Trauben od. Rispen; Pfl. 30–100 cm hoch; ♃; VII–IX. Auwälder, feuchte Wiesen; *s* OPr, Schl, Ba (untere Isar). **A. liliifólia** (L.) Bess.

3. Legoúsia Durande (= *Specularia* Dc.), *Frauenspiegel*

1. K.zipfel lineal, so lg. wie der Frkn. u. kaum länger als die violette, 20–25 mm breite Blkr.; ⊙; VI–VIII. Getreideäcker, Sandfelder; *v* im S (*f* Alp. u. Geb.), *s* im N. (= *Sp. speculum* Dc.) *Gemeiner F.,* **L. spéculum-véneris** (L.) Chaix

— K.zipfel lanzettl., halb so lg. wie der Frkn. u. länger als die purpurrote, 8 bis 15 mm breite Blkr.; ⊙; V–VII. Wie vorige; *s* östl. bis O-SH/S-NS/Th, *f* NW-Dt, Au. (= *Sp. hybrida* Dc.) *Kleiner F.,* **L. hýbrida** (L.) Del.

4. Phyteúma L., *Teufelskralle, Rapunzel*

1. Bltn. kurz gestielt; Blkr. groß, 16–20 mm lg., am Grd. bauchig aufgeblasen, blaßrot; Schnabel dkviolett; ♃; VII–VIII. Felsspalten der K-Alp.; *s* Brennergebiet (Ti). *Schopfige T.,* **Ph. comósum** L.

— Bltn. sitzend, in walzl. Ähren od. kugeligen Köpfchen; Bltn. dkblau bis blauviolett od. gelbl.weiß *2*

2. Bltn. in kugeligen Köpfchen *7*

— Bltn. in eif. bis walzl. Ähren; Pfl. bis 90 cm hoch *3*

3. Blkr. vor dem Aufblühen fast gerade; Alpenpfl. *6*

— Blkr. vor dem Aufblühen gekrümmt; basale Stgblätt. 1- bis 2-mal so lg. wie breit, herzf. *4*

4. Bltn. gelbl.weiß, selten hellblau; mittlere u. obere Stgblätt. mit deutl. entwickelter Spreite; ♃; V–VIII. Laubwälder, Wiesen (bis 2100 m). *Ährige T.,* **Ph. spicátum** L.

a. Bltn. grünl.- bis gelbl.-weiß; Gr. u. Narben gelb bis gelbl.-braun; Infl. erst später walzl.; *v,* im NW *s* bis *f.* ssp. **spicátum**

– Bltn. bläul.; Narben gelbl.-braun bis blau; Infl. schon beim Aufblühen walzl.; *z* Alp., M-Geb. (?). [= ssp. *coerulescens* (Bogenhard) Rothm.] ssp. **coerúleum** (Gremli) R. Schulz

— Bltn. dkblau bis schwarzviolett *5*

5. Spreite der Grdblätt. am Grd. tief herzf., so lg. wie breit od. wenig länger, doppelt gekerbt-gesägt; mittl. Stgblätt. am Grd. herzf. od. abgerundet, die oberen mit ± voll entwickelter Spreite; ♃; VII–VIII. Feuchte Wiesen, Hochstaudenfluren (1000–2100 m); *z* Alp. u. Vor-Alp. (= *Ph. halleri* All.) *Haller's T.,* **Ph. ovátum** Honck.

— Spreite der Grdblätt. am Grd. herzf. od. abgerundet, etwa doppelt so lg. wie breit, gekerbt-gesägt; mittl. Stgblätt. an der Basis verschmälert, die oberen mit stark reduzierter Spreite; ♃; V–VII. Feuchte Wiesen, Wälder (bis 1200 m); *v* M-Geb., sonst *z* bis *s, f* Ho, Au; östl. bis Elbe. *Schwarze T.,* **Ph. nígrum** F. W. Schm.

6(3). Alle od. die Mehrzahl der Bltn. mit 2 Narben; Spreite der Grdblätt. lanzettl., an der Basis abgerundet bis seicht herzf., meist kahl; ♃; VII–VIII. Wiesen, Waldränder (700–2000 m); kalkmeidend; *z* Ti, Sb. *Pfirsichblättrige T.,* **Ph. zahlbrúckneri** Vest

— Alle Bltn. mit 3 Narben; Grdblätt. ei-lanzettl., an der Basis abgerundet; ♃; VI–IX. Matten, Gebüsch (700–2200 m); kalkmeidend.
Ziestblättrige T., **Ph. betonicifólium** VILL.

a. Stiel der Grdblätt. so lg. od. länger als ihre am Grd. abgerundete Spreite; Stg. ± reich beblättert, nur im oberen 1/3 blattlos; *z* Allgäu, Au. var. **betonicifólium**

– Stiel der Grdblätt. kürzer als ihre verschmälerte u. weniger deutl. abgesetzte Spreite; Stg. nur an seiner Basis reich, sonst nur schuppig beblättert; *s* Ötztal (Ti). (= *Ph. scaposum* R. SCHULZ) var. **sessilifólium** A. DC.

7(2). Spreite der Grdblätt. lineal, grasart. od. zungenf.-spatelig, gegen die Basis keilig verschmälert; Narben 3 . . . . ***9***

— Spreite der Grdblätt. herz-eif. bis lanzettl., an der Basis meist abgerundet bis herzf. ***8***

8. Äußere Hüllblätt. der Infl. lineal, kahl, so lg. od. etwas länger als die Infl.; Blkr. in der Knospe gerade; ♃; VI–VIII. Steinige Triften, Blockfluren, Krummholzreg.; *s* Kaunertal (Ti), (Rhätikon/Vb?).
Scheuchzer's T., **Ph. scheúchzeri** ALL. ssp. **colúmnae** (GAUD.) BECH.

— Äußere Hüllblätt. der Infl. zumindest im unteren Teil eif. verbreitert, meist kürzer, selten so lg. wie die Infl.; Blkr. in der Knospe stark gekrümmt;
Kugelige T., **Ph. orbiculáre** L.

a. Narben meist 3; Stg. locker beblättert; Blätt. untersts. mit kaum sichtbaren Seitennerven; Matten, Triften, Felsen, Flachmoore (bis 2400 m); *z* im S, nördl. seltener u. bis Be/S-NS/S-Sa/An/Br/Schl/OPr (4 var.). ssp. **orbiculáre**

– Narben meist 2; Stg. dicht beblättert; Blätt. untersts. mit deutl. Seitennerven. Felsen, Triften; kalkliebend; *s* Oberrheingebiet (incl. E?), Pf bis Rheingau. [Basionym: *Ph. tenerum* R. SCHULZ, Monogr. Bearb. Gattung Phyteuma (Geisenheim), S. 122, 1904]
Zarte T., ssp. **ténerum** (SCHULZ) SENGH. [comb. nov.]

9(7). Blätt. lineal, in der Mitte am breitesten; Köpfchen 10–20 mm breit; Grdblätt. ± lg. gestielt; Hüllblätt. eif.-lanzettl., kurz zugespitzt; ♃; VII–VIII. Matten, Triften (1700–2900); kalkmeidend; *v* bis *z* Alp.
Halbkugelige T., **Ph. hemisphaéricum** L.

— Blätt. gegen die Spitze verbreitert; Grdblätt. kurz gestielt bis sitzend ***10***

10. Blätt. lineal bis spatelig-längl., ihre Spitze die obersten Blattzähne überragend; Pfl. bis 15 cm hoch; ♃; VII–IX. Steinige Matten (1700–2800 m); kalkmeidend; *v* SO-Sb. (= *Ph. nanum* SCHUR, nom. nud.),
Zungenblättrige T., **Ph. confúsum** KERN.

— Blätt. verkehrt-eif. bis lanzettl., ihre Spitzen die obersten Blattzähne nicht überragend od. Blätt. ganzrandig; ♃; VII–IX. Matten, Gesteinsfluren.
Kugelblumenblättrige T., **Ph. globulariifólium** STERNB. & HOPPE

a. Pfl. 1–5 cm hoch; Blätt. stumpf, gegen die Spitze meist gekerbt; äußere Hüllblätt. fast rund, zuw. sogar breiter als lg., stumpf. *z* Ur-Alp. von Ti, Sb. ssp. **globulariilfólium**

– Pfl. 5–12 cm hoch; Blätt. spitz, meist 3-zähnig an der Spitze, insgesamt länger als beim Typus; äußere Hüllblätt. ± lanzettl., kurz zugespitzt. *s* Vb, Ötztal (Ti).
Piemonteser T., ssp. **pedemontánum** (SCHULZ) BECH.

5. Wahlenbérgia SCHRAD., *Moorglöckchen.* Stg. fädl., schlaff, niederlgd.; Bltn. einzeln, lg.-gestielt, hellblau; ♃; VI–IX. Moore, Bruchwälder; *s* im W (Oberrhein, W-Vog. RhPf, Maintal, Rheinl., Be, Ho, NS)
Ⓖ! **W. hederácea** (L.) RCHB.

6. Jasióne L., *Sandglöckchen*

1. Pfl. ohne Ausläufer; Blätt. am Rand meist wellig; Infl. 1,5–2,5 cm breit; Kzähne behaart; Bltn. himmelblau; ⊙; VI–VIII. Sandige Heiden, Nadelwälder, Brachäcker (bis 1200 m); *v* bis *z*. *Berg-S.*, **J. montána** L.

— Pfl. mit Ausläufern; Blätt. flach; Infl. 2,5–3 cm breit; K.zähne kahl; Bltn. blaulila; ♃; VII–VIII. Buschige, sandige Abhänge, Heiden; kalkmeidend; *s* S-BW, Vog. (bis 1300 m), Pf. (= *J. perennis* VILL. ex LAM.)
Ausdauerndes S., **J. laévis** LAM.

7. Lobélia L., *Lobelie*

1. Pfl. terrestrisch lebend; Stg. beblättert, markig; Blätt. gesägt; Infl. meist rispig; ♃; VII–VIII. Feuchtwiesen; *s* Be. *Land-L.*, **L. úrens** L.

— Wasserpfl. mit untergetauchten Blätt.; Stg. fast blattlos, hohl *(185);* Blätt. ganzrandig, in grdst. Rosette; Infl. traubig; ♃; VII–VIII. Ufer überschwemmter Seen; *s* Be, Ho, We, NS, SH, Da, Me?, Po.

Ⓖ! *Wasser-L.*, **L. dortmánna** L.

Ordnung: **Asterales**

Familie: **Asteráceae** (= *Compositae), Köpfchenblütler, Korbblütler*

Kräuter od. Stauden; Blätt. wechsel-, seltener gegenst., ohne Nebenblätt.; Bltn. zu mehreren bis vielen in köpfchenf., von Hüllblätt. (= Involucrum) umgebenen, oft eine Einzelblüte vortäuschenden *(194)* Köpfchen; Hüllblätt. 1- bis mehrreihig, oft dachziegelig (= dachig, *994, 995*), die inneren zuw. blumenblattart. gefärbt *(Carlina, Xeranthemum, Helichrysum, Gnaphalium);* Bltn. auf scheibenf. verbreiterten, walzenf., kugeligen od. schüsself. vertieften Köpfchenboden (*986–989,* schraffiert), entw. ohne Tragblätt. (*986,* „nackter" Köpfchenboden) od. von schuppenf. Tragblätt. (= Spreublätt. *977 S*) bzw. Borsten gestützt, meist ⚥, selten eingeschl. (*Xanthium, Ambrosia* u. Randbltn. des Köpfchens); K. fehlend *(977),* in Form unscheinbarer Schuppen od. aus fedrigen Haaren (= Pappus, *978, 981–982 P*) bestehend u. der reifen Fr. als Flugorgan dienend; Blkr. entweder radiär, mit trichterf., 5-zipfeliger Röhre (= Röhrenblüten; *977, 987*), od. stark zygomorph, zungenf. (= Zungenblüten; *979, 986*); bei den sog. „gefüllten" Köpfchen stehen anstelle der Röhrenbltn. ebenfalls Zungenbltn.; Stbblätt. 5; ihre Stbbeutel zu einer den Gr. umgebenden Röhre verwachsen, nach innen aufspringend u. den Pollen auf „Fegehaare" des Gr. entleerend; Frkn. unterst., 2-blättrig; Fr. eine 1-samige, meist vom 1- od. mehrreihigen Pappus[1] getragene Schließfr. (*981, 982;* = Achaene; Fr. u. Samenschale miteinander vereinigt).

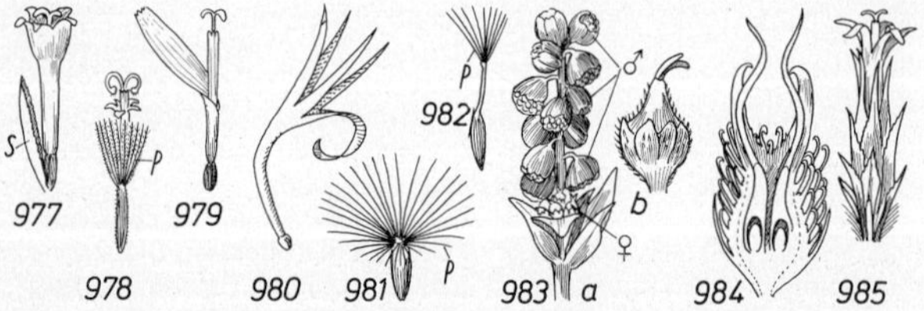

1. Alle Bltn. des Köpfchens zungenf. *(986);* Pfl. (bes. die jüngeren Teile, wie frische Blätt. u. Köpfchenboden) milchsaftführend (Ausnahme: „gefüllt" blühende[2] Arten von Gattungen der Tab. A und B): Unterfamilie **Cichorioídeae** (= *Liguliflorae)* . . . . **Tabelle C,** 434

— Bltn. des Köpfchens entweder alle röhrenf. *(988),* hierbei zuw. die randst. vergrößert und leicht zygomorph *(988, 980),* **od.** nur die Schei-

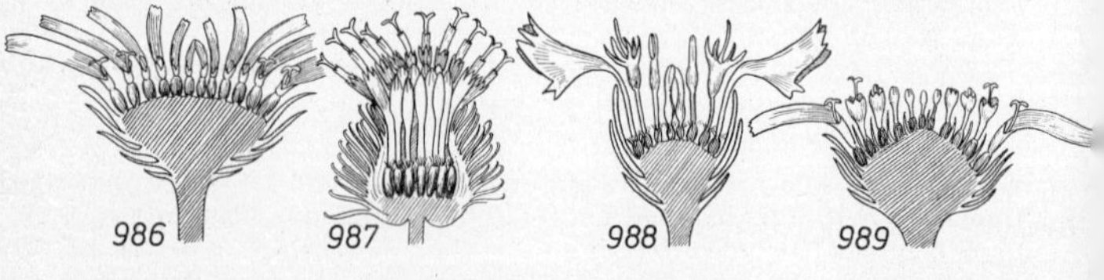

[1] Beim Betrachten der Pappushaare (= -strahlen) diese umbiegen! Die Ausbildung des Pappus beobachte man möglichst an den zentralen Bltn.

[2] Vgl. Anmerkung 1 S. 434

benbltn. röhrenf., die dann von einem Kranz randst. Zungenblüten umgeben sind: Unterfamilie **Asteroideae** (= *Tubuliflorae*) . . ***2***

2. Alle Bltn. des Köpfchens röhrenf. *(987–988)* . . . . **Tabelle A,** 429

— Nur die Scheibenbltn. des Köpfchens röhrenf., die von einem Kranz randst. Zungenbltn. umgeben sind *(989)* . . . . **Tabelle B,** 432

Tabelle A: Köpfchen nur mit Röhrenblüten

1. Alle Bltn. des Köpfchens ⚥ (wenn eingeschlechtl., dann Pfl. 2-häusig u. alle Köpfchen der Pfl. untereinander gleich) ***3***

— Alle Bltn. eingeschlechtl., Pfl. 1-häusig: neben Köpfchen mit nur ♂ Bltn. in größerer Zahl finden sich Köpfchen mit nur 1–2 ♀ Bltn. ***2***

2. ♂ Bltn. in halbkugeligen, nickenden Köpfchen, mit verwachsener Hülle, zu endst. (tragblattlosen!) traubigen Infl. vereinigt *(983a* ♂), darunter die 1-bltgen ♀ Köpfchen *(983b* ♀); Pfl. flaumig bis zottig; Blätt. oft gegenst. . . . . **Ambrosia,** 442

— ♂ Köpfchen in achselst. aufrechten Knäueln, mit freiblättr. Hülle, darunter die 2-bltgen von einer Stachelhülle umgebenen *(984)* ♀ Köpfchen; Blätt. wechselst., groß, rauh . . . . **Xanthium,** 442

3(1). Köpfchen 1-bltg.; Einzelbltn. von einer mehrblättr. Hülle umgeben *(985);* zahlr. 1-bltg. Köpfchen zu einem kugeligen Bltnstand vereinigt . . . . **Echinops,** 456

— Köpfchen mehr- bis vielbltg.; Einzelbltn. (außer dem Pappus) nicht von einer besonderen Hülle umgeben ***4***

4. Stg. z. Bltzt. nur mit schuppenf. Niederblätt.; Blkr. rötl. od. weißl.gelb; Köpfchenboden ohne Spreublätt.; Blätt. sehr groß, erst nach der Blüte erscheinend . . . . **Petasites,** 450

— Stg. z. Bltzt. mit normalen Laubblätt. ***5***

5. Innere Hüllblätt. nicht zungenart. verlängert u. nicht strahlend ***10***

— Innere Hüllblätt. trockenhäutig, zungenart. verlängert u. bltnblattart. gefärbt (strahlend) (Kriterium: beim vollst. Herauszupfen solcher Blätt. hängen niemals Stbblätt., Gr. u. Frkn. an) ***6***

6. Pfl. distelart.; innere Hüllblätt. gelb. od. silbergrau; Köpfe 2–13 cm im Dm, oft einzeln . . . . **Carlina,** 456

— Pfl. nicht distelart. ***7***

7. Köpfe einzeln od. deutl. voneinander entfernt, 2–5 cm breit . . ***9***

— Köpfchen knäuelig od. trugdoldig gehäuft, 6–10 mm breit; Pfl. wollig behaart ***8***

8. Hüllblätt. rosa, weiß od. bräunl. . . . . **Antennaria,** 440

— Hüllblätt. gelb . . . . **Helichrysum arenarium,** 441

9(7). Pfl. kahl od. rauh . . . . **Helichrysum bracteatum,** 441

— Pfl. wollig bis filzig behaart . . . . **Xeranthemum,** 456

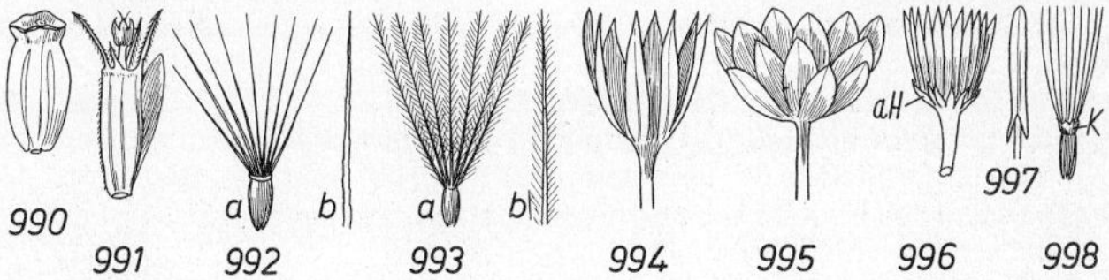

990 991 992 993 994 995 996 998

10(5). Bltn. ohne Pappus, dieser höchstens als ein kleines Krönchen ausgebildet *(990)* ***40***

— Bltn. mit verlängertem Pappus (bei *Bidens* nur wenige grannenart. Borsten vorhanden; *991*) ***11***

11. Köpfchenboden ohne Spreublätt. od. Borsten od. Haaren (nur bei *Filago* zwischen den äußeren Bltn. den Hüllblätt. ähnl. Spreublätt.) ***26***

— Köpfchenboden mit Spreublätt. od. Borsten ***12***
12. Blätt. gegenst., ungeteilt, fiedschnittig od. gefied.; Fr. mit 2–5 grannenart. Pappusborsten *(991);* Hüllblätt. z. T. laubig . . . . . **Bidens,** 443
— Blätt. wechselst., zuw. in grdst. Rosette ***13***
13. Hüllblätt. (wenigstens die äußeren!) mit meist hakig eingerollter Stachelspitze *(987);* Blätt. ungeteilt, die grdst. bis 50 cm lg. . . **Arctium,** 456
— Hüllblätt. nicht hakig eingerollt, wohl aber zuw. in eine Stachelspitze auslaufend ***14***
14. Bltn. blau, violett, purpurn, rötl., seltener rosa od. weiß ***19***
— Bltn. gelbl.-weiß, gelb bis rotgelb ***15***
15. Bltn. goldgelb, nach der Blüte orangerot; Köpfe von stachelig gezähnten Hochblätt. umgeben; Pappus zuw. fehlend; Blätt. kahl **Carthamus,** 463
— Bltn. gelbl.-weiß bis gelb ***16***
16. Pappus aus langen, federig behaarten Strahlen *(993);* Köpfe fast stets ohne Außenhüllblätt. . . . . **Cirsium,** 458
— Pappusstrahlen nicht behaart ***17***
17. Stg. durch die herablaufenden, wollig-graufilzigen, lineal-lanzettl. Blätt. geflügelt . . . . **Centaurea,** 461
— Stg. nicht geflügelt ***18***
18. Stgblätt. stgumfassend-sitzend, im Umriß breit-lanzettl., bis 20 cm lg., stachelig-schrotsägezähnig, klebrig . . . . **Cnicus,** 463
— Stgblätt. ganzrandig, klein, nie größer als 2 cm, wie der Stg. u. die Köpfchen meist ± filzig behaart, nicht klebrig . . . . **Filago,** 439
19(14). Blätt. weißl. gefleckt, marmoriert; Hüllblätt. zieml. stachelig **Silybum,** 460
— Blätt. nicht weiß gefleckt od. marmoriert ***20***
20. Pappusstrahlen haarf., nicht lg.federig behaart *(992),* zuw. aber kurz gezähnt ***22***
— Pappusstrahlen (wenigstens die inneren!) lg.federig behaart *(993)* ***21***
21. Laub- u. Hüllblätt. nicht stachelig gezähnt; Köpfchen einzeln od. doldig gehäuft; Alpenpfl. . . . . **Saussurea,** 457
— Laub- u. oft auch Hüllblätt. stachelig gezähnt . . . . **Cirsium,** 458
22(20). Laubblätt. stachelig-gezähnt od. stachelig-fiederteilig . **Carduus,** 457
— Laubblätt. nicht stachelig ***23***
23. Hüllblätt. mit trockenhäutigem Anhängsel *(1051–1064)* od. mit geradem od. gefied. Dorn *(1065–1067);* Randbltn. oft vergrößert u. steril *(988)* ***25***
— Hüllblätt. ohne trockenhäutiges Anhängsel; Randbltn. nicht vergrößert ***24***
24. Fr. kantig; innere Pappusstrahlen länger als die äußeren; Köpfe einzeln, 5–11 cm breit . . . . **Leuzea,** 460
— Fr. rund; innere Pappusstrahlen kürzer als die äußeren; Köpfe kleiner; Infl. meist mehr- bis vielköpfig . . . . **Centaurea,** 461
25(23). Blätt. untersts. weißfilzig, tief- u. gleichmäßig fiederspaltig, Endfieder nicht vergrößert; Sandpfl. der Ebene . . . . **Jurinea,** 457
— Blätt. untersts. nicht filzig, ungeteilt od. gefiedert, dann meist mit vergrößerter Endfieder; Pfl. feuchterer Standorte od. Bergpfl. **Serratula,** 460
26(11). Blätt. breit bis sehr breit od. fiederspaltig bis tief gesägt . . ***32***
— Blätt. schmal-lineal, lineal-lanzettl., ganzrandig ***27***
27. Blätt. kahl, schmal-lineal; Bltn. gelb; Hüllblätt. dachziegelig angeordnet *(995)* . . . . **Aster linosyris,** 436
— Blätt. wenigstens untersts. filzig; Bltn. nie rein gelb ***28***
28. Köpfchen von sternf. ausgebreiteten, weiß-filzigen Hochblätt. umgeben . . . . **Leontopodium,** 440
— Köpfchen nicht von sternf., ausgebreiteten Hochblätt. umgeben ***29***
29. Hüllblätt. krautig-filzig, am Rand trockenhäutig; zwischen den äuße-

ren ♀ Bltn. oft den Hüllblätt. ähnl. Spreublätt.; Hülle im Querschnitt 5-kantig; Köpfchen zu Knäueln od. rundl. Köpfchen 2. Ordnung vereinigt *(1001)* . . . . **Filago,** 439

— Hüllblätt. trockenhäutig, z. T. gefärbt; Hülle rundl., nicht 5-kantig ***30***

30. Pfl. 2-häusig; Köpfchen der ♀ Pfl. nur mit Fadenbltn. (vgl. Fußnote S. 438); Köpfchen der ♂ Pfl. mit ⚥, keine Fr. ansetzenden Bltn.; Pappus beider Bltnformen unterschiedl.; Köpfchen trugdoldig **Antennaria,** 440

— Pfl. 1-häusig; ⚥ Röhren- u. ♀ Randbltn. in einem Köpfchen vereinigt ***31***

31. Hüllblätt. braun od. gelbl. od. braun gesäumt; Köpfchen in Ähren, Trauben od. Knäueln; letztere zuw. noch von Hochblätt. umgeben *(1004–1006)* . . . . **Gnaphalium,** 440

— Hüllblätt. u. Bltn. lebhaft gelb, in doldigen Bltnständen (s. auch Nr. ***8***—) . . . . **Helichrysum,** 441

32(26). Bltn. nicht gelb ***35***

— Bltn. gelb bis rötl. gelb ***33***

33. Hülle ohne Außenhülle; Blätt. schwach gezähnt, elliptisch, oberststs. weichhaarig, unterststs. dünnfilzig; äußere Bltn. rötl. . . **Inula conyza,** 441

— Hülle mit Außenhülle ***34***

34. Köpfchen am Rand mit 2 od. mehreren Reihen fadenf. Bltn.; Blätt. lanzettl., doppelt unregelmäßig gezähnt bis gesägt; Fr. spärl. behaart . . . . **Erechthites,** 451

— Köpfchen auch am Rand mit ⚥ Bltn.; Blätt. meist buchtig-fiederspaltig . . . . **Senecio,** 444

35(32). Pfl. distelartig, bis 2 m hoch; Stg. breit-stachelig geflügelt; Fr. 4-kantig; Köpfchenboden tief bienenwabig-grubig . . . **Onopordum,** 460

— Pfl. nicht distelart.; Blätt. herz-eif.-rundl. bis eif.-nierenf. od. gefied. ***36***

36. Blätt. wechselst. od. grdst., zuw. erst nach der Blüte erscheinend ***38***

— Blätt. (wenigstens die der unteren Stghälfte) gegenst. ***37***

37. 50–150 cm hohe Wildpfl.; Blätt. fiedrig; Gr.-Äste lg., rosa od. weiß; Pappus aus zahlr. Haaren . . . . **Eupatorium,** 436

— 10–50 cm hohe Zierpfl. (gelegentl. verwild.); Blätt. einfach; Gr.-Äste lg., blau; Pappus aus kleinen Schüppchen . . . . **Ageratum,** 436

38(36). Blühende Sprosse bis zum Bltnstand mit Laubblätt., diese sehr groß, am Rand gezähnt; Bltn. purpurrot, rosa od. weiß, die meist wenigbltg. Köpfchen zu reichköpfigen Doldenrispen vereinigt . . . . **Adenostyles,** 450

— Blühende Sprosse nur mit Schuppenblätt. besetzt; Laubblätt. rosettig, grdst., zuw. erst nach der Blüte ***39***

39. Blühende Sprosse 1-köpfig; Blätt. nierenf., klein, derbledrig . . . . **Homogyne,** 451

— Blühende Sprosse mit zahlr., rispenf. angeordneten Köpfchen . . . . **Petasites,** 450

40(10). Hüllblätt. mit trockenhäutigem, oft gefied. od. in eine Dornspitze auslaufendem Anhängsel *(1051–1067)*; Randbltn. oft vergrößert, steril *(988)* . . . . **Centaurea,** 461

— Hüllblätt. ohne trockenhäutiges Anhängsel ***41***

41. Köpfchenboden ohne Spreublätt., kahl od. behaart ***45***

— Köpfchenboden mit Spreublätt. ***42***

42. Blätt. einfach bis doppelt fiedteilig ***44***

— Blätt. ungeteilt ***43***

43. Blätt. lg.gestielt, breit-eif., gesägt, gegenst. . . . . **Iva,** 442

— Blätt. sitzend, breit-lineal, stachelig-gezähnt, wechselst. **Carthamus,** 463

44(42). Blätt. kammf. fiedteilig . . . . **Santolina,** 450

— Blätt. doppelt fiedteilig . . . . **Anthemis tinctoria,** 444

45(41). Pfl. mit starkem Kamillengeruch; Köpfchen 5–8 mm breit, einzeln od. zu wenigen am Ende der Triebe; Bltn. grünl.gelb **Matricaria matricarioides,** 447
— Pfl. nicht nach Kamille duftend ***46***
46. Köpfe einzeln am Ende längerer Triebe ***49***
— Köpfe gehäuft, in Knäueln, Köpfen 2. Ordnung, Doldentrauben, Rispen od. Trauben *(1004–1006)* ***47***
47. Hüllblätt. in 2 Reihen *(994),* unterst. lg. behaart; Köpfchen in kugeligen, endst. u. seitenst. Knäueln; Pfl. dicht-weiß-wollig-filzig; Stg. gabelig verzweigt . . . . **Micropus,** 439
— Hüllblätt. meist deutl. mehrreihig, dachziegelig *(995);* Sproß mit durchgehender Hauptachse. ***48***
48. Köpfchen bis 5 mm breit, in ährigen, traubigen, rispigen od. kopfigen Bltnständen . . . . **Artemisia,** 448
— Köpfchen breiter als 5 mm, in schirmf. Doldentrauben; Bltn. goldgelb . . . . **Chrysanthemum vulgare,** 447
49(46). Äußere Hüllblätt. laubblattart., ungleich groß, zurückgebogen; Köpfe nickend . . . . **Carpesium,** 442
— Hüllblätt. nicht laubblattart., in 2 Reihen; Blätt. scheidig-stgumfassend, etwas fleischig; Köpfchen zur Blütezeit ± aufrecht . . **Cotula,** 448

Tabelle B: Köpfchen mit Röhren- und mit Zungenblüten

1. Zungenbltn. gelb, selten orange- bis rötl.-gelb (bei *Senecio abrotanifolius,* S. 454, u. bei *S. integrifolius,* S. 453, zuw. bis feuerrot) ***14***
— Zungenbltn. weiß, gelbl., blau od. rötl. ***2***
2. Sproß beblätt. ***5***
— Sproß blattlos od. mit schuppenf. Hochblätt.; Laubblätt. in grdst. Rosette ***3***
3. Pfl. z. Bltzt. ohne grüne Blätt.; Bltn. rötl. od. gelbl.; Köpfchen in Rispen od. Trauben . . . . **Petasites,** 450
— Pfl. z. Bltzt. mit grünen Blätt., diese in grdst. Rosette; Zungenbltn. weiß ***4***
4. Fr. mit Pappus; Hüllblätt. spitz . . . . **Aster bellidiastrum,** 436
— Fr. ohne Pappus; Hüllblätt. stumpf . . . . **Bellis,** 436
5(2). Blätt. gegenst., ungeteilt; Bltnköpfe klein, mit 4–5 weißen Zungenbltn.; Pappus aus gefransten Schuppen bestehend . . . **Galinsoga,** 444
— Blätt. wechselst. ***6***
6. Röhrenbltn. weiß od. grau; Bltnköpfe in dichten Doldenrispen; Köpfchen klein . . . . **Achillea,** 445
— Röhrenbltn. gelb od. bräunl.-weiß ***7***
7. Blätt. ungeteilt, ganzrandig od. gesägt; Hüllblätt. mehrreihig . ***12***
— Blätt. gefied., fiederspaltig od. sehr tief gesägt ***8***
8. Blätt. einfach gefied., mit breiteren, eingeschnitten-gesägten Fied. od. Blätt. ungeteilt, aber tief gesägt . . . . **Chrysanthemum,** 447
— Blätt. doppelt gefied., mit linealen Fied. ***9***
9. Köpfchenboden ohne Spreublätt., kegelf., aufgewölbt, hohl od. markig . . . . **Matricaria,** 447
— Köpfchenboden mit Spreublätt., meist flach gewölbt, selten kegelf. verlängert, nicht hohl ***10***
10. Fr. zusammengedrückt, knorpelig geflügelt . . . . **Anacyclus,** 450
— Fr. nicht od. nur sehr schmal geflügelt ***11***
11. Spreublätt. stumpf; Krone der Röhrenbltn. am Grd. mit einem Fortsatz, der die Spitze der Fr. allseitig, meist etwas schief umschließt *(1017)* . . . . **Chamaemelum,** 444
— Spreublätt. spitz od. stachelspitzig *(1019–1022);* Krone der Röhrenbltn. am Grd. ohne Fortsatz . . . . **Anthemis,** 444

12(7). Fr. ohne Pappus . . . . **Chrysanthemum,** 447
— Fr. mit Pappus ***13***
13. Zungenbltn. schmal-lineal bis fädl., ± deutl. mehrreihig; Hüllblätt. schmal, lineal-lanzettl., meist ± gleich lg., krautig od. zum Rand od. zur Spitze hin häutig; Fr. meist 2-nervig; Pappushaare meist zerbrechl. (vorsichtig umbiegen!) . . . . **Erigeron,** 437
— Zungenbltn. breiter, einreihig; Hüllblätt. meist deutl. dachziegelig angeordnet, häutig mit meist krautiger Spitze; Fr. meist mehrnervig; Pappushaare (beim Umbiegen) nicht zerbrechl. . . . . **Aster,** 436
14(1). Blätt. nach der Blüte erscheinend, grdst., groß, herzf., entfernt gesägt, untersts. graufilzig, obersts. verkahlend; Blattstiel rinnig; Bltnstg. 1-köpfig, mit Schuppenblätt. . . . . **Tussilago,** 450
— Bltnstg. z. Bltzt. mit grünen Laubblätt. ***15***
15. Blätt. wechselst. ***19***
— Blätt. gegenst. (wenigstens die Grdblätt.) ***16***
16. Blätt. am Grd. paarweise trichterf. miteinander verwachsen **Silphium,** 442
— Blätt. völlig frei ***17***
17. Grdblätt. rosettig, ganzrandig, parallelnervig; Hülle glockig; 2-reihig; Pfl. drüsig behaart, duftend . . . . **Arnica,** 451
— Grdblätt. nicht rosettig; Blätt. nicht ganzrandig u. nicht parallelnervig; Hüllblätt. 2-reihig ***18***
18. Stg. kahl, selten oberw. zerstreut behaart; Blätt. gefied., fiedteilig od. ungeteilt (dann lanzettl. u. mehrmals länger als breit); Hülle nicht klebrig; Pappus meist aus 2–4 Grannen *(991, 1007)* . . . . . **Bidens,** 443
— Stg., bes. oberw., zottig behaart; Blätt. ungeteilt, breit herzf.-zugespitzt; Blattstiel verbreitert; Hülle dicht drüsig behaart u. klebrig; Pappus fehlend . . . . **Sigesbeckia,** 443
19(15). Köpfchenboden steil kegelf. aufgewölbt (Längsschnitt!), mit Spreublätt.; Röhrenbltn. schwarzbraun; Fr. ± 4-kantig od. seitl. zusammengedrückt; Pappus fehlend od. als sehr kurzes, zerschlitztes Krönchen . . . . **Rudbeckia,** 443
— Köpfchenboden flach od. schwach gewölbt *(986–989)* ***20***
20. Blätt. gefied. od. fiederspaltig ***30***
— Blätt. ungeteilt, ganzrandig od. gezähnt ***21***
21. Fr. ohne Pappus od. mit 2 leicht abfallenden Borsten od. aus zerschlitzten Schüppchen bestehend ***26***
— Fr. mit Pappus; Köpfchenboden ohne Spreublätt. ***22***
22. Hüllblätt. dachziegelartig angeordnet, ungleich lg. *(995)* . . . ***24***
— Hüllblätt. 1- bis 3-reihig, nicht dachziegelig angeordnet *(994, 996)* ***23***
23. Hülle halbkugelig od. flach, 2- bis 3-reihig *(994),* aber ohne Außenhülle; Köpfe einzeln, 4–6 cm breit; Köpfchenboden gewölbt **Doronicum,** 451
— Hülle walzl., aus gleichlangen Blättchen bestehend, 1-reihig, darunter oft mit Außenhülle *(996, aH);* Köpfchen meist in Rispen, Dolden od. Doldenrispen; Köpfchenboden flach . . . . **Senecio,** 452
24(22). Zungenbltn. 5–15, klein; Köpfchen in lockeren od. dolden- bis kegelf. Rispen; Köpfchenboden ohne Spreublätter . . . . **Solidago,** 436
— Zungenbltn. zahlr. ***25***
25. Pappus einfach (nur eine Reihe von Haaren) . . . . **Inula,** 441
— Pappusstrahlen in 2 Reihen, die äußere Reihe kurz, ein Krönchen bildend *(998, K)* . . . . **Pulicaria,** 441
26(21). Köpfchenboden ohne Spreublätt.; Hüllblätt. 2-reihig; Fr. gekrümmt u. höckerig . . . . **Calendula,** 455
— Köpfchenboden mit Spreublätt.; Hüllblätt. dachziegelig; Fr. gerade ***27***

27. Pappus fehlend od. aus zerschlitzten Schüppchen bestehend; Köpfe 3 bis 6 cm breit *29*
— Pappus aus 2 (hinfälligen) Borsten bestehend *28*
28. Köpfe 4–30 cm breit; Pfl. 1–3 m hoch . . . . **Helianthus,** 443
— Köpfe 1,5–3 cm breit; Pfl. bis 60 cm hoch . . . . **Verbesina,** 443
29(27). Blätt. sehr groß, bis 6 cm breit, herz-eif., einfach bis grob doppelt gesägt; Zungenbltn. 1 mm breit; randst. Fr. 6 mm lg., undeutl. 3-kantig . . . . **Telekia,** 442
— Blätt. nur bis 2 cm breit, längl.-lanzettl., entfernt gezähnt od. ganzrandig; Zungenbltn. 2–3 mm breit; randst. Fr. 4 mm lg., 3-kantig geflügelt . . . . **Buphthalmum,** 442
30(20). Fr. mit Pappus; Hülle glockig-walzl. . . . . **Senecio,** 452
— Fr. ohne Pappus *31*
31. Blätt. einfach fiedspaltig, kahl; Hüllblätt. vielreihig **Chrysanthemum,** 447
— Blätt. doppelt fiedspaltig behaart; Hüllblätt. mehrreihig . **Anthemis,** 444

Tabelle C: Köpfchen nur mit Zungenblüten[1]

1. Fr. mit Pappus (zumindest die Fr. in der Mitte des Köpfchens) *5*
— Fr. ohne deutl. ausgebildeten Pappus *2*
2. Bltn. himmelblau; Pappus nur aus kurzen, unscheinbaren Schüppchen gebildet . . . . **Cichorium,** 463
— Bltn. andersfarbig *3*
3. Stg. beblätt.; Bltnköpfchen armbltg.; Hülle walzl.-glockig; Hüllblätt. 1-reihig, mit wenigen, kurzen, gekielten Außenhüllblätt. . . **Lapsana,** 463
— Blätt. in grdst. Rosette; Bltnschaft blattlos; Köpfe vielbltg., mit 1-reihiger Hülle u. wenigblättr. Außenhülle *4*
4. Infl.schaft spitzenw. auffällig keulig verdickt, kahl; Hüllblätt. z. Frzeit kugelig zusammenneigend; Blätt. entfernt grob gezähnt; Bltn. blaßgelb . . . . **Arnoseris,** 463
— Infl.schaft spitzenw. nicht auffällig keulig verdickt, oben mehlig; Hüllblätt. z. Frzeit aufrecht; Blätt. schrotsägef., löwenzahnart.; Bltn. goldgelb . . . . **Aposeris,** 463
5(1). Köpfchenboden mit hinfälligen, sich leicht ablösenden Spreublätt.; Stg.blätt. wenige; Grdblätt. meist rosettig; Fr. geschnäbelt (die randl. nicht immer) . . . . **Hypochoeris,** 464
— Köpfchenboden ohne Spreublätt. *6*
6. Pappus mit einfachen, höchstens kurz gezähnten Strahlen . . *12*
— Pappusstrahlen (wenigstens z. T.) federig *7*
7. Stg. mit Laubblätt. *9*
— Stg. blattlos od. nur mit schuppenf. Blätt. *8*
8. Blätt. ganzrandig, meist kahl, bisweilen am Grd. od. jung weichhaarig; Fiederchen der Pappusstrahlen miteinander verflochten **Scorzonera,** 466
— Blätt. schwach bis buchtig gezähnt, wenn ganzrandig, dann deutl. behaart; Fiederchen der Pappusstrahlen frei . . . . **Leontodon,** 464
9(7). Hüllblätt. 1-(bis 2-)reihig, gleich-lg., am Grd. etwas verwachsen; Pappusfiedern miteinander verflochten; Fr. lg.-geschnäbelt *(982);* Blätt. lineal . . . . **Tragopogon,** 465
— Hüllblätt. 2- bis vielreihig, dachziegelig; Fr. kurz u. deutl. od. kaum geschnäbelt *(981, 999)* *10*
10. Blätt. ± tief fiedspaltig; Fied. der Pappusstrahlen ineinander verwoben . . . . **Podospermum,** 466

[1] Zuw. treten verwild. verschiedene als Gartenpfl. kult. Arten der *Asteroideae* (= *Tubuliflorae*) mit „gefüllten" Köpfchen auf. Diese sind nach der vorigen Tab. (S. 432) zu bestimmen; **Milchsaft fehlt ihnen!**

— Blätt. ungeteilt, höchstens schwach buchtig gezähnt ***11***

11. Blätt. lineal-lanzettl., ganzrandig od. gezähnelt, z. T. weich behaart; Fied. der Pappusstrahlen ineinander verwoben . . . . . **Scorzonera,** 466

— Blätt. buchtig gezähnt, borstig-rauh; Pappus leicht abfallend; Außenhülle ± deutl. ausgebildet; Fied. der Pappusstrahlen nicht untereinander verwoben . . . . **Picris,** 465

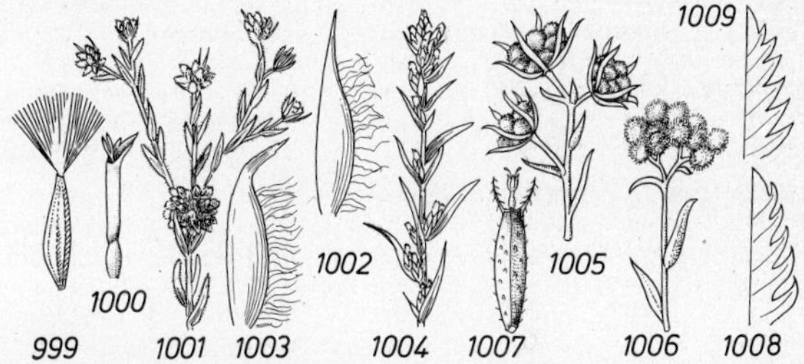

12(6). Fr. ungeschnäbelt *(981)* ***18***

— Fr. geschnäbelt (zuw. nur kurz); Pappus dadurch stielart. emporgehoben *(982)* ***13***

13. Blätt. in grdst. Rosette, schrotsägef.; Infl.schaft vollkommen blattlos, röhrig, hohl, 1-köpfig . . . . **Taraxacum,** 466

— Infl.-Stiel beblätt. (wenigstens mit kleinen Schuppenblätt.), meist nicht hohl, mehrköpfig ***14***

14. Infl.-Stiel mit normalen Laubblätt. ***16***

— Infl.-Stiel nur mit schuppenf. od. kleinen, linealen Hochblätt., bisweilen noch mit 1 normalen Laubblatt ***15***

15. Köpfchen 7- bis 15-bltg.; Bltn. in 2 Reihen angeordnet; Fr. lg. geschnäbelt; Stg. oberw. kahl; Hülle flaumig behaart . . . . **Chondrilla,** 466

— Köpfchen vielbltg.; Bltn. mehrreihig; Frschnabel am Grd. mit einem gezähnten Krönchen *(1048);* Stg. oberw. gleich der Hülle dicht schwarz-steifhaarig . . . . **Calycocorsus,** 466

16(14). Frl. fast stielrund; Hüllblätt. 2-reihig; Bltn. gelb . . . . . **Crepis,** 469

— Fr. ± flach zusammengedrückt; Hüllblätt. mehrreihig, dachziegelig; Bltn. gelb od. blau ***17***

17. Köpfchen meist 5-bltg.; Bltn. blaßgelb . . . . **Mycelis,** 468

— Köpfchen mehr als 5-bltg.; Bltn. gelb od. blau . . . . **Lactuca,** 468

18(12). Bltn. gelb od. orangerot ***20***

— Bltn. rötl. od. blau ***19***

19. Köpfchen vielbltg.; Bltn. mehrreihig; Hüllblätt. zahlr.; Fr. etwas zusammengedrückt . . . . **Cicerbita,** 467

— Köpfchen 5-bltg., in lockerer Rispe; Bltn. 1-reihig; Hüllblätt. 6–8 **Prenanthes,** 471

20(18). Blätt. am Rand borstig-stachelig gezähnt; Fr. ± deutl. zusammengedrückt; äußere Pappusstrahlen am Grd. verbreitert . . . **Sonchus,** 468

— Blätt. nicht borstig-stachelig; Fr. walzl. od. undeutl. zusammengedrückt ***21***

21. Fr. nach oben verschmälert od. kurz schnabelf. verjüngt *(999);* Pappushaare meist reinweiß, biegsam; äußere Hüllblätt. oft eine Außenhülle bildend (= Hülle 2-reihig) . . . . **Crepis,** 469

— Fr. nach oben nicht verschmälert, ganz schnabellos; Fr. oberw. nicht verjüngt *(1049–1050);* äußere Hüllblätt. nur selten eine Außenhülle bildend; ***22***

22. Hüllblätt. deutl. 2-reihig, die äußeren viel kürzer als die inneren; Pappushaare 1-reihig, reinweiß bis schmutzigweiß, seine Strahlen aber biegsam u. gleich lg. . . . . **Tolpis,** 471

— Hüllblätt. dachziegelig bis mehrreihig angeordnet; Pappushaare 1- od. 2-reihig, gleich od. verschieden lg., schmutzigweiß, seine Strahlen steif, beim Umbiegen zerbrechend . . . . **Hieracium,** 472

Unterfamilie: **Asteroídeae** (= *Tubuliflorae)*

1. Agerátum L., *Leberbalsam.* Blätt. herzf., regelmäßig gesägt; Bltn. blau, rosarot bis weiß; Narben blau, weit aus der Blkr. herausragend; ⨀–♃. Gartenzierpfl.; *s* verwild. (Heimat: S-Mexiko) (= *A. mexicanum* SIMS). **A. houstoniánum** MILL.

2. Eupatórium L., *Wasserdost, Wasserhanf.* Stg. einfach, 50–150 cm hoch; Blätt. handf. 3- bis 7-schnittig; Bltn. rosa, selten weiß; Narben rosa-gelbl., weit aus der Blkr. herausragend; Köpfchen 4- bis 6-bltg., in Doldenrispen; ♃; VII–IX. Feuchte Waldstellen, Gräben, Kahlschläge (bis 1200 m); *v.* **E. cannábinum** L.

3. Solidágo L., *Goldrute*

1. Zungenbltn. die Röhrenbltn. weit überragend; Köpfchen über 10 mm im Dm; ♃; VII–X. *Echte G.,* **S. virgáurea** L.

a. Pfl. 20–80 cm hoch; Köpfchen zahlreich, in meist reich verzweigter Rispe; Hüllblätt. 5–7 mm lg., dachig angeordnet. Lichte Wälder, Heiden, Weiden (bis 1600 m); *v.* ssp. **virgáurea**

– Pfl. 5–25 cm hoch; Köpfchen wenige, traubig angeordnet od. untere Triebe wenig verzweigt; Hüllblätt. 5–9 mm lg., ± gleich lg., nicht bis kaum dachig. Alpenmatten. Krummholzreg. [(1000–)1500–2500 m]; *v* Alp., *z* bis *s* M-Geb. [= ssp. *alpestris* (W. & K. ex WILLD.) HAY.] ssp. **minúta** (L.) ARC.

— Zungenbltn. die Röhrenbltn. nicht od. kaum überragend; Köpfchen 4 mm im Dm, in dichten Rispen od. Trugdolden (Gartenzierpfl.; Heimat: N-Am.) *2*

2. Köpfchen fast ungestielt, in Trugdolden; Köpfchenboden gewimpert; Stgblätt. ganzrandig; Pfl. bis 80 cm hoch; ♃; VII–X. Zuw. verwild. u. gelegentl. eingebürgert (Flußufer) im S *z,* im N *s.* (= *S. lanceolata* L.) *Grasblättrige G.,* **S. graminifólia** (L.) SAL.

— Köpfchen kurz gestielt, in ± überhängenden, im Umriß pyramidenf. Rispen; Rispenäste meist einstswendig; Köpfchenboden kahl; Stgblätt., wenigstens die unteren, gesägt; Pfl. 50–250 cm hoch; im Gebiet völlig eingebürgert *3*

3. Rispenäste ± aufrecht; Zungenbltn. so lg. wie die Röhrenbltn.; Blattunterseiten u. Stg. dicht kurzhaarig; ♃; VII–X. Auwälder, Ufergebüsch, Schuttfluren; *v* u. *h,* in Ausbreitung begriffen. *Kanadische G.,* **S. canadénsis** L.

— Rispenäste bogig überhängend; Zungenbltn. deutl. länger als die Röhrenbltn.; Blattunterseiten kahl od. auf den Nerven kurz behaart; Stg. wenigstens unterwärts kahl; ♃; VIII–X. Wie vorige; *v.* (= *S. gigantea* AIT. var. *leiophylla* FERNALD) *Riesen-G.,* **S. gigantéa** AIT. var. **serótina** (AIT.) CRONQUIST

4. Béllis L., *Gänseblümchen.* Rosettenblätt. spatelf. bis verkehrt-eif., gestielt; Röhrenbltn. gelb; Zungenbltn. weiß, mitunter leicht rosa; ♃; III–XI. Wiesen, Grasplätze, Parkrasen (bis 2000 m); *g* u. *h.* **B. perénnis** L.

In Gärten, auch rotblühend, als „Tausendschön" mit gefüllten Köpfchen kultiviert.

5. Áster L., *Aster*

1. Zungenbltn. fehlend; Köpfchen goldgelb; Stgblätt. zahlr., 2 mm breit, lineal, 1-nervig; ♃; VII–X. Steppenhänge, Heidewiesen (bis 1000 m); kalkliebend; *z* im S (*f* Au), nördl. bis S-Be/*f* Lx/Rheinl./We?/N-He/Harz/An/Br. *Gold-A.,* **A. linosýris** (L.) BERNH.

— Zungenbltn. vorhanden *2*

2. Blätt. in grdst. Rosette; Infl.schaft einköpfig; Zungenbltn. weiß od. rötl.; Pfl. einer großen *Bellis* ähnl.; ♃; IV–IX. Lichte Wälder, feuchte, steinige Abhänge (bis 2600 m); kalkliebend; *v* Alp. u. Vorland, Schw.Alb, *s* Feldberg (Schw.), FrAlb, südl. der Donau. (= *Bellidiastrum michelii* CASS.) *Alpenmaßliebchen,* **A. bellidiástrum** (L.) SCOP.

— Köpfchenstg. beblättert **3**

3. Stg. 1- od. wenigköpfig; Köpfchen 3–5 cm breit; Zungenbltn. violett-blau; ♃; VI–VIII. Magermatten, Triften, Felsen (bis 2750 m); *v* Alp., *s* Harz, Th, N-tschechische Randgeb. (2 var.). Ⓖ *Alpen-A.*, **A. alpínus** L.

— Stg. vielköpfig; Köpfchen kleiner **4**

4. Pfl. 60–120 cm hoch, mit Ausläufern; Hüllblätt. 1 mm breit; leicht verwildernde Zierpfl. aus N-Am. **6**

— Pfl. 5–60 cm hoch, ohne Ausläufer; Hüllblätt. 1,5–3 mm breit; Wildarten **5**

5. Stg. kahl od. fast kahl, oft rot überlaufen; Stgblätt. dickl., höchstens am Rand gewimpert; Hüllblätt. fast 2-reihig, längl.-eif., stumpf, kahl, anlgd.; Zungenbltn. hellblau-zartlila, selten weiß; ⊙; VI–X. Strandwiesen der Meeresküsten *v*, *s* an salzhaltigen Stellen im Binnenland (bes. in Th, S-SaAn), südl. bis He (u. Saarland?). *Salz-A.*, **A. tripólium** L.

— Stg. wenigstens oberw. behaart; Stgblätt. nicht dickl., unterstS. kurzhaarig; Hüllblätt. dachig, spatelf., behaart, etwas absthd.; Zungenbltn. blaulila, selten rötl. od. weiß; ♃; VII–X. Heidewiesen, sonnig-steinige Abhänge, lichte Wälder (bis 1400 m); kalkliebend; *v* im SW. u. S, nördl. seltener bis Lx/Eifel/He/S-NS/Harz/SaAn/Lausitz? *Berg-A., Kalk-A.*, **A. amellus** L.

6(4). Stg. u. Stgblätt. völlig kahl; Zungenbltn. blau; Stgblätt. (wenigstens die oberen) am Grd. verbreitert; untere Stgblätt. schwach gesägt, obere ganzrandig; Hüllblätt. ungleich lg., dicht dachig, ledrig u. nur ihre Spitzen krautig **7**

— Pfl. anders; Stg. oberwärts wenigstens flaumig od. drüsig behaart **8**

7. Pfl. blaugrün bereift; ob. Stgblätt. stgumfassend; Blätt. der Seitentriebe deutl. kleiner als die Stgblätt.; ♃; IX–XI. (Ufer-)Gebüsche, Auwälder; wo eingebürgert? *Glatte A.*, **A. laevis** L.

— Pfl. grün; obere Stgblätt. mit verbreitertem Grd., etwas geöhrt; Blätt. der Seitentriebe nur wenig kleiner als die Stgblätter; ♃; IX–XI. Wie vorige, häufig mit dieser verwechselt! wo eingebürgert? (= *A. laevis* × *A. novi-belgii?*) *Bunte A.*, **A. versícolor** WILLD.

8(6). Stg. allseits steifhaarig, oberwärts drüsig; obere Stgblätt. stgumfassend, ganzrandig; Hüllblätt. fast gleichlg., pfrieml., drüsig; Zungenbltn. blau, violett, rosa, rot; ♃; IX–XI. Schutt, Auwälder; oft verwildert, wo eingebürgert? *Neuenglische A.*, **A. nóvae-ángliae** L.

— Stg. nicht allseits steifhaarig, Haare vielfach in (kürzeren) Haarleisten; (Ufer-)Gebüsche, Auwälder, Schutt, Straßenränder; *z* u. stellenweise eingebürgert, z. T. in Massenbeständen **9**

9. Obere Stgblätt. schwach geöhrt bis stgumfassend **11**

— Obere Stgblätt. mit verschmälertem Grd. sitzend **10**

10. Köpfchen 25–40 mm breit; Hüllblätt. fast gleich lg., 6 mm hoch; Zungenbltn. weißl., später blau bis violett; ♃; VIII–XI. (= *A. salicifolius* SCHOLL.) *Weidenblättrige A.*, **A. salígnus** WILLD.

— Köpfchen 15–20 mm breit; Hüllblätt. dachig, die äußeren nur 1/3 so lg. wie die inneren; Zungenbltn. weißl., beim Aufblühen rötl.; ♃; VIII–XI. *Kleinblütige A.*, **A. tradescántii** L.

11(9). Köpfchen 25–40 mm breit; Hüllblätt. wenig ungleich lg., die äußeren wenigstens 1/2 so lg. wie die inneren; obere Stgblätt. (halb-)stgumfassend; Zungenbltn. lila, selten weiß od. rosa; ♃; VIII–XI. *Neubelgische A.*, **A. nóvi-bélgii** L.

a. Infl. reichköpfig u. doldenrispig, d. h. untere Äste (reich) verzweigt, aufstrebend u. verlängert. ssp. **nóvi-bélgii**

– Infl. nicht reichköpfig, traubig bis armrispig, d. h. untere Äste nicht od. wenig verzweigt, schräg absthd. u. wenig verlängert. ssp. **laevigátus** (LAM.) THELL.

— Köpfchen 15–20 mm breit; Hüllblätt. deutl. dachig, die äußeren höchstens 1/3 so lg. wie die inneren; obere Stgblätt. schwach geöhrt; Zungenbltn. blaßlila; ♃; IX–XI. *Lanzettblättrige A.*, **A. lanceolátus** WILLD.

Ca. 20 weitere **Aster**-Arten im Gebiet bisher nur an einigen wenigen Stellen verwildert beobachtet, aber (außer **A. dumósus** L. in Lx) offenbar noch nicht eingebürgert.

6. Erígeron L. (incl. Stenáctis CASS. u. Conýza LESS.), *Berufkraut, Feinstrahl*

1. Zungenbltn. deutl. länger bis doppelt so lg. wie die Röhrenbltn., absthd., rötl., lila od. weiß **3**

— Zungenbltn. kaum länger als die Röhrenbltn., ± aufrecht; Pfl. 10–100 cm hoch, drüsenlos **2**

2. Infl. eine reichästige, bis über 100-köpfige Rispe; Köpfchen 3–5 mm breit; Zungenbltn. weiß od. rötl.; Röhrenbltn. gelbl.-weiß; Fr. 1 mm lg.; Pappus fast 3-mal so lg. wie die Fr.; ⊙-⊙; VI–X. In Unkrautgesellschaften, Kahlschlägen (bis 1100 m); *v* eingebürgert (Heimat: N-Am.). [= *Conyza canadensis* (L.) CRONQ.] *Kanadisches B.*, **E. canadénsis** L.

— Infl. eine Traube od. armköpfige Rispe; Köpfchen 6–12 mm breit; Zungenbltn. zuerst gelb, später rötl.-lila; Röhrenbltn. grünl.-gelb; Fr. 2 mm lg.; Pappus 2-mal so lg. wie die Fr.; ⊙–♃; V–IX. *Scharfes B.,* **E. ácer** L.

a. Pfl. steifhaarig; unt. Blätt. verkehrt-eif. bis keilig; Hüllblätt. dicht behaart. Trockenrasen, Sandfluren, Wald- u. Wegränder; *v*. bis *z*. ssp. **ácer**

– Pfl. zerstr. kurzhaarig bis kahl; unt. Blätt. lineal-lanzettl.; Hüllblätt. zerstr. langhaarig od. kahl. Moränen, Geröll der Alp. *v* (bis 1600 m), *z* Alp.-Vorland bis E u. zur Donau (Flußtäler). ssp. **angulósus** (GAUD.) VACC.

3(1). Bltntriebe 1- bis mehrköpfig; Alpenpflanzen ***5***

— Bltntriebe mit zahlr. Köpfchen; Pfl. drüsenlos; Zungenbltn. in 2 Reihen; Pappus der Röhrenbltn. am Grd. von einem zweiten Kranz winziger Börstchen umgeben; Zungenbltn. nur mit diesen Börstchen; aus N-Am. eingeschleppte u. eingebürgerte Arten (= *Stenactis, Feinstrahl*) ***4***

4. Stgblätt. lanzettl.-elliptisch, die unteren grob, die oberen schwach gezähnt; Köpfchenboden leicht trichterf.; Hüllblätt. mit wenigen langen Haaren; Zungenbltn. rötl.-lila, selten weiß, bis 10 mm lg.; ⊙; VI–X. Auwälder, Unkrautgesellschaften; *v* (?) [*Stenactis annua* (L.) NEES] *Zweijähriger F.,* **E. ánnuus** (L.) PERS.

— Stgblätt. lanzettl. bis lineal, die unteren höchstens schwach gezähnt, die oberen ganzrandig; Köpfchenboden flach; Hüllblätt. lg. behaart; Zungenbltn. weiß, selten bläul., bis 6 mm lg.; ⊙; Wie vorige. [= *E. ramosus* (WALT.) BRITT., STERNS & P.] *Gemeiner F.,* **E. strigósus** MÜHELNB. ex WILLD.

a. mittl. Stgteil zieml. dicht, kurz u. anlgd. behaart; Haare d. Hüllblätt. nicht abgeflacht, kleiner als 1 mm. Ob im Gebiet? var. **strigósus**

– mittl. Stgteil sehr zerstr. absthd. behaart bis fast kahl; Haare d. Hüllblätt. abgeflacht, größer als 1 mm. *z*? var. **septentrionális** (FERN. & WIEG.) FERN.

5(3). Pfl. drüsenlos; Bltntriebe 1-, selten wenigköpfig ***7***

— Pfl. drüsig behaart ***6***

6. Stg. kräftig, steif aufrecht, kantig, dicht beblättert; Pfl. 20–60 cm hoch; Bltntriebe meist mehrköpfig, mit Verzweigungen nur im Spitzenbereich; Zungenbltn. intensiv purpurn, 5–8 mm länger als die Hülle; ♃; VII–IX. Steinige Matten, Felsspalten (1100–2000 m); *z* Au, *s* Allgäu (Rappenkopf, Fellhorn?). *Drüsiges B.,* **E. átticus** VILL.

— Stg. schwach, meist bogig-aufstgd., undeutl. kantig, locker beblättert; Pfl. 10–30 cm hoch; Bltntriebe 1-köpfig od. wenige Verzweigungen bis unterhalb der Mitte; Zungenbltn. purpurn, blaßlila od. weiß, 3–5 mm länger als die Hülle; ♃; VII–VIII. Felsen, Moränen (1300–2000 m); *s* Au, Fellhorn?, Feldberg (Schw.). (= *E. glandulosus* SCH. & TH.) *Felsen-B.,* **E. gaudínii** BRÜGG.

7(5). Pappus bis 2,5 mm lg.; Zungenbltn. weißl. od. blaßlila; Stg. 1-(bis 3-)köpfig; Köpfchen 10–25 mm breit; Hüllblätt. weißl. wollig-zottig; Fadenbltn. *(1000)*[1] fehlend; Pfl. 2–12 cm hoch; Blätt. nur am Rand gewimpert; ♃; VII–IX. Steinige Matten, Moränen (1600 bis 3500 m); kalkmeidend; *v* Ur-Alp., *z* bis *s* K-Alp. *Einblütiges B.,* **E. uniflórus** L.

— Pappus 3–4,5 mm lg.; Zungenbltn. rosa, lila od. rot; Köpfchen 15–30 mm breit ***8***

8. Blätt. beidersts. ± angedrückt langhaarig u. bewimpert; Hüllblätt. rauhhaarig u. zerstreut kurz-drüsig; Stg. wenig(bis 10-)köpfig; Fadenbltn. vorhanden; Zungenbltn. purpurn od. lila; ♃; VII–IX. (Steinige) Matten (1150–2600 m); *v* Vb, Ti, *z* Allgäu, Sb. (3 var.). *Alpen-B.,* **E. alpínus** L.

— Blätt. zerstreut behaart od. kahl; Hüllblätt. ohne Drüsenhaare; Stg. 1-(bis 5) köpfig ***9***

9. Stg. zerstreut behaart bis kahl, 1–3-köpfig; Stgblätt. längl.-lanzettl.; Hüllblätt. kahl bis angedrückt-langhaarig; Fadenbltn. fehlend; Zungenbltn. rötl.-lila; Köpfchen 15–30 mm breit; ♃; VII–IX. (Steinige Matten, 800–2400 m); kalkstet; *v* mont. u. alp. Reg. der Alp. *Kahles B.,* **E. polymórphus** SCOP.

---

[1] Fadenbltn. stehen zwischen den ♀ Zungenbltn. u. den ⚥ Röhrenbltn.; sie sind ♀, engröhrig u. fadenförmig dünn.

— Stg. rauhhaarig, 1-köpfig; Stgblätt. breit-lanzettl.; Hüllblätt. dicht weißwollig-zottig; Fadenbltn. vorhanden; Zungenbltn. purpurn; Köpfchen 20–30 mm breit; ♃; VII–VIII. (Steinige) Matten (1500?–2500 m); kalkliebend; sehr *z* Au, Allgäu. *Übersehenes B.,* **E. negléctus** Kern.

7. Mícropus L., [incl. **Bombycilaéna** (Dc.) Smolj.] *Falzblume.* Stg. niederlgd.-aufstgd.; Pfl. 5–20 cm hoch; Hülle im Querschnitt 5-kantig; Bltn. gelbl.-weiß; jede Fr. von einem Hüllblatt eingeschlossen; ⨀; V–IX. Steinige Äkker, Ödland; nur bei Rouffach (S-E). [= *B. erecta* (L.) Smolj.] **M. eréctus** L.

8. Filágo L., *Fadenkraut, Filzkraut*

1. Laubblätt. die Köpfchenknäuel nicht od. wenig überragend (wenn deutl., dann spatelf. u. höchstens 4-mal so lg. wie breit) *3*

— Laubblätt. die Köpfchenknäuel weit überragend, lanzettl. bis pfrieml., mehr als 6-mal so lg. wie breit, bis 2 cm lg. *2*

2. Laubblätt. lineal-lanzettl., bis 2 mm breit; Köpfchen eif.-rundl.; mittl. Hüllblätt. etwas, aber gleichmäßig nach außen gewölbt; ⨀; VII–IX. Äcker, Sandböden; *s* W-Vog., NW-E, Be.
Übersehenes F., **F. neglécta** (Soy.-Will.) Dc.

— Laubblätt. pfrieml.-lineal, bis 1 mm breit; Köpfchen pyramidenf.; mittl. Hüllblätt. mit einem sich verhärtenden Kiel nach außen gewölbt, Kiel die Fr. völlig einschließend; ⨀; VII–IX. Sandig-kiesige, trockene Böden; *s* Saarland, Pf, E, Oberrheintal, Spessart. *Französisches F.,* **F. gállica** L.

3(1). Köpfchen zu 2–7 geknäuelt; Hüllblätt. zur Frzeit ausgebreitet, die äußeren zugespitzt, die mittleren stumpfl. *6*

— Köpfchen zu 8–30 geknäuelt; Hüllblätt. zur Frzeit aufrecht od. wenig abspreizend, die äußeren u. mittleren mit fädl., grannenart. Spitze . . *4*

4. Hülle rundl., da mittl. Hüllblätt. kaum gekielt, diese nur oberhalb der Mitte locker langhaarig, sonst kahl, mit ± gerader Spitze (wie *1002*); Laubblätt. am Rand meist wellig; Knäuel 20- bis 30-köpfig; ⨀; VII–IX. Brachäcker, sandige u. trockene Böden; *z* bis *s* (*f* Au, OPr). (= *F. germanica* L., non Huds.) *Deutsches F.,* **F. vulgáris** Lam.

— Hülle ± 5-kantig, da mittl. Hüllblätt. deutl. gekielt, diese reich wollig behaart; Laubblätt. flach *5*

5. Pfl. locker gelbl.-grau behaart, mit bogig aufstgden Ästen; mittl. Hüllblätt. mit ± gerader *(1002),* bes. vor dem Aufblühen purpurner Spitze, reichl. wollig-filzig behaart; Knäuel 10- bis 25-köpfig; Köpfchen mit 2–4 ⚥ u. mit zahlr. ♀ Fadenbltn. (vgl. Fußnote S. 438); ⨀; VII–IX. Wie vorige, noch seltener u. ebenfalls im Rückgang begriffen. [= *F. apiculata* G. E. Smith]
Grüngelbes F., **F. lutéscens** Jord.

— Pfl. filzig grauweiß behaart, mit fast waagrecht absthden Ästen; mittl. Hüllblätt. mit bogig absthder *(1003),* gelbl. Spitze; Knäuel 8- bis 16-köpfig; Köpfchen mit 5–7 ⚥ u. mit höchstens 7 ♀ Fadenbltn.; ⨀; VII–IX. Wie vorige; sehr *s:* E, S-Baden, Fr?, Saalegebiet (Th, S-SaAn). (= *F. spathulata* Presl.) *Spatelblättriges F.,* **F. pyramidáta** L.

6(3). Pfl. 10–40 cm hoch; Stg. meist mit ± durchgehender Hauptachse u. kurzen Seitentrieben; Köpfchen 4–5 mm lg., vom Tragblatt überragt; Hüllblätt. bis zur Spitze dicht wollig-filzig, nicht gekielt; ⨀; VI–VIII. Steinige u. sandig-kiesige Orte, Brachäcker (bis 1300 m); kalkmeidend; sehr *z* bis *s*.
Acker-F., **F. arvénsis** L.

— Pfl. 3–15 (bis 30) cm hoch; Stg. meist schon vom Grd. an lg. gabelästig verzweigt, ohne dominierende Hauptachse; Köpfchen 3 mm lg., vom Tragblatt nicht überragt; Hüllblätt. nur an der Basis filzig behaart, an der Spitze strohart. glzd., gekielt; ⨀; VI–VIII. Sonnige, sandige Orte; kalkmeidend; *z* (*f* Alp.-Gebiet). *Zwerg-, Kleines F.,* **F. mínima** (Sm.) Pers.

9. Antennária Gaertn., *Katzenpfötchen*

1. Anhängsel der Hüllblätt. weiß (♂ Pfl.) oder dkrot bis rosa (♀ Pfl.); Pfl. mit oberirdischen Ausläufern; Blätt. obersts. kahl od. behaart, untersts. weißwollig-filzig; ♃; V–VII. Heiden, trockene Wälder, Magermatten (bis 2400 m); *v* bis *z*. *Gemeines K.,* **A. dióica** (L.) Gaertn.

— Anhängsel der Hüllblätt. bräunl.; Pfl. ohne Ausläufer; Blätt. beidersts. lokkerwollig-filzig; ♃; VI–VIII. Steinige Alpenmatten (1500 bis 3200 m); Allgäu, Berchtesgadener Alp. u. Au *z.* (2 var.). *Karpaten-K.,* **A. carpática** (Wahl.) Bluff & Fing.

10. Leontopódium R. Br. ex Cass., *Edelweiß.* Meist 5–6 Köpfchen in einer endst., von 5–13, 3-eckig-lanzettl. Hochblätt. umgebenen Trugdolde; ganze Pfl. weißwollig-filzig; ♃; VII–IX. Steinige Wiesen, Felsspalten (1600 bis 3050 m); kalkliebend; *z* Au, *s* Dt. Ⓖ **L. alpínum** Cass.

11. Gnaphálium L. (incl. **Omalothéca** Cass. u. **Filaginélla** Opiz), *Ruhrkraut*

1. Köpfchen zu 3–7 in meist zahlr. Knäueln, diese eine endst., verlängerte Ähre od. Traube *(1004)* bildend; Pfl. 10–80 cm hoch, kräftig, aufrecht, kaum verzweigt; Stgblätt. 1-nervig, obersts. kahl od. fast kahl, bis 5 mm breit; mittl. Stgblätt. kürzer als die unteren; Hüllblätt. hautrandig, mit brauner Spitze; ♃; VII–IX. Trockene Wälder, Kahlschläge, Magerwiesen, Heiden; *v* bis zur Krummholzreg. (bis 2000 m). [= *O. silvatica* (L.) Schultz.-Bip. & F. W. Schulz] *Wald-R.,* **G. sylváticum** L.

— Köpfchenknäuel weniger zahlr., entweder endst. u. dicht ährig zusammengezogen od. locker angeordnet u. Pfl. dann kleiner u. reich verzweigt *2*

2. Köpfchenknäuel in eine endst. Ähre zusammengezogen; Pfl. 5–30 cm hoch, kräftig, aufrecht, kaum verzweigt; Stgblätt. 3-nervig, obersts. seidigwollig, bis 15 mm breit; mittl. Stgblätt. bis 10 cm lg., nicht kürzer als die Grdblätt.; Hüllblätt. breit schwarz-braun-hautrandig; ♃; VII–IX. Feuchte Waldlichtungen, Matten; kalkmeidend; *v* Alp. (1550–2350 m); Vog. u. S-Schw. (oberhalb 1000 m), böhmische Randgeb. [= *O. norvegica* (Gunn.) Schultz-Bip. & F. W. Schulz] *Norwegisches R.,* **G. norvégicum** Gunn.

— Köpfchenknäuel anders angeordnet; Blätt. kürzer, 1-nervig *3*

3. Pfl. der Ebene (bis 1300 m, in Dt bis 750 m); ⊙, mit spindeliger Wurzel *5*

— Pfl. der Alp. (in Dt ab 1400 m); ♃, mit kräftiger Wurzel; Pfl. 2–12 cm hoch; Stg. 1- bis 8-köpfig *4*

4. Hülle zur Frzeit sternf. ausgebreitet; Hüllblätt. längl.-elliptisch, zugespitzt, braunhäutig; Blätt. beidersts. dünn seidig-wollig, 1–2 mm breit, 1–2 cm lg.; ♃; VI–IX. Steinige Matten, Geröll, Schneeböden (1200–3300 m); kalkmeidend; *v* Alp., *s* Feldberg (Schw.), Sudeten. [= *O. supina* (L.) Dc.] *Zwerg-R.,* **G. súpinum** L.

— Hülle zur Frzeit u. nach der Reife glockig ausgebreitet; Hüllblätt. breit-elliptisch, zugespitzt, breit braunschwarz berandet; Blätt. obersts. schwächer, untersts. dichter grauweiß-filzig, 2–4 mm breit, bis 5 cm lg.; ♃; VII–VIII. Steinige Matten, Schneeböden (1550–2600 m); kalkliebend; *v* bis *z* Alp. (= *O. hoppeana* (Koch) Schultz-Bip. & F. W. Schulz) *Alpen-R.,* **G. hoppeánum** Koch

5(3). Köpfchenknäuel von Hochblätt. umgeben *(1005);* Hüllblätt. bräunl.; Stg. vom Grd. an ästig ausgebreitet, Stgblätt. 1–4 mm breit; ⊙; VI–X. Wegränder, Gräben, feuchte Äcker u. Weiden, Torfstiche (bis 1350 m); *v.* [= *F. uliginosa* (L.) Opiz] *Sumpf-R.,* **G. uliginósum** L.

— Köpfchenknäuel ohne Hochblätt. *(1006);* Hüllblätt. strohgelb bis weißl.; Stg. aufrecht od. aufstgd.; Stgblätt. 5–8 mm breit; ⊙; VI–X. Kahlschläge, feuchte unbebaute Orte, Teichränder, Heiden; *z* u. unbeständig (*f* Da u. Geb.) *Gelbes R.,* **G. lúteo-álbum** L.

12. Helichrýsum Mill., *Strohblume*

1. Pfl. 10–40 cm hoch, weißwollig; Hüllblätt. lebhaft gelb od. orangegelb; ♃; VII–X. Sandige Böden, Wegränder, Kiefernwälder der Ebene; *v* im N u. O, *s* Be, NW-Dt, *f* Ho?, S-Ba, S-BW, S-E, Au, sonst *z*.
Sand-St., **H. arenárium** (L.) Moench

— Pfl. 20–120 cm hoch, kahl od. rauh; Hüllblätt. gelb (Stammform), weißl., purpurn, violett, rosa od. rot; ⨀–⨀; VII–IX. Zierpfl. zuw. verwild. (Heimat: Australien).
Immortelle, Garten-St., **H. bracteátum** (Vent.) Willd.

13. Ínula L. (incl. **Dittríchia** Greut.), *Alant*

1. Zungenbltn. stets vorhanden u. meist deutl. länger als die Hülle . . *3*

— Zungenbltn. meist fehlend (wenn vorhanden, dann die Hülle nicht od. kaum überragend) *2*

2. Pfl. ⨀–♃, 40–80 cm hoch, nur oberw. verzweigt; Blätt. eif. bis elliptisch, die mittl. u. unteren gestielt; Stg. nicht, Blätt. wenig drüsig, nicht klebrig; VII–IX. Waldränder, Kahlschläge, Trockenhänge (bis 1000 m); *z* im S, nördl. bis Be/NrWe/S-NS/Harz/Br/Schl, sonst nur Da u. Rügen
Dürrwurz, **I. conýza** Dc.

— Pfl. ⨀, 20–50 cm hoch; Blätt. schmal-lineal, sitzend; Pfl. insgesamt stark drüsig u. klebrig, von der Mitte od. vom Grd. an verzweigt; VIII–X. An Salzstellen u. Schuttplätzen im E eingebürgert (Heimat: Mittelmeergebiet). [= *D. graveolens* (L.) Greut.] *Klebriger A.*, **I. gravéolens** (L.) Desf.

3(1). Innere Hüllblätt. an der Spitze verbreitert, spatelig, häutig, außen filzig; Köpfchen 6–7 cm breit; Blätt. sehr groß, untersts. graufilzig; Pfl. 60–200 cm hoch; ♃; VII–IX. Zier- u. Heilpfl., stellenw. verwild. u. *s* eingebürgert (Gebüsch, Waldränder, Dorfanger) (Heimat: Mittelmeergebiet, Asien). *Echter A.*, **I. helénium** L.

— Innere Hüllblätt. ± zugespitzt; Köpfchen kleiner *4*

4. Zungenbltn. wenig (1–3 mm) länger als die Hülle, lineal; Fr. kahl; Stgblätt. mit breit-herzf., stgumfassendem Grd. sitzend, untersts. locker-langhaarig; ♃; VII–VIII. Sonnige, buschige Abhänge; *z* Th bis Br, *s* Pf, Odenw., Fr, SO–NS. *Deutscher A.*, **I. germánica** L.

— Zungenbltn. viel länger als die Hülle *5*

5. Obere Stgblätt. mit herzf. Grd. stgumfassend *7*

— Obere Stgblätt. mit verschmälertem od. abgerundetem Grd. sitzend, aber nicht stgumfassend *6*

6. Stg. absthd. steifhaarig; Blätt. beidersts. ± rauhhaarig bis kahl; Köpfchen meist einzeln, 3–5 cm breit; Fr. kahl; ♃; VI–X. Trockene, buschige Hügel, lichte Wälder; kalkliebend; *z* im Raum zw. E/O-RhPf/S-NS/An/Fr/Lechtal/Schw. Alb, *s* Po?, Br, WPr, OPr, Me? *Behaarter A.*, **I. hírta** L.

— Stg. u. Blätt. untersts. angedrückt graufilzig, obersts. dicht angedrückt behaart; Köpfchen 2–3 cm breit, in ± reichköpfiger Trugdolde; Fr. nur oberw. mit wenigen Haaren; ♃; VII–IX. Sumpfwiesen, Auwälder; *s* in S-Baden, verschleppt bei Bonn. [= *I. vaillantii* (All.) Vill.]
Grauer A., **I. helvética** G. H. Weber

7(5). Stg. u. Blätt. fast kahl; äußere Hüllblätt. kürzer als die inneren; Fr. kahl; ♃; VI–X. Sonnige Hügel, Waldränder, Sumpfwiesen, Flußufer (bis 1000 m); *v*, *z* Au, *s* W-Da, NW-Dt, S-Ho, Be. *Weidenblättriger A.*, **I. salícina** L.

— Stg. u. Blätt. dicht anlgd. seidig bis zottig behaart (selten kahl); äußere Hüllblätt. fast so lg. wie die inneren; Fr. angedrückt kurzhaarig; ♃; VI–IX. Feuchte Wiesen, Flußufer, Gräben, Gebüsch; *v* bis *z*, bes. entlang Flußtäler, im S *z* bis *s*. *Wiesen-A.*, **I. británnica** L.

14. Pulicária Gaertn., *Flohkraut*

1. Zungenbltn. viel länger als die Röhrenbltn., 7–8 mm lg.; Stgblätt. mit herzf. Grd. stgumfassend; Köpfchen 15–30 mm breit; Stg. nur im oberen Teil, meist ± aufrecht, verzweigt; ♃; VI–IX. Feuchte Waldstellen, Gräben, Moore (bis 800 m); sehr *z*, *s* im O u. N, *f* OPr, böhmische Randgeb.
Ruhrwurz, **P. dysentérica** (L.) Bernh.

— Zungenbltn. kaum länger als die Röhrenbltn., nur 2 mm lg.; Stgblätt. am Grd. nicht herzf.; Köpfchen ca. 10 mm breit; Stg. bereits unterhalb der Mitte sparrig-ästig verzweigt; ⊙; VII–IX. Ufer, Gräben, überschwemmte Stellen der Ebene; sehr *z* bis *s* (*f* Au). *Kleines F.*, **P. vulgáris** Gaertn.

15. Carpésium L., *Kragenblume.* Stg. 20–50 cm hoch, weichhaarig bis zottig; Blätt. rhombisch-eif., in den Stiel keilig verschmälert, unterstś. behaart; Köpfchen nickend, 1,5–2 cm im Dm; ⊙–⊙; VII–IX. Lichte Wälder, Gebüsche; entlang der Grenze nach Ob-Au (ob noch?). **C. cérnuum** L.

16. Buphthálmum L., *Ochsenauge.* Pfl. steif-aufrecht, kaum verzweigt; Köpfe einzeln am Ende langer, beblätt. Triebe, 3–6 cm breit; ♃; VI–IX. Lichte Wälder, steinige u. Steppenhänge, Heidewiesen (bis 2000 m); kalkliebend; *v* Alp., *z* im S (nördl. bis Karlsruhe u. zum Main/Fr)

B. salicifólium L.

17. Telékia Baumg., *Telekie.* Pfl. kräftig, bis 2 m hoch; Köpfe zu 3- bis 7traubig od. trugdoldig, 5–6 cm breit; ♃; VI–VIII. Zierpfl., gelegentl. verwild. u. *s* eingebürgert (bes. in Au, aber auch Ba, Th, Sa, Schl, Me) (Heimat: SO-Eur., Kleinasien). (= *Buphthalmum speciosum* Schreb.)

T. speciósa (Schreb.) Baumg.

18. Sílphium L., *Kompaßpflanze.* Pfl. 1,5–2,5 m hoch; Köpfe 5–8 cm breit; Fr. zusammengedrückt; 2-flügelig; ♃; VII–X. Schutt, Auwälder; *z* entlang einiger Flußtäler (M-Rhein?), aus Gärten verwild. (Heimat: Atlant. N-Am.). **S. perfoliátum** L.

19. Íva L., *Schlagkraut.* Blätt. bis 20 cm breit, herzf.-zugespitzt, lg.gestielt, doppelt gezähnt, fast gegenst.; Köpfchen nickend, sehr zahlr. in verzweigten Ähren angeordnet, 4–5 mm breit, mit außen 5 ♀, innen mit 8–20 ♂ Bltn.; Pfl. bis 2 m hoch; ⊙; VIII–X. Unkrautgesellschaften (bes. Häfen, Bahnanlagen); häufig eingeschleppt u. *z* eingebürgert, z. B. Berlin, Leipzig, Dresden, Breslau, Mainz, Mannheim, Lx, Straßburg, Salzburg u. a. (Heimat: westl. N-Am.).

I. xanthifólia Nutt.

1010 1011 1012 1013

20. Ambrósia L., *Ambrosie*

Anm.: Aus N-Am. oftmals eingeschleppte Pfl. (3 weitere Arten noch seltener); wo fest eingebürgert? Häufigste Standorte sind Bahn- u. Hafenanlagen; VIII–X.

1. Blätt. meist 3-lappig, die oberen ± ungeteilt, selten 5-lappig *(1010)*, gegenst.; Pfl. bis über 2 m hoch; Stg. behaart bis kahl; ⊙. Oberrhein, Stettin, Berlin u. a. (Heimat: USA u. S-Kanada)

Dreilappige A., **A. trífida** L.

— Blätt. gefiedert od. fiederteilig ***2***

2. Stg. u. Blätt. unterstś. dicht weiß bis grau behaart; Blätt. doppelt fiederteilig; Fied. 1. Ordnung im Umriß schmal-oval *(1011)*; Pfl. bis 1 m hoch; ⊙. Mannheim, Hamburg(?). (Heimat: Mittelmeergebiet). *Strand-A.*, **A. marítima** L.

— Stg. u. Blätt. kahl bis locker u. zerstreut behaart ***3***

3. Pfl. ⊙, bis 1,5 m hoch; Blätt. dünn, die unteren stets doppelt fiederspaltig *(1012)*; Hülle der ♂ Köpfchen kahl od. schwach behaart. Ludwigshafen (Rhein), sonst vielfach vorübergehend. (Heimat: USA) (= *A. elatior* L.) *Beifußblättrige A.*, **A. artemisiifólia** L.

— Pfl. ♃, bis 0,8 m hoch; Blätt. dickl.; Fied. 1. Ordnung, höchstens gezähnt *(1013)*; Hülle der Köpfchen der ♂ Pfl. dicht behaart. Berlin, Stettin, Danzig, Mainz, Mannheim, Karlsruhe, Straßburg u. a. Häufigste Art (Heimat: USA u. Mexiko). *Ausdauernde A.*, **A. psilostáchya** Dc.

21. Xánthium L., *Spitzklette*

(Standorte meist sandig-kiesige Ruderalstellen u. Flußufer)

1. Blattstiel am Grd. seitl. mit 1–2 kräftigen, 3-teiligen, gelben Dornen; Blätt. untersts. weißfilzig, obersts. grün, längl.-rhombisch, tief 3-lappig; ⊙; VIII–IX. Unbeständig u. sehr *z* auftretend (Heimat: S-Am.) *Dornige Sp.*, **X. spinósum** L.

— Pfl. dornenlos; Blätt. nicht filzig, unregelmäßig gelappt *2*

2. Fr. nur bis 1,5 cm lg., reif graugrün bis graugelb, kurz-weichhaarig (nicht aber ihre Stacheln) ihr Schnabel gerade *(1014)* od. nur ganz schwach einw. gekrümmt; Blätt. am Grd. herzf., beidersts. graugrün; Pfl. nicht aromatisch riechend; ⊙; VII–X. Sehr *z* bis *s* u. unbeständig (Heimat: Eur., nicht Am!) *Gewöhnliche Sp.*, **X. strumárium** L.

— Fr. größer, reif anders gefärbt u. meist stärker behaart; Frschnabel mehr hakig gekrümmt; Blätt. gelbl.grün; Pfl. aromatisch riechend; Fr. meist deutl. über 2 cm groß *3*

3. Frstacheln deutl. bogig einw. gekrümmt, locker sthd.; Frkörper im Umriß schlank, absthd. behaart (auch ihre Stacheln u. Schnabel) *(1016)*; ⊙; VIII–IX. Eingebürgert z. B. Lx, E, sonst zuw. unbeständig auftretend. *Großfrüchtige Sp.*, **X. orientále** L.

— Frstacheln nur an der Spitze einw. gekrümmt, dicht sthd.; Frkörper im Umriß dickl., dicht kurzhaarig (die Stacheln u. Schnabel aber nur im unteren Teil) *(1015)*; ⊙; VIII–X. *z* Täler der Elbe, Oder, Weichsel u. Nebentäler, sonst *s* eingeschleppt u. unbeständig (vermutl. in Eur. entstanden). (= *X. riparium* Itz. & H. emend. Lasch) *Ufer-Sp., Elb-Sp.*, **X. albínum** (Widder) Scholz

22. Sigesbéckia L., *Siegesbeckie.* Pfl. 50–150 cm hoch; äußere Hüllblätt. ausgebreitet u. viel länger als die einwärts geschlagenen inneren; Köpfchen (einschl. der dicht drüsig behaarten Hüllblätt.) bis 3 cm breit, 2–4 cm lg. gestielt; ⊙; VIII–IX. Zuw. eingeschleppt u. in Unkrautgesellschaften der Elbemündung u. in Me eingebürgert (Heimat: Chile). **S. cordifólia** H. B. K.

23. Rudbéckia L., *Sonnenhut*

1. Alle Stgblätt. einfach, beidersts. behaart, 10–100 cm hoch; ⊙–♃; VII–X. Zierpfl. häufig verwild. u. *z* eingebürgert (Auwälder, Flachmoore, Wegränder: Me, Oberrhein, S-Württ, S-Ba u. a.) (Heimat: S-Kanada bis N-Mexiko). *Rauher S.*, **R. hírta** L.

— Wenigstens die mittl. Stgblätt. gefied. od. fiedspaltig, kahl od. wenig behaart; Stg. kahl, 50–200 cm hoch; ♃; VII–X. Zierpfl. häufig verwild. u. *z* an feucht-warmen Orten unbeständig auftretend, aber *s* eingebürgert (Heimat: NO-Kanada, O-USA). *Schlitzblättriger S.*, **R. laciniáta** L.

24. Heliánthus L., *Sonnenblume*

1. Röhrenbltn. braun; Köpfe nickend, bis 30 cm breit; ⊙; VII–X. Angepflanzt, *s* an Schuttplätzen u. ä. Orten unbeständig verwild. (Heimat: N-Am.). *Gemeine S.*, **H. ánnuus** L.

— Röhrenbltn. gelb; Köpfe aufrecht, nur bis 14 cm breit; Stg. am Grd. mit knollenf. verdickten Ausläufern; ♃; VIII–X. Stellenweise angebaut u. verwild; fest eingebürgert: Rheingau, Lx, Saarland, Pf, Neckar- u. Maingebiet, E. (Heimat: NO-Kanada, O- u. M-USA). *Erdbirne, Topinambur*, **H. tuberósus** L.

25. Verbesína L., *Verbesine.* Stg. weißfilzig, meist reich verzweigt; untere Blätt. zuw. gegenst.; Stgblätt. im Umriß dreieckig, grob gezähnt bis schwach gelappt; Blattstiel meist geflügelt; Zungenbltn. goldgelb; ⊙; VII–X. Zuw. eingeschleppt, *s* eingebürgert (Mannheim, bei Sesenheim/E, wo noch?). (Heimat: N- u. M-Am.). **V. encelioídes** (Cav.) Benth. & Hook. ex A. Gray

26. Bidens L., *Zweizahn*

1. Blätt. 3- bis 5-spaltig od. gefied. *3*

— Blätt. ungeteilt; Fr. mit 4 ± gleich lg. Grannen *2*

2. Köpfchen nickend, etwa 30 mm breit, mit od. ohne Zungenbltn.; Blätt. sitzend u. am Grd. paarweise miteinander kurz verwachsen; ⊙; VII–IX. Ufer, Gräben, Moore (bis 1100 m); *v.* *Nickender Z.*, **B. cérnua** L.

— Köpfchen aufrecht, etwa 15 mm breit; Zungenbltn. meist fehlend; Blattspreite in den geflügelten Stiel verschmälert; ⊙; VIII–X. Ufer, Gräben, Flußtäler; *z* im N (*f* Da), *s* im mittl. Gebiet, im S nur *z* E. (Heimat: N-Am.). *Verwachsenblättriger Z.*, **B. connáta** Mühlenb.

3(1). Fr. borstig-höckerig, schwärzlich, mit 2 Grannen, diese mit rückwärts gerichteten Stacheln *(1007)* (var. **anómala** Port. ex Fern.: Stacheln vorwärts gerichtet); Blätt. 1- bis 2-paarig gefied., oft purpurviolett überlaufen; ⊙; VII–X. Eingeschleppt, im N u. M-Gebiet entlang der größeren Flüsse u. Nebentäler vielfach eingebürgert (*f* Be), im S nur bei Straßburg, Stuttgart, Mannheim-Heidelberg, Fr. (Heimat: N-Am.). (= *B. melanocarpa* Wieg.) *Schwarzfrüchtiger Z.*, **B. frondósa** L.

— Fr. glatt, nur am Rand rückw. stachelig-rauh, braun-grün, mit 2 längeren (u. oft 2 kürzeren) Grannen *(991)*; Hüllblätt. 2-reihig *4*

4. Blattzähne deutl. einw. gekrümmt *(1008);* Köpfchen breiter als lg.; äußere blattart. Hüllblätt. 10–12; Spreublätt. schmal-lineal; Blätt. gelbgrün, selten rötl.; ⊙; VIII–X. Gräben, Ufer, Teiche, schlammige Stellen; *s* im N (*f*?), *z* im S (*f* Au) u. M-Gebiet (*f* Ho, Be). *Strahlen-Z.,* **B. radiáta** Thuill.

— Blattzähne fast gerade *(1009);* Köpfe so breit wie lg.; äußere blattart. Hüllblätt. nur 5–8; Spreublätt. breit-lineal; Blätt. dkgrün; ⊙; VII–X. Sumpfige Stellen, Gräben, Tümpel (bis 1000 m); *v.* *Dreiteiliger Z.,* **B. tripartíta** L.

27. Galinsóga R. & P., *Knopfkraut, Franzosenkraut*

1. Spreublätt. 3-spaltig od. ungleich 2-spaltig; Stg. oberwärts wenig u. kurz anliegend behaart; Köpfchenstiele dicht behaart mit wenigen kurzen Drüsenhaaren; ⊙; V–X. Eingeschleppt, als Acker- u. Gartenunkraut weit *v.* (Heimat: andines S-Am.). *Kleinblütiges K.,* **G. parviflóra** Cav.

— Spreublätt. ungeteilt; Stg. oberw. absthd. grauzottig behaart; Köpfchenstiele locker behaart mit zahlr. lg. Drüsenhaaren (Lupe!); ⊙; IV–X. Wie vorige, häufig mit dieser verwechselt! (Heimat: andines S-Am. u. M-Am.). (= *G. quadriradiata* auct.) *Behaartes K.,* **G. ciliáta** (Raf.) Blake

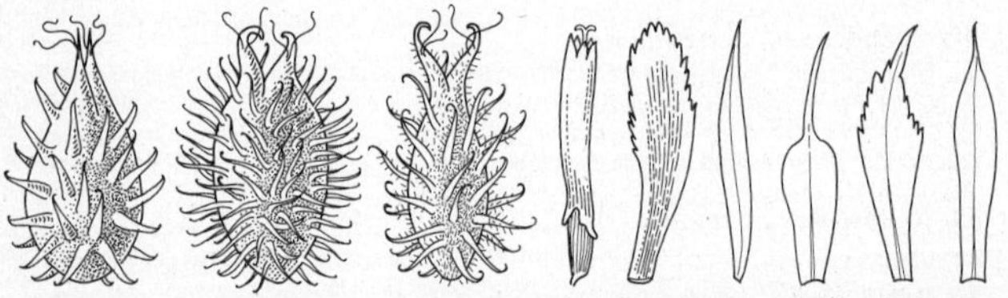

1014 1015 1016 1017 1018 1019 1020 1021 1022

28. Chamaemélum Mill., *Römische Kamille.*

Blätt. doppelt fiedteilig; Spreublätt. stumpf *(1018),* mit grünem Mittelstreif u. durchsichtigem Rand; Bltnkrone am Grd. ringsum mit einer schiefen Aussackung *(1017);* ♃; VI–X. Straßenränder, feuchte Wiesen; wild nur in Be (ob ursprüngl.?), sonst angepfl. u. zuw. vorübergehend verwild. (dann meist mit gefüllten Köpfchen). (= *Anthemis nobilis* L.) **Ch. nóbile** (L.) All.

29. Ánthemis L., *Hundskamille*

1. Zungenbltn. gelb, selten fehlend [var. **discoídea** (All.) Boiss.]; Blätt. doppelt fiederteilig, untersts. anlgd. kurzhaarig; Spreublätt. lanzettl., mit starrer Stachelspitze; ⊙–♃; VI–IX. Steppenhänge, buschige Orte, Weinberge (bis 1000 m); kalkliebend; *z, s* im NW (auch kult. u. zuw. verwild.) *Färber-H.,* **A. tinctória** L. ssp. **tinctória**

— Zungenbltn. weiß *2*

2. Spreublätt. lineal-borstl. *(1019),* aber den äußeren (unteren) Röhrenbltn. fehlend; Köpfchenboden verlängert-kegelf.; Fr. knotig-gerieft u. warzig-drüsig; Blätt. doppelt fiederspaltig, zerstreut behaart; Pfl. stinkend; ⊙; VII–IX. Unbebaute, lehmige Orte, Äcker (bis mont. Reg.); *z* bis *s* *Stinkende H.,* **A. cótula** L.

— Spreublätt. längl. od. lanzettl., überall vorhanden; Blätt. doppelt fiedteilig; Fr. glatt *3*

3. Spreublätt. plötzl. in eine lange Stachelspitze auslaufend *(1020);* Köpfchenboden halbkugelig, Blätt. wollig behaart; ⊙–⊙; VI–VIII. Unbebaute Orte, Bahndämme, Äcker; *s* in RhPf., O-Ba, Fr, oberes Elbetal (von Böhmen!), sonst (Au, SW) zuw. eingeschleppt (Bahnhöfe, Hafenanlagen) *Österreichische H.,* **A. austríaca** Jacq.

— Köpfchenboden kegel- od. walzenf. verlängert; Spreublätt. anders *4*

4. Spreublätt. an der Spitze gezähnt, verkehrt-eif.-längl. *(1021),* stachelspitzig; Pfl. angedrückt wollig behaart, von würzigem Geruch; ⊙; VI–IX. Steinige, sonnige Abhänge, Äcker; *s* Br, Sa, Th, Schl, sonst nur zuw. eingeschleppt, eingebürgert z. B. RhPf. *Ruthenische H.*, **A. ruthénica** Bieb.

— Spreublätt. lanzettl., ganzrandig, stachelspitzig *(1022);* Pfl. kahl bis flaumig-wollig, ohne aromatischen Geruch; Fr. stumpf-4kantig; ⨀; VI–IX. Äcker, Ödland (bis 1000 m); *v* u. *h*. *Acker-H.*, **A. arvénsis** L.

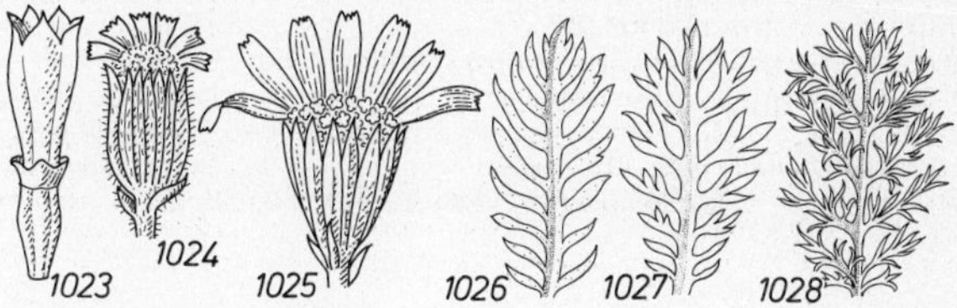

30. Achilléa L., *Schafgarbe*

1. Blätt. fiedteilig od. gefiedert *3*

— Blätt. einfach, fein gesägt *2*

2. Köpfchen 12–17 mm breit; Zungenbltn. zu 8–13, ihre Zunge 4–7 mm lg.; Blätt. nicht punktiert, Sägezähne nochmals reichl. gesägt u. mit feinen Knorpelspitzchen (Lupe!); ♃; VII–IX. Sumpfige, feuchte Orte, Wiesenmoore, Auwaldgebüsch (bis 700 m); *v* bis *z;* gelegentl. mit gefüllten Köpfchen aus Gärten verwild. [Sorte (cv.). ‚Multiplex']
Sumpf-Sch., **A. ptármica** L. ssp. **ptármica**

— Köpfchen 10–12 mm breit; Zungenbltn. zu 7–8, ihre Zunge 3–5 mm lg.; Blätt. beidersts. dicht durchscheinend, drüsig punktiert (Lupe!), Sägezähne nochmals wenig gesägt u. mit deutl. Knorpelspitze; ♃; VII–IX. Wie vorige; *s* am Westufer u. in Flußtälern östl. der Oder (= *A. cartilaginea* Led.)
Knorpelblättrige Sch., **A. salicifólia** Bess.

3(1). Zunge der Randbltn. kürzer als die Hülle, meist 5, selten 4 od. 6 . *9*

— Zunge der Randbltn. so lg. od. länger als die Hülle, zu 5 od. mehr; Gebirgspfl. *4*

4. Stg. u. Blätt. zottig bis wollig behaart *8*

— Stg. unten kahl, oberw. höchstens weichhaarig, Blätt. kahl bis zerstreut behaart *5*

5. Pfl. 30–100 cm hoch; Zungenbltn. meist 5 (bis 8); Blätt. groß, mit 5–7 Fiederpaaren, Fiedern bis 10 mm breit, einfach bis doppelt scharf gesägt; ♃; VII–IX. Hochstaudenfluren, feucht-schattige Schluchten, Grünerlengebüsch (1200–2000 m); *z* Allgäu, Vb, W-Ti.
Großblättrige Sch., **A. macrophýlla** L.

— Pfl. 5–30 cm hoch; Zungenbltn. 6 od. mehr (bis 20, selten nur 5); Blattfied. ganzrandig od. einfach bis doppelt fiedspaltig, alle Abschnitte lineal *6*

6. Blätt. dicht drüsig punktiert, einfach fiedteilig, mit 0,5–1 mm breiten Zipfeln *(1026),* diese zuw. (Grdblätt.) mit 1–3 Zähnchen; Zungenbltn. 6–8; ♃; VII–IX. Moränen, Felstriften, Magermatten (1500–3400 m); kalkmeidend; *v* Ur-Alp., *s* K-Alp. (*f* in Dt, aber in Grenznähe im Walsertal/Allgäu). [= *A. erba- rotta* All. ssp. *moschata* (Wulf.) Vacc.] *Moschus-Sch.*, **A. moscháta** Wulf.

— Blätt. nicht drüsig punktiert, z. T. od. ganz doppelt fiedteilig; Zungenbltn. 7–12; Pfl. 10–25 cm hoch *7*

7. Basale Fiederpaare der Blätt. ungeteilt *(1027);* Köpfchen 11–16 mm breit; Zungenbltn. 5–6 mm lg.; ♃; VII–IX. Schutt, Moränen, Schneetälchen (1500–2700 m), *s* tiefer); kalkliebend; *v* K-Alp., *s* Ur-Alp.; formenreich. (= *A. halleri* Cr.) *Schwarze Sch.*, **A. atráta** L. (s. str.)

— Sämtl. Fiedern der Blätt. geteilt, die oberen oft doppelt *(1028);* Köpfchen 9 bis 12 mm breit; Zungenbltn. 3–4 mm lg.; ♃; VII–IX. Wie vorige; kalkstet; *s* Sb, am Wendelstein (Ba)? [= *A. atrata* L. ssp. *clusiana* (TAUSCH) HEIM.]
Ostalpen-Sch., **A. clusiána** TAUSCH

8(4). Pfl. 5–15 cm hoch, mit aromatischem Geruch, weißgrau; Stg., Blätt. u. Hülle dicht wollig-zottig behaart; Stg. nicht kantig; Zungenbltn. 1/2 so lg. wie die Hülle; ♃; VII–IX. Felsen, Schutt, Schneetälchen (oberhalb 2000 m); kalkmeidend; *s* Paznauntal (SW-Ti). *Zwerg-Sch.,* **A. nána** L.

— Pfl. ohne aromatischen Geruch 5–30 cm hoch; Stg., Blätt u. Hülle seidig-anlgd. behaart, bisweilen verkahlend; Stg. kantig; Zungenbltn. so lg. wie die Hülle; ♃; VII–IX. Felsen, Schutt, steinige Matten (1500–2500 m, *s* tiefer), kalkstet; *v* Alp. östl. Achensee.
Ⓖ *Steinraute, Weiße Sch., Weißer Speik,* **A. clavénae** L.

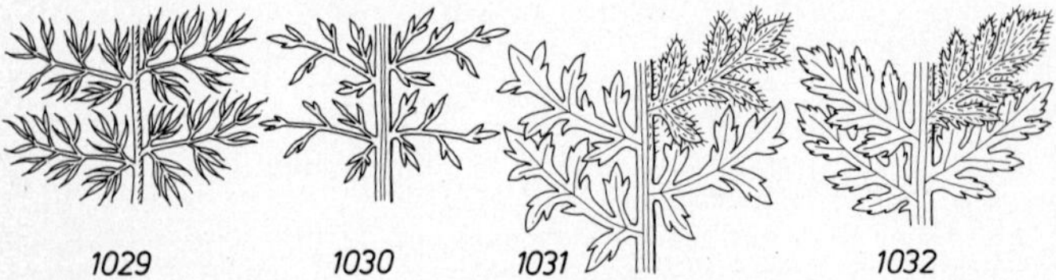

1029 *1030* *1031* *1032*

9(3). Fied. der mittl. Stgblätt. im Umriß (längl.-)oval, ihre Rhachis gezähnt, mit 7–12 Fied.paaren u. deutl. voneinander entfernten Fied.; Zunge der Randbltn. etwa 1/3 so lg. wie die Hülle, weiß bis gelbl.weiß, unterst. zerstreut mit sitzenden Drüsen; Pfl. ohne Ausläufer; ♃; VI–X. Steinig-sonnige Hänge, Mauern, Weinberge; *z* bis *s* nördl. bis Moselgebiet/Lahntal/Harz/SaAn, *f* in S-BW, S-Ba, Au. *Edel-Sch.,* **A. nóbilis** L.

— Fied. der mittl. Stgblätt. im Umriß längl.-lanzettl., mit zahlreicheren Fied.-paaren u. meist einander genäherten od. sich berührenden Fied.; Zunge der Randbltn. meist 1/2 so lg. wie die Hülle; Pfl. mit unterirdischen Ausläufern; ♃. Sehr formenreich (hier mit 7 Kleinarten). **A. millefólium** L. (s. l.)[1]

a. Rhachis zwischen den Fied. 1. Ordnung gezähnt od. Blätt. unterbrochen gefied.; kräftige Pfl. bis 1 m hoch; Blätt. bis über 15 cm lg.; VII–IX. Magerwiesen bis Hochstaudenfluren; *s* in Sb. Formenreich (2 ssp.) mit Übergängen zu *A. millefolium* s. str.
Zahnblatt-Sch., **A. dístans** WILLD.

– Rhachis nicht gezähnt bzw. ohne Zwischenfied. . . . . **b**

b. Fied.enden borstlich, nur 0,2–0,4 mm breit *(1029);* Stgblätt. doppelt gefied., im Umriß lanzettl.; Grdblätt. nur 1 cm breit; Pfl. seidig od. wollig behaart, 15–40 cm hoch; Zunge der Randbltn. nur 1/3 so lg. wie die Hülle; V–VI. Steppenrasen, steinige Weiden; *z* bis *s* U-Fr, Th, SaAn, Br. *Feinblatt-Sch.,* **A. setácea** W. & K.

– Fied. nicht borstl., ihre letzten Enden nicht büschelig sthd.; Zungen der Randbltn. 1/2 so lg. wie die Hülle . . . . **c**

c. Zungenbltn. weiß (selten rosa); Hüllblätt. ± dicht lg.haarig; doldenrispige Infl. meist breiter als 3 cm . . . . **e**

– Zungenbltn. meist rötl. od. rosa; Hüllblätt. kahl bis sehr zerstreut behaart; doldenrispige Infl. nur 2–3 cm breit . . . . **d**

d. Blätt. dickl., mit knorpeligen Fiederenden; Fied. 1. Ordnung der oberen Stgblätt. gezähnt bis gelappt; Flügelung der Rhachis an den oberen Stgblätt. stärker ausgeprägt als an den unteren; VI–VIII. Nasse Magerwiesen; Au?, ob in Dt? (sonst *v* Böhmen u. Ob-Au)
Farnblättrige Sch., **A. asplenifólia** VENT.

– Blätt. dünn, Fied. ohne knorpelige Enden; Fied. 1. Ordn. der oberen Stgblätt. fiedteilig; Flügelung der Rhachis an den oberen Stgblätt. nicht stärker ausgeprägt als an den mittleren u. unteren; VI–VIII. Mähwiesen, Wegränder; *s* Bodenseegebiet, S-Oberrhein, Sa, wo noch?
Blaßrote Sch., **A. róseo-álba** EHRENDF.

[1] Zur Bestimmung eignen sich nur ausgewachsene, kräftige Pfl. Zur Beurteilung von Blattmerkmalen verwende man, falls nicht anders angegeben, stets die mittl. Stgblätt.

e. Stg. u. Blätt. dicht wollig bis zottig behaart; mittlere Stgblätt. 8–10 mal so lg. wie breit, ihre Fied. 1. Ordn. sehr dicht sthd. *(1032);* VI–VIII. Trockenrasen, Felsbänder, Gebüschränder, genaue Verbreitung noch nicht bekannt, bisher vereinzelt S-E, *z* Harz, Th, SaAn, Br, Schl.
Ungarische Sch., **A. pannónica** SCHEELE

– Stg. u. Blätt. wenig bis zerstreut-locker behaart; mittlere Stgblätt. im Verhältnis kürzer, ihre Fiedern 1. Ordn. weniger dicht sthd. . . . . **f**

f. Rosettenblätt. 5–8 mal so lg. wie breit; Fied. 1. Ordn. der mittleren Stgblätt. relativ breit, fiedteilig, Fied. 2. Ordn. gezähnt *(1031);* Hüllblätt. mit schmalem, hellbraunem Rand; VI–VIII. Trockenrasen, Triften; *z* E, vermutl. S-Dt (z. B. FrAlb), sonst N-SaAn, Br, Me (Hiddensee).
Hügel-Sch., **A. collína** J. BECKER ex RCHB.

– Rosettenblätt. 7–15 mal so lg. wie breit; Fied. 1. Ordn. der mittl. Stgblätt. relativ schmal, doppelt fiedteilig *(1030);* VI–X. *Gemeine Sch.,* **A. millefólium** L. (s. str.)

A. Hüllblätt. mit schmalem, hellbraunem Rand; Pfl. schwach behaart, bis 100 cm hoch; Zungenbltn. fast stets weiß. Tiefere Lagen: Wiesen, Wegränder, Halbtrockenrasen (Höhenobergrenze?); *g.* ssp. **millefólium**

– Hüllblätt. mit mittel- bis schwarzbraunem Rand; Pfl. insgesamt stärker behaart, kaum höher als 50 cm; Zungenbltn. meist ± rötl.. Vor allem Gebirgswiesen der mont. u. subalp. Stufe bis Krummholzreg. (bis 2500 m); *v* Alp., *z* Vog., Sudeten, Erzgeb.
ssp. **sudética** (OPIZ) WEISS

Weitere Arten als **Zierpfl.** aus Gärten gelegentl. verwild.
Zahlreiche Arten neigen zur **Bastard**bildung!

31. Matricária L. (incl. Tripleurospérmum SCHULTZ-BIP. u. Chamomílla S. F. GRAY), *Kamille*

1. Zungenbltn. fehlend; Röhrenbltn. grünl.gelb, 4-zähnig; Pfl. stark duftend, 5–40 cm hoch; ⊙; VI–VIII. Ödland, Schuttplätze (bis 1000 m); *v* u. *h,* völlig eingebürgert (Heimat: NO-Asien). [= *M. discoidea* DC.; = *M. suaveolens* (PURSH) BUCH.; = *Ch. suaveolens* (PURSH) RYDB.]
Strahllose K., **M. matricarioídes** (LESS.) PORT.

— Zungenbltn. meist vorhanden, weiß; Röhrenbltn. goldgelb ***2***

2. Köpfchenboden kegelf., hohl; Zungenbltn. zuletzt zurückgeschlagen; Pfl. mit starkem Kamillengeruch; ⊙; V–IX. Äcker, Ödland (bis 1300 m); oft kult. u. verwild., *v;* völlig eingebürgert (Heimat: O-Mittelmeergebiet). [= *Ch. recutita* (L.) RAUSCH.] *Echte K.,* **M. chamomílla** L.

— Köpfchenboden halbkugelig, markig; Pfl. fast geruchlos. (2 Kleinarten)
M. marítima L. (s. l.)

a. Stg. niederlgd. bis aufstgd., vom Grund an verzweigt; Blätt. etwas fleischig; Zungenbltn. 20–30; Harzdrüsen auf den Fr. längl.; ⊙–♃; VII–X. Strandwiesen, Dünen; *v* Nordsee-, *z* Ostseeküste, sehr *s* im Binnenland (Salinen; wo?). [= *T. maritimum* (L.) KOCH]
Strand-K., **M. marítima** L. (s. str.)

– Stg. aufrecht, erst oberw. verzweigt; Blätt. nicht fleischig; Zungenbltn. 12–20; Harzdrüsen auf den Fr. rund; ⊙; VI–X. Äcker, Ruderalstellen (bis 1300 m); *g* u. *h* [= *T. inodorum* (L.) SCHULTZ-BIP.; = *M. maritima* L. ssp. *inodora* (L.) DOSTAL; = *M. perforata* MÉR.)
Duftlose K., **M. inodóra** L.

32. Chrysánthemum L. [incl. Tanacétum L., Leucánthemum MILL. u. Leucanthemópsis (GIROUX) HEYW.], *Wucherblume, Margerite*

1. Zungenbltn. fehlend; Röhrenbltn. goldgelb, in flacher, dichter Doldenrispe; Blätt. doppelt fiedspaltig; ♃; VII–IX. Auwälder, Hecken, Raine, Wegränder (bis 1200 m); *v.* (= *Tanacetum vulgare* L.) *Rainfarn,* **Ch. vulgáre** (L.) BERNH.

— Zungenbltn. vorhanden ***2***

2. Zungenbltn. gelb; Blätt. halbstgumfassend, spatelig, grob gesägt bis fiedspaltig; ⊙; VI–VIII. Getreidefelder, kalkmeidend; z im W u. M-Dt, sonst *s* (*f* Sb); meist eingebürgert (Heimat: O-Mittelmeergebiet) *Saat-W.,* **Ch. ségetum** L.

— Zungenbltn. weiß ***3***

3. Köpfe zu 2 bis vielen in einer kaum gewölbten Ebene (Doldenrispe) ***6***

— Köpfe einzeln am Ende des Stg. ***4***

4. Röhrenbltn. ohne Pappus; Pappus der Zungenbltn. fehlend od. als kurzes, schiefes Krönchen; obere Blätt. kürzer als die Stgglieder; Pfl. 20–100 cm hoch; ♃; V–X. Bis 2300 m; formenreich. Untergliederung noch unbefriedigend. (= *L. vulgare* LAM.) *Wiesen-W., Margerite,* **Ch. leucánthemum** L.

a. Alle Fr. ohne Pappus; mittl. Stgblätt. geöhrt u. halbstgumfassend, gesägt. Wiesen, Magerweiden; *g;* formenreich. [incl. *L. ircutianum* (TURCZ.) DC.] ssp. **leucánthemum**

– Pappus der Zungenbltn. als schiefer od. gleichmäßiger Saum . . . . b
b. Fr. der Zungenbltn. mit schiefem, öhrchenart. Saum; mittl. Stgblätt. nicht geöhrt, gesägt bis gekerbt. Bergwiesen der mont. u. alp. Reg.; *v* Alp., *z* Vorland, Schw. Alb., Vog., Hegau, [= *Ch. adustum* (KOCH) FRITSCH] ssp. **montánum** (ALL.) GAUD.
– Fr. der Zungenbltn. mit gleichmäßigem, krönchenart., meist etwas zerschlitztem Saum; mittl. Stgblätt. nicht geöhrt, tief gezähnt bis fiedteilig. Wie vorige; *f* M-Geb., zuw. kult. [= ssp. *heterophyllum* (WILLD.) GAMS in HEGI; = *L. heterophyllum* (WILLD.) DC.] ssp. **lanceolátum** (PERS.) E. MAY.

— Pappus aller Fr. als kurzes Krönchen (ähnl. *990*); Gebirgspfl. . . . ***5***
5. Obere Stgblätt. ganzrandig, deutl. kleiner als die meist kammf.-fiedspaltigen Grdblätt.; Pfl. 5–20 cm hoch; ♃; VII–VIII. Matten, Schutt, Felsen (1600 bis 3200 m); kalkmeidend; *v* Ur-Alp., *z* K-Alp.; formenreich. [= *T. alpinum* (L.) SCHULTZ-BIP.; = *Leucanthemopsis alpinum* (GIROUX) HEYW.] *Alpen-W.*, **Ch. alpínum** L.
— Grd.- u. Stgblätt. gleichmäßig grob u. tief gesägt; Pfl. 10–40 cm hoch; ♃; VII–IX. Steinige Matten, Schutt (1500–2400 m); kalkstet; *v* Alp. (*s* Flußtäler!). [= *L. atratum* (JACQ.) DC.] *Sägeblättrige W.*, **Ch. atrátum** JACQ.
6(3). Röhrenbltn. bräunl.weiß; Köpfchen 6–8 mm breit; Zungenbltn. 5–6, viel kürzer als die Hülle; ♃; VI–VIII. In Dt u. Da zuw. verwild. u. *s* (Th, Fr, Oberrhein) eingebürgert (Heimat: Balkan). (= *T. macrophyllum* (W. & K.) SCHULTZ-BIP.) *Großblättrige W.*, **Ch. macrophýllum** W. & K.
— Röhrenbltn. gelb; Köpfchen über 10 mm breit ***7***
7. Köpfe mit ausgebreiteten Zungenbltn. 2,5–5 cm breit; Zungenbltn. 10–20 mm lg.; Pfl. geruchlos; Stgblätt. sitzend; ♃; VI–VIII. Lichte Laubwälder, buschige Abhänge (bis 1800 m); kalkliebend; *v* bis *s*, *f* Da, SH, OPr, NW-Dt, Ho, Be, S-Ba (im N z. T. nur adventiv). [= *T. corymbosum* (L.) SCHULTZ-BIP.] *Doldige W.*, **Ch. corymbosum** L.
— Köpfe 1,5–2,5 cm breit; Zungenbltn. rundl., kürzer als die Hülle; Pfl. von stark widerlichem Geruch; Stgblätt. gestielt; ♃; VI–VIII. Aus Gärten zuw. verwild. u. *s* eingebürgert (Heimat: Balkan, Orient). [= *T. parthenium* (L.) SCHULTZ-BIP.] *Mutterkraut*, **Ch. parthénium** (L.) BERNH.

33. Cótula L., *Laugenblume.* Stg. niederlgd. od. aufstgd.; Blätt. tief gezähnt bis unregelmäßig fiedteilig; ⊙; VII–VIII. Strandwiesen, Dörfer (Dungstellen); *v* Meeresküsten östl. bis Kiel (in Da nur NW-Jütland), *s* im Binnenland (NW); völlig eingebürgert (Heimat: S-Afr.). **C. coronopifólia** L.

34. Artemísia L., *Beifuß, Edelraute*

1. Stg. mindestens 30 cm hoch; Pfl. der niederen Lagen ***3***
— Niedrige, 10–25 cm hohe Pfl. der Hochalpen ***2***
2. Stgblätt. handf. geteilt; Köpfchenboden dicht behaart; Frkn. kahl; Köpfchen in lockerer od. kurzer Ähre; ♃; VII–IX. Moränen, Felsschutt (1800–2700 m); *z* Au, *s* Dt. [= *A. laxa* (LAM.) FRITSCH] Ⓖ! *Echte E.*, **A. mutellína** VILL.
— Stgblätt. gefied.; Köpfchenboden kahl; Frkn. behaart; Köpfchen 3–5 mm breit, in durchblätterter, anfangs nickender, später aufrechter, dichter Ähre; ♃; VII–IX. Wie vorige (2200–3100 m); kalkmeidend; *z* Au. 🄶 *Schwarze E.*, **A. genípi** WEB.
3(1). Blätt. ungeteilt, lanzettl., ganzrandig od. schwach gesägt; Pfl. stark aromatisch duftend; ♃; VIII–X. Angebaut u. stellenw. verwild. (Heimat: Sibirien) *Estragon*, **A. dracúnculus** L.
— Blattspr. geteilt ***4***
4. Köpfchenboden behaart; Köpfchen ± kugelig ***16***
— Köpfchenboden kahl; Köpfchen kugelig bis eif.-längl. ***5***
5. Blätt. beidersts., Stg. u. Hüllblätt. schneeweiß- bis grau-filzig; Blätt. mit kurzen, schmalen Zipfeln; Randbltn. ⚥; ♃; VII–X. *Strand-B.*, **A. marítima** L.
a. Stg. weißfilzig, am Grd. nicht od. wenig verholzend; Köpfchen gestielt; Rispenäste absthd. bis übergebogen. Dünen, Strandwiesen; *v* Nordseeküste (bis O-Da). ssp. **marítima**
– Stg. verkahlend bis graufilzig, am Grd. meist deutl. verholzt . . . . b
b. Stg. grauhaarig bis -filzig; Köpfchen gestielt; Rispenäste sparrig absthd. Wie vorige; *v* Ostseeküste bis Me, *s* Nordseeküste u. Salzstellen in Th, SaAn. ssp. **salína** (WILLD.) RCHB.
– Stg. verkahlend; Köpfchen sitzend; Rispenäste aufrecht, Infl. besenförmig. *s* Salzstellen in Th. ssp. **monogýna** (W. & K.) GAMS in HEGI

— Blätt. (wenigstens obersts.) nicht filzig; Randbltn. ♀ ***6***
6. Blätt. (wenigstens untersts.) behaart od. filzig ***10***
— Blätt. völlig kahl ***7***
7. Blätt. 2- bis 3-fach gefied., alle Fiedenden gleichart. schmal-lineal u. weniger als 1 mm breit, fast fädl.; Bltn. rötl.; Köpfchen höchstens 2 mm breit. (s. Punkt ***15***—) **A. scopária** W. & K.
— Fiedenden breiter u. kürzer; Köpfchen größer ***8***
8. Fiedabschnitte letzter Ordnung fiedspaltig od. ganzrandig, mit stumpfen Spitzen; Köpfchen nickend, kugelig; Blätt. 2fach gefied., oberste Fied. an der Rhachis herablaufend; ⨀; VII–IX. Ödland, Schuttplätze, Hafengebiete; oft eingeschleppt, bes. im S (Heimat: Asien). *Einjähriger B.,* **A. ánnua** L.
— Fiederabschnitte letzter Ordnung scharf gesägt; Köpfchen aufrecht ***9***
9. Blätt. einfach-fiedteilig, Fied. letzter Ordnung schmal-lanzettl., entfernt eingeschnitten-gesägt; Blätt. ohne Zwischenfied.; Hüllblätt. schmal-hautrandig; Pfl. schwach aromatisch riechend; ⨀-⨀; VII–IX. Ruderalstellen; immer wieder eingeschleppt u. z. T. eingebürgert (z. B. NS, SH, Rheinl., We, Baden, Sa, Br). (Heimat: westl. N-Am.). *Zweijähriger B.,* **A. biénnis** Willd.
— Blätt. doppelt fiedteilig, Fied. letzter Ordn. längl.-elliptisch, dicht (meist doppelt) gesägt; Blätt. meist mit Zwischenfied.; Hüllblätt. breit-hautrandig; Pfl. nicht duftend; ⨀; VII–IX. Wie vorige; zuw. eingeschleppt u. gelegentl. eingebürgert (z. B. Ho, NS, Rheinl., Sa). (Heimat: S-Rußland – Himalaya). *Armenischer B.,* **A. tournefortiána** Rchb.
10(6). Blätt. sehr fein gefied.; Fied. letzter Ordnung nur 1 mm breit; Stg. am Grd. oft filzig, grauflaumig behaart, oft rötl. überlaufen, oberw. absthd. rispig verzweigt; Hüllblätt. absthd. kurzhaarig; Bltn. rötl.gelb; Pfl. mit kürzeren Ausläufern, bis 50 cm hoch; ♃; VII–IX. Ruderalstellen, sandige Trockenrasen; vorübergehend eingeschleppt u. *s* eingebürgert (z. B. N-Oberrhein, Fr). (Heimat: O-Eur. u. Balkan, bis Nieder-Au). *Österreichischer B.,* **A. austríaca** Jacq.
— Blätt. gröber gefied., Fied. letzter Ordnung deutl. breiter ***11***
11. Blätt. am Grd. nicht geöhrt, doppelt fiedspaltig, mit fast fädl. Zipfeln, die obersten ungeteilt; äußere Hüllblätt. längl.-lanzettl. ± kurz behaart; Pflanze mit Zitronenduft; ♃; VII–X. Gepfl., *s* verwild. (Heimat: Balkan?). *Eberraute, Zitronenkraut,* **A. abrótanum** L.
— Blätt. am Grd. geöhrt ***12***
12. Blätt. beidersts. kahl od. ± behaart, nicht auffällig verschiedenfarbig ***14***
— Blätt. obersts. dkgrün u. kahl, untersts. weißfilzig ***13***
13. Fied. der oberen Stgblätt. ganzrandig; Pfl. mit bis 1 m langen Ausläufern, diese mit wintergrünen Rosetten; Hüllblätt. verkahlend; Pfl. stark aromatisch duftend, 1,50–2,50 m hoch; ♃; IX–XI. Ödland, Ufer; eingeschleppt u. eingebürgert Bodenseegebiet, auch E, S-BW, S-Ba, Sa, Au (Heimat: O-Asien). *Kamtschatka-B.,* **A. verlotiórum** Lamotte
— Fied. der oberen Stgblätt. tiefgesägt; Pfl. ohne Ausläufer; Hüllblätt. filzig; Stg. reich verzweigt; Infl. eine große u. breitästige Rispe; Pfl. bis 1,50 m hoch; ♃; VII–X. Ufer, Wege, Ödland, Schuttplätze (bis 1600 m); *g.* *Gemeiner B.,* **A. vulgáris** L. ssp. **vulgáris**
ssp. **coarctáta** (Fors.) Lemke & Rothm.: Stg. kaum verzweigt; Infl. eine schmale Rispe; Pfl. bis 2,50 m hoch; IX–XI. Dünen, Gebüsche; *v* Küsten, Nordsee seltener (Binnenland?).
14(12). Hüllblätt. angedrückt graufilzig; Blätt. obersts. graugrün, untersts. graufilzig; Köpfchen nickend, in schmalästiger Rispe; Pfl. nur kurz verzweigt; ♃; VIII–X. Steppenheiden; eingewandert u. stellenw. eingebürgert, bes. im M-Gebiet; gelegentl. gepfl. u. verwild. (Heimat: O-Mittelmeergebiet). *Römischer Wermut,* **A. póntica** L.
— Hüllblätt. außen kahl; Bltn. meist rötl. ***15***
15. Pfl. ♃, mit stark verholztem Wurzelstock, mit zahlr. niederlgd. bis aufstgd. sterilen Blattrosetten u. meist roten Stg. (aufrechte Pfl. in den Alp.); Köpfchen 2–6 mm lg. in meist lockeren, sparrigen Rispen; VIII–X. Sehr formenreich. *Feld-B.,* **A. campéstris** L.

a. Köpfchen 3–6 mm lg., 12- bis 30-bltg.; Stg. ± aufrecht u. wenig verzweigt; Alpenpfl. . . . . **d**
– Köpfchen 2–3 mm lg., 5- bis 12-bltg.; Stg. niederlgd. bis aufstgd. . . . . **b**
b. Stg. u. Blätt. frühzeitig verkahlend; Fiedzipfel 1 mm breit. Ödland, Sanddünen, Trockenwiesen, Wegränder; *v*, im N *z* (bis 1600 m) ssp. **campéstris**
– Stg. u. Blätt. bleibend seidig-filzig, vielfach auch die Hüllblätt. . . . . **c**
c. Fiederenden ca. 1 mm breit; Köpfchen zieml. dicht sthd.; Rispenäste aufrecht. Steppenrasen, Trockenhänge; *z* Pf bis Sa. ssp. **lednicénsis** (Rochel) Lemke & Rothm.
– Fiederenden breiter u. länger; Köpfchen locker sthd.; Rispenäste überhängend bis nickend. *z* Dünen der Ostseeküste. ssp. **sericea** Fr.) Lemke & Rothm.

d. Köpfchen 3–4 mm lg., 12- bis 25-bltg.; Stg. ± kahl. Steinige Matten oberhalb 1000 m; *z* Sb (Ti?). ssp. **alpína** (Dc.) Arc.
– Köpfchen 5–6 mm lg., 15- bis 30-bltg.; Stg. kahl bis seidig behaart. Triften, Schuttfluren (1500–2700 m); *z* Sb, Ti. ssp. **boreális** (Pall.) Gams in Hegi

— Pfl. ⊙, mit dünner Hauptwurzel, steif aufrecht, ohne sterile Blattrosetten; Köpfchen 1,5–2 mm lg., in dichter, aufrechter Rispe; VIII–X. Steppenrasen, Brachäcker; nur bei Passau (O-Ba), sonst verschleppt, Ruderalstellen (Stromtäler!) *Besen-B.*, **A. scopária** W. & K.

16(4). Pfl. seidig-filzig; Grdblätt. 2- bis 3-fach fiedteilig, mit lanzettl. Zipfeln, diese 2–3 mm breit; Hüllblätt. seidig-filzig; ♃; VII–IX. Ödland, bebaute u. beweidete Kulturlandschaften; *v* eingebürgert (Heimat: Asien). *Wermut*, **A. absínthium** L.

— Blätt. kahl od. etwas graufilzig, mit linealen Zipfeln; Grdblätt. 2-fach fiedteilig ***17***

17. Äußere Hüllblätt. grün, kahl; Blätt. kahl; Köpfchenboden zottig behaart; ♃; IX. Salztriften in SaAn (Staßfurt, Bernburg, Artern). *Felsen-B.*, **A. rupéstris** L.

— Äußere Hüllblätt. flaumig behaart, aber mit (fast) kahlem Hautrand; Blätt. schwach behaart bis filzig; Köpfchenboden spärlich behaart; Pfl. von kampferart. Geruch; ♃; VIII–X. Trockene Felshänge; kalkstet; Rouffach (E), SO-Be. (= *A. camphorata* Vill.) *Kampfer-B.*, **A. álba** Turra ssp. **saxátilis** (W. & K.) Soó

Bastardbildung häufig! Weitere ca. 5 *Artemisia*-Arten zuw. verwild. od. eingeschleppt.

35. Adenostýles Cass., *Alpendost*

1. Köpfchen 10- bis 30-bltg.; Hüllblätt. filzig; ♃; VII. Gesteins- u. Schuttfluren der Ur-Alp.; *s* Ötztal (Ti). [= *A. tomentosa* (Vill.) Sch. & Th.] *Filziger A.*, **A. leucophýlla** (Willd.) Rchb.

— Köpfchen 3- bis 6-bltg.; Hüllblätt. kahl, zuw. etwas flaumig ***2***

2. Obere Stgblätt. stets gestielt; Blattstiel am Grd. nicht geöhrt; Blätt. gleichmäßig gezähnt, untersts. graugrün u. nur auf den Adern behaart; Adernetz engmaschig; Blkr. hellviolett; ♃; VII–VIII. Felsschutt, Schluchtwälder (bis 2400 m); kalkliebend; *v* Alp., *z* Vorland. (incl. *A. calcarea* Brügg.) [= *A. alpina* (L.) Bluff & Fing.] *Grüner A.*, **A. glábra** (Mill.) Dc.

— Obere Stgblätt. halbstgumfassend sitzend, wenn gestielt, dann mit geöhrtem Blattgrd.; Blätt. ungleichmäßig gezähnt, untersts. graufilzig; Adernetz weitmaschig; Blkr. fleischrot; ♃; VII–VIII. Hochstaudenfluren, Schluchtwälder (bis 2100 m); *v* Alp., *z* Vorland, Schw., Vog., Sudeten. [= *A. albifrons* (L. f.) Rchb.] *Grauer A.*, **A. alliáriae** (Gouan) Kern.

36. Anácyclus L., *Bertramwurzel:* Blätt. doppelt fiedspaltig; Köpfchen 1 cm breit, einzeln, auf verdickten, hohlen Stielen; Randbltn. untersts. oft rot; ⊙; VI–VII. Gelegentl. angepfl. u. *s* verwild. (Heimat: Mittelmeergebiet?). *Deutscher Bertram*, **A. officinárum** Hayne

37. Santolína Tourn. ex L., *Heiligenblume, Zypressenkraut:* Immergrüner, buschiger, stark würzig duftender Halbstrauch, mit brüchigen Zweigen; Blätt. klein, graufilzig; ♃; VII–VIII. Zierpfl. gelegentl. verwild. (Heimat: W-Mittelmeergebiet). **S. chamaecyparíssus** L.

38. Tussilágo L., *Huflattich.* Zungenbltn. gelb, mehrreihig, fädl.; Fr. mit langem, mehrreihigem, seidigem Pappus; ♃; III–IV. Feuchte Äcker (Ton u. Lehm), Wegränder, steinige Matten, Moränen (bis 2300 m); *v*. **T. fárfara** L.

39. Petasites Mill., *Pestwurz*

1. Blätt. im Umriß 3-eckig-herzf., untersts. dicht weißfilzig 3

— Blätt. im Umriß rundl.-herzf., untersts. locker grau-wollig-filzig . . . 2

2. Bltn. rötl.; Blattspr. am Grd. mit abgerundeten Lappen, am Rand regelmäßig scharf gezähnt, untersts. später ± verkahlend, bis 1 m lg. u. 60 cm breit; Blattstiel obersts. tief eng gefurcht; ♃; III–V. Bachufer, feuchte Waldränder (bis 1500 m); *v* u. truppweise. (= *P. officinalis* Moench). *Gemeine P.*, **P. hýbridus** (L.) G. M. Sch

— Bltn. gelbl.weiß; Blattspr. am Grd. mit Lappen, welche die Blattbucht freilassen, doppelt gezähnt, mit deutl. stachelspitzigen Zähnen, untersts. weißl., bis 1 m lg. u. 40 cm breit; Blattstiel seitl. zusammengedrückt, obersts. seicht u. breit gefurcht; ♃; III. Feuchte, quellige Orte, Bäche, Bergwälder (bis 1800 m); *v* Alp., Vor-Alp., M-Geb., *z* Ebene, [nördl. bis Schneeeifel-Harz-Sa-Schl, Da u. Me (Rügen).] *Weiße P.*, **P. álbus** (L.) GAERTN.

3(1). Bltn. rötl.; Blattspr. meist so lg. wie breit; ♃; III–V. Bachufer, feuchter Moränenschutt (bis 2200 m); kalkstet; *v* subalp. u. alp. Reg., *z* längs der Flüsse (nördl. bis zur Donau) [= *P. niveus* (VILL.) BAUMG.] *Alpen-P.*, **P. paradóxus** (RETZ.) BAUMG.

— Bltn. hell- bis weißgelb *4*

4. Blattspr. breiter als lg., die basal-seitl. Teile zugespitzt, mit grob bis geschweift-gesägtem Rand, mit großer, freier Blattbucht; ♃; III–IV. Strand, Dünen, Ufer; *v* Ostseeküste SH bis OPr, Inseln von Da (excl. Fünen), *z* Flußtäler bis Dessau/Berlin/Küstrin. (= *P. tomentosus* DC.) *Filzige P.*, **P. spúrius** (RETZ.) RCHB.

— Blattspr. etwa so lg. wie breit, die seitl. Teile abgerundet, mit feinem u. gleichmäßiger gesägtem Rand; im Umriß breit-herzf.; ♃; III–V. Bachränder, Schotter; *z* Sudeten bis Gesenke. [= *P. glabratus* (MALÝ) BORB.] *Karpaten-P.*, **P. kablikiánus** TAUSCH ex BERCHTOLD

40. Homógyne CASS., *Alpenlattich*

1. Blattstiel u. Blätt. untersts. weißfilzig; Pappus schmutzigweiß; Pfl. 10–25 cm hoch, ohne Ausläufer; ♃; VI–VIII. Steinige Matten, Zwergstrauchheiden, Schneetälchen (1400–2400 m); kalkstet; *z* Alp. von Berchtesgaden, Ti, Sb. *Filziger A.*, **H. discolor** (JACQ.) CASS.

— Blätt. untersts. grün od. grauwollig; Pappus schneeweiß *2*

2. Blätt. handf. seicht gelappt, die 3 mittl. Lappen meist spitz 3-zähnig; Pfl. 15 bis 25 cm hoch, ohne Ausläufer; ♃; V–VI. Wälder, Gebüsche der mont. u. subalp. Reg.; nur Paß Lueg (Sb). *Wald-A.*, **H. silvéstris** (SCOP.) CASS.

— Blätt. nierenf., seicht gekerbt-gezähnt; Pfl. 10–40 cm hoch, mit beblätt. Ausläufern; ♃; VI–VIII. Feuchte Gebüsche, quellige Orte, Zwergstrauchheiden (500–2400 m); *v* Alp., Bayrw., *z* Alp.-Vorland, S-Schw., böhmische Randgeb. *Gemeiner A.*, **H. alpína** (L.) CASS.

41. Erechthites RAF., *Afterkreuzkraut.* Pfl. bis 180 cm hoch, kaum verzweigt; Köpfchen 10–15 mm lg., 1–2 cm lg.gestielt; Hüllblätt. braunrot, weißhautrandig, 1-reihig; Bltn. schwefelgelb; ⊙; VII–IX. Ödland, Waldlichtungen, -ränder; Schl, von O her eingewandert u. stellenw. eingebürgert (Heimat: Am.). **E. hieracifólius** (L.) RAF.

42. Árnica L., *Arnika, Wohlverleih.* Stg. einfach od. wenigästig; Köpfe 6 bis 8 cm breit; Köpfchenboden behaart; Bltn. dkdottergelb; ♃; V–VIII. Trockene Matten, Heiden, Moorwiesen, austrocknende Hochmoore (bis 2500 m); kalkmeidend; *v* Alp. u. südl. M-Geb., in der Ebene *z* bis *s*, *f* Me, Po, OPr. Ⓖ **A. montána** L.

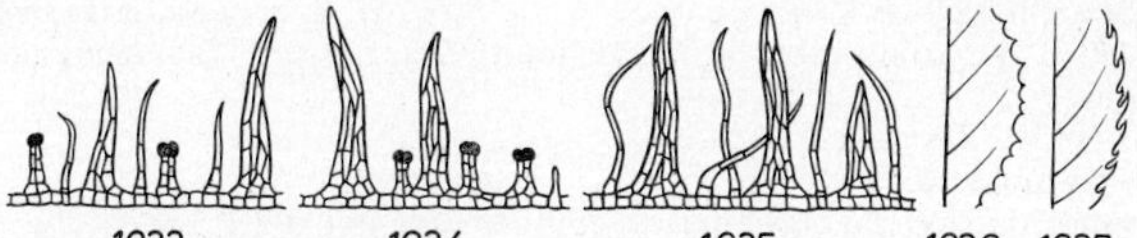

1033 *1034* *1035* *1036* *1037*

43. Dorónicum L., *Gemswurz*

1. Randbltn. ohne Pappus; Stg. oft mehrköpfig *4*

— Alle Bltn. mit Pappus; Stg. meist 1-köpfig; Alpenpfl. *2*

2. Grdblätt. breit-eif.; obere Stgblätt. deutl. stgumfassend, Stgblätt. am Rand mit mehrzellreihigen Zotten-, kurzen Drüsen- sowie kurzen, einzelreihigen Gliederhaaren *(1033);* Stg. oft mehrköpfig, Köpfe 4–6 cm breit; ♃; VII–VIII. Felsschutt der subalp. u. alp. Reg. (1300–2500 m); kalkstet; *v.*
Großblütige G., **D. grandiflórum** LAM.

— Grdblätt. längl. bis längl.-lanzettl.; obere Stgblätt. am Grd. nur seicht herzf. u. wenig stgumfassend; Stg. stets 1-köpfig *3*

3. Blätt. am Rand mit steifen, mehrzellreihigen Wimper- u. kurzen Drüsenhaaren, aber ohne Wollhaare *(1034);* Köpfe 3,5–4,5 cm breit; ♃; VII–VIII. Steinige Wiesen, Moränen, Schneemulden (1800–2600 m); *z* Alp. östl. Innsbruck, in Dt nur in Grenznähe bei Berchtesgaden.
Gletscher-G., **D. glaciále** (WULF.) NYM.

— Blätt. am Rand mit weichen, einzelreihigen Wollhaaren u. mehrzellreihigen Wimperzotten, ohne Drüsenhaare *(1035);* Köpfe 3,5–6 cm breit; ♃; VII–IX. Wie vorige (1600–2600 m), kalkmeidend; *v* Au, in Dt *s* bei Berchtesgaden.
Zottige G., **D. clúsii** (ALL.) TAUSCH var. **clúsii**
var. **villósum** TAUSCH [= *D. stiriacum* (VILL.) D. T.]: Blätt. auch auf der Fläche zottig behaart. Nur Schladmingertauern/SO-Sb.

4(1). Pfl. zur Blütezt. ohne Grdblätt.; Stgblätt. mit plötzl. verschmälertem u. dann herzf. stgumfassendem Grd. sitzend *(1043),* gezähnt; Stg. 30–150 cm hoch; ♃; VII–VIII. Hochstaudenfluren, Wälder; *v* Alp. (1200–1900 m; in Dt nur bei Berchtesgaden), Bayr.-Böhmerw., Sudeten (Lac Noir/Vog. nur adventiv!).
Österreichische G., **D. austríacum** JACQ.

— Pfl. zur Blütezt. mit Grdblätt. an od. neben dem Stg.; Spreite der Grdblätt. am Grd. tief herzf. *5*

5. Pfl. mit langen unterirdischen Ausläufern; Grdblätt. fast ganzrandig, ihre Flächen etwas behaart; Stg. samthaarig-zottig; ♃; VII–IX. Bergwälder, Bäche, Ufer (bis 700 m); ursprüngl. nur im S (*f* Au) u. nördl. bis Eifel-He-Fr-Bayrw., sonst *v* als Zierpfl. u. zuw. verwild. u. eingebürgert.
Kriechende G., **D. pardaliánches** L. em. SCOP.

— Pfl. ohne Ausläufer; Grdblätt. regelmäßig gezähnt, ihre Flächen fast kahl; Stg. unten kahl, oberw. drüsig-weichhaarig; ♃; V–VIII. Hochstauden, Schluchtwälder, Felsschutt (1000–2000 m); kalkstet; *z* bis *s* bei Berchtesgaden, Kaisergeb. (Ti), Sb; oft als Zierpfl. u. zuw. verwild. (= *D. cordatum* LAM.) *Herzblättrige G.,* **D. colúmnae** TEN.

44. Senécio L., *Greiskraut, Kreuzkraut*

1. Hüllkelch am Grd. mit Außenhülle *(996 aH);* Hüllblätt. an der Spitze meist gefleckt *8*

— Hüllkelch am Grd. ohne Außenhülle; Hüllblätt. an der Spitze nicht gefleckt; Laubblätt. ungeteilt *2*

2. Stg. dick, kantig, hohl, zottig-drüsig behaart; 25–100 cm hoch, gelbgrün, oberw. ästig; Stgblätt. halbstgumfassend, sitzend; Hüllblätt. u. Zungenbltn. 21[1]; Fr. kahl; ⊙–♃; VI–VII. Torfstiche, Sumpfwiesen, Ufer; *z* im N, südl. seltener u. bis Be-NrWe-SaAn-Sa-Schl (*s* E?). [= *S. palustris* (L.) HOOK.; *S. tubicaulis* MANSF.] *Moor-G.,* **S. congéstus** (R. BR.) DC.

— Pfl. kahl od. spinnwebig-wollig behaart; Stg. bis zum Bltnstand unverzweigt *3*

3. Fr. behaart; Zungenbltn. 13 . . . . *6*

— Fr. kahl, selten jung etwas flaumig *4*

4. Stgblätt. ganzrandig bis entfernt gezähnelt (Vgl. Punkt *7*–)
S. helenítis ssp. **salisburgensis**

[1] Die bei den *Senecio*-Arten angegebenen Zahlen für die Anzahl von Hüllblätt. u. Zungenbltn. sind Durchschnittwerte für gut entwickelte Pflanzen. Diese Werte sind ziemlich konstant.

— Stgblätt. deutl. u. gröber gezähnt **5**

5. Spreite der Grdblätt. herzf., die der Stgblätt. eif.-lanzettl., in einen breit geflügelten, am Rand oft gezähnten Stiel zusammengezogen, am Rand wellig kraus u. grob gezähnt; Stg. wollig bis kahl; ♃; IV–VIII. Feuchte Bergwiesen, Bachufer, Torfstiche, bes. der mont. Reg. (bis 1900 m); *z* östl. M-Geb. (bis Thw. u. Lausitz), Sb, OPr. (= *S. crispatus* Dc.)
Krauses G., **S. rivuláris** (W. & K.) Dc.

— Spreite der Grdblätt. lanzettl. bis ei-lanzettl., ± lg.gestielt, grob gezähnt, zur Blütezt. verwelkt; Stg. drüsig behaart u. ± wollig bis kahl; ♃; V–VII. Kar- u. Hochstaudenfluren, Krummholzreg. (bis 1900 m); *z* Sb, ob in Dt (bei Berchtesgaden)? *Obir-G.,* **S. ovirénsis** (Koch) Dc.

6(3). Spreite der Grdblätt. eif. bis rundl., in den ± breitgeflügelten Stiel verschmälert, länger als der Stiel; Blattrand seicht knorpelig gezähnt bis ganzrandig; Stg. spinnwebig-wollig, aber nicht drüsig; Hüllblätt. 21; ♃.
S. integrifólius (L.) Clairv. em. Cuf.

a. Pfl. ± verkahlend; Hüllblätt. grün, zuw. an der Spitze leicht rötl. überlaufen; Zungenbltn. gelb; V–VI. Steppenrasen, steinige Weiden; kalkliebend; sehr *z* N-Jütland (Da), Po, S-Sa, SaAn, Th, Vogelsberg (He), Ba (südl. Donauniederung) *Steppen-K.,* ssp. **integrifólius**

– Pfl. dicht u. dauerhaft weißl.-wollig, insbes. oberw.; Hüllblätt. (grün bis) purpur(braun); Zungenbltn. leuchtend gelb bis orange- od. feuerrot (od. fehlend!); VII–VIII. Matten, Triften (oberhalb 1800 m); *s* Ti. *Kopf-K.,* ssp. **capitátus** (Wahl.) Cuf.

— Spreite der Grdblätt. am Grd. gestutzt bis herzf., ei-spatelf., so lg. oder kürzer als der schmalgeflügelte Stiel; Stg. spinnwebig-wollig, aber nicht od. nur sehr spärl. drüsenhaarig **7**

7. Rand der Grdblätt. grob gezähnt; Hüllblätt. 13; ♃; VI–VIII. Kar- u. Lägerfluren (1700–2200 m); *s* Sb. [= *S. brachychaetus* Dc., Beg. in Hegi; = *S. ovirensis* (Koch) Dc. ssp. *gaudinii* (Gremli) Cuf.] *Läger-G.,* **S. gaudínii** Gremli

— Rand der Grdblätt. seicht gesägt bis gekerbt; Hüllblätt. 21; ♃; V–VII. Feuchte Wiesen, Flachmoore; *z* im S (*f* Au) nach N seltener u. bis Be-Eifel-S-Harz-OTh. [= *S. spathulaefolius* (Gmel.) Beg. in Hegi]
Spatelblättriges G., **S. helenítis** (L.) Sch. & Th. em Cuf. ssp. **helenítis**

ssp. **salisburgénsis** Cuf. [= *S. pratensis* Dc. p. p.; = *S. salisburgensis* (Cuf.) Rausch.]: Fr. kahl; Zungenbltn. oft fehlend; *s* Sb, Ob-Ba, bei Schaffhausen?

8(1). Blätt. ungeteilt, aber am Rand gesägt od. gezähnt; Fr. kahl **19**

— Blätt. fiederspaltig bis fiederteilig **9**

9. Zungenbltn. fehlend; Blätt. buchtig gelappt bis fiederspaltig, ringsum gezähnt, die oberen geöhrt; Hüllblätt. 21; Außenhüllblätt. schwärzl., meist 10; Fr. flaumig; Stg. ästig; ⊙; III–X. Ackerunkraut (bis 2200 m); *g* u. *h*.
Gemeines G., **S. vulgáris** L.

— Zungenbltn. vorhanden, zuw. aber kurz u. zurückgerollt **10**

10. Zungenbltn. lang u. flach ausgebreitet; Hülle glockenf. *(1025)* . . . **12**

— Zungenbltn. kurz u. zurückgerollt; Zungenbltn. 13; Hülle walzl. *(1024)* **11**

11. Pfl. drüsig-klebrig; Hüllblätt. 21; Außenhülle locker absthd., 1/2 so lg. wie die Hüllblätt.; Pappus zur Frzeit 3-mal so lg. wie die Fr.; ⊙; VI–IX. Kahlschläge, Sandfelder (bis 1900 m); *v* im S, *z* im N.
Klebriges G., **S. viscósus** L.

— Pfl. nicht drüsig-klebrig, zerstreut wollhaarig bis kahl; Hüllblätt. 13; Außenhüllblätt. angedrückt, 1/5 so lg. wie die Hülle; Pappus zur Frzeit fast 2-mal so lg. wie die Fr.; ⊙; VII–VIII. Wie vorige (bis 1800 m); *v* bis *z*.
Wald-G., **S. sylváticus** L.

12(10). Blätt. ± weißgrau-filzig, verkahlend, keilig-verkehrt-eif., kerbig eingeschnitten bis fiederspaltig; Zungenbltn. orangegelb; Pfl. 5–15 cm hoch; Hüllblätt. 8; ♃; VII–IX. Steinige Matten, Moränen (1800–3000 m); *v* Au, in Dt nur bei Oberstdorf/Allgäu. (= *S. carnicolicus* Willd.)
Krainer G., Gelber Speik, Weißgraues G., **S. incánus** L. ssp. **carniólicus** (Willd.) Br.-Bl.

— Blätt. ± grün, nicht weißgrau-filzig; Blattrhachis durch Herablaufen der Fied. geflügelt u. Blätt. dadurch sitzend; Zungenbltn. 13 . . . . . . ***13***

13. Flügel der Blattrhachis gezähnt; Außenhülle 6- bis 12-blättrig; Hüllblätt. 21; Fr. angedrückt behaart ***18***

— Flügel der Blattrhachis meist ganzrandig ***14***

14. Zungenbltn. leuchtend bis rötl.gelb; Hüllblätt. 21; Grdblätt. doppelt fiederspaltig, mit linealen Zipfeln, glzd. sattgrün; Blätt. am Grd. nicht geöhrt; Pfl. 15–40 cm hoch; Fr. kahl; ♃; VII–IX. Steinige Matten. Zwergstrauch-, Krummholzreg. (1200–2600 m); kalkliebend; *v* Au, in Dt *s* bei Berchtesgaden. *Eberrauten-G.,* **S. abrotanifólius** L., var. **abrotanifólius**
var. **tiroliénsis** (Kern.) Beg. in Hegi: Zungenbltn. orange bis feuerrot; kalkmeidend; *z* Vb, Ti.

— Zungenbltn. hellgoldgelb; Hüllblätt. 13; wenigstens obere Stgblätt. geöhrt ***15***

15. Alle Fr. kurzhaarig; Pappus zur Frzeit 3-mal so lg. wie die Fr., dieser fest anhaftend; Außenhüllblätt. 4–6, deutl. absthd.; Blätt. unterststs. spinnwebigflockig, mit schmalen, grobgesägten Fiederspalten, ohne größeren Endlappen, ohne zerschlitztes Öhrchen an der Basis; Pfl. 30–120 cm hoch, ausläuferbildend; ♃; VII–IX. Buschige Hänge, Waldränder, trockene u. feuchtnasse Wiesen (bis 1000 m); *v* bis *z* im S, *z* bis *s* im N, *f* Sa, Ti. (2 var.).
Raukenblättriges G., **S. erucifólius** L.

— Entweder alle Fr. od. wenigstens die der Randbltn. od. die der mittl. Bltn. kahl; Pappus sich leicht von diesen lösend; Außenhüllblätt. häufig nur 1–2; ohne Ausläufer ***16***

16. Fr. der Röhrenbltn. dicht kurzhaarig, die der Randbltn. kahl; Grdblätt. leierf.-fiederspaltig, zur Blütezeit meist verwelkt; Stgblätt. unterststs. spinnwebig-wollig bis kahl, mit gröberen, breiteren u. gezähnelten Fiederlappen, mit größeren Endlappen u. an der Basis mit tief zerschlitzten Öhrchen; Pfl. 30–100 cm hoch; ⊙–♃; VI–X. Lichte Wälder, Trockenwiesen, buschige Hänge (bis 1500 m); *v* im O u. M-Gebiet, *z* im W. *Jakobs-G.,* **S. jacobáea** L.

— Alle Fr. kahl od. die der mittl. od. Randbltn. spärl. kurzhaarig; Grdblätt. zur Blütezeit noch frisch ***17***

17. Stg. mit sparrig ausgebreiteten Ästen; Seitenfied. im rechten Winkel von der Rhachis abgehend; mittl. u. obere Stgblätt. mit eif.-großem Endlappen u. nur 2 Fiederpaaren; Köpfe 15–25 mm breit; Fr. alle kahl od. die der Randbltn. spärl. behaart; Pfl. 30–120 cm hoch; ⊙; VII–X. Auwälder, nasse Wiesen, Ufer; *z* in N-Dt von NrWe bis OPr u. Schl. Au. (3 var.)
Spreizendes G., **S. erráticus** Bert. ssp. **barbareaefólius** (Wimm. & Grab.) Beg. in Hegi
ssp. **errátícus**: nur eingeschleppt: Ti, Sb, Th?, Da (Köpfchen deutl. kleiner).

— Stg. mit aufw. strebenden Ästen; Seitenfied. im spitzen Winkel von der Rhachis abgehend; mittl. u. obere Stgblätt. mit längl. Endlappen u. 3–4 Fiederpaaren; Köpfe 20–30 mm breit; Fr. alle kahl od. die der mittl. Bltn. spärl. behaart; Pfl. 20–60 cm hoch; ⊙; VI–X. Moorwiesen, Auwälder; *v* im S u. W, sonst *z* bis *s* (*f* OPr, Ti). *Wasser-G.,* **S. aquáticus** Huds

18(13). Pfl. der Ebene; Blätt. beidersts. ± zottig; Pappus bleibend; ⊙; V–X. Sand, Lehmäcker, Kiefernschonungen, unbebautes Land, truppweise; aus Rußland eingewandert u. im Gebiet weitgehend eingebürgert (*f* Württ.?, Vb). *Frühlings-G.,* **S. vernális** W. & K.

— Alpenpfl.; Blätt. kahl od. unterststs. etwas wollig; Pappus hinfällig; ⊙–♃; V–VIII. Lichte Wälder, Felsen, kiesige Orte (600–1900 m); kalkliebend; *z* Berchtesgadener Alp., Ti, Sb. *Felsen-G.,* **S. rupéster** W. & K

19(8). Blätt. längl.-lanzettl. ***2***

— Blätt. herzf., fast 3-eckig, gestielt; Stg. kantig ***2***

20. Stiele der oberen Blätt. geflügelt u. gelappt, zuw. mit Fied. *(1045),* am Grd mit großen, gezähnten Öhrchen; Blattfläche so lg. wie breit, beidersts grasgrün; unterststs. höchstens auf den Nerven behaart; Zungenbltn. 21 Pfl. 30–70 cm hoch; ♃; VII–IX. Läger-, Hochstaudenfluren, Sumpfwiese (900–1800 m); *z* Bayrw., Ti, Sb, *s* ThW. *Voralpen-G.,* **S. subalpínus** Koc

— Stiel der oberen Blätt. ohne Fied., höchstens am Grd. mit kleinen Öhrchen *(1044);* Blättfläche länger als breit, obersts. dkgrün, untersts. spinnwebig-wollig, graugrün; Zungenbltn. 13–16; Pfl. 30–100 cm hoch; ♃; VII–IX. Hochstaudenfluren, Bachufer, Viehläger, bes. der mont. u. subalp. Reg. (bis 2100 m); *v* bis *z* Alp., *z* bis *s* Alp.-Vorland, Bodenseegebiet.
Alpen-G., **S. alpínus** (L.) Scop.

21(19). Zungenbltn. fehlend (zuw. einige wenige, dann bleichgelb); Blätt. wenigstens untersts. kraushaarig, am Rand fein gewimpert; Bltn. gelbl.-weiß; ♃; VII–VIII. Läger-, Hochstaudenfluren, Waldränder (1000–1800 m); *v* Sb.
Dost-G., **S. cacaliáster** Lam.

— Zungenbltn. vorhanden ***22***

22. Zungenbltn. 5–8; Außenhülle 5- bis 8-blättrig; Pfl. 50–200 cm hoch ***25***

— Zungenbltn. 10–20; Außenhülle mindestens 10-blättrig ***23***

23. Blätt. nur 1–2 mm breit, unregelmäßig fein gezähnelt, am Grd. mit gezähnten Öhrchen; Außenhüllblätt. häutig u. am Rand gefranst; ♃; VI–XI. Eingeschleppt, eingebürgert u. sich ausbreitend: Bahnanlagen, Straßen u. ä. Orte; Be, Ho, Rheinl., bei Bremen, bei Tübingen (Württ.)
Schmalblättriges G., **S. inaequídens** Dc.

— Blätt. deutl. breiter ***24***

24. Stg. 1- bis 3-köpfig, 20–40 cm hoch; Köpfchen 4–6 cm breit; Bltn. orangegelb; Stgblätt. ledrig-derb, breit-lanzettl., spitz gesägt u. Zähne nach ausw. weisend *(1036);* ♃; VII–VIII. Felsschutt, steinige Matten, Krummholzreg. (1200–2500 m); kalkliebend; *v* Au, Allgäu, sonstige Alp. *z.*
Gemswurz-G., **S. dorónicum** L.

— Stg. reichköpfig, 50–200 cm hoch, hohl; Köpfchen 3(–4) cm breit; Bltn. hellgelb; Stblätt. lineal-lanzettl., sägezähnig u. Zähne zur Blattspitze weisend *(1037);* ♃; VI–VIII. Feuchte Wiesen; Ufer, Röhricht (bis 600 m); *z* im S, *s* im N, *f* Da. (3 var.). *Sumpf-G.,* **S. paludósus** L.

25(22). Spitze der Blattzähne etwas einw. gekrümmt *(1037);* Hülle glockig (ähnl. *1025*); Pfl. mit fleischigem, weithin kriechendem Rhizom u. mit Ausläufern; Blätt. kahl; Zungenbltn. meist 7–8; ♃; VIII–X. Ufergebüsch, Auwälder; nur entlang großer Flüsse (*f* Da, Be, E, Au).
Fluß-G., **S. fluviátilis** Wallr.

— Spitzen der Blattzähne gerade absthd. *(1036);* Hülle walzl. (ähnl. *1024*); Pfl. mit fast holzigem, kurzem Rhizom ***26***

26. Mittl. u. obere Stgblätt. mit breitem Grd. sitzend, im Durchschnitt 3-mal so lg. wie breit, untersts. behaart; Röhrenbltn. 14–20, Zungenbltn. 5–8; innere Hüllblätt. meist 10, kurz behaart; Stg. meist rötl., kahl; ♃; VII–IX. Schattig-feuchte Wälder, Hochstaudenfluren, Kahlschläge (bis 1450 m); *v* M-Geb., sonst *z* bis *s*, *f* N-Dt, Da, Ho, im No. [= *S. nemorensis* L (s. l.) ssp. *nemorensis*]
Hain-G., **S. nemorénsis** L. (s. str.)

— Mittl. u. obere Stgblätt. am Grd. nicht verbreitert, im Durchschnitt 5-mal so lg. wie breit, kahl bis fast kahl; Röhrenbltn. 6–15, Zungenbltn. 5; innere Hüllblätt. meist 8, kahl; Stg. meist grün, behaart; ♃; VII–IX. Wie vorige (bis 2000 m); *v* mont. u. subalp. Reg., sonst *z* bis *s*, *f* N-Dt, Da. [= *S. nemorensis* L. (s. l.) ssp. *fuchsii* (C. Gmel.) Čel.] *Fuchs' G.,* **S. fúchsii** C. Gmel.

Bastardbildung zwischen den unter Pkt. 8–19 aufgeführten Arten nicht selten!

45. Caléndula L., *Ringelblume*

1. Köpfe 10–20 mm breit; Zungenbltn. hellgelb; Blätt. längl.-lanzettl.; Frköpfe übergeneigt; äußere Fr. eingerollt, am Rücken deutl. stachelig, die mittleren kahnf.; ⨀; VI–IX. Äcker, Weinberge; kalkliebend; *z* eingebürgert im S (*f* Au) u. nördl. bis Th, SaAn, sonst *s* eingeschleppt (Heimat: Mittelmeergebiet?) *Acker-R.,* **C. arvénsis** L.

— Köpfe 20–50 mm breit; Zungenbltn. orangegelb; Blätt. spatelf.; Frköpfe aufrecht; meist alle Fr. geflügelt; ⨀; VI–IX. Aus Gärten u. früheren Kulturen gelegentl. verwild. (Heimat: Mittelmeergebiet?) *Gemeine R.,* **C. officinális** L.

46. Échinops L., *Kugeldistel.* Einbltge Köpfchen *(985)* zu einem kugeligen, 4–8 cm breiten, von oben nach unten aufblühenden Kopf zusammentretend; Bltn. stahlblau bis weiß; Blätt. distelart., unterst. weiß-wollig-filzig; Stg. unterhalb der Infl. drüsig behaart; Infl. bläul. (wenn weißl.-gräul. u. Pfl. nur bis 60 cm hoch; *s* verwild.: **E. rítro** L.); Pfl. bis 1,50 m hoch. ♃; VII–VIII. Aus Gärten verwild. u. im ganzen Gebiet stellenw. eingebürgert. (Heimat: O- u. SO-Eur.) **E. sphaerocéphalus** L.

47. Xeránthemum L., *Spreublume.* Blätt. längl.-lanzettl., unterst. graufilzig, am Rand zurückgerollt; innere Hüllblätt. rosarot bis lila; ⊙; VI–VIII. Zierpfl., *s* verwild. od. eingeschleppt (Heimat: Mittelmeergebiet/Balkan). **X. ánnuum** L.

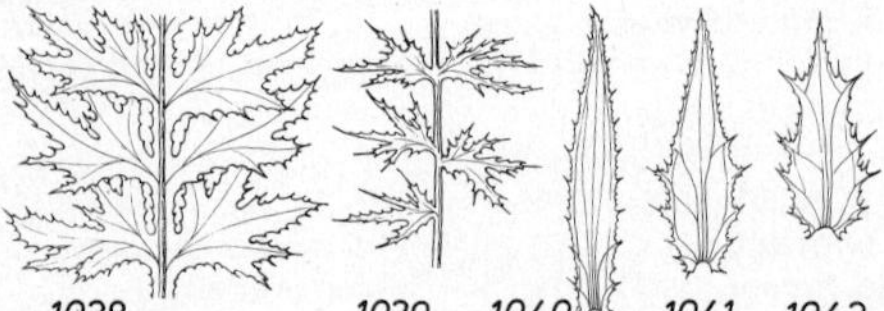

1038 1039 1040 1041 1042

48. Carlína L., *Eberwurz*

1. Köpfe 4–6 cm breit; strahlende Hüllblätt. silberweiß (selten rötl.), 3–5 cm lg.; Laubblätt. 8–25 cm lg., stets deutl. fiedteilig; ♃; VII–IX. Bis 2300 m; *v* im S, sonst *z* bis *s*, *f* im NW ab Be/RhPf/S-NS/SH. Ⓖ *Stengellose E., Wetter-, Silberdistel,* **C. acaúlis** L.

a. Endzipfel der Fied. 1. Ordng. in der Blattmitte eif. bis lanzettl., Zipfel an seiner Basis breiter als 6 mm *(1038)*, durch gezähnte Rhachisflügel miteinander verbunden; Stg. fast stets 1-köpfig, meist 1–3 (selten bis 10) cm lg.; Zwergstrauchheiden, Triften; nur im O? (Sa, Br, Schl. OPr, Po). ssp. **acaúlis**

– Endzipfel der Fied. 1. Ordn. in der Blattmitte lanzettl. bis pfrieml., Zipfel an seiner Basis weniger als 6 mm breit *(1039)*, Rhachis nicht od. nur schmal geflügelt; Stg. fast stets mehrköpfig, meist länger als 15 cm. Triften, sonnige Hänge u. Waldränder; kalkliebend. [= var. *alpina* (Jacq.) Beck; = *C. caulescens* Lam.; = ssp. *aggregata* (W. & K.) Beg.] ssp. **símplex** (W. & K.) Nym.

— Köpfe 2–3,5 cm breit; strahlende Hüllblätt. strohgelb, 1–2 cm lg.; mittl. Stgblätt. 2–10 cm lg., höchstens buchtig gelappt; Pfl. bis 60 cm hoch; ⊙; VII–IX. Bis 1700 m; *v*, *z* im N. *Gemeine E.,* **C. vulgáris** L. (s. l.)

3 Kleinarten von wenig bekannter Verbreitung:

a. Stg. meist 1-köpfig; Köpfe 2,5–4 cm breit; obere Stgblätt. flach, nicht kraus, Form u. Nerven wie *1040;* Hochblätt. länger als die strahlenden Hüllblätter. Wiesen der mont. u. subalp. Reg.; *z* Alp., *s* Vog. (Alp.-Vorland?, bei Augsburg. Rügen/Me, Da?). [= var. *stenophylla* Beg. in Hegi; = ssp. *longifolia* (Rchb.) Arc.; = *C. stricta* (Rouy) Fritsch] **C. biebersteínii** Bernh. ex Hornem.

– Stg. meist mehrköpfig; Köpfe 1,5–2,5 cm breit; Hochblätt. länger als die strahlenden Hüllblätt. . . . . **b**

b. Pfl. bis 60(–100) cm hoch; untere Stgblätt. flach, die oberen höchstens in ihrer unteren Hälfte kraus u. in Form u. Nerven wie *1041.* Trockenhänge, lichte Wälder; nur niedere Lagen im S bis zur Alb? Th? **C. intermédia** Schur

– Pfl. bis 30(–60) cm hoch, alle Stgblätt. distelart.-kraus, in Form u. Nerven wie *1042.* Kiefernwälder, Trockenrasen; formenreich. *v*, *z* im N. **C. vulgáris** L. (s. str.)

49. Árctium L., (= *Lappa* Scop.), *Klette*

1. Hüllblätt. dicht spinnwebig-wollig miteinander verbunden, mit rötl. Spitze, die inneren stumpfl., mit aufgesetzter Spitze, fast strahlend, nur die äußeren widerhakig; Blätt. unterst. dicht grauweiß-filzig; Stiele der Grdblätt. markig, oft rötl.; Fr. 5–6 mm lg.; ⊙; VII–IX. Wegränder, Schutt, Zäune (bis 1500 m); *z*. *Filzige K.,* **A. tomentósum** Mill.

— Hüllblätt. spärl. od. nicht spinnwebig-wollig miteinander verbunden, alle an der Spitze hakig gekrümmt; Blätt. unterst. kahl bis schwach graufilzig *2*

2. Stiele der Grdblätt. markig; Hüllblätt. grün, so lg. od. etwas länger als die Bltn.; Köpfe 3–5 cm breit; Fr. 6–8 mm lg.; ⊙; VII–IX. Wegränder, Zäune, Flußschotter (bis 1300 m); *v* bis *z*. [= *A. vulgare* (Hill) Evans] *Große K.,* **A. láppa** L.

— Stiele der Grdblätt. hohl; Hüllblätt. höchstens so lg. wie die Bltn. . . *3*

3. Köpfchen 2,5–4 cm breit; Fr. 8–11 mm lg.; innere Hüllblätt. so lg. wie die Bltn.; ⊙; VII–IX. Lichte Laubwälder, Kahlschläge, Gebüsch (bis 1100 m). [= *A. vulgare* aut., non (Hill) Evans] *Hain-K.,* **A. nemorósum** Lej.

a. Köpfe 3–4 cm breit, fast kahl; Seitenäste überhängend; Hülle grün od. dkpurpurn überlaufen; Köpfchenstiele weniger als 1 cm lg. Pfl. 1,5–2,5 m hoch; *z* (*f* E.). ssp. **nemorósum**

– Köpfe 2,5 cm breit, ± spinnwebig; Seitenäste aufrecht-absthd.; Hülle strohfarben; Köpfchenstiele 1–4 cm lg.; Pfl. 1–1,5 m hoch. Verbreitung noch ungenügend bekannt; *z?* (*f* Au). (= *A. lappa* × *A. minus?).* ssp. **púbens** (Bab.) Rothm.

— Köpfchen 1–3 cm breit; Fr. 5–7 mm lg.; innere Hüllblätt. kürzer als die Bltn.; Seitenäste aufrecht-absthd.; ⊙; VII–IX. Wegränder, Schutt (bis 1300 m); *v*, *z* im N. *Kleine K.,* **A. mínus** (Hill) Bernh.

Bastardbildung häufig!

50. Saussúrea Dc., *Alpenscharte*

1. Stg. stets 1-köpfig, 5–20 cm hoch; Stgblätt. lineal-lanzettl., untersts. graugrün, rauhhaarig; Fr. 6–7 mm lg.; Stbbeutel mit 2 gefied., pinselart. Fortsätzen; ♃; VII–VIII. Steinige Matten, Felsspalten (1800 bis 2300 m); kalkstet; *z* Alp. (*f* Allgäu, Vb). *Zwerg-A.,* **S. pygmaéa** (Jacq.) Spr.

— Stg. 2- bis mehrköpfig, 5–40 cm hoch; Blätt. eif.-lanzettl.; Köpfchen in Doldentrauben; Fr. 4–5 mm lg.; Stbbeutel mit 2 spitzen Anhängseln bzw. Borsten *2*

2. Blätt. untersts. weiß-filzig, ihre Stiele ungeflügelt; Köpfchen zu 3–8; ♃; VII–IX. Wie vorige (1800–2600 m); kalkliebend; *z* Allgäu, Vb, Ti. *Zweifarbige A.,* **S. díscolor** (Willd.) Dc.

— Blätt. untersts. locker spinnwebig-wollig, ihre Stiele geflügelt (bzw. Blätt. sitzend); Köpfchen in 5- bis vielköpfigen Doldentrauben; ♃; VII–IX. Matten, Zwergstrauchheiden (1800 bis 2500 m); *z* Au, *s* Allgäu, Wettersteingeb. *Echte A.,* **S. alpína** (L.) Dc.

51. Jurínea Cass., *Bisamdistel, Silberscharte.* Stg. gefurcht, flockig-weißfilzig, 25–45 cm hoch; Blätt. fiederschnittig, mit lineal-lanzettl., am Rand umgerollten Fied., untersts. filzig; Köpfchen einzeln; Bltn. purpurviolett; ♃; VII–IX. Sandfelder, sandige Kiefernwälder; *z* bis *s* von Pf bis Me (*f* Sa, Th) Ⓖ *Sand-B.,* **J. cyanoídes** (L.) Rchb.

52. Cárduus L., *Distel*

1. Köpfe meist zu mehreren gehäuft, kurz gestielt *3*

— Köpfe meist einzeln (wenn Pfl. mehrtriebig od. ästig verzweigt, dann die Seitenäste mit nur 1 lg.gestielten Kopf), ± nickend, lg.gestielt . . . *2*

2. Köpfe 2–6 cm breit, fast kugelig; Hüllblätt. oberhalb des eif. Grundes eingeschnürt, dann meist mit starrer, zurückgebogener Stachelspitze; Bltn. purpurn; ⊙; VII–IX. Bis 2100 m. *Nickende D.,* **C. nútans** L.

a. Hüllblätt. unterhalb der Einschnürung eif.-längl., dann allmähl. in den deutl. Stachel zusammengezogen; Mittelnerv der Hüllblätt. deutl.; Köpfe nickend; bis 6 cm breit. Ödland, Wegränder, Heiden; *v*. (= ssp. *eu-nutans* Gug.) ssp. **nútans**

– Hüllblätt. unterhalb der Einschnürung eif., also breiter als bei voriger ssp., dann ± plötzl. in einen kleineren Stachel ausgezogen; Mittelnerv der Hüllblätt. undeutl.; Köpfchen aufrecht, 2–3 cm breit. Wiesen; *z* Au, *s* bei Sonthofen (Allgäu). ssp. **platýlepis** (Rchb. & Saut.) Gug.

— Köpfe 1,5–3 cm breit, längl.-kugelig; Hüllblätt. ohne Einschnürung, nur an der Spitze ausw. gespreizt; Bltn. purpurn bis hellviolett, selten weiß; ♃; VI–X. Lichte, steinige Wälder, Schutthänge, Krummholzreg. (bis 2300 m); kalkliebend. *Alpen-D.,* **C. deflorátus** L.

a. Stgblätt. ungeteilt, aber weich stachelig-gezähnt mit beidersts. 12–25 Paaren von Stachelzähnen, diese bis 5 mm lg.; mittl. Hüllblätt. lineal-pfrieml., ohne Einschnürung, mit feinem Stachelspitzchen; Fr. mit einer leicht 5-lappigen Vorwölbung an ihrer Spitze. Vorwgd. in der Ebene; *z* im S, nördl. bis N-Baden, He, Th. (= *C. crassifolius* WILLD.; = *C. summanus* POLL.) ssp. **deflorátus**

– Stgblätt. ungeteilt, aber derber stachelig-gezähnt mit beidersts. 25–50 Paaren von bis 2 mm langen Stachelzähnchen; mittl. Hüllblätt. etwa in ihrer Mitte etwas eingeschnürt, dann mit einer eif., stumpfl. Spitze. Offenbar *s* in der mont. Reg.: bisher nur S-Schw., S-Ba, bei Jena (Th). [= *C. glaucus* (NYM.) BAUMG.; = *C. crassifolius* WILLD.] ssp. **gláucus** NYM.

C. víridis: Blätt. mit nur zerstreut vielzelligen Haaren bedeckt, dadurch beidersts. grün; Grd.- u. mittl. Stgblätt. ± gelappt; mittl. Hüllblätt. pfrieml.; Fr. feinwarzig; vermutl. *C. defloratus* ssp. *glaucus* × *C. carduelis* (L.) GREN.; Au, S-Ba.

C. rhaéticus (DC.) KERN: sehr stachelig, mit eif., ± gelappten Blätt.; Köpfchenstiel bis 20 cm; mittl. Hüllblätt. stumpfl.; Fr. glatt: vermutl. *C. defloratus* ssp. *defloratus* × *C. carlinifolius* LAM.; *z* Au(?).

3(1). Alle Blätt. fiedspaltig, beidersts. grün, lg. und derb-stachelig; Köpfe zu wenigen doldig-traubig gehäuft, hellpurpurn, ihre Stiele kräuselig geflügelt; Pfl. 30–100 cm hoch; ⊙; V–X. Weiden, Schuttplätze, Wegränder (bis 1600 m); *z* im S, *s* bis *f* im W u. N (zuw. eingeschleppt). *Weg-D.,* **C. acanthoídes** L.

— Blätt. untersts. ± grau-filzig, kurzstachelig; Köpfe meist zu 3–5 knäuelig gehäuft, dkrot; Pfl. 50–200 cm hoch ***4***

4. Köpfe längl.-walzl. *(1046),* zur Frzeit als Ganzes abfallend; Blätt. tief buchtig-fiedspaltig; Blkr. gleichmäßig 5-spaltig; ♃; VI–VIII. Ödland, Schuttplätze; *s* Ho, Be (sonst im W zuw. eingeschleppt). *Schmalköpfige D.,* **C. tenuiflórus** CURT.

— Köpfe ± rundl., zur Frzeit nicht abfallend; 1 Blatt der Blkr. tiefer geteilt als die übrigen ***5***

5. Obere Stgblätt. ungeteilt, aber ± regelmäßig stachelig gezähnt, am Grd. abgerundet od. halbstgumfassend; äußere Hüllblätt. fast so lg. wie die inneren; Fr. spitzenw. etwas verschmälert; Stg. schmal kräuselig geflügelt; ♃; VII–VIII. Bachufer, Hochstaudenfluren, Krummholzreg., Wiesen (bis 2250 m); kalkliebend; *v* Alp., *z* Vorland u. nördl. bis S-Vog./S-Schw./Donau, ferner Rhön/Th/Sa/Sudeten bis Gesenke. *Berg-D.,* **C. personáta** (L.) JACQ. ssp. **personáta**

— Obere Stgblätt. fiedspaltig od. tief doppelt gezähnt; äußere Hüllblätt. kürzer als die inneren, oft spinnwebig miteinander verbunden; Fr. spitzenw. etwas verbreitert; Stg. breit kräuselig geflügelt; ⊙; VII–IX. Auwälder, Gräben, Wegränder (bis 1000 m); *v* im S, *z* im N. (2 ssp.). *Krause D.,* **C. críspus** L.

Bastardbildung häufig, oft übersehen!

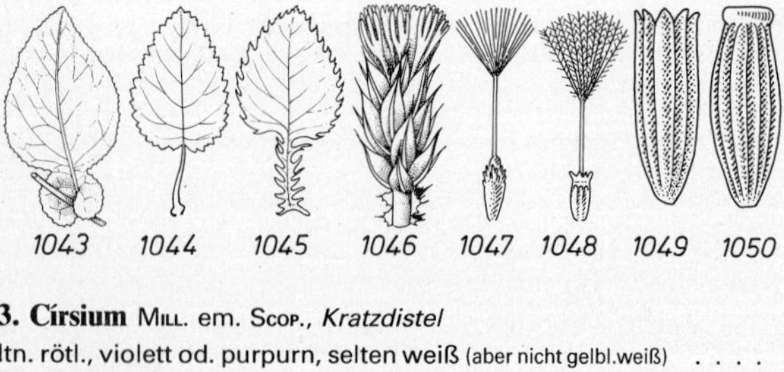

1043 1044 1045 1046 1047 1048 1049 1050

53. Círsium MILL. em. SCOP., *Kratzdistel*

1. Bltn. rötl., violett od. purpurn, selten weiß (aber nicht gelbl.weiß) ***5***

— Bltn. gelbl.weiß ***2***

2. Köpfe zu mehreren gehäuft an der Spitze des Stg., von bleichgelben Hüllblätt. umgeben ***4***

— Köpfe einzeln (oder zu 2–3) an der Spitze des Stg., nicht von Hüllblätt. umgeben *3*

3. Stg. furchig, oberw. dicht braunrot behaart; untere Blätt. ungeteilt bis fiedspaltig; äußere Hüllblätt. lg.stachelig bewimpert, alle rotbraun zottig; ♃; VII–VIII. Hochstaudenfluren, Fettwiesen, Krummholzreg. (1800–1900 m); kalkliebend; nur S-Lungau (Sb). *Krainer K.*, **C. carniólicum** Scop.

— Stg. nicht furchig, oberw. flaumig-klebrig; untere Blätt. tief fiedteilig; Hüllblätt. ganzrandig, dicht drüsig; ♃; VII–IX. Quellfluren lichte Wälder (1000 bis 2000 m); *z* Au. *Klebrige K.*, **C. erisíthales** (Jacq.) Scop.

4(2). Hochblätt. ungeteilt, eif., gleich den Laubblätt. stachelig gewimpert; Blätt. weich, ungeteilt bis tief fiedspaltig; Pfl. 50–150 cm hoch; ♃; VI–IX. Feuchte Wiesen, Flachmoore (bis 2000 m); *v*, im NW *z*. *Kohl-K.*, **C. oleráceum** (L.) Scop.

— Hochblätt. gleich den Laubblätt. tief fiederspaltig, derb u. reich stachelig; Pfl. 20–50 cm hoch, dicht beblätt.; ♃; VII–IX. Feuchte Matten, Gesteinsschutt, Bachränder (1200–2500 m); *v* Alp. *Stachelige K.*, **C. spinosíssimum** (L.) Scop.

5(1). Blätt. obersts. kahl od. kurzhaarig *7*

— Blätt. obersts. stachelig-steifhaarig, doppelt fiedspaltig; Pfl. 50–150 cm hoch *6*

6. Blätt. am Stg. nicht herablaufend, sämtl. Fiederabschnitte fein gezähnt; Bltn. zur Blühzeit kaum breiter als der oberste Teil der Hülle, letztere mit spinnwebig verwobenen, stachelspitzigen Hüllblätt.; Köpfe 4–7 cm breit; ⨀; VII–IX. Steinige, sonnige Hänge, Waldränder (bis 2000 m); *v* Au, Ba, *z* nördl. bis S-Ho/Pf/S-He/Rhön/Harz/Th (Po?). [G] *Wollige K.*, **C. erióphorum** (L.) Scop.

— Blätt. am Stg. herablaufend, sämtl. Fiederabschnitte deutl. stachelig gezähnt u. in einen langen gelben Stachel auslaufend; Köpfe zur Blühzeit in Höhe der Blüten fast doppelt so breit (2–4 cm) wie der oberste Teil der Hülle, letztere ohne Wollfilz; ⨀. (= *C. lanceolatum* Scop., non Hill) *Gemeine K.*, **C. vulgáre** (Savi) Ten.

a. Pfl. bis 1,5 m hoch; reich verzweigt, mit bogig aufstgd. Ästen; Blätt. kraus, untersts. kurzhaarig; VIII–X; Ödland, Schuttplätze; *v* ssp. **vulgáre**

– Pfl. bis 3,5 m hoch, armästig, mit straff aufrechten Ästen; Blätt. flach, weicher, untersts. weißfilzig; VII(–VIII). Waldwege, Kahlschläge; schattenliebend; *z* (?) ssp. **silváticum** (Tausch) Dostal

7(5). Stg. durch den herablaufenden Blattgrd. stachelig-kraus geflügelt (zuw. nur an der Basis) *13*

— Blätt. am Stg. nicht od. wenig herablaufend *(C. arvense)*; Stg. deshalb größtenteils glatt *8*

8. Stg. kurz (höchstens bis 20 cm lg.), 1-köpfig; Blätt. buchtig fiedspaltig, stachelig gezähnt; Köpfe fast sitzend, von den obersten Blätt. umhüllt; ♃; VII–IX. Trockene Wiesen, Heiden (bis 2000 m); kalkliebend; M-Dt *v*, sonst *z* (*f* BW?, Vb?). *Stengellose K.*, **C. acaúle** Scop.

— Stg. höher als 20 cm *9*

9. Stg. traubig, meist rispig verzweigt, vielköpfig, bis oben hin reich beblätt.; Blätt. ungeteilt bis buchtig-gezähnt, fein stachelig gewimpert u. Blattvorsprünge mit starren, ± 5 mm lg. Stacheln; farbiger Blkrsaum bis zum Grd. 5-spaltig, rötl.lila; Pfl. unvollkommen 2-häusig; ♃; VII–IX. Ackerunkraut, Ruderalstellen (bis 2000 m); *g* u. *h*. *Acker-K.*, **C. arvénse** (L.) Scop.

— Stg. einfach od. mit lg., armköpfigen Ästen; Blkrzipfel etwa so lg. wie die Blkr.Röhre, bis zur Mitte 5-spaltig, purpurn *10*

10. Blätt. untersts. schneeweiß-filzig, obersts. kahl; Stg. meist 1-köpfig, wolligfilzig, 50–150 cm hoch; Blätt. ungeteilt; mittlere Stgblätt. mit herzf. Grd. stgumfassend, mit beidersts. noch 1–2 schmalen zur Blattspitze hinweisenden Zipfeln; ♃; VI–VIII. Feuchte Wiesen, Bachufer, bes. der mont. Reg. (bis

2000 m); *v* Au, Ba, *z* östl. M-Geb. (ab Thw u. Vogelsberg), SH, *v* Da. [= *C. helenioides* (L.) HILL] *Verschiedenblättrige K.*, **C. heterophýllum** (L.) HILL

— Blätt. unterststs. grün od. locker spinnwebig-wollig; Stg. oberwärts blattlos od. nur mit unscheinbaren Hochblätt. **11**

11. Köpfe zu 2–4 am Stgende gehäuft; Stg. selten mit 1–2 kurzen Ästen, höchstens bis zur Mitte beblätt.; Blätt. untersts. kraushaarig, aber hellgrün; Stgblätt. leicht stgumfassend; Pfl. 30–120 cm hoch; ♃; VI–VII. Waldwiesen, Flachmoore (bis 1600 m); *v* bis *z* Alp. u. Vorland, *s* bis S-Schw.-Fr-Lausitz-Schl-OPr., sonst nur Br [= *C. salisburgense* (WILLD.) G. DON] *Bach-K.*, **C. rivuláre** (JACQ.) ALL. em LK.

— Köpfe einzeln; Stg. einfach od. mit wenigen, von der Stgmitte ausgehenden Seitenästen; Blätt. untersts. spinnwebig-wollig; Blattstiel am Grd. verbreitert, fast geöhrt **12**

12. Laubblätt. untersts. schwach spinnwebig-wollig, dennoch grün, tief fiederspaltig; Pfl. 50–150 cm hoch, ohne Ausläufer; ♃; VII–VIII. Wie vorige (bis 1200 m); *z* E u. S-Dt, *s* nach N bis Be/Eifel/S-NS/SaAn/Sa, Ti. *Knollige K.*, **C. tuberósum** (L.) ALL.

— Laubblätt. untersts. stark spinnwebig-wollig, grau, nur fiederlappig, die oberen oft ungeteilt; Pfl. 30–100 cm hoch, mit Ausläufern; Stgblätt. ungeteilt od. buchtig; ♃; VI–VII. Moorwiesen, Heiden; *s* W-Vog., Be, Ho, W-NS, NW-We. [= *C. anglicum* (LAM.) DC.] *Englische K.*, **C. disséctum** (L.) HILL

13(7). Köpfe in kurz gestielten Knäueln; Stg. bis zur Spitze beblätt. u. stachelig geflügelt, gleich den Blätt. spinnwebig-filzig, oft rötl. überlaufen, 30–200 cm hoch; Äste aufrecht-absthd.; ⨀; VII–IX. Nasse Wiesen, Gräben, Ufer, Auwälder (bis 1700 m); *v.* *Sumpf-K.*, **C. palústre** (L.) SCOP.

— Köpfe einzeln; Stg. oberw. fast blattlos; Blätt. oft nur wenig herablaufend **14**

14. Innere Hüllblätt. an der Spitze eif. verbreitert; Pappushaare an der Spitze deutl. verdickt; Blätt. ungeteilt, meist aber buchtig-fiedteilig u. lg. stachelig gezähnt; Pfl. 30–150 cm hoch; ♃; VII–X. Nasse Wiesen, Moore; *s* Br, Sa, Schl, sonst zuw. adventiv od. eingebürgert (Br, SaAn). *Graue K.*, **C. cánum** (L.) ALL.

— Innere Hüllblätt. nicht verbreitert, lg. zugespitzt; Pappushaare an der Spitze nicht verdickt; Blätt. ungeteilt, stachelig gewimpert; ♃; VI–VII. Sumpf-, Bergwiesen; *s* Ob-Schl. *Ungarische K.*, **C. pannónicum** (L. f.) LK.

Die Gattung *Cirsium* neigt stark zur **Bastard**bildung; aus dem Gebiet wurden bisher über 50 Bastarde beschrieben!

54. Silybum ADANS., *Mariendistel.* Blätt. glzd. grün, weiß gefleckt, gelb bestachelt, buchtig-gelappt; Köpfe 4–5 cm lg.; Bltn. purpurn; ⨀; VI–IX. Aus Gärten gelegentl. verwild. (z. B. Ho, Be) (Heimat: Mittelmeergebiet, Orient). **S. mariánum** (L.) GAERTN.

55. Onopórdum L., *Eseldistel.* Pfl. bis 200 cm hoch; Blätt. ungleich buchtig-stachelig-gelappt; Köpfe einzeln, 3–5 cm lg.; Pappus rötl.; ohne Spreublätt.; ⨀; VII–IX. Wegränder, unbebaute Plätze (bis 1500 m); *z* bis *s.* **O. acánthium** L.

56. Serrátula L., *Scharte.* Blätt. ungeteilt bis selten fiederspaltig; Köpfchen rispig bis fast doldig; Bltn. u. Hüllblätt. an der Spitze purpurn; ♃; VII–IX. *Färber-Sch.*, **S. tinctória** L.

a. Pfl. 30–100 cm hoch; untere Stgblätt. lg. gestielt; Köpfchen bis 6 mm breit; Fr. 5 mm lg. Sumpfwiesen, Heiden, Gebüsche (bis 800 m); *v*, im N *z*, im NW *s.* ssp. **tinctória**

– Pfl. 10–40 cm hoch; untere Stgblätt. kurz gestielt; Köpfchen 6–12 mm breit; Fr. 7 mm lg. Bergmatten; *s* Hoch-Vog; Schw Alb?. ssp. **macrocéphala** (BERT.) ROUY

57. Leuzéa DC. (= *Rhaponticum* ADANS.), *Bergscharte.* Grdblätt. bis 60 cm lg., obersts. grün, untersts. graufilzig; Sprosse 1-köpfig; Köpfe 5–10 cm breit; Bltn. rötl. bis purpurn; Pfl. 30–100 cm hoch; ♃; VII–IX. Wiesen, Gebüsche, Hochstaudenfluren (1400–2000 m); *z* bis *s* Vb, W-Ti. [= *Rh. scariosum* LAM. ssp. *lyratum* (BELL.) HAY.; = *Centaurea lyrata* BELL.)

L. rhapóntica (L.) HOLUB ssp. **heleniifólia** (GREN. & GODR.) HOLUB

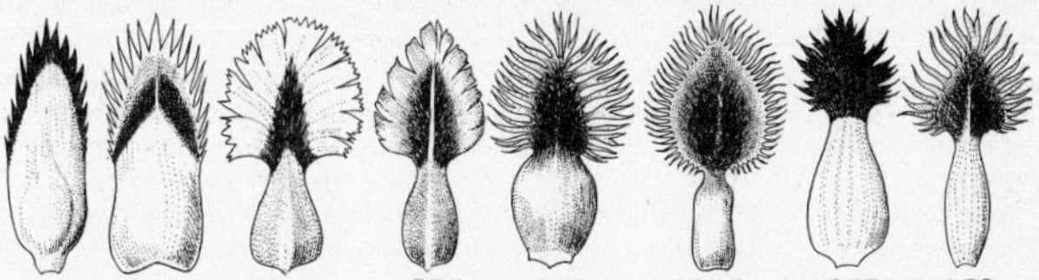

1051 1052 1053 1054 1055 1056 1057 1058

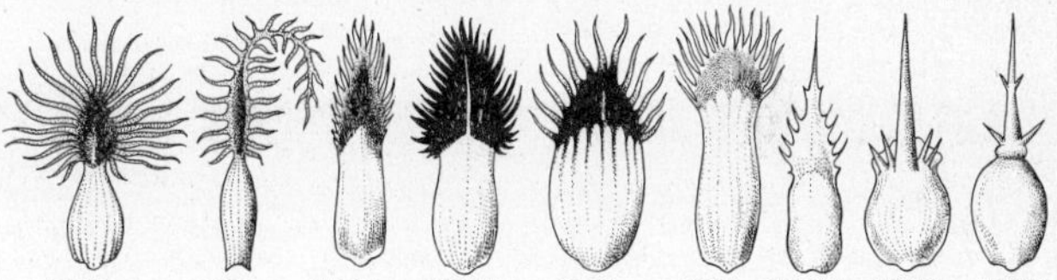

1059 1060 1061 1062 1063 1064 1065 1066 1067

58. Centáurea L., *Flockenblume*

1. Hüllblätt.[1] in eine ± lange Stachelspitze auslaufend *(1065–1067)* . . **10**

— Hüllblätt. ohne Stachelspitze, mit trockenhäutigem Anhängsel od. an der Spitze trockenhäutig *(1051–1064)* **2**

2. Bltn. rötl.lila **5**

— Bltn. leuchtendblau, selten weiß, die randl. auffallend vergrößert *(988)*; Stgblätt. ungeteilt; trockenhäutiges Anhängsel der Hüllblätt. an deren Rand links u. rechts weit herablaufend *(1051–1052)* **3**

3. Mittlere u. obere Stgblätt. schmal-lineal, nicht herablaufend; ⊙; VI–IX. Kornfelder, Schuttplätze (bis 1600 m); (noch) *v* u. *h*.

Kornblume, **C. cýanus** L.

— Blätt. über 1 cm breit, am Stg. herablaufend; Hüllblätt. mit schwarzem, kammf. gefranstem Anhängsel *(1051/1052)* **4**

4. Fransen der Hüllblätt.[1] schwarz, etwa so lg. wie deren schwarzer Rand *(1051)*; Blätt. eif.-zugespitzt, untersts. ± filzig, verkahlend; ♃; V–VII. Hochstaudenfluren, Waldlichtungen (bis 2100 m); kalkliebend; *v* Alp. u. Vorland, *z* M-Geb. (auch Ardennen, *f* Harz), auch Zierpfl. u. zuw. verwild.

Berg-F., **C. montána** L.

— Fransen der Hüllblätt. hell, etwa doppelt so lg. wie deren schwarzer bis brauner Rand *(1052)*; Blätt. lanzettl. bis breit-lanzettl., beidersts. weiß-filzig; ♃; V–VII. Sonnige, grasige Abhänge; *s* Ba: untere Hochebene, UFr. (= *C. axillaris* WILLD.) *Filzige F.*, **C. triumfétti** ALL.

5(2). Blätt. sämtl. fiederteilig od. fiederspaltig; trockenhäutiges Anhängsel der Hüllblätt. an deren Rand links u. rechts etwas herablaufend *(1061–1064)* **9**

— Blätt. ungeteilt od. nur die unteren fiederspaltig, die mittleren u. oberen stets ungeteilt; trockenhäutiges Anhängsel der Hüllblätt. scharf von ihrer Basis abgesetzt **6**

[1] Gemeint sind stets die mittleren Hüllblätter!

6. Pappus vorhanden, zuw. aber sehr kurz *8*
— Pappus meist fehlend; Randbltn. vergrößert *7*
7. Äußere Hüllblattanhängsel schwarzbraun bis weißl. rundl. [*1053;* bes. bei ssp. **angustifólia** (SCHR.) GREMLI (= *C. pannonica* (HEUFF.) SIMK.) Trockenhänge, bes. im S.], eingerissen-zerschlitzt [*1054;* bes. bei ssp. **jacéa**; Wiesen, Wegränder; *v*] od. kammf. gefranst [*1055;* bes. bei ssp. **subjacéa** (BECK) HYL.; Wiesen; *z* nur im S?], die darüberstehenden ganz verdeckend; ♃; VI–X. Bis 1900 m; sehr formenreich.
Gemeine F., **C. jacéa** L.
C. praténsis THUILL. [= *C. debeauxii* GREN. & GODR. ssp. *thuilleri* DOSTÁL]; Fr. mit einigen Pappushärchen; äußere Hüllblattanhängsel regelmäßig, aber kurz gefranst *(1056).* Wiesen, Wegränder; *z* im W von BW bis Ho, Rhön. (= *C. jacea* s. l. × *C. nemoralis*?)
— Äußere Hüllblattanhängsel 3-eckig, schwarz, klein *(1057),* die darüberstehenden Hüllblätt. nur teilw. verdeckend, Hülle daher meist schwarz-grün gescheckt; ♃; VII–VIII. Trockenrasen, Wegränder; *s* E u. Pf bis W-Fr.
Schwärzliche F., **C. nigréscens** WILLD. ssp. **nigréscens**
8(6). Strahlende Randbltn. fehlend; Hüllblattanhängsel[1] aufrecht; ♃; VII–IX. Wiesen, Gebüsch, Waldränder (bis 1400 m). (2 Kleinarten).
Schwarze F., **C. nígra** L. (s. l.)
a. Hüllblattanhängsel schwarz, breit-eif., bis rundl., etwa so breit wie die Länge seiner Fransen *(1058);* Pfl. wenig verzweigt; *z* Ho, Be, N-Rheinl., E (W-Vog., Sundgau), W-He, N-Ba.
C. nígra L. (s. str.)
– Hüllblattanhängsel braun, dreieckig-lanzettl., schmaler als die Länge seiner Fransen *(1059);* Pfl. reich verzweigt; *v* im SW (*f* O-Ba, Au), *z* bis Rheinl.-He-Fr, nördl. davon oft eingebürgert. [= *C. nigra* L. ssp. *nemoralis* (JORD.) GREMLI; = *C. debeauxii* GREN. & GODR. ssp. *nemoralis* (JORD.) DOSTAL] **C. nemorális** JORD.
— Randbltn. vergrößert u. strahlend; Hüllblattanhängsel zurückgebogen (Ausnahme: Alpenpfl.); ♃; VII–IX. Wie vorige (bis 2000 m). (2 Kleinarten).
Perücken-F., **C. phrýgia** L. (s. l.)
a. Anhängsel der innersten Hüllblätt. mit 2–3 mm lg., fadenf. Spitze, gefranst, die der äußeren mit bis 6 mm lg., fedriger Spitze, alle dkbraun bis schwarz; obere Stgblätt. nicht stgumfassend; *v* OPr, Schl, *s* Sa (Lausitz). [= ssp. *austriaca* (WILLD.) GUG.] **C. phrýgia** L. (s. str.)
– Anhängsel der innersten Hüllblätt. ungeteilt, die der äußeren mit bis 12 mm lg., fedriger zurückgebogener Spitze *(1060),* hell- bis dkbraun; obere Stgblätt. stgumfassend sitzend; *v* Alp., *z* in S- u. M-Dt, im N nur SH, Me, Da (*f* E, Be, Ho) [= *C. phrygia* L. ssp. *pseudophrygia* (MEY.) GUG]. **C. pseudophrýgia** MEY.
9(5). Blätt. dkgrün, beidersts. spärl. rauh behaart, fiederspaltig, mit breit-lanzettl. Abschnitten; Köpfchen einzeln, ± 2 cm lg.; Stg. meist verzweigt aber nicht sparrig; Hüllblätt. nervenlos; ♃; VI–X. (3 Kleinarten).
Skabiosen-, Große F., **C. scabiósa** L. (s. l.)
a. Hüllblattanhängsel 5–7 mm lg., beidersts. mit je mehr als 15 Fransen *(1062);* Nägel der Hüllblätt. von den Anhängseln der nächstunteren nicht völlig bedeckt, Hülle daher einheitl. schwarz; Stg. meist 1-triebig, unverzweigt u. nur 1- bis 2-köpfig; Pfl. bis 70 cm hoch. Bergwiesen; *z* Alp, *s* SchwAlb, Vog. [= *C. scabiosa* ssp. *alpestris* (HEG.) NYM.]
Alpen-F., **C. alpéstris** HEG.
– Hüllblattanhängsel 1–5 mm lg., beidersts. mit je 5–15 Fransen *(1061);* Nägel der Hüllblätt. von den Anhängseln der nächstunteren nicht verdeckt, Hülle daher grün u. schwarz gescheckt; Stg. meist mehrtriebig u. mehrköpfig, 30–120 cm hoch . . . . **b**
b. Ungeteiltes Mittelstück des Hüllblattanhängsels (von der Spitze des grünen Teiles bis zur Basis der Endfranse) 1–2½ mal so lg. wie breit; Blattfied. schmal-lanzettl., mit verdickten Rändern. Trockenrasen, Triften; angebl. *s* Hochrheingebiet, Hegau. [= *C. scabiosa* ssp. *grinensis* (REUT.) NYM.] *Schmalblättrige F.*, **C. tenuifólia** (SCHLEICH.) HAY.
– Ungeteiltes Mittelstück des Hüllblattanhängsels ⅔–1 mal so lg. wie breit; Blattfied. oval bis schmal-lanzettl., mit flachen Rändern. Wiesen, Wegränder, Ödland, Triften (bis 2100 m); *v, s* im NW. *Skabiosen-, Große F.*, **C. scabiosa** L. (s. str.)
— Blätt. grau-filzig, gefied., mit schmal-linealen Fied.; Stg. schon unterhalb der Mitte sparrig-ästig; Köpfchen bis 14 mm lg., zahlr., meist vom obersten

[1] Gemeint sind stets die *äußeren* Hüllblätter!

Laubblatt gestützt; Hüllblätt. 5-nervig; ⊙–♃; VII–IX. Bis 600 m; *z* (*f* Vb), im N bis Rheinl.–Harz-Me, sonst zuw. adventiv. (2 Kleinarten)
Rispen-F., **C. stoébe** L. (s. l.)

a. Hüllblattanhängsel schwarz, jederst. mit 6–8 schwarzen, an der Spitze meist weißl. Fransen *(1063)*; Fr. 2-mal so lg. wie der Pappus; Pfl. grauhaarig. Trockenrasen, Triften, Wegränder. (= *C. rhenana* Bor.) **C. stoébe** L. s. str.

– Hüllblattanhängsel braun, jederst. mit 7–12 weißl. Fransen *(1064)*; Fr. 3-mal so lg. wie der Pappus. Pfl. graufilzig. Trockenhänge; bisher nur bei Ludwigshafen (Pf), Darmstadt (S-He), Donauwörth (Ba). **C. maculósa** Lam.

10(1). Bltn. hellgelb; Stg. durch die herablaufenden, graufilzigen Blätt. geflügelt ***12***

— Bltn. weiß, rosa od. hellpurpurn; Stg. nicht geflügelt ***11***

11. Hüllblattanhängsel deutl. abgesetzt, lanzettl., in einen langen, beidersts. mit 3–4 stacheligen Fransen versehenen Dorn auslaufend *(1065)*; Fr. 2–3 mm lg.; Blätt. grünl.-grau; ⊙; VII–IX. Hafengebiete, Bahndämme, Ruderalstellen; eingeschleppt u. stellenw. eingebürgert (Heimat: SO-Eur.). *Sparrige F.*, **C. diffúsa** Lam.

— Hüllblattanhängsel klein, undeutl. abgesetzt, mit einem lg. Dorn, an dessen Grd. beidersts. je 1–3 kurze Stacheln *(1066)*; Fr. 3–7 mm lg.; Blätt. grün; ⊙; VII–IX. Wie vorige (Heimat: S- u. SO-Eur.). *Stern-F.*, **C. calcítrapa** L.

12(10). Hüllblattanhängsel aus einem 5–8 mm lg. u. mit 1–3 Stachelpaaren besetzten Dorn bestehend *(1067)*; Blkr. dicht mit sitzenden Drüsen; ⊙; VII–X. Hafengebiete, Bahndämme; *s* eingeschleppt (Heimat: Mittelmeergebiet). *Malteser-F.*, **C. meliténsis** L.

— Hüllblattanhängsel aus einem 10–15 mm lg. Dorn bestehend, dieser am Grd. mit 2–4 kleinen Stacheln; Blkr. drüsenlos; ⊙; VI–X. Wie vorige; nicht *s* eingeschleppt (Heimat: SO-Eur.).
Sonnwend-F., **C. solstitiális** L.

59. Cárthamus L., *Saflor.* Blätt. kahl, am Rand fein stachelig gezähnt; äußere Hüllblätt. mit stacheligem Anhängsel u. deutl. Stachelspitze; ⊙; VII–IX. Aus Kulturen (Färbepfl.) *s* verwild. (Heimat: Orient) *Färber-S.*, **C. tinctórius** L.

60. Cnícus L., *Benediktenkraut.* Blätt. schrotsägef., stachelig berandet, die oberen stgumfassend; äußere Hüllblätt. ohne Anhängsel, aber mit langem Stachel, innere in einen lg.gefied. u. geknieten Stachel auslaufend; ⊙; VI–VII. Aus Kulturen *s* verwild. (Heimat: Mittelmeergebiet, Orient). **C. benedíctus** L.

Unterfamilie: **Cichorioídeae** (= *Liguliflorae)*

61. Cichórium L., *Wegwarte*

1. Grdblätt. schrotsägef., untersts. borstl. behaart; obere Stgblätt. längl.-lanzettl.; Stg. sparrig-ästig; ♃; VII–IX. Wegränder, Weiden, Ruderalstellen (bis 1500 m); *v*, *z* im N. *Gemeine W.*, **C. íntybus** L. ssp. **íntybus**

ssp. **satívum** (Dc.) Janchen: mit schwach gezähnten Grdblätt. u. fleischiger Wurzel, nur noch *s* kult. (Kaffee-Ersatz).

— Grdblätt. schwach gezähnt, kahl; obere Stgblätt. breit-eif., mit herzf. Grd. stgumfassend, zuw. alle kraus gewellt; ⊙; VII–X. In zahlr. Sorten als Salatpfl. kult., *s* verwild. (Heimat: Mittelmeergebiet). *Endivie,* **C. endívia** L.

62. Lápsana L., *Rainkohl.* Grdblätt. leierf., mit 1–2 Paar ± buchtig gezähnten Lappen; Endlappen groß, 3-eckig-eif.; Köpfchen zahlr., in lockeren Rispen; Fr. ohne Pappus; ⊙; V–IX. Wälder, Äcker (bis 1500 m); *v.*
L. commúnis L.

63. Apóseris Neck., *Hainsalat, Stinkkohl.* Pfl. mit weißem, stinkendem Milchsaft; Köpfe einzeln; Hüllblätt. schwärzl., mehlstaubig; Fr. ohne Pappus; ♃; VI–VIII. Schattige Wälder, Gebüsche (bis 2000 m); *v* u. *h* Alp., *z* Vorland. **A. fóetida** (L.) Less.

64. Arnóseris Gaertn., *Lämmersalat.* Blätt. keilig verkehrt-eilängl., gewimpert, gezähnt, untersts. behaart; Infl.schaft 2- bis 4-köpfig, unterhalb der Köpfchen allmähl. verdickt; ⊙; VI–IX. Sandige Böden; kalkmeidend; *v*, *z* im S, *f* Alp. **A. mínima** (L.) Schw. & K.

65. **Hypochoéris** L., *Ferkelkraut*

1. Pappus 1-reihig, alle Strahlen federig; Stg. steifhaarig, meist nur 1–2 Blätt. tragend *3*

— Pappus 2-reihig, äußere Strahlen einfach-haarf., innere federig; Stg. kahl, nur mit schuppenf. Hochblätt. *2*

2. Blätt. zerstreut-borstig, schrotsägef. gezähnt; Randbltn. länger als die Hülle, ihre Zunge tief gezähnt, unterst*s*. grünl.-graurot bis graublau; meist alle Fr. lg. geschnäbelt; Köpfe über 2,5 cm breit; Stg. blaugrün; Pfl. 25–80 cm hoch; ♃; V–IX. Wegränder (bis 1400 m); *v.* *Gemeines F.,* **H. radicáta** L.

— Blätt. kahl, buchtig gezähnt; Randbltn. so lg. wie die Hülle, ihre unterstś. weißl. Zunge kurz gezähnt; Randfr. ungeschnäbelt; Köpfe weniger als 2,5 cm breit; Stg. grün; Pfl. 10–40 cm hoch; ⨀; VI–X. Sandfelder, Heiden, Dünen, Äcker; *v* im N u. M, *z* im S, *f* Au. *Kahles F.,* **H. glábra** L.

3(1). Alle Hüllblätt. ganzrandig; Stg. 1- bis 3-köpfig, oberw. kaum verdickt; Blätt. längl.-verkehrt-eif., oberststs. oft rotbraun gefleckt; ♃; V–VIII. Wiesen, lichte Wälder (bis 1500 m); kalkliebend; *z, s* im N. *Geflecktes F.,* **H. maculáta** L.

— Äußere Hüllblätt. zerrissen gefranst; Stg. 1-köpfig, oberw. stark keulenf. verdickt; Blätt. längl.-keilig; ♃; VII–IX. Sonnige, humose Matten, Zwergstrauchheiden (1300–2600 m); kalkmeidend; *z* Allgäu, Au, Sudeten. *Einblütiges F.,* **H. uniflóra** VILL.

66. **Leóntodon** L., *Löwenzahn*

1. Pappus der randl. Fr. ein zerschlitztes Krönchen bildend, jener der inneren 2-reihig, dabei äußere Pappusstrahlen kürzer u. rauh gezähnelt, innere federig; Hüllblätt. schwarz berandet; Blätt. lineal-lanzettl., seicht gesägt bis schrotsägef. u. zerstreut behaart; Randbltn. unterststs. blaugrau bis gräul. violett bereift; ⨀–♃; VII–VIII. Ufer, feuchte Wiesen, Heiden, Dünen; *z* bis *s* (*f* Alp., Württ., OPr). [= *Thrincia hirta* ROTH; = *L. saxatilis* LAM.; = *L. nudicaulis* (L.) BANKS ssp. *taraxacoides* (VILL.) SCH. & TH.] *Hundslattich,* **L. taraxacoídes** (VILL.) MER. ssp. **taraxacoídes**

— Pappus aller Fr. mit lg. Haaren; Hüllblätt. nicht schwarz berandet . *2*

2. Stg. verzweigt, mit wenigen, kleinen, lanzettl. Hochblätt.; Blätt. tief fiederteilig mit linealen Zipfeln, meist völlig kahl; Randbltn. unterststs. rötl. gestreift; alle Pappusborsten federig; ♃; VI–X. Magerwiesen, Wegränder, Äcker (bis 2000 m); *v.* *Herbst-L.,* **L. autumnális** L.

a. Infl.schaft im oberen Teil u. Hüllblätt. locker mit weißl. Sternhaaren bis kahl; *v* (bis ? m). ssp. **autumnális**

– Infl.schaft im oberen Teil u. Hüllblätt. lg.-schwarz-zottig behaart; Stg. oft 1-köpfig; Matten u. Triften; nur Alp.? ssp. **praténsis** (LK.) ARC.

— Stg. stets einfach; innere Pappusstrahlen federig, die äußeren meist nur gezähnt *3*

3. Stg. u. Blätt. von (3- bis) 4-gabeligen Sternhaaren fast grau-filzig (Lupe!); Köpfe vor dem Aufblühen nickend; Blätt. ganzrandig od. entfernt seicht gezähnt; ♃; V–VI. Sonnige Felshänge, trockene Matten (bis 2100 m); kalkstet; *v* Alp., *z* Vorland, Alb, O-Vog. *Grauer L.,* **L. incánus** (L.) SCHR. ssp. **incánus**

— Blätt. u. Stg. grün *4*

4. Hülle u. Stg. oberw. dicht-schwarz-zottig; Blätt. längl.-lanzettl., seicht bis tief buchtig gezähnt, kahl od. unterststs. mit einfachen Haaren; Köpfe vor dem Aufblühen aufrecht; Fr. undeutl. kurz geschnäbelt, 5–7 mm lg.; Pappus schneeweiß; Pfl. 3–10 cm hoch; ♃; VII–VIII. Bachschotter (1750 bis 2850 m); kalkliebend; *z* Alp. *Alpen-L.,* **L. montánus** LAM.

— Hülle nicht schwarz-zottig, allenfalls ± kraushaarig; Pappus schmutzigweiß bis gelbl.; Köpfe vor dem Aufblühen nickend *5*

5. Blätt. mit nur einfachen Haaren od. kahl; Stg. mit 2–6 Schuppenblätt.; Hüllblätt. schwärzl.-kraushaarig; ♃; VII–IX. Matten, Zwergstrauchheiden;

kalkmeidend; *v* Alp. (1600–2800 m), S-Schw., Vog. (ab 900 m). (= *L. pyrenaicus* GOUAN ssp. *helveticus* (MÉR.) FINCH & SELL)
Schweizer L., **L. helvéticus** MÉR. em. WIDDER

— Blätt. mit 2- bis 4-spaltigen Gabel- u. Sternhaaren (zuw. bis kahl, zuw. bis graugrün); je nach ssp. ± tief fiederspaltig od. nur buchtig gezähnt; Stg. mit 0–2 Schuppenblätt.; Hüllblätt. kahl bis weißl.-borstig behaart; ♃; VI–X. Wiesen, Matten, Heiden, Moore, Schutt (bis 2400 m); *v*. Sehr formenreich. (5 ssp.) *Rauher L.*, **L. híspidus** L.

67. Pícris L., *Bitterkraut*

1. Äußere Hüllblätt. herz-eif., zu 3–5, nur wenig kürzer als die 5–10 inneren, schmäleren; innere Fr. gerade, kahl, die randst. stark gekrümmt, weißl., auf der Innenseite zottig, auf der Außenseite kahl, alle deutl. geschnäbelt; ⊙; VII–VIII. Äcker, Bahndämme; gelegentl. eingeschleppt (Heimat: Mittelmeergebiet). *Wurmlattich*, **P. echioídes** L.

— Alle Hüllblätt. schmal-lineal, die äußeren viel kürzer als die meist 8 inneren; alle Fr. leicht gekrümmt, gelb- bis schwarzbraun, kahl, kurz geschnäbelt; ⊙–♃; VII–X. (5 ssp.) *Gemeines B.*, **P. hieracioídes** L.

a. Köpfchenstiele u. Hülle mit weißl., z. T. gegabelten Borstenhaaren od. haarlos . . . . **c**

– Köpfchenstiele u. Hülle mit schwarzen, einfachen Borstenhaaren . . . . **b**

b. Äußere Hüllbl. abstehend, schmal-lanzettl.; *z* Matten der mont. Reg., Sb, S-Schw., Vog. (ab 1000 m). [= ssp. *longifolia* (BOISS. & REUT.) SELL p. p.] ssp. **auriculáta** (SCHULTZ-BIP.) HAY.

– Äußere Hüllbl. anliegend, eif.-lanzettl.; *s* Wiesen bis Schuttfluren der mont. u. subalp. Reg. (bis 1600 m); Ba, Sb, (Th?). [= ssp. *paleacea* (VEST) HAY. in HEGI]. [= ssp. *longifolia* (BOISS. & REUT.) SELL p. p.] ssp. **paleácea** (VEST) DOM. & PODP.

c. Köpfchen klein, kurz gestielt, an der Stgspitze gehäuft, die seitl. fast sitzend; Laub- u. Hüllblätt. bes. stark borstig; zuw. eingeschleppt (wo?) (Heimat: Mittelmeergebiet). ssp. **spinulósa** (BERTOL.) THELL.

– Köpfchen größer, scheindoldig bis rispig angeordnet, die seitl. deutl. gestielt . . . . **d**

d. Stg. bis oben u. Blätter beiderststs. zerstreut bis reichl. borstig; obere Stgblätt. sitzend; Wiesen, Waldränder, Ödland (bis mont. Reg.); *v*. ssp. **hieracioídes**

– Stg. nur am Grd. u. Blätt. nur am Mittelnerv u. am Rand borstig; obere Stgblätt. stgumfassend; Wiesen (bis ? m); *v* Au, *s* Alp., Ba (wo noch?). [= ssp. *sonchoides* (VEST) THELL.; = ssp. *villarsii* (JORD.) NYM.] ssp. **crepoídes** (SAUT.) SIMK.

68. Tragopógon L., *Bocksbart*

1. Bltn. weinrot; Stg. unter dem Köpfchen stark verdickt; ⊙–⊙; VI–VII. Früher viel angebaut, *s* verwild. (Heimat: Mittelmeergebiet). *Haferwurz*, **T. porrifólius** L. ssp. **satívus** (GATERAU) BR.-BL.

— Bltn. gelb *2*

2. Stg. u. Äste ± weiß-flockig; Fr. nur kurz geschnäbelt; Hülle 8-blättrig; Bltn. wachsgelb; ⊙; VI–VII. Dünen; *s* OPr. [= *T. floccosus* W. & K. ssp. *heterospermus* (SCHWEIGG.) REG.] *Sand-B.*, **T. heterospérmus** SCHWEIGG.

— Stg. u. Äste kahl; Hülle 8- bis 16-blättrig *3*

3. Stg. unter dem Köpfchen keulig verdickt, hohl; Frschnabel so lg. wie die eigentl. Fr.; Bltn. hellgelb, viel kürzer als die Hülle; ⊙; V–VI. Trockene, steinige Hänge; kalkliebend; *v* Th, Fr, *z* bis *s* nördl. bis Rheinl.–Harz–Me, südl. bis zur Donau (OPr, Ti, Vb nur eingeschleppt?).
Großer B., **T. dúbius** SCOP. ssp. **májor** (JACQ.) VOLLM.

— Stg. unter dem Köpfchen wenig od. nicht verdickt; Frschnabel kürzer als die eigentl. Fr.; ⊙–♃; V–VII. Bis 2000 m. (4 ssp.). *Wiesen-B.*, **T. praténsis** L.

a. Bltn. goldgelb, deutl. länger als die Hülle; Köpfe 5–8 cm breit . . . . **c**

– Bltn. blaß- bis hellgelb, höchstens so lg. wie die Hülle; Köpfe 2–3 cm breit . . . . **b**

b. Hüllblätt. weißl.-grün berandet; Stbbeutel unten gelb, oben schwarz-violett; Köpfe 3 cm breit. Wiesen; *v* nördl. der Donau, südl. *s* od. eingeschleppt. ssp. **praténsis**

– Hüllblätt. (wenigstens anfangs) rötl. berandet; Stbbeutel bräunl.; Köpfe 2 cm breit; Bltn. meist nur 1/2 so lg. wie die Hülle. Trockene Wiesen, Ödland; *z* im W, sonst *s* bis *f* (u. a. in Au). ssp. **mínor** (MILL.) HARTM.

c. Stbbeutel mit braunschwarzen Längsstreifen; Blätt. schmal bis rinnig. Halbtrockenrasen, Wiesen, Wegränder; *v* im S, nördl. seltener u. bis Rheinl./S-NS/Holstein/Sa/Schl/OPr. ssp. **orientális** (L.) ČEL.

– Stbbeutel unten gelb, oben schwarzviolett; Blätt. wenigstens am Grd. lanzettl., dann fast fädl. Wie vorige; *v* Alp. (u. Vorland?, wo noch?). ssp. **grandiflórus** (SAUT.) ROTHM.

69. Scorzonéra L., *Schwarzwurzel*

1. Bltn. weinrot; Blätt. schmal-lineal, 3-kantig, rinnig; ♃; V–VI. Steinige Hänge, Steppenrasen, lichte Wälder; kalkliebend; *s* von RhPf über Fr/An bis Br/Me/Schl, außerdem bei München. *Purpur-Sch.,* **S. purpúrea** L.

— Bltn. gelb *2*

2. Stg. reich beblätt., ästig, mehrköpfig, 40–130 cm hoch; Hüllblätt. am Rand ± wollig-flockig, zugespitzt; randst. Fr. entlang der Rippen zackig-rauh; ♃; VI–VIII. Sonnige, buschige Hänge, lichte Laubwälder; *s* NO-RhPf/He/S-NS/An/Th/Fr, sonst angebaut u. gelegentl. verwild. *Garten-Sch.,* **S. hispánica** L.

— Stg. armblättrig od. mit 0–6 schuppenf. Hochblätt.; Fr. glatt *3*

3. Randl. Zungenbltn. kaum länger als die Hülle; Stg. 1- bis 3-köpfig, kahl; Pappus fast doppelt so lg. wie die Fr.; ⊙–♃; V–VIII. Salzwiesen; sehr *s* N-Th, S-SaAn. *Kleinblütige Sch.,* **S. parviflóra** JACQ.

— Randl. Zungenbltn. bis doppelt so lg. wie die Hülle *4*

4. Pfahlwurzel oben mit einem Faserschopf; Grdblätt. lineal, bläul.-grün; ♃; IV–V. Bergwiesen, Steppenheiden, Mauern; kalkliebend; 2 Fundorte in SO-BW. *Österreichische Sch.,* **S. austríaca** WILLD.

— Pfahlwurzel ohne Faserschopf, nur mit einigen vertrockneten (nicht faserigen!) Blattresten; Grdblätt. lanzettl., grasgrün; ♃; V–VII. Moorige Wiesen, Heiden, Waldränder; *z* bis *s, f* im NW, He (aber *s* N-NS, N-Ho, S-Be). *Niedrige Sch.,* **S. húmilis** L.

70. Podospérmum Dc. (= *Arachnospermum* F. W. SCHM.), *Stielsamenkraut.*

Pfl. ästig; Köpfchen einzeln od. mit 1–2 meist kleineren Nebenköpfchen; Bltn. schwefelgelb, so lg. wie die Hülle; ⊙; V–VII. Grasige Hänge, Wegränder; *z* bis *s* im Gebiet zw. E/RhPf/S-Be/We/S-NS/An/Sa/N-Ba/N-BW. (= *Scorzonera laciniata* L.) **P. laciniátum** (L.) Dc.

71. Chondrílla L., *Knorpellattich*

1. Köpfchen in endst. Doldenrispe; Stg. kahl; Laubblätt. rosettig, kahl, entfernt knorpelig gezähnt, zur Blütezt. noch vorhanden; ♃; VII–VIII. Kies u. Schotter der Alpenbäche (bis 1500 m); kalkstet; *z* Alp. u. Vorland (*f* Sb). *Alpen-K.,* **Ch. chondrilloídes** (ARD.) KARSTEN

— Köpfchen in lockeren Ähren, an rutenf. Ästen; Stg. blaugrün, an der Basis absthd. weiß-borstig; Grdblätt. blaugrün bereift, schrotsägef., unterstS. am Mittelnerv borstig behaart, zur Blütezt. vertrocknet; ♃; VII–IX. Trockenhänge, Flußschotter, Dünen (bis 700 m); *z,* im NW *s* od. nur adventiv. *Binsen-K.,* **Ch. júncea** L.

72. Calycocórsus F. W. SCHM. (= *Willemetia* NECK.), *Kronenlattich.*

Blätt. kahl; Pfl. 15–45 cm hoch; Stg. oberw. wenig verzweigt; Köpfchen lg. gestielt; Bltn. goldgelb, länger als die Hülle; ♃; VI–VIII. Feuchte Wiesen, Flachmoore (bis 2200 m); *v* bis *z* Alp. u. Vorland, Bayr.-Böhmw. **C. stipitáta** (JACQ.) RAUSCH.

73. Taráxacum WEB. in WIGGERS, *Kuhblume, Löwenzahn*

Taraxacum ist (in ähnl. Weise wie *Hieracium,* s. S. 472) eine außerordentlich formenreiche Gattung u. noch in fortlaufender Bildung neuer Sippen begriffen. Dies rührt insbesondere durch bekannte Unregelmäßigkeiten bei der Fortpflanzung (sog. Apomixis) her. Seit der letzten Neubearbeitung dieser Bestimmungsflora sind zahlreiche Publikationen über *Taraxacum* erschienen, die meisten allerdings in Beziehung zu nordeuropäischen Sippen. Die im Gebiet bisher gefundenen und ± formbeständigen ca. 240 (!) Kleinarten lassen sich nur mittels Spezialliteratur identifizieren. Andererseits geben die heute üblichen allgemeinen und spezielleren Bestimmungsbücher höchst unterschiedliche Systeme, Gruppen-Namen etc. wieder, so daß es bei unserem derzeitigen Kenntnisstand wenig sinnvoll erscheint, hier einen neuen Gliederungsversuch zu unternehmen. Stattdessen wird im nachfolgenden der 1976 publizierte Schlüssel von Doll (in Rothmaler) in stark verkürzter Form wiedergegeben. Mit ihm lassen sich bei Vorliegen typischer Exemplare wenigstens die 7 wichtigsten Hauptarten einigermaßen sicher identifizieren.

Beim Sammeln von Material (nur zur Hauptblütezeit!) sorgfältig beobachten: Farbe von Blatt, Blattstiel, Blüten, Narben u. Griffeln notieren. Reife Früchte sind unerläßlich: sie bestehen aus einem ± gefärbten, samentragenden, verdickten Basisteil, dem eine oft warzig-schuppige, pyramidenförmige Spitze aufsitzt (Frspitze), einem meist farblosen Stiel (Schnabel) u. dem Pappus.

1. Hüllblätt. unterhalb der Spitze verdickt bis gehörnt; Wurzelschopf meist kräftig entwickelt; Frspitze zylindrisch; Fr. rot, braun od. strohfarben; Blätt. ± stark zerschlitzt; Fr. ca. 3 mm lg.; ♃; IV–VI. Trockenrasen, Ruderalstellen, Dünen; *z.* (50 Kleinarten)
Schwielen-L., Rotfrüchtiger L., **T. laevigátum** (Willd.) Dc.

— Hüllblätt. unverdickt; Fr. strohfarben ***2***

2. Zungenbltn. eingerollt bis röhrig; strohfarben; ♃; V–VIII. Matten der subalp. u. alp. Reg. (1700–2700 m); *v* Alp. (3 Kleinarten)
Strohblütiger L., **T. cucullátum** Dahlst.

— Zungenbltn. weder eingerollt noch röhrig ***3***

3. Äußere Hüllblätt. mit breitem, weißem Rand, den inneren anlgd., eif.; Pfl. feuchter Standorte ***6***

— Merkmale anders ***4***

4. Wurzelstock stark entwickelt u. mit zerfaserten Resten von Grdblätt. (vgl. Punkt ***1***) **T. laevigátum**

— Wurzelstock glatt ***5***

5. Frschnabel 3–6 mm lg., Frspitze 0,3–0,6 mm lg.; äußere Hüllblätt. meist dkgrün, kurz u. anlgd., nicht od. sehr schmal weißl. berandet; Blätt. kahl, grün, schrotsägezähnig; ♃; VI–IX; Matten, Viehläger, Schneetälchen; *s* Alpen (immer noch unvollkommen bekannte Gruppe; 7 Kleinarten).
Alpen-L., **T. alpínum** Heg. & Heer.

— Frschnabel u./od. Frspitze länger; äußere Hüllblätt. stets zurückgeschlagen bis absthd., ohne od. mit sehr schmalem, weißem Rand; Blätt. meist stark gelappt u. gezähnt; Fr. strohfarben, seltener bräunl., mit konischer Frspitze; ♃; III–VII. Fettwiesen u. -weiden, Äcker, Dünen, Ruderalstellen; *g.* (ca. 140 Kleinarten) *Gemeiner L.*, **T. officinále** Wiggers

6(3). Frspitze meist über 1 mm lg. u. zylindrisch; Blätt. schmal u. meist wenig gelappt, ungefleckt; ♃; IV–VI. Flachmoore, Wiesen, Salzwiesen; *z.* (28 Kleinarten) *Sumpf-L.*, **T. palústre** (Lyons) Symons

— Frspitze kürzer, bis 0,9 mm lg. u. ± konisch ***7***

7. Blätt. breit u. viellappig, oft purpurn gefleckt u. Stiele blutrot; ♃; V–VII. Sumpfwiesen u. Flachmoore; *s* im N u. NW. (7 Kleinarten)
Stattlicher L., **T. spectábilis** Dahlst.

— Blätt. nicht purpurn gefleckt u. Stiele nicht blutrot; V–VII. Moore der subalp. u. alp. Reg.; *s* Alp. (10 Kleinarten).
Gebirgsmoor-L., **T. fontánum** Hand.-Maz. emend.v. Soest

74. Cicérbita Wallr., (= *Mulgedium* Cass.) *Milchlattich*

1. Pfl. kahl; Bltn. hellblau; Blätt. bläul.-grün; ♃; VII–VIII. Hochstaudenfluren; *s* Feldberg (Schw.), Hoch-Vog. *Französischer M.*, **C. plumiéri** (L.) Kirschl.

— Pfl. im oberen Teil braunrot-drüsenborstig; Bltn. blau- bis rötl.-violett; Blätt. nur untersts. bläul.-grün ***2***

2. Blätt. fast kahl, Bltn, blauviolett; Köpfe traubig bis rispig angeordnet; Fr. ungeflügelt, mit 5 Hauptrippen; Grdblätt. mit einem dreieckigen Endlappen u. wenigen Paaren kleinerer Seitenlappen; ♃; VII–IX. Hochstaudenfluren, Waldschluchten; *v* Alp. (bis 2200 m); *z* Vorland u. M-Geb. (bis Rhön, Vogelsberg, Sauerland). *Alpen-M.*, **C. alpína** (L.) Wallr.

— Blätt. borstig-drüsig behaart; Bltn. lilarötl.; Köpfe in lockeren Doldenrispen; Fr. schmal geflügelt; Grdblätt. mit eim sehr großen herz- bis spießf. Endlappen u. nur 1 Paar kleiner Seitenlappen; ♃; VII–VIII. Zierpfl. in Parkanlagen, oftmals verwild. (wo?) (Heimat: Kaukasus).
Großblättriger M., **C. macrophýlla** (Willd.) Wallr.

75. Sónchus L., *Gänsedistel*

1. Stg. meist ästig; Hülle kahl od. weißfleckig, nicht drüsig; Fr. beidersts. mit 3 Längsrippen; Pfl. ⊙ *3*
— Stg. meist einfach od. erst im Bereich der Infl. verzweigt; Hülle ± dicht drüsenhaarig; Fr. beidersts. mit 5 Längsrippen; Pfl. ♃ *2*
2. Stgblätt. am Grd. pfeilf. zugespitzt; Köpfchen in reichbltger Doldenrispe; Hülle u. Köpfchenstiele mit anfangs gelben, später nachschwärzenden Drüsenhaaren; Pfl. 1–3 m hoch; Fr. gelbbraun bis gelbl.-weiß; Blätt. bläul.-grün; ♃; VII–IX. Flußufer, Sümpfe, nasse Wiesen; sehr *z* (*f* BW, E, We, Be, Au), häufiger nur Ostseeküste u. Flußtäler im N. *Sumpf-G.*, **S. palúster** L.
— Stgblätt. am Grd. herzf. abgerundet; Köpfchen in lockerer Doldenrispe; Köpfchenstiele dicht gelb-drüsenborstig, seltener fast kahl [ssp. **uliginósus** (Bieb.) Neum.; feuchte Wiesen, salzliebend. Verbreitung?]: Fr. dkbraun; Blätt. glzd.-grün; Pfl. 0,5–1,5 m hoch; ♃; VII–X. Äcker, Ödland, Sanddünen (bis 1700 m); *g*, *z* Geb. *Acker-G.*, **S. arvénsis** L. ssp. **arvénsis**
3(1). Stgblätt. am Grd. mit zugespitzten, vorgestreckten Öhrchen, weich, glanzlos, selten ungeteilt, stachelig gezähnt; Fr. querrunzelig; ⊙; VI–X. Schuttplätze, Ackerunkraut (bis 1500 m); *g*. *Kohl-G.*, **S. oleráceus** L.
— Stgblätt. am Grd. mit abgerundeten, angedrückten Öhrchen, steif, dkgrün-glzd., meist ungeteilt, stechend-dornig gezähnt; Fr. glatt; ⊙; VI–X. Wie vorige (bis 1100 m); *v*. *Dornige G.*, **S. ásper** (L.) Hill ssp. **ásper**

76. Mycélis Cass., *Mauerlattich*. Blätt. dünn, oft rot überlaufen, unterst. bläul.-grün, leierf.-fiederspaltig mit eckigen, gezähnten Seitenlappen u. großem Endabschnitt; Stg. oberw. sparrig-rispig; ♃; VII–IX. Feuchte Wälder; Gebüsch, Mauern (bis 1700 m); *v*, *z* im NW, Au. **M. murális** (L.) Dum.

77. Lactúca L., *Lattich*

1. Bltn. gelb; Fr. beidersts. mehrrippig *3*
— Bltn. blau, selten weiß; Hüllblätt. schmal weißrandig *2*
2. Blätt. fiederteilig, Endabschnitt höchstens so lg. wie die lanzettl. Fiederzipfel; Fr. beidersts. 1-rippig, Frschnabel so lg. wie die Fr.; Pfl. 20–60 cm hoch; ♃; V–VII. Sonnige, steinige Hänge, buschige Hügel (bis 1700 m); kalkliebend; *z* M-Dt u. SW, sonst *s* (*f* Vb, Sb) nördl. bis Be-We-Harz-Sa.
Blauer L., **L. perénnis** L.
— Blätt. ungeteilt bis schrotsägef.-fiederspaltig, Endabschnitt länger als die seitl.; Fr. rundum längsfurchig, Frschnabel viel kürzer als die Fr.; Hüllblätt. purpurn gefleckt; Pfl. 30–100 cm hoch; ♃; VII–VIII. Strandheiden, Dünen; *s* Ho, NS (Bremerhaven), SH (Fehmarn), Da, Me, Po (Wollin), auch ruderal (z. B. Br, SaAn, Sa). *Tataren-L.*, **L. tatárica** (L.) C. A. Mey.
3(1). Stg. hohl, grün, häufig rötl.; Fr. schwärzl., Frschnabel nur ½ so lg. wie die Fr.; Blätt. weich, unterst. bläul., schrotsägef.-fiederteilig, mit pfeilf. Grd. stgumfassend; Köpfchen zahlr., in Doldentrauben; ⊙; VI–IX. Lichte Wälder, steinige Hänge; kalkliebend; *s* Th, SaAn, NW-Ba (He?).
Eichen-L., **L. quercína** L. ssp. **quercína**
— Stg. markig, weiß od. gelb.; Frschnabel meist länger als die Fr. . . *4*
4. Stgblätt. am weißen Stg. herablaufend; Blätt. fiederspaltig bis fiederteilig, stets mit langem, linealem Endzipfel; Köpfchen an verlängerten, verzweigten, rutenf. Ästen, 5-bltg.; ⊙; VII–VIII. Wie vorige; *s* Sa (Elbetal).
Ruten-L., **L. vimínea** (L.) Presl
— Stgblätt. nicht am Stg. herablaufend, stgumfassend; Köpfchen 10- bis 16-bltg. *5*

5. Gemüsepfl.; Köpfchen klein, zahlr., in flachen Doldenrispen; Grdblätt. rosettig (vielfach „kopfbildend"), frischgrün; Stgblätt. eif. bis rundl., ganzrandig, mit herzf. Grd. stgumfassend; kahl; ⊙–⊙; VII–VIII. In vielen Sorten angebaut (vermutl. in SW-Asien aus *L. serriola* entstanden). *Garten-L.,* **L. satíva** L.

ssp. **capitáta** (L.) ALEF., *Kopfsalat* ssp. **longifólia** (LAM.) ALEF., *Schnittsalat*
ssp. **secalína** ALEF. (= var. *crispa* L.), *Sommer-Endivie*

— Wildpfl.; Köpfchen in lockeren bis sparrigen Rispen; Blätt. untersts. auf dem Mittelnerven meist stachelig, mit pfeilf. Grd. stgumfassend; Blätt. ± bläul.-grün ***6***

6. Frschnabel doppelt so lg. wie die Fr.; Fr. braun, 7–8 mm lg.; obere Stgblätt. lineal, ± ganzrandig, untere u. Grdblätt. buchtig bis fiedspaltig mit schmallanzettl. Zipfeln u. sehr langem, ungeteiltem Endabschnitt; Köpfchen an rutenf. Ästen, insgesamt in schmaler Rispe; ⊙–⊙; VII–IX. Trockenhänge, Wegränder, Schuttplätze; *z* bis *s* E, BW, RhPf, Fr, Be, S-NS, He?, Fr, Th, SaAn, Sa. *Weiden-L.,* **L. salígna** L.

— Frschnabel ± so lg. wie die Fr.; Fr. schwärzl., 2,5–3,5 mm lg., auch die oberen Stgblätt. ± fiederspaltig ***7***

7. Blätt. (immer häufiger nur noch gezähnt!) mit ihrer Fläche meist senkrecht stehend, oft nach N u. S. weisend *(„Kompaßpflanze");* Fr. graubraun, rauh, an der Spitze borstig; Hüllblätt. bunt: ungleich violett überlaufen; ⊙–⊙; VII–IX. Sonnige Hügel, Ödland, Unkrautgesellschaften (bis 1000 m); *v, z* bis *s* im N u. Geb. (= *L. scariola* L.) *Stachel-L.,* **L. serríola** TORN.

— Blätt. mit ihrer Fläche waagrecht stehend; Fr. schwarz, kahl, schmal berandet; Hüllblätt. grün, mit weißl. Rand; Pfl. mit widerl. Geruch; ⊙–⊙; VII–IX. Sonnig-steinige Hänge, Schuttplätze; *s* E, BW, RhPf, Be, NrWe, S-NS, He, Fr, Th, SaAn, Sa?. *Gift-L.,* **L. virósa** L.

78. Crépis L. (incl. Barkhoūsia MOENCH), *Pippau*

1. Fr. ungeschnäbelt, höchstens zur Spitze hin etwas verjüngt ***4***

— Fr., wenigstens die inneren, mit fadenf. Schnabel; Pappus stets schneeweiß ***2***

2. Junge Köpfchen nickend; Gr. gelb; die äußeren Bltn. untersts. rötl.-gestreift; Grdblätt. schrotsägef. bis fiedspaltig, kurz grau behaart; Stg. zieml. ästig, 10–50 cm hoch, kantig; Hüllblätt. außen zottig u. z. T. drüsig behaart [ssp. **foétida**] od. borstig u. drüsenlos [ssp. **rhoeadifólia** (BIEB.) ČEL.; nur Ob-Schl]; Milchsaft gelb, stinkend; ⊙; VI–X. Trockene Hügel, Wegränder, Schutt; kalkliebend; *z* bis *s* E, BW, RhPf, Be, NrWe, S-NS, He, Fr, Th, SaAn, Sa, Br. *Stinkender P.,* **C. fōétida** L.

— Junge Köpfchen aufrecht; Gr. grünl.-braunschwarz ***3***

3. Äußere Hüllblätt. absthd., gleich den Köpfchenstielen reichl. borstig, etwa so lg. wie der Pappus; Köpfchenboden kahl; Bltn. hellzitronengelb; Stg. weißborstig behaart, 15–50 cm hoch; ⊙; VII–IX. Wiesen, Äcker; *z,* bes. im SW, eingebürgert (Heimat: Mittelmeergebiet). *Borsten-P.,* **C. setósa** HALL. f.

— Äußere Hüllblätt. erst beim Abblühen absthd., kahl od. nur spärl. schwärzl. behaart, kürzer als der Pappus; Köpfchenboden behaart; Bltn. gelb, untersts. rot gestreift; Stg. gefurcht, fast kahl, 30–80 cm hoch; ⊙; V–VI. Wiesen, Wegränder; *z,* bes. im SW, sonst *s* u. unbeständig (= *C. vesicaria* L., ssp. *taraxacifolia* (THUILL.) THELL.) *Blasen-P.,* **C. taraxacifólia** THUILL.

4(1). Pappus reinweiß, weich u. biegsam ***10***

— Pappus schmutzigweiß bis gelbl., oft steif u. zerbrechl. ***5***

5. Bltntriebe 1-, selten bis 3-köpfig; Blätt. ungeteilt; Köpfchenstiele unterhalb des Köpfchens verdickt; Alpenpfl. ***8***

— Bltntriebe stets mehrköpfig; Blätt. ungeteilt od. fiederteilig ***6***

6. Pfl. 5–30 cm hoch; Stgblätt. fiedteilig mit langem, linealem Endabschnitt; Grdblätt. lanzettl., ganzrandig bis entfernt gezähnt; ♃; VI–VIII; Felsschutt, steinige Hänge (1200–2500 m); (2 ssp.) *Felsen-P.,* **C. jacquínii** TAUSCH

a. Hüllblätt. schwarzhaarig-zottig; *z* Alp. ssp. **jacquínii**
– Hüllblätt. sternhaarig-flaumig; *z* Au-Alp. ssp. **kérneri** (RECH. f.) MERXM.

— Pfl. 30–120 cm hoch; Stgblätt. ungeteilt, eif.-zugespitzt, am Grd. geöhrt bis stgumfassend *7*

7. Gr. schwärzl.-grün; Hüllblätt. kurz behaart u. drüsig; ♃; V–VIII. Feuchte Wiesen, Flachmoore, Auwälder (bis 1900 m); *v, z* im N. *Sumpf-P.*, **C. paludósa** (L.) MOENCH

— Gr. gelb (auch getrocknet); Hüllblätt. dicht schwarz rauhhaarig-zottig, aber drüsenlos; ♃; VII–VIII. Grasig-buschige Hänge, Hochstaudenfluren, Krummholzreg.; *s* Gesenke (ČSR). *Sibirischer P.*, **C. sibírica** L.

8(5). Stgblätt. fiedteilig mit langem, linealem Endabschnitt; Grdblätt. lanzettl., ganzrandig bis entfernt gezähnt; Pfl. 5–30 cm hoch; Fr. 10–12-rippig (s. Punkt *6*) **C. jacquínii** TAUSCH

— Grd.- u. Stgblätt. ungeteilt, nur entfernt bis enger gezähnt; Köpfchenstiele unterhalb des Köpfchens verdickt *9*

9. Pfl. 20–60 cm hoch; Köpfchen 4–5 cm breit; Hüllblätt. braungrün-zottig, mit Sternhaaren; Fr. 10-rippig; ♃; VI–VIII. Matten, Hochstaudenfluren (1200 bis 2500 m); kalkliebend; *z* Alp. [= *C. montana* (JACQ.) TAUSCH] *Berg-P.*, **C. pontána** (L.) D. T.

— Pfl. 5–15 cm hoch; Köpfchen 1–2 cm breit; Hüllblätt. gelbl.-zottig, ohne Sternhaare; Fr. 20-rippig; ♃; VII. Felsschutt, steinige Hänge (ab 2000 m); *s* Ti. *Rhätischer P.*, **C. rhaética** HEG.

10(4). Bltntriebe vielköpfig, meist mehrere Laubblätt. tragend, (wenn 1–3-köpfig, dann Stgblätt. herzf. bis pfeilf. stgumfassend) *13*

— Bltntriebe 1-, selten bis 3-köpfig, blattlos od. nur 1–2 kleine bis schuppenf. Blätt. tragend; Alpenpfl. *11*

11. Bltn. orangerot; Hülle u. oberer Teil des Stgs. dicht kurz absthd. zottig; Blätt. buchtig gezähnt bis schrotsägef., kahl; Fr. 20-rippig; ♃; VI–IX. Bergwiesen, steinige Matten (bis 2800 m); *v* Alp., *s* Vorland. *Gold-P.*, **C. aúrea** (L.) CASS.

— Bltn. gelb; Fr. 10- bis 13-rippig *12*

12. Köpfchenstiel unterhalb des Köpfchens auffällig verdickt u. schwarz-zottig; Pfl. 5–10 cm hoch; Blätt. schrotsägef. bis fiederspaltig; Fr. 4–5 mm lg.; Hüllblätt. dicht schwarzzottig, drüsenlos; ♃; VII–VIII. Felsschutt (1800–2700 m); kalkliebend; *z* Alp. *Triglav-P.*, **C. terglouénsis** (JACQ.) KERN.

— Köpfchenstiel unterhalb des Köpfchens nicht auffällig verdickt; Pfl. 10–30 cm hoch; Blätt. ungeteilt, verkehrt-lanzettl. u. gezähnelt bis schwach schrotsägef.; Fr. 6–12 mm lg.; ♃; Hüllblätt. sternhaarig grauflaumig u. mit schwarzen drüsenlosen u. drüsigen Haaren; V–VIII. Trockenwiesen, Schutt, lichte Kiefernwälder (bis 2000 m); kalkstet; *v* Alp., *z* Vorland, *s* bis Alb u. Bodenseegebiet. *Voralpen-P.*, **C. alpéstris** (JACQ.) TAUSCH

13(10). Bltntriebe außer der grdst. Blattrosette blattlos od. selten mit 1 Stgblättchen; Köpfchen traubig od. rispig angeordnet; Blätt. fast ganzrandig bis entfernt gezähnelt, weich behaart od. verkahlend; Hüllblätt. zerstreut borstig; Pfl. 15–20 cm hoch; ♃; V–VI. Wiesen, Gebüsche, Waldränder (bis 1000 m); *z* bis *s*, nördl. bis Eifel/S-NS/Sa/Schl, auch Da (*f* Be). *Abgebissener P.*, **C. praemórsa** (L.) TAUSCH ssp. **praemórsa**

— Bltntriebe bis zur Spitze beblättert *14*

14. Pfl. ⨀–⨀⨀, mit weißl.-spindeligen Wurzeln; Fr. 10- bis 13-rippig; Hüllblätt. kahl od. borstig behaart *17*

— Pfl. ♃; mit dunklem, kräftigem Rhizom; Pfl. 25–70 cm hoch; Fr. 20-rippig, Hüllblätt. lg. behaart od. schwarz-drüsig *15*

15. Gr. schwärzl.-grün; untere Stgblätt. längl.-eif., die oberen lanzettl., alle seicht entfernt gezähnt, mit abgerundetem od. herzf. Grd. geöhrt bis stgumfassend; Hülle 8–14 mm lg., äußere Hüllblätt. deutl. kürzer als die inneren; Stg. entfernt beblättert; ♃; VI–VIII. Feuchte Wiesen, Flachmoore,

Ufer (bis 2000 m); *v* bis *s*, westl. bis zum Rhein, nördl. bis Sauerland-Harz-Sa-Schl-OPr. [incl. *C. succisaefolia* (ALL.) TAUSCH]

Weicher P., **C. móllis** (JACQ.) ASCH.

— Gr. gelb; Stgblätt. mit pfeilf. Grd. sitzend; Hülle meist länger als 14 mm **16**

16. Bltn. gold- bis orangegelb; Hülle 16–20 mm lg., äußere Hüllblätt. viel kürzer als die inneren; Köpfchenstiele an der Spitze verdickt; flaumig-zottige Behaarung der Blätt., Köpfchenstiele u. Hüllblätt. mit Drüsenhaaren; Stg. entfernt beblättert; ♃; VII–IX. Bergwiesen, sonnige Matten, bes. der subalp. u. alp. Reg. (500–2200 m); kalkmeidend; *z* Alp., *s* Vorland, Sudeten. [= *C. grandiflora* (ALL.) TAUSCH]. *Großköpfiger P.*, **C. conyzifólia** (GOUAN) D. T.

— Bltn. goldgelb; Hülle 13–17 mm lg., Hüllblätt. ± gleichlg; Köpfchenstiele an der Spitze nicht verdickt; flaumig-zottige Behaarung der Blätt., Köpfchenstiele u. Hüllblätt. ohne Drüsenhaare; Stg. bis oben hin dicht beblättert; ♃; VI–VIII. Hochstaudenfluren, Bergwiesen, Krummholzreg. (800–2200 m); kalkliebend; *v* Alp., *s* S-Schw., Hoch-Vog. (= *C. blattaroides* (L.) VILL).

Schabenkraut-P., **C. pyrenáica** (L.) GREUT.

17(14). Stg. im unteren Teil drüsig-klebrig, obere Stghälfte kahl; Köpfchenstiele kahl; Köpfchen 15–20 mm breit; Hülle 5–8 mm lg., kahl; innere Hüllblätt. zur Frzeit mit knorpelig verdicktem Mittelnerv; ⊙; V–VII. Sonnige, buschige Hänge, Wegränder; *s* im Gebiet von Rhein (nördl. bis Koblenz), Nahe?, Neckar u. Main. *Glanz-P.*, **C. púlchra** L.

— Stg. allenfalls im Bereich der Infl. etwas drüsig klebrig; innere Hüllblätt. zur Frzeit unverdickt **18**

18. Gr. schwärzl.-grün bis braun-grün; Stgblätt. mit herzf. bis pfeilf. Grd. sitzend **20**

— Gr. gelb **19**

19. Innere Hüllblätt. auf der Innenseite kahl; Stgblätt. mit pfeilf. Grd. sitzend, ihre Sägezähne aufw. gerichtet; Köpfchen 10–15 mm breit, ihre äußeren Bltn. unterststs. rötl. überlaufen; Fr. (ohne Pappus) 2 mm lg.; ⊙; VI–VII. Brachäcker, Weiden, Wegränder (bis 1300 m); *v* (= *C. virens* L.)

Grüner P., **C. capilláris** (L.) WALLR.

— Innere Hüllblätt. auf der Innenseite anlgd. seidenhaarig (Lupe!); Stgblätt. am Grd. verschmälert od. höchstens angedeutet pfeilf., ihre Sägezähne abw. gerichtet; Köpfchen 25–35 mm breit; Fr. 5–8 mm lg.; ⊙; V–IX. Fettwiesen, buschige Hänge, Äcker (bis 1500 m); *v* im S, *z* im N.

Wiesen-P., **C. biénnis** L.

20(18). Innere Hüllblätt. auf der Innenseite kahl; Stg. kaum verzweigt, borstig-rauh; Stgblätt. am Rand nicht nach unten eingerollt, mit zahlr. Sägezähnen; Pfl. 30–90 cm hoch; ⊙; V–VI. Düngewiesen, Äcker; *z* bes. im SW, u. unbeständig (Heimat: S-Eur.). *Franzosen-P.*, **C. nicaeénsis** BALB.

— Innere Hüllblätt. auf der Innenseite anlgd. seidenhaarig (Lupe!); Stg. ± reich verzweigt, flaumig behaart bis kahl; Stgblätt. am Rand nach unten eingerollt, mit nur wenigen Sägezähnen; Pfl. 10–60 cm hoch; ⊙; VI–X. Heiden, Sandfelder, Brachäcker, Schuttplätze (bis 1300 m); *v*, *z* im NW, *f* S-Ba. *Dach-P.*, **C. tectórum** L.

79. Prenánthes L., *Hasenlattich.* Blätt. kahl, blaugrün, die oberen sitzend, mit herzf. Grd. stgumfassend; Köpfchen in lockerer Rispe, nickend; ♃; VII–IX. Hochstaudenfluren, schattige Wälder, bes. der mont. Reg. (bis 2000 m); *v* bis *z* Alp., M-Geb. u. bergige Gebiete. **P. purpúrea** L.

80. Tólpis ADANS., *Grasnelkenhabichtskraut.* Infl.stiele meist 1-köpfig; Grdblätt. stielart. verschmälert, lineal-lanzettl., entfernt gezähnelt, kahl od. behaart; Hülle haar- u. drüsenlos, aber mehlig blaugrün bereift; Bltn. hellschwefelgelb; Fr. mattbraun, 4 mm lg.; Pfl. bis 40 cm hoch, mit unterirdischen Ausläufern; ♃; VII–IX. Bachgeröll, Moränen, Felsen (bis 2200 m); kalkliebend; *z* Alp. u. Voralp. (= *Hieracium staticifolium* ALL.)

T. staticifólia (ALL.) SCHULTZ-BIP.

81. Hierácium L. (incl. **Pilosélla** Hill), *Habichtskraut*[1]

1. Fr. 1,5–2(–3,5) mm lg., ihre 10 Rippen gezähnt (d. h. jede Rippe in einen kurzen, zahnart. Vorsprung endigend, *1049*); Pfl. häufig mit Ausläufern; Pappus 1-reihig, mit gleich lg. Haaren; Blätt. ganzrandig bis entf. u. schwach gezähnt, selten mit tieferer Blattkontur, ohne deutl. Stiel; Stg. wenigblättrig . . . . . . Untergattung: **Pilosélla** Fr., 472

— Fr. (1,5–)3–5 mm lg., ihre 10 Rippen zahnlos (d. h. an der Spitze in einen ringf. Wulst verschmelzend, *1050*); Pfl. ohne Ausläufer; Pappus 2-reihig, mit kürzeren u. längeren Haaren; Blätt. meist deutl. gezähnt u. mit deutl. Stiel; Stg. wenig- od. reichblättrig Untergattung: **Hierácium**, 473

Untergattung: **Pilosélla** Fr., *Mausohr-Habichtskräuter*

1. Stg. beblättert; Bltnköpfe 2 bis zahlr., rispig od. doldig; Ausläufer vorhanden, kurz od. lg. *4*

— Stg. blattlos, 1-köpfig; Blattunterseite ± graufilzig; Ausläufer nicht immer vorhanden; äußere Bltn. unterstS. oft rötl. *2*

2. Hüllblätt. 1–2 mm breit, spitzl.; Ausläufer verlängert, dünn, mit entfernten, zur Spitze hin kleiner werdenden Blätt.; Blattunterseite grüngrau-weißfilzig; ♃; V–X. Trockene Weiden, Heiden, Felsspalten, Waldlichtungen (bis 3000 m); überall *v* (50 Sippen). *Mausohr, Kleines H., Langhaariges H.,* **H. pilosélla** L.

— Hüllblätt. 1,5–4 mm breit; Ausläufer kurz, dick, mit genäherten, großen Laubblätt.; Hülle 10–14 mm lg.; Ausläufer u. Blätt. reichl. weißhaarig; Stg. oberw. neben anderen Haaren auch drüsig *3*

3. Hüllblätt. eif., abgerundet od. stumpfl., dachziegelig; Hülle u. Schaft wenig behaart (Haare vor allem einfach); ♃; V–VIII. Wiesen, lichtes Gebüsch (1000–2800 m); *v* Alp., *z* Voralp. (5 Sippen). *Hoppes H.,* **H. hoppeánum** Schult.

— Hüllblätt. aus breiter Basis scharf zugespitzt, gleich dem Stg. weißseidig behaart (Haarbesatz mit zahlr. Sternhaaren); ♃; V–VIII. Sandige od. steinige, trockene Orte; *s* E, S-Schw., RhPf, S-Th, S-SaAn, Sa, bei Regensburg (Ba). (2 Sippen). *Peletiers H.,* **H. peletieriánum** Mér.

4(1). Bltn. orangerot bis rotbraun; Bltntriebe 2- bis vielköpfig, mit 1–4 Blätt.; Hülle 7–10 mm lg.; Hüllblätt. stumpfl.; Pfl. 20–50 cm hoch, reichl. behaart, mit Drüsenhaaren; Köpfchen 2–12; ♃; VI–VIII. Bergwiesen, Weiden; *z* Alp. u. Vorland (900 bis 2600 m); *s* M-Geb., sonst oft als Zierpfl. u. verwild., auch stellenw. eingebürgert. (10 Sippen). *Orangerotes H.,* **H. aurantíacum** L.

— Bltn. gelb, allenfalls die äußeren unterstS. rötl. *5*

5. Stg. meist über 25 cm hoch, 1- bis mehrblättrig; Köpfchen zahlr. . . *7*

— Stg. unter 25 cm hoch, meist 1-blättrig; Köpfchen zu 2–7; Grdblätt. spatelig bis lineal, blaugrün *6*

[1] *Hieracium* ist eine der formenreichsten Gattungen des Pflanzenreiches. Sie ist in der heimischen Vegetation mit 2 Untergattungen vertreten, die neben ihren „Haupt"- u. „Zwischen"arten eine Unzahl von Unterarten, Varietäten u. Formen umfassen, deren Bestimmung ein jahrelanges Spezialstudium erfordert u. die noch dadurch erschwert wird, daß die einzelnen Arten leicht zur Bastardbildung neigen. In der folg. Tabelle sind nur die Hauptarten aufgeführt. Nur solche Pflanzen lassen sich daher nach ihr eindeutig bestimmen, die in ihren Merkmalen dem „Typus" einer dieser Hauptarten entsprechen. Der Formenreichtum der Hauptarten sei damit angedeutet, daß die jeweils zu ihnen gehörenden „Sippen" als Anzahl der in Deutschland vorkommenden „Zwischenarten" (Klein- u. Unterarten) angegeben wird (nach H. Reichenbach u. W. Lemke). Die Zwischenarten stehen in der Regel morphologisch zwischen 2 Arten u. sind wohl meistenteils hybridogenen Ursprungs.

6. Blätt. spatelig, ohne Sternhaare, ± blaugrün glzd.; Ausläufer verlängert; Köpfchen zu 2–5; Hüllblätt. weißl. berandet; ♃; V–VIII. Feuchte, grasige Orte, Heiden, Flachmoore (bis 2600 m); *v* bis *z.* (= *H. auricula* auct., non L.) *Öhrchen-H.,* **H. lactucélla** Wallr.

— Blätt. lineal-lanzettl., dickl., unterstts. u. am Rand ± sternhaarig; Ausläufer fehlend od. sehr kurz; Köpfchen zu 2–7; Hüllblätt. dk., ohne Rand; ♃; VII–VIII. Kurzgrasige Matten (1800–2600 m); *s* Allgäu, *z* Au. *Gletscher-H.,* **H. glaciále** Reyn.

7(5). Stg. mit 5–20, allmähl. kleiner werdenden Blätt.; Köpfchen zu 10–30, trugdoldig; Blätt. graugrün, derb bis dickl.; Hüllblätt. u. Köpfchenstiele durch Sternhaare filzig, ohne Drüsenhaare; Blätt. u. Stg. zusätzl. absthd. borstenhaarig; ♃; VII–VIII. Sonnige Hügel, Dünen, lichte Nadelwälder; *z* im O, *s* westl. bis O-Me, Br, Harz, Th, Sa. (4 Sippen). *Natternkopfblättriges H.,* **H. echioídes** Lumn.

— Stg. 1- bis 4-(bis 6-)blättrig ***8***

8. Blätt. längl.-lanzettl. od. lineal, ± derb, blaugrün, kaum sternhaarig ***10***

— Blätt. elliptisch-längl. od. lanzettl., ± weich, gras- bis gelbl.-grün . . ***9***

9. Blätt. gelbl.-grün, unterstts. außer mit längeren Borstenhaaren auch mit Sternhaaren; Stgblätt. 1–4; Köpfchen zu 20–50 in Trugdolden; Ausläufer meist fehlend; ♃; V–VIII. Triften, Gebüsch; *z,* im W seltener (*f* Vb, E, Be, Ho, NW-Dt. (8 Sippen). *Trugdoldiges H.,* **H. cymósum** L.

— Blätt. grün, unterstts. spärl. sternhaarig, oberstts. wie der leicht zusammendrückbare Stg. dunkelborstig; Stgblätt. 2–3; Pfl. mit unter- od. oberirdischen Ausläufern; ♃; V–VIII. Halbtrockenrasen, grasige, feuchte Orte (bis 1200 m); *z* (11 Sippen). (= *H. pratense* Tausch) *Wiesen-H.,* **H. caespitósum** Dum.

10(8). Ausläufer fehlend; Stiele der Köpfchen weich drüsenhaarig; ♃; V–VIII. Grasige, steinige Orte (bis 2200 m); *z.* (45 Sippen). (= *H. florentinum* All.) *Florentiner H.,* **H. piloselloídes** Vill.

— Ausläufer vorhanden, lg. u. dünn; Köpfchen meist ohne Drüsenhaare; ♃; V–VII. Weiden, Triften; *z, s* W-Dt, *f* E, Be, Ho. (36 Sippen). *Bauhins H.,* **H. bauhínii** Schult.

Untergattung: **Hierácium,** *Echte Habichtskräuter*

1. Hüllblätt. fast 2-reihig, stumpf, schwarzgrün; Blätt. längl.-lanzettl., in den Stiel verschmälert, spärl. behaart, blaugrün; ♃; VII–IX. Triften, Krummholzreg.; *s* Ti, Sb, Gesenke. *Zerstreutköpfiges H.,* **H. spársum** Friv.

— Hüllblätt. mehrreihig, ± dachig ***2***

2. Grdblätt. zur Blütezt. fehlend; Stgblätt. 10 u. mehr ***15***

— Grdblätt. zur Blütezt. vorhanden; Stgblätt. bis 10 . . . . ***3***

3. Blätt. u. ganze Pfl. drüsenhaarig ***13***

— Blätt. drüsenlos, aber mit Borstenhaaren; Pfl. wenigstens im unteren Teil drüsenlos (s. aber *H. pallidum,* Punkt ***9***) ***4***

4. Hüllblätt. unregelmäßig dachig, wenigreihig, die äußeren kurz, nicht allmähl. in die gleichlangen inneren übergehend ***9***

— Hüllblätt. regelmäßig dachziegelig angeordnet, die äußeren allmähl. in die inneren übergehend ***5***

5. Äußere Hüllblätt. lg. u. fein zugespitzt, dicht u. lg.zottig; ganze Pfl. lg.- u. weichhaarig ***7***

— Äußere Hüllblätt. stumpf, nicht od. schwach behaart; ganze Pfl. kahl od. nur einzelne Teile schwach behaart; Blätt. blaugrün ***6***

6. Rosettenblätt. ungestielt, längl.-lanzettl., blaugrün, fast ganzrandig; Stgblätt. 5–10; Hülle meist über 12 mm lg.; Stg. 2- bis 5-köpfig; ♃; VII–VIII. Geröll, Felsen, buschige Hänge (bis 2400 m); kalkstet; *z* Alp. u. Vorland, *s* Alb, (6 Sippen) *Hasenohr-H.,* **H. bupleuroídes** Gmel.

— Rosettenblätt. deutl. gestielt, lanzettl., bläul.-grün, gezähnt; Stgblätt. 2–6; Hülle 8–12 mm lg.; Stg. sparrig, 4- bis 8-köpfig; ♃; VII–IX. Steinige Triften, Geröll (bis 2000 m); *z* Alp., *s* Vorland. (7 Sippen)
Blaugrünes H., **H. glaúcum** All.

7(5). Stg. blattlos od. 1-blättrig, fast immer 1-köpfig; Hüllblätt. schmal; ♃; VII–VIII. Steinige Matten, Moränen (1700–2500 m); *z* Alp. (3 Sippen). (= *H. glanduliferum* Hoppe) *Haartragendes H.*, **H. pilíferum** Hoppe em. Hay.

— Stg. mehrblättrig, 1- bis wenigköpfig; Hülle 12–18 mm lg. ***8***

8. Äußere Hüllblätt. längl.-lanzettl., blattartig, grün, absthd., innere lineal, lg.-zugespitzt, oft dunkel; Stgblätt. 4–8; Stg. 2- bis 4-köpfig; ♃; VII–VIII. Felsen, grasige Abhänge (1300–2500 m); kalkliebend; *z* Alp., *s* Gesenke (7 Sippen). *Zottiges H.*, **H. villósum** Jacq.

— Alle Hüllblätt. gleich gestaltet, lineal-lanzettl., die äußeren anlgd., nicht blattartig; Stgblätt. 3–6; Stg. 1- bis 3-köpfig; ♃; VII–VIII. Felsspalten, steinige Matten; *z* Alp, *s* Gesenke. (5 Sippen). (= *H. morisianum* Rchb. f.)
Wollköpfiges H., **H. pilósum** Schleich. ex Froel.

9(4). Blätt. obersts., bes. am Rand, borstenhaarig, mit zerstreuten, winzigen Drüsenhaaren; blaugrün; Stgblätt. 0–1; Grdblätt. deutl. gestielt; Stg. 2- bis 12-köpfig; Zungenbltn. an der Spitze meist gewimpert; Köpfchenstiele drüsig; Stg. oberw. u. z. T. tief herab ± drüsig; Gr.gelb; ♃; V–VII. Felsen, Geröll; *z* Alp., sonst seltener (*f* im N u. in der Ebene). (18 Sippen). (= *H. schmidtii* Tausch) *Blasses H.*, **H. pállidum** Biv.

— Blätt. ± weich kraushaarig, ohne Drüsenhaare, hell- bis dk-, selten blaugrün *(H. caesium);* Gr. oft dunkel ***10***

10. Bltnstand gedrängt bis lockerrispig, gleich der Hülle reichdrüsig, aber nicht od. nur schwach behaart ***12***

— Bltnstand armköpfig, gleich der Hülle meist drüsenlos, ± reichbehaart, oft dicht sternhaarig (flockig); Blätt. zuw. gefleckt ***11***

11. Stgblätt. 0–2; Stg. 4- bis 8-köpfig; Rosettenblätt. breit-eif., buchtig gezähnt bis fiederschnittig, deutl. gestielt; ♃; VI–VIII. Felsen, Geröll, Bergwiesen (bis 2500 m); kalkliebend; *v* Alp., Vorland, Alb, sonst *s* u. nördl. bis Eifel/Harz/Th/Sa. (41 Sippen). *Zweigabeliges H.*, **H. bífidum** Kit.

— Stgblätt. 2–8; Stg. 1- bis 4-köpfig; Blätt. breit-lanzettl., gezähnt, zugespitzt, blaugrün, untersts. häufig violett, am Rand behaart; ♃; VI–VIII. Wie vorige. (25 Sippen). *Blaugraues H.*, **H. caésium** Fr.

12(10). Stgblätt. 0–1; Grdblätt. längl.-eif., ± gestielt; Spreitengrd. grob bis eingeschnitten gezähnt, oft mit 1–2 großen, rückw. gerichteten Zähnen, graugrün, ungefleckt; ♃; V–VI. Waldränder, Gebüsch, Matten (bis 2100 m); *v*. (120 Sippen). [= *H. murorum* L. p. p. (= L. em. Huds.)]
Wald-H., **H. silváticum** (L.) Grufb.

— Stgblätt. 3–5; Grdblätt. breit längl.-lanzettl., beidendig zugespitzt, in den Stiel verschmälert, ± gesägt-gezähnt, dkgrün, untersts. oft rötl., am Rand behaart; ♃; VI–VII. Wälder, Gebüsche (bis 1900 m); *v* (120 Sippen). (= *H. vulgatum* Fr.) *Gemeines H.*, **H. lachenálii** Gmel.

13(3). Ganze Pfl. dicht klebrig-drüsig, sonst schwach behaart bis kahl; Stgblätt. 3–6, eif., mit geöhrtem od. herzf. Grd. stgumfassend-sitzend; Stg. reichästig, 2- bis 12-köpfig; Hülle meist kahl; Zungenbltn. an der Spitze gewimpert; ♃; VI–VIII. Felsen, steinige Weiden (bis 2000 m); *z* Alp., *s* S-Schw., sonst zuw. als Zierpfl. u. verwild. (Mauern, z. B. Th, SaAn). (4 Sippen).
Stengelumfassendes H., **H. amplexicaúle** L.

— Pfl. reichdrüsig u. behaart, aber nicht klebrig; Hülle behaart; Stgblätt. 1–4 . . . . ***14***

14. Blätt. eif., tief buchtig gezähnt, Grdblätt. zuw. fast fiederteilig; Stg. vom Grd. an gabelästig, 2- bis 8-köpfig; Zungenbltn. an der Spitze nicht gewimpert; ♃; VI–VIII. Kalkfelsen (bis 2200 m); *z* Alp., *s* Voralp., Schw.Alb, S-Schw., Vog. *Niedriges H.*, **H. húmile** Jacq.

— Blätt. eifl.-lanzettl., ganzrandig bis schwach gezähnt; Stg. einfach od. wenig gabelästig, 1- bis 3-köpfig; Stgblätt. 0–3; Zungenbltn. an der Spitze behaart; ♃; VII–VIII. Magermatten, Zwergstrauchheiden; *z* Alp. (1500–2700 m), *s* Vog., Harz, Sudeten (3 Sippen). *Alpen-H.,* **H. alpínum** L.

15(2). Ganze Pfl. dicht klebrig-drüsig, sonst unbehaart; Blätt. längl.-lanzettl., weich, unregelmäßig gezähnt, am Rand gewellt. Stg. dick, gefurcht, 5–30 cm hoch, 1- bis 3-köpfig; Hülle kugelig, bis 18 mm; ♃; VII–IX. Schutthalden, steinige Weiden; kalkmeidend; *z* Au (1700–2300 m), *s* Allgäu, Hoch-Vog. *Endivienartiges H.,* **H. intybáceum** All.

— Pfl. nicht klebrig-drüsig (jedoch ± reichl. behaart), höchstens der Bltnstand etwas drüsig; Stg. schlank; Stgblätt. meist behaart; Pfl. selten kleiner als 30 cm ***16***

16. Hülle u. Bltnstand drüsig; mittlere Stgblätt. breit-eif.-lanzettl., mit herzf. Grd. stgumfassend, untersts. netzadrig; Stg. dicht u. reichl. beblätt.; Zungenbltn. an der Spitze bewimpert; ♃; VII–VIII. Felsige Abhänge, Wiesen, Krummholzreg. (1200–2200 m); *z* Alp., *s* S-Schw., Hoch-Vog., Rhön, Sudeten. (8 Sippen). *Hasenlattich-H.,* **H. prenanthoídes** Vill.

— Hülle u. Bltnstand drüsenlos od. armdrüsig; Stgblätt. am Grd. verschmälert, höchstens mit schwach stgumfassendem Grd. sitzend, zuw. gestielt; Zungenbltn. an der Spitze nicht gewimpert ***17***

17. Pfl. außer den Stgblätt. noch mit 1–2 Grdblätt.; Stgblätt. zu 10–15, eilanzettl., buchtig gezähnt, entfernt stehend; Hüllblätt. meist unregelmäßig dachig, die inneren spitz, nicht zurückgebogen, spärl. drüsig, bleichrandig; ♃; VI–VIII. Gebüsch, Waldränder, Bergwiesen, Moore (bis 1600 m); *v* (75 Sippen). *Glattes H.,* **H. laevigátum** Willd.

— Pfl. vollständig ohne Grdblätt.; Stgblätt. bis über 50; Hüllblätt. regelmäßig dachig, alle stumpf, drüsenlos od. spärl. drüsig ***18***

18. Hüllblätt. an der Spitze absthd., zurückgebogen, drüsenlos; Blätt. lineallanzettl., am Rand oft zurückgerollt; Köpfchen in Dolden; ♃; VII–X. Wiesen, Heiden, Dünen, Gebüsch (bis 1200 m); *v* (4 Sippen).
Dolden-H., **H. umbellátum** L.

— Hüllblätt. an der Spitze nicht zurückgebogen, meist drüsig; Blätt. breiter; Köpfchen nicht in Dolden ***19***

19. Stgblätt. ± gleichmäßig verteilt, eif.-lanzettl., nur stielart. verschmälert, grob gesägt bis gezähnt; Hüllblätt. schwarz, meist haar- u. drüsenlos; Fr. braun bis schwarz; ♃; VIII–X. Waldränder, Sand- u. Heideböden (bis 800 m); *v* (24 Sippen). (= *H. silvestre* Tausch) *Savoyer H.,* **H. sabáudum** L.

— Blätt. am Grd. des Stg. od. in dessen Mitte oft dichtgedrängt, eine Scheinrosette bildend, längl.-lanzettl., rasch in den Stiel verschmälert, schwach gezähnt; Hüllblätt. grünl., meist behaart u. mit Drüsen; Fr. ledergelb bis braun; ♃; VII–X. Lichte Wälder bis mont. Reg.; *z* Ti, Vb, *s* Schl, Br, SaAn, Vog. (2 Sippen). *Traubiges H.,* **H. racemósum** W. & K

2. Klasse: **Monocotyledóneae** *(= Liliopsidae), Einkeimblättrige Pflanzen*

Unterklasse: **Alismatídae,** *Froschlöffelähnliche*

Ordnung: **Alismatáles**

Familie: **Alismatáceae,** *Froschlöffelgewächse*

Sumpf- u. Wasserpfl., mit grdst., oft flutenden od. schwimmenden Blätt.; Bltn. in doldenart. od. quirligen Infl., radiär, ⚥, selten eingeschl. *(Sagittaria);* Bltnhülle doppelt (mit K. u. Blkr.), 3-zählig; Stbblätt. 6 bis viele; Frblätt. 3 bis viele, frei (apokarp); Samen wandständig.

1. Luftblätt. gestielt, pfeilf. *(57);* Wasserblätt. lineal, sitzend; Bltn. eingeschl., 1-häusig, die oberen ♀, die unteren ♂; Stbblätt. zahlr. **Sagittaria,** 477
— Blätt. nie pfeilf.; Bltn. ⚥; Stbblätt. 6 . . . . *2*
2. Fr. in kugeligen Köpfchen, einer gewölbten Bltnachse aufsitzend; Bltnstand doldig . . . . **Baldellia,** 476
— Fr. ± kreisf. angeordnet, einer flachen Bltnachse aufsitzend . . *3*
3. Stg. am Grd. mit lg. bandf. bis kürzeren, linealen, flutenden, oberw. mit lg.-gestielten, herzf. bis längl.-elliptischen Schwimmblätt., zuw. nur mit einer Blattform; Bltn. achselst., weiß . . . . **Luronium,** 476
— Stg. nur am Grd. beblätt.; Bltn. in endst., quirligen Rispen od. Trauben *4*
4. Blattspr. am Grd. tief herzf., stumpf; Bltn. weiß . . . . **Caldesia,** 476
— Blattspr. in den Stiel verschmälert od. abgerundet, zugespitzt; zuw. nur mit lg.bandf., flutenden Blätt.; Bltn. rötl. od. weiß . . . . **Alisma,** 476

1. Alísma L., *Froschlöffel*

1. Gr. kürzer als der Frkn., hakig; reife Fr. mit 2 Rückenfurchen; Antheren rundl.; Blätt. fast ausschließl. flutend, lg.bandf.; ♃; VI–IX. Seen, Ufer; *z* (*f* Au?, genauere Verbreitung?). (= *A. loeselli* Gorski)
Grasblättriger F., **A. gramíneum** Lej.
— Gr. länger als der Frkn., fast gerade; reife Fr. mit einer Rückenfurche; Antheren elliptisch *2*
2. Blätt. breit-eif. bis längl.-elliptisch, am Grd. abgerundet bis seicht herzf. ausgerandet, bisweilen keilf.; Narbe höchstens 1/5 der Gr.länge messend; ♃; VI–IX. Sümpfe, Teiche, Gräben; *v. Gemeiner F.,* **A. plantágo-aquática** L.
— Blätt. schmal-lanzettl., nach oben u. unten allmähl. zugespitzt od. doch an der Basis keilf. zusammengezogen; Narbe mindestens die Hälfte der Gr.länge messend, Gr. kürzer als bei voriger; ♃; VI–IX. Seen, Teiche, Ufer; *z* (*f* Au?, genauere Verbreitung?). *Lanzettblättriger F.,* **A. lanceolátum** With.

2. Caldésia Parl., *Caldesie.* Blattspr. 5- bis 11-nervig; Bltn. weiß; Fr. 8–15, auf dem Rücken mit 3 scharf vorspringenden Nerven; ♃; VII–IX. Seen, Tümpel, Gräben; *s* Me, E u. Bodensee? **C. parnassifólia** (Bassi) Parl.

3. Lurónium Raf. (= *Elisma* Buch.), *Froschkraut.* Pfl. flutend; Blätt. lineal; Bltnstand mit laubigen Tragblätt., 1- bis wenigbltg., schwimmend; Bltn. weiß; Fr. 6–12, 12- bis 15-rippig, durch den Gr. bespitzt; ♃; V–IX. Stehende Gewässer; sehr *z, f* S-Dt, Au. **L. nátans** (L.) Raf.

4. Baldéllia Parl., *Igelschlauch.* Blätt. lg. gestielt, lanzettl., 3- bis 5-nervig; Bltn. weiß bis schwach rosa; Fr. 5-kantig, mit hakigem Gr.; ♃; VI–VIII. Ufer,

Gräben, Seen; sehr *z* im N, südl. bis Rheinl., SaAn, Br. (2 Sippen) [= *Echinodorus ranunculoides* (L.) ENGELM.] **B. ranunculoídes** (L.) PARL.

5. Sagittária L., *Pfeilkraut*

1. Fr. mit kurzem, aufrechtem Schnabel an der Spitze; innere Perigonblätt. weiß, mit einem Purpurfleck an der Basis; Antheren purpurn; ♃; VI–VIII. Stehende u. langsam fließende Gewässer; *v* im N, *z* bis *s* im S, in Au nur Vb. *Echtes Pf.*, **S. sagittifólia** L.

— Fr. mit verlängertem, horizontalem, rückenst. Schnabel; innere Perigonblätt. weiß, ohne Purpurfleck; Antheren gelb; ♃; VI–VIII. Wie vorige, doch mehr Trockenheit vertragend; des öfteren eingeschleppt u. zuw. eingebürgert (z. B. Ho, Hochrhein u. Oberrhein). *Breitblättriges Pf.*, **S. latifólia** WILLD.

Familie: **Butomáceae,** *Schwanenblumengewächse*

Bútomus L., *Schwanenblume.* Blätt. in grdst. Rosette, bis 1 m lg., 10 mm breit; Infl.stiel stielrund, bis 1,5 m hoch; Bltn. in Dolden, rosa, dk.geadert; ♃; VI–VIII. Stehende, langsam fließende Gewässer; *z, f* Au. **B. umbellátus** L.

Ordnung: **Hydrocharitáles**

Familie: **Hydrocharitáceae,** *Froschbißgewächse*

Untergetauchte od. schwimmende Wasserpfl.; Bltn. od. Bltnstände vor der Entfaltung in eine aus 1 od. 2 Hochblätt. gebildete Hülle (= Spatha, *157*) eingeschlossen; Bltn. eingeschl., radiär, mit doppelter Bltnhülle; Stbblätt. 3–15; Frblätt. 2–15, frei, aber durch die becherf. vertiefte Bltnachse miteinander vereinigt.

1. Blätt. lg. gestielt, schwimmend, kreisrund, am Grd. tief herzf., mit Nebenblätt. (Gegensatz zu *Nymphoides*, S. 351); Pfl. mit Ausläufern **Hydrocharis,** 478

— Blätt. sitzend, untergetaucht, lineal bis längl. *2*

2. Blätt. in 3- bis 6-zähligen Quirlen, bis 3 cm lg.; Stg. mit deutl. Internodien *4*

— Blätt. rosettenf., bis 40 cm lg.; Pfl. mit Ausläufern *3*

3. Pfl. frei schwimmend; Blätt. breit-lineal, steif, stachelig gezähnt **Stratiotes,** 478

— Pfl. im Schlamm wurzelnd; Blätt. lg.bandf., weich, flutend, nur an der Spitze gezähnelt . . . . **Vallisneria,** 478

4(2). Blätt. in 5- bis 6-zähligen Quirlen, alle fein stachelspitzig gezähnt **Hydrilla,** 477

— Blätt. in 3- bis 4-zähligen Quirlen, fein gesägt . . . . **Elodea,** 477

1. Hydrílla RICH., *Grundnessel.* Stgglieder 1–3 cm lg.; Bltn. 1-häusig, lg.-gestielt, weiß; ♃; VII–VIII. Stehende Gewässer; *s* Br, Po. OPr. **H. verticilláta** (L.f.) ROYLE

2. Elódea MICHX. (incl. **Egéria** PLANCH. u. **Anácharis** PLANCH.), *Wasserpest*

1. Blätt. in meist 4-zähligen Quirlen, 2 cm lg.; Blkrblätt. weiß, viel länger u. breiter als die Kblätt.; ♂ Bltn. zu 2–3, 10–20 mm im Dm; Pfl. kräftiger als die folg. Arten; ♃; VII–IX. Kanäle, Abwässer; *s* eingebürgert in Sa (bei Leipzig), BW (bei Karlsruhe), Ho (Heimat: südl. S-Am.; bisher nur ♂ Pfl.).; (= *Egeria densa* PLANCH.) *Dichtblättrige W.*, **E. dénsa** (PLANCH.) CASP.

— Blätt. in meist 3-zähligen Quirlen, die unteren sogar nur gegenst., nur 5–15 mm lg.; Pfl. zarter *2*

2. Blätt. nur bis 2 mm breit, nicht selten tordiert; Bltn. 3–4 mm im Dm.; Kblätt. der ♀ Bltn. 1–1,8 mm lg.; Blkrblätt. weiß; ♃; VII–IX. Stehende u. langsam fließende Gewässer, bis 2 m Wassertiefe, z. T. heute die nachfolgende Art verdrängend; eingebürgert z. B. Oberrhein (E, Pf), NS, NrWe, Th. (Heimat: N-Am.) *Nuttalls W.*, **E. nuttállii** (PLANCH.) St. JOHN

— Blätt. breiter als 2 mm; Bltn. 5 mm im Dm.; Kblätt. der ♀ Bltn. 2–3,5 mm lg., hellgrün; Blkrblätt, rötl.-grünl.; zierlicher, aber robuster als vorige Art; ♃; VII–IX. Wie vorige, bis 3 m Wassertiefe, in der Ebene; *z* eingebürgert (Heimat: N-Am.; bisher nur ♀ Pfl.)
Kanadische W., **E. canadénsis** MICHX.

3. Stratiótes L., *Krebsschere.* Blätt. zur Blütezt. aus dem Wasser ragend; Bltn. mit derber, bleibender Spatha *(157)*; ♃; V–VII. Stehende, langsam fließende Gewässer; *v* im N, *s* in S-Dt, *f* in E, Au. Ⓖ **S. aloídes** L.

4. Hydrócharis L., *Froschbiß.* Bltn. 1-häusig; ♂ Bltnstände 1–6 cm lg. gestielt; ♀ Bltnstand sitzend, Einzelbltn. über der Spatha aber 3–8 cm lg.gestielt; ♂ Bltn. mit 12 Stbblätt., ♀ mit 3–6 Staminodien; ♃; V–VIII. Teiche, langsam fließende Gewässer; zieml. *v* im N, *z* im S, in Au nur *s* in Sb. **H. mórsus-ránae** L.

5. Vallisnéria L., *Wasserschraube.* Zweihäusig, im Gebiet bisher nur ♂ Pfl., deren Bltn. kurz gestielt u. geknäuelt; Blätt. grdst., bandart., flutend; ♃; VI–IX. Fließende Gewässer; unbeständig, z.Z. eingebürgert nur im Oberrhein (bei Karlsruhe), im Rheinl. (Moselgebiet), We (bei Hamm/Lippe), Ho (Maastricht), Be, Lx (Heimat: Tropen u. Subtropen). **V. spirális** L.

Ordnung: **Potamogetonáles**

Familie: **Scheuchzeriáceae,** *Blumenbinsengewächse*
(einschl. **Juncagináceae**)

Sumpfpfl. mit grasart., vorwgd. grdst. Blätt., mit scheidig entwickeltem Blattgrd.; Blattscheide mit Blatthäutchen (Ligula); Bltn. ⚥, in Ähren od. Trauben, mit *(Scheuchzeria)* od. ohne *(Triglochin)* Brakteen; Perigonblätt. 6, Stbblätt. 6, Frblätt. 6 od. 3, nur am Grd. *(Scheuchzeria)* od. völlig *(Triglochin)* verwachsen.

1. Stg. beblättert; Bltn. in wenigbltger Traube, mit großen Tragblätt.; Stbbeutel längl. *(1073)* . . . .**Scheuchzeria,** 478
— Stg. blattlos. nur mit grdst. Blätt.; Bltn. in verlängerter, reichbltger Traube, ohne Tragblätt.; Stbbeutel rundl. *(1074)* . . . . . **Triglochin,** 478

1. Scheuchzéria L., *Blumenbinse.* Blätt. schnittlauchähnl.; Bltnhüllblätt. 6, gelbl.-grün, hinfällig; Fr. 3 (selten 2 od. 4), getrennt, aufgeblasen, schiefeif.; ♃; V–VII. Hochmoore; *s.* Ⓖ **Sch. palústris** L.

2. Triglóchin L., *Dreizack*

1. Narben 3; Fr. in 3 Teilfr. zerfallend; Bltntraube locker; ♃; VI–IX. Ufer, Teiche, Sumpfwiesen, Quellmoore; *z* (bis über 2000 m).
Sumpf-D., **T. palústris** L.
— Narben 6; Fr. in 6 Teilfr. zerfallend; Bltntraube dicht; ♃; V–VIII. Strandwiesen der Meeresküsten *v,* im Binnenland *s,* im S nur in Unter-Fr.
Strand-D., **T. marítima** L.

Familie: **Potamogetonáceae,** *Laichkrautgewächse*
(einschl. **Ruppiáceae, Zosteráceae** und **Zannicheliiáceae)**

Untergetauchte od. mit Schwimmblätt. versehene Wasserpfl.; Blätt. zerstr., seltener gegenst. od. wirtelig, stets mit deutl. Blattscheide; Infl. ährig und ohne Brakteen *(Potamogeton)* od. ± stark reduziert; Bltnbau sehr unterschiedl., vermutl. in Anpassung an die Bestäubungsverhältnisse (Insekten- → Wind- → Wasserbestäubung) ⚥ und vollständig (4 Perianth-, 4 Stb.- u. 4 freie Frblätt. bei *Potamogeton*), sonst stets ohne Perianth, aber noch ⚥ bei *Ruppia* (2 Stb.- u. 4 Frblätt. *1069*) u. bei *Zostera* (je 1 Stb- u. Frblatt), schließl. 1-geschl. aber 1-häusig bei *Zannichellia* (♂ Bltn. mit 1, selten 2 nackten Stbblätt., ♀ Bltn. mit häutiger Hülle = Perianth u. meist 4 gestielten Frblätt. mit trichterf. Narbe, *1068*). Auf Grund der Bltnreduktion werden die *Potamogetonaceae* (s.l.) auch in bis zu 4 Familien unterteilt (s. Überschrift).

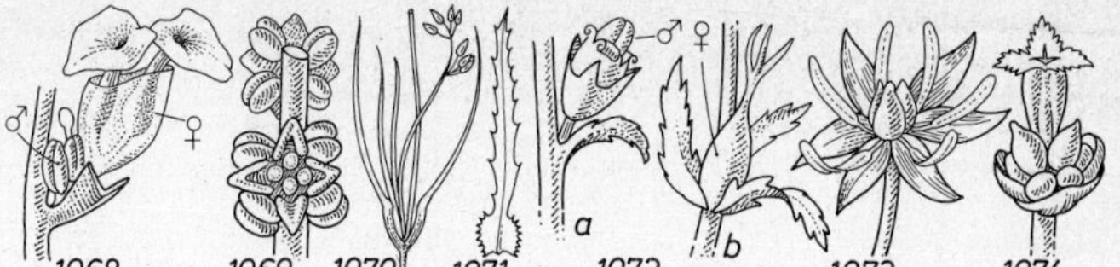

1068 1069 1070 1071 1072 1073 1074

1. Bltn. in Ähren mit flachgedrückter Achse, zur Blütezt. in die Scheide des obersten Laubblattes eingeschlossen; Blätt. bandf.-grasart. **Zostera,** 482

— Bltn. einzeln, in Ähren od. Dolden, mit runder, nicht in eine Scheide eingeschlossener Achse *2*

2. Bltn eingeschl., blattachselst., ♂ u. ♀ auf derselben Höhe stehend *(1068);* Fr. doldig angeordnet, sitzend bis kurz gestielt . **Zannichellia,** 482

— Bltn. ⚥, in Ähren *3*

3. Ähre allseitswendig, wenig- bis vielblütig; Stbblätt. 4, mit blumenblattähnl. Anhängseln *(156);* Fr. 4, sitzend; Blätt. selten fadenf. **Potamogeton,** 479

— Ähren 2-blütig; Bltn. einander gegenüberstehend, ⚥, mit je 4 Fr.- u. 2 Stbblätt., erstere gelb u. rot punktiert, mit löffelf. Narbenlappen, letztere sitzend, gespalten u. dadurch 4 Stbblätt. vortäuschend *(1069);* Fr. deutl. gestielt u. doldig angeordnet *(1070);* Stg. u. Blätt. fadenf.; Stg. an den Knoten wurzelnd; Internodien etwa 5 cm lg. . . . . . **Ruppia,** 481

1. Potamogéton L. (incl. **Groenlándia** Gay), *Laichkraut*

1. Alle Blätt. paarweise (zuw. zu dritt) einander genähert, fast gegenst., lanzettl.-eif.-zugespitzt; Ähren wenigblt., zuletzt zurückgekrümmt; ♃; VI–VII. Seichte, fließende od. stehende Gewässer; *z* bis *s.* [= *G. densa* (L.) Fourr.] *Dichtes L.,* **P. dénsus** L.

— Blätt. wechselst., nur die oberen zuw. gegenst. *2*

2. Blätt. am Grd. ohne röhrige Scheide od. diese nur sehr kurz, zuw. aber mit großem Blatthäutchen am Grd. *5*

— Blätt. am Grd. mit langer, röhriger Scheide, fadenf.; Ähren locker, unterbrochen-quirlig *3*

3. Untere Blattscheiden aufgeblasen, bis 6 cm lg.; Pfl. nicht fruchtend, wintergrün; ♃; VI–IX. Ufer; *s* im südl. Oberrheintal bis Bodensee (ob weiter verbreitet?). *Schweizer L.,* **P. helvéticus** (G. Fischer) Koch

— Blattscheiden nicht od. kaum aufgeblasen *4*

4. Blätt. bis 2,5 mm breit, allmähl. zugespitzt; Blattscheiden offen, eingerollt; Stg. reich gabelästig verzweigt; Fr. 4 mm lg., fast kugelig, auf dem Rücken meist gekielt, gelbbraun; ♃; VI–VIII. Gräben, Flüsse, Seen, Brackwasser; *z* (bis 1600 m). *Kamm-L.,* **P. pectinátus** L.

— Blätt. fast haarf., sehr spitz; Blattscheiden in ihrer unteren Hälfte röhrig verwachsen, wenn jung; Stg. nur am Grd. gabelästig; Fr. 2 mm lg., elliptisch, ungekielt, grünl.; ♃; VI–VIII. Seen u. Bäche; *s* östl. der Elbe, Alpen (bis 1800 m) u. Vorland (Vb?), S-Schw. *Fadenblättriges L.,* **P. filifórmis** Pers.

5(2). Blätt. alle schmal-lineal (bis 5 mm) *17*

— Blätt. rundl. bis schmal-lanzettl., aber nicht lineal *6*

6. Stg. vierkantig bis abgeflacht; Blätt. lineal-lanzettl. (bis 12 mm breit), klein gesägt, stark wellig-kraus; Fr. am Grd. miteinander verwachsen, Frschnabel so lg. wie der Frkn. (2 mm); ♃; V–IX. Stehende u. langsam fließende Gewässer; *v* (bis 1000 m). *Krauses L.,* **P. críspus** L.

— Stg. stielrund; Fr. nicht verwachsen *7*

7. Wasserblätt. sitzend od. sehr kurz (bis 1 cm) gestielt, Stiel oft geflügelt; Schwimmblätt. oft fehlend *11*
— Alle Blätt. deutl. gestielt; Schwimmblätt. meist vorhanden, Wasserblätt. zur Blütezt. oft fehlend *8*
8. Schwimmblätt. durchscheinend-häutig, meist rötl.; Spreite 2- bis 3-mal so lg. wie der Blattstiel, bis 10 × 5 cm groß; stumpf gekielt; ♃; VI–IX. Stehende Gewässer; sehr *z* bis *s*, Bodensee-Oberrhein, NrWe, Be, Ho, NS, Da, SaAn, Alp-Vorland südl. Donau. *Gefärbtes L.*, **P. colorátus** Vahl.
— Schwimmblätt. derb, ihre Spreite so lg. od. kürzer als der Stiel; Fr. länger *9*
9. Ährenstiele spitzenw. verdickt; Blätt. längl.elliptisch, in den Stiel keilig verschmälert, grün od. rötl.; Pfl. zur Blütezt. noch mit zahlr. längl.-lanzettl. Wasserblätt.; Schwimmblattspr. bis 15 × 6 cm; Fr. 3–4 mm lg; ♃; VI–IX. Flüsse, Seen; *z*, *f* Be, Da. (= *P. fluitans* Roth) *Flutendes L.*, **P. nodósus** Poir.
— Ährenstiele spitzenw. nicht verdickt; Spreite der Schwimmblätt. am Grd. herzf. od. abgerundet *10*
10. Schwimmblattspr. elliptisch-lanzettl., bis 4 cm lg.; Blattstiel oberst s. flach; Wasserblätt. zur Blütezt. noch vorhanden; ♃; VI–VII. Heideseen; *v* im NW, sonst *s*, *f* in Au, OPr. (= *P. oblongus* Viv.)
Knöterich-L., **P. polygonifólius** Pourr.
— Schwimmblattspr. eif. bis längl., bis 12 cm lg., am Grd. herzf.; Blattstiel obersts. rinnig, länger als die Spreite; Wasserblätt. zur Blütezt. meist nicht mehr vorhanden; ♃; V–VIII. Seen, Teiche; *g* (bis 1500 m).
Schwimmendes L., **P. nátans** L.
11(7). Ährenstiele oberw. verdickt, dicker als der Stg.; Fr. auf dem Rücken stumpf; Blattspr. spitz auslaufend *14*
— Ährenstiele oberw. nicht verdickt, kaum dicker als der Stg.; Fr. auf dem Rücken scharf gekielt; Blattspr. stumpfl. auslaufend *12*
12. Blätt. nicht stgumfassend, in den Stiel keilig verschmälert, graugrün od. rötl. überlaufen, untergetaucht, glattrandig; Stg. oberw. meist einfach; Fr. 2–3 mm lg.; ♃; VI–VIII. Klarwasserseen, langsam fließende Gewässer (bis 2000 m); *z*, im Alp.-Gebiet verbreiteter. *Alpen-L.*, **P. alpínus** Balb.
— Blätt. stgumfassend; Stg. ± stark verzweigt *13*
13. Blätt. herzf., am Rand entfernt gezähnelt; Stg. gestreckt, bis 6 m lg.; Blatthäutchen klein, hinfällig; Fr. 3–3,5 mm lg.; ♃; VI–VIII. Flüsse, Teiche, Seen (bis 1900 m); *v*. *Durchwachsenes L.*, **P. perfoliátus** L.
— Blätt. längl., am Rand glatt, zuw. gekräuselt; Stg. knickig hin u. her gebogen, bis 2 m lg.; Blatthäutchen bis 6 cm lg., derb; Fr. 4–5 mm lg.; ♃; VI–VII. Seen, Flüsse (bis 1600 m); *z* bis *s* (*f* Vb, Ti, He).
Langblättriges L., **P. praelóngus** Wulf.
14(11). Blätt. 8–14 cm lg. u. bis 5 cm breit, am Rand fein gesägt, glzd.-grün; Blatthäutchen bis 8 cm lg.; Blattstiel ± rund; Ähren bis 6 cm lg.; ♃; VI–VIII. Flüsse, Seen, Teiche (bis 1900 m); *v*. *Glänzendes L.*, **P. lúcens** L.
— Blätt. kleiner, bis 3 cm breit; Ähren höchstens 3 cm lg. *15*
15. Wasserblätt. kurz gestielt, stachelspitzig; Schwimmblätt. länger gestielt, bis 10 × 3 cm; ♃; VI–VIII. Wie vorige; *z* bis *s*, *f* Be, Da, Ti, Sb. (= *P. zizii* Koch ex Roth; = *P. lucens* × *P. gramineus;* mit Fr.!)
Schmalblättriges L., **P. × angustifólius** Presl.
— Wasserblätt. sitzend, klein, schmal-lanzettl. od. breiter (unter 1,5 cm), nicht stachelspitzig; Schwimmblätt. sitzend od. gestielt *16*
16. Wasserblätt. am Grd. verschmälert, lineal-lanzettl., bis 8 mm breit, durchscheinend, gezähnelt; Schwimmblätt. selten derb, lg. gestielt, elliptisch bis eif.; ♃; VI–VIII. Stehende, seltener langsam fließende Gewässer (bis 1500 m); *z* im N, sonst *s*. *Grasartiges L.*, **P. gramíneus** L.
— Wasserblätt. am Grd. abgerundet u. halbstgumfassend, bis 13 mm breit; Schwimmblätt. selten; ♃; VI–VII. Seen, langsam fließende Gewässer; nur

in Dt; *z* im NO, sonst *s, f* Alp. (= *P. perfoliatus* × *P. gramineus?;* ohne Fr.!). *Schimmerndes L.,* **P. × nítens** WEB.

17(5). Stg. wenig abgeflacht, mit abgerundeten Kanten; Blätt. außer dem Mittelnerv nur mit wenigen Längsnerven ***19***

— Stg. flach zusammengedrückt; Blätt. bis 4 mm breit, vielnervig (3–5 stärkere Nerven, daneben schwächere) ***18***

18. Blätt. 5-nervig, an der Spitze stumpf abgerundet; Ähre 10- bis 15-bltg., viel kürzer als ihr Stiel; Fr. kurz u. krumm geschnäbelt; Blatthäutchen bis 4 cm lg.; Stg. fast geflügelt; ♃; VII–VIII. Seen, Flüsse; *z,* im S nur Pf, BW, E, Fr. *Flachstengeliges L.,* **P. compréssus** L.

— Blätt. 3-nervig zugespitzt, am Grd. mit 1–2 schwärzl. Höckern; Ähre 4- bis 6-bltg., so lg. wie ihr Stiel; Fr. deutl. u. fast gerade geschnäbelt; Blatthäutchen bis 2 cm lg.; Stg. flach; ♃; VI–VIII. Gräben, Teiche; *z,* im S *s,* in Au nur in Sb (bei Golling; ob noch?). *Spitzblättriges L.,* **P. acutifólius** LK.

19(17). Ährenstiele so lg. wie die Ähre; Blätt. stumpf, 3- bis 5-nervig; Ähren dicht 6- bis 8-bltg.; Blatthäutchen offen, eingerollt; Frkn. 4; ♃; VI–VIII. Teiche, Gräben; *z,* im S *s,* in Au *f.* *Stumpfblättriges L.,* **P. obtusifólius** MERT. & KOCH

— Ährenstiele 2- bis 3-mal so lg. wie die kurze, zur Frzeit lockere Ähre ***20***

20. Blätt. lg. u. fein zugespitzt, 1-nervig; Frkn. 1(–3); Blatthäutchen offen, eingerollt; Fr. halbkreisrund, Rückseite höckerig; Ähre 4- bis 8-bltg.; Stg. dünn, fadenf., brüchig; ♃; V–VII. Gräben, Teiche, Torfstiche; sehr *z, f* Ti. *Haarförmiges L.,* **P. trichoídes** CHAM. & SCHLDL.

— Blätt. 3- bis 5-nervig; Fr. oval od. halboval, auf der Bauchseite deutl. konvex ***21***

21. Blatthäutchen offen, eingerollt; Blätt. bis 2 mm breit; Fr. 2–2,5 mm lg.; Frkn. 4; ⨀; VI–IX. Stehende u. langsam fließende Gewässer; *z* (genaue Verbreitung nicht bekannt). (= *P. pusillus* auct. p.p.) *Kleines L.,* **P. berchtóldii** FIEB.

— Blatthäutchen in der unteren Hälfte (zumindest jung) röhrig geschlossen; Fr. 1,5–2 mm lg. ***22***

22. Fr. auf dem Rücken abgerundet, nicht gekielt, halboval; Blätt. nur bis 2 mm breit, starr, mit borstl. Spitze, 3-nervig; Ähre 1 cm lg., locker; Stg. meist rotbraun; Ährenstiel oberw. kaum verdickt; ♃; VII–VIII. Flüsse, Gräben; im N *z,* südl. bis Fr, *f* Ho, Be. *Rötliches L.,* **P. rútilus** WOLFG.

— Fr. auf dem Rücken gekielt, schief-oval ***23***

23. Ährenstiele oben verdickt; Blätt. stumpf bis 4 mm breit, (3–) 5-nervig; Blatthäutchen oft bis zum Grd. 2-spaltig; Stg. etwas zusammengedrückt, mit zahlr. achselst. Kurztrieben; ♃; VI–VIII. Flüsse, Seen, Gräben; *z* im N, sonst *s, f* SaAn, Th, He?, Ba (außer Fr), Au. (= *P. mucronatus* SCHRAD. ex SOND.) *Stachelspitziges L.,* **P. fríesii** RUPR.

— Ährenstiele fadenf.; Blätt. stumpfl. bis feinspitzig, bis 1,5 mm breit, 3-nervig, biegsam; ♃; V–VII. Gräben, Tümpel; *z* (incl. *P. panormitanus* BIV.) *Zwerg-L.,* **P. pusíllus** L.

Bastardbildung häufig!

2. Rúppia L., *Salde*

1. Infl.-Stiel ca. 10 cm lg., nach der Bestäubung spiralig eingerollt; Blätt. abgerundet od. stumpf.; Fr. fast symmetrisch; ♃; VI–X. Flach- u. Brackwasser der Meeresküsten, unterseeische Wiesen; *z* (= *R. spiralis* L. ex DUM.) *Spiralige S.,* **R. cirrhósa** (PETAGNA) GRANDE

— Infl.-Stiel nie länger als 4 cm, nicht spiralig; Blätt. zugespitzt; Fr. stark asymmetrisch; ♃; VI–X. Wie vorige, außerdem an Salzstellen des Binnenlandes; Küsten *v, s* in SaAn, E. *Geschnäbelte S.,* **R. marítima** L.

3. Zostéra L., *Seegras*

1. Blätt. 4–9 mm breit, meist 5-nervig, bis 1 m lg.; Bltnsprosse verzweigt; Samen schwach längs gerunzelt; Narben doppelt so lg. wie der Gr.; ♃; VI–X. Schlammige, sandige Meeresböden, unter Wasser oft große Wiesen bildend; Küste u. Mündungsgebiete der Flüsse; *v* bis 10 m Tiefe. *Gemeines S.*, **Z. marína** L.

— Blätt. schmäler, 1- bis 3-nervig, bis 60 cm lg. *2*

2. Blätt. 2–3 mm breit, meist 3-nervig; Bltnsprosse verzweigt; Samen schwach längs gerunzelt; Narbe so lg. wie der Gr.; ♃; VI–VIII. Wie vorige, doch nur bis 4 m Tiefe u. lockerer wachsend; *v?* *Schmalblättriges S.*, **Z. angustifólia** (Hornem.) Rchb.

— Blätt. 1 mm breit, 1-nervig; Bltnsprosse unverzweigt; Samen glatt; Antherenkonnektiv mit Anhängsel; ♃; VI–VIII. Wie vorige, bis 1 m Tiefe; *v* Da, *z* in Dt (Ostsee bis Rügen; Nordsee nur Be, Ho, Norderney?). (= *Z. noltii* Hornem.) *Zwerg-S.*, **Z. nána** Roth

4. Zannichéllia L., *Teichfaden.* Blätt. 1–10 cm lg., fadenf., mit großem, stgumfassendem Blatthäutchen; Stg. an den Knoten wurzelnd; ♃; V–IX. Süßwasser u. Mündungsgebiet der Flüsse (bis 900 m, bis 2,5 m Wassertiefe); *z.* (3 ssp.) **Z. palústris** L.

Familie: **Najadáceae**, *Nixenkrautgewächse*

Einjährige, untergetauchte Wasserpfl.; Blätt. in übereinanderstehenden, sich nicht kreuzenden Paaren, am Rand gezähnt, am Grd. scheidig erweitert; Bltn. eingeschl.; ♂ Bltn. mit 1 Stbblatt, von 2 dünnen becherf. Hüllen umgeben *(1072a)*, ♀ Bltn. mit 1 nackten Frkn. *(1072b)*.

Nájas L., *Nixenkraut*

1. Stg. u. Blattrücken meist bestachelt; Blattscheiden ganzrandig; Pfl. 2-häusig; ⊙; VI–IX. Langsam fließende u. stehende Gewässer; *z* im N (*f* in NW-Dt), *s* im S. (= *N. major* All.) *Meer-N.*, **N. marína** L.

— Stg. u. Blattrücken ohne Stacheln; Blattscheiden wimperig gezähnt *(1071)*; Pfl. 1-häusig *2*

2. Blätt. ausgeschweift gezähnt, zurückgekrümmt; Scheide scharf vom Spreitengrd. abgesetzt *(1071)*; Stg. dünn, reichl. gabelästig verzweigt, zerbrechl.; ⊙; VI–IX. Seen, Altwässer; *s*, *f* im O u. S in vielen Gebieten, *f* Da (Ho?). *Kleines N.*, **N. mínor** All.

— Blätt. fein stachelspitzig gezähnt; Blattscheiden allmähl. in den Spreitengrd. übergehend; Stg. dünn, fast fadenf., biegsam; ⊙; VII–VIII. Seen (bis 2 m tief); *s* Da, Br, Po, Bodensee. *Biegsames N.*, **N. fléxilis** (Willd.) Rostk. & Schm.

Unterklasse: **Liliídae**, *Lilienähnliche*

Ordnung: **Liliáles**

Familie: **Liliáceae**, *Liliengewächse*

(einschl. **Alliáceae** und **Trilliáceae**)

Mit Knollen, Zwiebeln od. Rhizomen überwinternde Stauden; Infl. traubig, ährig od. rispig od. Einzelbltn.; Bltn. auffällig gefärbt, meist radiär; Bltnhülle meist 6-blättrig, frei, nicht selten verwachsen, in 2 gleichgestalteten Kreisen (Perigon); Stbblätt. 6, selten 4, 8 od. 10; Frkn. 3-blättrig, oberst.; Kapselfr. od. Beeren.

1. Stbblätt. 8; Blätt. in einem 4-zähligen Quirl; Bltn. einzeln, endst., grünl.; Fr. eine schwarze Beere; Blätt. netznervig . . . . **Paris**, 490

— Stbblätt. 6 od. 4 *(Maianthemum)* *2*

2. Gr. 1 (od. fehlend), aber oft mit 3 Narben *5*
— Gr. 3, getrennt *3*
3. Pfl. zur Blütezeit ohne Blätt.; Bltn. blaß rosaviolett bis fleischfarben, mit langer Röhre; Gr. bis zu 20 cm lg. . . . . **Colchicum,** 485
— Pfl. zur Blütezeit mit Blätt.; Bltn. grünl. *4*
4. Blätt. lineal-lanzettl., 2–4 mm breit, schwertf. (wie bei *Iris*); Bltn. klein; Pfl. 5–30 cm hoch . . . . **Tofieldia,** 484
— Blätt. breit-elliptisch, längs gefaltet; Bltn. in endst., reichbltger Rispe; Pfl. 60–120 cm hoch . . . . **Veratrum,** 484

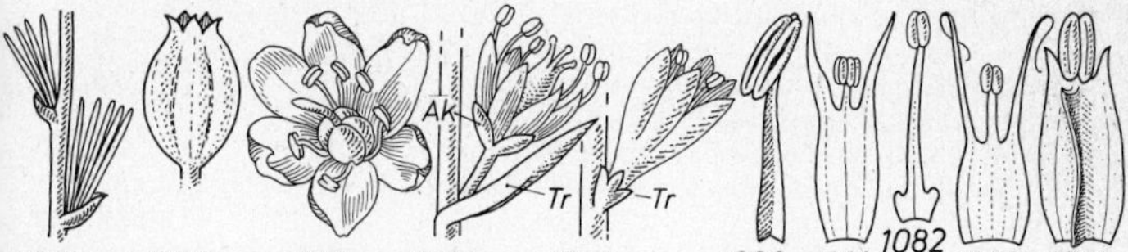

1075 1076 1077 1078 1079 1080 1081 1082 1083 1084

5(2). Bltnstand kugelig (doldig od. kopfig), vor dem Aufblühen von einem trockenhäutigen Hüllblatt umgeben; Blätt. oft röhrig-hohl; Pfl. nach Lauch riechend . . . . **Allium,** 486
— Bltnstand nicht kugelig, vor der Blüte nicht von einem trockenhäutigen Hüllblatt umgeben *6*
6. Stg. mit unscheinbaren Schuppenblätt., in deren Achseln büschelig angeordnete, schmal-lineale Nadeln *(1075);* Fr. rote Beeren **Asparagus,** 489
— Stg. nicht mit Schuppenblätt. u. nicht mit büschelig gehäuften Blätt. *7*
7. Bltnhülle getrenntblättrig *15*
— Bltnhülle verwachsenblättrig, zuw. aber tief geteilt u. nur am Grd. verbunden *8*
8. Bltn. reinweiß od. grünl.weiß *11*
— Bltn. gelb, rötl. od. blau *9*
9. Bltn. sehr groß (5–8 cm im Dm), trichterf., braunrot od. gelb; Stbfäden herabgebogen, der Blkrröhre eingefügt . . . . **Hemerocallis,** 485
— Bltn. röhrig-glockig bis krugf., viel kleiner *10*
10. Bltn. kugelig od. walzl., kurz 6-zähnig, an der Mündung krugf. zusammengezogen *(1076),* in Trauben; obere Bltn. stets steril . . **Muscari,** 489
— Perigonblätt. frei od. nur am Grd. verwachsen *10a*
10a. Perigonblätt. am Grd. verwachsen, Perigon glockig; Bltn. mit je 2 Tragblätt. (richtig: Tragblatt u. Vorblatt) . . . . **Hyacinthoides,** 488
— Perigonblätt. frei, Perigon ± ausgebreitet *(1077);* Bltn. mit 1 Tragblatt od. dieses reduziert . . . . **Scilla,** 488
11(8). Bltn. in einstswendigen Trauben; Infl.-Stiel blattlos, aber von den meist 2 elliptischen, lg.gestielten Laubblätt. zuw. hoch hinauf scheidig eingehüllt; Bltn. intensiv wohlriechend . . . . **Convallaria,** 490
— Bltn. nicht in einstswendigen Trauben, einzeln od. zu wenigen blattachselst.; Bltnstg. beblättert *12*
12. Bltn. meist einzeln, aufrecht, 1–1,5 cm groß, weißl. mit gelbem Grd., innen mit 3 rötl. Streifen . . . . **Lloydia,** 488
— Bltn. zu mehreren; Blätt. nicht grasartig *13*
13. Bltnstg. nur mit (1 bis) 2 herzf., gestielten Blätt.; Bltn. klein, 4-zählig, in endst. Traube . . . . **Maiánthemum,** 489
— Bltnstg. mit zahlr. Blätt.; Bltn. nicht 4-zählig, zu 1–5 blattachselst. *14*
14. Bltnhülle fast bis zum Grd. geteilt, grünl.-weiß; Bltn. einzeln, lg.gestielt, unter den herzf., stgumfassenden Blätt. stehend **Streptopus,** 490

— Bltnhülle röhrig-glockig, 6-zähnig, weiß mit grünem Saum; Blätt. nicht herzf.-stgumfassend . . . . **Polygonatum,** 490
15(7). Bltn. groß (> 4 cm), einzeln u. endst. (selten 2 od. 3) *23*
— Bltn. in Dolden, Rispen, Trauben od. Doldentrauben, wenn einzeln, dann kleiner als 4 cm *16*
16. Stg. mit unscheinbaren Blättchen, in deren Achseln derb-stechende Seitentriebe von Blattform, diese auf ihrer scheinbaren Oberseite die kleinen Bltn. tragend; Bltn. eingeschl., Pfl. 2-häusig . . . . . **Ruscus,** 489
— Pfl. stets mit verlängerten, saftig-krautigen Blätt. *17*
17. Bltn. innen goldgelb od. weiß, außen grünl. od. grün-längsstreifig *21*
— Bltn. außen nie grün u. nie mit grünen Längsstreifen *18*
18. Blätt. alle grdst.; Bltnstg. nur mit Hochblätt. *20*
— Blätt. auch höher am Stg. *19*
19. Bltnhüllblätt. am Grd. verwachsen; Bltn. klein (s. Punkt *12*) . **Lloydia,** 488
— Bltnhüllblätt. vollständig getrennt; Bltn. sehr groß, feuerrot od. braunrot . . . . **Lilium,** 488
20(18). Bltn. blau, selten weiß od. rötl.; Bltnstiele nicht gegliedert **Scilla,** 488
— Bltn. weiß, in Trauben od. Rispen; Bltnstiele gegliedert (mit einer Ringelung versehen; Lupe!) . . . . **Anthericum,** 485
21(17). Blätt. reitend, schwertf. (wie bei *Iris*); Stbfäden wollig behaart; Stbbeutel ziegelrot . . . . **Narthecium,** 484
— Blätt. nicht schwertf. u. nicht reitend; Stbfäden nicht wollig . . *22*
22. Bltn. schwefel- od. grünl.-gelb, in Doldentrauben (zuw. nur 1-bltg); Stbbeutel aufrecht (wie *84*) . . . . **Gagea,** 485
— Bltn. weiß od. gelb-grün, grün gestreift, in Doldentrauben od. Trauben; Stbfäden dem Rücken der Stbbeutel angeheftet *(1080),* zuw. blumenblattart. u. gezähnt *(1084)* . . . . **Ornithogalum,** 488
23(15). Bltn. 1 (bis 3), nickend, bräunl.-purpurn (selten weiß), schachbrettart. gefleckt; Frkn. mit Gr. . . . . **Fritillaria,** 488
— Bltn. einzeln, aufrecht, vor dem Aufblühen nickend, gelb; Narben dem Frkn. aufsitzend . . . . **Tulipa,** 488

1. Tofiéldia Huds., *Simsenlilie*

1. Bltn. in der Achsel eines lanzettl. Tragblattes (*1078, Ak*), unterhalb des Perigons ein kleiner, 3-lappiger Außenkelch; Bltnstand länger als 3 cm; Pfl. 10–30 cm hoch; ♃; VI–VIII. Flachmoore, quellige Stellen; kalkliebend; Alpen (bis 2200 m) *v,* sonst *s,* im N nur östl. SH.
Kelch-S., **T. calyculáta** (L.) Wahl.
— Bltn. in der Achsel eines 3-lappigen Tragblättchens, ohne Außenkelch (*1079, Tr*); Bltnstand kürzer als 3 cm; Pfl. 5–10 cm hoch; ♃ VII. Moorige Plätze, Schneetälchen der Alpen (= *T. palustris* Huds.)
Kleine S., **T. pusilla** (Michx.) Pers.
a. Blätt. 2–5 cm lg., 3–4-nervig. *s* Alp (oberhalb 1600 m) ssp. **pusílla**
– Blätt. 4–8 cm lg., 5–7-nervig. *s* Lungau (Sb) (oberhalb 1800 m). ssp. **austríaca** H. Kunz

2. Narthécium Huds., *Beinbrech.* Blätt. meist kürzer als der Bltnstg.; Bltn. lg.gestielt; ♃; VII–VIII. Heidemoore, Hochmoore; *z* im NW (Be, Ho, We, NS), SH, Da. Ⓖ **N. ossífragum** (L.) Huds.

3. Verátrum L., *Germer.* Bltn. innen weiß, außen grünl. (ssp. **álbum**) od. beidersts. grünl., gelbgrün bis schmutziggrün [ssp. **lobeliánum** (Bernh.) Rchb.]; Blätt. wechselst. (Unterschied zu *Gentiana!*); ♃; VI–VIII. Feuchte Wiesen, Matten, Viehläger (bis 2200 m); *v* Alp., *z* Voralp. u. Vorland. **Giftig!**
Weißer G., **V. álbum** L.

4. Cólchicum L., *Zeitlose.* Blätt. mit den Frkapseln sich erst im Frühjahr entwickelnd; unterirdische Knolle bis 7 cm lg.; ♃; VIII–XI. Wiesen (bis 2000 m); *v* im S, *z* bis *s* im N. **Giftig!** *Herbst-Z.,* **C. autumnále** L.

5. Anthéricum L., *Graslilie*

1. Bltn. in Rispen (var. **fállax** Zabel: in Trauben); Gr. gerade; Perigonblätt. 10–15 mm lg., die Stbblätt. nur um 2 mm überragend; Kapsel rundl.-stumpf; ♃; VI–VIII. Sonnige, steinige Abhänge, Steppenheidewälder, lichte Wälder (bis 1800 m); kalkliebend; *v* bis *z* im S u. M-Dt, *s* bis *f* im N (*f* Ho, ob in Be?). *Ästige G.,* **A. ramósum** L.

— Bltn. in Trauben; Gr. aufstgd.; Perigonblätt. 15–22 mm lg., mehr als 6 mm länger als die Stbblätt.; Kapsel eif., spitz; ♃; V–VII. Steppenheidewälder, Steppenhänge; *z, f* Sb, im NO u. NW (in Ho ursprüngl.?) Ⓖ *Astlose G.,* **A. liliágo** L.

6. Hemerocállis L., *Taglilie*

1. Bltn. hellgelb; Perigonzipfel spitz, flach; ♃; VI. Gartenzierpfl.; *s* verwild. (Heimat: Italien, Jugoslavien). (= *H. flava* L.) *Gelbe T.,* **H. lilio-asphódelus** L.

— Bltn. blaß-ziegelrot; Perigonzipfel stumpf, die inneren am Rand wellig; ♃; VII–VIII. Gartenzierpfl. stellenw. verwild. (Heimat: China). *Gelbrote T.,* **H. fúlva** L.

7. Gágea Sal., *Gelbstern*

1. Bltnstiele u. Perigonblätt. außen kahl *4*

— Bltnstiele u. Perigonblätt. außen ± behaart; Grdblätt. 2 . . . . *2*

2. Grdblätt. (selten nur 1) röhrig-hohl, halbstielrund, lineal; Bltnstg. mit 2 fast gegenst. Blätt.; Bltnstiele ± zottig behaart; Perigonblätt. stumpf; ♃; VI–VII. Lägerfluren, steinige Matten der Ur-Alp. (oberhalb 1200 m); *z* Allgäu, Au. [= *G. liotardi* (Sternbg.) Sch. & Sch. f.] *Alpen-G.,* **G. fistulósa** (Ram. ex Dc.) Ker-Gawl.

— Grdblätt. flach od. rinnig, oft fadenf. *3*

3. Pfl. 8–15 cm hoch; grdst. Blätt. grasgrün, lineal, zumindest obersts. flachrinnig, bis 4 mm breit; Bltnstg. mit 2 dem Bltnstand sehr genäherten, fast gegenst. Blätt.; Perigonblätt. spitzl.; Gr. kurz behaart, Bltn. zu 2–10; ♃; III–V. Äcker, Wegränder, Weinberge; *z, s* im N, *f* Alp., Be. [= *G. arvensis* (Pers.) Dum.] *Acker-G.,* **G. villósa** (Bieb.) Duby

— Pfl. 3–8 cm hoch; grdst. Blätt. bläul.-grün, fast fadenf.; Bltnstg. mit 2 vom Bltnstand u. untereinander etwas entfernten Blätt.; Perigonblätt. stumpf; Gr. kahl; Bltn. zu 2–3; ♃; III–V. Sandig-grasige Orte, steinige Hügel; *s* im mittl. Gebiet (RhPf, Fr, S-SaAn, Th, Br). *Felsen-G.,* **G. bohémica** (Zauschn.) R. & Sch.

4(1). Grdst. Blätt. 2 (selten nur 1), röhrig-hohl; Bltnstand 2- bis 5-bltg.; Stgblatt 1, an der Spitze kapuzenf., vom Tragblatt deutl. verschieden; ♃; IV–V. Feuchte Wälder, Gebüsche; *v* im N, M-Gebiet u. bis Schl, im S nur bei Königshofen (Fr.) *Scheiden-G.,* **G. spathácea** (Hayne) Sal.

— Nur 1 grdst. Blatt *5*

5. Grdblatt breit-lineal (bis 10 mm), an der Spitze kapuzenartig zusammengezogen; Perigonblätt. stumpf, bis 14 mm lg.; Jugendblätt. 5-kantig; ♃; III–V. Auwälder, Bachränder, Wiesen (bis 1600 m); *v* [= *G. silvatica* (Pers.) Loud.] *Gemeiner G.,* **G. lútea** (L.) Ker-Gawl.

— Grdblatt an der Spitze nicht zusammengezogen, nur bis 5 mm breit; Perigonblätt. zugespitzt *6*

6. Grdblatt bis 4 mm breit, gekielt, gewimpert; Stgblätt. dem Bltnstand stark genähert, deutl. gewimpert; Jugendbätt. V-förmig; Perigonblätt. 15–20 mm lg.; stumpfl.; ♃; III–IV. Äcker, Hügel, Grasplätze; *z, f* in Au. *Wiesen-G.,* **G. praténsis** (Pers.) Dum.

— Grdblatt 1–2 mm breit, kahl od. fast kahl; Jugendblätt. rund; Grdblatt am Grd. rötl.; Perigonblätt. 10–15 mm lg., spitzl.; ♃; III–V. Waldränder, grasige Haine, Matten (bis 1600 m); kalkliebend; *z, f* im W.
Kleiner G., **G. mínima** (L.) Ker-Gawl.

8. Állium L., *Lauch*

1. Blätt. röhrig, rinnig od. längl.-lineal, meist nicht über 1 cm breit . . *5*
— Blätt. lanzettl. bis elliptisch (2–5 cm breit) *2*
2. Stg. rund, unterhalb der Mitte mit 2–3 kurz gestielten Blätt.; Scheindolde kugelig; Stbfäden länger als das grünl.-gelbe Perigon; ♃; VII–VIII. Felsige Orte, steinige Matten; *v* bis *z* Alp. (bis 2300 m) u. Vor-Alp., *s* Schw. (Feldberg), Vog., Riesengeb., Gesenke. *Allermannsharnisch,* **A. victoriális** L.
— Blätt. alle grdst. *3*
3. Blätt. lg.gestielt; Stg. 3-kantig; Bltn. schneeweiß, in flacher Dolde, stark nach Knoblauch riechend; ♃; IV–VI. Feuchte Laubwälder; *z*, oft in Massenbeständen. *Bären-L.,* **A. ursínum** L.
— Blätt. ungestielt *4*
4. Grdst. Blätt. 3–4, breit-lanzettl.; Stg. rund; Infl. reichbltg.; Perigon grünl-weiß od. mit rötl. Mittelstreif; ♃; *v*. Aus Gärten *s* verwildert: Ti, S-E, Bodenseegebiet (ob noch?), (Heimat: Mittelmeergebiet). *Zwiebelreicher L.,* **A. multibulbósum** Jacq.
— Grdst. Blätt. 1 (–2), schmal-lineal; Stg. dreikantig; Infl. 1–3-bltg., mit Brutzwiebeln, Bltn. lg. gestielt; Perigon weiß; ♃; IV–V. Auwälder, Parks; vereinzelt aus der Kultur verwildert: SH, Me, Br, NS, SaAn, N-Oberrhein. (Heimat: Kaukasus, Iran). *Seltsamer L.,* **A. paradóxum** (Bieb.) G. Don
5(1). Perigonblätt. ± glockig, zusammenneigend; Blätt. flach od. rinnig, selten hohl *9*
— Perigonblätt. ± sternf. ausgebreitet; Blätt. röhrig-hohl *6*
6. Bltnstg. u. Blätt. unterhalb der Mitte weit bauchig aufgeblasen; Perigon weißl.grün *8*
— Bltnstg. u. Blätt. walzl., nicht bauchig aufgeblasen; Perigon rosa . . *7*
7. Stbblätt. 1/4–1/3 kürzer als die hellrosa Perigonblätt.; Stbfäden ohne Zähne; ♃; VII–VIII (außer Bornholm). (2 ssp.). *Schnittlauch,* **A. schoenóprasum** L.
a. Stg. 1–2 mm dick, nur im unteren Drittel beblättert; Perigonblätt. 7–10 mm lg.; Pfl. bis 30 cm hoch (Kulturformen bis 50 cm). Flußufer, sandig-steinige Böden; *z* Täler der Elbe, Saale, Rhein, Mosel, auf Bornholm (Da), sonst vielf. aus Gärten verwildert (Straßenränder).
ssp. **schoenóprasum**
– Stg. 3–5 mm dick, viel höher beblättert; Perigonblätt. 10–15 mm lg.; Pfl. bis 50 cm hoch. Schuttfluren, Bachschotter (bis 2100 m); *z* Alp. u. Voralp., auch dealpin herabgeschwemmt.
ssp. **sibíricum** (L.) Hartm.
— Stbblätt. etwa so lg. wie die Perigonblätt., die inneren am Grd. verbreitert, beidersts. mit einem Zahn *(1081)*; nur selten blühend; an Stelle der Bltn. Brutzwiebeln stehend; ♃; VI–VII. Kulturpfl. (Heimat: Vorderasien). *Schalotte,* **A. ascalónicum** Strand
8(6). Bltnstiele etwa 8-mal so lg. wie die grünl.-weißen Bltn; innere Stbblätt. am Grd. verbreitert u. kurz 2-zähnig; ♃; VI–VIII. Kulturpfl., zuw. verwild. (Heimat: Iran bis Altai?, wild nicht bekannt).
Küchen-, Sommerzwiebel, **A. cépa** L.
— Bltnstiele etwa 3- bis 4-mal so lg. wie die weißen, zuw. purpurrot gestreiften Bltn., innere Stbblätt. am Grd. nur wenig verbreitert u. ungezähnt; ♃; VII–VIII. Kulturpfl., leicht verwild. (Heimat: W-China; wild nicht bekannt). *Winter-Z.,* **A. fistulósum** L.
9(5). Stbblätt. alle zahnlos; Laubblätt. nur bis 5 mm breit *17*
— Innere Stbblätt. am Grd. kurz od. lg. gezähnt *(1082/83)* *10*
10. Dolde ohne Brutzwiebeln, nur mit Bltn. *14*
— Dolde mit Bltn. u. Brutzwiebeln *11*
11. Stbfäden am Grd. kurz gezähnt (ähnl. *1082*), kürzer als die Perigonblätt.; Hüllblätt. des Bltnstandes mit zieml. langer, runder Spitze; Blätt. bis 12 mm breit, flach; Zwiebel aus zahlr. Nebenzwiebeln („Zehen") zusammengesetzt; ♃; VI–VIII. Kulturpfl. (Heimat: Asien). **A. satívum** L.
a. Blätt. am Rand rauh; Nebenzwiebeln längl.-eif. *Knoblauch,* ssp. **sativum**
– Blätt. am Rand glatt; Stg. vor dem Aufblühen schlangenart. gebogen; Nebenzwiebeln kugelf.-eif. *Perlzwiebel,* ssp. **ophioscórodon** (Lk.) Holub
— Stbfäden am Grd. mit langen, oft gedrehten Zähnen (ähnl. *1083*) *12*

12. Blätt. flach, 8–15 mm breit, am Rand rauh bewimpert; Bltn. purpurn, länger als die Stbblätt.; Hülle des Bltnstandes 2-klappig, kürzer als die Dolde; ♃; VI–VII. Gebüsch, Grasplätze; *z* im S, *s* im N, *f* Alp. *Schlangen-L.*, **A. scorodóprasum** L.

— Blätt. wenigstens oberw. fast stielrund, schmäler als 6 mm ***13***

13. Blätt. riemenf. gegen die Spitze fast stielrund, rinnig; Stbblätt. kürzer od. länger als die zugespitzten, dkroten Perigonblätt.; Dolde reichbltg.; ♃; VI–VIII. Küstendünen; *s* Me, Da. *Koch's L.*, **A. kóchii** Lge.

— Blätt. fast stielrund, obersts. engrinnig; Stbblätt. stets viel länger als die stumpfen, hell- bis dkpurpurnen Perigonblätt.; Dolde armbltg., zuw. nur mit Brutzwiebeln (var. **compáctum** Thuill.). ♃; VI–VIII. Sonnige Hügel, Gebüsch, Wegränder, Weinberge; *v, s* Alp. (*f* Ti). *Weinberg-L.*, **A. vineále** L.

14(10). Zähne der Stbfäden kurz u. stumpf *(1082);* Stbblätt. etwas länger als die Perigonblätt.; Bltn. hellpurpurn; Blätt. lineal, obersts. etwas rinnig; ♃; VI–VIII. Felsige Orte, sehr *s* (He, Schl, Sb, Ti/Ötztal). *Steifer L.*, **A. strictum** Schrad.

— Zähne der Stbfäden lg.haarspitzig *(1083)* ***15***

15. Blätt. halbstielrund, breitrinnig, kürzer als der Stg.; Bltn. lebhaft purpurrot, kürzer als die Stbblätt.; ♃; VI–VIII. Sandige u. felsige Orte; *z* im S (in Au nur in Vb), nördl. bis Be, Waldeck, Th, SaAn. *Kugel-L.*, **A. sphaerocéphalon** L.

— Blätt. flach ***16***

16. Blätt. bis 2 cm breit, stark längsnervig, blaugrün; Bltn. rosa od. weiß; Perigonblätt. etwas kürzer als die Stbfäden; Blattscheiden einen verlängerten Scheinsproß bildend; ⨀–♃; VI–VII. Kulturpfl., zuw. verwild. (Heimat: Mittelmeergebiet; aus *A. ampeloprasum* L. entstanden) *Winter-L., Porree*, **A. pórrum** L.

— Blätt. schmal-lineal, bis 10 mm breit; Bltn. purpurrot; Perigonblätt. etwa so lg. wie die Stbblätt.; ♃; VI–VIII. Äcker, Weinberge, buschige Hügel; *s* in S-Dt u. E (nördl. bis Th); eingebürgert in Da. *Runder L.*, **A. rotúndum** L.

17(9). Stg. rundl. ***19***

— Stg. oberw. kantig; Perigonblätt. rosarot ***18***

18. Stbblätt. etwa so lg. wie die Perigonblätt.; Blätt. schmal-lineal, untersts. scharf gekielt; Dolde im Umriß flach; ♃; VII–IX. Nasse Wiesen; *v* bis *z, f* im NW, SH, Da, Ti. (= *A. acutangulum* Schrad.) *Kanten-L.*, **A. angulósum** L.

— Stbblätt. deutl. länger als die Perigonblätt.; Blätt. untersts. nicht gekielt; Dolde im Umriß kugelig; ♃; VII–VIII. Sonnige Hügel, Felsspalten; *z, f* im W, NW, OPr. [= *A. fallax* R. & Sch.; = *A. senescens L.* ssp. *montanum* (Fr.) Holub] *Berg-L.*, **A. montánum** E. W. Schm.

19(17). Hüllblätt. kürzer als die kugelige, dichtblütige Dolde; Stbblätt. bis 2mal so lg. wie die Perigonblätt.; Blätt. flach, untersts. scharf gekielt; ♃; VII–IX. Moore, Sumpfwiesen (bis 800 m); *s* Vor-Alp., BW, E, Vb. *Wohlriechender L.*, **A. suavéolens** Jacq.

— Hüllblätt. so lg. od. länger als die lockerblütige Dolde ***20***

20. Bltnstand ohne Brutzwiebeln; Laubblätt. kaum über 1 mm breit; Perigonblätter fast doppelt so lg. wie die Perigonblätt., rötl.-violett bis rot (Nr. ***21*** – sehr ähnl.); ♃; VII–VIII. Felshänge, Heidewiesen; nur bei Dingolfing (Isar), Vb? (= *A. carinatum* L. ssp. *pulchellum* Bonnier & Layens) *Schöner L.*, **A. pulchéllum** G.Don

— Bltnstand mit Brutzwiebeln ***21***

21. Blätt. halbstielrund, obersts. rinnig; Stbblätt. etwa so lg. wie die weißl.-grünen od. schmutzigrötl. Perigonblätt.; Hüllblätt. am Grd. eif. verbreitert; ♃; VI–VIII. Buschige Stellen, Sumpfwiesen, sandige Weiden (bis 900 m); *v* bis *z.* *Kohl-L.*, **A. oleráceum** L.

— Blätt. fast flach; Stbblätt. länger als die rosa bis dkvioletten Perigonblätt.; Hüllblätt. am Grd. nur wenig verbreitert; ♃; VI–VIII. Steinige, buschige Orte, Heide-, Moorwiesen; *z* im S (bis 2000 m), nördl. bis zum Main/Th/Schl, im N zuw. verwild. (ob in Da ursprüngl.?) *Gekielter L.*, **A. carinátum** L.

9. Lilium L., *Lilie*

1. Perigonblätt. zurückgerollt, hell-braunrot, dk. gefleckt; Bltn. nickend, in Trauben; mittl. Blätt. quirlig; ♃; VII–VIII. Bergwiesen, Hochstaudenfluren, Gebüsche; kalkliebend; *v* im S, *z* in M-Dt, *s* bis *f* im N.
Ⓖ *Türkenbund-L.,* **L. mártagon** L.

— Bltnhülle glockig-trichterf., feuerrot, innen warzig-rauh; Bltn. aufrecht, einzeln od. in wenigbltgen Dolden; Blätt. wechselst., in ihren Achseln oft mit Brutzwiebeln; ♃; V–VII. Gebirgswiesen, sonnige Hänge; *z* Alp., *s* Vor-Alp., S-Schw. (?), östl. M-Geb., Thw., sonst nur verwild.
Ⓖ *Feuer-L.,* **L. bulbiferum** L.

10. Fritillária L., *Schachblume.* Laubblätt. meist 4–5, lineal-rinnig, graugrün; ♃; IV–V. Feuchte Wiesen; *s, f* in Alp., E, Sa, Be (?), Da u. im NO; auch Zierpfl., zuw. verwild. Ⓖ! **F. meleágris** L. ssp. **meleágris**

11. Túlipa L., *Tulpe.* Perigonblätt. ungleich lang; Laubblätt. 3–4, bis 2 cm breit, blaugrün; ♃; IV–V. Obstgärten, Gebüsch, Weinberge; *s*, bes. im S (E, BW, Fr) eingebürgert (Heimat: S-Eur.).
Wald-T., **T. sylvéstris** L.

12. Llóydia Sal., *Faltenlilie.* Grdst. Blätt. 2, fast fadenf.; Stgblätt. lineallanzettl.; Pfl. 7–10 cm hoch; ♃; VII–VIII. Grasige Abhänge u. steinige Matten der Hochalp., von 1800–3000 m; kalkmeidend; *z*, in Dt nur Allgäu u. bei Berchtesgaden. **L. serótina** (L.) Rchb.

13. Hyacinthoides Med. (= *Endymion* Dum.), *Hasenglöckchen.* Perigonblätt. am Grd. verwachsen, glockenf. zusammenneigend, blau, selten rötl. od. weiß; Blätt. breit-lineal, bis über 10 cm breit; Bltn. mit 2 spitzl. Tragblätt. (1 davon = Vorblatt); Traube ± einstswendig; ♃; III–V. Laubwälder, schattige Haine; *s* in Be, Ho, bei Zerbst (S-Sa, An), oft kult. u. zuw. verwildert. [= *Scilla non-scripta* (L.) Hoffmg. & Lk.]
Ⓖ *Gemeines H.,* **H. non-scrípta** (L.) Chouard

Traube allstswendig: noch häufiger kult. u. immer wieder verwild. (Heimat: W-Mittelmeergebiet) *Spanisches H.,* **H. hispánica** (Mill.) Rothm.

14. Scílla L., *Blaustern* Ⓖ

1. Bltntraube bis 30-bltg.; Laubblätt. 5–6; ♃; VIII–X. Grasige Hänge, gelegentl. in Weinbergen; nur S-E. Ⓖ *Herbst-B.,* **S. autumnális** L.

— Bltntraube bis 8-bltg. *2*

2. Blätt. meist 2; Stg. pro Zwiebel 1; Bltnstiele aufrecht-absthd., länger als die Bltn.; ♃; III–IV. Feuchte Wiesen, lichte Laubwälder; *z* im S (in Au nur in Sb), nördl. bis Be/Mosel/Main/SaAn. Ⓖ *Zweiblättriger B.,* **S. bifólia** L.

— Blätt. meist mehr als 2; Stg. pro Zwiebel meist zu 2 (bis 4); Bltnstiele etwas kürzer als die Bltn. *3*

3. Bltntraube 1- bis 3-bltg.; Bltnstiele absthd.-nickend; Blätt. 2–4, etwas kürzer als der Stg.; Perigonblätt 12–15 mm lg.; ♃; III–V. Gartenzierpfl., selten verwild. (wo?) (Heimat: S-Rußland)
Sibirischer B., **S. sibírica** Haw. in Andr.

— Bltntraube 2- bis 6-bltg.; Bltnstiele absthd.-aufrecht; Blätt. 4–7, etwas länger als der Stg.; Perigonblätt. 9–12 mm lg.; ♃; III–V. Gartenzierpfl.; selten verwild. (Ba, Bodensee, Schl; wo noch?) (Heimat: Kleinasien?), wild nicht bekannt. *Schöner B.,* **S. amoéna** L.

15. Ornithógalum L., *Milchstern*

1. Bltn. gelbl.-grün, in 20- bis 50-bltger Traube; Blätt. zur Blütezt. meist abgetrocknet; ♃; VI–III. Buschige Hügel; Ob-E, Saarland, Lx, Be. [= *O. pyrenaicum* L. (s. l.) ssp. *flavescens* (Lam.) Hegi, excl. *O. sphaerocarpum* Kern.]
Pyrenäen-M., **O. pyrenáicum** L. (s. str.)

— Bltn. weißl. od. grünl. *2*

2. Stbfäden zahnlos *4*

— Stbfäden gezähnt, blumenblattart. *(1084);* Bltn. in verlängerten Trauben ***3***

3. Blätt. zur Blütezt. bereits welkend; Perigonblätt. längl.-lanzettl., am Rand wellig; wenigstens die inneren Stbfäden auf der Innenseite mit einer wellenf. u. in 1 Zahn endigender Leiste *(1084);* Frkn. zur Blütezeit längl.; ♃; IV–V. Äcker, Gärten, Getreidefelder, Weinberge; selten u. zerstreut; eingeschleppt (Heimat: SO-Eur.). *Garten-M.,* **O. boucheánum** (KTH.) ASCH.

— Blätt. zur Blütezt. noch frisch, aufrecht; Perigonblätt. längl.-stumpf; Stbfäden auf der Innenseite mit zahnloser Leiste; Frkn. zur Blütezeit rundl.; ♃; IV–V. Gebüsch, Wiesen, Äcker, Weinberge; *z,* nur eingebürgert (Heimat: SO-Eur., Orient). *Nickender M.,* **O nútans** L.

4(2). Bltn. in verlängerter, 20- bis 50-bltger Traube; Frstiele der Infl.-Achse angedrückt; Blätt. graugrün, 6–10 mm breit; ♃; VI–VII. Brachäcker; nur bei Kolmar (E). *Pyramiden-M.,* **O. pyramidále** L.

— Bltn. in Dolden od. kurzen Trauben; Frstiele von der Infl.-Achse absthd.; Blätt. 1–6 mm breit ***5***

5. Untere Frstiele waagerecht absthd.; Gr. länger als die an der Spitze gestutzte Kapsel; Blätt. 2–6 mm breit; Zwiebel meist von mehreren Brutzwiebeln umgeben (bzw. von nadelf. Blättchen); ♃; V–VI. Gärten, Äcker, Wiesen, Weinberge; *z,* wohl nicht ursprüngl. (Heimat: Mittelmeergebiet). *Dolden-M.,* **O. umbellátum** L.

— Untere Frstiele aufrecht abstehend; Gr. kürzer als die an der Spitze vertiefte Kapsel; Blätt. 1–3 mm breit; Zwiebel fast stets ohne Brutzwiebeln; ♃; IV–VI. Grasige Abhänge, Bergwiesen; *s* E (Rüstenhart), S-Baden (Müllheim), SaAn (Halle?) Ba (Reichenhall, Miesbach, Passau), Schl (= *O. tenuifolium* auct.; = *O. gussonei* auct.; incl. *O. kochii* PARL.)
Schmalblättriger M., **O. orthophýllum** TEN.

16. Múscari MILL., *Träubelhyazinthe* Ⓖ

1. Bltntraube kurz, gedrungen, eif. bis längl. (2–6 cm lg.), an der Spitze mit wenigen geschlechtslosen Bltn. ***3***

— Bltntraube locker, 8–20 cm lg., an der Spitze mit zahlr. gestielten, geschlechtslosen Bltn. ***2***

2. Stiele der geschlechtslosen Bltn. 3–6mal länger als ihr Perigon; fertile Bltn. grünbraun, mit weißgrünen Zähnen; Blätt. bis 25 mm breit; ♃; V–VI. Äcker, Grasplätze, Weinberge; im S, mittl. Gebiet u. Da *z* eingebürgert (Heimat: Mittelmeergebiet). Ⓖ *Schopfige T.,* **M. comósum** (L.) MILL.

— Stiele der geschlechtslosen Bltn. etwa so lg. wie ihr Perigon; fertile Bltn. weißgrün, mit schwarzbraunen Zähnen; Blätt. bis 12 mm breit; ♃; V–VI. Sonnige, steinige Hügel; *s* in N-Th, SaAn, Ba (Regensburg, Würzburg).
Ⓖ! *Schmalblütige T.,* **M. tenuiflórum** TAUSCH

3(1). Grdst. Blätt. zu 2–3, aufrecht, bis 10 mm breit, etwa so lg. wie der Stg.; Perigon rundl., himmelblau, weiß gesäumt; ♃; IV–V. Trockene Hänge, Wiesen, Weinberge; *z,* doch stellenw. massenhaft, bes. im S (*f* Ti), nördl. bis Th/Fr/Oberrhein, häufig kultiviert, stellenw. verwildert u. eingebürgert (z. B. Be, Ho) Ⓖ *Kleine T.,* **M. botryoídes** (L.) MILL.

— Grdst. Blätt. 3–7, lineal, bis 6 mm breit; Perigon eif. bis krugf., dkblau bis schwarzblau, weiß gesäumt; ♃; III–V. Weinberge, Äcker; *s* im SW (E, BW, Pf?). [incl. *M. racemosum* (L.) LAM. & DC.]
Ⓖ *Übersehene T.,* **M. negléctum** GUSS. ex TEN.

17. Aspáragus L., *Spargel.* Stg. reich verzweigt, oft überhgd.; Bltn. klein, nickend, eingeschl. (einhäusig); ♃; V–VI. Angebaut u. *v* in sandigen u. ruderalen Trockenrasen verwildert u. eingebürgert. (Heimat: Orient?). **A. officinális** L.

18. Rúscus L., *Mäusedorn.* Immergrüner, bis 50 cm hoher Halbstrauch mit blattart., stechenden Kurztrieben; Bltnblätt. weißgrün, die inneren viel kleiner; Bltn. eingeschl. (zweihäusig); ♃; IV. Gebüsche, Triften; *s* Be; auch kult. *Stechender M.,* **R. aculeátus** L.

19. Maiánthemum WEB., *Schattenblume.* Blätt. 2 (an nichtblühenden Pfl. nur 1); Fr. eine kirschrote Beere; ♃; IV–VI. Schattige, humusreiche Wälder (bis 1800 m); *v.* **M. bifólium** (L.) F. W. SCHM.

20. Polygonátum Mill., *Weißwurz, Salomonsiegel*

1. Blätt. schmal-lanzettl., 5–12 cm lg., in Scheinquirlen zu 3–8; Stg. aufrecht; ♃; V–VI. Schattige Wälder, vor allem der mont. Reg.; *v*, im N *z* bis *s*. *Quirlblättrige W.*, **P. verticillátum** (L.) All.

— Blätt. breit-elliptisch, 2-zeilig; Stg. meist übergebogen *2*

2. Stg. kantig; Blätt. etwas aufgerichtet; Bltn. zu 1–2; Stbfäden kahl; ♃; V–VI. Steinige, buschige Abhänge, lichte Laub- u. Kiefernwälder (bis 1700 m); *v* bis *z*. (= *P. officinale* All.) *Wohlriechende W.*, **P. odorátum** (Mill.) Druce

— Stg. rund; Blätt. ausgebreitet; Bltn. zu 2–5; Stbfäden behaart; ♃; V–VI. Schattige Laubwälder; kalkliebend (bis 1800 m); *v*. *Vielblütige W.*, **P. multiflórum** (L.) All.

21. Stréptopus Rich. in Michx., *Knotenfuß*. Stg. oben zickzackf. hin u. her gebogen; Blätt. tief herzf., stgumfassend, längl.-eif.; Bltn. unter den Blätt. stehend, ihr Stiel um den Stg. herumgebogen; Fr. eine blaßrote Beere; ♃; V–VII. Schattige, feuchte Bergwälder; *z* Alp. (bis 1900 m) u. Vor-Alp., *s* M-Geb. (nördl. bis Elbsandsteingeb.). **St. amplexifólius** (L.) Dc.

22. Convallária L., *Maiblume*. Bltnstg. blattlos; Bltn. nickend, einstswendig; Fr. rote Beeren; ♃; V–VI. Lichte Laubwälder, Gebüsch (bis 1900 m), kalkliebend; *v* u. *h*. Ⓖ *Maiglöckchen*, **C. majális** L.

23. Páris L., *Einbeere*. Bltnhülle 8- bis 10-blättrig; Fr. eine schwarze, **giftige** Beere; ♃; V. Laub-, Misch- u. Auwälder; *v* bis *z*. **P. quadrifólia** L.

Familie: **Amaryllidáceae**, *Narzissengewächse*

Zwiebelstauden; Blütenbau wie bei *Liliaceae*, Frkn. jedoch unterständig.

1. Perigonblätt. ausgebreitet, mit lg.-röhriger od. kurz schüsself. Nebenkrone; Bltn. ± aufrecht bis absthd. . . . . **Narcissus**, 490

— Perigonblätt. glockenf. zusammenneigend, ohne Nebenkrone; Bltn. nickend *2*

2. Perigonblätt. fast gleichlg. an der Spitze gelbl. od. grünl. gefleckt **Leucojum**, 490

— Äußere Perigonblätt. fast doppelt so lg. wie die an der Spitze grün gefleckten inneren . . . . **Galanthus**, 490

1. Galánthus L., *Schneeglöckchen*. Bltn. einzeln; Blätt. blaugrün bereift; ♃; II–IV. Laubwälder, Gebüsche; ursprüngl. vermutl. nur im S u. SO (*f* in Ti), sonst *v* angepfl. u. stellenw. verwild. Ⓖ **G. nivális** L.

2. Leucójum L., *Knotenblume, Märzenbecher* Ⓖ

1. Infl.stiel 1-, selten 2-bltg. 10–35 cm hoch; ♃; II–IV. Feuchte Laubwälder, Bergwiesen; *z*, stellenw. häufig (im N nur verwild.). Ⓖ *Frühlings-K.*, **L. vérnum** L.

— Infl.stiel 3- bis 7-bltg., 35–60 cm hoch; ♃; IV–V. Feuchte, nasse Wiesen; ursprüngl. nur im SW (Schw., Ob-Rheintal, Pf?), sonst nur verwild. Ⓖ *Sommer-K.*, **L. aestívum** L. ssp. **aestívum**

3. Narcissus L., *Narzisse* Ⓖ

1. Perigon gelb; Nebenkrone so lg. wie die blaßgelben Perigonblätt.; ♃; III–IV. Feuchte Wiesen, lichte Wälder; ursprüngl. nur Ho, Venn, Hunsrück, Eifel, Vog., Taunus, sonst zuw. verwild. (dann Bltn. meist sattgelb). Ⓖ *Osterglocke, Gelbe N.*, **N. pseudonarcíssus** L. ssp. **pseudonarcíssus**

— Perigon weiß, mit kleiner, becherf., am Rand rot gewellter Nebenkrone; ♃; III–V; (2 ssp.) Ⓖ *Weiße N.*, **N. poéticus** L. (s. l.)

a. Blätt. 6–12 mm breit; Perigonblätt. 20–25 mm lg., sich deutl. überdeckend, ungenagelt; Nebenkrone ca. 15 mm im Dm, unterer Stbblattquirl von ihr eingeschlossen. Nur vielf. angepfl. u. (meist unbeständig) häufig verwildert. (= *N. poeticus* L. s. str.) ssp. **poéticus**
– Blätt. 5–8 mm breit, 22–30 mm lg., sich nicht od. kaum überdeckend, an der Basis mit einem kurzen, aber deutl. Nagel; Nebenkrone 8–10 mm im Dm, alle Stbblätt. aus ihr herausragend. Feuchte Bergwiesen; *z* Sb, S-Schw, Vog, sonst nur (meist unbeständig) verwildert. [= *N. angustifolius* auct.; = *N. stellaris* HAW.?; = *N. exsertus* HAW.] Ⓖ ! ssp. **radiiflórus** (SAL.) BAK.

Familie: **Dioscoreáceae,** *Schmerwurzgewächse*

Támus L., *Schmerwurz.* Blätt. obersts. glzd., bogennervig; Bltn. unscheinbar, in achselst. Trauben, eingeschl., ♂ mit glockigem, ♀ mit fast freiblättrigem Perigon; Frkn. unterst.; Fr. scharlachrote Beeren; ♃; V–VI. Schattige Wäld.; *s* (Hegau, Baar, südl. Rhein-, Mosel- u. Saartal, E, Vb). **T. commúnus** L.

Familie: **Iridáceae,** *Schwertliliengewächse*

Knollen- od. Rhizomstauden; Blätter lineal-grasartig *(Crocus)* od. schwertf.-reitend *(Iris, Gladiolus);* Blüten radiär od. zygomorph *(Gladiolus);* Staubblätt. 3; Griffel mit 3, oft blumenblattartigen Ästen *(Iris);* Frkn. unterst.; Kapselfr. *(116).*

1. Bltn. zygomorph, fast 2-lippig, purpurrot, in einseitswendigen, ährigen Bltnständen . . . . **Gladiolus,** 492
— Bltn. radiär, nicht purpurrot *2*
2. Perigonblätt. verschieden gestaltet, die äußeren zurückgebogen, die inneren aufrecht; Griffeläste blumenblattart., unterst. mit quer verlaufendem Häutchen (= Narbe) . . . . **Iris,** 491
— Perigonblätt. gleichgestaltet *3*
3. Perigonblätt. zu einer lg., im Boden steckenden Röhre verwachsen; Bltn. meist einzeln; Narben zerschlitzt . . . . **Crocus,** 492
— Perigonblätt. nur mit sehr kurzer Röhre; Bltn. meist zu mehreren, blau; Blätt. 2–4 mm breit . . . . **Sisyrynchium,** 492

1. **Iris** L., *Schwertlilie* Ⓖ

1. Äußere Perigonblätt. obersts. gegen den Grd. dicht bärtig behaart . *5*
— Äußere Perigonblätt. bartlos, höchstens schwach flaumig *2*
2. Perigonblätt. hellgelb, die inneren sehr klein, die äußeren breit-eirund; Blätt. 1–3 cm breit, etwa so lg. wie die Infl.; ♃; V–VI. Auwälder, Gräben, Sümpfe; *v.* Ⓖ *Sumpf-Sch.,* **I. pseudácorus** L.
— Bltn. violett *3*
3. Stg. 2-schneidig zusammengedrückt, 1- bis 2-bltg., viel kürzer als die linealgrasart. Blätt.; Pfl. 15–30 cm hoch; ♃; V–VI. Buschige Hügel, Weiden; nur in Schl, bei Eger (ČSSR); Im SW *s* verwild. *Grasblättrige Sch.,* **I. gramínea** L.
— Stg. stielrund, z. Blütezeit länger als die Blätt. *4*
4. Stg. hohl, 45–90 cm hoch; Blätt. schmal-lineal, 2–6 mm breit; äußere Perigonblätt. gegen den Grund weißl.-blau geadert, plötzl. in den braungelben u. purpurn geaderten Nagel verschmälert; ♃; V–VI. Sumpfwiesen, Flachmoore; *z, f* im NW, SH, Da. Ⓖ *Sibirische Sch.,* **I. sibírica** L.
— Stg. markig, 30–60 cm hoch; Blätt. 5–12 mm breit; äußere Perigonblätt. rundl., mit weißl., purpurn geadertem u. gelb mittelgestreiftem Nagel; ♃; V–VI. Sumpfwiesen; nur Da, Rheintal; südl. Mainz. Ⓖ! *Bastard-Sch.,* **I. spúria** L.
5(1). Stg. 1-bltg., 8–10 cm hoch, kürzer als die 6–20 mm breiten, stachelspitzigen Blätt.; Bltn. blauviolett; ♃; IV–V. Steinige, sonnige Abhänge; kult. u. zuw. verwild. (Heimat: O-Eur. bis Nieder-Au). *Zwerg-Sch.,* **I. púmila** L.
— Stg. mehrbltg.; 80–100 cm hoch *6*
6. Hochblätt. zur Blütezt. trockenhäutig; Bltn. blaßlila bis violett, wohlriechend; ♃; V–VI. Kult. u. zuw. verwild. (Heimat: Italien, Jugoslavien) *Bleiche-Sch.,* **I. pállida** LAM.

— Hochblätt. zur Blütezt. wenigstens in der unteren Hälfte krautig . . *7*

7. Äußere Perigonblätt. weißl.-gelb, braunrot od. violett geadert, die inneren goldgelb; Hochblätt. krautig, aufgeblasen; Stg. oberw. meist verzweigt; ♃; V–VI. Trockenrasen, buschige Abhänge; *s* zwischen Landshut u. S-Württ., sonst *s* verwildert. Ⓖ! *Bunte Sch.*, **I. variegáta** L.

— Bltn. violett (wenigstens die äußeren Perigonblätt.) *8*

8. Hochblätt. nur am Rand od. an der Spitze trockenhäutig; grdst. Blätt. zuletzt länger als die Infl.; Perigon violett, weißl. bis hellviolett bärtig; ♃; IV–V. Trockenrasen, Bergwiesen; *s* zwischen Schl u. Harz. (= *I. nudicaulis* Lam.). *Nacktstengelige Sch.*, **I. aphýlla** L.

— Hochblätt. in der oberen Hälfte trockenhäutig *9*

9. Stbfäden so lg. wie die Stbbeutel; Griffeläste an der Spitze auseinandergehend, blaßblau; äußere Perigonblätt. dkviolett, gelbbärtig, innere heller; ♃; V–VI. Sonnige Hügel, Mauern, felsige Hänge; aus Kulturen gelegentl. verwild. u. eingebürgert (Heimat: O-Mittelmeergebiet). *Deutsche Sch.*, **I. germánica** L.

— Stbfäden länger als die Stbbeutel; Gr.äste zusammenneigend, dadurch Gr.lappen in der Mitte am breitesten. **I. germánica** × **I. pállida**

Hierher mehrere konstant gewordene Hybriden, häufig kultiviert u. zuw. verwildert, z. B.

a. Innere Perigonblätt. bleichgelb; Bart der äußeren Perigonblätt. gelb; Hochblätt. breit-oval-zugespitzt, kahnf.; ♃; VI. Steinige Hänge, Felsen. *Gelbliche Sch.*, **I. squálens** L.

– Innere Perigonblätt. violett; Bart der äußeren Perigonblätt. weißl. gelb; Hochblätt. schmaler, weniger gewölbt; ♃; V–VI. Wie vorige. *Holunder-Sch.*, **I. sambúcina** L.

2. Crócus L., *Krokus.* Perigonblätt. weiß, purpurn od. gestreift; Grdblätt. 2–4, 4–8 mm breit, zur Blütezeit meist noch sehr kurz; Gr. intensiv gelb bis orangefarben, selten weißl.; ♃; III–VI. Feuchte Bergwiesen u. Matten. **C. vérnus** (L.) Hill.

a. Gr. so lg. wie od. länger als die Stbblätt.; Perigonblätt. meist purpurn, lila od. gestreift, groß (im Durchschnitt 4,5 × 1,5 cm). *s* Riesengeb., Schl. (= *C. heuffelianus* Herb.; = *C. neapolitanus* Mordant & Lois.) ssp. **vérnus**

– Gr. meist deutl. kürzer als die Stbblätt.; Perigonblätt. meist weiß, kleiner (im Durchschnitt 2,5 × 0,8 cm). *v* Alp. (bis 2300 m), *z* Vor-Alp., *s* S-Vog., S-Schw., SchwAlb, Schl. (= *C. albiflorus* Kit.) ssp. **albiflórus** (Kit.) A. & Gr.

Mehrere Arten *v* kult. u. immer wieder verwild., z. B. **C. tommasinianus** Herb., **C. „heuffelianus"** (s. o.), **C. sieberi** Gay, auch **C. sativus** L. (wild nicht bekannt, der Narben wegen zur **Safran**gewinnung kultiviert).

3. Gladíolus L., *Siegwurz, Gladiole*

1. Bltn. groß, über 4 cm lg., verschiedenfarbig; Ähre 8- bis 12-bltg.; Blätt. bis 70 × 2 cm groß; Pfl. bis 1 m hoch; ♃; VI–VIII. Gartenzierpfl., zuw. verwild. (Heimat: Mittelmeergebiet). *Garten-S.*, **G. commúnis** L.

— Bltn. kleiner, bis 3 cm lg., purpurn *2*

2. Ähre 2- bis 6-bltg.; Bltn. entfernt stehend; Fr. umgekehrt birnenf., an der Spitze rundl., schwach 6-furchig; Blätt. 4–9 mm breit; ♃; V–VII. Sumpfwiesen, Moorwälder; *z* Alp. (bis 1300 m), *s* Vor-Alp., im S u. O. Ⓖ *Sumpf-S.*, **G. palústris** Gaud.

— Ähre 5- bis 10-bltg.; Bltn. genähert, mit stark gebogener Röhre; Fr. fast elliptisch, an der Spitze eingedrückt, mit abgerundeten Kanten; Blätt. bis über 2 cm breit; ♃; VII. Feuchte Wiesen; *z* bis *s* im O (OPr, Schl, Lausitz, Th). Ⓖ *Wiesen-S.*, **G. imbricátus** L.

4. Sisyrínchium L., *Grasschwertel.* Blätt. grasart., bis 5 mm breit; Bltn. zu 1–4 büschelig angeordnet, bis 2 cm groß, von einem langen, spitzen Hüllblatt überragt; ♃; VI–VII. Aus Gärten gelegentl. verwild. (z. B. Br, Me, He, Oberrhein, Bodenseegebiet) (Heimat: östl. N-Am.). (= *S. angustifolium* Mill. p.p.) **S. montánum** Greene

Ordnung: **Orchidáles** *(= Gynandrae)*

Familie: **Orchidáceae,** *Knabenkrautgewächse, Orchideen*

Stauden, mit oft kugeligen od. handf. geteilten Wurzelknollen; Bltn. zygomorph, ⚥, in den Achseln zuw. laubiger u. gefärbter Hochblätt., in ährigen od. traubigen Bltnständen; Bltnhülle aus zwei 3-zähligen Kreisen bestehend. Das mittlere Blatt des inneren Kreises zu einer meist in Form u. Farbe abweichenden, häufig gespornten Lippe, dem **Labellum,** umgestaltet. Durch Drehung des unterst. Frkn. zeigt diese in der entfalteten Blüte nach abwärts u. unten (Ausnahmen: *Nigritella, Epipogium, Malaxis* u. *Liparis*); Stbblätt. 2 *(Cypripedium, 1085),* sonst stets 1 *(1086a),* das mit dem Gr. u. den Narben (N) zu einem Säulchen, dem **Gynostemium,** verwachsen ist; Pollenmasse eines Stbbeutels zu einem **Pollinium** *(1086b)* vereinigt; Kapselfr.

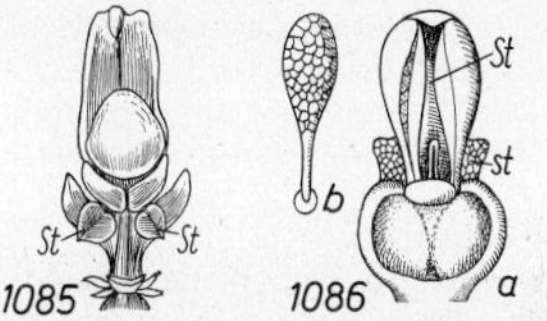

1085 *1086*

Ⓖ Sämtliche Orchideen sind geschützt![1] Ⓖ

1. Lippe schuhf., 3–4 cm lg., gelb; Bltn. meist einzeln; Stbblätt. 2 *(1085, St)* . . . . **Cypridedium,** 495
— Lippe nicht schuhf.; Stbblätt. 1, aber mit 2 Pollenfächern *(1086a,* od. ähnl.) ***2***
2. Pfl. mit grünen Blätt. ***6***
— Pfl. ohne grüne Blätt.; Stg. nur mit gelbl., bräunl., violetten od. weißl. Schuppenblättern ***3***
3. Stg. dk.violett; Bltn. hellviolett, mit langem, pfrieml. Sporn u. ungeteilter Lippe . . . . **Limodorum,** 497
— Stg. bräunl., gelbl.-grün od. weißl.; Lippe geteilt ***4***
4. Stg. bräunl.; Bltn. in dichter, reichbltger Traube; Lippe 2-spaltig **Neottia,** 497
— Stg. gelbl.-grün od. weißl.; Bltn. entfernt, hgd., in armbltger Traube ***5***

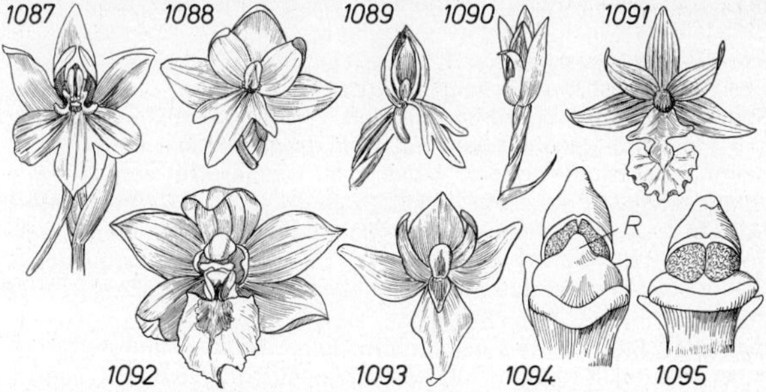

1087 *1088* *1089* *1090* *1091* *1092* *1093* *1094* *1095*

[1] Aus Gründen des Naturschutzes wird in den Schlüsseln die für die meisten Gattungen und Arten charakteristische Form der unterirdischen (Speicher-)Organe nicht verwendet; die Bestimmung ist dadurch an einigen Stellen schwieriger.

5. Stg. weißl.; Bltn. mit kurzem, dickem Sporn *(1112),* gelbl.-weiß, rot überlaufen . . . . **Epipogium,** 497

— Stg. grünl.-gelb; Bltn. ungespornt, gelbl.-grün mit weißl.-rot punktierter Lippe . . . . **Corallorhiza,** 504

6(2). Stg. mit nur einem (selten 2) grdst., 2–4 cm breiten u. 4–6 cm langem Laubblatt; Bltn. grünl.-gelb, in lockerer, reichbltger Traube **Malaxis,** 504

— Stg. mit 2 od. mehr Laubblätt. *7*

7. Stg. mit 2, zuw. fast in dessen Mitte sitzenden, gegenst. Blätt.; Lippe schmal, tief 2-spaltig . . . . **Listera,** 497

— Blätt. mehr als 2 (wenn nur 2, dann am Grd. des Stg.), wechselst., zuw. in grundst. Rosette *8*

8. Lippe ungespornt od. nur undeutl. sackf. vertieft *21*

— Lippe deutl. gespornt, zuw. kurz-sackf. *9*

9. Lippe mit 3–5 cm langem, riemenf., anfangs uhrfederartig eingerolltem Mittellappen; Bltn. grünl.-weiß, mit Bocksgeruch **Himantoglossum,** 504

— Lippe kleiner u. anders gestaltet *10*

10. Lippe nach oben weisend (da Frkn. nicht gedreht), ungeteilt u. spitzl. zulaufend; Bltn. schwarzpurpurn od. rosa, stark nach Vanille od. Kakao duftend; Bltnstand kugelig od. eif.-längl., dichtbltg.; Alpenpfl. **Nigritella,** 498

— Lippe herabhgd., da Frkn. um ± 180° gedreht; Lippe meist geteilt *11*

11. Sporn kurz- bis längl.-walzl., ± sackf. *14*

— Sporn lang-fadenf. (1–4 cm lg.) *12*

12. Bltnstand gedrängt, pyramiden- bis eif., bis 5 cm lg.; Lippe breiter als lg., am Grd. mit 2 Lamellen *(1087);* Bltn. fleischfarben bis purpurrot **Anacamptis,** 504

— Bltnstand ährig verlängert *13*

13. Lippe ungeteilt, schmal-lanzettl., viel länger als breit *(1107–1108)* **Platanthera,** 498

— Lippe ± deutl. gelappt, im Umriß stumpf-3-eckig, vorn am breitesten, nur etwa so lg. wie breit . . . . **Gymnadenia,** 498

14(11). Sporn kurz-sackf., nach vorw. gerichtet, der an der Spitze 3-zähnigen Lippe anlgd.; Bltn. grünl., zuw. rötl., ± 1 cm groß **Coeloglossum,** 498

— Sporn walzl., meist deutl. nach rückw. gerichtet; Bltn. nicht grünl. *15*

15. Bltnstand allseitswendig; Perigonblätt. meist länger als 7 mm *17*

— Bltnstand schwach einseitswendig; Perigonblätt. kaum 4 mm lg. *16*

16. Bltn. weißl.; Stg. mit 4–6, z. T. grdst., Laubblätt.; Perigonblätt. ± ausgebreitet od. etwas einw. neigend *(1088)* . . . . **Leucorchis,** 498

— Bltn. fleischfarben od. rosa; Laubblätt. 2, grdst.; Stgblätt. 2, entfernt stehend od. ± genähert-gegenst., klein, tragblattähnl.; Perigonblätt. helmf. zusammenneigend; Lippe fast waagerecht vom Perigon absthd. *(1089)* . . . . **Neottianthe,** 501

17(15). Bltn. intensiv duftend; Perigonblätt. etwa 5 mm lg.; Lippe ungefleckt, mit 3 fast gleich große Lappen . . . . **Gymnadenia,** 498

— Bltn. nicht od. kaum duftend; Perigonblätt. länger als 0,5 cm *18*

18. Bltnstand im Umriß halb- bis fast kugelig, höchstens kurz kegelf., dichtbltg.; Bltn. rosa bis hellpurpurn, selten weißl.; Perigonblätt. lg. zugespitzt, die 3 mittl. helmf. zusammenneigend, die beiden seitl. ± absthd. bis zurückgeschlagen; Tragblätt. häutig . . . **Traunsteinera,** 502

— Bltnstand verlängert, im Umriß längl., höchstens kurz-walzl., selten ± kugelig, meist lockerbltg.; Tragblätt. häutig od. krautig *19*

19. Alle Perigonblätt. (ausgenommen die Lippe) helmf. zusammenneigend *(1109, 1111)* . . . . **Orchis,** 502

— Die beiden seitl. Perigonblätt. absthd. od. zurückgeschlagen, die 3 mittl. helmf. zusammenneigend *(1110)* ***20***

20. Tragblätt. krautig, laubig, meist netzadrig u. länger als der Frkn.; Sporn abw. gerichtet; Stg. beblättert (wenn Bltn. gelb, dann Blätt. nicht bläul.-grün und nicht stark glzd., dann Lippe nur undeutl. gelappt, *1096*) . . **Dactylorhiza,** 499

— Tragblätt. häutig, oft gefärbt, ± so lg. wie der Frkn.; Sporn waagerecht absthd. od. aufstgd.; Stg. nur mit einem, meist scheidigen Blatt (wenn Bltn. gelb, dann Blätt. stark glzd. u. bläul.-grün, Lippe deutl. gelappt, *1097*) . **Orchis,** 502

21(8). Lippe in der Mitte nicht eingeschnürt ***23***

— Lippe in der Mitte eingeschnürt, dadurch in einen vorderen u. hinteren Teil gegliedert ***22***

22. Bltnhüllblätt. meist zusammenneigend (*1090;* nur bei der rosa- bis rotlila blühenden *C. rubra* zur Blütezt. abstehend); Stg. oben meist kahl; Bltn. aufrecht; Frkn. sitzend u. gedreht . . . . **Cephalanthera,** 496

— Bltnhüllblätt. meist absthd. *(1091, 1092);* Bltn. meist leicht hgd.; Frkn. kurz gestielt; Stg. oben meist behaart . . . . **Epipactis,** 496

23(21). Lippe gewölbt, samtig behaart, nicht tief gespalten, oft Insektenkörper nachahmend; Bltn. bunt, niemals einfarbig . . . . . . **Ophrys,** 501

— Lippe kahl; Bltn. meist einfarbig weiß, gelbl. od. grünl. ***24***

24. Lippe 4-teilig, gelbgrün bis hellbraun, viel länger als die helmartig zusammenneigenden, grünl.-gelben, rot überlaufenen od. gestreiften Perigonblätt. . . . . **Aceras,** 504

— Lippe ungeteilt od. 3-lappig ***25***

25. Blätt. lineal, grasartig rinnig; Bltn. gelbl.grün; Lippe eif. bis rhomboidisch *(1093),* zuw. seitl. schwach gelappt; niedrige Alpenpfl. **Chamorchis,** 501

— Blätt. breiter, nicht grasart. ***26***

26. Lippe deutl. 3-lappig, seitl. Lappen kleiner als der mittl. Abschnitt u. spießf.; Lippe nur wenig länger als die Perigonblätt.; Bltn. klein, gelbl.-weiß, in verlängerter, reichbltger, zuw. einseitswendiger Ähre . . . . **Herminium,** 501

— Lippe ungeteilt, nur an der Spitze zuw. schwach gezähnelt, gekerbt od. gefranst ***27***

27. Bltn. reinweiß, nur die Nerven grün od. die äußeren Perigonblätt. grünl. überlaufen; Infl. schraubig ***30***

— Bltn. gelbl. od. gelbl.grün; Infl. nicht schraubig ***28***

28. Infl. 3- bis 8-bltg., wenig länger als die Blätt.; alle Perigonblätt. ca. 5 mm lg., die inneren fast fadenf., viel schmäler als die am Rand nach unten eingerollten äußeren; 2 grdst. Laubblätt. . . . . **Liparis,** 504

— Infl. reichbltger, viel länger als die Laubblätt.; Bltn. kleiner, äußere Perigonblätt. nicht über 3 mm lg. ***29***

29. Blätt. 3–4, eif., etwa 3 cm lg., am Rand u. an den Scheiden häufig mit winzigen Brutknospen (Lupe!); das oberste Blatt in der Achsel eine kleine Sproßknolle tragend . . . . **Hammarbya,** 504

— Blätt. 1 [selten 2 (bis 3)], 4–6 cm lg. (s. auch Nr. ***6***) . . . . . **Malaxis,** 502

30(27). Blätt. schmal-lanzettl. od. breiter, dann aber schwach-bogennervig; Lippe nicht ausgesackt; Wiesen- u. Moorpfl. . . . . **Spiranthes,** 497

— Blätt. zugespitzt-elliptisch, breit bogen- u. netznervig, oft gescheckt od. Nerven silbrig glzd.; Lippe am Grd. kurz, aber deutl. ausgesackt; Waldpfl. . . . . **Goodyera,** 497

1. Cypripédium L., *Frauenschuh.* Blätt. breit-elliptisch, stgumfassend; Infl. mit 1–2 großen Bltn.; Schuh (= Lippe) 3–4 cm groß; äußere Perigonblätt. schokoladebraun, etwas gedreht; ♃; V–VII. Schattige Wälder (bis 1600 m); kalkliebend; *z,* im N *s, f* Be, Ho, NW-Dt, SH, Sa. Ⓖ **C. calcéolus** L.

2. Cephalanthéra Rich., *Waldvöglein*

1. Perigonblätt. rot, zur Blütezt. absthd.; Stg. oberw. samt dem Frkn. kurzhaarig; ♃; VI–VII. Lichte Wälder (bis 1800 m); kalkstet; *z, s* im N, *f* NW-Dt, SH; ob noch in Ho? Ⓖ *Rotes W.*, **C. rúbra** (L.) Rich.

— Perigonblätt. weiß od. gelbl.-weiß, zusammenneigend *(1090)*; Stg. kahl *2*

2. Bltn. gelbl.-weiß; äußere Perigonblätt. 15–20 mm lg.; Blätt. längl.-eif., höchstens 4-mal so lg. wie breit; ♃; V–VI. Schattige Laubwälder (bis 1300 m); kalkliebend; *z*, im N *s*. [= *C. alba* (Cr.) Sim.; = *C. grandiflora* S. F. Gray] Ⓖ *Weißes W.*, **C. damasónium** (Mill.) Druce

— Bltn. rein-weiß; äußere Perigonblätt. 10–15 mm lg.; Blätt. lanzettl. od. schmallanzettl., mehr als 10-mal so lg. wie breit; ♃; V–VI. Wie vorige (bis 1400 m); *z* im S, *s* im N, *f* SH, ob noch in Ho? [= *C. ensifolia* (Sw.) Rich.] Ⓖ *Schwertblättriges W.*, **C. longifólia** (L.) Fritsch

3. Epipáctis (Zinn) Sw. em. Rich., *Sumpfwurz*

1. Lippe weißl., rötl. geadert, vorderes Glied bewegl., leicht abbrechend, rundl., durch einen tiefen Einschnitt vom hinteren Abschnitt getrennt *(1091)*; ♃; VI–VIII. Sumpfwiesen, Wiesenmoore (bis 1500 m); *z*, im N seltener. Ⓖ *Echte S.*, **E. palústris** (L.) Cr.

— Lippe grünl. od. rötl., vorderes Glied (= Epichil) unbewegl., kurz zugespitzt, dem hinteren (= Hypochil) breit aufsitzend *(1092)* *2*

2. Mittlere Stgblätt. 2–3 cm lg., kürzer als die Stgglieder; Bltnstand arm- u. lockerbltg.; Bltn. grünl.-weiß, rötl. überlaufen; untere Tragblätt. nicht länger als die Bltn., mittl. nur so lg. wie der Frkn.; ♃; VI–VIII. Schattige Bergwälder; kalkliebend; sehr *z* im S *f* Sb), *s* im N (*f* Ho, NW-Dt, SH, Da, Sa). Ⓖ *Kleinblättrige S.*, **E. microphýlla** (Ehrh.) Sw.

— Mittlere Stgblätt. so lg. od. länger als die Stgglieder; Tragblätt. länger *3*

3. Bltn. rotbraun od. rötl.violett, nach Vanille duftend; Frkn. deutl. von seinem Stiel abgesetzt; Blätt. steifl., oft rot; Epichil mit einer ± 2-geteilten höckerigen runzligen Schwiele *(1092)*; ♃; VI–VIII. Lichte Wälder, sonnige, buschige Hänge, Dünenwälder, alp. Bachränder (bis 2000 m); kalkliebend; *z*, im N *s* (*f* SH, N-Tiefebene). [= *E. atropurpurea* Raf.; = *E. rubiginosa* (Cr.) Gaud.] Ⓖ *Braune S.*, **E. atrorúbens** (Hoffm.) Bess.

— Bltn. grünl., zuw. etwas violett; Frkn. allmähl. in seinen Stiel verschmälert; äußere Bltnhüllblätt. grünl. *4*

4. Mittlere Blätt. viel länger als die Internodien, längl.- bis breit-eif.; innere Bltnhüllblätt. grünl.-rot bis violett; ♃; VI–IX. Wälder, Gebüsch; *v* [= *E. latifolia* (L.) All.] (5 Kleinarten). Ⓖ *Breitblättrige S.*, **E. helleboríne** (L.) Cr (s. l.).

a. Rostellum entwickelt (*1094, R*), mit rötl. Klebkörper; Stbbeutel ungestielt; Blätt. spiralig angeordnet; Stg. wenigstens am Grd. rötl. überlaufen, schwach flaumhaarig; Bltn. ± waagrecht absthd.; Perigonblätt. grünl., aber innen rosenrot bis purpurn; Hypochil außen grün, innen meist dkbraun u. nektarführend; Epichil meist rötl.; Laub-, auch Nadelwälder (bis 1500 m); *v*, im N *z*. **E. helleboríne** (L. em Mill.) Cr. s. str.

– Rostellum nicht entwickelt *(1095)*, Klebkörper daher fehlend; Perigonblätt ± grün; Blätt ± deutl. 2-zeilig . . . . b

b. Stbbeutel deutl. gestielt; Perigonblätt. (insbesondere die äußeren) u. Epichil (dieses mit flacher Spitze) lg. zugespitzt; Pfl. auch am Stggrd. ohne rötl. Anflug, schwach flaumhaarig; Bltn. etwas nickend; innere Perigonblätt. weißl.; Hypochil innen hellrötl. u. nektarführend; Epichil gelbl.-grünl. mit weißem Rand; übrige Bltnteile grünl.; Laubwälder, kalkliebend; *s* O-Da, Ho, Be, NrWe, S-NS, He, Lx, E, BW, Ba, Th) (= *E. viridiflora* auct. p. p.) **E. leptóchila** (Godf.) Godf.

– Stbbeutel sitzend; Perigonblätt. stumpfl. od. nur kurz zugespitzt; Epichil stumpfl.; Stg. wenigstens am Grd. rötl. überlaufen c

c. Stg. u. Infl.-Achse deutl. flaumhaarig; Bltn. kleiner als bei voriger Art; Perigonblätt. hellgrün, zuw. rötl. überlaufen; Epichil kurz, herzf., meist weißl.-rosa; Hypochil tiefrot, nektarführend; Blätt. zurückgebogen, am Rand leicht gewellt; (Nadel-)Waldränder, Halbtrockenrasen; kalkliebend; *z* Ho, Be, NrWe, S-NS, Th, SaAn, Lx, RhPf, He, BW. **E. muelleri** Godf.

– Stg. u. Infl.-Achse kahl bis sehr spärl. kurz behaart. Bltn. hgd. u. mit ± zusammenneigenden Perigonblätt.; Hypochil ohne Nektar . . . . **d**

d. Blätt. am Rand etwas gewellt, mit büschelig angeordneten, kräftigen Wimperhärchen (Lupe!), elliptisch-zugespitzt; Bltn. außen bräunl.-grün; Epichil weißl. mit rötl. Anflug; Hypochil grünl.; Bltn. selbstbefruchtend, daher Frkn. bereits zur Blütezt. angeschwollen; Pfl. kräftig, bis 75 cm hoch, oft truppweise sthd.; Stgblätt. eif. bis lanzettl., oft deutl. zugespitzt; Kiefernwälder, Dünen; *s* O-Da. **E. phyllánthes** G. E. SMITH

– Blätt. am Rand mit winzigen, nicht gebüschelt stehenden Wimperhärchen (Lupe!), lanzettl., nicht gewellt; Epichil grünl. mit rötl. Anflug; Hypochil rosa (seltener grün); Bltn. nicht selbstbefruchtend, daher Frkn. zur Blütezt. noch schlank u. Perigonblätt. lange Zeit frisch bleibend; Pfl. zierl., nur bis 40 cm hoch, einzeln sthd.; Buchen-, Nadelwälder; *s* O-Da, SH, Rügen, Br. (= *E. latifolia* f. *gracilis* DAGEFÖRDE) **E. confúsa** YOUNG

— Mittlere Blätt. nur so lg. wie die Internodien, graugrün, untersts. oft violett wie der Stg.; innere Bltnhüllblätt. grünl.-weiß; ♃; VIII–IX. Schattige Wälder; sehr *z* (*f* Ho) [= *E. violacea* (DURAND) BOR.; = *E. sessilifolia* PET.] Ⓖ *Violette S.,* **E. purpuráta** SM.

Bastardbildung selten beobachtet!

4. Limodórum BOEHM. in LUDWIG, *Dingelorchis.* Bltnstand locker, mehr als 4-bltg.; Blüte (geöffnet) bis 4 cm breit; ♃; V–VII. Lichte Kiefernwälder; kalkliebend; Moselgebiet, Lx, RhPf, E, S-Baden, Vb, Fr. Ⓖ! **L. abortívum** (L.) SW.

5. Lístera R. BR., *Zweiblatt*

1. Pfl. 20–65 cm hoch; Blätt. breit-eif., derb; Lippe zugespitzt, gelbl., am Grd. ohne Seitenlappen; ♃; V–VII. Feuchte Wälder, buschige Wiesen, Trockenrasen (bis 2000 m); *v* bis *z.* Ⓖ *Großes Z.,* **L. ováta** (L.) R. BR.

— Pfl. 4–20 cm hoch; Blätt. am Grd. herzf., dünn; Lippe rötl. am Grd. mit deutl. Seitenlappen; ♃; V–VIII. Feuchte Nadelwälder, Moore, bes. der mont. Reg. (bis 1800 m); *z* im S, im N sehr *z* (*f* Be, Lx, RhPf, Br). Ⓖ *Kleines Z.,* **L. cordáta** (L.) R. BR.

6. Neóttia GUETT., *Nestwurz.* Bltn. hellbraun; Perigonblätt. helmf. zusammenneigend; Lippe groß, Endteil 2-lappig ausw. spreizend; ♃; V–VI. Schattige Buchen- u. Nadelwälder (bis 1500 m); *z.* Ⓖ **N. nídus-ávis** (L.) RICH.

7. Spiránthes RICH., *Wendelähre, Drehwurz*

1. Stg. beblättert; Blätt. mit dem Bltnstand erscheinend; Basisblätt. lineal, zur Blütezt. grün; Ähre locker; ♃; VII. Sumpfige moorige Wiesen, Heiden (bis 1300 m); *s* Alp. u. Vorland, Oberrheintal, Be, Ho. Ⓖ! *Sommer-W.,* **Sp. aestivális** (POIR. in LAM) RICH.

— Blätt. grdst., zur Blütezt. bereits vertrocknet, an der Seite des Bltnstandes eine neue Rosette bildend, deren Blätt. längl.-eif.-spitzl.; Ähre dichtbltg.; ♃; VIII bis X. Sumpfwiesen, Triften, Heiden, Schafweiden (bis 900 m); sehr *z,* im N sehr *s.* [= *Sp. autumnalis* (BALB.) RICH.] Ⓖ *Herbst-W.,* **Sp. spirális** (L.) CHEV.

8. Goodyéra R. BR., *Netzblatt.* Bltnstg. oberw. drüsig kurzhaarig; Bltn.stand dichtbltg., schwach gedreht; ♃; VII–VIII. Moosige Nadel- u. Mischwälder (bis 2000 m); *z,* im W u. N *s, f* Be. Ⓖ! **G. répens** (L.) R. BR.

9. Epipógium R. BR., *Widerbart.* Bltn. blaßgelb, rötl. gestreift; Lippe nach oben weisend, da Frkn. nicht gedreht *(1112);* ♃; VII–VIII. Schattige, humusreiche Wälder (bis 1500 m); *s, f* Ho, NW-Dt, SH. Ⓖ **E. aphýllum** (F. W. SCHM.) SW.

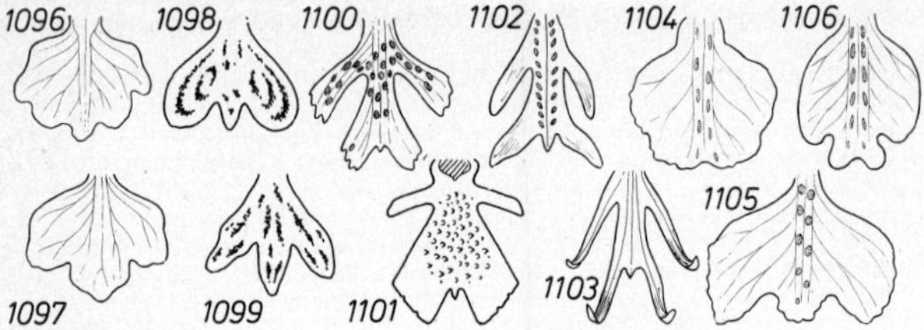

10. Platanthéra Rich., *Kuckucksblume, Waldhyazinthe*

1. Stbbeutelfächer parallel gestellt *(1107);* Sporn fadenf., gleich dick; Bltn. stark duftend; ♃; V–VII. Laubwälder, Gebüsch, Magerrasen (bis 2300 m); *z.* Ⓖ *Zweiblättrige K.,* **P. bifólia** (L.) Rich.

— Stbbeutelfächer nach unten auseinandertretend *(1108);* Sporn walzl.-keulig; Bltn. kaum duftend; Pfl. kräftiger u. großblütiger als vorige; ♃; V–VII. Wie vorige, aber seltener, bes. im N (bis 1800 m). [= *P. montana* auct., non (F. W. Schm.) Rchb. f.] Ⓖ *Berg-K.,* **P. chlorántha** (Cust.) Rchb.

P. hybrida Brügg.: Bastard *P. bifolia* × *P. chlorantha, z*

11. Coeloglóssum Hartm., *Hohlzunge.* Pfl. 6–25 cm hoch; Blätt. 3–5, eif.; Bltn. in lockerer Ähre, grün od. bräunl.grün; ♃; V–VI. Kurzgraswiesen der Alp. (bis 2700 m); *v,* sonst *z, f* im N (außer Da). Ⓖ **C. víride** (L.) Hartm.

12. Gymnadénia R. Br., *Händelwurz*

1. Sporn 1,5- bis 2-mal so lg. wie der Frkn.; Bltn. schwach duftend; ♃; kalkliebend. (2 ssp.) Ⓖ *Mücken-H.,* **G. conopséa** (L.) R. Br.

a. Blätt. lineal, 5–8 mm breit, stumpfl.; Infl. kurz u. lockerbltg.; Sporn 2 mal so lg. wie der Frkn.; VI–VIII. (Halb-)Trockenrasen, trockene Wälder, buschige Hänge, Heidewiesen (bis 2400 m); *v* im S, nach N seltener. ssp. **conopséa**

– Blätt. schmal-lanzettl., 10–20 mm breit, spitzl.; Infl. verlängert u. dichtbltg.; Sporn nur bis 1,5 mal so lg. wie der Frkn.; VII–VIII. Flachmoore, Moorwiesen; *z* bis *s* (Höhengrenze?). ssp. **densiflóra** (Wahl.) Richt.

— Sporn kürzer od. höchstens so lg. wie der Frkn.; Bltn. stark duftend; ♃; VI–VIII. Moorige Wiesen, Nadelwälder (bis 2200 m); kalkliebend; *z* im S, *s* im M-Gebiet, OPr, *f* im N. Ⓖ *Wohlriechende H.,* **G. odoratíssima** (L.) Rich.

13. Nigritélla Rich., *Kohlröschen, Braunelle*

1. Bltnstand fast kugelig, schwarz-purpurn; Lippe 3-eckig, am Grd. verjüngt, aber nicht tütenf.; innere Perigonblätt. nur 1/2 so breit wie die äußeren; ♃; V–IX. Bergwiesen (1600–2500 m); kalkliebend; *v* Alp. Ⓖ *Schwarzes K.,* **N. nígra** (L.) Kirschl.

— Bltnstand eif., zur Frzeit stark verlängert; Bltn. rosa bis rötl.; Lippe am Grd. tütenf. zusammengebogen, eif., mit ausgeschweifter Spitze; innere Perigonblätt. ± so breit wie die äußeren; ♃; V–VII. Bergwiesen (1600–2300 m); kalkliebend; *s* Alp. (in Dt nur an 2 Orten) [= *N. miniata* (Cr.) Janchen] Ⓖ *Rotes K.,* **N. rúbra** (Wettst.) Richt.

14. Pseudorchis Ség. (= *Leucórchis* E. Mey.), *Weißzüngel (1088).* Bltnähre schmal, 2–6 cm lg., Bltn. nickend; ♃; V–IX. Wiesen, grasige Abhänge; kalkmeidend; *v* Alp. (bis 2300 m), *z* M-Geb., sonst *s,* im N nur in SH, Da (Ho?). [= *Gymnadenia albida* (L.) Rich.] Ⓖ **P. álbida** (L.) Ség. ssp. **albida**

Die Arten der Gattungen *Gymnadenia, Nigritella* u. *Leucorchis* bilden nicht selten untereinander charakteristische **Bastarde**!

15. Dactylorhíza NECKER ex NEVSKIJ[1] (= *Dactylorchis* VERM.), *Knabenkraut*

1. Bltn. weiß od. rosa bis purpurn, nicht gelb *3*
— Bltn. gelb *2*
2. Wiesen- u. Waldpfl. (s. Nr. *3*) **D. sambucina**
— Sumpfpfl. (s. Nr. *8a–*) **D. incarnata** ssp. **ochroleuca**
3(1). Bltn. trübrot, aber Lippe am Grd. gelbl. mit purpurnen Punkten; Lippe fast ungeteilt, aber mit wellenf.-gekerbtem Rand *(1096)*, etwa so breit wie lg.; Sporn so lg. (zuw. länger) wie der Frkn.; Blätt. ungefleckt; Pfl. bis 25 cm hoch, fast stets gemeinsam mit gelbblühenden Exemplaren wachsend; ♃; IV–VI. Bergwiesen, buschige Hänge (bis 1600 m); *v* Au, sonst *z* bis *s* (*f* Be, Ho, We, NW-Dt, SH, Me, Br, Po?, Vb). (= *Orchis sambucina* L.)
Ⓖ! *Holunder-K.,* **D. sambúcina** (L.) Soó
— Bltn. andersfarbig; Lippe meist deutl. 3-teilig; Sporn kürzer *4*
4. Stgblätt. 3–6; Stg. hohl (± leicht zusammendrückbar); tragblattähnl. Blätt. unterhalb der Infl. 0–2; alle Blätt. am Grd. od. in der Mitte am breitesten; oberstes Blatt die Infl. oft erreichend; untere Tragblätt. mehr als 3 mm breit; Sporn kürzer als der Frkn.; sein Dm meist mehr als 2 mm . . *6*
— Stgblätt. 6–10 (seltener nur 3–5); Stg. markig (nicht zusammendrückbar); tragblattähnl. Blätt. unterhalb der Infl. mehr als 2; untere Laubblätt. oberhalb der Mitte (zuw. in der Mitte u. selten in der unteren Hälfte) am breitesten; oberstes Blatt die Infl. nicht erreichend; untere Tragblätt. weniger als 3 mm breit; Sporn meist ± so lg. wie der Frkn. (selten deutl. kürzer), sein Dm weniger als 2 mm; Lippe flach *5*
5. Lippe seicht 3-teilig, Mittellappen nicht vorgezogen u. meist viel kleiner als die breit abgerundeten u. oft etwas gezähnelten Seitenlappen, Zeichnung oft ausgeprägt schleifenf. *(1098)*; unterstes Blatt zugespitzt, selten stumpfl.; ♃; V–VIII. (= *Orchis maculata* L.)
Ⓖ *Geflecktes K.,* **D. maculáta** (L.) Soó
a. Infl. längl.-walzl.; Blätt. breit-lineal; Lippe bis 13 mm breit; Sporn dicker als 1,5 mm u. fast so lg. wie der Frkn.; Pfl. bis 60 cm hoch. Feuchte Wiesen, lichte Wälder (bis ? m); kalkmeidend; Be, Ho, W-Dt (Ostgrenze?), Lausitz, Au? ssp. **maculáta**
– Infl. kürzer, pyramidenf. bis zylindrisch; Blätt. schmal-lineal; Bltn. größer, Lippe mehr als 13 mm breit; Sporn dünner als 1,5 mm, nur 1/2 so lg. wie der Frkn.; Pfl. bis 35 cm hoch, z. T. nur mit 3 kurzen Laubblätt.; Heide- u. Gebirgsmoore, Moorwiesen (bis ? m); Be, Ho, Da, E, N- u. W-Dt, Alp.-Vorland, Au? (Ostgrenze?), [incl. *O. ericetorum* (LINTON) MARSHALL]
ssp. **elódes** (GRIS.) Soó
— Lippe tief 3-teilig, Mittellappen zugespitzt-vorgezogen, fast so groß od. etwas größer als die Seitenlappen, Zeichnung meist mehr strichelig u. punktiert *(1099)*; unterstes Blatt stumpfl.; ♃; VI–VII. (= *Orchis fuchsii* DRUCE) Ⓖ *Fuchs' K.,* **D. fúchsii** (DRUCE) Soó
a. Pfl. mit 6–10 Blätt., 30–80 cm hoch; Sumpf- u. trockene Wiesen, Waldlichtungen (bis 2000 m); kalkliebend; *v* (?) ssp. **fuchsii**
– Pfl. mit 3–5(–6) Blätt., nur bis 25 cm hoch . . . . b
b. Blätt. gefleckt; Bltngrundfarbe rosa; Lippe mit roter bis purpurner Zeichnung; Bltn. duftlos. Flach- u. Hochmoore; *z* Alp. u. Vorland, M-Geb. (Vog.?, Schw., Thw., Harz, Erzgeb., BayrW.?) ssp. **psychróphila** (SCHLTR.) HOLUB
– Blätt. ungefleckt od. sehr schwach gefleckt; Bltngrundfarbe weißl. bis gelbl.; Lippe ohne Zeichnung; Bltn. angenehm duftend. Moor- u. Bergwiesen; *s* Erzgeb. [= *D. maculata* ssp. *transsilvanica* (SCHUR) Soó] ssp. **transsilvánica** (SCHUR) FRÖHNER
6(4). Blätt. höchstens 4-mal so lg. wie breit (sonst über 2 cm breit), etwa in der Mitte am breitesten (vgl. auch *D. majalis* ssp. *brevifolia.* Nr. *11-b)* . . . *10*
— Blätt. mehr als 4-mal so lg. wie breit, stets lineal, bis 1,5(1,8) cm breit, vom Grd. an sich allmähl. verschmälernd (zuw. riemenf. u. fast über die ganze Länge gleich breit) *7*

[1] Gliederung der Gattung und Verbreitung ihrer Arten und ssp. z. T. noch ungenügend bekannt u. gesichert. **Bastard**bildung stellenw. sehr häufig u. dadurch Bestimmung oftmals sehr schwierig!

7. Blätt. beidersts. mit größeren Flecken (ungefleckt in Me), seitl. absthd., aber nicht steif aufrecht u. an der Spitze nicht kapuzenf., bis 10 cm lg. u. bis 1,8 cm breit; oberstes Blatt die Infl. erreichend od. länger; Infl. bis 7 cm lg.; Bltn. purpurn, klein, Lippe nur 6 mm lg. u. breit, rhombisch mit gekerbt-gezähneltem Rand. Sporn bis 4 mm lg. kaum halb so lg. wie der Frkn. u. kürzer als die Lippe; ♃; VI(–VII). Feuchte Alpenmatten: Sb, Vb?, Ba?; strandnahe Sumpfwiesen; *s* Me, Da? [= *D. incarnata* ssp. *cruenta* (O. F. Muell.) P. D. Sell] Ⓖ *Blutrotes K.,* **D. cruénta** (O. F. Müll.) Soó

— Blätt. nicht od. nur obersts. schwach gefleckt (wenn ungefleckt, dann Bltn. größer od. Blätt. steif aufrecht u. an der Spitze kapuzenf.) ***8***

8. Stg. mit weiter Höhlung (leicht zusammendrückbar), deutl. kantig; Blätt. gelbl.-grün, straff aufrecht, an der Spitze etwas, aber deutl. kapuzenf. zusammengezogen; oberstes Blatt die bis 20 cm lange Infl. erreichend od. länger; Bltn. klein; Lippe weniger als 8 mm breit, deutl. bis kaum 3-teilig, ihre Seiten(-lappen) herabgeschlagen; Tragblätt. länger als die Bltn., einwärts gekrümmt; Pfl. 20–100 cm hoch; ♃; V–VII. Bis 1500 m; kalkliebend. (= *Orchis incarnata* L.) Ⓖ *Fleischfarbenes K.,* **D. incarnáta** (L.) Soó

a. Bltn. fleischfarben, zuw. kräftiger u. rosenrot od. weißl.; Blätt. ungefleckt [od. selten gefleckt; var. **haematódes** (Rchb. f.) Soó; *s* S-Baden, S-Ba, Oberschwaben, N-Br, Ho.] Sumpfwiesen, Flachmoore, Moorgebüsche; *z.* ssp. **incarnáta**

– Bltn. gelb (od. gelbweiß); Lippe stets 3-teilig, Flachmoore, Röhrichtgürtel; *z* (*f* NS, Ho, Be, NrWe?., RhPf?, E, Ti, OPr, Sa, Schl?). ssp. **ochroleūca** (Boll) Hunt & Summerh.

— Stg. mit enger Höhlung (nur wenig zusammendrückbar), etwas kantig; Blätt. grün, weniger steif aufrecht, an der Spitze nicht od. nur wenig kapuzenf. zusammengezogen; Bltn. größer, rosenrot bis purpurn; Infl. bis 8 cm lg.; Pfl. bis 40 cm hoch; Tragblätt. nicht einw. gekrümmt (sonst Bastarde mit *D. incarnata*) ***9***

9. Stg. straff aufrecht, mit 5–6 seitl. absthd. u. zuw. etwas zurückgekrümmten, schwach gefleckten Blätt.; Infl. dichtbltg.; Sporn etwas kürzer als der Frkn.; Mittellappen der Lippe zugespitzt; Bltn. rosenrot; Lippe ± flach; ♃; VI. Sumpfwiesen; kalkliebend; *s* Me bis OPr, Da. (= *Orchis russowii* Klinge)
Ⓖ *Ostsee-K.,* **D. russówii** (Klinge) Holub

— Stg. schwächer, zuw. etwas gebogen, mit 3–4 seitl. absthd. u. zuw. etwas einwärts gebogenen, ungefleckten Blätt.; Infl. lockerbltg.; Sporn halb so lg. wie der Frkn.; Mittellappen der Lippe meist stumpfl.; Bltn. purpurn; Seitenteile der Lippe herabgeschlagen; ♃; VII–VIII. Flach- u. Gebirgsmoore (bis 1700 m); *z* Alp., sehr *s* S-Schw., Hoch-Vog.[1] (= *Orchis traunsteineri* Saut.)
Ⓖ *Traunsteiners K.,* **D. traunstéineri** (Saut. ex Rchb.) Soó[1]

10(6). Bltn. klein, intensiv purpurn; Lippe nur ca. 7 mm lg. u. 7–10 mm breit, ungeteilt, im Umriß etwa rhombisch, fast eben od. die Seitenteile wenig herabgeschlagen, mit Punkten u. kräftigen Linien gezeichnet; Blätt. meist 4, ungefleckt od. gegen die Spitze mit sehr kleinen Flecken; Pfl. bis 20 cm hoch; ♃; VI. Sumpfwiesen; *s* in N-Jütland (Da), ob in Dt? (Borkum?, W-Dt?, Ho?, Br?, Erzgeb?). [= *D. majalis* ssp. *purpurella* (Steph's.) Moore & Soó]
Ⓖ *Purpurnblütiges K.,* **D. purpurélla** (Steph's) Soó

— Bltn. größer; Blätt. mit kräftigen Flecken, wenn ungefleckt, dann Lippe flach u. nur mit kleinen Pünktchen gezeichnet; Blätt. meist mehr als 4 ***11***

11. Lippe flach, ungeteilt bis kurz 3-teilig, ganzrandig, zart od. zuw. kräftiger rosa, im Umriß rundl. bis breit-elliptisch; Pfl. bis 70 cm hoch; ♃; VI–VII. Sumpfwiesen; kalkliebend; *v* Ho, Be, *s* N-Rheinl. u. NS (b. Hannover); Saarland?, Da? [= *D. majalis* ssp. *praetermissa* (Druce) Moore & Soó]
Ⓖ *Übersehenes K.,* **D. praetermíssa** (Druce) Soó

[1] Die hiernach bestimmten Pfl. aus anderen Gebieten (Ho, W- u. N-Dt, Da, Alp.-Vorland, Th) sind **Bastarde,** die nicht zur alpinen *D. traunsteineri* gehören.

a. Blätt. ungefleckt; Lippe mit zahlreichen, winzigen, purpurnen Punkten. var. **praetermíssa**
– Blätt. mit *ringf.* Flecken; Lippe mit größeren Punkten u. kürzeren Linien, die sich aber nicht schleifenf. vereinigen; *z* Ho. (= *Orchis pardalina* PUGSLEY) var. **juniális** (VERM.) SENGH.

— Seitenlappen der deutl. 3-teiligen u. am Rand meist gezähnelten Lippe herabgeschlagen; Lippe meist mit intensiv purpurner Linienzeichnung, die sich schleifenf. ± schließen; Blätt. fast stets mit kräftigen Flecken; Pfl. bis 60 cm hoch; ♃; V–VI. (= *Orchis majalis* RCHB; = *O. latifolia* auct.)
Ⓖ *Breitblättriges K.*, **D. majális** (RCHB). HUNT & SUMMERH.

a. Pfl. bis 70 cm hoch; Stg. mit 4–7 aufrechten od. aufrecht absthd. Blätt., diese 1,5–3,5 cm breit u. bis 25 cm lg.; Infl. bis 8 cm lg.; Lippe bis 10 mm breit, deutl. 3-teilig, Seitenlappen gekerbt; spätblühend (erst Ende VI); Strandwiesen; salzliebend; *s* Me bis OPr (Da?).
ssp. **báltica** (KLINGE) SENGH.
– Pfl. niedriger; Blätt. kürzer . . . . b
b. Pfl. bis 25 cm hoch; Blätt. schmal, ± deutl. gefaltet, mehr als 5-mal so lg. wie breit; Infl. kurz, bis 5 cm lg.; Bltn. u. oberer Stgteil violett-purpurn; spätblühend. Flachmoore; kalkliebend; *s* Me, Br, Th (wo noch?; Ho?). ssp. **brevifólia** (BISSE) SENGH. (non RCHB.f.)
– Pfl. höher, sonst Alpenpfl.; Blätt. breiter c
c. Pfl. bis 60 cm hoch; Blätt. meist 5 od. mehr, die unteren breit-lanzettl., allmähl. zugespitzt, selten nur wenig od. ungefleckt; Infl. bis 8 cm lg.; reichbltg.; Lippe fast stets deutl. 3-teilig; frühblühend. Feuchte Wiesen, sumpfige Orte; *v;* formenreich. ssp. **majális**
– Pfl. bis 30 cm hoch; Blätt. meist nur 4, die beiden unteren eif.-lanzettl. bis elliptisch, kurz zugespitzt bis abgerundet; Infl. bis 5 cm lg., armbltg.; Lippe undeutl. 3-teilig bis ungeteilt, mit wellig gekerbtem Rand, bis 15 mm breit; VI–VII. Matten u. Moore der Alp. (?–2000 m?); *v* Au, *z* Dt. (= *Orchis cordigera* SÜSS. in HEGI, non FR.) ssp. **alpéstris** (PUGSL.) SENGH.

16. Neottiánthe SCHLDL., *Kapuzen-Nacktdrüse (1089).* Pfl. 10–30 cm hoch; Lippe tief 3-teilig, mit kurzem, nach vorn gebogenem Sporn; ♃; VII–VIII. Moorige Nadelwälder; *s* in OPr. [= *Gymnadenia cucullata* (L.) RICH.]
Ⓖ **N. cuculláta** (L.) SCHLTR.

17. Chamórchis RICH., *Zwergstendel (1093).* Laubblätt. rinnig-lineal, fast so lg. wie der 5–10 cm hohe Bltnstg.; Ähre armbltg.; ♃; VII–VIII. Steinige Magermatten (1600–2700 m); kalkliebend; *z* Alp. Ⓖ **Ch. alpína** (L.) RICH.

18. Herminium GUETT., *Einknolle.* Pfl. 10–30 cm hoch; Blätt. 2, einander genähert; ♃; V–VII. Trockene Magerwiesen (bis 1800 m); kalkliebend; *v* Alp., sonst *z* bis *s, f* im N (außer Ho, Da, Me). Ⓖ **H. monórchis** (L.) R. BR.

19. Óphrys L., *Ragwurz*

1. Lippe an der Spitze mit einem kahlen Anhängsel; äußere Bltnhüllblätt. weiß od. rötl.; nur auf Kalk *3*
— Lippe an der Spitze ohne Anhängsel; äußere Bltnhüllblätt. grünl.; nur auf Kalk *2*
2. Lippe 3-spaltig, mit tief 2-lappigem Mittelzipfel, flach, schmal, etwa 1 1/2–2-mal so lg. wie breit u. fast doppelt so lg. wie die übrigen Perigonblätt., braunrot, mit kahlem, fast 4-eckigem Fleck; innere Perigonblätt. fädl., insektenfühlerähnl; ♃; V–VI. Sonnige, grasige Hänge (bis 1600 m); *z,* im N *s* (*f* SH, OPr, Br, Sa). (= *O. muscifera* HUDS.)
Ⓖ *Fliegen-R.,* **O. insectífera** L. em. L.
— Lippe ungeteilt, an der Spitze ausgerandet, gewölbt, breit, etwa so lg. wie breit, mit 2(–4) kahlen, am Grd. quer verbundenen Längslinien; ♃; IV–VI. (2 Kleinarten) Ⓖ! *Spinnen-R.,* **O. sphegódes** MILL. (s.l.)

a. Bltn. klein, Lippe 5–7 mm groß, fast flach u. rund, schwarz-braun od. schwarzgrün, ± gelb umrandet. Trockenrasen, buschige Hänge; *s* E, BW, Maintal, Th. [= *O. litigiosa* CAM.; = *O. sphegodes* ssp. *litigiosa* (CAM.) BECH.] **O. aranéola** RCHB.
– Bltn. größer, Lippe um 10(–12) mm groß, längl.-eif., gewölbt, rotbraun. Wie vorige; *s* im S, nördl. bis Be/RhPf/He/Th. (= *O. araneifera* HUDS.) **O. sphegódes** MILL. (s.str.)

3(1). Lippe so lg. wie breit, ungeteilt; Stbbeutel stumpf; Lippenanhängsel aufwärtsgebogen; ♃; V–VI. Sonnige, buschige Hügel; *z* im S, sonst wie vorige (NS u. Br erloschen) (bis 1100 m). [= *O. arachnites* (SCOP.) LAM.; = *O. fuciflora* (F. W. SCHM.) MOENCH].

Ⓖ *Hummel-R.*, **O. holosericea** (BURM. f.) GREUT. ssp. **holosericea**

— Lippe deutl. länger als breit, gelappt, mit kleinen, seitl. Zipfeln; Stbbeutel gerade bis S-förmig verlängert; Lippenanhängsel abw. bis rückw. gebogen; ♃; V–VII. Sonnige, grasige Hügel, lichte Gebüsche; *s*, im N nur in Ho, O-Holstein, Rügen (ob noch?), *f* Sa. Ⓖ *Bienen-R.*, **O. apífera** HUDS.

Innere Perigonblätt. 2/3 so lg. wie die äußeren (bei ssp. **apífera** höchstens 1/3); *s* in S-BW, E. ssp. **friburgénsis** (FREYHOLD) SOÓ

Ophrys-Arten sind recht formenreich u. neigen außerdem zur **Bastard**bildung. Starke Veränderlichkeit in der Zeichnung der Lippe!

20. Traunsteinéra RCHB., *Kugelknabenkraut.* Lippe spärl. dk.punktiert, 3-lappig, ihr Mittellappen so lg. wie breit, vorn meist rechtwinklig-wellig abgeschnitten; Bltnhüllblätt. zipfelig auslaufend; ♃; V–VIII. Feuchte Gebirgswiesen (bis 2200 m); *z* Alp., *s* Vog., Schw., Baar, Schw. Alb, N-böhmische Randgeb., Schl. Ⓖ **T. globósa** (L.) RCHB.

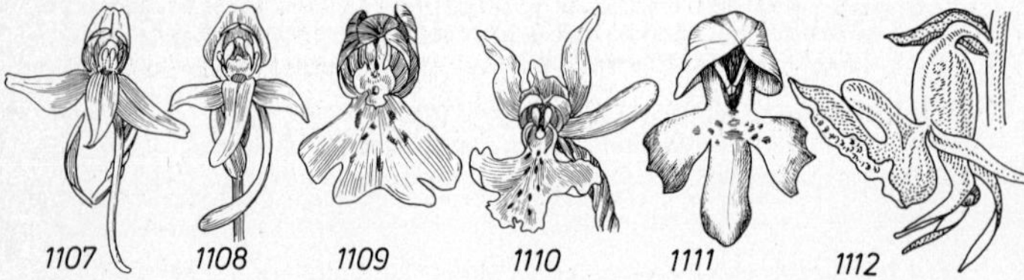

1107 1108 1109 1110 1111 1112

21. Órchis L., *Knabenkraut*

1. Die beiden seitl. Perigonblätt. absthd. od. zurückgeschlagen, die 3 übrigen zusammenneigend *(1110)* *9*

— Alle Perigonblätt. (mit Ausnahme der Lippe) helmf. zusammenneigend *(1109, 1111)* *2*

2. Lippe violett-purpurn, so breit od. breiter als lg., 3-lappig, mit breiten Seitenlappen *(1109);* Sporn waagrecht absthd. od. aufstgd.; Perigonblätt. rot, grün gestreift; ♃; IV–VII. Wiesenmoore, trockene Wiesen, lichte Wälder (bis 1400 m); *z* (vielfach verschwunden). Ⓖ *Kleines K.*, **O. mório** L. ssp. **mório**

— Lippe länger als breit, 3-spaltig od. 3-teilig, ihr Mittellappen verlängert, oft tief geteilt; Sporn abw. gerichtet *3*

3. Mittellappen der Lippe geteilt *5*

— Mittellappen der Lippe ungeteilt od. nur vorn ausgerandet *4*

4. Bltnstand kugelig; Spitzen der Perigonblätt. ausgezogen, voneinander absthd. **Traunsteinera globosa,** s. oben

— Bltnstand verlängert; Bltn. schmutzig-grünl.-purpurn, nach Wanzen duftend; Lippe braunrot od. grünl., mit roten Flecken *(1111);* Spitzen der Perigonblätt. sich berührend; ♃; V–VIII. Grasige Hänge, feuchte Wiesen (bis 1500 m); sehr *s:* Au, Ba, E, Be, Pf, BW, OPr. Ⓖ! *Wanzen-K.*, **O. corióphora** L.

5(3). Mittellappen der Lippe 2-lappig, zwischen beiden Lappen stets deutl. ein kleines Spitzchen *(1101–1103);* Tragblätt. höchstens 1/3 so lg. wie der Frkn. *7*

— Mittellappen der Lippe 2-lappig, zwischen beiden Lappen nur zuw. ein kleines Spitzchen *(1100;* mehrere Bltn. untersuchen!); Tragblätt. so lg. od. länger, mindestens aber 1/2 so lg. wie der Frkn. *6*

6. Bltnstand anfangs kugelig, später walzl.-längl., dichtbltg., an der Spitze schwärzl. (wie angebrannt aussehend); Sporn 1/3 bis 1/4 so lg. wie der Frkn.; Lippe weiß, spärl. rot punktiert; ♃; V–VIII. Grasige, trockene Hänge (bis 2000 m); kalkliebend; *z* im S u. mittl. Gebiet, Da (nördl. bis Be/Rheinl./Sa/Br/Schl; OPr?). Ⓖ *Brand-K.,* **O. ustuláta** L.

— Bltnstand fast kugelig, an der Spitze hellpurpurn, also auch die Knospen; Sporn wenigstens 1/2 so lg. wie der Frkn.; Lippe weißl., reichl. dk.violett punktiert, ihre Seiten- u. Mittellappen gezähnt *(1100);* ♃; V–VI. Trockene Wiesen, grasige Hänge, lichte Waldränder (bis 1000 m); kalkliebend; nicht selten in SO-We, S-NS, O-He, Th, SaAn, Br, Me (?), Po, Ti, Sb. Ⓖ *Dreizähniges K.,* **O. tridentáta** Scop.

7(5). Mittellappen der Lippe in zwei lange, lineale Zipfel gespalten, die in Länge, Form u. Farbe den beiden seitl. Zipfeln gleichen *(1103);* ♃; V–VI. Grasige, sonnig-trockene Hügel; kalkliebend; *s* S-Baden, S-E, W-Saarland, Be. Ⓖ! *Affen-K.,* **O. símia** Lam.

— Lippe nicht in 4 sich gleichende lineale Zipfel gespalten ***8***

8. Helm außen braunrot, kugelig-eif.; Mittellappen der Lippe am Grd. viel breiter als die Seitenlappen, nach vorn sich allmähl. verbreiternd, tief geteilt, weißl.-hellrosa, dkrot gefleckt *(1101);* Lippenzipfel meist gezähnt; Pfl. 30–75 cm hoch; ♃; V–VI. Waldränder, buschige Hänge (bis 700 m); kalkliebend; *z* in S-Dt, E, Th; *s* Vb, Sa, Me, Br?, He, S-NS, We, Ho, Be, Da. (= *O. fusca* Jacq.) Ⓖ *Purpur-K.,* **O. purpúrea** Huds.

— Helm außen blaßrosa, längl.-eif.; Mittellappen der Lippe am Grd. fast doppelt so breit wie die Seitenzipfel, nach vorn sich ± plötzl. verbreiternd, tief geteilt, hellrot bis violett u. dk.-rot punktiert *(1102);* Pfl. 20–40 cm hoch; ♃; V–VI. Grasige Hänge, Wiesen, lichte Wälder (bis 1800 m); kalkliebend; *z, f* in NW-Dt, SH. Ⓖ *Helm-K.,* **O. militáris** L.

O. purpurea, militaris u. *simia* bilden nicht selten untereinander **Bastarde.**

9(1). Bltn. rosa, rot, purpurn od. violett (selten weißl.) ***11***

— Bltn. gelb ***10***

10. Lippe ± deutl. gelappt *(1097);* Sporn fast so lg. wie der Frkn., aufwärts gerichtet bis waagerecht absthd.; ♃; IV–VI. Lichte Laubwälder, Lichtungen (bis 1400 m); kalkliebend; *z* Alp. u. Vorland, *s* S-BW, bei Rouffach (E), Th, N-He. Ⓖ *Bleiches K.,* **O. pállens** L.

— Lippe nicht deutl. gelappt, aber mit wellig-gekerbtem Rand *(1096),* meist mit kleinen purpurnen Flecken; Sporn so lg. wie der Frkn., abwärts gerichtet, dick; s. S. 499, Nr. ***3*** **Dactylorhiza sambucina**

Blaßgelbe Bltn. mit abwärts gerichtetem Sporn besitzt auch *D. incarnata* ssp. *ochroleuca,* s. S. 500 Nr. ***8*a–**.

11(9). Blätt. lineal, von der Basis zur Spitze allmähl. verschmälert, locker am Stg. sthd. ***13***

— Blätt. breiter, zungenf. bis breit-längl., in od. über der Mitte am breitesten, am Grd. des Stg. zusammensthd.; Lippe 3-teilig; Tragblätt. meist rotviolett überlaufen ***12***

12. Sporn kurz-zylindrisch, nur 1/2 so lg. wie der Frkn., abw. gerichtet u. leicht sichelf. nach vorn gebogen; Blätt. elliptisch, ohne Punktierung; seitl. Perigonblätter weit zurückgeschlagen; ♃; V–VI. Bergwiesen der Krummholzreg.; nur je 1 Fundort in Vb u. Sb (?); früher Württ. Ⓖ *Spitzels K.,* **O. spitzélii** Saut. ex Koch

— Sporn lg.zylindrisch, ± so lg. wie der Frkn., aufw. gerichtet; Blätt. schmaler, zungenf. bis breit-lineal; Blätt. u. Stg. grün od. häufiger mit feiner purpurner Punkt- od. Linienzeichnung; seitl. Perigonblätt. nur wenig mehr als rechtwinklig zurückgeschlagen *(1110);* ♃; V–VI. Buschige Wiesen u. Hänge, lichte Laubwälder (bis 2000 m); kalkliebend; *z,* im N *s.* Ⓖ *Kuckucks-K.,* **O. máscula** L. ssp. **máscula**

Perigonblätt. lg. zugespitzt; Mittellappen der Lippe die seitl. weit überragend, zur Basis hin deutl. verschmälert, *z* Alp., *s* Alp.-Vorland, BW, Th. (= *O. speciosa* HOST)

ssp. **signífera** (VEST) SOÓ

13(11). Blätt. bis 3(–4 cm) breit; Lippe nicht 3-teilig, im Umriß fast rund *(1104)*, fast eben; Sporn nur bis 2/3 so lg. wie der Frkn.; Pfl. bis 80 cm hoch; ♃; V–VI. Sumpfwiesen; 1 Fundort in He (jetzt erloschen).

Stattliches K., **O. élegans** HEUFFEL

— Blätt. bis 1,5 cm breit; Lippe 3-teilig, Seitenlappen ± herabgeschlagen ***14***

14. Lippe breiter als lg., ihr Mittellappen von den seitl. überragt oder höchstens so lg. wie diese *(1105)*; Sporn am Ende etwas verdickt, höchstens 2/3 so lg. wie der Frkn.; ♃; IV–V. Sumpfwiesen; *s* in Hainaut (Be).

Lockerblütiges K., **O. laxiflóra** LAM.

— Lippe länger als breit, ihr Mittellappen die seitl. überragend *(1106)*; Sporn am Ende nicht verdickt, ± so lg. wie der Frkn.; ♃; V–VI. Kalkhaltige Flachmoorwiesen; *z* Br, sonst *s* u. vielfach verschwunden (*f* Da, Ho, OPr, Vb, Ti). Ⓖ! *Sumpf-K.*, **O. palústris** JACQ.

22. Áceras R. BR., *Fratzenorchis, Ohnsporn.* Bltnähre reichbltg., verlängert; Laubblätt. längl.-eif.-lanzettl., bläul.-grün; Lippe schmal-lg. 4-zipfelig; ♃; V–VI. Sonnige, kurzgrasige Hügel, Gebüsch; kalkstet; *s* E, S-BW, He, RhPf, Eifel, We?, Th (Creuzburg), Ho, Be. Ⓖ **A. anthropóphorum** (L.) AIT.

23. Anacámptis RICH., *Hundswurz (1087).* Blätt. lineal-lanzettl.; Tragblätt. lineal-lanzettl.; ♃; VI–VII. Sonnige Berghänge, Gebüsch, kalkliebend; *s, f* NW-Dt, SH, OPr, Sa, Sb, Ti. Ⓖ **A. pyramidális** (L.) RICH.

24. Himantoglóssum SPR. em. KOCH, *Riemenzunge, Bocksorchis.* Stg. bis 90 cm hoch, kantig; Bltnähre reichbltg.; ♃; V–VII. Sonnige, grasige Abhänge, lichtes Gebüsch; kalkstet; *s* E, BW, RhPf, Be, Ho, Eifel, Fr, Th. [= *Loroglossum hircinum* (L.) RICH.] Ⓖ **H. hircínum** (L.) SPR.

25. Maláxis SOL. ex SW., *Einblattorchis.* Pfl. 10–30 cm hoch; Lippe nach unten weisend; ♃; VI–VII. Moorige Stellen, feucht-lichte Wälder, Bergwiesen (bis 1800 m); *z* Alp. u. Vorland, *s* NS, Me-OPr, Schl, Sudeten. [= *Microstylis monophyllos* (L.) LINDL.] Ⓖ **M. monophýllos** (L.) SW.

26. Hammárbya O. KTZE., *Weichwurz.* Pfl. 5–15 cm hoch; Lippe nach oben weisend (Drehung um 360°); ♃; VII–VIII. Torfsümpfe, Moore; *s* (vielfach verschwunden). [= *Malaxis paludosa* (L.) SW.] Ⓖ! **H. paludósa** (L.) O. KTZE.

27. Líparis RICH., *Glanzkraut.* Pfl. 5–20 cm hoch; Bltnstand locker; 3- bis 10-bltg.; ♃; V–VII. Torfsümpfe, Flachmoore zwischen Moos; *s* (vielfach verschwunden). Ⓖ! **L. loesélii** (L.) RICH.

28. Corallorhiza CHÂT., HALLER, *Korallenwurz.* Bltnstand locker, 4- bis 9-bltg.; Fr. groß, hängend; ♃; V–VII. Schattige Laub- u. Nadelwälder, vor allem der mont. Reg. (bis 2000 m); *s, f* Ho, NW-Dt, (Rheinl?). (= *C. innata* R. BR.) Ⓖ **C. trífida** CHÂT.

Unterklasse: **Junciflórae** *(= Juncidae), Binsenähnliche*

Ordnung: **Juncáles**

Familie: **Juncáceae,** *Binsengewächse*

Kräuter od. Stauden von grasähnl. Habitus; Stg. meist knotenlos; Blätt. entw. grasartig od. stielrund, stengelähnl. *(47),* mit offenen od. verwachsenen Blattscheiden; Bltnstände von sympodialem Aufbau, köpfchenf. *(160),* doldig od. rispenartig (= **Spirre,** *159, 107),* an der Basis mit 1 od. mehreren Tragblätt. (= **Hüllblätt.**); Bltn. klein, unscheinbar; Bltnhüllblätt. 6, grünlich od. braun, meist trockenhäutig, spelzenart.; Stbblätt. 6 od. 3; Frkn. oberst., 3-blättrig; Kapselfr.

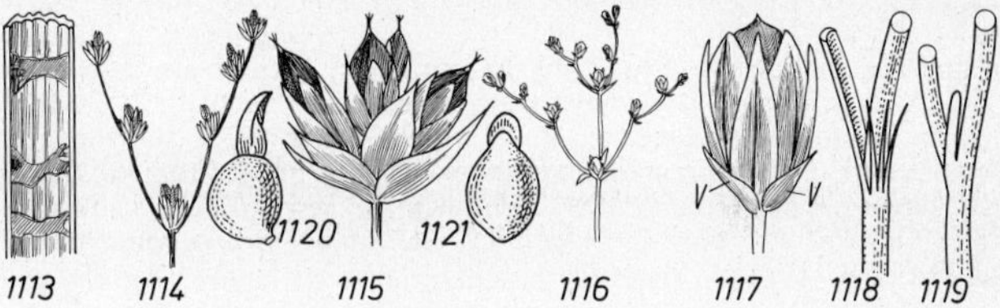

1. Blätt. stengelähnl. od. borstenf., kahl; Pfl. oft mit kräftigem, kriechendem Rhizom; Fr. vielsamig . . . . **Juncus,** 505
— Blätt. flach, grasartig, am Rand meist langhaarig; Fr. 3-samig **Luzula,** 509

1. Júncus L., *Binse*[1]

1. Spirre deutl. endst. *(159),* zuw. von den laubblattart. Hüllblätt. überragt ***10***
— Spirre scheinbar seitenst.[2], das stengelähnl. Hüllblatt bildet die Fortsetzung des Stg. *(160)* ***2***
2. Spirre 3- bis 7-bltg., etwa in der Mitte des Stg.; Hüllblätt. deshalb etwa so lg. wie dieser; äußere Perigonblätt. fein zugespitzt, innere nur spitzl.; Perigonblätt. weißl.; ♃; VI–VIII. Moorige Orte (bis 2500 m); *z* bis *s.*
Faden-B., **J. filifórmis** L.
— Spirre in der oberen Hälfte des Stg. ***3***
3. Spirre armbltg. (2–4 Bltn.), von 2–3 laubblattart., schmal-linealen, obersts. rinnigen Hüllblätt. überragt, Perigonblätt. kastanienbraun; Blätt. schmal tiefrinnig, am Grd. mit lg. gefransten Öhrchen *(1118);* ♃; VII–VIII.
Dreispaltige B., **J. trífidus** L.

a. Spreite an den Grdblätt. fehlend; Hüllblätt. viel länger als die mehrbltg. Spirre; Stgblätt. dem Hüllblatt genähert; Kapsel plötzlich zugespitzt. Trockene Matten, Felsspalten der Ur-Alp. *v, s* Bayrw., Sudeten. ssp. **trífidus**
– Grdblätt. mit deutl., meist borstl. Spreite; Hüllblätt. kurz, allenfalls oberes Stgblatt dem Hüllblatt genähert; Spirre nur 1-(bis 3-)bltg.; Kapsel allmähl. zugespitzt. Wie vorige, aber nur auf Kalk (oberhalb 1600 m); *z* Alp. (= *J. hostii* Tausch; = *J. monanthos* Jacq.)
ssp. **monánthos** (Jacq.) A. & Gr.

— Spirre reichbltg., nicht von 2–3 fadenf. Hüllblätt. überragt ***4***
4. Spirre dichtkopfig, 1–3 cm lg. gestielt, Hüllblatt deshalb von dieser entfernt; Perigonblätt. glzd.-schwarzbraun, alle kurz zugespitzt; Samen mit lg. weißem Anhängsel; Pfl. dichtrasig; ♃; VII–X. Feuchte, quellige Orte der Ur-Alp. (1600–3000 m); *z,* in Dt *s.* *Jacquin's B.,* **J. jacquínii** L.

---

[1] Bei Überprüfung u. Berücksichtigung der Fruchtmerkmale achte man darauf, daß die Fr. reif sind!
[2] Der Bltnstand ist in Wirklichkeit endst., wird aber durch das Hüllblatt zur Seite gedrängt.

— Spirre nicht gestielt, Hüllblätt. deshalb unmittelbar unter dieser ansetzend **5**

5. Unteres Hüllblatt (starr u. stechend) die stark verzweigte u. verlängerte Spirre nur wenig überragend; Perigonblätt. strohgelb, die äußeren stachelspitzig; Niederblätt. braun, mit kurzer stechender Spitze; Blätt. ohne Querwände; Pfl. 1/2–1 m hoch; ♃; VII–VIII. Strandwiesen der Meeresküsten; *v* im O, *z* im W. *Strand-B.*, **J. marítimus** Lam.

— Unteres, den Stg. fortsetzendes Hüllblatt die Spirre weit überragend **6**

6. Stg. glatt, glzd. (nur trocken fein gestreift); Stgmark nicht unterbrochen . **8**

— Stg. deutl. gestreift od. gefurcht, nicht glzd. **7**

7. Mark des graugrünen Stg. fächerig unterbrochen *(1113)*; Niederblätt. schwarz-braun-glzd.; Spirre locker; Stbblätt. 6; Fr. zugespitzt, länger als das Perigon; ♃; VI–VIII. Feuchte, offene, auch waldnahe Orte (bis 1500 m); *v*. (= *J. glaucus* Sibth.) *Graugrüne B.*, **J. infléxus** L.

— Mark des mattgrünen Stg. nicht unterbrochen; Niederblätt. gelb bis rotbraun, nicht glzd.; Spirre meist kugelig-geknäuelt; Stbblätt. 3; Fr. an der Spitze eingedrückt, kürzer als das Perigon; Perigonblätt. alle zugespitzt, rotbraun; Hüllblatt mit stark erweiterter Scheide, meist 10 cm lg.; Stbbeutel kürzer als der Stbfaden; Pfl. dichtrasig; ♃; V–VII. Moorig-sandige Böden (bis 1800 m); *v* bis *z*. (= *J. leersii* Marss.) *Knäuel-B.*, **J. conglomerátus** L.

8(6). Pfl. dichtrasig; Perigonblätt. bräunl.-grün, breit hautrandig, alle spitz; Stbblätt. 3; Fr. an der Spitze eingedrückt; Stgmark nicht unterbrochen; Niederblätt. nicht glzd.; Hüllblätt. mit nur wenig erweiterter Scheide, meist 20 cm lg.; Stbbeutel länger als der Stbfaden; ♃; VI–VIII. Nasse Wiesen, feuchte Waldstellen (bis 1500 m); *v*. *Flatter-B.*, **J. effúsus** L.

— Pfl. lockerrasig; Perigonblätt. rot- bis kastanienbraun mit grünem Mittelstreifen, weiß-hautrandig, die äußeren fein zugespitzt, die inneren nur spitzl.; Stbblätt. 6; Fr. zugespitzt **9**

9. Strandpfl.; Infl. locker-spirrig-reichbltg.; Niederblätt. glzd.; Stg. mit unterbrochenem Mark; ♃; VI–VIII. Strandwiesen, Dünen; *v* Ostseeküste, *s* Borkum, W-Friesische Inseln (Ho). *Baltische B.*, **J. bálticus** Willd.

— Alpenpfl.; Infl. dichtblütig-kopfart.; Niederblätt. nicht od. matt glzd.; Stgmark nicht unterbrochen; ♃; VII–VIII. Nasse, sandig-kiesige Stellen der Ur-Alp. (ab 1600 m); *s* in Vb, Ti. *Arktische B.*, **J. árcticus** Willd.

10(1). Bltn. zu mehreren kopfig gehäuft; Köpfe in geknäuelten bzw. lockeren Spirren *(1114)* od. einzeln *(1115)*; Bltn. ohne Vorblätt. **20**

— Bltn. einzeln *(1116)*, am Grd. mit 2 Vorblätt. *(1117, V)*, die letzten Bltn. der Spirre oft einander genähert; Stbblätt. 6 . . . . **11**

11. Spirre mit 1–3 Bltn., von 2–3 laubblattart. Hüllblätt. weit überragt (s. auch Nr. *3)* **J. trífidus** L.

— Spirre reichbltg., (wenn armbltg., dann Perigonblätt. grünl.) **12**

12. Stg. bis zur Mitte 1–2 Blätt. tragend (außer dem Hüllblatt!) **14**

— Stg. nur am Grd. mit Blätt. (ihre Scheiden aber zuw. den Stg. bis 1/3 seiner Länge umschließend!) **13**

13. Spirre von den Hüllblätt. nicht od. kaum überragt, starr aufrecht, ± zusammengezogen; Perigonblätt. stumpfl.; Blätt. matt, starr-borstl., in größerer Zahl pro Trieb; ♃; VI–VIII. Moorige Waldstellen, Heiden; kalkmeidend; *v* im N, sonst *z*, *f* in Ti. *Sparrige B.*, **J. squarrósus** L.

— Die meist lockere Spirre vom untersten Hüllblatt überragt; Perigonblätt. zugespitzt; Blätt. grasartig, aufrecht, saftig-glzd., nur 1–3(–4) pro Trieb, daher derbe, feste Horste bildend; ♃; VI–IX. Nasse Waldwege, Heiden; *v* bis *z* eingebürgert (bis 1000 m); (Heimat: N-Am.) (= *J. macer* S. F. Gray) *Zarte B.*, **J. ténuis** Willd.

14(12). Pfl. ⊙; Stg. vom Grd. an verzweigt; Perigonblätt. zugespitzt . . **16**

— Pfl. ♃, mit kriechendem Rhizom; Perigonblätt. stumpf, zumindest die äußeren; Spirrenäste aufrecht **15**

15. Stg. zusammengedrückt; Perigonblätt. rötl.-braun mit grünem Mittelstreifen, 1/2 bis 1/3 kürzer als die kugelig-eif. Fr.; Stbbeutel weniger als doppelt so lg. wie ihr Filament; ♃; VI–IX. Nasse Waldwege, Wiesenmoore (bis 1500 m); *g* u. *h*. *Zusammengedrückte B.*, **J. compréssus** Jacq.

— Stg. fast stielrund, starr, aufrecht; Perigonblätt. rot bis schwarzbraun, wenig kürzer als die elliptische Fr.; Stbbeutel 2–6 mal so lg. wie ihr Filament; ♃; VI–VII. Feuchte, salzhaltige Wiesen der Küstengebiete *(v)* u. des Binnenlandes (*s;* Ebene). *Salz-B.*, **J. gerárdi** Lois. ssp. **gerárdi**

16(14). Blattscheiden an der Spitze mit seitl. hochgezogenen Öhrchen *(1119);* Perigonblätt. braun, mit grünem Mittelstreifen, am Rand häutig, etwa so lg. wie die Kapsel; Spirre reich u. locker verzweigt *(1116);* ⊙; VI–VIII. Feuchte Lehm- u. Sandböden, Heiden; sehr *z* u. unbeständig, *s* im S (vielfach verschwunden; *f* S-Ba, Sb, Vb, Da, OPr.) *Sand-B.*, **J. tenagéia** Ehrh.

— Blattscheiden ohne Öhrchen; Perigonblätt. grünl. ***17***

17. Fr. rotbraun, fast kugelig; Perigonblätt. bleichgrün, weiß berandet, von der Fr. abstehend; Spirre wie bei voriger; Stg. schlaff niederlgd.; ⊙; VI–IX. Ufer, lehmige Äcker; *s* (Th, He, N-Ba, Baden, westl. Straßburg). *Kugelfrüchtige B.*, **J. sphaerocárpus** Nees

— Fr. gelbl., grün od. rötl.; Perigonblätt. der Fr. angedrückt; bltntragende Triebe ± steif aufrecht ***18***

18. Innere Perigonblätt. lanzettl., stumpf bis spitzl., ± häutig, die äußeren schmal-oval, 3,5–6 mm lg., die inneren gleich lg. od. kürzer als die 3,5–5 mm große Fr.; Stbbeutel 1/2 so lg. wie ihre Filamente; Stbblätt. 6; Pfl. bis 20 cm hoch; ⊙; VI–IX. Nasse Wiesen, lehmige Äcker; salzliebend; *s*, bes. im N (Be, Ho, NS, SH, Da, Me, Po, Br, Fr, An). (= *J. ambiguus* auct.) *Frosch-B.*, **J. ranárius** Song. & Perr.

— Innere Perigonblätt. spitz od. zugespitzt, länger als die ovale bis elliptische Fr. ***19***

19. Fr. 3–5 mm groß; Stbbeutel 1/2 so lg. wie ihre Filamente; Stbblätt. 6; Perigonblätt. 6–8 mm lg., schmal-oval, die äußeren krautig u. schmal-hautrandig, die inneren spitz od. mit einem feinen Spitzchen, ± häutig; Pfl. 5–40 cm hoch; ⊙; VI–IX. Gräben, Waldwege, nasse Äcker (bis 1200 m); *v*. *Kröten-B.*, **J. bufónius** L.

— Fr. 2,5–3 mm groß; Stbbeutel nur bis 1/3 so lg. wie ihre Filamente; Stbblätt. 3 (selten 6); Perigonblätt. schmal-oval, breit-hautrandig, die äußeren 4–6,5 mm lg., die inneren mit einem feinen Spitzchen; Pfl. nur bis 5 cm hoch; ⊙; VI–IX. Feuchte, besonders sandige Böden; vermutl. im Gebiet u. bisher mit *J. ranarius* od. Kümmerexemplaren von *J. bufonius* verwechselt. Wo vorkommend? *Kleinste B.*, **J. minútulus** Alb. & Jah.

20(10). Spirre vielköpfig; Blätt. stielrund od. zusammengedrückt, derb, mit Querwänden; Fr. spitz; Stbblätt. 6 . . . . ***27***

— Spirre 1- bis wenigköpfig; Blätt. oft borstl., ohne od. mit undeutl. Querwänden; Höhe bis 30 cm ***21***

21. Stg. schlaff, oft, niederlgd., an den Knoten wurzelnd od. im Wasser flutend (var. **flúitans** Fr.); Blätt. borstl. bis fadenf., gleich dem Stg. oft rötl.; Spirre verzweigt, mit 2- bis 10-bltgen Köpfchen, diese nicht selten mit Laubtrieben; Perigonblätt. (hell-)braun, gleich lg., die äußeren spitzer als die inneren; Stbblätt. 3 (selten 6); Kapsel stachelspitzig; Wuchsform je nach Standort (Lebensweise) sehr veränderlich; ♃; VII–X. Moore, Wiesen, Tümpel; *z* (bis 1200 m) (2 ssp.). (= *J. supinus* Moench) *Rasen-B.*, **J. bulbósus** L.

a. Stbblätt. meist 3, Stbbeutel so lg. wie ihre Filamente; Perigonblätt. grünl. bis rötl., stumpf; Fr. 2 mm groß; Stg. aufrecht, aufstgd. bis flutend; Pfl. (wenn nicht flutend) bis 15 cm hoch. *z*. ssp. **bulbósus**

– Stbblätt. meist 6, Stbbeutel nur 1/2 so lg. wie ihre Filamente; Perigonblätt. hell- bis kastanienbraun, die inneren spitzl.; Fr. 3 mm groß; Stg. nur aufrecht bis aufstgd. (ob flutend?); Pfl. insgesamt kräftiger u. höher. *s* im N (Da?), südl. bis Be, RhPf, dann SaAn. ssp. **kóchii** (F. W. Sch.) Reichg.

— Stg. steif-aufrecht *22*

22. Äußere Perigonblätt. nicht zugespitzt (*J. pygmaeus:* stumpfl., aber mit aufgesetztem Spitzchen) *24*

— Äußere Perigonblätt. fein zugespitzt, meist deutl. hautrandig, innere an der Spitze abgerundet *23*

23. Pfl. ⨀, mit kurzem Wurzelwerk; Stbblätt. 3; Fr. etwas kürzer als das Perigon; Köpfchen einzeln, endst. **od.** entfernt daneben noch 1–3 deutl. gestielte, meist 4- bis 8-bltge Köpfchen; Kapsel deutl. kürzer als die Bltnhülle; Samen bis 0,5 mm lg., rotbraun; ⨀; VI–IX. Feuchte Äcker, sandige Orte; *z* im NW, N u. Lausitz, sonst *s, f* Au. *Kopf-B.,* **J. capitátus** Weig.

— Pfl. ♃, mit dünnem Rhizom u. bis 10 cm langen Ausläufern; Stbblätt. 6; Fr. fast doppelt so lg. wie das Perigon; Köpfchen einzeln, endst. **od.** dicht daneben noch 1–2 nur kurz gestielte, meist 2- bis 3-bltge Köpfchen; Kapsel etwa 1 1/2 so lg. wie die Bltnhülle; Samen 2–3 mm lg., weißl; ♃; VII–VIII. Quellige, sumpfige Stellen (ab 1700 m); *s* Ti, Sb.
Kastanienbraune B., **J. castáneus** Sm.

24(22). Perigonblätt. etwas länger als die strohgelbe, glzd., zugespitzte Kapsel; Köpfchen je Trieb zu 1–4, das unterste sitzend, die übrigen lg. gestielt; Pfl. büschelig, oft rötl., bis 10 cm hoch; ⨀; V–IX. Feuchte Sandböden; nur Nordfriesische Inseln u. W-Schleswig, Be (ob noch?), Ho, Da.
Zwerg-B., **J. pygmaéus** Rich. ex Thuill.

— Perigonblätt. kürzer als die Fr., nicht fein zugespitzt; Blattscheiden in 2 stumpfe Öhrchen vorgezogen (ähnl. *1119*); Pfl. bis 20 cm hoch . . . *25*

25. Stg. mit 2–3 Laubblätt.; Köpfchen zuw. einzeln, endst., meist aber daneben mit 1–2 weiteren, deutl. gestielten, 1- bis 5-(meist 2- bis 3-)bltgen Köpfchen; unterstes Hüllblatt laubblattart., 2- bis 4-mal so lg. wie das Köpfchen; Perigonblätt. grünl. bis rötl.; ♃; VII–IX. Hochmoore; *s* in S-Ba (bis 800 m), OPr. *Moor-B.,* **J. stýgius** L.

— Alle Blätt. grdst.; Köpfchen einzeln, endst., ungestielt; Hüllblatt (= unterstes Tragblatt) höchstens wenig länger als das Köpfchen; zierl. Pfl. *26*

26. Hüllblätt. meist etwas kürzer als das (1-)3- bis 5-bltge Köpfchen; alle Bltn. ± gleich kurz gestielt bis sitzend; Perigonblätt. rotbraun; Samen einschl. ihres Anhängsels 2–3 mm lg.; ♃; VII–IX. Quellige Orte (1500–2800 m); kalkmeidend; *s* Alp. *Dreiblütige B.,* **J. triglúmis** L.

— Unterstes Hüllblatt meist so lg. od. etwas länger als das 1- bis 2-(bis 4-)bltge. Köpfchen; unterste Blüte sitzend, die übrigen deutl. gestielt; Perigonblätt. schwarzpurpurn; Samen einschl. ihres Anhängsels 1–2 mm lg.; ♃; VII–IX. Feucht-quellige Orte; nur Radstädter Tauern um 2000 m (Sb).
Zweiblütige B., **J. biglúmis** L.

27(20). Alle Perigonblätt. stumpf u. gleich lg. (bei *J. alpinus* die äußeren mit einem aufgesetzten Spitzchen) *30*

— Alle od. wenigstens die äußeren Perigonblätt. stachelspitzig; Köpfchen 4 bis 8 mm breit; Fr. 1fächerig *28*

28. Perigonblätt. gleich lg., die äußeren etwas spitzer als die inneren od. unterhalb der stumpfen Spitze stachelspitzig, von grünl. bis dk.- u. rotbraun; Fr. längl.-eif., zugespitzt, schwarzbraun-glzd.; Pfl. 10–50 cm hoch; ♃; VII–X. Gräben, feuchte Wiesen, Äcker, Sümpfe, Strandwiesen; *g* bis *v,* sehr veränderlich. (= *J. lampocarpus* Ehrh. ex Hoffm.)
Glanzfrüchtige B., **J. articulátus** L.

— Alle Perigonblätt. zugespitzt; Fr. längl., deutl. geschnäbelt, rotbraun; Pfl. 30 bis 120 cm hoch *29*

29. Perigonblätt. glzd.-schwarz, alle gleich lg. u. etwa so lg. wie die Fr.; Blätt. deutl. kantig-gestreift (d. h. im Querschnitt kantig); ♃; VII–VIII. Sumpfwiesen, auch kiesige u. lehmige Orte; *s* im O, westl. bis Br, SaAn, Fr, Pf (Schifferstadt?). *Schwarze B.,* **J. atrátus** Krock.

— Perigonblätt. lederbraun, ungleich lg., die inneren länger, an der Spitze zurückgekrümmt; Fr. länger als das Perigon; Blätt. nur trocken gestreift (d. h. frisch im Querschnitt rundl. bis elliptisch); ♃; VI–VIII. Wälder, Gräben, feuchte u. Moorwiesen (bis 1700 m); *z*. (= *J. silvaticus* auct.)
Spitzblütige B., **J. acutiflórus** Ehrh. ex Hoffm.

30(27). Perigonblätt. bleich, breit-hautrandig, ohne Stachelspitze, wenig kürzer als die braune od. gelbe 3-fächerige Fr.; Infl. eine lockere, offene, mehrfache Spirre, Spirrenäste absthd. bis zurückgebogen; sterile Triebe nur mit 1 stg.ähnl. Blatt; Köpfchen 5- bis 10-(bis 12-)bltg.; Pfl. mit sehr kräftigem Rhizom, 40–100 cm hoch; ♃; VI–VII. Sümpfe, moorige Wiesen (kalkliebend; bis 1000 m); *z, s* im N u. im O. (= *J. obtusiflorus* Ehrh. ex Hoffm.)
Stumpfblütige B., **J. subnodulósus** Schr.

— Perigonblätt. rotbraun, kürzer als die 1-fächerige Fr.; Spirrenäste aufrecht absthd.; nichtblühende Triebe mit mehreren Laubblätt.; Pfl. 10–50 cm hoch; Köpfchen 3- bis 6-(bis 8-)bltg. ***31***

31. Stg. u. Blätt. rund; äußere Perigonblätt. unterhalb der Spitze kurz stachelspitzig, die inneren deutl. hautrandig, kürzer als die oberw. schwarz-glzd. Fr.; Rhizom kurz; ♃; VI–VIII. (= *J. alpino-articulatus* Chaix)
Alpen-B., **J. alpínus** Vill.

a. Pfl. meist nur bis 40 cm hoch; Stg. dünn, schlaff; Infl. wenig verzweigt, ihre Seitentriebe ± aufrecht; Bltn. fast schwarz. Flach- u. Quellmoore, feuchte Matten (bis 2000 m); *z* Alp. u. Vor-Alp., im N *s* bis *f*. ssp. **alpínus**

– Pfl. bis 70 cm hoch; Stg. kräftig; Infl. reich verzweigt, ihre Seitentriebe ± absthd.; Bltn. dkbraun od. rotbraun. Nasse Wiesen, Gräben; *z* im N u. M, *s* im S.
ssp. **fuscoáter** (Schreb.) Lindb. f.

— Stg. u. Blätt. stark zusammengedrückt; Perigonblätt. stumpf (aber zuw. mit einem feinen Spitzchen), hautrandig, der glzd.-kastanienbraunen Kapsel angedrückt u. nicht od. kaum kürzer als diese; Rhizom verlängert, dünn; ♃; VI–VIII. Dünen; *s* N-Friesische Inseln, W-SH, W-Da, Ho, Be. (= *J. atricapillus* Drej. ex Lgf.) *Zweischneidige B.*, **J. ánceps** Laharpe

Bastardbildung nicht selten!

2. Lúzula Dc., *Hainsimse*

1. Die einzelnen Bltn. sitzend u. zu 2–10 in Ähren od. Köpfchen vereinigt; diese in Spirren ***11***

— Bltn. kurz gestielt, einzeln od. zu wenigen gebüschelt (aber nicht in Ährchen od. Köpfchen); Bltnstand doldentraubig od. spirrig ***2***

2. Bltn. gruppenweise genähert; Samen an der Spitze oft mit kleinem Anhängsel *(1120–1121)* ***6***

— Bltn. einzeln, entfernt; Samen mit deutl. Anhängsel; Pfl. 15 bis 30 cm hoch ***3***

3. Infl. eine Doldentraube; Blätt. nur an der Mündung der Blattscheiden gewimpert (od. am Rand spärl. behaart); Samen mit kleinem, basalem Anhängsel (s. Punkt ***10***) **L. glabráta** (s. l.)

— Infl. eine lockere Spirre; Blätt. am Rand stets deutl. weißhaarig; Samen mit lg., spitzenst. Anhängsel ***4***

4. Perigonblätt. strohgelb, meist hautrandig; Blattspreiten 1,5–3 mm breit, flach; untere Blattscheiden braun bis gelbl.; Pfl. mit 3–10 cm lg. Ausläufern; ♃; V–VI. Nadelwälder u. Zwergstrauchreg. der Alp. u. Vor-Alp. (800–2000 m); *z*. [= *L. flavescens* (Host) Gaud.]
Gelbliche H., **L. luzulína** (Vill.) D. T.

— Perigonblätt. braun od. rötl. ***5***

5. Samenanhängsel gerade *(1121)*; Spirrenäste aufrecht; Perigonblätt. grannig zugespitzt; Grdblätt. lineal-lanzettl., flach, 1,5–3 mm breit; Blattscheiden purpurrot bis violett; Pfl. dichtrasig ohne verlängerte Ausläufer; ♃;

IV–V. Bergwälder, Gebüsch; *z* im SW (nördl. bis Be, Bonn, Taunus, Spessart). *Forster's H.,* **L. fórsteri** (SM.) DC.

— Samenanhängsel sichelf. *(1120);* Spirrenäste nach der Blüte herabgeschlagen; Perigonblätt. kurz zugespitzt; Grdblätt. 5–10 mm breit, dicht weiß bewimpert; Blattscheiden dkrot; Pfl. lockerrasig, mit verlängerten Ausläufern; ♃; III–V; Wälder, Gebüsche, Waldwiesen; *v.* *Behaarte H.,* **L. pilósa** (L.) WILLD.

6(2). Bltn. gelb; Blätt. lineal-lanzettl., fast kahl od. am Rand nur spärl. bewimpert, bläul.-grün, ihre Scheiden graubraun bis rot; Infl. aus geknäuelten, zieml. dicht sthd. Teilinfl.; Pfl. 10–20 cm hoch; ♃; VII–VIII. Humöse Weiden, Felsspalten der Ur-Alp. (1500–3000 m); *z* Vb, Ti. *Gelbe H.,* **L. lútea** (ALL.) DC.

— Bltn. weiß, rötl. od. braun ***7***

7. Blätt. fast kahl od. nur am Grd. bärtig; Hüllblätt. kürzer als der Bltnstand; Bltn. braun ***10***

— Blätt. am Rand u. an der Scheidenmündung ± stark lg.haarig bewimpert ***8***

8. Untere Hüllblätt. deutl. kürzer als der Bltnstand, nicht laubig; Blätt. starr, glzd.-dkgrün, 4–15 mm breit; Perigonblätt. braun; Pfl. 30–90 cm hoch; ♃; IV–V. [= *L. maxima* (REICHARD) DC.] *Wald-H.,* **L. silvática** (HUDS.) GAUD.

a. Pfl. kräftig, bis 90 cm hoch; Blätt. 10–20 mm breit; Infl. groß u. reich (mehrfach) verzweigt. Humusreiche Wälder, bes. der mont. Reg. (bis 2300 m); *v,* im N *z* bis *s.* ssp. **silvática**

– Pfl. zierlicher, Stg. zieml. dünn; Blätt. 4–6 mm breit; Infl. kleiner, wenig verzweigt. Meist Nadelwälder u. Zwergstrauchstufe der Alp.; *z* Allgäu, Au. (= *L. sieberi* TAUSCH) ssp. **síeberi** (TAUSCH) CIF. & GIAC.

— Hüllblätt. so lg. od. länger als der jeweilige Bltnstand, laubig ***9***

9. Bltn. schneeweiß, 4–6 mm lg., zu mehrbltgen Gruppen vereinigt, in dichten, aufrechten, doldenrispig zusammengezogenen Bltnständen; Kapsel ½ so lg. wie die Perigonblätt.; Pfl. 30–90 cm hoch; ♃; VI–VIII. Buschige Hänge, Bergwälder, Zwergstrauchreg. (bis 1700 m); *z* Alp. u. Vor-Alp. *Schnee-H.,* **L. nívea** (L.) DC.

— Bltn. weißl. od. rötl., 2–4 mm lg., zu 2–8 genähert, in locker zusammengesetzten Bltnständen; 3–4(–6) mm breit; Kapsel etwa so lg. wie die Perigonblätt; Pfl. 30–60 cm hoch; ♃; VI. Lichte, trockene Wälder; *v;* formenreich. [= *L. nemorosa* (POLL.) E. MEY., non HORNEM.; = *L. albida* (HOFFM.) DC.] (2ssp.) *Weiße H.,* **L. luzuloídes** (LAM.) D. & WILLM.

a. Infl. locker; Perigonblätt. weiß od. weißl. *v,* im N *z* bis *s* (*f* Da). ssp. **luzuloídes**

– Infl. dicht, zusammengezogen; Perigonblätt. rot überlaufen. Alp. (u. Voralp.?) *v,* S-Schw., Riesengeb. (genaue Verbreitung nicht bekannt). ssp. **cupréna** (ROCHEL ex A. & GR.) CHRTEK & KŘÍSA

10(7). Untere Stgblätt. 2–12 mm breit; Pfl. stets mit (meist verlängerten) Ausläufern; Bltnstand aufrecht; Bltn. 3–3,5 mm lg.; Perigonblätt. dkbraun, die inneren heller, gleich lg. od. die äußeren etwas kürzer, alle fein u. allmähl. zugespitzt u. an der Spitze fein gesägt; Fr. 3-seitig-kugelig, deutl. zugespitzt, rötl.gelb; ♃; VI–VII. (2 Kleinarten) *Kahle H.,* **L. glabráta** (HOPPE) DESV. (s. l.)

a. Pfl. nicht höher als 40 cm; Grdblätt. 6–12 mm breit; Perigonblätt. 2–2,5 mm lg.; Samen bis 1,8 mm lg. u. sein Anhängsel winzig (0,1 mm). Steinige Matten, Krummholzreg. (1700–2400 m); kalkliebend; *z* Alp. östl. des Inn. **L. glabráta** (HOPPE) DESV. (s. str.)

– Pfl. bis 70 cm hoch; Grdblätt. 2,5–6 mm breit; Perigonblätt. 2–2,5 mm lg.; Samen nur bis 1,2 mm lg. mit größerem Anhängsel (0,2 mm). Quellfluren, Runsen der mont. Reg.; kalkmeidend; *s* S-Schw., Vog. [= *L. glabrata* var. *desvauxii* (KTH.) BUCH]. **L. desvaūxii** KTH.

— Untere Stgblätt. 1–8 mm breit; Pfl. selten mit Ausläufern, diese meist kurz; Bltnstand oft überhängend bis nickend; Bltn. 2–2,5 mm lg.; Perigonblätt. dkbraun, gleich lg., ganzrandig, die äußeren allmähl. fein zugespitzt, die inneren blasser u. zieml. plötzl. stachelig zugespitzt; Fr. 3-seitig-eif., nur kurz zugespitzt, kastanienbraun (auch bis rötl.braun od. schwarzbraun); ♃; VI–VIII. Geröllhalden, feuchte Matten, Schneetälchen, Quellfluren (1100 bis

3000 m); kalkmeidend; *v* Alp. (Au, Allgäu; wenn Schw. u. Vog. → *L. desvauxii*!) (3 ssp.). [= *L. spadicea* (ALL.) DC.]

Braune H., **L. alpíno-pilósa** (CHAIX) BREISTROFFER ssp. **alpíno-pilósa**

11(1). Blätt. 1–3 mm breit, rinnig, am Rand kaum, hingegen an der Scheidenmündung deutl. bewimpert; Bltnstand eine dichte, bis 2,5 cm lg. Scheinähre; Pfl. 15–30 cm hoch; Samen nur mit sehr kleinem Anhängsel; ♃; VI–VII. Humöse Rasen, Felsen, Geröll (1500–3000 m); kalkmeidend; *v* bis *z* Alp., *s* im Riesengeb. (2 ssp.?). *Ähren-H.,* **L. spicáta** (L.) LAM. & DC. ssp. **spicáta**

— Blätt. flach, breiter; Samen mit deutl. Anhängsel ***12***

12. Perigonblätt. gleich lg. od. die äußeren wenig kürzer; Gr. so lg. wie od. länger als der Frkn.; ♃; III–V. Kalkmeidend. (2 Kleinarten)

Feld-H., **L. campéstris** (L.) DC. (s. l.)

a. Pfl. mit kurzen Ausläufern; Ährchen (Köpfchen) zu 3–6, kugelig-eif., je 6-bis 10-bltg.; Stbbeutel 2- bis 6-mal so lg. wie die Stbfäden; Pfl. 10–15 cm hoch. Wald- u. Wegränder, sonnig-trockene Orte; *g* (bis 2500 m); [= ssp. *vulgaris* (GAUD.) BUCH.] **L. campéstris** (L.) DC. (s. str.)

– Pfl. ohne Ausläufer; Ährchen zu 5–10, längl.-eif., je 8- bis 15-bltg.; Stbbeutel zuletzt nur wenig länger als die Stbfäden; Pfl. 20–50 cm hoch. Wälder, Sumpfränder, feuchte Wiesen; *v* (bis 2400 m); [= ssp. *multiflóra* (RETZ.) BUCH.] **L. multiflora** (RETZ.) LEJ.

— Perigonblätt. ungleich lg.; die inneren etwas kürzer, breiter u. weniger deutl. zugespitzt als die äußeren; Pfl. ohne Ausläufer, 20–50 cm hoch; Gr. deutl. kürzer als der Frkn.; ♃; VI–VIII. (2 Kleinarten)

L. sudética (WILLD.) DC. (s. l.)

a. Perigonblätt. dkpurpurn bis schwarzbraun; Köpfchen meist zu 3–5, oft dicht gedrängt; Anhängsel des Samens nur 1/5 bis 1/10 so lg. wie der Samen. Magerrasen, Heiden (bis 2300 m); *z* Alp. (in Dt nur Allgäu), M-Geb. *Sudeten-H.,* **L. sudética** (WILLD.) DC. (s. str.)

– Perigonblätt. gelbl.braun bis gelbl.weiß; Köpfchen meist zu 5–10, locker sthd.; Anhängsel des Samens 1/3 bis 1/2 so lg. wie der Samen. Lichte Wälder, Wegränder; *s* Ho, *z* im NO (westl. bis Me/Br/Th). [= *L. sudetica* ssp. *pallescens* (WAHL.) DOSTAL]

Bleiche H., **L. palléscens** (WAHL.) SW.

Zahlreiche **Bastarde**, wohl häufig übersehen u. schwierig zu erkennen!

Ordnung: **Cyperáles**

Familie: **Cyperáceae,** *Sauer-, Riedgräser*[1]

Meist feuchte Standorte besiedelnde Kräuter od. Stauden, mit oft 3-kantigem, selten knotig gegliedertem markigem Stg.; Blätter 3-zeilig gestellt, mit geschlossener, selten offener Scheide; Blüten klein, unscheinbar, zwittrig od. eingeschl., **stets** in der Achsel trockenhäutiger Tragblätter (= **Spelzen**), in 1- bis mehrblütigen Ährchen, diese einzeln od. zu Ähren, Köpfchen od. Spirren vereinigt u. aus der Achsel von Hüllblätt. entstehend; Blütenhülle in Form von Borsten (oft 6) od. Haaren, meist ganz fehlend; Staubblätt. 2–3; Frkn. oberst., 1-fächerig, Narben 2–3; Nußfr.

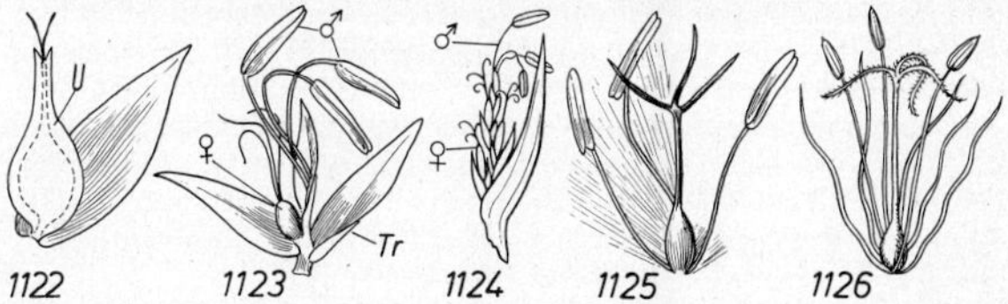

1122 1123 1124 1125 1126

1. Bltn. zwittrig (in der Achsel eines Tragblattes stehen Stbblätt. u. der Frkn. *1125;* bei *Elyna, 1123,* stehen je eine ♀ u. ♂ Blüte dicht beisammen!) ***4***

— Bltn. eingeschl. (Tragblätt. nur mit Stbblätt. **od.** Frkn. *1122, 162*); ♀ u. ♂ Bltn. aber oft im gleichen Bltnstand, selten 2-häusig; Bltnhülle fehlend ***2***

[1] Zur Bestimmung von Cyperaceen ist unbedingt eine gute Lupe erforderlich!

2. Frkn. (= ♀ Blüte) von einer krugf. geschlossenen, oft geschnäbelten Hülle (= Utriculus, *977 U*) umschlossen . . . . **Carex,** 518

— Frkn. frei, ohne Utriculus ***3***

3. Ährchen 2-bltg., aus je einer ♀ u. ♂ bestehend *(1123);* Tragblätt. der ♀ Blüte beide Bltn. umschließend; 10–20 Ährchen zu einer linealen, endst. 1–2,5 cm langen u. von den Blätt. meist überragten Ähre zusammentretend; Blätt. borstl., steif, meist länger als die Infl. . **Elyna,** 518

— Ährchen 4- bis 5-bltg., seine unteren Bltn. ♀, die oberen ♂; Tragblatt des Ährchens so lg. od. wenig länger als das Ährchen *(1124);* 4–10 solcher Ährchen zu einer im Umriß spitz-3-eckigen, endst., die Blätt. überragenden u. 1–2 cm langen Ähre zusammentretend; Blätt. rinnig gefaltet, etwas absthd., deutl. kürzer als die Infl. . . . . . . **Cobresia,** 518

4(1). Bltnstand **nach** der Blühzeit ohne Wollschopf ***6***

— Bltnstand **nach** der Blühzeit mit einem dichten od. lockeren weißen Wollschopf, der aus den sich verlängernden Perigonborsten hervorgeht *(1125* links, *1126)* ***5***

5. Wollhaare zahlr., dicht, glatt *(1125)* . . . . **Eriophorum,** 514

— Wollhaare meist 6 pro Blüte, gekräuselt *(1126)* **Scirpus hudsonianus,** 516

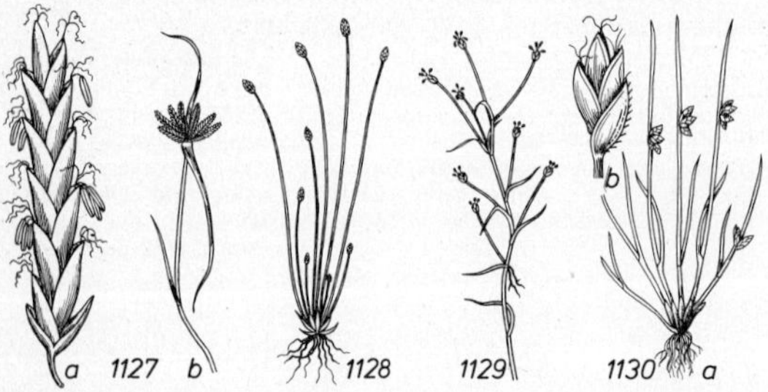

6(4). Gesamtbltnstand aus flachen Ährchen zusammengesetzt; diese entweder ungestielt od. büschelig *(1127b)* od. gestielt u. dann spirrig angeordnet; Einzelährchen reichbltg., mit dicht 2-zeilig stehenden, gekielten Tragblätt. *(1127a)* (nur bei *C. michelianus* sind die Tragblätt. 3-zeilig gestellt, Bltnstand u. Hüllblätt. aber wie in *1127b*) . . . . **Cyperus,** 513

— Tragblätt. der Bltn. nicht dicht 2-zeilig angeordnet (wenn 2-zeilig, dann locker u. in der Achsel jedes Tragblattes mehr als 1 Blüte) ***7***

7. Stg. mit einem einzelnen Bltnstand; dieser entweder endst., dichtbltg. u. kugelig-eif. *(1128–1129)* u. nur bei *Schoenus (1131–1132)* noch von einem Hüllblatt überragt **od.** scheinbar seitenst. u. dann meist ± geknäuelt-zusammengezogen u. von einem langen Hüllblatt geradlinig (ähnl. *160*) od. seitl. abgewinkelt überragt **od.** endst., lockerbltg., längl.-eif., bis 3 cm lg. *(1133)* u. zuw. noch mit einem längeren Hüllblatt (ledigl. bei *Rhynchospora,* Fig. *1134,* trägt der Stg. entfernt vom endst. Bltnstand noch 1–3 kleine, gestielte, u. ebenfalls gedrängtbltge Teilbltnstände) ***9***

— Stg. mit einem endst., zuw. scheinbar seitenst. (d. h. vom untersten Hüllblatt überragten) Bltnstand, der stets aus 2 bis zahlr. ährigen, kopfigen od. spirrigen Teilbltnständen besteht u. insgesamt eine einfache od. zusammengesetzte Spirre darstellt *(1130, 159)* . . . ***8***

8. Blätt. 10–15 mm breit, starr, graugrün, sehr scharf am ganzen Rand mit bis 0,5 mm langen Zähnchen gesägt; Ährchen zu 3–10 in lg. gestielten Köpfchen; Pfl. 80–200 cm hoch . . . . **Cladium,** 518

— Blätt. entw. rund u. binsenf. **od.** flach u. dann höchstens rauh **Scirpus,** 514

9(7). Stg. mit einem einzigen endst., kugelig-eif. Bltnköpfchen *(1128–1129);* dieses dicht mit spiralig gestellten Tragblätt., in deren Achsel sich je eine Blüte findet ***13***

— Bltnstand anders ***10***

10. Stg. mit einem einzigen, scheinbar seitenst., aus 1–10 knäuelig-zusammengedrängten, ungestielten u. mehrbltgen Ährchen bestehenden u. von 1 Hüllblatt meist weit überragten Bltnstand *(1130* u. ähnl. *160)* . . . . **Scirpus,** 514

— Bltnstand anders ***11***

11. Stg. mit einem endst., weißl. od. bräunl., von 1 Hüllblatt meist überragten, kopfig-zusammengezogenen Bltnstand; entfernt von diesem meist noch 1–3 kleinere, gestielte Teilbltnstände *(1134)* **Rhynchospora,** 518

— St. mit nur einem einzigen, deutl. endst., ährigen od. kopfigen Bltnstand ***12***

12. Bltnstand eine ± lockere, bis 3 cm lange, endst. Ähre; Ährenachse mit 2-zeilig gestellten Tragblätt. besetzt, in deren Achsel je 2–8 Bltn. *(1133);* die Tragblätt. der untersten 1–2 Ährchen häufig grün, laubblattart., zuw. die Ähre überragend . . . . . . **Scirpus** (= *Blysmus*), 515

— Bltnstand kopfig-zusammengezogen, mit 1 Hüllblatt, das den Bltnstand entweder deutl. überragt *(1131)* od. doch fast seine Länge erreicht *(1132);* Tragblätt. nicht 2-zeilig angeordnet; Pfl. horstbildend, 10–50 cm hoch . . . . **Schoenus,** 518

13(9). Oberste Blattscheide ohne od. mit verkümmerter Spreite **Eleocharis,** 517

— Oberste Blattscheide mit kurzer, aber deutl. Spreite . . . . . **Scirpus,** 514

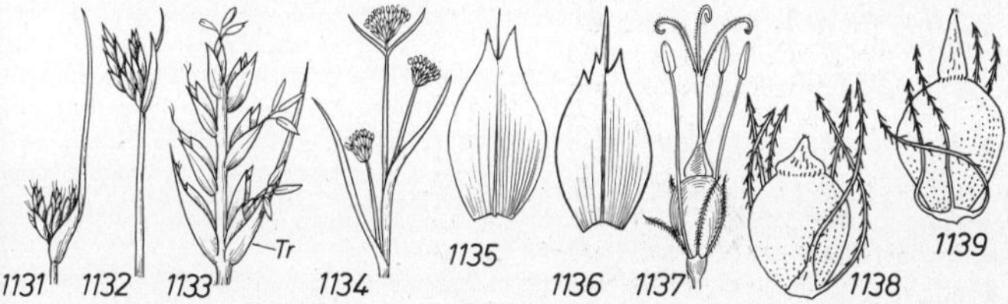

1131 1132 1133 1134 1135 1136 1137 1138 1139

1. Cýperus L. (incl. Dichostýlis P. B.), *Zypergras (1127)*

1. Pfl. ♃, 50–120 cm hoch, aufrecht, mit Ausläufern; Narben 3; Fr. dreikantig; Spelzen rotbraun; Spirre groß, mit ungleich lg. gestielten Ästen; V–X. Flußufer, Sumpfwiesen; nur Lindau (Bodensee), Sb (ob noch?). *Hohes Z.,* **C. lóngus** L.

— Pfl. ⨀, höchstens 30 cm hoch, liegend od. aufstgd., ohne Ausläufer ***2***

2. Tragblätt. schwarz od. grünl.-braun, grün gekielt; Narben 3; Fr. dreikantig; Stg. scharf 3-kantig; ⨀; VII–IX. Ufer, Moorböden, schlammige Sand- u. Tonböden (bis 1000 m); kalkmeidend; *z,* im N *s.* *Braunes Z.,* **C. fúscus** L.

— Tragblätt. hellgelb bis weißl., mit grünem Kiel; Narben 2; Fr. linsenf. ***3***

3. Tragblätt. 2-zeilig gestellt, eif. bis breit-eif., spitzl., gelbl.; Stbblätt. meist 3; Hüllblätt. 2–3; Stg. stumpf-3-kantig; Fr. dkbraun; ⨀; VII–X. Sumpfwiesen, Flachmoore, Sandböden (bis 1400 m); *z, f* in NW-Dt, Da. *Gelbliches Z.,* **C. flavéscens** L.

— Tragblätt. zerstreut angeordnet, längl. zugespitzt, weißl.; Stbblätt. meist 2; Hüllblätt. 3–5; Stg. 3-kantig; Fr. hellbraun; ⨀; VII–IX. Schlammig-sandige

Ufer; nur Schl u. SaAn (mittl. Elbe: Wittenberg-Coswig). (= *Scirpus michelianus* L.; = *D. micheliana* (L.) NEES]
Michelis Z., **C. micheliánus** (L.) DELILE em. LK.

2. Erióphorum L., *Wollgras*

1. Ährchen zu mehreren, zur Frzeit überhängend *3*
— Ährchen einzeln, endst., aufrecht *2*
2. Pfl. ohne Ausläufer, dichtrasig, 30–70 cm hoch; Stg. oben 3-kantig; oberste Blattscheide aufgeblasen, mit verkümmerter Spreite; Blätt. am Rand schwach rauh; ♃; III–IV. Hochmoore, Waldsümpfe; *v* u. gesellig bis *z* (bis 2600 m). *Scheiden-W.*, **E. vaginátum** L.
— Pfl. mit Ausläufern, lockerrasig, 15–30 cm hoch; Stg. rund; oberste Blattscheide wenig aufgeblasen, mit kurzer, breiter Spreite; Blattränder glatt; ♃; VII–VIII. Tümpel, Wasserläufe; *z* Alp. (1500–2600 m).
Scheuchzer's W., **E. scheúchzeri** HOPPE
3(1). Pfl. ohne Ausläufer; oberste Blattscheide dem stumpf-3-kantigen Stg. dicht anlgd.; Ährchenstiele rauh; Fr. rotbraun, 3 mm lg.; Blätt. flach, 3–8 mm breit; Ährchen 4–12; Tragblätt. 1-nervig; ♃; IV–V. Sumpfwiesen, Flachmoore; *v* bis *z* (bis 2000 m). (= *E. polystachyon* L. p.p.).
Breitblättriges W., **E. latifólium** HOPPE
— Pfl. mit Ausläufern; oberste Blattscheide meist aufgetrieben; Ährchen 2–5 . . . . *4*
4. Stg. stielrund od. nur im oberen Teil stumpf 3-kantig; 20–70 cm hoch; Ährchenstiele glatt; Blätt. 3–4 (1–6) mm breit; Fr. 3 mm lg.; Tragblätt. 1-nervig; ♃; III–V. Sümpfe, Flachmoore; *v* (bis 2000 m). (= *E. polystachyon* L. p.p.) *Schmalblättriges W.*, **E. angustifólium** HONCK.
a. Blätt. 3–4(–6) mm breit, nur an der Spitze 3-kantig; Ährchen 1,5–2 cm lg.; *v.* ssp. **angustifólium**
– Blätt. (1–)2–3 mm breit, fast in ihrer ganzen Länge 3-kantig, deutl. kürzer als beim Typus; Ährchen 1–1,5 cm lg. u. kürzer gestielt; Stg. höchstens 30 cm lg.; Alp., Fichtelgeb., Th., NW-NS, SH (wo noch?). ssp. **alpínum** (GAUD.) A. & GR.
— Stg. 3-kantig, schlank, oft übergebogen, 10–40 cm hoch; Ährchenstiele kurz rauhhaarig; Blätt. 1–2 mm breit; Fr. gelbbraun, 2 mm lg; Tragblätt. am Grd. vielnervig; ♃; V–VI. Flach- u. Torfmoore (bis 1700 m); sehr *z* bis *s*.
Schlankes W., **E. grácile** KOCH

3. Scírpus L. (s. l.)., *Simse, Binse*

(einschl. **Isolépis** R. BR., **Trichóphorum** PERS., **Blýsmus** PANZER ex SCHULT., **Holoschoénus** LK., **Bolboschoénus** (ASCH.) PALLA, **Schoenopléctus** (RCHB.) PALLA, **Eleogíton** LK. u. **Baeothrýon** EHRH. ex DIETR.)

1. Ährchen sitzend, in kugeligen Köpfchen, von diesen eines meist sitzend, die übrigen lg. gestielt; Gesamtbltnstand scheinbar seitenst., von einem die Fortsetzung des Stg. bildenden Hüllblatt weit überragt *(167);* Tragblätt. schwarzrot, gewimpert; obere Blattspreiten fadenf., rinnig; Pfl. 30–100 cm hoch; ♃; VII–VIII. Sandige Ufer, Sumpfwiesen, Kiefernwald; *s* in Schl, Br, bei Magdeburg u. Straßburg, Be? (= *Holoschoenus vulgaris* LK.)
Kugel-S., **S. holoschoénus** L.
— Ährchen nicht in mehreren kugeligen Köpfchen *2*
2. Ährchen kugelig-eif., bis 5 mm groß, lg.gestielt u. seitenst., zu mehreren an meist flutenden od. doch niederlgden Sprossen mit verlängerten Internodien *(1129);* Pfl. zuw. mit ± aufrechten Trieben u. verkürzten Internodien (Landform); Narben 2; Stbblätt. 3; ♃; VII–IX. Heidetümpel, Gräben; *z* im NW u. N (südl. bis Bonn, Sa). [= *Isolepis fluitans* (L.) R. BR., = *Eleogiton fluitans* (L.) LK.] *Flutende Moorbinse*, **S. fluitans** L.
— Ährchen zahlreich, gestielt u. spirrig angeordnet *(159)* **od.** zu mehreren locker bis knäuelig-zusammengezogen u. scheinbar seitenst. *(1130* u. ähnl. *160)* **od.** zu mehreren locker am Stgende in einer endst., bis 3 cm langen

Ähre angeordnet *(1133)* **od.** einzeln, endst., aufrecht u. ohne Hüllbl. (ähnl. *1128)* ***3***

3. Ährchen einzeln, endst., bis 7 mm lg., stets ohne Hüllblätt. (= *Trichophorum – Haarbinse)* ***17***

— Ährchen anders angeordnet; Infl. fast stets mit 1 bis mehreren lg. Hüllblätt. (wenn ohne Hüllblätt., dann nur mit einer lockerbltgen, deutl. endst. u. bis 3 cm lg. Ähre) ***4***

4. Ährchen zu 1–10, ungestielt u. daher knäuelig-zusammengezogen, scheinbar seitenst.; 1 Hüllblatt meist geradlinig in Fortsetzung des Stg. stehend (zuw. seitl. abgewinkelt) ***14***

— Ährchen anders angeordnet ***5***

5. Bltnstand eine ± lockere, bis 3 cm lg. endst. Ähre; Ährenachse mit 2-zeilig gestellten Tragblätt., in deren Achsel sich je 2–8 Bltn. finden *(1133);* die Tragblätt. der untersten 1–2 Ährchen häufig grün, laubblattart., zuw. die Ähre überragend (= *Blysmus – Quellried)* ***13***

— Ährchen in deutl. endst. od. scheinbar seitenst. Spirre angeordnet . ***6***

6. Gesamtbltnstand deutl. endst., seine Ährchen meist locker spirrenart., selten köpfchenart. angeordnet, an seiner Basis meist mehrere lange, seitl. absthd. u. z. T. den Bltnstand überragende Hüllblätt. ***10***

— Gesamtbltnstand scheinbar seitenst., seine Ährchen locker- od. gedrängt spirrenart. angeordnet, an seiner Basis mit nur 1 langen Hüllblatt, das in ± geradliniger Fortsetzung des Stg. steht *(1130, 160, = Schoenoplectus)* ***7***

7. Stg. entweder in seiner gesamten Länge od. doch oberw. stumpf- od. deutl. 3-kantig; Pfl. 30–100 cm hoch ***9***

— Stg. bis zum Bltnstand stielrund ***8***

8(7 u. ***11).*** Narben 3; Tragblätt. glatt od. über dem Mittelnerv punktiert; Fr. undeutl. 3-kantig; Stg. bis 1,5 cm dick u. 1–3(–4) m hoch, grün; ♃; VI–VII. Seen, Teiche; *v* u. gesellig (bis 1400 m). [= *Sch. lacustris* (L.) Palla]
Flecht-S., Sumpf-B., **S. lacústris** L.

— Narben 2; Tragblätt. rauh punktiert; Fr. 2-kantig; Stg. nur bis 1 cm dick u. 0,5–1,5 m hoch, graugrün; ♃; VI–VII. Röhrichte, Gräben, Sumpf- u. Salzwiesen; *z.* [= *Sch. tabernaemontani* (Gmel.) Palla; = *S. lacustris* ssp. *tabernaemontani* (Gmel.) Syme] *Stein-S., Salz-B.,* **S. tabernaemontáni** Gmel.

9(7). Stg. in seiner ganzen Länge 3-kantig, meist dicker als 4 mm; Spreite der grdst. Blätt. höchstens 1 cm lg.; Perigonborsten so lg. od. etwas kürzer als die Fr.; Ährchen gestielt; ♃; VI–VII. Gräben, Tümpel, Flußufer; *s* (Rhein mit Nebenflüssen, Unterlauf der in die Nordsee mündenden Flüsse, Donau (nur im O), Th, Be, Vb, Sb?). [= *Sch. triqueter* (L.) Palla]
Dreikantige S., **S. tríqueter** L.

— Stg. nur oberwärts 3-kantig, bis 4 mm dick; Spreite der grdst. Blätt. zuw. bis 5 cm lg.; Perigonborsten etwa doppelt so lg. wie die Fr.; Ährchen sitzend; ♃; VII–VIII. Brackwasserröhrichte, Strandseen; *s* Ostseeküste: Rügen u. weiter östl. [= *Sch. kalmussii* (Asch., Abr. & Gr.) Palla]
Ostsee-S., **S. kalmússii** Asch., Abr. & Gr.

10(6). Tragblätt. an der Spitze ausgerandet, mit Stachelspitze *(1135);* Bltnstand viel kürzer als die Hüllblätt., einfach kopfig od. eine einfache Spirre; Ährchen groß, meist 10–20 mm lg., braun; Pfl. 30–120 cm hoch; Stg. scharf 3-kantig; ♃; VI–VII. Gräben, Seen; *v* Meeresküsten, sonst *z,* vor allem an salzhaltigen Stellen, *f* Sb, Ti. [= *Bolboschoenus maritimus* (L.) Palla]
Strand-S., Meer-B., **S. marítimus** L.

— Tragblätt. nicht ausgerandet; Bltnstand eine lockere, zusammengesetzte Spirre; Ährchen klein, 3–6 mm lg. (= *Scirpus* s. str.) ***11***

11. Stg. stielrund; Hüllblätt. kürzer als die Spirre, am Grd. rinnig, oberw. stielrund ***8***

— Stg. stumpf- oder scharf 3-kantig; Hüllblätt. flach, meist länger als die Spirre ***12***

12. Ährchen zu 3–7 gehäuft am Ende der Spirrenäste, seltener einzeln; Tragblätt. schwach gekielt, mit einem feinen Spitzchen; Perigonborsten 6, gerade, rauh, so lg. wie die Fr.; Stg. stumpf 3-kantig; ♃; VI–VII. Feuchte Wälder, Sumpfwiesen (bis 1700 m); *v.* *Wald-S.,* **S. silváticus** L.

— Ährchen meist einzeln am Ende der Spirrenäste; Tragblätt. nicht gekielt, ohne Spitzchen; Perigonborsten geschlängelt, glatt, 2–3-mal so lg. wie die Fr.; Stg. scharf 3-kantig; unfruchtbare Triebe bogenf. zur Erde neigend u. an der Spitze wurzelnde Laubtriebe treibend; ♃; V–VII. Flußufer, Sumpfwiesen; sehr *z,* im O häufiger, *f* Be, Ho, NS, Da, Me, Lx, He, We, Au. *Wurzelnde S.,* **S. radícans** SCHK.

13(5). Ährchen 6–8-bltg., zu 5–12 eine bis 3 cm lange Ähre bildend; Perigonborsten rückw. rauh; Blattspreite unterst. gekielt; Tragblätt. braun mit grünem Mittelstreif; Stg. oberw. stumpf-3-kantig; Pfl. 10–40 cm hoch, grasgrün; ♃; VI–VIII. Sumpfwiesen, Ufer (bis 2300 m); *z.* [= *B. compressus* (L.) PANZ. ex LK.; = *S. caricinus* SCHRAD.) *Zusammengedrücktes Quellried,* **S. planifólius** GRIMM

— Ährchen meist 3-bltg., zu 3–7 in einer kurzen Ähre *(1133);* Perigonborsten 0–2, weichhaarig; Blattspr. nicht gekielt, flach; Tragblätt. einfarbig braun; Stg. stielrund; Pfl. 10–25 cm hoch, graugrün; ♃; V–VII. Strandwiesen der Küsten *z* (*f* Be, OPr), *s* in Br, SaAn. [= *B. rufus* (HUDS.) LK.] *Fuchsrotes Quellried,* **S. rúfus** (HUDS.) SCHRAD.

14(4). Pfl. ☉ (selten ♃, dann aber Stg. fast fädig dünn), 5–15 cm, selten bis 30 cm hoch *(Isolepis-Moorbinse)* ***16***

— Pfl. ♃, entweder dichte Horste bildend od. mit kräftigen, verlängerten Ausläufern, 30–90 cm hoch (= *Schoenoplectus)* ***15***

15. Pfl. horstf. wachsend, ohne Ausläufer; alle Blätt. des Bltnstg. spreitenlos (= Niederblätt.); Tragblätt. ganzrandig, in eine abgerundete kurze Spitze auslaufend, weißl., mit grünem Kiel u. rotbraun berandet; Narben 3; Perigonborsten 6; Fr. ± kugelig, 1,5–2 mm lg.; ♃; VIII–X. Teiche, Sümpfe; *s* (Vb, E, BW, Ba, Schl). [= *Sch. mucronatus* (L.) PALLA] *Stachelspitzige B.,* **S. mucronátus** L.

— Pfl. mit weithin kriechender Achse u. Ausläufern; die beiden obersten Blätt. des Bltnstg. mit kürzerer od. bis 20 cm langer Spreite; Tragblätt. an der Spitze eingeschnitten u. stachelspitzig *(1136),* rotbraun, mit hellerem Mittelstreif u. graubraun berandet; Narben 2; Fr. eif., 2,5–3 mm lg.; Perigonborsten 0–2; ♃; VII–VIII. Ufer, Flüsse, Seen; *s* Ho, NS, SH, Po, OPr, E. [= *Sch. americanus* (PERS.) VOLKART] [= *Sc.* et *Sch. americanus* auct.) *Amerikanische B.,* **S. púngens** VAHL

16(14). Ährchen eif., 2–3 mm lg., einzeln od. zu 2 (selten bis 10); Hüllblätt. kürzer als der Stg.; Stbblätt. 2; Fr. längsrippig; ☉–♃; VI–X. Feuchte Sandböden, Ufer, nasse Wege u. Äcker; *z* u. unbeständig, *f* OPr. [= *I. setacea* (L.) R. BR.] *Borstige M.,* **S. setáceus** L.

— Ährchen längl., 5–10 mm lg. zu 3–5 (selten bis 10); Hüllblätt. straff aufrecht, so lg. od. länger als der Stg. *(1130);* Stbblätt. 3; Fr. querrunzelig; ☉; VI–X. Schlammböden, Ufer; *s* Br, Fr, RhPf, E, BW (vielfach erloschen). [= *I. supina* (L.) R. BR.; = *Sch. supinus* (L.) PALLA] *Niederliegende M.,* **S. supínus** L.

17(3). Ährchen mit wenigen, lockeren u. fein gekräuselten Wollhaaren (= Perigonborsten, *1126*), die Tragblätt. zuletzt überragend, zur Blütezeit also mit lockerem Wollschopf; Ährchen meist 8–12 bltg.; Bltnstg. 3-kantig, rauh; ♃; IV–V. Hochmoore, bes. der mont. Reg. (bis 2000 m); Alp. u. Vorland *z,* aber *h, s* in N-Dt, Da, *f* in M-Dt, Ho, Be. [= *Eriophorum alpinum* L.; = *T. alpinum* (L.) PERS.; = *S. trichophorum* A. & GR.; = *Baeothryon alpinum* (L.) EGOR.] *Alpen-H.,* **S. hudsoniánus** (MICHX.) FERNALD

— Perigonborsten nicht verlängert, die Tragblätt. nicht überragend, zur Blütezeit also ohne Wollschopf, Ährchen meist 3–6bltg.; Bltnstg. stielrund; Pfl. kompakte Horste bildend; ♃; V–VI. Auf Flach- u. Hochmooren bestandsbil-

dend (bis 2300 m); *v* Alp. u. Vorland, sonst *z, f* in Sa. (2 ssp.). [= *T. caespitosum* (L.) HARTM.; = *Baeothryon caespitosum* (L.) DIETR.]
Rasen-H., **S. caespitósus** L.

Bastardbildung! Am häufigsten *S. lacustris* × *S. triqueter* = **S.** × **carinátus** SM.

4. Eleócharis R. BR. (= *Heleocharis), Sumpfried*

1. Stg. 4-kantig, gefurcht, fadendünn, bis 10 cm lg.; Ährchen 4 mm lg., spitz; Narben 3; Fr. längsrippig; Pfl. rasenf., mit kriechendem, auch verzweigtem Rhizom; ♃; VI–X. Ufer, Gräben, feuchte Wiesen, wechseltrockene Teiche (bis 1000 m); *z* (seltener werdend). *Nadel-S.,* **E. aciculáris** (L.) R. & SCH.

— Stg. rundl.; Narben 2–3 . . . . *2*

2. Ährchen 3-bis 7-bltg.; Narben 3; Gr. am Grd. nicht verdickt *8*

— Ährchen (10-)20- bis 30-bltg.; Narben 2–3; Gr. am Grd. verdickt *(1137);* Stg. (vor allem trocken) meist fein gerillt *3*

3. Narben 3 *(1137);* Fr. scharf 3-kantig; Ährchen bis 13 mm lg.; Tragblätt. stumpf, braun, mit grünem Mittelstreifen, weißhautrandig; Stg. oft liegend u. an der Spitze wurzelnd; Pfl. dichtrasig wachsend; ♃; VI–VIII. Heidemoore; *v* im NW, *z* Da, Po u. südl. bis Be/E(W-Grenze)/Pf/We/Sa/Schl.
Vielstengeliges S., **E. multicaúlis** SM.

— Narben 2; Fr. bikonvex, zusammengedrückt *4*

4. Ährchen 3–5 mm lg., im Umriß eif.; Tragblätt. stumpf; eif. bis abgerundet-rhombisch; Fr. scharfrandig; Pfl. dichtrasig, ohne Ausläufer, gelbl.-grün, 5–35 cm hoch; ⨀; VI–VIII. Schlammige Ufer; *z* bis *s* u. unbeständig, *f* in Vb, Ti, Po, Me, Da. [= *E. soloniensis* (DUB.) HARA]
Eiförmiges S., **E. ováta** (ROTH) R. & SCH.

— Ährchen 5–20 mm lg. (selten kürzer), im Umriß längl.-spitz, obere Tragblätt. spitzl.; Fr. am Rand abgerundet; Pfl. mit unterirdischen Ausläufern [= *E. palustris* (L.) R. & SCH., s.l.] *5*

5. Unterstes Tragblatt blütenlos, am Grd. fast das gesamte, bis 12 mm lg., schlanke Ährchen umfassend; Pfl. grasgrün; Stg. dünn, glzd.; Perigonborsten meist 4, zuw. rudimentär (mehrere Bltn. untersuchen!), nicht länger als der der Fr. aufsitzende verdickte Gr.teil; ♃; V–VIII. Flachmoore, Seggenbestände, Gräben, nasse Wegränder (bis 1200 m); wohl *z* (wo?, genaue Verbreitung?). *Einspelziges S.,* **E. uniglúmis** (LK.) SCHULT.

— Unterstes Tragblatt am Grd. nur das halbe Ährchen umfassend, hierdurch das nächsthöhere fast gegenst. erscheinend, beide blütenlos . . . *6*

6. Stg. ± starr, matt- bis graugrün, trocken, kaum gefurcht, im Querschnitt mit über 20 Leitbündeln, Tragblätt. zur Frzeit bleibend; Perigonborsten 3–4, zuw. rudimentär, nicht länger als die Fr. *(1137);* ♃; V–VIII. Verlandungszonen, Flachmoore, Seggenbestände, nasse Wiesen (bis 2000 m); *v.* (2 ssp., ob sicher trennbar?). *Gemeines S.,* **E. palústris** (L.) R. & SCH. (s. str.)

— Stg. ± weich, hellgrün, trocken deutl. gefurcht, im Querschnitt mit 8–16 Leitbündeln; Tragblätt. zur Frzeit abfallend *7*

7. Stg. im Querschnitt mit 8–12 Leitbündeln; verdickter Gr.teil breiter als hoch; Perigonborsten meist 6 (5–8), länger als die Fr. mit dem verdickten Gr.teil *(1138);* ♃; V–VIII. Flach- u. Zwischenmoore, Schlammböden; wohl *s* (wo?; genaue Verbreitung? vermutl. im O häufiger u. *f* E, Be, Ho, Da, SH?, S-Ba, Ti). *Warzenfrüchtiges S.,* **E. mamilláta** LINDB. f.

— Stg. im Querschnitt mit 12–16 Leitbündeln; verdickter Gr.teil höher als breit; Perigonborsten meist 5 (4–6), so lg. wie die Fr. ohne Gr. *(1139);* ♃; V–VIII. Wohl *z* in Alp. u. Vorland (wo?; bisher verkannt!).
Österreichisches S., **E. austríaca** HAY.

8(2). Stg. zart, 3–8 cm hoch, oft durchscheinend, am Grd. ohne od. mit zarthäutigen Blattscheiden, mit haardünnen Ausläufern, diese am Ende mit weißl. Knöllchen (Knospen); Ährchen 3- bis 5-bltg.; die unteren Tragblätt. 3/4 so lg. wie das Ährchen; Perigonborsten etwas länger als die Fr.; ♃;

V–IX. Salzhaltige Stellen der Küsten; *z* Ostsee, *s* Nordsee (nur SH), bei Eisleben (An; ob noch?).

Kleines S., **E. párvula** (R. & SCH.) LK. ex BLUFF, NEES & SCHAUER

— Stg. kräftig, 5–25 cm hoch, am Grd. mit derben braunroten Blattscheiden; Ausläufer am Ende ohne auffällige Knospen; Ährchen 3- bis 7-bltg.; das unterste Tragblatt so lg. wie das Ährchen u. dieses umfassend; Perigonborsten meist etwas kürzer als die Fr.; ♃; V–VI. Nasse Wiesen, Ufer (bis 2000 m); *z* [= *E. pauciflora* (LIGHTF.) LK.]

Armblütiges S., **E. quinqueflóra** (F. X. HARTMANN) O. SCHWARZ

5. Schoénus L., *Kopfried*

1. Grdst. Blattscheiden schwarzbraun; Grdblätt. 1/2 so lg. wie der Stg.; Köpfchen mit 5–10 Ährchen, vom Hüllblatt weit überragt *(1131);* Perigonborsten kürzer als die Fr.; ♃; VI–VII. Wiesen, Waldmoore (bis 1500 m); *z* im N (*f* OPr, NS (ohne Inseln), *s* Au, Ba, BW, Rheinl., Th).

Schwarzes K., **Sch. nígricans** L.

— Grdst. Blattscheiden dk.braunrot; Grdblätt. höchstens 1/3 so lg. wie die Stg.; Köpfchen mit 2–3 Ährchen, vom unteren Hüllblatt kaum überragt *(1132);* Perigonborsten länger als die Fr.; ♃; IV–VII. Flachmoore; *z* im S (Au, Ba, BW), sonst *s* in Be, Da, Th, Br, Me, S-SaAn.

Rostrotes K., **Sch. ferrugíneus** L.

6. Cládium P. BR., *Schneide.* Pfl. 80–200 cm hoch, mit Ausläufern; Stg. stielrund od. stumpf 3-kantig; Ährchen zu 3–10 in lg. gestielten Köpfchen, diese in einer endst., zusammengesetzten Spirre angeordnet; Blattränder schneidend rauh; ♃; VI–VII. Sümpfe, Moore (bis 800 m); kalkliebend; sehr *z.* **C. maríscus** (L.) POHL

7. Rhynchóspora VAHL, *Schnabelried (1134)*

1. Ährchen weiß; endst. Bltnstand nur wenig kürzer als sein Hüllblatt; Pfl. mit kurzen Ausläufern; Stbblätt. 2; ♃; VII–VIII. Hoch- u. Heidemoore; *z*, aber *h* bestandsbildend. *Weißes Sch.*, **Rh. álba** (L.) VAHL

— Ährchen gelbbraun; Bltnstand viel kürzer als sein Tragblatt; Pfl. mit längeren Ausläufern; Stbblätt. 3; ♃; V–VII. Wie vorige; *z* im NW u. N, sonst *s*.

Braunes Sch., **Rh. fúsca** (L.) AIT.

8. Élyna SCHRAD., *Nacktried.* Pfl. dicht-horstf., 10–20 cm hoch; Blattspreite steif, borstenf., länger als die Ähre, diese endst., bis 2,5 cm lg. *(1123);* ♃; VI–VIII. Trockene, humöse Matten; kalkliebend; Alp. (1800–3100 m) *z.* [= *E. bellardi* (ALL.) K. KOCH; = *Kobresia myosuroides* (VILL.) FIORI]

E. myosuroídes (VILL.) FRITSCH

9. Kobrésia WILLD., *Schuppenried.* Pfl. dicht-horstf., 5–20 cm hoch; Blattspr. rinnig, kürzer als der Stg.; Ähre endst., bis 3 cm lg. *(1124);* ♃; VII–VIII. Quellige Orte u. trockene Matten (1600–2800 m); *z* Ti, Sb, um Berchtesgaden. (= *K. caricina* WILLD.) **K. simpliciúscula** (WAHL.) MACKENZIE

10. Cárex L., *Segge*[1]

Jede in der Achsel eines Tragblattes[2] stehende ♀ Blüte *(1122)* stellt ein 1-bltges Ährchen dar; die sehr kurze Ährchenachse, die an der Spitze einen nackten Frkn. trägt, ist gewöhnlich vom Utriculus, der dem an seinen Rändern verwachsenen Vorblatt entspricht, eingeschlossen *(1122);* Fr. zusam-

[1] Die meisten Arten lassen sich mit Sicherheit nur mit bereits *ausgereiften Früchten* bestimmen. Außerdem sind in zahlreichen Fällen für die Bestimmung auch die noch blühende Pflanze *(Anzahl der Narben!)* und ihre unterirdischen Organe *(Ausläufer!)* erforderlich.

[2] Mit *Tragblätter* sind in der Tabelle stets diejenigen der ♀ Blüten gemeint!

men mit dem Schlauch abfallend (in der Tabelle als Fr. bezeichnet). Die Fr. (bzw. der Utriculus) ist spitzenw. entweder ohne Verlängerung (z. B. *1150)* od. ihr Spitzenteil ist flaschenhalsf. verlängert („geschnäbelt"). Im letzteren Fall kann der Schnabel entweder gestutzt (z. B. *1166)* od. gezähnt (z. B. *1164)* sein. Ährchen zu Ähren zusammentretend.[3]

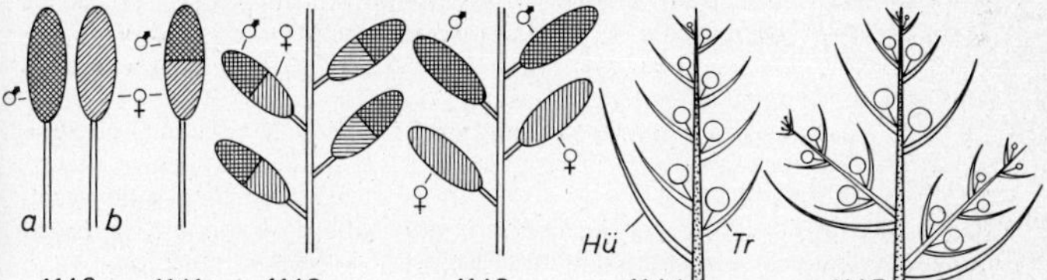

1140 1141 1142 1143 1144 1145

1. Stg. mit nur 1 endst., entw. ♂ od. ♀ *(1140a–b)* od. gemischt-geschl. *(1141)* Ährchen.[4] Untergattung: *Einährige Seggen,* **Primocarex,** 519
— Stg. mit mehreren kopfig, knäuelig, traubig, ährig od. rispig angeordneten Ährchen ***2***
2. Alle Ährchen gleich, mit ♀ u. ♂ Bltn. *(1142 ♀, ♂).*
Untergattung: *Gleichährige Seggen,* **Vignea,** 520
— Ährchen getrenntgeschl.; die oberen mit ♂; die unteren mit ♀ Bltn. *(1143)* (einige Ährchen zuw. ♀ u. ♂ Bltn. enthaltend)
Untergattung: *Verschiedenährige Seggen,* **Carex,** 525

1146 1147 1148 1149 1150 1151 1152 1153 1154

Untergattung: **Primocárex,** *Einährige Seggen*

1. Pfl. einhäusig; Ährchen an der Spitze mit ♂, an der Basis mit ♀ Bltn. *(1141)* ***3***
— Pfl. zweihäusig; Ährchen nur mit ♂ *(1140a)* od. ♀ Bltn. *(1140b)* . . ***2***
2. Stg. glatt; Ährchen dichtfrüchtig; Fr. kurz geschnäbelt, 3 mm lg., zuletzt oft waagerecht abstehend; Pfl. lockerrasig, mit Ausläufern; ♃; IV–V. Hochmoore, Sumpfwiesen (bis 2000 m); sehr *z* bis *s* (*f* Be).
Zweihäusige S., **C. dioíca** L.
— Stg. oberwärts meist rauh; Ährchen lockerfrüchtig, 1–2 cm lg.; Fr. lg. geschnäbelt, 4 mm lg.; Pfl. horstbildend, ohne Ausläufer; ♃; IV–VI. Flachmoore, Riedwiesen (bis 2200 m); kalkliebend; *z* aber oft *h* im S, sonst *s, f* Be, Ho, Da, OPr, SaAn, Br. *Torf-S.,* **C. davalliána** Sm.

[3] Der Einfachheit halber werden in der Tabelle das 1-bltge ♀ Ährchen als ♀ Blüte u. die aus meist zahlreichen 1-bltgen Ährchen zusammengesetzte ♂ u. ♀ Ähre als *Ährchen* bezeichnet.

[4] Bei (scheinbar) 1-ährigen *Carex*-Arten vergewissere man sich sorgfältig, ob wirklich alle Tragblätt. an der Hauptachse stehen *(1144)* od. ob nicht die Gesamtinfl. in Wirklichkeit verzweigt ist und nur die meist kurzen Seitenzweige dem Endährchen genähert sind u. dadurch ein kopfiges Einzelährchen vortäuschen *(1145,* im Umriß). Solche Infl. (= Ähren) sind „nicht unterbrochen"; bei den meisten *Vignea*-Arten sind die Ährchen – zumindest die unteren – deutl. voneinander entfernt, d. h. die Infl. ist „unterbrochen".

3(1). Narben 3 . . . . *5*
— Narben 2 . . . . *4*

4. Ährchen fast kugelig, bis 8 mm lg. *(1146);* Schläuche flach zusammengedrückt, aufrecht absthd., länger als die bleibenden, hellbraunen, weißhautrandigen Tragblätt.; Blätt. borstl. rinnig gefaltet; Pfl. dichtrasig, 15–20 cm hoch; ♃; V–VI. Moore; sehr *s* Ti (Ob-Schwaben u. Ob-Ba?). *Kopf-S.,* **C. capitáta** L.

— Ährchen verlängert, 1–2 cm lg., mit nur 5–10 ♀ Bltn. *(1147);* Tragblätt. rostrot mit grünem Mittelnerven, hinfällig; Fr. 4–5 mm lg., zuletzt herabgeschlagen; Pfl. lockerrasig, 5–25 cm hoch; ♃; V–VI. Sumpfwiesen, Flachmoore (bis 2000 m); *z.* *Floh-S.,* **C. pulicáris** L.

5(3). Fr. schmal-kegelf., herabgeschlagen, von einer grannenart. Achsenspitze überragt *(1148);* Ährchen etwa 1 cm lg.; Tragblätt. spitz, dk.-braun mit grünen Mittelnerven, hinfällig; Pfl. ausläuferbildend, 7–15 cm hoch; ♃; V–VII. Flachmoore; sehr *s* OPr, Ti (Fimbertal) (Württ?, Ba.?). *Grannen-S.,* **C. microglóchin** Wahl.

— Fr. ohne grannenart. Achsenspitze (z. T. aber mit verlängerten Gr.) *6*

6. Ährchen wenigbltg., mit 2–4 ♀ u. 1–2 ♂ Bltn. (letztere zur Frzeit vertrocknet), 1–2 cm lg.; Fr. spindelf., zugespitzt, strohgelb, zuletzt zurückgeschlagen *(1149);* Tragblätt. hinfällig; Pfl. mit oberirdischen Ausläufern, 5–20 cm hoch; ♃; V–VII. Heide- u. Hochmoore (bis 2100 m); *z* bis *s, f* Be, Ho, SH?, We, Br, He. *Armblütige S.,* **C. pauciflóra** Lightf.

— Ährchen reichbltg.; Fr. aufrecht; Tragblätt. bleibend *7*

7. Fr. verkehrt-eif., kurz gestutzt *(1150),* glanzlos, kürzer als die Tragblätt.; Ährchen 10–15 mm lg., an der Basis mit 3–6 ♀ Bltn.; Stg. stumpf 3-kantig, unter den Ährchen etwas rauh; Pfl. ausläuferbildend, 5–15 cm hoch; ♃; VI–VII. Felsige Matten, Schutt (bis 3000 m); kalkliebend; *s* Allgäu (bei Pfronten), Ti, Sb, Gesenke. *Felsen-S.,* **C. rupéstris** All.

— Fr. stumpf 3-kantig, glzd. braungelb, kurz geschnäbelt, Schnabel gezähnt *(1151),* etwa doppelt so lg. wie die Tragblätt.; Stg. am Grd. mit purpurbraunen Niederblätt.; Pfl. ausläuferbildend, 5–25 cm hoch; ♃; IV–V. Trockene Sandböden; nur Br (bei Rathenow, Vierraden/Oder), bei Leipzig?. *Stumpfe S.,* **C. obtusáta** Lilj.

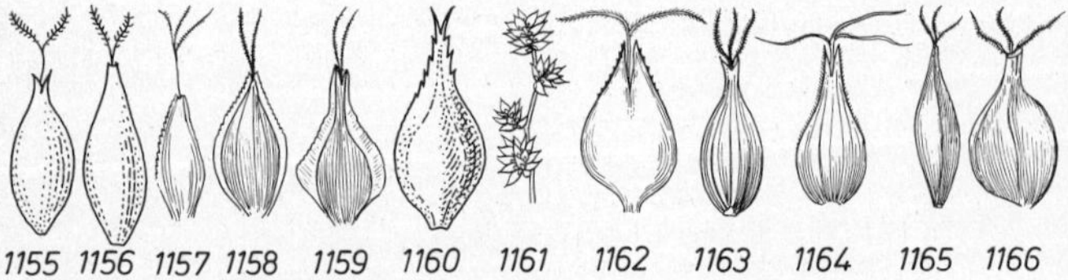

1155 1156 1157 1158 1159 1160 1161 1162 1163 1164 1165 1166

Untergattung: **Vígnea,** *Gleichährige Seggen*

1. Ährchen nicht in kopfigen Bltnständen; wenn kopfig genähert, dann nicht von langen, laubigen Hüllblätt. überragt *3*

— Ährchen in kopfigen, von meist laubigen Hüllblätt. umgebenen Bltnständen *(1152* bis *1153)* *2*

2. Köpfchen zur Blütezt gelbgrün, reif hellbraun; Fr. lang geschnäbelt *(1152);* Narben 2; mehrjährig bis ♃; VI–X. Schlammige Ufer, nasse Sandböden; *s, f* NW-Dt, Ho, Ti, Sb, mehrfach unbeständig. (= *C. cyperoides* Murr.) *Zypergras-S.,* **C. bohémica** Schreb.

— Köpfchen *(1153)* zur Blütezt. weiß; Fr. kürzer als die Tragblätt. *(1154);* Narben 3; ♃; VI–VII. Steinige Weiden, Geröll; kalkstet; nur bei Garmisch (S-Ba). *Monte Baldo-S.,* **C. baldénsis** Torn. ex L.

3(1). Pfl. ohne od. mit sehr kurzen Ausläufern, Wuchs daher dicht rasenf. od. horstf.; Blätt. am Rand rauh; Narben 2 od. 3 . . . . ***13***

— Pfl. mit weithin kriechender Grdachse u. Ausläufern; Wuchs lockerrasig; Stg. meist nur am Grd. beblätt.; Narben 2 . . . . ***4***

4. Ährchen zahlr., in verlängerten, mehrmals so langen wie breiten Bltnständen ***7***

— Ährchen wenig zahlr., kopfig genähert; ohne laubige Hüllblätt.; Bltnstände meist nicht doppelt so lg. wie breit (8–12 mm lg.) ***5***

5. Pfl. mit mehreren dm lg. oberirdischen, peitschenf. Ausläufern, diese an jedem Knoten einen meist kurz bleibenden, nichtblühenden Sproß treibend; Infl. im Umriß längl.-eif.; Fr. oval, deutl. geschnäbelt, ihr Schnabel tief gezähnt *(1155);* Pfl. 5–15 cm hoch; ♃; V–VI. Hochmoore; sehr *s* u. vielfach erloschen (*f* Be, Ho, NW- u. W-Dt, Me, Sa, Th, He, Vb).
Strick-S., **C. chordorrhíza** Ehrh. in L. f.

— Pfl. mit unterirdischen Ausläufern ***6***

6. Blattspr. meist flach, 2 mm breit; Infl. ca. 20 mm lg., im Umriß längl.-oval; Tragblätt. grannig zugespitzt, mit hellem Mittelnerv u. weißl. Rändern, so lg. wie die Fr.; Fr. eif., mit kurzem, aber deutl. u. tief gespaltenem Schnabel, (hell)braun; Pfl. 10–40 cm hoch; ♃; IV–VII. Feucht-sandige Orte; *s* Be, Ho.
Geteilte S., **C. divísa** Huds.

— Blattspr. rinnig, borstenf., etwa 1 mm breit; Infl. ca. 10 mm lg., im Umriß kugelig bis eif.; Tragblätt. stumpf, aber stachelspitzig, grau, mit grünem Mittelnerv u. breit weißhäutigem Rand, etwas kürzer als die Fr.; Fr. schmaleif.-zugespitzt, ohne Schnabel, an der Spitze schief abgeschnitten *(1156),* (schwarz)braun; Pfl. 5–12 cm hoch; ♃; VII–VIII. Moränen (1800–3000 m), od. herabgeschwemmt; *s* Ti. (= *C. incurva* Lightf.; = *C. juncifolia* All.)
Binsenblättrige S., **C. marítima** Gunnerus

7(4). Fr. nicht (od. nur sehr schmal) geflügelt, nur mit scharf vorspringendem, rauhem Rand *(1157);* Tragblätt. rotbraun, weißhautrandig; Ährchen bis 40-bltg., einen längl.-pyramidenf., 3–5 cm lg. Bltnstand bildend; die oberen u. unteren Ährchen ♀, die mittleren ♂; Stg. bis zur Mitte beblätt.; ♃; V–VII. Fluß- u. Seeufer; *v.* (= *C. intermedia* Good.) *Zweizeilige S.,* **C. dísticha** Huds.

— Fr. am Rand geflügelt, Flügel rauh *(1158–1159);* Tragblätt. grün gekielt ***8***

8. Tragblätt rotbraun, weißhautrandig od. weißl.; Fr. fast in ihrer ganzen Länge gleich breit geflügelt *(1158);* Ährchen am Grd. ♂, oben ♀ . . ***11***

— Tragblätt. rostfarben bis kastanienbraun; Flügel der Fr. oberwärts breiter *(1159);* Sand- u. Dünenpfl. ***9***

9. Stg. u. Rhizom kräftig; Blätt. rauh; 3–4 mm breit; Ährchen zu 6–16 in einer dichten, bis 6 cm langen, meist etwas überhängenden ährenart. Rispe; die unteren Bltn. ♀, die mittl. gemischtgeschl., die oberen ♂; Tragblätt. länger als die Fr.; Pfl. mit weithin kriechenden Ausläufern, oberirdische Triebe kettenart. miteinander verbunden; ♃; V–VI. Dünen, Heiden, Kiefernwälder; Meeresküsten *v,* sonst *z* südl. bis Rheinl./We/SaAn/Br/Schl (zuw. verwild., früher Arzneipfl.). *Sand-S.,* **C. arenária** L.

— Stg. zierl., oft schlaff; Blätt. nur 1–2 mm breit ***10***

10. Ährchen zu 6–12, die unteren etwas entfernt, verkehrt-eif.; Tragblätt. lanzettl., bleich-rostbraun; Fr. längl.-lanzettl.; ♃; V–VI. Sandige Orte; sehr *s* in W-Schl, Sa, Br, b. Lauenburg (NS), SH, Ho, Be.
Reichenbachs S., **C. reichenbáchii** Bonn.

— Ährchen zu 4–7, elliptisch; Tragblätt. eif.; Fr. eif., dk.braun *(1159);* ♃; V–VI. Dünen der Meeresküsten *z* (*f* Be), sehr *s* im Binnenland (z. B. Br, SaAn, O-NS, We?), *f* im S. *Französische S.,* **C. ligérica** Gay

11(8). Ährchen zu 6–8, blaßgelb, meist abwärts bzw. auswärts gekrümmt, schmal-lanzettl., 8–10 mm lg.; Bltnstand locker; Tragblätt. rotbraun, weißhäutig, glzd., zuletzt strohgelb, stumpfl.; Blätt. schlaff, oft bogig überhän-

gend; Stg. scharf 3-kantig, bis über 60 cm hoch; ♃; V–VI. Wälder; *z* (oft bestandsbildend), *s* im N u. M-Gebiet, *f* NW-Dt, SH, Da.
Zittergras-S., **C. brizoídes** Jusl.

— Ährchen nicht gekrümmt; Tragblätt. braun *12*

12. Rhizom 1 mm dick; Blätt. 1–2 cmm breit; Infl. 1,5–2 cm lg.; Fr. 3 mm lg., mit gleichmäßig schmalen Flügeln *(1158)*; ♃; V–VI. (2 ssp.)
Frühlings-S., **C. praécox** Schreb.

a. Stg. stets aufrecht; Ährchen stets gerade; Tragblätt. dkbraun; Fr. plötzlich in den Schnabel übergehend. Sandige, ruderale Trockenrasen; *z* bis *s* (*f* Au, Da, NW-Dt). ssp. **praécox**

– Stg. nur zur Blütezeit aufrecht, später bogig abwärts gekrümmt; Ährchen meist schwach gebogen (ähnl. *C. brizoides!*); Tragblätt. hellbraun; Fr. allmähl. in den Schnabel übergehend. Warme Eichenwälder, Halbtrockenrasen; *s* E, Baden, Fr, Th, Sa, Br, Schl. (= *C. curvata* Knaf) ssp. **intermédia** (Čel.) Sch.-Mot.

— Rhizom 2 mm dick; Blätt. 2–3 mm breit; Infl. 3–5 mm lg.; Fr. 5 mm lg., etwas breiter geflügelt als vorige; ♃; V–VII. Nur Kiefernwald bei Biesenthal (bei Berlin). *Kriechende S.*, **C. répens** Bell.

13(3). Ährchen am Grd. ♂ (z. Frzeit an der Basis deshalb mit leeren Tragblätt.), stets in ährigen Bltnständen *22*

— Ährchen an der Spitze ♂ (z. Frzeit oben mit leeren Tragblätt.); Fr. in einen 2-zähnigen, am Rand rauhen Schnabel zugespitzt *14*

14. Narben 3; Blätt. borstl. gleich dem 5–10 cm hohen Stg. gekrümmt, von der Spitze her frühzeitig vergilbend; Ährchen kopfig genähert; ♃; VII–VIII. Bestandsbildend auf Humusböden der Ur-Alp. (1800–3000 m); *v* Au, *s* bei Berchtesgaden. *Krumm-S.*, **C. cúrvula** All.

— Narben 2; Pfl. höher als 10 cm *15*

15. Blätt. 1–3 mm breit, wenn breiter, dann der Bltnstand rispig; Stg. mit ebenen od. gewölbten Seitenflächen, nur oberwärts rauh *18*

— Blätt. meist 4–8 mm breit; Stg. an den Kanten ± deutl. geflügelt, sehr rauh; Fr. auf der einen Seite flach, auf der anderen gewölbt (plankonvex) *16*

16. Tragblätt. plötzl. in eine sehr lg.pfrieml. Spitze verschmälert; Frschnabel so lg. od. länger als der Körper der Fr.; Fr. 2–2,7 mm lg., reif strohgelb, innen nervenlos, außen 3-nervig; Infl. meist etwas verzweigt, bis 15 cm lg.; Pfl. 30–100 cm hoch; ♃; V–VI. Feuchte Wiesen; mehrmals eingeschleppt (Ho, SH, Po, OPr, He, BW, Ba, Sb; wo eingebürgert?); (Heimat: N-Am.).
C. vulpinoídea Michx.

— Tragblätt. oval-zugespitzt, nicht pfrieml. verlängert *17*

17. Stg. 3-kantig geflügelt mit vertieften Seitenflächen; Rand der Blattscheiden mit kleinen Drüsen u. quergefältelt (Lupe!); Hüllblätt. der Ährchen kurz u. borstenf., deutl. braun geöhrt; Tragblätt. dk.-braun mit dk.-grünem Mittelnerv; Fr. braun, matt, innen nervenlos, außen vielnervig; Bogen des Blatthäutchens flach, breiter als hoch; ♃; V–VI. Riedwiesen, nasse Waldstellen, Seggenbestände (bis 1000 m); *v*. *Fuchs-S.*, **C. vúlpina** L.

— Stg. 3-kantig, höchstens undeutl. geflügelt, mit fast ebenen Seitenflächen; Rand der Blattscheiden weder mit Drüsen noch quergefältelt; Hüllblätt. der Ährchen länger, nicht borstig, undeutl. blaß geöhrt; Tragblätt. grünl.-hellbraun mit hellgrünem Mittelnerv; Fr. grünl. bis hellbraun, meist glzd., innen u. außen vielnervig; Bogen des Blatthäutchens steil, höher als breit; ♃; V–VI. Vermutl. häufiger als vorige, genaue Verbreitung unbekannt, da früher mit *C. vulpina* verwechselt! (= *C. nemorosa* Rebentisch)
Falsche Fuchs-S., **C. otrúbae** Podp.

18(15). Fr. beidersts. gewölbt, scharfrandig; Blattscheiden schwarzbraun, zuw. netzig zerfasert *20*

— Fr. auf der einen Seite flach, auf der anderen gewölbt; Blattscheiden nicht auffällig gefärbt *19*

19. Fr. zur Reifezeit aufrecht, nicht abspreizend, 3,5–5 mm lg.; untere Ährchen meist deutl. (bis 15 mm) voneinander entfernt; Blätt. 2–3 mm breit; Stg. 3-kantig, schlaff; Bogen des Blatthäutchens etwas höher als breit; Tragblätt. weißl. bis hellbraun, häutig, mit breitem, grünem Kiel; Fr. allmähl. in den kurzen 2-zähnigen, an den Rändern rauhen Schnabel verschmälert *(1160)*; ♃; V–VIII. Laubwälder, Gebüsch, Weiden; *z* im S, *s* bis *f* im N (z. B. OPr.). [= *C. muricata* L. ssp. *divulsa* (STOKES) ČEL.]

Unterbrochenährige S., **C. divúlsa** STOK.

— Fr. zur Reifezeit ± von der Ährenachse abspreizend, ihr Schnabel an den Rändern rauh; Infl. wenig oder nicht unterbrochen, basale Ährchen zumindest den oberen stark genähert; ♃; V–VIII. Wälder, Gebüsche, Hecken, Wiesen (bis 1600 m?); *v*. (3 Kleinarten, deren ökologische Abgrenzung u. Verbreitung noch nicht sicher bekannt ist, da früher vielfach nicht unterschieden). Sammelart: **C. muricáta** L.

a. Fr. zur Frzeit am Grd. schwammig-korkig, grün bis gelbbraun, nur mäßig von der Ährchenachse abspreizend, 5–6 mm lg., allmähl. in den 1,5 mm lg. Schnabel verschmälert; Bogen des Blatthäutchens 2–4 mal so hoch wie breit, meist zerschlitzt; Ährchen dicht sthd., Infl. selten am Grd. unterbrochen; Stg. steif aufrecht, scharf 3-kantig; Tragblätt. braun mit grünem Kiel u. breitem Hautrand. Bis 1600 m?; *v* [= *C. muricata* L. ssp. *macrocarpa* NEUM.; = *C. contigua* HOPPE] *Dichtährige S.*, **C. spicáta** HUDS.

– Fr. zur Frzeit nicht schwammig-korkig, kastanienbraun, 3,5–5 mm lg., deutl. von der Ährchenachse abspreizend; Bogen des Blatthäutchens etwa so hoch wie breit, nicht zerschlitzt; Stg. 3-kantig, aber weniger scharf als bei voriger . . . . **b**

b. Infl. 2–3 cm lg., aus 4–6, meist dicht sthd. Ährchen bestehend; Fr. 3,5 mm lg., kurz geschnäbelt; Bogen des Blatthäutchens etwa so breit od. wenig breiter als hoch; Blätt. kräftig grün, straff, 2–3 mm breit; Pfl. 20–60 cm hoch. Bis 1000 m?; *v* im S., *z* im M-Gebiet, *s* bis zuw. *f* im N (*f* Me bis OPr?). [= *C. muricata* L. ssp. *pairaei* (F. W. SCH.) A. & GR.]

Pairas S., **C. pairaéi** F. W. SCH.

– Infl. 4–8 cm lg., zuw. sogar verzweigt, zuw. am Grd. etwas unterbrochen, aus zahlreichen Ährchen bestehend; Fr. 4–5 mm lg., lg. geschnäbelt; Bogen des Blatthäutchens deutl. breiter als hoch; Blätt. blaßgrün; schlaff, 3–4 mm breit; Pfl. 60–100 cm hoch. Höhengrenze?; *z* bis *s* im S u. M-Gebiet, *f* offenbar im N. [= *C. muricata* L. ssp. *leersii* (F. W. SCH.) A. & GR.; = *C. divulsa* STOK. ssp. *leersii* (KNEUCKER) W. KOCH] *Leers S.*, **C. leérsii** F. W. SCH.

20(18). Bltnstand ährenrispig, sehr dicht, 1,5–3 cm lg.; Fr. stark glzd., nervenlos; Blätt. bis 2 mm breit, rinnig gefaltet; Pfl. lockere Horste bildend; Stg. dünn, an der Basis stielrund, oben 3-kantig; Pfl. 20–60 cm hoch; Hüllblätt. der Ährchen mit als Granne austretendem Mittelnerv; ♃; V–VI. Flachmoore, Erlenbrüche, Sumpfwiesen (bis 1900 m); *z* (= *C. teretiuscula* GOOD.) *Draht-S.*, **C. diándra** SCHR.

— Bltnstände ± deutl. rispig, d. h. Ährchen ± lg. gestielt; Pfl. dicht horstf.; Blätt. breiter als 2 mm; Hüllblätt. grannenlos ***21***

21. Fr. schwachnervig, glzd., allmähl. in den Schnabel verschmälert; Blätt. 4–6 mm breit; Scheiden sich nicht in Fasern auflösend; Pfl. 40–100 cm hoch; ♃; V–VI. Riedwiesen, Flachmoore (bis 2300 m); *v*.

Rispen-S., **C. paniculáta** JUSL.

— Fr. beidersts. stark nervig, matt, plötzl. in den Schnabel verschmälert; Blätt. 2–3 mm breit; Scheiden sich in lange schwarze Fasern auflösend; Pfl. 30–70 cm hoch; ♃; V–VI. Flachmoore, Sumpfwiesen; *z*, Alp. seltener. (= *C. paradoxa* WILLD.) *Schwarzschopf-S.*, **C. appropinquáta** SCHUM.

22(13). Untere Ährchen weit (bis 7 cm) voneinander entfernt, ihre blattartigen Hüllblätt. den schlaffen Stg. weit überragend; Tragblätt. weißl.; Ährchen 4–10 mm lg.; Pfl. dichtrasig; ♃; V–VII. Feucht-schattige Stellen in Laubwäldern u. Gebüschen (bis 1000 m); *z*, oft gesellig.

Winkel-S., Entferntährige Wald-S., **C. remóta** GRUFB.

— Ährchen ± genähert, höchstens die unteren etwas entfernt; unteres Ährchen ohne od. mit kurzem, laubigem Hüllblatt ***23***

23. Fr. am Rand geflügelt, lg. geschnäbelt, mit 2-zähnigem, rauhem Schnabel; so lg. wie das Tragblatt; Ährchen bis zu 6, Infl. 2–4 cm lg.; Blätt. 2–3 mm breit, starr, kürzer als der 20–60 cm hohe Stg.; ♃; V–VIII. Sandige Wiesen, Wegränder, Alpenweiden (bis 2500 m); *v* (= *C. ovalis* GOOD.)

Hasenfuß-S., **C. leporína** L. em. LEERS

— Fr. ungeflügelt, länger als das Tragblatt ***24***

24. Fr. an der Spitze abgestumpft, kurz geschnäbelt od. ungeschnäbelt ***28***
— Fr. geschnäbelt, Schnabel an der Spitze ± deutl. 2-zähnig ***25***
25. Fr. aufrecht absthd.; Ährchen zu 3–6, sich deckend ***27***
— Fr. waagrecht absthd. od. etwas zurückgekrümmt; Ährchen in einfachem, unterbrochen-ährigem Bltnstand ***26***
26. Ährchen längl., 5–12 mm lg., vielbltg., zu 8–12; Tragblätt. bräunl.; Fr. kurz 2-zähnig geschnäbelt, vielnervig; Blätt. 3–4 mm breit, schlaff, rauh; Pfl. 30–60 cm hoch; ♃; V–VI. Waldbäche, sumpfige Waldstellen (bis 1300 m); *z* u. gesellig, im S seltener, *f* im E. *Verlängerte S.,* **C. elongáta** L.
— Ährchen kugelig, 4–6 mm lg., zu 3–5 *(1161);* Tragblätt. braun, weißhautrandig u. mit grünem Mittelnerv; Frschnabel oft gekrümmt, rauh-2-zähnig; Fr. nur auf der gewölbten Seite nervig, reif sternf. spreizend; Blätt. starr, 1–2 mm breit; Pfl. 10–30 cm hoch; ♃; V–VI. Sumpfwiesen, Flachmoore (bis 2400 m); *v.* (= *C. echinata* aut.) *Igel-S.,* **C. stelluláta** Good.
27(25). Stg. oben sehr rauh, scharf 3-kantig, 15–30 cm hoch; Ähren kugelig; Fr. eif., graubraun, plötzl. kurz geschnäbelt; ♃; V–VI. Hochmoore, Sümpfe; sehr *s* Voralp. (bis 900 m), Bodenseegebiet, Ob-Schwaben, Ob-Ba, Ti, Lausitz (?), OPr. *Torf-S.,* **C. heleonástes** Ehrh.
— Stg. glatt od. nur unter dem Bltnstand etwas rauh, stumpf-3-kantig, 5–15 cm hoch; Blätt. 1–2 mm breit, starr; Fr. krugf., gelbbraun mit längerem, dkbraunem Schnabel; ♃; VI–VII. Schutthalden, quellige Stellen (2000–2600 m); *z* Ur-Alp. (Au). (= *C. lagopina* Wahl.)
Lachenals S., **C. lachenálii** Schk.
28(24). Fr. ungeschnäbelt ***31***
— Fr. geschnäbelt, eif.; Pfl. graugrün ***29***
29. Ährchen dicht sthd., zu 3–4; Fr. graubraun, plötzl. in den kurzen Schnabel verlängert (s. Punkt ***27***) **C. heleonástes**
— Ährchen meist zu 4–6; Infl. unterbrochen, die unteren Ährchen deutl. voneinander entfernt ***30***
30. Ährchen kugelig, 3–5 mm lg.; Tragblätt. braun, weiß-hautrandig; Fr. eif., ihr Schnabel auf der Rückenseite aufgeschlitzt *(1162);* Blätt. 1,5–2 mm breit; ♃; VII. (2 ssp.) *Bräunliche S.,* **C. brunnéscens** (Pers.) Poir.

a. Dichtrasig; Pfl. 15–40 cm hoch, kräftig, gerade; Blätt. kurz u. steif; Ährchen eif. bis längl.-eif., dichtbltg.; Fr. 2–2,5 mm lg.; Frwand selten aufreißend, nur schwach nervig, gelb- bis dkbraun. Magerrasen, Flachmoore, humöse Matten vorwgd. der alp. Stufe (1000–2500 m); *v* bis *z* Alp., *s* Feldberg (Schw.), Erz- u. Riesengeb. ssp. **brunnéscens**
– Lockerrasig; Pfl. 30–70 cm hoch, zart; Stg. etwas geschlängelt; Blätt. lg., weich, schlaff; Ährchen breit-eif. bis längl., lockerbltg.; Fr. 2,5–3,5 mm lg.; Schlauchwand oft aufreißend, deutl. nervig (bes. die Außenseite), olivgrün mit violettbraunen Flecken. Schattige, feuchte Waldstellen mit beginnender Vermoorung; *s* OPr, je 1 Fundort bayr. Hochebene (b. Allmannshausen) u. in S-Baden (wo noch?). (= *C. vitilis* Fr.) ssp. **vítilis** (Fr. em. Blytt) Kalela

— Ährchen längl.-elliptisch, 5–10 mm lg.; Tragblätt. bleich, grün gekielt; Fr. nicht aufgeschlitzt; Blätt. schlaff, 2–3 mm breit; ♃; V–VIII. Hochmoore, Torfstiche, nasse Wiesen (bis 2200 m); *v* u. *h.* *Graue S.,* **C. canéscens** L.
31(28). Blätt. kürzer als der oberw. schwach rauhe Stg.; Ährchen klein, fast kugelig, armbltg., zu 3–5 in lockerer Ähre; Fr. stark zusammengedrückt; unteres Hüllblatt sein Ährchen deutl. überragend; pfrieml.; ♃; VI–VII. Heidemoore; sehr *s* OPr. *Lolchartige S.,* **C. loliácea** L.
— Blätt. so lg. wie der bis über die Mitte rauhe, sehr dünne Stg.; Ährchen zu 2–4, 2- bis 6-bltg., entfernt; Fr. etwas aufgeblasen, schwach zusammengedrückt; unteres Hüllblatt mit pfrieml. Spitze, aber kürzer als sein Ährchen; ♃; VI–VIII. Erlenmoore; sehr *s* OPr. (= *C. tenella* Schk.)
Zarte S., **C. dispérma** Desv.

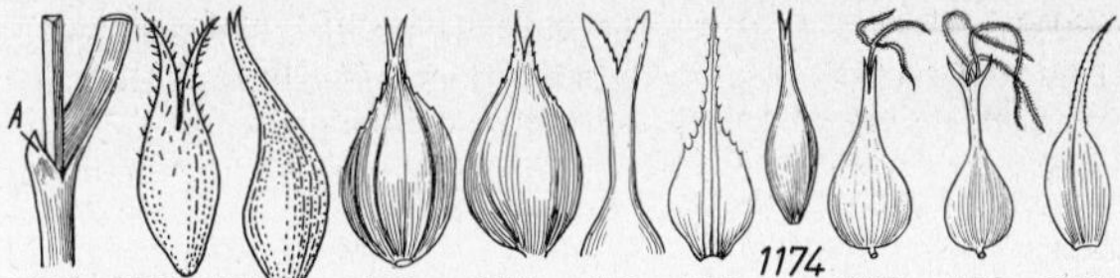

1167 1168 1169 1170 1171 1172 1173 1174 1175 1176 1177

Untergattung: **Cárex,** *Verschiedenährige Seggen*

1. Fr. mit kürzerem od. längerem, 2-zähnigem od. 2-spaltigem Schnabel[1] *(1163* bis *1164);* Narben meist 3 . . . . ***42***

— Fr. ungeschnäbelt (zuw. aber nach der Spitze lang verschmälert *1165*) od. mit sehr kurzem, stielrundem, gestutztem *(1166),* selten sehr kurz 2-zähnigem Schnabel[1]; Narben 2–3 . . . . ***2***

2. Fr. behaart; Narben stets 3 . . . . ***29***

— Fr. kahl (höchstens etwas rauh) ***3***

3. Narben 3 . . . . ***12***

— Narben 2 . . . . ***4***

4. Ährchen zu 3–5, alle einander sehr ähnl., fast gebüschelt, insgesamt nur bis 1,5 cm lg. u. etwas nickend; Endährchen ganz od. nur an der Basis ♂; Hüllblatt des untersten Ährchens oft lg., laubblattart., mit einer bis 1 cm langen Scheide; Tragblätt. eif.-stumpf, schwarzrot mit grünem Mittelstreifen u. weißl. Rand; Fr. fast nervenlos, grauweiß bis hellgrün, dicht warzig; Pfl. 5–20 cm hoch, mit kurzen Ausläufern; ♃; VII. Feuchte bis schlammige Wiesen entlang der Alpenbäche (1600–3000 m); *s* in Ti, Sb.
Zweifarbige S., **C. bícolor** All.

— ♂ u. ♀ Ährchen voneinander verschieden; Ährchen, bes. die unteren, voneinander entfernt ***5***

5. Pfl. mit verlängerten Ausläufern; grdst. Blattscheiden netzart. zerfasernd od. erhalten bleibend ***7***

— Pfl. ohne verlängerte Ausläufer, dichte Horste bildend; grdst. Blattscheiden netzart. zerfasernd ***6***

6. Blattscheiden gelbbraun, grobmaschig-netzfaserig; Blätt. 4–5 mm breit, graugrün, scharf-rauh; Fr. 5- bis 7-nervig; Stg. steif aufrecht, scharf 3-kantig, oberw. rauh, 20–100 cm hoch; Pfl. feste, große, oft stockwerkart. aufgebaute Horste („Bulte") bildend; ♃; IV–V. Sümpfe, Flachmoore, Erlenbrüche (bis 1500 m); *v.* (= *C. stricta* Good.; = *C. reticulosa* Pet.)
Steife S., **C. eláta** All. ssp. **eláta**

— Blattscheiden purpurrot, feinmaschig-netzfaserig; Blätt. hellgrün, 3 mm breit starr, fein rauh; Fr. nervenlos; Stg. schlank, dünn, scharf 3-kantig, bis zum Grd. rauh, 15–60 cm hoch; Pfl. dichte Horste bildend; ♃; IV–V. Sumpfwiesen (bis 1000 m); *z, s* im S, *f* We, Be, E (nur Altkirch), Vb, Ti.
Rasen-S., **C. caespitósa** L.

7(5). Grdst. Blattscheiden spreitenlos, rotbraun, stark netzfaserig; Fr. nervenlos, innen flach, außen gewölbt; unterstes Hüllblatt laubblattart.; Stg. scharf 3-kantig, oben sehr rauh, 45–90 cm hoch; ♃; IV–V. Wiesen, Gebüsch der Flußufer; *s* Schl, SaAn, bei Regensburg (Donau-, Naab-, Regental). (= *C. banatica* Heuff.) *Banater S.,* **C. buékii** Wimm.

— Grdst. Scheiden mit Spreiten, meist nicht netzig zerfasernd ***8***

[1] Die Entscheidung, ob Fr. geschnäbelt sind od. nicht, ist wegen zahlreicher – auch standörtl. bedingter – Übergangsformen oftmals schwierig u. nicht immer sicher. Bleibt ein Bestimmungsergebnis fraglich, so verfolge man mit der 2. Schnabel-Alternative auch den anderen Bestimmungsgang.

8. Stg. fast bis zum Grd. rauh, scharf-3-kantig, 30–150 cm hoch, seine Seitenflächen eingesenkt, d. h. mit etwas vorspringenden Kanten; Blätt. 5–10 mm breit, untersts. scharf gekielt; Bltnstand überhängend, mit 1–3 ♂ u. 2–5 ♀ Ährchen; unterstes Hüllblatt laubartig, den Bltnstand überragend; Fr. rundl. bis 3-kantig, beidersts. mit 4–5 feinen Nerven; ♃; V–VI. Ufer, Bäche, Teiche, Gräben (bis 1000 m); *v* (2 ssp.?). (= *C. acuta* L. em. Reich.)
Scharfe S., **C. grácilis** Curt.

— Stg. glatt od. nur oben rauh, nur bis 30(–60) cm hoch; unterstes Hüllblatt den Bltnstand meist nicht überragend ***9***

9. Unterstes Hüllblatt kurz, nur etwa so lg. wie sein Ährchen; Blätt. bis 7 mm breit, rauh, oft zurückgekrümmt; Bltnstand kurz, mit 2–3 aufrechten ♀ u. 1 ♂ Ährchen; Fr. eif., nervenlos, fast 3-seitig; ♃; V–VIII. Sumpfwiesen (?), Matten, Zwergstrauchheiden der subalp. Reg.; Brocken (Harz), Fichtelberg (Ergeb., ob noch?), Sudeten, Sb. (= *C. rigida* Good.; = *C. fyllae* Holm)
Starre S., **C. bigelówii** Torr. ex Schweinitz ssp. **rígida** (Good.) Sch.-Mot.

— Unterstes Hüllblatt so lg. wie der Bltnstand; Blätt. nicht zurückgekrümmt ***10***

10. Stg. scharf 3-kantig, oben rauh, gleich den Blätt. graugrün; ♂ Ährchen 1 (selten 2); Fr. bikonvex, grün, länger als die schwarzen, grüngestreiften Tragblätt.; Ährchen kurz, aufrecht; unteres Hüllblatt den Bltnstand nicht selten überragend; ♃; V–VII. Bis 2400 m. (2 ssp.) (= *C. vulgaris* Fr.; = *C. goodenovii* Gay; = *C. stolonifera* Hoppe; = *C. fusca* auct., non All.)
Wiesen-S., **C. nígra** (L.) Reich.

a. Pfl. mit kurzen Ausläufern; Blätt. 2–5 mm breit, starr, meist deutl. gefaltet; Stg. kräftig; unterstes Hüllblatt breiter als bei folg. ssp.; Fr. schwach nervig. Sumpfwiesen, Flachmoore, Quellfluren; *v.* ssp. **nígra**

– Pfl. mit verlängerten Ausläufern; Blätt. nur 1 mm breit, schlaff; Stg. dünn; unterstes Hüllblatt fädl.; Fr. deutl. nervig. Heidemoore, feuchtnasse Felsfluren; *z* Alp., *s* Brocken (Harz)?
ssp. **alpína** (Gaud.) Lemke

— Stg. stumpf 3-kantig, glatt od. nur unterhalb des Bltnstandes etwas rauh; ♂ Ährchen 1–4 . . . . ***11***

11. Stg. völlig glatt; Pfl. 10–40 cm hoch; Blätt. 2–3 mm breit; ♀ Ährchen 1–4 cm lg.; Fr. 3,5–5 mm lg., plankonvex, deutl. längsnervig (oft mit 3 stark hervortretenden Nerven), so lg. wie die Tragblätt. od. etwas länger als diese; Tragblätt. braun mit 3-nervigem, grünem Kiel u. schmalen Hauträndern; ♃; VI–VII. Dünen der Nordseeküste u. Ostfriesischen Inseln u. Da (Inseln Rømø u. Fanø), *s.* *Dreinervige S.,* **C. trinérvis** Degl.

— Stg. wenigstens oberw. etwas rauh; Pfl. 30–90 cm hoch; Blätt. 3–7 mm breit; ♀ Ährchen 4–6 cm lg.; Stg. mit ebenen Seitenflächen (Gegensatz zu *C. gracilis,* Punkt ***8***); Fr. 2–3 mm lg., fast nervenlos, aber mit etwas vorspringenden Randkanten, breiter als die Tragblätt.; diese purpurn bis kupferfarben, hell gekielt, weißhautrandig; ♃; V–VII (aber später als *C. gracilis*). Ufer, Sumpfwiesen, Moorbäche; *z* NS (zwischen Leer u. Rotenburg), Ho. (ob weiter verbreitet? früher mit *C. gracilis* verwechselt)
Wasser-S., **C. aquátilis** Wahl.

12(3). Endst. Ähre ♂ ***17***

— Endst. Ähre an der Spitze mit ♀, am Grd. mit ♂ Bltn. ***13***

13. Grdst. Blattscheiden dkbraun, nicht netzfaserig; Fr. nervenlos, nur zuw. undeutl. nervig; Grundfarbe der Tragblätt. schwarz ***15***

— Grdst. Blattscheiden schwarzrot, fein netzfaserig; Fr. nervig; Grundfarbe der Tragblätt. dkbraun ***14***

14. Endst. Ährchen keulenf., 10–25 mm lg. u. 5–10 mm breit, meist nur oberw. ♂; Fr. undeutl. nervig, dicht mit auffälligen Papillen bedeckt, 3–4 mm lg., deutl. länger als die Tragblätt.; Blätt. graugrün; ♃; V–VI. Feuchte Wiesen, Moorwiesen, Bachränder; sehr *z* (*f* offenbar Be, SH, NrWe, He, SaAn, Br, Fr; Verbreitung aber noch ungenügend bekannt, da früher von *C. hartma-*

nii nicht getrennt; häufiger in der mont. Stufe). (= *C. polygama* SCHK. ssp. *subulata* CAJ.) [G] *Buxbaums S.*, **C. buxbaumii** WAHL. ssp. **buxbaumii**

— Endst. Ährchen zylindrisch, 15–35 mm lg. u. nur bis 5 mm breit, größtenteils ♀, nur am Grd. mit wenigen ♂ Bltn. (selten rein ♂ od. rein ♀); Fr. bikonvex, 2–3 mm lg., sehr fein papillös, etwa so lg. wie die Tragblätt.; Blätt. grasgrün; ♃; V–VI. Moorwiesen, Bachränder; sehr *z* (*f* offenbar Be, He, Th, Sb, Po). [= *C. polygama* SCHK. ssp. *hartmanii* (CAJ.) DOM.] *Hartmans S.*, **C. hartmánii** CAJ.

15(13). Ährchen zu 2–6, längl.-eif., gestielt, alle od. wenigstens das untere entfernt u. länger gestielt; ♃; VI–VIII. (2 ssp.) (Alp. 1500–2700 m). *Schwarze S., Trauer-S.*, **C. atráta** L.

a. Stg. schlank, glatt; Fr. 3,5 mm lg., gelbbraun; Ährchen 1–2 cm lg.; Blätt. 3–4 mm breit. Steinige Matten, Geröll; *v* Alp., *z* Riesengeb., Gesenke. ssp. **atráta**

– Stg. dick, an den Kanten rauh; Fr. 4–5 mm lg., schwarz; Ährchen bis 3,5 cm lg.; Blätt. 5–9 mm breit. Feuchtere Standorte, z. B. Hochstaudenfluren; wie vorige ssp., doch weniger häufig. (= *C. aterrima* HOPPE) ssp. **atérrima** (HOPPE) HARTM.

— Ährchen zu 2–4 kopfig zusammengezogen, sitzend od. sehr kurz gestielt, rundl.-eif. ***16***

16. Stg. unterhalb des Bltnstandes stark rauh; Ährchen fast kugelig, kurz gestielt; Tragblätt. schwarz, weißl. berandet; Fr. bräunl., 2–2,5 mm lg. ♃; VII–VIII. Feuchte, steinige Orte (1600–2500 m); *s* Ur-Alp., Ti. (= *C. alpina* Sw.) *Norwegische S.*, **C. norvégica** RETZ.

— Stg. glatt; Ährchen eirund, sitzend (zuw. das unterste kurz gestielt); Tragblätt. schwarzbraun, weißl. berandet; Fr. braunschwarz, 3–4 mm lg.; ♃; VII–VIII. Humöse, steinige Matten, Felsspalten, Geröll; *s* alp. Reg. (2300–3000 m). [= *C. atrata* ssp. *nigra* (ALL.) HARTM.; = *C. nigra* ALL.] *Kleinblütige S.*, **C. parviflóra** HOST

17(12). Blätt. (bes. am Rand od. wenigstens jung) behaart; ♀ Ährchen gestielt . ***28***

— Blätt. kahl ***18***

18. Hüllblätt. (bes. das des unteren Ährchens) mit längerer, stgumfassender Scheide ***22***

— Hüllblätt. ohne od. mit sehr kurzer Scheide; Pfl. mit längeren Ausläufern ***19***

19. ♀ Ährchen zu 1–3, genähert, sitzend, (1-)3- bis 5-bltg.; Hüllblätt. am Grd. trockenhäutig; Fr. groß, glzd. gelbbraun, aufgeblasen; Blätt. flach, bis 1,5 mm breit; Stg. stumpfkantig, oberw. rauh, 8–20 cm hoch; ♃; IV–V. Sandige Steppenrasen, Trockenwälder; *z*, *f* im SW-W-NW, SH, Da, Au. *Niedrige S.*, **C. supina** WAHL.

— ♀ Ährchen deutl. gestielt, zuletzt hängend, reichbltg. ***20***

20. ♂ Ährchen meist 2; grdst. Blattscheiden mit Spreiten; Fr. nervenlos, purpurschwarz, rauhpunktiert; Blätt. flach, 2–6 mm breit, am Rand rauh, grasgrün bis blaugrün, Stg. stumpf 3-kantig, 20–50 cm hoch; ♃; V–VI. Wiesen, Flachmoore, Gebüsch, Halbtrockenrasen (bis 2000 m); kalkliebend; *v*. (= *C. glauca* SCOP.) *Blaugrüne S.*, **C. flácca** SCHREB. ssp. **flácca**

— ♂ Ährchen einzeln; grdst. Blattscheiden ohne Spreite ***21***

21. Fr. stark 5-nervig, gelbl.-grün bis bräunl.; Tragblätt. rotbraun, mit grünen Mittelnerven; ♀ Ährchen zu 1–2; Blätt. borstenf. zusammengefaltet, ca. 1 mm breit, graugrün; ♃; IV–VII. Heide- u. Hochmoore, bes. in den Schlenken (bis 2000 m); *z*, *s* im NW. *Schlamm-S.*, **C. limósa** L.

— Fr. nervenlos, grasgrün; Tragblätt. dkkastanienbraun, mit grünen Mittelnerven; ♀ Ährchen zu 2–3; Blätt. flach, ca. 4 mm breit, grasgrün, schlaff; ♃; V–VIII. Hochmoore. (2 ssp.) (= *C. paupercula* MICHX.) *Patagonische S., Berieselte S.*, **C. magellánica** LAM.

a. Stg. 10–30 cm hoch, glatt od. oberw. schwach rauh; Tragblätt. kastanienbraun; Fr. 2,5–3 mm lg., grasgrün, später braun. *z* Alp. (in Dt nur Berchtesgaden) u. Randgeb. der ČSSR. [= *C. irrigua* (WAHL.) SM.] ssp. **irrígua** (WAHL.) HITONEN

– Stg. 40–60 cm hoch, oberw. meist deutl. rauh; Tragblätt. hellbraun; Fr. 3,5–4 mm lg., meergrün, später braun. *s* OPr. ssp. **planitiéi** (A. & GR.) SCH.-MOT.

22(18). ♀ Ährchen auch zur Frzeit aufrecht; Fr. kugelig bis eif.; Pfl. mit Ausläufern ***25***

— ♀ Ährchen, vor allem zur Frzeit, hängend (bei *C. strigosa* oft aufrecht); Fr. lanzettl.-elliptisch ***23***

23. Pfl. bis 20 cm hoch, dichtrasig, ohne Ausläufer; Blätt. bis 2 mm breit, rinnig; ♀ Ährchen lockerbltg., an haarfeinen Stielen; Fr. zugespitzt *(1165)*, nervenlos, glzd.-braun, 2–3,5 mm lg.; ♃; V–VII. Steinige Triften, quellige Orte; *v* K-Alp. (900 bis 2900 m), *s* OPr, Riesengeb., Sudeten, bei München. *Haarstielige S.*, **C. capilláris** L.

— Pfl. 60–150 cm hoch; Blätt. flach; Waldpfl. ***24***

24(23 u. 70). ♀ Ährchen dichtbltg., schlank-zylindrisch, bis 15 cm lg. u. 5 mm breit; Blätt. dkgrün, 1–2 cm breit, unterstS. gekielt; Tragblätt. rotbraun mit grünem Mittelstreifen, kürzer als die undeutl. nervigen, bleichgrünen, etwas aufgeblasenen Fr.; Pfl. dichtrasig, ohne Ausläufer; ♃; V–VI. Feuchte Waldstellen; *v* im S, *s* bis *f* im N. *Hängende S.*, **C. péndula** Huds.

— ♀ Ährchen lockerbltg., schlank, kurz gestielt, fast aufrecht, bis 7 cm lg. u. 2–3 mm breit; Blätt. ca. 1 cm breit, höchstens undeutl. gekielt, heller grün; Tragblätt. grünl., kürzer als die grünen, längsnervigen, kurz geschnäbelten Fr.; Pfl. mit Ausläufern (Ist *C. silvatica*, Nr. ***70***, sehr ähnl.); ♃; IV–VI. Feuchte Laubwälder; sehr *z*, *f* NW-Dt, OPr, SaAn, Th, Br, Fr, Vb, Ti. *Schlanke S.*, **C. strigósa** Huds.

25(22 u. 56). Tragblätt. weiß-glzd., mit grünem Mittelstreifen, viel kürzer als die häutig geschnäbelten, nervigen, zuletzt glzd. dkbraunen Fr.; ♀ Ährchen arm- u. lockerbltg.; Hüllblätt. spreitenlos; Blätt. 1–2 mm breit, borstl. gefaltet, an den Rändern scharf rauh; Pfl. mit Ausläufern, 10–40 cm hoch; ♃; V–VI. Trockene Wälder (bis 1500 m); kalkstet; *v* Alp., *z* im S, He (Edersee). *Weiße S.*, **C. álba** Scop.

— Tragblätt. braun od. schwärzl., oft weiß berandet u. mit grünen Mittelnerven; Hüllblätt. laubblattartig ***26***

26. ♀ Ährchen dicht-, bis 12-bltg., kurz walzl., 6–12 mm lg. u. etwa 5 mm breit; unterstes Hüllblätt. kurzscheidig; Tragblätt. rotbraun, breit-weiß-hautrandig, mit grünem Mittelstreif; Fr. kurz geschnäbelt, glzd. hellbraun; ♃; IV–V. Sonnige, steinige Hänge; *s* in Ti. (= *C. nitida* Host) *Glanz-S.*, **C. liparicárpos** Gaud.

— ♀ Ährchen lockerbltg. ***27***

27. Pfl. graugrün; ♂ Ährchen starr aufrecht; Fr. kugelig-eif., graugrün, kurz geschnäbelt, viel länger als die schwärzl., grün gestreiften Tragblätt.; Pfl. 15–40 cm hoch; ♃; IV–VI. Riedwiesen, Wiesenmoore, Bachränder, feuchte Alpenmatten (bis 2500 m); *v*. *Hirsen-S.*, **C. panicea** L.

— Pfl. grasgrün; ♂ Ährchen zur Blütezt. oft rechtwinkelig zurückgebogen; Fr. mit ausgerandetem Schnabel *(1166)*, hellbraun, so lg. wie die rostroten, grün gestreiften Tragblätt.; Hüllblätt. mit ± aufgeblasener Scheide; Pfl. 10–30 cm hoch; ♃; VII–VIII. Feuchte, grasige Abhänge; *s* in OPr, Me (Warnemünde), Harz (ob noch?), Riesengeb., Gesenke [= *C. sparsiflora* (Wahl.) Steud.] *Scheiden-S.*, **C. vagináta** Tausch

28(17). Blätt. 2–3 mm breit, schlaff, nur zerstreut u. bes. die unteren gewimpert; ♀ Ährchen 2–3, kurz zylindrisch, wenig entfernt, dichtbltg., bis 2 cm lg.; Tragblätt. bleich, kürzer als die glzd., schnabellosen Fr.; Pfl. 20–40 cm hoch, ohne Ausläufer; ♃; IV–VII. Lichte Wälder (bis 2200 m); *z*. *Bleiche S.*, **C. palléscens** L.

— Blätt. bis 1 cm breit, weich, entlang der Ränder u. unterstS. absthd. gewimpert; ♀ Ährchen 2–4, weit entfernt, lockerbltg., bis 3 cm lg.; Tragblätt. braun, so lg. wie die mattgrünen, deutl. kurz 2-zähnig geschnäbelten Fr.; Pfl. 20–40 cm hoch, mit langen Ausläufern; ♃; IV–V. Laubwälder, Lichtungen; sehr *z*: OPr, S-NS, Th, Schl, Lx, He, E, BW, Ba, Vb, Sb. *Wimper-S.*, **C. pilósa** Scop.

29(2). Unterstes ♀ Ährchen grdst., 10–20 cm lg. gestielt, die übrigen genähert, 2- bis 5-bltg.; Tragblätt. rotbraun, hautrandig, meist so lg. wie die am Grd. stielart. verschmälerten, nur an der Spitze kurzhaarigen, 3-kantigen Fr.; ♃; IV–V. Sonnige Hügel; nur bei Istein (S-Baden), Nahetal (Pf.), E (= *C. alpestris* ALL.) *Hallers S.,* **C. halleriána** Asso
— Alle Ährchen in der oberen Stghälfte (wenn grdst., dann kurz gestielt) ***30***
30. ♀ Ährchen lockerbltg. ***38***
— ♀ Ährchen dichtbltg. ***31***
31. Unterstes Hüllblatt trockenhäutig, am Grd. verbreitert, das dazugehörige Ährchen meist nicht überragend ***34***
— Unterstes Hüllblätt. laubblattart., am Grd. wenig od. nicht verbreitert, das dazugehörige Ährchen meist weit überragend ***32***
32. Pfl. horstbildend, ohne Ausläufer; Stg. zur Frzeit niederlgd.; Bltnstand kurz, gedrungen, mit 2–4 kugeligen (nur bis 7 mm lg.) etwas voneinander entfernten ♀ Ährchen; unteres Hüllblatt aufrecht absthd.; Tragblätt. grau- bis dk.braun, meist kürzer als die kugeligen, grauweißen Fr.; ♃; IV–V. Kiefernwälder, Waldränder, Heiden, Wiesen (bis 2000 m); *z.*
Pillen-S., **C. pilulífera** L. ssp. **pilulífera**
— Pfl. lockerrasig, mit Ausläufern; ♀ Ährchen deutl. voneinander entfernt; unteres Hüllblatt bisweilen fast waagrecht absthd.; ♀ Ährchen 1–2 ***33***
33. Fr. dicht weißhaarig, nervenlos, kurz 2-zähnig; Tragblätt. rotbraun, grün genervt, eif.-zugespitzt; ♂ Ährchen meist gestielt; ♃; IV–V. Feuchte (Wald-) Wiesen (bis 2000 m); *z* (*f* in SH, Da , NW-Dt, Me, OPr)
Filzige S., **C. tomentósa** L.
— Fr. locker filzig, nervig; Tragblätt. braun, trockenhäutig, breit stumpf-3-eckig; ♂ Ährchen meist sitzend; ♃; V–VI. Moorige Nadelwälder; *s* OPr.
Kugel-S., **C. globuláris** L.
34(31). Tragblätt. stumpf, breit-verkehrt-eif., weiß-trockenhautrandig, vorn oft fransig gewimpert; Fr. verkehrt-eif., mit gestutztem, kurzem Schnabel; Pfl. mit Ausläufern, 10–30 cm hoch; Blattscheiden gelbbraun zuweilen purpurn überlaufen; ♃; III–IV. Heidewiesen, lichte Kiefernwälder, Dünentäler (bis 1300 m); *z, s* im SW, Alp. *Heide-S.,* **C. ericetórum** POLL.
— Tragblätt. ± spitz, nicht fransig gewimpert ***35***
35. Unterstes Hüllblatt mit kurzer Scheide u. blattart. Spreite, zugehöriges ♀ Ährchen kurz gestielt; Blattscheiden braun; Blätt. 2–3 mm breit, steif ***37***
— Unterstes Hüllblatt ohne od. mit sehr kurzer Scheide, zugehöriges ♀ Ährchen sitzend; Blätt. 1–2(–3) mm breit, fast stets weich ***36***
36. Blattscheiden blutrot; Tragblätt. schwarzviolett bis schwarzbraun, spitz; Blätt. obersts. schwach behaart, weich; Scheiden der Grdblätt. wenig zerfasernd; Fr. dichtzottig behaart; unteres Hüllblatt oft ohne Spreite od. diese breit hautrandig; Pfl. 10–25 cm hoch; ♃; IV–VI. Laubwälder, Bergwiesen, Gebüsche (bis 2000 m); kalkliebend; *v, s* im N (*f* Ho, NW-Dt).
Berg-S., **C. montána** L. (s. str.)
— Blattscheiden blaßbraun bis -grau; Tragblätt. braun mit blassem Rand, stachelspitzig; Blätt. kahl, obersts. nur rauh, steif; Scheiden der Grdblätt. stark faserschopfig werdend; Fr. kurz u. locker flaumig; unteres Hüllblatt laubartig; Pfl. 40–60 cm hoch; ♃; IV–VI. Magerwiesen, lichte Laubwälder; kalkmeidend; *s* E (Hartwald). (= *C. montana* L. var. *fibrosocomosa* THELL.)
Fritsch's S., **C. fritschii** WAISB.
37(35). Pfl. horstbildend, am Grd. mit dichtem Faserschopf, 30–45 cm hoch; Blätt. den Bltnstg. überragend; ♀ Ährchen 1–3; Tragblätt. rostbraun, grün gestreift; unteres Hüllblatt zuw. laubig; ♃; IV–VI. Wälder u. Waldwiesen (bis 1700 m); *z,* nördl. seltener, *f* von Ho bis OPr.
Schatten-S., **C. umbrósa** HOST
— Pfl. rasig, mit kurzen Ausläufern, 10–30 cm hoch; Blätt. kürzer als der Bltnstg., meist zurückgekrümmt; ♀ Ährchen 2–3; Tragblätt. rost- bis gelbl.-

braun, grün gestreift; ♃; III–V. Grasplätze, trockene Hügel (bis über 2000 m); *v.* (= *C. verna* Chaix ex Vill.) *Frühlings-S.,* **C. caryophylléa** Lat.

38(30). ♀ Ährchen 3, ihre Stiele fast ganz von den scheidenf. Hüllblätt. eingeschlossen, meist 3-bltg.; Tragblätt. braun, breit-trockenhäutig, mit weißem, glzd. Hautrand; Blätt. borstenf., eingerollt, graugrün, starr, rauh, den 3–10 cm hohen Stg. überragend; Pfl. dicht horstf.; ♃; III–IV. Steppenrasen, Kiefernwälder; kalkliebend; *z* im S, sonst *s* (nördl. bis Be-We-Harz-Br-Schl). *Erd-S.,* **C. húmilis** Leyss.

— ♀ Ährchen aus den Hüllblätt. herausragend ***39***

39. Pfl. ohne zentrale, sterile Blattrosette, Bltnstg. endst.; ♀ Ährchen zu 2–3, weit voneinander entfernt, lg.gestielt; Stg. stumpf-3-kantig, rauh; Tragblätt. stachelspitzig; glzd. rotbraun; weißhäutig, mit grünem Mittelstreifen; ♃; VI–VII. Schattige Schluchten, Felsblöcke; *s* Schl.
Fuß-S., **C. pedifórmis** C. A. Mey. ssp. **rhizódes** (Blytt) Lindb. f.

— Pfl. mit zentraler, steriler Blattrosette; ♀ Ährchen einander fingerf. genähert; Stg. fast stielrund ***40***

40. ♀ Ährchen (bes. das untere) etwas voneinander entfernt, bis 3 cm lg. 4- bis 10-bltg.; Tragblätt. rotbraun, mit grünem Mittelnerv, weiß-hautrandig, etwas fein gezähnelt, etwa so lg. wie die Fr.; ♃; IV–V. Laubwälder, grasige Hänge (bis 2000 m); kalkliebend; *z,* im NW *s.* *Finger-S.,* **C. digitáta** L.

— ♀ Ährchen fingerf. genähert, bis 1 cm lg., 2- bis 5-bltg.; Tragblätt. fast stets schmalhautrandig, nicht gezähnelt ***41***

41. Stg. aufrecht (später wenig gekrümmt); Blattrand rauh; ♀ Ährchen 2–4, 6–10 mm lg., lockerbltg.; Fr. behaart, 2,5–3 mm lg.; Tragblätt. rot- bis blaßbraun; ♃; IV–VI. (2 ssp.) *Vogelfuß-S.,* **C. ornithópoda** Willd.

a. Stg. oberw. rauh; Tragblätt. rot- bis gelbbraun; Fr. dicht behaart, matt. Laubwälder, Gebüsche, Halbtrockenrasen (Höhenobergrenze?; vgl. die folg. Art!); kalkliebend; *z* Vor-Alp. u. M-Geb., sonst *s, f* im N von Ho bis OPr. ssp. **ornithópoda**

– Stg. glatt; Tragblätt. kastanienbraun; Fr. locker behaart, glzd. Steinige Matten; *z* bis *s* Alp. (var. *castanea* Murb.) ssp. **elongáta** (Leyb.) Vierh.

— Stg. bogig überhängend; Blätt. glatt; ♀ Ährchen 2(–3), bis 5 mm lg., dichtbltg.; Fr. fast kahl bis glzd., ca. 2 mm lg.; Tragblätt. dkrot bis schwärzl.; ♃; VII–VIII. Steinige Matten, Geröll, Felsspalten, Schneeböden (1700–2500 m); kalkstet; *z* in Ti, übrige Alp. *s.*
Vogelfußähnliche S., **C. ornithopodioídes** Hausm.

42(1). Fr. kahl (bei *C. ferruginea* u. *frigida,* Nr. ***62,*** *C. flava,* Nr. ***52,*** *C. sempervirens,* Nr. ***61,*** zuw. etwas behaart od. borstig-rauh) ***46***

— Fr. behaart (bei *C. atherodes,* Nr. ***45***–, zuw. kahl) ***43***

43. Narben 2; ♀ Ährchen 1–2, wenigbltg., ungestielt; Fr. braun, später verkahlend; Blätt. schmal, borstenf., meist gekrümmt; unterstes Hüllblatt kürzer als der Bltnstand, aber länger als sein Ährchen, deutl. rauh; Pfl. horstbildend, 7–30 cm hoch; ♃; V–VIII. Sonnige Felshänge, Geröll (600–2700 m); kalkstet; *z* Alp., *s* mit den Flüssen im Vorland.
Stachelspitzige S., **C. mucronáta** All.

— Narben 3 . . . . ***44***

44. Blätt. schmal (1–1,5 mm breit), rinnig, kahl, graugrün; ♀ Ährchen 2, entfernt; ♂ Ährchen 1–3; Tragblätt. dk.braun, zugespitzt, mit hellen Mittelnerven, so lg. od kürzer als die längl.-eif., etwas aufgeblasenen Fr.; ♃; V–VI. Flachmoore, Waldsümpfe, Gräben (bis 1500 m); *z.* (= *C. filiformis* Good., non L.) *Faden-S.,* **C. lasiocárpa** Ehrh.

— Blätt. breiter, flach, ± behaart; Tragblätt. eif., mit lg. gesägter Spitze; Fr. lg. geschnäbelt; Stg. am Grd. verdickt; ♂ Ährchen 2–4 . . . . ***45***

45. Unterste Blattscheiden schwach netzfaserig; untere Hüllblätt. lg. scheidig; ♀ Ährchen 2–4, entfernt; Fr. ei-kegelf., gleichmäßig dicht behaart, mit lg., dicken u. innen rauhen Zähnen; Pfl. 10–30(–70) cm hoch; ♃; IV–VI. Gräben, nasse u. trockene Wiesen, Wegränder, Kies (bis 1500 m); *v.*
Behaarte S., **C. hírta** L.

— Unterste Blattscheiden stark netzfaserig; untere Hüllblätt. kurz scheidig

(Scheide des unteren zuw. bis 1 cm lg.); ♀ Ährchen 3–4, etwas genähert; Fr. ei-kegelf., mit lg. Schnabelzähnen *(1168),* ungleichmäßig behaart; oft verkahlend, mit lg., innen meist glatten Zähnen; Pfl. 60–90(–120) cm hoch; ♃; V–VI. Wiesen, Sümpfe; nur Schl. u. Nauen bei Berlin. (= *C. aristata* R. Br.; = *C. siegertiana* Uechtr. ex Garcke)

Grannen-S., **C. atheródes** Spr.

46(42). Bltnstand mit meist mehreren ♂ Ährchen ***71***

— Bltnstand mit nur 1 ♂ Ährchen (selten 2) ***47***

47. ♀ Ährchen etwa 7- bis 10-mal so lg. wie breit, zur Frzeit nickend bzw. hängend od. der Stg. nickend ***68***

— ♀ Ährchen höchstens 5-mal so lg. wie breit, aufrecht od. nickend . ***48***

48. Hüllblätt. mit langer Scheide ***53***

— Scheiden der untersten Hüllblätt. meist 2–3, höchstens 5–10 mm lg.; Ährchen rundl. bis höchstens kurz-zylindrisch (= Sammelart *C. flava* L. s. l.) ***49***

49. Fr. 4–7 mm lg., ihr Schnabel ± so lg. wie der übrige Frteil, wenigstens im unteren Ährchenteil herabgekrümmt; ♀ Ährchen rundl. bis breit-elliptisch ***51***

— Fr. 2–4 mm lg., ihr Schnabel deutl. kürzer als der übrige Frteil, gerade; ♀ Ährchen längl.-elliptisch bis zylindrisch ***50***

50. Stg. meist bogig aufstgd.; Blätt. 2–4 mm breit, hellgrün, flach; Fr. 3–4 mm, ihr Schnabel 1–1,5 mm lg.; ♂ Ährchen gestielt bis sitzend; ♀ Ährchen zu 2–3 dicht beisammensthd., ein weiteres davon deutl. entfernt (zuw. am Stggrd.) u. lg. gestielt; ♃; V–VII. Wegränder, Gebüsch, Flachmoore (bis 1700 m); kalkmeidend; wohl *z,* im W häufiger, im O noch unklar, weil bisher übersehen od. verwechselt). [= *C. oederi* aut. ssp. *demissa* (Hornem.) A. Neumann; = *C. tumidicarpa* Anders.]

Grünliche Gelb-S., Grüne S., **C. demissa** Hornem.

— Stg. meist starr; Blätt. 1,5–3 mm breit, dkgrün, gekielt; Fr. 2–3 mm, ihr Schnabel 0,5–1 mm lg.; ♂ Ährchen sitzend; ♀ Ährchen zu 2–8 dicht beisammensthd., unterstes zuw. etwas entfernt. (2 ssp.)

Späte S., **C. serótina** Mér.

a. Pfl. 8–20 cm hoch; Blätt. gelbl.grün; ♀ Ährchen 5–8 mm lg.; Fr. 2,5–3 mm lg., grünl.gelb, plötzl. in den 0,5–1 mm lg. Schnabel übergehend; die Fr. wird vom Nüßchen nicht ausgefüllt; ♃; IV–IX. Flachmoore, nasse Wiesen, Seeufer; *v,* im Gebirge *s* (Höhengrenze?). (= *C. oederi* auct., non Retz.) ssp. **serótina**

– Pfl. 5–8 cm hoch; Blätt. gräul.grün; ♀ Ährchen 3–5 mm lg.; Fr. 1,5–2 mm lg., gräul.grün, allmähl. in den nur 0,5 mm kurzen Schnabel übergehend; die Fr. wird (reif) vom Nüßchen völlig ausgefüllt; ♃; VI–VIII. Küstenmoore, Dünentäler; *z* bis *s* (?) entlang der Meeresküsten (ob überall?). (= *C. scandinavica* Davies) ssp. **pulchélla** (Loennr.) Ooststroom

51(49). ♂ Ährchen lg. gestielt; ♀ Ährchen 2–3, voneinander entfernt (aber nicht unterhalb der Mitte entspringend); mittl. Stgblätt. bis 3 mm breit, mit höchstens 0,3 mm lg. Ligula *(17, L);* Fr. 4–5 mm lg., grünl., plötzl. in den geraden bis gekrümmten 1,5–2 mm lg. Schnabel übergehend, absthd. oder herabgeschlagen; Blätt. 2–3 mm breit, meist kürzer als die Stghälfte; Stg. oberw. rauh; ♃; VI–VII. Flach- u. Quellmoore; kalkliebend; *v.*

Schuppenfrüchtige S., **C. lepidocárpa** Tausch

— ♂ Ährchen sitzend; 2 ♀ Ährchen dem ♂ benachbart u. dicht beisammensthd., ein weiteres deutl. von ihnen entfernt u. zuw. sogar unterhalb der Stgmitte entspringend; mittl. Stgblätt. mit 0,5–1,5 mm lg. Ligula, 3–5 mm breit ***52***

52. Fr. 5–7 mm lg., allmähl. in den lg. *(1169)* gekrümmten Schnabel übergehend, reif ± zurückschlagen, gelbl.; Tragblatt des untersten Ährchens flach, lg., waagerecht absthd. od. aufrecht; Blätt. ± so lg. wie der meist glatte Stg.; Pfl. 25–60 cm hoch; ♃; VI–VII. Flachmoore, nasse Wiesen, Ufer; *z,* im O häufiger. *Gelbe S.,* **C. fláva** L. (s. str.)

— Fr. 4–5 mm lg., plötzl. in den fast geraden Schnabel zusammengezogen, reif ± waagerecht absthd., gelb bis bräunl.; Tragblatt des untersten Ährchens pfrieml., kurz, zurückgeschlagen; Blätt. ± halb so lg. wie der glatte Stg.; Pfl. 15–25 cm hoch; ♃; VI–VII. Flachmoore, feuchte Wiesen; vermutl. *v* bis *z* Alp., *s* Vor-Alp. (Gesenke?) (bisher übersehen oder verwechselt). [= *C. nevadensis* Boiss. & Reut. ssp. *flavella* (Kreč.) Podl.; = *C. flava* var. *alpina* Kneuck.] *Alpengilb-S.*, **C. flavélla** Kreč.

53(48). Blattscheiden an ihrer Mündung (also gegenüber der Blattspreite) mit einem trockenhäutigen Anhängsel (*1167*, A); ♀ Ährchen meist voneinander entfernt ***63***

— Blattscheiden an ihrer Mündung ohne ein solches Anhängsel; ♀ Ährchen meist einander genähert ***54***

54. Blätt. am Rand behaart (s. Punkt ***28***–) . . . . **C. pilósa**

— Blätt. kahl ***55***

55. Bltnstg. mindestens 3-mal so lg. wie die grdst., starren, absthd. Blätt.; ♀ Ährchen meist 2, gedrungen, 3- bis 6-bltg.; Tragblätt. rotbraun; Pfl. feste Polster bildend, 10–15 cm hoch; ♃; VI–VIII. Steinige Matten, Felshänge (1600–2900 m); kalkstet; Kalk-Alp. *g* u. meist bestandsbildend, zuw. tiefer (Flußkies). *Polster-S.*, **C. fírma** Host

— Bltnstg. kürzer, nicht 3-mal so lg. wie die Blätt. ***56***

56. Schnabel der Fr. abgestutzt, höchstens schwach ausgerandet . . . **25**

— Schnabel verlängert, deutl. 2-spaltig ***57***

57. Tragblätt. der ♀ Ährchen rotbraun od. schwarzbraun, oft mit grünem Mittelstreifen; Gebirgspfl. ***59***

— Tragblätt. der ♀ Ährchen grünl. bis blaßgelb ***58***

58. ♀ Ährchen 2–3, entfernt, 5- bis 6-bltg.; Fr. bis 1 cm lg., silbergrau, stark- u. vielnervig, lg. geschnäbelt u. kurz 2-zähnig; unterstes Hüllblatt den Bltnstand zuw. überragend; ♃; IV–V. Steinige Wälder; nur bei Trier (RhPf), Lx u. bei Kolmar (E). *Armblütige S.*, **C. depauperáta** Good. in Curt. ex With.

— ♀ Ährchen 1–2, entfernt, 6- bis 12-bltg., aufrecht; Fr. 6–7,5 mm lg., braun, fast nervenlos, in einen dünnen, an der Spitze in 2 scharfe Zacken geteilten Schnabel verschmälert; unteres Hüllblatt kurz, kaum das zugehörige Ährchen überragend; ♃; IV–V. Buschige Stellen; nur Schl. *Michelis S.*, **C. michélii** Host

59(57). Endst. Ährchen am Grd. ♂, an der Spitze ♀; Tragblätt. schwarzviolett, weißhautrandig; Pfl. dicht horstf., 10–30 cm hoch, Stg. 2–3mal länger als die Blätt.; ♃; VI–VIII. Felsspalten, steinige Matten (1700–2600 m); Alp., *z* Au, *s* Dt (Berchtesgaden, Schachen). *Ruß-S.*, **C. fuliginósa** Schk.

— Endst. Ährchen ♂ od. am Grd. mit ♀ Bltn. ***60***

60. Pfl. mit verlängerten Ausläufern; ♀ Ährchen später hängend ***62***

— Pfl. ohne od. mit kurzen Ausläufern ***61***

61. Pfl. dicht-horstf.; ♀ Ährchen zu 2–3, aufrecht; Blätt. 1–3 mm breit, steif; Tragblätt. dk.braun, weißhautrandig, kürzer als die scharf 3-kantigen, am Rand oberw. bärtig bewimperten Fr.; Stg. am Grd. mit dk.braunroten, glzd., faserigen Scheidenresten; ♃; VI–VIII. Triften, Magerwiesen (bis 2800 m); kalkliebend; *v* u. oft bestandsbildend Alp., *z* Alpenvorland, sonst Illertal u. Gosheim (Schw.Alb). *Immergrüne S.*, **C. sempérvirens** Vill. Wenn ♀ Ährchen 15–30 cm lg. u. Fr. mit deutl. Nerven (3-kantig!), dann evtl. **C. ferruginea** ssp. **austroalpina** (Bech.) W. Dietrich: angebl. in N-Ti.

— Pfl. lockerrasig; ♀ Ährchen zu 2–4, fadenf. gestielt, später hängend; Blätt. 3–4 mm breit; Tragblätt. rötl.- bis schwarzbraun, mit grünem Mittelstreifen, kürzer als die gleichfarbigen, flachgedrückten, nur am kurzen Schnabel rauhen Fr.; Stg. am Grd. ohne Scheidenreste; ♃; VII–VIII. Feucht-grasige Orte der Alp.; nur Paznauntal (Ti). (= *C. ustulata* Wahl.) *Schwarzrote S.*, **C. atrofúsca** Schk.

62(60). Stg. glatt; grdst. Scheiden purpurn; ♀ Ährchen zu 2–3, am Grd. lockerbltg.; Tragblätt. schwarzbraun, so lg. wie die gleichfarbigen, glzd. zuw. behaarten, kaum doppelt so lg. wie breiten kurz geschnäbelten Fr.; ♃;

VI–IX. Humöse, steinige Orte (1000–2500 m); kalkliebend; *v* u. *h* Alp. (vgl. auch Punkt ***61***). *Rostrote S.*, **C. ferrugínea** Scop. ssp. **ferrugínea**
— Stg. oben rauh; grdst. Blattscheiden gelbbraun; ♀ Ährchen zu 3–4; Tragblätt. schwarzbraun, wenig kürzer als die gleichfarbigen, 5–7 mm lg., an den Kielen borstig-rauhen, spindelf. (4× so lg. wie breiten) Fr.; ♃; VI–VIII. Quellige Orte; *z* Alp. (1600–2600 m), Feldberg (Schw.), Hohneck (Vog.). *Kälteliebende S.*, **C. frígida** All.

63(53). Frschnabel am Rand von feinen Zähnen rauh *(1171–1172)*, Pfl. mit kurzen Ausläufern; ♀ Ährchen zu 2–3, entferntsthd.; Hüllblätt. lg. scheidig u. meist viel länger als die Ährchen ***66***
— Frschnabel an den Rändern glatt u. kahl ***64***

64. ♀ Ährchen zu 2–4, die oberen genähert, das unterste zuw. entfernt u. sein Stiel von der Scheide des bis 10 cm lg. laubigen Hüllblattes umschlossen; Blätt. schmal, borstl.-gefaltet, graugrün; Fr. deutl. 2–3 kantig, graugrün; Pfl. ohne Ausläufer, 10–30 cm hoch; ♃; VI–VIII. Feuchte Orte u. Salzsümpfe der Küsten (östl. bis Köslin/Po); *z*. *Strand-S.*, **C. exténsa** Good.
— Alle Ährchen entfernt, ihre Stiele nicht von den Hüllblätt. umschlossen; Pfl. mit kurzen Ausläufern ***65***

65. Pfl. 50–90 cm hoch; Fr. deutl. mehrnervig, eif.; Frschnabel verlängert, mit 2 borstl. Spitzen *(1170)*; Tragblätt. rotbraun, grün gestreift; ♀ Ährchen zu 3–4; Blätt. bis 10 mm breit; ♃; IV–V. Feuchte schattige Waldwiesen; *s* im W zw. Wuppertal u. Aachen/Schneeifel/Venn, Be, Ho. *Glatte S.*, **C. laevigáta** Sm.
— Pfl. 15–40 cm hoch; Fr. nur mit 2 deutl. Randnerven, meist punktiert, zuletzt waagerecht absthd., glzd., aufgeblasen, kurz geschnäbelt, aber deutl. 2-zähnig; Blätt. bis 5 mm breit; ♃; V–VII. Dünentäler, Strandwiesen; *s* Ostfriesische Inseln, Wester-Scheede (Ho). *Punktierte S.*, **C. punctáta** Gaud.

66(63). Tragblätt. eif.-stumpf bis spitz, aber nicht stachelspitzig, schwarz, schmal weißhautrandig; Fr. gelbgrün, kugelig-eif.; Frschnabel tief 2-zähnig, innen glatt, außen rauhzähnig *(1171)*; Pfl. graugrün, 25–45 cm hoch; ♃; V–VI. Moorige Wiesen, feuchte Heiden (bis 1500 m); *z*. (= *C. hornschuchiana* Hoppe) *Saum-S.*, **C. hostiána** Dc.
— Tragblätt. eif.-stachelspitzig; Frschnabel innen rauh-gezähnt *(1172)* ***67***

67. Tragblätt. stachelspitzig, rotbraun, oben gezähnelt; Fr. purpurn, mit 2 starken, hervortretenden, grünen Randnerven, 3-kantig; ♃; V–VI. Trockene Heiden; *s* in W-Dt (südl. bis Hunsrück u. Westerwald, bei Montabaur/He), Be. *Zweinervige S.*, **C. binérvis** Sm.
— Tragblätt. stachelspitzig, rostrot, grünnervig; Fr. neben den Randnerven noch mehrnervig, gelbgrün, braun gefleckt bis braunspitzig; ♃; V–VI. Sumpf- u. Strandwiesen (bis 2000 m); salzliebend; *z*. *Entferntährige Sumpf-S.*, **C. dístans** L.

68(47). Tragblätt. fein gesägt, lg. zugespitzt *(1173)*, hellgrün od. braun; ♀ Ährchen 3–6, oft fast doldig genähert, zylindrisch, dichtbltg., über 4 cm lg. u. 10 mm dick, hängend, lg.gestielt; Fr. spindelf., gelbgrün, glzd., absthd.; Stg. scharf-3-kantig, rauh, 40–100 cm hoch; ♃; V–VI. Ufer, Sümpfe, Flachmoore; sehr *z* (Ebene u. Alp-Täler). *Zypergrasähnliche S.*, **C. pseudocýperus** L.
— Tragblätt. ganzrandig, zuw. an der Spitze etwas gesägt, nicht lg. zugespitzt; ♀ Ährchen lockererbltg., viel dünner ***69***

69. Blätt. fein borstl.; ♂ Ährchen hellrostbraun; ♀ Ährchen zu 2–3, zuletzt hängend, mit purpurbraunen Tragblätt.; Fr. feinnervig; Pfl. dichtrasig, 15–40 cm hoch; ♃; VI–VIII. Feuchte Felsen, Geröll (bis 2200 m); kalkstet; *z* Alp. (selten tiefer: Flußläufe), Wehratal (S-Schw.). (= *C. tenuis* Host) *Kurzährige S.*, **C. brachystáchys** Schr. & Moll
— Blätt. flach u. breiter; ♀ Ährchen gelbgrün ***70***

70. Fr. 3-kantig, mit langem, 2-zähnigem Schnabel *(1172);* ♂ Ährchen gelbl.-grün; ♀ Ährchen zu 2–6, sehr schlank, lockerbltg., entfernt, lg. u. dünn gestielt, zuletzt hängend; Tragblätt. dk.-grün od. bräunl., weißhautrandig; Stg. schlaff, oft überhängend; ♃; IV–V. Laubwälder; *v, z* im N (*f* NW-Dt?) (ähnl. ist *C. strigosa,* Nr. ***24***–, diese hat aber völlig ungeschnäbelte Fr.)
Wald-S., **C. silvática** Huds.

— Schnabel gestutzt, ohne Zähne ***24***

71(46). Hüllblätt. nicht od. kurz scheidig ***73***

— Hüllblätt. lg.scheidig, den Stg. überragend ***72***

72. Fr. bis 1 cm lg. *(1164),* deutl. 4- bis 5-zeilig angeordnet, strohgelb, glzd., am Rand fein rauh gesägt; ♀ Ährchen zu 3–4, 8–10 mm dick dichtbltg., entferntsthd.; ♃; V–VII. Feuchte Wiesen; salzliebend; sehr *s* im mittl. Gebiet (SaAn, Th, He, Rheinhessen). *Gersten-S.,* **C. hordeistíchos** Vill.

— Fr. nicht in Zeilen, nur bis 3 mm lg., glanzlos, am Rand fein rauh; ♀ Ährchen zu 2–5, schlank-zylindrisch (6–7 mm dick) lockerbltg., entferntsthd.; ♃; V–VI. Nasse Salzwiesen; nur zw. Halberstadt (Sa) u. Erfurt (Th).
Roggen-S., **C. secalína** Wahl.

73(71). Fr. olivgrün, kaum länger als die meist zugespitzten Tragblätt. . ***76***

— Fr. hellgrüngelbl., aufgeblasen, viel länger als die relativ stumpfl. Tragblätt. ***74***

74. Fr. ei-kegelf., allmähl. in den gerade-gezähnten Schnabel übergehend *(1175);* reif schief aufrecht weisend; Stg. scharf 3-kantig, oben rauh; Blätt. 4–7 mm breit, scharf gekielt, rauh; ♀ Ährchen zu 2–3, 2–4 cm lg.; Pfl. 30–80 cm hoch, grasgrün; ♃; V–VI. Gräben, Ufer, nasse Wiesen, Torfmoore, Großseggenbestände (bis 2000 m); *v.*
Schmalblättrige Blasen-S., **C. vesicária** L.

— Fr. fast kugelig, plötzl. in den langen Schnabel verschmälert, Zähne spreizend *(1176),* reif fast waagerecht absthd.; ♀ Ährchen 4–7 cm lg. . . ***75***

75. Stg. glatt, stumpf 3-kantig; ♂ Ährchen zu 2–3, ♀ zu 2–5, letztere 6–10 mm breit; Blätt. 3–5 mm breit, oft eingerollt; Pfl. 30–80 cm hoch, graugrün; ♃; V–VI. Wie vorige, aber häufiger (bis 2000 m). (= *C. inflata* auct.)
Schnabel-S., **C. rostráta** Stok.

— Stg. oben rauh, scharf 3-kantig; ♂ Ährchen zu 3–7, ♀ zu 2–4 , letztere 10–13 mm breit; Blätt. 7–15 mm breit, stets flach ausgebreitet; Pfl. 60–100 cm hoch, grasgrün; ähnl. voriger, doch in allen Teilen kräftiger; ♃; VI–VII. Wie vorige; *s* OPr. [= *C. laevirostris* (Fr.) Blytt & Fr.]
Breitblättrige Blasen-S., **C. rhynchophýsa** C. A. Mey.

76(73). Fr. längsfurchig, ei-kegelf., allmähl. in den 2-zähnigen Schnabel zugespitzt; ♀ Ährchen zu 2–3, 5–7 mm breit, entfernt, aufrecht, nur das untere oft gestielt u. nickend; ♂ Ährchen schmal; Blätt. 2–3 mm breit; Tragblätt. dk.-purpurn; Stg. 3-kantig, glatt, 30–50 cm hoch; ♃; V–VI. Gräben, Wiesen; Elbetal um Magdeburg. (= *C. nutans* Host)
Schwarzährige S., **C. melanostáchya** Willd.

— Fr. vielnervig, aber nicht längsfurchig; ♂ Ährchen dick, dichtbltg.; Stg. scharfkantig, oben rauh; Blätt. 5–15 mm breit; Pfl. 40–120 cm hoch ***77***

77. Alle Tragblätt. lanzettl., haarspitzig *(1177),* hellpurpurbraun, grün gestreift; ♀ Ährchen 8–12 mm breit, zu 3–4 keulenf., die unteren lg. gestielt; Fr. undeutl. nervig, graubraun *(1163),* grdst. Blattscheiden nicht netzfaserig, gitternervig; ♃; V–VI. Ufer, Gräben, Sümpfe; *z* (Ebene).
Ufer-S., **C. ripária** Curt.

— Tragblätt. der ♀ Ährchen lanzettl., zugespitzt, rötl.-schwarzbraun, grün gestreift, die der ♂ abgerundet (nur die oberen kurzspitzig), rotbraun; ♀ Ährchen zu 2–4, 6–7 mm breit, alle aufrecht; Fr. deutl. nervig, dk.grün; grdst. Blattscheiden stark netzfaserig; ♃; V–VI. Wie vorige (nur *s* über 1000 m). *Sumpf-S.,* **C. acutifórmis** Ehrh.

Die Gattung **Carex** ist neben *Hieracium* die formenreichste der heimischen Vegetation. Von den insgesamt ca. 120 Arten, die im Gebiet vorkommen, sind zahlreiche ihrerseits wieder außerordentlich formenreich; außerdem wurden von den aufgeführten Arten bisher über 100 **Bastarde** beobachtet!

Ordnung: **Typháles**

Familie: **Typháceae,** *Rohrkolbengewächse*

Sumpfpfl., mit kriechendem Rhizom; Blätt. bandf.; Bltn. eingeschl., 1-häusig, in walzenf., übereinanderstehenden Kolben, die unteren ♀ (*165,* ♀), die oberen ♂ (*165,* ♂); am Grd. der Teilbltnstände anfangs laubige Hochblätt.; Bltnhülle haarf.; Stbblätt. 3; Frkn. 1.

Týpha L., *Rohrkolben*

1. Kolben kurz, bis 3 cm lg. (meist kürzer), im Umriß kurz-walzl.; Blätt. 1–2 mm schmal, grasart.; Pfl. höchstens 75 cm hoch; ♃; V–VI. Ufer langsam fließender Gewässer; *z* Alpentäler (bis 1400 m), *s* Voralp., Oberrheingebiet. (incl. *T. lugdunensis* Chab., = *T. martinii* Jord., = *T. gracilis* Jord.)
[G] *Zwerg-R.,* **T. mínima** Hoppe

— Kolben längl.-walzl.; Blätt. 3–20 mm breit; Pfl. meist über 1 m hoch *2*

2. ♀ Kolben vom ♂ deutl. getrennt (meist 3–5 cm), rostbraun, etwa bleistiftdick; ♀ Bltn. in den Achseln schuppenförmiger Tragblätt.; Blätt. grasgrün, 3–10 mm breit, schwachrinnig, obersts. gewölbt; Stg. 1–2 m hoch; ♃; VI–VIII. Röhrichtzone langsam fließender u. stehender Gewässer; *z.*
[G] *Schmalblättriger R.,* **T. angustifólia** L.

— ♂ Kolben dem ♀ ± unmittelbar aufsitzend; ♀ Bltn. ohne Tragblätt *3*

3. ♂ Kolben viel kürzer als der zur Frzeit silbrig-grau behaarte ♀; Blätt. 5–10 mm breit; Stg. 0,5–1 m hoch; ♃; VI–VIII. Langsam fließende, nährstoffreiche Gewässer; sehr *s* in BW, Vb, Ti, SO-Ba, Bayrw.
[G] *Grauer R.,* **T. shuttlewórthii** Koch & Sond.

— ♂ Kolben so lg. wie der zuletzt schwarzbraune ♀; Blätt. 10–20 mm breit, flach, untersts. gewölbt; Stg. 1–2 m hoch; ♃; VI–VII. Verlandungszone stehender Gewässer; *v.* [G] *Breitblättriger R.,* **T. latifólia** L.

Familie: **Sparganiáceae,** *Igelkolbengewächse*

Ausdauernde Sumpf- u. Wasserpfl., mit meist dicker Grdachse; Bltn. eingeschl., 1-häusig, in kugeligen Köpfchen, die unteren morgensternf. u. ♀ (*166,* ♀). die oberen kugelig u. ♂ (*166,* ♂).

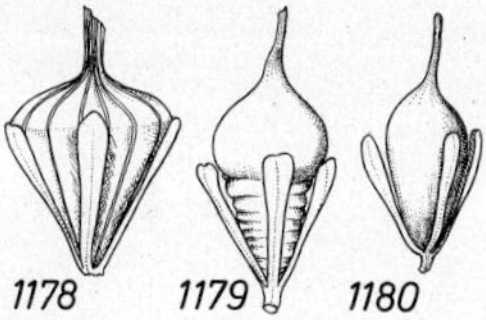

1178 *1179* *1180*

Spargánium L., *Igelkolben*

1. Bltnstand mit nur 1 (selten 2) ♂ Köpfchen, darunter 2–3 ♀; Narben eif. bis kopfig-kugelig, höchstens 3-mal länger als breit; Bltnstg. aufrecht od. flutend, 60–80 cm lg.; Blätt. 3–7 mm breit, zart, ungekielt; ♃; VI–VIII. Heidetümpel, Seen; *z,* im N häufiger. *Zwerg-I.,* **Sp. minimum** Wallr.

— Bltnstand mit mehreren ♂ Köpfchen *2*

2. Bltnstg. ästig, auch an den Seitenästen unten mit ♀, oben mit ♂ Köpfchen, 30–80 cm hoch; Blätt. derb, an der Basis 3-kantig, bis zur Spitze gekielt, 5 bis 15 mm breit; ♃; VI–VIII. Teiche, Seen, Röhricht; *v;* 3 ssp. mit noch wenig bekannter Verbreitung. (= *Sp. ramosum* Huds.)

Ästiger I., **Sp. eréctum** L.

a. Fr. 5–10 mm lg., ungestielt, 4- bis 6-kantig, matt-schwarzbraun, Form wie *1178;* Steinkern tief gefurcht, den Griffelansatz erreichend, vom umgebenden Gewebe schwierig zu lösen. *v.* [= *Sp. polyedrum* (A. & Gr.) Juzepczuk] ssp. **eréctum**

b. Fr. 7–10 mm lg., sehr kurz gestielt, rundl., glzd.-gelbbraun, Form wie *1180;* Steinkern mit nur schwachen Längsfurchen, den Griffelansatz nicht erreichend, vom umgebenden Gewebe von oben her leicht zu lösen; Narben bis 3 mm lg. *v*? (im S häufiger).

ssp. **negléctum** (Beeby) Sch. & Th.

c. Wie vorige, aber Fr. nur 6–8 mm lg., Form wie *1179;* Steinkern mit deutlicheren Längskanten; Narben nur bis 2 mm lg., *z*? (Ho, Sb, Ti, wo in Dt?). ssp. **microcárpum** (Neuman) Dom.

— Bltnstg. unverzweigt (wenn verzweigt, dann Seitenäste nur mit ♀ Köpfchen); Blätt. bis 8 mm breit ***3***

3. Stg. u. Blätt. steif aufrecht, selten flutend; Blätt. gekielt u. am Grd. 3-kantig, die flutenden wenigstens mit vorspringendem Mittelnerv; ♂ Köpfchen 4–8; ♀ Köpfchen 2–5; Fr. geschnäbelt; Stg. 20–60 cm hoch, flutend länger; ♃; VI–VII. Teiche, Seen, Sümpfe; *v.* (= *Sp. simplex* Huds.)

Einfacher I., **Sp. emérsum** Rehmann

— Stg. u. Blätt. meist flutend od. schlaff aufrecht, die flutenden nicht gekielt; ♂ Köpfchen zu 3–6 dicht beisammensthd., ♀ zu 2–3; Stg. bei flutenden Exemplaren bis 1,8 m lg., sonst wesentl. kürzer; ♃; VI–VII. Heidetümpel, Seen, Moorgräben; *z* Alp. (bis 2000 m), sonst sehr *z* bis *s:* Be, Ho, We, NS, Da, Br, Lausitz, W-Vog., S-Schw., Bayr.-Böhmw. (= *Sp. affine* Schnizl.)

Schmalblättriger I., **Sp. angustifólium** Michx.

Ordnung: **Poáles**

Familie: **Poáceae** *(= Gramineae), Süßgräser*

Stg. (= **Halm**) rundl. (niemals 3-kantig!), an den Knoten verdickt, hohl (Ausnahme: *Zea mays*); Blätt. zweizeilig, mit langer, stgumfassender, meist offener, selten verwachsener Scheide, an deren oberem Ende ein zartes, oft nur in Form von Haaren ausgebildetes Blatthäutchen (= **Ligula,** *17, L*[1]); Bltn. unscheinbar, meist ⚥, ohne Bltnhülle, aber von trockenhäutigen Hochblättern (= **Spelzen**) eingehüllt, immer in **Ährchen** *(1181:* 3-bltg. im schematischen Längsschnitt). Jedes Ährchen beginnt mit meist 2 **Hüllspelzen,** der **äußeren** (*aH;* = untere Hüllspelze) u. der **inneren** (*iH;* = obere Hüllspelze). Darauf folgen in 2-zeiliger Anordnung die **Deckspelzen** (*D,* = Tragblatt), die oft auf dem Rücken od. an der Spitze eine steife, vielfach gekniete Borste, die **Granne** *(G)* u. in ihrer Achsel die zwittrigen Bltn. tragen; jede von ihnen beginnt mit einer 2-kieligen **Vorspelze** (*V,* = Vorblatt) u. besteht aus 2 kleinen Schüppchen, den **Schwellkörpern** *(S)* od. **Lodiculae,** 3 mit langen, dünnen Stbfäden versehenen Stbblätt. u. 1 mit 2 fedrigen Narben versehenen Frkn. *(F).* Jedes Ährchen enthält meist mehrere, bis zu 15, aber zuweilen auch nur 1 Blüte. Die Ährchen selbst treten wieder zu **ähren-, trauben-** od. **rispenf.** Gesamtbltnständen *(1182–87)* zusammen. Fr. eine 1-samige Schließfr. (= Karyopse), bei der Fr.- u. Samenschale miteinander verwachsen sind.

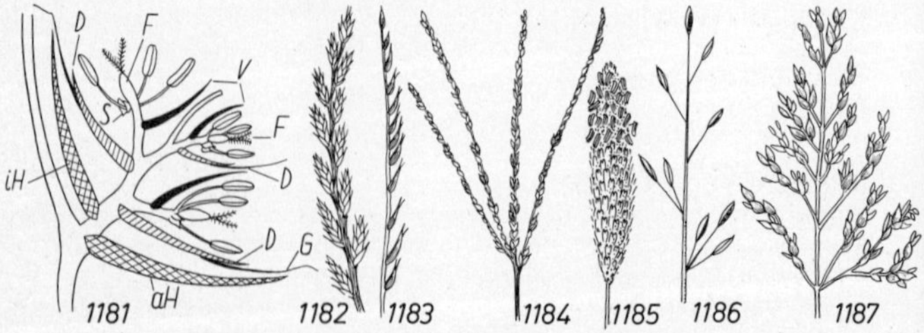

1181 1182 1183 1184 1185 1186 1187

[1] Einige Beispiele der Ausbildung der Ligula zeigen Abb. *1188–1190.*

1. Bltn. eingeschl., 1-häusig; ♂ Bltn. in einer endst. Rispe; ♀ Bltn. in dicken, von scheidigen Hüllblätt. umschlossenen, achselst. Kolben; Sproß-Dm. an der Basis bis 4 cm . . . . **Zea,** 575

— Bltn. ⚥, in einem gemeinsamen Bltnstand (selten einzelne Bltn. eingeschl., diese dann aber nicht von den ⚥ getrennt sthd.) ***2***

2. Ährchen sitzend od. auf ganz kurzen, **unverzweigten** Stielen zu einer Ähre angeordnet; Ähren einzeln an der Spitze des Halmes (einfache Ähre, *1182, 1183*) od. zu mehreren u. dann entweder einander am Halmende ± fingerf. genähert *(1184)* od. deutl. voneinander entfernt (zusammengesetzte Ähre) . . . . **Ähren- u. Fingergräser,** 537

— Ährchen auf längeren, zuw. unverzweigten, od. kürzeren, **verzweigten** Stielen ***3***

3. Ährchenstiele sehr kurz, dicht gedrängt (diese erst beim Umbiegen des Bltnstandes zu erkennen!); Rispe deshalb zusammengezogen u. im Umriß ± walzenf. *(1185)* . . . . **Ährenrispengräser,** 539

— Rispe locker, ± stark ausgebreitet; Ährchen einzeln aber lg. gestielt (= Traubengräser, *1186*), sonst mit verlängerten u. verzweigten Ästen (= Rispengräser, *1187*); Ährchen zuw. am Ende der verlängerten Rispenäste gebüschelt . . . . **Trauben- u. Rispengräser,** 540

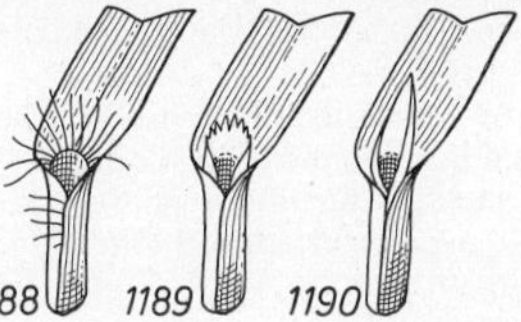

1188 *1189* *1190*

1. Ähren- u. Fingergräser

1. Ähren einzeln an der Spitze des Halmes ***6***

— Ähren zu mehreren an der Halmspitze ± fingerf. od. traubig angeordnet *(1184)* ***2***

2. Ährchen rauhhaarig, zu 2; je ein Ährchen ♂, gestielt u. unbegrannt, das andere ♀, sitzend u. begrannt; Ährenachse zerbrechl., behaart; Hüllspelzen 3; Pfl. ♃ . . . . **Bothriochloa,** 575

— Ährchen kahl od. fast kahl ***3***

3. Ährchen zu 2, davon eines sitzend od. fast sitzend, das andere gestielt u. vom Rücken her zusammengedrückt ***5***

— Ährchen einzeln, von der Seite her zusammengedrückt ***4***

4. Ähren (fast) von genau einem Punkt ausgehend *(1184);* Ährchen in 2 einstswendigen Reihen, bei der Reife ohne Hüllspelzen abfallend; Pfl. sandig-trockener Orte . . . . **Cynodon,** 562

— Ähren nicht von einem Punkt ausgehend, etwas (bes. die oberste) voneinander entfernt; Ährchen bei der Reife als Ganzes abfallend; Strandpfl. der Nordsee . . . . **Spartina,** 562

5(3). Ähren schmal-lineal, nur 2–4 mm breit, am Halmende ± fingerf. genähert *(1184);* Spelzen unbegrannt . . . . **Digitaria,** 574

— Ähren kurz-walzl., ± unterbrochen u. bis 1 cm dick, am Halm weit voneinander entfernt; Deckspelzen z. T. lg. begrannt *(1191);* Hüllspelzen borstig, auf den Nerven behaart . . . . **Echinochloa,** 575

6(1). Ähren stets zwei- od. allseitswendig (d. h. Ährchen an 2 Seiten der Ährenachse *(1182)* od rings um diese angeordnet) ***9***

— Ähren einseitswendig (Ährchen nur auf 1 Seite der Ährenachse, *1183*) . ***7***

7. Hüllspelzen verkümmert bis fehlend; Frkn. mit 1 Narbe; Ährchen lineal, 7–15 mm lg. *(1183);* Blätt. borstl.-pfrieml., am Grd. von alten Blattresten umgeben . . . . **Nardus,** 562
— Hüllspelzen vorhanden ***8***
8. Ährchen lineal-pfrieml., 1-bltg., unbegrannt; Pfl. bis 10 cm hoch **Mibora,** 572
— Ährchen längl.-elliptisch, mehrbltg., unbegrannt od. kurz begrannt; beide Hüllspelzen 3-nervig; Pfl. bis 40 cm hoch **Nardurus lachenalii,** 563
9(6). Ährchen unterhalb der Hüllspelze mit mehreren, die Länge des Ährchens überragenden, rauhen Borsten . . . . **Setaria,** 575
— Unterhalb der Hüllspelzen Ährchenstiel ohne Borsten ***10***
10. Ährchen 1- bis 2-bltg., ganz in die Aushöhlung der Ährenachse eingesenkt *(1192),* Ähre daher kaum dicker als der Halm . . . . **Parapholis,** 563
— Ährchen nicht in die Ährenachse eingesenkt, zuw. kurz gestielt, einzeln od. zu 2–6 nebeneinander auf den Absätzen der Ährenachse; Ähre stets dicker als der Halm ***11***
11. Auf jedem Absatz der Ährenachse nur 1 gestieltes od. ungestieltes Ährchen ***14***
— Ährchen deutl. nebeneinander ***12***
12. Ährchen ungestielt od. nur die seitl. gestielt, mit langen Grannen; Gipfelährchen verkümmert; Pfl. ⊙-⊙ . . . . **Hordeum,** 561
— Ährchen innerhalb der Hüllspelzen deutl. gestielt; Gipfelährchen entwickelt; Pfl. ♃ ***13***
13. Stg. u. Blätt. blaugrün, mit Ausläufern; Hüll- u. Deckspelzen nicht begrannt, höchstens deutl. zugespitzt; Strandpfl. . . . . **Leymus,** 561
— Stg. u. Blätt. grasgrün, ohne Ausläufer; Hüll- u. Deckspelzen begrannt, die letzteren bis zu 25 mm lg.; Waldpfl. . . . . **Hordelymus,** 561
14(11). Ährchen mehrbltg. ***17***
— Ährchen 1-bltg. (eigentl. Ährenrispengräser!) ***15***
15. Ährchen am Grd. von langen, das Ährchen überragenden, borstenf. Haaren umgeben *(1193);* Hüllspelzen 3 . . . . **Setaria,** 575
— Ährchen am Grd. ohne borstenf. Haare; Hüllspelzen 2 . . . . . ***16***
16. Hüllspelzen am Grd. verwachsen, unbegrannt; Deckspelze begrannt *(1196)* . . . . **Alopecurus,** 571
— Hüllspelzen frei, stachelspitzig od. begrannt; Deckspelze nicht begrannt *(1198)* . . . . **Phleum,** 570
17(14). Deckspelzen auf dem Rücken mit knief. gebogener Granne; Ährchen 4- bis 7-bltg. . . . . **Gaudinia,** 564
— Deckspelzen mit gerader Granne od. grannenlos ***18***
18. Ährchen nur mit 1 Hüllspelze (selten mit 2, dann aber die 2. verkümmert; Endährchen stets mit 2), mit der Schmalseite der Ährenachse zugekehrt *(1182)* **Lolium,** 558
— Ährchen mit 2 Hüllspelzen, die breite Seite der Ährenachse zukehrend *(1194)* ***19***
19. Ährchen ganz kurz gestielt ***22***
— Ährchen ungestielt, dichtgedrängt beieinander ***20***
20. Ährchen 2-bltg. (mit einem stielart. Fortsatz zwischen den beiden Bltn.); Hüllspelzen pfrieml., einnervig, gekielt; Blattöhrchen kahl . . . . . . **Secale,** 560
— Ährchen 3- bis 8-bltg.; Hüllspelzen eif.-längl., mehrnervig . . . ***21***
21. Hüllspelzen scharf gekielt (wenigstens im oberen Teil), eif.; Ährchen bauchig, als Ganzes bei der Reife abfallend od. Fr. unbespelzt ausfallend; Pfl. ⊙ . . . . **Triticum,** 560
— Hüllspelzen nicht od. stumpf gekielt, lanzettl.; Deckspelze unten mit Querfurche; Ährchen nicht bauchig, bei der Reife in einzelne Bltn. zerfallend; Fr. von Deck- u. Vorspelze eingehüllt bleibend; Pfl. ♃ **Agropyron,** 559

22(19). Deckspelzen stumpf bis abgerundet; Ährchen 5–7 mm lg.; Blätt. flach; Ligula ca. 2 mm lg., zerschlitzt; Dünengras **Scleropoa loliacea,** 551

— Deckspelzen, wenigstens der oberen Bltn. eines Ährchens, zumindest stachelspitzig (falls stumpfl., dann Ährchen über 2 cm lg.) . . ***23***

23. Ährchen über 2 cm lg., 4- bis 16-bltg.; Hüllspelzen 5- bis 7-nervig; Blätt. flach; Ligula deutl., 2–3 mm hoch . . . . **Brachypodium,** 552

— Ährchen 5–10 mm lg., 3- bis 7-bltg.; untere Hüllspelze 1-, obere 3-nervig; Blätt. sehr schmal, eingerollt od. gefaltet; Ligula nur als winziger Hautsaum ausgebildet . . . . **Nardurus maritimus,** 563

1191 1192 1193 1194 1195 1196 1197

2. Ährenrispengräser

1. Ährchen am Grd. mit 1 bis mehreren langen Borsten *(1193),* bzw. kammf. od. fächerf. Blättchen *(1199)* ***15***

— Ährchen am Grd. ohne eine solche Hülle (nur bei *Ammophila,* Nr. ***8,*** am Grd. der Deckspelzen kürzere Haare) ***2***

2. Ährchen 2- bis vielbltg. ***9***

— Ährchen 1-bltg., zuw. aber mit einem pfrieml. od. keulenf. Ansatz zu 1 oberen u. 2 unteren Blüten ***3***

3. Deckspelze am Rand bis zur Spitze dicht zottig gewimpert *(1195);* Ährchen mit einer fruchtbaren u. einer unfruchtbaren Blüte . **Melica,** 557

— Deckspelze nicht lg.zottig gewimpert ***4***

4. Innere Hüllspelze klein, verkrümmert, die äußere dicht mit hakigen Stacheln; Ährchen 4–5 mm lg., zu 3–5 in einem kurz verzweigten, als Ganzes abfallenden Büschel . . . . **Tragus,** 573

— Äußere Hüllspelze ohne hakige Stacheln ***5***

5. Die beiden Hüllspelzen am Grd. od. bis über die Mitte deutl. miteinander verwachsen *(1196),* gekielt, gewimpert; Deckspelze oft mit knief. gebogener Granne, schlauchart. die Blüte einschließend *(1196)* **Alopecurus,** 571

— Hüllspelzen bis zum Grd. getrennt ***6***

6. Hüllspelzen 4, die äußeren auf dem Rücken breit geflügelt, viel länger als die Blüte, die inneren nur so groß wie Deck- u. Vorspelze *(1197);* Ährenrispe eif.-kugelig, weißl.-grün gestreift . . . . **Phalaris,** 574

— Hüllspelzen nicht geflügelt, oft ungleich lg. od. verkümmert; Ährenrispe nicht eif.-kugelig ***7***

7. Hüllspelzen 4, die beiden äußeren ungleich, die inneren kleiner, dkbraun behaart u. begrannt; Stbblätt. 2; Ährenrispe lockerbltg. **Anthoxanthum,** 574

— Hüllspelzen stets 2; Stbblätt. 3 . . . . ***8***

8. Ährchenachse über die Blüte hinaus verlängert u. an der Spitze pinself. behaart; Ährenrispe zylindrisch-walzenf., im Umriß etwas gelappt; Hüllspelzen etwas ungleich lg., spitz; Deckspelzen am Grd. mit Haaren, ohne Grannen . . . . **Ammophila,** 570

— Ährchenachse kahl, Ährenrispe zylindrisch-walzenf., zuw. auch kopfig, im Umriß ± glatt; Hüllspelzen gekielt, stachelspitzig od. begrannt *(1228–1230);* Deckspelzen stumpf, unbegrannt . . . . **Phleum,** 570

9(2). Ährenrispe verlängert ***11***
— Ährenrispe rundl.-eif., kurz ***10***
10. Halme aufrecht; Pfl. dicht-horstf., ♃; Ährenrispe schiefergrau; untere Rispenäste mit od. ohne schuppenf. Tragblätt.; Deckspelzen mit 1, 3 od. 5 grannigen Spitzen . . . . **Sesleria,** 558
— Halme niederlgd.; Pfl. nicht horstf. (☉), aber vom Grd. an büschelig verzweigt; Infl. einseitswendig, vom obersten Halmblatt überragt; Deckspelzen stumpfl. **Sclerochloa,** 553
11(9). Hüllspelzen kürzer als das Ährchen, die eine wenigstens doppelt so lg. wie die andere ***14***
— Hüllspelzen so lg. od. fast so lg. wie das Ährchen ***12***
12. Deckspelzen an der Spitze kurz begrannt od. nur stachelspitzig bis stumpf, auf dem Rücken gekielt u. meist gewimpert . . . . **Koeleria,** 566
— Deckspelzen auf dem Rücken lg.absthd. begrannt ***13***
13. Deckspelzen gekielt, Granne in ihrer oberen Hälfte entspringend **Trisetum,** 564
— Deckspelzen auf dem Rücken abgerundet, Granne an ihrem Grd. od. wenigstens unterhalb der Mitte entspringend . . . . . **Aira praecox,** 563
14(11). Blätt. borstenf.; Staubblätt. 1; Deckspelzen an der Spitze lg. begrannt; Ährenrispe lockerbltg., zuw. bis 20 cm lg. . . . . . . **Vulpia,** 551
— Blätt. flach, bis 4 mm breit; Stbblätt. 3; Deckspelzen nicht begrannt; Ährenrispe dichtbltg. (oberw. eine reine Ähre), schwach einseitswendig, 1–3 cm lg. (s. auch Nr. ***10***—) . . . . **Sclerochloa,** 553
15(1). Ährenrispe einseitswendig; Ährchen 3- bis 4-bltg.; unter jedem Ährchen eine kammf. Hülle (= steriles Ährchen mit leeren Spelzen, *1199*); Deckspelzen kurz stachelspitzig od. begrannt . . . **Cynosurus,** 557
— Ährenrispe allseitswendig; Ährchen 1-bltg., am Grd. mit lg., borstenf. Haaren *(1193)*, diese entsprechen verkümmerten Seitenzweigen u. tragen zuweilen reduzierte Ährchen; Hüllspelzen 3; Deckspelzen unbegrannt . . . . **Setaria,** 575

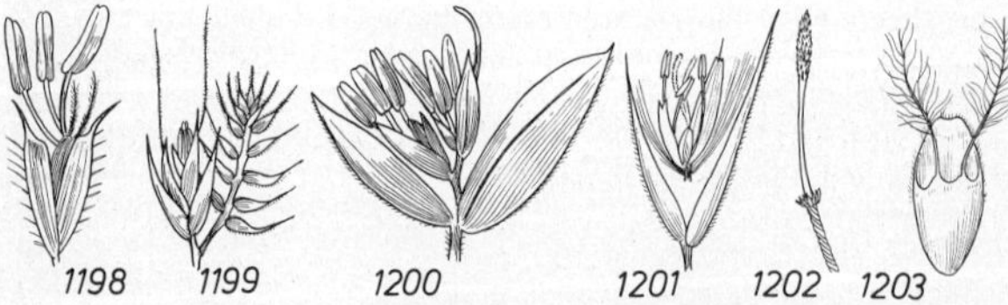

1198 1199 1200 1201 1202 1203

3. Trauben- und Rispengräser[1]

1. Ährchen 2- bis mehrbltg., mindestens mit 2 ⚥ Blüten od. mit 1 ⚥ Blüte u. mehreren ♂ od. geschlechtslosen Bltn. ***15***
— Ährchen 1-bltg., zuw. mit Ansatz einer 2. verkümmerten od. einer 2. ♂ Blüte ***2***
2. Ährchen nur mit 1 ⚥ Blüte ***4***
— Ährchen außer der ⚥ Blüte noch mit einer ♂ Blüte ***3***
3. Ährchen 8–10 mm lg., mit langer, geknieter Granne **Arrhenatherum,** 564
— Ährchen bis 5 mm lg., mit fehlender od. sehr kurzer Granne *(1200)* **Holcus,** 564
4(2). Ährchen am Grd. der Deckspelze mit längeren Haaren *(1201)*; Hüllspelzen ± ungleich; Rispe reich verzweigt . . . . . . **Calamagrostis,** 569

[1] Von zahlreichen Gräsern sind als Seltenheit abweichende Formen mit nur 1-bltgen Ährchen bekannt. Gelingt die Bestimmung über Punkt ***2*** ff. nicht, dann bestimme man weiter nach Punkt ***15***.

— Ährchenachse kahl od. am Grd. der Deckspelze mit Haaren, die höchstens die halbe Länge der Deckspelze erreichen, zuw. aber Deckspelze selbst behaart ***5***

5. Hüllspelzen vorhanden ***7***

— Hüllspelzen fehlend ***6***

6. Pfl. 2–6 cm hoch; Ährchen nur bis 1 mm groß, in dolden- od. quirlf. Büscheln . . . . **Coleanthus,** 572

— Pfl. höher; Ährchen 4–5 mm lg., einzeln an den Rispenästen; zur Blütezt. tritt höchstens der obere Teil der Rispe aus der sie umschließenden Blattscheide heraus . . . . **Leersia,** 574

7(5). Hüllspelzen 3; Ährchen vom Rücken her zusammengedrückt u. daher nicht gekielt; Rispe reichbltg., zuletzt oft überhängend; Blattscheiden oft absthd. behaart . . . . **Panicum,** 575

— Hüllspelzen 2 od. 4; Blattscheiden kahl ***8***

8. Deckspelzen unbegrannt od. mit einer Granne, die höchstens doppelt so lg. ist wie ihre Spelze ***11***

— Deckspelzen lg.begrannt; Grannen wenigstens 3-mal so lg. wie ihre Spelzen; Hüllspelzen 2 . . . . ***9***

9. Granne 5–30 cm lg.; Ährchen vom Rücken her zusammengedrückt; Blätt. borstl., in der Knospenlage gefaltet . . . . **Stipa,** 572

— Granne viel kürzer, höchstens 2 cm lg.; Blätt. 1–3 mm breit, flach, trokken, meist borstl. zusammengerollt ***10***

10. Deckspelzen auf dem Rücken lg.behaart; äußere Hüllspelze ± 9 mm, innere ± 7 mm lg.; Blätt. in der Knospenlage gerollt; Pfl. ♃, dichte Horste bildend . . . . **Achnatherum,** 573

— Deckspelzen nicht lg. behaart, höchstens kurz rauhhaarig; äußere Hüllspelze etwas kürzer als die innere, beide ± 2 mm lg.; Pfl. ⊙, vom Grd. an büschelig verzweigt, aber nicht horstf. . . . . **Apera,** 569

11(8). Halm knoten- u. blattlos (aber zuw. bis über die Mitte von Blattscheiden umgeben); Knoten an der Basis des Stg. gehäuft, knollig verdickt . . . . **Molinia,** 559

— Halm mit Knoten ***12***

12. Ährchen von der Seite her ± stark zusammengedrückt; Hüllspelzen deshalb am Rücken ± stark gekielt *(1205)* ***14***

— Ährchen stielrund od. vom Rücken her zusammengedrückt; Hüllspelzen daher auf dem Rücken abgerundet *(1204)* ***13***

13. Ährchen grün; Rispe allseitig weit ausgebreitet, mit oft geschlängelten, fast waagrecht abstehenden Ästen . . . . **Milium,** 573

— Ährchen rotbraun; Rispe einseitswendig, locker; Blattscheiden mit den Rändern verwachsen . . . . **Melica,** 557

14(12). Schilfart. Ufergras mit vor u. nach der Blüte zusammengezogener, gelappter, oft rötl. überlaufener Rispe; Hüllspelzen 4, die beiden äußeren gleich lg. u. länger als die weißl.-schuppenf., nur etwa 1 mm lg. inneren; Deckspelzen unbegrannt; Ährchen geknäuelt . **Typhoides,** 574

— Zierl. Gräser mit schmäleren Blätt. u. fein verästelten, reichbltgen Rispen (wenn armbltg., dann Pfl. nur 10–30 cm groß); Hüllspelzen 2, meist ungleich lg., Deckspelzen begrannt od. unbegrannt **Agrostis,** 567

15(1). Hüllspelzen viel kürzer als das Ährchen u. meist auch kürzer als die Deckspelzen (ohne Granne!) ***35***

— Längere Hüllspelze wenigstens 2/3 der Ährchenlänge erreichend ***16***

16. Deckspelzen (wenigstens einer Blüte) begrannt; Granne zuw. in den Spelzen versteckt ***23***

— Deckspelzen unbegrannt, zuw. stachelspitzig ***17***

17. Ährchen nickend od. hängend ***22***

— Ährchen aufrecht (aber z. T. mit abgespreizten Rispenästen) . ***18***

18. Rispe schmal zusammengezogen, mit 4–16 grünen bis violett überlaufenen, 3- bis 5-bltgen Ährchen; Deckspelzen derb, mit kurz 3-zähniger Spitze *(1222);* Blätt. u. Blattscheiden wimperig behaart; anstelle Ligula eine Haarreihe . . . . **Sieglingia,** 565
— Rispenäste zur Blütezeit absthd.; Ährchen zahlr.; Ligula häutig od. bis 5 mm lg. ***19***
19. Halm oberw. knotenlos; Ährchen an den weit ausgebreiteten Rispenästen ± gleichmäßig verteilt, bräunl., meist 3-bltg.; Mittelblüte des Ährchens ⚥, mit 2 Stbblätt., die beiden seitl. ♂ mit je 3 Stbblätt. *(1235, 1236);* Hüllspelzen fast so lg. wie das Ährchen . . . . . . **Hierochloë,** 573
— Halm oberw. mit Knoten; Ährchen gelbl., grünl. od. violett überlaufen, nur mit ⚥ Bltn. ***20***
20. Ährchen am Ende der Rispenäste knäuelig gehäuft, Infl. daher gelappt u. ausgebreitet oft über 10 cm breit . . . . **Dactylis,** 557
— Ährchen nicht knäuelig gehäuft, ± gleichmäßig innerhalb der Infl. verteilt; Hüllspelzen ± gekielt ***21***
21. Rispenäste nur zur Blütezeit ausgebreitet u. dann Infl. bis 4 cm breit (sonst ährenrispig zusammengezogen); Ährchen 4–5 mm lg. **Koeleria,** 566
— Rispenäste auch nach der Blütezeit nicht zusammengezogen; Ährchen 2–3 mm lg. . . . . **Poa,** 554
22(17). Ährchen grün, bis 2,5 cm groß; Rispenäste zur Blütezt. waagerecht absthd.; Deckspelze der oberen Blüte zuw. begrannt; Kulturpfl. . . . . **Avena,** 565
— Ährchen ± braunrot, höchstens 1 cm lg., 2-bltg., die obere Blüte häufig verkümmert; Deckspelzen knorpelig; Rispe einseitswendig od. überhängend . . . . **Melica,** 557
23(16). Grannen kurz, zwischen den Spelzen versteckt *(1200,* Hüllspelzen wegbiegen!) od. diese nur wenig überragend ***33***
— Grannen aus den Spelzen herausragend ***24***
24. Ährchen 4–20 mm lg.; Grannen so lg. wie das Ährchen (selten länger) ***28***
— Ährchen 2–6 mm lg.; Grannen kürzer als das Ährchen ***25***
25(24 u. 34). Untere Blüte des Ährchens ⚥, unbegrannt; Deckspelze der oberen, ♂ Blüte am Rücken begrannt *(1200);* Halm an den Knoten weichhaarig; Blätt. flach . . . . **Holcus,** 564
— Alle Bltn. des Ährchens ⚥; Halm an den Knoten kahl ***26***
26. Ährchen 2- bis 4-bltg.; Deckspelzen an ihrer Spitze grannig verlängert; Blätt. flach od. zusammengerollt . . . . **Koeleria,** 566
— Ährchen 2-bltg.; Deckspelzen 2-spitzig od. 4-zähnig, vom Rücken od. nahe dem Grd. mit einer Granne; Blätt. oft borstl. ***27***
27. Pfl. 5–20 cm hoch, zart; Ährchen 2–3 mm lg.; Hüllspelzen zarthäutig; Deckspelze meist 2-spitzig, mit geknieter, tief rückenständiger Granne **Aira,** 563
— Pfl. 30–120 cm hoch; Ährchen 2–5 mm lg.; Deckspelze an der gestutzten Spitze gezähnelt, nahe über dem Grd. begrannt . **Deschampsia,** 563
28(24). Untere Blüte des 2-bltgen Ährchens ♂, ihre Deckspelze auf dem Rücken mit langer, geknieter od. gedrehter, 10–15 mm lg. Granne; Deckspelze der oberen ⚥ Blüte unbegrannt od. an der Spitze kurz begrannt; untere Hüllspelze kürzer, 1-nervig, obere länger, 3-nervig **Arrhenatherum,** 564
— Alle Bltn. des Ährchens ⚥, ihre Deckspelzen begrannt ***29***
29. Ährchen kleiner als 1 cm; Fr. locker von den Spelzen umhüllt . ***31***
— Ährchen länger als 1 cm (zuw. etwas kürzer, dann aber Granne nicht rückenst., sondern an der Spitze zwischen 2 langen Zähnen entspringend); Fr. von den Spelzen fest umhüllt ***30***

30. Deckspelzen an der Spitze lg.-2-zähnig, die Zähne etwa halb so lg. wie die ganze Spelze, dazwischen eine lange, gedrehte u. gekniete, am Grd. dkbraune Granne entspringend; Hüllspelzen 5- bis 7-nervig; Deckspelzen am Rand lg.zottig behaart; Ligula als Haarkranz; Pfl. ♃, 20–60 cm hoch . . . . **Danthonia,** 565
— Deckspelzen an der Spitze höchstens kurz 2-zähnig; Granne rückenst., in der Mitte od. etwas oberhalb der Mitte entspringend . . . **Avena,** 565
31(29). Hüllspelzen 6- bis 9-nervig; die Deckspelze der oberen Blüte des Ährchens mit rückenst., gedrehter u. geknieter Granne, die der unteren in eine gerade Granne auslaufend; Ährchen bis 1 cm lg.; Ligula 3 mm lg.; zerschlitzt, am Rand herablaufend . . . . **Ventenata,** 565
— Hüllspelzen 1- bis 3-nervig; Deckspelzen mit gedrehter od. geknieter Granne ***32***
32. Deckspelzen gestutzt u. fein gezähnelt, ihre Granne fast od. ganz grdst.; Ährchen 2-bltg. . . . . **Deschampsia,** 563
— Deckspelzen zugespitzt, ihre Granne rückenst.; Ährchen 3- bis 4-bltg., bei Gebirgspfl. oft 1- bis 2-bltg. . . . . **Trisetum,** 564
33(23). Granne in der Mitte mit behaartem Knoten, an der Spitze keulig verdickt *(1202);* Ährchen weiß od. rot überlaufen; Blätt. borstl. **Corynephorus,** 566
— Granne an der Spitze nicht keulig verdickt; in der Mitte nicht mit behaartem Knoten ***34***
34. Ährchen 3-bltg., nur die Mittelblüte ⚥, die beiden seitl. ♂; Pfl. nach Waldmeister duftend (s. auch Nr. ***19***) . . . . **Hierochloë,** 573
— Ährchen 2-bltg. (mehrere Bltn. untersuchen!) ***25***
35(15). Ährchenachse langhaarig, nur unter der unteren ♂ Blüte kahl; Haare etwa so lg. wie die Spelzen; Deckspelzen kahl, in feine grannenart. Spitzen ausgezogen; Ährchen bis 1 cm lg.; Pfl. bis 5 m hoch; Ligula als Haarkranz; Blätt. bis 3 cm breit . . . . **Phragmites,** 562
— Ährchenachse kahl od. nur sehr kurz behaart od. nur Deckspelzen am Grd. mit Haarbüschel (*Scolochloa,* Nr. ***39***) ***36***
36. Halm knoten- u. blattlos (aber zuw. bis über die Mitte von Blattscheiden umgeben!); Knoten am Grd. des Halmes gehäuft, knollig verdickt u. ganz von den Scheiden bedeckt; Ligula als Haarkranz . . **Molinia,** 559
— Halm bis über die Mitte hinauf mit Knoten ***37***
37. Ährchen am Ende der Rispenäste geknäuelt-gehäuft, Infl. daher gelappt, etwas einseitswendig . . . . **Dactylis,** 557
— Ährchen nicht geknäuelt-gehäuft; Infl. nicht gelappt ***38***
38. Ährchen im Umriß rundl. bis herzf., seitl. zusammengedrückt, 4–7 mm lg., glzd., an dünnen Stielchen hängend; Ährchenstiele meist geschlängelt . . . . **Briza,** 557
— Ährchen im Umriß eif., längl., lanzettl. od. lineal ***39***
39. Deckspelzen kurz 3-spitzig, am Grd. mit einem kurzen Haarbüschel, 5- bis 7-nervig; schilfart. Ufergras mit sehr rauhen Blätt.; Blattscheiden offen (bei *Glyceria* geschlossen!) . . . . **Scolochloa,** 554
— Deckspelzen an der Spitze nicht 3-zähnig, am Grd. ohne Haarbüschel, zuw. aber kurz behaart ***40***
40. Deckspelzen lg.begrannt ***51***
— Deckspelzen höchstens stachelspitzig (kurz begrannt: *Poa violacea*) ***41***
41. Deckspelzen am Rücken abgerundet; Hüllspelzen gekielt od. abgerundet ***44***
— Deckspelzen ±, die Hüllspelzen meist scharf gekielt, Ährchen daher ± seitl. zusammengedrückt *(1205)* ***42***
42. Ährchen bis über 2 cm lg.; Deckspelzen 1 cm lg. . . . . **Bromus,** 545
— Ährchen bis 1 cm lg. (nur bei *Eragrostis megastachya,* S. 562, länger); Deckspelzen bis 6 mm lg. ***43***

43. Ährchen 1- bis 8-bltg.; Rispenäste 2-zeilig angeordnet; Hüllspelzen zugespitzt; Deckspelzen auf dem Kiel u. an den Randnerven meist ± zottig behaart, deutl. od. undeutl. 5-nervig; Ährchenachse zusammen mit den Fr. abfallend; Ligula vorhanden, zuw. sehr kurz . . . . . **Poa,** 554

— Ährchen 8- bis 20-bltg.; Rispenäste spiralig angeordnet; Deckspelzen 3-nervig, zusammen mit der Fr. abfallend; Ährchenachse bei der Reife nicht mit den Fr. abfallend; Ligula als Haarreihe ausgebildet **Eragrostis,** 562

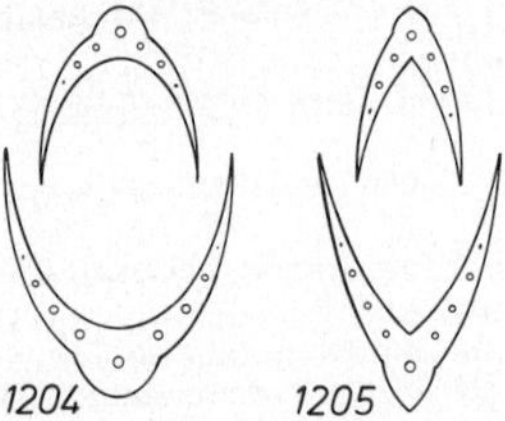

1204 1205

44(41). Ährchenstiele dick, starr; Infl. steif, ± gedrungen, zweizeilig; Ligula lg. zerschlitzt; Pfl. ⨀, an sandigen Orten . . . . **Scleropoa,** 551

— Ährchenstiele nicht dick u. steif; Infl. nicht immer zweizeilig . . ***45***

45. Hüllspelzen nicht gekielt *(1204);* Deckspelzen eif., abgerundet od. gestutzt, mit breit-trockenhäutigem Saum ***48***

— Hüllspelzen scharf gekielt *(1205);* Deckspelzen lanzettl., meist stachelspitzig od. angedeutet 3-zähnig ***46***

46. Ährchen über 15 mm lg.; Narben der Seite des Frkn. ansitzend *(1203);* Rispenäste 2-zeilig gestellt, da Infl.achse ± 4-kantig; Blattscheiden geschlossen; Deckspelzen fast stets kurz 2-zähnig, ihre Granne (fast grannenlos: *B. inermis*) etwas unterhalb der Spelzenspitze entsthd. **Bromus,** 545

— Ährchen bis 14 mm lg.; Narben an der Spitze des Frkn. sthd.; meist nur an 2 Seiten der 3-kantigen Infl.achse mit Rispenästen, Infl. daher etwas einstswendig; Blattscheiden meist offen ***47***

47. Deckspelzen meist deutl. gekielt, im Querschnitt V-förmig *(1205);* Ährchen unbegrannt (Ausnahme: *Poa violacea*), selten spitzl. *(P. alpina, P. badensis),* sonst stumpfl. bis abgerundet . . . . **Poa,** 554

— Deckspelzen nicht gekielt, im Querschnitt abgerundet *(1204)* (Ausnahme: *F. pulchella*), zugespitzt, oft sogar kurz begrannt . . **Festuca,** 548

48(45). Ährchen 1–3 mm lg., nur 2-bltg.; Deckspelzen braunviolett **Catabrosa,** 557

— Ährchen über 4 mm lg., 3- bis 11-bltg. (jedoch 1 Art mit 2 mm lg. Ährchen) ***49***

49. Deckspelze kurz begrannt, wenn unbegrannt, dann zugespitzt, nur selten deutl. hautrandig . . . . **Festuca,** 548

— Deckspelze an der Spitze abgerundet od. gestutzt, niemals begrannt, oft trockenhäutig ***50***

50. Blätt. 2–6 mm breit; Blattscheiden offen; Deckspelzen höchstens 5-nervig . . . . **Puccinellia,** 553

— Blätt. 5–10 mm breit; Blattscheiden fast bis zur Spitze geschlossen; Deckspelzen 7-nervig . . . . **Glyceria,** 552

51(40). Bltn. nur mit 1 Stbblatt; Deckspelzen aus der Spitze u. wenigstens ebenso lg. wie sie selbst begrannt; Pfl. ⨀ . . . . **Vulpia,** 551

— Bltn. mit 3 Stbblätt.; Ährchenstiele nicht keulig verdickt ***52***

52. Granne etwas unterhalb des Endes der Deckspelze, oft zwischen 2 Zähnen derselben entspringend; Narben an der Seite des Frkn. ansitzend *(1203)*; Pfl. meist ⊙ (vgl. auch Punkt ***46***) . . . . **Bromus,** 545
— Deckspelze in eine Granne auslaufend; Narben an der Spitze des Frkn. ansitzend; Pfl. ♃ (vgl. auch Punkt ***47***- u. ***49***) . . . . **Festuca,** 548

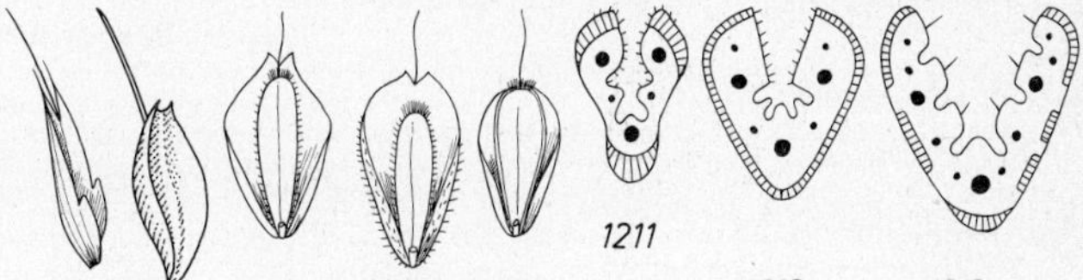

1206 1207 1208 1209 1210 1211 1212 1213

1. **Brómus** L. (s. l.), *Trespe*

1. Äußere Hüllspelze 1-, innere 3-nervig, beide ungleich lg., schmal-lanzettl. ***13***
— Äußere Hüllspelze 3- bis 5-, innere 5- bis 9-nervig, beide oft gleich lg., elliptisch ***2***
2. Ährchen zweischneidig-flachgedrückt, da die Spelzen deutl. gekielt; Deckspelzen stachelspitzig od. begrannt. (2 Kleinarten; im Gebiet beide zu erwarten, bisher aber nicht unterschieden);
B. willdenówii Kth. (s. l.)
a. Blätt. 2–3 mm breit, kurz; Ligula glatt; Deckspelzen 7–9 (–11)-nervig, 9–13 mm lg.; Granne mehr als 3 mm lg.; ⊙; VI–VII. Schuttplätze u. ä. Orte (wo vorkommend u. eingebürgert?).
Ährengrasähnliche T., **B. unioloídes** H.B.K.
– Blätt. 4–8 mm breit, bis 30 cm lg.; Ligula behaart; Deckspelzen 11- bis 13-nervig, 14–20 mm lg.; Granne fehlend od. bis 3 mm lg.; ⊙; VI–VII. Wie vorige Kleinart. (= *Festuca unioloides* Willd.) *Pampas-T., Rescue-Gras,* **B. willdenówii** Kth. (s. str.)
— Ährchen nicht flachgedrückt, Spelzen höchstens am Grd. etwas gekielt; Ligula kürzer ***3***
3. Deckspelze unterhalb der Mitte beidersts. mit einem deutl. Zähnchen, lg.-begrannt *(1206)*; Ährchen groß, 2,5–3 cm lg., oval; Pfl. 50–120 cm hoch; ⊙; V–VII. Getreidefelder (insbes. mit *Triticum spelta*); *s* S-Be (od. bereits ausgestorben?). (= *B. arduennensis* Dum.)
Ardennen-T., **B. bromoídes** (Lej.) Crepin
— Deckspelze ohne Zähnchen ***4***
4. Blattscheiden der unteren Blätt. kahl od. fast kahl; Fr. dick, mit tiefer Rinne, dadurch eingerollt aussehend; Deckspelze zur Frzeit mit stark eingerollten Rändern u. die Fr. einhüllend; Ährchen nicht violett überlaufend; Ährchen nach der Blütezeit erhalten bleibend (nicht in Einzelglieder zwischen den Bltn. zerfallend); Infl. locker; Rispenäste 3–8 cm lg., zur Frzeit überhängend; Pfl. bis 120 cm hoch; ⊙; VI–IX. Getreideunkraut. (2 Kleinarten)
B. secalínus L. (s. l.)
a. Deckspelze 6–9 mm lg.; Antheren 1–2 mm lg.; Granne bis 5 mm lg.; Ährchen bis 20 mm lg.; 5- bis 7-bltg.; Rispenäste kahl; Deckspelze nicht länger als die Vorspelze. Getreidefelder; *z* (seltener werdend). *Roggen-T.,* **B. secalínus** L. (s. str.)
– Deckspelze 10–12 (–15) mm lg. *(1207)*; Antheren 2–3 mm lg.; Granne bis 10 mm lg.; Ährchen bis 40 mm lg., 10–12-bltg.; Rispenäste behaart; Deckspelze 1,5 mm länger als die Vorspelze Kulturbegleiter nur von *Triticum spelta?*; *s* Be, ob in Dt? (= *B. multiflorus* Sm.)
Dicke T., **B. gróssus** Desf. ex Dc.
— Blattscheiden der unteren Blätt. behaart; Deckspelzen der reifen Ährchen nicht od. nur undeutl. eingerollt ***5***
5. Stbbeutel (vor dem Öffnen) höchstens 3 mm lg., höchstens 1/3 so lg. wie die Deckspelze; Ährchen meist grün ***7***

— Stbbeutel (vor dem Öffnen) 3,5–5 mm lg., etwa 1/2 so lg. wie die Deckspelze; Ährchen meist rotviolett überlaufen; Vorspelze ± so lg. wie die Deckspelze (wie *1210*) **6**

6. Ährchen groß (bis 22 mm lg.); Deckspelze lanzettl., 7–10 mm lg., mit ebenso lg. Granne; Fr. kürzer als die Deckspelze (wenn reif!); Rispe vielährig, locker-ausgebreitet, mit dünnen Ästen, zur Frzeit etwas nickend; Pfl. bis 100 cm hoch; ⊙; V–VIII. Ödland, Äcker, Wegränder; *z.*
Acker-T., **B. arvénsis** L.

— Ährchen klein (bis 12 mm lg.); Deckspelze rhombisch (ähnl. *1208*), 4 mm lg., ihre Granne nur 1/2 so lg. wie die Spelzenfläche; Fr. länger als die Deckspelze (wenn reif!); Rispe im Vergleich ärmerbltg., mit kurzen u. fast starren Ästen, auch zuletzt nicht überhängend; Pfl. nur bis 30 cm hoch; ⊙; VI–VII. Äcker, Wegränder; zuw. eingeschleppt, *s* eingebürgert (z. B. S-SaAn, We). (Heimat: ?). *Kurzährige T.*, **B. brachystáchys** Horn.

7(5). Granne nur bis 1,5 mm unterhalb der Spitze der Deckspelze entspringend, gerade od. nur sehr schwach ausw. gebogen **9**

— Granne mindestens 2 mm unterhalb der Spitze der Deckspelze entspringend, zur Frzeit stark ausw. spreizend, an den oberen Bltn. bis über 10 mm lg., an den unteren kürzer bis fehlend **8**

8. Rispenäste meist mit 3 (1–4) längl.-lanzettl., 2–3 cm lg., meist 7–10bltg. Ährchen; Rispe deutl. verzweigt; Deckspelze nur bis 4 mm breit, ausgebreitet ± elliptisch; ⊙; V–VI. Äcker, Schuttplätze, Wegränder; *s* eingeschleppt (Heimat: SO- u. O-Eur.). (= *B. patulus* Mert. & K.)
Japanische T., **B. japónicus** Thunb.

— Rispenäste nur mit 1 (selten 2–3) 3–5 cm lg., bis 20-bltg. breit-eilanzettl. Ährchen; Rispe wenig verzweigt, einstswendig; Deckspelze bis 7 mm breit, ausgebreitet fast (abgerundet) rhombisch; ⊙–⊙; V–VI. Äcker, Wiesen, Schuttplätze; *s* eingeschleppt (Heimat: S- u. SO-Europa).
Sparrige T., **B. squarrósus** L.

9(7). Deckspelze 4,5–6,5 mm lg., mit breit-häutigem, scharf winkligem Rand; reife Fr. länger als die Vorspelze; diese im oberen Drittel am breitesten, nur in den unteren 2/3 bewimpert, deutl. kürzer u. schmaler als die reife Fr., fast so lg. wie die kahle Deckspelze *(1208);* Ährchen 8–15 mm lg.; Pfl. bis 60 cm hoch; ⊙–⊙; V–VIII. Wiesen, Wegränder; *z* bis *s* Be (ob noch?), Ho, NS, SH, Da, Br., SaAn, Th, Lausitz, Württ.? *Zierliche T.*, **B. lépidus** Holmb.

— Deckspelze meist mehr als 6,5 mm lg., mit einem schmal-häutigem, runden bis höchstens stumpfl.-winkligem Rand; reife Fr. etwas kürzer als die Vorspelze **10**

10. Rispe zieml. dicht; Ährchen meist länger als ihre Stiele; Deckspelze häutig, dadurch auffällig genervt; Antheren meist deutl. kürzer als 1 mm; ⊙–⊙; V–VIII. (3 Kleinarten) **B. hordeáceus** L. (s. l.)

a. Granne derb, an ihrer Basis leicht abgeflacht, 6–10 mm lg., zur Frzeit absthd., abspreizend od. sogar etwas zurückgebogen; Ährchen kurz behaart; Deckspelze 8–11 mm lg., wenn ausgebreitet, dann entlang der Seite rundl.; Ährchen zuweilen rötl. überlaufen, 15–25 mm lg.; Pfl. meist nur bis 25 cm hoch; Infl. bereits zur Blütezeit zusammengezogen. [= *B. hordeaceus* ssp. *molliformis* (Lloyd) Maire & Weiler] *Aufrechte Strand-T.*, **B. mollifórmis** Lloyd

– Granne zierlicher, auch an der Basis rund, aufrecht bis wenig abspreizend; Infl. erst zur Frzeit zusammengezogen . . . . **b**

b. Pfl. bis 10 cm hoch, niederlgd. od. aufstgd.; Deckspelze 6,5–7,5 mm lg., ihre 3–7 mm lange Granne zur Frzeit aufrecht od. schwach ausw. drehend; Ährchen durchschnittl. 10 × 2,5 mm groß, schwach behaart od. kahl. Strandsande; *z.* [= *B. hordeaceus* ssp. *thominii* (Hard.) Hyl.] *Dünen-T.*, **B. thomínii** Hard.

– Pfl. bis 80 cm hoch, aufrecht wachsend; Deckspelze 8–11 mm lg., ihre 4–11 mm lange Granne aufrecht; Ährchen durchschnittl. 18 × 5 mm groß, behaart. (2 ssp.)
Weiche T., **B. hordeáceus** L. (s. str.)

I. Deckspelze 8–11 mm lg., weichhaarig *(1209);* Ruderalstellen, lockere Wiesen, Saaten, Wegränder; *g* (bis 1700 m). (= *B. mollis* L.) ssp. **hordeáceus**

– Deckspelze 6–8 mm lg., meist kahl. Ähnl. Standorte?; Verbreitung ungenügend bekannt. (vermutl. ein fertil gewordener Bastard zwischen *B. hordeaceus* ssp. *hordeaceus* u. *B. lepidus*). ssp. **pseudothomínii** (P. Smith) Scholz

— Rispe locker; Ährchen meist deutl. kürzer als ihre Stiele; Deckspelze derb, nicht häutig, daher ihre Nerven nur undeutl. sichtbar; Antheren länger als 1 mm **11**

11. Antheren 3–5 mm lg.; Rispe bis 30 cm lg.; Vorspelze so lg. wie die Deckspelze (s. Punkt ***6***) **B. arvénsis**

— Antheren höchstens 3 mm lg.; Rispe nur bis 15 cm lg.; Vorspelze kürzer als die Deckspelze; Pfl. bis 90 cm hoch ***12***

12. Deckspelze 6,5–8 mm lg., ausgebreitet entlang ihrer Ränder ± gleichmäßig gerundet, dadurch im Umriß etwa elliptisch; unterstes Glied der Ährchenachse 0,5–1 mm lg.; Vorspelze etwa so lg. wie die Deckspelze; Antheren 2–3 mm lg.; Rispe kurz, nur 3–10 cm lg., meist nur traubig; ⨀; V–VI. Wiesen, Wegränder (bis mont. Reg.); *z.* *Trauben-T.,* **B. racemósus** L.

— Deckspelze 8–11,5 mm lg., ausgebreitet, in ihrer Mitte winkelig abgerundet, dadurch im Umriß ± rhombisch erscheinend; unteres Glied der Ährchenachse 1,5–1,8 mm lg.; Vorspelze deutl. kürzer als die Deckspelze; Antheren 1–2 mm lg.; Rispe 7–20 cm lg., meist verzweigt; ⨀; V–VIII. Feuchte, lehmige Äcker, Wiesen u. Weiden (bis 1200 m); *z.*
Wiesen-T., **B. commutátus** Schrad.

13(1). Deckspelzen unbegrannt, stachelspitzig od. kurz begrannt; Blätt. u. Blattscheiden kahl od. ± dicht wimperig behaart; Rispe groß, aufrecht bis ausgebreitet; Pfl. mit Ausläufern, 30–150 cm hoch; ♃; VI–VII. Flußufer, trokkene Hügel, Wegränder (bis 600 m); *z, s* im NW (ob in Be?).
Unbegrannte T., **B. inérmis** Leys.

— Deckspelzen deutl. begrannt ***14***

14. Rispe aufrecht, dicht; Ährchen schlank, zuw. rötl.; Deckspelzen 5- bis 7-nervig, 8–14 mm lg., mit bis 5 mm lg. Granne; Blattspreiten am Rand steif bewimpert; Pfl. ohne Ausläufer, horstbildend; ♃; V–VII. Trockenrasen, Magermatten; kalkliebend; *v* im S, *z* (bis *s*) im N, *f* Da. (2 ssp.)
Aufrechte T., **B. eréctus** Huds.

a. Ährchen 20 mm lg., 5- bis 7-bltg.; Deckspelze rauh, seltener kurz behaart; Grdblätt. borstl. gefaltet; Rispenäste kurz u. starr. *z.* ssp. **eréctus**

– Ährchen bis 40 mm lg., bis 11-bltg.; Deckspelze stets behaart; Grdblätt. flach u. schlaff; Äste länger, dünn, leicht überhängend, geschlängelt. *s* SH, Sa, E, Baden.
ssp. **longiflórus** (Willd.) A. & Gr.

— Rispenäste weit abstehend, zuletzt überhängend ***15***

15. Ährchen nach der Spitze zu verschmälert; Rispe sehr groß, überhängend; Deckspelzen 3-nervig; Ligula stumpf, bis 2 mm lg.; Rispenäste rauh; Scheiden der unteren Blätt. rauhhaarig; Spreite dünn, rauh, am Grd. geöhrt, bis 13 mm breit; Pfl. 60–150 cm hoch; ♃; VI–VIII. Humusreiche Laubwälder, Gebüsche (bis 1600 m); *v* bis *z, s* im NW u. O. (= *B. asper* Murr. s. l.) (2 Kleinarten) *Wald-T.,* **B. ramósus** Huds. (s. l.)

a. Obere Blattscheiden dicht u. lg. (3–4 mm) behaart; Rispe groß, locker ausgebreitet, überhängend; unterste Rispenäste zu 2, jeder mit mehreren (bis 8) Ährchen; Pfl. 80–150 cm hoch.
Späte Wald-T., **B. ramósus** Huds. (s. str.)

– Obere Blattscheiden dicht u. kurz (kürzer als 0,5 mm) flaumig; Rispe locker, kürzer; unterste Rispenäste zu 3–5, hiervon 1 od. 2 nur mit einem einzigen Ährchen; Pfl. 50–90 cm hoch [= *B. ramosus* ssp. *benekenii* (Lge.) Sch. & Th.] *Benekens Wald-T.,* **B. benekénii** (Lge.) Trimen

— Ährchen zur Spitze hin verbreitert; Ligula zerschlitzt; Pfl. 30–80 cm hoch ***16***

16. Stg. unterhalb der Infl. kahl od. rauh; Infl. traubig, Äste mit nur 1(–3) Ährchen; Stiele viel länger als die Ährchen u. bis 10 cm lg.; Deckspelze 14–20 mm lg., Granne 15–30 mm lg.; Vorspelze fast so lg. wie die Deckspelze; Spelzen kahl od. mit nur 0,1 mm lg. borstigen Haaren; Ligula ± zerschlitzt; ⨀; V–VI. Trockene Äcker, Ruderalstellen, Ödland; *g.*
Taube T., **B. stérilis** L.

— Stg. unterhalb der Infl. dicht u. fein behaart (Haare 0,1 mm lg.); Infl. rispig, einstswendig, Äste meist kürzer als die Ährchen, unter 3 cm lg.; Deckspelze 9–13 mm lg., Granne 10–18 mm lg.; Vorspelze deutl. kürzer als die Deckspelze; alle Spelzen absthd. u. weich behaart; Ligula bis 5 mm lg.; ⨀; V–VI. Wie vorige. *Dach-T.,* **B. tectórum** L.

Weitere 15, meist ⨀ **Bromus**-Arten wurden bisher adventiv im Gebiet gefunden (Hafengebiete, Güterbahnhöfe, Spinnereien).

2. Festúca L., *Schwingel*[1]

1. Ährchen kurz gestielt, in Trauben; Pfl. ⊙ . . . . **Nardurus,** s. S. 563
— Ährchen in Rispen; Pfl. ♃ *2*
2. Alle Blätt. flach, auch die grdst., 3–15 mm breit *12*
— Blätt., zumindest die grdst., borstl.; die flachen Stgblätt. höchstens 2–3 mm breit *3*
3. Grdblätt. borstl.; Stgblätt. flach ausgebreitet od. gefaltet (und entfaltbar!); Blattscheiden ± geschlossen *10*
— Alle Blätt., auch die Stgblätt., borstl. (nicht entfaltbar!), bläulich bereift od. grün *4*
4. Blatthäutchen sehr kurz, oft nur als unregelmäßiger, nicht selten geöhrter Saum *6*
— Blatthäutchen etwas vorgezogen, bis 7 mm lg. *5*
5. Ährchen 5- bis 8-bltg.; Deckspelzen breit-lanzettl., spitz, aber unbegrannt; Blattspr. binsenf., mit stechender Spitze; Pfl. 15–35 cm hoch; ♃; VII–VIII.
Bunter Schw., **F. vária** Haenke (s. l.)

a. Ligula 3–7 mm lg., spitz, 3-nervig; Ährchen 7 mm lg., gelbl.grün, meist violett überlaufen; Hüllspelzen zieml. gleich lg., undeutl. 3-nervig. Weiden, Geröll; nur S-Ti nahe der Grenze von Au. (= *F. alpestris* R & Sch.) ssp. **alpéstris** (R. & Sch.) Hack.
– Pfl. graugrün; Ligula 0,5–2 mm lg., stumpf, nervenlos; Ährchen 8–10 mm lg., meist violett; obere Hüllspelze 1-nervig od. nur am Grd. schwach 3-nervig. Wiesen, Weiden, Felsen, lichte Lärchenwälder; kalkmeidend; *v* Zentralalpen (Au). (= *F. varia* Haenke s. str.) ssp. **vária**

— Ährchen 3- (bis 5-)bltg., meist lebhaft violett; Deckspelze deutl. bespitzt od. kurz begrannt; Vorspelzen an den Kielen dicht u. lg. bewimpert; Pfl. 10–20 cm hoch, dicht horstbildend; ♃; VII–IX. Steinige Alpenwiesen, Felsen (1600 bis 2800 m); kalkliebend; *v* Alp. *Niedriger Schw.,* **F. púmila** Chaix
6(4). Blattscheiden der oberen Blätt. an der Basis mit deutl. Längsfurche oft amethystblau; Rispe locker, schlaff, nickend; Ährchen 3- bis 7-bltg., meist dk.violett; Deckspelzen stachelspitzig, unbegrannt; Frkn. im oberen Teil auf dem Rücken mit wenigen Haaren; Pfl. 50–120 cm hoch; ♃; VI. Buschige Hänge, Kiefernwälder (bis 1200 m); *s* Alp. (*f* Vb) u. Vorland, Bodensee, SchwAlb (ob in Br?). *Amethyst-Schw.,* **F. amethýstina** L.
— Blattscheiden nicht tief längsgefurcht; Frkn. stets kahl *7*
7. Blattscheiden nur an der Basis, höchstens bis 1/3 ihrer Länge, geschlossen[2]; Blätt. im Querschnitt rundl.-oval od. V-förmig *(1211–1213);* Ährchen klein, begrannt od. unbegrannt; Pfl. dichtrasig. ♃; V–VII. *g* u. *h.*
Formenreiche Sammelart: *Schaf-Schw.,* **F. ovína** L. em. Hack. (s. l.)

F. ovina ist die formenreichste und schwierigste aller mitteleuropäischen Poaceen. Nach unseren derzeitigen (noch unvollständigen) Kenntnissen lassen sich im Gebiet 17 Kleinarten mit einer Reihe weiterer ssp. und var. unterscheiden, die sich nur mittels Spezialliteratur bzw. nach einem sehr ausführlichen Schlüssel bestimmen lassen. Die sorgfältigsten neueren Zusammenfassungen dieser Gruppe geben Korneck & Patzke (in Oberdorfer) u. Stohr (in Rothmaler) (vgl. Literaturverzeichnis, S. 578). Zur Bestimmung sind Blattquerschnitte erforderlich, die durch die Mitte des obersten Blattes steriler Triebe zur Blütezeit geführt werden müssen; wichtig sind hierbei Umrißform, Anzahl der Nerven, Anzahl der Furchen der Blattoberseite, Blatt-Dm, Anzahl und Form der (verholzten) Bastteile. Einige Beispiele zeigen Abb. *1211–1213* (Bastteile schraffiert).

Für eine exaktere Bestimmung ist auf die zitierte Spezial- bzw. Originalliteratur zurückzugreifen. Um wenigstens eine Orientierung zu ermöglichen und gleichzeitig eine Übersicht der in Dt bestehenden Vielfalt zu geben, seien alle fraglichen Sippen nachfolgend im (Klein-)Artrang alphabetisch mit Standort- u. Verbreitungsangaben (soweit bekannt) aufgeführt. Hierbei ist

---

[1] Einzelne Arten der Gattung **Festuca** sind sehr formenreich, so daß eine sichere Bestimmung oft nur mit Hilfe von Blattquerschnitten möglich ist. Vgl. auch die nachfolgende Anmerkung.

[2] Mit Sicherheit ist diese Frage nur durch die Herstellung von Blattquerschnitten (an entwickelten Blättern steriler Triebe zur Blütezeit) zu entscheiden, da im zutreffenden Fall die beiden Blattränder nur durch ein sehr dünnes u. leicht zerreißbares Gewebe verbunden sind.

auch nomenklatorisch der nicht immer übereinstimmenden Auffassungen von KORNECK & PATZKE bzw. STOHR Rechnung getragen:

F. cinérea VILL. (= *F. glauca* LAM.): Felsfluren, Trockenrasen; SaAn, Th, RhPf, BW.
F. duválii (St. Yv.) MGF.-DBG.: Steppenrasen, Felsfluren; Oberrhein, Maingebiet.
F. herviéri (St. Yv.) PATZKE: Felsfluren; Saarland, Vog.
F. heteropáchys (St. Yv.) PATZKE: Felsköpfe, Flugsand; Bodenseegebiet, Oberrhein, RhPf.
F. lemánii BAST. (= *F. duriuscula* POLL.): Sandfluren, Kies- u. steinige Böden; *v.*
F. polesíaca ZAP. (= *F. sabulosa* LINDB. f.): Sandtrockenrasen, Küstendünen; Me, Br, Da.
F. pállens HOST: Felsfluren; BW, Maingebiet, RhPf, SaAn, Th.
F. pannónica WULF.: Felsfluren; SH, He, Fr?, Th, S-SaAn.
F. psammóphila (HACK. ex ČEL.) FRITSCH: Kiefernwälder, Binnendünen; Me, Br, S-SaAn, S-He?
F. pseudovína HACK. emend. STOHR: Halbtrockenrasen, Wegränder; Th, S-SaAn, Pf, NrWe.
F. rupícola HEUFF. emend. STOHR [= *F. hirsuta* HOST; = *F. sulcata* (HACK.) NYM.]: Trockenrasen; S u. M-Gebiet *v, f* im N.
F. stricta HOST (= *F. pallens* x *F. rupicola?*): Magerrasen, Heiden; Donauvorland?
F. súpina SCHUR: Magerrasen; Alp.
F. tenuifólia SIBTH. (= *F. capillata* LAM.): Magerrasen, Heiden; *v* im W, *z* bis *s* M-Gebiet u. N, *f* im NO.
F. trachyphýlla (HACK.) KRAJ. (= *F. cinerea* x *F. rupicola?*): Trockenrasen, Ruderalstellen; *v* (z. T. aus Saaten verwildert).
F. valesíaca SCHLEICH ex GAUD.: Felsfluren; N-Oberrhein, Maingebiet, SaAn, Th.

— Blattscheiden bis über die Hälfte ihrer Länge geschlossen[1] ***8***

8. Granne kürzer als die halbe Länge der schmal-lanzettl., grauvioletten Deckspelze; Stbbeutel 2–2,5 mm lg.; Ährchen 6 mm lg., rotviolett bis schwärzl.; Blätt. weich, lebhaftgrün, 5-, seltener 7-nervig; Stg. oberw. kantig, flaumig behaart, 10–20 cm hoch; ♃; VII–VIII. Schuttfluren, Matten, Felsen (1600–3000 m); kalkliebend; *v* Alp.
Gemsen-Schw., **F. rupicaprína** (HACK.) KERN.

— Granne wenigstens halb so lg., wie die schmal-lineale Deckspelze; Stg. oberw. kantig, glatt; Pfl. 5–15 cm hoch ***9***

9. Stbbeutel ± 1 mm lg.; Ährchen 6 mm lg., 3- bis 4-bltg., meist blaßgrün; Blätt. haarf., 0,3–0,4 mm dick, 3-, seltener 5-nervig, ihre Scheiden bis oben geschlossen; Stg. nur mit 1 Blatt nahe dem Grd.; ♃; VII–VIII. Matten, Felsspalten (1800–3000 m); kalkstet; *z* bis *s* Alp. *Alpen-Schw.,* **F. alpína** SUT.

— Stbbeutel 2–3 mm lg.; Ährchen 6 mm lg., 4- bis 5-bltg., violettbräunl.; Blätt. borstenf., 0,5–0,7 mm dick, 7-nervig, ihre Scheiden zur Hälfte bis ganz geschlossen; ♃; VI–VIII. Wie vorige (1800–3400 m); Alp., nur in Au, *z* bis *s.* (4 Kleinarten) *Felsen-Schw.,* **F. hálleri** ALL. (s. l.)

a. Infl. rispig, unterste Verzweigung mit 3 bis zahlreichen Ährchen . . . . **c**
– Infl. meist einfach, unterste Verzweigung mit 1–2 (–3) Ährchen . . . . **b**
b. Blattscheiden völlig geschlossen; Granne mehr als die halbe Länge der Deckspelze erreichend. Auf Urgestein; Vb, Ti. **F. hálleri** ALL. (s. str.)
– Blattscheiden völlig geschlossen; Granne mehr als die halbe Länge der Deckspelze erreichend. Ti. **F. intercédens** (HACK.) LÜDI ex BECH.
c(a). Blätt. 0,4–0,7 mm im Dm.; Hüll- u. Deckspelzen pfrieml. zugespitzt. Auf Kalk; Sb. **F. stenántha** (HACK.) RICHT.
– Blätt. 0,6–1,2 mm im Dm.; Hüll- u. Deckspelzen lanzettl. Auf Urgestein; Ti, Sb. (= *F. dura* HOST) **F. pseudodúra** STEUD.

10(3). Ährchen elliptisch, 2- bis 7-bltg., 7–10 mm lg., meist schwarzviolett; Grannen bis 4 mm lg.; Frkn. an der Spitze behaart; Pfl. 15–40 cm hoch; ♃; VI–VII. Steinige Matten, Moränen (1800–3000 m); *v* bis *z* Alp. (2 Kleinarten). *Violetter Schw.,* **F. violácea** SCHLEICH. ex GAUD. (s. l.)

a. Freie Ränder der Blattscheiden eingefaltet; Blätt. mit Bastbündeln, deren beide randl. auf die eingefaltete Blattoberseite übergreifen; alte Blattscheiden sich nicht faserig auflösend; Blätt. mit 5 Rippen u. meist 7 Nerven. Nur auf Kalk; *z* Au, bei Berchtesgaden. **F. nórica** (HACK.) RICHT.
– Freie Ränder der Blattscheiden nicht eingefaltet; Blätt. mit Bastbündel, die nur der Blattunterseite angehören; alte Blattscheiden zerfasernd; Blätt. mit 3 Rippen u. 5 Nerven. *z* Au, *s* Dt (?). (2 ssp.) [einschl. *F. puccinellii* PARL.; = *F. violacea* ssp. *nigricans* (HACK.) HEGI] **F. violácea** SCHLEICH. ex GAUD. (s. str.)

---

[1] vgl. die Fußnote S. 548

— Ährchen längl., meist grün od. rötl. *11*

11. Frkn. an der Spitze behaart; Blattscheiden nicht zerfasernd; Pfl. horstf., 60–120 cm hoch; Ährchen grün; Blätt. der nichtblühenden Triebe borstenf., 0,3–0,6 mm im Dm, im Querschnitt 3-eckig, mit 3 Nerven u. 5 Bastbündeln; Stgblätt. flach, 2–3 mm breit; Granne 1/2 so lg. wie ihre Spelze (3 mm); ♃; VI–IX. Trockene Wälder; *z, s* im N.
Verschiedenblättriger Schw., **F. heterophýlla** LAM.

— Frkn. an der Spitze kahl; Blattscheiden zerfasernd; Pfl. locker-, zuw. dichtrasig, mit kürzeren od. längeren Ausläufern; Ligula seitl. ohne Öhrchen (Unterschied zu *F. violacea* u. *F. heterophylla*); ♃; VI–IX. Bis 2500 m. (7 Kleinarten) Sammelart: *Roter Schw.,* **F. rúbra** L. (s. l.)

In ähnl. Weise wie *F. ovina* ist auch *F. rubra* außerordentlich formenreich, in vielen Fällen auch variabel in Abhängigkeit vom Standort. Die infraspezifische Gliederung ist zwar heute deutl. besser mögl. als z. Zt. der letzten Bearbeitung dieser Flora, doch immer noch mit Unsicherheiten, auch hinsichtlich der Verbreitung, behaftet.

a. Pfl. dicht horstf.; Ausläufer fehlend od. sehr kurz; Granne wenigstens 1/2 so lg. wie die 4–6 mm lange Spelze selbst; Blattscheiden weichhaarig; Stgblätt. flach, frischgrün; Rispe bis 15 cm lg., mit relativ wenigen Ährchen. Wiesen u. Weiden, bes. der mont. u. subalp. Reg. (bis 2500 m); *v* (= *F. rubra* ssp. *commutata* GAUD.) **F. nigréscens** LAM.

– Pfl. locker horstf., meist deutl. mit Ausläufern; Granne höchstens 1/2 so lg. wie ihre Spelze . **b**

b. Grdblätt. borstl., Stgblätt. borstl. gefaltet u. 0,4–0,6 mm im Dm; Pfl. graugrün; Blattscheiden kahl, sehr stark zerfasernd; Deckspelze 4,5 mm lg.; Ährchen 7 mm lg. Feuchte bis moorige Wiesen. *s* Vb, Ti, RhPf (bei Mainz). [= *F. rubra* ssp. *trichophylla* GAUD.; = *F. uliginosa* (SCHUR) FRITSCH] *Haarblättriger Schw.,* **F. trichophýlla** (DUCR. ex GAUD.) RICHT.

– Grdblätt. borstl. gefaltet, 0,6–1,0 mm im Dm; Stgblätt. (frisch) flach od. wenig gefaltet . . . **c**

c. Grd.- u. Stgblätt. (frisch) flach, letztere deutl. gekielt u. 1,5 mm breit u. kurzhaarig; Ährchen mit wenigstens 8 Bltn., über 10 mm lg., grün, zuw. violett überlaufen; Ährchenstiele rauh. Staudenfluren, feuchte Wiesen. *z* Alp. u. Alp. Vorland (Verbreitung ungenügend bekannt). [= *F. rubra* ssp. *multiflora* (HOFFM.) JIRAS] **F. diffúsa** DUM.

– Grdblätt. borstl. gefaltet; Ährchenstiele kahl od. behaart . . . . **d**

d. Pfl. dicht-horstf.; Blätt. mit lg. dichten Haaren, glatt; Blätt. der nichtblühenden Triebe mit 7 Nerven; Blattscheiden schwach zerfasernd. Sandige, feuchte Orte; Verbreitung? [= *F. rubra* ssp. *juncea* (HACK.) RICHT.] **F. unifária** DUM.

– Pfl. locker-horstf. . . . . **e**

e. Blätt. starr; Nerven 7–9; Deckspelzen wollig behaart; Ährchen 9–13 mm lg.; Blattscheiden meist kahl u. rot; Ausläufer sehr lg.; Sanddünen; *v* Meeresküsten, *s* im Binnenland. [= *F. rubra* ssp. *arenaria* (OSB.) SYME] **F. villósa** SCHWEIGG.

– Blätt. weicher; Nerven meist nur 7; Deckspelzen ± kahl; Ährchen meist nur 7–9 mm lg.; Blattscheiden kahl od. behaart . . . . **f**

f. Pfl. bis 80 cm hoch; gefaltete Blätt. 0,65–0,85 mm im Dm; Ährchen 7–10 mm lg., meist grün; Infl. bis 25 cm lg.; Ausläufer kurz. Feuchte bis trockene Wiesen, Magerrasen, Wegränder, Sandtrockenrasen (bis 2000 m); *g.* **F. rúbra** L. (s. str.)

– Pfl. nur bis 45 cm hoch; gefaltete Blätt., 0,5–0,7 mm im Dm; Ährchen 10–11 mm lg., violett überlaufen; Infl. nur bis 6 cm lg.; Ausläufer lg.; Küstenwiesen; *v.* [= *F. rubra* ssp. *litoralis* G. F. W. MEYER) AUQUIER] **F. salína** NATHO & STOHR

12(2). Deckspelze mit ± 20 mm lg., oft geschlängelter Granne; Blattspr. (bes. die unteren) 5–15 mm breit, am Grd. geöhrt, obersts. grau, untersts. dkgrün; Ligula bis 2,5 mm hoch; Rispe bis 40 cm; Ährchen 10–13 mm lg.; Pfl. 60–200 cm hoch; ♃; VII–VIII. Schattige Laub- u. Auwälder, Gebüsche (bis 1500 m); *v* bis *z.* *Riesen-Schw.,* **F. gigantéa** (L.) VILL.

— Deckspelze nicht od. kurz begrannt *13*

13. Ligula nur als schmaler Hautsaum ausgebildet, seitl. mit 2 kleinen Öhrchen; Deckspelzen breit-hautrandig *16*

— Ligula oval bis längl., 1–3 mm hoch, ohne seitl. Öhrchen; Deckspelzen zugespitzt, aber unbegrannt *14*

14. Pfl. an der Basis etwas zwiebelf. verdickt; Grdblätt. graugrün; Ährchen 10–15 mm lg., gelb-rötl. bis braun; Hüllspelzen breit-hautrandig; Fr. an der Spitze behaart; Deckspelzen mit 5 auffällig hervortretenden Nerven; Ligula bis 3 mm lg.; Pfl. 50–100 cm hoch; ♃; VI–VIII. Grasige u. steinige Wiesen (1300–2500 m); *s* Sb (Hohe Tauern). (= *F. spadicea* L.)

Goldbrauner Schw., **F. paniculáta** (L.) Sch. & Th. ssp. **paniculáta**

— Pfl. an der Basis nicht zwiebelf. verdickt; Blätt. grün; Ährchen 5–7 mm lg. grün bis gelbl.-grün; Hüllspelzen schmal-hautrandig *15*

15. Blätt. 5–15 mm breit, am Rand rauh; Infl. 10–15 cm lg.; Ährchen grün; Ligula bis 3 mm lg., zerschlitzt; Fr. an der Spitze behaart; Deckspelzen mit 3 deutl. Nerven; Pfl. 60–120 cm hoch; ♃; VI–VIII. Lichte Laub- u. Bergwälder (bis 1200 m); *z*, *s* im NW (*f* Ho). [= *F. silvatica* (Poll.) Vill.]

Ⓖ *Wald-Schw.*, **F. altíssima** All.

— Blätt. 2–4 mm breit, weich; Infl. 5–10 cm lg.; Ährchen violett od. gelbl.; Ligula nicht zerschlitzt, fein gezähnt, 1 mm lg.; Fr. an der Spitze kahl; Pfl. 20–50 cm hoch; ♃; VI–IX. Feuchte Alpenmatten, Schutt (1100–2700 m); kalkliebend; *v*. *Schöner Schw.*, **F. pulchélla** Schrad.

16(13). Blattscheiden wenigstens in der unteren Hälfte geschlossen; (vgl. Punkt ***15***—) . . . . **F. pulchélla**

— Blattscheiden ganz offen *17*

17. Unterer Rispenast meist 5- bis 15-ährig, Nebenast mit 5–8 Ährchen; Ährchen 4- bis 8-bltg.; Blätt. steif u. zäh, 25–70 cm lg., 2–10 mm breit u. mit am Rand bewimperten Öhrchen; Grdachse weitkriechend; Pfl. 60–150 cm hoch; ♃; VI–VII. Riedwiesen, feuchte Wälder (bis 1600 m); *z*.

Rohr-Schw., **F. arundinácea** Schreb. ssp. **arundinácea**

— Untere Äste der Rispe meist zu 2 und diese mit 1–3 bzw. 4–6 Ährchen; Ährchen meist 7–8-bltg.; Blätt. schlaff, bis 20 cm lg. u. 3–5 mm breit, mit am Rand kahlen Öhrchen; Grdachse meist kurz kriechend; Pfl. 30–120 cm hoch; ♃; VI–VII. Wiesen, auch kult. (bis 1800 m); *g* u. *h* (= *F. elatior* L. p. p.) *Wiesen-Schw.*, **F. praténsis** Huds.

3. Vúlpia Gmel., *Fuchsschwingel*

1. Deckspelzen entlang ihrer Ränder lg. bewimpert; innerhalb des Ährchens nur die unteren 1–2 Bltn. fertil; ⊙; V–VIII. Gelegentl. eingeschleppt: Häfen, Bahnanlagen u. a. (z. B. Allgäu, bei Bremen). (Heimat: Mittelmeergebiet). *Behaarter F.*, **V. ciliáta** Dum.

— Deckspelzen kahl bis kurzborstig, selten oberw. etwas bewimpert; alle Bltn. des Ährchens fertil (höchstens die oberen 1–2 steril) *2*

2. Oberste Blattscheide den Halm bis zur 20 cm lg., etwas überhängenden Rispe umscheidend; Grannen 10–15 mm lg.; Pfl. hellgrün, 20–60 cm hoch, Deckspelze 0,8–1,3 mm breit; ⊙; V–X. Sandige Stellen, Schutt; *z* u. unbeständig, *s* im N (*f* Au, SH). *Mäuseschwanz-F.*, **V. myúros** (L.) Gmel.

— Stg. nicht bis zur 3–8 cm lg., aufrechten Rispe umscheidet; Grannen 7–10 mm lg.; Pfl. dk.-grün, bis 30 cm hoch, Deckspelze 1,3–2 mm breit; ⊙; V–VII. Wie vorige (*f* Ti). [= *V. dertonensis* (All.) Gola]

Trespen-F., **V. bromoídes** (L.) S. F. Gray

4. Scleropóa Gris. (= *Catapodium* Lk. p. p.), *Steifgras*

1. Stg. aufstgd. bis starr aufrecht; Infl. stets u. deutl. verzweigt; Ährchen kurz, aber deutl. gestielt, lockerbltg.; untere Hüllspelze 1,3–2, obere 1,5–2,3 mm lg.; ⊙; V–VIII. Sandige Orte, Wegränder; ursprüngl. nur zw. Aachen u. Eupen (Be), sonst zuw. aus dem Mittelmeergebiet eingeschleppt (Bahnhöfe!). [= *C. rigidum* (Grufb.) Hubb. ex Dony; = *Desmazeria rigida* (Grufb.) Tut.] *Aufrechtes St.*, **S. rígida** (Grufb.) Gris.

— Stg. niederlgd.-ausgebreitet; Infl. unverzweigt (zuw. an der Basis wenig verzweigt); Ährchen sehr kurz gestielt bis sitzend, dichtbltg.; untere Hüllspelze 2–3 mm, obere 2,3–3,3 mm lg.; ⊙; IV–V. Dünen; *s* Scheldegebiet, Westfriesische Inseln (Ho), Be. [= *C. loliaceum* (Huds.) Lk.; = *C. marinum* (L.) Hubb.; = *Desmazeria marina* (L.) Druce]

Niederliegendes St., **S. loliácea** (Huds.) Gren. & Godr.

5. Brachypódium P. B., *Zwenke*

1. Granne kürzer als die Deckspelze; Bltnstand u. die weichhaarigen Blätt. steif aufrecht; Pfl. hellgrün; ♃; VI–VII. Sonnige, trockene Magermatten, lichte Wälder; kalkliebend. (2 Kleinarten) *Fieder-Z.*, **B. pinnátum** (L.) P. B. (s. l.)

a. Pfl. grasgrün; Infl. mit 6–8 Ährchen; Ährchen 18–40 mm lg., in der Regel gerade; Deckspelzen 7–11 mm lg., schwach kurz behaart, ihre Grannen 1–6 mm lg., *v*, im N *s*. **B. pinnátum** (L.) P. B. (s. str.)

– Pfl. etwas bläul.grün; Infl. mit 8–10 Ährchen; diese 30–50 mm lg., meist leicht sichelf.; Deckspelzen 9–11 mm lg., kahl, ihre Grannen nur bis 3 mm lg. Verbreitung ungenügend bekannt, vermutl. Alpenraum, sicher in Ti, ob in Dt? **B. rupéstre** (Host) R. & Sch.

— Granne der oberen Bltn. des Ährchens länger als die Deckspelze; Bltnstand locker, mitsamt den weichhaarigen Blätt. schlaff überhängend; Pfl. horstbildend, dkgrün; ♃; VII–VIII. Schattige Wälder, Gebüsch; *v*. *Wald-Z.*, **B. sylváticum** (Huds.) P. B.

6. Glycéria R. Br., *Schwaden*

1. Deckspelze mit 3 kräftigen u. 4 damit abwechselnden, schwächeren u. kürzeren Nerven; Ährchen meist 7-bltg.; Ligula der oberen Blätt. am Rand haarf. zerschlitzt; ♃; VI–VII. Schattige Laubwälder, Erlenbrüche; nur im NO (westl. bis O-Holstein) u. Schl. *Wald-Schw.*, **G. nemorális** Uechtr. & Körn.

— Deckspelze mit 7 kräftigen u. fast gleich langen Nerven *2*

2. Ährchen bis 1 cm lg., vor dem Aufblühen zusammengedrückt; Ligula bis 3 mm lg. *5*

— Ährchen größer, 7- bis 11-bltg., vor dem Aufblühen stielrund; Blattscheiden zusammengedrückt; Ligula 4–7 mm lg. *3*

3. Deckspelzen 5–8 mm lg., ± gleichmäßig zugespitzt; Fr. etwa 3-mal so lg. wie breit; Vorspelzen in 2 lange, scharfe Spitzen auslaufend; Rispe einseitswendig; Stbbeutel violett, 2–3 mm lg.; Pfl. 40–120 cm hoch; ♃; V–IX. Stehende u. langsam fließende Gewässer, Gräben, Bäche (bis 1800 m); *v* (2 ssp.). *Manna-Schw.*, **G. flúitans** (L.) R. Br.

— Deckspelzen 3–5 mm lg., stumpf od. gezähnt zugespitzt; Fr. nur 2-mal so lg. wie breit; Stbbeutel kürzer als 1,5 mm *4*

4. Rispe locker ausgebreitet, allseitswendig; Deckspelzen stumpf, abgestutzt oder gleichmäßig zugespitzt *(1214)*; Vorspelze an der Spitze höchstens schwach ausgerandet, die Deckspelze nicht überragend; Ligula der jüngsten Blätt. der Blatttriebe gleichmäßig zugespitzt; Blätt. grasgrün; Stbbeutel gelb; Pfl. 40–80 cm hoch; ♃; VI–VIII. Gräben, quellige Orte (bis 1600 m); *v*. *Falten-Schw.*, **G. plicáta** Fr.

Bastard: *G. fluitans* x *G. plicata* (= **G.** x **pedicelláta** Townsend) ist häufig! (Ährchen nach der Blütezeit erhalten bleibend; bei den Elternarten zur Frzeit zerfallend)

— Rispe nur wenig verzweigt, oft nur traubig; Deckspelzen an der Spitze kurz unregelmäßig 3- bis 5-zähnig *(1215)*; Vorspelze tief in 2 etwas spreizende Spitzen gespalten, die Deckspelze überragend; Ligula der jüngsten Blätt. der Blatttriebe mit (ungleichmäßig) abgesetzter Spitze; Blätt. bläul.grün; Stbbeutel (schwarz-)violett überlaufen; Pfl. 15–60 cm hoch; ♃; VI–VIII. Wie vorige; *z*. *Blaugrüner Schw.*, **G. declináta** Bréb.

5(2). Ährchen 2–4 mm lg.; Deckspelze 1,4–2 mm lg.; untere Hüllspelze kleiner als 1 mm, obere bis 1,3 mm lg.; Infl. locker, bis 20 cm lg., feingliedrig, an *Milium* erinnernd; Blätt. stark abgespreizt u. deutl. 2-zeilig; ♃; VII–VIII. Feuchte Waldwege (wo noch?); nur bei Rheinfelden (Nähe Basel; S-Baden); eingeschleppt aus N-Am. *Gestreifter Schw.*, **G. striáta** (Lam.) Hitchc.

— Ährchen 4–10 mm lg.; Deckspelzen 2,3–4 mm lg.; untere Hüllspelzen 1–3, obere 1,4–4 mm lg.; Blätt. nicht weit abgespreizt u. auffällig 2-zeilig *6*

6. Rispe fast einseitswendig, locker, nickend; Rispenäste haarf. dünn, wenigährig; Ährchen 3- bis 6-bltg.; Spreite beiderssts. rauh; Stbblätt. 2; Pfl. 50–150 cm hoch; ♃; VI–VII. Feuchte Laubwälder; *s* OPr. (= *G. remota* Fr.) *Nordischer Schw.*, **G. lithuánica** (Gorski) Gorski

— Rispe allseitswendig, dicht; Rispenäste starr, vielährig; Ährchen 5- bis 8-bltg.; Blattspr. obersts. u. am Rand, untersts. höchstens auf dem Mittelnerven rauh; Stbblätt. 3; Pfl. 90–130 cm hoch; ♃; VII–VIII. Verlandungszone von Seen, Gräben, Röhrichte; *v.* [= *G. aquatica* (L.) Wahl.]
Großer Schw., **G. máxima** (Hartm.) Holmb.

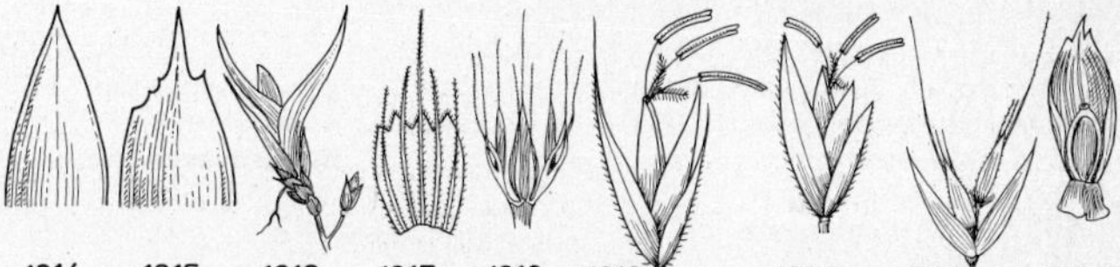

1214 1215 1216 1217 1218 1219 1220 1221 1222

7. Scleróchloa P. B., *Hartgras.* Pfl. graugrün, 2–20 cm hoch, niederlgd.; Ährchen 3- bis 6-bltg., zusammengedrückt; Deckspelzen knorpelig, ebenso wie die Hüllspelzen gekielt; Infl. im Umriß schmal-eif., 2–3 cm lg.; ⊙; V–VII. Festgetretene Wege, Schuttplätze; im S u. mittl. Gebiet *z* (*f* Au), im N zuw. eingeschleppt (Br, NS, We, Th). **S. dúra** (L.) P. B.

8. Puccinéllia Parl. (= *Atropis* Trin. in Rupr.), *Salzschwaden*

1. Nichtblühende Sprosse nach der Blüte ausläuferartig, niederlgd., wurzelnd; untere Rispenäste der einseitswendigen Infl. meist zu 2, zur Frzeit nicht herabgeschlagen; Ährchen 5- bis 9-bltg., bis 10 mm lg., oft violett; Stbbeutel 2 mm lg., Pfl. graugrün; ♃; VI–IX. *v* Strandwiesen der Inseln u. Küsten, *h* bestandsbildend (östl. bis Kolberg/Po).
Andel, Strand-S., **P. marítima** (Huds.) Parl.

— Pfl. ohne Ausläufer; Stbbeutel höchstens 1 mm lg.; Ährchen meist armblütiger u. kleiner *2*

2. Deckspelzen breit gestutzt; Infl. allseitswendig; Ährchen bläul. od. violett überlaufen; Stbbeutel 0,7–1 mm lg.; Pfl. graugrün; Infl. locker . . . *5*

— Deckspelzen zugespitzt od. spitzl., wenn nur abgerundet, dann Infl. einseitswendig *3*

3. Pfl. frisch- (od. gelbl.-)grün; Infl. allseitswendig, locker, ihre unteren Äste an ihrer Basis ohne Ährchen, nach der Blüte zurückgeschlagen; Stbbeutel 0,5 bis 0,8 mm lg.; Deckspelzen 2,5–4 mm lg., zugespitzt, breit-hautrandig, Mittelnerv nicht bis zur Spitze verlaufend; ♃; VI–VII. Meeresküste u. Inseln von Be?, Ho, Dt, Da; *z*? (genaue Verbreitung u. Häufigkeit?; früher übersehen od. verwechselt). (= *P. retroflexa* auct., non *Poa retroflexa* Curt.)
Zurückgebogener S., **P. capillaris** (Lilj.) Jansen

— Pfl. graugrün; Infl. einseitswendig, dicht, ihre unteren Äste mit Ährchen bis zur Basis, später nicht zurückgeschlagen; Deckspelzen ohne od. nur mit sehr schmalem Hautrand, Mittelnerv bis zur Spitze verlaufend . . . *4*

4. Deckspelzen 3–5 mm lg.; Ligula abgerundet, 2,5–3 mm hoch; Stgblätt. bis 6 mm breit; Ährchen längl., bis 10 mm lg., 4- bis 9-bltg.; Infl. nicht unterbrochen; ⊙–⊙; V–VI. Strandwiesen der Küste; *s* Ho, Be. [= *Glyceria procumbens* (P. B.) Dum.] *Dichtblütiger S.*, **P. rupéstris** (With.) Fern. & Weath.

— Deckspelzen 1,5–2,5 mm lg.; Ligula breit-gestutzt, 1–1,5 mm hoch; Stgblätt. 2–3 mm breit; Ährchen eif., bis 6 mm lg., 4- bis 8-bltg.; Infl. mehrmals unterbrochen; ♃; VI–VII. Strandwiesen; *z* Ho, Be. [= *Glyceria borreri* (Bab.) Bab.] *Büscheliger S.*, **P. fasciculáta** (Torr.) Bickn.

5(2). Ährchen 3- bis 6-bltg.; Infl. locker; Ährchen oft bläul. überlaufen; Epidermiszellen der Blattoberseite mit kurzen Papillen (Mikroskop!); ♃; VI–X. (Salz-)Wiesen, Wegränder, Schuttplätze (bis 1500 m); salzliebend; *z*.
Gemeiner S., **P. distans** (L.) Parl. (s. str.)

— Ährchen 4- bis 8-bltg.; Infl. dicht; Ährchen oft dkviolett überlaufen; Epidermiszellen beider Blattseiten dicht mit Papillen; ♃; VII–VIII. Salzhaltige Böden; nur bei Artern (An), Th. [= *P. distans* ssp. *limosa* (Schur) Jáv.]
Sumpf-S., **P. limósa** (Schur) Holmb.

9. Scolóchloa Lk., *Schwingelschilf*. Pfl. hellgrün, bis 2 m hoch, oberw. gabelästig; Blattscheiden offen; Deckspelzen unbegrannt, am Grd. mit Haarbüschel; Fr. lg. behaart; Ligula bis 6 mm lg.; gestutzt bis zerschlitzt; Rispe groß, locker; Ährchen 3- bis 4-bltg.; im Habitus an *Glyceria maxima* erinnernd; ♃; VI–VII. Stehende, langsam fließende Gewässer; *z* im NO (Me, Br, Po, OPr). (= *Graphephorum arundinaceum* Asch.) **S. festucácea** (Willd.) Lk.

10. Póa L., *Rispengras*

1. Deckspelzen nur schwach gekielt, auf dem Rücken kahl od. gegen den Grd. undeutl. gewimpert; Ährchen 7 mm lg., 3- bis 4-bltg., meist violett überlaufen; Blattspr. zusammengefaltet, blaugrün; Ligula bis 7 mm lg.; Ährchenachse unterhalb jeder Deckspelze mit 0,5 mm langen Borstenhärchen; Pfl. 20–50 cm hoch; ♃; VII–VIII. Felsen, Schutt, Matten (1500–2700 m); kalkmeidend; *z* Sb. [= *Bellardiochloa violacea* Bell.) Chiov.]
Violettes R., **P. violácea** Bell.

— Deckspelzen deutl. gekielt, auf dem Rücken zottig behaart (wenn unbehaart, dann Blätt. stets flach) *2*

2. Stg. u. Blattscheiden stielrund, wenn zusammengedrückt, dann niemals 2-schneidig-flach (s. *P. pratensis*, Nr. *7*—) *6*

— Stg. u. Blattscheiden flachgedrückt, 2-schneidig; unterster Rispenast mit 2–4 grdst. Zweigen *3*

3. Pfl. mit langen Ausläufern; Blätt. schmal-lineal, oberw. rauh; Deckspelzen undeutl. 5-, meist 3-nervig, Rückenhaare zuw. fehlend; Halm knickig aufstgd.; Pfl. meist ohne nichtblühende Triebe; Pfl. graugrün; ♃; VI–VII. (2 ssp.) *Flaches R.*, **P. compréssa** L.

a. Rispe bis 8 cm lg., fast einseitswendig; Ligula 1 mm lg.; Pfl. 15–40 cm hoch; Blätt. 3 mm breit; Ährchen meist 4- bis 6-bltg.; Wegränder, sonnige Hänge, lichte Wälder, Kies; *v*.
ssp. **compréssa**

– Rispe bis 12 cm lg.; Ligula bis 3 mm lg.; Pfl. 50–80 cm hoch; Blätt. 5 mm breit; Ährchen meist 8- bis 11-bltg.; Schuttplätze, Bahnhöfe; sehr *z* (wo?). ssp. **langeána** (Rchb.) Hegi

— Pfl. ohne od. mit sehr kurzen Ausläufern, horstbildend; Blätt. breit-lineal; Rispe groß, über 10 cm lg.; Deckspelzen deutl. 5-nervig; Pfl. stets auch mit sterilen (Blatt-)Trieben *4*

4. Blattscheiden glatt; Blattspr. der nichtblühenden Triebe allmähl. in eine lg. Spitze verschmälert; Deckspelzen am Grd. spärl. zottig, schmal, lg.-zugespitzt, 5–7 mm lg.; Hüllspelzen glatt; Ligula etwa 2,5 mm lg.; Pfl. 50–100 cm hoch; ♃; VII–VIII. Feuchte Bergwälder u. Bergwiesen (1000 bis 2200 m); kalkliebend; *z* Alp. *Bastard-R.*, **P. hýbrida** Gaud.

— Blattscheiden rauh; Blattspr. der nichtblühenden Triebe in eine breite, kapuzenf. Spitze zusammengezogen; Deckspelzen kahl, 3–4 mm lg.; Hüllspelzen rauh *5*

5. Ligula 0,5–1,5 mm lg., gestutzt, am Rand bewimpert; oberste Blattspr. kürzer als ihre Scheide; Rispe dicht u. schmal; Deckspelzen am Grd. ohne lg. Haare; Spreite des obersten Stgblattes 1–10 cm lg.; ♃; VI–VII. Wie vorige (bis 2700 m); kalkmeidend; *z* Alp. u. M-Geb., *s* in der Ebene (im N meist eingeschleppt). *Wald-R.*, **P. cha͡ixii** Vill.

— Ligula 2,5–4 mm lg., breit-abgerundet, kahl; oberste Blattspr. so lg. wie ihre Scheide; Rispe sehr locker u. lg.ästig; Deckspelzen zuw. am Grd. mit wenigen lg., krausen Haaren; Spreite des obersten Stgblattes 10–20 cm lg.; ♃; VI–VII. Feuchte Wälder (bis 1000 m); anscheinend in der Ebene (im N) häufiger, im Gebirge (im S) seltener als vorige (genaue Verbreitung unbekannt!), *f* E, Ho, Be. *Lockerblütiges R.*, **P. remóta** Fors.

6(2). Deckspelzen undeutl. 5-nervig ***8***
— Deckspelzen deutl. 5-nervig, wenigstens am Grd. zottig behaart; oberste Scheide länger als die Spreite; unterster Rispenast mit 2–4 grdst. Zweigen; Deckspelzen behaart, am Grd. mit einem Schopf von Haaren, diese so lg. *(pratensis)* od. länger *(trivialis)* als die Spelze selbst ***7***

7. Ligula (wenigstens die der oberen Blätt.) oft über 5 mm lg., spitz; Rispe längl., bis 20 cm lg.; Ährchen 3- bis 4-bltg.; Deckspelzen zarthäutig, zugespitzt; Pfl. mit oberirdischen, niederlgden Trieben, 50–90 cm hoch; ♃; VI–VII. Wiesen, Gebüsch, Äcker (bis 2000 m); *v.* *Gemeines R.,* **P. triviális** L.
— Ligula kurz, gestutzt, selten über 1 mm lg.; Deckspelzen stumpfl., derbhäutig; Stg. u. Blattscheiden nicht selten zusammengedrückt; Pfl. mit lg. unterirdischen Ausläufern; ♃; V–VII. Wiesen, Wald- u. Wegränder, Alpenmatten (bis 3000 m). (5 Kleinarten). *Wiesen-R.,* **P. praténsis** L. (s. l.)

a. Blätt. 0,3–0,5 mm im Dm, eng eingerollt bis fadenf.; Rispenäste sehr rauh; Pfl. schwach bläul.; Blätt. zwischen den Nerven auf der Oberseite kurzhaarig; Ligula 1–2 mm lg., abgerundet; Ährchen 4- bis 6-bltg. Felsen, Geröllhalden, Waldränder; *s* Sb. *Steirisches R.,* **P. stiríaca** FRITSCH & HAY.
– Blätt. mehr als 0,5 mm im Dm, gefaltet od. flach . . . . **b**

b. Pfl. bis 30 cm hoch, blaugrün; Rispe relativ wenigährig, untere Äste nur zu 1–2; Ährchen bereift; Hüllspelzen ± gleich lg., beide 3-nervig; Triebe ± einzeln, mit wenigen toten Blattscheiden an ihrer Basis (nicht von sterilen Trieben umgeben) . . . . **d**
– Pfl. bis 60 cm hoch, nicht blaugrün; Rispe reichährig, untere Äste zu 3–5; Ährchen nicht bereift, grün, zuw. gelbl.-weiß od. violett überlaufen; Hüllspelzen ungleich lg., die untere nur 1-nervig; Triebe zahlreich beieinander sthd., mit zahlreichen Blattscheidenresten an ihrer Basis (Blütentrieb von zahlreichen sterilen Trieben umgeben) . . . . **c**

c. Wuchs locker; Grd.- u. Stgblätt. flach, bis 5 mm breit; Rispe im Umriß pyramidal, wenig höher als breit; Ligula an der Blattscheide herablaufend. Feuchtere Standorte; *g* u. kult. (bis 3000 m). Formenreich! **P. praténsis** L. (s. str.)
– Wuchs dichter, fast horstf.; Grdblätt. borstl., Stgblätt. flach (zuw. borstl.); Rispe schmal, wenigstens doppelt so lg. wie breit; Ligula an der Blattscheide nicht herablaufend. Trockenere Standorte; *v.* **P. angustifólia** L.

d(b). Halm mit 3–4 blaugrünen Blätt.; Rispe dicht, ihre Äste aufrecht absthd.; Ährchen blaugrün. Moorige Wiesen, Gebüsch; nur in N-Dt? (= *P. uberrima* LINDM.) **P. athroostáchya** OETT.
– Halm mit 1–2 graugrünen Blätt.; Rispe locker, ihre Äste waagrecht absthd.; Ährchen dkviolett. Dünen, Salzwiesen; *z* Ostseeküste, Da, S-NS, Oberpfalz, S-Schw. (Verbreitung unsicher) (= *P. irrigata* LINDM.) **P. subcoerúlea** SM.

8(6). Beide Hüllspelzen 3-nervig, seitl. Nerven aber zuw. sehr kurz; Pfl. ♃; Vorspelzen auf ihren Kielen mit von ihrer Basis her dünner werdenden, 0,1 mm lg. steifen, absthd., oft gekrümmten Borstenhaaren (gute Lupe!) od. kahl ***10***
— Äußere Hüllspelze 1-, innere 3-nervig; Stg. aus niederlgd. Grd. aufstgd., büschelig verzweigt; Pfl. 5–15 (–30) cm hoch; untere Rispenäste nur zu 1–2 (selten 3); Vorspelzen auf ihren Kielen mit zahlr. 0,1–0,3 mm lg., weichen, gebogenen bis krausigen, oft anlgd. Haaren od. kahl ***9***

9. Oberste Blätt. der sterilen Triebe mit bogiger, 1–3 mm langer Ligula, die an der Blattscheide etwas herabläuft; Stbbeutel 0,5–1 mm lg., 4–5 mal so lg. wie breit (ungeöffnet!); unterste Rispenäste senkrecht absthd., mit grdst. Zweig; obere Hüllspelze oberhalb od. in der Mitte am breitesten; Deckspelzen grün bis rotviolett; ⨀; II–XI. Äcker, Gärten, Ruderalstellen, Weiden (bis 2500 m); *g* u. *h.* *Einjähriges R.,* **P. ánnua** L.
— Oberste Blätt. der sterilen Triebe mit parallelrandiger, nur 1 mm breiter Ligula, diese nicht an ihren Blattscheiden herablaufend; Stbbeutel 1,5–2,5 mm lg., 5–8 mal so lg. wie breit; unterster Rispenast nach der Blüte abw. gerichtet, ohne grdst. Zweig; obere Hüllspelze unterhalb der Mitte am breitesten; Deckspelzen dkbraun-violett überlaufen; ♃; V–VIII. Colline bis alp. Reg. Wiesen, Ruderalstellen, Viehläger (oberhalb 600 m, bis 2500 m); *v* Alp. *z* Voralp. u. M-Geb., *s* Bornholm (Da). (= *P. annua* ssp. *varia* GAUD.) *Läger-R.,* **P. súpina** SCHRAD.

10(8). Stg. am Grd. durch Blattscheiden zwiebelart. verdickt; Ligula der obersten Stgblätt. 3–4 mm hoch, spitz; grdst. Blätt. meist borstenf.; Stgblätt. flach, 2 mm breit; Ährchen oft zu Laubsprossen auswachsend (vivipar); Pfl. bis 30 cm hoch; ♃; V–VII. Trockene Magermatten, Hügel, Wegränder; *z, s* im N. *Knolliges R.,* **P. bulbósa** L.

— Stg. am Grd. nicht deutl. zwiebelart. verdickt; ***11***

11. Unterster Rispenast mit 2–4 grdst. Zweigen; beide Hüllspelzen 3-nervig; Deckspelzen zottig; Pfl. locker horstf. ***17***

— Unterster Rispenast einzeln od. nur mit 1 grdst. Zweig ***12***

12. Blätt. graugrün mit hellem, knorpeligem Rand, steif; Ligula an den obersten Blätt. bis 6 mm lg., spitz; Hüllspelzen mit feiner Grannenspitze; untere Rispenäste aufrecht-absthd.; Pfl. bis 40 cm hoch; ♃; V–VIII. Trocken-sonnige, sandige Orte. (2 Kleinarten) **P. badénsis** HAENKE (s. l.)

a. Blätt. 2–4,5 mm breit, flach bis schwach gefaltet. *s* im M-Gebiet: Mittelrhein bis Harzvorland/Th/Fr. *Badener R.,* **P. badénsis** HAENKE (s. str.)

– Blätt. 1,5–2,5 mm breit, rinnenf. bis stark gefaltet. *z* bis *s* Alp. von Ti, Sb. [= *P. badensis* var. *erophila* SÜSS. in HEGI] *Trocken-R.,* **P. molinérii** BALB.

— Blätt. grasgrün; wenn Blätt. graugrünl., dann nicht mit knorpeligem Rand ***13***

13. Hüllspelzen scharf zugespitzt, zuw. sogar stachelspitzig; Ährchen meist auswachsend: an Stelle der Bltn. Jungpfl. sthd. *(1216);* Rispenäste zur Blütezeit weit absthd.; ♃; V–IX. Matten, Geröllhalden (bis 2500 m); *v* Alp. u. Vorland (bis Bodensee); Vog. u. Harz eingebürgert. *Alpen-R.,* **P. alpína** L.

— Hüllspelzen stumpfl., höchstens spitzl.; an Stelle der Bltn. niemals Jungpfl. sthd. ***14***

14. Pfl. mit längeren Ausläufern; Ligula der unteren Blätt. sehr kurz; die meisten Triebe an ihrer Basis die grdst. Blattscheiden des Muttertriebes durchbrechend (extravaginale Triebe) ***16***

— Pfl. ohne od. mit sehr kurzen (bis 1 cm lg.) Ausläufern; Ligula längl.-spitz; die meisten Triebe an ihrer Basis die grdst. Blattscheiden des Muttertriebes nicht durchbrechend (intravaginale Triebe) ***15***

15. Rispenäste fädl., steif, trocken gefurcht; Rispe an der Spitze nickend, lokker; Ährchen meist 3-bltg., eif., violett; Halm schlaff, glatt, oberw. blattlos, 10–30 cm hoch; Blattscheiden die Stgknoten meist bedeckend; ♃; VII–VIII. Geröll, feuchte, grasige Hänge (2000–3500 m); *v* Ur-Alp. (Riesengeb.?). *Schlaffes R.,* **P. láxa** HAENKE

— Rispenäste haardünn; Rispe an der Spitze überhängend; Ährchen längl.-eif., 4- bis 6-bltg., violett; Stgknoten von den Blattscheiden nicht bedeckt; Pfl. 5–30 cm hoch; ♃; VII–VIII. Felsspalten, Schutt, steinige Matten (1500–3000 m); kalkstet; *v* Alp., Vorland *s.* *Kleines R.,* **P. mínor** GAUD.

16(14). Pfl. blaugrün bereift; Ligula aller Blätt. sehr kurz bis fehlend; Rispenäste kurz, die unteren zu 2–4; Ährchen 2- bis 4-bltg., oft violett; alle Triebe mit Rispen, keine steril; Pfl. 20–40 cm hoch; ♃; VI–VIII. Felsige Orte, trokkene Hänge (bis 3000 m); *z* Alp. von Ti, Sb. (= *P. caesia* SM.) *Blaugrünes R.,* **P. gláuca** VAHL

— Pfl. graugrün, aber nicht bereift; Ligula der oberen Blätt. bis 3 mm lg, Rispe ausgebreitet, die unteren Äste zu 1–2; Ährchen grünl., 3-bis 5-bltg.; neben rispentragenden auch sterile Triebe vorhanden; Pfl. 20–40 cm hoch; ♃; VII–VIII. Schutt, Felsspalten (1500–3200 m); kalkliebend; *v* Alp., *s* Vorland (Flüsse!). *Mont Cenis-R.,* **P. cenísia** ALL.

17(11). Ligula aller Blätt. sehr kurz bis fast ganz fehlend; Spreite der Stgblätt. fast waagerecht absthd.; Rispe zur Blütezt. ausgebreitet; Ährchen grünl., 1- bis 5-bltg.; Deckspelzen 3–4 mm lg.; Pfl. aufrecht, 20–90 cm hoch; ♃; V–VII. Lichte Laubwälder, Gebüsch; *v.* *Hain-R.,* **P. nemorális** L.

— Ligula wenigstens der oberen Blätt. 1–3 mm lg.; Rispe groß, reichährig, viel lockerer als bei voriger Art; Ährchen 3- bis 4-bltg., gelbl.; Deckspelzen

2,5 mm lg.; Pfl. aufstgd., 30–120 cm hoch; ♃; VI–VII. Feuchte Wiesen, grasige Ufer; *z.* *Sumpf-R.*, **P. palústris** L.

11. Bríza L., *Zittergras.* Rispe locker ausgebreitet; Ährchen an lg. geschlängelten Stielen, hängend, herzf. ♃; V–IX. Trockene Wiesen, Halbtrokkenrasen; *v.* **B. média** L.

12. Catabrósa P. B., *Quellgras.* Stg. schlaff, knickig aufstgd., an den Knoten wurzelnd, mit Ausläufern; Rispe locker ausgebreitet, mit 4 u. mehr grdst. Zweigen; Ährchen 3 mm lg., meist nur 2-bltg.; Ligula eif., 4 mm hoch; ♃; V–X. Gräben, Tümpel, Quellfluren, Ufer; *z.* **C. aquática** (L.) P. B.

13. Dáctylis L., *Knäuelgras*

1. Pfl. graugrün, ohne Ausläufer, horstbildend; untere Rispenäste weit absthd.; oberer Teil der Rispe dicht geknäuelt; Ährchen 3- bis 5-bltg.; Hüllspelzen grün (nicht durchscheinend!), behaart, auf dem Kiel lg. bewimpert, äußere 1-, innere 3-nervig; ♃; V–VI. Wiesen, grasige Orte, Wegränder; *g* u. *h.* (2 ssp.). *Wiesen-K.*, **D. glomeráta** L.

— Pfl. lebhaft grün, mit ± 10 cm lg. Ausläufern; Rispe locker, weniger geknäuelt als bei voriger; Ährchen meist 6-bltg.; Hüllspelzen bleich (durchscheinend), kahl od. höchstens auf dem Kiel kurz bewimpert bzw. rauh, beide (z. T. kurz-)3-nervig; ♃; V–VI. Laubwälder, buschige Hügel; *z, f* Be, Vb, Ti. (= *D. aschersoniana* Gr.) *Wald-K.*, **D. polygáma** Horvátovszky

14. Cynosúrus L., *Kammgras*

1. Ährenrispe einstswendig, im Umriß längl.-lineal, 3–10 cm lg.; Grannen kürzer als ihre Spelzen; Ligula etwa 1 mm lg.; ♃; VI–VII. Wiesen, Triften (bis 1800 m); *v.* *Wiesen-K.*, **C. cristátus** L.

— Ährenrispe im Umriß kugelig-eif., 1–4 cm lg. u. (ohne Grannen) 1–2 cm breit; Grannen länger als ihre Spelzen *(1199)*; Ligula bis 7 mm lg.; ⊙; V–VI. Wegränder, Schuttplätze; zuw., bes. in Hafen- u. Industriegebieten, eingeschleppt (Heimat: Mittelmeergebiet). *Stacheliges K.*, **C. echinátus** L.

15. Mélica L., *Perlgras*

1. Deckspelzen kahl; Ährchen eif., in lockeren Rispen *3*

— Deckspelzen auf den Randnerven dicht u. lg.seidig bewimpert *(1195);* Ährchen in Ährenrispen *2*

2. Ährenrispe locker, oft etwas einseitswendig; innere Hüllspelze höchstens um 1/4 länger als die äußere; äußere Hüllspelze rauh; Deckspelze 6,5–8 mm lg.; Blätt. graugrün, borstl., eingerollt, mit einem deutl. Mittelnerven; Blattscheiden kahl; Ligula stumpf, zerschlitzt; ♃; V–VI. Trockenrasen, steinige Abhänge; kalkliebend; *z,* im N *s* eingeschleppt, *f* Sa. *Wimper-P.*, **M. ciliáta** L. ssp. **ciliata**

— Ährenrispe dichtbltg., allseitswendig; innere Hüllspelze 1 1/2–2-mal so lg. wie die äußere; äußere Hüllspelze glatt; Deckspelze 5–6,5 mm lg., ihre Scheiden meist behaart; Ligula spitz; ♃; VI. Sonnige, steinige Hänge; *s* SaAn, Th, He (Friedberg), Ba (Nürnberg-Donauwörth), Württ. (Tübingen, Hohentwiel), E, Pf (Rheintal). *Siebenbürgisches P.*, **M. transsilvánica** Schur ssp. **transsilvanica**

3(1). Ährchen aufrecht, mit nur 1 ⚥ Blüte; Rispe sehr locker, mit entfernt stehenden, nicht deutl. nickenden Ährchen; Ligula kurz, der Spreite gegenüber in ein bis 2 mm lg. Anhängsel verlängert; ♃; V–VI. Humöse Laub- u. Mischwälder; *v* bis *z.* *Einblütiges P.*, **M. uniflóra** Retz.

— Ährchen nickend, mit 2 ⚥ Bltn. *4*

4. Grdachse dünn, kriechend; Pfl. lockerrasig; Ligula sehr kurz, braun; Deckspelzen deutl. 7- bis 9-nervig; Hüllspelzen purpurbraun, oberw. weißhäutig; ♃; V–VI. Laubwälder, Gebüsch; *v,* im N *z, f* Ho. *Nickendes P.*, **M. nútans** L.

— Grdachse nicht kriechend; Pfl. dicht horstbildend; Ligula bis 2 mm lg., spitz, weißhäutig; Deckspelzen 7-nervig; Hüllspelzen grün, weißhäutig, an der Spitze violett- bis rotgefleckt; ♃; V–VI. Schattige Wälder; *s* SaAn, Th, Ba (Passau, UnterFr, Donaugebiet), Württ. (Jagst- u. Lonetal, bei Reutlingen), RhPf (Bingen), He. *Buntes P.*, **M. pícta** Koch

16. Sesléria Scop., (incl. Oreochlóa Lk. u. Psilathéra Lk.) *Kopfgras, Blaugras*

1. Untere Rispenäste ohne schuppenf. Tragblätt.; Rispe einfach 2-zeilig, 0,8–1,5 cm lg.; Blätt. borstl. gefaltet, 0,5 mm breit; Pfl. 10–20 cm hoch; ♃; VII–IX. Steinige Matten. Felsspalten; kalkmeidend; *v* Ur-Alp. (1900–3000 m), in Dt nur im Allgäu (Kreuzeck u. Himmeljoch). [= *O. disticha* (Wulf.) Lk.] *Zweizeiliges K.*, **S. dísticha** (Wulf.) Pers.

— Untere Rispenäste mit schuppenf., häutigen Tragblätt.; Ährchen nicht deutl. 2-zeilig *2*

2. Deckspelze mit einer mittleren, längeren u. 4 kürzeren Grannen *(1217)*; Ährenrispe kopff., bis 7 mm lg.; Blätt. bis 1 mm breit, borstl. gefaltet; Pfl. 1–10 cm hoch; ♃; VII–VIII. Wie vorige (2200–2800 m); *v* Sb, Ti (*f* Vb), in Dt nur bei Berchtesgaden. [= *P. ovata* (Hoppe) Deyl]
Kleinköpfiges K., **S. ováta** (Hoppe) Kern.

— Deckspelzen 5–7-zähnig, Zähne oft grannig verlängert; Ährenrispe zylindrisch bis kugelig, 0,5–2 cm lg.; Blätt. 1,5–5 mm breit; Pfl. 10–30 cm hoch *3*

3. Blätt. flach (auch trocken), grün, ihre Mittel- und Randnerven stark hervortretend; Infl. zylindrisch bis längl.-eif.; Mittelgranne der Deckspelze höchstens 0,5 mm lg.; ♃; IV–IX. Trockenrasen, lichte Wälder, steinige Hänge; kalkliebend; *v* im S, *z* im M-Gebiet, *f* im N, Sa, Schl. [= *S. coerulea* (L.) Ard. ssp. *varia* (Jacq.) Hay.] *Kalk-B.*, **S. vária** (Jacq.) Wettst.

— Blätt. (trocken) nach oben eingerollt, bläul. bereift, ihre Mittel- und Randnerven kaum hervortretend bis undeutl.; Mittelgranne der Deckspelze 1–2 mm lg.; Infl. kugelig bis eif.; ♃; V–VII. Flachmoore, Sumpfwiesen; *z* BW, Ba, Ti. [= *S. coerulea* (L.) Ard. ssp. *uliginosa* (Opiz) Hay.]
Sumpf-B., **S. uliginósa** Opiz

17. Lólium L., *Lolch, Raygras, Weidelgras*

1. Deckspelze zarthäutig; Hüllspelze etwa so lg. od. wenig länger als die Deckspelzen; Pfl. ♃, mit nichtblühenden Blättertrieben *3*

— Deckspelzen derb, lederig-knorpelig; Hüllspelze 2- bis 4-mal länger als die Deckspelzen; Pfl. ⨀, ohne nichtblühende Blättertriebe *2*

2. Hüllspelze 15–30 mm lg., meist länger als das Ährchen; Deckspelzen fast immer begrannt; Hüllspelze 7- od. 9-nervig; Ähre über 20 cm lg., locker; Pfl. 30–80 cm hoch; VI–VIII. Feuchte Getreideäcker, Ödland; *z;* Fr. **giftig!**
Taumel-L., **L. temuléntum** L.

— Hüllspelze 7–10 mm lg., kürzer als das Ährchen; Deckspelzen unbegrannt; Hüllspelze 5-nervig; Pfl. 30–60 cm hoch; VI–VIII. Ackerunkraut, bes. in Leinfeldern; sehr *z* (ob im Gebiet ursprüngl.?); Fr. **giftig!**
Lein-L., **L. remótum** Schr.

3(1). Hüllspelzen wenig, aber deutl. länger als die anliegende Deckspelze; Deckspelzen stets unbegrannt; Blätt. in der Knospenlage gefaltet; Ährchen zur Blütezt. aufgerichtet; Ährenachse glatt; ♃; V–IX. Wiesen, Wegränder, Schuttstellen; *g* u. *h*, vielfach angepfl. *Englisches R.*, **L. perénne** L.

— Hüllspelzen etwa so lg. wie die anliegende Deckspelze; Deckspelzen, zumindest die oberen, begrannt; Blätt. in der Knospenlage gerollt; Ährchen zur Blütezt. meist absthd.; Ährenachse rauh; ♃; VI–VIII. Wie vorige; häufig angepfl., vielfach verwild. u. allg. eingebürgert (Heimat: Mittelmeergebiet). *Italienisches R.* **L. multiflórum** Lam.

18. Molínia Schr., *Pfeifengras, Besenried.* Pfl. horstbildend, Ausläufer kurz; Stg. bis 2 m hoch; Blätt. blaugrün, ± steif; Ligula als Haarkranz; ♃; VII–IX. Flach- u. Heidemoore, feuchte Wälder u. Gebüsche. Verbreitung, Höhengrenzen u. Standorte der ssp. ungenügend bekannt. **M. coerúlea** (L.) Moench

a. Deckspelzen 3–4 mm lg., stumpflich; Blätt. 5 (–8) mm breit; Pfl. 50–90 cm hoch; Fr. 2 mm groß; Rispenäste aufrecht; Ährchen 1- bis 6-bltg. Wohl *v* (bis 1900 m?); formenreich. ssp. **coerúlea**

b. Deckspelzen bis 6 mm lg., spitz; Blätt. 7–10 mm breit; Pfl. 80–150 (–200) cm hoch; Fr. 3 mm groß; Rispenäste mehr absthd., am Grd. mit Haarbüschel; Ährchen 1-bltg.; *z*? (bis 1100 m?). (= *M. arundinacea* Schr.) ssp. **arundinácea** (Schr.) Paul

c. Wie vorige, aber Ährchen 2- bis 4-bltg.; Rispenäste am Grd. ohne Haarbüschel, *z*? (bis 1100 m?) [incl. ssp. *altissima* (Lk.) Dom.] ssp. **litorális** (Host) Paul

19. Agropýron Gaertn. (s. l.; incl. **Elytrigia**), *Quecke*

1. Deckspelzen begrannt; Granne so lg. od. länger als die Spelzen (bis 25 mm); Hüllspelzen 3- bis 5-nervig; Ährchenachse kurzhaarig, brüchig; Blätt. obersts. mattgraugrün, untersts. glzd.dkgrün; Pfl. horstbildend, 50–150 cm hoch; ♃; VI–VII. Flußkies, Wälder, buschige Hänge (bis 1300 m); *v, s,* in N- u. NW-Dt. [= *Elymus caninus* (L.) L.]
Hunds-Qu., **A. canínum** (L.) P. B.

— Deckspelzen unbegrannt od. mit kurzer, die Länge der Spelze nicht erreichender Granne; Pfl. mit kürzeren od. längeren Ausläufern *2*

2. Blattnerven dick, einander genähert, mit vielen Reihen kurzer Haare; Spreiten zuletzt eingerollt; Ährenachse sehr brüchig; Hüllspelzen 9- bis 11-nervig; Deckspelzen unbegrannt; Pfl. 30–60 cm hoch; ♃; VI–VIII. Dünen der Küsten; *v,* im O *z.* [= *Elymus farctus* (Viv.) Runemark ex Melderis]
Binsen-Qu., **A. júnceum** (L.) P. B. ssp. **boreoatlánticum** Sim. & Guin.

— Blattnerven schmal, entfernt, mit einer einfachen Reihe von Borsten, Haaren od. Höckerchen besetzt; Hüllspelzen meist 3- bis 7-nervig . . . *3*

3. Blattspreite schlaff, lebhaftgrün od. blau bereift; Blattnerven im durchfallenden Licht als weiße Striche erscheinend; Deckspelzen oft kurz begrannt; Pfl. 20–150 cm hoch; ♃; VI–VII. Ödland, Strand, Gärten, Ruderalstellen, buschige Orte u. a. (bis 2000 m); *g.* (3 ssp.) [= *Elymus repens* (L.) Gould]
Gemeine Qu., **A. répens** (L.) P. B.

a. Blattscheiden behaart; Blätt. flach, blaugrün; Hüll- u. Deckspelzen deutl. begrannt. Buschige Orte; *z* (?; genaue Verbreitung unsicher) [= *A. caesium* J. & C. Presl]
ssp. **caésium** (A. & C. Persl) Cif. & Giac.

– Blattscheiden kahl; Spelzen kurz od. unbegrannt . . . . **b**

b. Blätt. flach, 5–15 mm breit (oberw. oft etwas eingerollt), grün od. bläul. grün bis graugrün; Infl. 10 cm lg., dicht. Wege, Gärten, Ödland; *g* „Unkraut". ssp. **répens**

– Blätt. borstl., gerollt, bläul.grün; Infl. deutl. kürzer, nur um 5 cm lg., locker. Dünen der Meeresküsten *v,* im Binnenland nur bei Mainz. [= *A. maritimum* (Koch & Ziz) Tyrel]
ssp. **marítimum** (Koch & Ziz) Rothm.

Verwechslungsmöglichkeiten (auch durch Bastarde) bei begrannten Formen mit *A. caninum,* bei blau bereiften mit *A. littorale* (Mainz!) u. *A. intermedium.*

— Blattspreite steif, stark gerippt, blau- bis weißgrün, die Nerven stark hervortretend, dadurch das übrige Gewebe fast verdeckend. Pfl. 30–60 cm hoch *4*

4. Blattnerven stark vorspringend, das grüne Blattgewebe vollständig verdekkend; Ähre kurz u. dicht (± 10 cm lg.); Hüllspelzen 9–11 mm lg., gekielt, grannenart. bespitzt, mit schmalem Randsaum; ♃; VII. Dünen, Sand- u. Kiesbänke; *z* Nordseeküste von Nymindegat (Da) an südl., Insel Møen (Da), *s* Bodensee-südlichstes Rheintal (E?). [= *A. pycanthum* (Godr.) Gren. & Godr.; = *A. pungens* aut.; = *Elymus pycnanthus* (Godr.) Melderis]
Strand-Qu., **A. littorále** (Host) Dum. em Vestergren

— Blattnerven im unteren Teil des Blattes noch das grüne Gewebe freilassend; Ähre lg. (± 20 cm lg.), am Grd. unterbrochen; Blätt. trocken einge-

rollt; Hüllspelzen 6–8 mm lg., kaum gekielt, abgestutzt, mit breitem Hautsaum; Ähre starr, am Grd. oft unterbrochen; ♃; V–VII (2 ssp.)
Graugrüne Qu., **A. intermédium** Host) P. B.

a. Blattscheiden kahl; Ährchen 1,5–2 cm lg.; Deckspelzen kahl, 10 mm lg. Trockenrasen, Triften; *s* Th, S-SaAn, Ba (Passau) (Bodensee-Oberrhein, E u. Pf?). (= ssp. *glaucum* A. & Gr.)
ssp. **intermédium**

– Blattscheiden rauhhaarig, bes. die unteren (zur Blütezeit aber bereits absterbend); Ährchen nur bis 1,2 cm lg.; Deckspelzen behaart, 8–9 mm lg.; Stg. zuw. etwas knollig verdickt. Ob im Gebiet? (bei Passau?, im Oberrheingebiet? – vgl. vorige ssp.)
ssp. **trichóphorum** (Lk.) Volkart

20. Secále L., *Roggen.* Blätt. blau bereift; Ligula weiß, 2 mm lg., *(1223a–b);* Ähre 4-kantig, überhängend; Deckspelzen 4–8 cm lg. begrannt; ⊙; V–VI. Kulturpfl. (bis 1200 m), zuw. verwild. (Heimat: SW-Asien).
S. cereále L.

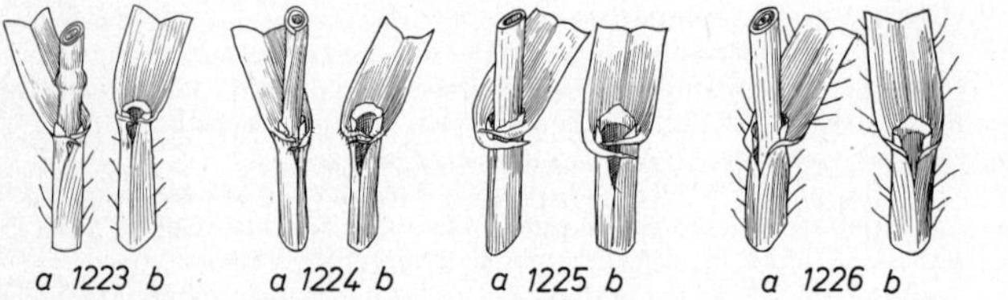

Roggen Weizen Gerste Hafer

21. Triticum L., *Weizen*

Blattspreite am Grd. geöhrt u. deutl. bewimpert *(1224a);* Ligula kurz, quer abgestutzt *(1224b).* Kulturpflanzen.

1. Fr. bei der Reife lose von den Spelzen umhüllt, ausfallend; Ährenachse nicht brüchig (= Nacktweizen) ***4***

— Fr. bei der Reife von den Spelzen fest umschlossen; Ährenachse z. T. brüchig (= Spelzweizen) ***2***

2. Ähre 4-kantig, locker; Deckspelzen kurz od. unbegrannt; Ährchen 2–5 bltg., mit dem über ihm stehenden Achsenstück abfallend; ⊙; VI. BW, Vb, Be (Heimat: Iran; hexaploid).
Dinkel, Spelz, **T. spélta** L.

— Ähre abgeflacht, dicht-dachig; Hüllspelzen grün-weiß gestreift; Grannen bis 10 cm lg.; Halm voll od. starkwandig; Ährchen mit dem unter ihm stehenden Achsenstück abfallend ***3***

3. Hüllspelzen scharf gekielt, an der Spitze mit 1 scharfen Zahn; Ährenachse an den Ansatzstellen der Ährchen mit Haarbüscheln; Ährchen mit 2(–3) fertilen Bltn., daher meist 2-grannig; Vorspelze auch zur Reifezeit ungeteilt; Halmknoten kahl; ⊙; VI–VII. Nur im SW (Heimat: SW-Asien; tetraploid)
Emmer, **T. dicóccon** Schr.

— Hüllspelzen an der Spitze 2-zähnig, bis zum Grd. scharf gekielt; Ährenachse schwach behaart; Ährchen nur mit 1 fertilen Blüte; Vorspelze zur Reifezeit tief 2-spaltig; Halmknoten rückwärts behaart; ⊙; VI–VII. Selten angebaut (Heimat: Balkan, SW-Asien; diploid)
Einkorn, **T. monocóccum** L.

4(1). Deckspelzen bis 20 mm lg. (u. länger), zur Reifezeit papierart.; Achse an der Ansatzstelle des Ährchens mit Haarbüscheln; Hüllspelzen scharf gekielt; ⊙; VII. *s* Be (Heimat: Spanien; tetraploid)
Polnischer W., **T. polónicum** L.

— Deckspelzen höchstens 12 mm lg. ***5***

5. Hüllspelzen scharf bis flügelart. gekielt; Achse an der Ansatzstelle der Ährchen mit Haarbüschel; Halm dickwandig (bis markig) ***7***

— Hüllspelzen nur oberw. gekielt, im unteren Teil abgerundet; Achse an der Ansatzstelle der Ährchen ohne Haarbüschel; Halm dünnwandig, hohl ***6***

6. Ähre dicht, höchstens 3 mal so lg. wie breit; obere Achsenabstände zwischen den Ährchen 1–3 mm; Deckspelzen unbegrannt od. mit Grannen bis 9 cm lg.; ⊙; VII. *s* in Au kultiviert. (Kulturart; hexaploid)
Zwerg-W., Buckel-W., **T. compáctum** Host

— Ähre lockerer, mehr als 3 mal so lg. wie breit; obere Achsenabstände zwischen den Ährchen 4–8 mm; Deckspelzen unbegrannt od. mit Grannen bis 15 cm lg.; ⊙; VI–VII. In zahlreichen Sorten *v.* kultiviert. (Kulturart; hexaploid)
Saat-W., **T. aestívum** L.

7(5). Hüllspelzen fast so lg. wie die untere Blüte; fast flügelig-gekielt, außerdem noch mit schwach gezähntem Nebenkiel; Ähre schlank, seitl. zusammengedrückt; Blätt. fast kahl; Fr. längl.-spitz; ⊙; VI–VII. Nur noch *s* angebaut. (Kulturart; tetraploid)
Hart-W., Glas-W., **T. dúrum** Desf.

— Hüllspelzen nur 2/3 so lg. wie die untere Blüte, scharf, aber nicht flügelig gekielt; ohne Nebenkiel; Ähre kräftig, im Querschnitt (fast) quadratisch; Blätt. weichhaarig; Fr. dick-bauchig; ⊙; VI–VII. Nur im SW *s* angebaut. (Kulturart; tetraploid)
Makkaroni-W., Englischer W., **T. túrgidum** L.

22. Hórdeum L., *Gerste*

1. Deckspelzen lanzettl.; Grannen 1–3, selten bis 8 cm lg.; Hüllspelzen länger als die lanzettl. Deckspelzen (ohne Granne); Ährenachse (reif!) zerbrechl.; Wildarten ***3***

— Deckspelzen (wenigstens die des mittleren Ährchens) breit-elliptisch; Grannen bis 15 cm lg.; Hüllspelzen höchstens so lg. wie die elliptischen Deckspelzen (ohne Granne); Ährenachse nicht zerbrechl.; Blattöhrchen lg.-sichelf., kahl *(1225a–b);* Kulturarten ***2***

2. Ähre 2-zeilig, mit 2 Reihen von Grannen; Seitenährchen kurz gestielt, ♂, verkümmert u. unbegrannt; ⊙; VII. Häufig als Braugerste angebaut (3 ssp.) (Heimat: SW-Asien, NO-Afrika; diploid).
Brau-G., Zweizeilige G., **H. dístichon** L.

— Ähre mehrzeilig [4-zeilig = ssp. **vulgáre** L. [= ssp. *polystichon* (Hall.) Sch. & K.] od. 6-zeilig = ssp. **hexástichon** (L.) Čel.], mit mehreren Grannenreihen, die Seitenährchen sitzend, fruchtbar u. begrannt; ⊙; VI; *v* angebaut (Kulturart; diploid). *Mehrzeilige G.,* **H. vulgáre** L.

3(1). Hüllspelzen sehr lg. begrannt, bis 8 cm lg. u. länger als die ebenfalls lg. begrannten Deckspelzen; Seitenährchen ohne Stgblätt. u. Frkn.; Ähren überhängend-nickend; ⊙; VI–VII. Selten eingeschleppt od. aus Gärten (Ziergras) verwild., bes. in NrWe, Ho, Be, Da (Heimat: N-Am, O-As.) *Mähnen-G.,* **H. jubátum** L.

— Hüllspelzen höchstens 2,5 cm lg., begrannt; Seitenährchen mit ♂ Bltn. ***4***

4. Hüllspelzen der Mittelährchen an beiden Seiten borstl. bewimpert; Blattscheiden kahl, oberste aufgeblasen, zuw. den Grd. der Ähre umfassend; Pfl. 15–40 cm hoch; ⊙; VI–XI. Schuttplätze, Wegränder; *g* u. *h.* (2 ssp.)
Mäuse-G., **H. murínum** L.

a. Mittleres Ährchen der Dreiergruppe sitzend od. nur bis 0,5 mm lg. gestielt; seitl. Ährchen höchstens so lg. wie das mittlere. *v* u. *g.* ssp. **murínum**

– Mittleres Ährchen 1–2 mm lg. gestielt; seitl. Ährchen länger als das mittlere. Offenbar nur im S u. W (genaue Verbreitung unbekannt). ssp. **leporínum** (Lk.) Arc.

— Hüllspelzen der Mittelährchen nicht borstig bewimpert ***5***

5. Oberstes Stgglied weit aus der obersten, enganliegenden Scheide hervorragend; alle Hüllspelzen auf eine 12–15 mm lange Borste reduziert *(1218);* Pfl. 30–70 cm hoch; ♃; V–VIII. Sandige, feuchte Wiesen (salzliebend); Meeresküsten *v* bis *z,* im Binnenland *s* (bes. im SW u. N-Ba), *f* im O. (= *H. nodosum* auct.) *Roggen-G.,* **H. secalínum** Schreb

— Stg. oft bis zur Ähre beblättert; innere (der Ährenachse zugewandte) Hüllspelze der seitl. Ährchen schmal-lanzettl.; obere Blattscheide etwas aufgeblasen, die unteren (meist) weichhaarig; Pfl. 10–40 cm hoch; ⊙; V–VIII. Marschwiesen, Deiche; *z* Nordseeküste u. Inseln (in Da nur bei Ribe), sehr *s* verschleppt im Binnenland. (2 ssp.). *Strand-G.,* **H. marínum** Huds. (s. l.)

a. Innere Hüllspelze der Seitenährchen leicht geflügelt an ihrer Basis, ebenso lg. wie die nur grannige äußere Hüllspelze. Nur Nordseeküste (= *H. maritimum* Stokes) ssp. **marínum**

– Beide Hüllspelzen gleich lg. u. rein grannig, auch an ihrer Basis nicht flächig verbreitert. *s* im Binnenland (W.) (= *H. hystrix* Roth) ssp. **gussoneánum** (Parl.) Thell.

Weitere **Hordeum**-Arten adventiv, bes. in W-Dt u. Ho.

23. Léymus Hochst., *Strandroggen.* Pfl. bläul. bereift, mit lg. Ausläufern; Spelzen nicht begrannt; Ährchen meist 3-bltg.; Blattspreite steif, stechend, bei Trockenheit zusammengerollt; ♃; V–VII; *v* Dünen der Meeresküsten (angepfl. zur Dünenbefestigung), im Binnenland zuw. verwildert u. eingebürgert. (= *Elymus arenarius* L.) **L. arenárius** (L.) Hochst.

24. Hordélymus (Jessen) Harz, *Waldgerste.* Pfl. grasgrün, ohne Ausläufer; Deckspelzen bis 2,5 cm lg. begrannt; Ährchen 1–2-bltg.; Blattspreite flach,

ihre Scheiden zottig behaart; ♃; VI–VIII. Laub- u. Mischwälder (bis 1500 m); *z, s* im NO ab Br, *f* NW-Dt u. Ho. (= *Elymus europaeus* L.)
H. europáeus (L.) Harz

25. Phragmítes Adans., *Schilfrohr.* Stg. steif aufrecht, bis 10 m hoch, am Grd. dicke, bis 10 m lange Ausläufer treibend (an trockeneren Standorten oberirdische „Legehalme", deren Neutriebe niedrig); an Stelle der Ligula ein weißl. Haarkranz; ♃; VII–IX. Ufer von Flüssen u. Seen; *g.* (= *Ph. communis* Trin.)
Ph. australis (Cav.) Trin. ex Steud.

a. Stg. bis 4 m hoch u. bis 1 cm im Dm; Rispe bis 40 cm lg., zur Blütezt. ausgebreitet; Ährchen meist 3–5 bltg. (bei den niedrigen Trieben der „Legehalme" meist 1-bltg.); *g.* ssp. **commúnis**

b. Stg. bis 10 m hoch u. bis 2 cm im Dm; Rispe bis 50 cm lg., zur Blütezt. ausgebreitet; Ährchen bis 6-bltg. Nur Luckau (Br.) ssp. **pseudodónax** (Rabenh.) A. & Gr.

c. Stg. bis 1,2 m hoch u. bis 1 cm im Dm; Rispe bis 20 cm lg., auch zur Blütezt. straff zusammengezogen; Ährchen 7- bis 8-bltg. Nur bei Breslau (Schl) (sonst übersehen?).
ssp. **húmilis** (De Not.) A. & Gr.

26. Eragróstis P. B., *Liebesgras*

1. Untere Rispenäste einzeln (od. zu 2); Blätt. am Rand mit einer Reihe 0,1 mm großer Drüsen; Deckspelzen stumpf ***3***

— Untere Rispenäste zu 3–6 . . . . ***2***

2. Rispen bis 30 cm lg., zusammengezogen u. schlaff; überhängend; die unteren Rispenäste (meist 5–6) häufig noch in der obersten Blattscheide; Pfl. bis 70 cm hoch; ⊙; VIII–X. Straßenränder, Müllkippen u. ä. Orte (auch aus Vogelfutter); eingeschleppt (z. B. E, S-Württ., Pf., Ba), ob eingebürgert? (Heimat: Äthiopien). (= *E. abyssinica* (Jacq.) Lk.) *Äthiopisches L.,* **E. tef** (Zucc.) Trotter

— Rispen bis 15 cm lg., zuletzt sehr locker; die unteren Rispenäste (meist 3–4), zuletzt ± rechtwinklig absthd.; Blätt. am Rand ohne Drüsen; Ährchen 4–5 mm lg., 5–12-bltg.; Deckspelzen zieml. spitz; ⊙; VII–X. Straßenpflaster, Ödland, Äcker; *s* in S-Baden u. S-E; außerdem oftmals eingeschleppt u. eingebürgert. *Behaartes L.,* **E. pilósa** (L.) P. B.

3(1). Ährchen 4–8 mm lg., 8- bis 15-bltg., meist schwarzviolett; Deckspelzen stumpf; Rispe locker; Blattscheiden u. -ränder lg. behaart; ⊙; VII–XI. Äcker, Wege, Bahngelände, Schuttplätze; stellenweise eingeschleppt u. eingebürgert (Heimat: Mittelmeergebiet). (= *E. poaeoídes* P. B.)
Kleines L., **E. minor** Host

— Ährchen ca. 1 cm lg., 15- bis 20-bltg., grün, oft violett überlaufen; Deckspelze an der Spitze etwas ausgerandet, in der Ausrandung mit ganz kurzer Stachelspitze; Blattscheiden kahl; ⊙; V–VI. Sandige Äcker, Ödland; stellenweise eingeschleppt u. eingebürgert (Heimat: gemäßigte u. subtrop. Gebiete). (= *E. major* Host) *Großähriges L.,* **E. megastáchya** (Koel.) Lk.

Weitere ca. 15 **Eragrostis**-Arten *s* adventiv, doch bisher nicht eingebürgert.

27. Spartína Schreb., *Schlickgras*

1. Infl. aus 1–5 Ähren bestehend; Pfl. bis 40 cm hoch; Stg. an der Basis unbeblättert; Blätt. bis 5 mm breit; Ährchen 12–14 mm lg *(1220);* Ligulahaare 0,5 mm lg.; ♃; VII–IX. Marschen der Küsten; *v* bis *z* Ho, Be. [= *S. stricta* (Ait.) Roth] *Niederes Schl.,* **S. marítima** (Curt.) Fern.

— Infl. aus 3–6 (–12) Ähren bestehend; Pfl. bis 150 cm hoch; Stg. bis zur Basis beblättert; Blätt. 7–15 mm breit; Ährchen 14–20 mm lg. *(1219);* Ligulahaare 2 mm lg.; ♃; VII–X. Marschen u. Salzwiesen der Nordseeküste; in Dt, Ho u. Da zur Landgewinnung angepfl. u. eingebürgert (Heimat: engl.-franz. Atlantikküste, N-Am.; = *S. maritima* × *S. alterniflora* Lois.)
Hohes Schl., **S. × townséndii** Grov.

28. Cýnodon Rich., *Hundszahngras.* Pfl. mit langen, oberirdischen, dem Boden aufliegenden, wurzelnden Trieben; auf 2 kurze Stgglieder folgt jeweils 1 langes; Blätt. schwach behaart, an der Scheidenmündung jederseits mit 1 Haarbüschel; ♃; V–VI. Sandige Orte, Wegränder, Schuttplätze; *z,* im N *s* (*f* Sb); nördl. der Alpen nicht ursprüngl. (Heimat: Mittelmeergebiet).
C. dáctylon (L.) Pers.

29. Nárdus L., *Borstgras.* Pfl. dichte Horste bildend, mit dickem, unterirdischem Rhizom, dichtstehenden, einseitig fortwachsenden Bltn.- u. Blättertrieben; Blätt. borstl.; ♃; V–VII. Feuchte, moorige Wiesen, Heiden, Bergwiesen; *z,* aber oft bestandsbildend. **N. strícta** L.

30. Nardúrus Rchb., *Dünnschwingel*

1. Ährenachse 4-kantig, Ährchen 2-zeilig angeordnet; Hüllspelzen etwa gleich lg.; Pfl. 20–40 cm hoch; ⊙; V–VII. Trockene, meist sandige Stellen; *s* S-Baden, E. [= *Festuca lachenalii* (Gmel.) Spenn.; = *F. festucoides* (Bert.) Bech.; = *Vulpia unilateralis* (L.) Stace] *Kies-D.*, **N. lachenálii** (Gmel.) Godr.

— Ährenachse 3-kantig, Ährchen aber nur entlang 2 Kanten angeordnet, daher etwas einseitswendig; Hüllspelzen ungleich lg., die obere viel länger als die untere; ⊙; V–VII. Trocken-sonnige Orte, bes. in Küstennähe; *z* Be, adventiv E. [= *N. tenellus* Rchb.; = *Micropyrum tenellum* (L.) Lk.] *Strand-D.*, **N. marítimus** L.) Murb.

31. Paraphólis Hubb. (= *Pholiurus* Trin. p. p.), *Dünnschwanz.* Stg. meist liegend; Blätt. schmal, zuletzt borstl. gefaltet; Ähre dünn, schmal, zur Reifezeit zerbrechend; ⊙; V–VII. Feuchte Salz- u. Strandwiesen; *z* Nordseeküste u. -inseln, a. d. Ostsee östl. bis Rügen. [= *Lepturus incurvatus* auct.; = *Ph. incurvus* auct.] *Gekrümmter D.*, **P. strigósa** (Dum.) Hubb.

32. Aíra L., *Schmielenhafer, Nelkenhafer*

1. Ährchenstiele 2–5mal länger als die silberweißen, 1,5–2,5 mm großen Ährchen; Rispenäste dünn, geschlängelt; ⊙; V–VIII. Aus Kulturen zuw.; verwild. (Heimat: Mittelmeergebiet, Balkan). (= *A. capillaris* Host; = *A. elegans* Willd.) *Haar-Sch.*, **A. elegantissima** Schur

— Ährchenstiele der meisten Ährchen kaum so lg. wie die Ährchen *2*

2. Rispe reichbltg., locker ausgebreitet; Rispenäste verlängert, nur im oberen Teil mit Ährchen; Ährchenstiele etwas länger als die Ährchen; ⊙; V–VII. Sandböden, bes. Wälder u. Heiden (bis 1000 m); *z* (*f* Sb). (2 ssp.) *Nelkenhafer*, **A. caryophylléa** L.

a. Stg. meist einzeln, bis 20 cm hoch; Rispenäste absthd.; Ährchen ± purpurn überlaufen, 3 mm lg.; *z.* ssp. **caryophylléa**

– Stg. zahlreich, oft über 20, meist über 30 cm hoch; Rispenäste straff aufrecht; Ährchen hellgrün, nur 2,5 mm lg.; nur bei Karlsruhe (BW), Bitche (Grenze E), Be, Ho, Sylt? (SH), Da, Halberstadt (An), sonst übersehen? ssp. **multicúlmis** (Dum.) A. & Gr. ex Hegi

— Ährenrispe armbltg.; Rispenäste kurz, anlgd., wenige Ährchen tragend; Ährchenstiele kürzer als die Ährchen; ⊙; V–VI. Sandböden, Heiden; *v* im N, *s* im S, *f* N-Ba, Württ, Au. *Früher Sch.*, **A. prǽcox** L.

33. Deschámpsia P. B., *Schmiele*

1. Granne deutl. gedreht u. gekniet, am Grd. bräunl., das Ährchen ± überragend *4*

— Granne schwach gedreht, undeutl. gekniet, weißl., oft sehr kurz (Lupe!) *2*

2. Blätt. borstl., starr, in eine Spitze auslaufend; Rispe sehr locker; Granne der Mitte der Deckspelze entspringend, etwa so lg. wie die die Blüte meist überragenden Hüllspelzen; Ligula bis 8 mm hoch, spitz; Pfl. dichte, *Nardus*-ähnl., graugrüne Horste bildend, 30–60 cm hoch; ♃; VI–VII. Feuchte Wiesen; *s* Rheintal (Karlsruhe bis Mannheim). *Binsen-Sch.*, **D. média** (Gouan) R. & Sch.

— Blätt. flach, obersts. rauh u. mit deutl. Nerven; Pfl. bis 1,3 m hoch . *3*

3. Pfl. dicht horstf.; Blätt. wellblechart. gerillt u. sehr rauh; Ligula 6–8 mm lg., oft zerschlitzt; Granne meist in den Hüllspelzen versteckt od. sie kaum überragend; ♃; VII–IX. Feuchte, quellige Orte, Flachmoore, Wiesen (bis 2500 m); formenreich. (2 Kleinarten). *Rasen-Sch.*, **D. caespitósa** (L.) P. B. (s. l.)

a. Ligula 6–8 mm lg.; Blätt. flach, lg.; Rispe locker, ausgebreitet, bis 20 cm lg.; Ährchen 4–5 mm lg. *v.* **D. caespitósa** (L.) P. B. (s. str.)

– Ligula ± 4 mm lg.; Blätt. oft eingerollt, kurz; Rispe dicht, bis 15 cm lg.; Ährchen ± 7 mm lg., an Stelle der Bltn. meist Jungpflänzchen; (vgl. *1216*). Kiesige, überflutete Ufer; *z* Bodensee, bis Schaffhausen. (= *D. rhenana* Gremli; = *D. caespitosa* ssp. *litoralis* (Gaud) Sch. & K.) *Ufer-Sch.*, **D. litorális** (Gaud.) Reut.

— Pfl. lockerrasig, mit kurzen Ausläufern; Blätt. obersts. etwas rauh; Ligula 4–6 mm lg.; Rispe locker, bis 40 mm lg.; Granne die Hüllspelzen um etwa 1 mm überragend; ♃; V. Schlammige Ufer; selten im Unterlauf der Elbe (u. Nebenflüsse), Weser u. Eider. [= *D. caespitosa* ssp. *paludosa* (SCHÜBLER & MARTENS) CLARKE] *Sumpf-Sch.*, **D. wibeliána** (SOND.) PARL.

4(1). Blätt. stielrund, fadenf.; Ligula 2 mm lg.; Rispenäste absthd., geschlängelt, meist purpurn; Ährchen bräunl. purpurn; zwischen den beiden Bltn. des Ährchens kein Stielabschnitt; ♃; VI–VIII. Trockene Nadelwälder, Heidewiesen (bis 2500 m); *g.* [= *Avenella flexuosa* (L.) PARL.] *Geschlängelte Sch.*, **D. flexuósa** (L.) TRIN.

— Blätt. flach od. gefaltet; Ligula bis 8 mm lg.; Ährchen grün.violett; Stielabschnitt zwischen den beiden Bltn. des Ährchens halb so lg. wie die obere Blüte; ♃; VII–VIII. Heidemoore; *s* im N (östl. bis Rügen) u. NW, Lausitz, Rheinl., Oberpfalz. *Borsten-Sch.*, **D. setácea** HUDS.) HACK.

34. Hólcus L. em. Sw., *Honiggras*

1. Blattscheiden u. Knoten dicht weichhaarig; Granne der oberen ♂ Blüte zwischen den Spelzen versteckt, zuletzt nach innen gekrümmt *(1200);* Pfl. graugrüne Horste bildend, 30–100 cm hoch; ♃; VI–VIII. Wiesen (bis 1200 m); kalkmeidend; *g* u. *h.* *Wolliges H.*, **H. lanátus** L.

— Halm nur an den Knoten behaart; Blattscheiden spärl. behaart od. kahl; Granne der oberen, ♂ Blüte aus den Spelzen um etwa 1/3 hervorragend; Pfl. mit Ausläufern, 30–70 cm hoch; ♃; VI–VII. Wälder u. Waldränder (bis 1500 m); kalkmeidend; *z.* *Weiches H.*, **H. móllis** L.

35. Arrhenátherum P. B., *Glatthafer.* Rispe zur Blütezt. ausgebreitet; Ährchen weißl.-grün; untere Blüte ♂, begrannt, obere ⚥, unbegrannt; Granne gedreht, gekniet; Pfl. 50–180 cm hoch; ♃; VI–VII. Wiesen, Hügel, lichte Wälder (bis 1600 m); *v* u. *h,* wichtigste Wiesenpfl., oft kult. (2 ssp.) **A. elátius** (L.) J. & C. PRESL

a. Grundinternodien nicht verdickt; Stgknoten kahl. ssp. **elátius**

– Grundinternodien knollig (zuw. kettenart.) verdickt; Stgknoten meist behaart. Trockenwiesen, Wegränder; *z*? ssp. **bulbósum** (WILLD.) SCHÜBLER & MARTENS

36. Gaudínia P. B., *Ährenhafer.* Scheiden der unteren Blätt. dicht langhaarig; Ligula fast fehlend; Ährchen in brüchiger Ähre; Hüllspelzen ungleich lg., untere 3–4 mm u. undeutl. 2–4-nervig, obere 9–12 mm mit 6–8-wulstigen Nerven; Deckspelzen mit etwa 7 mm lg. gedreht-geknieter Granne; ⊙; V–VI. Ödland, Wegränder; *s* eingeschleppt (Heimat: Mittelmeergebiet). **G. frágilis** (L.) P. B.

37. Trisétum PERS., *Goldhafer*

1. Ährenrispe dicht, fast kopfig, im Umriß längl., bis 3(–4) cm lg., meist dunkel, zuw. einfarbig goldgelb; Ährchen 2-bltg., violett, grün od. gelbbraun gescheckt; Granne 3 mm lg.; Halme oberw. behaart, 10–25 cm hoch; ♃; VII–IX. Humöse Wiesen, steinige Matten, Felsen (2200–3500 m); *z* Alp. (in Dt. nur Linkerskopf, Rauheck, Kreuzeck). *Ähren-G.*, **T. spicátum** (L.) RICHT. ssp. **ovatipaniculátum** HULT. ex JONSELL

— Rispe locker ausgebreitet; Halm oberw. kahl; Granne 4–7 mm lg. *2*

2. Pfl. mit oberirdischen Ausläufern, 10–20 cm hoch; Rispe bis 6 cm lg., etwas zusammengezogen; Blätt. der nichtblühenden Triebe deutl. 2-zeilig, mit kurzer, fast waagerecht abstehender Spreite; beide Hüllspelzen 3-nervig (die untere wenigstens am Grd. 3-nervig); Deckspelzen violett, etwa doppelt so lg. wie die Haare an ihrem Grd.; ♃; VII–VIII. Schutthalden, Felsspalten (1000–3000 m); kalkliebend; *z* Alp. *Zweizeiliger G.*, **T. distichophýllum** (VILL.) P. B.

— Pfl. ohne oberirdische Ausläufer; untere Hüllspelze 1-, obere 3-nervig; Ährchenachse nur kurz behaart *3*

3. Stgknoten von den Blattscheiden nicht bedeckt; oberste Blätt. die bis 20 cm lange Rispe erreichend; längste Rispenäste mit bis 12 Ährchen (Gebirgsformen oft weniger); Rispenäste rauh; obere Hüllspelze umgekehrt-eif. (oberhalb der Mitte am breitesten); Frkn. behaart; Ährchen meist goldgelb (bis grünl.); Pfl. bis 60(–80) cm hoch; ♃; V–VI. Wiesen (bis 2400 m); *v* im Geb., sonst *z*. (= *T. pratense* PERS.) *Wiesen-G.*, **T. flavéscens** (L.) P. B.

— Stgknoten von den Blattscheiden bedeckt; oberste Blätt. die bis 6 cm lange Rispe nicht erreichend; längste Rispenäste mit meist 3- (selten bis 6-) Ähren; obere Hüllspelze oval (in der Mitte am breitesten); Frkn. kahl; Ährchen ± violett überlaufen; Pfl. bis 30 cm hoch; ♃; V–VII. Steinige Matten u. Hänge, bes. der Krummholz-Reg. (1000?–2000 m); kalkliebend; *z* Ti (Sb?, Hohneck/Vog.?, Dt?). [= *T. flavescens* ssp. *alpestre* (HOST) A. & GR.] *Alpen-G.*, **T. alpéstre** (HOST) P. B.

38. Ventenáta KOEL., *Grannenhafer.* Ligula bis 1 cm lg., da am Rand herablaufend; Blätt. oberst. rauh; Rispe bis 20 cm lg.; Ährchen 2- bis 3-bltg., grünl.; ⊙–⊙; VI–VII. Sonnige, trockene Stellen, lichte Wälder; *z* Pf, He, Fr, Harz, Th (ob noch in Be?). (= *V. avenacea* KOEL.) **V. dúbia** (LEERS) COSS.

39. Danthónia LAM. & DC., *Traubenhafer.* Pfl. horstbildend; Blattspreiten bis 2,5 mm breit; Bltnstand eine meist einfache Traube; Ährchen aufrecht; Ligula als Haarkranz; ♃; V–VI. Heidewiesen, Trockenrasen; nur (?) bei München. [= *D. calycina* (VILL.) RCHB., = *D. provincialis* DC. (in LAM. & DC.] **D. alpína** VEST

40. Sieglíngia BERNH., *Dreizahn.* Deckspelze an der Spitze 3-zähnig; *(1222)*; Pfl. horstbildend, 15–40 cm hoch; Stg. anfangs niederlgd., später aufstgd.; Blattscheiden gewimpert; Infl. mit nur 4–12 Ährchen; ♃; VI–VII. Trockene Magermatten, Kiefernwälder, Heidemoore (bis 2250 m); *z*. [= *Danthonia decumbens* (L.) LAM. & DC.] **S. decúmbens** (L.) BERNH.

41. Avéna L. [incl. **Helictotríchon** BESS., *Wiesenhafer,* **Avénula** (DUM.) DUM. u. **Avenochloa** HOLUB], *Hafer, Wildhafer*

1. Hüllspelzen 1- bis 5-nervig; Ährchen aufrecht; Ligula 4–6 mm lg.; Pfl. ♃ (= *Helictotrichon* BESS.) ***5***

— Hüllspelzen 7- bis 11-nervig; Ährchen bis 2,5 cm lg., meist hängend; Pfl. ⊙ (= *Avena* L. s. str.) ***2***

2. Deckspelzen in der unteren Hälfte dicht lg.weiß- od. braunhaarig; Bltn. von der Ährchenachse abgegliedert, Fr. sich deshalb leicht aus den Hüllspelzen u. voneinander lösend; Ährchen 3-bltg.; Rispe allseitswendig; ⊙; VI–VIII. Ackerunkraut (bis 1300 m); *z* (*f* Vb). *Wind-H.*, **A. fátua** L.

— Deckspelzen ganz oder fast kahl; Ährchenachse nicht gegliedert; Fr. sich erst später voneinander lösend u. ausfallend; Ährchen meist 2-bltg.; kultivierte Arten ***3***

3. Deckspelzen grannig 2-spitzig (diese Spitzen 1–9 mm lg.), eigentl. (Mittel-) Granne 20–35 mm lg. *(1221)*; Ährchen 2- bis 3-bltg.; Deckspelzen 13–16 mm lg., kahl od. kurz behaart, 7- bis 9-nervig; ⊙; VII. *s* kultiviert, auch in anderen Getreidefeldern; Kulturart (diploid). *Sand-H.*, **A. strigósa** SCHREB.

— Deckspelzen 2-spitzig od. 2-zähnig (daneben die eigentl. (Mittel-)Granne) ***4***

4. Deckspelzen 6–9 mm lg., kahl mit wenigen steifen Härchen, ihre Zähnchen 0,2–1 mm lg., ihre Granne 10–25 mm lg.; Ährchen 10–12 mm lg., 1–2-bltg.; Hüllspelzen 5–7-nervig; VI–VIII. *s* angebaut; vermutl. Kulturart (diploid). *Kurzgranniger H.*, **A. brévis** ROTH

— Deckspelzen 12–25 mm lg., an der Spitze nur ausgerandet oder ganz kurz 2-zähnig, kahl, die untere Blüte eines Ährchens begrannt (Granne 15–40 mm lg.), die obere(n) unbegrannt; Ährchen 2–3-bltg., 30 mm lg.; Hüllspelzen 7–9-nervig; Ligula kurz, mit 3-eckig-zugespitzten Zähnchen *(1226b)*, Spreitengrd. ohne Öhrchen *(1226a)*; ⊙; VI–VII. *v* angebaut u. häufig verwildert; Kulturart (hexaploid). Zahlreiche Sorten. (incl. *A. orientalis* SCHREB.) *Saat-H.*, **A. satíva** L.

5(1). Grannen im unteren, gedrehten Teil nicht zusammengedrückt; Ährchen 2- bis 4-bltg.; untere Hüllspelze 1-, obere 3-nervig; Ligula 3–6 mm lg. *9*

— Grannen im unteren, gedrehten Teil stark zusammengedrückt (im durchfallenden Licht abwechselnd dick und dünn erscheinend); Ährchen meist 4- bis 6-bltg. *6*

6. Blätt. nebst Blattscheiden glatt, meist flach, mit durchscheinendem, weißem Rand; Ährchen meist 5-bltg.; Deckspelzen violett u. braungelb gescheckt; Pfl. 15–30 cm hoch; ♃; VII–VIII. Kurzgrasige Alpenwiesen, Moore (1800–3000 m); *v* Ur-Alp., sonst *s.* [= *H. versicolor* (Vill.) Pilg.
Bunter W., **A. versícolor** Vill.

— Blätt. obersts. gleich den Scheiden stark rauh (Scheiden zuw. etwas weniger rauh) *7*

7. Granne der Deckspelzen deutl. oberhalb d. Mitte abgehend; Ährchen meist 6- bis 7-bltg.; Stg. glatt, nur die Rispenachse rauh; Hüllspelzen 0–1-nervig; Deckspelzen an der Spitze braun trockenhäutig; Pfl. 20–40 cm hoch; ♃; VI–VIII. Steinige Matten, Felsen, Geröll (bis 2400 m); *s* Ti, Sb. [= *A. alpina* auct., non Sm.; = *Avenula praeusta* (Rchb.) Holub]
Alpen-W., **A. praeústa** Rchb.

— Granne der Deckspelzen von der Mitte der Deckspelzen abgehend; Stg., wenigstens teilweise, rauh; Hüllspelzen 3nervig; Ährchen 3- bis 6-bltg.; Pfl. bis 100 cm hoch *8*

8. Blattspr. nur bis 3 mm breit; Deckspelzen breit weißhautrandig; Ährchenachse unterhalb jeder Deckspelze kurz büschelig weißhaarig; Blattscheiden rund, den Stg. umgebend; ♃; V–VIII. Sonnige Hänge, trockene Wiesen u. Wälder; *z.* [*H. pratense* (L.) Pilg.; *Avenula pratensis* (L.) Dumort.]
Echter W., **A. praténsis** L.

— Blattspr. bis 14 mm breit; Deckspelzen grün, an der Spitze fein gesägtgezähnelt; Ährchenachse unterhalb der Deckspelzen nur gering, nicht büschelig und nicht auffällig weiß, behaart; Blattscheiden flach zusammengedrückt; ♃; VII–IX. Quellige, waldige u. wiesige Orte; *s* Gesenke. [= *Avenula planiculmis* (Schrad.) W. Sauer & Chmel.; = *H. planiculme* (Schrad.) Bess.] *Platthalmiger W.,* **A. planicúlmis** Schrad.

9(5). Grdst. Blätt. borstl. zusammengefaltet, starr, obersts. stark rauh; Scheiden kahl od. kurzhaarig, die der unteren Blätt. oft hellpurpurviolett; untere Rispenäste zu 1–3; die längere (obere) Hüllspelze 9–11 mm lg.; Ährchen meist bräunl.; Pfl. bis 80 cm hoch; ♃; VI–VIII. Felsige, steinige Hänge (1300 bis 2400 m); kalkstet; *z* Sb, Ti, *s* in Dt, *f* Vb. [= *H. parlatorei* (Woods) Pilg.]
Parlatores W., **A. parlatórei** Woods

— Blätt. alle flach,nicht starr, fast kahl; untere Blattscheiden kurz-zottig behaart; untere Rispenäste zu 3–5; die längere (obere) Hüllspelze 12–17 mm lg.; Ährchen grünl.-violett u. bronzefarben od. silberweiß gescheckt; Pfl. 30 bis 120 cm hoch; ♃; V–VII. Trockene Wiesen, lichte Wälder (bis 2400 m); *z.* [= *H. pubescens* (Huds.) Pilg.] *Flaumiger W.,* **A. pubéscens** Huds.

42. Corynéphorus P. B., *Silbergras.* Pfl. horstf., graugrün, 15–50 cm hoch; Blattscheiden zuw. purpurn; Blätt. borstl., steif; Rispe silbergrau, vor u. nach der Blüte zusammengezogen; Granne vor der Spelzenbasis, an der Spitze keulig verdickt *(1202);* ♃; VI–VIII. Sandböden, Heiden, Kiefernwälder; *v* im N, *s* im S, *f* Au. [= *Weingaertneria canescens* (L.) Bernh.]
C. canéscens (L.) P. B.

43. Koeléria Pers. (incl. **Lophochloa** Rchb.), *Schillergras*

1. Pfl. ⨀, 10–40 cm hoch; Deckspelze kurz 2-spitzig, mit bis 2 mm lg. Granne; Blätt. breitlinealisch; Scheiden lockeranliegend behaart; Ährenrispe dicht zylindrisch, bis über 1 cm breit; IV–V. Schutt, Wegränder; selten eingeschleppt (Heimat: Mittelmeergebiet). [= *K. phleoides* (Vill.) Pers.; = *L. cristata* (L.) Hyl.] *Einjähriges Sch.,* **K. gerárdi** (Vill.) Shinners

— Pfl. ♃; Deckspelze nicht 2-spitzig, nur selten mit kurzer Granne . . *2*

2. Deckspelze an der Spitze mit 1,5–2 mm lg. Granne; Hüll- u. Deckspelze behaart; Halm ganz od. wenigstens oberw. kurz zottig behaart, an der Basis durch alte, nicht zerfasernde Blattscheiden verdickt; Blätt. blaugrün, kahl, zusammengerollt; Ährenrispe meist violett überlaufen, an der Basis meist unterbrochen; VI–VIII. Trockene Alpenwiesen, steinige Matten. Felsen, Geröll (1700–3000 m); *z* Ti. *Behaartes Sch.,* **K. hirsúta** (Dc.) Gaud.

— Deckspelzen höchstens zugespitzt, nicht begrannt ***3***

3. Blätt. die Stgbasis zwiebelartig verdickend, ihre abgestorbenen Scheiden in miteinander verflochtete u. geschlängelte Fasern aufgelöst; Blätt. starr, meist zusammengerollt, seegrün; Deckspelzen spitz; ♃; V–VI. Trockenrasen, sonnige Hügel; nur bei Nackenheim (Pf) u. Rouffach (E). *Walliser Sch.,* **K. vallesiána** (Honck.) Gaud.

— Alte Blätt. die Stgbasis nicht od. wenig verdickend, ihre abgestorbenen Scheiden nicht od. nur in gerade Fasern sich auflösend ***4***

4. Hüll- u. Deckspelzen stumpf; Pfl. blaugrün; Stgbasis durch vertrocknete Blattscheiden etwas verdickt; ♃; V–VII. Sanddünen, sandige Wälder u. Heiden; *z* im O, *s* im M-Gebiet, im W nur N-Oberrhein, *f* S-Ba, Au. *Blaugrünes Sch.,* **K. gláuca** (Schk.) Dc.

— Hüll- u. Deckspelzen zugespitzt ***5***

5. Wuchs locker-rasenf., Grdachse kriechend; Scheiden der Grdblätt. bleichweißl. u. samtig behaart; Infl. dicht, ungelappt; Blätt. deutl. eingerollt, scharf zugespitzt; Ährchen 2- bis 3-bltg.; Stgbasis etwas zwiebelart. verdickt; Hüllspelzen fast so lg. wie das Ährchen; ♃; V–VI. Dünen der Nordseeküsten, sehr *s* noch küsteneinw.; *z* Be, Ho, Dt (östl. bis ?; bisher verwechselt!). *Fackelgras,* **K. albéscens** Dc.

— Wuchs dicht, horstf., Grdachse nicht kriechend, Stgbasis nicht verdickt ***6***

6. Ährchen meist 3-bltg., 5,5–6,5 mm lg.; Ährenrispe bis 10 cm lg. meist gelappt; Blätt. weich, grün, flach, etwa 2 mm breit, am Rand gewimpert; Halm unter der Rispe kurzhaarig; ♃; VI–VII. Steppenrasen, Waldränder (bis 2000 m); *z* [in Ti, (Ba?) *s* noch ssp. **montána** Hausm.) Dom.] *Pyramiden-Sch.,* **K. pyramidáta** (Lam.) P. B.

— Ährchen 2- bis 3-bltg., 4–5 mm lg.; Ährenrispe längl.-zylindrisch, gelappt. Blätt. schmal, meist eingerollt, graugrün, gleich den Scheiden weichhaarig; Halm unter der Rispe kahl; ♃; V–VIII. Trockene Wiesen, Heiden, Sandfluren (bis ? m); kalkliebend; *z;* formenreich [in Ti (Ba?) noch ssp. **pseudocristáta** (Dom.) Süss. in Hegi]. [= *K. cristata* aut. p. p.; = *K. graclilis* Pers.] *Zierliches Sch.,* **K. macrántha** (Led.) Schult.

44. Agróstis L., *Straußgras*

1. Deckspelzen am Grd. mit 2 seitl. Haarbüscheln; Haare 1/3 bis 1/2 so lg. wie die Deckspelze; Ährchen 2–2,5 mm lg., meist rotbraun bis violett; Vorspelze fast verkümmert; Rispe fast zusammengezogen; ♃; VII–VIII. Geröllhalden, Zwergstrauchgebüsch (1400–2500 m); kalkmeidend; *z* Alp. [= *A. schraderiana* Bech.; = *Calamagrostis tenella* (Schrad.) Lk.; = *C. humilis* (R. & Sch.) O. Schwarz) *Zartes St.,* **A. agrostiflóra** (Beck) Rauschert

— Deckspelzen am Grd. ohne od. mit sehr kurzen Haarbüscheln . . . ***2***

2. Blätt. (wenigstens die grdst.) borstl. gefaltet; Vorspelze fehlend od. sehr klein *(A. alpina);* Ligula längl. ***6***

— Blätt. flach, 2–4 mm breit (wenn borstl., dann graugrüne Strandpfl. od. Ligula fast fehlend); Deck- u. Vorspelze vorhanden, letztere wenigstens 1/2 so lg. wie die erstere ***3***

3. Rispe auch zur Frzeit ausgebreitet; Ährchen meist violett; Ligula bis 2 mm lg., oft kürzer bis fast fehlend; Vorspelze 1/3–1/2 so lg. wie die Deckspelze; ♃; VI–VIII. (3 ssp.) (= *A. vulgaris* With.) *Rotes St.,* **A. ténuis** Sibth.

a. Stg. niederlgd., oft reich verzweigt, dadurch kaum blühend u. bestandsbildend. Heidemoore, sandige Orte; *z*? ssp. **répens** (Schur) O. Schwarz

– Stg. aufrecht od. knickig aufstgd. . . . . b

b. Grdachse ± kriechend; Stg. bis 100 cm hoch; Blätt. flach, 2–4 mm breit, schlaff (selten borstl. u. Pfl. bis 10 cm hoch; var. **húmilis** A. & GR.); Rispe ausgebreitet. Wiesen, Matten, Wälder (bis 2000 m); *v*. ssp. **ténuis**

– Grdachse nicht kriechend; Pfl. dicht-rasenf., nur bis 20 cm hoch; Blätt. schmaler, kürzer u. straff; Rispe gedrungener u. mit kürzeren Ästen. Matten der mont. u. alp. Reg.; *v* (?). [= *var. alpina* (SCHUR) VOLLM.] ssp. **oreóphila** O. SCHWARZ

— Rispe vor u. nach der Blütezt. zusammengezogen, meist bleich; Ligula bis 6 mm lg.; Vorspelze 1/2 bis 3/4 so lg. wie die Deckspelze *4*

4. Deckspelzen auf dem Rücken dicht, aber nur kurz behaart (gute Lupe!), nahe der Basis mit einer bis 5 mm langen Granne, das erste Seitennervenpaar bis 0,5 mm grannig aus der Spelzenfläche austretend (dies jedoch bei unbegrannten Bltn. fehlend!); Rispe zusammengezogen; Pfl. graugrün; ♃; VI–VII. Sandige Ruderalstellen; vielfach angesät; zuweilen verwildert u. eingebürgert: Oberrhein, N-Dt (Heimat: S-Europa) *Kastilien-St.*, **A. castellána** B. & REUT.

— Deckspelzen auf dem Rücken kahl, ihr erstes Seitennervenpaar nicht grannig aus der Spelzenfläche heraustretend *5*

5. Pfl. mit kurzen, derben, unterirdischen Ausläufern, ohne oberirdische, kriechende Triebe, bis 1,5 m hoch; Rispe ausgebreitet, bis 15 cm lg.; Blätt. bis 11 mm breit; ♃; VI–VIII. Wiesen, Auwälder; *v*. (= *A. alba* aut. p. p.) *Fioringras, Großes St.*, **A. gigantéa** ROTH

— Pfl. bis 50 (80) cm hoch, aufrecht od. niederlgd., mit oberirdischen, kriechenden Trieben; Rispe höchstens 12 cm lg.; Blätt. bis 6 mm breit; ♃; VI–VIII. (3 ssp.) (= *A. alba* aut. p. p.) *Weißes St.*, **A. stolonífera** L.

a. Pfl. aufrecht, bis 80 cm hoch, ohne od. mit sehr kurzen ober- u. unterirdischen Ausläufern. Wiesen, grasige Hänge (bis 2000 m?); *v*. ssp. **stolonífera**

– Pfl. kleiner, niederlgd., Stg. meist stark verzweigt u. weithin kriechend . . . . b

b. Pfl. grasgrün; Ausläufer ober- u. unterirdisch, sehr lg.; Blätt. schlaff, flach. Ufer, Teichränder, Äcker, feuchte Sandböden, auch im Geb.; *z* (wo?). ssp. **prorépens** KOCH

– Pfl. graugrün; Blätt. steif, borstl. gefaltet bis stechend. Sandig-feuchte Stellen; salzliebend; *v* Küsten, sehr *s* (?) im Binnenland (wo?). ssp. **marítima** (LAM.) G. F. W. MEYER

6(2). Rispenäste u. Ährchenstiele glatt, kahl; Rispe auch nach der Blüte ausgebreitet; Deckspelzen häutig, 2-spitzig, mit deutl. geknieter, unterhalb der Mitte abgehender Granne; Pfl. horstbildend, 5–20 cm hoch; ♃; VII–VIII. Weiden, felsige Abhänge (1500–3000 m); *v* Alp., *s* Bayrw., Riesengeb. *Felsen-St.*, **A. rupéstris** ALL.

— Rispenäste u. Ährchenstiele rauh *7*

7. Deckspelze etwas unterhalb der Mitte begrannt (zuw. ohne Granne) an der Spitze gezähnt; Rispe nach der Blüte zusammengezogen; Stgblätt. 3–6 (zuw. weniger), schlaff; untere Rispenäste zu 2–7; Pfl. über 20 cm hoch; ♃; VII–VIII. (2 Kleinarten) *Sumpf-St.*, **A. canína** L. (s. l.)

a. Sumpfpfl.; Stgblätt. flach, weich, graugrün; Rispe nach der Blüte etwas zusammengezogen; unterirdische Ausläufer fehlend; oberirdische Kriechtriebe reichl., lg., dicht beblättert. Sandige u. torfige Böden; verlandende Gewässer, Heidemoore; *z* (bis 1300 m). *Sumpf-St.*, **A. canína** L. (s. str.)

– Sandpfl.; Stgblätt. zusammengerollt, starr, grün; Rispe nach der Blüte stark zusammengezogen; unterirdische Ausläufer vorhanden, kurz; oberirdische Kriechtriebe fehlend. Sandtrockenrasen, Felsfluren; bisher nicht von *A. canina* getrennt, daher Verbreitung ungenügend bekannt: offenbar *z* im N u. NW, im S nur Oberrhein u. Fr. (= *A. coarctata* EHRH. ex HOFFM.; = *A. stricta* J. F. GMEL.) *Sand-St.*, **A. vineális** SCHREB.

— Deckspelze am Grd. begrannt, an der Spitze 2-borstig; untere Rispenäste zu 1–3; Stgblätt. 1–2, steif *8*

8. Stgblätt. flach, aber nur 1 mm breit; Rispenäste zur Blütezeit ausgebreitet, etwas geschlängelt; Infl. bis 5 cm lg.; Ährchen 3–4 mm lg.; Hüllspelzen spitz, rotbraun bis violett überlaufen; ♃; VII–IX. Magermatten, Felsentriften (1500–3000 m); *v* Alp., *s* herabgeschwemmt, Gesenke. *Alpen-St.* **A. alpína** SCOP. (s. str.)

— Stgblätt. borstenf.; Rispenäste zur Blütezeit dicht anlgd., ebenso wie der untere Teil der Rispenachse stark geschlängelt; Infl. bis 10 cm lg.; Ährchen ± 5 mm lg.; Hüllspelzen stachelspitzig, nicht farbig überlaufen; ♃; VII–IX.

Wiesen, Matten (700–1700 m); *z* Alp. (*f* Sb). [= *A. pyrenaea* TIMBAL-LAGRAVE; *A. alpina* ssp. *schleicheri* (JORD. & VERL.) A. & GR.]

Pyrenäen-St., **A. schléicheri** JORD. & VERL.

Einige weitere **Agrostis**-Arten zuw. eingeschleppt, aber nicht fest eingebürgert.

45. Ápera ADANS., *Windhalm*

1. Rispe bis 40 cm lg., ausgebreitet, lockerbltg., breit, nicht unterbrochen; Granne ± 5 mm lg.; Ligula bis 6 mm lg.; Stbbeutel bis 1,5 mm lg.; Pfl. 30–100 cm hoch; ⨀; VI–VII. Getreideunkraut, Ödland, Wegränder (bis 1500 m); *v* u. *h*. *Gemeiner W.*, **A. spíca-vénti** (L.) P. B.

— Rispe schmal, bis 10 cm lg., eng zusammengezogen, zieml. dichtbltg., unterbrochen; Granne 10–15 mm lg.; Ligula ± 2 mm lg.; Stbbeutel bis 0,5 mm lg.; Pfl. 20–30 cm hoch; ⨀; VI–VII. Sandige Äcker u. Ödland; zuw. eingeschleppt, bei Köln, Göttingen, Hamburg, Mainz, Th, Saarland, Straßburg eingebürgert. (Heimat: W-Eur.). *Unterbrochener W.*, **A. interrúpta** L.) P. B.

46. Calamagróstis ADANS., *Reitgras*

1. Deckspelzen grünl., derb, wenig kürzer als die Hüllspelzen, aber länger als die Haare an ihrem Grd.; Ährchen stets mit einem pinself. behaarten Achsenfortsatz; Deckspelzen 4- bis 5-nervig; Pfl. mit lg. Ausläufern . . *6*

— Deckspelzen durchscheinend, zarthäutig, kürzer als die Haare an ihrem Grd. *(1201)* *2*

2. Deckspelzen meist 3-nervig; Hüllspelzen lineal-pfrieml., an der Spitze von der Seite her zusammengedrückt *5*

— Deckspelzen meist 5-nervig (bei grdst. Granne 4-nervig); Hüllspelzen lanzettl., zugespitzt *3*

3. Granne rückenst., kürzer als die Hüllspelzen, die Deckspelze wenig überragend, zuw. ganz fehlend; Rispe schlaff; Stg. knickig aufsteigend, 60–150 cm hoch, am Grd. mit lg. Ausläufern; am Spreitengrd. jederstս. 1 Haarbüschel; ♃; VII–VIII. Gebüsch, Bergwälder; *v* Alpen (bis 2300 m), *z* M-Geb., im N sehr *s*. [= *C. halleriana* (GAUD.) P. B.]

Wolliges R., **C. villósa** (CHAIX) J. F. GMEL.

— Granne endst., unscheinbar, kurz *(1201)*, in der Ausrandung der Deckspelze; Pfl. 60–150 cm hoch *4*

4. Ligula 2–3 mm lg., kahl; Granne meist so lg. wie die Seitenspitzen der Deckspelze; Hüllspelzen ungleich, doppelt so lg. wie die Deckspelzen; Blattspreiten obersts. mit vereinzelten weißen Haaren; Rispe schlaff, zuw. überhängend; Ährchen ohne Achsenfortsatz; ♃; VII–VIII. Flachmoore, Ufer, Gebüsch; *z* im O u. N, sonst *s* (in Alp. nur Sb). (= *C. lanceolata* ROTH)

Lanzettliches R., **C. canéscens** (WEB.) ROTH

— Ligula (wenigstens der oberen Blätt.) 5–12 mm lg., dicht kurzhaarig; Granne länger als die Seitenspitzen der Deckspelze; Hüllspelzen ungleich, am Rücken stark rauh; Ährchen hellrötl.; Ährchen mit behaartem Achsenfortsatz; Blattspreiten obersts. kahl; Rispe groß; ♃; VI–VIII. Feuchte Gebüsche; Rhön, Hoher Meißner (He), Schw, Vog, Th, Sa.

Purpur-R., **C. purpúrea** TRIN. ssp. **phragmitoídes** (HARTM.) TSVELEV

5(2). Rispenachse steif aufrecht; Rispe knäuelig gelappt, höchstens an der Spitze u. vor dem Aufblühen nickend; Deckspelzen auf dem Rücken begrannt; Granne die Deckspelze um 1/3 überragend; Halm 60–150 cm hoch, am Grd. mit lg., unterirdischen, dünnen Ausläufern; ♃; V–VIII. Wälder, Waldwiesen, Ufer, Dünen (bis 1300 m); *v*. *Land-R.*, **C. epigéios** (L.) ROTH

— Rispenachse schlaff; Rispe überhängend, nicht gelappt; Deckspelze etwas länger als ihre stets endst. (zwischen 2 Zähnchen sthd.) Granne; Pfl. graugrün, 80–150 cm hoch; ♃; V–VI. Ufer der Gebirgsflüsse, Weidengebüsch; *z* Alp., *s* Vorland, BW, BayrW, SaAn, Ho.

Ufer-R., **C. pseudophragmítes** (HALL. f.) KOEL. em. BAUMG.

6(1). Granne gerade, die Deckspelze kaum überragend, wenig unterhalb ihrer Mitte entspringend, kürzer als die Hüllspelzen; Vorspelze 1/4–1/3 kürzer als die Deckspelze; Ährchen bräunl.; Blätt. schmal, obersts. stark rauh; Pfl. 30–100 cm hoch; ♃; VI–VII. Flach- u. Heidemoore, Seeufer; *z* im N u. NO, sonst sehr *s* (*f* Be, NS, NrWe, RhPf, E, Th, SaAn, Alp. u. Vorland). [= *C. neglecta* auct., non (EHRH.) G. M. SCH.] *Moor-R.*, **C. stricta** (TIMM) KOELER

— Granne gekniet od. gedreht, viel länger als die Deckspelzen, deren Grd. eingefügt; Vorspelzen fast so lg. wie die Deckspelzen; Pfl. 60–120 cm hoch *7*

7. Haare am Grd. der Deckspelzen reichlich, halb so lg. bis gleich lg. wie diese; Granne ± so lg. wie die Hüllspelze; Blätt. beidersts. seegrün, matt; Rispe schmal; Ährchen gelbl.-grün, violett gescheckt; ♃; VII–IX. Lichte Bergwälder, Gebüsche (bis 2000 m); *z* Alp. u. Vorland, *s* M-Geb. (nördl. bis Süntel) *Berg-R.*, **C. vária** (SCHRAD.) HOST

— Haare am Grd. der Deckspelzen spärl. entwickelt, nur 1/4 so lg, wie diese *(1227)*; Granne die Hüllspelzen um 2–4 mm überragend; Blätt. obersts. seegrün, matt, untersts. dk.grün, glzd.; Rispe schmal, nach der Blüte zusammengezogen; Ährchen bleichgelb, violett gescheckt; am Spreitengrd. jedersts. 1 Haarbüschel; ♃; VI–VII. Lichte Bergwälder, Hochstaudenfluren, Auwälder u. Erlenbrüche; *z*, *s* im NW, *f* Ho.
Rohr-R., **C. arundinácea** (L.) ROTH

47. Ammóphila HOST, *Strandhafer*

1. Ligula bis 25 mm lg.; Infl. dicht, weißl.-gelbl., bis 15 cm lg.; Pfl. 60–100 cm hoch; ♃; VI–VII. Dünen; Meeresküsten *v* u. *h*, im Binnenland zuw. kult. u. eingebürgert (Dünenbefestigung). *Gemeiner St.*, **A. arenária** (L.) LK.

— Ligula bis 15 mm lg.; Infl. gelappt, bräunl. bis violett überlaufen, bis 25 cm lg.; Ährchen bräunl. bis violett; Pfl. bis 130 cm hoch; ♃; VI–VII. (= *A. arenaria* × *Calamagrostis epigeios*; Meeresküsten; *z* zwischen den Eltern).
Baltischer St., × **Ammocalamagrostis báltica** (FLUEGGE ex SCHRAD.) FOURN.

48. Phléum L., *Lieschgras*

1. Ährenrispe beim Umbiegen lappig; Ährchen mit der Vorspelze anliegendem, bis 1 mm lg. Achsenfortsatz über die 1. Blüte hinaus *3*

— Ährenrispe auch beim Umbiegen gleichf.-zylindrisch bleibend; Ährchen ohne Achsenfortsatz über die 1. Blüte hinaus *2*

2. Oberste Blattscheide ± aufgeblasen; Ährenrispe kurz, bis 7 cm lg., dickl.; Blätt. nur am Rand rauh; Ligula 1 mm lg., gestutzt; ♃; VI–VII. (2 Kleinarten) *Alpen-L.*, **Ph. alpínum** L. (s. l.)

a. Hüllspelzengranne u. Spelzenkiel absthd. behaart; Granne 1/2 so lg. wie die Spelzenfläche; Ährenrispe 3–4 cm lg., trübviolett; Pfl. 20–50 cm hoch. Fettmatten, Lägerfluren der subalp. u. alp. Reg. (bis 2500 m); *v* Alp., *s* BayrW, Erzgeb., Riesengeb., Gesenke.
Alpen-L., **Ph. alpínum** L. (s. str.)

– Hüllspelzengranne nicht behaart, Granne fast so lg. wie die Spelzenfläche; Ährenrispe 1–3 cm lg., grün bis blaßviolett; Pfl. 10–25 cm hoch. Schneetälchen; Alp. (genaue Verbreitung nicht bekannt, da bisher nicht von *Ph. alpinum* getrennt)
Falsches Alpen-L., **Ph. commutátum** GAUD.

— Oberste Blattscheide nicht aufgeblasen; Ährenrispe schlank, bis 20 cm lg.; Blätt. beidersts. rauh; Ligula spitz, (1–)5 cm lg.; ♃; VI–VIII. (2 Kleinarten).
Wiesen-L., **Ph. praténse** L. (s. l.)

a. Stg. am Grd. zwiebelart. verdickt; Hüllspelze ohne Granne 3 mm lg., ihre Granne 1–2,5 mm lg.; Ligula behaart; Pfl. bis 100 cm hoch. Trockene Standorte: Wegränder, Weiden, Sandböden; kalkliebend; *z*? *Knotiges L.*, **Ph. nodósum** L.

– Stg. am Grd. nicht zwiebelart. verdickt; Hüllspelze ohne Granne 2 mm lg., ihre Granne 0,5–1,0 mm lg.; Ligula kahl; Pfl. bis 30 cm hoch. Fettwiesen u. -weiden (bis 1700 m); *v*.
Wiesen-L., **Ph. praténse** L. (s. str.)

3(1). Hüllspelzen auf dem Kiel lg.kammf. gewimpert, allmähl. grannig auslaufend *(1230)* *5*

— Hüllspelzen auf dem Kiel rauh, mit kurzen, borstl. Haaren, plötzl. zugespitzt, wenig länger als die Deckspelze *4*

4. Hüllspelzen breit 3-eckig, nach oben verbreitert, aufgeblasen, plötzl. in eine zahnart. Granne zusammengezogen *(1228),* ohne häutigen, durchsichtigen Rand; Ligula bis 5 mm lg., stumpfl.; Blätt. 4–10 mm breit; Ährenrispe dünn, bis 8 cm lg.; Pfl. büschelig verzweigt, 15–40 cm hoch; ⊙–⊙; V–VII. Äcker, sonnige Hügel, Schuttplätze; kalkliebend, *z* u. unbest. in M-, SW-Dt u. E, zuw. im W u. N eingeschleppt (*f* Da, Ho, Be, Au).

Rauhes L., **Ph. paniculátum** Huds.

— Hüllspelzen lanzettl., schief abgestutzt *(1229),* hautrandig; Ligula nur 1 mm hoch; Blätt. 2–4 mm breit; Ährenrispe dünn, bis 18 cm lg.; Pfl. 30–60 cm hoch, horstbildend, Halme oft purpurrot; ♃; VI–VII. Trockene, sonnige Hügel; kalkliebend; *z,* im N u. NW *s* od. nur adventiv. (= *Ph. boehmeri* Wib.)

Glanz-L., **Ph. phleoídes** (L.) Karst.

5(3). Hüllspelzen 2- bis 3-mal so lg. wie die flaumig behaarten Deckspelzen *(1230);* Ährenrispe längl.-eif., weißgrün, bis 4 cm lg.; Hüllspelze (mit 0,5 mm lg. Granne) 3–4 mm lg.; ⊙; V–VII. Dünen der Küsten *z* (östl. bis Me), Binnendünen im Rheintal (südl. bis Pf) *s.* *Sand-L.,* **Ph. arenárium** L.

— Hüllspelzen wenig länger als die Deckspelzen; Ährenrispe bis 7 cm lg. zylindrisch, weißgrün; Granne der 4–6,5 mm lg. Hüllspelze mindestens 1 mm lg.; ♃; VII–VIII. Sonnige, steinige Wiesen, Wälder (1100–2400 m); kalkstet; *v* Alp. (= *Ph. michelii* All.) *Matten-L.,* **Ph. hirsútum** Honck.

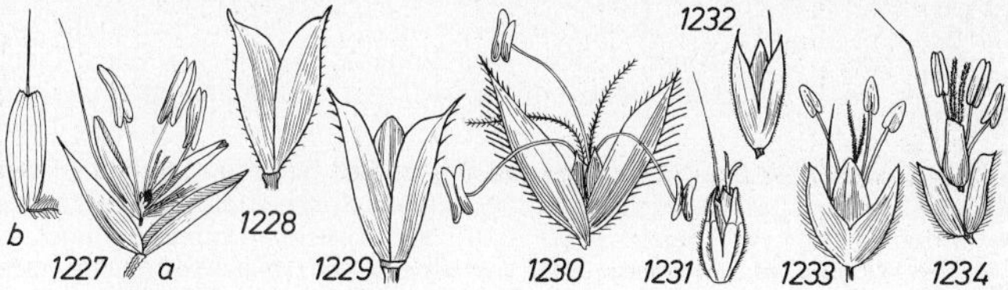

49. Alopecúrus L., *Fuchsschwanzgras*

1. Ährenrispe eif.; oberste Blattscheiden stark aufgeblasen; Hüllspelzen ledrig-knorpelig, bis zur Mitte verwachsen, über der Mitte durch einen Querwulst gegliedert u. plötzl. in eine plattgedrückte, weichere, grüne Spitze zusammengezogen *(1231),* am Grd. bewimpert; Granne gekniet, bis 15 mm lg.; ⊙; V–VI. Feuchte, salzhaltige Wiesen; sehr *s* unt. Moseltal, Rheintal südl. Mannheim, E, Be. *Aufgeblasenes F.,* **A. utriculátus** (L.) Sol.

— Ährenrispe walzl.-längl.; Hüllspelzen krautig ***2***

2. Stg. niederlgd., wurzelnd, knickig aufstgd. ***6***

— Stg. meist aufrecht ***3***

3. Hüllspelzen kahl, nur in der unteren Hälfte kurz behaart, oberw. am Kiel geflügelt *(1232);* Granne fast dem Grd. der Deckspelze eingefügt; Ährenrispe schmal, beidendig zugespitzt, bis 10 cm lg.; obere Blattscheiden etwas aufgeblasen; ⊙; IV–V. Tonige u. lehmige Äcker, Brachland (bis 1000 m); *z* im W u. S, sonst *s* od. nur eingeschleppt (*f* Da).

Acker-F., **A. myosuroídes** Huds.

— Hüllspelzen an dem nicht od. kaum geflügelten Kiel zottig gewimpert od. anlgd. behaart *(1233–1234),* Ährenrispe zylindrisch, stumpf ***4***

4. Stg. am Grd. knollig (bis 8 mm im Dm.) verdickt; Hüllspelzen nur am Grd. verbunden; Granne gekniet, dem Grd. der Deckspelze entspringend; Ährchen zu 1–2 an jedem Ästchen; V–VI. Nur salzhaltige Wiesen der Wesermündung, Ho, Be. *Knollen-F.,* **A. bulbósus** Gouan

— Stg. am Grd. nicht knollig verdickt; Ährchen zu 4–6 an jedem Ästchen ***5***

5. Grdachse wenig kriechend; Pfl. grasgrün; Ährenrispe 1 cm dick; Hüllspelzen fast bis zur Mitte verwachsen, an der Spitze aufrecht od. zusammenneigend *(1233)*, etwa so lg. wie die Deckspelzen; Granne dem Grd. der zugespitzten Deckspelze entspringend; ♃; V–VII. Wiesen; *g.* (2 ssp.?)
Wiesen-F., **A. praténsis** L.

— Grdachse weithin (bis 20 cm) kriechend; Pfl. graugrün; Ährenrispe 1,5 cm dick; Hüllspelzen oberwärts auseinanderweichend, deutl. länger als die Deckspelzen, meist schwärzl. überlaufen; Granne der Mitte der gestutzten Deckspelze od. etwas oberhalb entspringend; ♃; V–VII. Salzwiesen der Ostsee; *s* Me bis WPr, auf Bogø u. Falster (Da). (= *A. ventricosus* Pers.)
Rohr-F., **A. arundináceus** Poir.

6(2). Deckspelze unterhalb der Mitte begrannt; Granne viel länger als die Spelzen *(1234)*; Stbbeutel hellgelb, später kaffeebraun; Ährchen 3 mm lg.; Pfl. graugrün, 10–40 cm hoch; Halm schlaff, knickig aufsteigend; ⊙–♃; V–X. Ufer von Teichen, Seen, Gräben, Naßwiesen (bis 1900 m); *v.*
Knick-F., **A. geniculátus** L.

— Deckspelze in der Mitte begrannt; Granne kaum länger als die Spelzen; Stbbeutel zuerst weißlich, später ziegelrot; Ährchen 2 mm lg.; Blätt. grün od. hechtblau bereift; ⊙–♃; VI–X. Wie vorige (bis 1700 m); *z.* (= *A. fulvus* Sm.) *Gelbrotes F.*, **A. aequális** Sobolewsky

50. Mibóra Adans., *Zwerggras.* Pfl. nur am Grd. beblätt., bis 12 cm groß; Ähre 1 cm lg.; Ährchen abwechselnd 2-zeilig. ⊙; III–V. Feuchte Sandfelder, Brachäcker; *s* im Rheintal (Karlsruhe-Bingen), Maintal bis Gemünden, Württ. (bei Stuttgart u. Gerabronn), Ho, Be. **M. mínima** (L.) Desv.

51. Coleánthus Seidl, *Scheidengras.* Stg. meist niederlgd.; Scheiden der meist sichelf. zurückgebogenen u. gefalteten Blätt. aufgeblasen; Rispenachse knickig; Hüllspelzen fehlend; ⊙; VIII–X. Schlammboden, abgelassene Teiche; nur Freiberg (Sa), Wittenberg (An; hier: Altwasserrand), Westerwald (He). **C. subtílis** (Tratt.) Seidl

52. Stípa L., *Federgras* Ⓖ

1. Granne nicht behaart, durch vorw. gerichtete Zähne rauh, 10–25 cm lg.; Blätt. graugrün, borstl.; ♃; VII–VIII. Sonnige, trockene Hügel, Sandböden; kalkstet; *s* in S- u. M-Dt (*f* Sa), Po, Ti. Ⓖ *Haar-F.*, **St. capilláta** L.

— Granne mit weichen, bei Trockenheit federig absthd. Haaren, bis 50 cm lg.; ♃; V–VII. Trockenrasen, lichte Wälder, sonnig-steinige Hänge, Felsfluren; kalkstet; formenreiche Sammelart. Ⓖ *Echtes F.*, **St. pennáta** L. (s. l.)

a. Grdblätt. eng eingerollt, ausgebreitet 1–1,5 mm breit, lg. u. fadenf.-borstl. ausgezogen u. zugespitzt, ± kahl (obersts. dicht mit winzigen Härchen, untersts. ähnl., aber Härchen mehr anlgd.); Ligula fehlend bis nur 0,5 mm hoch; Scheiden ± kahl, matt, graubraun; Stg. unterhalb der Knoten etwas behaart; Deckspelzen 17–19 mm lg., ihre randl. Haarleiste 1–4 mm unterhalb der Grannenbasis endend, die übrigen Haarleisten 1/2 so lg. wie die Spelze; Granne ± 40 cm lg., mit 5–6 mm lg. Haaren. *s* Nahetal (Pf), Th, An. (= *St. tirsa* Stev. em. Čel.)
Roßschweif-F., **St. stenophylla** (Čern. ex Lindem.) Trautv.

– Grdblätt. seltener ± flach, meist deutl. eingerollt, ausgebreitet jedoch nicht fadenf., sondern bis 4 mm breit; Ligula deutl. . . . . **b**

b. Oberes Viertel (= 3–6 mm) der Deckspelzen kahl; junge Blattspitzen bis 3 mm lg. behaart; die eingerollten Blätt. ausgebreitet 1,5–2,5 mm breit; Blattscheiden ± kahl, matt graubraun; Ligula 3(–7) mm hoch, kahl od. fast kahl; Deckspelzen 16–19 mm lg.; Granne 20–28 cm lg. *z* bis *s* Oberrhein (E?), Rheinhessen/Nahetal (RhPf), Maingebiet, FrAlb, Th, An, Br, Me Ti, Sb?
Grauscheidiges F., **St. joánnis** Čel.

– Deckspelzen behaart, wenigstens (wenn ausgebreitet) die randl. Haarleisten bis zur Spitze der Spelzenfläche reichend . . . . **c**

c. Junge Blattspitze bis 2 mm lg. behaart; Blätt. ausgebreitet 1,5–2,5 mm breit; Blattscheiden ± kahl, matt graubraun, die der oberen Blätt. rauh; Ligula höher als 3 mm; Deckspelzen

21–23 mm lg.; Granne ± 25 cm lg. Nur 2 Orte in Br. [= *St. joannis* ssp. *germanica* ENDTM.; = *St. sabulosa* (PACZ.) SLJUSS. ssp. *germanica* (ENDTM.) MARTIN & RAUSCH.]

Brandenburgisches F., **St. borysthénica** KLOKOV ex PROKUDIN ssp. **germánica** (ENDTM.) MARTIN & RAUSCH.

– Junge Blattspitzen kahl . . . . **d**

d. Stgblätt. u. Blattscheiden ± kahl; Ligula bis 7 mm lg. . . . . **f**

– Stgblätt. u. Blattscheiden deutl. bis flaumig behaart; Granne 30–45 cm lg. . . . . **e**

e. Ligula 3-zipfelig, behaart; Blätt. völlig mit bis 1,2 mm langen Haaren besetzt; basale Blattscheiden zuw. purpurn überlaufen; Deckspelzen 20–23 mm lg.; Grannenhaare 5–6 mm lg. Nur bei Nebra/Unstrut (An.) *Weichhaariges F.*, **St. dasyphýlla** ČERN.

– Ligula gestutzt, unregelmäßig, deutl. behaart; obere Blätt. am Grd. ober- u. untersts. deutl., oberw. schwächer behaart (bes. entlang der Ränder) bis rauh; basale Blattscheiden glzd. hellgelb; Deckspelzen 23–26 mm lg.; Halm unterhalb der Infl. fein behaart; Grannenhaare 3–4 mm lg.. Nur FrAlb. Ⓖ ! *Bayerisches F.*, **St. bavárica** MARTIN. & SCHOLZ

f. Stgblätt. eingerollt, ausgebreitet 1,5–2 mm breit, obersts. entlang der Nerven winzig behaart, untersts. glatt; Blattscheiden oberw. locker mit Härchen; Stg. zuweilen sehr kurz behaart; Deckspelzen 14–21 mm lg.; Granne 20–28 mm lg.; Pfl. bis 40 cm hoch. *s* E, S-Baden (Istein), Donautal (SchwAlb), Höfats (Allgäu), Sb. (mehrere ssp.?). (= *St. eriocaulis* BORB.)

Zierliches F., **St. pennáta** L. em. STEV.

– Stgblätt. eingerollt, ausgebreitet ± 4 mm breit, obersts. entlang der Nerven dicht winzig behaart, untersts. rauh; Blattscheiden mit wenigen Wimperhaaren entlang der Ränder; Stg. kahl; Deckspelzen 20–23 mm lg.; Granne bis 50 cm lg.; Grannenhaare bis 7 mm lg.; Pfl. bis 100 cm hoch; *s* im Oberrheingebiet (E?, Kaiserstuhl, Pf, Rheinhessen), Maingebiet, Donautal (Württ. u. bei Regensburg), Th, SaAn, Br?

Hohes F., Gelbscheidiges F., **St. pulchérrima** C. KOCH

53. Achnátherum P. B., *Rauhgras.* Halme am Grd. mit spreitenlosen Niederblätt., diese durch die Neutriebe durchbrochen; Granne ca. 1,5 cm lg.; Rispe bis 30 cm lg., überhängend; ♃; VI–IX. Steinige Hänge, Geröll; kalkliebend; *z* Alpen (bis 1200 m), *s* Voralp. u. bei Friedingen/Donau (Württ.). [= *Stipa calamagrostis* (L.) WAHL.; = *Lasiagrostis calamagrostis* (L.) LK.]

A. calamagróstis (L.) P. B.

54. Mílium L., *Flattergras*

1. Pfl. ♃, Grdachse kriechend mit kurzen Ausläufern; Stg. u. Blattscheiden weich; Blätt. 6–15 mm breit; Infl. 15–30 cm lg.; Hüllspelzen glatt; Rispenäste absthd. bis schräg abwärts weisend; V–VII. Laubwälder, Hochstaudenfluren, Kahlschläge (bis 1900 m); *v.* *Weiches F.*, **M. effúsum** L.

— Pfl. ☉; Stg. u. Blattscheiden rauh; Blätt. 1–4 mm breit; Infl. 3–10 cm lg.; Hüllspelzen rauh; Rispenäste aufrecht bis aufrecht-absthd.; IV–VI. Dünen, Laubwälder, Gebüsche; *z* Ho, Be. (= *M. vernale* BIEB.)

Rauhes F., **M. scábrum** RICH.

55. Trágus HALL., *Klettengras.* Stg. am Grd. büschelig verzweigt, niederlgd. bis aufstgd. 10–30 cm hoch; Blätt. am Rand borstig bewimpert; Blattscheiden bauchig aufgeblasen; Ligula als Haarkranz; Ährchen in traubiger Rispe; ☉; VI–VIII. Sandige, steinige Orte, zuw. eingeschleppt, unbeständig, eingebürgert nur N-Oberrhein (Heimat: S-Eur.). **T. racemósus** (L.) ALL.

56. Hieróchloë R. BR., *Mariengras*

1. Deckspelzen der obersten ♂ Blüte mit 3 mm langer, etwas gedrehter, der Spelzenmitte ansitzender Granne *(1236);* Pfl. ohne Ausläufer; Rispe gedrungen, mit aufrechten bis aufrecht-absthd. Ästen; Ährchenstiele unterhalb der Hüllspelzen mit einem kurzen (bis 0,3 mm lg.) Haarbüschel; Stg. ohne sichtbare Knoten; oberste Blätt. ohne Spreiten; ♃; III–V. Lichte Wälder, Kalkfelsen; *z* im O (westl. bis Po, Sa, FrAlb; Br.?)

Südliches M., **H. austrális** (SCHRAD.) R. & SCH.

— Deckspelzen zugespitzt od. mit ganz kurzer, höchstens 1 mm lg. Granne *(1235);* Pfl. mit lg., unterirdischen Ausläufern; Rispe locker, ausgebreitet mit waagrecht-absthd. bis hängenden Ästen; Ährchenstiel unterhalb der Hüllspelzen ohne Haarbüschel, höchstens mit vereinzelten Härchen; Stg.

mit sichtbaren Knoten; oberste Blätt. mit deutl. Spreiten; ♃; IV–VI. (Flachmoor-)Wiesen, (sandige) Ufer, Gebüsche. (2 Kleinarten)

Wohlriechendes M., **H. odoráta** (L.) P. B. (s. l.)

a. Deckspelze der ♀ Blüte mit angedrückten Haaren, Deckspelze der ♂ Bltn. spärl. gewimpert, zugespitzt od. mit sehr kurzer u. sehr zierlicher Granne; Ligula 1,5–2,5 mm lg.; Rispe 4–10 cm lg. *z* im NO, O u. M-Dt, *s* in NW u. S-Dt, *f* in W-Dt, Be, E, He, Au. **H. odoráta** (L.) P. B. (s. str.)

– Deckspelze der ♀ Blüte mit absthd. Haaren; Deckspelze der ♀ Blüte dicht gewimpert, zugespitzt od. mit kurzer, aber dickl. Granne; Ligula 2,5–5,5 mm lg.; Rispe 8–15 cm lg. Trockenere Standorte als vorige Kleinart; Verbreitung ungenügend bekannt, da bisher nicht von *H. odorata* unterschieden. **H. hírta** (Schr.) Borb.

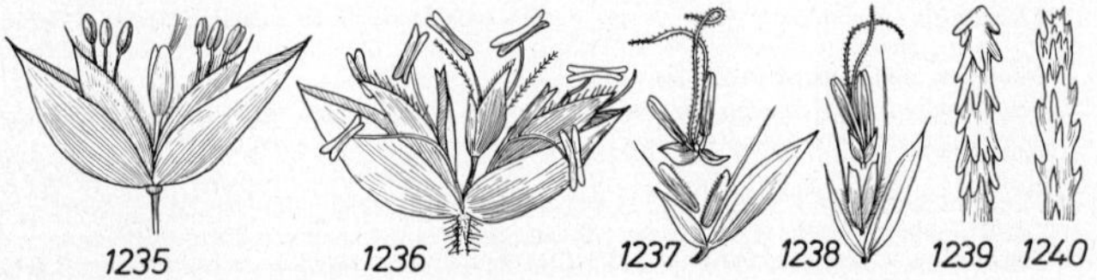

1235 1236 1237 1238 1239 1240

57. Anthoxánthum L., *Ruchgras*

1. Ährenrispe dicht; die beiden unteren der 4 Hüllspelzen zugespitzt, ohne aufgesetzte Stachelspitze, die beiden oberen mit Granne *(1237)*; Stg. oberw. nicht verzweigt, 30–50 cm hoch; ♃; V–VIII. Wiesen, Triften, Wälder (bis 2600 m); *g* u. *h* (incl. *A. alpinum* A. & D. Löve; = *A. japonicum* Hondo)

Wohlriechendes R., **A. odorátum** L.

— Ährenrispe locker; die beiden unteren Hüllspelzen mit deutl. Stachelspitze, die beiden oberen lg. begrannt *(1238)*; Stg. stark verzweigt, 4–40 cm hoch; ⊙; V–VI. Sandfelder, Äcker; *z* im N, *s* im S (N-Oberrhein, Fr, S-Schw; wo noch?). (= *A. aristatum* auct., an Boiss.?)

Begranntes R., **A. puélii** Lecoq & Lamotte

58. Typhoídes Moench, *Rohrglanzgras.* Infl. groß, straußf., gelappt; Hüllspelzen 4, die beiden unteren nicht geflügelt, die beiden oberen pinself., winzig, 1 mm lg. u. mit der Fr. abfallend; Ligula bis 6 mm lg.; Pfl. 0,5–3 m hoch, schilfrohrart.; ♃; VI–VIII. Ufer, Gräben, nasse Wiesen; *v.* [= *Phalaris arundinacea* L.; = *Baldingera arundinacea* (L.) Dum.]

T. arundinácea (L.) Moench

59. Phálaris L., *Glanzgras, Kanariengras.* Infl. kopfig, längl.-oval; Hüllspelzen 4, die beiden unteren weiß geflügelt *(1197)*; Ligula bis 3 mm lg.; Pfl. 20–50 cm hoch; ⊙; V–X. Häufig u. *v* kult. u. verwild. (Vogelfutter!) (Heimat: W-Mittelmeergebiet, Kanaren). **Ph. canariénsis** L.

60. Leérsia Sw., *Reisquecke.* Pfl. 50–100 cm hoch, ausläuferbildend; Halme an den Knoten behaart; Spreite u. Scheiden rauh; Rispenäste geschlängelt; Hüllspelzen fehlend; Ährchen 1-bltg.; Stbblätt. bis 6!; ♃; VIII–IX. Sumpfgräben, Torflöcher (bis 1100 m); sehr *z.* [= *Oryza oryzoides* (L.) Brand] **L. oryzoídes** (L.) Sw.

61. Digitária (Heister ex) Hall., *Fingerhirse*

1. Blätt. u. Scheiden (zumindest die oberen) kahl; Ähren zu 2–4; Ährchen elliptisch, stumpf, 2 mm lg.; ⊙; VII–X. Lehm- u. Sandböden, Äcker; *v* bis *z.* (= *Panicum lineare* Krock.; = *P. ischaemum* Schreb.)

Faden-F., **D. ischaémum** (Schreb. ex Schweigg.) Mühlenb.

— Untere Blätt. u. Scheiden behaart; Ähren zu 3–6; Ährchen lanzettl., spitz, 3 mm lg.; Pfl. oft ganz rot überlaufen; ⊙; VII–X. Häufiges Unkraut, bes. auf Sandböden; *v.* (= *Panicum sanguinale* L.) *Blut-F.*, **D. sanguinális** (L.) Scop.

62. Echinóchloa P. B., *Hühnerhirse.* Ährchen an den Rispenästen traubig zusammengezogen *(1191);* Ährchen 2-bltg.; die Deckspelze nur der unteren Blüte (20 mm lg.) begrannt; Blätt. oft etwas wellig, gleich den stark abgeflachten Scheiden kahl; Pfl. 30–100 cm hoch; ⊙; VII–X. Äcker, Gärten, Schuttstellen; *v.* (= *Panicum crus-galli* L.) **E. crus-gálli** (L.) P. B.

63. Pánicum L. (s. str.), *Hirse*

1. Ährchen 4–5 mm lg.; Infl. überhängend, aber mit aufgerichteten Ästen, untere Hüllspelze 2/3 so lg. wie das Ährchen, dieses 6 mm lg. gestielt; Pfl. 30–100 cm hoch; ⊙; VII–IX; *s* angebaut u. verwild.; (auch aus Vogelfutter). (Heimat: Mongolei). *Echte H.,* **P. miliáceum** L.

— Ährchen 2–2,5 mm lg.; Infl. viel länger, aufrecht, aber mit mehr ausgebreiteten Ästen; untere Hüllspelze 1/3–1/2 so lg. wie das bis 20 mm lg. gestielte Ährchen; Pfl. 30–80 cm hoch; ⊙; VII–X. Als Ziergras, bes. im S, zuw. kult. u. verwild. (Heimat: N-Am.). *Haarstiel-H.,* **P. capilláre** L.

64. Setária P. B., *Borstenhirse*

1. Ährenrispe beim Aufwärtsstreichen sehr rauh, da die Borsten mit nach rückwärts gerichteten Zähnchen besetzt sind *(1239),* 3–10 cm lg., schmalzylindrisch, am Grd. unterbrochen; ⊙; VII–IX. Gärten, Schuttplätze, Maisfelder; sehr *z* u. unbeständig (*f* SH). *Wirtel-B.,* **S. verticilláta** (L.) P. B.

— Ährenrispe beim Aufwärtsstreichen nicht rauh, da die Borstenzähne nach vorw. gerichtet sind *(1240)* *2*

2. Borsten unterhalb des Ährchens bis zu 12, zunächst gelb, später fuchsrot; Deckspelze knorpelig, deutl. querrunzelig; Ährengras: jedes Ährchen mit seiner Borstenhülle direkt der Ährenachse ansitzend; ⊙; VII–X. Äcker, Schuttplätze, Wegränder (bis 1000 m); *v,* im N *z* bis *s.* [= *S. lutescens* Weig. ex Stuntz) Hubb.; = *S. glauca* (L.p.p.) P. B.] *Niedrige B.,* **S. púmila** (Poir.) R. & Sch.

— Borsten unterhalb des Ährchens wenige, selten mehr als 4; Deckspelze nicht querrunzelig, allenfalls papillös (Lupe!); Ährenrispengras: die von der Infl.achse abgehenden Zweige sind nochmals verzweigt *3*

3. Ährchen 3–3,5 mm lg.; Rispe 2–3 cm breit; Stg. bis 1 cm dick; zur Reifezeit nur die obere Blüte ausfallend (Hüllspelzen u. die untere sterile Blüte bleibend); ⊙; VII–IX. Alte Kulturpfl., zuweilen noch als Vogelfutter angebaut u. verwildert (2 ssp. bzw. Varietätengruppen) *Kolbenhirse,* **S. itálica** (L.) P. B.

a. Infl. bis 30 cm lg., überhängend, unterbrochen; Deckspelze papillös; [= convar. *maxima* (Alef.) Körn. ex Mansf.] ssp. **itálica**

– Infl. nur bis 12 cm lg., aufrecht, nicht unterbrochen; Deckspelze glänzend, glatt. [= convar. *moharia* (Alef.) Körn. ex Mansf.] *Ungarische K., Mohar,* ssp. **mohária** (Alef.) Körn.

— Ährchen nur bis 2 mm lg.; Rispe nur bis 1,5 cm breit; Stg. nur bis 4(–5) mm dick; zur Reifezeit das gesamte Ährchen abfallend *4*

4. Borsten steif, nur 3–4 mm lg.; Infl. an der Basis unterbrochen; Infl.achse kurzhaarig; Stg. meist aufrecht; ⊙; VII–X. Ruderalstellen, Gärten, Äcker (bis 750 m); sehr *z* bis (im N) *s.* [= *S. ambigua* (Guss.) Guss.; = *S. decipiens* Schimp.] *Unbeständige B.,* **S. gussónei** Kerguélen

— Borsten biegsam, 5–10 mm lg.; Infl. nicht unterbrochen; Infl.achse weichhaarig (1 mm lg.), dazwischen kurze Borstenhaare; Stg. meist knickig aufstgd.; ⊙; VII–X. Wie vorige (bis 1200 m); *v.* *Grüne B.,* **S. víridis** (L.) P. B.

65. Bothriochlóa O. Ktze., *Bartgras.* Stg. 80–100 cm hoch; Blätt. bis 4 mm breit, gegen den Spreitengrd. borstig gewimpert; Ligula als bis 5 mm lg. Haarkranz; Scheinähren zu 2–6, ihre Achsen lg.haarig; ♃; VII–X. Trockenrasen, sandige Orte; *z* im S (nördl. bis S-Be?–Bonn?–Maintal–Th–Sa–Erzgeb.). [= *Andropogon ischaemum* L.; = *Dichanthium ischaemum* (L.) Roberty] **B. ischaémum** (L.) Keng

66. Zéa L., *Mais.* Stg. markig, an der Basis bis 4 cm dick, bis 2 m hoch; Blätt. 5–12 cm breit; ⊙; VII–IX. In zahlr. Sorten *v* kultiviert, zuweilen verwildert; auch als Zierpfl. (Heimat: M- u. S-Am.). **Z. mays** L.

Unterklasse: **Arecídae**, *Kolbenblütige*

Ordnung: **Aráles** *(= Spadiciflórae)*

Familie: **Aráceae**, *Aronstabgewächse*

Rhizom- od. Knollenstauden; Blätt. häufig netznervig *(Arum, 33)*; Bltn. eingeschl. od. ⚥, in vielbltgen Kolben, am Grd. von einem oft auffälligen Hochblatt (= **Spatha**; *Sp*) umgeben; Beerenfr.

1. Blätt. lineal-schwertf.; Spatha grün, blattartig, die Fortsetzung des Stg. bildend *(164)*; Bltnhülle aus schuppenf. Blättchen **Acorus**, 576
— Blätt. breit, herzf. od. pfeilf.; Blütenhülle fehlend *2*
2. Kolbenende nackt, meist violett, von einer an der Basis tütenf. eingerollten grünl. Spatha umgeben *(163)*; Bltn. eingeschl., an der Basis des Kolbens ♀, darüber ♂ u. über diesen geschlechtslos . . . **Arum**, 576
— Kolben bis zur Spitze mit Bltn.; Blüten meist ⚥, die oberen oft ♂ **Calla**, 576

1. Ácorus L., *Kalmus*. Rhizom dick, aromatisch riechend; Stg. 3-kantig; Kolben grünl., scheinbar seitl., dicht mit Zwitterbltn.; Bltnhülle 6-blättrig; ♃; VI–VII. Gräben, Teiche, Ufer; *v;* im 16. Jahrh. eingeführt u. seither vollständig eingebürgert (Heimat: O-Asien). Ⓖ **A. cálamus** L.

2. Cálla L., *Drachenwurz, Schlangenkraut*. Grdachse walzl., grün, lg.-kriechend; Blätt. rundl.-herzf., fast ledrig; Fr. scharlachrot; ♃; V–VII. Waldsümpfe, Bruchwälder, Teichränder; *z, s* im S (*f* Vb). Ⓖ **C. palústris** L.

3. Árum L., *Aronstab*

1. Knollen horizontal im Boden; Blätt. meist mit schwarzen od. schwärzl. Flekken; Fr. rote, **giftige** Beeren; ♃; IV–V; Laubwälder; *z, s* im N (*f* Da). *Gefleckter A.*, **A. maculátum** L.
— Knollen aufrecht im Boden; Blätt. stets ungefleckt; Fr. rote, **giftige** Beeren; ♃; IV–VI. Laubwälder; *z* bis *s* Da. *Dänischer A.*, **A. orientále** Bieb. ssp. **dánicum** (Prime) Prime

Familie: **Lemnáceae**, *Wasserlinsengewächse*

Frei schwimmende, zuw. untergetauchte, nicht in Sproß u. Blatt gegliederte, sich fast ausschließl. vegetativ vermehrende, aus grünen, flachen od. gewölbten, auseinandersprossenden u. oft lange Zeit miteinander verketteten Gliedern bestehende Wasserpfl. *(152–155)*; Bltn. (selten ausgebildet) eingeschl., ohne Bltnhülle, in kleinen, unscheinbaren, von einer Spatha *(1241, Sp)* umgebenen Kolben; ♂ Bltn. aus 1 Stbblatt *(1241, ♂)*, ♀ aus 1 flaschenf. Frkn. bestehend *(1241, ♀)*.

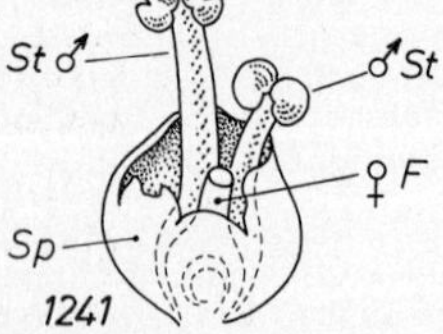

1241

1. Pfl. wurzellos; Glieder nicht größer als 1,5 mm **Wolffia**, 577
— Wurzeln vorhanden; Glieder größer *2*
2. Jedes Glied mit einem Büschel von Wurzeln . . . . **Spirodela**, 576
— Jedes Glied mit nur 1 Wurzel . . . . **Lemna**, 577

1. Spirodéla Schleid., *Teichlinse.* Glieder 3–10 mm groß, rundl.-verkehrt-eif., flach, nur zu wenigen zusammenhgd. *(152)*; ♃; V–VI. Stehende Gewässer; *z.* **Sp. polyrhíza** (L.) Schleid.

2. Lémna L., *Wasserlinse*

1. Glieder untergetaucht, nur zur Blütezt. an die Oberfläche kommend, lanzettl., gestielt, kreuzweise zusammenhgd. *(153)*; ♃; VI. Gräben, Sümpfe, Teiche; *v* (*f* Ti). *Dreifurchige W.,* **L. trisúlca** L.

— Glieder an der Wasseroberfläche schwimmend, fast rund, nicht gestielt *2*

2. Glieder beidersts. flach; ♃; V–VI. Nährstoffreiche Tümpel, Gräben, Weiher; *g.* *Kleine W.,* **L. mínor** L.

— Glieder untersts. stark bauchig aufgetrieben; 2–3 mm lg. *(154)*, frühzeitig gelb werdend; ♃; IV–VI. Stehende Gewässer; *z.* *Büschel-W.,* **L. gíbba** L.

3. Wólffia Horkel, *Zwerglinse.* Glieder beidersts. gewölbt, 1–1,5 mm groß (kleinste Bltnpfl.!), immer nur 2 zusammenhgd. *(155)*; ♃; in Eur. nicht blühend. Stehende Gewässer; *s* (*f* in Da, SH, We, SaAn, Th, Ba, E, Au). **W. arrhiza** (L.) Wimm.

Literaturverzeichnis

Die nachfolgenden Hinweise sind keineswegs erschöpfend. Sie enthalten nur die für das Gebiet der „Flora" wichtigsten Werke. Auch wurden im wesentlichen nur solche Titel aufgenommen, die derzeit (oder demnächst wieder) lieferbar sind.

Im folgenden Verzeichnis werden abgekürzt: o. = ohne; m. = mit; BSchl. = Bestimmungsschlüssel; Zeichn. = Zeichnung; F. = Farbe; SW. = Schwarz-Weiß; Aufl. = Auflage; S. = Seiten

A. Größere Florenwerke

T. G. Tutin u. a. (Hrsg.): Flora Europaea; Cambridge Bd. 1–5, 1964–1980 (Umfaßt als einziges Florenwerk das gesamte Europa; m. BSchl., Arten mit kurzer Beschreibung, o. Abb.)

J. Jalas & J. Suominen (Hrsg.): Atlas Florae Europaeae; Helsinki, seit 1972 (gesamteuropäische Verbreitungskarten aller Arten; Lfg. 5=1980)

Hegi, G. (Begründer): Illustrierte Flora von Mitteleuropa; Berlin/Hamburg, Verlag Paul Parey; Standardwerk der mitteleuropäischen Flora, z. Zt. 2. u. teilweise sogar 3. Aufl. im Erscheinen; derzeit VII Bde. mit 22 Teilbänden; ausführliche Beschreibungen u. reichhaltige Illustrierung; zahlr. führende Bearbeiter

zu Hegi: hierzu auch U. Hamann & G. Wagenitz: Bibliographie zur Flora von Mitteleuropa; Carl Hanser-Verlag München 1970 (328 S.)

F. Ehrendorfer: Liste der Gefäßpflanzen Mitteleuropas; 2. erw. Aufl. Stuttgart 1973 (318 S., Listengrundlage für die floristische Kartierung Mitteleuropas)

F. Hermann: Flora von Nord- u. Mitteleuropa; 2. Aufl., G. Fischer-Verlag. Stuttgart 1956 (1154 S., o. Abb.)

A. Garcke: Illustrierte Flora, Deutschland und angrenzende Gebiete (Hrsg. K. v. Weihe) Berlin u. Hamburg 1972 (1607 S., 460 Abb. m. 3704 Einzelbildern)

W. Rothmaler (Hrsg. †): Exkursionsflora – Kritischer Band Berlin 1976 (811 S., zahlr. Leisten von Detailzeichn.) (Umfaßt die Deutsche Demokratische Republik und die Bundesrepublik Deutschland; wichtig für Klein- u. Unterarten sowie Arealdiagnosen)

E. Oberdorfer: Exkursionsflora Stuttgart; 1980 (997 S., wenige Strichzeichn.) (Gebietsumfang ähnlich der vorigen; wichtig für pflanzensoziologische Angaben)

G. Hegi – H. Merxmüller: Alpenflora; 18. Aufl. München 1963 (Auswahl der wichtigsten Alpenpflanzen, o. BSchl.; 112 S., 49 Verbreitungskarten, 32 farbige u. 8 SW-Taf.)

B. Länder- und Gebietsfloren

(angeordnet von Nord nach Süd, von West nach Ost)

1. außerdeutsche Floren

K. Hansen u. a. (Hrsg.): Dansk Feltflora; Kopenhagen, 1981 (m. BSchl.)

E. Rostrup, C. A. Jørgensen & A. Hansen: Den danske flora; 20. Aufl., 1973 (664 S., 139 Abb.)

Th. Weevers u. a. (Hrsg.): Flora Neerlandica; Amsterdam (ausführliche Flora mit Abb., von der seit 1948 bisher 8 Lfg. erschienen sind)

H. Heukels & S. J. v. Ooststroom: Flora van Nederland; 16. Aufl. Groningen 1970, (909 S.; 1038 Abb.)

E. Heimans, H. W. Heinsius & J. P. Thijsse: Geillustreede Flora van Nederland; Amsterdam 1965 (1182 S., zahlr. Zeichn.)

W. Robyns (Hrsg.): Flore générale de Belgique; Brüssel (ausführliche Flora m. Abb., von der seit 1955 bisher 6 Teilbände erschienen sind)
W. Mullenders (Hrsg.): Flore de la Belgique, du Nord de la France et des Régions voisines; Liège 1967 (425 S., ca. 725 Abb.)
W. Mullenders: Flore moderne de la Belgique (Phanérogames); 4. Aufl., Louvain 1981 (293 S., o. Abb.)
J. E. de Langhe, L. Delvosalle, J. Duvigneaud, J. Lambinon, C. van den Berghen: Nouvelle Flore de la Belgique, du Grand-Duché de Luxembourg, du Nord de la France et des Régions voisines; 2. Aufl. Meise 1978 (899 S., zahlr. Zeichn.)
G. Bonnier & G. de Layens: Flore complète portative de la France, de la Suisse et de la Belgique; neue Aufl. Paris 1966 (425 S., 5338 Detail-Abb.)
M. Guinochet & R. de Vilmorin: Flore de France; Paris, seit 1973 in Lfg.
P. Fournier: Les quatres flores de la France, I–II; 4. Aufl., Paris 1977; Bd. I = Text (1106 S., BSchl.), Bd. II = Atlas (308 S. mit 4264 Einzel-Abb.)
Issler, Loyson & Walter: Flore d'Alsace; Straßburg 1965 (637 S., m. Abb.)
H. E. Hess, E. Landolt & R. Hirzel: Flora der Schweiz und angrenzender Gebiete Bd. 1, Basel 1967 (858 S. 1050 Abb., 9 F.-Taf.) Bd. 2, Basel 1970 (956 S.) Bd. 3, Basel 1972 (876 S.)
H. E. Hess, E. Landolt & R. Hirzel: Bestimmungsschlüssel zur Flora der Schweiz und angrenzender Gebiete; Basel/Stuttgart 1976 (657 S., zahlr. Zeichn.; Zusammenfassung der BSchl. aus vorigem 3bändigem Werk)
A. Binz – A. Becherer: Schul- u. Exkursionsflora für die Schweiz; 13. Aufl. Basel 1968 (419 S., 376 Abb.)
E. Thommen – A. Becherer: Taschenatlas der Schweizer Flora; 3. Aufl. Basel & Stuttgart 1961 (303 S., enthält 3055 Strichzeichn.)
J. Dostál: Klič k úpliné Květeně ČSR; Prag 1958 (982 S., 3113 Abb.)
J. Dostál: Květena ČSR; Prag 1950 (2269 S., m. sehr zahlr. Abb.)
E. Janchen: Catalogus Florae Austriae, I. Teil: Farne u. Blütenpflanzen; Heft 1–4, Wien 1956–1959, hierzu 4 Ergänzungshefte Wien 1963–1968 (insgesamt 1515 S.; o. BSchl. u. Abb.; durch seine reichhaltige Synonymie und Literaturzusammenstellung aber weit über Österreich hinaus von Bedeutung)
K. Fritsch: Exkursionsflora von Österreich; Nachdruck der Erstausgabe 1922, Lehre 1973 (824 S., o. Abb.)
F. Leeder & M. Reiter: Kleine Flora des Landes Salzburg; Salzburg 1959 (383 S., o. BSchl. u. Abb.)
W. Szafer: Flora Polska (Bd. 1–11; 1927–1967); Warscawa/Kraków (Standardflora von Polen)

2. deutsche Regionalfloren

W. Christiansen: Neue kritische Flora von Schleswig-Holstein; Rendsburg 1953 (532 S., über 200 Verbreitungskarten, o. BSchl.)
W. Christiansen: Flora der nordfriesischen Inseln; Hamburg 1961 (127 S., o. BSchl.)
H. Pankow: Flora von Rostock und Umgebung; Rostock 1967 (359 S., m. BSchl., o. Abb., 148 Verbreitungskarten)
J. Urbschat: Flora des Kreises Pinneberg; Kiel 1972 (281 S.; einschl. 488 Verbreitungskarten)
W. Meyer & J. van Dieken: Pflanzenbestimmungsbuch für die Landschaften Osnabrück, Oldenburg-Ostfriesland und ihre Inseln; 3. Aufl. Oldenburg 1949 (265 S., m. Abb.)
K. Koch: Flora des Regierungsbezirks Osnabrück und der benachbarten Gebiete; Osnabrück 1958 (543 S., o. Abb.)
K. Petersens: Flora von Lübeck und Umgebung; fortgeführt von K. Konopka. Lübeck 1966 (132 S., o. BSchl. u. Abb.)

J. van DIEKEN: Beiträge zur Flora Nordwest-Deutschlands, unter besonderer Berücksichtigung Ostfrieslands; Jever 1970 (284 S., o. BSchl. u. Abb.)
H. FUCHS: Flora von Göttingen; Göttingen 1964 (156 S., o. BSchl., o. Abb.)
H. HAEUPLER: Atlas zur Flora von Südniedersachsen; Teil I, Atlas. 1976 (367 S., über 1800 Verbreitungskarten)
F. RUNGE: Die Flora Westfalens; 2. verb. u. verm. Aufl. Münster 1972 (550 S., o. BSchl. u. Abb.)
A. MEIER-BÖKE: Flora von Lippe; Detmold 1978 (518 S., o. BSchl., o. Abb.)
H. HÖPPNER & H. PREUSS: Flora des Westfälisch-Rheinischen Industriegebietes – unter Einschluß der Rheinischen Bucht; Duisburg 1971 (381 S., Nachdruck von 1926)
L. LAVEN & P. THYSSEN: Flora des Köln-Bonner Wandergebietes; Bonn 1959 (179 S., 17 Abb.-Taf., o. BSchl.)
H. BURCKARDT: Wandel der Landschaft und Flora von Duisburg u. Umgebung seit 1800; Duisburg 1973 (115 S., zahlr. Strichzeichnungen)
A. JUNG: Die Pflanzenwelt im Sauerland und Siegerland. Ein Bestimmungsbuch der Blütenpflanzen; Fredeburg 1978 (269 S., einschl. zahlr. F-Taf.)
WÜNSCHE & SCHORLER: Die Pflanzen Sachsens; 12. Aufl., Hrsg.: W. FLÖSSNER u. a. Berlin 1956 (636 S., 758 Abb.)
R. WEBER & S. KNOLL: Flora des Vogtlandes; Plauen 1965 (204 S., o. BSchl. o. Abb.)
F. MERTENS: Flora von Halberstadt; Halberstadt 1961 (113 S., 41 Fot.-Taf., o. BSchl.)
W. LUDWIG: Neues Fundortverzeichnis zur Flora von Hessen; erscheint innerhalb des Jahrbandes d. Nassauischen Vereins f. Naturk. Wiesbaden (bisher 2 Lfg. 1962 u. 1966 erschienen; o. BSchl. u. Abb.)
A. GRIMME: Flora von Nordhessen; 61. Abh. Ver. f. Naturk. Kassel 1958 (XII + 212 S., o. BSchl. u. Abb.)
D. KLIENAST: Die spontane Vegetation der Stadt Kassel in Abhängigkeit von bau- u. stadtstrukturellen Quartierstypen; Kassel 1978 (414 S., m. zahlr. Zeichn. u. Abb.)
W. WITTENBERGER, H. LIPSER & G. WITTENBERGER: Flora von Offenbach; Darmstadt 1968 (278 S., o. BSchl., 16 Abb.)
P. HAFFNER u. a.: Atlas der Gefäßpflanzen des Saarlandes; Saarbrücken 1980 (o. S.-Angabe, m. 1352 Verbreitungskarten)
H. GROSSMANN: Flora vom Rheingau; Frankfurt 1976 (329 S., o. BSchl., zahlr. Strichzeichn.)
F. SCHULTZ: Flora der Pfalz; Speyer 1846 (Nachdruck Pirmasens 1971) (575 S., u. Nachtrag, o. Abb.)
K. BERTSCH: Flora von Südwest-Deutschland; 3. Aufl. Stuttgart 1962 (umfaßt Baden-Württ., 471 S., m. BSchl., 55 Abb.)
S. SEYBOLD: Flora von Stuttgart; Stuttgart 1968 (160 S., o. BSchl. u. Abb.)
S. SEYBOLD: Die aktuelle Verbreitung der höheren Pflanzen im Raum Baden-Württemberg. Karlsruhe 1977 (201 S., 1494 Verbr.-Karten)
K. MÜLLER: Ulmer Flora – Eine Standortflora der Südostalp und des angrenzenden Alpenvorlandes; Ulm 1957 mit Nachtrag von G. W. BRIELMAIER 1964 (m. wenigen Fotos, Verbr.-K.; o. BSchl.)
F. HIEMEYER: Flora von Augsburg; Augsburg 1978 (332 S., einschl. 48 F.-Fotos, zahlr. Verbreitungskarten.)
H. MERXMÜLLER: Neue Übersicht der im rechtsrheinischen Bayern einheimischen Farne und Blütenpflanzen. Berichte d. Bayerischen Bot. Gesellschaft: I: **38,** 93–115, 1965 II: **41,** 17–44, 1969 III: **44,** 221–238, 1973 IV: **48,** 5–26, 1977 V: **51,** 5–29, 1980
E. DÖRR: Flora des Allgäus; Ber. Bayer. Bot. Ges. ab Bd. **37** (1964) in Forts. (bis 1981) (o. BSchl., Fundortkartei)

3. Naturschutz

Bundesnaturschutzgesetz: Hrsg. Bundesminister für Ernährung, Landwirtschaft und Forsten Bonn, Dez. 1976 (Kostenlose Broschüre)

H. Ant & H. Engelke: Die Naturschutzgebiete der Bundesrepublik Deutschland; 2. erg. Aufl. Bonn 1973 (361 S.; Auflistung aller NSGe, Daten u. Würdigung)

J. Blab u. a. (Hrsg.): Rote Liste der gefährdeten Tiere u. Pflanzen in der Bundesrepublik Deutschland; 2. Aufl. Greven 1978 (67 S.)

S. Künkele: Einführung in die Bundesartenschutzverordnung. AHO-Mitteilungsblatt (Stuttgart) **12**, 191–210, 1980

G. Eberle: Pflanzen unserer Feuchtgebiete und ihre Gefährdung. Frankfurt 1979 (236 S., 197 SW-Fotos)

St. Rauschert u. a.: Liste der in der Deutschen Demokratischen Republik erloschenen u. gefährdeten Farn- u. Blütenpflanzen. Hrsg. Kulturbund der DDR (56 S., 5 F.-Taf.)

H. Weinitschke: Wir und die Natur – Naturschutz: gestern – heute – morgen. Leipzig/Jena/Berlin 1980 (104 S., 17 Abb.)

S. Hamsch, L. Jeschke & H. D. Knapp (Red.): Florenwandel und Florenschutz. II. zentrale Tagung für Botanik 1977; Hrsg. Kulturbund der DDR Berlin 1978 (112 S., vielseitige Beiträge zu den Titelstichworten)

E. Landolt: Geschützte Pflanzen in der Schweiz. (208 S., m. 160 F.-Taf.); 1970

W. Kofler: Natur- u. Umweltschutz in Tirol. Taschenbuchreihe „Natur u. Land" Bd. 1; 2. Aufl. Innsbruck 1976 (366 S., m. F.-Taf. geschützter Tiere u. Pflanzen; NSGe, LschSchGe, Behörden, Rechtsprechung, Gesetze)

W. Kofler & E. Stüber: Natur- u. Umweltschutz in Salzburg; Taschenbuchreihe „Natur u. Land", Bd. 3; 2. Aufl. Innsbruck 1979 (216 S., + 55 S., + 72 S., Inhalt wie voriges)

W. Kofler: Natur- u. Umweltschutz in Vorarlberg. In Vorbereitung!

B. Løjtnant & E. Worsøe: Foreløbig status over den danske Flora. (Reports from the Botanical Institute, University of Aarhus, N° 2), 1977 (341 S., zahlr. Zeichn.)

4. Bemerkenswert ist auch ...

H. Sukopp: Übersicht über die in der Zeit von 1945–59 erschienenen Gefäßpflanzenflora Deutschlands, mit allgemeinen Bemerkungen zur Abfassung von Floren; Willdenowia (Berlin) 1960 Bd. 2, S. 563–583

J. Fitschen: Gehölzflora; 6. überarb. Aufl. von F. H. Meyer u. a. (Bestimmungsflora der im Bereich der vorliegenden Flora wildwachsenden u. angepflanzten Bäume u. Sträucher) 1977 (396 S., m. zahlr. Leisten von Strichzeichn.) Neuauflage in Vorbereitung.

G. Stehli & W. J. Fischer: Pflanzensammeln – aber richtig Stuttgart 1961 (95 S.; Präparations- u. Herbartechnik, u. a.)

R. Düll: Botanisch-ökologisches Exkursionstaschenbuch wichtiger heimischer Pflanzen; Duisburg 1976 (164 S., o. Abb.; ein ökol. Exkursionstaschenb.)

Liste der geschützten Arten

Nach der neuen Bundesartenschutzverordnung (vgl. S. 37) sind alle nachfolgenden Arten geschützt bzw. besonders geschützt („vom Aussterben bedrohte Arten", im **Fettdruck**):

Achillea clavenae
Aconitum spp.
Adonis vernalis
Althaea officinalis
Alyssum montanum gmelinii
Alyssum montanum montanum
Androsace, excl.
  Androsace elongata
  Androsace maxima
  Androsace septentrionalis
Anemone narcissiflora
Anemone sylvestris
Antennaria dioica
Apium spp., insbesondere
  Apium inundatum
  Apium repens
Aquilegia spp.
Arctostaphylos uva-ursi
Armeria elongata serpentini
Armeria halleri
Armeria purpurea
Arnica montana
Artemisia mutellina
Aster alpinus

Betula humilis
Betula nana
Biscutella laevigata
Botrychium spp., insbesondere
  Botrychium matricariifolium
  Botrychium multifidum
  Botrychium virginianum

Calla palustris
Campanula thyrsoides
Carlina acaulis
Chimaphila umbellata
Clematis alpina
Cochlearia pyrenaica
Cortusa matthioli
Crambe maritima
Cryptogramma crispa
Cyclamen spp.

Daphne spp.
Dianthus gratianopolitanus
Dianthus superbus
Dictamnus albus
Digitalis grandiflora
Digitalis lutea
Droseraceae spp., insbesondere
  Aldrovanda vesiculosa

Eryngium maritimum
Euphorbia lucida
Euphorbia palustris

Fritillaria spp., insbesondere
  Fritillaria meleagris

Galanthus nivalis
Gentianaceae spp.
  incl. Menyanthaceae
Gladiolus palustris
Globularia punctata
Gratiola officinalis

Helianthemum apenninum
Helianthemum canum
Helichrysum arenarium
Helleborus niger
Helleborus viridis
Hottonia palustris

Iris spp., insbesondere
  Iris spuria
  Iris variegata
    excl.
    Iris pseudacorus
Isoëtes echinospora
Isoëtes lacustris

Jurinea cyanoides

Laser trilobum
Lathyrus maritimus
Ledum palustre
Leontopodium alpinum
Leucojum aestivum
Leucojum vernum
Lilium spp.
Limonium vulgare
Linnaea borealis
Linum spp., insbesondere
  Linum flavum
  Linum leonii
  Linum perenne montanum
  Linum perenne perenne
    excl.
    Linum catharticum

Lobelia dortmanna
Lycopodiales spp.

Matteuccia struthiopteris
Muscari spp., insbesondere
Muscari tenuiflorum

Narcissus spp., insbesondere
Narcissus radiiflorus
Narthecium ossifragum
Nymphaeaceae spp.
insbesondere
Nuphar pumila

Orchidaceae spp.
insbesondere
Dactylorhiza sambucina
Dactylorhiza sphagnicola
Hammarbya paludosa
Limodorum abortivum
Liparis loeselii
Ophrys sphecodes
Ophrys tommasinii
Orchis coriophora
Orchis palustris
Orchis simia
Spiranthes aestivalis
Osmunda regalis
Oxytropis pilosa

Papaver sendtneri
Pedicularis spp., insbesondere
Pedicularis sceptrum-carolinum
Petrocallis pyrenaica
Phyllitis scolopendrium
Pinguicula spp.
Polemonium coeruleum
Polystichum spp.
Primula spp., excl.
Primula elatior
Primula veris

Pulsatilla spp., insbesondere
Pulsatilla patens
Pulsatilla pratensis
Pulsatilla vernalis

Ranunculus lingua
Rhododendron spp.
Rhodothamnus chamaecistus

Salvinia natans
Saxifraga spp., insbesondere
Saxifraga hirculus
excl.
Saxifraga granulata
Saxifraga tridactylites
Scheuchzeria palustris
Scilla spp.
incl. Endymion
Scorzonera purpurea
Sempervivum spp.
incl. Jovibarba spp.
Soldanella spp.
Staphylea pinnata
Stipa spp., insbesondere
Stipa bavarica
Stratiotes aloides

Thalictrum simplex
Trapa natans
Trollius europaeus

Utricularia spp., insbesondere
Utricularia bremii
Utricularia ochroleuca

Viola calcarata
Vitis vinifera sylvestris

Wahlenbergia hederacea
Woodsia spp.

Verzeichnis der abgekürzten Autorennamen

A. Br. = Braun, A.
A. Dc. = De Candolle, A. L.
A. & Gr. = Ascherson, P. Fr. A., u. Graebner, P. P.
A. & J. Kern. = Kerner, Anton u. Josef
Abr. & Gr. = Abromeit, J. u. Graebner, P. P.
Adans. = Adanson, M.
Ag. = Agardh, J. G.
Airy-Sh. = Airy-Shaw, H. K.
Ait. = Aiton, W.
Alb. = Albert, A.
Alef. = Alefeld, F.
All. = Allioni, C.
Almq. = Almquist, S. O. J.
Anders. = Andersson, N. J.
Andr. = Andrews, H.
Andrz. = Andrzejowsky, A. L.
Ant. = Antoine, F.
Arc., Arcang. = Arcangeli, J.
Ard. = Arduino, L.
Asch. = Ascherson, P. Fr. A.
Asch., Abr., Gr. = Ascherson, P. Fr. A., Abromeit, J. u. Graebner, P. P.
aut., auct. = autorum (der Autoren; Gen. Plural)
Avé-Lall. = Avé-Lallement, J. L. E.

B. & Reut. = Boissier, P. E. u. Reuter, G. Fr.
Bab. = Babington, Ch. C.
Baill. = Baillon, H. E.
Bak. = Baker, J. G.
Balb. = Balbis, G. B.
Bart. = Barton, W. P. C.
Bartl. = Bartling, F. G.
Bast. = Bastard, T.
Baum. = Baumann, E.
Baumg. = Baumgarten, J. C. B.
Beauv. = Beauverd, P. de
Bech. = Becherer, A.
Beck. = Becker, W.
Beg. = Beger, H.
Bell. = Bellardi, C. A. L.
Benek. = Beneke, F.
Benn. = Bennet, J. J.
Benth. = Bentham, G.
Berg. = Bergius, P. J.
Bernh. = Bernhardi, J. J.
Bert. = Bertero, C. G.
Berth. = Berthelot, S.
Bertol. = Bertoloni, A.
Bess. = Besser, W. S. J. G.
Beyr. = Beyrich, J.
Bge. = Bunge, A. von
Bieb. = Marschall von Bieberstein, F. A. Freiherr
Bickn. = Bicknell
Big. = Bigelow, J.
Biv. = Bivona-Bernardi, A.
Bluff & Fing. = Bluff, M. J. u. Fingerhuth, K. A.
Bod. = Bodard
Boehm. = Boehmer, G. R.
Boenn. = Boenninghausen, C. M. Fr.
Boiss. = Boissier, P. E.
Bolt. = Bolton, J.
Bonn. = Bonnet, A.
Bor. = Boreau, A.
Borb. = Borbás, V. von
Borkh. = Borkhausen, M. B.
Br.-Bl. = Braun-Blanquet, J.
Bréb. = Brébisson, L. A. de
Briq. = Briquet, J. I.
Briq. & Cav. = Briquet, J. I. u. Cavillier, F.
Britt. = Britton, N. Lord
Brot. = Brotero, F. de Avellar
Brügg. = Brügger, Ch. G.
Buch. = Buchenau, F.
Burm. = Burmann, J.
Bus. = Buser, R.

C. Christ. = Christensen, C.
C. Gmel. = Gmelin, C. Ch.
C. A. Mey. = Meyer, Carl Anton
C. Rich. = Riche, C. A. G.
Caj. = Cajander, A.
Cam. = Camus, E. G.
Carr. = Carrière, E. A.
Casp. = Caspary, J. X. R.
Cass. = Cassini, A. H. G. von
Cav. = Cavanilles, A. J.
Čel. = Čelakovsky, L. J.
Čern. = Černjajew, V. M.
Chab. = Chabert, A.
Cham. & Schldl. = Chamisso, L. Ch. Ad. von u. Schlechtendal, D. F. L. von
Chât. = Châtelain, J. J.
Chaub. = Chaubard, L. A.
Chav. = Chavannes, K.
Chev. = Chevallier, F. F.
Chiov. = Chiovenda, E.
Chod. = Chodat, R.
Christians. = Christiansen, A.

CLAIRV. = Clairville, J. Ph. de
COLEM. = Coleman, W. H.
CORB. = Corbière, L.
COSS. & GERM. = Cosson, E. St.-Ch. u. Germain de St. Pierre
COULT. = Coulter, J. M.
COURT. = Courtois, R. J. C.
CR. = Crantz, H. J. N. von
CRONQ. = Cronquist, A.
CUF. = Cufodontis, G.
CURT. = Curtis, W.
CUSS. = Cusson, P.
CUST. = Custer, J. L.
CZERN. = Czernjajew, W. M.
CZERN. & COSS. = Czernjajew, W. M. u. Cosson, E. St. Ch.

D. T. = Dalla Torre, K. W. von
D. & WILM. = Dandy, J. E. u. Wilmott, A. J.
DAHLST. = Dahlstedt, H. G. A.
DC. = De Candolle, A. P.
DECNE. = Decaisne, J.
DECK. = Decker, P.
DEGL. = Degland, J. V. S.
DEL. = Delarbre, A.
DE NOT. = De Notaris, C.
DÉSÉGL. = Déséglise, P. A.
DESF. = Desfontaines, R. L.
DESP. = Desportes, N. H. Fr.
DESR. = Desrousseaux, L. A. J.
DESV. = Desvaux, A. N.
DIERB. = Dierbach, J. H.
DIETR. = Dietrich, A.
DIPP. = Dippel, L.
DOM. = Domin, K.
DOUGL. = Douglas, D.
DREJ. = Drejer, S. Th. N.
DUB. = Dubois (d'Amiens), F. N. A.
DUCH. = Duchesne, A. N.
DUCR. = Ducros
DUH. = Duhamel du Monceau, H. L.
DUM. = Dumortier, B. Ch.
DUN. = Dunal, M. F.
DUR. = Durieu de Maisonneuve

E. MEY. = Meyer, Ernst H. Fr.
EDM. = Edmondston, Th.
EGOR. = Egorova, T. V.
EHRENDF. = Ehrendorfer, F.
EHRH. = Ehrhart, Fr.
EKM. = Ekman, E. L.
ELL. = Elliot, St.
ENDL. = Endlicher, St. L.
ENDTM. = Endtmann, J.
ENGELM. = Engelmann, G.
ENGL. & IRM. = Engler, H. G. A. u. Irmscher, E.

F. & M. = Fischer, Fr. E. L. von u. Meyer, C. A.
F. W. SCH. = Schultz, Friedr. Wilh.
F. SCHM. = Schmidt, Friedrich
F. W. SCHM. = Schmidt, Friedr. Wilh.
FABR. = Fabricius, Ph. K.
FARW. = Farwell, O. A.
FERN. = Fernald, M. L.
FIEB. = Fieber, F. X.
FING. = Fingerhuth, K. A.
FISCH. = Fischer, Friedr. E. L. von
FORS. = Forselles, J. H. af
FORSK. = Forskål, P.
FOURN. = Fournier, P.
FOURR. = Fourreau, J.
FR. = Fries, E. M.
FRES. = Fresenius, G.
FROEL. = Froelich, J. L.

G. = Gáyer, G.
G. & SCH. = Günther, K. Ch. u. Schummel, T. F.
G. M. SCH. = Gaertner, J., Meyer, B. u. Scherbius, J.
GAERTN. = Gaertner, J.
GARS. = Garsault, F. A. de
GAUD. = Gaudin, J. Fr. G. Ph.
GEORG. = Georghieff, T.
GIBS. = Gibson, G. S.
GIL. = Gilibert, J. Em.
GLED. = Gleditsch, J. G.
GMEL. = C. C. GMEL. = Gmelin, C. Ch.
J. F. GMEL. = Gmelin, J. F.
S. G. GMEL. = Gmelin, S. G.
GODR. = Godron, D. A.
GOOD. = Goodenough, S.
GR. = Graebner, K. O. R. P. P.
GR. & SCH. = Grisebach, H. R. A. u. Schenk, A.
GREN. = Grenier, J. Ch. M.
GREN. & GODR. = Grenier, J. Ch., M. u. Godron, D. A.
GREUT. = Greuter, W.
GRIS. = Grisebach, H. R. A.
GRON. = Gronovius, J. G.
GROV. = Groves, H. u. J.
GRUFB. = Grufberg, J. O.
GUERS. = Guersent, L. B.
GUETT. = Guettard, J. E.
GUG. = Gugler, W.
GUIN. = Guinochet, M.
GUNN. = Gunner, J. E.
GUSS. = Gussone, G.

H. B. K. = Humboldt, Fr. A. von, Bonpland, A. J. A. u. Kunth, C. S.
Hack. = Hackel, E.
Hacq. = Hacquet, B.
Hag. = Hagerup, O.
Hal. = Halácsy, E. von
Hall. = Haller, A. von
Hall. f. = Haller, A. von (Sohn)
Hand.-Maz. = Handel-Mazzetti, H. von
Hard. = Hardouin, L.
Hart. = Hartig, Th.
Hartm. = Hartman, C. J.
Hausm. = Hausmann, Fr. von
Hausskn. = Haußknecht, H. K.
Haw. = Haworth, A. H.
Hay. = Hayek, A. von
Heg. = Hegetschweiler, J. J.
Heim. = Heimerl, A.
Heldr. = Heldreich, Th. von
Herb. = Herbert, W.
Herm. = Hermann, F.
Herrm. = Herrmann, J.
Heuff. = Heuffel, J.
Heufl. = Heufler, L. von
Heynh. = Heynhold, G.
Heyw. = Heywood, V. H.
Hitchc. = Hitchcock, A. Sp.
Hochst. = Hochstetter, Ch. Fr.
Hoffm. = Hoffmann, F. G.
Hoffmgg. & Lk. = Hoffmannsegg, J. C. Graf von u. Link, H. Fr.
Hol. = Holandre, J. J. J.
Holmb. = Holmberg, O. R.
Honck. = Honckeny, G. A.
Hook. = Hooker, W. J.
Hook. f. = Hooker, J. D. (Sohn)
Hoop. = Hoopes, J.
Horn. = Hornung, E. G.
Hornem. = Hornemann, J. W.
hort. = hortorum (der Gärten; Gen.Pl.)
Houtt. = Houttuyn, M.
How. = Howell, Th.
Hubb. = Hubbard, C. E.
Huds. = Hudson, W.
Hult. = Hultén, O. E.
Hyl. = Hylander, N.

Itz. & Hertsch = Itzigsohn, H. u. Hertsch, H.

Jacq. = Jacquin, N. J. Baron von
Jáv. = Jávorka, S.
Jaeg. = Jaeger, H.
Jah. = Jahandiez, E.
Janch. = Janchen, E.
Jancz. = Janczewski von Glinka, E.
Jord. = Jordan, A.
Jundz. = Jundzill, B. St.
Jung. & Engl. = Jung, W. u. Engler, A.
Jung. = Junger, E.
Jusl. = Juslenius, A. D.
Juss. = Jussieu, A. L. de

K. & Almq. = Krocker, A. J. u. Almquist, S. O. J.
Kalt. = Kaltenbach, J. H.
Karst. = Karsten, G. K. W. H.
Kell. = Keller, R.
Ker-Gawl. = Ker, J. B. (früher J. Gawler)
Kern. = Kerner von Marilaun, A. J.
Kirschl. = Kirschleger, F.
Kit. = Kitaibel, P.
Koch & Sond. = Koch, W. D. J. u. Sonder, O. W.
Koehl. = Koehler, J. Ch. G.
Koel. = Koeler, G. L.
Körn. = Körnicke, F.
Kost. = Kosteletzky, V. F.
Kov. = Kováts, J. V.
Kram. = Kramer, J. G. H.
Kraj. = Krajina, V.
Kraš. = Krašan, F.
Krock. = Krocker, A. J.
Kth. = Kunth, C. S.
Ktze. = Kuntze, C. E. O.
Kük. = Kükenthal, G.
Kütz. = Kützing, F. T.

L. = Linné, C. Ritter von
L. f. = Linné, C. von (Sohn)
Lag. = Lagasca y Segura, M.
Lagr. = Lagrèze-Fossat, A.
Lah. = Laharpe, J. J. Ch. de
Laich. = Laicharting, J. N. von
Lam. = Lamarck, J. B. A. P. M. de
Lam. & Dc. = Lamarck, J. B. u. De Candolle, A. P.
Lamb. = Lambert, A. B.
Lap. = Lapeyrouse, Ph. P. de
Lat. = La Tourette, M. A.
Ldl. = Lindley, J.
Led. = Ledebour, C. Fr. von
Lehm. = Lehmann, J. G. Chr.
Lej. = Lejeune, A. L. S.
Lem. = Lemaire, Ch.
Lep. = Lepechin, I.
Ler. = Leresche, L.
Less. = Lessing, Chr. Fr.
Lej. & Court. = Lejeune, A. L. S. u. Courtois, R. J. L.
Leyb. = Leybold, F. E.

Leyss. = Leyßer, F. W. von
Lge. = Lange, J. M. Ch.
L'Hér. = L'Héritier de Brutelle, Ch. L.
Liebl. = Lieblein, F. K.
Lightf. = Lightfoot, J.
Lilj. = Liljeblad, S.
Lindb. = Lindenberg, J. B. W.
Lindb. f. = Lindberg, H.
Lindem. = Lindemann, E. V.
Lindm. = Lindman, C. A. M.
Lk. = Link, H. Fr.
Lodd. = Loddiges, C.
Loefl. = Loefling, P.
Loennr. = Lönnroth, K. J.
Lois. = Loiseleur-Deslongchamps, J. L. A.
Loud. = Loudon, J. Cl.
Luerss. = Luerssen, Chr.
Lumn. = Lumnitzer, St.

Mansf. = Mansfeld, R.
Mansf. & Rothm. = Mansfeld, R. u. Rothmaler, W.
Marsh. = Marshall, H.
Marss. = Marsson, Th.
Mart. = Martius, K. Fr. Ph. von
Martin. = Martinovsky, J. O.
Mast. = Masters, M. T.
Matt. = Mattuschka, H. G. Graf von
Maxim. = Maximowicz, C. J.
Med. = Medicus, Fr. C.
Mér = Mérat, Fr. V.
Mert. & K. = Mertens F. K. u. Koch, W. D. J.
Merxm. = Merxmüller, H.
Mett. = Mettenius, G. H.
Mey. = Meyer, C. A.
Mey. & Bge. = Meyer, B. u. Bunge, A. von
Mgf.-Dbg. = Markgraf-Dannenberg, I.
Mich. = Micheli, P. A.
Michx. = Michaux, F. A.
Mik. = Mikan, J. C.
Mik. p. = Mikan, J. G. (pater)
Mill. = Miller, Ph.
Mirb. = Mirbel, C. F. de
Moq. = Moquin-Tandon, Ch. H. A. B.
Mor. = Moretti, G.
Mtzg. = Metzger, J.
Mühlenb. = Mühlenberg, H. L.
Müll. = Müller, O. F.
Münchh. = Münchhausen, O. Freiherr von
Murb. = Murbeck, S.
Murb. & Wettst. = Murbeck u. Wettstein
Murr. = Murray, J. A.
Myg. = Mygind, F. von

Nathh. = Nathhorst, T. E.
Neck. = Necker, N. J. de
Neilr. = Neilreich, A.
Nestl. = Nestler, Chr. G.
Neum. = Neumayer, J.
Newm. = Newman, E.
Nutt. = Nuttal, Th.
Nym. = Nyman, C. Fr.

O. E. Sch. = Schulz, O. E.
O. Ktze. = Kuntze, Otto C. E.
Oberd. = Oberdorfer, E.
Oed. = Oeder, G. Chr.
Oett. = Oettel, K. Chr.
Osb. = Osbeck, P.

P. = Poggenburg, J. F.
P. B. = Palisot de Beauvois, A. M. F. J.
P. Br. = Brown, P.
Pall. = Pallas, P. S.
Panz. = Panzer, G. W. F.
Parl. = Parlatore, F.
Parm. = Parmentier
Pernh. = Pernhoffer, G. von
Perr. & Song. = Perrier, E. de la Bathie u. Songeon, A.
Pers. = Persoon, Chr. H.
Pet. = Petermann, W. L.
Pilg. = Pilger, R.
Planch. = Planchon, J. E.
Podp. = Podpěra, J.
Poir. = Poiret, J. L. M.
Poll. = Pollich, J. A.
Port. = Porter, Th. C.
Pourr. = Pourret, P. A.

R. Br. = Brown, Robert
R. & Cam. = Rouy u. Camus
R. & F. = Rouy, G. C. Ch. u. Foucauld, J.
R. & P. = Ruiz Lopez, H. u. Pavon, J.
R. & Sch. = Roemer, J. J. u. Schultes, J. A.
R. Hartm. = Hartmann, R.
Rabenh. = Rabenhorst, L.
Raeusch. = Räuschel, F. A.
Raf. = Rafinesque-Schmaltz, C. S.
Ram. = Ramond de Carbonnières, L. Fr. E.
Rausch. = Rauschert, S.
Rchb. = Reichenbach, H. G. L.
Rchb. f. = Reichenbach, H. G. (Sohn)

RECH. = Rechinger, K. H.
RECH. f. = Rechinger, K. H. (Sohn)
REG. = Regel, E. A. v.
REHD. = Rehder, A.
REICHG. = Reichgelt, T. J.
REQ. = Requien, E.
RETZ. = Retzius, A. J.
REUT. = Reuter, G. Fr.
REYN. = Reynier, L.
RICH. = Richard, L. C. M.
RICHT. = Richter, K.
RIV. = Rivinus (Bachmann), A. Qu.
ROBS. = Robson, St.
ROEHL. = Roehling, J. Chr.
ROEM. = Roemer, J. J.
ROG. = Rogowitsch, A. S.
RONN. = Ronniger, K.
ROSTK. & SCHM. = Rostkovius, Fr. W. G. u. Schmidt, W. L. E.
ROTHM. = Rothmaler, W.
ROTTB. = Rottboell, Chr. F.
ROXB. = Roxburgh, W.
ROZ. = Rozier, F.
RUPR. = Ruprecht, F. J.
RYDB. = Rydberg, P. A.

S. & Z. = Siebold, Ph. F. von u. Zuccarini, J. G.
SAG. & W. SCH. = Sagorski, E. u. Schultze, W.
SAL. = Salisbury, R. A. M.
SAUT. = Sauter, A. El.
SCH. & KELL. = Schinz, H. u. Keller, R.
SCH.-MOT. = Schultze-Motel, W.
SCH. & SP. = Schimper, W. Ph. u. Spenner, F. K. L.
SCH. & TH. = Schinz, H. u. Thellung, A.
SCHAEFF. = Schaeffer, J. Chr.
SCHAG. = Schagerström-Fries
SCHERB. = Scherbius, J.
SCHIMP. = Schimper, K.
SCHIPCZ. = Schipczinski, N. V.
SCHK. = Schkuhr, Chr.
SCHLDL. = Schlechtendal, D. F. L. von
SCHLEICH. = Schleicher, J. Chr.
SCHLEID. = Schleiden, M. J.
SCHLTR. = Schlechter, R.
SCHNIZL. = Schnizlein, A.
SCHÖNL. = Schönland, S.
SCHOLL. = Scholler, F. A.
SCHR. & MOLL = Schrank, F. F. P. von u. Moll, K. M. E.
SCHRAD. = Schrader, H. A.
SCHREB. = Schreber, J. Chr. D.
SCHULT. = Schultes, J. A.
SCHULTZ-BIP. = Schultz-Bipontinus, K. H.
SCHUM. = Schumacher, H. Chr. Fr.
SCHUMM. = Schummel, Th. E.
SCHW. & K. = Schweigger, A. Fr. u. Koerte, F.
SCHWEIGG. = Schweigger, A. Fr.
SCHWERTSCHL. = Schwertschlager, J.
SCOP. = Scopoli, G. A.
SEB. & M. = Sebastiani, A. u. Mauri, E.
SEEM. = Seemann, B. K.
SEML. = Semler, K.
SENDTN. = Sendtner, O.
SENGH. = Senghas, K.
SER. = Seringe, N. Ch.
SEREBR. = Serebrýakova, T. J.
S. G. GMEL. = Gmelin, S. G.
SIBTH. = Sibthorp, J.
SIBTH. & SM. = Sibthorp, J. u. Smith
SIEB. = Siebold, Ph. F. von
SIM. = Simonet, M.
SIMK. = Simonkai, L.
SM. = Smith, J. E.
SM. & SOW. = Smith, J. E. u. Sowerby, J.
SMOLJ. = Smoljaninova, L. A.
SOL. = Solander, D.
SOM. = Sommerauer, J.
SOND. = Sonder, O. W.
SONG. & PERR. = Songeon, A. u. Perrier, E. de la Bathie
SOY.-WILL. = Soyer-Willemet, H. F.
SPENN. = Spenner, F. K. L.
SPR. = Sprenger, K.
SPRENG. = Sprengel, K.
STEF. = Stefanoff, B.
STEPH. = Stephan, Ch.
STEPH'S. = Stephenson, T. u. T. A. (p. et f.)
STERN. = Sterneck, J. von
STERNBG. = Sternberg, K. M. Graf von
STEV. = Steven, Chr. von
ST.-LAG. = Saint-Lager, J. B.
ST.-YV. = Saint-Yves, A.
STOK. = Stokes, J.
SUMMERH. = Summerhayes, V. S.
SÜND. = Sündermann, Fr.
SÜSS. = Süssenguth, K.
SUT. = Suter, J. R.
SW. = Swartz, O.

TEN. = Tenore, M.
TERRACC. = Terracciano, N.
THELL. = Thellung, A.
THÉV. = Théveneau, A.

Thom. = Thomas, D.
Thuill. = Thuillier, J. L.
Thunb. = Thunberg, C. P.
Tod. = Todaro, A.
Torn. = Torner, E.
Torr. & Gray = Torrey, J. u. Gray, A.
Tourl. = Tourlet, E. H.
Touv. = Arvet-Touvet
Towns. = Townsend, F.
Trab. = Trabut, L.
Tratt. = Trattinnick, L.
Trautv. = Trautvetter, R. E. v.
Trev. = Trevisan di San Leon, V. B. A.
Trin. = Trinius, K. B. von
Turcz. = Turczaninow, N. von
Tutin = Tutin, T. G.

Uechtr. & Körn. = Uechtritz, R. von u. Körnicke, F.
Underw. = Underwood, L. M.

Vacc. = Vaccari, L.
Valck.-Suringar = Valckeniev-Suringar, J.
Vel. = Velenowsky, J.
Vent. = Ventenat, Et. P.
Verl. = Verlot, J. B.
Verm. = Vermeulen, P.
Vierh. = Vierhapper, Fr.
Vill. = Villars, D.
Vis. = Visiani, R. de
Viv. = Viviani, D.
Volk. = Volkens, G. L. A.
Vollm. = Vollmann, F.

W. & K. = Waldstein-Wartenburg, F. de P. A. Graf von u. Kitaibel, P.
Wahl. = Wahlenberg, G.
Wahlb. = Wahlberg, P. F.
Wallr. = Wallroth, C. Fr. W.
Walp. = Walpers, W. G.
Wartm. = Wartmann, F. B.
Weath. = Weatherby, Ch. A.
Web. = Weber, F.
Web. & Mohr = Weber, F. u. Mohr
Webb & Berth. = Webb, Ph. B. u. Berthelot, S.
Weig. = Weigel, Chr. E. von
Welw. = Welwitsch, Fr.
Wend. = Wenderoth, G. W. F.
Wettst. = Wettstein, R. von
Wh. = Weihe, C. E. A.
Wh. & N. = Weihe, C. u. Nees von Esenbeck, Ch. G. D.
Wib. = Wibel, A. W. E. Ch.
Wieg. = Wiegand, K. M.
Willd. = Willdenow, K. L.
Wimm. = Wimmer, Chr. Fr. H.
Wimm. & Grab. = Wimmer, Chr. Fr. H. u. Grabowsky, H.
Winkl. = Winkler, H. J. P. W.
Wirtg. = Wirtgen, Ph. W.
Wit. = Witasek, J.
With. = Withering, W.
Wolfg. = Wolfgang, J. F.
Woyn. = Woynar, J.
Wulf. = Wulfen, F. X. von

Yunck. = Yuncker, T. G.

Zahlbr. = Zahlbruckner, J.
Zap. = Zapałowicz, H.
Zauschn. = Zauschner, J. B. J.
Zen. = Zenari, S.
Zimm. = Zimmeter, A.
Zing. = Zinger, N. V.

Alphabetisches Verzeichnis der wissenschaftlichen und deutschen Pflanzennamen

Fettdruck = wissenschaftliche Namen der Pflanzenfamilien
Kursivdruck = Synonyma

Jütland
N-Fries. Ins.
Helgoland
W-Fries. Inseln
O-Fries. Ins.
O-Fries-land
Oldenburg
WESER
Teutoburger Wald
EMS
RHEIN
Wesergeb.
Ith
Süntel
Harz
HA
ELBE
Bergisches Land
Sauerland
Rheinland
WERRA
FULDA
MAAS
Venn
Ardennen
Eifel
Westerw.
Taunus
Rhön
Thür.-W.
Vogtl.
Erz
MAIN
Spessart
Oden-wald
Hunsrück
MOSEL
Saarland
Pfw.
Unter-Franken
Ober-
Ficht-geb.
Lothringen
NECKAR
Fr. Alb
Vogesen
Schwarzwald
Baar
Schw. Alb
DONAU
Ob-Schwaben
ALPE
BODENSEE
Allgäu
INNSBRUCK
Ötztal
Kitzbüheler